O URBANISMO, O ORDENAMENTO DO TERRITÓRIO E OS TRIBUNAIS

O URBANISMO, O ORDENAMENTO DO TERRITÓRIO E OS TRIBUNAIS

Coordenação:
FERNANDA PAULA OLIVEIRA

Autores:
ANA LEITE · ANA PEREIRA DE SOUSA · ANA CLÁUDIA GUEDES · ANABELA MOUTINHO MONTEIRO · ANDREIA CRISTO · CLARA SERRA COELHO · DIOGO ASSIS CARDOSO GUANABARA · DULCE LOPES · FERNANDA PAULA OLIVEIRA · FILIPE AVIDES MOREIRA · INÁCIO MIGUEL CONSCIÊNCIA PINTO · JOÃO ILHÃO MOREIRA · JOSÉ ALFREDO DOS SANTOS JÚNIOR · MARIA CRISTINA GALLEGO DOS SANTOS · MARIA CRISTINA TORRES DE ECKENROTH GUIMARÃES · MARIA RAQUEL DE OLIVEIRA MARTINS · MARLEEN COOREMAN · MICAELA MARQUES GIESTAS · MÓNICA JARDIM · SOFIA ARROCHELA LOBO · SÓNIA MARTINS · SUSANA FERREIRA

O URBANISMO, O ORDENAMENTO
DO TERRITÓRIO E OS TRIBUNAIS

COORDENAÇÃO
FERNANDA PAULA OLIVEIRA

EDITOR
EDIÇÕES ALMEDINA. SA
Av. Fernão Magalhães, n.º 584, 5.º Andar
3000-174 Coimbra
Tel.: 239 851 904
Fax: 239 851 901
www.almedina.net
editora@almedina.net

DESIGN DE CAPA
FBA.

PRÉ-IMPRESSÃO | IMPRESSÃO | ACABAMENTO
G.C. – GRÁFICA DE COIMBRA, LDA.
Palheira – Assafarge
3001-453 Coimbra
producao@graficadecoimbra.pt

Dezembro, 2010

DEPÓSITO LEGAL
320110/10

Os dados e as opiniões inseridos na presente publicação
são da exclusiva responsabilidade do(s) seu(s) autor(es).

Toda a reprodução desta obra, por fotocópia ou outro qualquer
processo, sem prévia autorização escrita do Editor, é ilícita
e passível de procedimento judicial contra o infractor.

Biblioteca Nacional de Portugal – Catalogação na Publicação

O URBANISMO, O ORDENAMENTO DO
TERRITÓRIO E OS TRIBUNAIS

O urbanismo, o ordenamento do território e os
tribunais / coord. Fernanda Paula Oliveira
ISBN 978-972-40-4372-2

I – OLIVEIRA, Fernanda Paula, 1967-

CDU 349
    711

ÍNDICE

SIGLAS E ABREVIATURAS 9

PRÓLOGO: O Urbanismo, o Ordenamento do Território e os Tribunais
FERNANDA PAULA OLIVEIRA 11

I
Planeamento Territorial

DIOGO ASSIS CARDOSO GUANABARA, "Longe dos Olhos e do Coração": O problema jurídico da Localização de Instalações para Eliminação de Resíduos no Brasil 41

DULCE LOPES, Notas escolhidas sobre a concretização judicial e as alterações legislativas ao regime jurídico florestal 65

FILIPE AVIDES MOREIRA, As medidas cautelares dos planos e o relacionamento entre *medidas preventivas* e *suspensão de procedimentos* – o princípio *tempus regit actum* 91

MARIA RAQUEL DE OLIVEIRA MARTINS, Que Conformação do Direito de Participação Pública no Planeamento? Comentário ao Acórdão do STA de de 21 de Maio de 2008, Processo 01159/05, 2.ª Subsecção do C.A. 127

II
Gestão Urbanística

1. Os actos de gestão urbanística

ANA PEREIRA DE SOUSA, A natureza jurídica do acto de licenciamento urbanístico. Contributos para um estudo da natureza jurídica da licença urbanística .. 167

MARIA CRISTINA GALLEGO DOS SANTOS, Apreciação e aprovação do projecto de arquitectura – o esquiço, o projecto e a complexidade da norma – artigo 20.º do RJUE 191

2. A validade dos actos de gestão urbanística

ANA CLAUDIA GUEDES, O Euro Stadium De Coimbra: análise ao Acórdão do Supremo Tribunal Administrativo de 26 de Maio de 2010 217

CLARA SERRA COELHO, A Preservação de Efeitos do Acto Administrativo de Gestão Urbanística Nulo 241

MARLEEN COOREMAN, A suspensão de eficácia de decisões urbanísticas: o caso do "edifício Coutinho", em Viana do Castelo 295

SOFIA ARROCHELA LOBO, O dever de indemnizar no caso de declaração de nulidade de um alvará de loteamento. Comentário ao Acórdão do STA de 24.01.2008 325

3. Eficácia dos actos de gestão urbanística

ANDREIA CRISTO, O instituto da caducidade, em especial no âmbito da gestão urbanística e o seu tratamento jurisprudencial 383

4. Medidas de tutela de legalidade

ANA LEITE, Demolição vs Legalização, Não demolir, sem transigir – que solução? 461

SUSANA FERREIRA, As medidas de tutela de legalidade Urbanística 477

III
Contratação urbanística

JOÃO ILHÃO MOREIRA, Os contratos urbanísticos como actividade económica e mercado público: a influência da jurisprudência comunitária 553

MARIA CRISTINA TORRES DE ECKENROTH GUIMARÃES, Os Contratos para Planeamento *Ad Hoc* 593

MICAELA MARQUES GIESTAS, Urbanismo concertado: entre a promessa e o contrato 615

IV
O juiz comum e o direito do urbanismo

FERNANDA PAULA OLIVEIRA, O montante da indemnização por expropriação: o caso do Parque da Cidade do Porto 663

INÁCIO MIGUEL CONSCIÊNCIA PINTO, O Caso da Quinta do Taipal: exposição sumária e análise crítica jurisprudencial 717

V
Na intersecção entre direito civil e direito do urbanismo

ANABELA MOUTINHO MONTEIRO, Ordem de demolição judicial: Podem os interessados proceder à sua execução sem prévio controlo municipal? 749

MÓNICA JARDIM e DULCE LOPES, Acessão industrial imobiliária e usucapião parciais *versus* destaque 757

VI
O direito do ordenamento do território e a união europeia

JOSÉ ALFREDO DOS SANTOS JÚNIOR, Entre as Metáforas Espaciais e a Realidade: A União Europeia possui Competência em Matéria de Ordenamento? 815

VII
Análise jurisprudencial

Análise Jurisprudêncial, Ana Cláudia Guedes (colaboração de Sónia Martins) .. 903

Anexos

Anexo I – Jurisprudência citada na obra 973

Anexo II – Textos de Acórdãos referidos na obra e não publicados 977

Bibliografia 1025

Índices dos textos 1059

SIGLAS E ABREVIATURAS

Ac.	Acórdão
Al.	Alínea
CCP	Código dos Contratos Públicos
CJA	Cadernos de Justiça Administrativa
CPA	Código de Procedimento Administrativo
DA	*Documentación administrativa*
RFDUL	Revista da Faculdade de Direito da Universidade de Lisboa
RJIGT	Regime Jurídico dos Instrumentos de Gestão Territorial
RJUA	Revista Jurídica do Urbanismo e do Ambiente
RJUE	Regime Jurídico de Urbanização e Edificação
ROA	Revista da Ordem dos Advogados
STA	Supremo Tribunal Administrativo
TCE	Tratado que institui a Comunidade Europeia
TFUE	Tratado sobre o funcionamento da União Europeia
TJUE	Tribunal de Justiça da União Europeia

PRÓLOGO

O Urbanismo, o Ordenamento do Território e os Tribunais

FERNANDA PAULA OLIVEIRA

1.

A presente publicação visa reunir um conjunto de textos que procedem a uma reflexão sobre questões do direito do urbanismo e do ordenamento do território directa ou indirectamente relacionadas com a forma como os tribunais as têm enfrentado.[1]

As questões em destaque

Os temas seleccionados são variados, perpassando por questões nucleares destas disciplinas. A sua sistematização, para efeitos da presente publicação, é feita, desde logo, atentando aos dois grandes núcleos problemáticos que as integram: o *planeamento territorial* (Parte I) e a *gestão urbanística* (Parte II), não se ficando, contudo por aí. Assim, se é certo que na actividade urbanística e de ordenamento do território – as quais se apresentam como funções estritamente públicas[2] –, predominam formas de *actuação unilateral da*

---

[1] Estando em causa um ramo especial do direito do administrativo, é natural que a jurisprudência mais relevante nestes domínios seja a dos tribunais administrativos. Como afirma Fernando Alves CORREIA a este propósito, o *contencioso do urbanismo* é essencialmente *contencioso administrativo* do urbanismo. Cfr. "Linhas Gerais do Contencioso do Urbanismo em Portugal", in. *O Direito e a Cooperação Ibérica, II,* Guarda, 2005, II Ciclo de Conferências.

[2] Embora grande parte da intervenção no território seja da iniciativa de privados, que promovem operações urbanísticas, não são estes que decidem o *se*, o *quando* e o *modo* da sua concretização, tarefa que cabe antes à Administração através de instrumentos de planeamento territorial. Para além disso, e em regra, aquelas operações encontram-se ainda sujeitas a procedimentos de controlo preventivo por parte dos entes públicos, que exercem esta tarefa através da prática de actos administrativos de licenciamento e de autorização, entre outros. Cabendo as decisões essenciais sobre a ocupação do território a entes públicos, esta tarefa, considerando a coexistência e concorrência de interesses nacionais, regionais e locais co-envolvidos, encontra-se actualmente repartida ou atribuída em simultâneo aos diferentes níveis de Administração do território, falando assim a doutrina num condomínio de atribuições. Neste sentido vide Fernando Alves CORREIA, *Manual de Direito do Urbanismo,* Vol. I, 4.ª Edição, Coimbra, Almedina, 2008, p. 142.

Administração (os planos perspectivam-se, a este propósito, como *regulamentos administrativos* ou, quanto muito, como *actos de natureza normativa* e os actos de gestão urbanística, dos quais se realçam os de licenciamento, de autorização, as admissões de comunicações prévias, a declaração de utilidade pública para efeitos de expropriação, etc., assumem a natureza de *acto administrativo*), é relevante não esquecer que estes são domínios de actuação da Administração cada vez mais permeáveis à mobilização de instrumentos de *concertação de interesses* entre a Administração Pública e os particulares. Por isso a *contratação* assume nestes âmbitos uma relevância acrescida, não deixando de colocar problemas e dificuldades que a ordem jurídica e os tribunais têm vindo a resolver (Parte III).

Por seu turno, se é verdade que é a jurisprudência dos tribunais administrativos aquela que mais releva nestes domínios, não pode esquecer-se ainda a intervenção, directa ou indirecta, do juiz civil nestas matérias (Parte IV), sendo certo que se verifica uma cada vez maior intersecção entre as questões urbanísticas e civilísticas (Parte V) e que o ordenamento do território começa assumir um relevo crescente no âmbito do direito comunitário, perspectivando-se, por isso, uma intervenção mais intensa do tribunal de justiça das comunidades nestas áreas (Parte VI).

2.

Planeamento urbanístico

A actividade de *planeamento territorial* assume uma posição central no direito do urbanismo e do ordenamento do território, apresentando-se o plano como um dos institutos mais relevantes destas duas disciplinas jurídicas. Por isso os nossos tribunais administrativos são, com cada vez maior frequência, chamados a pronunciar-se sobre questões com eles relacionadas.

Princípios jurídicos: de relacionamento entre planos e de cariz material

a) Dessas questões, uma das que assume particular relevo é a que se prende com articulação entre os planos territoriais de *carácter global* (isto é, que fornecem um tratamento tendencialmente *integrado* da sua área de intervenção, como são, entre nós, os planos municipais de ordenamento do território[3]) e os instrumentos de

---

[3] Efectivamente, as previsões dos planos municipais têm carácter global uma vez que tomam em consideração todos os interesses que confluem na sua área de intervenção e

planeamento de *natureza sectorial* (que perspectivam o território à luz de um específico interesse público, que visam prosseguir e regular). Por isso assume uma importância crescente a problemática da *articulação* entre esta tipologia de plano[4], designadamente em matéria de resíduos sólidos (no âmbito dos quais se decide a localização de equipamentos destinados ao seu tratamento e eliminação) – tema que é objecto do texto intitulado *"Longe dos olhos e do coração": o problema jurídico da localização de instalações para a eliminação de resíduos sólidos no Brasil* – ou em matéria florestal – tratado no texto *"Notas seleccionadas sobre a concretização judicial e as alterações legislativas ao regime jurídico florestal*.

Correspondendo, o primejro daqueles textos, a uma reflexão que parte da realidade jurídica e da prática jurisprudencial de um outro ordenamento jurídico (o brasileiro), não deixa o mesmo de assumir relevo e actualidade no ordenamento jurídico urbanístico português, já que trata de um conjunto de princípios jurídicos – da hierarquia, da contra corrente, da articulação, do fluxo recíproco entre planos – que a doutrina portuguesa tem vindo a desenvolver[5] e cujo cumprimento os nossos tribunais têm vindo a controlar.[6]

---

estabelecem métodos de harmonização entre os referidos interesses quando em relação de conflito real ou potencial.

[4] Relevo que é tanto maior quanto a tendência actual é a da preterição de uma planificação sectorial do território – que o olha apenas da perspectiva do interesse que a justifica – em favor de um planeamento que permita uma visão integrada e global daquele. No sentido da necessidade de superar uma planificação sectorializada e descoordenada por outra que integre as planificações sectoriais e que permita a coordenação horizontal e vertical entre os diversos níveis administrativos territoriais de planificação vide José Miguel FERNÁNDEZ GÜELL, *Planificación Estratégica de Ciudades*, Barcelona, Editorial Gustavo Gilli, 1997, p. 52.

Sobre a relação entre planos sectoriais e planos municipais (estes últimos como planos globais) cfr. Stefan PAETOW, "Zum Verhältnis von Fachplanung und Bauleitplanung, *in UPR*, Jahr. 10, Heft 9 (1990), pp. 321-327.

[5] Cfr., por todos, Fernando Alves CORREIA, *Manual do Direito do Urbanismo, cit.*, pp. 496 e ss. e os nossos "Os Princípios da Nova Lei do Ordenamento do Território: da Hierarquia à Coordenação", *in Revista do Centro de Estudos do Direito do Ordenamento, do Urbanismo e do Ambiente*, n.º 5, Ano III_1.00, p. 21 e ss., Coimbra Editora e "As Políticas Públicas de Urbanismo e de Ordenamento do Território: a Necessidade de Institucionalização dos Princípios da Coordenação, e da Cooperação", *in 1.º Congresso Nacional de Administração Pública. Os Vectores de Mudança*, INA, 2003.

[6] Cite-se, a título de exemplo, os Acórdãos do Supremo Tribunal Administrativo de 14 de Abril de 2005 (proferido no processo 047310) e de 7 de Fevereiro de 2006

A par destes princípios de *carácter relacional*, assumem igual importância os princípios de planeamento de ordem ou cariz material, os quais, ainda que não positivados, têm uma importância e uma função crescentes no direito do urbanismo. É o caso dos princípios da *separação de utilizações urbanisticamente incompatíveis* e da *ponderação de interesses*, igualmente tratados no primeiro dos textos supra citados com base, aliás, na doutrina portuguesa mais representativa.[7]

O relevo destes princípios no direito do urbanismo surge numa lógica de relevo crescente dos princípios jurídicos no Direito Administrativo em geral, os quais se apresentam como preciosos auxiliares da *criação, interpretação* e *aplicação* de outras normas jurídicas, já que não apenas *guiam a interpretação* e a *aplicação das regras* quando estas conferem discricionariedade à Administração, como impedem a *aplicação de regras contrárias aos seus comandos*, afastando a aplicação daquelas quando contrárias aos próprios princípios, aplicando-se, ainda, directamente ao caso concreto nas situações em que *inexistem regras aplicáveis*.

Estas afirmações assumem tanto maior relevo quando é certo que a nossa jurisprudência tem afirmado a importância dos princípios *apenas* no âmbito da discricionariedade administrativa, negando o seu relevo quando está em causa a actividade vinculada da Administração por, no seu entender, os princípios serem aí consumidos pelo princípio da legalidade. A este propósito não podemos deixar de realçar, porque importantes, as palavras constantes da declaração de voto de vencido do Juiz Conselheiro Jorge de Sousa no Acórdão do Supremo Tribunal Administrativo de 4 de Junho de 2009, no âmbito do Processo n.º 0377/08, as quais apelam para a necessidade imperiosa de mudança deste rumo jurisprudencial:

" *(...) A meu ver, como venho defendendo em vários votos de vencido, estes princípios são de aplicação generalizada em relação a toda a acti-*

(proferido no âmbito do processo 047545), que se pronunciaram sobre as relações entre planos sectoriais e planos directores municipais.

[7] *Vide*, por todos, Fernando Alves CORREIA, *Manual do Direito do Urbanismo, cit.*, pp. 676-677 e 681-682 e Maria Alexandra de Sousa ARAGÃO *O Princípio do Nível Elevado de Protecção e a Renovação Ecológica do Direito do Ambiente e dos, Resíduos*, Coimbra, Almedina, 2006.

vidade administrativa, inclusivamente naquela que não tem carácter discricionário, resultando deles vinculações que têm de ser compatibilizadas com outras que resultem de normas que regulem situações concretas.

Na verdade, não há qualquer suporte legal, sendo mesmo contraditório, afirmar que esses princípios são consumidos pelo princípio da legalidade e apenas podem ser aplicados «em casos especialíssimos»: ou tais princípios são consumidos pelo princípio da legalidade, entendido como vinculações concretas previstas em normas de aplicação restrita ou não são; se são consumidos, nunca poderiam ser aplicados quando existir uma norma específica para determinada situação; se o não são, então poderão ser aplicados sempre que a sua aplicação se justifique independentemente de qualquer particularidade especialíssima, pois não há qualquer suporte legal para fazer esta restrição.

Na análise desta questão, terá de se constatar, desde logo, que o texto do art. 266.º da C.R.P. não deixa entrever qualquer restrição à sua aplicação a qualquer tipo de actividade administrativa, pelo que, em princípio, dever-se-á fazer tal aplicação, se não se demonstrar a sua inviabilidade. (...) De qualquer forma, o que é essencial para resolução desta questão é ter presente que, na aplicação da legalidade, tanto pela administração como pelos tribunais, não pode ser encarada isoladamente cada norma que enquadra uma determinada actuação da administração, antes terá de se atender à globalidade do sistema jurídico, com primazia para o direito constitucional.

Não se pode afirmar, como tem vindo a fazer, em geral, o Supremo Tribunal Administrativo que, nos casos de poderes vinculados, a obediência à lei se sobrepõe aos princípios constitucionais referidos, pois estes princípios fazem também parte do bloco normativo, eles são também definidores da legalidade.

Tanto são normas legais a primeira parte do n.º 2 do art. 266.º da C.R.P., que prevê o princípio da legalidade e a que, em determinada situação específica, prevê uma determinada actuação da administração, como as que generalizadamente impõem os modelos de actuação de toda a actividade administrativa, designadamente as que sintetizam os princípios gerais que devem orientar toda esta actividade.

(...)

A actividade da administração não pode limitar-se a uma aplicação mecânica das leis às situações de facto, tendo de ter sempre presente o objectivo que a justifica, que é a prossecução do interesse público (arts. 266.º, n.º 1, da CRP e 5.º e 3.º do CPA).

Por isso, a administração deverá abster-se de actuar em situações em que, embora se preencham formalmente os pressupostos legais abstractos da sua actuação, esta não seja relevante para a prossecução do interesse público.

Paralelamente, poderão ocorrer situações em que apesar de não estarem formalmente preenchidos os pressupostos de uma determinada pretensão formulada pelos particulares, o respectivo indeferimento ofenda claramente o valor da justiça que deve nortear a actuação da administração, maxime nos casos em que seja co-imputável à própria Administração o não preenchimento desses pressupostos, situações que se configuram como essencialmente semelhantes às de abuso do direito, na modalidade de venire contra factum proprium.

Por isso, quando o exercício de um poder predominantemente vinculado conduz a uma situação flagrantemente injusta é de colocar a questão de fazer operar o princípio da justiça, consagrado nos arts. 266.º, n.º 2, da CRP e 6.º do CPA, para obstar à negação daquele direito.

Há, nesta situação, dois deveres a ponderar, ambos com cobertura legal: um é o de indeferir pretensões que se consideram intempestivas; outro é o de evitar que a actividade administrativa se traduza na criação de uma situação de injustiça. Entre esses dois valores, designadamente nos casos em que a administração não teve qualquer prejuízo, deve optar-se por não indeferir a pretensão, dando prevalência ao princípio da justiça.

Consequentemente, serão de considerar anuláveis, por vício de violação de lei, actos que conduzam a situações de injustiça deste tipo."

O reforço do relevo dos princípios jurídicos no âmbito do Direito Administrativo em geral e também no direito do urbanismo e do ordenamento do território (que se apresentam como partes especiais daquele), ainda que em causa esteja uma actividade vinculada é, assim, uma realidade incontornável que os nossos tribunais serão chamados a sancionar com cada vez maior frequência.

Planeamento e participação pública

b) Outra das questões que tem assumido particular relevo no âmbito do direito do urbanismo é a da *participação dos interessados* nos processos de planeamento, a qual se relaciona, por sua vez, com o *princípio da ponderação de interesses públicos e privados* envolvidos nesta actividade, funcionando, ambos, como uma importante forma de compressão da ampla discricionariedade de planeamento de que as entidades públicas dispõem neste domínio.[8]

---

[8] Sobre a participação dos interessados como forma de compensação da amplitude do poder discricionário, que caracteriza a actividade de planificação, vide, Fernando Alves CORREIA, *Manual de Direito do Urbanismo*, cit., p. 446.

A intervenção dos particulares no âmbito dos processos de planeamento não se coloca, porém, apenas como método ou factor de promoção de um melhor ordenamento do território, ao permitir à Administração uma recolha mais fiel e completa dos interesses privados relevantes na ocupação do solo, mas surge, paralelamente, como um *direito dos interessados*, cujo respeito é essencial para se aferir da legitimidade da actuação da Administração. Nestes moldes, o direito de participação previsto legalmente na alínea f) do artigo 5.º e no artigo 21.º da LBPOTU, e, entre outras previsões normativas, no artigo 77.º do Regime Jurídico dos Instrumentos de Gestão Territorial (RJIGT)[10], é sancionado pela própria Constituição, quer em geral no âmbito da condução da actividade administrativa (artigo 267.º da CRP) quer em particular no âmbito do planeamento urbanístico e físico do território (artigo 65.º, n.º 5, da CRP), permitindo a sua caracterização como um *direito de valor constitucional*.[9]

Dados os fundamentos e a função que deve ser reconhecida à participação dos interessados no âmbito dos procedimentos planificatórios, terá de se concluir pela necessidade, em determinadas circunstâncias, da repetição da discussão pública no âmbito do procedimento de elaboração de um plano territorial. A determinação de quais são essas circunstâncias – as quais têm de ser devidamente ponderadas, de forma a que não se coloquem em causa, por um lado, os princípios essenciais da protecção da confiança e da ponderação de interesses (que exigem a repetição deste trâmite procedimental) e, por outro lado, os da celeridade e da eficácia procedimental (que apelam para a desnecessidade da sua repetição, até ao limite) –, é particularmente pertinente, sendo objecto do texto *Que Conformação do Direito à Participação Pública no Planea-*

---

[9] Sobre a participação dos particulares nestes termos, *vide* Fernando Alves CORREIA, *Manual de Direito do Urbanismo*, cit., pp. 445 e ss. e Fernanda Paula OLIVEIRA, *Instrumentos de Participação Pública em Gestão Urbanística*, Coimbra, CEFA, 2000, pp. 51-59.

[10] Aprovado pelo Decreto-Lei n.º 380/99, de 22 de Setembro, alterado sucessivamente pelo Decreto-Lei n.º 53/2000, de 7 de Abril, pelo Decreto-Lei n.º 310/2003, de 10 de Dezembro, pela Lei n.º 58/2005, de 29 de Dezembro, pela Lei n.º 56/2007, de 31 de Agosto, pelo Decreto-Lei n.º 316/2007, de 19 de Setembro, pelo Decreto-Lei n.º 46//2009, de 20 de Fevereiro e pelo Decreto-Lei n.º 181/2009, de 7 de Agosto

Medidas
cautelares

mento?, o qual incide, entre outros aspectos (dos quais realçamos o relevo do direito à participação e as várias dimensões que o mesmo assume na actividade de planeamento), sobre a forma como os nossos tribunais têm lidado com esta questão.

c) Também as medidas cautelares dos planos com eficácia plurisubjectiva se apresentam com institutos relevantes para a salvaguarda do efeito útil de um plano em elaboração, estando o respectivo regime jurídico consagrado no Capítulo IV do RJIGT, o qual prevê, a par da já tradicional figura das *medidas preventivas* (artigos 107.º a 116.º), o instituto inovador da *suspensão de concessão de licenças* (artigo 117.º).

Das várias questões que se colocam quanto à sua aplicação, uma há que tem suscitado dúvidas práticas e posições doutrinais diferenciadas: a da relação possível entre estes dois institutos. A questão que aqui concretamente se coloca é a de saber se os dois tipos de medidas cautelares se podem aplicar cumulativamente[11] ou se, pelo contrário, tendo em consideração os distintos pressupostos de aplicação em que assentam e as suas diferentes características, se deve concluir, antes, pela sua aplicação disjuntiva, isto é, pela impossibilidade da sua coexistência, num mesmo momento temporal (embora não seja excluída a sua associação na regulamentação de uma mesma situação de base).[12]

Na senda do que sucede com a doutrina, também aos nossos tribunais administrativos se têm colocado idênticas dúvidas. Assim, e a este propósito, o Acórdão do Supremo Tribunal Administrativo, de 6 de Julho de 2004, proferido no âmbito do processo 0619/04, apesar de evidenciar a natureza distinta destas medidas, considerou que a suspensão dos procedimentos não cessa e, em última análise, prevalece (porque torna inoperantes em concreto) as medidas preventivas em vigor. No entanto, mais recentemente, o Acórdão daquele

---

[11] Esta é a posição defendida por Fernando Alves CORREIA, *Manual de Direito do Urbanismo*, Coimbra, Almedina, vol. I, 4.ª Edição, 2008 p. 562.

[12] Esta é a posição que defendemos em "As Medidas Cautelares dos Planos", em co-autoria com Dulce LOPES, *in Revista do Centro de Estudos do Direito do Ordenamento, do Urbanismo e do Ambiente,* n.º 10, Ano V_2.02, p. 45 e ss., Coimbra Editora.

mesmo tribunal, datado de 22 de Janeiro de 2009 (processo n.º 720/
/08), veio considerar que, encontrando-se em vigor medidas preventivas, apenas após a cessação destas colhe justificação legal a medida cautelar de suspensão dos procedimentos[13]. É precisamente este último Acórdão que é objecto de análise na presente publicação, no texto intitulado "*As medidas cautelares dos planos e o relacionamento entre medidas preventivas* e *suspensão de procedimentos – o princípio* tempus regit actum".

3.

a) A par do *planeamento* (aqui entendido como a actividade de elaboração e aprovação de planos territoriais), a *gestão urbanística* assume-se como uma parte fundamental do direito do urbanismo, correspondendo ao conjunto das actividades relacionadas com a concreta ocupação, uso e transformação dos solos, quer sejam realizadas directamente pela Administração Pública, quer pelos particulares sob a direcção, promoção, coordenação ou controlo daquela.[14]

Gestão urbanística

Num momento em que praticamente todo o território nacional se encontra abrangido pelos mais diversos instrumentos de gestão territorial e, em especial, coberto por planos municipais de ordenamento do território – aqueles que classificam e qualificam os solos –, falar em *gestão urbanística* significa falar na *execução de planos municipais*, nas mais variadas dimensões em que esta tarefa se traduz. Não se pode, pois, falar já, actualmente, de uma gestão urbanística sem planos, mas de uma gestão urbanística assente em instrumentos de planeamento.

Nesta perspectiva, existe uma estrita relação entre a *elaboração* e a e *execução dos planos municipais,* entre *planeamento* e *gestão urbanística,* fazendo ambos parte de uma mesma realidade *iterativa.*[15]

---

[13] Posição que foi seguida, posteriormente, pelo Tribunal Administrativo e Fiscal do Porto, no seu Acórdão de 14 de Junho de 2010, proferido no âmbito do Processo n.º 2325/05 0BEPRT

[14] Fernando Alves CORREIA, *Manual de Direito do Urbanismo*, Vol. II, Coimbra, Almedina, 2010, p. 19 e p. 21.

[15] Em causa está a perspectivação do planeamento como um *processo contínuo* que abrange não apenas o momento da sua *elaboração*, mas também o da respectiva *concre-*

No entanto, se é certo que se vem exigindo, cada vez mais, uma execução sistemática dos planos, isto é, uma excussão programada e coordenada pela Administração de acordo com a sua ordem de prioridades e abrangendo áreas pertencentes a vários proprietários – por o limite da propriedade de cada um não apresentar, em regra, a dimensão territorial adequada para garantir projectos urbanística, ambiental e financeiramente sustentáveis[16] –, não restam dúvidas de que, grande parte da gestão urbanística actual (e aquela que tem sido objecto de apreciação judicial), ainda é uma *gestão urbanística tradicional*, assente em pretensões de iniciativa dos particulares de acordo com a sua própria ordem de prioridades e cujos projectos são objecto de procedimentos (e actos) de controlo preventivo por parte da Administração.

É no âmbito deste tipo de gestão urbanística que se colocam algumas questões de relevo.

<small>Os actos de gestão urbanística</small>

b) É o que sucede, desde logo, com as questões atinentes à figura do *licenciamento*, enquanto acto central do procedimento de controlo preventivo de operações urbanísticas, as quais são tratadas no texto intitulado "*A natureza jurídica do acto de licenciamento urbanístico. Contributos para um estudo da natureza jurídica da licença urbanística*".

A *função*, as *características típicas* e o relacionamento que este acto de controlo preventivo de operações urbanísticas tem com a problemática do *ius aedificandi* (direito de construir, de urbanizar e de lotear), são temas relevantes do direito do urbanismo actual, ainda que os procedimentos tradicionais de licenciamento tenham vindo sucessivamente a ser substituídos por procedimentos de controlo preventivo distintos: mais céleres, informais e de responsabilidade partilhada com os interessados, como é o caso do procedimento de comunicação prévia de operações urbanísticas.

Não obstante este facto, as características típicas dos actos de licenciamento – designadamente a *impessoalidade*, a *transmissibi-*

---

tização, a qual se apresenta como o fim último do plano, já que este apenas tem a sua razão de ser se for para ser executado.

[16] Sobre esta nova lógica da gestão urbanística cfr., por todos, os textos integrados no n.º 2 da *Revista de Direito Regional e Local*, todos eles dedicados à temática das unidades de execução no âmbito da execução sistemática dos planos.

lidade, a *publicidade*, o *carácter vinculado*, a *precedência*, a *irrevogabilidade* e a *coordenação* – permanecem praticamente na íntegra nos novos actos (e procedimentos) de controlo preventivo que têm vindo a ser conformados pelo legislador, tornando a *natureza jurídica do acto de licenciamento* como um dos temas centrais do direito do urbanismo.

Mas se os actos de licenciamento (hoje também a admissão da comunicações prévias e as autorizações) são aqueles que procedem ao desfecho do respectivo procedimento apresentando-se como actos de *gestão urbanística que conferem direitos aos interessados* (os quais correspondem, consoante os casos, aos direitos de *lotear*, de *urbanizar*, de *edificar* e de *utilizar os edifícios*), eles não são, porém, os únicos actos que a Administração municipal pratica no âmbito da gestão urbanística.

Ao lado destes, que se podem qualificar de *decisões* (finais), outros há que se reconduzem à categoria genérica das *pré-decisões*, correspondendo a actos que, precedendo o acto final de um procedimento, decidem já, peremptória ou vinculativamente sobre a existência de condições ou de requisitos de que depende a prática de tal acto.[17] Em causa está uma categoria genérica de actos a que se reconduzem os *actos prévios* – actos administrativos que "*embora decidindo sobre um aspecto particular da decisão final (...), não produzem qualquer efeito permissivo, não autorizam o interessado a realizar (mesmo que só parcialmente) a pretensão a que aspira*" – e os *actos parciais* – "*decisões constitutivas antecipadas no que respeita a uma parte ou a um aspecto da decisão (autorização) final global, com efeito ou carácter permissivo*".

Assim, ao lado das *licenças* ou *admissões de comunicação prévias* de operações urbanísticas (cujos efeitos na esfera jurídica dos interessados se diferenciam, contudo, consoante esteja em causa uma operação de loteamento com ou sem obras de urbanização, ou obras de edificação[18]) e das autorizações (hoje reservadas para a

---

[17] Cfr. Mário Esteves de OLIVEIRA e Rodrigo Esteves de OLIVEIRA, *Código de Processo nos Tribunais Administrativos*, Vol. I, Coimbra, 2004, p. 344.

[18] Com efeito, se com qualquer daqueles actos a esfera jurídica dos interessados se enriquece, não restam dúvidas que são diferentes as faculdades que acrescem a essa esfera jurídica com qualquer deles: efectivamente são diferentes os direitos que decorrem de uma

utilização de edifícios), existem ainda as decisões (de deferimento ou de indeferimento) atinentes a pedidos de *informação prévia*[19]; as *licenças parciais para a construção da estrutura* (n.º 6 do artigo 23.º do RJUE), a *"licença" especial para actos preliminares da construção* (demolição, escavação e contenção periférica)[20].

<small>Qualificação jurídica do acto de aprovação do projecto de arquitectura</small>

É precisamente a este propósito – de identificação dos actos administrativos de gestão urbanística e dos efeitos que deles decorrem – que se tem questionado a função e a natureza jurídica do *acto de aprovação do projecto de arquitectura* no âmbito do procedimento de licenciamento de obras particulares, sendo certo que é no momento da apreciação deste tipo de projecto (e não dos projectos de especialidade) que se apreciam as condições urbanísticas da realização da obra (por isso, tal apreciação corresponde a uma fase autónoma daquele procedimento, que condiciona todo o andamento posterior do mesmo). Daí que a doutrina venha afirmando que a licença corresponde a um acto complexo que engloba vários actos autónomos, sendo um deles a aprovação do projecto de arquitectura[21], o qual tem, deste modo, a natureza de um *acto administrativo*

---

licença ou admissão de uma comunicação prévia de uma operação de loteamento ou os que decorrem de uma licença ou admissão de uma comunicação prévia de obras de edificação, sendo certo estarmos, em ambos os casos, perante actos administrativos constitutivos de direitos.

[19] Sobre a natureza jurídica dos actos de indeferimento de um pedido de informação prévia e a sua recorribilidade, a jurisprudência tem denotado algumas variações. *Vide*, por todos, o Acórdão do Supremo Tribunal Administrativo de 12 de Julho de 2007, proferido no âmbito do processo n.º 0415/07 (com o nosso comentário "Que direitos me dás, que direitos me recusas? – Reflexão em torno da questão da impugnabilidade das informações prévias desfavoráveis", *Revista do Centro de Estudos de Direito do Ordenamento, do Urbanismo e do Ambiente*, n.º 20, Ano X, 2.07, pp. 141-160) e o Acórdão, de sentido contrário de 12 de Março de 2009, proferido no âmbito do processo n.º 01018/08.

[20] Acto que pode ser emanado imediatamente a seguir à aprovação do projecto de arquitectura ou, quando o pedido de licenciamento tenha sido precedido de informação prévia favorável que vincule a câmara municipal, logo após a fase do saneamento (cfr. n.os 1 e 2 do artigo 81.º).

Recusando a este acto a natureza de acto parcial *vide* António CORDEIRO, *Arquitectura e Interesse Público*, Coimbra, Almedina, 2008, p. 304.

[21] *Vide*, a este propósito, o nosso "Duas questões no direito do urbanismo: aprovação de projecto de arquitectura (acto administrativo ou acto preparatório) e eficácia de alvará de loteamento (desuso?) – Anotação aos Acórdão do Supremo Tribunal Administrativo de 5 de Maio de 1998", *in Cadernos de Justiça Administrativa*, n.º 13, Janeiro/

prévio, na medida em que, através dele, a Administração aprecia uma série de condições (urbanísticas) exigidas por lei que ficam, assim, definitivamente decididas, tornando-se, por isso, aquele acto, relativamente a estas, *constitutivo de direitos* (pelo menos do direito a que estas questões não voltem a ser postas em causa e discutidas no decurso do procedimento de licenciamento se aquela apreciação for válida) e sendo, também por isso, *vinculativo* para a câmara municipal na deliberação final.

Não tem sido, porém, neste sentido, que se tem pronunciado a jurisprudência do nosso Supremo Tribunal Administrativo, ainda que com algumas modelações: assim, se bem que se afirme que o acto de aprovação do projecto de arquitectura se apresenta como um *acto preliminar* do procedimento de licenciamento (que embora contribua, em parte, para o conteúdo do acto de licenciamento, não assume "autonomia funcional" nem, por este motivo, eficácia imediatamente lesiva em face de terceiros), e que *"a deliberação que se limita a aprovar o projecto de arquitectura e a legitimar a prossecução do procedimento não se traduz num acto constitutivo de direitos, designadamente do direito de construir de acordo com o projecto de arquitectura aprovado e do direito de exigir a emissão do correspondente alvará e de iniciar as respectivas obras"* não lhe conferindo, por esse motivo, *"... o direito de edificar pois esse direito apenas emerge do acto final de licenciamento"*, a verdade é que se tem vindo a reconhecer que *"do acto de aprovação do projecto de arquitectura decorre, para o requerente do licenciamento, que essa aprovação não possa já ser posta em causa à luz dos*

/Fevereiro de 1999. Também defendendo que a licença de construção, acto final do procedimento de licenciamento, *"incorpora a aprovação de todos os projectos apresentados"*, o que significa que nela são apenas assumidas as precedentes aprovações parcelares vide Mário Araújo TORRES "Ainda a (in)impugnabilidade das aprovação do projecto de arquitectura", *in Cadernos de Justiça Administrativa*, n.º 27, Maio/Junho de 2001. No mesmo sentido cfr. João Gomes ALVES, "Natureza jurídica do acto de aprovação do projecto de arquitectura. Anotação ao Acórdão do STA de 5.5.1998", *in Cadernos de Justiça Administrativa*, n.º 17, Setembro/ Outubro, 1999 e António Duarte de ALMEIDA, "A natureza da aprovação do projecto de arquitectura e a responsabilidade pela confiança no Direito do Urbanismo", *in Cadernos de Justiça Administrativa*, n.º 45, Maio/Junho de 2004.

instrumentos de planeamento em vigor...", confirmando que este é o acto que se pronuncia, no âmbito do procedimento de licenciamento, de forma final sobre a conformidade com aquele tipo de instrumentos urbanísticos.[22]

Por seu lado, a tese do carácter constitutivo de direitos do acto de aprovação do projecto de arquitectura parece ter vingado no Acórdão da 1.ª Secção do Supremo Tribunal Administrativo de 16 de Maio de 2001, Processo n.º 46.227[23], no qual se equiparou a aprovação do projecto de arquitectura ao acto de licenciamento, para efeitos indemnizatórios, considerando-se que *"...a deliberação camarária que... aprova o projecto de arquitectura, não sendo embora o acto final do procedimento de licenciamento... é, no entanto, constitutiva de direitos para o próprio particular requerente, criando em favor deste expectativas legítimas no licenciamento, que a partir daí... já não poderá ser recusado com fundamento em qualquer desvalor desse mesmo projecto..."*. Refere-se este aresto aos *"naturais efeitos constitutivos de direitos"* do acto de aprovação do projecto de arquitectura e argumenta, quase que por maioria de razão, com a inquestionável afirmação legal de que a informação prévia favorável é constitutiva de direitos para o interessado a quem é prestada.[24]

Esta é, assim, uma questão de relevo no âmbito do direito do urbanismo, assumindo, efectivamente, importância a vários títulos: (i) quanto à impugnabilidade judicial deste acto[25]; (ii) quanto ao seu

---

[22] Acórdão do Supremo Tribunal Administrativo de 12 de Março de 2007, proferido no âmbito do Processo n.º 0620/07.

[23] Publicado nos Cadernos de Justiça Administrativa, n.º 45, p. 20.

[24] Cfr. António CORDEIRO, *Arquitectura e Interesse Público*, cit., p. 291. Nesta obra procede-se a um levantamento bastante completo da jurisprudência Supremo Tribunal administrativo a esse propósito, destacando-se a referência aos Acórdãos do STA de 21 de Março de 1996, Processo n.º 39097; de 10 de Abril de 1997, Processo n.º 39573; de 5 de Maio de 1998, Processo n.º 43497; de 17 de Novembro de 1998, Processo n.º 43772; de 30 de Setembro de 1999, Processo n.º 44672; de 23 de Maio de 2000, Processo n.º 45768, de 28 de Novembro de 2000, Processo n.º 46506; de 19 de Abril de 2005, Processo n.º 1415/04 e de 25 de Janeiro de 2006, Processo n.º 1127/05.

[25] Mais recentemente o Acórdão do STA de 9 de Dezembro de 2009, Processo n.º 019/09 (2.ª subsecção do CA), veio afirmar que: *"constitui acto administrativo impugnável, o acto que aprovou projecto de arquitectura praticado no âmbito de um*

carácter constitutivo de direitos para o requerente; (iii) quanto à forma como o mesmo se comporta quando ocorre, em momento posterior à sua prática e antes da prolação do acto final de licenciamento, a alteração das norma urbanísticas aplicáveis e, relacionada com esta, (iv.) quanto à possibilidade de indemnização nas situações em que este acto é colocado em causa por plano superveniente ou pela prática de um acto administrativo posterior que determinem a sua caducidade, anulação, declaração de nulidade ou revogação.

A forma como algumas destas questões tem sido tratado na jurisprudência dos nossos tribunais administrativos é relatada no texto *"Apreciação e aprovação do projecto de arquitectura – o esquiço, o projecto e a complexidade da norma – artigo 20.º do RJUE."*

c) Ainda no que concerne aos actos administrativos de gestão urbanística, assumem particular importância as questões relacionadas com a respectiva invalidade.

Antes de mais, porque se prevêem causas específicas de nulidade deste tipo de actos administrativos, com relevo para a violação dos parâmetros constantes dos próprios instrumentos de planeamento. Efectivamente a violação dos planos de eficácia plurisubjectiva (em especial, de planos municipais de ordenamento do território) é geradora de nulidade, não obstante, por estarem em causa normas de cariz complexo e técnico, nem sempre se afigure fácil determinar se tal violação ocorreu efectivamente no caso concreto. É disso exemplo a situação tratado no texto *"O Euro Stadium de Coimbra: análise ao Acórdão do Supremo Tribunal Administrativo de 26 de Maio de 2010"*.

Invalidade

Violação de planos como geradora de nulidade

---

processo de legalização de uma obra de construção, que havia sido levada a efeito em desconformidade com um anterior licenciamento, o qual permitiu a implantação daquela obra de molde a não permitir um correcto arejamento, iluminação natural e exposição à luz solar de um prédio vizinho" denotando uma inflexão jurisprudencial decorrente da consideração do artigo 51.º, n.º 1 do CPTA, à luz do qual o Tribunal afere da recorribilidade do acto, levando a que se reconheça a aprovação do projecto de arquitectura como um *acto prévio, com conteúdo decisório,* que *produz efeitos externos* e *lesivo de interesses de terceiros.*

Regime das nulidades urbanísticas

Por sua vez, as nulidades urbanísticas suscitam um conjunto de questões muito particulares, em especial quanto em causa estão actos de gestão urbanística com efeitos permissivos, isto é, que conferem aos interessados o direito de concretizar operações urbanísticas.

Sempre que a referida nulidade apenas é detectada num momento em que as operações estão já concretizadas materialmente, coloca-se impreterivelmente a questão de saber como deve a ordem jurídica tratar os efeitos de facto decorrentes desses actos nulos, tendo em consideração, que, para além do prazo excepcional de caducidade previsto no n.º 4 do artigo 69.º (que tem, contudo, um âmbito de aplicação limitado[26]), o legislador não previu, a este propósito, nenhum regime especial que tivesse em consideração exigências acrescidas no sentido da *conservação* dos efeitos de facto decorrentes destes actos ligadas a razões evidentes de *segurança jurídica* – que impedem que se desconsidere ou desconheça que se está, na maior parte das vezes, perante situações que se consolidaram e se estabilizam na vida real dos administrados, os quais, em muitos casos, se limitam a confiar na autoridade que normalmente reconhecem aos actos da Administração Pública, tendo agido *em conformidade com eles*, no *ambiente de confiança* que a autoridade que o praticou normalmente proporciona.

Assim, a questão que naturalmente se coloca é a de saber se a consequência natural da declaração de nulidade deste tipo de actos administrativos será a *destruição das situações de facto* deles decorrentes (*destruição dos efeitos materiais criados à sombra do acto*), isto é, a demolição das operações urbanísticas em causa, ou se existirão outras vias que permitam lidar com a situação, quer tais vias se encontrem no próprio regime da nulidade – que integra em si mesmo uma atenuação dos efeitos particularmente radicais dele decorrentes (os efeitos putativos dos actos nulos) – quer à margem dele ora por via da alteração *da situação de facto* ora da alteração *do*

---

[26] Cfr., neste sentido, Fernanda Paula OLIVEIRA, Maria José Castanheira NEVES, Dulce LOPES e Fernanda MAÇÃS, *Regime Jurídico da Urbanização e Edificação, Comentado*, 2.ª edição, Coimbra, Almedina, 2009, comentário ao artigo 69.º.

direito aplicável ao caso.²⁷ A primeira situação referida (dos efeitos putativos dos actos nulos) é o tema do texto *A Preservação de Efeitos do Acto Administrativo de Gestão Urbanística Nulo* que analisa, além do mais, a forma como a jurisprudência tem tratado esta questão.

Ainda nesta matéria, e porque a prática de um acto nulo pode ter consequências em termos de responsabilidade civil do município (artigo 70.º do RJUE), torna-se relevante determinar quais os danos indemnizáveis nesta sede (questão tratada no texto "*O dever de indemnizar no caso de declaração de nulidade de um alvará de loteamento. Comentário ao Acórdão do STA de 24.01.2008*"). Invalidade e responsabilidade civil

Porque estritamente relacionada com as questões da invalidade dos actos de gestão urbanística, mas olhando-as agora da perspectiva do contencioso, assume particular relevo a *medida cautelar da suspensão jurisdicional* da eficácia destes actos, que pode ser requerida pelos interessados com legitimidade para o efeito e que será concedida se se verificarem os pressupostos constantes do artigo 120.º do CPTA. A suspensão de eficácia de decisões urbanísticas

O relevo desta providência cautelar resulta de a impugnação jurisdicional de actos administrativos de gestão urbanística não ter, em regra, efeito suspensivo. Isto não obstante esta regra admitir excepções: no caso previsto no artigo 115.º, n.º 1, do RJUE – onde se determina que a impugnação contenciosa dos actos dos presidentes das câmaras municipais que ordenem a demolição total ou parcial de uma obra ou a reposição do terreno nas condições em que se encontrava antes da data de início das obras ou trabalhos tem efeito suspensivo – e no caso das acções intentadas pelo Ministério Público com base nas nulidades previstas no artigo 68.º – prevendo o n.º 2 do artigo 69.º que a partir da citação ao titular da licença, da admissão da comunicação prévia ou autorização para contestar tal impugnação, deve este cessar a execução das obras, se elas ainda se

---

²⁷ Sobre estas vias *vide* Pedro GONÇALVES e Fernanda Paula OLIVEIRA, "O Regime da nulidade dos actos administrativos que investem o particular no poder de realizar operações urbanísticas" *in Revista do Centro de Estudos de Direito do Ordenamento, do Urbanismo e do Ambiente*, n.º 4, p. 15, Ano II_2.99, Coimbra Editora.

encontrarem em curso (o que implica a suspensão da eficácia do acto em que as mesmas se fundam).²⁸

O relevo do recurso à providência cautelar de suspensão de eficácia nestes domínios é posto em evidência no texto "*A suspensão de eficácia de decisões urbanísticas: o caso do "edifício Coutinho", em Viana do Castelo*"

<small>As caducidades urbanísticas</small>

d) Particular interesse assume a consideração do factor tempo no âmbito do direito do urbanismo, com particular relevo para o instituto da *caducidade*: figura cujo tratamento dogmático é relativamente amplo no domínio do direito civil, mas cuja "importação" para o direito administrativo em geral e para o direito do urbanismo em especial, não foi isenta de dúvidas, dados os contornos muito heterogéneos da mesma aí assume.

Assim, desde a discussão da *natureza preclusiva* ou *sancionatória* das caducidades urbanísticas; passando pela questão de saber se a mesma *opera de forma automática* ou tem, antes, de ser declarada no âmbito de um procedimento que garanta a audiência do interessado, até à questão de saber se esta declaração, sendo obrigatória, tem *natureza meramente declarativa* ou *constitutiva* e se se traduz num acto *vinculado* ou que envolve *margens acentuadas de discricionariedade*, a caducidade assume um recorte particular neste domínio especial que é o direito do urbanismo.

Para além de que não tem de assumir sempre a mesma configuração e natureza nem de estar sempre submetida ao mesmo regime: a caducidade das licenças, autorizações e admissão de comunica-

---

²⁸ Esta norma tem, contudo, um âmbito mais limitado do que parece ter. Assim, referindo-se ao artigo 103.º do RJUE, a mesma apenas é aplicável no caso de obras em curso, não cessando efeitos de actos já executados, de alguns actos que se encontrem em execução (por exemplo, a cessação da utilização de um imóvel, tendo por base a impugnação da validade da autorização de utilização ao contrário do que parece indicar o artigo aqui em referência), nem, muito menos, a permissão da produção de efeitos positivos no caso da impugnação de actos de indeferimento (o que equivaleria a admitir uma forma de tutela antecipatória, que, em face dos riscos que acarreta, apenas deve ser deferida caso a caso e com cautelas particulares). Neste sentido cfr. Fernanda Paula OLIVEIRA, Maria José Castanheira NEVES, Dulce LOPES e Fernanda MAÇÃS, *Regime Jurídico da Urbanização e Edificação*, cit., comentário ao artigo 69.º.

ções prévias não tem de suscitar os mesmos problemas nem de ter o mesmo enquadramento jurídico que a caducidade no âmbito do pedido de informação prévia ou que a caducidade do projecto de arquitectura por falta de entrega dos projectos de especialidades, ou, ainda, que a caducidade do parecer da CCDR emitido nos termos do n.º 3 do artigo 42.º do RJUE ou da caducidade da ordem de embargo.

Dadas as dúvidas que se suscitam a este propósito, não deixa de ser curioso perceber como tem a nossa jurisprudência administrativa lidado com elas. Estas são as questões suscitadas no texto intitulado *"O Instituto da Caducidade, em Especial no Âmbito da Gestão Urbanística e o seu tratamento Jurisprudencial"*.

e) Para além do controlo preventivo da realização de operações urbanísticas, o Regime Jurídico de Urbanização e Edificação regula ainda o controlo sucessivo de concretização das mesmas, designadamente por intermédio dos procedimentos de fiscalização, os quais, com frequência, desencadeiam a prática de *medidas de tutela de legalidade* – que visam a reintegração da ordem administrativa violada, ao contrário do que sucede com as medidas de cariz sancionatório, que se destinam à repressão de uma infracção, mediante a imposição de uma sanção administrativa.

<small>Medidas de tutela de legalidade</small>

Esta é, claramente, uma das matérias com maior repercussão jurisprudencial, tendo os tribunais administrativos vindo a pronunciar-se, a vários títulos, sobre um conjunto de questões directamente relacionadas este tipo de medidas, dando resposta às diferentes questões que o seu tratamento dogmático vai colocando (cfr. o texto *As medidas de tutela de legalidade urbanística*)..

Directamente relacionada com esta questão está a da legalização de operações urbanísticas, a qual se coloca como uma via alternativa à demolição, enquanto a medida mais radical ou severa de reposição da legalidade violada. E isto por força do princípio da proporcionalidade.

A forma como os nossos tribunais têm tratado esta questão, por um lado, e, por outro, os problemas com que os municípios se deparam a este propósito e a forma como os tentam solucionar é objecto de análise no texto *Demolição vs Legalização, Não demolir, sem transigir – que solução?*, o qual dá a conhecer a original solução que se pretende instituir no Código Regulamentar do Município do Porto, que passa pela criação de uma legalização oficiosa de obras cuja invalidade decorre apenas de não se ter dado cumprimento (não se ter submetido a operação urbanística) ao procedimento de controlo preventivo, tendo sido cumpridas todas as normas de ordem material aplicáveis.

Ainda que se apresente como uma solução interessante e que tende a dar resposta a problemas colocados pela *praxis*, consideramos relevante deixar aqui algumas pistas para o debate desta questão que se apresentam, na verdade, como contra-argumentos às soluções ali apontadas: o carácter não absoluto do princípio da proporcionalidade, o qual deve ser sopesado com outros princípios jurídicos; o valor das normas procedimentais, designadamente as que exigem o desencadeamento de determinado tipo de procedimentos de controlo preventivo, que visam, tal como as de ordem material, a salvaguarda de relevantes interesses públicos que não devem ser descurados; a dificuldade de a entidade administrativa proceder a uma adequada análise do cumprimento da legalidade urbanística quando não inexistam projectos que a atestem e a responsabilidade que assume nestes casos.

4.

Contratos urbanísticos e contratação pública

Particular relevo tem vindo a assumir, no direito do urbanismo, a problemática da *contratação*, que reflecte o fenómeno da crescentemente intervenção dos particulares nos processos urbanísticos – reforço esse que corresponde a *diferentes formas de abertura da Administração aos particulares* –, assumindo graus de intensidade sucessivamente crescentes, desde o mero direito à informação até ao direito à participação que não é já apenas de *mera audição*, mas também, e cada vez mais, de *concertação* de interesses, assumindo-se a contratação como forma máxima dessa abertura.[29] A doutrina

---

[29] Sobre estas diversas formas de abertura *vide* os nossos *Instrumentos de Participação Pública em Gestão Urbanística*, cit., "O Papel dos Privados no Planeamento: Que formas de Intervenção?", in *Revista Jurídica do Urbanismo e do Ambiente*, N.º 20, 2003 (este último em parceria com Dulce Lopes), *Contratação Pública no Direito do Urbanismo*, 2008, Estudos de Contratação Pública – I, Coimbra Editora, 2008 e *Contratos para Planeamento – da Consagração Legal de Uma Prática às Dúvidas Práticas do Enquadramento Legal*, Coimbra, Almedina, 2009.

fala mesmo, a este propósito, de uma "co-determinação público-
-privada" dos conteúdos urbanísticos.[30]

São as virtualidades decorrentes da contratação no domínio urbanístico que justificam o recurso crescente à mesma. Com efeito, a contratação surge como uma forma adequada para ajustar ou conciliar interesses públicos e privados divergentes ou convergentes; para adaptar a acção administrativa a situações especiais ou não previstas na lei; para incitar uma colaboração mais efectiva da contraparte do que a que resultaria da prática de um acto de imputação unilateral; para conceder maior segurança aos particulares num domínio em que os seus investimentos apresentam um peso fundamental; para conferir maior legitimação à actuação da Administração e, em consequência, maior eficácia e eficiência a esta.

Pode também esta contratação, desde que devidamente enquadrada, permitir aos municípios os meios financeiros de que necessitam para a concretização dos seus projectos de interesse público, apresentando-se, nesta medida, como um instrumento importante e relevante para a sustentabilidade financeira dos mesmos.[31]

A panóplia de formas contratuais no domínio do direito do urbanismo é muito ampla, encontrando-se, ora no âmbito da *actividade administrativa de planeamento* (é aqui que encontramos os *contratos para planeamento* e os *contratos de execução dos planos*, referidos, designadamente, às formas de *execução sistemática dos planos* e ao reparcelamento do solo urbano), ora no âmbito da

---

[30] Expressão de Paolo URBANI, *Urbanistica Consensuale: La disciplina degli usi del territorio tra liberalizzazione, programmazione negoziata e tutele differenziate*, Torino, Bolatti Boringheri, 2000, p. 74.

[31] É aliás esta importante finalidade de associar investimentos privados a projectos com claro interesse público (e não necessariamente públicos) que tem fomentado, mesmo em termos legais, a introdução de parcerias entre as entidades públicas e privados no âmbito da reabilitação urbana (não apenas os proprietários de imóveis, mas também outros parceiros privados, designadamente promotores ou investidores). Este é, aliás, o motivo que levou a integrar o *"incentivo a novas parcerias para o desenvolvimento de programas integrados de reabilitação, revitalização e qualificação das áreas urbanas"* e a promoção *de "um urbanismo programado e de parcerias e operações urbanísticas perequativas e com auto-sustentabilidade financeira"* como medidas constantes do PNPOT.

actividade de *gestão urbanística tradicional*, onde assumem especial relevo os que são realizados no domínio dos procedimentos de controlo preventivo de operações urbanísticas.[32]

A utilização dos contratos no âmbito do direito do urbanismo tem servido frequentemente ora para enquadrar o exercício de poderes públicos neste domínio, ora para definir os termos em que os referidos poderes vão ser exercidos, ora, ainda, para substituir formas de actuação unilateral da Administração. No que a este propósito diz respeito, em causa está a utilização de diferentes tipos de contratos.

Umas vezes trata-se de contratos que a doutrina apelida de *decisórios* – pelos quais a administração visa produzir *o efeito jurídico de um acto* de natureza pública. É o caso do contrato pelo qual, a troco da cedência de uma parte de um terreno, no âmbito de um procedimento informal pré-expropriativo, a câmara municipal transfere para o particular uma outra parcela para a qual viabiliza, de acordo com as normas em vigor, uma determinada operação urbanística com uma capacidade edificativa e um desenho urbano específico. A este propósito o Tribunal Central Administrativo do Norte no âmbito do Recurso n.º 1149/04. 6BEPRT (inédito) considerou que um contrato deste tipo produz os efeitos de *informação prévia favorável* com todas as consequências daí resultantes (Acórdão que é objecto de comentário no texto *Os Contratos para Planeamento Ad Hoc*).

Outras vezes estão em causa contratos designados doutrinalmente de *obrigacionais* ou *endo-procedimentais*, pelos quais a administração se compromete a tomar uma determinada decisão ou a tomar uma decisão com um determinado conteúdo. Fala-se, a este propósito em *contratos sobre o exercício de poderes públicos*[33] os quais têm um âmbito de incidência mais amplo do que os tradicionais *contratos substitutivos de actos administrativos* (ou contratos decisórios) – através dos quais a Administração no final do proce-

---

[32] Cfr., por todos, o nosso "Contratação Pública no Direito do Urbanismo", in. *Estudos de Contratação Pública – I*, Coimbra Editora, 2008, pp. 781 e ss.

[33] Sobre estes *vide*, por todos, Filipa Urbano CALVÃO, "Contratos sobre o Exercício de Poderes Públicos" in *Estudos sobre Contratação Publica – I*, cit., pp. 327 e ss.

dimento administrativo celebra um contrato com um privado, em vez de tomar a decisão unilateralmente – e *contratos obrigacionais* – pelos quais a Administração se vincula à emissão de um acto administrativo antes ou no decurso de um determinado procedimento administrativo.

Com efeito, precisamente por o artigo 336.º do CCP se referir aos contratos com objecto passível de acto administrativo e *demais contratos sobre o exercício de poderes públicos*[34], a doutrina vem mencionando outras categorias, como a dos *contratos normativos*, a qual abrange aqueles que visam conformar o conteúdo de uma norma que depois é adoptada de forma unilateral (contratos integrativos do procedimento ou contratos "pré-normativos"), bem como os que substituem a própria norma, a qual passa a assumir forma contratual.[35]

Precisamente sobre a possibilidade de o contrato se assumir como uma forma normal de actuação administrativa no âmbito do direito do Urbanismo e as questões que se colocam a este respeito incide o texto *Urbanismo concertado: entre a promessa e o contrato*, o qual se debruça sobre um acórdão do STA (de 18 de Maio de 2006, no âmbito do processo 0167/05) que parece querer negar esta evidência.

É ainda no domínio da *contratação* que se evidencia o contrato pelo qual o promotor de uma operação urbanística assume a responsabilidade de realização *infra-estruturas gerais* que permitem a viabilização da sua operação urbanística que, de outro modo, teria de ser indeferida.[36] A lei portuguesa admite, expressamente, a pos-

---

[34] Embora o CCP regule apenas os primeiros (cfr. artigo 337.º).

[35] Cfr. Alexandra LEITÃO, "Contratualização no direito do urbanismo", in *Revista Jurídica do Urbanismo e Ambiente*, n.º 25/25, p. 12 e "Os contratos interadministrativos", in *Estudos sobre Contratação Publica – I*, pp. 733 e ss.

[36] Com efeito, a lei contempla um tipo de fundamento de indeferimento estritamente relacionado com o impacte que a operação urbanística tem nas infra-estruturas urbanísticas gerais: ausência de arruamentos ou de infra-estruturas de abastecimento de água e saneamento, ou a sobrecarga incomportável da operação urbanística nestas sempre que o seu reforço não se encontre previsto ou programado pelo município. Nestes casos, a lei impõe o indeferimento da pretensão, admitindo, contudo, que a proposta de indeferimento possa ser revertida, isto é, alterado o sentido da decisão final da Administração, sempre que o requerente se comprometa, mediante a celebração de contrato, a realizar os

sibilidade de o particular se substituir à Administração executando *obras de urbanização gerais* indispensáveis à viabilização da sua pretensão, ou seja, permite que a administração municipal, por intermédio de um contrato *adjudique* a um privado a responsabilidade de execução de *infra-estruturas gerais* que, de acordo com a distribuição de tarefas nesta matéria, seriam da sua responsabilidade.

Colocam-se, no entanto, especiais dificuldades do ponto de vista jurídico à celebração deste tipo de contratos, já que se admite, por intermédio dos mesmos, a atribuição directa da execução de infra--estruturas gerais, que podem ser qualificadas de obras públicas, a privados sem o cumprimento de princípios fundamentais nestes domínios, como os da *igualdade* e da *concorrência*. A estas dificuldades se refere o texto *Os Contratos Urbanísticos como Actividade Económica e Mercado Público: A influência da Jurisprudência Comunitária*.

Com efeito, desta jurisprudência parece resultar uma impossibilidade, à luz do direito comunitário, da celebração dos contratos a que se refere o artigo 25.º do RJUE, esquecendo as particulares especificidades que se verificam nestes domínios, designadamente que está em causa a realização de *infra-estruturas gerais* que viabilizam a operação urbanística do promotor, tornando altamente gravoso obrigar o projecto privado (e as respectivas infra-estruturas locais) a aguardar pela execução daquelas, de forma a dar cumprimento prévio aos trâmites da contratação pública, colocando igualmente em causa o interesse público da continuidade das redes de infra-estruturas, a que acresce tratar-se de uma posição que esquece que o promotor se encontra, nestas situações, numa posição de infungibilidade e irrepetibilidade, na medida em que as infra-estruturas gerais, embora possam servir, posteriormente, outras operações urbanísticas, têm como causa imediata e são justificadas naquela operação urbanística, que visa viabilizar. Ou seja, a sua realização serve, de forma imediata a pretensão daquele particular, naquela situação concreta (de deferimento de uma específica pretensão urba-

---

trabalhos necessários ou assumir os encargos inerentes à realização daquelas infra--estruturas gerais ou à sua manutenção, de acordo com o estipulado no n.º 1 do artigo 25 .º.

nística), sendo precisamente nestes casos de *infungibilidade* ou *irrepetibilidade*, que se justifica o menor relevo dos princípios da igualdade e da concorrência, que apenas devem valer na sua plenitude quando estão em causa situações de funcionamento dos mecanismos de mercado ou de tipo de mercado que envolvam uma pluralidade de potenciais interessados, o que claramente não ocorre na situação em apreço.

Assim, se é certo que, cada vez mais, a jurisprudência comunitária tem vindo a assumir um relevo acrescido na ordem jurídica interna, em particular no ordenamento jurídico urbanístico – e o Acórdão La Scala, o Acórdão *Auroux* e o Acórdão *Helmut Müller* tratados no texto supra referido é a prova disso – é fundamental não se perder de vista a especificidade que algumas das nossas soluções legais internas apresentam.[37]

5.

É, aliás, ainda o relevo do direito comunitário e dos seus principais instrumentos, designadamente os decorrentes das políticas sectoriais com repercussão territorial, e a sua articulação com o ordenamento jurídico internos, que leva à questão relevante de saber se o ordenamento do território é já uma matéria da competência da União Europeia. Daí a actualidade da problemática tratada no texto *Entre as Metáforas Espaciais e a Realidade: A União Europeia possui Competência em Matéria de Ordenamento?*

Ordenamento do território e ordem jurídica comunitária

---

[37] As questões discutidas no âmbito daquela jurisprudência, têm também sido objecto de atenção dos nossos tribunais, ainda que noutros domínios. Veja-se, a título de exemplo, o Acórdão do Tribunal Central Administrativo Sul (Processo 03035/09) de 16 de Junho de 2009, no âmbito do qual se discutiu a aplicação do conceito de empreitada de obras públicas às infra-estruturas internas (obras de urbanização) que no âmbito de um loteamento urbano se destinam a ser cedidas ao domínio público municipal.

Concordamos com a solução apontada por aquele aresto – de que em causa não estão obras públicas –, muito embora se reconheça uma analogia de situações, motivo pelo qual, aliás, se determina expressamente a aplicação das regras previstas no Código dos Contratos Públicos à sua recepção provisória e definitiva (Decreto-Lei n.º 18/2008, de 29 de Janeiro, parte III, título II «contratos administrativos em especial», capítulo I «empreitadas de obras públicas», secção IX «recepção provisória e definitiva», artigos 394.º, 395.º, 397.º, 398.º).

6.

O relevo dos tribunais judiciais

Não obstante, como referido, o contencioso urbanístico seja, no seu essencial, contencioso administrativo, também os tribunais judiciais intervêm na resolução de muitos litígios mais ou menos relacionados com as questões urbanísticas.

Um dos domínios onde os tribunais judiciais têm particular intervenção é em matéria da determinação do valor da indemnização quer na *expropriação em sentido clássico*, em especial nas expropriações para efeitos de execução de instrumentos de planeamento (cfr. o texto *O montante da indemnização por expropriação: o caso do Parque da Cidade do Porto*) quer nas designadas *expropriações de sacrifício* (cfr. o texto *O Caso da Quinta do Taipal: Exposição Sumária e Análise Crítica Jurisprudencial*, no âmbito do qual se discute a questão da qualificação das decisões administrativas que produzem restrições ao direito de propriedade do solo: se como medidas concretizadoras do conteúdo e limites do direito de propriedade não tendo, por isso, consequências indemnizatórias, se como compressões ablatórias de natureza expropriativa). Esta questão tem especial relevo quando estão em confronto (e conflito) o *direito do ambiente* e o *direito de propriedade,* colocando a questão de uma eventual vinculação ecológico-social (ou situacional) dos solos justificadoras de intervenções restritivas ao direito de propriedade sem qualquer indemnização.

O domínio de intersecção entre o direito civil e o direito do urbanismo

Curiosamente não pode deixar de se notar que, com cada vez maior frequência, se vai evidenciando um crescente *diálogo* entre o direito civil e o direito do urbanismo, surgindo amiúde um conjunto de questões que ser designadas de *fronteira* ou de *intersecção* entre ambos.

Nestes domínios assumem igual relevo quer as decisões dos tribunais judiciais quer as dos tribunais administrativos como decorre do interessantíssimo texto "*Acessão industrial imobiliária e usucapião parciais* versus *destaque*", o qual coloca em relevo a possibilidade de institutos clássicos de direito civil (mais propriamente de direitos reais, como a acessão industrial imobiliária e a usucapião) apenas poderem "funcionar" se tiverem sido cumpridos os requisitos decorrentes do ordenamento jus-urbanístico para a divisão fundiária dos solos, os quais devem ser devidamente indagados no momento em que os interessados pretendem fazer valer aqueles institutos. As questões essenciais que aí se discutem (quer em termos de jurisprudência juridical quer administrativa) prendem-se com a impossibilidade do recurso àqueles institutos jus-civilisticos sempre que eles se configurem ou tenham como consequência a concretização de operações urbanísticas em violação dos ordenamento jus-urbanístico, obrigando ao desencadeamento dos procedimentos administrativos tendentes ao respectivo controlo, ainda que se traduza num controlo mais simples (como o que é feito à operação de destaque).

Na articulação entre o direito civil e o direito do urbanismo conclui-se, deste modo, que não podem os institutos daquele ramo do direito ser aceites como títulos de aquisição de direitos que, de outra forma, não poderiam ser adquiridos em face do direito constituído, caso contrário os mesmos apresentar-se-iam como veículos para a promoção da violação directa de normas imperativas de direito do urbanismo.

Numa lógica idêntica se apresenta a questão tratada no texto *Ordem de demolição judicial: Podem os interessados proceder à sua execução sem prévio controlo municipal?* Neste caso debatendo até que ponto a decisão de um tribunal judicial, que se pronunciou em exclusivo sobre questões de direito privado, dispensa o controlo preventivo das operações urbanísticas necessárias à respectiva execução

7.

Para além do conjunto variado de reflexões que decorrem dos vários textos que compõem a presente publicação – e dos quais se forneceu aqui um breve roteiro –, pretende-se, com ela, proporcionar, a todos aqueles que de uma forma directa ou indirecta têm de lidar com estas temáticas, um conjunto útil de informação acerca da jurisprudência mais relevante nestes domínios.

Por isso, para além do texto dos acórdãos citados ao longo da publicação e não publicados entre nós, fornece-se, ainda, uma breve resenha e análise (não exaustiva) da jurisprudência mais recente dos tribunais administrativos nestes domínios, procurando colmatar as temáticas ausentes de tratamento.

Julho de 2010

Parte I

PLANEAMENTO TERRITORIAL

"Longe dos Olhos e do Coração": O Problema Jurídico da Localização de Instalações para Eliminação de Resíduos no Brasil

DIOGO ASSIS CARDOSO GUANABARA[1]

1. Introdução

O presente ensaio visa discutir criticamente a questão da localização dos aterros para a eliminação de resíduos sólidos e sua relação com o planejamento do território, na perspectiva legislativa e jurisprudencial brasileira. A ideia que ora se propõe é discutirmos este assunto tendo como parâmetro algumas decisões de variados Tribunais brasileiros. Partindo das complicações jurídicas envolvendo a localização do referido Aterro, nos debruçaremos sobre as dificuldades existentes no Brasil, no que tange à análise pelo Poder Judiciário de litígios que envolvam a instalação de empreendimentos que lidem com a gestão de resíduos para a sua deposição final.

Como se pretende demonstrar, um dos pontos centrais desse problema reside na ampla discricionariedade que existe quando da tomada de decisões que envolvem a localização de instalações de gestão de resíduos. E esta amplitude é visível sobejamente no Brasil, deixando a decisão administrativa que autoriza a instalação do empreendimento com uma difícil sindicabilidade pelo Poder Judiciário, uma vez que a falta de critérios objetivos balizadores dessa decisão pode ensejar tanto uma intervenção excessiva pelo julgador, quanto uma intervenção reduzida. Por outras palavras, na primeira situação, o juiz *extrapola* a esfera judicante, tomando, por conta própria, medidas para as quais não está legitimado e não tem competência; e, na segunda ilustração, há um *déficit na prestação jurisdicional*

---

[1] Advogado no Brasil. Mestre em Direito Constitucional pela Universidade de Coimbra. (diogoacg@gmail.com).

provocado pela falta de critérios objetivos, que, em razão da sua inexistência, potencializa uma situação de injustiça no caso concreto.

Levando-se em conta esta realidade brasileira, a proposta que aqui trazemos é de pensarmos de que forma a legislação territorial brasileira, ao se articular com os planos setoriais de gestão de resíduos sólidos, possibilita uma melhor objetivação de critérios normativos sobre a localização das instalações de gestão de resíduos sólidos para eliminação. Se por um lado é necessário promover uma correta gestão para essa eliminação, não é inoportuno frisar que a correta e eficiente gestão dos resíduos exige que se tomem em conta as regras de planificação urbanística quando da escolha da localização das instalações que visam a sua eliminação.[2]

Para um melhor enquadramento do tema, será necessária uma pequena incursão na realidade legislativa brasileira sobre a matéria. Em seguida, adentraremos na discussão da articulação entre a planificação setorial dos resíduos e a planificação territorial. Finalmente, será interessante notar como na prática, os julgadores ponderam – ou melhor, não ponderam – esta articulação.

2. Jurisprudência Brasileira sobre Direito dos Resíduos: em especial o problema da localização de Aterros

A jurisprudência brasileira é bastante incipiente no que se refere à resíduos e organização do território. Como sustenta FREITAS "o assunto não costuma ser debatido nos Tribunais, certamente porque poucos têm conhecimentos do assunto e qualquer ação judicial exige estudo e cautela, em razão das conseqüências que poderá resultar"[3].

---

[2] SANTAMARÍA ARINAS, René Javier. "Régimen Jurídico de La Producción y Gestión de Residuos". Monografia Associada a Revista Aranzadi de Derecho Ambiental n. 11. Pamplona: Thomson Aranzadi, 2007, p. 197.

[3] FREITAS, Vladimir Passos de Freitas. "A experiência brasileira em matéria de Resíduos Sólidos". In Direito ambiental em Evolução. Vladimir Passos de Freitas (coord). Curitiba: Juruá, 2007, p. 365.

Esse estado de sonolência em que vive a jurisprudência e a doutrina brasileira no que se refere ao Direito dos Resíduos e Direito do Urbanismo, contribui para o agravamento da questão que ora nos propomos a analisar. É que, embora não se tenha uma evolução no estudo jurídico desses ramos do Direito, os problemas cotidianos envolvendo a localização de aterros sanitários são cada vez mais levados ao conhecimento e apreciação do Poder Judiciário, que, por sua vez, não dispõe de uma cultura jurídica sólida para lidar com esses "novos"problemas.

Aqui, teremos a oportunidade de expor alguns casos que demonstram como este problema é tratado pelos tribunais brasileiros:

Associação Movimento Nossa Terra **Vs.** *Município de Rolândia*[4].

O Tribunal de Justiça do Estado do Paraná manteve a sentença proferida em primeiro grau que anulou o ato administrativo do órgão competente para apreciar o pedido de instalação de um Aterro Sanitário de pequeno porte. Esta decisão administrativa dispensou o empreendedor (Município de Rolândia) de elaborar o Estudo de Impacto Ambiental para construir o referido Aterro Sanitário. Baseado fundamentalmente em um entendimento de prevenção de danos ambientais sem, o judiciário divergiu dessa decisão administrativa para exigir do empreendedor a elaboração do Estudo de Impacto Ambiental, no prazo de 90 (noventa) dias, sob pena do pagamento de multa diária de R$1.000,00 (mil reais) em caso de descumprimento[5].

---

[4] TJPR – Ap. e Reex. Necessário n.º136340-4 – 2ª Câmara Cível – Rel. Dês. Ângelo Zattar – jul/set 2003.

[5] É significativo este excerto do acórdão: *"Mas o que chama a atenção e faz nascer imensa preocupação na mente deste julgador, é que naquelas imediações existe um grande número de mananciais e também leito de rios, dos quais a população ribeirinha retira sustento, irriga lavoura, implementa atividades agro-pastoris, industriais etc. Não precisa ser perito no assunto para se saber que qualquer falha no sistema do aterro ou uso indevido do local para depósito de lixo inadequado significa condenar todos os confinantes e a própria coletividade a um sofrimento desmedido, até mesmo com riscos à vida dos que dependem dos recursos naturais ali dispostos."*

Ministério Publico/MGVs. Helvécio Garcia Miranda (Prefeito Municipal de Santa Bárbara de Tugúrio/MG)[6]

Trata-se de Ação Criminal promovida pelo Ministério Público do Estado de Minas Gerais, contra o prefeito do pequeno município de Santa Bárbara de Tugúrio, a fim de apurar a pratica de crime de poluição por depósito ilegal de resíduo Sólido Urbano em lixão a céu aberto. O Tribunal de Justiça de Minas Gerais reconheceu que o prefeito acusado agiu com negligência e imprudência quando ordenou o despejo dos resíduos daquele município em uma área sem as mínimas condições de receber.

O fato curioso deste caso é que o julgador reconheceu como circunstância atenuante para minorar a pena do prefeito o problema da tradicional má gestão de resíduos levada a cabo pelos entes municipais brasileiros. O Acórdão reconhece que *"juntar lixo urbano, transportá-lo a locais adequados, para tratá-lo com a técnica recomendada, custa muito dinheiro. Poucos Municípios têm condições de enfrentar essas despesas"*[7], e, por esta razão, seria razoável minorar a responsabilidade penal do gestor público. Um verdadeiro absurdo, ao nosso ver.

Este caso guarda pertinência à problematização por nós proposta na exata medida em que tomando-se este entendimento como paradigma o que ocorrerá será um incentivo às práticas de descarte de resíduos em locais impróprios. Afinal, se "custa muito dinheiro", por quê eu, gestor da coisa pública, vou me preocupar em destinar o resíduo da minha cidade em um local ambientalmente adequado? Mais uma vez, descordamos veementemente deste entendimento.

---

[6] TJMG – Proc. N.º 1.0000.00.198187-7/000 – Relator. Desembargador Gudesteu Biber – j em 17/12/2003.

[7] Eis um relevante trecho o referido acórdão: *"Não tenho como grave o fato delituoso narrado nos autos. As Prefeituras Municipais, com diminuta arrecadação a título de "Limpeza Pública", são incapazes de vencer a rusticidade, a má educação e falta de preparo do povo para o exercício da cidadania. Já não digo Santa Bárbara do Tugúrio, perdida entre as montanhas, na Comarca de Barbacena, mas nossas grandes capitais sofrem o impacto da explosão demográfica e das migrações do povo sofredor, do campo para as cidades. Juntar lixo urbano, transportá-lo a locais adequados, para tratá-lo com a técnica recomendada, custa muito dinheiro. Poucos Municípios têm condições de enfrentar essas despesas."*

Caso do Aterro de Itapevi

No Município de Itapevi, no Estado de São Paulo[8], pretendeu-se a instalação de um aterro sanitário em uma Área de Preservação Ambiental Permanente – APP, pelo que obtevedecisão favorável de todos os órgãos técnico-ambientais da administração estadual e federal competentes. Entretanto, insatisfeitos com aquela obra, alguns moradores daquele município ajuizaram uma *Ação Popular* com o objetivo de paralisar as obras de construção do referido aterro.

As obras foram paralisadas por uma decisão em primeiro grau, entretanto, em razão de uma série de recursos, a questão foi definida em última instância pelo Superior Tribunal de Justiça – STJ, que reformou as decisões anteriores ordenando a continuação das obras (que estavam em estágio avançado), a fim de que naquele aterro fosse despejado os resíduos do Município de Itapevi. E, resumidamente, os seus fundamentos foram estes:

a) *"o Município de Itapevi, como qualquer outra cidade que sofre <u>processo acentuado de urbanização sem que haja o devido planejamento</u>, vem enfrentando dificuldades ao longo dos anos para solucionar tão delicado problema: qual destinação deve ser dada ao lixo gerado pela comunidade local?"*[9] (grifo nosso)

b) *"aplicar, à hipótese, o princípio da proporcionalidade para analisar o dano causado – ou a ser causado – na espécie, e decidir pela utilização, ao menos até que examinado, pelas vias próprias, o mérito da impetração, pela utilização de área própria, já finalizada e constantemente fiscalizada pelo órgão de defesa do meio ambiente, para o despejo e processamento do lixo produzido em Itapevi. Mais prejudicial seria, por óbvio, manter os dejetos expostos, como estão, a céu aberto, em*

---

[8] Segundo dados do Instituto Brasileiro de Geografia e Estatística – IBGE a cidade de Itapevi, localizada no Estado de São Paulo, possui 193.686 habitantes e seu Produto Interno Bruto – PIB é de R$ 1.596.007 (um milhão, quinhentos e noventa e seis mil e sete reais), formado majoritariamente pelo setor de serviços9. Pode ser considerado, assim, como um município de médio porte no Brasil.

[9] STJ, SL31-SP, Ministro Nilson Neves, publicado do Diário da Justiça em 02/10//2003.

descontrolada degradação e ao alcance de famílias carentes e pequenos animais, possíveis transmissores de doenças."[10]

Pois bem. Seguindo a linha proposta pelo presente trabalho, passemos, pois, a uma sucinta exposição descritiva de alguns dos diplomas legais sobre a realidade brasileira em matéria de urbanismo e de ordenamento do território[11] e sobre os Planos Setoriais em matéria de resíduos sólidos.

3. Brasil: Breve descrição da legislação sobre Urbanismo e Ordenamento do Território e sobre Planos Setoriais em matéria de Resíduos Sólidos.

3.1. *A Legislação brasileira sobre Urbanismo e Ordenamento do Território*

A legislação brasileira em matéria de urbanismo e ordenamento do território ainda é incipiente. Sem dúvida alguma, o avanço maior se deu em 2001 com a promulgação da Lei Federal 10.257/2001 ("Estatuto da Cidade"), que estabelece diretrizes gerais de política urbana. Merece destaque, porém, a previsão do "Plano Diretor Municipal", trazida nos arts. 39 e 40da citada lei.

O *Plano Diretor* é o instrumento básico da política de desenvolvimento e expansão urbana, e deve conter, dentre outros conteúdos, a delimitação das áreas urbanas onde poderão ser aplicados o par-

---

[10] STJ, SL 105-SP, Ministro Edson Vidigal, publicado no Diário da Justiça em 26/10/2004.

[11] Sem adentrar na discussão sobre os critérios distintivos entre o direito do urbanismo e o direito do ordenamento e do território, adotaremos a postura nesse trabalho de entender, tal como OLIVEIRA, o "urbanismo" como um prolongamento do "ordenamento do território", dado o caráter mais amplo e abrangente desse último. (cfr. OLIVEIRA, Fernanda Paula. "Portugal: Território e Ordenamento". Coimbra: Almedina, 2009, p. 40). Todavia, tendo em vista as características do presente trabalho, por vezes, podem ser utilizadas as expressões "urbanismo" e "ordenamento do território" sem o devido rigor conceitual, muito embora saibamos que ambas exprimem, tecnicamente, situações de regimes jurídicos diferentes.

celamento, edificação ou utilização compulsórios, considerando a existência de infraestrutura e de demanda para utilização.

Interessante notar que o art. 2.º do referido Estatuto traz como objetivo da política urbana a garantia do direito à "*cidade sustentável*", esta entendida como direito à terra urbana, à moradia, à infra-estrutura urbana, ao transporte e aos serviços públicos, ao trabalho, ao lazer e ao *saneamento ambiental*[12]. É precisamente sobre esse último "direito" que volvemos o nosso olhar. Tal como pensa FIORILLO, parece que, dentro do direito ao saneamento ambiental, podemos enxergar o "direito ao descarte dos resíduos" dentro de condições minimamente seguras e adequadas, pois, ao fim e ao cabo, o que se pretende com ele é a "tutela da saúde da pessoa humana adaptada ao local onde vive"[13].

Percebe-se, assim, que a política em matéria de gestão dos resíduos não prescinde de uma análise integral do quadro urbano. Desde já, pode-se dizer que ambas devem se complementar e se harmonizar, tendo em vista a construção da "Cidade Sustentável". Contudo, é de se registrar queem nenhum momento a referida lei avança no sentido de tratar da imprescindível articulação que deve existir entre as políticas territoriais e as políticas setoriais em matéria de resíduos. Não fosse esse esforço interpretativo que pode ser feito com base no amplo conceito de "Cidade Sustentável", não teríamos qualquer regra mínima que fizesse menção a uma necessária harmonização dos instrumentos do Direito do Ordenamento do Território e do Direito dos Resíduos.

---

[12] Lei Federal n.º 10.257/2001 : "*Art. 2º A política urbana tem por objetivo ordenar o pleno desenvolvimento das funções sociais da cidade e da propriedade urbana, mediante as seguintes diretrizes gerais: I – garantia <u>do direito a cidades sustentáveis</u>, entendido como o direito à terra urbana, à moradia, <u>ao saneamento ambiental</u>, à infra-estrutura urbana, ao transporte e aos serviços públicos, ao trabalho e ao lazer, para as presentes e futuras gerações; (...)*"(grifou-se).

[13] FIORILLO, Celso Antonio Pacheco. "Estatuto da Cidade Comentado". 2.ª Edição. São Paulo. Editora Revista dos Tribunais, 2005, p. 54.

3.2. O tratamento normativo brasileiro sobre Planos Setoriais em Matéria de Resíduos Sólidos

Como assevera CORREIA, os planos setoriais "não tem como finalidade direta e imediata o planejamento do território,mas antes a programação e a concretização de políticas de desenvolvimento econômico e social e de projetos com incidência espacial, determinando o respectivo impacto territorial"[14].

Sendo assim, seria incorreto concluir que o Brasil possui apenas um plano setorial de gestão de resíduos sólidos. Em verdade, o tratamento que se dá no Brasil sobre esta matéria é, no mínimo, confuso. Temos um desconexo leque de instrumentos normativos (nessa seara estão, principalmente, leis estaduais e federais, resoluções administrativas e normas técnicas) que possibilitam uma regulação, com inúmeras dificuldades, de toda a problemática territorial que envolve a disposição final dos resíduos sólidos.

É de se destacar, aqui, três diplomas legislativos.

O primeiro é a *Lei Federal n.º 11.445/2007*, que disciplina a Política Nacional de Saneamento Básico. Ao enquadrar, no seu art. 3.º o "manejo de resíduos sólidos" como uma feição do "saneamento básico"[15], esse diploma legal atrai à disciplina da gestão dos resíduos as normas destinadas aos Planos de Saneamento Básico, previstas nos arts. 19 e 20 da lei. Todavia, analisando tais dispositivos, nada encontramos com relação a critérios objetivos que visem disciplinar a escolha dos locais para a construção de empreendimentos que visem dar destinação final aos resíduos sólidos.

A mesma falta de disciplina quanto aos locais desses empreendimentos também existem nas legislações dos Estados. Vejamos o

---

[14] CORREIA, Fernando Alves. "Manual do Direito do Urbanismo", Vol. I, 3.ª. Edição. Coimbra: Almedina, 2006, p. 335.

[15] "Art. 3º Para os efeitos desta Lei, considera-se:

I – saneamento básico: conjunto de serviços, infra-estruturas e instalações operacionais de:

(...)

c) *limpeza urbana e manejo de resíduos sólidos: conjunto de atividades, infra-estruturas e instalações operacionais de coleta, transporte, transbordo, tratamento e destino final do lixo doméstico e do lixo originário da varrição e limpeza de logradouros e vias públicas;(...)"* (Grifou-se)

exemplo das leis do Estado de São Paulo:temos a *Lei Estadual n.º 7750/92* (que versa sobre o Plano Estadual de Saneamento Básico) e a *Lei Estadual n.º 11387/2003*, que, apesar de se intitular como "Plano Diretor dos Resíduos Sólidos", adota a técnica de remissão legislativa para que o Poder Executivo estipule o conteúdo e efetivamente elabore o Plano Diretor dos Resíduos Sólidos do Estado de São Paulo. Ou seja, não são previstas balizas normativas do poder discricionário quando da localização dessas infraestruturas.

Saindo da esfera legislativa, podemos apontar duas Resoluções Administrativas do Conselho Nacional do Meio Ambiente – CONAMA que esboçam pequenas diretrizes sobre o tema da escolha dos locais para deposição de resíduos sólidos. São as Resoluções n.º 358/2005 e a n.º 404/2008.

A resolução do *CONAMA n.º 358/2003* versa sobre o tratamento e disposição final dos resíduos de saúde. No seu "anexo II", a resolução prevê critérios mínimos para seleção da área onde ocorrerá a disposição final dos resíduos do serviço de saúde. Dois são os critérios: (a) *A área não deve possuir restrições quanto ao zoneamento ambiental (afastamento de Unidades de Conservação e/ou áreas correlatas)*; e (b) *Respeitar as distâncias mínimas estabelecidas pelos órgãos ambientais competentes de ecossistemas frágeis, recursos hídricos superficiais e subterrâneos.*

De outro giro, a Resolução do *CONAMA n.º 404/2008* trata do estabelecimento de normas administrativas para o licenciamento de aterros sanitários em municípios de "pequeno porte". O art.1.º dessa resolução nos esclarece que seriam "municípios de pequeno porte" aqueles que produzissem, por dia, quantidade inferior a 20 (vinte) toneladas de Resíduos Sólidos. Para estes municípios, a resolução, no seu art. 4.º enumera uma série de requisitosqueos aterros devem atender quando do requerimento da licença ambiental. Dentre os quais, destacam-se 09 (nove) pela especial referência que é feita quando da seleção da área. Os aterros em "municípios de pequeno porte" devem ter: *(a) Vias de acesso ao local com boas condições de tráfego ao longo de todo o ano, mesmo no período de chuvas intensas; (b) Respeito às distâncias mínimas estabelecidas na legislação ambiental e normas técnicas; (c) Respeito às distâncias mínimas estabelecidas na legislação ambiental relativas a áreas de preservação permanente, Unidades de Conservação, ecossistemas frágeis e recursos hídricos subterrâneos e superficiais;* ***(d)*** *Uso de áreas com características hidrogeológicas, geográficas e geotécnicas adequadas ao uso pretendido, comprovadas por meio de estudos específicos;* ***(e)*** *Uso de áreas que atendam à legislação municipal de Uso e Ocupação do Solo, com preferência daquelas antropizadas e com potencial mínimo de incorporação à zona urbana da sede, distritos ou povoados e de baixa valorização imobiliária;* ***(f)*** *Uso de áreas que garantam a implantação de empreendimentos com vida útil superior a 15 anos;* ***(g)*** *Impossibilidade de utilização de áreas consideradas de risco, como as suscetíveis a erosões, salvo após a realização de intervenções técnicas capazes de garantir a estabilidade do terreno;* ***(h)*** *Impossibilidade de uso de áreas ambientalmente sensíveis e de vulnerabilidade ambiental, como as sujeitas a inundações; e* ***(j)*** *Descrição da população beneficiada e caracterização qualitativa e quantitativa dos resíduos a serem dispostos no aterro.*

Eis, portanto, um pequeno esboço do quadro legislativo com o qual o julgador se depara quando se trata de critérios objetivos para a escolha de áreas destinadas à eliminação de resíduos sólidos.

4. Considerações Gerais sobre a articulação entre o Plano Setorial dos Resíduos Sólidos e os Planos Territoriais

4.1. Princípios e ideias norteadoras

Seguimos de perto o entendimento de CORREIA quando se assevera que da própria existência de uma diversidade de instrumentos de planejamento territorial emerge um princípio de articulação/harmonização das normas que estabelecem os planos (sejam eles territoriais, sejam eles setoriais). Mais especificamente, "essas normas constantes de vários tipos de planos não podem, sob pena de ficar gravemente comprometida a coerência e a eficácia do sistema de planificação territorial, conflituar entre si, antes devem estar devidamente conjugadas e harmonizadas"[16].

---

[16] Cfr. CORREIA, Fernando Alves. *Op. Cit.* p. 142/143.

Em se tratando de gestão de resíduos sólidos, há que se ter em mente que os locais da sua deposição final devem estar situados em *zonas ambientalmente apropriadas,* a fim de que se possa cumprir com o objetivo de realizar a "cidade sustentável"[17] e, consequentemente prevenir os riscos de danos ambientais. A simples menção a essas *zonas ambientalmente apropriadas* impreterivelmente nos remete a considerações próprias da ordenação do território que devem estar presentes nos respectivos planos setoriais.

É neste ponto que se iniciam as dificuldades, pois teremos que harmonizar o interesse de se escolher uma zona ambientalmente apropriada juntamente com aquelas considerações de ordenação contidas nos planos territoriais. O pano de fundo desse problema é, verdadeiramente, a necessidade imprescindível de articulação dos planos setoriais de gestão de resíduos com os planos territoriais[18].

Nesse sentido, é oportuno o apontamento de ARAGÃO quando nos lembra que tais *zonas ambientalmente apropriadas* são, no fundo, os "locais para onde queremos deitar fora resíduos. Se antigamente as preocupações com a gestão de resíduos se reduziam a encontrar um lugar longe, onde *deitar fora,* atualmente sabemos que, não só o afastamento, é insuficiente, pela magnitude dos danos relacionados com os resíduos (pense-se no caso dos resíduos radioativos) como os espaços longe de tudo e de todos não abundam."[19] (grifo original).

---

[17] Art. 2.º da Lei Federal 10.257/2001 ("Estatuto da Cidade").

[18] Tratando do tema da articulação entre planos é interessante a ponderação de SANTAMARIA ARINAS no sentido de que *"o ideal seria que os instrumentos de planificação territorial e urbanística se articulassem com as determinações de projeção territorial dos planos de resíduos e que um e outros tivessem sido alvo da correspondente Avaliação de Impacto Ambiental, tendo em conta a necessária adequação que deve existir entre as previsões de produção de resíduos e a capacidade de gestão da zona num marco dos princípios da autosuficiência e proximidade de gestão."* (cfr. SANTAMARÍA ARINAS, René Javier. "Régimen Jurídico de La Producción y Gestión de Residuos". Monografia Associada a Revista Aranzadi de Derecho Ambiental n. 11. Pamplona: Thomson Aranzadi, 2007, p. 197).

[19] ARAGÃO, Maria Alexandra de Sousa. "O Princípio do Nível Elevado de Proteção e a Renovação Ecológica do Direito do Ambiente e dos Resíduos". Coimbra: Almedina, 2006, p. 712.

Claro está, portanto, que este não é um problema de fácil resolução. Contudo, entendemos que a percepção de três princípios apontados por CORREIA[20] nos pode colocar no caminho mais seguro para traçar um esboço de estratégia na tentativa de articular os referidos planos no Brasil.

Inicialmente, tem-se o *princípio da hierarquia*. A partir dele, a regra geral é a de que os planos de hierarquia superior tenham suas diretrizes respeitadas pelos de hierarquia inferior. Contudo, como bem excepciona CORREIA, não pode ser essa hierarquia entendida de forma rígida, mas, sim, flexível, a ponto de a flexibilidade do princípio da hierarquia ter sua "expressão na possibilidade de, em certas condições, o plano hierarquicamente inferior incluir disposições desconformes ou incompatíveis com as do plano hierarquicamente superior preexistente, revogando ou alterando as disposições deste"[21].

O segundo princípio seria o da *contra-corrente*, que "se concretiza pela obrigação de o plano hierarquicamente superior e mais amplo tomar em consideração as disposições de um plano hierarquicamente inferior e abrangente de uma área mais restrita"[22].

Finalmente, temos o *princípio da articulação*, que, no presente trabalho, é aquele que mais nos ajudará a encontrar uma solução para melhor estabelecer critérios objetivos para a discricionariedade quando da escolha de áreas destinadas à instalação de empreendimentos de eliminação de resíduos sólidos. O princípio da articulação caracteriza-se pela "obrigação de compatibilização recíproca entre planos que não estão subordinados ao princípio da hierarquia, a qual se traduz na proibição da coexistência de planos que contenham disposições contraditórias"[23]. Assim, quando sobre a mesma área territorial incida mais de um plano de diferente natureza e hierarquia, deve o plano posterior compatibilizar-se com o anterior"a não ser que pretenda revogar alguma ou algumas das normas deste, caso em

---

[20] Cfr. CORREIA, Fernando Alves. *Op. Cit.* p. 416 e ss..
[21] CORREIA, Fernando Alves. *Op. Cit.* p. 418.
[22] CORREIA, Fernando Alves. *Op. Cit.* p. 418.
[23] CORREIA, Fernando Alves. *Op. Cit.* p. 418/419.

que deve indicar expressamente quais as normas do plano preexistente que revoga, sob pena de invalidade por violação deste"[24].

A síntese desse apanhado principiológico é que, ainda na esteira de CORREIA, a relação entre os planos é pautada por uma "influência recíproca" entre os vários tipos de instrumentos de planejamento (territorial e setorial), expressando, assim, uma ideia de *fluxos recíprocos,* "cujo significado é o de que deve ser criada uma relação de harmonização ou de coerência permanente entre todos os planos a todos os níveis."[25].

É, portanto, estaideia de *fluxo recíproco entre os planos* – extraída do princípio da articulação entre os planos – que guiará o nosso pensamento daqui para frente, quando procuraremos relacionar, no Brasil, os planos setoriais de gestão de resíduos e os planos de urbanismo e ordenamento do território.

4.2. Planos Setoriais de Gestão de Resíduos x Planos de Urbanismo e Ordenamento do Território: o *princípio da separação das utilizações urbanisticamente incompatíveis*

Acima, no tópico "3.0" pudemos ter uma pequena ideia da forma como a ordem jurídico-administrativa brasileira trata da planificação (setorial e territorial) destinada a possibilitar a instalação de empreendimentos responsáveis pela gestão de resíduos sólidos em *zonas ambientalmente adequadas.*Como já nos referimos, a necessária articulação dos planos impele que estes busquem soluções compatíveis entre si. Isto é, assim como os planos territoriais devem prever zonas ambientalmente apropriadas para a instalação de empreendimentos destinados à eliminação de resíduos sólidos, os planos setoriais devem, igualmente, levar em consideração, tanto quanto seja possível, a ordenação disposta nos planos territoriais.

---

[24] CORREIA, Fernando Alves. *Op. Cit.* p. 419. Vale notar que esta conclusão do referido Autor está baseada, sobretudo na disposição do n.º 6, do art. 23.º do Decreto--lei português n.º 380/99.

[25] CORREIA, Fernando Alves. *Op. Cit.* p. 421.

[26] SANTAMARÍA ARINAS, René Javier. "Los Residuos y la planificación urbanística". Vol. 30, n.º 146, Março-Abril, 1996, p. 165.

Mas, será que o conjunto normativo brasileiro (composto, basicamente, de leis e Resoluções do CONAMA), exposto acima, nos permite, minimamente, uma articulação entre os instrumentos de gestão de resíduos e os instrumentos de gestão urbanística e de ordenamento do território, com vistas a construir a "cidade sustentável"?

Acredito que, baseado na ideia norteadora de que devemos buscar sempre a harmonia de todos os planos em todos os níveis ("fluxo recíproco"), podemos, sim, tentar estabelecer alguns mecanismos de articulação dos diplomas de planificação brasileiros.

Assim sendo, entendemos que a previsão desses mecanismos deve iniciar de um fulcral ponto de partida. Concordando com o pensamento de SANTAMARÍA ARINAS, vislumbramos que a decisão quando da articulação dos planos não deve perder de vista o seu viés democrático[26]. Para o referido autor, a decisão articuladora será democrática quando respeitar *parâmetros objetivos* abstratamente previstos. Por outras palavras, a tomada de uma decisão inegavelmente democrática exige a pré-existência deparâmetros objetivos de limitação da discricionaridade de planejar o território. Logo, a chave para permitir uma eficaz e democrática articulação entre os planos será o estabelecimento desses *parâmetros* – de preferência criados por lei – que permitirão o controle da decisão que planifica, seja pelos interessados, seja pelo Poder Judiciário.

Registre, contudo, que isto não quer dizer que, na falta desses *parâmetros objetivos*, a decisão que articule os planos possa ser tachada de antidemocrática. Não existindo estes critérios – ou existindo de forma imprecisa –, deve ser levado em consideração o arcabouço principiológico do direito do urbanismo. E isto, de fato, é fundamental para a apreciação das causas judiciais que envolvam a escolha das áreas onde podem ser instalados empreendimentos que trabalhem com a gestão de resíduos sólidos para a eliminação. Nesse sentido, é crucial também o *princípio da separação das utilizações urbanisticamente incompatíveis,* que CORREIA aponta como um dos princípios que fundamentam os planos, e que, por isso, servirá (tanto quanto os *parâmetros objetivos*) como limite à discricionaridade de planejamento.

De acordo com o referido autor, apoiado na doutrina alemã de W. BROHM e M. KRAUTZBERGER, tal princípio remete-nos à ideia de que as áreas de habitação e as áreas potencialmente poluidoras do ambiente devem distanciar-se o máximo possível uma das outras[27]. Mais ainda. "A obrigação da separação das utilizações urbanisticamente incompatíveis vem sendo considerada por alguma doutrina alemã como uma expressão da obrigação de o plano tomar em consideração todas as conseqüências, designadamente de natureza ambiental, dos tipos e modalidades de utilização por ele estabelecidos"[28]. (grifo nosso).

Mas, de que forma o *princípio da separação das utilizações urbanisticamente incompatíveis* auxiliaria a análise das questões envolvendo a escolha discricionária de áreas onde se faculte a instalação de empreendimentos que lidem com a deposição final de resíduo? É o que veremos no próximo tópico.

4.3. O Princípio da Separação das Utilizações Urbanisticamente Incompatíveis e a "Matriz de Ponderação de Espaços"

Como apontamos acima, o *princípio da separação das utilizações urbanisticamente incompatíveis* constitui um importante limite à discricionaridade de planejamento. Ficamos agora com a seguinte questão: como pode o Poder Judiciário controlar o conteúdo de uma decisão de planificação que, no fundo, é uma eleição entre soluções juridicamente indiferentes?

Encontramos a resposta em DELGADO BARRIO, para quem "o controle do conteúdo discricionário do ato [de planejamento] dirige-se a determinar se a solução eleita era realmente indiferente para o Direito, ou se, pelo contrário, tal decisão resultou rechaçável para o Direito"[29]. Por outras palavras, a análise do juiz verificaria tão somente se a decisão discricionária teve por parâmetro uma escolha entre duas ou mais soluções juridicamente possíveis. Caso, no ato da escolha, a solução adotada seja aquela que o direito não lhe confere idoneidade, este ato pode ser nulificado pelo Poder Judiciário.

---

[27] CORREIA, Fernando Alves. *Op. Cit.* p. 568.
[28] CORREIA, Fernando Alves. *Op. Cit.* p. 568.
[29] DELGADO BARRIO, Javier. "El control de la discrecionalidad del planeamiento urbanístico". Madri: Civitas, 1993, p. 89.

Surge agora um novo problema: como, então, verificar se a decisão que possibilitou a instalação de um empreendimento de gestão de resíduos sólidos para eliminação, numa determinada área, abusou ou não da discricionariedade de planificação?

A princípio, abrem-se três possibilidades para este problema: (a) a decisão que permitiu tal instalação está de acordo com previsão da planificação territorial competente; (b) a decisão que permitiu tal instalação <u>não</u> está de acordo com previsão da planificação territorial competente; ou (c) a decisão que permitiu tal instalação não se baseou em plano territorial, pois este não existe.

Creio que a resposta para as hipóteses "a" e "b" sejam de fácil percepção. No primeiro caso, estando a discricionariedade em conformidade com as possibilidades estipuladasno plano territorial, não há o que se discutir em termos de re-análise da decisão. Já no segundo caso, é perfeitamente cabível a aferição pelo Poder Judiciário da decisão que permitiu a instalação em um local não previsto no plano.

Questão interessante é a hipótese "c", que retrata bem a realidade brasileira, na qual a cultura de planejamento das cidades e regiões ainda é muito incipiente e caminha a passos lentos. Como se pode imaginar, as dificuldades nessa hipótese são inúmeras. Acredito que, sobretudo nesses casos, não podemos perder de vista a necessidade de avaliar a obrigatoriedade de se perseguir o uso mais adequado do solo urbano, com o intuito de proteger eficazmente o ambiente.

Para avaliar a escolha da *zona ambientalmente adequada* onde será instalado o empreendimento que visa eliminar resíduos, ARAGÃO propõe uma "matriz de ponderação de espaços", que no nosso entender pode ser bastante útil aos juízes na análise das contendas que envolvam disputas sobre a localização de tais projetos[30]. Trata-se de um complexo sistema de ponderação de interesses que nos limitaremos nas linhas abaixo apenas a demonstrar a passos largos.

---

[30] ARAGÃO, Maria Alexandra de Sousa. "O Princípio do Nível Elevado de Proteção e a Renovação Ecológica do Direito do Ambiente e dos Resíduos". Coimbra: Almedina, 2006, p. 712 e ss..

4.3.1. *Matriz de Ponderação de Espaços: Espaço Residual e Espaço Ecológico Relevante*

A compreensão mínima da matriz de ponderação de espaços proposta por ARAGÃO pressupõe a introdução de dois conceitos novos: os conceitos de *Espaço Residual* e *Espaço Ecologicamente Relevante*. Vejamos, pois, como eles se desenvolvem, e, posteriormente, exporemos a sua aplicação na citada matriz, inclusive com algumas conclusões que podem ser extraídas dela.

a) *Espaço Residual*

No fundo, a problemática envolvendo os resíduos e a sua gestão expõe uma situação de risco de que essas questões – se não forem geridas corretamente – podem causar danos ao meio ambiente. A atenção a esse problema é cada vez mais necessário, porquanto se verifica uma ocupação cada vez maior de "espaços" pelos resíduos, tendo em conta especialmente o enorme volume e a assustadora rapidez com que são produzidos nas sociedades tecnológicas[31]. Sem nos prendermos, inicialmente, à qualidade do resíduo, afigura-nos bastante coerente a conclusão de ARAGÃO no sentido de que os resíduos, quando enjeitados, geram problemas de ocupação de espaço, impactos e perigos ao meio ambiente. Assim, aos poucos, a referida Autora nos vai apresentando a delimitação do que seja *Espaço Residual*[32].

O *Espaço Residual*, sendo o espaço ocupado por um resíduo, tem seus efeitos sentido em três dimensões espaciais: o seu *volume* (isto é, espaço geográfico correspondente à sua massa); o seu *impacto ambiental*; e o seu perigo de *potencialmente* causar um dano ambiental. Daí ser possível, segundo ARAGÃO, diferenciar as seguintes categorias de Espaço Residual[33]:

---

[31] Cfr. BACHELET, Michel. "Ingerência Ecológica – Direito Ambiental em Questão". Lisboa: Instituto Piaget, 1995.

[32] ARAGÃO, Maria Alexandra de Sousa. "O Princípio do Nível Elevado de Proteção ... p. 694 e segs..

[33] ARAGÃO, Maria Alexandra de Sousa. "O Princípio do Nível Elevado de Proteção ... p. 697 e 702.

1. Espaço Residual Efetivo: onde os efeitos da ocupação dos resíduos são sentidos de fato. Assim, poderíamos enxergar dois "sub-espaços":
   a. *Espaço Residual Efetivo-Geográfico (= Espaço Geográfico ou Físico)*, avaliado em unidades volumétricas, que nos traz a ideia de que qualquer resíduo ocupa um determinado espaço tridimensional do solo, subsolo e atmosfera.
   b. *Espaço Residual Efetivo-Ambiental (=Espaço Ambiental)*, que nos traz a ideia de que a área dos efeitos dos resíduos ultrapassa a sua localização geográfica. Nesse espaço, seriam sentidos também outros efeitos do resíduo, para além da ocupação do espaço geográfico. Seria, por exemplo, o caso dos odores e a intensidade de radiação proveniente de resíduos "distantes", que são percebidos em localidades a quilómetros de distância da área onde se encontra fisicamente o resíduo.
2. Espaço Residual Potencial (= Espaço Potencial): onde os efeitos da ocupação dos resíduos não são sentidos de fato, mas podem o ser, desde que ocorra qualquer incidente ou acidente. Do que se trata aqui é, como aponta ARAGÃO, daquele "espaço que pode vir a tornar-se **espaço residual geográfico** ou **espaço residual ambiental** em caso de ocorrência de acidente"[34]. Cumpre-nos esclarecer que sobretudo nesse "espaço" terão lugar as medidas de gestão precaucional e de gestão preventiva que visem minimizar os riscos e perigos decorrentes do espaço residual potencial, pelo que se conclui que a dimensão deste espaço é "proporcional à perigosidade intríseca dos resíduos e também da precaucionalidade efetiva da [sua] gestão"[35].

b) *Espaço Ecológico Relevante*

ARAGÃO entende que "um espaço é jurídico-residualmente relevante, na medida em que albergue concretos componentes ambien-

---

[34] ARAGÃO, Maria Alexandra de Sousa. "O Princípio do Nível Elevado de Proteção ... p. 700.
[35] Idem..

tais[36] [sendo estes: *humanos, abióticos, bióticos, materiais* ou *imateriais*] que podem ser prejudicados pela proximidade dos resíduos"[37]. E acrescenta que "a intolerância ou complacência de cada espaço aos resíduos há-de ser aferida tanto em função do volume e característica de impacto e perigosidade relevantes dos resíduos [espaço residual], como em função das características importantes dos componentes ambientais presentes em cada espaço virtualmente receptor [espaço ecológico relevante]"[38].

Com base nisso, os espaços ecologicamente relevantes poderiam ser categorizados em função da *sensibilidade*(aqui, tem-se em consideração a suscetibilidade dos componentes ambientais daquele espaço sofrerem prejuízos causados pelos resíduos) e da sua *riqueza* (neste caso, leva-se em consideração a variedade, a pureza ou a importância dos componentes ambientais presentes). Seriam, assim, estas as categorias de espaços ecologicamente relevantes[39]:

- Espaços Ambientais RICOS:
    - **Espaços Ecológicos Humanos:** possuem uma elevada densidade populacional;
    - **Espaços Ecológicos Bióticos:** possuem uma especial diversidade de fauna e flora;
    - **Espaços Ecológicos Abióticos:** possuem uma especial importância quanto telúrica, aquática ou atmosférica;
    - **Espaços Ecológicos Materiais:** possuem um especial valor cultural;
    - **Espaços Ecológicos Imateriais:** possuem espaços paisagísticos exuberantes.

---

[36] Cabe aqui uma pequena explicitação sobre o que seriam os "componentes ambientais" considerados por ARAGÃO. (a) Componentes Humanos: população; (b) Componentes Bióticos: fauna e flora; (c) Componentes Abióticos: solo, ar, água, atmosfera, fatores climáticos; (d) Componentes Materiais: patrimônio arquitetônico e arqueológico e outros bens materiais; e (e) Componentes Imateriais: paisagem (cfr. ARAGÃO, Maria Alexandra de Sousa. "O Princípio do Nível Elevado de Proteção ... p.724/725) .

[37] ARAGÃO, Maria Alexandra de Sousa. "O Princípio do Nível Elevado de Proteção ... p. 723

■ Espaços Ambientais SENSÍVEIS:

- **Espaços Ecológicos Humanos:** mesmo não tendo uma elevada densidade populacional, albergam populações sensíveis (exemplo, crianças, idosos, etc);
- **Espaços Ecológicos Bióticos:** seriam o habitat de espécies ameaçadas, frágeis ou endêmicas;
- **Espaços Ecológicos Abióticos:** seria um exemplo esclarecedor aqueles espaços com solos muito permeáveis que contêm água subterrânea;
- **Espaços Ecológicos Materiais:** espaços com elementos de patrimônio arquitetônico frágil ou muito exposto;
- **Espaços Ecológicos Imateriais:** espaços paisagísticos vulneráveis.

c) Matriz de Ponderação de Espaços

As considerações anteriores sobre o "espaço residual" e o "espaço ecológico relevante" são de especial importância para se entender a matriz proposta por ARAGÃO[40]. Como já salientamos, as dificuldades de explicar pormenorizadamente a sua formação serão levadas em consideração para, neste instante, apenas nos restringirmos a transcrevê-la e, ainda, registrar algumas das principais conclusões que podemos extrair dela.

Eis, abaixo, o quadro proposto por ARAGÃO:

---

[38] ARAGÃO, Maria Alexandra de Sousa. "O Princípio do Nível Elevado de Proteção ... p. 724

[39] Cfr. ARAGÃO, Maria Alexandra de Sousa. "O Princípio do Nível Elevado de Proteção ... p. 725/727

[40] ARAGÃO, Maria Alexandra de Sousa. "O Princípio do Nível Elevado de Proteção ... p. 729

Espaço Residual * ↓	Espaço Ambiental →	Humano			Biótico			Abiótico			Material			Imaterial		
		S	R	N	S	R	N	S	R	N	S	R	N	S	R	N
Geográfico	Menor		X			X			X			X				
	Maior	X	X			X					X	X		X	X	
Ambiental	Menor		X			X			X		X	X		X	X	
	Maior			X			X					X				X
Potencial	Menor			X			X		X		X	X		X	X	
	Maior						X			X			X			

| X | Compatibilizável em certas condições com... | ■ Incompatível com... | □ Compatível com... |

* Existem ainda os espaços residuais ambientais (praticamente) nulos e residuais potenciais (praticamente) nulos, que não consideramos no gráfico porque, em princípio, são sempre compatíveis com qualquer espaço ecológico[41]

Cingiremos a nossa explanação ao enfoque de algumas conclusões que podem ser tiradas sobre o Espaço Residual Geográfico, o Espaço Residual Ambiental e o Espaço Residual Potencial.

Começando pelo *Espaço Residual Geográfico*, é interessante notar que a população (Componente Ambiental Humano – "H") pode tolerar maior ocupação desse espaço pelos resíduos do que o Componente Ambiental Biótico (= "B"). Para ARAGÃO, "as razões são, em primeiro lugar, porque temos menos conhecimento das conseqüências dos resíduos nas diversificadas e mal estudadas comunidades bióticas do que nos receptores humanos; e em segundo lugar, porque as comunidades humanas têm maiores meios de defesa face aos resíduos."[42]

Relativamente ao *Espaço Residual Ambiental*, pela análise da matriz, se nota que é assegurada idêntica proteção aos componentes humanos (= "H") e aos componentes bióticos (= "B"). ARAGÃO atri-

---

[41] Cfr. o quadro da referida matriz em ARAGÃO, Maria Alexandra de Sousa. "O Princípio do Nível Elevado de Proteção ..." p. 729

[42] ARAGÃO, Maria Alexandra de Sousa. "O Princípio do Nível Elevado de Proteção ... p. 730

bui essa igualdade ao fato de em ambas as situações espaciais estarem em jogo a "vida", seja ela humana ou animal[43].

Finalmente, no *Espaço Residual Potencial,* ARAGÃO observa que "às populações [componente ambiental humano – "H"]é devida maior proteção face a perigos residuais do que às comunidades bióticas, desde logo por força da superioridade hierárquica dos valores vitais humanos sobre valores vitais bióticos [componente ambiental biótico – "B"]."

4.3.2. Conclusão sobre a Matriz de Ponderação de Espaços

A matriz que acima apresentamos tem um objetivo principal neste trabalho: servir como guia seja para o *administrador* – que se propõe a fazer escolhas ambientalmente corretas sobre a área de localização das instalações destinadas a eliminar resíduos sólidos – seja para o *julgador*, que, no momento em que for aferir a legalidade da decisão administrativa sobre a localização desses empreendimentos de resíduos, terá mais um mecanismo para avaliar se a opção territorial da instalação reflete aquela ambientalmente correta.

Sobretudo naquelas situações em que não existe um conjunto normativo sobre a planificação territorial (ou, até mesmo, quando ele é pouco abrangente), afigura-nos que seria salutar a utilização da referida matriz pelo julgador como um dos elementos ponderativos das suas decisões judiciais.

5. Conclusão e Apreciação Crítica

É tempo de concluir. Contudo, cumpre-nos fazer uma conexão daquilo que aqui foi exposto com as decisões que nos serviram de ponto de partida para a reflexão que fizemos.

Restou claro que o sistema normativo brasileiro tem um déficit muito grande quando se trata da regulação da gestão de resíduos sólidos. O país ainda não possui uma Política Nacional de Resíduos

---

[43] ARAGÃO, Maria Alexandra de Sousa. "O Princípio do Nível Elevado de Proteção ... p. 730

Sólidos. O projeto de lei sobre esta matéria[44] arrasta-se há anos nas casas legislativas federais e, da forma como está redigido, sofre críticas relevantes[45]. Diante desse quadro, as demandas judiciais envolvendo as opções de localização dos empreendimentos destinados a eliminação de resíduos certamente continuarão a ser mais constantes, dado a falta de políticas que incentivem, sobretudo, a reciclagem, a redução e a reutilização dos bens consumidos. Portanto, foi esse panorama com o qual se deparou até as referidas decisões.

No caso específico do Aterro de Itapevi, um dos nossos exemplos de decisões judiciais, o empreendimento foi autorizado a instalar-se numa Área de Proteção Ambiental Permanente. O mérito da contenda, até a presente data, não foi julgado pelo juízo competente. Entretanto, uma série de medidas cautelares foram tomadas tanto para suspender a construção do Aterro, quanto para permitir a sua construção em última instância, prevaleceu a decisão cautelar no sentido de permitir a construção da instalação e o seu regular funcionamento ao longo do curso do processo.

Aliás, sobre a decisão cautelar SANTAMARÍA ARINAS afirma que "não é correto que se deva decidir prescindindo total e absolutamente da análise da questão de fundo sobre a qual versa o ato impugnado"[46]. Todavia, a particularidade do caso da construção de aterros – pelo risco de dano ambiental que ela em si mesma enseja – merece um tratamento peculiar, no sentido de que a execução da obra em litígio verdadeiramente pode resultar prejuízos de difícil reparação ao ambiente[47].

---

[44] Nos referimos ao Projeto de lei n.º 203/91, apresentado no ano de 1991 e objeto de infindáveis discussões. Ao tempo da publicação deste artigo, o referido projeto ainda depende de apreciação final a ser realizada pelo Senado Federal.

[45] Atente-se às críticas redigidas no blog "Lixo Eletrônico" (http://www.lixoeletronico.org) quanto à deficiente regulação dos "resíduos eletrônico" ("*e-waste*").

[46] SANTAMARÍA ARINAS, René Javier. "El Regimen Jurídico de los Vertederos de Residuos – Estudio Jurisprudencial". Madri: Civitas, 1998, p. 102

[47] SANTAMARÍA ARINAS, René Javier. "El Regimen Jurídico de los Vertederos de Residuos – Estudio Jurisprudencial". Madri: Civitas, 1998, p. 103

E, de fato, a decisão do STJ sobre a localização do Aterro de Itapevi poderia ponderar melhor questão dos prejuízos ao ambiente, sobretudo levando em consideração as regras mínimas sobre a localização de aterros sanitários destinados aos resíduos do serviço de saúde previstas no "anexo II" da Resolução do CONAMA n.º 358//2003. Segundo exposto na licença de instalação do "Aterro de Itapevi"[48], são passíveis de serem depostos naquele aterro resíduos do serviço de saúde, pelo que a análise da localização da área do aterro deveria levar em consideração os limites mínimos previstos de a área não *"possuir restrições quanto ao zoneamento ambiental (afastamento de Unidades de Conservação e/ou áreas correlatas); e respeitar as distâncias mínimas estabelecidas pelos órgãos ambientais competentes de ecossistemas frágeis, recursos hídricos superficiais e subterrâneos."*[49].

Entretanto, em nenhuma das duas decisões este dispositivo normativo foi ponderado pelo julgador quando da tomada de sua decisão, o que, para nós, revela o caráter lacunoso de ambas. Uma decisãojudicial, portanto, que carece de embasamento jurídico, tal como todas as outras que relacionamos acima.

Ao nosso ver – e repetindo o que dissemos acima – casos como o do "Aterro de Itapevi" tendem a ser mais freqüentes em nossos Tribunais. A questão central é: possuímos legislação territorial e setorial minimamente harmonizadas capazes de subsidiar uma análise completa dos litígios sobre a localização de instalações que lidem com eliminação de resíduos sólidos? Com a legislação existente no Brasil, é possível um controle eficiente pelo Poder Judiciário da discricionariedade do administrador quando este opta por áreas específicas para a localização desses empreendimentos?

Diante do quadro que acima esboçamos, uma resposta negativa torna-se evidente. Todavia, acreditamos que os princípios acima apontados, bem como os critérios provenientes da "matriz de ponderação de espaços" podem contribuir para uma decisão judicial mais eficaz e justa.

---

[48] A fotocópia da licença pode ser visualizada no site http://www.estre.com.br/br/iso14001/Licenca-Itapevi.pdf

[49] Anexo II da Resolução do CONAMA n.º 358/2003.

Notas escolhidas sobre a concretização judicial e as alterações legislativas ao regime jurídico florestal

DULCE LOPES[1]

Data do acórdão: 24/07/2008
Tribunal: Tribunal Central Administrativo Norte
Recorrido: Câmara Municipal de Paredes de Coura
Sentença recorrida do TAF de BRAGA de 29/11/2007

O MUNICÍPIO DE ..., vem interpor recurso jurisdicional da sentença proferida pelo TAF DE BRAGA em 29/11/2007, que julgou procedente a Acção Administrativa Especial interposta por ...., identificada nos autos, anulando o acto da autoria do Presidente da Câmara Municipal de Paredes de Coura, datado de 25/10/2006 e condenou a analisar e decidir o pedido de licenciamento formulado pela Autora.

Para tanto alega em conclusão:

"1 – O art. 16.º/2 do DL. 124/2006, de 28.06, estabelece uma proibição absoluta de construção de edificações, nomeadamente para habitação, nos terrenos classificados nos PDMFCI com risco de incêndio elevado ou muito elevado.

2 – O n.º 3 do preceito estabelece condicionamentos em áreas que não foram como tal classificadas.

3 – Tal norma não depende de medidas administrativas complementares, nomeadamente, da aprovação de qualquer plano determinado, pelo que entrou em vigor na mesma data em que entrou em vigor o diploma no qual se insere, sendo, por isso, uma norma de aplicação imediata e não diferida.

4 – Os espaços florestais e rurais referidos naquele n.º 3 do art. 16.º do DL. 124/2006, vêm definidos no art. 3.º/f) e g) do diploma, correspondendo aos que são qualificados como agrícolas ou florestais, nos termos

---

[1] Assistente da Faculdade de Direito da Universidade de Coimbra

previstos na alínea a) do n.º 2 do artigo 73.º do Regime Jurídico dos Instrumentos de Gestão Territorial aprovado pelo DL. 380/99, de 22.09, alterado pelos DL. 310/2003, de 10.12 e 316/2007, de 19.09.

5 – É apenas em relação aos espaços referidos na conclusão anterior que o n.º 3 do artigo 16.º do DL. 124/2006, de 28.06, se aplica de forma imediata, isto é, para os espaços florestais e agrícolas delimitados nos planos municipais vigentes.

6 – Em matéria tão importante como é o da defesa da floresta contra incêndios, seria completamente inaceitável que a aplicação de uma medida tão restritiva como é aquela que vem prevista no art. 16.º/3 do DL. 124/2006, de 28.06, ficasse dependente da aprovação dos PDMFCI, sabido que a actividade planificadora não é instantânea, traduzindo-se em processos complexos de nomeação de comissões, de acompanhamento da Administração Central, de trabalhos de campo feitos no terreno, de trabalhos de cartografia, etc., etc., permitindo-se que se construísse indiscriminadamente enquanto essa aprovação não ocorresse.

7 – A qualificação das zonas de elevado risco de incêndio de forma casuística e por mero acto administrativo não é admitida pelo DL. 124//2006, de 28.06, procedimento que envolveria, de resto, uma aplicação directa das normas do diploma, que a douta sentença recorrida afastou liminarmente, mostrando-se por isso, contraditória com os próprios termos da mesma.

8 – O DL. 124/2006 não impõe em nenhuma das suas normas que só depois de fixada (através de regulamento ou acto administrativo fundamentado) que a zona onde se situa determinado terreno é de elevado risco de incêndio é que se poderia exigir o cumprimento da norma que impõe o estabelecimento da faixa de protecção de 50 metros (art. 16.º/3).

9 – Ocorrendo um qualquer conflito entre as normas do DL. 124/2006 e um plano municipal de ordenamento do território, terá de prevalecer aquele, em função dos princípios relativos à hierarquia das fontes de direito.

10 – O art. 16.º do DL. 124/2006, de 28.06 é directamente aplicável nos termos constantes das conclusões anteriores, pelo que a douta sentença violou esse comando, posto que o terreno da Autora se situava, de acordo com o PDMPC, em zona integrada em Reserva Agrícola Nacional, não contemplando o projecto apresentado, nem sequer o permitindo, pela área total do terreno, a garantia da faixa dos 50 metros no mesmo preceito prevista.

11 – Ao procurar qualificar o próprio terreno da Autora e o risco de incêndio que comporta, com base nas fotografias juntas, em função da vegetação florestal que o rodeia e dos acessos ao terreno, à edificação projectada e aos terrenos circundantes nele existente, a douta sentença faz uma aplicação directa do diploma cuja aplicação recusou e faz essa qualificação contra as disposições, nomeadamente, do art. 3.º/f) e g) e 16.º/3 do mesmo.

12 – O acto impugnado não padece, pois, de qualquer vício de violação de lei, tendo-se, limitado o seu autor a aplicar a norma do art. 16.º/3 do DL. 124/2006, como lhe competia.

13 – Salvo o devido respeito, foram violadas as normas dos art.ˢ 3.º/f) e g) e 16.º/3 do DL. 124/2006, de 28.06."

Termina pedindo a revogação da decisão em apreço.

O recorrido apresentou contra-alegações, tendo concluído da seguinte forma:

1 – O n.º 3 do art. 16.º do DL. 124/2006 de 28/06 não é de aplicação imediata, antes exige previamente que sejam definidas em PDMFCI as zonas críticas em termos de risco de incêndio.

2 – A leitura que melhor se adequa, tanto à letra como ao espírito do citado diploma é que os espaços florestais e rurais, referidos no citado n.º 3 do art. 16.º, têm que ser definidos nos PDMFCI, como zonas críticas de elevado risco de incêndio.

3 – Se assim não fosse, o legislador teria prescrito expressamente que a norma constante do n.º 3 do art. 16.º era de aplicação imediata, como o fez no art. 43.º para as medidas previstas na norma do art. 22.º do mesmo diploma.

4 – No caso em apreço, não existia qualquer PDMFCI em vigor, pelo que não se podia indeferir a pretensão da A., ora recorrida, com base naquele normativo.

5 – Não houve assim qualquer violação, por parte do Tribunal recorrido, das normas do DL. 124/2006 de 28/06.

O Ministério Público pronunciou-se, sendo de parecer que o recurso jurisdicional deve proceder.

*

Após vistos, cumpre decidir.

*

FACTOS FIXADOS EM 1.ª INSTÂNCIA (e com relevância para os autos):

A – A Autora apresentou na Câmara Municipal de ..., em 2 de Agosto de 2006, um requerimento, pelo qual requeria a aprovação de Projecto de Arquitectura e Arranjos Exteriores da obra de construção de moradia unifamiliar, o qual foi instruído com vários documentos e peças escritas – cfr. Fls. 1 a 26 do P.A.;

B – No âmbito desse pedido consta um ofício da Comissão Regional de Reserva Agrícola de Entre Douro e Minho [adiante CRRA], datado de 29 de Maio de 2006 – cfr. Fls. 22 do P.A. -, do qual, com interesse, se extrai o que segue:

"... transcreve-se a seguir, a decisão da Comissão Regional da Reserva Agrícola, tomada na reunião realizada no passado dia 19MAIO2006, por MAIORIA dos seus membros presentes: "Concedido, nos termos da alínea c), do n.º 2 do art. 9.º do DL 196/89, parecer favorável à utilização de 200 m2 de solo agrícola **para construção de habitação**." [sublinhado nosso]

Mais se esclarece que, este parecer apenas poderá ser utilizado pelo(a) requerente e exclusivamente para os fins dele constantes."

C – O terreno em apreço nestes autos, é propriedade da Autora, é rústico e possui a área de 6.030 m2 – cfr. Fls. 24 e 25 do P.A.;

D – Dão-se por enunciadas as fotografias constantes do P.A., a fls. 9 e 31, bem como a planta onde está documentada a projectada construção do imóvel, na área objecto de parecer da CRRA, a fls. 18 do P.A.;

E – Sobre o requerimento referido em 1) supra foi prestado parecer no seio do Réu, em 9 de Agosto de 2006 – cfr. Fls. 27 do P.A. –, conforme se extrai:

"O presente processo de licenciamento encontra-se devidamente instruído.

Deverá solicitar-se informação à Junta de Freguesia e parecer ao I.C.N."

F – Sobre esse parecer o Presidente da Câmara Municipal de Paredes de Coura emitiu em 9 de Agosto de 2006, o seguinte despacho:

"À D.P.U.

Concordo com o presente parecer.

Solicite-se o parecer proposto [...]"

G – Em 24 de Agosto de 2006, a Junta de Freguesia de Moselos, prestou a informação que segue:

"Não há nada a opor na construção desta obra desde que ... [ilegível]"

H – Por ofício datado de 6 de Novembro de 2006, o Instituto da Conservação da Natureza emitiu o parecer que lhe foi solicitado pelo Réu, dele se extraindo que o seu parecer foi favorável, de acordo com condicionantes nele [Parecer] enunciadas, que apontam [as identificadas condicionantes] para que a requerente [a aqui Autora] adopte medidas ao nível do coberto vegetal, com a colocação de espécies arbóreas autóctones concretas, e área de cultivo, em vez de área relvada, e bem assim que o solo não deve sofrer alterações da sua morfologia, e finalmente, que atento o contexto funcional/uso do edifício, a pretensão deve condicionar-se às disposições estabelecidas no regulamento do PDM de ... e correspondente à classe de espaço identificada – cfr. Fls. 31 a 33 do P.A.;

I – No dia 24 de Outubro de 2006, foi emitido no seio do Réu um parecer – cfr. Fls. 34 do P.A. -, que se extrai como segue:

"O terreno insere-se na "Reserva Agrícola Nacional", prevista no P.D.M. De Paredes de Coura e encontra-se definida como espaço rural pela alínea g) do art. 3.º do Decreto-Lei n.º 124/2006 de 28 de Junho.

Em conformidade com o disposto no n.º 3 do art. 16.º do já referido Decreto-Lei, a pretensão deverá ser indeferida, dado tratar-se de uma edificação nova e a sua implantação no terreno não salvaguardar uma faixa de protecção igual ou superior a 50 m de distância à extrema da propriedade."

J – Sobre esta este parecer o Presidente da Câmara Municipal de ... emitiu em 25 de Outubro de 2006 – acto sob impugnação -, o seguinte despacho:

"À D.P.U.
Concordo com o presente parecer.
Indefira-se o processo de licenciamento. [...]"

K – A Autora foi notificada deste despacho por ofício datado de 26 de Outubro de 2006 – cfr. Fls. 35 do P.A.;

L – A petição inicial que motiva os presentes autos, foi remetida a este Tribunal por correio electrónico em 26 de Janeiro de 2007 – cfr. Fls. 1 dos autos.

**

O DIREITO
QUESTÕES QUE IMPORTA CONHECER

Cumpre apreciar e decidir as questões colocadas pelo recorrente, tendo presente que o objeto do recurso se acha delimitado pelas conclusões das respectivas alegações, nos termos dos art[s]. 660.º, n.º 2, 664.º, n.º 3 e 4 e 690.º, n.º 1 todos do Código de Processo Civil (CPC) "ex vi" art. 140.º do CPTA.

Mas, sem esquecer o disposto no art. 149.º do CPTA nos termos do qual ainda que o tribunal de recurso declare nula a sentença decide sempre do objeto da causa de facto e de direito.

A questão que aqui importa conhecer é se a sentença recorrida violou ou não o art. 16.º n.º 3 do DL. 124/2006 de 28/06.

VIOLAÇÃO DO ART. 16 N.º 3 DO DL 124/2006 DE 28/06

A recorrente vem interpor recurso da sentença recorrida que julgou verificado o vício de violação de lei do acto impugnado, por erro nos pressupostos, por ter entendido que no momento em que foi decidido o pedido de licenciamento de construção apresentado pela então autora e aqui recorrida não se encontrar aprovado o PDMFCI de Paredes de Coura, pelo que não podia o Presidente da Câmara decidir o pedido aplicando a norma do art. 16.º/3 do DL 124/2006, de 28.06 antes de aprovar esse plano e de definir no mesmo as zonas críticas em termos de risco de incêndio.

Extrai-se da sentença recorrida:

"(...) Cotejando o parecer que esteve na base da emissão do despacho de indeferimento, o ponto fulcral está em que foi entendido, que pelo facto de a construção projectada, em terreno de 6.030 m2, não estar situada a pelo menos de 50 metros da estrema do terreno, que por essa razão cai na previsão do artigo 16.º, n.º 3 do Decreto-Lei n.º 124/2006, de 28 de Junho, e tanto, pelo facto de o PDMPC classificar o terreno em causa como inserido em Reserva Agrícola [ser área RAN], e assim, por ser terreno agrícola, terreno este, por esta definição, assim tratada e enquadrada pelo artigo 3.º alínea g) do mesmo diploma, que consubstancia um espaço rural.

O Decreto-Lei n.º 124/2006, de 28 de Junho veio estabelecer as medidas e acções a desenvolver no âmbito do Sistema Nacional de Defesa da Floresta contra incêndios.

Este diploma foi publicado na sequência da Resolução do Conselho de Ministros n.º 65/2006, de 11 de Maio de 2006.

Esta Resolução, como dela se extrai, veio, em suma, definir e aprovar linhas programáticas visando a estrutura de uma acção concertada para ser vencido o problema de segurança interna que são os incêndios florestais, procurando garantir assim o objectivo manifesto, de ser reduzida a área ardida em Portugal em menos de 100 mil hectares/ano no ano de 2012, tendo no seu âmbito sido aprovado o Plano Nacional de Defesa da Floresta Contra Incêndios [PNDFCI], onde são estabelecidas linhas de actuação com a indicação de execução, a fim de tornar simples a sua implementação, enquanto instrumento estratégico.

Com a elaboração do PNDFCI, o Conselho de Ministros pretendeu articular esforços entre todos os Portugueses, designadamente, os pequenos e médios proprietários florestais, agricultores, grandes empresas do sector, diversas entidades, empresas de abatimento e distribuição públicos, e também as autarquias locais, em suma, todos os agentes que intervêm sobre o território, de forma a tornar as florestas e os aglomerados populacionais mais resistentes ao fogo, promovendo uma política de defesa da floresta contra incêndios.

De acordo com aquela Resolução, incumbe às Comissões Municipais de Defesa da Floresta Contra Incêndios (CMDFCI), apoiadas por Gabinetes Técnicos Florestais (GTF) e pelos Serviços Municipais de Protecção Civil (SMPC), desenvolver Planos Municipais de Defesa da Floresta Contra Incêndios (PMDFCI), que são executados pelas diferentes entidades envolvidas e pelos proprietários e outros produtores florestais, transferindo para o seu território de influência a concretização dos objectivos distritais, regionais e nacionais da Defesa da Floresta Contra Incêndios, sendo essa operacionalização [dos PMDFCI], concretizada através de um Plano Operacional Municipal [POM], que particulariza a execução destas acções de acordo com o previsto na carta síntese e no programa operacional do PMFCI, e que nos casos em que não haja PMDFCI válido, o POM é elaborado de acordo com o modelo que foi aprovado sob o Anexo A à Resolução [cujo índice versa, designadamente, a caracterização geral do Concelho, a localização geográfica, o risco de incêndio no concelho, os incêndios no concelho, e o perigo de propagação].

Ainda de acordo com essa Resolução, as CMDFCI, cujas atribuições estão estabelecidas na Lei n.º 14/2004, de 8 de Maio, para a garantia do funcionamento e coordenação das capacidades de intervenção das entidades nelas representadas, impõe-se que reúnam pelo menos 4 vezes por ano e constituam, formalmente e de facto, a organização do sistema DFCI municipal, sendo sua missão primordial acompanhar a execução do respectivo PMDFCI e Plano Operacional Municipal [POM], e bem assim que até ao termo de 2006 todos os Municípios tenham constituído a sua CMDFCI e integrado o quadro de indicadores base.

Ainda de acordo com os pontos 3.1.2.3 e 3.1.2.3.1 dessa Resolução, um seu escopo primordial é o da protecção das zonas de interface urbano/florestal, mormente a insegurança de edificações inseridas ou confinantes com os espaços florestais, quando seja evidente o risco de incêndio, desenvolvendo acções que promovam uma maior protecção de pessoas e bens, e para tanto, que os PMDFCI, terão de identificar os aglomerados populacionais inseridos ou confinantes com espaços florestais em situação de maior risco, competindo ainda às Câmaras Municipais estabelecer faixas de protecção com largura mínima de 100 metros na respectiva envolvente de acordo com o plano plurianual de intervenção.

Estabelece-se assim nessa Resolução que as Autarquias Municipais, realizem ou prossigam o quanto está previsto nos PMDFCI, ou ainda não existindo, pelo menos que o façam de acordo com um POM, de modelo aprovado pela Resolução.

Por sua vez, aquele diploma legal [o Decreto-Lei n.º 124//2006, de 28 de Junho], no seu preâmbulo, veio reconhecer a importância da defesa da floresta contra incêndios, em duas dimensões, a defesa das pessoas e dos bens, e a defesa dos recursos florestais, definindo um quadro jurídico específico, que permita, designadamente, a célebre intervenção, por declaração de utilidade pública, em redes primárias de faixas de gestão de combustível, a agilização da fiscalização do cumprimento destas acções, e a consagração de formas de intervenção substitutiva dos particulares e do Estado em caso de incumprimento.

Por ter interesse para a decisão a proferir, para aqui se extraem os normativos do referido diploma legal, o Decreto-Lei n.º 124/2006, como segue:

Artigo 3.º
Definições
1 – Para os efeitos do disposto no presente decreto-lei, entende-se por
[...]
f) «**Espaços florestais**» [sublinhado nosso] os terrenos ocupados com floresta, matos e pastagens ou outras formas vegetais espontâneas;
g) «**Espaços rurais**» [sublinhado nosso] os espaços florestais e terrenos agrícolas
[...]
j) «**Floresta**» [sublinhado nosso] os terrenos ocupados com povoamentos florestais, áreas ardidas de povoamentos florestais, áreas de corte raso de povoamentos florestais e, ainda, outras áreas arborizadas;
i) «**Gestão de combustível**» [sublinhado nosso] a criação e manutenção da descontinuidade horizontal e vertical da carga combustível nos espaços rurais, através da modificação ou da remoção parcial ou total da biomassa vegetal, nomeadamente por corte e ou remoção, empregando as técnicas mais recomendadas com a intensidade e frequência adequadas à satisfação dos objectivos dos espaços intervencionados;
[...]
Artigo 8.º
Plano Nacional de Defesa da Floresta contra Incêndios
1 – O Plano Nacional de Defesa da Floresta contra Incêndios (PNDFCI) define **os objectivos gerais de prevenção**, [sublinhado nosso] pré-supressão, supressão e recuperação num enquadramento sistémico e transversal da defesa da floresta contra incêndios. [...]

Artigo 10.º
Planeamento municipal e intermunicipal de defesa da floresta contra incêndios
1 – Os planos municipais de defesa da floresta contra incêndios (PMDFCI), de âmbito municipal ou intermunicipal, contêm as acções necessárias à defesa da floresta contra incêndios e, para além das acções de prevenção, incluem a previsão e a programação integrada das intervenções das diferentes entidades envolvidas perante a eventual ocorrência de incêndios. [...]
4 – A coordenação e a gestão dos PMDFCI competem **ao presidente de câmara municipal**. *[sublinhados nossos]*
5 – A elaboração, execução e actualização dos PMDFCI **tem carácter obrigatório**, *devendo a câmara municipal consagrar a sua execução no âmbito do relatório anual de actividades. [sublinhados nossos]*
6 – As cartas da rede regional de defesa da floresta contra incêndios e de risco de incêndio, constantes dos PMDFCI, **devem ser delimitadas e regulamentadas nos respectivos planos municipais de ordenamento do território**. *[sublinhados nossos]*
[...]
Defesa de pessoas e bens
Artigo 15.º
Redes secundárias de faixas de gestão de combustível
1 – Nos espaços florestais previamente definidos nos planos municipais de defesa da floresta contra incêndios **é obrigatório que a entidade responsável:** *[sublinhado nosso]*
a) **Pela rede viária** *providencie a gestão do combustível [sublinhado nosso] numa faixa lateral de terreno confinante numa largura não inferior a 10 m;*
b) **Pela rede ferroviária** *providencie a gestão do combustível [sublinhado nosso] numa faixa lateral de terreno confinante contada a partir dos carris externos numa largura não inferior a 10 m;*
c) **Pelas linhas de transporte e distribuição de energia eléctrica em muito alta tensão e em alta tensão** *providencie a gestão do combustível [sublinhado nosso] numa faixa cor-*

respondente à projecção vertical dos cabos condutores exteriores acrescidos de uma faixa de largura não inferior a 10 m para cada um dos lados;

d) Pelas linhas de transporte e distribuição de energia eléctrica em média tensão *providencie a gestão do combustível [sublinhado nosso] numa faixa correspondente à projecção vertical dos cabos condutores exteriores acrescidos de uma faixa de largura não inferior a 7 m para cada um dos lados.*

2 – Os proprietários, arrendatários, usufrutuários ou entidades que, a qualquer título, detenham terrenos confinantes a edificações, designadamente habitações, estaleiros, armazéns, oficinas, fábricas ou outros equipamentos, **são obrigados a proceder à gestão de combustível numa faixa de 50 m** *à volta daquelas edificações ou instalações medida a partir da alvenaria exterior da edificação, de acordo com as normas constantes no anexo do presente decreto-lei e que dele faz parte integrante. [sublinhado nosso] [...]*

8 – **Nos aglomerados populacionais inseridos ou confinantes com espaços florestais** *e previamente definidos nos planos municipais de defesa da floresta contra incêndios [sublinhado nosso] é obrigatória a gestão de combustível numa faixa exterior de protecção de largura mínima não inferior a 100 m, podendo, face ao risco de incêndios, outra amplitude ser definida nos respectivos* **planos municipais de defesa da floresta contra incêndios***. [sublinhado nosso] [...]*

Artigo 16.º

Edificação em zonas de elevado risco de incêndios *[sublinhado nosso]*

1 – **A classificação e qualificação do solo** *[sublinhado nosso] definida no âmbito dos instrumentos de gestão territorial vinculativos dos particulares deve reflectir a cartografia de risco de incêndio, que* **respeita a zonagem do continente e as zonas críticas definidas** *[sublinhado nosso] respectivamente nos artigos 5.º e 6.º, e que consta nos PMDFCI.*

2 – A construção de edificações para habitação, comércio, serviços e indústria é interdita nos terrenos classificados nos PMDFCI **com risco de incêndio elevado ou muito elevado***, [sublinhado nosso] sem prejuízo das infra-estruturas* *definidas nas redes regionais de defesa da floresta contra incêndios.*

*3 – As novas edificações no espaço florestal ou rural têm de salvaguardar, na sua implantação no terreno, a garantia de distância à estrema da propriedade de **uma faixa de protecção nunca inferior a 50 m e a adopção de medidas especiais relativas à resistência do edifício, à passagem do fogo e à contenção de possíveis fontes de ignição de incêndios no edifício e respectivos acessos**. [sublinhado nosso]"*

Ora, pelo que se deixou enunciado supra, quer na sequência da Resolução do Conselho de Ministros n.º 65/2006, de 11 de Maio, quer deste Decreto-Lei n.º 124/2006, de 28 de Junho, constitui incumbência das Autarquias Municipais, isto é dos Municípios e dos seus órgãos executivos, aprovar Planos Municipais de Defesa da Floresta Contra Incêndios [PDMFCI], e até tal acontecer, previamente, e como linha de acção necessária, a aprovação de um Plano Operacional Municipal [POM].

Conforme [não] resulta dos autos, por não ter sido feita prova pelo Réu nesse sentido, não logrou o mesmo, até à data em que foi apreciado e decidido o pedido de licenciamento que lhe foi apresentado pela Autora, levar cabo qualquer iniciativa dessa natureza, conforme lhe impõe o artigo 10.º, n.ºs 4, 5 e 6 do Decreto-Lei n.º 124/2006, de 28 de Junho.

E não o tendo feito o Réu, antes tendo, como fez, aplicado as estritas normas do referido Decreto-Lei n.º 124/2006, de 28 de Junho, mormente o seu artigo 3.º, alínea g) e 16.º n.º 3, para indeferir o pedido de licenciamento da Autora, incorreu, como julgamos, em manifesto erro nos pressupostos de que depende a sua aplicação [desses normativos].

Com efeito, não basta que o PDMPC defina que o terreno é agrícola, nos termos dos seus artigos 55.º e seguintes, e a partir daí, os serviços do Réu partirem para a extrapolação de que, sendo agrícola, e tratando aquele Decreto-Lei de ser aplicável a espaços rurais, onde se acham integrados, na sua definição, os terrenos agrícolas, que tenha de ser garantido, de iure, em todo e qualquer licenciamento de construção, mesmo em área autorizada pela CRRA, a distância de 50 metros, contados desde o edifício em perspectiva até à estrema do terreno.

A aplicação pura e simples dessa norma [artigo 16.º, n.º 3] sem que o Município defina no âmbito do seu PDMFCI, as zonas críticas em termos de risco de incêndio, para as pessoas e para os bens, não pode ser levada a cabo, conforme de resto tal se extrai da epígrafe do respectivo normativo.

Na verdade, a norma está estatuída em termos de a edificação em perspectiva de situar em zonas de elevado risco de incêndio, o que só pode alcançar-se, nos termos do seu n.º 1, em face da cartografia de risco de incêndio, que defina as zonas críticas [de risco para pessoas e bens], e a definir no PDMFCI, nos termos do artigo 10.º, n.ºs 4 a 6 do referido diploma legal.

Sem haver um acto administrativo, ou uma norma regulamentar [provinda do Réu] que qualifique, face a este normativo, que o terreno da Autora, ou melhor, a zona de território municipal onde a Autora tem o seu terreno, constitui uma zona de elevado risco de incêndio, não pode, como julgamos, empreender-se a sua aplicação, impondo a referida faixa de protecção de 50 metros.

Avaliada a motivação, quer do Conselho de Ministros no âmbito daquela Resolução, quer o espírito do legislador, a aplicação do n.º 3 deste artigo só é possível, depois dessa definição [por acto administrativo fundamentado, ou por norma regulamentar] a levar a cabo pelo Réu, e em termos abstractamente considerados, tem todo o sentido que definidas essas áreas como de risco elevado de incêndio, isto é e designadamente, porque a área em questão, um terreno para onde esteja pedido um licenciamento, se está situado em espaço florestal, espaço que está totalmente rodeado de árvores, e tratado pelo PDMFCI como zona de risco elevado de incêndio, atenta a preocupação do legislador em torno da gestão de combustível [cfr. Artigo 3.º n.º 1 alínea I], e das capacidades pirotécnicas da biomassa, resulta evidente que o licenciamento de uma construção, mesmo com parecer favorável da CRRA e do ICN, entre outros devidos, terá de garantir essa distância de 50 metros, sem que se possa impor esse ónus aos proprietários dos prédios confinantes, por se tratar de uma edificação nova.

Nesse sentido, o legislador definiu, sem dependência de ser passível de enunciação em PDMFCI, que quanto às habitações já existentes e em ordem a prover à gestão de combustível [na definição dada pelo artigo 3.º, n.º 1 alínea I) do Decreto-Lei n.º 124/2006, de 28 de Junho], que deve ser garantida pelos titulares de direitos de detenção de propriedades arborizadas em torno dessas edificações, numa faixa de 50 metros de distância, precisamente, devido à sua preocupação primordial no âmbito da política de combate a incêndios, visando a segurança de pessoas e bens.

O quanto está consignado nos artigos 56.º n.º 2 e 57.º n.º 1, ambos do RPDMPC, de que é aplicável à utilização para fins não agrícolas dos solos pertencentes à RAN, mormente a sua edificabilidade, as condicionantes impostas pela lei vigente, para além de fazer apelo, em primeira ordem, aos regimes jurídicos que regulam a edificação, mormente o RJUE, e de serem aplicáveis todos os outros normativos vigentes à data da aplicação do pedido, de todo o modo, quanto ao referido Decreto--Lei em apreço, importava a avaliação sobre se a sua aplicação é [era] consentânea com a situação de facto em causa.

E conforme já referido, não sendo convocável o referido artigo 16.º n.º 3, por falta de explicitação, pelo Réu [por via de acto ou norma regulamentar], que a zona onde a Autora tem o seu terreno, é de elevado risco de incêndio, também ainda nesse sentido, e apenas pela simples observação das fotografias juntas aos autos, atento o amplo espaço e a pouca vegetação [floresta] que o rodeia, tal não é alcançável, por não haver preocupação que seja legítima, com a gestão de combustível, em ordem a proporcionar a melhor forma de combate aos incêndios, para além de que não se perspectivam quaisquer dificuldades de acesso, quer ao terreno, à edificação, quer aos terrenos circundantes, para combate a eventuais focos de incêndio (...)".

Quid juris?

Se concordamos com a sentença recorrida na sua essência apenas queríamos acrescentar que a necessidade de regulamentação das zonas de risco de incêndio através do PDMFCI se torna essencial para a aplicação do citado art. 16.º n.º 3 do DL 124/2006 de 28/6 já que não podemos olvidar a teleologia deste número e do artigo em que está inserido.

Na verdade, o diploma de 124/06 é um diploma sobre a defesa da floresta contra incêndios e a epígrafe do art. 16.º do DL 124/2006, de 18.06, é *"Edificação em zonas de elevado risco de incêndios"*.

Daí que o referido n.º 3 apenas tem sentido se interpretado que, nas zonas de espaço florestal ou rural que confinem com zonas de risco elevado ou muito elevado tem de haver uma zona fixa de protecção nunca inferior a 50 metros com vista à passagem do fogo e à contenção de possíveis fontes de ignição de incêndios no edifício e respectivos acessos.

É certo que Dulce Lopes, in O Municipal, n.º 316, Maio/2007, p. 12 relativamente à norma do art. 16.º/3 diz:

"... tem sido esta uma das disposições mais criticadas do Decreto-Lei n.º 124/2006, na medida em que o seu cumprimento torna dificilmente gerível o espaço rural, impossibilitando um seu aproveitamento urbanístico, quantas vezes desejável do ponto de vista da promoção da "sustentabilidade" e "animação" de áreas desertificadas e abandonadas.

Para além das críticas, este n.º contém também uma das normas mais ambíguas de um diploma que se pretendia definitivamente esclarecedor sobre a defesa da floresta contra incêndios. Os focos problemáticos em causa prendem-se, por um lado, com a averiguação da "autonomia" do n.º 3 do artigo 16.º relativamente ao zonamento do território para efeitos florestais, por outro, com a definição dos espaços a que o mesmo se aplica e, por último, com o tipo de operações urbanísticas a que diz respeito.

Quanto à primeira questão, na medida em que, em geral, é interdita a edificação em zonas classificadas como de elevado risco de incêndio nos planos municipais de defesa da floresta, a única interpretação razoável é a de considerar que o n.º 3 deste artigo estabelece condicionamentos em áreas que não foram como tal classificadas. Caso contrário não faria sentido estabelecer uma norma que determina limitações à edificação, quando outra existe que as proíbe liminarmente. ... Assim sendo, terá de se considerar – como o fazem, em uníssono, as entidades públicas com responsabilidade em matéria florestal – que a norma do n.º 3 do artigo 16.º, porque não depende de medidas administrativas complementares, v.g. A aprovação de um plano determinado, entrou em vigor com o diploma no qual se insere. É, portanto, uma norma de aplicação imediata e não deferida".

Mas também não podemos interpretar este preceito completamente desgarrado do diploma e epígrafe em que está inserido e com um âmbito de aplicação que acaba por nada ter a ver com qualquer risco de incêndio.

Tem, pois, que ser interpretado como tendo aquela finalidade.

Continua esta jurista, neste artigo, e no que se reporta aos conceitos de "espaço florestal ou rural", definidos as als. f) e g) do art. 3.º do diploma:

"... Estes encontram definição nas alíneas f) e g) do artigo 3.º do Decreto-Lei n.º 124/2006 segundo as quais "Espaços florestais" correspondem aos terrenos ocupados com floresta, matos e pastagens ou outras formações vegetais espontâneas e "Espaços rurais" aos espaços florestais e terrenos agrícolas.

O facto de o referido Decreto-Lei se referir autonomamente a estes conceitos, aliado ao disposto no artigo 44.º, n.º 1, segundo o qual as definições constantes naquele "prevalecem sobre quaisquer outras no âmbito da defesa da floresta contra incêndios", poderia levar à conclusão que as restrições previstas no n.º 3 do artigo 16.º se aplicariam àqueles espaços independentemente da classificação e qualificação dos solos feita no âmbito dos planos municipais de ordenamento do território.

Esta não é, porém, a solução que deve ser acolhida, na medida em que implica uma leitura inadequada do diploma em questão e dos seus objectivos. Desrazoável seria que a aplicação de restrições legais tão gravosas como as dispostas no n.º 3 do artigo 16.º ficasse dependente de uma pura análise casuística da "situação" do terreno...

Esta leitura é, ainda que parcialmente, confirmada pelo disposto nas disposições finais dos Planos Regionais de Ordenamento Florestal que consideram que aquela limitação se aplica a todo o "solo rural". Pretendeu esta norma clarificar o que entendia o Decreto-Lei n.º 124/2006 por espaço florestal ou rural, afastando a aplicação da norma do n.º 3 do artigo 16.º a espaço urbano ou cuja urbanização seja possível programar.

A nosso ver, ainda que consideremos que aqueles conceitos apenas se podem referir a áreas integradas em solo rural, julgamos que nem todo o solo rural deveria ser por elas abrangido. Em termos que consideramos ser lógicos, a referência a espaços florestais e rurais deve ser entendida como referidos aos espaços qualificados como agrícolas ou florestais, nos termos previstos na alínea a) do n.º 2 do artigo 73.º do Regime Jurídico dos Instrumentos de Gestão Territorial, pelo que é apenas relativamente a estes que o n.º 3 do artigo 16.º se aplica de forma imediata, isto é mesmo para aqueles espaços delimitados nos planos municipais vigentes" – loc. Cit., p.13.

Ora, esta amplitude completamente desfasada e independente da proximidade de qualquer zona de risco de incêndio elevado ou muito elevado conduz a uma exigência excessiva e irrazoável de certa forma desconforme com a realidade exigente e que não resulta inequívoco que tenha sido essa a intenção do legislador.

Para além disso, no caso concreto, atendendo aos elementos de facto alegados na petição, não podemos deixar de considerar que nunca poderia ser indeferida a acção sem averiguação dos confrontamentos alegados para o terreno (estrada municipal a sul e poente, norte edifício de infantário e unicamente a nascente com terreno agrícola) assim como da exigência de mais de 10 moradias num raio de cerca de 100 metros, assim como do parecer da entidade com competência na área em causa, a Comissão Regional de Reserva Agrícola de Ente Douro e Minho e os preceitos do Regime Geral de Edificações Urbanas.

Em face de todo o exposto Acordam os juízes deste TCAN em negar provimento ao recurso e manter a sentença recorrida.

Custas pela recorrente.

R. e N.

Porto, 24/7/08

Comentário

O presente comentário foi motivado na necessidade de revisitar, uma vez mais[2], o regime jurídico florestal e analisar alguns dos seus nódulos problemáticos. De entre as questões que têm vindo a ser suscitadas, e com frequência, na prática urbanística, analisaremos duas: **(i)** a complexidade dos instrumentos gerais e sectoriais de planeamento e programação do uso do solo, de modo a definir, no que nos for possível, quais os modelos desejáveis de articulação daqueles instrumentos tendo como pano de fundo a legislação florestal; **(ii)** a interpretação da disposição prevista no artigo 16.º, n.º 3 do Decreto-Lei n.º 124/2006, de 28 de Junho, tendo em considera-

---

[2] Já nos ocupámos sobre esta matéria nos seguintes estudos: "Regime Jurídico Florestal – A Afirmação de um Recurso", *Revista do CEDOUA*, n.º 11, 2003 e "A legislação florestal revisitada", O Municipal, n.º 316, Maio, 2007.

ção a argumentação aduzida no acórdão em anotação e as alterações legislativas introduzidas pelo Decreto-Lei n.º 17/2009, de 14 de Janeiro.

Esperamos, desta forma, contribuir para o esclarecimento de algumas dúvidas, apontando soluções práticas que sejam suficientemente flexíveis, de modo a não espartilhar a gestão urbanística municipal, mas ainda (e sempre) respeitadoras da legalidade, de modo a acautelar os interesses públicos co-envolvido na protecção de pessoas e bens contra incêndios.

i. A necessidade de coordenação das várias intervenções de planeamento surge não apenas no âmbito interno do "sistema de gestão territorial", mas também na relação entre este e regimes jurídicos sectoriais, nos quais são reguladas outras figuras de planeamento.

A protecção jurídica das florestas é uma das áreas em que esta intersecção entre planos é evidente, uma vez que são identificados no Decreto-Lei n.º 124/2006, de 28 de Junho, alterado e republicado pelo Decreto-Lei n.º 17/2009, de 14 de Janeiro, que estabelece as medidas e as acções a desenvolver no âmbito do sistema nacional de defesa da floresta contra incêndios, planos nacionais, distritais e municipais de defesa da floresta contra incêndios (PMOF's).

Estes planos, em particular, os PMOF's não podem ser concebidos como se encontrando incluídos na tipologia de planos previstos no RJIGT, uma vez que, ainda que apontem para a definição de políticas sectoriais com um claro relevo territorial, não são sujeitas ao procedimento típico dos planos sectoriais, essencialmente por não incluírem momentos de participação dos interessados ou sequer serem publicados.

O que significa que o relevo dos PMOF's não pode deixar de passar pela sua inclusão nos planos municipais de ordenamento do território (PMOT's), em particular nos planos directores municipais, como elementos técnicos que os acompanham e fundamentam (e não como instrumentos normativos subsistentes por si sós).

Por esse motivo, refere o artigo 10.º, n.º 5, do Decreto-Lei n.º 124/ /2006, que a cartografia da rede regional de defesa da floresta contra incêndios e de risco de incêndio, constante dos PMDFCI, deve ser delimitada e regulamentada nos respectivos planos municipais de ordenamento do território, sem cuja delimitação e regulamentação não poderão ser aplicadas as limitações resultantes do artigo 16.º, n.ºs 1 e 2 daquele

Decreto-Lei, nem, ao que parece, flexibilizadas as exigências supletivamente dispostas no n.º 3 do mesmo artigo.

Para nós, efectivamente, a fixação de regras tão gravosas como as que resultam para as áreas delimitadas nos PMDFCI como de classes altas ou muito altas de risco de incêndio (em bom rigor, trata-se da carta de perigosidade de incêndio, noção esta que se assume como mais adequada e operativa do que a de risco), apenas é possível se a correcção e adequação substantiva daquela delimitação puder ser objecto de apreciação e crítica por parte de entidades públicas outras que não apenas as que elaboram as cartas respectivas[3] e pelo público em geral. Garantias estas de participação e ponderação de interesses que apenas são asseguradas no âmbito de elaboração dos planos municipais de ordenamento do território, nos quais deve ser vertido o conteúdo relevante dos PMDFCI[4].

Ora, se este raciocínio – de necessária integração das prescrições do PMDFCI nos PMOT – é aplicável às situações em que o legislador estipule normas de eficácia diferida (i.e., dependentes de um exercício de planeamento de natureza administrativa), restritivas da esfera jurídica dos particulares, também o deverá ser nas situações inversas, em que aquelas normas têm um efeito ampliador da esfera jurídica dos particulares.

Pensamos no disposto no artigo 16.º, n,.º 3 do Decreto-Lei n.º 124//2006, que, na sua actual versão, admite que as novas edificações no espaço florestal ou rural não tenham de observar, na sua implantação no terreno, a faixa de protecção de 50 metros, caso haja outras regras

---

[3] Quanto à elaboração da carta de perigo de incêndio, esta compete às comissões municipais de defesa da floresta, sob coordenação do Presidente da Câmara Municipal, ainda que em consonância com os níveis superiores de planeamento de defesa da floresta contra incêndios e de acordo com regras tipo definidas pela Autoridade Florestal Nacional e homologadas pelo Ministro da tutela. Pensamos, no entanto, que, apesar de haver lugar a esta regulamentação genérica, não deixará de ser possível introduzir-lhe ajustamentos técnicos, desde que adequadamente fundamentados nas especificidades locais.

[4] A carta de perigo de incêndio deve, por isso, constituir um dos elementos que acompanham o plano, não se tratando de uma condicionante em sentido estrito ao planeamento. Não obstante, apesar da marcação como classes alta e muito alta de risco de incêndio ser da responsabilidade última do Município, as consequências de tal acto são as definidas na lei (cfr., por exemplo, o artigo 16.º, n.º 2), o que transforma aquela planta num documento de matriz híbrida.

definidas no PMDFCI respectivo[5]. Estas regras específicas, adoptadas às realidades locais, deveriam, em bom rigor, constar igualmente de PMOT (na sequência da sua inclusão em PMDFCI), não só para estarem sujeitas ao exercício de ponderação de interesses na elaboração do plano, mas também para que se assegure que o PMDFCI é aplicado na sua totalidade, não sendo concretizadas apenas as suas disposições de cariz positivo que este encerra (sempre que incluir as regras específicas admitidas pelo artigo 16.º, n.º 3), mas também as prescrições limitadoras da posição jurídica dos particulares (como sucede com a regulamentação do n.º 2 do artigo 16.º).

Não obstante, o acórdão em anotação (ainda que se debruce sobre uma questão diferenciada da que ora nos ocupa) considera que a classificação do risco de incêndio pode ocorrer por *acto administrativo fundamentado* ou por *norma regulamentar*, não colocando quaisquer exigências ou barreiras quanto ao tipo e forma do instrumento a adoptar. Assume, assim parece, uma posição mais ampla sobre o mecanismo de definição das regras de protecção das pessoas e bens contra incêndios, admitindo que esta definição possa ocorrer independentemente da sua inscrição em planos municipais de ordenamento do território. Duvidamos desta posição de ponto de vista constitucional. Efectivamente, as restrições ao uso do solo, em especial as resultantes do n.º 2 do artigo 16.º não devem estar furtadas à participação do auditório jurídico, ao que acresce que a própria dinamicidade dos PMDFCI pode colocar em causa os interesses de estabilidade e de previsibilidade que os planos municipais de ordenamento do território têm por objectivo assegurar.

---

[5] Estas regras deverão ser formuladas tendo em consideração a necessidade de tutelar os interesses subjacentes ao Decreto-Lei n.º 124/2006, pois o que o artigo 16.º, n.º 3 admite é o ajustamento da norma de protecção nele incluída e não uma dispensa genérica da mesma. Deste modo estas regras devem ser cabalmente fundamentadas no perigo que, em concreto, se verifique, podendo admitir-se, a nosso ver a mobilização de critérios diferenciadores relacionados com a classe de risco de incêndio na área, a existência de barreiras físicas passíveis de funcionar como uma barreira corta-fogo (como estradas), o tipo e densidade de vegetação existente, a existência de construções e de infra-estruturas na envolvente, etc. No entanto, parecem-nos excluídas as diferenciações baseadas tão só na estrutura fundiária do solo, uma vez que com estas não se tem em consideração a perigosidade resultante das ocupações do solo.

Naturalmente que se poderá dizer que estes argumentos não têm a mesma valia quando em causa estejam regras que ampliam a esfera jurídica dos interessados (por deixar de se aplicar a regra *cega* dos 50 metros à estrema prevista no n.º 3 do artigo 16.º); no entanto, a possibilidade de esta flexibilização ocorrer sem a conformação dos planos municipais aplicáveis pode gerar desinteresse na inclusão das demais prescrições dos PMDFCI naqueles planos, tornando inoperantes, destarte, o artigo 16.º, n.º 2 e, mesmo, algumas disposições do artigo 15.º do Decreto-Lei n.º 124/2006. Se quiséssemos ser impressivos diríamos que esta situação permite que "se coma a carne", sem que se tenha de "roer os ossos" daquele diploma.

Acresce que o próprio *Guia Técnico para elaboração do PMDFCI* não se encontra ajustado a este modelo de definição de regras materiais sobre a ocupação do solo, já que não inclui quaisquer indicações a este propósito, nem qualquer peça regulamentar que as possa acolher. Esta é, antes, a vocação intrínseca dos planos municipais de ordenamento do território.

Dirigindo de novo o nosso olhar para a complexidade dos instrumentos gerais e sectoriais de planeamento e programação do uso do solo previstos na legislação florestal ou relevantes para a sua aplicação, é mister mencionar os *instrumentos de planeamento florestal*, que, na tipologia que deles é feita no Decreto-Lei n.º 16/2009, de 14 de Janeiro (e no Código Florestal, aprovado pelo Decreto-Lei n.º 254/2009, de 24 de Setembro, artigo 10.º), inclui os planos regionais de ordenamento florestal (PROF), os planos de gestão florestal (PGF) e os planos específicos de intervenção florestal (PEIF).

Os PROF são, claramente, planos sectoriais, elaborados pela Autoridade Florestal Nacional e aprovados por Resolução do Conselho de Ministros, sendo por isso, imediatamente vinculativos de entidades públicas; todavia, para vincularem os particulares, têm de ser integrados nos planos municipais de ordenamento do território (cfr. o artigo 4.º, n.º 4 do Decreto-Lei n.º 16/2009, e, bem assim, o artigo 11.º da Lei de Bases da Política de Ordenamento do Território e Urbanismo e o artigo 3.º do Regime Jurídico dos Instrumentos de Gestão Territorial). O que significa que, também quanto a estes PROF – tal, como vimos, quanto aos PMDFCI –, devem as suas prescrições ser incluídas nos planos municipais de ordenamento do território aplicáveis. Confirma-se, destarte, a vocação plural dos PMOT que, para além de inscreverem opções próprias de uso do solo, servem de ponto de confluência e fusão entre outras perspectivas e instrumentos de ocupação do solo,

Mas, de acordo com o Decreto-Lei 16/2009, também os PGF's (e igualmente pelos PEIF's[6]) executam as orientações dos PROF's. Estes planos mais concretos, voltados para a administração e gestão florestal, não são instrumentos de gestão territorial (ainda que devam obediência a estes, sob pena de nulidade, e estejam sujeitos a requisitos de participação dos interessados); no entanto, como se tornam exequíveis pela adesão "voluntária" que a eles é feita por parte dos seus destinatários (cfr. o artigo 22.º do Decreto-Lei n.º 15/2009, de 14 de Janeiro, segundo o qual, designadamente, o PGF das Zonas de Intervenção Florestal (ZIF) é obrigatório para os proprietários ou outros produtores florestais aderentes), acabam por assumir, de forma *original,* força jurídica vinculativa[7]. Ou seja, aderindo-se à ZIF resulta, necessariamente, o compromisso "contratual" do respeito pelos instrumentos de planeamento para ela gizados, o que confere aos PGF's e PEIF's uma força jurídica similar aos planos municipais, em particular aos planos de intervenção em espaço rural[8].

Podemos sistematizar as relações que intercedem entre os vários planos com relevo directo no ordenamento da fileira florestal, no seguinte quadro, no qual as setas visam demonstrar, ainda que de forma simplificada, as interrelações recíprocas entre os vários instrumentos de planeamento e programação referidos em texto.

---

[6] Cfr. a regulamentação do PEIF pelo Despacho n.º 20194/2009, de 7 de Setembro.

[7] Já nos pronunciámos neste sentido no nosso artigo "Planos de pormenor, unidades de execução e outras figuras de programação urbanística em Portugal", *Direito Regional e Local,* n.º 3, 2008.

[8] Os planos de intervenção em espaço rural visam, como o próprio nome indica, o ordenamento do espaço rural, mas assumem-se como planos que têm como objecto regular, primacialmente, a urbanização e edificação e os usos complementares às actividades desenvolvidas em solo rural e não propriamente estas. Deixou, assim, de definir medidas de defesa da floresta contra incêndios e de privilegiar o ordenamento do solo rural *qua tale,* distanciando-se da Portaria n.º 385/2005, de 5 de Abril, que terá de se ter hodiernamente por revogada, em função do conteúdo normativo disposto no artigo 91.º-A, n.ᵒˢ 3 e 4 do Regime Jurídico dos Instrumentos de Gestão Territorial.

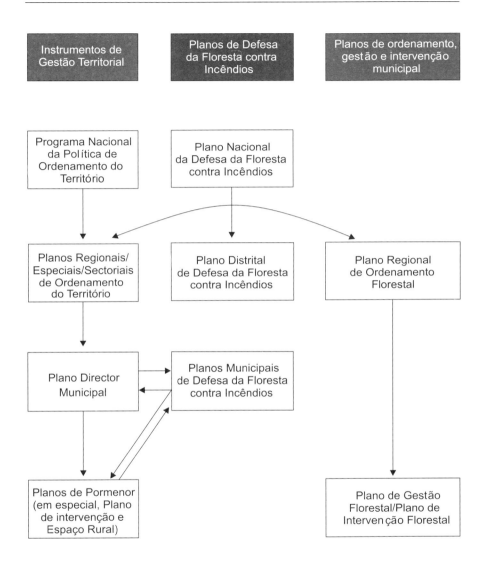

ii. Chegados à segunda parte do presente comentário, cumpre proceder à interpretação da disposição prevista no artigo 16.º, n.º 3 do Decreto-Lei n.º 124/2006, de 28 de Junho, tendo em consideração, num primeiro momento, a argumentação aduzida no acórdão e, num segundo momento, as alterações legislativas introduzidas pelo Decreto-Lei n.º 17//2009, de 14 de Janeiro.

Quanto ao primeiro destes aspectos, decidiu-se o Tribunal Central Administrativo Norte pelo entendimento que a norma do n.º 3 do artigo 16.º, na formulação anterior à do Decreto-Lei n.º 17/2009 (lembre-se, o acórdão foi tirado em 2008) não tinha efeitos directos e imediatos, estando dependente de um acto administrativo ou de um regulamento que explicitasse a classificação do solo como detendo risco alto ou muito alto de incêndio. E fê-lo tendo como argumento o facto de o diploma em causa ter como objecto a defesa da floresta contra incêndios e a epígrafe do artigo 16.º ser, precisamente,*"Edificação em zonas de elevado risco de incêndios"*. Em face destes dados normativos, considerou o Tribunal que *"o referido n.º 3 apenas tem sentido se interpretado que, nas zonas de espaço florestal ou rural que confinem com zonas de risco elevado ou muito elevado tem de haver uma zona fixa de protecção nunca inferior a 50 metros com vista à passagem do fogo e à contenção de possíveis fontes de ignição de incêndios no edifício e respectivos acessos"*.

Adicionalmente considerou o Tribunal que uma norma com a amplitude do artigo 16.º, n.º 3, se lida de forma independente da proximidade de qualquer zona de risco de incêndio elevado ou muito elevado, *"conduz a uma exigência excessiva e irrazoável de certa forma desconforme com a realidade exigente e que não resulta inequívoco que tenha sido essa a intenção do legislador"*.

Ora, apesar de já nos termos pronunciado no sentido de uma leitura diferenciada da norma do n.º 3 do artigo 16.º (precisamente a defendida e aplicada pelo Município recorrente)[9], não deixamos de perfilhar a crítica do Tribunal quanto à amplitude excessiva e, em grande maioria dos casos, à desproporcionalidade da norma do n.º 3 do artigo 16.º do Decreto-Lei n.º 124/2006, na sua versão inicial. No entanto, os pressupostos em que laborou o Tribunal são tudo menos inequívocos.

Senão vejamos.

A norma do artigo 16.º, n.º 3 tem como objectivo não a defesa da floresta contra incêndios em sentido próprio, mas sim a *defesa de pessoas e bens* contra incêndios, o que significa que o critério para a definição da perigosidade não deve referir-se apenas, ao contrário do que parece resultar do acórdão, do facto de a vegetação ser mais ou menos

---

[9] Posição essa que nos dispensamos de reproduzir, na medida em que o próprio Acórdão lhe faz expressa e directa referência.

frondosa nas proximidades da área a edificar. É certo que os 50 metros à estrema previstos no n.º 3 do artigo 16.º fornecem tudo menos um critério razoável e ajustado à realidade a regular e aos objectivos dessa regulação, para além de onerarem os particulares com a aquisição de prédios contíguos de modo a perfazer a área e configuração necessárias para respeitar o distanciamento referido. Mas, por isso mesmo se prevê agora que os 50 metros não sejam aplicáveis a *áreas edificadas consolidadas* [remetendo aqui precisamente para aquelas que sejam como tal consideradas pelos instrumentos de gestão territorial vinculativos dos particulares, nos termos do artigo 3.º, n.º 1, alínea b) do Decreto-Lei n.º 124/2006, na versão resultante do Decreto-Lei n.º 17/2009] e possam não o ser a áreas para as quais o PMDFCI tenha definido regras específicas sobre distanciamento à estrema[10]. Esta conversão do n.º 3 do artigo 16.º de norma imperativa em disposição supletiva permite sustentar a sua legitimidade, uma vez que consente, desde que fundamentadamente, a consagração de soluções adequadas às especificidades de cada área, desde que não coloquem em causa os objectivos de interesse público a prosseguir e sejam necessárias à sua consecução.

A corroborar esta leitura – da qual se retira, sem margem para dúvidas, a aplicação imediata da regra do artigo 16.º, n.º 3, salvo nos casos em que permite a inscrição de regras especiais em instrumento próprio –, a própria epígrafe do artigo 16.º mudou: de *"Edificação em zonas de elevado risco de incêndios"* para *"Condicionalismos à edificação"*, o que mostra a pluralidade dos segmentos normativos incluídos no artigo 16.º e a sua ligação *não necessária* à classificação do risco de incêndios[11].

---

[10] Note-se que estas regras específicas têm ido no sentido de aliviar as exigências de distanciamento à estrema dos prédios. No entanto, nada inviabiliza, desde que de forma fundamentada, que aquelas regras sejam mais exigentes do que o disposto no regime legal de carácter supletivo. Aliás, é o próprio artigo 16.º, n.º 3 a admiti-lo ao referir que a distância será "nunca inferior a 50m".

[11] Pensamos, no entanto, que a leitura do Acórdão do Tribunal Central Administrativo teve um mérito que não nos parece poder ser reconhecido à decisão de primeira instância. Nesta, a norma do n.º 3 do artigo 16.º parecia ser aplicada a zonas classificadas com risco de incêndio elevado ou muito elevado, o que era manifestamente incongruente com a proibição prevista no n.º 2 daquele mesmo artigo; ao passo que o Tribunal Central Administrativo tentou adaptar as duas disposições e chegar a uma solução harmónica (ainda que esvaziadora de sentido útil do artigo 16.º, n.º 3): a de que este artigo apenas se apicava a zonas *que confinem com zonas de risco elevado ou muito elevado...*

Um último argumento em que o Tribunal Central Administrativo se suportou para proferir o aresto prendeu-se com a análise que fez das características do prédio e da zona envolvente (existência de estrada municipal e bons acessos e existência de mais de 10 moradias num raio de cerca de 100 metros) e com a existência de pareceres positivos à edificação para a área em causa (parecer da Comissão Regional de Reserva Agrícola de Ente Douro e Minho e do Instituto da Conservação da Natureza e da Bidiversidade, I.P.).

Não podemos deixar de concordar parcialmente com a posição do Tribunal, salvo no que se refere à existência de pareceres positivos no processo, uma vez que as entidades que os emitiram não têm competência para se pronunciar sobre a legislação florestal, não podendo, por isso, a sua anuência incorporar o respeito pelo Decreto-Lei n.º 124/2006. Reconhecemos, porém, tal como o legislador agora também faz, que deve haver critérios, tais como os dos acessos ou da integração num núcleo edificado, que devem poder apontar para a maleabilização da regra do afastamento à estrema; no entanto, pensamos que a forma mais adequada de aplicar e controlar tais critérios passará pela sua inscrição, em primeira linha, em instrumentos de planeamento municipal que se encontram sujeitos a escrutínio judicial[12]. Caso contrário, correr-se-á o risco de o critério de concretização da norma jurídia ser dado inovadoramente pelo juiz, o que, para além de atentar contra o princípio da separação de poderes, não fornece um critério suficientemente estável e previsível para a actuação dos particulares.

Fica, assim, a pergunta: teria a decisão do Tribunal Central Administrativo sido a mesma se, não obstante a inexistência de classificação do risco de incêndio, a área a edificar fosse coberta por vegetação, sem que estivesse próxima de acessos ou de outras edificações?

---

[12] Note-se que, se a edificabilidade dispersa na área configurar um aglomerado rural, de acordo com a definição que deste é feita no artigo 3.º, n.º 1, alínea a) do Decreto-Lei n.º 124/2006, consideramos não dever ser-lhe aplicável a restrição do n.º 3 do artigo 16.º. Trata-se, afinal, de zonas cuja caracterização é próxima das áreas edificadas consolidadas e que, por isso, merecem o mesmo tratamento.

Acrescente-se que a situação de facto descrita no Acórdão em anotação parece configurar, precisamente, um aglomerado rural, caso em que a aplicação da regra do distanciamento de 50 m à estrema não faz sentido, pois, para além de prejudicar a colmatação e reabilitação destas áreas, é compensada por regras específicas em matéria de gestão de combustível e pela existência, em regra, de infra-estruturas adequadas.

As medidas cautelares dos planos e o relacionamento entre medidas preventivas e suspensão de procedimentos – *o princípio tempus regit actum* –

FILIPE AVIDES MOREIRA[1]

Acórdão do Supremo Tribunal Administrativo
Processo: 0720/08
Data do Acórdão: 22-01-2009

Acordam, em conferência, na Secção do Contencioso Administrativo do Supremo Tribunal Administrativo:

(*Relatório*)

I. O MUNICÍPIO DO PORTO, representado pelo Presidente da C.M.Porto, interpôs recurso de revista, ao abrigo do art. 150.º, n.º 1 do CPTA, do acórdão do TCA Norte, de 12.06.2008 (fls. 376 e segs.), que, negando provimento ao recurso jurisdicional por si interposto, confirmou a sentença do TAF do Porto, de 27.09.2007, pela qual foi julgado parcialmente procedente o pedido de intimação intentado por "A...", e, em consequência, intimado o ora recorrente a, "*à luz do referido instrumento urbanístico (regras estabelecidas no PDM, Porto, na versão anterior àquela que resultou do processo de revisão ratificado por Resolução do Conselho de Ministros n.º 19/06) emitir, no prazo de 30 dias, o acto final no procedimento, sob pena de aplicação ao Presidente da Câmara Municipal e aos demais membros que integram o órgão executivo, de sanção pecuniária compulsória no montante diário de 5% do salário mínimo mais elevado em vigor por cada dia de atraso, para além do prazo fixado*".

---

[1] Advogado

Na sua alegação formula as seguintes conclusões:

A) Vem o presente recurso interposto do douto acórdão de 12/6/2008 que negou provimento ao recurso jurisdicional apresentado pelo Recorrente.

B) A decisão recorrida implica um retrocesso em termos urbanísticos no que às opções de ordenamento do território municipal diz respeito, impondo ao Recorrente o recurso a um instrumento de gestão territorial publicado em 1993, cujas concepções/soluções há muito estão ultrapassados.

C) Além de ter implicações/consequências imponderáveis em centenas de outros processos que foram indeferidos à luz das regras do novo PDM e que foram iniciados, como é normal, ou na vigência das Normas Provisórias, ou na vigência das Medidas Preventivas.

D) E aos quais os órgãos e agentes do Recorrente aplicaram, como é de lei, as regras urbanísticas existentes no momento da prática do acto de licenciamento, ou seja, o PDM ratificado pela Resolução do Conselho de Ministros n.º 19/06.

E) As implicações que a decisão sob recurso tem vão, portanto, muito para além do caso concreto, sendo susceptíveis de se fazerem repercutir em toda a política de uso e ocupação do solo que desde há anos tem vindo a ser implementada pelo Recorrente.

F) Colocando-a mesmo em cheque ao impor a aplicação de um Regulamento que, no momento da prática do acto de licenciamento, já não está em vigor há mais de 7 anos.

G) E cujas soluções são, ainda para mais, contrárias àquelas que resultam do instrumento de gestão territorial vigente.

H) É, por conseguinte, manifesto que estamos aqui perante uma questão que, pela sua relevância jurídica e social, se reveste de importância fundamental – é, no fundo, o conceito de cidade que se pretende, em concreto, desenvolver/implementar que está em causa, o que, por seu turno, está intimamente relacionado com competências que imperativamente estão reservadas à Administração e com direitos fundamentais dos cidadãos (à qualidade de vida e ao ambiente, por exemplo).

I) Mas não é só: o douto acórdão recorrido, ao confirmar a decisão proferida pelo Tribunal de Primeira Instância, afronta regras e princípios fundamentais em matéria de direito processual e substantivo, alguns deles solidamente consolidados pela Jurisprudência deste Venerando Tribunal, como sucede, por exemplo, com o princípio *tempus regit actum*.

J) Do mesmo modo, a interpretação preconizada pelo Tribunal "a quo" em termos de legitimidade passiva, a própria configuração e alcance que faz do instituto da "*intimação para a prática do acto devido*", do art. 13.º do RJUE e dos arts. 112.º e 117.º do DL n.º 380/99, de 22/9, merecem, por parte do Recorrente, o mais completo desacordo.

K) E justificam, no seu entender, de forma clara, a admissão do presente recurso para que haja uma melhor aplicação do direito nos seguintes domínios:

a) legitimidade passiva no âmbito de um processo judicial de intimação para a prática do acto devido;
b) configuração/alcance do instituto da "intimação judicial para a prática de acto legalmente devido";
c) articulação da suspensão da concessão de licenças – prevista a partir da abertura da fase de discussão pública – com as medidas preventivas que o município adoptou (interpretação do art. 13.º do RJUE e dos arts. 112.º e 117.º do DL n.º 380/99, de 22/9);
d) sentido, alcance e aplicação do princípio *tempus regit actum*.

Com efeito,

L) O art. 112.º, n.º 1 do RJUE define a legitimidade passiva na intimação judicial para a prática do acto legalmente devido, atribuindo-a à autoridade competente para proceder à prática do acto que se mostre devido.

M) No caso *sub judice*, a entidade competente para proferir a decisão final sobre o pedido de licenciamento da operação de loteamento que a Recorrida pretende levar a cabo é a câmara municipal – art. 5.º, n.º 1 do RJUE.

N) Ao julgar o Recorrente parte legítima o Mmo Juiz "a quo" violou de forma clara o art. 10.º do CPTA e os arts. 5.º e 112.º, n.º 1 do RJUE.

O) O que está em causa e se pretende assegurar com a instituição da figura da intimação judicial à prática do acto devido em matéria urbanística é que, perante um comportamento silente da Administração, o particular tenha a possibilidade de obter uma decisão judicial que force essa mesma Administração a proferir a decisão que ao caso se revelar adequada, no sentido de obter daquela a prática do acto devido à luz do bloco legal aplicável à pretensão que requereu junto da Administração.

P) Aquando da apresentação da oposição por parte do Recorrente, já desaparecera o fundamento fáctico-jurídico em que se estribava o objecto dos autos.

Q) Ao desconsiderar esta realidade, o Mmo Juiz "a quo" violou ostensivamente o art. 112.º do RJUE e, bem assim, os arts. 100.º e seguintes do CPA.

R) Antecipando a eventualidade de o novo PDM não vir a entrar em vigor antes da caducidade das Medidas Preventivas, a CMP adoptou os mecanismos legais que existiam ao seu alcance no sentido de evitar a reentrada em vigor do PDM de 1993.

S) Fê-lo, precisamente, lançando mão do regime instituído pelo art. 117.º do DL n.º 380/99, de 22/9.

T) A adopção de medidas preventivas antes da fase de discussão pública do plano torna a suspensão de procedimentos desnecessária, pois através da adopção daquelas fica já salvaguardado o efeito útil do futuro plano, devendo afastar-se a suspensão de procedimentos por configurar uma medida, na grande maioria das hipóteses, mais gravosa do que a adopção de medidas preventivas – princípio da necessidade na sua versão instrumental.

U) A única leitura que se poderá fazer do texto da lei é, portanto, a de que, ou a Administração adopta medidas preventivas, sendo estas que funcionam, ou não as adopta (porque facultativas), ou cessa a sua vigência, devendo, apenas nestes casos, funcionar a medida cautelar prevista no artigo 117.º que reveste, assim, a natureza de medida cautelar supletiva.

V) Ora, tendo em consideração que, no caso da revisão do PDM do Porto, foram adoptadas medidas preventivas tendentes a garantir o efeito útil do futuro plano, e que estas não caducaram (porque nada foi determinado a este respeito) aquando da abertura da fase da discussão pública do mesmo, então terá de se concluir que eram estas as medidas que se encontravam em vigor para acautelar o futuro plano, não funcionando, então, o disposto no artigo 117.º do DL n.º 380/99, de 22/9.

W) Naquelas hipóteses em que, embora tendo sido adoptadas medidas preventivas, estas venham a caducar (cessação da respectiva vigência), recobra razão de ser a suspensão dos procedimentos, que se deverá manter, para a salvaguarda do plano em revisão e nos termos do artigo 117.º, n.º 1, até à entrada em vigor do PDM ou até ao limite máximo de 150 dias desde a caducidade das medidas preventivas.

X) Esta foi, precisamente, a solução encontrada pelo Recorrido para salvaguarda do futuro Plano, concretizada na aprovação da deliberação da CMP de 13/9/05.

Y) Ao ignorar esta realidade, o Tribunal "a quo" aplicou erradamente o disposto nos arts. 112.º e 117.º do DL n.º 380/99, de 22/9 e no art. 13.º do RJUE.

Z) A actual legislação urbanística consagrou expressamente o princípio geral que determina que a validade dos actos depende da sua conformidade com as normas em vigor à data da sua prática (*tempus regit actum*) – artigo 67.º RJUE.

AA) Semelhante princípio foi também acolhido no art. 117.º, n.º 3 do DL n.º 380/99, de 22/9, que determina o prosseguimento do processo para apreciação do pedido até à decisão final, "**de acordo com as regras urbanísticas em vigor à data da sua prática**" (do acto administrativo, e não da apresentação do pedido).

BB) A pretensão da Recorrida tem, inevitavelmente, que ser apreciada à luz do actual PDM já que é este o instrumento de gestão territorial em vigor no momento da prática do acto.

CC) Sob pena de a Administração praticar um acto nulo por violação do PDM vigente no momento em que aprecia a legalidade da operação urbanística que a Recorrida pretende desencadear.

DD) Ao decidir que o Recorrente deve praticar o acto final do procedimento de licenciamento à luz das regras estabelecidas no PDM do Porto na versão anterior àquela que resultou do processo de revisão ratificado pela Resolução do Concelho de Ministros n.º 19/06, o Tribunal "a quo" atentou de forma clara contra o princípio *tempus regit actum*, consagrado, entre outros, no art. 67.º do RJUE.

EE) Contrariando, para além do mais, a jurisprudência deste Supremo Tribunal que tem entendido, uniformemente, que o bloco de legalidade aplicável a um acto administrativo é o vigente na data em que for proferido, mesmo em casos onde tenha havido deferimento de actos intermédios do respectivo procedimento de licenciamento.

Termos em que..., deverá o presente recurso ser admitido e julgado procedente, revogando-se o douto acórdão recorrido em conformidade, como é de elementar Justiça.

II. O recorrido contra-alegou, nos termos do requerimento de fls. 474 e segs., sustentando, em suma, a não admissão do recurso de revista, por falta dos pressupostos legais previstos no art. 150.º do CPTA, e, para o caso de esta ser admitida, a improcedência das respectivas alegações, considerando que deve ser mantida a decisão sob recurso.

III. Por acórdão de fls. 494 e segs., proferido pela formação prevista no n.º 4 do art. 150.º do CPTA, foi admitido o presente recurso de revista.

IV. O Exmo magistrado do Ministério Público neste Supremo Tribunal emitiu nos autos o seguinte parecer (devidamente notificado às partes – fls. 508 e 509):

"Vem o presente recurso de revista interposto da decisão do T.C.A. Norte que julgou parcialmente procedente a acção para intimação para a prática de acto legalmente devido apresentado pela A... contra o Município do Porto condenando-o a emitir, no prazo de 30 dias, o acto final do procedimento de autorização do loteamento segundo as regras do Plano Director Municipal de 1993, por serem as que vigoravam na data da prática da decisão que resulta impugnada nestes autos.

Neste recurso a recorrente suscita várias questões designadamente:

a) A questão da legalidade passiva;
b) A configuração/alcance do Instituto da "intimação judicial para a prática de acto legalmente devido;
c) Articulação da suspensão da concessão de licenças – previsto a partir da abertura da fase de discussão pública – com as medidas preventivas que o município adoptou (interpretação do art. 13.º do R.G.U.E. e dos art. 112.º e 117.º do Dec-Lei n.º 380/ /99, de 22.09.
d) Sentido, alcance e aplicação da princípio "tempus regit actum".

Quer o TAF do Porto, quer o TCA Norte apreciaram estas questões no sentido de as julgar totalmente improcedentes.

(...)

Acompanha-se a argumentação desenvolvida no acórdão em revista à excepção da matéria referente às medidas cautelares preventivas e suspensivas e que passamos a analisar:

(...)

A ora recorrida, A... defende que o seu pedido de licenciamento de loteamento apresentado em 11.05.05 era compatível com o P.D.M. em vigor na altura (P.D.M de 1993), tendo em vista a urbanização de uma área de intervenção com cerca de 2.462 m2 que se encontrava profundamente degradada face às inundações do Roteiro da Granja.

O cerne da questão, está em saber, qual o P.D.M. aplicável à situação dos autos.

As decisões do TAF e do TCA Norte foram no sentido de que à situação em apreço se aplicava o P.D.M. de 1993, devendo proceder o pedido de intimação.

O Município, ora recorrente, imputa (e no que a esta matéria concerne) o erro de julgamento por preterição dos art.s 26.º, 265.º, n.º 3, 511.º, n.º 1, 659.º n.ºs 2 e 3 e 664.º todos do C.P.C., e ainda erro de julgamento por violação dos art. 112.º e 117.º do Dec-Lei n.º 380/99, de 22.09 (R.J.I.G.T.) e art. 13.º do Dec- Lei n.º 555/99, de 16.02 (R.J.U.E.).

Alega, em breve síntese, que quando foi apresentado o pedido de licenciamento em 11.05.05 ainda não tinham caducado as medidas preventivas, o que só veio a acontecer em 06.09.05, e que após esta data aplicava-se o regime instituído no art. 117.º do Dec-Lei n.º 380/ 99, que previa o prazo de 150 dias de suspensão, ou seja, o pedido de licenciamento não podia prosseguir, por entretanto, estar abrangido pelo período de suspensão que se prolongava até 06.02.06.

Assim, como entretanto começou a vigorar o novo Plano (que teve início em 04.02.06), o pedido de licenciamento encontrava-se ainda, a coberto as medidas de suspensão.

Para alicerçar esta posição juntou um parecer elaborado pelo Dra. Fernanda Paula Oliveira que defende que a aplicação das medidas preventivas e as medidas de suspensão não podem coexistir num mesmo momento temporal, por se tratar de medidas com diferentes pressupostos na aplicação e com diferentes características.

No mesmo sentido já se pronunciou este Alto Tribunal no Ac. 619/04 de 06.07.2004 do qual passamos a citar as pronúncias n.ºs 1 e 4, por se afigurarem aplicáveis à situação dos autos:

" I – A suspensão do procedimento de licenciamento prevista nos art.s 13.º do Dec-Lei n.º 555/99 e 117.º do Dec-Lei n.º 380/99 (RJIGT), de 22.09, aplica-se em coordenação com as medidas

preventivas previstas no art. 107.º do mesmo Dec-Lei n.º 380/99, versando sobre normas diferentes e para momentos temporais diferentes do processo de produção do regulamento que é o Plano.

II – As medidas preventivas são normas temporárias destinadas a salvaguardar aspectos considerados essenciais para não comprometer a viabilidade de hipotéticas soluções que o Plano venha a adoptar, as quais se iniciam a partir do momento em que é tomada a decisão de planear ou alterar o planeamento, pelo que são normas destinadas a vigorar durante todo o tempo de preparação do Plano e que inclusivamente, determinam a respectiva suspensão de eficácia (art. 107.º do RJIGT).

III – A suspensão dos procedimentos de informação prévia, licenciamento ou autorização é medida limitada ao período que se inicia com a discussão pública do plano e vai até à respectiva entrada em vigor, pelo prazo máximo de 150 dias, que visa garantir a aplicação das novas regras urbanísticas preparadas para integrar o plano, sem as excepções e bloqueamentos que resultariam de se avançar entretanto com decisões individuais e concretas baseadas no regime meramente preventivo.

IV – Por visarem proteger interesses e regras urbanísticas dirigidos ao mesmo fim mas diferentes quanto ao conteúdo e se aplicarem em momentos diferentes do procedimento regulamentar, também pela diferente distância do momento final da adopção das novas normas bem como pela compressão de direitos temporalmente muito mais curta da suspensão do procedimento, estas medidas por um lado, e as medidas preventivas por outro, não se sobrepõem antes se coordenam de modo que se conformam com o princípio da proporcionalidade, podendo ver-se nelas uma ponderação dos interesses em presença que resulta equilibrada, isto é, sacrifica o mínimo possível os interesses legítimos dos particulares na prossecução do interesse público que é prosseguido através do planeamento urbanístico.

V – A intimação para passagem de alvará de licença de construção depende do pressuposto processual de ter decorrido o tempo que a lei concede à Administração para decidir, conforme os arts. 11.º, al. a) e 112.º do Dec-Lei n.º 555/99, de 16.023 (RJUE)."

Transpondo este entendimento para a situação dos autos, poder-se-á concluir que as medidas suspensivas deveriam iniciar-se com a data fixada para a discussão pública em 28.10.03, mas como nessa altura estavam em vigor as medidas preventivas, então ter-se-á que concluir que o período de 150 dias fixado no art. 117.º, n.º 1 do Dec-Lei n.º 380/99, se contará a partir do momento em que caducarem as medidas preventivas, ou seja, a partir de 06.09.06.

Deste modo, seguindo esta orientação que se baseia na coordenação da aplicação das medidas preventivas e das medidas suspensivas, afigura-se-nos que ao caso dos autos deve aplicar-se o P.D.M. revisto, sendo certo, que esta solução se mostra mais adequada com o espírito do legislador, que nestes casos pretendeu salvaguardar os objectivos a prosseguir na elaboração do Plano, a fim de conseguir a sua plena operatividade desde que seja definitivamente aprovado, evitando que, em determinadas situações (como a dos autos) designadamente a demora anormal do procedimento, possa retirar todo o alcance prático que se pretende.

Assim, sou de parecer, que deve dar-se provimento ao recurso."

*

Sem vistos, vêm os autos à conferência para decisão.

(*Fundamentação*)

OS FACTOS

O acórdão recorrido considerou provados os seguintes factos:
(Fixados na sentença do TAF)

1. A ora requerente deu entrada, em 11.05.2005, na CMP de pedido de licenciamento de loteamento de terreno sito na Travessa de ..., Porto (req. n.º 50116/05/CMP) – cfr. fls. 1 a 67 do PA apenso;

2. Em 04.07.2005, a CMP notificou a requerente por OF/405/05/DMLSF, por ref.ª à INF/761/OS/DMLSF que é do seguinte teor: "(...) *o pedido não se encontra devidamente instruído em conformidade com o art. 49.º do RMEU, pelo que o requerente deverá apresentar os seguintes elementos instrutórios em falta: Certidão da descrição e de todas as inscrições em vigor emitida pela conservatória do registo comercial, válida (prazo de 12 meses) e autenticada.*

Memória descritiva, esclarecendo devidamente a pretensão e indicando:

Volumetria dos edifícios por lote; Solução adoptada para o funcionamento das redes de abastecimento de água, de energia eléc-

trica, de águas residuais, de gás e de telecomunicações e suas ligações às redes gerais, se for o caso;

Planta síntese da proposta, elaborada sobre a planta topográfica mencionada na alínea anterior, esclarecendo devidamente; Índice de impermeabilização.

Entregar originais + 9 cópias dos elementos em falta (...)" – cfr. fls. 71 do PA apenso;

3. A requerente apresentou, em 30.09.2005, na CMP os elementos solicitados (req.º n.º 103583/05/CMP) – cfr. fls. 74 a 90 do PA apenso;

4. Em 20/12/2005, os serviços da requerida prestaram a INF /3780/ /05/DMGUII, constante de fls. 92 do PA apenso e que aqui se dá por integralmente reproduzida para todos os efeitos;

5. Por ofícios constantes de fls. 93 a 104 do PA que aqui se dão põe reproduzidos, datados de 27/12/2005, a requerida solicitou parecer sobre a operação urbanística;

6. O Batalhão de Sapadores Bombeiros, a DMASU e a EDP proferiram o seu parecer – cfr. fls. 105 a 109 do PA;

7. O IPPAR em 7/2/2006 e a CCDRN em 17/4/2006, comunicaram à CMP o seu parecer desfavorável – cfr. fls. 110 a 112 do PA apenso;

8. Por OF/2063/06/DMGUII, de 20/6/2006, a requerente foi notificada dos pareceres recebidos bem como da INF/5123/06/DMGUII – cfr. fls. 114 a 116 do PA apenso;

9. Em 22/12/2006 foi prestada a INF/1143/06/DMGUII que concluiu: *"(...) Analisadas as características da operação urbanística e sem prejuízo dos pareceres que vierem a ser emitidos pelo GAP e DMUIDPUIDEPU, tendo sido consultadas as entidades externas e serviços da CMP competentes, pode concluir-se que face à fundamentação de facto constante dos pareceres desfavoráveis do IPPAR e da CCDRN, o projecto de Loteamento apresentado ... deverá ser indeferido, fundamentado na alínea a) e c) do n.º 1 do art. 24.º do Decreto-lei n.º 555/99, de 16 de Dezembro, com redacção dada pelo Decreto-lei n.º 177/01, de 4 de Junho (RJUE), precedido de audiência prévia do interessado a ser efectuada nos termos e para os efeitos do previsto nos arts. 100.º e 101.º do CPA. (...)"* – cfr. fls. 118 e 119 do PA apenso;

10. Por OF/5495/06/DMGUII, de 26/12/06, a requerida notificou a requerente da sua intenção de indeferir a pretensão pelos factos e fun-

damentos constantes da informação técnica n.º INF/11436/06/DMGUII, de 22/12/06 – cfr. fls. 120 do PA apenso

11. A discussão pública do novo Regulamento do PDM do Porto, iniciou-se em 28.10.2003 (Aviso no 7729-A/2003, publicado no Apêndice n.º 150 ao DR, II Série, n.º 233, de 08.10.2003);

12. A presente intimação deu entrada em juízo em 7/12/2006.

(*Aditados ao abrigo do disposto no art. 712.º do CPCivil*)

13. Por Resolução do Conselho de Ministros n.º 125/2002 de 15 de Outubro, publicada no DR-IB, n.º 238, de 15/10/2002, foram ratificadas as medidas preventivas aprovadas pela Assembleia Municipal do Porto, em 22 de Julho de 2002, para a área que abrange todo o Município do Porto, de forma a "*evitar a alteração das circunstâncias e das condições de facto existentes que possam limitar a liberdade de planeamento da revisão do Plano Director Municipal do Porto, actualmente em curso, bem como comprometer ou tornar mais onerosa a execução da mesma*", de forma que, "*as medidas preventivas estabelecidas por motivo da revisão do Plano Director Municipal do Porto determinarão a suspensão da eficácia deste na área abrangida por aquelas medidas*"- v. respectivo preâmbulo.

14. De acordo com a mesma Resolução, "*As medidas preventivas vigoram pelo prazo de dois anos a contar da respectiva publicação, caducando com a entrada em vigor da revisão do Plano Director Municipal do Porto*" e "*Os efeitos da presente Resolução do Conselho de Ministros retroagem a 6 de Setembro de 2002*".

15. Tais medidas preventivas vieram a ser prorrogadas por mais um ano por Resolução do Conselho de Ministros n.º 127/2004, de 27/8/2004, publicada no DR I-B, de 4/9/2004, que ratificou a referida prorrogação aprovada pela Assembleia Municipal do Porto em 29 de Julho de 2004.

16. A revisão do Plano Director Municipal do Porto foi aprovada pela Assembleia Municipal do Porto por deliberação de 2 de Junho de 2005, ratificada por Resolução do Conselho de Ministros n.º 19/2006, publicada no DR 1-B, de 3/2/2006 e entrou em vigor no dia imediato ao da sua publicação no Diário da República – cfr. art. 90.º do actual Regulamento do Plano Director Municipal do Porto.

O DIREITO

O presente recurso de revista, intentado pelo Município do Porto ao abrigo do disposto no art. 150.º, n.º 1 do CPTA, tem por objecto o acórdão do TCA Norte, de fls. 376 e segs., que, negando provimento ao recurso jurisdicional por si interposto, confirmou a sentença do TAF do Porto, de 27.09.2007, pela qual foi julgado parcialmente procedente o pedido de intimação intentado por "A...", e, em consequência, intimado o ora recorrente a, "*à luz do referido instrumento urbanístico (regras estabelecidas no PDM, Porto, na versão anterior àquela que resultou do processo de revisão ratificado por Resolução do Conselho de Ministros n.º 19/06) emitir, no prazo de 30 dias, o acto final no procedimento, sob pena de aplicação ao Presidente da Câmara Municipal e aos demais membros que integram o órgão executivo, de sanção pecuniária compulsória no montante diário de 5% do salário mínimo mais elevado em vigor por cada dia de atraso, para além do prazo fixado*".

O acórdão de fls. 494 e segs. admitiu o presente recurso de revista com os seguintes fundamentos:

«*A recorrente na sua alegação enfatiza o que considera errado na decisão recorrida, sem concatenar esses pontos com a clara necessidade de melhor aplicação do direito.*

Para a admissão do recurso com este fundamento da última parte do n.º 1 da norma do art. 150.º teríamos de estar perante um erro evidente e indiscutível. Não é, manifestamente o caso, porque o Acórdão fundamenta de modo claro, logicamente aceitável, com argumentação baseada em factos não controvertidos, e razões jurídicas que, «prima facie» se apresentam como adequadas e correctas.

É também invocado o interesse urbanístico da cidade do Porto definido de modo actual, o que significa, no contexto deste recurso, um esforço para preencher o pressuposto de estar em apreciação uma questão de relevância jurídica ou social de importância fundamental.

De facto a questão apresenta destacada relevância para o ordenamento e urbanismo, mais ainda quando se trata de uma cidade como o Porto em que tão marcadamente se inserem ele-

mentos culturais marcantes para toda a humanidade, quer na zona histórica quer na envolvente que abrange toda uma região.

Desta perspectiva a questão jurídica da definição dos instrumentos de planeamento em vigor no período que o Acórdão considerou como domínio temporal de aplicação do PDM de 1993, sem medidas de protecção e sem suspensão dos procedimentos, assume relevância social, porque importa não apenas a estes autos – e à zona de ..., onde se pretendia ver autorizada a urbanização – como também a outros casos decididos com pressupostos de facto e de direito semelhantes, importância que respeita a um interesse colectivo fundamental que é o bom ordenamento urbanístico da cidade.»

A apreciação do presente recurso de revista, naturalmente balizada pelo acervo conclusivo da alegação do recorrente (art. 690.º, n.º 1 do CPCivil), reconduz-se à *questão de relevância jurídica ou social de importância fundamental* sinalizada no acórdão de admissão da revista, e de outras que com ela directamente se conexionem.

1. Antes, porém, cabe analisar a questão prévia ora suscitada pela recorrida A..., no seu requerimento de fls. 526, no qual sustenta que o presente recurso deve ser rejeitado, com fundamento na prática, pelo recorrente, de acto que traduz renúncia ao recurso.

Refere, em suma, que o recorrente praticou um acto administrativo em execução do determinado pela decisão impugnada, que, embora de indeferimento, aplica o PDM de 1993.

E que, tendo o recurso efeito suspensivo da decisão, nos termos do art. 143.º, n.º 1 do CPTA, o recorrente não era obrigado a praticar o acto, pelo que, ao praticá-lo, perdeu o direito de recorrer, nos termos do art. 681.º do CPCivil.

Não lhe assiste razão.

Em primeiro lugar, e como salienta o recorrente na sua resposta, o art. 143.º, n.º 1 do CPTA dispõe que os recursos têm efeito suspensivo da decisão recorrida, "*salvo o disposto em lei especial*".

Ora, nos termos do n.º 8 do art. 112.º do RJIGT (DL n.º 555/99, de 16 de Dezembro, alterado pelo DL n.º 177/2001, de 4 de Junho, e pela Lei n.º 4-A/2003, de 19 de Fevereiro), sem dúvida lei especial em tal matéria, no processo de intimação para a prática de acto legalmente devido, "*o recurso da decisão tem efeito meramente devolutivo*", pelo que as determinações contidas na decisão judicial se impunham à entidade requerida independentemente da sua discordância e do recurso dela interposto.

Acresce que, nesse acto praticado em execução da decisão judicial, o órgão competente do ora recorrente (Vereador do Urbanismo) ressalvou de forma expressa que não prescindia do direito de recorrer, pelo que a prática daquele acto nunca poderia ser tido como "*facto inequivocamente incompatível com a vontade de recorrer*" (art. 681.º, n.º 3 do CPCivil).

Termos em que se indefere a questão prévia suscitada, impondo-se, em consequência, o conhecimento do recurso.

2. Alega o recorrente [conclusões L) a N) (As conclusões anteriores – A) a K) – reportam-se aos pressupostos de admissão da revista.)], em primeiro lugar que, no processo de intimação judicial para a prática de acto legalmente devido, o art. 112.º, n.º 1 do RJUE prevê a intimação da "*autoridade competente para proceder à prática do acto que se mostre devido*", a qual, no caso (licenciamento de operação de loteamento), é a Câmara Municipal – art. 5.º, n.º 1 do RJUE.

Pelo que – acrescenta –, ao julgar o recorrente parte legítima, a decisão impugnada teria violado os citados dispositivos legais e o art. 10.º do CPTA.

Carece, porém, de razão.

O art. 10.º, n.º 2 do CPTA consagra uma solução inovatória em sede de legitimidade passiva, ao dispor que "*quando a acção tenha por objecto a acção ou omissão de uma entidade pública, parte demandada é a pessoa colectiva de direito público*".

Esta solução inovatória "*é sobretudo determinada por razões de economia processual que se prendem com a necessidade de preservar a regularidade da instância em relação a casos de erro na identificação do autor do acto impugnado, que frequentemente conduziam, no regime anterior, ao convite judicial para a regularização da petição ou à rejeição do recurso contencioso*" (Mário Aroso de Almeida e Carlos Alberto Fernandes Cadilha, Comentário ao CPTA).

Há assim que entender o disposto no art. 112.º, n.º 1 do RJUE em consonância com a regra sobre legitimidade passiva consagrada no citado art. 10.º, n.º 2, pelo que bem andou a decisão impugnada ao concluir:

"Assim, de acordo com a norma constante do n.º 2 do art. 10.º do CPTA, na falta de norma expressa em sentido contrário constante quer da parte especial do CPTA quer do DL 555/99, de 16.DEZ, no caso <u>sub judice</u>, parte demandada é a pessoa colectiva de direito público sobre cujos órgãos recai o dever de praticar o acto jurídico, no caso o Município do Porto, porquanto recai sobre órgão desta pessoa colectiva – a câmara municipal – aquele dever (cfr. também o art. 5.º do RJUE)."

Improcede assim esta alegação.

3. Alega também o recorrente [conclusões O) a Q)] que os serviços competentes da CMP, dando cumprimento ao dever de audiência prévia, notificaram a recorrida da sua intenção de indeferir a pretensão pelos factos e fundamentos constantes da Informação Técnica e do Despacho referidos nos pontos 9 e 10 da matéria de facto, decorrendo, à data em que foi apresentada a oposição ao pedido de intimação, o prazo concedido à recorrida para se pronunciar sobre o projecto de decisão.

Sustenta deste modo que, nessa data, já não subsistia o fundamento fáctico-jurídico em que se estribava o pedido, pelo que, ao desconsiderar esta realidade, o acórdão recorrido violou os arts. 112.º do RJUE e 100.º do CPA.

É por demais patente que a alegação é de todo infundada.

Com ela, pretende o recorrente que o cumprimento do dever de audiência prévia, ou seja, a notificação à interessada da sua intenção de indeferir a pretensão, já consubstanciava uma tomada de decisão administrativa, que é o objecto visado com o instituto da intimação judicial à prática de acto legalmente devido. E que, por isso, a subsistência do pedido de intimação seria infundada e ilegal.

Ora, é de linear evidência que a audiência dos interessados, seja ela escrita ou oral, sobre um projecto de decisão elaborado pela entidade administrativa não consubstancia a existência de uma decisão administrativa.

Bem andou pois a decisão sob revista, ao concluir:

"Com efeito, aquando da dedução do articulado Resposta, por parte do Rdo., ora Recorrente, apenas havia sido proferido o projecto de decisão final e não esta, tanto mais que estava em curso a fase da audiência prévia, no âmbito do respectivo procedimento administrativo.

Assim, não se vislumbram razões atinentes seja ao indeferimento da pretensão judicial deduzida pela Rte., de acordo com o enunciado pelo n.º 5 do art. 112.º do RJUE, seja à invocada inutilidade superveniente da lide."
Improcede pois, igualmente, esta alegação.

4. Nas restantes conclusões da alegação, afronta o recorrente a pronúncia emitida sobre a questão jurídica fundamental que esteve na origem da admissão da revista: a definição e articulação das medidas cautelares de plano em revisão, previstas na lei, concretamente as *"medidas preventivas"* a que se reporta o art. 107.º e segs. do DL n.º 380//99, de 22 de Setembro, e a *"suspensão de concessão de licenças"* prevista no art. 117.º do mesmo diploma, em ordem a saber a que regras urbanísticas se deve subordinar a decisão final do procedimento de licenciamento em causa nos autos: (i) se à versão inicial do PDM de 1993, como decidiu a decisão sob revista; (ii) se às medidas preventivas aprovadas pela Assembleia Municipal do Porto a 22.07.2002, ratificadas por Resolução do Conselho de Ministros de 15.10.2002; (iii) ou se ao actual PDM resultante da revisão aprovada pela Assembleia Municipal do Porto a 02.06.2005, ratificada por Resolução do Conselho de Ministros publicada a 03.02.2006, e que entrou em vigor a 04.02.2006.

Numa breve resenha da factualidade relevante fixada pelo tribunal *a quo*, constata-se que a ora recorrida A... entregou na Câmara Municipal do Porto, a 01.05.2005, um pedido de licenciamento de loteamento de um terreno sito na Travessa da ..., no Porto, tendo apresentado, a 30.09.2005, os elementos instrutórios em falta, cuja apresentação lhe fora entretanto solicitada pelos serviços competentes da Câmara.

Na sequência de Informação destes serviços, a CMP solicitou parecer sobre a operação urbanística a diversas entidades, tendo obtido parecer desfavorável do IPPAR e da CCDRN.

A 22.12.2006, foi prestada a INF/1143/06/DMGUII, na qual se conclui:

"(...) Analisadas as características da operação urbanística e sem prejuízo dos pareceres que vierem a ser emitidos pelo GAP e DMUIDPUIDEPU, tendo sido consultadas as entidades externas e serviços da CMP competentes, pode concluir-se que face à fundamentação de facto constante dos pareceres desfavoráveis

do IPPAR e da CCDRN, o projecto de Loteamento apresentado... deverá ser indeferido, fundamentado na alínea a) e c) do n.º 1 do art. 24.º do Decreto-lei n.º 555/99, de 16 de Dezembro, com redacção dada pelo Decreto-lei n.º 177/01, de 4 de Junho (RJUE), precedido de audiência prévia do interessado a ser efectuada nos termos e para os efeitos do previsto nos arts. 100.º e 101.º do CPA. (...)"

A 26.12.06, a CMP notificou a requerente da sua intenção de indeferir a pretensão pelos factos e fundamentos constantes da informação técnica atrás transcrita, na sequência do que, e face à ausência de decisão final sobre o requerido licenciamento, a A... apresentou o pedido de intimação judicial a que os autos se reportam.

Entretanto, por Resolução do Conselho de Ministros de 15.10.2002, publicada no DR, I Série-B, da mesma data, tinham sido ratificadas as medidas preventivas aprovadas pela Assembleia Municipal do Porto em 27.07.2002, para a área que abrange todo o Município do Porto, destinadas a *"evitar a alteração das circunstâncias e das condições de facto existentes que possam limitar a liberdade de planeamento da revisão do Plano Director Municipal do Porto, actualmente em curso, bem como comprometer ou tornar mais onerosa a execução da mesma"*, de forma que, *"as medidas preventivas estabelecidas por motivo da revisão do Plano Director Municipal do Porto determinarão a suspensão da eficácia deste na área abrangida por aquelas medidas"*.

De acordo com a mesma Resolução, *"As medidas preventivas vigoram pelo prazo de dois anos a contar da respectiva publicação, caducando com a entrada em vigor da revisão do Plano Director Municipal do Porto"* e *"Os efeitos da presente Resolução do Conselho de Ministros retroagem a 6 de Setembro de 2002"*, tendo as mesmas vindo a ser prorrogadas por mais 1 ano, por Resolução do Conselho de Ministros de 27.08.2004, publicada no DR, I Série-B, de 04.09.2004, que ratificou deliberação nesse sentido da Assembleia Municipal do Porto.

A discussão pública do novo Regulamento do PDM do Porto iniciou-se em 28.10.2003.

A revisão do PDM do Porto foi aprovada por deliberação da Assembleia Municipal do Porto de 02.06.2005, ratificada por Resolução do

Conselho de Ministros publicada no DR I Série-B, de 03/02/2006, e entrou em vigor no dia imediato ao da sua publicação (art. 90.º do actual Regulamento do PDM do Porto).

Perante esta factualidade, sobre a enunciada questão jurídica, e confirmando a decisão do TAF, o acórdão sob revista decidiu:

"Ora, com efeito, no caso vertente, por Resolução do Conselho de Ministros n.º 125/2002, de 15 de Outubro, publicada no DR-IB, n.º 238, de 15/10/2002, foram ratificadas as medidas preventivas aprovadas pela Assembleia Municipal do Porto, em 22 de Julho de 2002, para a área que abrange todo o Município do Porto, de forma a evitar a alteração das circunstâncias e das condições de facto existentes que possam limitar a liberdade de planeamento da revisão do Plano Director Municipal do Porto.

O prazo de vigência de tais medidas preventivas foi de 2 anos, com efeitos a partir de 6.SET.02, prorrogado por um ano.

Isto é, o prazo de vigência das medidas preventivas adoptadas, por razões de revisão do PDM, decorreu entre 06.SET.02 e 06.SET.05.

Por outro lado, o pedido de licenciamento de loteamento, em referência nos autos, inicialmente formulado em 11.MAI.05, foi completado, por falta de elementos instrutórios em falta, em 30.SET.05.

Assim, aquando da apresentação completa do pedido de licenciamento, aquelas medidas preventivas haviam caducado.

No caso dos autos, a discussão pública do novo Regulamento do PDM do Porto, teve início em 28.OUT.03.

Ora, conforme decorre do enunciado no n.º 1 do art. 117.º do DL 380/99, de 22.SET, "Nas áreas a abranger por novas regras urbanísticas constantes de plano municipal ou especial de ordenamento do território ou sua revisão, os procedimentos de informação prévia, de licenciamento e de autorização ficam suspensos a partir da data fixada para o início do período de discussão pública e até à data da entrada em vigor daqueles instrumentos de planeamento.Acontece, porém, tal como resulta do n.º 3 do mesmo normativo legal, que "Caso as novas regras urbanísticas não entrem em vigor no prazo de l50 dias desde a data do início da respectiva discussão pública, cessa a suspensão do procedimento, devendo nesse caso prosseguir a aprecia-

ção do pedido até à decisão final de acordo com as regras urbanísticas em vigor à data da sua prática".

Entretanto, o novo Regulamento do PDM do Porto, aprovado por deliberação da Assembleia Municipal do Porto, datada de 2.JUN.05, ratificada por Resolução do Conselho de Ministros n.º 19/06, de 3.FEV.06, apenas entrou em vigor em 04.FEV.06 (art. 90.º do RPDM do Porto).

Assim, no caso sub judice, não tendo as novas regras urbanísticas entrado em vigor no prazo de 150 dias desde a data do início da respectiva discussão pública, cessou a suspensão do procedimento, devendo nesse caso prosseguir a apreciação do pedido até à decisão final de acordo com as regras urbanísticas então em vigor.

Assim sendo, tendo o pedido de licenciamento, deixado de estar sob a alçada das medidas preventivas, porque, entretanto caducaram, bem como da protecção estabelecida pelo n.º 1 do art. 117.º do DL n.º 380//99, de 22.SET, por força do estatuído pelo n.º 3 deste normativo legal, uma vez que o novo regulamento do PDM não entrou em vigor no prazo de 150 dias a contar da data do início da respectiva discussão pública, devia ter sido objecto de apreciação com base nas regras definidas pelo PDM em vigor, isto é, o PDM na versão anterior à última revisão, que apenas entrou em vigor em 4/2/2006 – Cfr. Arts. 20.º-3 do RJUE e 90.º do RPDM do Porto.77

Deste modo, não se vislumbra qualquer violação dos normativos legais contidos nos arts. 112.º e 117.º do DL n.º 380/99, de 22.SET e 13.º do RJUE, aprovado pelo DL n.º 555/99, de 16.DEZ, por parte da sentença recorrida, mas antes o seu estrito cumprimento."

Dir-se-á, desde já, que assiste razão ao recorrente na crítica que dirige ao acórdão recorrido, relativamente à questão em causa, ou seja, à articulação e aplicação das *medidas cautelares* de plano em trâmite de revisão, previstas no DL n.º 380/99, de 22 de Setembro: as *medidas preventivas* (art. 107.º e segs.) e a *suspensão de concessão de licenças* (art. 117.º).

Vejamos.

O DL n.º 380/99, de 22 de Setembro (com as alterações introduzidas pelo DL n.º 53/2000, de 7 de Abril e pelo DL n.º 310/2003, de 10 de

Dezembro), que veio estabelecer o regime jurídico dos instrumentos de gestão territorial, prevê dois tipos de medidas cautelares de salvaguarda de novas soluções urbanísticas contidas em plano que se encontre em processo de elaboração, alteração ou revisão, e para a respectiva área de incidência:

   a) As **medidas preventivas**, que se destinam a *"evitar a alteração das circunstâncias e das condições de facto existentes que possa limitar a liberdade de planeamento ou comprometer ou tornar mais onerosa a execução do plano"*, e cujo estabelecimento *"determina a suspensão da eficácia deste"*, na área por ele abrangida (art. 107.º, n.ºs 1 e 2). Têm um prazo de vigência máximo de 2 anos, prorrogável por mais 1, e cessam com a entrada em vigor do plano que motivou a sua aplicação (art. 112.º, n.ºs 1 e 3).

   b) A **suspensão de concessão de licenças**, segundo a qual *"os procedimentos de informação prévia, de licenciamento e de autorização ficam suspensos a partir da data fixada para o início do período de discussão pública e até à data da entrada em vigor daqueles instrumentos de planeamento"*, prevendo-se que *"caso as novas regras urbanísticas não entrarem em vigor no prazo de 150 dias desde a data do início da respectiva discussão pública, cessa a suspensão do procedimento, devendo nesse caso prosseguir a apreciação do pedido até à decisão final de acordo com as regras urbanísticas em vigor à data da sua prática"* (art. 117.º, n.ºs 1 e 3).

Estamos, em ambos os casos, perante medidas que têm por função acautelar opções a plasmar no futuro plano em trâmite de elaboração, alteração ou revisão, de molde a que a aplicação das novas soluções urbanísticas nele contidas não fiquem prejudicadas ou inviabilizadas durante o período que antecede a vigência do novo plano.

E que, como tal, têm em comum estarem intrinsecamente subordinadas ao princípio da necessidade e da proporcionalidade (aplicação restrita às áreas para as quais o plano prevê novas regras urbanísticas, e apenas para os projectos cuja solução seja diferente da do anterior instrumento de planificação).

Mas do referido princípio da necessidade decorre igualmente que a medida cautelar de *suspensão do procedimento de concessão de licenças*, prevista no art. 117.º, tem que ser entendida como medida cautelar supletiva das *medidas preventivas*, de aplicação não simultânea, significando isto que não poderá funcionar a suspensão do procedimento sempre que (e enquanto) estejam em vigor medidas preventivas aplicadas pela entidade licenciadora.

Há, com efeito, uma impossibilidade de coexistência temporal das duas espécies de medidas cautelares, as quais, visando embora proteger interesses e regras urbanísticas coincidentes, têm conteúdo normativo diverso e reportam-se a momentos procedimentais distintos (cfr., neste sentido, Fernanda Paula Oliveira e Dulce Lopes, "*Medidas Cautelares dos Planos*", págs. 61 e segs.).

Daqui decorre, ainda como reflexo do princípio da necessidade, que a adopção de medidas preventivas antes da fase de discussão pública do plano torna a suspensão de procedimentos desnecessária, pois que através da adopção daquelas fica já salvaguardado o efeito útil do futuro plano, não se justificando, pois, a suspensão de procedimentos.

Deste modo, só quando a Administração não tenha adoptado medidas preventivas, ou quando a vigência destas tenha já cessado, tem ou recobra sentido a aplicação do regime previsto no art. 117.º do DL n.º 380//99, ou seja, a medida cautelar de suspensão dos procedimentos para salvaguarda das regras contidas no plano em revisão.

As duas medidas não se sobrepõem, antes se coordenam como instrumentos de salvaguarda das novas soluções urbanísticas, na prossecução do interesse público do ordenamento e planeamento.

Este entendimento foi sufragado pelo Ac. deste STA de 06.07.2004 – Rec. 619/04, do qual se respigam os seguintes trechos:

"*A suspensão do procedimento de licenciamento prevista nos artigos 13.º do DL 555/99 e 117.º do DL 380/99 (RJIGT), de 22 de Setembro, aplica-se em coordenação com as medidas preventivas previstas no artigo 107.º do mesmo DL 380/99, versando sobre normas diferentes e para momentos temporais diferentes do processo de produção do regulamento que é o Plano.*

(...)

Por visarem proteger interesses e regras urbanísticas dirigidos ao mesmo fim mas diferentes quanto ao conteúdo e se aplica-

rem em momentos diferentes do procedimento regulamentar, também pela diferente distância do momento final da adopção das novas normas bem como pela compressão de direitos temporalmente muito mais curta da suspensão do procedimento, estas medidas por um lado, e as medidas preventivas por outro, não se sobrepõem antes se coordenam de modo que se conformam com o princípio da proporcionalidade, podendo ver-se nelas uma ponderação dos interesses em presença que resulta equilibrada, isto é, sacrifica o mínimo possível os interesses legítimos dos particulares na prossecução do interesse público que é prosseguido através do planeamento urbanístico.*
(...)
Portanto, os artigos 13.º do RJUE e 117.º do RJIGT devem interpretar-se no sentido de a suspensão dos procedimentos ter um objecto e um momento de aplicação diferentes das medidas preventivas, e, em consequência, que se trata de regimes que não representam uma cumulação de restrições dos direitos dos particulares, mas restrições diferentes para normas urbanísticas e momentos procedimentais diferentes, que se procuram ajustar à melhor defesa do interesse público com o mínimo de compressão dos interesses particulares."

Ora, voltando à situação dos autos, em que está em causa a revisão do PDM do Porto, temos que foram adoptadas pela Câmara Municipal medidas preventivas cuja vigência se iniciou a 06.09.2002 e cessou a 06.09.2005 (2 anos + 1 de prorrogação).

E que o início da discussão pública do Regulamento do PDM ocorreu a 28.10.2003, em plena vigência das medidas preventivas, uma vez que nada foi determinado quanto a estas.

Nesta conformidade, teremos de concluir que à data do início da discussão pública do Regulamento do PDM não poderia ter aplicação a medida de suspensão do procedimento de concessão de licenças, previsto no art. 117.º do DL n.º 380/99 (e 13.º do DL n.º 555/99), por estarem em vigor as medidas preventivas previstas no art. 107.º do mesmo diploma.

E, por essa razão, temos de interpretar o disposto naquele art. 117.º no sentido de que a suspensão dos procedimentos *"a partir da data fixada para o início do período de discussão pública"* só pode iniciar-se – por impossibilidade de sobreposição das medidas cautelares –, após a cessação das medidas preventivas então em vigor.

O que determina que é a esse termo *a quo* que tem de reportar-se a contagem do prazo de 150 dias, previsto no n.º 3 do preceito para a cessação da suspensão, caso as novas regras urbanísticas não entrem em vigor até final do prazo.

A referida expressão contida no preceito ("*a partir da data fixada para o início do período de discussão pública*") reporta-se à situação normal e típica de vigência plena do plano em revisão ou de anterior instrumento de gestão territorial, justificando-se então o início do prazo de 150 dias com a abertura da fase de discussão pública do plano.

Não assim perante a situação, atípica, de no momento de abertura da discussão pública se encontrarem em vigor medidas preventivas, pelo que só após a cessação destas a medida cautelar de suspensão dos procedimentos colhe justificação legal.

Tendo as medidas preventivas, *in casu*, cessado a sua vigência a 06.09.2005, só então sendo possível, pelas razões apontadas, a entidade licenciadora determinar (o que, aliás, decorre do preceito legal) a suspensão dos procedimentos de concessão de licença, ao abrigo do disposto no art. 117.º do RJIGT, temos que o prazo da suspensão do procedimento aqui em causa, nessa data iniciado, terminava a 06.02.2006, pelo que o novo PDM revisto entrou em vigor (04.02.2006) dentro dos 150 dias a que se reporta o n.º 3 do art. 117.º.

O pedido de licenciamento terá, assim, que ser decidido "*de acordo com as novas regras urbanísticas em vigor*", nos termos do n.º 2 do preceito.

A decisão sob revista estaria correcta se, como ali implicitamente se propugna, as medidas cautelares pudessem vigorar em sobreposição, caso em que a suspensão do procedimento de licenciamento se teria realmente iniciado a 28.10.2003 e perdurado por completo durante a vigência das medidas preventivas.

Mas este entendimento não é o correcto, como se deixou referido.

Como vimos, a adopção de *medidas preventivas* antes da fase de discussão pública do plano, como é o caso, torna desnecessária a *suspensão dos procedimentos de concessão de licenças*, pois que as duas medidas cautelares estão previstas numa lógica de coordenação e articulação, e não de sobreposição.

E é nessa perspectiva – que entendemos a mais correcta e adequada à tutela dos interesses legalmente prosseguidos – que, após a cessação das medidas preventivas, recobra razão de ser a *suspensão dos procedimentos*, para salvaguarda das soluções contidas no plano em revisão.

Aliás, aponta no mesmo sentido a solução contida na parte final do n.º 3 do citado art. 117.º do RJIGT, que cremos incorrectamente interpretado pela decisão sob revista, e que se prende com a alegada violação do princípio *tempus regit actum*.

Dispõe o mencionado segmento normativo que, caso as novas regras urbanísticas não entrem em vigor no prazo de 150 dias desde o início da respectiva discussão pública, *"cessa a suspensão do procedimento, devendo nesse caso prosseguir a apreciação do pedido até à decisão final de acordo com as regras urbanísticas em vigor à data da sua prática"*.

É inegável, até pelo alcance semântico do termo utilizado, que o vocábulo *"prática"* se reporta à decisão final do procedimento, pelo que as *"regras urbanísticas em vigor à data da sua prática"* são as que vigorarem aquando da prolação da decisão final do procedimento: as do novo plano (revisto) se o mesmo tiver já entrado em vigor; as do plano original (ou eventuais medidas preventivas) no caso contrário.

Não tem pois qualquer apoio legal a decisão do acórdão recorrido, de que a decisão final do procedimento a proferir pela entidade recorrente deve ter por base as regras definidas pelo PDM na versão anterior à sua revisão (sendo esse o pedido de intimação formulado pela requerente A...), o que significaria uma completa subversão do referido princípio *tempus regit actum*, tal como entendido pela jurisprudência uniforme deste STA: *"A legalidade dos actos administrativos afere-se pela realidade fáctica e pelo quadro normativo vigentes à data da prolação do acto"* (cfr., por todos, Acs. STA de 11.03.99 – Rec. 42.323 e de 24.02.99 – Rec. 43.459), princípio solenemente consagrado no art. 67.º do RJUE (*"A validade das licenças ou autorizações das operações urbanísticas depende da sua conformidade com as normas legais e regulamentares aplicáveis em vigor à data da sua prática"*).

O acórdão recorrido fez pois incorrecta aplicação dos preceitos legais mencionados, designadamente dos arts. 117.º do DL n.º 380/99, de 22 de Setembro (RJUE) e 13.º do DL n.º 555/99, de 16 de Dezembro (RGIGT), pelo que procede, nesta parte, a alegação do recorrente.

A revista tem, assim, que ser concedida, julgando-se, em consequência, improcedente o pedido de intimação formulado pela ora recorrida

A..., dirigido à obtenção da licença de loteamento segundo as regras estabelecidas na versão original do PDM do Porto, anterior àquela que resultou do processo de revisão.

(*Decisão*)

Com os fundamentos expostos, acordam em conceder a revista, revogando o acórdão impugnado, e, em consequência, julgar improcedente o pedido de intimação para a prática de acto legalmente devido apresentado por "A...".

Custas pela recorrida A... em todas as instâncias (TAF, TCA Norte e Supremo Tribunal Administrativo), com redução a metade da taxa de justiça devida no TCA Norte, nos termos dos arts. 73.º, 1-a) e 18.º, 2 do CCJ.

Lisboa, 22 de Janeiro de 2009. – *Pais Borges* (relator) – *Santos Botelho* – *Rui Botelho*.

COMENTÁRIO

I. Enquadramento

A origem da contenda que culminou com a prolação do Acórdão do Supremo Tribunal Administrativo[2] de 22 de Janeiro de 2009, e que é objecto do presente comentário, remonta a um processo judicial de intimação para a prática do acto devido instaurado no Tribunal Administrativo e Fiscal do Porto, ao abrigo do disposto no artigo 112.º do Decreto-Lei n.º 555/99, de 16 de Fevereiro[3]. Pretendia, com efeito, a requerente de um pedido de licenciamento de uma operação de loteamento, não apenas obviar à inércia da Administração na prolação do acto final de licenciamento, excedidos que estavam os prazos legalmente previstos para o efeito, mas também que o Tribunal condenasse o Município do Porto, através do seu órgão Câmara Municipal, à prática do acto de deferimento do pedido de licenciamento em questão à luz das regras definidas no Plano Director Municipal[4] do Porto de 1993.

---

[2] Doravante, STA.
[3] Doravante, RJUE.
[4] Doravante, PDM.

O Tribunal Administrativo e Fiscal do Porto[5], por sentença datada de 27 de Setembro de 2007, confirmada depois por acórdão do Tribunal Central Administrativo do Norte[6] de 12 de Junho de 2008, julgou *"parcialmente procedente, por provado, o pedido de intimação e, consequentemente,"* condenou o Município do Porto a, à luz das regras estabelecidas no PDM do Porto na versão anterior àquela que resultou do processo de revisão ratificado pela Resolução do Conselho de Ministros n.º 19/06[7-8], emitir, no prazo de 30 dias, o acto final no procedimento.

Inconformado com tais decisões, o Município do Porto interpôs recurso excepcional de revista para o STA, argumentando, desde logo, que as mesmas implicavam um retrocesso em termos urbanísticos no que às opções de ordenamento do território municipal dizia respeito, impondo à Administração o recurso a um instrumento de gestão territorial publicado em 1993, cujas concepções/soluções há muito estavam ultrapassados – o processo de revisão do PDM do Porto iniciou-se, recorde-se, com a aprovação de Normas Provisórias pela Assembleia Municipal ainda no decurso do ano de 1999, ratificadas posteriormente pela Resolução do Conselho de Ministros n.º 117/2000, de 6 de Setembro.

A aplicação de um tal instrumento de gestão territorial teria, para além do mais, consequências imponderáveis em centenas de outros processos que haviam sido indeferidos à luz das regras do PDM ratificado pela Resolução do Conselho de Ministros n.º 19/06 e que tinham sido iniciados ou na vigência das Normas Provisórias, ou na vigência das Medidas Preventivas e aos quais os órgãos e agentes do Município do Porto haviam aplicado as regras urbanísticas existentes no momento da prática do acto de licenciamento, ou seja, o PDM de 2006.

As implicações das decisões jurisdicionais proferidas iam, portanto, muito para além do caso concreto, sendo susceptíveis de se fazerem repercutir em toda a política de uso e ocupação do solo que, desde há anos, vinha sendo implementada pelo Município do Porto, colocando-a

---

[5] Doravante, TAFP.
[6] Doravante, TCAN.
[7] Publicada no Diário da República I-B, de 3 de Fevereiro de 2006. O novo PDM entrou em vigor no dia imediato ao da sua publicação no Diário da República – cfr. art. 90.º do actual Regulamento do Plano Director Municipal do Porto.
[8] O PDM de 1993.

mesmo em cheque ao impor a aplicação de um Regulamento que, no momento da prática do acto de licenciamento, já não estava em vigor há mais de 7 anos e cujas soluções eram, ainda para mais, contrárias àquelas que resultavam do instrumento de gestão territorial então vigente[9].

O STA foi, deste modo, sensível a esta argumentação e andou, por conseguinte, bem ao admitir o recurso excepcional de revista ao abrigo do disposto no art. 150.º, n.º 1 do Código de Processo dos Tribunais Administrativos[10].

Não obstante o aresto que agora comentamos incidir também sobre outras matérias que mereceriam um comentário aprofundado[11], iremos aqui debruçar-nos apenas sobre dois aspectos ali tratados:

a) Articulação da *suspensão da concessão de licenças* – prevista a partir da abertura da fase de discussão pública – com as *medidas preventivas* que o Município do Porto adoptou (interpretação do artigo 13.º do RJUE e dos artigos 112.º e 117.º do Decreto-Lei n.º 380/99, de 22 de Setembro[12]);

b) Sentido, alcance e aplicação do princípio *tempus regit actum*.

II. Comentário

a) **Articulação da *suspensão da concessão de licenças* – prevista a partir da abertura da fase de discussão pública – com as *medidas preventivas* (interpretação do artigo 13.º do RJUE e dos artigos 112.º e 117.º do RJIGT)**

O TCAN, à semelhança do TAFP, considerou, no caso concreto, que *"não tendo as novas regras urbanísticas entrado em vigor no prazo de 150 dias desde a data do início da respectiva discussão pública, cessou a suspensão do procedimento, devendo nesse caso prosse-*

---

[9] Era, no fundo, o conceito de cidade que se pretendia, em concreto, desenvolver/ /implementar que estava em causa, o que, por seu turno, estava intimamente relacionado com competências que imperativamente estão reservadas à Administração e com direitos fundamentais dos cidadãos (à qualidade de vida e ao ambiente, por exemplo).

[10] Doravante, CPTA.

[11] Designadamente, a questão da legitimidade passiva no âmbito de um processo judicial de intimação para a prática do acto devido e a própria configuração/alcance do instituto da intimação judicial para a prática de acto legalmente devido.

guir a apreciação do pedido até à decisão final de acordo com as regras urbanísticas então em vigor".

Seguindo esta linha de raciocínio, entendeu ainda o TCAN que *"tendo o pedido de licenciamento deixado de estar sob a alçada das medidas preventivas, porque entretanto caducaram, bem como da protecção estabelecida pelo n.º 1 do art. 117.º do DL n.º 380/99, de 22.SET, por força do estatuído pelo n.º 3 deste normativo legal, uma vez que o novo regulamento do PDM não entrou em vigor no prazo de 150 dias a contar da data do início da respectiva discussão pública, devia ter sido objecto de apreciação com base nas regras definidas pelo PDM em vigor, isto é, o PDM na versão anterior à última revisão que apenas entrou em vigor em 4/2/2006"*.

O STA veio, no entanto, e muito bem, no acórdão que aqui comentamos, censurar semelhante entendimento, concluindo ter o TCAN e o TAFP errado na apreciação que fizeram dos pertinentes dispositivos legais ao caso aplicáveis.

A fim de melhor compreendermos a problemática em discussão, é importante termos presente que, antecipando a eventualidade de o novo PDM não vir a entrar em vigor antes da caducidade das *medidas preventivas*, o Município do Porto adoptou os mecanismos legais que existiam ao seu alcance no sentido de evitar a reentrada em vigor do PDM de 1993[13], cujas opções em termos de concepção de cidade e de espaço urbano eram substancialmente diferentes:

(*i*) quer das constantes das Normas Provisórias que o suspenderam,

(*ii*) quer das que decorriam do PDM que então se encontrava em elaboração.

---

[12] Doravante, RJIGT.

[13] Fê-lo, precisamente, lançando mão do regime instituído pelo art. 117.º do RJIGT. Com efeito, no período compreendido entre a caducidade das *medidas preventivas* e a entrada em vigor do novo PDM, ou seja, entre 6 de Setembro de 2005 e 3 de Fevereiro de 2006, vigorou no Município do Porto o regime definido no art. 117.º do RJIGT, aprovado por deliberação da Câmara Municipal do Porto de 13 de Setembro de 2005, publicada através do Edital n.º 61/05.

Ora, a questão que se encontrava colocada ao Tribunal, e cuja relevância jurídica é indubitável, dizia directamente respeito:

(*i*) tanto à forma de conciliação dos dois instrumentos cautelares previstos no RJIGT – *medidas preventivas* e *suspensão dos procedimentos*;
(*ii*) como a um dos aspectos mais marcantes do regime jurídico das *medidas preventivas*: o seu âmbito temporal de aplicação.

Um dos motivos determinantes para a existência de entendimentos dissonantes nesta matéria reside na circunstância de a *suspensão da concessão de licenças* – figura introduzida inovatoriamente pelo RJIGT – se encontrar regulamentada de forma incipiente no nosso ordenamento jurídico, uma vez que a lei lhe dedicou apenas dois artigos:

(*i*) o art. 117.º do RJIGT;
(*ii*) e, de forma remissiva, o art. 13.º do RJUE.

Tendo em consideração a sua finalidade – a salvaguarda das opções a plasmar no futuro plano –, tem este instituto de obedecer, à semelhança do que acontece com as *medidas preventivas*, ao princípio da proporcionalidade, princípio este que orientará, necessariamente, qualquer interpretação que venha a ser exigida em face dos aspectos mais dúbios do respectivo regime legal. E foi isso, precisamente, aquilo que fez o acórdão em análise, que se debruçou sobre o caso concreto do procedimento de revisão do PDM do Porto, apreciando uma questão que o mesmo levantou e para a qual o legislador não conferiu uma resposta expressa: a de sabermos como articular a *suspensão da concessão de licenças* – prevista a partir da abertura da fase de discussão pública – com as *medidas preventivas* que o Município do Porto adoptara.

Na senda do defendido por Fernanda Paula Oliveira/Dulce Lopes, o STA decidiu que, tendo em consideração os diferentes pressupostos de aplicação e as diversas características das duas medidas cautelares aqui em apreciação, deveria concluir-se pela *impossibilidade da sua coexistência num mesmo momento temporal*[14].

---

[14] Embora não seja excluída a sua associação na regulamentação de uma mesma situação de base. Cfr. neste sentido Fernanda Paula Oliveira/Dulce Lopes, *"Medidas Cautelares dos Planos"*, pág. 62.

A solução encontrada merece, também, o nosso apoio. Neste sentido apontam, na verdade, vários factores:

(i) o facto de, em termos sistemáticos, o capítulo que o RJIGT dedica a esta matéria se encontrar dividido em duas secções, cada uma correspondendo à respectiva medida cautelar – o que parece apontar no sentido de estarmos perante duas medidas diferentes não conciliáveis entre si[15];

(ii) o facto de o legislador, tendo-as tratado separadamente, não se ter preocupado em as articular – o que é demonstrativo de ter partido do princípio de que tais medidas seriam inconciliáveis num mesmo momento temporal;

(iii) o facto de a lei não ter previsto a caducidade das *medidas preventivas* após a abertura da fase da discussão pública, momento a partir do qual se suspendem os procedimentos nos termos antes referidos – o que teria como consequência, nos casos em que aquelas tivessem sido adoptadas e não revogadas, a aplicação simultânea de duas medidas cautelares de efeitos bastante diferentes, podendo tal solução conduzir a resultados contraditórios e manifestamente insatisfatórios.

Igualmente no sentido proposto aponta o princípio da necessidade, que desempenha um papel fundamental na interpretação das normas definidoras do âmbito de aplicação das medidas cautelares dos planos. Com efeito, a adopção de *medidas preventivas* antes da fase de discussão pública do plano torna, como concluiu o STA, a *suspensão de procedimentos* desnecessária, uma vez que através da adopção daquelas fica já salvaguardado o efeito útil do futuro plano[16], devendo afastar-se a *suspensão de procedimentos* por configurar uma medida, na grande maioria das hipóteses (ressalvada a situação

---

[15] Assim, ou se adoptam medidas preventivas, ou, caso estas não tenham sido adoptadas (ou elas próprias prevejam que deixam de se aplicar no momento em que se abre a discussão pública ou hajam sido previamente revogadas), funcionará a suspensão dos procedimentos de licenciamento, autorização ou informação prévia.

[16] Só assim não é se as medidas preventivas determinarem expressamente a sua caducidade com a abertura da fase da discussão pública, o que no caso concreto do processo de revisão do PDM do Porto não se verificou.

de proibição de todas as acções urbanísticas enumeradas no artigo 112.º), mais gravosa do que a adopção de *medidas preventivas*.

A leitura mais adequada que se poderá fazer do texto da lei é, portanto, aquela que o STA, na esteira do entendimento perfilhado por Fernanda Paula Oliveira/Dulce Lopes, preconizou: ou a Administração adopta *medidas preventivas*, sendo estas que funcionam; ou não as adopta ou cessa a respectiva vigência, devendo, apenas nestes casos, funcionar a medida cautelar prevista no artigo 117.º que reveste, assim, a natureza de medida cautelar supletiva.

Ora, tendo em consideração que, no caso da revisão do PDM do Porto, foram adoptadas *medidas preventivas* tendentes a garantir o efeito útil do futuro plano, e que estas não caducaram (porque nada foi determinado a este respeito) aquando da abertura da fase da discussão pública do mesmo, então teria de se concluir, como fez o STA, que eram estas as *medidas* que se encontravam em vigor para acautelar o futuro plano, não funcionando, por conseguinte, o disposto no artigo 117.º do RJIGT[17]. Na verdade, se a adopção de *medidas preventivas* antes da fase de discussão pública do plano torna a *suspensão de procedimentos* desnecessária, tal não poderá significar que em todas as situações em que aquelas *medidas* tenham sido adoptadas a *suspensão dos procedimentos* não desempenhe uma função imprescindível na salvaguarda do futuro plano.

Antes pelo contrário: é precisamente naquelas hipóteses em que, embora tendo sido adoptadas *medidas preventivas*, estas venham a caducar (cessação da respectiva vigência), ganha razão de ser a *suspensão dos procedimentos,* que se deverá manter, para a salvaguarda do plano em revisão e nos termos do artigo 117.º, n.º 1 do RJIGT, até à entrada em vigor do PDM ou até ao limite máximo de 150 dias desde a caducidade das medidas preventivas[18].

---

[17] Só após a caducidade das *medidas preventivas* é que o Município do Porto se socorreu, efectivamente, daquele instrumento de *suspensão dos procedimentos.*

[18] O n.º 3 do artigo 117.º refere que os 150 dias para a suspensão dos procedimentos de gestão urbanística se contam desde a data do inicio da discussão pública porque, como nos ensinam Fernanda Paula Oliveira/Dulce Lopes, está a pressupor a situação normal – a única regulada no normativo – de a suspensão se iniciar imediatamente após a abertura daquela. Nas hipóteses em que tal não aconteça – porque, por exemplo, como sucedeu no caso concreto, no momento da discussão pública se encontravam em vigor

Ora, como acima se deixou dito, esta foi a solução adoptada pelo Município do Porto para salvaguarda do futuro plano, o que veio a ser considerado pelo STA como estando em perfeito cumprimento dos arts. 112.º e 117.º do RJIGT e do art. 13.º do RJUE.

Antes de concluirmos este ponto, não podemos deixar de notar aquilo que, pelo menos na aparência, parece consubstanciar uma contradição da decisão sob análise. É que o acórdão que ali vem citado[19] como constituindo o exemplo de um aresto em que fora perfilhado o mesmo entendimento que agora se afirmava, acabou, afinal de contas, por consagrar uma solução oposta, admitindo a aplicação do instituto da *suspensão dos procedimentos* quando estavam em vigor *medidas preventivas*.

b) Sentido, alcance e aplicação do princípio *tempus regit actum*

Uma outra questão abordada no acórdão objecto de comentário prende-se com a aplicação, *in casu*, do princípio *tempus regit actum*.

Isto porque tanto o TAFP como o TCAN haviam preconizado que a decisão final do procedimento de licenciamento da operação de loteamento a proferir pelo Município do Porto, num momento em que já estava em vigor o PDM ratificado pela Resolução do Conselho de Ministros n.º 19/2006, deveria ter por base as regras definidas pelo PDM na versão anterior à sua revisão.

O STA rejeitou, no entanto, frontalmente uma tal solução, considerando, como não poderia deixar de ser, que a mesma não tinha *"qualquer apoio legal"*. A actual legislação urbanística consagrou, na verdade, expressamente o princípio geral que determina que a validade dos actos depende da sua conformidade com as normas em vigor à data da sua prática (*tempus regit actum*), que mais não é do que uma decorrência normal do princípio da legalidade da administração – artigo 67.º RJUE. Semelhante princípio foi, também, acolhido no art. 117.º, n.º 3 do RJIGT, que determina o prosseguimento do processo para apreciação do pedido até à decisão final, *"de acordo com as regras urbanísticas em vigor*

---

medidas preventivas –, o prazo de 150 dias é, como acertadamente decidiu o STA, o prazo máximo da suspensão, que se começa a contar a partir do momento em que a mesma pode funcionar.

[19] Acórdão do STA de 6 de Julho de 2004, proferido no âmbito do recurso n.º 619/04.

à data da sua prática" (do acto administrativo, entenda-se, e não da apresentação do pedido[20]).

O princípio *tempus regit actum* tem, portanto, como consequência a inaplicabilidade aos actos administrativos quer de normas entradas em vigor em momento posterior àquela data, quer de normas ainda não vigentes nesse momento, quer ainda de regras que já deixaram de vigorar.

Este princípio, que tem plena validade no que concerne à aplicação no tempo dos instrumentos de planeamento, mais não é, a propósito destes, que uma decorrência da sua natureza normativa, que determina produzirem os mesmos, em regra, apenas efeitos para o futuro, com a consequência necessária de que as suas normas se aplicam a todas as decisões que a administração venha a tomar depois de terem entrado em vigor[21].

Ao princípio anteriormente referido – *tempus regit actum* – reconhecem-se, todavia, com base no princípio da protecção do existente, intimamente ligado ao da protecção da confiança e da salvaguarda dos direitos adquiridos, algumas excepções. Assim, por exemplo, é unanimemente aceite pela doutrina e pela jurisprudência que o novo plano deve respeitar, salvo situações excepcionais, as situações legalmente existentes.

A consequência que daqui decorre é a de que o processo de planeamento (que se consubstancia na fixação de regras relativas à ocupação, uso e transformação dos solos) deve respeitar, em princípio, as afectações e utilizações dos solos legalmente já consumadas ou em curso de concretização aquando da sua entrada em vigor, bem como as já autorizadas nos termos legais mas ainda não iniciadas[22].

---

[20] Nas palavras esclarecedoras dos Senhores Juízes Conselheiros subscritores do acórdão comentado – *"É inegável, até pelo alcance semântico do termo utilizado, que o vocábulo "prática" se reporta à decisão final do procedimento, pelo que as "regras urbanísticas em vigor à data da sua prática" são as que vigorarem aquando da prolação da decisão final do procedimento: as do novo plano (revisto) se o mesmo tiver já entrado em vigor; as do plano original (ou eventuais medidas preventivas) no caso contrário"*.

[21] Note-se que a violação das normas planificatórias em vigor no momento da decisão determina a sua nulidade, que é a forma mais grave de invalidade – cfr. artigo 68.º, al. a) do RJUE.

[22] Aliás, o art. 3.º do Regulamento do actual PDM do Porto, sob a epígrafe *"Actos Válidos"*, é claro a este respeito ao estatuir que:

"1. O presente PDMP não derroga os direitos conferidos por informações prévias favoráveis, autorizações e licenças, aprovações ou alterações válidas, incluindo projec-

Ora, uma vez que o pedido de licenciamento objecto de indeferimento pelo Município do Porto não se inseria no âmbito da estatuição da cláusula de salvaguarda do Regulamento do PDM do Porto, o mesmo teria que ser, a nosso ver inevitavelmente, apreciado à luz do PDM de 2006 (uma vez que era este o instrumento de gestão territorial que estava em vigor no momento em que o acto foi praticado)[23].

O princípio *tempus regit actum* a isso obrigava, sob pena de a Administração praticar um acto nulo por violação do PDM em vigor no momento em que aprecia a legalidade da operação urbanística que se pretendia desencadear.

Ao decidir, portanto, que o Município do Porto devia praticar o acto final do procedimento de licenciamento da operação de loteamento à luz das regras estabelecidas no PDM do Porto na versão anterior àquela que resultou do processo de revisão ratificado pela Resolução do Concelho de Ministros n.º 19/06, quando no momento da prática do acto estava em vigor este instrumento de gestão territorial, o TAFP e o TCAN andaram, em nosso entender, mal, atentando contra o princípio *tempus regit actum*, consagrado, entre outros, no art. 67.º do RJUE.

Andou, por conseguinte, bem o STA ao revogar a decisão do TCAN que confirmara a sentença do TAFP e ao conceder, como fez, a revista. Com efeito, e contrariamente ao decidido naquelas instâncias judiciais, o princípio em questão não *"manda aferir a legalidade do acto administrativo pela situação de facto e de direito existente à data da sua prolação ou à data em que deveria ter sido prolatado, na sequência da instauração do respectivo procedimento administrativo"*.

A jurisprudência do STA tem, ao invés, como vem também afirmado no aresto sob análise, entendido uniformemente que o bloco de legalidade

---

tos de arquitectura e hastas públicas alienadas, mesmo que ainda não tituladas por alvará, concedidas pelas entidades administrativas competentes antes da entrada em vigor do PDMP.

2. O disposto no número anterior não prejudica o regime legal de extinção de direitos, designadamente por caducidade, nem a possibilidade de alteração, por iniciativa municipal, das condições de licença ou autorização de operação de loteamento necessária à execução do PDMP, decorrentes da legislação em vigor."

[23] E não, como decidira o TCAN e o TAFP, do PDM na versão anterior àquela que resultou do processo de revisão ratificado pela Resolução do Conselho de Ministros n.º 19/06 (*in casu*, o PDM de 1993).

aplicável a um acto administrativo é o vigente na data em que for proferido, mesmo em casos onde tenha havido deferimento de actos intermédios do respectivo procedimento de licenciamento[24]. A aplicação do referido princípio implica que, como se refere no Acórdão do STA de 7 de Outubro de 2003 (recurso n.º 790/03), *"(...) embora tecnicamente a conformidade com os instrumentos de gestão territorial seja aferida na altura de apreciação do projecto de arquitectura, a aplicabilidade ou não de um instrumento de gestão territorial válido nos termos da lei, estende-se em última análise à decisão final de licenciamento – Acs. STA de 05.05.98, rec. 39 097 e 05.05.98, rec. 43 497".*

III. Conclusão

Aqui chegados, podemos, então, com toda a segurança, manifestar a nossa inteira concordância com as soluções que foram encontradas para as duas questões focadas no presente comentário e concluir, com os Senhores Juízes Conselheiros que subscreveram o aresto analisado, o seguinte:

I – O DL n.º 380/99, de 22 de Setembro (regime jurídico dos instrumentos de gestão territorial), prevê dois tipos de medidas cautelares de salvaguarda de novas soluções urbanísticas contidas em plano que se encontre em processo de elaboração, alteração ou revisão, e para a respectiva área de incidência: a) As medidas preventivas, que se destinam a "evitar a alteração das circunstâncias e das condições de facto existentes que possa limitar a liberdade de planeamento ou comprometer ou tornar mais onerosa a execução do plano", e cujo estabelecimento "determina a suspensão da eficácia deste", na área por ele abrangida (art. 107.º, n.ºˢ 1 e 2); b) A suspensão de concessão de licenças, segundo a qual "os procedimentos de informação

---

[24] Cfr. o Acórdão do STA (Pleno da Secção) de 06 de Fevereiro de 2002, (recurso n.º 37 633): *a legalidade do acto administrativo afere-se pela realidade fáctica existente no momento da sua prática e pelo quadro normativo então em vigor, segundo o princípio «tempus regit actum».*

prévia, de licenciamento e de autorização ficam suspensos a partir da data fixada para o início do período de discussão pública e até à data da entrada em vigor daqueles instrumentos de planeamento" (art. 117.º).

II – As duas medidas não se sobrepõem, antes se coordenam como instrumentos de salvaguarda das novas soluções urbanísticas, na prossecução do interesse público do ordenamento e planeamento.

III – Há uma impossibilidade de coexistência temporal simultânea das duas espécies de medidas cautelares, as quais, visando embora proteger interesses e regras urbanísticas coincidentes, têm conteúdo normativo diverso e reportam-se a momentos procedimentais distintos, donde decorre que a adopção de medidas preventivas antes da fase de discussão pública do novo plano torna a suspensão de procedimentos desnecessária, pois que as duas medidas cautelares estão previstas numa lógica de coordenação e articulação, e não de sobreposição.

IV – Deste modo, só quando a Administração não tenha adoptado medidas preventivas, ou quando a vigência destas tenha já cessado, tem ou recobra sentido a aplicação do regime previsto no art. 117.º do DL n.º 380/99.

V – Segundo o princípio tempus regit actum, a legalidade dos actos administrativos afere-se pela realidade fáctica e pelo quadro normativo vigentes à data da prolação do acto, estando este princípio plenamente consagrado no art. 67.º do RJUE ("A validade das licenças ou autorizações das operações urbanísticas depende da sua conformidade com as normas legais e regulamentares aplicáveis em vigor à data da sua prática").

Que Conformação do Direito de Participação Pública no Planeamento? Comentário ao Acórdão do STA de 21 de Maio de 2008, Processo 01159/05, 2.ª Subsecção do CA

MARIA RAQUEL DE OLIVEIRA MARTINS[1]

Introdução

O acórdão que se visa comentar parece-nos constituir um excelente catalisador para alguma reflexão acerca da questão do direito de participação no procedimento de elaboração dos planos. A matéria reveste-se de grande importância num quadro de reconhecimento da relevância das questões de governança e democracia participativa, bem assim de um paradigma de Administração Pública concertada. No centro do caso vertente está o direito de participação, mormente a problemática da sua conformação.

Primeiramente, procurar-se-á resumir o acórdão para se proceder à sua análise. Ver-se-á, uma a uma, as alterações introduzidas à proposta de plano submetida a discussão pública após o exercício da participação pelo particular e que sustentam as suas pretensões. Este argumenta que não as pôde discutir, havendo violação do seu direito de participação, enquanto procura vislumbrar as linhas que delimitam o seu direito, tutelado pela procedimentalização da elaboração dos planos.

Assim, importará discutir, por último, a conformação do direito de participação, atendendo ao seu fundamento e sentido, ao mesmo tempo que se visará apurar, na prática, sem deixar de ter no horizonte o caso concreto, que direitos garante a participação, *maxime* se os direitos que o particular vem invocar no caso *sub iudice* se encontram abrangidos por ela.

---

[1] Adida de Embaixada

1. Súmula do Acórdão

O acórdão de 21 de Maio de 2008, da 2.ª Subsecção do Contencioso Administrativo do Supremo Tribunal Administrativo (doravante, STA), relativo ao processo 01159/05, debruça-se, no âmbito de uma acção administrativa especial de impugnação de normas e de ilegalidade por omissão, sobre a legalidade do Regulamento do Plano de Ordenamento do Parque Natural da Arrábida (POPNA ou Plano, de ora em diante). Na origem do litígio encontra-se o procedimento de elaboração de um plano especial de ordenamento do território e, especificamente, a fase (por excelência) da participação pública. Em causa está, então, o direito de participação dos particulares na elaboração de um plano especial, *maxime* na fase de discussão pública, ou melhor, a possibilidade de serem introduzidas alterações aos planos posteriormente à participação sucessiva[2] dos interessados[3].

A acção que origina o acórdão havia sido intentada por um particular, A., comproprietário[4] de prédios situados numa zona abrangida pelo POPNA, numa área de protecção complementar, que

---

[2] Sucessiva à existência de um projecto de plano. Não obstante a participação poder ser feita ao longo de todo o procedimento de elaboração dos planos especiais, como decorre do número 1 do artigo 48.º do RJIGT (Regime Jurídico dos Instrumentos de Gestão Territorial), existem dois momentos específicos que consubstanciam uma participação preventiva ou sucessiva – respectivamente, números 2 e 3 do referido artigo. O direito de participação sucessiva tem especial relevo. De facto, uma participação preventiva dificilmente poderá ser frutífera, já que é exercida numa altura em que praticamente nada está definido. Só uma participação face a um projecto de plano poderá influenciar as opções do mesmo, pois só nesta altura os particulares têm acesso a toda a informação para poderem dar sugestões em relação ao que se pretende ordenar, por exemplo.

[3] Nos procedimentos urbanísticos, contrariamente à regra nos procedimentos administrativos clássicos, as relações jurídicas não são de carácter bilateral, mas de carácter multilateral, pelo que a esfera de interessados se torna muito alargada. V. OLIVEIRA (2004a): 46-7.
Sobre as relações jurídicas poligonais ou multipolares, v. CANOTILHO (1994).

[4] Antes de mais, não deixa de ser curioso observar que é um particular que detém a legitimidade processual activa e vem suscitar o controlo da legalidade do procedimento de elaboração de um plano especial.
Apesar de não haver qualquer referência expressa no RJIGT, Fernanda Paula OLIVEIRA distingue "participação subjectiva (com intenção de tutelar um interesse

discutia que o Plano sofrera alterações ilegais, pois haviam sido introduzidas posteriormente à fase de discussão pública do procedimento de elaboração do plano e, por isso, não puderam ser objecto de participação.

O aresto procura apurar, assim, se as alterações introduzidas ao projecto de plano apresentado a discussão pública implicariam uma repetição da fase procedimental em causa ou se eram uma consequência natural do próprio procedimento de elaboração dos planos urbanísticos.

Estas alterações ao projecto originam as seguintes pretensões do recorrente:

"(i) a desaplicação da norma do art. 21.º, n.º 3, al. a), i) do Regulamento que fixa em 5 ha a área mínima da parcela edificável;

---

próprio) ou objectiva (com a intenção de fornecer à Administração um contributo complementar de conhecimento), individual (singular) e colectiva (através de grupos sociais organizados), ou ainda directa ou indirecta (esta última através de delegados dos grupos ou dos seus representantes))" (OLIVEIRA, 2004a: 58).

Fernando Alves CORREIA desenvolve as formas de participação subjectiva (participação *uti singuli*) e objectiva (participação *uti cives*), em CORREIA (2008): 449-450. Relacionadas com perspectivas doutrinárias que colocam a tónica, ora na tutela dos direitos e interesses legalmente protegidos dos particulares (concepções subjectivas), ora na importância do conhecimento rigoroso por parte da Administração Pública de todos os factos, interesses e circunstâncias objectivamente relevantes para a elaboração do plano (concepções objectivas), estas duas formas de participação dos interessados na elaboração dos planos não se encontram, na perspectiva do Autor, contrapostas, falando-se antes de uma "*integração*" entre a colaboração (a favor da Administração) e a tutela (a favor do interessado) " (CORREIA, 2008: 451).

Pela nossa parte, concordamos inteiramente com esta posição intermédia. Veja-se o caso *sub iudice* em que é por via do direito a uma participação *subjectiva*, *individual* e *directa* que se irá procurar sindicar a legalidade do procedimento de elaboração do plano e, consequentemente, a sua validade. Ainda que a motivação principal para agir processualmente seja a protecção do seu direito de propriedade, o interesse objectivo no respeito pelo procedimento, forma de assegurar um melhor conhecimento da Administração, aparece de forma mediata.

No fundo, trata-se de cumprir a dupla função – subjectiva (tutela dos direitos e interesses legalmente protegidos dos cidadãos) e objectiva (garantir a legalidade de acção administrativa) – do contencioso dos planos. Cfr. Alves CORREIA (1994): 25 (diferentemente, Vasco Pereira da SILVA, *Para um Contencioso Administrativo dos Particulares – esboço para uma teoria subjectivista do recurso directo de anulação*, Coimbra: Almedina, 1989, p 261 e ss. *apud* Alves CORREIA (1994)).

(ii) que o Regulamento consagre o direito de reconstrução de edifícios existentes, nas áreas de protecção complementar Tipo II, nos termos que constavam da Proposta submetida à discussão pública, isto é, desde que a parcela edificável tenha a área mínima de 2,5 ha;
(iii) que se introduza no Regulamento a previsão relativa às áreas de protecção complementar Tipo III, constante da Proposta e que não passou para a versão final aprovada em Conselho de Ministros;
(iv) que se recupere a interdição da co-incineração de resíduos industriais perigosos, que constava no art. 7.º, al. c) da Proposta e que foi suprimida do elenco das actividades interditas previsto no art. 8.º do Regulamento."[5]

Relativamente aos três últimos pedidos, o STA manifesta-se logo pela sua improcedência, por considerar pertencerem ao âmbito material do plano, em que a Administração Pública goza de "alargada discricionariedade". Apenas estará em causa, na óptica do Tribunal, esclarecer se o facto de "as medidas em causa, que davam satisfação aos seus interesses, terem sido previstas na Proposta submetida à discussão pública e, depois, suprimidas do texto aprovado pelo Conselho de Ministros" originou a "alegada violação do direito de audiência prévia dos interessados".

Assim, o STA julga que não há alegação de qualquer vício substantivo, uma vez que, "quanto à substância, o autor não invoca qualquer norma ou princípio geral de direito material que, enquanto limite do poder discricionário, imponha à Administração o dever de consagrar a área mínima edificável de 5 ha, de prever uma específica área de protecção complementar de Tipo III e/ou de interditar a co-incineração" e também "não alega a previsão, em instrumento normativo hierarquicamente superior de *standards urbanísticos*" (apontando para a doutrina de Alves CORREIA). Consequentemente, para o Tribunal, "importa, tão-só, indagar se, na circunstância, foi ou não desrespeitado o seu direito de participação procedimental sucessiva, na fase de discussão pública" e só em relação à "invocada

---

[5] Ponto 2.2.1. do acórdão.

ilegalidade da norma do artigo 21.º, n.º 3, al. a) i) do Regulamento que fixa em 5 ha a área mínima da parcela edificável", já que "a haver violação das regras a que deve obedecer a audiência pública, o vício formal, em si mesmo, limitar-se-á a projectar eventuais efeitos invalidantes sobre as soluções efectivamente consagradas", não operando "a repristinação do regime apresentado na proposta inicial".

2. Repetição da Discussão Pública

O acórdão afirma peremptoriamente que "a proposta inicial da Administração não é imodificável", indo versar, por isso, apenas sobre as alterações ao projecto de plano introduzidas após a fase de discussão pública, procurando identificar se se encontram feitas ao abrigo da discricionariedade administrativa no planeamento[6] ou se violam o direito de participação pública assegurado pelo procedimento, ao não incluir no plano certas disposições do projecto submetido a discussão pública. Mais, a argumentação de A. parece ir no sentido de impor a obrigação de repetição da fase de discussão pública sempre que as opções do plano não coincidam com as do projecto, uma vez que considera que "não foi promovida nova discussão pública que permitisse aos destinatários da nova versão, pronunciar-se sobre normas perante cujo conteúdo lesivo não haviam sido confrontados". Porém, a adopção de uma tal posição originaria sempre, como bem acentua o acórdão, um "processo de audição impraticável e sem fim. Cada modificação determinaria a reabertura da discussão, a ponderação desta originaria nova alteração que, por sua vez, implicaria nova discussão e assim sucessivamente".

Assim, o tribunal irá apreciar apenas se houve alterações sem fundamento ou qualquer violação de cariz procedimental. Uma violação do procedimento, pela sua própria natureza, origina a invalidade de todo o plano. Trata-se de um *vício de legalidade externa*, na terminologia francesa, ou *vício formal*, na alemã[7]. Esta é a posi-

---

[6] O planeamento é, actualmente, o núcleo central do direito do urbanismo. Neste sentido, OLIVEIRA e LOPES (2003): 45.

[7] Alves CORREIA (1994): 32-3.

ção acolhida pela nossa jurisprudência, tendo já havido um caso em que um plano – o Plano Director Municipal (PDM) de Lagos – é declarado inválido por não ter havido repetição do inquérito público após alterações ao projecto de plano (v. *infra* 2. b)).

Havendo alterações ao projecto de plano posteriores à discussão pública, importará ver se elas implicam ou não a repetição desta fase do procedimento e como isso se afere. Se, por um lado, há Autores para quem a questão nem se coloca[8], por outro, a doutrina maioritária[9] considera poder haver repetição da fase que materializa o direito de participação pública em certos casos, pelo que importará encontrar critérios distintivos das alterações que implicariam essa repetição.

No caso em análise, o STA acolhe claramente esta segunda corrente. A admissão da repetição de uma fase que concretiza a par-

---

[8] Neste sentido, Luís Perestrelo de OLIVEIRA (1991) defende, em anotação ao artigo 14.º do Decreto-lei n.º 69/90, de 2 de Março (actualmente revogado), e, por isso, em relação aos planos directores municipais, que são, como os especiais (como é ocaso do o POPNA), planos com eficácia plurisubjectiva, que "o plano municipal alterado, mesmo significativamente, na sequência de inquérito público, não está sujeito obrigatoriamente a novo inquérito público. Este deve ser reservado para as situações de grande alteração em que não seja inconveniente a sua realização para a celeridade do processo. Apenas terá de haver lugar a consultas para obtenção de pareceres e, ainda assim, de uma forma limitada".

Tendemos a pensar que esta posição parte de uma interpretação demasiado literal do artigo. Note-se que um novo inquérito, nos moldes em que é defendido pelo Autor, ou seja, respeitando requisitos de celeridade e de relevo das alterações, resultava da própria letra da lei: o número 7 do artigo 14.º definia ser "aplicável aos planos directores municipais significativamente alterados no seguimento de inquérito público o disposto no artigo 13.º no tocante à necessidade de pareceres".

[9] V. CORREIA (2008): 466-7. O Autor defende, em relação aos planos municipais de ordenamento do território, planos de eficácia plurisubjectiva, à semelhança dos especiais, que o RJIGT, na versão do DL 316/2007, de 19 de Setembro, não parece que "tenha vindo obstaculizar uma repetição da *discussão pública*, no caso de introdução pela assembleia municipal de alterações substanciais à proposta do plano municipal, já que isso implicaria uma *grave restrição* à garantia constitucional de participação dos interessados na elaboração dos instrumentos de planeamento urbanístico, condensado no artigo 65.º, n.º 5, da Lei Fundamental.

Propendemos, assim, a entender (…) que o desaparecimento, na nova versão do RJIGT, de uma norma sobre a *repetição da discussão pública* não implica que esta não deva ter lugar".

No mesmo sentido, João MIRANDA (2000: 37) defende que "se justifica a convocação de um novo inquérito público se se tratar de alterações substanciais".

ticipação pública, como é o caso da consulta pública, é uma decorrência do direito de participação, consagrado constitucionalmente[10]. Para haver uma efectiva participação, bem se compreende que o plano aprovado não possa ser substancialmente diferente face à proposta colocada a discussão. Se assim fosse, não haveria mais do que a mera aparência formal do direito, pois *ad absurdum* a Administração poderia submeter a discussão pública qualquer proposta e depois introduzir quaisquer alterações que entendesse, de forma inconsequente, para além de violar outros princípios como os da informação ou da justa ponderação de interesses.

Importa, porém, notar que, muitas vezes, é devido à real efectividade do direito de participação que surgem as alterações, sem que deva, então, haver repetição. De facto, é esse o objectivo desta fase procedimental.

Como ensina Fernando Alves CORREIA, existe "um *nexo funcional* ou um *fio condutor* entre a participação e a ponderação ou, por outras palavras, entre o contributo de quem é chamado a evidenciar os factos, interesses e circunstâncias e a *obrigação de ponderação*, que deve estar presente em todo o acto de planificação. "Participar" é, antes de mais, preparar a "ponderação" (...)"[11]. Aliás, a "obrigação de ponderação" é, no direito alemão, a obrigação central da actividade de planificação num Estado de Direito[12] e implica a existência de um procedimento administrativo designado, precisamente, "procedimento de ponderação" (*Abwägungsvorgang*), onde a participação dos cidadãos (*Bürgerbeteiligung*) desempenha uma função essencial[13].

Na perspectiva que este acórdão apresenta, as modificações não foram de nível substancial, já que "comparando os dois normativos, constatamos que as grandes opções quanto à ocupação, uso e transformação do solo, contidas na proposta publicitada, foram mantidas

---

[10] Artigo 65.º/5 da CRP (Constituição da República Portuguesa).
[11] CORREIA (1989): 276.
[12] BATTIS, Ulrich, *Öffentliches Baurecht und Raumordnungsrecht*, Stuttgart: Kohlhammer, 1987; CHOLEWA, Werner, DAVID, Joachim, DYONG, Hartemut, HEIDE, Hans-Jürgen, *Das neue Baugesetzbuch*, München: Beck, 1987, *apud* CORREIA (1989): 276.
[13] CORREIA (1989): 248.

na versão final aprovada". No entender do Tribunal, a garantia de participação só se frustra se houver alterações substanciais no projecto apresentado a discussão. Neste ponto, o STA segue a sua jurisprudência já assente, essencialmente, em dois acórdãos. Desde logo, referindo o acórdão do STA de 11 de Outubro de 2007[14], afirma que o critério é uma "inovação normativa essencial que represente a negação dos pontos nucleares que formaram a substância da disciplina do texto legal participado". Igualmente, evoca a jurisprudência estabelecida a 23 de Fevereiro de 1999, no acórdão referente ao recurso n.º 44087, para reforçar dever tratar-se de casos em que se "consagre soluções fundamentalmente diferentes". São dois acórdãos importantíssimos que releva analisar aqui brevemente, nos contributos que deram para a clarificação da questão do direito de participação e, especificamente, da repetição de momentos participativos procedimentais por alterações posteriores aos projectos.

a) O acórdão do STA, de 11 de Outubro de 2007 (POPNA)

O acórdão de 2007 refere-se igualmente ao POPNA e a um pedido de declaração de ilegalidade pelo facto de este "conter normas lesivas dos direitos dos interessados (...) as quais não faziam parte do Projecto de Regulamento do POPNA colocado à discussão pública, além de estar ferido de vício equivalente ao de falta de fundamentação por preterição da formalidade essencial de audiência prévia dos interessados" ("declaração de ilegalidade da não emanação de norma que devesse ter sido emitida", nos temos da al. d) do n.º 2 do artigo 46.º do Código de Processo nos Tribunais Administrativos), pelo que as semelhanças com o caso vertente merecem alguma atenção. Em causa estava a alteração relativa à co-incineração de resíduos industriais perigosos, uma das invocadas por A (como vimos *supra*), ou seja, o facto de esta ter deixado de estar prevista no elenco das actividades interditas.

Neste aresto, o STA considera, por força do direito de participação (participação *uti cives*) constitucionalmente consagrado, que "a todos deve ser dada a oportunidade de se pronunciarem sobre o

---

[14] Referente ao recurso n.º 1167/05.

projecto do diploma", embora tal não signifique que o diploma definitivo não possa sofrer algumas alterações posteriores à discussão pública. Como bem reconhece o STA neste acórdão, "para ser *eficaz* a participação dos cidadãos na formação do plano, importa que estes tenham tido realmente o poder de intervir sobre o seu conteúdo. E, assim, embora se reconheça uma grande margem de discricionariedade no planeamento e no conteúdo do instrumento de gestão territorial, a observância das regras do procedimento para a sua formação constitui um limite ao exercício desse poder discricionário". Trata-se então de uma verdadeira intervenção dos particulares no planeamento, verdadeira função pública[15] que obedece a uma generosa amplitude de discricionariedade, em virtude das exigências do seu objecto e que, por esta via, se encontra condicionada à necessidade de se ter em consideração os contributos do público. Assim, "o diploma definitivo não pode deixar de ser a expressão do que tiver sido posto à discussão pública, de modo a afastar a possibilidade de uma *inovação normativa essencial* que represente a negação dos pontos nucleares que formaram a substância da disciplina do texto legal participado". Daqui se depreende que o STA não reconhece, todavia, que a Administração fique absolutamente limitada a introduzir alterações após a discussão. *A contrario sensu*, poderá fazê-lo desde que respeite um limite imposto pelo direito subjectivo de participação e correspondente obrigação de a Administração Pública ponderar os contributos decorrentes do seu exercício, que, segundo o entendimento plasmado neste acórdão, é a ausência de "*inovação normativa essencial*" que negue os aspectos "nucleares" do plano, sob pena de ser "contrária ao princípio da legalidade – princípio jurídico estrutural do plano – numa das suas expressões (desrespeito pelas regras de formação do plano), ou traduz[ir] a omissão de uma formalidade essencial, casos em que a anulação se torna a sanção possível". Mais esclarece que, *mutatis mutandis*, a *inovação normativa essencial* ocorre em casos "em que,

---

[15] Como constata Fernanda Paula OLIVEIRA, "a criação de um aparelho administrativo ou de uma estrutura de serviços que têm a seu cargo a realização de um interesse público urbanístico é o resultado de este ser considerado como uma *função pública* e não apenas como uma actividade de natureza privada" (2004a: 25).

do plano submetido à discussão, se subtraiu uma norma essencial que não passou ao texto definitivo do plano final", não querendo isto dizer, "todavia, que essa sempre em qualquer caso deva ser a solução. Tudo dependerá (...) da força ou da *essência* substantiva da nova norma incluída ou excluída, da vinculatividade do plano ou da norma deste em concreto (e, no segundo caso, acima referido, da exclusão da norma inicial no plano definitivo). Saber se a inclusão de norma não "discutida" ou se a exclusão da norma "discutida" é determinante para a questão da vinculatividade torna-se questão decisiva".

Assim, o critério decisivo que o acórdão estabelece para aferir da necessidade de repetição da discussão pública é o da essencialidade da inovação normativa, no caso de alterações às normas do projecto, inclusão de novas normas ou exclusão de outras, sendo que, nos últimos dois casos, dever-se-á atender à questão da discricionariedade no planeamento (aspectos não vinculados do plano).

b) *o acórdão do STA, de 23 de Fevereiro de 1999 (PDM de Lagos)*[16]

Já em 1999 o STA havia apreciado a questão da participação pública no procedimento de elaboração dos planos, de forma verdadeiramente inovadora. Pela primeira vez, um tribunal português veio anular a deliberação que aprovara um plano – o PDM de Lagos, no caso – por não se ter realizado a repetição do inquérito público que se impunha pelas alterações introduzidas após este momento participativo. Tais modificações diziam respeito à alteração de "zonas de edificação turística" para "área verde de interesse concelhio", sem que existisse fundamento em qualquer plano hierarquicamente superior – o Plano Regional de Ordenamento do Território (PROT) do Algarve[17] considera que a área em causa se encontra inserida numa zona de ocupação turística – nem fundamentação para uma alteração que configurasse uma solução que o STA julgasse "fundamental, quanto à alteração do solo".

---

[16] V. comentário ao acórdão em MIRANDA (2000).
[17] Aprovado pelo Decreto Regulamentar n.º 11/91, de 21 de Março.

O STA, neste caso, considera que "tendo, no âmbito do direito de participação, os proprietários do solo afectados pelas novas soluções fundamentais adoptadas pela alteração do PDM o direito de exigir que os seus interesses fossem tomados em consideração e que a Administração reflectisse sobre eles, fundamentando a não consideração de tais interesses, a realização daquele segundo inquérito não é irrelevante, nem inútil" (sublinhado nosso).

Desde logo, é no direito de participação, no princípio da justa ponderação de interesses e no dever de fundamentação das opções da Administração que se funda a repetição do inquérito, independentemente de o direito positivo aplicável não a prever expressamente. Aliás, a ausência de previsão legal expressa é suprida pelo recurso a razões substanciais e formais, respectivamente porque os interessados não se pronunciaram sobre as alterações fundamentais adoptadas no novo projecto, não se ultrapassando as divergências fundamentais, e porque a aprovação da nova versão do projecto deve obedecer ao processo previsto para o inicial, onde se inclui o inquérito público. Assim, o critério adoptado neste acórdão – e que marcou toda a jurisprudência subsequente – é o do carácter fundamental das soluções adoptadas posteriormente ao momento de participação sucessiva, à semelhança do que acontecia com a jurisprudência espanhola[18].

Este acórdão encontra-se, em nosso entender, muito bem fundamentado pois olha para a participação-audição como fonte de um "dever de audição" pertencente à Administração e que radica no princípio da participação dos particulares na formação das decisões

---

[18] MIRANDA (2000: 35) chama a atenção para um estudo jurisprudencial espanhol acerca desta matéria levado a cabo por TRAYTER JIMENEZ (*El Control del Planeamiento Urbanistico*, Madrid, 1996), onde se analisa como é que os tribunais espanhóis acabaram por densificar o critério legal, que assentava na introdução de *modificações substanciais* ao conteúdo dos planos. O Autor conclui que, na jurisprudência espanhola, haviam sido consideradas substanciais as alterações ao nível da classificação e qualificação dos solos e algumas alterações decorrentes do exercício de uma grande margem de discricionariedade, pois, quanto maior for a margem de livre decisão, mais condições haverá para modificar substancialmente as opções do plano.

Deste modo, conclui João MIRANDA, é o conteúdo que define a substancialidade da modificação.

que os possam afectar, no princípio constitucional da democracia participativa e na doutrina de Alves Correia que sustenta que a garantia constitucional da propriedade privada obriga a uma consideração dos interesses dos proprietários, a par de outros interesses, no procedimento de ponderação. O acórdão não deixa de referir ainda a importância das expectativas do recorrido, em relação ao *ius aedificandi*, baseadas na proposta apresentada a inquérito.

3. A Área Mínima de Parcela Edificável e o *Ius Aedificandi*

Em confronto, neste ponto, encontram-se valores tão importantes como o ordenamento territorial e a propriedade privada, ambos tutelados constitucionalmente, pelo que uma qualquer solução deverá passar pela sua harmonização. Porém, antes disso, será importante ver, de forma sucinta, como se encontra protegido o *ius aedificandi* que o particular parece invocar, como direito fundamental afectado pelas alterações introduzidas no plano.

Sendo o direito de propriedade um direito de natureza análoga aos direitos fundamentais do Título II da Parte I da Constituição da República Portuguesa (CRP)[19], ele beneficia, *ex vi* do artigo 17.º da CRP, não só do regime geral de direitos fundamentais, mas também da protecção jurídica reforçada trazida pelo regime específico dos direitos, liberdades e garantias. O artigo 62.º consagra constitucionalmente o direito à propriedade privada, mas não esclarece definitivamente o que este inclui e que direitos tem um proprietário[20], nem como se deve perspectivar o direito de construir.

A doutrina divide-se entre teses que defendem que o direito de edificar se encontra incluído no direito de propriedade e as que sustentam que a construção é uma faculdade não abrangida por este direito, sendo antes concedida jurídico-publicamente. Claramente, esta *vexata quaestio* radica na perspectiva jurídico-privada ou jurídico-pública do direito de construir.

---

[19] Neste sentido, Esteves de OLIVEIRA (1995): 187.
[20] Ou um titular de outros direitos reais.

A tese privatística tem sido defendida por Autores, como Diogo Freitas do AMARAL e José de Oliveira ASCENSÃO, que vêem o *ius aedificandi* como uma faculdade que deriva da garantia constitucional do direito à propriedade privada, integrante do seu conteúdo[21].

A concepção publicista do direito de propriedade encara o *ius aedificandi* como uma faculdade jurídico-pública atribuída pelo ordenamento urbanístico, em especial pelo plano. Defendem esta tese insignes Autores como Rogério Ehrardt SOARES e Fernando Alves CORREIA[22].

Não sendo este o objecto da nossa análise, importará dizer que tendemos para esta última tese, considerando mesmo ser a que melhor se adequa ao nosso ordenamento jurídico-constitucional. De facto, a propriedade privada é um direito constitucionalmente garantido, mas o ordenamento do território e o urbanismo são tarefas públicas definidas pelo legislador constitucional (desde logo, no artigo 65.º/2a),4).

Como realça Fernanda Paula OLIVEIRA, "no actual Estado de Direito Social, as decisões essenciais sobre o urbanismo deixaram de pertencer aos proprietários dos solos ou titulares de demais direitos sobre os mesmos que lhes conferem o poder de os ocupar para fins urbanísticos, para passarem a ser cometidas à Administração, a quem cabem as funções de planeamento, gestão e controlo das actividades dos particulares que têm reflexos na ocupação, uso e transformação dos solos"[23].

A nossa jurisprudência constitucional também adoptou a tese publicista ao afirmar que "no direito de propriedade constitucionalmente consagrado (...) não se tutela ali expressamente um «*ius edificandi*», um direito à edificação como elemento necessário e natural do direito fundiário[24].

Questão diversa é a de apurar por que via é feita a atribuição do *ius aedificandi*. A doutrina de maior relevo sustenta que, em princí-

---

[21] Sobre esta tese no direito alemão e no francês, v. CORREIA (1989): 349 e ss.
Acerca desta concepção na doutrina nacional, v. CORREIA (2008): 832 e ss.; OLIVEIRA (1995): 188 e ss.

[22] Sobre esta corrente, v. CORREIA (2008): 847 e ss.; OLIVEIRA (1995): 191 e ss.

[23] OLIVEIRA e LOPES (2003): 44.

[24] Acórdão do Tribunal Constitucional n.º 341/86.

pio, será através dos planos urbanísticos. Porém, como adverte Fernanda Paula OLIVEIRA (2004a), "a possibilidade de as câmaras municipais, não obstante aquelas disposições planificadoras, poderem indeferir os pedidos de licenciamento (...), sem que os proprietários afectados tenham, por esse facto, o direito de receber qualquer indemnização (...), comprovam o irrealismo de uma tese que defende ser o *ius aedificandi* uma faculdade decorrente destes instrumentos de planeamento".

Assim, será de entender que o *jus aedificandi* tem natureza jurídico-pública, não sendo um direito absoluto, pelo que um proprietário não poderá ver livremente satisfeita a função económica que se encontra na trilogia clássica *ius utendi, fruendi et abutendi*, reconhecida, em geral, aos direitos reais de gozo, como é o direito de propriedade. Em nome da função social da propriedade, o uso e a fruição por parte do proprietário encontram-se enquadrados e condicionados juspublicisticamente[25], ainda que com a necessária flexibilidade em face da complexa realidade fáctica[26].

Mas os planos, não atribuindo o direito de edificar, podem desempenhar um verdadeiro papel conformador do direito de propriedade, definindo o destino e as formas de utilização do solo e estabelecendo índices máximos de construção. Ainda assim, não se pode afirmar que atribuem qualquer direito de construção: estabelecem unicamente que não poderá haver construções com índices superiores aos definidos pelo plano. Foi precisamente isso que ficou plasmado no regulamento do POPNA. Assim, uma redução dos índices máximos de construção pelo alargamento da área mínima de parcela edificável não constitui qualquer retirada ou diminuição de direitos dos proprietários, como invoca o recorrente, ao alegar que, de acordo com o projecto apresentado a discussão pública, podia, com os seus comproprietários, proceder à divisão da propriedade comum para, posteriormente, "em cada parcela promover a constru-

---

[25] Cfr. OLIVEIRA (2004a): ponto 1 da anotação.
[26] Assim, OLIVEIRA (2004a): ponto 2 da anotação.
Aliás, é esta flexibilização de uma tese estritamente publicista que está na base da ideia de *vocação edificatória* de certos prédios ou das *expropriações de sacrifício* ou *dos planos*. Cfr. CORREIA (1989); OLIVEIRA (2004a).

ção de uma habitação". Porém, a alteração não deixa de afectar o valor da sua propriedade, podendo o plano introduzir eventuais desigualdades.

Além disso, não se pode deixar de notar que o plano urbanístico se encontra limitado ou condicionado pela garantia constitucional da propriedade privada. Como bem ensina Alves CORREIA (1989), "o direito de propriedade constitucionalmente garantido *condiciona* por si mesmo a «liberdade de plasmação» do plano e *influencia* decisivamente o seu conteúdo. Por outras palavras, o direito de propriedade constitui também um limite à *discricionariedade de conteúdo* do plano"[27], gerando uma obrigação de justa ponderação dos interesses antagónicos envolvidos na planificação. Sendo os interesses dos titulares de direitos de propriedade dos mais importantes a ponderar no procedimento de formação dos planos urbanísticos[28], importa atentar bem na relevância "dos *interesses inerentes ao direito de propriedade do solo* no *resultado* do plano, isto é, nas soluções do seu conteúdo"[29]. No fundo, estes interesses constituem um limite à discricionariedade da Administração na conformação do conteúdo material dos planos. Trata-se de um tipo de interesses, sobretudo os *interesses de utilização*[30], que, radicando no direito de propriedade, "são aqueles que têm um significado maior no contexto dos interesses privados", como reconhece Alves CORREIA e bem ilustra o Relatório de ponderação da discussão pública[31] do POPNA.

Cremos, por isso, que, apesar de não constituírem alterações substanciais, as alterações à capacidade edificatória dos prédios abrangidos pelos planos deveriam ser evitadas, podendo, excepcionalmente, por ponderosos motivos de interesse público, ocorrer, desde que bem fundamentadas. A maioria dos particulares exerce o seu direito de participação para tutelar as suas posições subjectivas, acabando por, ainda que de forma mediata, contribuir para um melhor planeamento.

---

[27] P. 343.
[28] Neste sentido, CORREIA (1989): 282-5.
[29] CORREIA (1989): 346.
[30] CORREIA (1989): 347.
[31] *In*: http://portal.icnb.pt/

Se a Administração puder introduzir alterações que contendam, de alguma forma, com o direito de propriedade privada, isto poderá levar a um desincentivo à participação pública dos particulares no planeamento. O que se poderia ganhar em termos de celeridade perder-se-ia, com maior prejuízo, em democracia participativa, planeamento óptimo e interesse público.

Porém, importa realçar que o direito fundamental da propriedade privada, embora limite a discricionariedade administrativa relativamente ao conteúdo dos planos, não constitui qualquer direito subjectivo[32]. Assim, o proprietário não poderá exigir que o seu interesse seja consagrado no plano, como exigia o recorrente, mas apenas que este seja tido em consideração no procedimento de ponderação, o que não poderá deixar de ter reflexos no conteúdo do plano[33]. Como sustenta Alves CORREIA, é a garantia constitucional da propriedade privada que exige, sob pena de violação deste direito, a *tomada em consideração* dos interesses dos proprietários por parte dos órgãos com competência para elaborar e aprovar o plano.

É ainda de referir o princípio da protecção da confiança, que deveria desempenhar um papel relevante[34], pois opõe-se a alterações posteriores à discussão sem que haja oportunidade de nova discussão ou uma fundamentação muito rigorosa.

4. O Direito de Reconstrução e o Princípio da Garantia da Existência

Quanto ao pedido de consagração do direito de reconstrução de edifícios existentes nos terrenos abrangidos pelas zonas de protecção complementar Tipo II, o STA vai pronunciar-se pela improcedência,

---

[32] Assim, CORREIA (1989): 347-8.
[33] CORREIA (1989): 348.
A doutrina distingue entre o processo, por um lado, e o resultado, por outro, da ponderação, ou seja, o plano como processo ou procedimento e o plano como produto. V. SOUSA (1987): 39.
[34] João MIRANDA já criticara a ausência de consideração da questão da protecção da confiança dos particulares na actuação da Administração Pública pelo acórdão do STA que determinou a invalidade do PDM de Lagos. V. MIRANDA (2000): 37.

por não se tratar de qualquer falta de conteúdo normativo que devesse ser previsto no Regulamento. De facto, existe uma grande margem de discricionariedade no planeamento urbanístico. Porém, o direito de propriedade não deixa de ser um contrapeso importante, sobretudo pelas formas participadas que assumem os procedimentos de elaboração dos planos. Um dos aspectos relevantes é o das construções realizadas legalmente antes da entrada em vigor do plano.

A jurisprudência do Tribunal Administrativo Federal alemão criou e desenvolveu o princípio da garantia da existência (*Bestandsschutz*), que encontra na tutela constitucional do direito de propriedade privada a sua fundamentação, para além de se encontrar estreitamente ligado ao princípio da protecção da confiança[35]. Este princípio implica a não retroactividade das disposições dos planos urbanísticos, tutelando as edificações legais anteriores ao plano e permitindo uma forma de transição suave entre o direito antigo e o novo[36].

Embora o princípio, nas modalidades passiva (direito à conservação e manutenção dessas estruturas) e activa (direito a obter autorização para reparar e restaurar as construções em causa[37]), não possa ser importado assim para a nossa ordem jurídica, como alerta Alves CORREIA (1989), "a *garantia da substância* (...) não pode ser contestada validamente e deve ser considerada como um princípio do nosso direito da planificação urbanística", ainda que as construções pré-existentes estejam em contradição com o que dispõe o plano.

Aderimos a esta visão, até porque a fundamentação no direito alemão serve à perspectiva portuguesa. Só uma garantia da existência se articula com o direito à propriedade privada, o princípio da tutela da confiança e o da não retroactividade das disposições dos planos. Naturalmente, caberia aos tribunais nacionais densificar este

---

[35] CORREIA (1989): 343-4.
[36] Neste sentido, MIRANDA (2002).
[37] Mas não para ampliar a construção ou construir edificação equivalente no lugar da anterior. Admite-se na doutrina e na jurisprudência alemãs certos alargamentos, necessariamente limitados pelo tempo e pela função, das construções e, inclusivamente, uma *garantia de existência extensiva* ou *excepcional* (*überwirkender Bestandsschutz*), ao nível industrial ou comercial, admitindo a alteração (e ampliação) de edifícios ou de funções, quando dela depende a capacidade funcional (*Funktionsfähigkeit*). Cfr. CORREIA (1989): 344-5.

princípio em moldes aproximados às especificidades da realidade nacional e dos casos concretos. De todo o modo, para o caso vertente, releva o princípio da garantia da existência na modalidade activa.

Relativamente ao pedido de A. de previsão no regulamento do POPNA de um "direito de reconstrução de edifícios existentes", o STA apenas se refere à ausência de "suposto conteúdo normativo positivo que o mesmo [plano] devia consagrar e não foi aprovado", concluindo, por isso, que a pretensão era improcedente. Pena é que o tribunal não tenha feito qualquer referência a este princípio, limite à "liberdade de plasmação"[38] do conteúdo material do plano, que deve, então, respeitar as construções existentes. Claro que a ausência de previsão de um direito de reconstrução não obsta a que ele seja respeitado, desde que se preencham os requisitos necessários (edifício legalmente construído, existente no momento em que o plano entra em vigor, cujas obras de restauro respeitem a identidade do edifício originário), em nome das legítimas expectativas dos proprietários e do direito à propriedade privada.

Assim, não cremos que este aspecto justificasse a repetição da discussão, embora condicione, em nosso entender, ainda que de forma tácita, o plano, apesar de o STA não o admitir expressamente.

Curiosamente, é de notar que o Conselho de Ministros, nas contra-alegações, não exibe qualquer linha de argumentação relativamente a este aspecto. O recorrido limita-se a pedir a absolvição da instância, num primeiro momento, para acabar por justificar todas as outras alterações que A. invocara, à excepção desta, não obstante invocar, por último, a sua competência dispositiva na aprovação de qualquer plano especial de ordenamento do território e a sua possibilidade de introduzir "as alterações que se afigurem adequadas conquanto não altere o sistema de planeamento que foi objecto de discussão pública", posição assumida pelo acórdão.

---

[38] CORREIA (1989): 343.

5. A Eliminação de uma Área de Protecção Complementar

Segundo o Conselho de Ministros, "a eliminação das áreas de protecção complementar de Tipo III teve como fundamento a uniformização das regras aplicáveis às áreas de protecção complementar do Tipo II e do Tipo III, não se justificando a abertura de qualquer período adicional de discussão pública, já que essa solução resultou precisamente da ponderação dos resultados desse trâmite procedimental". Apesar de podermos considerar haver aqui uma alteração que lesa A., uma vez que, também por essa via, a sua propriedade seria edificável por se situar parcialmente em espaço de transição ou para-urbano, não entendemos que esta alteração deva originar repetição, já que esta parece ter resultado da ponderação da participação pública, sendo o resultado da função que a discussão pública desempenha. Não podemos esquecer que o direito de participação radica na necessidade de *input*[39] público. Como diz o tribunal, "o procedimento administrativo de planificação é um espaço no qual se quer uma participação dos interessados que acrescente informação e contribua para a racionalização da actividade da Administração e para protecção dos administrados, antes da versão final, tudo ao serviço da solução justa".

O STA conclui bem que, "no caso em apreço, não ocorreu tal mudança fundamental. Comparando os dois normativos constatamos que as grandes opções quanto à ocupação, uso e transformação do solo, contidas na proposta publicitada, foram mantidas na versão final aprovada. / Nesta foi suprimida a área de protecção complementar de tipo III, mas o objectivo de manter a caracterização do espaço abrangido como predominantemente rural, funcionando como tampão à expansão urbana, passou a estar assegurado, em aglutinação, pelo regime de protecção complementar de tipo II".

---

[39] Neste sentido, DUARTE (1996) e VLACHOS (1996).

6. A Interdição da Co-Incineração e a Participação *Uti Cives*

Segundo a argumentação de A., "relativamente às actividades interditas (artigo 8.º do Regulamento aprovado) a entidade Ré fez desaparecer a actividade de co-incineração de resíduos industriais perigosos que antes constava do artigo 8.º do Projecto colocado a discussão pública, o que é lesivo para todos e sobretudo para o ambiente, entendido este no conceito lato de qualidade de vida, afectando, portanto, também a propriedade do A".

Neste caso, é notória a preocupação do particular ao nível das parcelas do solo de que é comproprietário, porém, este não deixa de atender à ausência de proibição da co-incineração. Ainda que, mais uma vez, neste ponto, pareçam estar em causa preocupações como a desvalorização dos seus terrenos[40], por exemplo, a verdade é que, ainda que de forma mediata, a preocupação ambiental emerge aqui, evidenciando que as virtualidades da participação *uti singuli* se podem materializar numa verdadeira participação *uti cives*. A argumentação do Conselho de Ministros convence, mas a verdade é que ficara a dúvida acerca da transparência das modificações e o controlo de tal actuação é suscitado por um proprietário.

Reconheçamos que os custos de um processo deste género só são assumidos, na maioria das vezes, por particulares com pretensões que possam reflectir-se na sua esfera subjectiva, mas esta é uma valiosa forma, para o interesse público, de controlo do respeito pelo procedimento de elaboração dos planos. Apesar da consagração expressa do direito de acção popular[41] para a defesa de interesses difusos, como "a qualidade de vida e a preservação do ambiente", nas palavras do legislador constitucional, a verdade é que dificilmente um particular estará disposto a suportar todos os custos para beneficiar a colectividade, pelo que se reveste de particular importância a atenção dada a estes desvios ao projecto de plano apresentado a discussão pública.

---

[40] A resistência das populações a aceitar instalações de co-incineração na sua vizinhança é sugestivamente caracterizada na doutrina dos Estados Unidos da América como síndroma NIMBY, acrónimo para *not in my backyard* (no meu quintal não).

[41] Previsto no artigo 52.º/3 da CRP.

7. Que Direito de Participação?

O direito de participação ocupa um papel fundamental "para a cabal prossecução da actividade jurídico-pública de planeamento que é, no seu cerne, uma tarefa de ponderação complexa dos interesses públicos e privados que se concentram na ocupação de uma determinada área"[42]. Assim, o direito de participação permite exigir da Administração uma adequada ponderação de todos os interesses envolvidos.

Se as alterações feitas ao plano após a discussão pública se baseiam nela não será de esperar que haja lugar à repetição da discussão. Esse será, aliás, um resultado salutar, pois uma das funções da participação é precisamente a de trazer novos dados suscitados pela manifestação das partes interessadas, num exercício de ponderação que promove um melhor ordenamento do território[43].

A Administração Pública deverá não só ouvir os particulares (direito de audição), mas também tomar em consideração os contributos manifestados pelas suas preocupações ou sugestões (direito de participação-audição) e, por isso, um resultado natural desta fase é a introdução de alterações ao projecto de plano. De tudo isto se depreende que estas alterações não implicam necessariamente uma repetição da fase de participação sucessiva, sob pena de se cair numa lógica circular de tipo *discussão – alterações – (nova) discussão*, que levaria a um procedimento infindável ou, no mínimo, impraticável por pôr em causa outros princípios importantes como os da celeridade e eficiência da Administração e a própria racionalidade da ponderação de interesses subjacente à actividade jurídico-pública de planeamento.

Ainda assim, cremos que o STA poderia ter tomado uma posição de maior tutela dos interesses procedimentais do particular e, consequentemente, do princípio da participação.

Vejamos, para já, que conformação do direito de participação poderemos delinear.

---

[42] OLIVEIRA e LOPES (2003): 50.
[43] Como reconhece António Ressano Garcia LAMAS, as finalidades da participação pública "são, em primeiro lugar, obter melhores projectos".

7.1. Participação e Discricionariedade na Planificação

Da atribuição dos poderes de planificação (enquanto tarefa da *Administração criadora*[44]) resulta uma discricionariedade específica face à discricionariedade administrativa tradicional[45], como reconhece o acórdão ao referir-se à "alargada discricionariedade na escolha das soluções de ocupação, uso e transformação do solo mais adequadas a salvaguardar "recursos e valores naturais" e a assegurar "a permanência dos sistemas indispensáveis à utilização sustentável do território (art. 42.º/2 e 44.º do DL n.º 380/99 de 22 de Setembro)" de que dispõe a entidade planificadora relativamente ao conteúdo material dos planos especiais de ordenamento do território.

Assim, a doutrina[46] tem salientado que, quanto maior é a discricionariedade (ou "o poder criativo e conformador do direito"[47]), tanto mais necessária se torna a participação, que tem, desta forma, uma função compensatória. David DUARTE (1996) sustenta que "quanto maior é a dimensão de dúvida que cobre a decisão, maior é a relevância do procedimento como meio de esclarecimento de incertezas retrospectivamente projectadas no procedimento de estabelecimento das bases da decisão".

Assim entendido o procedimento[48], e numa perspectiva de planeamento, o plano aprovado deverá encontrar raízes no procedimento que suportou a sua elaboração. Aliás, é da "necessidade de *compensar* a amplitude do poder discricionário que caracteriza a actividade

---

[44] CORREIA (2008): 447; SOUSA (1987): 20.

[45] Daí que tenham surgido, sobretudo na jurisprudência alemã, diferentes designações que tendem a ilustrá-la melhor, designadamente "amplo espaço de ponderação, ampla liberdade de criação, amplos quadros discricionários, espaço de livre discricionariedade, discricionariedade de planificação, liberdade de inovação, ampla liberdade de decisão, discricionariedade criadora, discricionariedade de actuação, liberdade de inovação planificadora", cfr. SOUSA (1987): 47-55

[46] V. CORREIA (2008): 448.

[47] CORREIA (2008): 448.

[48] Encarando da mesma forma o procedimento administrativo, J. J. Gomes CANOTILHO afirma que "a essência da decisão está mais na sua preparação, no procedimento de operações sucessivas resultantes da interacção entre o sujeito, o sistema e o seu ambiente, do que na própria decisão" ("Procedimento Administrativo e Defesa do Ambiente", *in*: *RLJ*, ano 123, 1990, n.º 3798, p. 264-265, *apud* DUARTE (1996): 95).

de planificação" que surge o reclamar de formas adequadas de participação dos interessados, *fundamento específico* da participação dos privados na elaboração dos planos[49].

7.2. A Participação e a Administração "Concertada"

Desde logo, é de realçar que o acórdão vertente parte de um novo paradigma de participação que reflecte um *novo estilo de Administração*[50]. Todas as partes envolvidas no litígio – A., Conselho de Ministros e o Terceiro imparcial – admitem um certo grau de participação dos interessados numa decisão administrativa[51].

Durante muitos anos, o direito de participação pública obedecia a um paradigma de representatividade assente no modelo rousseauniano do contrato social. Porém, um renovado movimento democrático, assente numa maior participação, contribuiu para a superação do modelo administrativo clássico, centralizado e burocrático (Max WEBER)[52], baseado sobretudo no acto administrativo e tributário de uma ideia democrática de controlo da Administração centralizado no Parlamento, por via do princípio da legalidade. A falência deste modelo deveu-se, sobretudo, à desadequação da actuação tradicional da Administração Pública, "mormente no domínio da intervenção económica e social"[53], em que a Administração "sentiu dificuldades inultrapassáveis para tomar as decisões mais correctas"[54].

Este modelo de "administração concertada"[55] convoca, consequentemente, novos instrumentos que permitem, designadamente, a materialização de um princípio de participação cada vez mais forte, corolário de um verdadeiro Estado de Direito democrático e, concomitantemente, promovem um dos momentos basilares da transfor-

---

[49] CORREIA (2008): 446.
[50] LAUBADÈRE *apud* MELO (1983): 92.
[51] As decisões de planeamento e as decisões de gestão urbanística propriamente ditas são, antes de mais, decisões administrativas (OLIVEIRA, 2004a: 24, 25).
[52] Cf. MELO (2008): 18.
[53] CORREIA (2008): 445.
[54] CORREIA (2008): 445.
[55] MELO (2008): 19.

mação da Administração Pública contemporânea⁵⁶, que obedece aos *princípios TAPE* (transparência, *accountability*, participação e equidade)⁵⁷.

Como tão bem ilustra Fernando Alves CORREIA, *participação* é um vocábulo de natureza polissémica, abarcando a participação política, isto é, "as formas pelas quais os cidadãos colaboram na gestão da «coisa pública» (...). O conceito de *participação política* é hoje considerado «um valor em si» (ALPA, G. – Aspetti e Problemi della Partecipazione nel Diritto Urbanistico. Appunti per una Discussione, in RTDP, 29 (1979), p. 257) e, concomitantemente, um pilar da democracia"⁵⁸. Fala-se hoje, assim, da necessidade de "democracias muito mais democráticas"⁵⁹, de *democracias sustentadas*⁶⁰ ou de democracia participativa⁶¹, onde se enquadra o novo paradigma da Administração.

Evan VLACHOS estabelece que a participação pública é *um processo democrático de partilha de responsabilidades no processo decisório*⁶², podendo ir da simples informação a processos de participação muito estruturados onde o público desempenha um papel activo ao longo de todo o processo de planeamento. Longe tem ido, de facto, a participação dos privados, especificamente, no domínio do planeamento, com claras formas contratuais⁶³.

---

⁵⁶ Rui MACHETE, *CPA – INA*, p. 45, *apud* OLIVEIRA, Mário Esteves de, GONÇALVES, Pedro, AMORIM; J. Pacheco de (2006): 123.

⁵⁷ Akira NAKAMURA, "La Conduite de l'Action Publique au XXIème Siècle: nouvelles logiques, nouvelles techniques", *in*: *La Société Civile et l'État dans la Conduite de l'Action Publique*, XXVème Congrès International des Sciences Administratives, Atenas, 2001, *apud* GOMES (2003): 192.

⁵⁸ CORREIA (1989): 250 (nota 131).

⁵⁹ GOMES (2000): 84. José Barros GOMES propõe um "processo de reabilitação global", baseado num modelo sustentável e participativo.

⁶⁰ CANOTILHO (2001), constatando a diversidade de perspectivas sobre a construção de um *Estado Constitucional Ecológico*, defende dever tratar-se não apenas de um Estado de Direito democrático e social, mas também de um Estado regido por princípios ecológicos e por novas formas de participação (uma *democracia sustentada*).

⁶¹ DUARTE (1996): 112.

⁶² No original, "it is a democratic process of sharing decision making responsibilities". V. VLACHOS (1996): 29.

⁶³ Cfr. OLIVEIRA e LOPES (2003).

Embora esta concepção de Administração Pública caracterizada por um novo paradigma participativo não origine, necessariamente, formas consensuais – nem sequer implica, por si, a superação da força jurídica unilateral das decisões administrativas, antes abarcando um conjunto diversificado de *intensidades*[64] de intervenção[65] –, é ela que justifica regimes de participação de privados nos procedimentos (públicos) de elaboração de planos, como o POPNA. Esta participação é a forma por excelência de tornar mais democrática a decisão da Administração[66]. Além disso, a co-responsabilização na tomada de decisões, para além de incentivar uma forma de cidadania mais activa, é igualmente fonte de pacificação social.

7.3. *A Via Procedimental como Garantia de Participação*

Embora esteja em causa no litígio o direito de participação de A., o fundamento das pretensões do recorrente radica num vício procedimental. Em geral, "a garantia da participação dos administrados na tomada das decisões que lhe dizem respeito é a garantia da participação *nos procedimentos administrativos*"[67].

---

[64] CORREIA (2008): 452; OLIVEIRA (2002): 55; OLIVEIRA e LOPES(2003): 55.

[65] A doutrina distingue diferentes graus de participação. Segundo OLIVEIRA e LOPES (2003: 55) e por ordem crescente de intensidade, são eles o direito de informação procedimental dos interessados; a participação em sentido estrito ou participação-audição; a participação-negociação; a admissibilidade de instrumentos de planeamento de iniciativa privada; e a contratualização de soluções jurídico-urbanísticas.
Em causa no acórdão está o direito de participação-audição.

[66] Nas palavras de Fernanda Paula OLIVEIRA (2004: 39), "a exigência de participação dos particulares nos procedimentos de tomada de decisões administrativas previstas no artigo 267.º, n.º 5 [da CRP] constitui um factor de democratização das decisões".
Como salienta David DUARTE, "a técnica participativa funciona actualmente como um complemento da representação democrática, tentando compensar o défice de democraticidade (…) que se reconhece no sistema representativo", pelo que "o princípio participativo (ou democracia participativa) sustenta também a reformulação do agir público, incorporando, através dos mecanismos de participação, fórmulas de acção e de aproximação à decisão superadoras da natureza impositiva e exclusivamente unilateral das decisões públicas" (DUARTE, 1996: 112).

[67] OLIVEIRA (2004b): 39. Sobre o procedimento administrativo, v. a mesma Autora, nas páginas 39 e seguintes.

É o procedimento de elaboração dos planos que garante, na prática, o exercício do direito de participação. O procedimento administrativo já não é hoje visto em termos meramente formais e unívocos. Nas palavras de David DUARTE (1996)[68], "a ideia de que o procedimento administrativo é uma série de actos dirigidos à produção de um resultado não explica a individualidade do procedimento administrativo, nem permite captar a plenitude das suas funções na relação com a decisão". De facto, o procedimento é um *meio de preparação da decisão (Entscheidungsvorbereitung)*, que só é susceptível de ser compreendido, por isso, "em função da sua adequação decisória"[69].

O procedimento funciona como centro de apaziguamento de conflitos[70], aproximando o público da Administração e promovendo uma mais fácil aceitação das opções[71]. Concomitantemente, é o procedimento que permite uma melhor protecção de interesses particulares e colaboração externa na realização do interesse público, aspectos fundamentais no domínio da participação[72]. Assim entendido, o procedimento é condição essencial da participação, já que permite a substituição da ideia autoritária de actuação administrativa[73] e a promoção da democracia participativa[74].

---

[68] P. 93-4.
[69] Neste sentido, DUARTE (1996): 94.
[70] DUARTE (1996): 103.
[71] Nas palavras de David DUARTE, "as injunções permanentes de explicação do desenvolvimento procedimental, a transparência do processo e o tratamento comum dos dados levam a um crescimento da capacidadede aceitação dos efeitos do acto conclusivo" (1996: 97).
[72] Assim, Rui MACHETE, *Os Princípios Gerais do Código do Procedimento Administrativo*, in: *O CPA*, Lisboa, 1992, p. 46 *apud* Duarte (1996).
[73] Esta modificação origina um "estilo administrativo cooperativo" (*Kooperativen Verwaltungsstils*), segundo SCHMIDT-AßMANN, Eberhard, "Der Verfahrensgedanke in der Dogmatik des Öffentlichen Rechts", *in*: *Verfahren als Staats- und Verwaltungsrechtliche Kategorie*, Heidelberg, 1984, p. 8, *apud* DUARTE (1996): p. 97.
Porém, a acção cooperativa, harmonizadora dos interesses conflituantes e característica de um novo modelo de Administração alicerçado no princípio da boa governança, apesar de consistir num trabalho em rede e na construção de consensos, não significa nem qualquer abandono da objectividade dos serviços e da intervenção da Administração Pública na sociedade, nem o retrocesso dos valores da igualdade e da neutralidade de tratamento. Cfr. MOZZICAFFREDO, Juan, "Modernização da Administração Pública e

Assim se compreende a evolução no sentido de atribuir ao procedimento um lugar central no Direito Administrativo. Sérvulo CORREIA reconhece que "quanto maior for a margem de liberdade de avaliação e de ponderação deixada pelo legislador ao concretizador da norma jurídica administrativa, tanto mais terá a decisão de ser apreciada através de um *pensamento orientado para o procedimento*". E esta afirmação reveste-se de particular significado na actividade de planeamento, onde a margem discricionária não vinculada, é especialmente ampla.

7.4. *O Direito a Participar (Informadamente) no Processo Decisório*

Segundo António Francisco de SOUSA, "as decisões de planificação caracterizam-se por serem «decisões altamente complexas» nas quais se procura chegar a um compromisso entre interesses públicos e privados, positivos e negativos, de diferente valor ou peso, passados, presentes e futuros, dados conhecidos e meras expectativas. A decisão planificadora é, assim, uma «decisão criadora»"[75]. O Autor conclui que esta "Administração criadora" observa os direi-

---

Poder Político", *in*: MOZZICAFFREDO, Juan e GOMES, João Salis, *Administração e Política – Perspectivas de Reforma da Administração Pública na Europa e nos Estados Unidos*, Oeiras: Celta Editora, 2001, *apud* Gomes (2003): 193.

Ora, como reconhecia, em 1996, o então Secretário de Estado dos Recursos Naturais, "sendo notória, (...), a importância que a Administração confere à participação do poder local e da sociedade civil, não se depreenda que é nossa intenção a demissão de responsabilidades. O planeamento e os projectos não poderão ser feitos contra ninguém, mas casos existem em que cabe à Administração ver mais longe e tomar a seu cargo os interesses das próximas gerações." Embora referindo-se concretamente ao procedimento de avaliação de impacte ambiental, cremos poder extrapolar para os procedimentos de planificação em geral, acrescentando apenas que, tal como o planeamento não pode ser feito "contra ninguém", também não poderá ser feito *a favor de alguém* em concreto, mas a favor de todos. Aliás, um dos objectivos da participação pública é precisamente o de promover uma melhor prossecução do interesse público e aceitação das opções a que ele leva.

[74] "A diminuição da legalidade proveniente da lei é reequilibrada através da legitimação decisória que os consensos gerados dentro do procedimento administrativo propiciam", DUARTE (1996): 97.

[75] SOUSA (1987): 20.

tos (subjectivos públicos) dos particulares através do plano, inserindo-se a decisão planificadora na própria realização do Estado Social. Para tanto, a responsabilidade criadora da Administração tem lugar através de uma "auto-criação, implícita, como um modo específico de realização do direito que se centra em torno das suas duas características fundamentais: *ponderação* e *prognose*"[76]. Como nota Evan VLACHOS, a participação dos cidadãos e o envolvimento do público têm sido vistos como instrumentos para a planificação criativa e para alcançar um consenso alargado para as acções que se pretendem levar a cabo[77].

O princípio da justa ponderação de interesses constitui uma expressão do comando jurídico-constitucional do Estado de Direito consagrado na CRP, sobretudo nos artigos 2.º, 3.º e 266.º/2 e 3. Assim, António Francisco de SOUSA[78] sustenta que decorre directamente da CRP a existência de um direito subjectivo público a ver os seus interesses ponderados de forma justa em relação aos outros interesses concorrentes, sem que a Administração perca o papel de "actor mais importante em matéria de ordenamento do território e de urbanismo"[79].

Porém, nas palavras de Sérvulo CORREIA, "a visibilidade ou transparência da administração constitui uma condição institucional da efectiva participação dos cidadãos na formação das decisões ou deliberações que lhes disserem respeito". Assim, o Autor explicita a interdependência funcional entre os direitos à informação e à participação, em geral, fruto das "conexões funcionais"[80] à luz das quais se articulam os dois princípios no pensamento procedimental contemporâneo, ao mesmo tempo que identifica o direito de informação com a publicidade.

A participação deve ser disponibilizada a todos e tal só se alcança se todos tiverem igual acesso à informação. Assim, a informação enquanto princípio tem que ir além de uma garantia formal de que

---

[76] SOUSA (1987): 21.
[77] VLACHOS (1996): 34.
[78] SOUSA (1987): 34-5.
[79] OLIVEIRA (2003a): 25.
[80] CORREIA (1994): 133.

alguns dados são disponibilizados para assegurar a informação completa e acessível. As disparidades no acesso à informação originam diferenças no exercício do direito de participação. Daí que Fernanda Paula OLIVEIRA encare o direito de informação como um importante corolário do direito de participação, já que considera não ser possível "uma correcta participação dos interessados sem uma correcta informação destes". Na mesma linha, Maria Teresa Salis GOMES, defende que o dever de informar se caracteriza, actualmente, por um dever de comunicar, sem deixar de ter em atenção os perigos decorrentes das interpretações mascaradas de simplificação para um aparente acesso alargado à informação, em detrimento do fornecimento de informação objectiva.

O direito à informação encontra-se consagrado constitucionalmente no artigo 268.º da Lei Fundamental como um direito análogo aos direitos, liberdades e garantias, concretizado no Código do Procedimento Administrativo (CPA) enquanto princípio geral no artigo 7.º do CPA (desenvolvido nos artigos 61.º-65.º).

7.5. O Direito de Participação no Quadro Normativo Português

Para analisar se, "na circunstância, foi ou não desrespeitado o seu direito de participação procedimental sucessiva, na fase de discussão pública", o acórdão apresenta a garantia constitucional do artigo 65.º/5 e as suas concretizações: artigo 5.º/f) da Lei de Bases da Política de Ordenamento do Território e de Urbanismo (LBPOTU)[81], artigos 6.º, 7.º e 48.º do Regime Jurídico dos Instrumentos de Gestão Territorial (RJIGT)[82]; e artigo 4.º da Lei n.º 83/95, de 31 de Agosto.

Teria sido pertinente referir ainda a consagração constitucional, em geral, no artigo 267.º/1 e 5, do direito de participação, que

---

[81] Lei n.º 48/98, de 11 de Agosto, com as alterações introduzidas pela Lei 54/2007, de 31 de Agosto.

[82] Aprovado pelo Decreto-lei n.º 380/99, de 22 de Setembro, com as alterações introduzidas pelo Decreto-lei n.º 53/2000, de 7 de Abril, pelo DL n.º 310/2003, de 10 de Dezembro, pela Lei n.º 58/2005, de 29 de Dezembro, pela Lei n.º 56/2007, de 31 de Agosto, e pelo Decreto-lei n.º 316/2007, de 19 de Setembro, com as rectificações introduzidas pela Declaração n.º 104/2007, de 6 de Novembro.

densifica, assim, o princípio constitucional da democracia participativa (artigos 2.º e 109.º da CRP). Em lei especial, este direito encontra-se previsto, no CPA, nos artigos 7.º, 8.º e 100.º e seguintes.

Naturalmente, também um programa de carácter eminentemente estratégico como o Programa Nacional da Política de Ordenamento do Território (PNPOT)[83] é influenciado, nas suas opções, pelo princípio da participação. Assim, o PNPOT vem prever, como sexto objectivo estratégico, "reforçar a qualidade e a eficiência da gestão territorial, promovendo a <u>participação informada, activa e responsável</u> dos cidadãos e das instituições" (sublinhado nosso). Desta forma, o Programa estabelece que a participação não se basta com um direito de informação, embora por ele esteja também definida, antes sendo um direito que exige dinamismo e actuação. Se isto resulta claro da formulação do objectivo estratégico, os objectivos específicos[84] caracterizam mais pormenorizadamente este direito de participação na medida em que constituem verdadeiras linhas de intervenção.

A LBPOTU contempla um conjunto de princípios jurídicos próprios, previstos desde logo no artigo 5.º, incluindo o princípio da participação (al. f)). Dele decorre a obrigatoriedade de a Administração ponderar os interesses relevantes em presença aquando da sua tomada de decisão, constituindo um corolário do princípio da imparcialidade[85] da administração e um reforço do princípio democrático.

---

[83] Anexo à Lei n.º 58/2007, de 4 de Setembro, que o aprova, com as rectificações introduzidas pelas Declarações n.º 80-A, de 7 de Setembro de 2007, e n.º 103-A/2007, de 2 de Novembro de 2007.

[84] "1. <u>Produzir e difundir o conhecimento</u> sobre o ordenamento e o desenvolvimento do território.

2. Renovar e fortalecer as capacidades de gestão territorial.

3. <u>Promover a participação cívica e institucional</u> nos processos de ordenamento e desenvolvimento territorial.

4. Incentivar <u>comportamentos positivos</u> e responsáveis face ao ordenamento do território." (sublinhado nosso).

De destacar que o terceiro objectivo, sendo aquele que, aparentemente, menos estaria ligado ao direito de participação, deverá ser prosseguido nos termos do PNPOT, designadamente no respeito pelos princípios da transparência e participação, o que evidencia que se considera boa gestão territorial uma gestão que acolha os princípios da participação e da boa governação.

[85] Sobre este princípio, v. ANDRADE (1974). José Carlos Vieira de Andrade sustenta que as exigências da justiça como ideia normativa não se compadecem com um mero

O artigo 5.º prevê outros princípios relevantes em matéria de participação. O princípio do desenvolvimento sustentável (ou *eco-desenvolvimento*, um desenvolvimento englobado pela conservação[86]) tem sido considerado a chave para a harmonização da tensão fundamental existente entre o desenvolvimento económico (que já não mero crescimento) e a conservação dos bens ambientais[87]. Se é indiscutível que estes últimos são indispensáveis àquele, é também cada vez mais consensual que o próprio desenvolvimento económico, na procura de uma melhor qualidade de vida actual e futura, deverá atender a uma gestão criteriosa e sustentável dos bens ambientais, baseada num modelo de *democracia sustentada* e participativa[88]. Assim, o ambiente como instrumento de desenvolvimento deverá ser uma realidade presente com o futuro em vista, numa lógica de sustentabilidade e de equidade[89]. Ora, na perspectiva do ordenamento do território, estes princípios obrigam a olhar para o território como um bem frágil e escasso, motor de desenvolvimento, que implica um ordenamento sustentado. Para tanto contribuem definitivamente os princípios da coordenação e da participação.

O princípio da coordenação permite a *articulação* e *compatibilização* do ordenamento com as políticas de desenvolvimento sócio-económico, por um lado, e "com as políticas sectoriais com incidência na organização do território, no respeito por uma adequa-

---

princípio de legalidade que "tal como é entendido entre nós, tem um alcance limitado e não é suficiente para evitar graves e clamorosas situações de injustiça" (p. 233-4). O Autor sustenta, assim, um princípio da imparcialidade como forma de controlar que a discricionariedade da Administração não se transforma em arbitrariedade.

[86] LÓPEZ RÁMON (1987): 152 ("«eco-desarrollo», o desarollo dentro de la conservación").

[87] Na perspectiva de R. ALEXY (*Teoria de los Derechos Fundamentales*, trad. de *Theorie der Grundrecht* (1986), Madrid, 1993, *apud* GOMES (1999): 13), o direito ao ambiente constitui um "direito fundamental como um todo", sendo "constituído por um feixe de posições de tipos indiferentes. Quem propõe o estabelecimento de um direito fundamental ambiental ou a sua adscrição interpretativa às disposições jusfundamentais existentes pode, por exemplo, incluir neste feixe (...) um direito a que o Estado permita a participação do titular do direito fundamental em procedimentos relevantes para o meio ambiente (*direito procedimental*)".

[88] CANOTILHO (2001).

[89] Artigo 5.º/e) da LBPOTU.

da ponderação de interesses públicos e privados em causa"⁹⁰ (sublinhado nosso), por outro. Interessa-nos atentar na parte final da alínea, relevante tanto para o Direito do Ordenamento como para o Direito do Urbanismo, justificando um verdadeiro direito de participação, embora, como defende Fernanda Paula OLIVEIRA, "a garantia de ponderação dos interesses privados consiga alcançar-se mais por intermédio do princípio da participação do que pelo da coordenação"⁹¹.

7.6. Síntese Conclusiva

Fernanda Paula OLIVEIRA (2004a) destaca as grandes vantagens da participação dos particulares na tomada de decisões administrativas unilaterais⁹². Assim, para a Autora a participação constitui um meio de recolha de informação mais completa, um instrumento de pacificação social, concretizador de uma Administração Pública mais transparente, funcionando como um mecanismo de controlo das decisões administrativas⁹³ e fomentando o espírito democrático.

Não poderíamos estar mais de acordo. E, atendendo ao quadro normativo que tece o direito de participação, não podemos deixar de pensar que o acórdão tinha, de facto, instrumentos para tomar, se não uma decisão diferente, uma fundamentação inovadora.

A Administração encarada sob o paradigma da boa governança⁹⁴ implica uma alteração da própria noção de democracia – da demo-

---

⁹⁰ Artigo 5.º/c) da LBPOTU.
⁹¹ OLIVEIRA (2000): 35 (nota 11).
⁹² P.28-9.
⁹³ Com vantagem relativamente aos mecanismos de controlo jurisdicional, como realça OLIVEIRA (2004a), por funcionarem de forma preventiva, pois actuam *a priori* e não *a posteriori*, como estes últimos. Assim, a participação dos particulares prévia à tomada de decisão é preferível, como destaca a Autora. Fernanda Paula OLIVEIRA aponta ainda para o facto de, em regra, a via jurisdicional se revelar "ineficaz, na medida em que se intervém no momento patológico da decisão administrativa" (p. 46).

⁹⁴ A boa governança tem sido defendida, designadamente, pela OCDE e pela UE.
Para uma exposição da evolução desta matéria nos países membros da OCDE, v. OCDE (2001), onde são tratados três aspectos fundamentais para a construção de um princípio de boa governança: a estruturação de quadros legais, institucionais e de políticas

cracia representativa à democracia participativa. Embora seja importante a previsão no direito positivo de um claro direito de participação-audição e a decorrente obrigação de o seu exercício ser tido em linha de conta na elaboração dos planos especiais de ordenamento do território, a verdadeira mudança dos meios de actuação administrativa só ocorrerá com uma renovação das formas de cidadania. Como estabelece MORO (2003), "uma das principais implicações da governança é, de facto, a de que as pessoas já não são o alvo da intervenção pública (...), mas são co-responsáveis na sua definição e implementação" (nossa tradução)[95]. Esta evolução para uma *nova cidadania* (*new citizenship*), uma *cidadania activa* (*active citizenship*)[96], só poderá ter lugar se os próprios cidadãos se dispuserem a participar.

(de modo a definir os direitos dos cidadãos neste campo e a promover a transparência e abertura das Administrações); o desenvolvimento de instrumentos e práticas (para reforçar as relações entre os centros de poder e os cidadãos); e o recurso às novas tecnologias da informação e da comunicação. V. igualmente *Government for the Future*, Paris: OECD.

Sobre a governança como instrumento estratégico na óptica da UE, v. Comissão Europeia, *Livro Branco sobre a Governança Europeia*, 2001, e Comissão Europeia, *Comunicação da Comissão ao Conselho, Parlamento Europeu, Comité Económico e Social e Comité das Regiões sobre "Um Novo Quadro de Cooperação para as Actividades no âmbito da Politica de Informação e Comunicação da União Europeia"*, 2001.

Mais recentemente, também o Relatório para o Conselho Europeu fruto do Grupo de Reflexão liderado por Felipe González reconhece a importância do tema (*in*: *Project Europe 2030 – Challenges and Opportunities*).

O reforço da participação dos cidadãos não foi esquecido no Tratado de Lisboa, especialmente pelo novo instituto do direito de petição dos cidadãos (pelo menos um milhão) à Comissão, cujos contornos será interessante acompanhar com a sua definição.

[95] No original, MORO (2003), p. 51-2, "One of the main implications of governance is indeed that people are no more only the target of public intervention (...), but are co-responsible of its definition and implementation".

[96] Cfr. MORO (2003). O Autor define a cidadania activa como " a capacidade de os cidadãos se auto-organizarem numa multiplicidade de formas para a mobilização de recursos e o exercício de poderes nas políticas pública para a protecção de direitos para alcançar a finalidade de desenvolver e cuidar do bem comum" (nossa tradução do original: "active citizenship is the capacity of citizens to self-organise in a multiplicity of forms for the mobilisation of resources and the exercise of powers in public policies for the protection of rights to achieve the end of caring for and developing common good"). Quanto a nós, esta nova ideia de cidadania deverá passar igualmente pela participação no próprio exercício de funções públicas, não apenas nas políticas.

Ora, no caso do planeamento, a grande motivação para a participação dos cidadãos é a defesa do valor da coisa sobre que incide o seu direito de propriedade ou outros direitos reais de gozo. Ainda que caiba à Administração ponderar todos os interesses envolvidos e, por fim, decidir, já que é a ela que cabe, em última instância, a função de prossecução do interesse público, mesmo no domínio da planificação urbanística, a participação tem imensas virtualidades, como vimos, devendo ser incrementada para que se torne mais natural e alargada, num esforço consciente de educar esta nova e importante forma de cidadania. Para que os cidadãos estejam mais atentos ao que se passa ao nível do ordenamento do território e do urbanismo, funções públicas que prosseguem um bem comum, será importante, em nosso entender, um reconhecimento da importância da sua participação, bem público em si mesmo. Sendo, por ora, maioritariamente referente ao valor económico da propriedade, sobretudo aos índices de edificabilidade, não significa que efeitos visíveis da participação não originem uma participação futura de índole mais alargada. Assim, quaisquer alterações ao nível da propriedade privada após a discussão pública deveriam ser fundamentadas exclusivamente na participação pública, já não em novas ponderações do interesse público, exceptuando casos de manifesta urgência baseada no interesse público.

Assim, concluímos pela necessidade de evolução legislativa ou meramente jurisprudencial, no sentido de passar a considerar substancial a alteração aos índices máximos de construção. Não obstante não darem qualquer direito de edificar[97], geram uma expectativa para os particulares aquando da apresentação a discussão pública. No caso do PDM de Lagos, a alteração foi muito mais relevante pois

---

[97] Importa referir brevemente a interessante posição doutrinária apresentada em MIRANDA (2002). O Autor defende que o plano atribui *um direito abstracto e condicionado*, que não obstante não poder ser comparado ao direito outorgado pela licença de construção, não deixa de se qualificar *como direito subjectivo*.

Não aderimos a esta visão, pois a função dos planos relativamente aos quais esta questão é mais discutida – PDM e planos especiais – têm por finalidade tomar grandes opções urbanísticas e de ordenamento, não nos parecendo certo que deles decorra qualquer direito subjectivo que permitisse obrigar a Administração em termos correspondentes.

estava em causa a alteração da qualificação do solo. Contudo, no fundo, tratava-se de uma mudança (enorme, é certo) na potencialidade edificatória do prédio em causa, tal como acontece (em muito menor escala) no acórdão vertente. Porém, no caso do plano de Lagos, provavelmente, haveria um mecanismo de perequação que permitisse compensar a desigualdade introduzida pelo plano.

Nestes casos, cremos que deveria haver lugar à repetição da discussão, pois, apesar dos custos ao nível da celeridade e de, de facto, não estar em causa qualquer atribuição de direitos de construção pelo plano, haveria ganhos em reconhecimento público da relevância da participação dos particulares, o que estimularia participações futuras, e ao nível da protecção da confiança.

Outras soluções poderiam passar por aumentar a participação pública ao longo de todo o procedimento que, apesar da previsão legal nesse sentido, poderia ser mais relevante para o direito de participação.

Outra solução é avançada por Fernanda Paula OLIVEIRA ao sugerir "uma forma de permitir colocar em funcionamento a participação-concertação nos planos municipais e especiais de ordenamento do território": "através da generalização da técnica das reuniões públicas que é mais propícia ao método de troca de pontos de vista, permitindo que as soluções a consagrar nos instrumentos de gestão territorial sejam soluções discutidas directamente com os interessados"[98].

Outra proposta que merece atenção é a de Alves CORREIA que, "com vista à agilização e ao aumento da eficácia da participação dos interessados no procedimento de elaboração dos planos", propõe, *de iure condendo*, a criação de um *gabinete permanente* de apoio à participação[99]. Tal solução permitiria a ponderação dos interesses privados desde o início da elaboração do projecto de plano, o que permitiria, provavelmente, diminuir a conflitualidade e elaborar melhores projectos, menos propensos a alterações após a fase de participação sucessiva.

---

[98] OLIVEIRA (2004a): 61.
[99] CORREIA (2008): 468.

Em conclusão, cremos que a evolução que o direito de participação foi sofrendo no sentido de aumentar o seu âmbito de relevância para corresponder às exigências constitucionais da democracia participativa e da Administração cada vez mais aberta justifica que se dê um passo além, tutelando mais o interesse dos particulares, *maxime* dos proprietários. O direito de participação é uma forma de promoção e concretização da imparcialidade administrativa, bem assim de limite a uma discricionariedade alargada, sem que haja qualquer obrigação de a Administração os acolher para além da ponderação. Assim, cremos ser exigível que haja uma ponderação séria anterior à apresentação do projecto de plano para que quaisquer alterações *a posteriori* sejam reduzidas a um mínimo, só se admitindo com uma clara fundamentação na discussão pública – pois não esquecemos a sua função –, ou numa nova ponderação do interesse público, mais uma vez bem fundamentada.

Parte II

GESTÃO URBANÍSTICA

1. Os Actos de Gestão Urbanística

A Natureza Jurídica do Acto de Licenciamento Urbanístico. Contributos para um Estudo da Natureza Jurídica da Licença Urbanística

ANA PEREIRA DE SOUSA [1]

1. Introdução

As palavras que temos como adequadas à introdução deste trabalho prendem-se com a atitude com que enfrentámos o tema. Apesar de todas as dificuldades que experimentámos, a opção que seguimos foi a de levar a efeito uma mínima elaboração do que estudamos, devendo advertir-se que nos tentámos desligar das concretas opções legislativas (as quais parecem mudar sem consideração dos princípios jurídicos que as precedem) – se a lucidez escurecer as nossas percepções releve-se então o desviado esforço que fizemos para *não agirmos aqui de forma descritiva e declarativa*.

2. A licença de construção no Direito comparado – aspectos essenciais

a) Em Espanha

Peça central do ordenamento urbanístico e, especificamente, do sistema de controlo preventivo de todos os actos que traduzem uma transformação material dos solos, a licença de construção, título de que nasce o direito a edificar[2], surge configurada na vizinha Espa-

---

[1] Advogada.
[2] Assim o prescreve o art. 33.º da *Ley del Suelo*, no pressuposto, claro está, de que o projecto apresentado seja conforme à constelação urbanística aplicável. Contra este entendimento insurge-se, porém, RAMÓN PARADA, para quem a licença urbanística é um acto de autorização que remove os obstáculos que se opõem ao livre exercício de um direito de que o sujeito autorizado é já titular, sendo apenas uma prévia comprovação de

nha, nas palavras de Parejo Alfonso, como uma autorização administrativa que, sendo alheia às controvérsias jurídico-civis[3] e estando limitada na sua eficácia à realização do acto de edificação ou uso correspondente (uma autorização por cada operação), possui uma natureza vinculada e é dotada de carácter simultaneamente constitutivo e misto[4-5].

---

que tal exercício se ajusta ao ordenamento e às prescrições estabelecidas pelos planos – cfr. Autor citado, *Derecho Urbanístico*, Madrid/Barcelona, Marcial Pons, 1999, p. 287. Opinião semelhante tem FRANCISCO LLISET BORRELL, *Aplicación de la Ley 8/1990, Gestión del Tiempo Urbanístico y Naturaleza de la Licencia de Edificación en Dicha Ley* in *Revista de Derecho Urbanístico*, n.º 126, 1992, pp. 73-76. Sobre esta matéria, e numa perspectiva crítica, veja-se JUAN ALFONSO SANTAMARIA PASTOR/LUCIANO PAREJO ALFONSO, *Derecho Administrativo: la Jurisprudencia del Tribunal Supremo*, Madrid, Editorial Centro de Estudios Ramón Areces S.A., 1989, pp. 277-279 e 289-290 e, TOMÁS-RÁMON FERNÁNDEZ, *O Direito do Urbanismo em Espanha* in *Direito do Urbanismo*, Lisboa, Instituto Nacional de Administração, 1989, pp. 187 -192.

[3] Limitando-se, por conseguinte, a entidade decisora a constatar se, sob um ponto de vista urbanístico, existem obstáculos à sua atribuição – o que não significa que a mesma não tenha absolutamente vedada a possibilidade de indagar a justificação prévia da titularidade do direito de propriedade quando tenha dúvidas sobre a mesma. Por este motivo consigna a lei de forma expressa que a licença de construção é conferida *salvo el derecho de propriedad y sin perjuicio del de tercero*, cfr. SANTAMARIA PASTOR/ PAREJO ALFONSO, *op. cit.*, p. 290 e LLISET BORRELL, *op. cit.*, p. 78.

[4] Acto vinculado de natureza constitutiva, por um lado, na medida em que, sempre que o pedido se ajuste ao enquadramento urbanístico aplicável, não se limita a proclamar (declarativamente) no caso concreto a proibição geral de exercício sem licença de um direito previamente existente no património do requerente, antes o gerando no momento em que é outorgada (produzindo consequentemente a consolidação, no património daquele, do direito a edificar), estando ainda a Administração, no exercício deste controlo preventivo, obrigada a indeferir quando a pretensão seja desconforme com o bloco de legalidade aplicável; portador de um carácter misto (real e pessoal), por outro lado, porque, apesar de tradicionalmente se conceber a licença como uma autorização de carácter real, atenta a circunstância de o seu objecto se esgotar nas características objectivas do acto sujeito a controlo, a verdade é que, fruto das alterações legislativas entretanto ocorridas, se deve verificar se o requerente é efectivamente o proprietário do terreno e se este cumpre com os deveres (condicionantes da aquisição dos direitos urbanísticos e pressuposto indispensável para ser titular da licença) e com as obrigações que lhe incumbem (impostas pela própria licença, de cujo cumprimento depende a sua vigência) – nesta perspectiva, a licença urbanística é hoje uma autorização de carácter pessoal, sem prejuízo da possibilidade de ser transmitida juntamente com a propriedade e as suas faculdades urbanísticas adquiridas, cfr. PAREJO ALFONSO, Luciano/JIMÉNEZ-BLANCO, Antonio/ÁLVAREZ, Ortega Luis, *Manual de Derecho Administrativo*, 3.ª ed., Barcelona, Ariel, pp. 753-754. Partilhando opinião semelhante, JULIA ORTEGA BERNARDO, *Las Licencias Urbanísticas* in *Revista*

b) Em França

De igual modo, e como não podia deixar de suceder, também em França a utilização do solo se encontra submetida a um controlo prévio através do designado *permis de construire*, que, tendo *barbas longas*, pode ser definido como a autorização concedida pela Administração para edificar uma construção mediante a verificação da conformidade do projecto à regulamentação urbanística vigente[6]. Revestida de um carácter real (uma vez que é concedida em função das regras aplicáveis ao projecto e não em consideração da pessoa que será beneficiária)[7], universal e geral (ora de uma perspectiva

---

de Derecho Urbanístico y Medio Ambiente, n.º 141, 1997, pp. 78 e ss. e, apontando apenas um carácter real ou *ob rem*, LLISET BORRELL, *op. cit.*, p. 78 e, bem assim, JOSÉ PASCUAL POZO GÓMEZ, *El derecho a la edificación en la ley de régimen urbanístico y valoraciones del suelo (Ley 8/1990, de 25 de Julio): comentarios al articulo 25* in *Revista de Derecho Urbanístico y Medio Ambiente*, Madrid, n.º 124, 1991, p. 56.

[5] Interessante a este passo é a problemática a que apela PAREJO ALFONSO (*Derecho...*, *cit.*, pp. 754-755) e que gira em torno de averiguar qual é a norma urbanística a utilizar como parâmetro no exame da legalidade da pretensão: a vigente ao tempo em que é exercida ou aquando do momento em que é decidida? Segundo este Autor, apesar de se optar pela lei vigente no momento da decisão para evitar a fraude administrativa assente num atraso indevido na prolacção dessa decisão a fim de aplicar uma lei em curso de aprovação, a jurisprudência tem decidido que a regra precedente vale apenas quando seja proferida no prazo legal estabelecido para o efeito, caso contrário deverá aplicar-se a norma em vigor no momento em que se formula o pedido de licenciamento. Dito de outro modo, e ainda de acordo com o mencionado Autor (*Manual...*, *cit.*, pp. 282-283), as licenças urbanísticas devem-se submeter à legalidade vigente no momento em que se vai proferir decisão apenas e quando a Administração decidir dentro do prazo normal e razoável de duração do procedimento administrativo e assim com observância dos prazos regularmente estabelecidos para o efeito e, portanto, sem que exista uma conduta de atraso intencional ou negligente.

[6] Estamos a acompanhar JACQUELINE MORAND-DEVILLER, *Droit de l'Urbanisme*, Paris, Dalloz, 1996, p. 129, para quem o *permis de construire* (manifestação de um poder de polícia especial com raízes no *Edit de Sully* de 1607 e no Decreto imperial de 26 de Março de 1852 relativo às ruas de Paris), sendo atributo do direito de propriedade, é, na sua forma actual, uma autorização única de síntese, cujo campo de aplicação é fruto dos fluxos e refluxos da política urbanística, estando o seu regime e procedimento, descentralizados desde 1983, fixados no *Code de l'urbanisme*.

[7] Podendo, por conseguinte, ser transferida sem necessidade de se requerer uma outra, nova e distinta, cfr. MORAND-DEVILLER, *ibidem*. Sobre as consequências da transmissibilidade da licença de construção (que não é regulada pelo Código do Urbanismo francês, antes resultando de uma *simples* Circular de 16 de Março de 1973 e da

geográfica e assim esteja ou não o território abrangido por um plano, ora sob um prisma subjectivo, porquanto quer as pessoas públicas, quer as privadas estão submetidas ao seu controlo) e comungando de um carácter federador[8], a *licença de construção francesa*, acto devido[9], atém-se ao enquadramento enformado pelas regras urbanísticas, moldado que é pelo princípio de que a Administração se não deve imiscuir nos litígios de direito privado[10].

c) *Em Itália*

Figura primordial do desenho legal urbanístico italiano, o *permesso di costruire*, legalmente definido como o procedimento auto-

---

jurisprudência), nomeadamente a (dubitativa) necessidade do acordo do beneficiário da licença de construção originária, a impossibilidade de se colocar em causa a sua legalidade em situações de nova regulamentação e a controvérsia doutrinal gerada em torno da transferência parcial veja-se BERNARD LAMORLETTE/DOMINIQUE MORENO, *Code de l'Urbanisme 2008 Commenté*, 7.ª ed., Paris, LITEC, 2007, pp. 826-827 e HENRI FJACQUOT/FRANÇOIS PRIET, *Droit de l'Urbanisme*, Paris, Dalloz, 2001, pp. 623-624.

[8] Continuamos a seguir de perto MORAND-DEVILLER, *op. cit.*, p. 131, cujo entendimento é também perfilhado por HENRI JACQUOT/FRANÇOIS PRIET, *op. cit.*, pp. 579-580.

[9] Porquanto a Administração se encontra obrigada a concedê-la quando o projecto de construção estiver conforme às leis e aos regulamentos. Por esta razão GEORGES LIET-VEAUX sustenta que a licença de construção assenta numa automaticidade, a que se alia, além do seu carácter real, a circunstância de a sobredita licença ser um documento de ordem pública que confere ademais *direitos adquiridos* ao construtor durante um certo período de tempo, cfr. Autor citado, *O Direito do Urbanismo em França* in *Direito do Urbanismo*, Lisboa, Instituto Nacional de Administração, 1989, pp. 156-157.

[10] É o que resulta, de acordo com JEAN-BERNARD AUBY/HUGUES PÉRINET-MARQUET (*Droit de l'Urbanisme et de la Construction*, Paris, Montchrestien, 4.ª ed., 1995, pp. 384-389) da consagração legal da cláusula *sous réserve des droits des tiers* e que significa que, como aliás resulta em alguma medida do princípio da *indépendance des legislations*, que a Administração não deve ponderar, sob pena de usurpação de poderes, *contestações* de direito privado e de que são exemplo as questões relativas à titularidade do direito de propriedade (princípio do *proprietário aparente*), com excepção dos casos em que a efectiva e real qualidade de proprietário resulte do próprio *dossier* como duvidosa. Ilustrando isto mesmo com um aresto que anulou uma *licença* com fundamento numa antiga promessa de venda em razão do *protesto* do verdadeiro proprietário, cfr. BERNARD LAMORLETTE/DOMINIQUE MORENO, *op. cit.*, pp. 829-831. Sobre esta matéria v. também HUGUES PÉRINET-MARQUET, *Les Problems Actuels de la Demande du Permis de Construire* in *Droit et Ville*, n.º 32, 1991, pp. 53 e ss.

rizativo da actividade edificatória[11] e subordinado que está quer à conformidade com os instrumentos urbanísticos[12], quer à existência de obras de urbanização, é peculiarmente pautado pelas características de, por um lado e sempre que os pressupostos para ser proferido se encontrem preenchidos, ser um acto obrigatório (limitando os poderes discricionários reconhecidos à Administração e condicionando os poderes de autotutela da Administração Pública a motivos de estrita legitimidade) e, por outro – e salvo as situações de uma norma urbanística superveniente –, ser irrevogável, atributo claramente evidenciado na possibilidade de poder ser transmitida, juntamente com o imóvel, aos sucessores do proprietário ou a terceiros de quem dele tenha título[13].

Em virtude de se abstrair da qualidade subjectiva e da capacidade patrimonial do titular do procedimento, sempre que há uma

---

[11] A que uma parte da doutrina atribui a natureza jurídica de *concessione* (definida como o acto administrativo através do qual a Administração faz surgir na esfera do destinatário novos direitos) – por entender que o *ius aedificandi*, estando dependente da emissão de um acto administrativo, não pode ser considerado como uma qualidade fundamental do direito de propriedade – contra a tradicional corrente doutrinal que, defendendo que o *ius aedificandi*, condicionante que é da planificação urbanística, é sempre inerente ao direito de propriedade, qualifica a *licenza edilizia* como uma autorização permissiva. Sobre o tema v. NICOLA CENTOFANTI, *Diritto a Costruire, Planificazione Urbanistica, Espropriazione*, Tomos I e II, Milano, Giuffrè Editore, 2005, pp. 33-39 e 798; VALERIA MAZZARELLI, *Fondamenti i di Diritto Urbanistico*, Roma, La Nuova Italia Scientifica, NIS, 1996, pp. 400-401 e PIETRO VIRGA, *Diritto Amministrativo*, 3.ª ed., Milano, Giuffrè Editore, Vol. I: *I Principi,* 1993, pp. 540, 543-545. Para uma visão geral do Direito do Urbanismo em Itália e a sua evolução histórico-legislativa, v. CARLO MENGOLI, *O Direito do Urbanismo em Itália: a Legislação Urbanística Italiana e as Experiências da sua Aplicação* in *Direito do Urbanismo*, Lisboa, Instituto Nacional de Administração, 1989, pp. 161-186.

[12] Sendo assim, regra geral, indiferente às contestações jurídico-civis suscitadas por terceiros. Segundo NICOLA CENTOFANTI (*op. cit.*, pp. 843-846), apesar de a Administração ter o poder-dever de acertar a legitimidade substancial do sujeito requerente, ela não deve indagar ou entrar no mérito da contestação suscitada por particulares e isto porque o título é proferido sob *clausola dei diritti dei terzi*.

[13] Cfr. NICOLA CENTOFANTI, *op. cit.*, pp. 709-710, 798 e 850 e, no mesmo sentido, PIETRO VIRGA, *op. cit.*, p. 544. Para um *apanhado* jurisprudencial sobre a legitimidade no ordenamento italiano, cfr. VALERIA MAZZARELLI, *op. cit.*, p. 407 (onde se inclui o sujeito declarado falido ou o titular de uma sentença judicial que imponha a demolição do imóvel para tutela de direitos de terceiros diversos do proprietário do imóvel).

mudança do sujeito passivo no procedimento autorizatório, a doutrina aponta-lhe uma natureza real[14].

d) Na Alemanha

Segundo Fernando Condesso, também na Alemanha a licença de construção, instrumento de controlo do planeamento e da construção, obedece a um poder vinculado, na medida em que é sempre concedida, salvo se a proposta infringir a regulamentação pública, pela autoridade de controlo da construção, situada que está na base da hierarquia (município ou círculo, consoante os casos)[15].

A *Baugenehmigung* é, pois, e à semelhança dos ordenamentos jurídicos a que nos temos vindo a reportar, um acto obrigatório de natureza vinculada com um largo campo de aplicação e que não só mobiliza outras legislações de Direito Público, como é revestida de uma singular característica: precisamente a de, regra geral, os Códigos de Construção dos Estados imporem a necessidade de se informar os proprietários confinantes da sua existência – na Baviera, por exemplo, exige-se que o requerente apresente o seu projecto aos proprietários das parcelas vizinhas[16].

---

[14] Cfr. NICOLA CENTOFANTI, *op. cit.*, pp. 812-814. Sustentando que a *concessione ad edificare* possui carácter pessoal, na medida em que é outorgada *intuitu personae*, GIUSEPPE SPADACCINI, *Urbanistica, Edilizia, Espropriazioni negli Ordinamenti Statale e Regionale*, Roma, Casa Editrice Stamperia Nazionale, 1972, pp. 433-434 *apud* JOSÉ AFONSO DA SILVA, *Direito Urbanístico Brasileiro*, 3.ª ed., Malheiros Editores, 2000, p. 420, corroborado que é por PIETRO VIRGA, *op. cit.*, p. 545.

[15] Cfr. Autor citado, *Direito do Urbanismo, Noções Fundamentais*, Lisboa, Quid Iuris, 1999, p. 122. No mesmo sentido, referindo assim que a licença de construção só poderá ser emitida se o projecto respeitar todas as normas do direito público, especialmente as que derivam dos dois ramos de Direito de Planeamento e Direito das Construções, ÜLRICH BATTIS, *As Experiências Alemãs na Codificação do Direito do Urbanismo*, trad. de ANJA BOTHE in *Um Código de Urbanismo para Portugal?*, coord. de Fernando ALVES CORREIA, Coimbra, Almedina, 2003, p. 176.

[16] Cfr. JEAN-BERNARD AUBY/HUGUES PÉRINET-MARQUET, *op. cit.*, p. 162. Sobre o Direito do Urbanismo na Alemanha pode ver-se, com interesse, FERNANDA PAULA OLIVEIRA, *Urbanismo Comparado: o Paradigma do Modelo Alemão* in *Revista de Direito Público da Economia*, Belo Horizonte, n.º 8, 2004, pp. 79-97.

3. O direito de construir e a propriedade privada em Portugal

a. *Posições na dogmática*

Determinar a natureza jurídica do acto que atribui ao particular o poder de efectivar uma operação urbanística implica, tradicionalmente, apelar a uma sobejamente conhecida controvérsia doutrinal assente no conteúdo urbanístico do direito de propriedade privada, em particular o *ius aedificandi*, que, desde há muito, aqui e além fronteiras[17], se encontra longe de reunir consenso.

Assim, se para uma parte da doutrina os *direitos* de lotear, de urbanizar e de construir são componentes inerentemente essenciais do sobredito direito constitucionalmente consagrado (estando assim o seu exercício dependente de uma mera autorização *permissiva*)[18], para outra (larga) franja doutrinária[19] os mesmos mais não são do que meras faculdades jurídico-públicas que, sendo modeladas pela função social inerente à propriedade, são concedidas pelo ordenamento urbanístico, em especial pelos planos (assumindo, por conse-

---

[17] Sobre o debate em apreço nos ordenamentos jurídicos alemão, francês, italiano e espanhol veja-se ALVES CORREIA, *O Plano Urbanístico e o Princípio da Igualdade*, Almedina, Coimbra, 1989, pp. 348 a 372.

[18] Assim o entendem JOSÉ DE OLIVEIRA ASCENSÃO, *O Urbanismo e o Direito de Propriedade* in *Direito do Urbanismo*, Lisboa, Instituto Nacional de Administração, 1989, pp. 320 e ss.; DIOGO FREITAS DO AMARAL, *Direito do Urbanismo (Sumários)*, Lisboa, 1993, p. 109 e *Apreciação da Dissertação de Doutoramento do Licenciado Fernando Alves Correia: O Plano Urbanístico e o Princípio da Igualdade* in *Revista da Faculdade de Direito da Universidade de Lisboa*, Vol. 32, 1991, pp. 99 a 101; MARCELO REBELO DE SOUSA, *Parecer sobre a Constitucionalidade das Normas Constantes do Decreto-Lei n.º 351/93, de 7 de Outubro: Regime de Caducidade dos Actos de Licenciamento de Obras, Loteamentos e Empreendimentos Turísticos* in *Revista Jurídica do Urbanismo e do Ambiente*, Coimbra, n.º 1, Almedina, 1994, pp. 146 e ss. e MARIA DOS PRAZERES PIZARRO BELEZA, *Acórdão do Tribunal Constitucional n.º 329/99/T.Const. (Proc. N.º 492/98 de 02-06-99, DR II, N.º 167, de 20-07-99)* in *Revista Jurídica do Urbanismo e do Ambiente*, Coimbra, n.os 11/12, 1999, p. 281.

[19] Perfilhada de forma quase esmagadora pela jurisprudência administrativa e constitucional – v. exemplificativamente o Acórdão do Supremo Tribunal Administrativo de 08/01/2009, proferido no processo n.º 0633/08 *in* www.dgsi.pt.

guinte, o acto que permite o seu exercício a natureza de licenças ou autorizações *constitutivas* de direitos)[20].

Aderir a uma ou outra concepção não é tarefa isenta de escolhos. Pelo contrário[21-22].

b. O direito de construir não se explica exclusiva ou materialmente na propriedade privada.

Acontece, porém, que o direito de construir não se explica exclusiva ou materialmente na propriedade privada. Na verdade, nem só quem é titular de um direito real pode legitimamente edificar e, naturalmente, pode pedir a *autorização* para edificar[23]. Também o titular de um direito de arrendamento, o arrendatário, podendo fazer obras no locado, tem de poder pedir o licenciamento, tendo assim, nem que seja integrando qualquer lacuna, legitimidade procedimental para este efeito[24]. Aliás, esta questão não se coloca apenas em

---

[20] Neste sentido, ALVES CORREIA, *O Plano* ..., cit. e *Manual de Direito do Urbanismo*, Vol. I, 4.ª ed., Coimbra, Almedina, 2008; ANTÓNIO CORDEIRO, A *Protecção de Terceiros em Face de Decisões Urbanísticas*, Coimbra, Almedina, 1995, pp. 24 e ss.; JORGE MIRANDA/RUI MEDEIROS, *Constituição da República Portuguesa Anotada*, Tomo I, Coimbra Editora, 2005, pp. 627-628; LUÍS FILIPE COLAÇO ANTUNES, *Direito Urbanístico, Um Outro Paradigma: a Planificação Modesto-Situacional*, Coimbra, Almedina, 2002, pp. 161-163 e FERNANDO CONDESSO, *op. cit.*, 1999, pp. 60 e ss.

[21] Criticando a abordagem assertiva levada a efeito pelo Supremo Tribunal Administrativo no âmbito do processo n.º 46825, de 01/02/2001 ("...é tal a leveza da abordagem que dir-se-ia que se trata de tema fácil, com respostas unívocas e natureza linear"), SOFIA de SEQUEIRA GALVÃO, *Jus Aedificandi, Natureza versus Protecção Constitucional – Equívocos Reiterados* in *Cadernos de Justiça Administrativa*, Braga, n.º 44, 2004, p. 12.

[22] Como bem sublinha FERNANDA PAULA OLIVEIRA, *As Garantias dos Particulares* in *O Novo Regime Jurídico da Urbanização e da Edificação*, Lisboa, LEX, 2002, pp. 114-115 e *O Direito de Edificar: Dado ou Simplesmente Admitido pelo Plano?* in *Cadernos de Justiça Administrativa*, Braga, n.º 43, 2004, pp. 52 e ss.

[23] Adverte-se, desde já, que o que nos interessa a este passo não é saber se este ou aquele legislador, por razões políticas, sociológicas ou conjecturais, isentou de licença a realização de certo tipo de obras. O que nos interessa sim é evidenciar que o licenciamento vai além da propriedade e dos direitos reais menores.

[24] Cfr., entre outros, art. 1036.º do Código Civil, sendo apenas necessário percorrer a jurisprudência do Supremo Tribunal de Justiça para verificar a extensão e conteúdo das obras que um arrendatário pode efectivamente fazer.

Portugal, mas também, como se aludiu já, em termos de Direito comparado[25].

Ora, esta simples verificação[26] ajuda-nos a melhor perspectivar e a relativizar a querela a que fizemos alusão no ponto precedente: precisamente no sentido de melhor consciencializarmos que o licenciamento urbanístico vive para além do conteúdo do direito de propriedade[27].

4. A intermediação de actos de poder entre a propriedade privada e o direito de construir ou a razão dos que sustentam a verificação de uma função social da propriedade privada.

Aqui chegados devemos referir que nos impressiona sobremaneira a circunstância de existir sempre a intermediação entre a propriedade e o direito de construir de um acto de poder. Acto de poder esse que tanto pode ser uma lei, um regulamento[28] ou um acto administrativo[29].

Ora – e permita-se-nos assim que, humildemente, divirjamos da maioria da doutrina[30] –, é aqui mesmo, nesta dimensão pública, que radica e encontra fundamento a natureza do acto de licenciamento como acto de direito público que inequivocamente é. A conclusão que retiramos (que verdadeiramente nada tem de novo, apenas reco-

---

[25] Cfr. Sec. 536a (2) do Código Civil Alemão; art. 1577.º do Código Civil Italiano, entre outros; art. 1754.º do Código Civil Francês. Trata-se, para além do mais, de situações de reparação urgente e de situações que impliquem a restituição do locado nos mesmos termos em que foi recebido.

[26] E, para nós, isso é quanto basta.

[27] Parece-nos que esta percepção se enquadrará na perspectiva daqueles que, como FERNANDA PAULA OLIVEIRA, relativizam o debate a que nos temos vindo a reportar, cfr. Autora citada, *As Licenças de Construção e os Direitos de Natureza Privada de Terceiros* in *Boletim da Faculdade de Direito da Universidade de Coimbra*, Colecção Studia Iuridica, Ad Honorem – Estudos em Homenagem ao Professor Doutor Rogério Soares, Coimbra, Coimbra Editora, 2001, p. 993.

[28] Sobre a natureza do plano ver ALVES CORREIA, *O Plano...*, *cit.*, pp. 217 e ss.

[29] Em geral, e como é sabido, a hipótese contratual coloca-se, é certo, mas limitada e fortemente modelada pelo acto de poder de que se trate.

[30] Cfr. ponto 3.a) do presente trabalho.

locando os termos da questão) afirma assim não só a razão daqueles que se opõem à inerência e descobrem uma função social na propriedade privada, como centra a questão que nos propusemos abordar no seu radical[31-32].

É, pois e assim que, também para nós, o direito de construir não deve ser visto como uma faculdade inerente ao direito de propriedade do solo – como refere Maria da Glória Pinto Dias Garcia, continuar a defender que o proprietário do solo tem, por esse mero facto, o direito a construir é esquecer a realidade cultural em que o direito se traduz[33].

Porém, e seja como for, a verdade é que é inegável que entre a propriedade privada e o direito de construir se constata uma nítida intermediação de *actos de poder*: com efeito, fixe-se o direito de construir num plano, numa lei ou num acto administrativo, a conclusão a que se parece chegar nesta matéria é a de que o denominador comum é sempre um acto de poder, i.e, são as opções político--constitucionais que o Estado entende prosseguir que determinam se a pretensão urbanística desenhada pode ou não ser concretizada ou, dito de outro modo (o que redunda no mesmo), que recortam *o conteúdo urbanístico* do direito de propriedade. Tudo parece depender, pois, da *intensidade* com que o Estado fixa os parâmetros destinados a regular a propriedade à luz das normas urbanísticas.

---

[31] Não vemos pois, nesta nossa modestíssima opinião que arriscamos neste trabalho dar à estampa, que seja o plano o paradigma, pois, para além de a questão não poder ser vista apenas pelo que é permitido, mas também necessariamente pelo que é proibido, o plano não explicará as situações em que a licença é absolutamente constitutiva (por exemplo, as zonas brancas que a doutrina italiana refere), pois o plano não explicará a circunstância de o direito de edificar poder estar limitado por lei ou de não ser difícil hipotizar um regulamento que o negue ou mesmo que em situações excepcionais o confira. A questão estará, como já foi referido por FERNANDA PAULA OLIVEIRA (*As Licenças...*, cit.*, pp. 993 e ss.), no grau de densificação que esse acto de poder assuma relativamente à possibilidade de edificar.

[32] Note-se que quando o legislador isenta certas obras de licenciamento o que se passa é que se trata de situações em que, por razões sociais, sociológicas ou conjecturais, o poder entende dever dar liberdade – isso e só isso.

[33] Cfr. Autora citada, *O Direito do Urbanismo entre a Liberdade Individual e a Política Urbana* in Revista Jurídica do Urbanismo e do Ambiente, Coimbra, n.º 1, Almedina, 2000, p. 105.

Razão pela qual nos parece defensável sustentar que a natureza do direito de construir mais não é do que o resultado das condições político-sociais na conformação do direito de propriedade ou, se se preferir, é fruto das valorações estaduais de ordem político-social que pré-determinadamente se entenda dever prosseguir (conclusão que sairá reforçada, segundo se crê, quando se abordar *infra* a questão relativa à qualificação da natureza jurídica da licença).

5. O licenciamento urbanístico em Portugal

a. Características do licenciamento urbanístico

i. A objectividade e a impessoalidade

Qualificado pela doutrina como um acto administrativo final e global, na medida em que se pronuncia definitivamente sobre todos os aspectos técnicos e jurídicos envolvidos no projecto apresentado[34], um dos primeiros traços que pode ser apontado à *licença de construção* é, desde logo e logicamente de molde a aferir da sua compatibilidade com o universo urbanístico vigente, o facto de assentar sobre um projecto certo e determinado[35], que é encarado sob uma perspectiva neutra e, assim, com indiferença para com a pessoa do requerente, cujos caracteres pessoais não interferem com a sobredita análise[36], tarefa esta que é exercida sob o mandato vertido no art. 267.º da CRP.

---

[34] Cfr. FERNANDA PAULA OLIVEIRA/PEDRO GONÇALVES, *A Nulidade dos Actos Administrativos de Gestão Urbanística* in *Revista do Centro de Estudos de Direitos do Ordenamento, Urbanismo e Ambiente*, Coimbra, n.º 1, 1999, p. 30.

[35] Tal como sucede, aliás, nos direitos reais, uma vez que o objecto sobre o qual incidem deve ser, no momento da sua constituição ou aquisição, uma coisa certa e determinada, cfr. LUÍS A. CARVALHO FERNANDES, *Lições de Direitos Reais*, Lisboa, Quid Iuris, 1995, p. 56.

[36] Assim, ANDRÉ FOLQUE, *Curso de Direito da Urbanização e da Edificação*, Coimbra, Coimbra Editora, 2007, p. 116, para quem o licenciamento municipal de operações urbanísticas deve ser indiferente a quem pode, ou em que medida pode, exercer direitos reais de gozo sobre a coisa, interessando-lhe apenas conferir a operação urbanística diante das normas relativas à urbanização, higiene, salubridade, segurança, estética e ordenamento do território.

Por esta ordem de motivação – a objectividade e a impessoalidade do controlo exercido através da licença de construção – é comum a doutrina qualificá-la como possuidora de carácter real[37-38-39].

---

[37] Neste sentido, ANDRÉ FOLQUE, *idem, ibidem*; ALVES CORREIA, *As Grandes Linhas da Recente Reforma do Direito do Urbanismo Português*, Coimbra, Almedina, 1993, p. 126; FERNANDA PAULA OLIVEIRA/PEDRO GONÇALVES, *op. cit.*, p. 30; MARIA JOSÉ CASTANHEIRA NEVES/FERNANDA PAULA OLIVEIRA/DULCE LOPES/FERNANDA MAÇAS, *Regime Jurídico da Urbanização e Edificação Comentado*, 2.ª ed., Coimbra, Almedina, 2006, p. 149. Dando-nos nota de que a objectividade é característica da licença de construção no ordenamento jurídico brasileiro, AFONSO DA SILVA, *op. cit.*, p. 420. De acordo com NICOLA CENTOFANTI (*op. cit.*, pp. 815-816), que ilustra isto mesmo com a citação de um aresto, a jurisprudência italiana, não obstante o carácter objectivo da licença e da sua indiferença para com a identidade do sujeito titular, considera que a transmissão impessoal aos herdeiros é ilegítima. Para melhor compreensão do que se vem de referir veja-se a aludida decisão judicial na pureza da língua: "È illegittima la concessione edilizia rilasciata impersonalmente in capo agli eredi dell'originario istante; infatti, la stessa è viziata per difetto di leggitimazione con la conseguenza di impedir ogni possibilita di individuarei l destinatário responsabile cui far capo per eventuali addebiti civili, amministrativi e penali".

[38] De acordo com HARTMUT MAURER (*Droit Administratif Allemand*, trad. de MICHEL FROMONT, Paris, L.G.D.J., 1994, pp. 222 e ss.) na doutrina alemã os actos administrativos de carácter real (*dinglicher Verwaltungsakt*) são assim qualificados (como sucede com a *licença de construção*) por se referirem ao controlo realizado sobre a coisa objecto do acto administrativo (*zugeordnete Sache*), tendo, pois, como destinatário exclusivo as coisas e não as pessoas: se estas entrarem em linha de conta será apenas de forma indirecta e, portanto, em razão da medida em que as pessoas entrem em contacto com a coisa. Na definição de HANS WOLFF/OTTO BACHOFF/ROLF STOBER (*Direito Administrativo*, trad. de ANTÓNIO FRANCISCO de SOUSA, Lisboa, Fundação Calouste Gulbenkian, 2006, p.604), actos administrativos de carácter real são, pois, regulamentações jurídicas do estatuto das coisas (*Sachenrechtliche Zustandsregelungen*) cujas qualidades jurídicas são precisadas ou modificadas sem ter efeito, pelo menos directo, nas pessoas. Estando consagrados na lei dos Tribunais administrativos como "actos colectivos", estes actos são geradores de controvérsia, sendo rejeitados por uma larga fasquia doutrinária que, considerando-os despidos de interesse prático, alega que impor obrigações e conferir direitos só tem sentido face a pessoas, existindo sempre, e por conseguinte, uma orientação "pessoalista".

[39] Tudo, de resto, como sucede com a demolição de obras e edificações ilegais, medida de tutela da legalidade urbanística também ela dotada de carácter real que, assim e em princípio, é indiferente à pessoa e, portanto, à boa fé do titular dessas mesmas obras ou edificações. Cfr., neste sentido, o Acórdão do Supremo Tribunal Administrativo de 18/03/2003, proferido no âmbito do processo n.º 01219/02 (*in* www.dgsi.pt), em cujo sumário se lê que *I – O direito de construir aparece-nos, tendo em conta a consagração constitucional, que não menciona entre os seus componentes a liberdade de uso e*

ii. A transmissibilidade e a publicidade

Como se infere do teor do art. 9.º, n.º 9 do Regime Jurídico da Urbanização e da Edificação[40], assiste ao titular da licença de construção a possibilidade de a poder transmitir, por acto *inter vivos* ou *mortis causa* e juntamente com a parcela de terreno, bastando para tanto que o adquirente prove esta posição jurídica junto da Câmara Municipal, requerendo o averbamento de substituição. Uma eventual mudança da pessoa titular no procedimento em causa, ao revelar-se, nesta medida, perfeitamente indiferente *aos olhos* da licença de construção (o que já não sucede quando se estiver perante uma modificação da pretensão ou das condições do terreno) reforça, pois, o carácter real que a enforma[41], o qual é ademais suportado pela

---

fruição, como um direito relativamente proibido, que só após a apreciação pelas autoridades públicas, tendo em conta o interesse público do planeamento urbanístico e do ordenamento do território, pode ser activado. II – É, por isso, legal e não ofende o direito de propriedade a ordem de demolição de uma construção sujeita a licenciamento urbano e que não estava licenciada, nos termos do disposto no artigo 165.º do RGEU. III – O facto de a edificação ter sido transaccionada através de escritura pública, lavrada em cartório notarial, não implica a legalização da mesma, que continua sem licença e, portanto, sujeita a ordem de demolição. IV – Eventual ilegalidade dessa escritura pode configurar acto ilícito, gerador de responsabilidade, desde que se verifiquem os restantes requisitos desta espécie de responsabilidade, mas, não integrando essa ilegalidade a causa de pedir na acção, não pode dar origem a indemnização, quer por actos ilícitos quer por actos lícitos

[40] Instituído pelo Decreto-Lei n.º 555/99, de 16/12, na redacção introduzida pela Lei n.º 60/2007, de 04/09, doravante designado RJUE.

[41] Assim, ALVES CORREIA, *As Grandes Linhas...*, *cit.*, p. 126 e ANDRÉ FOLQUE, *op. cit.*, p. 121, para quem a licença confere um direito real administrativo ou uma situação jurídica activa *propter rem*. O mesmo, aliás, sucede em Espanha, ordenamento em que a jurisprudência do Tribunal Supremo é sistemática em decidir que "as licenças de urbanismo, em virtude de não serem concedidas com atenção às circunstâncias pessoais de quem as solicita, são totalmente transmissíveis, sem qualquer outro requisito que não o de comunicar a transmissão sem necessidade de aguardar a autorização do mesmo", cfr. POZO GÓMEZ, *op. cit.*, p 521. Note-se que, tal como sucede em França, o RJUE não regula as consequências da transferência da licença de construção. Julgamos contudo que, tal como defende HENRI JACQUOT/FRANCOIS PRIET (*op. cit.*, pp. 623-624), a transmissão não pode resultar de um simples acordo entre os interessados, devendo subordinar--se a uma decisão de transferência da autoridade administrativa tendente a analisar (formalmente) se o novo beneficiário reúne a qualidade necessária para o efeito e que, uma vez concedida, não pode ser colocada em causa, ainda que surja uma nova regulamentação após a sua prolação.

circunstância de o seu pedido e do título que lhe dá eficácia deverem ser, à semelhança do que sucede com a situação jurídica das coisas, objecto de publicidade (cfr. arts. 12.º e 78.º do RJUE)[42].

iii. A inerência e a inseparabilidade

De acordo com a doutrina civilista, a inerência e a inseparabilidade são características prementes dos direitos reais: se com a primeira (que se distingue da imediação, na medida em que um direito real não perde a sua natureza pelo facto de a satisfação do interesse do seu titular exigir a intervenção ou colaboração de terceiros) se pretende evidenciar a estreita relação com o modo pelo qual o conteúdo do direito real se projecta sobre determinada coisa corpórea que constitui o seu objecto, com a segunda das propriedades apontadas mais não se visa senão patentear que um direito real se não concebe sem a coisa que tem por objecto[43]. Ambas explicam, pois, o facto de um direito real mudar, em geral, se passar a recair sobre coisa diversa, acompanhando-a nas suas vicissitudes[44].

Ora, atendendo a que a licença de construção, alicerçada que está numa concreta parcela de terreno a que se acopla um projecto específico – e, portanto, apenas tendo sentido perante uma pretensão urbanística – acompanha, como se viu, as mudanças de titularidade que eventualmente ocorram e está sujeita a eventuais alterações[45],

---

[42] Sobre a publicidade do pedido e do alvará veja-se FERNANDA PAULA OLIVEIRA et al., Regime..., cit., pp. 177 e 486 e, enquanto característica dos direitos reais, CARVALHO FERNANDES, op. cit., p. 98, podendo ver-se, no ordenamento urbanístico espanhol, RÁMON PARADA, op. cit., pp. 147-152 e, no francês, HENRI JACQUOT/ /FRANÇOIS PRIET, op. cit., p. 599, com a particularidade de a publicidade do pedido não permitir a terceiros interessados a consulta do *dossier* antes do licenciamento, limitação esta que foi ultrapassada em França e que, como refere FERNANDO CONDESSO (op. cit., pp. 491 e ss.), não vigora entre nós (cfr. arts. 7.º, 8.º, 10.º e 64.º do Código de Procedimento Administrativo) nem constituía, mesmo antes desta legislação, prática seguida pelos Municípios.

[43] Cfr. CARVALHO FERNANDES, op. cit., pp. 61-62.

[44] *Idem, ibidem*.

[45] Sobre a noção de alterações à licença, seu campo de aplicação, procedimento e consequências cfr. FERNANDA PAULA OLIVEIRA et al., Regime..., cit., pp. 277 e ss. e, no direito urbanístico francês, HENRI JACQUOT/FRANÇOIS PRIET, op. cit., p. 662 e JEAN--BERNARD AUBY/HUGES PÉRINET-MARQUET, op. cit., p. 405. Especificamente sobre os

parece-nos legítimo afirmar que também ela comunga (ainda que eventualmente de forma limitada) das características mencionadas.

iv. A singularidade, o carácter vinculado e a autonomia

A *licença de construção*, portadora que é de eficácia duradoura e de efeitos jurídicos múltiplos[46], é singular, porque incide apenas sobre uma dada operação urbanística (uma licença por operação)[47] e corresponde a um acto vinculado e devido, porquanto apenas pode deixar de ser concedida quando a pretensão afrontar um dos fundamentos expressamente previstos na lei, sendo o indeferimento obrigatório nestes casos (princípio da tipicidade)[48], sendo ainda e ademais marcada por aquilo que poderíamos de designar de autonomia ou independência, na medida em que a análise da pretensão urbanística é exclusivamente levada a efeito ao abrigo de normas de Direito do Urbanismo. A licença de construção, refere claramente Alves Correia, não é um instrumento adequado para verificar o respeito por situações jurídico-privadas, cuja definição não cabe à Adminis-

---

problemas que o "permis modificatif" levanta, cfr. CHRISTIAN DEBOUY, *La vie du permis de construire* in *Droit et Ville*, n.º 32, 1991, pp. 83-90.

[46] Cfr. FERNANDA PAULA OLIVEIRA/PEDRO GONÇALVES, *op. cit.*, p. 30. Alertando para o facto de a caducidade de que a licença de construção pode ser alvo ser constitutiva, FERNANDA PAULA OLIVEIRA *et al.*, *Regime*..., *cit.*, pp. 462 e ss. De realçar, como em alguma medida resulta do que já vai dito, que o falecimento do proprietário não é causa de caducidade da licença.

[47] E isto não obstante a prática nos demonstrar, por vezes, o contrário. Para RAMÓN PARADA (*op. cit.*, p. 287), a licença de obras (definida como uma autorização pontual, construção por construção, que se esgota uma vez realizada a construção edificatória) distingue-se das "autorizações operativas", que criam uma relação mais ou menos estável e duradoura entre a Administração e a actividade autorizada (licenças de abertura de farmácias, estabelecimentos bancários, licença de táxis, etc.).

[48] Idêntico traço é apontado por PAREJO ALFONSO (*Manual*..., *cit.*, pp. 753-754), para quem o carácter vinculado é predicado de todos os aspectos da licença e não só quanto ao seu deferimento e indeferimento (abrangendo, assim, a competência do órgão e o procedimento a seguir). Realce-se porém que, como sublinha ALVES CORREIA (*As Grandes Linhas*..., *cit.*, p. 129), secundado que é por FERNANDA PAULA OLIVEIRA (*As Licenças*..., *cit.*, pp. 998-999), o sobredito carácter vinculado do acto não implica a inexistência de uma margem de discricionaridade na apreciação das pretensões formuladas.

[49] Cfr. ALVES CORREIA, *As Grandes Linhas*..., *cit.*, p. 109.

tração Pública, mas sim aos Tribunais[49]. A consequência imediata da submissão exclusiva da licença urbanística a regras de Direito do Urbanismo é, pois, a de que ela é concedida sob reserva de direitos de terceiros[50].

v. A precedência, a irrevogabilidade e a coordenação

Aqui chegados cumpre referir que outra das características que se pode vislumbrar na licença de construção é a circunstância de a mesma, a par com a sua onerosidade[51], dever ser solicitada pelo requerente (procedimento de hetero-iniciativa), uma vez que é só com o pedido que o *ius aedificandi* pode ser legitimamente exercido (abrindo portas ao princípio do controlo público das iniciativas particulares)[52] – a *licença de construção* é, pois, um acto que carece de colaboração do interessado[53]. Sendo irrevogável (na medida, claro reste, em que consubstancie a prática de um acto constitutivo de direitos válido), ela possui ainda um carácter federador, no sentido de que pretende ser uma síntese de todas as autorizações e aprovações exigidas por lei para cada um dos projectos de construção[54].

---

[50] Sobre a reserva de direitos de terceiros, assente que está num controlo formal que impõe a concessão da licença mesmo quando a titularidade do direito invocado é contestada por terceiros (salvo quando o requerente não faça prova da sua legitimidade ou não possua efectiva legitimidade para o efeito) veja-se, com inegável interesse, FERNANDA PAULA OLIVEIRA, *As Licenças....*, *cit.*, pp. 1001 e ss. Ainda sobre o tema, OSVALDO GOMES, *Manual dos Loteamentos Urbanos*, Coimbra, Coimbra Editora, 1983, pp. 161-162 e ANTÓNIO PEREIRA da COSTA, *Os Direitos de Terceiros nos Licenciamentos de Operações Urbanísticas* in *Revista do Centro de Estudos de Direitos do Ordenamento, Urbanismo e Ambiente*, Coimbra, n.º 7, 2001, pp. 103 e ss.

[51] Visto implicar o pagamento de taxas, pagamento este que, naturalmente, não implica a concessão sem mais da licença. Assim, MÓNICA DOMÍNGUEZ MARTÍN, *Procedimiento de Otorgamiento de Licencias Municipales: Estudio de Reciente Jurisprudencia de Tribunales Superiores de Justicia* in *Revista de Derecho Urbanístico y Medio Ambiente*, Madrid, Editorial Montecorvo, n.º 178, 2000, pp. 79-80.

[52] Cfr. FERNANDO CONDESSO, *op. cit.*, p. 71.

[53] Cfr. FERNANDA PAULA OLIVEIRA/PEDRO GONÇALVES, *op. cit.*, p. 30.

[54] Cfr. ALVES CORREIA, *As Grandes Linhas...*, *cit.*, p. 127. Sobre esta característica federadora pronunciou-se também ANDRÉ FOLQUE, *op. cit.*, p. 122.

vi. A *sequela* das *cláusulas acessórias* apostas ao acto de licenciamento

Como é sabido, é usual na prática administrativa aporem-se cláusulas acessórias à licença de construção (instituição jurídica complexa que não é imune às constantes alterações da realidade que a rodeia), entendidas que são como disposições que, repousando numa faculdade discricionária, são introduzidas no conteúdo vinculado ou discricionário do acto administrativo, que tocam apenas a sua eficácia ou que alteram a posição relativa entre a Administração e o particular, sem incidência directa sobre o equilíbrio interno do acto[55] e cuja finalidade é, como refere Harmut Maurer, remover os obstáculos jurídicos ou materiais que se opõem à sobredita licença: em vez de a Administração dizer pura e simplesmente "Não", profere um "Sim, mas"[56-57-58].

---

[55] Cfr. ROGÉRIO SOARES, *Direito Administrativo*, Coimbra, polic., 1978, pp. 285--287. A faculdade discricionária de apor cláusulas acessórias (termo, modo e condição) aos actos administrativos encontra-se, como se sabe, consagrada no art. 121.º do Código de Procedimento Administrativo, acrescentando a doutrina a "reserva de revogação", e tem como limites a sua não contraditoriedade à lei nem ao fim a que o acto se destina.

[56] Cfr. Autor e *op. cit.*, p. 330.

[57] Se se entender (como se crê e *infra* se explicitará) que a licença de construção é um acto constitutivo de direitos de carácter vinculado que visa autorizar a realização de uma operação urbanística a título definitivo (não se compadecendo, pois, com situações de incerteza ou de precariedade), aceitar a aposição de cláusulas acessórias à *licença de construção* parece, à partida, difícil de aceitar. E dizemos *à partida*, porque, para nós, tudo depende do binómio poderes vinculados-poderes discricionários à luz (sobretudo, mas entre o mais) do princípio da proporcionalidade: um acto vinculado a que seja aposta uma cláusula que respeite a lei (tipicidade e proporcionalidade), assim como um acto *discricionário* proporcionalmente adequado ao fim a que se destina não suscitarão dúvidas, segundo se crê, quanto à sua conformidade legal. Pelo contrário, e neste enquadramento, casos de imposição de concertações com terceiros tendo em vista a legalização de edificações impondo a construção de uma rotunda a troco da legalização não serão pois, a nosso ver, admissíveis. Neste sentido veja-se HARTMUT MAURER (*op. cit.*, pp. 340 e ss.), para quem, nos casos de actos administrativos em que da sua emissão resulta um direito (*Verwaltungsakte auf die ein Anspruch besteht*), proferidos que foram no uso de poderes vinculados (*rechtlich gebundene Verwaltungsakte*), as cláusulas acessórias não são, em princípio, admitidas, a menos que exista uma regra especial para o efeito ou que a cláusula não se destine precisamente a assegurar o respeito de uma condição legal que não será satisfeita (por exemplo, quando um projecto apresente uma desconformidade com as regras de urbanismo sobre um ponto de vista secundário, é lógico acordar na obtenção

Ora, e quando à licença de construção é aposta uma cláusula acessória ilegal? Pois bem, a resposta é, como se adivinha, clara: o titular tem o poder de a *perseguir* judicialmente, a fim de poder tutelar o direito de construir que por aquela lhe é concedido[59]. Tudo,

---

da licença, não obstante essa não conformidade, subordinada a um ónus ou condição); nas situações em que os actos administrativos provenham de um poder discricionário (*Ermessensverwaltungsakte*), elas já serão, em princípio, admitidas: assim como a autoridade administrativa tem o poder discricionário de prolatar um acto administrativo, também pode, de igual modo, introduzir uma cláusula acessória. Fundamental, pois, é a observância do princípio da proporcionalidade, que joga assim quer no domínio vinculado, quer no domínio discricionário (contrariamente à forma *pobre* como a nossa jurisprudência administrativa encara a sua mobilização, visto defender constantemente que o mesmo apenas releva na margem da discricionaridade administrativa). Sobre o princípio da proporcionalidade no Direito do Urbanismo veja-se FAUSTO DE QUADROS, *Princípios Fundamentais de Direito Constitucional e de Direito Administrativo em Matéria de Direito do Urbanismo*, Lisboa, Instituto Nacional de Administração, 1989, pp. 279 e ss. e, no que toca à aposição de cláusulas acessórias à licença de construção no uso de poderes discricionários, FERNANDA PAULA OLIVEIRA, *As Licenças...*, cit., p. 997. Revelador, de resto, da delicadeza que esta matéria possui é o interessante trabalho de MICHAEL T. KERSTEN, *Exactions, Severability and Takings: When Courts Should Sever Unconstitucional Conditions from Development Permits?* in *Boston College Environmental Affairs Law Review*, n.º 2, 2000, pp. 279-306.

[58] Defendendo, contudo, que os actos autorizativos vinculados não consentem a aposição de cláusulas acessórias (como a cessão de terrenos ou o pagamento de indemnizações ou contribuições especiais), mas apenas *conditio iuris* que tornem viável a concessão da licença, adaptando, completando ou eliminando partes de um projecto não ajustado à ordenação urbanística para ficar conforme ao Direito, PAREJO ALFONSO, *Derecho...*, cit., p. 755; ORTEGA BERNARDO, *op. cit.*, pp. 81 e ss.; OSVALDO GOMES, *op. cit.*, p. 163 e VALERIA MAZZARELLI, *op. cit.*, p. 418. Para um estudo desta matéria em França, que admite sem peias a concessão de licenças de construção a título precário, HENRI JACQUOT/FRANÇOIS PRIET, *op. cit.*, pp. 612 e ss.; JEAN-BERNARD AUBY/HUGES PÉRINET-MARQUET, *op. cit.*, pp. 615 e 616 e BERNARD LAMORLETTE/DOMINIQUE MORENO, *op. cit.*, p. 823.

[59] Dando nota das quatro posições doutrinais que existem a respeito do meio idóneo de tutela (operando uns Autores uma distinção em função do tipo de cláusula acessória, outros uma distinção em função do conteúdo principal do acto, pugnando outros pela necessidade de se intentar uma *acção de anulação* em todos os casos e outros defendendo ainda a instauração de uma acção tendente à emissão de um acto administrativo em qualquer caso) e do entendimento sufragado jurisprudencialmente (a reacção contenciosa deve ser dirigida apenas contra a cláusula de molde a ser anulada, a não ser que a mesma possa ser eliminada através de uma acção tendente à emissão de um acto administrativo despido de uma cláusula anexa), HARTMUT MAURER, *op. cit.*, p. 342.

aliás, como sucede quando, por exemplo, o acto de licenciamento é atribuído a outrem que não o verdadeiro titular ou quando a titularidade da licença se altere[60].

No fundo, estamos perante aquilo a que poderíamos chamar uma espécie de manifestação de uma característica que enforma os direitos reais: a *sequela*, aqui entendida, claro está, como a circunstância de a Administração poder fazer com que as condições da licença sejam cumpridas[61].

b. O licenciamento urbanístico comunga de algumas das características dos direitos reais e isto não só pelas características que vimos de mencionar, mas pelo facto de potestativamente poder criar e recriar a propriedade privada.

Outra das dimensões que mais nos impressionou[62] no acto de licenciamento (circunstância que de alguma forma *coisifica* ou acentua a dimensão real deste acto administrativo) foi o facto de o mesmo poder originar novas propriedades, quer públicas, quer privadas.

Com efeito, este acto administrativo[63] é de tal forma marcante que cria a propriedade plena e modela-lhe estrutural e funcionalmente o seu conteúdo[64].

---

[60] Neste sentido atente-se no Acórdão do Supremo Tribunal Administrativo de 26//02/1998 citado por ANDRÉ FOLQUE (*op. cit.*, p. 119) – *A concessão, pela Câmara Municipal, de licença de construção em terreno de que o requerente e beneficiário da licença não é proprietário, na convicção de que o seria, concede autorização ineficaz face ao verdadeiro proprietário, que se pode opor com êxito, por todos os meios cíveis, ao exercício daquela autorização.*

[61] Sobre a sequela enquanto característica dos direitos reais v. CARVALHO FERNANDES, *op. cit.*, pp. 66-69.

[62] Talvez por nunca termos visto esta dimensão equacionada e enfatizada, como deve, aqui e além fronteiras.

[63] Com intrigantes proximidades relativamente ao acto administrativo de expropriação, isto mesmo sabendo-se da natureza deste acto como acto que, para além do mais, tem uma marca vincadamente real, constitutiva e geradora da originalidade da aquisição da propriedade pela pessoa colectiva pública – cfr. PIETRO VIRGA, *op. cit.*, p. 507, mormente n. 2 e, em geral, ALVES CORREIA, *As Garantias do Particular na Expropriação por Utilidade Pública,* Coimbra, s. n., 1982, *passim*.

[64] Referimo-nos evidentemente ao fraccionamento da propriedade mediante loteamento gerador de novas propriedades públicas e privadas.

6. A qualificação do licenciamento na dogmática do Direito Administrativo

Entre nós quer a doutrina, quer a jurisprudência são unânimes em classificar o acto jurídico de licenciamento como um acto administrativo[65], o que, naturalmente, bem se compreende atento o preenchimento quer dos requisitos de autoridade, individualidade e concretude, quer do desempenho das funções (concretizadora e estabilizadora, tituladora, procedimental e processual)[66] típicas deste acto. O problema – que tem sido, como se referiu oportunamente, analisado à luz da querela doutrinal acerca da conceptualização do direito de propriedade e do *ius aedificandi* – coloca-se, pois, quanto à natureza do mesmo: acto constitutivo ou permissivo?

Classificar e categorizar são, na medida em que nos ajudam a lidar com a complexidade, típicas actuações humanas. Assim, se para Marcello Caetano, as licenças são, a par com as medidas de polícia, actos administrativos permissivos, tendentes a libertar uma actividade que, sendo em geral vedada, só com a permissão pode ser exercida[67], para Rogério Soares, as autorizações-licenças são actos administrativos em que o legislador permitiu que a Administração, depois de uma ponderação das especiais circunstâncias do caso, atribuísse ao sujeito privado o poder que lhe foi retirado, em termos de não suscitar ofensa ao interesse público, sendo assim, na medida em que vêm permitir que um particular exerça uma actividade ou um direito que, à partida, lhe fora retirado para salvaguarda do interesse público, constitutivos de direitos[68].

---

[65] Acerca da importância do acto administrativo na actualidade veja-se JOSÉ CARLOS VIEIRA DE ANDRADE, *Algumas Reflexões a Propósito da Sobrevivência do Conceito de Acto Administrativo* in *Estudos em Homenagem ao Professor Doutor Rogério Soares*, Coimbra, Coimbra Editora, 2001, pp. 1189 e ss.

[66] Para uma explicitação do seu conteúdo cfr. FERNANDA PAULA OLIVEIRA/PEDRO GONÇALVES, *op. cit.*, p. 29.

[67] Cfr. Autor citado, *Princípios Fundamentais do Direito Administrativo*, 2.ª ed., Coimbra, Almedina, 2003, p. 279.

[68] Cfr. Autor e *op. cit.*, p. 116. Para FERNANDA PAULA OLIVEIRA et al. (*Regime...*, *cit.*, p. 216), a licença de construção é um acto administrativo que desencadeia benefícios para terceiros, na medida em que se assume como portadora de cariz favorável para os seus destinatários, podendo ainda ser considerada como uma autorização constitutiva de

Refrescante e a este passo é, contudo, a opinião tecida por Fernanda Paula Oliveira a este propósito, para quem, constatando que o *direito de construir* não possui *vita propria*[69], a natureza jurídica do controlo preventivo realizado pela Administração municipal à actividade construtiva dos particulares (*licença* ou *autorização*) depende do tipo de poderes que a Administração detém quando leva a cabo o referido controlo preventivo (poderes vinculados ou discricionários). Partindo deste pressuposto, "autorização" será assim "o acto de controlo preventivo exigido para aquelas situações em que as regras e parâmetros de apreciação dos projectos se encontram já definidos com bastante precisão, podendo dizer-se que, desde que o projecto apresentado não contrarie essas normas, o particular requerente tem *direito à autorização*", enquanto a "licença" será "o acto de controlo preventivo necessário nas situações em que, por tais regras e critérios não se encontrarem ainda definidos ou não estarem definidos com precisão, a lei deixa claramente uma margem de maior discricionaridade à Administração na apreciação dos projectos concretos, pelo que não se pode dizer que o particular tenha automaticamente um direito à licença, na medida em que a questão de saber se o projecto apresentado está ou não conforme ao ordenamento urbanístico necessita da intervenção de um juízo intermediador (entre a lei e a situação concreta) da Administração"[70].

---

direitos mediante a qual a Administração constitui direitos em favor dos particulares, em áreas que, salvo a prática deste acto administrativo, se encontram vedadas aos particulares, por se considerar, em abstracto, que a sua atribuição aos mesmos lesaria o interesse público. Também ERNST FORSTHOFF (*Traité de Droit Administratif Allemand*, trad. de MICHEL FROMONT, Bruxelles, Établissements Émile Bruylant, 1996, pp. 330-331), ao apresentar a classificação dos actos administrativos, distingue as autorizações das licenças, incluindo-as nos actos administrativos que criam direitos (*gestalnde Verwaltungsakte*) e, no mesmo sentido, HARTMUT MAURER (*op. cit.*, pp. 215-216), Autor que inclui as "licenças de construção" na categoria de actos administrativos constitutivos (impositivos de uma vantagem ou desvantagem).

[69] Cfr. FERNANDA PAULA OLIVEIRA/PEDRO GONÇALVES, *A Nulidade* ..., *cit.*, p. 29.

[70] Cfr. Autora citada, *As Licenças* ..., *cit.*, pp. 94-95. Opinião tendencialmente convergente com a de esta Autora é a de JOSÉ LUIS SÁNCHEZ DÍAS (*La Licencia de Edificación en la Ley 8/1990 sobre el Régimen Urbanístico y Valoraciones del Suelo* in *Revista de Estudios de la Administración Local y Autonómica*, Madrid, n.º 249, 1991, pp. 40-44), para quem o direito a construir se define como aquele que permite transformar em edificação o direito ao aproveitamento urbanístico de acordo com o plano vigente para

Apesar da sapiente *lufada de ar fresco* que a posição doutrinal em apreço veio introduzir nesta debatida questão, cremos, contudo, que a mesma não justifica inteiramente a natureza da licença de construção[71]. É o que passaremos seguidamente a expor.

7. Trata-se de um acto administrativo híbrido cuja qualificação depende da densidade do conteúdo do acto de poder normativo que a antecede e modela o seu conteúdo.

Posto que cremos que tal emerge já das nossas palavras anteriores, resta assim deixar expresso que não é possível encontrar uma só natureza para o acto jurídico-administrativo de licenciamento.

---

determinada parcela, sendo a licença de construção o acto vinculado da Administração através do qual se reconhece e constitui tal direito com base no planeamento executado. De acordo com o mencionado Autor, a diferença entre "concesión" e "licencia de edificación" estriba-se na discricionariedade com que a Administração actua. A licença será assim, na sua perspectiva, um acto de comprovação ou de "constatação jurídica" em que a manifestação de vontade da Administração se dirige a comprovar se a pretensão deduzida pelo particular está conforme com o ordenamento jurídico, criando um novo direito: o de edificar. Trata-se, nesta medida, de um acto de natureza híbrida, uma vez que concorrem entre si elementos de natureza vinculada e constitutiva, devendo entender--se por *comprovação* não uma certificação, mas sim uma actuação precedente que examina a pretensão urbanística em causa à luz das normas legais e regulamentares vigentes.

[71] Tanto mais que com a Lei n.º 60/2007, de 04/12 (não obstante ter mantido os critérios que permitiam diferenciar e distinguir os procedimentos de licença dos de autorização na distinção genérica entre as operações que devem ficar sujeitas a licença e a comunicação prévia), se perdeu a distinção doutrinária entre licença e autorização, cfr. FERNANDA PAULA OLIVEIRA *et al.*, *Regime..., cit.*, pp. 93-94. A propósito, e assim sobre a autorização como procedimento de controlo prévio antes das alterações introduzidas pela citada lei, veja-se ANTÓNIO DUARTE de ALMEIDA, *A Distinção entre Autorização e Licença no Regime Jurídico da Urbanização e da Edificação* in *O Novo Regime jurídico da Urbanização e da Edificação*, Lisboa, LEX, 2002, pp. 91 e ss. e FERNANDA PAULA OLIVEIRA, *O Novo Regime Jurídico da Urbanização e Edificação: A Visão de um Jurista* in *Revista do Centro de Estudos de Direitos do Ordenamento, Urbanismo e Ambiente*, Coimbra, n.º 8, 2001, pp. 35 e ss. Para uma visão crítica global do diploma em apreço na redacção introduzida pela sobredita Lei n.º 60/2007, FERNANDA PAULA OLIVEIRA, *A Alteração Legislativa ao Regime Jurídico de Urbanização e Edificação: uma Lebre que Saiu Gato?* in *Revista de Direito Regional e Local*, Braga, n.º 00, 2007, pp. 53-69.

Este é um acto administrativo efectivamente híbrido que, dependendo sobretudo da densificação dos pressupostos de que depende a possibilidade de edificar contidos nos actos de poder que o antecedem, assume ou poderá assumir três formas[72]: será uma *autorização-constitutiva* quando se verifique uma intensa de margem de liberdade[73], será uma *autorização-permissiva* quando essa margem de liberdade seja menos intensa[74] e, estamos crentes que o podemos dizer, poderá ser mesmo uma *verificação constitutiva* quando a margem de liberdade inexista ou seja desprezível[75-76].

8. Conclusões

1) O acto de licenciamento urbanístico, entre o mais e na medida em que pode ser pedido mesmo por quem não é titular de qualquer direito real, vive para além da questão de saber se o *ius aedificandi* integra ou não conteúdo do direito de propriedade;

2) Entre a propriedade e o direito de construir existe sempre a intermediação de um acto de poder, acto de poder esse que tanto pode ser uma lei, um regulamento ou um acto;

3) O acto de licenciamento possui as características de objectividade e impessoalidade por um lado, de transmissibilidade e publi-

---

[72] A categorização de que nos servimos é, fundamental e naturalmente, daquele que em Portugal tem o mais profundo trabalho na classificação dos actos administrativos, precisamente ROGÉRIO SOARES.

[73] Zonas marcadas por uma maior rarefacção dos pressupostos que modelam o acto de licenciamento, em que o que vale verdadeiramente é, em vista das regras gerais e dos princípios, a regulação contida no acto, como sejam situações em que o plano é ineficaz, foi declarado nulo, anulado, etc., ou ainda, e entre o mais, quando o plano director municipal estabelecer os pressupostos e parâmetros mínimos de edificabilidade.

[74] Entre outros, será o caso, referindo-nos apenas a planos municipais, de situações em que seja eficaz um plano de urbanização ou de pormenor.

[75] Quando tudo ou quase tudo esteja regulado, como poderá ser o caso de um qualquer licenciamento feito em zona que se entendeu dever ser minuciosamente *ocupada* (hipótese de certos centros históricos).

[76] Não será novidade para ninguém admitir que o legislador municipal tenha ou possa ter densificado os conceitos de enquadramento e estética a que alude o art. 24.º do RJUE de tal forma que a intervenção licenciadora seja meramente verificativa por exemplo em situações em que se deva salvaguardar estritamente o património edificado.

cidade por outro, a que acrescem a inerência e a inseparabilidade, a singularidade, a vinculação e a autonomia, e, finalmente, a precedência, a irrevogabilidade, a coordenação e a *sequela*;

4) A dimensão real do acto administrativo de licenciamento deve-se também à circunstância de este acto criar potestativamente a propriedade pública e a propriedade privada;

5) O acto administrativo de licenciamento é um acto híbrido que, dependendo sobretudo da densificação dos pressupostos de que depende a possibilidade de edificar contidos nos actos de poder que o antecedem, assume ou poderá assumir a forma de autorização--constitutiva, autorização-permissiva ou até mesmo de verificação constitutiva.

Apreciação e aprovação do projecto de arquitectura – o esquiço, o projecto e a complexidade da norma – artigo 20º do RJUE

MARIA CRISTINA GALLEGO DOS SANTOS[1]

1. Se tivermos em mente o conceito de procedimento administrativo plasmado no art. 1.º n.º 1 do CPA, definido como "sucessão ordenada de actos e formalidades tendentes à formação e manifestação da vontade da Administração pública ou à sua execução", o contacto com o Regime Jurídico da Urbanização e Edificação [RJUE, Decreto-Lei 555/99, 16.12 na versão introduzida pela Lei 60/07 de 4.9 vigente desde Março/2008 e entretanto objecto de nova alteração pelo Decreto-Lei 26/10 de 30.3 com *vaccatio legis* de 90 dias] logo nos assegura que a *marcha do procedimento* – fazendo uso de expressão corrente no direito adjectivo privado – nas formas de controlo preventivo das operações urbanísticas de maior relevância, caso dos pedido de licenciamento e apresentação de comunicação prévia, assume uma tramitação de actos jurídicos particularmente complexa, longe da tradicional concepção do procedimento como "unidade indivisível" ou "conjunto de actos coligados", o que reclama uma especial atenção para apreender a correlação funcional das fases – incluso saber se se trata de procedimento autónomo, subprocedimento ou instância – e dos efeitos dos actos jurídicos praticados no procedimento sobre o acto conclusivo, o acto final que decide substantivamente o interesse do particular.

Dificuldade maior no domínio da **comunicação prévia** cujo âmbito de aplicação, segundo a tipologia das operações urbanísticas

---

[1] Juíz-Desembargadora *da Secção Administrativa do* Tribunal Central Administrativo Sul.

do art. 2.º² tem por objecto, fundamentalmente, o elenco das situações referidas no art. 6.º n.º 3 com referência ao art. 6.º n.º 1 als. c) a h), o que o art. 34.º reafirma, situações "que correspondem, no seu essencial, àquelas em que os parâmetros aplicáveis às operações urbanísticas se encontram definidas com detalhe em prévio instrumento de planeamento ou de gestão urbanística (plano de pormenor, alvará de loteamento ou informação prévia favorável emitida nos termos do n.º 2 do artigo 14.º do RJUE) ou em função da característica da área (área urbana consolidada)."³

Cabe salientar que pelas alterações ao RJUE decorrentes do Decreto-Lei 26/10 de 30.03 o **procedimento de comunicação prévia** passou a reportar à tipologia das operações urbanísticas especificadas na nova formulação do n.º 4 do artigo 4 (o conteúdo do n.º 4 passou a n.º 5) a que o artigo 34.º faz referência, e que, por revogação do n.º 3 do artigo 6.º, foi dada nova arrumação ao elenco das operações isentas de controlo preventivo, no artigo 6.º n.º 1 als. a) a d).⁴

Passam a seguir a forma de comunicação prévia as operações urbanísticas em *"áreas sujeitas a servidão administrativa ou restrição de utilidade pública"*, antes referidas no artigo 4.º n.º 2 al. d) *in fine* como próprias do licenciamento, e que na versão introduzida pelo Decreto-Lei 26/10 são colocadas na alçada da comunicação prévia nos termos do artigo 4.º n.º 4 al. e) sub-alíneas i) a ix) segundo os respectivos diplomas institutivos da oneração ou do encargo público, tal como as *"demais operações urbanísticas não isentas de licença"* referidas na revogada al. g) do n.º 2 do artigo 4.º, transferida para al. h) do n.º 4 deste artigo 4.º.

---

² Todos os artigos sem referência ao corpo legal em que se integram têm por implícito o corpo normativo do RJUE na versão da Lei 60/2007 de 04.09.

³ FERNANDA PAULA OLIVEIRA, *Loteamentos urbanos e dinâmica das normas de planeamento*, Almedina/2009, págs.131/132; Pedro Gonçalves, *Simplificação procedimental e controlo prévio das operações urbanísticas*, – I Jornadas Luso-Espanholas de Urbanismo, Almedina/2009, págs. 89/91.

⁴ FERNANDA PAULA OLIVEIRA, *Breves reflexões sobre as alterações introduzidas pelo Decreto-Lei n.º 26/2010, de 30 de Março ao RegimeJurídico da Urbanização e Edificação*, DREL n.º 10.

*

2. O campo operacional do procedimento de **licenciamento,** no domínio do RJUE na versão da Lei 60/2007, surge por exclusão de domínio, isto é, uma vez identificadas as operações submetidas a controlo preventivo segundo os procedimentos de comunicação prévia e de autorização e acrescidas as isentas de qualquer acto formal de controlo urbanístico municipal prévio, resta o elenco das operações <u>enunciadas</u> no art. 4.º n.º 2 acrescido das que <u>não são</u> referidas no art. 6.º <u>nem</u>, *ex vi* art. 6.º n.º l alínea i), as referidas no art. 6.º-A por obras de escassa relevância urbanística.[5]

De modo que o controlo preventivo de operações urbanísticas **de edificação**, traduzidas em obras de construção, alteração, ampliação ou reconstrução de imóveis subsumíveis na previsão dos art. 2.º a), art. 4.º n.º 2 c), e) e art. 6.º n.º l c), e), f), h) por remissão do n.º 3 deste mesmo art. 6.º, todos do RJUE na formulação da Lei 60/07 de 04.09, segue as formas procedimentais do **licenciamento** ou da **comunicação prévia**, sem prejuízo de o interessado os fazer anteceder de outro procedimento mediante pedido de **informação prévia** ao abrigo do disposto no art. 14.º n.º 2, *ex vi* art. 17.º n.º l.

Recorrendo ao **procedimento de informação prévia**, que tem por objecto a pronúncia da Administração sobre a viabilidade de uma dada pretensão edificatória reportada a uma concreta operação urbanística em função dos condicionamentos legais e regulamentares (*maxime*, planos) que a envolvem, em caso de pronúncia favorável e consequentes efeitos vinculativos para a câmara municipal, o particular vê enriquecida a sua esfera jurídica, munindo-se com a apreciação antecipada das questões atinentes ao projecto de arquitectura, acto do subsequente procedimento de licenciamento ou comunicação prévia "que assim fica condicionado pela apreciação prévia efectuada (..) [fruto da] original natureza deste instituto: a de antecipar um pedido de licenciamento [ou de admissão de comunicação prévia] de uma pretensão que o interessado tem naquele

---

[5] FERNANDA PAULA OLIVEIRA, MARIA JOSÉ CASTANHEIRA NEVES, DULCE LOPES, FERNANDA MAÇÃS, *RJUE -Comentado*, 2ª ed. Almedina, págs. 93 a 96, 107, 235/236, 289 e 291.

momento, mas em relação ao qual quer ter a certeza sobre a decisão que sobre ela incidirá."⁶

Tudo visto e ponderado, tal significa que, para o comum dos mortais, reveste-se de natureza constante a necessidade de "afinar" o conteúdo e âmbito de aplicação dos conceitos de acordo com o contexto jurídico *em* que se trabalha e *com* que se trabalha, particularmente quando esse contexto reporta à concretização do direito do caso singular.

*

3. Nos procedimentos de controlo preventivo de **obras de edificação** a fase de apreciação do projecto de arquitectura regulada no art. 20.º n.ᵒˢ 1, 2 e 3, traduzida em acto de aprovação ou de indeferimento, tem sido fonte contínua de litigiosidade e, a seu propósito, de um diálogo recorrente e muito interessante tendo por interlocutores a Doutrina e o Supremo Tribunal Administrativo, a que se tem associado a Jurisprudência dos Tribunais Centrais Administrativos, como não poderia deixar de ser, em resultado da reforma do contencioso, no terreno desde 2004, focando-se o debate fundamentalmente em torno da natureza do acto de aprovação do projecto de arquitectura, se **(i)** preparatório e destituído de efeitos externos (não lesivo), donde, irrecorrível ou **(ii)** constitutivo de direitos e de efeitos externos para o destinatário directo e/ou não para terceiros.

O debate entre a Doutrina e o STA tem originado vasta argumentação, publicada em artigos das revistas da especialidade, monografias temáticas do direito do urbanismo e de legislação comentada, acompanhando a sucessão de formulações legais do sistema processual administrativo da LPTA e CPTA e do regime jurídico substantivo, particularmente em sede do licenciamento de obras particulares do Decreto-Lei 445/91 de 20.11 e do Decreto-Lei 555/99 de 16.12, Regime Jurídico da Urbanização e Edificação (RJUE), recentemente alterado pelo Decreto-Lei 26/10 de 30.3 cuja *vaccatio legis* de 90

---

⁶ FERNANDA PAULA OLIVEIRA, *Que direitos me dás, que direitos me recusas?* – anotação ao Ac. do STA – *1.ª sub-secção de 07.12.2007 proc.º n.º 415/07*, RevCEDOUA n.º 20, págs.150,152/153; anotação ao Ac. do STA – *1.ª sub-secção de 20.06.2002 proc.º n.º 142/02*, RevCEDOUA n.º 10, págs. 107/110.

dias após a data da publicação, indicia a entrada em vigor para 1de Julho deste ano, observado o regime transitório especial do artigo 8.º.

Tomando por base os textos publicados, o debate àcerca da natureza do acto pelo qual a câmara municipal delibera sobre o projecto de arquitectura (artigo 20.º n.º 3) tem-se desenvolvido segundo uma análise centrada em dois planos, o plano funcional e o plano dos efeitos, ou seja, saber

1. que **função** desempenha o acto de apreciação do projecto de arquitectura **no procedimento** de controlo preventivo;
2. que **efeitos jurídicos** produz o acto de aprovação do projecto de arquitectura no tocante **aos sujeitos** directamente envolvidos na relação procedimental e a **terceiros**.

*

4. Seguindo, a traço largo, a sequência comum de tramitação na forma geral do procedimento e olhando a ritologia procedimental do licenciamento e da comunicação prévia é, desde logo, notório que, primeiro, trata-se de procedimentos de hetero-iniciativa, o que significa que o impulso corre por conta do interessado no controle preventivo das obras de edificação a executar, em regra e para o caso, um particular e, segundo, que tanto a licença de construção como a admissão de comunicação prévia são actos finais referentes a procedimentos distintos que, todavia, partilham um segmento comum de tramitação.

Cabe fazer aqui uma precisão quanto à aplicação do conceito de acto administrativo que a doutrina sustenta na circunstância da admissão de comunicação prévia[7], na medida em que o conceito expresso de "acto administrativo" surge apenas na epígrafe do artigo mas não é referido explicitamente no segmento de previsão do comando do artigo 36.º-A n.º 1, sendo pelo segmento final da estatuição que o sentido valorativo positivo, de encontro ao interesse pretensivo do comunicante, é atribuído ao silêncio da Administração na sequência do esgotamento do prazo devido sem que tenha sido proferido despacho de rejeição.

---

[7] PEDRO GONÇALVES, *Controlo prévio das operações urbanísticas após a reforma legislativa de 2007*, Revista de Direito Regional e Local – DREL n.º 1, pág. 19.

E a precisão é de que não estamos perante um acto administrativo reconduzível à categoria de acto tácito de deferimento – no sentido de acto silente favorável e não de acto implícito – porque na circunstância do artigo 36.º-A n.º 1 está ausente o segmento fundamental dos pressupostos procedimentais subjectivos que o artigo 108.º n.º 1 do CPA determina, que é a existência do *dever legal de decidir* por parte do ente administrativo, presente apenas na hipótese de rejeição material do pedido, artigo 36.º n.º 1.

O que significa que "*no caso da comunicação prévia, o órgão competente apenas tem o dever geral de decidir se for para rejeitar a comunicação, não havendo um dever legal de decidir de forma favorável. (..) Embora em causa também esteja um acto resultante do silêncio, que também vale para todos os efeitos como um acto administrativo, não tem os mesmos pressupostos que o acto tácito.*", pelo que "*deve ser caracterizado como acto administrativo não apenas por razões formais mas pela equiparação que esta admissão merece relativamente à licença em vários normativos legais [invalidade e nulidade do acto de admissão, artigos 67.º e 68, revogabilidade, artigo 73.º, declaração de caducidade, artigo 71.º, renovação, artigo 72.º prorrogação, artigo 53.º n.º 3]*".[8]

Trata-se de uma "decisão administrativa permissiva fictícia (..) no âmbito de um procedimento que se inicia com a comunicação da pretensão privada e se conclui com uma ficção legal de decisão administrativa" que consiste em "a lei produzir, por si mesma, o efeito jurídico equivalente ao da decisão administrativa e imputar esse mesmo efeito a uma determinada autoridade pública".[9]

*

5. O segmento de **tramitação comum** configurado pelos artigos. 9.º a 13.º-B, que no seu total vai dos artigos. 8.º ao 17.º, traduz a prática de actos jurídicos cuja dupla finalidade de saneamento e apreciação liminar tem em vista garantir que, do ponto de vista

---

[8] FERNANDA PAULA OLIVEIRA ed alii, *RJUE*..., págs.296/297; MÁRIO ESTEVES DE OLIVEIRA, PEDRO GONÇALVES, PACHECO DE AMORIM, *CPA – Comentado*, 2.ª ed. Almedina, pág. 485

[9] PEDRO GONÇALVES, *Simplificação procedimental..*, págs. 84, 98, 100/101; *Controlo prévio..*, DREL n.º 1, págs. 84, 98 e 100.

formal, o pedido e a comunicação contêm os elementos gráficos e descritivos necessários à operação urbanística em causa, de modo a que o procedimento esteja instruído com a documentação legal e documental exigível ao normal desenvolvimento dos actos cuja relação de sequência tende à prática da decisão final – nomeadamente, os elementos documentais instrutórios exigidos para a concreta pretensão urbanística privada e discriminados na Portaria n.º 232/2008 – iniciando-se com a entrada do requerimento ou da comunicação nos serviços de gestão urbanística da câmara municipal, dirigidos ao presidente e terminando por uma de duas formas, ou **(i)** mediante despacho liminar da entidade competente para a prática do concreto acto que esteja em causa, em função da natureza procedimental (rejeição liminar) ou substantiva (rejeição do pedido) aferida pelo efeito jurídico declarado por reporte à norma de competência, ou **(ii)** pelo seguimento do procedimento para a fase comum subsequente, dos artigos. 13.º, 13.º-A e 13.º-B, relativa aos trâmites das consultas às entidades externas ao município.

A fase de **tramitação global comum** aos procedimentos de **licenciamento** e de **comunicação prévia** – aqui também incluído o mencionado procedimento do pedido de **informação prévia**, artigos. 9.º, 14.º e 15.º – pode, pois, encerrar com a pronúncia da competência do presidente da câmara, passível de delegação e sub-delegação, no uso de poderes de saneamento e **apreciação liminar** sobre a **viabilidade de seguimento do procedimento**, tendo por objecto quaisquer elementos instrutórios em falta ou deficiência do requerimento ou da comunicação susceptível de aperfeiçoamento, que obstem ao prosseguimento "do procedimento ou impeça(m) a tomada de decisão sobre o seu objecto", como previsto para os procedimentos administrativos em geral no artigo 83.º do CPA.

Ou seja, como discriminado no artigo 11.º, a competência de apreciação liminar e de saneamento reporta ao domínio de poderes de fim exclusivamente procedimental, como se expressa no artigo 11.º n.º 1, de "decidir as questões de ordem formal e processual que possam obstar ao conhecimento de qualquer pedido ou comunicação apresentados no âmbito do presente diploma", e que tanto pode assumir a formulação de convite correctivo do procedimento em "despacho de aperfeiçoamento do pedido" ou por "faltar documento instrutório exigível que seja indispensável ao conhecimento da pretensão e cuja falta não possa ser oficiosamente suprida", artigo 11.º n.ᵒˢ 2 e 3, como, diferentemente, determinar o termo do procedimento pelo despacho de rejeição liminar a que se refere a primeira parte do n.º 5 deste artigo 11.º, e que reporta, únicamente, a poderes de natureza adjectiva como são os dos n.ᵒˢ 1 a 3, 5 (1.ª parte) e 11 do normativo em causa.

Excepção feita, note-se, ao disposto no n.º 4 deste artigo 11.º, que prevê a **rejeição liminar por razões substantivas**, fundadas na desconformidade da concreta operação urbanística submetida a controlo preventivo no confronto com as disposições legais e regulamentares aplicáveis na circunstância, desconformidade evidenciada na apreciação liminar efectuada sobre os elementos instrutórios entregues conjuntamente com o requerimento ou o pedido de comunicação prévia.

Já o comando do artigo 11.º n.º 6 ainda que tendo em vista a existência de deficiências procedimentais insupríveis, **extravasa a fase de saneamento** na medida em que o termo do procedimento ocorre a qualquer momento "até à decisão final" sendo, por isso, um despacho de rejeição do procedimento de licenciamento ou da comunicação prévia – distinta da rejeição de comunicação prévia do artigo 36.º na medida em que esta se fundamenta em razões de ordem substantiva, e, por isso, toma a configuração de rejeição do pedido -, com fundamento "em qualquer questão que prejudique o desenvolvimento normal do procedimento ou impeça a tomada de decisão do objecto do pedido, nomeadamente a ilegitimidade do requerente e a caducidade do direito que se pretende exercer", pelo que havendo questões prévias ou matéria de excepção cujo conhecimento é prioritário, artigo 83.º *in fine* do CPA, a entidade administrativa não chega a pronunciar-se sobre a bondade da operação urbanística à luz das normas legais e regulamentares aplicáveis.

Afora a hipótese do n.º 6, estamos no campo dos despachos de rejeição liminar ou de convite ao aperfeiçoamento, emanados em razão de "objecções dirimentes que levam à rejeição liminar" e "objecções impedientes por faltas que podem ser supridas"[10], visando

---

[10] ANDRÉ FOLQUE, *Curso de direito da urbanização e da edificação*, Coimbra Editora/2007, pág.115.

averiguar "a existência dos pressupostos procedimentais quer de ordem subjectiva (..) quer de ordem objectiva (..) [evidenciando] a diferenciação entre o *dever de pronúncia* – que os órgãos administrativos sempre têm perante qualquer assunto que lhe seja apresentado pelos particulares (artigo 9.º n.º 1 do CPA) – e o *dever de decisão*, que apenas existe caso estejam verificados os referidos pressupostos procedimentais. A fase aqui em referência tem, pois, por função averiguar, desde logo, a existência daqueles pressupostos e, caso estejam presentes, averiguar se o pedido se encontra devidamente instruído."[11]

*

6. Encerrada, *pelo menos* em termos de marcha do procedimento de **licenciamento** – a razão da expressão adverbial "*pelo menos*" deriva de, como já se viu, o artigo 11.º n.º 6 admitir até à decisão final, a extinção do procedimento por despacho de rejeição fundado em questões de forma –, a fase comum de saneamento e apreciação liminar, cuja função é a de verificar se há necessidade de proceder a correcções ou suprir eventuais deficiências de carácter formal, seguida do processamento das consultas às entidades externas ao município que sejam devidas no concreto da operação urbanística, chegamos à **fase central do procedimento de controlo preventivo** referente a este tipo de operações urbanísticas, traduzida no **acto de apreciação do projecto de arquitectura** prevista no artigo 20.º sob a epígrafe "apreciação dos projectos de obras de edificação", que se configura como acto de importância maior no complexo total do licenciamento, desde logo para os interesses privados do destinatário da licença, de eventuais terceiros e, bem assim, para as diversas exigências de interesse público que envolvam a concreta operação urbanística.

Cabe, neste passo, abrir um parêntesis a propósito da **comunicação prévia**.

Neste procedimento o interesse pretensivo do particular contido na comunicação é substantivamente apreciado pelo órgão adminis-

---

[11] FERNANDA PAULA OLIVEIRA *ed alii, RJUE – Comentado*, pág.170.

trativo competente, tomando conjuntamente os projectos de arquitectura e de engenharia de especialidades, o que significa que no procedimento de comunicação prévia inexiste qualquer acto que, com autonomia de efeitos próprios na instância procedimental, configure o fraccionamento do procedimento, não sendo, por isso, esta forma recondutível ao que "a doutrina alemã designou por "**procedimentos escalonados**" (..) fenómeno que consiste na divisão dos procedimentos administrativos "em partes, em razão do tempo e do objecto, dando origem a declarações e decisões escritas que conduzem a uma redução da complexidade das decisões administrativas" com o objectivo da "criação da previsibilidade" da actuação administrativa futura e, consequente "diminuição do risco de investimento dos particulares (Ericnsen) (..) fenómeno de faseamento do procedimento (..) onde a doutrina procedeu à distinção entre dois tipos de actos administrativos intermédias: as *decisões prévias* e as *decisões parciais*."[12]

Diz-nos o artigo 9.º n.º 4 articulado com o artigo 11.º n.º 1 f), m), n.º 2 e n.º 3 da Portaria 232/2008 de 11.03 que o pedido de **licenciamento de obras de edificação** em áreas abrangidas por Plano de Pormenor (PP), Plano de Urbanização (PU) ou Plano Director Municipal (PDM) ou em áreas não abrangidas por PDM, além dos demais elementos documentais ali especificados, deve ser instruído com o **projecto de arquitectura** (artigo 11.º n.º 1 f) da Portaria) e com os **projectos de engenharia das especialidades** "caso o requerente entenda proceder, desde logo, à sua apresentação" (artigo 11.º n.º 1 m) da Portaria 232/2008).

No tocante ao procedimento de **comunicação prévia de obras de edificação**, resulta do artigo 35.º n.º 1 conjugado com o disposto na citada Portaria 232/2008, artigo 12.º n.º 1 com referência ao artigo 11.º n.º 1 a) a c), e) a l), n) e p), que a comunicação deve ser apresentada devidamente instruída com a documentação especificada nas citadas alíneas, nomeadamente, o **projecto de arquitectura** "**com os projectos da engenharia de especialidades**" (artigos. 11.º n.º 1 al. f) e 12.º n.º 1 *in fine* da Portaria), o que significa, repetindo,

---

[12] VASCO PEREIRA DA SILVA, *Em busca do acto administrativo perdido*, Almedina/1998, págs. 462 e ss.

que nesta forma procedimental o projecto de arquitectura e os projectos de engenharia de especialidades são objecto de análise conjunta.

*

7. Em sede de procedimento de **licenciamento** das obras de edificação enunciadas no artigo 4.º n.º 2 alíneas c) d) e) f) e g) o legislador procedeu à fixação, no artigo 20.º n.ºs 1 e 2, das condições de que depende o exercício da competência de controlo preventivo da requerida actuação urbanística privada na fase de apreciação do projecto de arquitectura e **limitada a esta**, o que é importante salientar em ordem a definir qual o alcance da eficácia jurídica da decisão aqui tomada, em sede de faseamento do processo de decisão, pela entidade administrativa competente, isto é, o artigo 20.º n.º 1 e 2 contém os pressupostos do acto a praticar nesta fase de decisão intermédia, segundo dois grupos de distinta natureza, em que uns são individualizados vinculadamente (**pressupostos vinculados**) e outros são de livre escolha do órgão administrativo (**pressupostos discricionários**)estes enunciados através das necessidades e interesses de natureza urbanística a cargo da entidade administrativa competente e servindo-se, para os definir, de noções e conceitos jurídicos próprios quer do direito do urbanismo, planeamento e ordenamento do território, quer de conceitos próprios da *legis artis* de outros ramos da ciência e técnica ligados à actividade da construção e edificação, como sejam a engenharia civil e a arquitectura.[13]

---

[13] RJUE, artigo 4.º n.º 2 alíneas c) construção, alteração e ampliação em área não abrangida por operação de loteamento – d) reconstrução, ampliação, alteração, conservação ou demolição de imóveis classificados, em vias de classificação, em zonas de protecção, de imóveis integrados em *conjuntos* ou *sítios*, categorias da Lei 107/2001de 08.09, Lei do Património Cultural (LPC), *ou em áreas sujeitas a servidão administrativa ou restrição de utilidade pública* – e) reconstrução sem preservação de fachadas – f) demolição de edificações não prevista em licença de reconstrução – g) *demais operações urbanísticas não isentas de licença*.

– Anota-se que as operações urbanísticas em *"áreas sujeitas a servidão administrativa ou restrição de utilidade pública"*, referidas na al. d) *in fine*, na versão do RJUE dada pelo Decreto-Lei 26/10 são discriminadas no artigo 4.º n.º 4 al. e) sub-alíneas i) a ix) segundo os respectivos diplomas institutivos da oneração ou do encargo público e passam a estar sujeitas a procedimento de comunicação prévia, tal como as *"demais operações urbanísticas não isentas de licença"* referidas na al. g) do n.º 2, revogada e

Os **pressupostos discricionários** do exercício da competência municipal de apreciação do projecto de arquitectura que sustenta a concreta obra de edificação, são enunciados mediante índices e parâmetros próprios da técnica urbanística[14] nas áreas da engenharia e arquitectura, que o quadro jurídico normativo e regulamentar assumiu, nomeadamente os artigos. 11.º e 12.º da Portaria 232/2008 e que, uma vez verificada a sua real existência no projecto de arquitectura da concreta operação de edificação requerida – que, por isso, do ponto de vista jurídico tem a natureza de documento técnico –, permitem concluir pela conformidade do projecto com as exigências de "quaisquer outras normas legais e regulamentares relativas ao aspecto exterior e a inserção urbana e paisagística das edificações, bem como sobre o uso proposto", artigo 20.º n.º 1 *in fine*, sendo determinado no artigo 20.º n.º 2 que "a apreciação da inserção urbana das edificações é efectuada na perspectiva formal e funcional, tendo em atenção o edificado existente, bem como o espaço público envolvente e as infra-estruturas existentes e previstas.".

Todavia, na vertente **discricionária** de exercício da competência de controlo prévio das operações urbanísticas e afora o caso dos **conceitos indeterminados** como sejam os de "inserção" e "envolvente" contidos nas expressões "inserção urbana" e "espaço público envolvente", artigo 20.º n.º 2, a entidade administrativa não deixa de se encontrar vinculada a balizar o juízo de apreciação do concreto projecto de arquitectura de acordo com o conteúdo próprio dos conceitos técnico-urbanísticos de outros ramos da ciência, como já referido supra, e que, pelo tanto, extravasam a ciência do direito, na medida em que o juízo de apreciação do projecto de arquitectura, enquanto acto inserido no procedimento, configura do ponto de vista funcional um "acto que relativamente à pretensão apresentada pelo particular, aprecia apenas (mas de uma forma completa) parte da pretensão, ou seja, *apenas*, mas *todos* os aspectos relativos à

---

transferida para al. h) do n.º 4 deste artigo 4.º; sobre esta matéria, ver FERNANDA PAULA OLIVEIRA *Breves reflexões ...*, DREL n.º 10.

[14] ALVES CORREIA, *O plano urbanístico e o princípio da igualdade*, Almedina/ /1990, págs. 33/45; *Manual de direito do urbanismo, Vol. I*, 4.ª ed. Almedina/2008, págs.37/38.

arquitectura da obra, a respectiva implantação, a sua inserção na envolvente, a respectiva cércea, alinhamento, o respeito das condicionantes dos planos em vigor, etc.). Uma vez apreciados, ficam estes aspectos definitivamente decididos.", o que significa que "embora se introduzam aqui elementos de vinculação, não restam dúvidas de que é deixada à Administração um espaço de apreciação própria que se reconduz, indubitavelmente, ao domínio da discricionariedade administrativa."[15]

Apreciação completa e definitiva no tocante à arquitectura da obra que também está presente, e muito claramente, no domínio dos **pressupostos vinculados**.

Efectivamente o artigo 20.º n.º 1.º dispõe que a apreciação do projecto de arquitectura "incide sobre a sua conformidade com planos municipais de ordenamento do território, planos especiais de ordenamento do território, medidas preventivas, área de desenvolvimento urbano prioritário, área de construção prioritária, servidões administrativas, restrições de utilidade pública", determinando a análise de conformidade normativa segundo um critério em que o acento tónico repousa no juízo de valoração objectiva do projecto de arquitectura à luz do princípio do desenvolvimento urbanístico plasmado nas regras do plano que definem o tipo e intensidade de utilização do solo, planos territorialmente aplicáveis e eficazes.

Regras cuja observância, ao nível da expressão prática, a lei concretiza pela via garantística de cariz sancionatório, sendo feridos de nulidade os actos de gestão urbanística (licenças, admissões de comunicação prévia e autorizações de utilização) que violem o disposto em planos dotados de eficácia plurisubjectiva, como são os planos municipais (PDM, PP e PU) e os planos especiais de ordenamento do território (PEOT'S), ou que violem as medidas preventivas destes e os pareceres vinculativos nelas previstos dado que é o complexo de atribuições de outra pessoa colectiva que é atingido, cfr. artigo 133.º n.º 2 b) CPA, bem como licenças de loteamento em vigor decorrente da equiparação funcional entre loteamento o PP,

---

[15] FERNANDA PAULA OLIVEIRA *ed alii*, *RJUE -Comentado*, págs. 241,239, 260//261; ALVES CORREIA, *Manual...*, pág. 640 nota 332, sobre conceitos técnico-urbanísticos e literatura específica aí referida.

regime de nulidade estatuído nos artigos. 103.º e 115.º do Decreto-
-Lei 380/99 de 22.09 (RJIGT)[16] e, bem assim, no artigo 68.º a)
sujeito ao prazo de caducidade de 10 anos do artigo 69.º n.º 4 , em
sede de RJUE.

O que significa que o juízo de conformidade sobre o projecto de
arquitectura por reporte aos planos de eficácia plurisubjectiva acaba
por incidir sobre o direito de propriedade do solo do requerente ou
comunicante da operação urbanística, na vertente do *jus aedificandi*,
factor nada irrelevante no que toca às relações entre a Administração
e os particulares, pois que, **do ponto de visto jurídico**, o direito a
construir só existe nos solos que os planos qualificam como solos
urbanos.

Ou seja, nas questões jurídicas que envolvem o acto de apreciação do projecto de arquitectura, muito particularmente quando é
preciso concretizar o direito do caso singular, v.g. quando está em
causa decidir o direito do caso levado a Tribunal, cumpre ter presente
que "os **planos municipais** são instrumentos de natureza regulamentar, aprovados pelos municípios, que fixam o regime do uso do solo,
isto é, as vocações e os destinos das parcelas de terrenos, incluindo
a urbanização e a edificação (cfr. os artigos 69.º a 83.º-B do referido
diploma legal [RJIGT]).

É nestes últimos, na verdade, que se encontra a resposta à questão de saber se, numa concreta parcela de terreno, é possível construir e, em caso afirmativo, quais os **indicadores** e **parâmetros**
urbanísticos (..) quanto ao grau de concreteza (..) o conceito de
"**indicadores urbanísticos**" inclui os conceitos mais abrangentes de
*densidade populacional, densidade habitacional, área urbanizável,
área de implantação, e área de construção*. No conceito de "**parâmetros urbanísticos**", poderemos enquadrar os índices volumétricos, número de pisos, cérceas, superfícies de lotes, superfícies de
pavimentos, afastamentos das construções, etc. Cfr., sobre estes
pontos, *Indicadores e Parâmetros Urbanísticos*, Lisboa DGOTDU,
1996, p.7. Saliente-se que o grau de rigor e de detalhe daqueles
conceitos aumenta dos planos directores municipais para os planos

---

[16] Alterações introduzidas pelo Decreto-Lei 316/07de 19.09, com Declaração de
Rectificação n.º 104/07 de 06.11.

de urbanização e destes para os planos de pormenor (..).[cfr. os artigos. 85.º n.º 1 al. j), 88 al. h) e 91.º n.º 1 al. d) do RJIGT]."[17]

*

8. De toda esta impressiva carga de poderes densificadores da competência cometida à câmara municipal para a prática do **acto de apreciação do projecto de arquitectura** cumpre tirar as devidas ilacções relativamente à **função** que este acto desempenha na tramitação procedimental do **licenciamento,** concebido pelo legislador como procedimento faseado em que há um escalonamento da decisão em razão do tecnicismo que a envolve na veste de acto administrativo de controlo preventivo das operações urbanísticas e, assente a função que o mesmo desempenha, saber quais os **efeitos** produzidos tanto na esfera jurídica do requerente de eventuais terceiros.

Relativamente à função e remontando ao regime jurídico de licenciamento de obras particulares, estabelecido no Decreto-Lei 445/91 de 20/11, a questão de saber se o acto de aprovação do projecto de arquitectura é ou não um acto recorrível subiu até ao Tribunal Constitucional na sequência da assinalada, e ainda persistente, controvérsia que tem oposto a doutrina ao STA[18] a propósito da natureza que assume, na medida em que, do ponto de vista formal, se apresenta como acto inserido num procedimento administrativo de controlo público preventivo de pretensão urbanística, procedimento que, como todos, se desenvolve em sequência ordenada e tipificada de actos jurídicos tendentes à prática do acto afinal, artigo 1.º n.º 1 do CPA.

---

[17] ALVES CORREIA, *Manual...*, págs. 367/368 (nota 41) e 848/849.

[18] MÁRIO TORRES, comentário ao *Acórdão do Tribunal Constitucional n.º 40/2001, proc. 405/99 de 31.01.01*, CJA n.º 27, págs. 34/45; FERNANDA PAULA OLIVEIRA, *Duas questões no direito do urbanismo: aprovação do projecto de arquitectura (acto administrativo ou acto preparatório?) e eficácia do alvará de loteamento (desuso?) – Ac. do STA-1.ª Secção de 05.05.98, proc. 43497*, CJA n.º 13 págs. 42/57; JOÃO GOMES ALVES, *Natureza jurídica do acto de aprovação do projecto de arquitectura – Ac. do STA – 1.ª Secção de 05.05.98, proc. 43497*, CJA n.º 17, págs. 13/16; ANTÓNIO DUARTE DE ALMEIDA, *A natureza da aprovação do projecto de arquitectura e a responsabilidade pela confiança no Direito do Urbanismo – Ac. do STA de 16.05.2001, proc. 46227*, CJA n.º 45, págs. 20/35;

*

9. Com as cautelas devidas por se tratar de forma procedimental de tramitação bastante complexa – introduzida no RJUE pela mão do Decreto-Lei 60/2007 de 04.09 e recentemente objecto de redelimitação de âmbito no **artigo 4.º n.º 4** pelo **Decreto-Lei 26/2010 de 30.03**[19] –, da ritologia plasmada na lei, como já referido, não se extrai que o procedimento de **comunicação prévia** configure a apreciação do projecto de arquitectura como fase autónoma no âmbito da totalidade dos actos que, concatenados entre si numa relação de antecedente consequente, concorrem para a prática do acto final, ao invés do que sucede no procedimento de **licenciamento**, em que a lei prevê e regula o conteúdo e efeitos do acto que aprecia o projecto de arquitectura em moldes que contendem já com a decisão final.

Cabe referir a distinta conformação do acto final dos procedimentos de **licenciamento** e **comunicação prévia** em que, no tocante ao direito de edificar, o primeiro termina pelo deferimento com efeitos permissivos, artigos. 23.º e 26.º, ou pelo indeferimento da pretensão edificatória deduzida no requerimento inicial, artigo 24.º, e o segundo pela rejeição expressa da operação urbanística, artigos. 36.º-A e 36.º, ou pelo acto ficcionado equivalente *ex lege* à admissão, defendendo a doutrina que a **comunicação prévia** "não contempla em rigor – como acto típico – e existência de um acto expresso que tenha por objecto a admissão da comunicação (..) a única hipótese contemplada na lei é a da falta de rejeição – uma não decisão – a qual equivale, por ficção legal, a uma admissão da comunicação (..) a "admissão" não é um acto que deva ser praticado pela Administração; a sua falta não equivale a um deferimento (tácito) – cfr. artigo 111.º al. c) –, mas a um acto de admissão."[20]

A citada inexistência de fase procedimental autónoma na comunicação prévia para apreciar o projecto de arquitectura é uma decorrência de esta forma procedimental ter sido gizada para operações urbanísticas que não carecem de valorações próprias do exercício da função administrativa no domínio dos parâmetros urbanísticos apli-

---

[19] FERNANDA PAULA OLIVEIRA *Breves reflexões ...*, DREL n.º 10.
[20] PEDRO GONÇALVES, *Simplificação procedimental...*, nota (47) pág. 98.

cáveis ao caso concreto, porque tais parâmetros no tocante ao caso presente na comunicação resultam já, previamente e com suficiente grau de precisão, da circunstância de a obra se localizar em área de incidência de **plano de pormenor** que estabeleça o desenho urbano, parâmetros urbanísticos e obras de demolição, conservação e reabilitação do edificado existente com o detalhe exigido nas als. c), d) e f) do artigo 91.º n.º 1 do RJIGT (Decreto-Lei 380/99, de 22.09), de **alvará de loteamento**, de **zona urbana consolidada,** ou na sequência de **informação prévia favorável** emanada nos termos do artigo 14.º n.º 2, ou seja, o controlo público preventivo de operação urbanística no procedimento de comunicação prévia exige uma apreciação segundo pressupostos vinculados por precedentes jurídicos, não reclamando, pois, o uso de poderes discricionários tal como estabelece o artigo 20.º n.º 1 *in fine* e n.º 2 para o **licenciamento**.

*

10. Efectivamente, já se salientou que no procedimento de **licenciamento** parte do objecto mediato da decisão final que consubstancia o controlo público preventivo da operação urbanística fica antecipadamente definido pela decisão do órgão competente (deliberação camarária, decisão do presidente ou vereador delegado) que expresse o sentido jurídico de aprovação do projecto de arquitectura, artigo 20.º n.ºs 1, 2 e 3.[21]

Dito de outro modo, o conteúdo do acto que aprova o projecto de arquitectura no caso concreto, assume a **função concretizadora** da medida abstractamente prevista na norma, artigo 20.º n.ºs 1 e 2, conferindo ao requerente uma posição jurídica, que antes dele não tinha, qual seja a de considerar arrumadas no "seu" procedimento todas aquelas questões que, no tocante à arquitectura da obra, a lei define através dos pressupostos vinculados e discricionários que, em abstracto, balizam o acto de apreciação com referência ao concreto projecto de arquitectura, declarando-o em relação de conformidade com os antecedentes jurídicos aplicáveis (pressupostos vinculados) e emitindo um juízo de avaliação no domínio das valorações próprias

---

[21] ALVES CORREIA, *Manual* ..., págs. 771/773, nota (46).

e exclusivas da função administrativa em sede de controlo preventivo de operações urbanísticas (pressupostos discricionários).

O mesmo é dizer que através do acto de aprovação do projecto de arquitectura o órgão autárquico competente **conforma** a situação jurídica do caso concreto em função dos parâmetros normativos do artigo 20.º n.ᵒˢ 1 e 2, situação que fica definitivamente concretizada quanto à dimensão jurídica **inovatória** que introduz na esfera jurídica do particular, configurando-se como **constitutivo de direitos** – mas **não de efeitos permissivos** no tocante à actividade edificatória pretendida, que são efeitos próprios da licença – justamente pela criação dos efeitos inovatórios de remoção da parte substancial dos obstáculos de direito público ao direito de construir, sendo indiferente a superveniência de qualquer alteração normativa, na exacta medida em que o juízo de conformidade para efeitos de validade se reporta, em conformidade com o princípio *tempus regit actum*, ao complexo normativo e regulamentar em vigor à data da sua prática.

Pelo que vem de ser dito, o acto de aprovação do projecto de arquitectura configura um acto administrativo **prévio**, integrando o domínio dos actos que a doutrina designa por **pré-decisões** (actos prévios e decisões parciais), "actos cujo conteúdo cria um *efeito conformativo* para a actuação administrativa subsequente e que apresentam a característica de não realizarem ainda o efeito prático final procurado pelos particulares, embora o condicionem (ou possam condicionar) decisivamente. Por isso, tais actos aparecem no âmbito de ***procedimentos multifaseados ou por degraus*** e podem referir-se à pronúncia de um órgão sobre determinados aspectos implicados no efeito final pretendido."[22]

O acto que aprecia o projecto de arquitectura assume, todavia, a natureza de acto final do procedimento de licenciamento na circunstância de o órgão administrativo competente se pronunciar no sentido do indeferimento por falta de observância dos parâmetros legais definidos no artigo 20.º n.ᵒˢ 1 e 2, isto é, por não conter as condi-

---

[22] MÁRIO ESTEVES DE OLIVEIRA, PEDRO GONÇALVES, PACHECO DE AMORIM, *CPA* ..., págs. 47e 137; FILIPA URBANO CALVÃO, *Os actos precários e os actos provisórios no direito administrativo*, Porto/1998, págs.45/56.

ções de conformidade que, nos termos do artigo 24.º, constituem causas de carácter taxativo de indeferimento do licenciamento.

*

11. Consecutivamente à fase de aprovação do projecto de arquitectura a tramitação resolve-se pela instrução do procedimento, a cargo do interessado, com os projectos de engenharia de especialidades, artigo 11.º n.º 5 da Portaria 232/2008, para o que o requerente tem um prazo, prorrogável a seu pedido, contado da notificação da deliberação ou decisão que aprovou o projecto de arquitectura, artigo 20.º n.os 4 e 5, sob cominação de suspensão do procedimento se nada for junto aos autos, seguida de extinção por caducidade mediante audiência prévia, artigo 20.º n.º 6.

Os **projectos de engenharia de especialidades** reportam exclusivamente a questões técnicas exigidas e definidas em função da localização, destinação e características concretas da operação urbanística, especificadas no Regulamento Geral de Edificações Urbanas e em variadíssima legislação própria, versando, entre outros aspectos, sobre a estabilidade em matéria de fundações e estruturas, incluindo escavações e contenção periférica; alimentação e distribuição de energia eléctrica e de instalação de gás; telecomunicações; redes prediais de água e esgotos; isolamento e comportamento térmico dos edifícios; instalações electromecânicas de transporte de pessoas e mercadorias; sistemas energéticos de climatização dos edifícios; isolamento acústico; águas pluviais; arranjos exteriores; segurança contra incêndios e arranjos exteriores.

O que significa duas coisas: primeiro, que é o concreto dimensionamento do projecto de arquitectura juridicamente consolidado pelo acto administrativo de aprovação, que determina a extensão, âmbito e definição das especialidades necessárias em sede de projectos de engenharia; segundo, em caso de indeferimento, os projectos de especialidades entregues conjuntamente, teriam de ser objecto de correcções de adequação de acordo com as modificações a introduzir no projecto de arquitectura recusado.

A conformação legal do procedimento de **licenciamento** evidencia, pois, a existência de duas fases procedimentais bem marcadas e **distintas entre si pelo conteúdo dos actos nelas praticados** e efeitos jurídicos produzidos na esfera jurídica do requerente e na sequência de tramitação do procedimento, de tal modo que a transição para a fase de entrega e apreciação dos projectos de especialidades depende da iniciativa do requerente, isto é, do impulso procedimental do interessado no licenciamento da operação urbanística, uma vez notificado do acto de aprovação do projecto, sob cominação de extinção do procedimento nos termos já referidos.

E o normal é que assim seja, pelas relações de interdependência referidas entre os projectos de arquitectura e de especialidades.

Ao que vem de ser dito não obsta a circunstância de a notificação mencionada não abrir prazo para entrega dos projectos de especialidades no caso óbvio de o interessado ter investido antecipadamente nos custos da sua elaboração e feito deles entrega em simultâneo com o projecto aquando da entrada do requerimento, artigo 20.º n.º 4 *in fine* e artigo 9.º n.º 4 e 11.º n.º 1 al. m) da Portaria 232/2008.

Todavia tal não significa a descaracterização da distinção entre fases, na medida em que se o projecto de arquitectura **não obtiver aprovação**, não há lugar à apreciação dos projectos das especialidades, o que é particularmente visível no tocante aos trâmites de consultas às entidades externas ao município para cada um dos tipos de projectos em causa, artigos 13 e 13-A, conjugado com o indeferimento do pedido de licenciamento, artigo 24.º.

*

12. Em contraponto, no procedimento de **comunicação prévia**, entregue o requerimento inicial com a operação urbanística devidamente sustentada nos elementos documentais instrutórios exigidos, artigos 9.º e 35.º, e ultrapassado o momento do saneamento e apreciação liminar, artigos 11.º e 36.º n.º 1 (1.ª parte), a verdade é que a lei não prevê nenhum acto jurídico procedimental cujo conteúdo concentre a apreciação de uma parte do conjunto de operações complexas, jurídicas e técnicas, que, na veste dos poderes públicos assumidos pelo órgão municipal competente (câmara municipal, presidente ou vereador no uso de poderes delegados), convergem na competência de controlo público preventivo da operação de edificação, ou seja, não se prevê a prática de acto administrativo reconductível ao domínio das pré-decisões.

De modo que, no procedimento de **comunicação prévia** a apreciação da operação urbanística traduzida na apreciação conjunta dos projectos de arquitectura e de engenharia das especialidades apenas assume efeitos jurídicos externos relevantes, isto é, efeitos conformativos dos direitos e interesses que convergem na operação de edificação comunicada, nomeadamente do requerente, através do acto administrativo final de expressa rejeição da comunicação por indeferimento material do pedido, sob audiência prévia, artigo 36.º n.º 1 e artigo 100.º n.º 1 CPA, ou através do acto ficcionado equivalente *ex lege* à admissão, artigo 36.º-A n.º 1 *in fine*.

*

13. Sendo a aprovação do projecto de arquitectura um **acto constitutivo de direitos** para o requerente do licenciamento, **vinculativo** para a câmara municipal no domínio da deliberação final em sede de procedimento de licenciamento na exacta medida da sua natureza de **acto prévio** cujo conteúdo há-de incorporar o conteúdo da decisão final de licenciamento, da circunstância de a lei não lhe assinalar **efeitos permissivos**, põe-se a questão de saber, que a doutrina discute, se tais efeitos externos por si produzidos se limitam ao requerente da licença de construção ou se também se reflectem na esfera jurídica de terceiros, contra-interessados no licenciamento.

A favor, argumenta-se que o acto de aprovação do projecto de arquitectura, "pelo objectivo de que se reveste – especialmente a verificação da conformidade com o plano de pormenor, alvará de loteamento e outras normas legais e regulamentares em vigor (saliente-se o respeito pelas distâncias mínimas em relação ao vizinho, constantes dos artigos. 59.º, 60.º, 62.º e 73.º do RGEU) – pode lesar os direitos do vizinho, designadamente o seu direito fundamental de propriedade (artigo 62.º, n.º 2 da Constituição).[23]

Ao que "acresce que basta a aprovação do projecto de arquitectura e dos projectos de especialidades (..) para o interessado iniciar od trabalhos de escavação até ao piso de menor cota (artigo 18.º n.º 1) surgindo, assim, incompreensível que o proprietário vizinho

---

[23] JOÃO GOMES ALVES, CJA n.º 17, págs. 14/15.

que, por exemplo, reputa ilegal a implantação do prédio em construção por não respeitar as distâncias mínimas, tenha de assistir passivamente à concretização efectiva no terreno dessa ilegalidade à espera de serem aprovados os projectos de águas ou de electricidade, absolutamente irrelevantes para a solução do litígio, mas sem os quais não será proferida a deliberação de licenciamento, que, finalmente, abrirá a via da impugnação contenciosa.".[24]

Por outro lado, "a impugnabilidade de actos administrativos não depende da produção actual de efeitos lesivos bastando-se com a potencialidade dessa produção (..) a aprovação do projecto de arquitectura, enquanto decisão prévia ou preliminar, pode evoluir ou, pelo menos, constituir-se pressuposto necessário de permissão parcial ou parcelar (cfr. artigos. 81.º n.º 2 e 23.º n.º 6)".[25]

Em sentido contrário, "tal acto não tem eficácia imediata e, por isso, lesiva da esfera jurídica dos contra-interessados no licenciamento, terceiros no âmbito da relação jurídica constituída com a aprovação do projecto de arquitectura. (..) apesar de o acto de aprovação do projecto de arquitectura se pronunciar sobre determinados aspectos de um modo final e vinculativo para a Administração, a verdade é que não há a garantia de que a decisão final do licenciamento seja positiva, desde logo porque a licença pode ser recusada por outros motivos, como estarem os projectos de especialidades desconformes com as normas legais e regulamentares que lhes são aplicáveis, ou ter havido recusa prévia fundamentada, por alguma das entidades consultadas, da aprovação, autorização ou parecer favorável exigidos por lei em relação aos mesmos projectos de especialidades.

O carácter não lesivo do acto de aprovação do projecto de arquitectura na esfera jurídica dos contra-interessados decorre da natureza prévia deste acto, que se traduz, no facto de, embora decidindo determinados aspectos de uma forma final e vinculativa, não ter carácter permissivo, não investindo, por isso, o requerente do licenciamento no poder de realizar a obra."[26]

---

[24] MÁRIO TORRES, CJA n.º 27, págs. 34/45.
[25] ANTÓNIO DUARTE DE ALMEIDA, CJA n.º 45, págs.32/33;
[26] FERNANDA PAULA OLIVEIRA, CJA n.º 13 págs. 54/55.

*

14. Ficando em aberto o debate quanto à susceptibilidade de impugnação por terceiros, em face dos textos legais não sofre dúvidas de que o acto de aprovação do projecto de arquitectura assume a natureza de *acto administrativo prévio*, com *efeitos externos* no tocante às partes directamente envolvidas na relação jurídica de licenciamento, porque as condições exigidas por lei, v.g. no art. 20.º n.ºs 1 e 2, ficam definitivamente decididas e, pelo tanto, cobertas pela estatuição autoritária inerente àquele acto, que, assim, se assume como *constitutivo de direitos* para o requerente do licenciamento, nomeadamente do direito a que não sejam novamente retomadas para apreciação no procedimento, e *vinculativo* para a Administração na deliberação final que o incorpora, enquanto decisão antecedente tomada no exercício da competência de apreciação e decisão urbanística.

2. A Validade dos Actos de Gestão Urbanística

O Euro Stadium de Coimbra: análise ao Acórdão do Supremo Tribunal Administrativo de 26 de Maio de 2010[1]

ANA CLÁUDIA GUEDES[2]

A) Dos Factos

Para a enunciação da factualidade que se nos afigura relevante para ponto de partida do comentário que nos propomos fazer ao Acórdão do Supremo Tribunal Administrativo de 26 de Maio de 2010, tirado do processo com o número 120/09, recorreremos aos factos dados como provados pelo Acórdão recorrido constantes da fundamentação do Acórdão comentando.

Assim:

1. Em 16-12-2002 a APLICAÇÃO URBANA VI, INVESTIMENTO IMOBILIÁRIO SA, entidade a quem foi adjudicada, após concurso internacional desencadeado para o efeito, a "Concepção e construção do projecto Euro Stadium", apresentou um projecto de arquitectura relativo ao empreendimento EURO STADIUM, requerendo o seu deferimento, e apresentando 5 memórias descritivas, cada uma delas referente, respectivamente, ao Centro Comercial, ao Complexo Desportivo, ao Estacionamento Norte, à Habitação Especializada Poente e à Habitação Especializada Nascente;
2. Por deliberação da Câmara Municipal de Coimbra de 12-05--2003 (deliberação n.º 2334/2003) foi aprovado o projecto de arquitectura do EURO STADIUM;

---

[1] Abstemo-nos de transcrever na íntegra o teor do acórdão, na medida em que o mesmo se encontra acessível no sítio http://www.dgsi.pt.

[2] Pós Graduada em Direito do Ordenamento do Território, Urbanismo e Ambiente pelo CEDOUA, FDUC.

3. Projecto que viria a ser objecto de um pedido de alterações e aprovado por deliberação da Câmara Municipal de Coimbra, em 09-09-2003 (deliberação n.º 305572003);
4. Após o que foram apresentados os projectos de especialidades e, subsequentemente, deferido o pedido de licenciamento, por despacho do vereador de 09-12-2003;
5. Operação que foi titulada pelo alvará com o *n.º 370104, emitido em 20-07-2004 e do qual consta que "o pedido de licenciamento da construção foi aprovado pelo despacho de 9/12/2003, respeita o disposto no Plano Director Municipal e apresenta as seguintes características: área de construção: 45.222m2; n.º de pisos: 4 acima da cota de soleira e 4 abaixo da mesma cota; uso a fazer desta edificação: Equipamento residencial, comércio, cinemas, e espaço destinado a lazer e desporto"*;
6. Ou seja, foi admitida para uma zona de equipamentos, para além de edifícios destinados a estes fins, também outros com valências habitacionais;
7. Em concreto, permitiu-se, para além de outras edificações, a construção de dois edifícios destinados a habitação, num total de 202 fogos;
8. Tudo isto em área não abrangida por Plano de Urbanização ou Plano de Pormenor;
9. Efectivamente, à data da prática dos actos administrativos praticados pela câmara Municipal de Coimbra que conduziram à aprovação do EURO STADIUM vigorava o Regulamento do Plano Director Municipal de Coimbra, ratificado pela resolução do Conselho de Ministros n.º 24/94, publicado no DR, 1.ª série B, n.º 94, de 22 de Abril de 1994;
10. A pretendida obra insere-se em zona qualificada pela planta de ordenamento do Plano Director Municipal de Coimbra como "ZONA DE EQUIPAMENTO";

11. Nos temos do Regulamento do Plano Director Municipal de Coimbra, em especial do seu artigo 41.º, que tem por epígrafe *Zonas de Equipamentos*, dispõe-se que:

"*1 – As Zonas de equipamento são destinadas **exclusivamente*** (sublinhado e realce nosso) *à instalação de equipamentos de interesse público e utilização colectiva.*

2 – Os projectos de equipamentos devem ser acompanhados por estudos de conjunto de integração urbana, devendo ser previsto estacionamento público com capacidade adequada aos usos previstos.

3 – Nas zonas de equipamento enquanto não for definido o seu programa de ocupação não será permitido:
a) a execução de edificações;
b) destruição do solo vivo e do coberto vegetal;
c) alterações à topografia do solo;
d) derrube de árvores;
e) descarga e entulho.

4 – Os edifícios de valor patrimonial integrados nas zonas de equipamento deverão ser conservados e recuperados, podendo destinar-se para além do definido no n.º 1 a utilizações turísticas ou comerciais".

B) Da Questão Jurídica

A *ratio decidendi* que urgia dirimir no âmbito do aresto comentando incidia, no essencial, em função do enquadramento jurídico textualizado na norma supra descrita, e tal como foi delimitada pelo nosso tribunal administrativo superior, em saber se um empreendimento com as características do "EURO STADIUM" mantém a natureza de equipamento de interesse público e de utilização colectiva não obstante incluir uma valência de habitação especializada ou se, pelo contrário, a inclusão desta valência habitacional, com a dimensão e as características técnicas e funcionais específicas que a enquadram, afecta, degradando a sua caracterização como equipamento de interesse público e utilização colectiva.

Dito de outro modo, e na nossa perspectiva, a questão que concretamente se colocava era a de saber se aquela norma, que destina as zonas de equipamentos *exclusivamente para a instalação de equipamentos de interesse público e utilização colectiva,* se apresenta como proibitiva, em absoluto, de admissão de outros usos que não aquele que para ela se encontra expressamente previsto ou se, ainda assim, não obstante a letra da norma (atendendo em especial ao vocábulo *exclusivamente*), se admitem outros usos, desde que se mantenha o uso dominante para que foi pensada (*in casu*, a instalação de equipamentos públicos).

Ou seja, e como bem delimitou o STA, tudo se centra na "análise e interpretação, segundo as regras da hermenêutica jurídica, do citado art. 41.º, n.º 1 do RPDM de Coimbra, e à necessária densificação dos conceitos legais inseridos naquele Regulamento, como sejam os de «*zonas de equipamento*», «*equipamentos de interesse público e utilização colectiva*», "*uso dominante*", e outros, em ordem a saber se o licenciamento do projecto "EURO STADIUM", tendo em conta a inclusão de uma componente "habitação especializada" residual e complementar, viola ou não o citado preceito regulamentar".

C) Da Posição das Partes

No essencial, e sem repetir o que já consta do Acórdão em análise, podemos resumir a posição das partes (Ministério Público, Câmara Municipal de Coimbra e APLICAÇÃO URBANA VI, INVESTIMENTO IMOBILIÁRIO SA) no seguinte:

1. *Do Ministério Público (recorrente no recurso de revista)*

O recorrente Ministério Público suporta a invocada violação do artigo 41.º, n.º 1 do Regulamento do Plano Director Municipal de Coimbra na acepção de que a zona de equipamento é destinada exclusivamente à instalação de equipamento de interesse público de utilização colectiva.

2. Da Câmara Municipal de Coimbra (recorrida no recurso de revista)

A Câmara Municipal de Coimbra resumiu em sete pontos-chave o essencial da sua posição, e que nós podemos convolar em três grandes categorias de argumentos: (i) o *"princípio da mistura de usos compatíveis ou de proximidade simbiótica"* que "empurra" as opções territoriais para uma mistura de usos complementares e compatíveis com o uso principal dominante; (ii) a leitura sistemática do Regulamento do Plano Director Municipal de Coimbra e da qual não resulta, de forma explícita dos vários elementos que compõem o Plano e que permitem extrair o sentido das suas disposições, em especial do seu Relatório, documento do qual consta a fundamentação das opções de planeamento municipal, que a intenção daquele tenha sido querer assumir uma posição excepcional e contrária aos princípios gerais de planeamento urbanístico (que apelam, como vimos para a mistura de usos e recusa de um planeamento monofuncional) e (iii) a noção adoptada para equipamento de interesse público e de utilização colectiva – condescendendo no seu carácter indeterminado e vago, afirma categoricamente que assenta na função de interesse geral ou de utilidade geral.

3. Da Aplicação Urbana VI, Investimento Imobiliário, SA

Contra-alegam estes quer com argumentos de natureza processual do seu ponto de vista impeditivos da admissão do recurso de revista, que é excepcional; quer com argumentos que apelam à concordância com a decisão tomada pelo TCA Norte em 09.10.2008 que concedeu provimento ao recurso jurisdicional por si interposto na parte em que julgou nulos os actos impugnados pela violação do artigo 41.º do RPDM de Coimbra e que assentam fundamentalmente na concepção tipológica assacada à noção de equipamento, bem como no já mencionado princípio da mistura de usos compatíveis, concluindo no sentido de que o projecto EURO STADIUM, considerado no seu todo, respeita os usos ou actividades dominantes previstos no artigo 41.º do RPDM de Coimbra.

D) Da Jurisprudência do caso

Foram, neste caso, percorridos os três níveis de jurisdição nacionais constitucionalmente previstos: TAF de Coimbra, TCA Norte e STA.

1. Da sentença do TAF de Coimbra de 14-05-2007

Este tribunal julgou procedente a acção administrativa especial de impugnação das deliberações da Câmara Municipal de Coimbra de 12.05.2003 (referente à aprovação do projecto de arquitectura) e de 08.09.2003 (relativa ao deferimento das alterações ao projecto de arquitectura), bem como do despacho do Vereador de 09.12.2003 (concernente ao deferimento do pedido de licenciamento), todos eles actos respeitantes ao licenciamento da obra identificada por EURO STADIUM, julgando, em consequência, a acção improcedente.

2. Do Acórdão do TCA Norte

O conjunto dos juízes decidiu em contrário do decidido em 1.ª instância por entender que os supra referidos actos não violam o artigo 41.º do RPDM de Coimbra, não sendo, por isso, nulos, posição que assenta no *ratio* entre a percentagem e a complementaridade da habitação especializada em causa e a envergadura do empreendimento desportivo em que se integra que, por residual e diminuta, não contende com a dominância do uso principal: equipamento.

3. Do Recurso do Ministério Público

Postula o Ministério Público, apelando à clareza do sentido regulamentar da norma do artigo 41.º, n.º 1 do RPDM de Coimbra, a bondade da decisão anulatória da 1.ª instância alegando, em síntese, que o mesmo proíbe a inclusão, nas zonas de equipamento, de qualquer componente habitacional, ainda que especializada e de dimensão residual.

Ora, ao prever dois edifícios habitacionais de tipologia T0 identificados como "Habitação Especializada", e uma vez que a zona em que o prédio se encontra implantado é, segundo a planta de ordenamento anexa ao PDM de Coimbra, uma zona de equipamento que, nos termos do mencionado artigo 41.º, n.º 1 é destinada exclusivamente à instalação de equipamentos de interesse público e de utilização colectiva, não comporta, por conseguinte, a edificação de habitações.

4. Do Acórdão do STA de 26 de Maio de 2010, in processo n.º 120/09, da Secção de Contencioso Administrativo – 1.ª Subsecção

Por ser este o *quid* do nosso comentário, e por razões de maior comodidade de leitura bem como de fidedignidade na transmissão do *iter decisório*, passamos a transcrever o essencial da decisão contida no aresto do tribunal superior:

> *"Não é tarefa fácil a de definir o que são "equipamentos de interesse público e utilização colectiva", como o reconhecem a doutrina e a jurisprudência administrativas.*
>
> *A lei não nos fornece um conceito explícito desse tipo de equipamentos. E da norma regulamentar sub judicio apenas resulta um conceito implícito: o de que tais equipamentos se reconduzem a instalações e edificações de interesse público e de utilização colectiva, o que significa, no entender do Prof. Fernando Alves Correia (Parecer junto aos autos) que estas têm necessariamente uma "função que não corresponde a um interesse exclusivamente privado, antes desempenham uma função de interesse geral ou de utilidade geral", e que são instalações "destinadas à prestação de serviços à colectividade..., à prestação de serviços de carácter económico... e à prática de actividades culturais, de recreio e lazer e de desporto".*
>
> *Uma coisa, porém, se afigura inquestionável: a de que a noção de equipamento (qualquer que ele seja) não pode assentar na concepção e valoração isolada, desgarrada, de cada uma das várias componentes possíveis (desportivas ou culturais, serviços, administração, comércio, hotelaria, habitação) mas sim numa concepção unitária, integrada e funcional de equipamento, isto é, numa concepção tipológica e não meramente definitória, que é a que vem sendo afirmada, de forma praticamente unânime, pela moderna doutrina administrativa e urbanística.*
>
> *O que bem se compreende, atendendo ao escopo essencial e às finalidades concretamente prosseguidas pelo direito do urba-*

nismo e pela política de ordenamento do território e de urbanismo: a de colocar a gestão e ordenamento do território e o uso do solo ao serviço das populações, como instrumento de equilíbrio e de bem-estar. Ou, no dizer da Lei de Bases do Ordenamento do Território e de Urbanismo (Lei nº 48/98, de 11 de Agosto), "a adequada organização e utilização do território nacional, na perspectiva da sua valorização..., tendo como finalidade o desenvolvimento económico, social e cultural integrado, harmonioso e sustentável do País, das diferentes regiões e aglomerados urbanos". A este propósito, diz-nos o Prof. Fernando Alves Correia, in Manual do Direito do Urbanismo, citado pelo acórdão recorrido, a págs. 572/573: "Não é, porém, tarefa fácil saber quando é que um projecto urbanístico viola o disposto num plano, sobretudo num plano director municipal. Sobre este ponto, a moderna doutrina jurídica urbanística vem defendendo que o projecto urbanístico não deve ser, hoje, entendido como um «acto de mera execução ou de aplicação» do que está previsto no plano, mas antes como um «acto de integração das previsões» do plano. De acordo com esta nova relação entre o projecto urbanístico e o plano director municipal – a qual tem como base uma ideia «revalorizadora» do projecto, através do reconhecimento de que lhe cabe um papel «criador» e «integrador» das previsões daquele instrumento de planeamento territorial –, para que um projecto urbanístico esteja de acordo com as disposições de um plano director municipal e, por isso, não o viole, não é necessário que aquele reproduza estrita e rigorosamente o que está previsto neste, bastando que, no conjunto ou no seu todo, o projecto urbanístico licenciado ou autorizado dê cumprimento às exigências significativas ou expressivas constantes do plano ou "à utilização dominante nele definida."

E acrescenta: "A questão apresenta particular acuidade quando o PDM define um destino genérico para uma determinada área, como, por exemplo, quando considera um certo espaço como zona de «equipamento público» ou como zona de «equipamento de utilização colectiva», as quais, tendo em conta a densificação, em termos meramente exemplificativos e muito abertos, fornecida pela Portaria nº 1136/20012, de 25 de Setembro – «áreas afectas às instalações (inclui as ocupadas pelas edificações e os terrenos envolventes afectos às instalações), destinadas à prestação de serviços à colectividade (saúde, ensino, administração, assistência social, segurança pública, protecção civil, etc.) e à prática de actividades culturais, de recreio e lazer e de desporto» –, *devem ser consideradas como conceitos tipológicos e não definitórios. Significa isto que o conteúdo do conceito de equipamento apresenta um conjunto amplo de características (a denominada intensio do conceito) e, além disso, para que uma determinada obra, edificação ou instalação se inclua no domínio (extensio) daquele conceito, não é necessário que satisfaça todas as características do mesmo, bastando para isso que preencha um núcleo significativo ou representativo delas."* No mesmo sentido, e como nos dá conta o mesmo Autor, se pronunciou o Prof. Barbosa de Melo, in Notas de Contencioso Comunitário, Coimbra, 1986, pág. 123: *"O modelo tipológico apresenta uma estrutura geral similar à do modelo definitório, na medida em que compreende, por um lado, um conjunto de características ideadas ou abstractas potencialmente referidas a objectos (intensio, Sinn, sense) e, por outro, um conjunto de objectos portadores dessas características (extensio, Bedeutung, meaning).*

No entanto, a composição e o arranjo da intensio – e, consequentemente, da extensio – tomam aí uma feição peculiar: enquanto no conceito definitório, por um lado, o número das características tende a ser mínimo (desejavelmente único) e, por outro lado, a verificação integral desse conjunto de características nos objectos ou indivíduos incluídos na extensio será sempre indispensável (ou, então, já não estaríamos perante uma característica essencial, mas perante uma característica acidental) – no conceito tipológico, ao contrário, não só o conjunto das características tende a ser amplo, como também não é requisito de inclusão que o objecto ou indivíduo sub judice satisfaça a todas essas características, bastando para isso que exiba um núcleo significativo ou representativo delas."

O acórdão sob revista alude ainda, a este propósito, a que o projecto "EURO STADIUM", quando considerado no seu todo, isto é, no conjunto das modalidades de ocupação do espaço que abrange, apresenta as características predominantes pró-

prias do conceito de equipamento, e cita, também nessa linha, Fernanda Paula Oliveira e Dulce Lopes, Dos Estádios aos Equipamentos Desportivos, Aspectos Financeiros, Urbanísticos e Ambientais, Almedina, 2005, que afirmam:
"*Esta expressão [equipamentos desportivos] pretende denotar uma matriz complexa destas instalações, uma vez que curamos essencialmente de espaços multifuncionais, que agrupam finalidades recreativas, comerciais, de prestação de serviços (por vezes públicos) e mesmo residenciais, agregação esta que é justificada por razões de auto-sustentabilidade de tais áreas e por questões de segurança.*
Ainda assim, não nos referimos, em primeira linha, ao conceito de equipamentos multifuncionais ou multiusos, mas à designação de equipamentos desportivos, pois não se pode olvidar que é esta afectação que constitui o seu elemento agregador e de atractividade. As demais funcionalidades admitidas estarão sempre numa relação de dependência ou de complementaridade com a finalidade precipuamente desportiva de tais instalações, não se admitindo aquelas que sejam com ela conflituantes ou que a descaracterizem."*Esta concepção tipológica e integrada do equipamento, associada à noção do projecto urbanístico como «acto de integração das previsões» do plano, colhe, aliás, algum conforto na nossa legislação, quando esta alude à "função do uso dominante" do solo, já evidenciada no DL n.º 69/90, de 2 de Março, diploma onde se dispunha, relativamente aos elementos fundamentais dos planos, que a regulação do uso do solo fosse feita "em função do uso dominante" do solo, estabelecendo expressamente que "a planta de ordenamento delimita classes de espaços, em função do uso dominante", e que "a planta de zonamento delimita categorias de espaços, em função do uso dominante" (art. 10.º, n.ºs 3 e 4), estabelecendo o art. 28.º, n.º 1 que a consideração das várias classes de espaços ali indicadas, com vista à elaboração de planos, se faria "em função do uso dominante". Este diploma veio a ser revogado pelo DL n.º 380/99, de 22 de Setembro, que estabeleceu o regime jurídico dos instrumentos de gestão territorial (RJIGT), diploma que assentou noutros pressupostos, passando a acolher a classificação do solo prevista na Lei de Bases do Ordenamento do Ter-*

ritório e de Urbanismo (Lei n.º 48/98, de 11 de Agosto), assente na classificação básica entre solo urbano e solo rural, determinante do "destino básico" dos terrenos, e, com respeito por essa classificação básica, "o aproveitamento dos terrenos em função da actividade dominante que neles possa ser efectuada ou desenvolvida, estabelecendo o respectivo uso e edificabilidade" (art. 15.º, n.ᵒˢ 1 a 3). Ou seja, é inegável que perpassa pela legislação aplicável uma ideia lógica e coerente de consideração do planeamento urbanístico "em função do uso dominante" do solo, o que claramente favorece a tese da concepção tipológica dos equipamentos, numa perspectiva de integração relacional, como atrás se deixou referido, e que se opõe a uma visão unitária e sectarizada de cada uma das respectivas componentes, substituindo o tradicional modelo de zonamento monofuncionalista por um modelo de zonamento plurifuncional das diversas áreas, de modo a garantir "uma coexistência harmoniosa das funções" (Jorge de Carvalho, in Ordenar a Cidade, Coimbra, Quarteto, 2003, pág. 209 e segs.). O que, visto por outro prisma, permite a concretização de um outro princípio jurídico com relevância actual em sede de planeamento urbanístico, que é o da "mistura de usos compatíveis" ou da "proximidade simbiótica", ao qual se refere, designadamente, o Prof. Fernando Alves Correia, obra citada, pág. 681, que afirma que essa compatibilidade, capaz de optimizar actividades de diversa natureza, terá de ser aferida em concreto com base em critérios de funcionalidade. A não ser assim, ou seja, numa perspectiva monofuncionalista e isolada de "equipamentos", teríamos que uma área destinada exclusivamente a equipamentos não poderia admitir a inclusão de uma componente serviços (como a restauração ou outros), e talvez as aldeias olímpicas ou similares (cuja natureza de equipamento público e de utilização colectiva ninguém contestará) não pudessem comportar qualquer tipo de habitação para os atletas.

É clara a necessidade de uma visão concertada e de agregação funcional, dentro, naturalmente, de limites e dimensão razoáveis que não descaracterizem a natureza do equipamento em causa, ou seja, que a funcionalidade de uma componente, quer na sua expressão qualitativa, quer na sua expressão quan-

titativa, não coloquem em causa, na sua unidade funcional, a expressão real do projecto.

Afigurando-se manifestamente mais defensável esta concepção do projecto urbanístico e dos equipamentos, como instrumentos que devem ser apreciados e valorados no seu todo, de forma global e inter-relacional, à luz de critérios de integração e de funcionalidade agregadora das várias componentes, ou seja, numa concepção tipológica, abrangente e não redutora, consideramos que o projecto aqui em causa não afronta as previsões do plano aplicável, concretamente do disposto no art. 41.º, n.º 1 do RPDM de Coimbra, não se afigurando que a dita componente habitação especializada nele prevista, com a dimensão e as características técnicas e funcionais específicas que a enformam, seja de molde a descaracterizá-lo como equipamento de interesse público e utilização colectiva.

Como resulta da matéria de facto fixada, o projecto licenciado, "EURO STADIUM", compreende um Centro Comercial, um Complexo Desportivo composto por um Pavilhão Multiusos e duas Piscinas, e Habitação Especializada (202 fogos habitacionais de tipologia T0, com área bruta total de construção de 10.169 m²) e Estacionamento.

A "habitação especializada" é destinada a jovens, estudantes/atletas ou terceira idade, até 12.000 metros quadrados de área bruta de construção, estando em causa uma ocupação de 18% da área total do empreendimento.

O projecto prevê a alienação de parcelas de terreno para edificação da dita "habitação especializada" em regime de direito de superfície.

Ora, a "habitação especializada" prevista no projecto não tem as características próprias da habitação comum, pois que, como salienta o acórdão recorrido:

a) Não foi concebida para servir agregados familiares mas, essencialmente para receber pessoas que residam temporariamente no local, especialmente atletas e estudantes;

b) É composto exclusivamente por unidades hoteleiras de tamanho reduzido – T0, o que constitui uma inovação e uma maior valia, garantindo ao mesmo tempo uma rotatividade permanente na sua ocupação;

c) Ao nível das cotas 46.63 e 50.45 existem áreas técnicas de apoio;

d) Dispõe de serviços comuns nomeadamente no que respeita a portaria, segurança, lavandarias, salas de estar, serviços centralizado de refeições e de limpeza, junto à entrada, funcionando como lobby;

e) Dispõe de gestão comum, tendo em conta os diversos serviços prestados aos utentes e as características especiais do empreendimento;

f) As respectivas fracções só podem ser alienadas em regime de direito de superfície;

g) O empreendimento é construído com materiais de especial durabilidade, para evitar o desgaste rápido associado à rotatividade de utilizadores.

É por demais evidente a especificidade desta componente habitacional, que nada tem a ver com o tipo de habitação tradicional comum, e que, pelas suas características e funcionalidades, dimensão residual no âmbito do empreendimento urbanístico, e, sobretudo, pelo natural favorecimento de uma ocupação temporária e sazonal por parte de jovens estudantes/atletas, assume uma inequívoca vocação complementar e instrumental do projecto no seu conjunto, integrando assim uma unidade económico-funcional afecta a fins de interesse público, sem descaracterizar o projecto complexo e multifuncional em que se integra.

Nesta conformidade, e como decidiu o acórdão recorrido, entendemos que os actos de licenciamento impugnados não violam o disposto no art. 41.º, n.º 1 do RPDM de Coimbra, uma vez que o empreendimento licenciado, "EURO STADIUM", assume, enquanto unidade económico-funcional, a natureza de "equipamento de interesse público e utilização colectiva", que não é descaracterizado pela inclusão de uma componente "habitação especializada" com as características e especificidades previstas no respectivo projecto."

Do que vem de ser transcrito, decorre que o entendimento do STA é o de que o empreendimento em causa nos autos não é descaracterizado como equipamento de interesse público e utilização colectiva pela mera inclusão da componente habitacional, motivo que o impele a considerar improcedentes as alegações do Ministério Público, e em consequência, a negar a revista.

E) Apreciação Crítica

Foram duas, essencialmente, as grandes questões sindicadas pelo STA para proferir a sua decisão e giraram elas em torno da dissecação jurídico-interpretativa de dois conceitos – o de "equipamento de interesse público e de utilização colectiva", presente na epígrafe artigo 41.º do RPDM de Coimbra – e o de "uso dominante" constante do regime enquadrador das regras de uso e ocupação dos solos, *v.g.*, a LBPOTU e o RJIGT.

No entanto, e não obstante não ter sido esse o trilho percorrido pelo STA para dar o desfecho final ao caso, cremos não poder ignorar aquela que foi uma das conclusões apriorísticas constantes do aresto e segundo a qual:

"É inquestionável que o termo "exclusivamente", utilizado no art. 41º, nº 1, quer efectivamente significar que, naquelas zonas, apenas é permitida a instalação de equipamentos de interesse público e utilização colectiva, o que significa, a contrario, e apenas, que nelas está vedada a instalação de quaisquer equipamentos que não sejam de interesse público e utilização colectiva.

Acreditamos, convictamente, que em Direito, nem tudo que parece ser é, e podia o nosso tribunal superior ter esgrimido também esta barreira linguística, com apelo a critérios de interpretação jurídica que reforçariam a posição que acabou por tomar a final.

Sem nos queremos substituir, pois, ao papel do julgador, deixamos, nas linhas seguintes, aquela que é a nossa visão do assunto.

- ***O vocábulo "exclusivamente" constante do artigo 41.º, n.º 1 do RPDM de Coimbra***

Efectivamente, resulta expressamente da letra do artigo 41.º, n.º 1 do RPDM de Coimbra que a área em causa se destina, *em exclusivo*, a equipamentos de interesse público e de utilidade colectiva.

E se, em sede da tarefa de hermenêutica jurídica, a correcta e adequada interpretação de qualquer norma deve ser feita não apenas com apelo à sua própria *letra* (elemento literal da interpretação), mas também aos restantes elementos da interpretação jurídica, em especial o *sistemático*[3], o *histórico*[4] e o *teleológico*[5] (artigo 9.º, n.º 1, *in fine* do Código Civil), a verdade é que aquela letra desempenha a dupla função de ponto de partida, mas também de ponto de chegada de toda e qualquer interpretação, o que significa que esta tem de ter na letra um mínimo de correspondência, não sendo permitida a designada interpretação correctiva.[6]

Donde ser difícil desapegarmo-nos e ignorar que o referido artigo 41.º do Regulamento do Plano Director Municipal de Coimbra determina, de forma expressa, que as zonas de equipamentos se destinam *exclusivamente* a este fim, o que, pelo menos numa primeira leitura – a mesma que foi feita, aliás, pelo tribunal superior –, nos impulsiona para o entendimento de que a norma deve ser lida como referindo-se a usos exclusivos, e não dominantes por a leitura inversa ser contraditória com o textualizado pelo legislador.

E atendendo a este facto e uma vez que a norma do PDM de Coimbra não deixou de utilizar o vocábulo "exclusivamente", poderia querer dizer que, apesar de a tendência da definição dos espaços inscrita no diploma legal que pautou a elaboração do Plano Director Municipal de Coimbra – o decreto-lei 69/90 – apontar para o abandono das teorias de "zonamento monofuncional", a verdadeira e real intenção do município foi a de formular uma opção em sentido contrário nas zonas de equipamentos, o que foi conseguido através

---

[3] De acordo com o qual a norma deve ser interpretada não isoladamente, mas como uma peça de um todo (no caso, do Plano Director Municipal).

[4] Que manda atender aos factores relacionados com a origem da norma.

[5] Que apela para a necessidade de se considerar o fim que com a norma se pretende alcançar (*ratio legis* ou *ratio iuris*), visando, por isso, procurar a solução mais acertada para os casos da vida, atendendo precisamente a esse fim.

[6] Na interpretação correctiva, o intérprete é impelido, por razões extra-jurídicas (justiça, prudência, inadequação, inoportunidade), a modificar o sentido real (e não apenas literal como sucede na interpretação extensiva e restritiva) da norma. Contudo, o artigo 8.º, n.º 2, do Código Civil veda esta possibilidade.

da adopção da fórmula verbal "exclusivamente" na norma respectiva, opção que seria de admitir à luz da ampla discricionariedade de planeamento de que os órgãos municipais dispõem nestes domínios e que os habilita a que possam ter opções distintas daquelas que representam a principiologia dos diplomas em que se inserem.

Face ao que teríamos de concluir pelo carácter extremamente restritivo da norma impedindo, em absoluto, outros usos que não os exclusivamente previstos para as zonas de equipamento.

Não é, no entanto, este o entendimento porque enveredaremos. É que, como se acaba de dizer, se era possível à Câmara de Coimbra ter seguido uma solução desviante em relação ao *rationale* que esteve na base da criação do diploma legal que enformou a elaboração do seu PDM e que apontava no sentido da mistura de usos, sempre teria de se assumir que esta solução, por se apresentar como excepcional e contrária aos princípios gerais de planeamento urbanístico (que apelam, como vimos para a mistura de usos e recusa de um planeamento monofuncional), deveria, por isso mesmo, resultar de forma explícita dos vários elementos que compõem o Plano e que permitem extrair o sentido das suas disposições, em especial do seu Relatório, documento do qual consta a fundamentação das opções de planeamento municipal.

Decifrando o nosso raciocínio, deve entender-se que ocorrendo omissão de classificação do tipo de uso (como dominante ou exclusivo) terá de se considerar que, na ausência de referência expressa do Plano, o regime que vale é o legal, ou seja, o de que o uso em causa é um uso dominante.

Do que decorre que sempre que uma opção de planeamento pretenda destinar uma determinada área para um *uso exclusivo* tal terá de resultar expressamente fundamentada, de forma a confirmar que em causa está, precisamente, uma opção contrária aos princípios gerais de planeamento.

O que também só pode acontecer na presença de relevantes interesses municipais, que devem ser devidamente explicitados.

Ademais, encontramos normas no PDM de Coimbra que, regulando a ocupação de algumas áreas destinadas a equipamento, admitem usos residenciais especializados (nas zonas destinadas a equipamentos universitários admite-se a instalação de residências para estudantes, e no caso da Escola Agrária, admite-se um edifício destinado à habitação do respectivo director).

Ou seja, percebe-se que o entendimento subjacente a esta opção do Plano foi a de admitir nas zonas de equipamentos certos tipos específicos de usos, complementares dos equipamentos, como habitação (designada de especializada por esse motivo).

Será assim muito limitada uma interpretação do artigo 41.º do Regulamento do Plano Director Municipal que não tenha presente este facto, e se atenha apenas aos seus termos literais, sem procurar indagar outros dados, designadamente de cariz histórico-teleológico, que fundamentem uma tal opção. Especial relevo assume aqui o elemento sistemático, já que uma leitura conjunta dos vários preceitos do Plano Director Municipal referentes a zonas para equipamentos parece apontar para uma solução distinta.

Em consequência, terá de se admitir nestas zonas todas as categorias de usos que se possam considerar *complementares* dos equipamentos, isto é, usos sem os quais aqueles não poderão funcionar ou não poderão funcionar de modo adequado.

E ainda que a habitação constante do projecto apresentado para o EURO STADIUM não se possa reconduzir ao conceito de equipamento, consideramos que em causa estão usos indispensáveis ao (cabal) funcionamento dos equipamentos aí previstos, pelo que devem considerar-se abrangidos, senão pela letra, pelo menos pelo espírito da norma.

Em todo o caso, também entendemos que a norma não é totalmente permissiva no sentido de nela caber a concretização de projectos imobiliários "puros", isto é, sem a necessária funcionalização à actividade principal, *in casu*, desportiva.

- *O conceito "uso dominante"*

Como deixámos referido acima, foi entendimento do STA que a resolução deste caso concreto passava, entre o mais, mas também, pela densificação do conceito de "uso dominante".

Ora, sobre este aspecto em particular oferece-nos dizer que não obstante estar associado à concepção moderna de direito do urbanismo que apela, como reconhece o aresto em análise, para o abandono das práticas monofuncionais de ocupação dos espaços em prol das práticas multifuncionais de ocupação dos mesmos, não podemos ignorar que este *"modus operandi"* decorria já do regime ao abrigo do qual foi elaborado o PDM de Coimbra, a saber o Decreto-lei 69//90, de 2 de Março.

E é pois, à luz deste que deve ser aferido o sentido de "uso dominante".

E nos termos do Decreto-Lei n.º 69/90, os planos municipais de ordenamento do território visavam regulamentar a *"ocupação, o uso e a transformação do solo na área abrangida"*, tendo em conta, para o efeito, os objectivos de desenvolvimento, a distribuição racional das actividades económicas, as carências habitacionais, os equipamentos, as redes de transportes e de comunicações e as infra--estruturas (artigos 5.º e 9.º).

O referido diploma legal impunha, além do mais, que a regulação do uso do solo fosse feita em *"função do uso dominante"* do solo, estabelecendo-se que *"a planta de ordenamento delimita classes de espaços, em função do uso dominante"* e que *"a planta de zonamento delimita categorias de espaços, em função do uso dominante"*, consoante se tratasse de plano director municipal ou de plano de urbanização (cfr. o artigo 10.º, n.ºs 3 e 4).

Por sua vez, determinava ainda o artigo 28.º deste diploma legal, sob a expressiva epígrafe *"uso dominante do solo"*, que:

> *"Com vista ao desenvolvimento do processo de planeamento e à elaboração de planos, podem ser consideradas, <u>em função do uso dominante</u>, as seguintes classes de espaços, que por sua vez, podem abranger diversas categorias:*
>
> a) *Espaços urbanos, caracterizados pelo elevado nível de infra--estruturação e densidade populacional, onde o solo se destina <u>predominantemente</u> à edificação;*
> b) *Espaços urbanizáveis, assim denominados por poderem vir a adquirir as características dos espaços urbanos e geralmente designados por áreas expansão;*
> c) *Espaços industriais, destinados a actividades transformadoras e serviços próprios e apresentando elevado nível de infra--estruturação;* "(citação com sublinhado nosso).

As restantes alíneas desse n.º 1 do artigo 28.º continham a caracterização de outros espaços, como os espaços para indústrias extractivas, agrícolas, florestais, culturais e naturais e espaços canais, determinando o seu n.º 2 que:

"*o conjunto do espaço urbano, do espaço urbanizável e dos espaços industriais que lhes sejam contíguos determina o perímetro urbano.*"

O Decreto-Lei n.º 69/90 veio a ser revogado pelo Regime Jurídico dos Instrumentos de Gestão Territorial mas, em face do afirmado, e não obstante a diferença de regulamentação actual relativamente à anterior no que concerne às *classes* de solos e às *categorias* em que as mesmas se dividem, existe um factor comum traduzido na qualificação dos solos como correspondendo à indicação dos *usos dominantes* (e não dos usos exclusivos) a que se refere cada categoria.

E falar em qualificação dos solos segundo o *uso dominante* significa admitir, ao lado deste, utilizações ou *usos complementares ou acessórios* e utilizações e *usos compatíveis*, o que tem como consequência a admissão de *usos mistos* dentro de uma determinada categoria de espaço, desde que fique perfeitamente identificado e garantido um *uso dominante*, impedindo, assim, o desvirtuamento do regime jurídico inicialmente estabelecido nos instrumentos de planeamento urbanístico.

Também pelo que fica dito, bem andou o STA na sua decisão, a qual, como se tentou demonstrar, já decorria da filosofia subjacente às tarefas de classificação e qualificação dos solos constantes do diploma de 90.

Se quiséssemos seleccionar a parte do texto do Acórdão comentando que corrobora a análise supra feita, escolheríamos, sem hesitar, a seguinte asserção, a qual traduz também, quanto a nós, a lição a tirar da tendência jurisprudencial sobre a matéria:

"*É clara a necessidade de uma visão concertada e de agregação funcional, dentro, naturalmente, de limites e dimensão razoáveis que não descaracterizem a natureza do equipamento em causa, ou seja, que a funcionalidade de uma componente, quer na sua expressão qualitativa, quer na sua expressão quantitativa, não coloquem em causa, na sua unidade funcional, a expressão real do projecto. Afigurando-se manifestamente mais defensável esta concepção do projecto urbanístico e dos equipamentos, como instrumentos que devem ser apreciados e valorados no seu todo, de forma global e inter-relacional, à luz de critérios de integração e de funcionalidade agregadora das várias componentes, ou seja, numa concepção tipológica, abrangente e não redutora".*

- **O conceito "equipamento de interesse público e de utilização colectiva", presente na epígrafe do artigo 41.º do RPDM de Coimbra.**

Quanto ao conceito de equipamento de interesse público e de utilização colectiva há a referir a particular dificuldade de interpretação que colocam as normas que utilizam, na delimitação dos respectivos pressupostos, *conceitos técnicos* e *conceitos indeterminados* e, muitas vezes, *conceitos polissémicos*. Em todas estas situações a determinação do sentido da norma não se pode esgotar na análise da sua letra nem numa mera operação matemática, pressupondo, antes, ainda, uma *dimensão valorativa* da situação concreta e uma *margem de livre apreciação* ou mesmo de *criação* do direito aplicável ao caso.

Fazendo uso do que se disse supra sobre elementos e instrumentos interpretativos e sobre os resultados da interpretação podemos determinar agora o sentido que deve ser conferido ao conceito de equipamento.

Ora, se era verdade que até há bem pouco a lei não nos fornecia um conceito explícito sobre o sentido a conferir a equipamentos de utilização colectiva, tendo cabido à doutrina e à jurisprudência essa tarefa, não é menos verdade que o seu significado é agora constante do Decreto Regulamentar 9/2009, de 31 de Maio, diploma que estabelece os conceitos técnicos nos domínios do ordenamento do território e do urbanismo[7].

Na ficha com o número 25 pode ler-se que os *"equipamentos de utilização colectiva são as edificações e os espaços não edificados afectos à provisão de bens e serviços destinados à satisfação das*

---

[7] E já se inferia da leitura da Portaria 1136/2001, de 25 de Setembro.

necessidades colectivas dos cidadãos, designadamente nos domínios da saúde, da educação, da cultura e do desporto, da justiça e da segurança social, da segurança pública e da protecção civil".

Em nota complementar à definição e à laia de interpretação autêntica, exterioriza o legislador a teleologia da noção, esclarecendo, por um lado, que estes equipamentos podem ser públicos ou privados e, por outro, que não são estanques as necessidades colectivas para cuja satisfação a existência destes equipamentos tende, devendo antes entender-se como "um conjunto dinâmico reconhecido em cada momento no quadro político e normativo".

Há pois, agora, e ao contrário do afirmado no Acórdão comentando, uma definição legal do conceito.

Em todo o caso, não podemos descurar que na tipologia nele indicada não se referem os usos habitacionais, pelo que, não obstante a expressa definição do conceito, o problema se manteria.

Ora, neste particular, acompanhamos na íntegra a perspectiva de análise feita pelo STA que delimitou, e bem, à luz dos princípios enformadores do direito do urbanismo e do ordenamento do território, as regras de ocupação e uso do solo.

E que, em conformidade, entendeu que a questão a resolver era não a de saber se é permitida nos empreendimentos a instalar em zonas de equipamento a edificação de habitações mas a de apurar se um equipamento com as características do EURO STADIUM mantém a natureza de equipamento de interesse público e utilização colectiva apesar de incluir a componente de habitação especializada, ou se a presença desta componente o descaracteriza enquanto tal.

Bem andou, mais uma vez, em nosso atender, ao não descurar a especificidade do equipamento em causa – um equipamento desportivo – e ao ter feito apelo "aos traços característicos dos "equipamentos desportivos" já descortinados por Fernanda Paula Oliveira e Dulce Lopes[8], para quem *"Esta expressão pretende denotar uma matriz complexa destas instalações, uma vez que curamos essencialmente de espaços multifuncionais, que agrupam finalidades recreativas, comerciais, de prestação de serviços (por vezes públicos)*

---

[8] *In,* "Dos Estádios aos Equipamentos Desportivos: Trilho de uma evolução", Coimbra, Almedina, 2005.

e mesmo residenciais, agregação esta que é justificada por razões de auto-sustentabilidade de tais áreas e por questões de segurança. Ainda assim, não nos referimos, em primeira linha, ao conceito de equipamentos multifuncionais ou multiusos, mas à designação de equipamentos desportivos pois não se pode olvidar que é esta afectação que constitui o seu elemento agregador e de atractividade. As demais funcionalidades admitidas estarão sempre numa relação de dependência ou de complementaridade com a finalidade precipuamente desportiva de tais instalações, não se admitindo aquelas que sejam com ela conflituantes ou que a descaracterizem".

F) Conclusões

Em conclusão, devemos acentuar o elevado interesse na leitura deste acórdão não só por ter "assumido" o entendimento doutrinário já acolhido dos conceitos envolvidos – de equipamento de interesse público e de utilização colectiva mas também de equipamentos desportivos – mas pela importância jurídico-social subjacente à questão controvertida em que assenta.

E considerando o que foi referido, podemos então aventar os principais *topoi* relevantes acerca da temática que foi trabalhada no âmbito do acórdão em anotação.

Donde:

(*i*). Será assim muito limitada uma interpretação do artigo 41.º do Regulamento do Plano Director Municipal que se atenha apenas aos seus termos literais, sem procurar indagar outros dados, designadamente de cariz histórico-teleológico, que fundamentem uma tal opção.

(*ii*). Especial relevo assume aqui o elemento sistemático, já que uma leitura conjunta dos vários preceitos do Plano Director Municipal referentes a zonas para equipamentos parece apontar para uma solução distinta.

(*iii*). No âmbito da boas práticas sobre as regras de uso e ocupação do solo, deve entender-se "a caracterização, pela lei, da tarefa de qualificação dos solos como indicação dos *usos dominantes* neles admitidos e a sua concretização efectiva na ocupação do território no âmbito de específicas operações urbanísticas que venham a ser executadas na sequência daqueles instrumentos de planeamento, tem como objectivo principal a substituição do tradicional *zonamento monofuncionalista*, com todas as desvantagens que o mesmo acarretou do ponto de vista da ocupação do território, por um *zonamento plurifuncional* das diferentes áreas do município, de modo a garantir "*uma coexistência harmoniosa das funções*"[9-10].

(*iv*). Apenas desta forma sendo possível concretizar um dos mais relevantes princípios jurídicos do planeamento urbanístico actual: o princípio da *mistura de usos compatíveis* ou da *proximidade simbiótica,* que se apresenta como complementar de um outro, de sinal contrário – o da separação de usos incompatíveis.

(*v*). Do que decorre que sempre que uma opção de planeamento pretenda destinar uma determinada área para um *uso exclusivo* tal terá de resultar expressamente fundamentada, de forma a confirmar que em causa está, precisamente, uma opção contrária aos princípios gerais de planeamento.

(*vi*). Donde a habitação constante do projecto apresentado para o EURO STADIUM não se possa reconduzir ao conceito de equipamento, consideramos que em causa estão usos indispensáveis ao (cabal) funcionamento dos equipamentos aí previstos, pelo que devem considerar-se abrangidos, senão pela letra, pelo menos pelo espírito da norma.

(*vii*). E isto, fado *jus* também à boa noção de equipamento desportivo apresentando no corpo do texto do presente comentário.

---

[9] Cfr. JORGE DE CARVALHO, *Ordenar a Cidade,* Coimbra, Quarteto, 2003, pp. 209-212.

[10] Paradigma que perpassou também para o constante do Decreto Regulamentar 11/2009, de 31 de Maio, que estabelece os critérios uniformes de classificação e reclassificação do solo, de definição de utilização dominante, bem como das categorias relativas ao solo rural e urbano, aplicáveis a todo o território nacional, em cujo preâmbulo pode lêr-se – elemento interpretativo fundamental de diplomas legais – que "Quanto à qualificação do solo, define -se, de acordo com os princípios fundamentais da compatibilidade de usos, da graduação, da preferência de usos e da estabilidade, o conceito de utilização dominante de uma categoria de solo como a afectação funcional prevalecente que lhe é atribuída pelo plano municipal de ordenamento do território".

A Preservação de Efeitos do Acto Administrativo de Gestão Urbanística Nulo

CLARA SERRA COELHO[1]

I. Breve Referência ao Regime Geral da Nulidade no Direito Administrativo Português

Apesar da sua natureza substantiva, o regime geral da nulidade dos actos administrativos tem o seu assento em lei procedimental, nomeadamente nos arts. 133.º e 134.º do Código de Procedimento Administrativo (CPA). Estas normas aplicam-se a todos os actos administrativos, sejam da Administração Central, Regional ou Local, pelo que deverá entender-se que, para além das causas de nulidade especificamente consignadas no Regime Jurídico da Urbanização e Edificação (RJUE)[2], designadamente no seu art. 68.º, os actos administrativos praticados em matéria de gestão urbanística[3] – e em especial aqueles que permitem ao particular a realização de uma opera-

---

[1] Advogada.

[2] O RJUE foi aprovado pelo D.L. n.º 555/99, de 16.12, tendo a sua vigência sido suspensa pela Lei n.º 13/2000, de 20.7, foi alterado pelo D.L. n.º 177/2001, de 4.6 que fixou a sua entrada em vigor para o 120.º dias após a sua publicação (cf. art. 5.º), sofreu alterações pontuais introduzidas pelas Leis nos 15/2002, de 22.2 e 4-A/2003, de 19.2, bem como pelo D.L. n.º 157/2006, de 8.8, foi profundamente alterado pela Lei n.º 60/2007, de 4.9 (alterações que entraram em vigor 180 dias após a publicação desta), sendo que as suas últimas alterações foram introduzidas pelo D.L. n.º 18/2008, de 29.1, pelo D.L. n.º 116/2008, de 4.7, e pelo D.L. n.º 26/2010, de 30.3.

[3] Como ensinam Pedro Gonçalves e Fernanda Paula Oliveira, o acto administrativo de gestão urbanística corresponde à "decisão pela qual uma autoridade administrativa exerce um controlo sobre a legalidade ou a conveniência de uma operação urbanística a realizar ou já realizada" ("A Nulidade dos Actos Administrativos de Gestão Urbanística", revista do CEDOUA, n.º 3, Ano II, pg. 24), o que significa que, para além de verificar a conformidade da operação urbanística pretendida com o as normas legais aplicáveis, a Administração pode, em determinadas situações, pronunciar-se sobre a conveniência da mesma, como, por exemplo, no caso a que alude o art. 24.º, n.º 4 do RJUE.

ção urbanística – ficarão feridos de nulidade caso se subsumam em qualquer uma das causas previstas no art. 133.º do CPA (aliás, a aplicação do CPA nesta matéria sempre resultaria do disposto no seu art. 2.º, n.º 7, bem como do estatuído no art. 122.º do RJUE que o consagra como o seu direito subsidiário).

Ainda que mantendo a nulidade como sanção excepcional face à regra geral da anulabilidade no que concerne às causas de invalidade do acto administrativo, o CPA veio alargar consideravelmente o âmbito de aplicação da nulidade. Efectivamente, ao socorrer-se do advérbio *"designadamente"* no n.º 2 do art. 133.º do CPA, o legislador rejeitou o sistema de *numerus clausus* ou da taxatividade quanto às causas de nulidade dos actos administrativos e, em conformidade, consignou na primeira parte do n.º 1 do art. 133.º que *"são nulos os actos a que falte qualquer dos elementos essenciais"*, abrindo a porta à possibilidade de serem configurados casos de nulidade por natureza pelas vias doutrinal e jurisprudencial.

De referir que, antes da entrada em vigor do CPA, a figura da nulidade por natureza já era admitida na doutrina, entre outros, por Freitas do Amaral como correspondendo aos *"casos em que, por razões de lógica jurídica, o acto não pode deixar de ser nulo, por isso que seria totalmente inadequado o regime da simples anulabilidade"*[4], sendo que, concretizando esta noção, o referido autor enunciou três casos que entendia corresponderem a nulidades por natureza: actos de conteúdo ou objecto impossível, actos cuja prática consista ou envolva o cometimento de um crime, e actos que violem o conteúdo essencial de um direito fundamental[5]. Idêntica opinião foi defendida também por Mário Esteves de Oliveira[6-7].

Deste modo, não estando em presença de um caso de nulidade por determinação legal, poder-se-á estar perante um acto nulo, tendo

---

[4] Cf. "Direito Administrativo", Vol. III, Lisboa, 1989, pg. 33 e ss.

[5] Estas situações vieram a ser contempladas pelo legislador como causas de nulidade expressamente previstas na lei – assim as als. c) e d) do n.º 2 do art. 133.º do CPA.

[6] Cf. "Direito Administrativo", Vol. I, Almedina, 1980, pg. 545 e ss.

[7] Para MARCELLO CAETANO, a distinção terminológica podia ser feita entre "inexistência por natureza" (correspondendo às situações de carência dos elementos essenciais do acto administrativo) e "nulidade absoluta por cominação da lei" – vide "Princípios Fundamentais do Direito Administrativo", Almedina, 1996, pg. 150 e 151.

por referência o caso concreto, e tendo em conta o tipo de acto em apreço e a gravidade do vício que o inquina. Todavia, não se deverá perder de vista que, em princípio, estas serão situações excepcionais, sob pena de ser posta em causa a eficácia da actividade administrativa, e a própria segurança e certeza nas relações jurídicas administrativas. Num sistema de administração executiva como é o nosso, tais valores são assegurados, precisamente, pela regra geral da anulabilidade, na medida em que é sanável pelo decurso do tempo, nomeadamente se não for invocada nos prazos referidos no art. 58.º do Código de Processo nos Tribunais Administrativos (de ora em diante abreviadamente CPTA).

Em suma, e para além dos casos de nulidade expressamente previstos na lei (que, no CPA, correspondem às situações previstas no n.º 2 do art. 133.º e no n.º 2 do art. 29.º), é possível configurar, em termos gerais, situações de nulidade por natureza, desde que ao acto administrativo falte qualquer dos seus elementos essenciais. Estamos num domínio em que existe alguma margem de conformação quanto às situações subsumíveis na figura da nulidade por natureza que, não podendo deixar de ter em conta a natureza do vício em causa, deverá ser analisada por referência às circunstâncias do caso concreto[8].

---

[8] O alcance do conceito "elementos essenciais" é objecto de alguma divergência doutrinal. Para MÁRIO ESTEVES DE OLIVEIRA, PEDRO COSTA GONÇALVES e J. PACHECO DE AMORIM serão "todos aqueles que se ligam a momentos ou aspectos legalmente decisivos e graves dos actos administrativos" e já não aqueles que integram o próprio conceito de acto administrativo nos termos em que este vem formulado no art. 120.º do CPA, pois, neste caso, estaremos perante uma situação de inexistência de acto administrativo (Cf. "Código do Procedimento Administrativo Comentado", 2.ª Edição, Almedina, 1999, pg. 642). Vieira de Andrade assume uma posição aproximada quando afirma que "Os elementos essenciais são os indispensáveis para que se constitua qualquer acto administrativo, incluindo os que caracterizam qualquer espécie concreta" (Cf. "Validade (do acto administrativo)", Dicionário Jurídico da Administração Pública, Vol. VII, pg. 587). Assumindo uma tese algo distinta das atrás referidas, outros autores reconduzem os "elementos essenciais" aos elementos que, nos termos do art. 120.º do CPA, integram a noção de acto administrativo (neste sentido cf. José Manuel Santos Botelho, Américo Pires Esteves e JOSÉ CÂNDIDO DE PINHO, "Código do Procedimento Administrativo Anotado e Comentado", 4ª Edição, Almedina, 2000, pg. 700). Na jurisprudência é possível descortinar o acolhimento de ambas as posições (o sentido primeiramente referido pode ser visto, entre outros, no Acórdão do STA de 23.3.2000, processo

Quanto às consequências decorrentes dos actos administrativos nulos, cumpre começar por dizer que, sendo a excepção à regra geral da anulabilidade, a nulidade é a forma mais grave da invalidade dos actos administrativos, por dois motivos essenciais e que se encontram expressamente previstos na lei: **i)** porque o acto nulo não produz quaisquer efeitos desde o seu início, e isto independentemente da declaração de nulidade (cf. art. 134.º, n.º 1 do CPA), e, **ii)** porque, a todo o tempo, a nulidade pode ser invocada por qualquer interessado e declarada por qualquer órgão administrativo ou pelo tribunal (cf. n.º 2 da mesma norma).

Ou seja, o acto nulo não produz quaisquer efeitos, visto que a sentença que venha a declará-la limita-se a reconhecê-la, não tendo quaisquer efeitos constitutivos. Por outro lado, os seus efeitos declarativos retroagem à data da prática do acto, sendo o acto nulo *ab initio*. Como refere Marcello Caetano, *"nenhuma relação jurídica se constitui, modifica ou extingue por virtude do acto nulo, pois estando privado totalmente de eficácia, dele não resultam quaisquer poderes ou deveres, não devendo respeitar-se os efeitos que de facto haja produzido à data da declaração de nulidade"*[9].

---

n.º 044374, enquanto o segundo foi seguido, por exemplo, nos arestos do mesmo tribunal superior tirados em 14.5.2002 no processo n.º 047825, e em 17.6.2003 no processo n.º 0666/03, *in* www.dgsi.pt. Às duas orientações referidas, acresce ainda o entendimento segundo o qual algumas das menções obrigatórias do acto administrativo a que se refere o art. 123.º do CPA podem ser equiparadas a "elementos essenciais" do mesmo e, nesta perspectiva, a sua falta determinará a nulidade do acto – cf. por exemplo, o Acórdão do STA de 2.10.2007, processo n.º 01094/06, *in* www.dgsi.pt). Já para PEDRO GONÇALVES e FERNANDA PAULA OLIVEIRA, os elementos essenciais a que o n.º 1 do art. 133.º do CPA se refere, não correspondem aos requisitos de existência de um acto administrativo, nomeadamente àqueles a que se refere o art. 120.º do CPA, pelo que entendem que não estão em causa no art. 133.º, n.º 1 do CPA as situações de inexistência de acto administrativo. Para estes autores, a norma pressupõe a existência de um acto administrativo (e, como tal, passe a redundância, dotado de todos os seus requisitos de existência), sendo que o mesmo será inválido em virtude de, no caso concreto, apresentar um vício de tal maneira grave que afecta de forma intensa uma das suas componentes estruturais, e, como tal, justifica a sanção da nulidade, situação que os autores exemplificam com o vício de carência de poder (vide "A Nulidade ...", pg. 18 a 20).

[9] Cf. "Manual de Direito Administrativo", Vol. I, Almedina, 1984, pg. 516.

Acresce ainda que a nulidade afecta a totalidade do acto, sendo que o mesmo, para além de ser insusceptível de revogação (assim dispõe o art. 139.º, n.º 1, al. a) do CPA), não pode ser convalidado, tendo em conta o prescrito no n.º 1 do art. 137.º do mesmo código que dispõe que os actos nulos "*não são susceptíveis de ratificação, reforma, ou conversão*". Esta norma consagra, assim, o princípio da insanabilidade dos actos administrativos nulos, i.e., não sendo sanável pelo decurso do tempo, o acto nulo também não é passível de ser sanado através da prática dos chamados actos secundários que, por definição, se destinam a sanar ou suprimir a ilegalidade do acto.

De salientar, contudo, e, de resto, na esteira de Mário Esteves de Oliveira e outros[10], que a ausência absoluta de efeitos jurídicos que o art. 134.º, n.º 1 do CPA estatui, não tem total correspondência na realidade. Para além dos efeitos putativos do acto nulo expressamente previstos no n.º 3 da norma em causa, a prática mostra-nos que, muitas vezes, a Administração prossegue na execução do acto como se o mesmo não fosse nulo (o que decorre da sua posição de supremacia face ao administrado, bem como da regra constante do art. 50.º, n.º 2 do CPTA que atribui efeito meramente devolutivo à generalidade das situações de impugnação de actos administrativos), o que acarreta efeitos diversos.

A possibilidade de impugnação judicial ou administrativa do acto nulo, a eventual responsabilidade da Administração pela sua prática, e as consequências que o acto nulo acarreta para os órgãos e agentes que o praticaram e para aqueles que têm que lhe dar execução, são outros efeitos jurídicos do acto nulo que os citados autores apontam.

A estes exemplos não podemos deixar de acrescentar o regime específico instituído pela Lei n.º 60/2007, de 4.9, que, tendo introduzido alterações ao RJUE, veio consagrar um prazo de caducidade de dez anos para a declaração administrativa da nulidade, bem como para a impugnação judicial do acto nulo por parte do Ministério Público. Ainda que se limite aos actos aí previstos, i.e., aos actos administrativos de gestão urbanística, este regime que consta do

---

[10] Cf. ob. cit. pg. 652.

n.º 4 do art. 69.º do RJUE não poderá deixar de ser visto como um desvio ao princípio da improdutividade de efeitos do acto nulo. Decorre do n.º 2 do art. 134.º do CPA, que, a todo o tempo, qualquer interessado, desde que tenha interesse directo, pessoal e legítimo, pode invocar a nulidade, sendo que, também a todo o tempo, a mesma pode ser declarada por qualquer órgão da Administração ou por qualquer tribunal[11]. Ou seja, a nulidade é insanável e o decurso do tempo não releva para esse efeito. Todavia, a correcta interpretação deste n.º 2 do art. 134.º do CPA não pode ignorar as normas legais que regulam a competência dos órgãos administrativos, bem como aquelas que determinam a competência das jurisdições administrativa e judicial. Assim, as primeiras impõem a conclusão de que não é qualquer órgão que tem competência para declarar a nulidade de qualquer acto administrativo, declaração que só poderá ser feita pelo órgão que praticou o acto, ou pelo seu superior hierárquico (cf. arts. 29.º, n.º 1 e 142.º, n.º 1 do CPA)[12], ao passo que das segundas, designadamente do art. 4.º, n.º 2, al. c) do ETAF[13] resulta que, em regra, a competência para declarar a nulidade dos actos administrativos pertence aos tribunais administrativos[14-15].

---

[11] De salientar a opinião de SANTOS BOTELHO e outros, ob. cit. pg. 731, segundo a qual a utilização do termo *pode* na norma em questão não significa discricionaridade, entendendo estes AA. que, uma vez detectada a nulidade, a Administração ou o tribunal estão vinculados a declará-la.

[12] Neste sentido vide Vieira de Andrade, "Validade...", pg. 591.

[13] O novo Estatuto dos Tribunais Administrativos e Fiscais, que entrou em vigor em 1.1.2004, foi aprovado pela Lei n.º 13/2002, de 19.2, e sofreu alterações introduzidas pela Lei n.º 4-A/2003, de 19/2, e pela Lei n.º 107-D/2003, de 31.12. que republicou o ETAF.

[14] Esta interpretação do n.º 2 do art. 134.º do CPA é defendida, entre o mais, por PEDRO GONÇALVES e FERNANDA PAULA OLIVEIRA – cf. "O Regime da Nulidade dos Actos Administrativos de Gestão Urbanística que Investem o Particular no Poder de Realizar Operações Urbanísticas", Revista do CEDOUA, n.º 4, Ano II, pg. 16.

[15] Introduzimos esta nota para dar conta de uma opinião subscrita pelo então Provedor de Justiça que pensamos ser inédita, e que defende a *redução* do acto administrativo nulo e a declaração *parcial* da sua nulidade (cf. Recomendação n.º 11/A/2008, de 25.11.2008, *in* www.provedor.jus.pt).

II. O Regime Especial do n.º 3 do Artigo 134.º do CPA

1. O tratamento dogmático

1.1. Considerações gerais

No ponto anterior, procedemos a uma análise sucinta do regime jurídico geral da nulidade no direito administrativo português e constante do art. 134.º do CPA, tendo, no essencial, limitado essa abordagem ao disposto nos seus n.ºs 1 e 2, pese embora a referência desde logo feita à circunstância de não ter absoluta correspondência na realidade a total e absoluta improdutividade de efeitos do acto nulo que, aparentemente, decorre do mencionado n.º 1. Esta afirmação foi fundamentada, para além do mais, no caso expressamente previsto no n.º 3 do art. 134.º, do qual ora cuidamos.

Com efeito, depois de no seu n.º 1 dispor que "*o acto nulo não produz quaisquer efeitos jurídicos, independentemente da declaração de nulidade*", o n.º 3 do art. 134.º do CPA estatui que "*o disposto nos números anteriores não prejudica a possibilidade de atribuição de certos efeitos jurídicos a situações de facto decorrentes de actos nulos, por força do simples decurso do tempo, de harmonia com os princípios gerais de direito*".

Resulta desde logo das supra citadas normas, e como já se disse, que não é exacta a ideia recorrentemente difundida de que o acto nulo não produz quaisquer efeitos, visto que, para além do mais, o legislador expressamente admitiu a possibilidade de produção de efeitos putativos, i.e., a possibilidade de *jurisdicização*[16] de situações de facto decorrentes de actos nulos.

De referir que esta noção já era admitida, quer pela doutrina quer pela jurisprudência, sobretudo a propósito do reconhecimento de efeitos putativos no domínio da função pública, e em particular quanto à questão de saber se os "*agentes putativos*" (funcionários públicos que, apesar de não se encontrarem regularmente investidos em determinados cargos, exerciam as respectivas funções administrativas de forma aparentemente regular) poderiam adquirir a situa-

---

[16] A expressão é de Pedro Gonçalves e Fernanda Paula Oliveira, "A Nulidade...".

ção de agentes de direito, questão que acabou por ser resolvida com recurso ao instituto da usucapião.

Desde logo Marcello Caetano avançou com esta ideia do decurso do tempo como factor constitutivo de situações jurídicas nas relações de serviço vinculativas para a Administração, tanto em caso de anulabilidade como de nulidade ou, ainda, de inexistência de acto de investidura na situação de agente, tendo precisado que, estando em causa um acto nulo, *"não se trata de sanar um acto por natureza insanável, mas sim de atribuir efeitos ao tempo decorrido"*[17].

Aliás, parece-nos mesmo que o referido doutrinador admitiu tal solução nos termos gerais quando, ao analisar as características do regime da nulidade e respectivas consequências, escreveu que *"a lei ou a jurisprudência podem temperar o rigor da possibilidade de aniquilamento a todo o tempo das situações de facto constituídas à sombra do acto nulo, admitindo a sua transformação em situações de direito por efeito da usucapião"*[18-19-20-21].

Idêntica expressão (*"temperamentos jurisprudenciais introduzidos à insanabilidade dos actos nulos por efeito do decurso do tempo"*) foi utilizada por Freitas do Amaral ao referir esta possibilidade como elemento distintivo entre os actos nulos e os actos inexistentes[22].

De salientar que todos os autores citados perfilham uma ideia comum nesta matéria, segundo a qual não se trata de sanar um acto nulo – o que poria em causa a própria essência do regime da nulidade – mas sim a atribuição de efeitos ao decurso de um determinado lapso de tempo, à semelhança, de resto, daquele que é o entendimento jurisprudencial.

---

[17] Cf. "Manual...", pg. 421.

[18] Cf. MARCELLO CAETANO, "Princípios...", pg. 152.

[19] Idêntica posição foi assumida por MÁRIO ESTEVES DE OLIVEIRA – cf. ob. cit., pg. 433 e ss.

[20] Já Pedro Gonçalves e Fernanda Paula Oliveira afastam-se desta concepção que fundamenta no instituto da usucapião a atribuição de efeitos jurídicos a situações de facto decorrentes de actos nulos – cf. "O Regime...", pg. 31, nota 28.

[21] Por sua vez, PAULO OTERO convoca o instituto da prescrição aquisitiva para fundamentar a doutrina ínsita no art. 134.º, n.º 3 do CPA – cf. "Legalidade e Administração Pública: o sentido da vinculação administrativa à juridicidade", Almedina, 2003, pg. 1031 e ss.

[22] Cf. "Direito Administrativo", Vol. III, pg. 336.

No que diz respeito ao direito positivo português, podem-se descortinar algumas manifestações desta ideia de atribuição de efeitos jurídicos em situações de nulidade por força do decurso do tempo, no conceito de nulidade radical aplicável a certos regulamentos (mas já não a actos administrativos) a que faziam referência os arts. 54.º e 828.º do Código Administrativo[23], no art. 205.º do Projecto do Código Administrativo Gracioso[24], e no D.L. n.º 413/91, de 19.10, o qual, conforme consta do seu preâmbulo, teve como desiderato *"regularizar a situação dos agentes admitidos naquelas condições, para lugares dos quadros e dos funcionários de serviços dos municípios que venham desempenhando funções, em regime de tempo completo, com sujeição à disciplina, hierarquia e horário do respectivo serviço e de forma pacífica, pública e ininterrupta, cuja admissão ou promoção esteja afectada de nulidade ou de inexistência jurídica."*

Uma outra referência incontornável a este propósito, terá que ser feita ao regime legal aplicável à demolição das obras constante do art. 106.º do RJUE. Correspondendo a uma medida de tutela da legalidade urbanística, a demolição de uma operação urbanística já consolidada visa, por definição, reintegrar a ordem administrativa violada, tendo por objecto uma situação de facto existente e consolidada no tempo.

Depois de no seu n.º 1 consignar a possibilidade de demolição, total ou parcial, da obra edificada ao abrigo de um acto administrativo inválido, o n.º 2 do art. 106.º do RJUE dispõe que *"a demolição pode ser evitada se a obra for susceptível de ser licenciada ou objecto de comunicação prévia ou se for possível assegurar a sua conformidade com as disposições legais e regulamentares que lhe*

---

[23] Tal como refere MARCELLO CAETANO, a nulidade radical caracteriza-se por dois traços principais: a) pode ser alegada e declarada a todo o tempo nos tribunais competentes; b) a declaração de nulidade respeita todos os efeitos produzidos no passado – cf. "Manual...", pg. 515.

[24] Norma que, como esclarece MÁRIO ESTEVES DE OLIVEIRA, "torna a validade dos actos praticados por agentes putativos dependente da verificação cumulativa de 3 requisitos: o exercício público (e sem usurpação) das funções, a convicção generalizada de que são exercidas regularmente, o desconhecimento dos interessados, no momento da prática do acto, da invalidade da investidura do agente" – cf. ob. cit., pg. 435.

são aplicáveis mediante a realização de trabalhos de correcção ou de alteração."

Daqui decorre que a demolição da obra edificada, ainda que edificada ao abrigo de um acto inválido, só deverá ser ordenada nas situações em que não puder ser mantida. Ou seja, a demolição é uma medida que o legislador perfilhou como sendo de *ultima ratio*, atenta a severidade que encerra e que visa, sempre que possível, preservar os efeitos de facto consolidados e decorrentes do acto inválido (neste caso a obra edificada).

O entendimento desta medida de tutela da legalidade urbanística como sendo uma medida de *ultima ratio*, é, na verdade, o entendimento subscrito por vários autores[25] e vertido em diversas decisões judiciais do nosso tribunal administrativo superior[26] que vêm nesta norma o acolhimento expresso do princípio da proporcionalidade.

Ao impor que a demolição só ocorra em último caso[27] – quando a legalização da obra não se mostrar viável ou quando a sua conformação de facto com as normas legais também não for possível – o n.º 2 do art. 106.º do RJUE acolhe o princípio da proporcionalidade, nomeadamente na sua vertente de subprincípio da necessi-

---

[25] Neste sentido *vide* PEDRO GONÇALVES e FERNANDA PAULA OLIVEIRA – cf. "O Regime...", pg. 18 e 19, e FERNANDA PAULA OLIVEIRA, MARIA JOSÉ CASTANHEIRA NEVES, DULCE LOPES e FERNANDA MAÇÃS, "O Regime Jurídico da Urbanização e Edificação Comentado", 2.ª Edição, Almedina, 2009, pg. 563 e ss.

[26] Cf., entre outros, os Acórdãos de 30.11.94 (processo n.º 032888), de 16.03.1995 (processo n.º 036005), de 20.02.1997 (processo n.º 036677), de 18.02.1999 (processo n.º 034981), de 30.01.2002 (processo n.º 048163), de 18.05.2004 (processo n.º 047693), de 06.03.2007 (processo n.º 0873/03), de 06.06.2007 (processo n.º 067/07), e de 10.12.2008 (processo n.º 02071/03), todos do STA, *in* www.dgsi.pt .

[27] O que pressupõe, como ensinam PEDRO GONÇALVES e FERNANDA PAULA OLIVEIRA, a existência de vias alternativas à demolição, como sejam **i)** a legalização das operações urbanísticas (sendo que, estando em causa um acto de licenciamento nulo, se limita às situações em que o vício não impede a renovação do acto); **ii)** a alteração da situação de facto (não mantém na íntegra a operação urbanística tal como foi realizada, e não se aplica aos casos em que a nulidade resultou da proibição absoluta de realizar a operação em causa); **iii)** alteração do direito (via que os autores em referência entendem que deve ser de utilização absolutamente excepcional, na medida em que a regra será sempre a de as operações urbanísticas se adequarem à lei e não adequar esta àquelas); e **iv)** a atribuição de efeitos jurídicos às operações urbanísticas nos termos previstos no art. 134.º, n.º 3 do CPA – cf. "O Regime...", pg. 19 e ss.

dade[28]. E, pese embora este dispositivo legal tenha sido concebido em primeira linha para as situações de operações urbanísticas realizadas sem licença ou em violação de uma licença validamente emitida, ele acaba por dar cobertura ao fundamento subjacente ao art. 134.º, n.º 3 do CPA, na medida em que protege a operação urbanística efectiva e concretamente realizada. A diferença reside no motivo subjacente a essa preservação: no caso do art. 106.º, n.º 2 do RJUE preserva-se a obra edificada tendo em conta a possibilidade de a conformar com a legalidade, na situação a que alude o n.º 3 do art. 134.º do CPA protege-se uma operação urbanística que foi realizada com base num acto administrativo no qual o particular, legitimamente, confiou.

Outras aproximações ao regime legal que consta do art. 134.º, n.º 3 do CPA podem ser vistas nos desvios que se admitam ao princípio *tempus regit actum*, princípio consagrado no direito administrativo e segundo o qual a validade dos actos administrativos se afere pela lei em vigor à data da sua prática. É possível descortinar na doutrina algumas opiniões no sentido que o momento da prática do acto não é o único relevante para verificar a sua adequação ao ordenamento jurídico[29-30].

---

[28] O princípio da proporcionalidade encontra-se previsto, em termos gerais, pelo art. 5.º, n.º 2 do CPA, para além de ter sido acolhido em outros locais deste código como seja o da execução dos actos administrativos – cf. art. 151.º, n.º 2 do CPA. A par destas normas, o art. 106.º, n.º 2 do RJUE dá ainda cumprimento ao art. 266.º, n.º 2 da CRP que impede a imposição de sacrifícios aos administrados quando não existam razões de interesse público que o possam justificar, ou para além do que este mesmo interesse público reclame (deste modo, se o interesse público na reintegração da legalidade urbanística puder ser satisfeito por outra via, não deve ocorrer a aludida demolição).

[29] VIEIRA DE ANDRADE problematiza esta situação, na veste da possibilidade do juiz atender às modificações da situação de facto ou de direito ocorridas durante o processo, designadamente em sede de recurso contencioso de anulação de acto administrativo, enquanto limite ao princípio da estabilidade objectiva da instância (cf. "A Justiça Administrativa", 2.ª Edição, Almedina, 1999, pg. 256). Este mesmo autor já havia referido, a propósito da análise do regime geral da nulidade previsto no art. 134.º do CPA, não ser praticável o rigor normativo e lógico deste regime, chamando a atenção para a necessidade de admitir "*compressões, excepções e até correcções ao nível da aplicação da lei (para além do seu afastamento ou modificação em legislação especial*" – cf. "Validade...", pg. 590.

[30] Cf., também, PEDRO GONÇALVES e FERNANDA PAULA OLIVEIRA, "A Nulidade...", pg. 34 e 35.

Às manifestações legais atrás mencionadas, junta-se ainda a recente consagração legal de um regime atípico de nulidade previsto no n.º 4 do art. 69.º do RJUE. Efectivamente, tal como é consensualmente entendido na doutrina, esta norma é uma manifestação legislativa da ideia segundo a qual devem ser considerados alguns efeitos decorrentes de situações de facto criadas ao abrigo de actos nulos e consolidadas no tempo, na medida em que tais efeitos se fundamentem em determinados princípios gerais de direito e interesses (nomeadamente a estabilidade das situações jurídicas e a protecção da confiança) que, em concreto, devem ser compatibilizados com – ou até prevalecerem sobre – o interesse público da legalidade urbanística e subjacente à nulidade em causa[31].

De uma maneira geral, a doutrina saúda a novidade constante do normativo ora em referência, sendo certo que há já algum tempo que vários autores invocavam a necessidade de consagração legal de mecanismos destinados a tutelar os efeitos decorrentes de actos nulos consolidados no tempo, sobretudo no direito do urbanismo, mas critica o seu alcance que considera ter ficado aquém do desejável[32].

No que concerne ao regime legal constante do art. 134.º, n.º 3 do CPA, visou o mesmo conferir protecção a algumas situações de facto consolidadas no tempo, em homenagem aos princípios da boa fé, da confiança e da justiça, o que faz através de uma única via: a atribuição de certos efeitos jurídicos a situações de facto decorrentes de actos nulos. Ao contemplar só esta via, e já não a sanação ou a convalidação do acto nulo, o legislador não perdeu de vista que a actividade administrativa tem sempre que prosseguir o interesse público, nomeadamente aquele que é tutelado pelas nulidades em

---

[31] Cf., neste sentido, ALVES CORREIA, "Manual de Direito do Urbanismo", Vol. I, 4.ª Edição, Almedina, 2008, pg. 686 e 687, FERNANDA PAULA OLIVEIRA, "A alteração legislativa ao Regime Jurídico de Urbanização e Edificação: uma lebre que saiu gato...?!", Revista de Direito Local e Regional, n.º 00, Out/Dez 2007, pg. 67 e 68, FERNANDA PAULA OLIVEIRA e outros, ob. cit., pg. 444 e ss, e Vieira de Andrade "Validade...", pg. 591 e 592.

[32] Para mais desenvolvimentos desta crítica vide FERNANDA PAULA OLIVEIRA e outros, ob. cit., pg. 444 e ss.

causa, e não atentou contra o princípio da insanabilidade dos actos administrativos.

Tal como vem sendo percepcionada na doutrina[33] e na jurisprudência[34], a possibilidade consagrada no n.º 3 do art. 134.º do CPA terá que ser aplicada com muitas reservas e entendida como tendo carácter excepcional o que, de resto, resulta da própria redacção do preceito que limita o seu alcance prático aos efeitos putativos decorrentes do decurso do tempo e desde que não ponham em causa princípios gerais de direito.

São, assim, três os pressupostos previstos no art. 134.º, n.º 3 do CPA: **i)** a existência de um acto administrativo ferido de nulidade, **ii)** o decurso de um determinado período de tempo, e **iii)** a harmonização com os princípios gerais de direito. Verificados estes requisitos, será, então, possível a jurisdicização, i.e., a atribuição de certos efeitos jurídicos às operações urbanísticas.

Para além de manter a situação de facto consolidada, a jurisdicização consiste ainda em permitir à autoridade administrativa que praticou o acto que originou a referida situação, praticar outros actos administrativos idóneos a conservar as operações urbanísticas consolidadas (tais como, por exemplo, emitir uma licença de utilização do edifício), permitindo que as mesmas entrem no comércio jurídico, e tratando-as, para certos efeitos, como licenciamentos válidos.

1.2. A existência de um acto administrativo nulo

A razão de ser da consagração legal da possibilidade de jurisdicização de situações de facto decorrente do n.º 3 do art. 134.º do CPA, reside na severidade e da radicalidade dos efeitos que a lei estabelece para o regime da nulidade. Com efeito, é em face da

---

[33] Como referem MÁRIO ESTEVES DE OLIVEIRA e outros, ob. cit., pg. 654, "A proposição deve, contudo, ser tomada com muitas cautelas: nem todo o acto nulo tem efeitos putativos e não é inconcebível que os possa ter o acto juridicamente inexistente posto em prática, desde que o rodeiem as circunstâncias de boa-fé, plausibilidade e estabilização no tempo, próprias da categoria dos efeitos putativos."

[34] Assim, por exemplo, o Acórdão do STA de 16.1.2003, processo n.º 01316/02.

circunstância do acto nulo não produzir quaisquer efeitos independentemente da declaração de nulidade, e é em face da sua insusceptibilidade de ser sanável pelo decurso do tempo, que se justifica uma norma como a ora em apreço que poderá, verificados os respectivos requisitos, temperar as mencionadas características de severidade e de radicalidade que o regime regra da nulidade apresenta. O acto nulo é, enfim, um dos pressupostos da transformação de certos efeitos de facto em efeitos de direito, manifestação evidente que a jurisdicização não se faz pela via da sanação da ilegalidade.

Como já fizemos alusão, por motivos de confiança e de segurança jurídicas, bem como com vista a promover a eficiência da actividade administrativa, o direito administrativo fixou, no que concerne à invalidade dos actos administrativos e em geral, a regra da anulabilidade, correspondendo a nulidade à excepção.

Recebendo (aparentemente) essa teoria geral da invalidade do acto administrativo, o art. 68.º do RJUE enumera de forma taxativa as causas geradoras de nulidade dos actos de gestão urbanística aí mencionados, o que pressupõe, *a contrario sensu*, que, fora desses casos, tais actos são apenas anuláveis.

Porém, escalpelizando desde logo a alínea a) da referida norma, verifica-se que os motivos que podem acarretar a nulidade dos actos são vastíssimos, na medida em que esta alínea comina com a sanção da nulidade, entre o mais, a violação do disposto em plano municipal de ordenamento do território e em plano especial de ordenamento do território, instrumentos que, manifestamente, comportam um conjunto vasto, muito vasto, de normas a cumprir.

E o mesmo se diga quanto às licenças de loteamento em vigor, pois, nos termos da lei, são diversas as especificações que, obrigatoriamente, têm que constar do alvará da licença de loteamento (cf. art. 77.º, n.º 1, al. e) do RJUE).

Deste modo, poderemos afirmar que, na verdade, a regra quanto à invalidade dos actos administrativos de gestão urbanística é a nulidade, sendo a anulabilidade a excepção, circunstância que justifica, ainda mais, que a possibilidade de preservar efeitos decorrentes de um acto nulo tenha especial relevância neste domínio.

Diga-se, no entanto, que a aplicação da sanção da nulidade, em bloco, a todas as normas constantes dos aludidos planos de ordenamento do território (o que resulta também do art. 103.º do RJIGT[35]), desconsiderando que nem todas tutelam os mesmos interesses, e perdendo de vista que a sua violação não acarretará sempre a mesma gravidade, é objecto de críticas por parte da doutrina.

Acresce ainda que, às causas específicas de nulidade previstas no art. 68.º do RJUE, juntam-se todos os motivos geradores do mesmo vício e consignados nos arts. 29.º, n.º 2 e 133.º do CPA, bem como aqueles que se encontram previstos em legislação avulsa, e que, refira-se, são muitos.

Esta diversidade de normas que cominam o vício da nulidade para os actos administrativos (umas que se aplicam aos actos administrativos em geral, outras privativas do actos administrativos de gestão urbanística), evidencia que o interesse público protegido não é sempre o mesmo. Se, por exemplo, nas situações de nulidade tipificadas no CPA está em causa a defesa dos elementos estruturais e funcionais do acto administrativo (entendido de uma forma geral e transversal ao vários níveis e sectores em que a actividade da Administração se desenvolve), nas normas que dizem respeito especificamente aos actos administrativos de gestão urbanística prevalecem os interesses próprios e específicos em razão desta matéria. De resto, o próprio art. 68.º do RJUE congrega um conjunto diversificado de motivos geradores da nulidade do acto, facto que significa que são igualmente diversos os interesses públicos protegidos especificamente por esta norma.

Seguindo a doutrina expandida por Pedro Gonçalves e Fernanda Paula Oliveira, impõem-se que a primeira referência neste ponto vá para a ideia que os mesmos defendem de que a possibilidade consagrada no art. 134.º, n.º 3 do CPA não poderá – ou não deverá – ser aplicável a todo e qualquer acto nulo[36].

Como já se referiu, à multiplicidade de causas que determinam a nulidade dos actos de gestão urbanística (previstas no RJUE e em

---

[35] O Regime Jurídico dos Instrumentos de Gestão Territorial foi aprovado pelo DL n.º 380/99, de 22.9, tendo sofrido alterações introduzidas pelo D.L. n.º 316/2007, de 19.9, e pelo D.L. n.º 181/2009, de 7.8.

[36] Cf. "A Nulidade...", pg. 32 e 33, e "O Regime...", pg. 19 a 21.

outros diplomas), corresponde uma multiplicidade de interesses públicos que tais normas visam satisfazer e acautelar. Sendo esses interesses múltiplos e diversificados, os citados autores procederam à sua sistematização com base em denominadores comuns que os mesmos manifestamente evidenciam e, em consequência, estabeleceram quatro tipos de situações que entendem estar subjacentes à consagração da nulidade como motivo invalidante do acto. São elas:

i) Os casos em que a tipificação da sanção da nulidade está directamente ligada a situações de vinculação situacional dos solos, i.e., circunstâncias em que a nulidade decorre de ter sido permitida a realização da operação urbanística em solo que, atendendo às suas características, tem uma vocação diferente da urbanística (aqui se inserem, por exemplo, os actos de gestão urbanística nulos por violação do regime jurídico da RAN e da REN);

ii) As situações em que a nulidade do acto decorre da violação de normas contidas nos planos, sendo que, neste ponto, os autores em apreço distinguem:

   a. A nulidade decorrente da violação de normas dos planos cujo conteúdo resulta do exercício de uma discricionariedade de planificação, e;

   b. A nulidade decorrente da violação de normas do plano que se limitam a consagrar standards urbanísticos[37], os quais, muitas vezes, decorrem da vinculação situacional dos solos na medida em que são critérios ou padrões materiais urbanísticos de fundo que os planos têm que respeitar;

---

[37] Citando E. Garcia de Enterría e L. Parejo Afonso, ALVES CORREIA adere ao conceito de standards urbanísticos por aqueles proposto, no qual englobam "as determinações materiais de ordenamento estabelecidas pela lei, não com o objectivo de regular directamente o uso do solo e das construções, mas antes com a finalidade específica de estabelecer critérios de fundo a observar obrigatoriamente pelo planeamento urbanístico", considerando ainda os autores citados que os standards urbanísticos "não constituem preceitos legais de aplicação directa, mas antes obrigações legais impostas ao planificador, que reduzem o âmbito da discricionariedade conferido a este para a fixação das operações materiais do ordenamento" – cf. "Manual...", pg. 668.

iii) As nulidades originadas pela violação de normas de carácter meramente formal ou procedimental (como é o caso, por exemplo, dos preceitos que pressupõem a intervenção no procedimento de licenciamento de determinadas entidades externas à entidade com competência para licenciar).

Daqui resulta que as causas de nulidade dos actos de gestão urbanística podem ser reconduzidas a uma das quatro situações supra descritas, pelo que, atendendo ao interesse subjacente e tutelado em cada uma delas, o respectivo vício poderá não apresentar sempre a mesma gravidade.

Tal como expõem Pedro Gonçalves e Fernanda Paula Oliveira, *"há situações em que a nulidade está prevista para situações de vícios graves (onde nos parece que podem incluir-se as situações de nulidade ligadas à vinculação situacional dos solos ou à violação de normas de planos que estabelecem restrições decorrentes de standards urbanísticos); noutras situações, a consequência da nulidade parece mais uma qualificação legislativa contingente, que pode ser explicada por uma táctica legislativa e não tanto pela gravidade intrínseca do vício em causa (é o caso de alguns vícios de carácter procedimental)"*[38].

Quanto às primeiras situações, os autores citados excluem, em regra, a aplicabilidade da possibilidade de jurisdicização consagrada no art. 134.º, n.º 3 do CPA, tendo em conta que estão em causa interesses públicos que o legislador entendeu prevalecerem em matéria urbanística, de entre os vários interesses em presença (regra que, contudo, admitem poder ser preterida quando, excepcionalmente, no caso concreto, a ponderação de acordo com os três sub-princípios em que se desdobra o princípio da proporcionalidade, reclamar uma solução diversa). Tal possibilidade já é, naturalmente, admitida no âmbito das situações referidas em último, na medida em que, tratando-se da violação de um norma de carácter procedimental, sempre seria possível praticar um segundo acto de gestão urbanística de igual conteúdo, mas expurgado do vício, e, por outro lado, tratando-se de nulidade decorrente da violação de normas de planos

---

[38] "O Regime ...", pg. 20.

cujo conteúdo resulta do exercício de uma discricionariedade de planificação, significa que não estamos em presença de parâmetros absolutamente preponderantes (pois, se assim fosse, o planificador estaria a eles vinculado), mas sim perante parâmetros instituídos através de uma escolha entre várias possibilidades igualmente admissíveis.

O entendimento subscrito por estes autores foi convocado por Aroso de Almeida no estudo que dedicou ao regime jurídico aplicável aos actos subsequentes à anulação contenciosa, no âmbito do qual chamou a atenção para o caso, que entende ser particular, das situações que se colocam no domínio do direito do urbanismo, tendo apontado a especificidade das disposições contidas nos planos urbanísticos que, na sua opinião, decorre da sua *conexão com o real*, i.e., "*a circunstância de estas determinações apresentarem uma estreita relação com a situação de facto na qual se encontram, no momento em que são elaborados*" [39].

No que concerne à violação das normas procedimentais, de salientar que há já muito que a doutrina administrativista discute a relevância jurídica de tal violação e a possibilidade de limitação da mesma, ainda que tendo por contexto o vício da anulabilidade do acto administrativo, e não o vício da nulidade que é aquele de que cuidamos[40]. Parece-nos, contudo, que tais posições doutrinárias não

---

[39] Cf. "Anulação dos Actos Administrativos e Relações Jurídicas Emergentes", Almedina, 2002, pg. 753 e ss.

[40] Veja-se a este propósito a opinião de VIEIRA DE ANDRADE segundo a qual as normas atinentes à forma e ao procedimento do acto têm uma força jurídica semelhante à das normas materiais, mas admite a irrelevância do vício de forma quando o fim que, em concreto, a norma formal ou procedimental violada prossegue tenha sido atingido por outra via, pois, neste caso, é possível considerar que a ordem jurídica está em conformidade com a actuação administrativa – Cf. "O Dever da Fundamentação Expressa de Actos Administrativos", Almeida, 2007 (2.ª Reimpressão), pg. 307 e ss, de Pedro Machete quando afirma que "*a omissão de uma formalidade legalmente prevista gera vício de forma que se projecta no acto final do respectivo procedimento, salvo se se mostrar ter sido atingido o objectivo com ela visado*" – Cf. "A Audiência dos Interessados no Procedimento Administrativo", Universidade Católica Editora, 1.ª Edição, Lisboa, 1995, pg. 525, e de ANTÓNIO LORENA DE SÈVES que abordou a questão da relevância jurídica dos vícios procedimentais no específico domínio do direito do urbanismo – cf. "A protecção Jurídico-Pública de Terceiros nos Loteamentos Urbanos e Obras de Urbanização", Revista do CEDOUA, Vol. I, n.º 2, 1998, pg. 72.

põem em causa a forma como vem sendo entendida a possibilidade a que alude o art. 134.º, n.º 3 do CPA, e isto mesmo no que concerne à nulidade decorrente da violação de normas procedimentais.

Em conclusão, para fazer operar a disciplina ínsita no n.º 3 do art. 134.º do CPA, cumpre, em primeiro lugar, atender ao tipo de nulidade que inquina o acto de gestão urbanística declarado nulo, pois, como se viu, casos existem em que a nulidade decorre da violação de normas que se destinam a tutelar interesses públicos que, de acordo com a opção feita pelo legislador e pela sua importância, prevalecem sobre quaisquer outros interesses, públicos ou privados. Nestes casos, e em regra, o interesse público subjacente à norma (que será um interesse preponderante ou imperativo) terá que prevalecer, afastando assim a possibilidade de juridicização dos efeitos consagrada no art. 134.º, n.º 3 do CPA, por não se harmonizar com os princípios gerais de direito.

1.3. O decurso do tempo

A disciplina constante do art. 134.º, n.º 3 do CPA confere protecção a situações de facto que, há já algum tempo, se tenham consolidado na vida real, muito embora não indique qual a duração do respectivo lapso de tempo a que se deva atender.

Quanto à duração deste lapso de tempo, a doutrina que temos vindo a citar considera que este requisito se verifica se já tiver decorrido o tempo *"entre o momento da emissão do acto e aquele que os seus efeitos se esgotam e se consolidam"*[41], passando a existir, com essa consolidação, um interesse atendível na conservação dos efeitos.

E se quanto aos interesses tutelados nesta norma (a estabilidade e a segurança jurídicas) os autores referidos encontram uma semelhança com o instituto da usucapião, já não concordam com a convocação do mesmo para efeitos de determinação da duração do lapso de tempo que a norma ora em análise refere, bem como enquanto fundamento deste regime. A analogia entre as duas situações falha na medida em que na usucapião está em causa a aquisi-

---

[41] Cf. PEDRO GONÇALVES e FERNANDA PAULA OLIVEIRA, " O Regime...", pg. 26.

ção de um direito, ao passo que o procedimento de jurisdicização tem por objecto um interesse atendível.

Como supra já foi aludido, o instituto da usucapião foi invocado por algumas opiniões e por alguma jurisprudência, como fundamento para a atribuição de efeitos jurídicos a situações de facto decorrentes de actos inválidos[42]. No contexto específico em que abordaram esta questão (os casos dos *"agentes putativos"*), e quanto ao requisito que agora apreciamos, autores como Marcello Caetano reputaram como adequado o prazo de 10 anos previsto no art. 1298.º, al. b) do Código Civil (CC). Este entendimento foi acolhido por alguma jurisprudência, mas não de forma unânime, tendo-se desenvolvido uma outra corrente jurisprudencial, menos rígida, que considerava ser suficientemente longo um prazo pouco superior a três anos. De resto, o D.L. n.º 413/91, de 19.10, que veio, precisamente, regularizar por via legislativa a situação dos mencionados *"agentes putativos"*, estabeleceu para tanto o prazo de 3 anos na ocupação de um determinado lugar e função (cf. art. 2.º, n.º 1).

Quanto ao entendimento jurisprudencial mais recente deste requisito, algumas decisões judiciais socorrem-se de expressões como *"períodos dilatados de tempo"*[43], considerando que não deverão ser quantificados ou fixados prazos rígidos tendo em conta, para além do mais, a necessidade de articular a fixação dos efeitos putativos com os princípios gerais de direito convocáveis no caso concreto. Por este motivo, o Acórdão do STA de 4.7.2002 proferido no processo n.º 041815[44], ainda que aplique o prazo de 10 anos considerado no art. 1294.º do CC para a usucapião de imóveis havendo justo título e registo, tem o cuidado de certificar que esta aplicação

---

[42] Veja-se o Acórdão do STA de 2.10.2002 proferido no processo n.º 0595/02, que, em análise ao art. 134.º, n.º 3 do CPA, consigna que "os efeitos consagrados referem-se a direitos originários à sombra do instituto da usucapião, o que não se configura, claramente, como susceptível de enquadrar a situação em causa nos autos", *in* www.dgsi.pt.

[43] Cf., entre outros, o já referido Acórdão do STA de 16.1.2003, processo n.º 01316/02, bem como o Acórdão do mesmo tribunal de 7.11.2006, processo n.º 0175/06 (sendo que nesta decisão expressamente se consigna que quatro anos não são suficientes para obter os efeitos em causa), *in* www.dgsi.pt.

[44] *In* www.dgsi.pt.

é *tendencial*, pois entende que a remissão constante do art. 134.º, n.º 3 do CPA para os princípios gerais de direito significa que o legislador não pretende a aplicação mecânica de um determinado prazo ou norma para a atribuição de efeitos ao decurso do tempo[45].

De adiantar, a propósito, que se nos afigura que as circunstâncias do caso concreto têm relevância para efeitos de aplicação do regime a que nos temos vindo a referir, afirmação que é feita por diversas razões. Porque tem importância a conduta do requerente da operação urbanística, tendo em conta que o regime do art. 134.º, n.º 3 do CPA não deverá dar cobertura a situações em que o próprio requerente do licenciamento tenha contribuído para a ocorrência da nulidade que tenha sido declarada. E porque também a dimensão, as características e as condicionantes da operação urbanística consolidada, relevam, entre o mais, para efeitos de apurar a finalidade a que a mesma se destina e o número de particulares que possam ser afectados pela declaração de nulidade do acto. Pensamos que todos estes concretos e particulares contornos da situação *sub judice* poderão ser tidos em conta para a fixação do prazo a que alude o n.º 3 do art. 134.º do CPA aqui em análise, o que afastará o estabelecimento de prazos rígidos e fixos, impondo, diferentemente, que em cada caso se formule um juízo de suficiência quanto a este requisito.

Acresce que, nos casos em que esteja em causa uma decisão judicial que se limitou a declarar a nulidade do acto administrativo de gestão urbanística, o momento em que se fixam e se concretizam os actos materiais a executar como consequência dessa declaração de nulidade, será o momento em que melhor se pode aferir dos efeitos reais que os mesmos terão sobre a esfera jurídica de todos os afectados pela declaração de nulidade, e será também o momento em que melhor se pode verificar a harmonização com os princípios gerais de direito que a jurisdicização dos efeitos pressupõe.

Um afloramento desta ideia pode ser detectado, em nossa opinião, no Acórdão do TCA Norte de 5.6.2008 proferido no processo

---

[45] O mesmo prazo de 10 anos foi aquele que o legislador acolher para a caducidade do direito da Administração declarar a nulidade, e para a caducidade do direito do Ministério Público impugnar judicialmente um acto administrativo de gestão urbanística nulo (cf. art. 69.º, n.º 4 do RJUE).

n.º 00232-A/03-COIMBRA, que, apreciando a limitação temporal constante do art. 163.º, n.º 3.º do CPTA para invocar uma causa legítima de inexecução, esclarece que a mesma *"não é aplicável à execução de sentenças de anulação de actos, como decorre, expressamente, do art. 175.º, n.º 2 do CPTA, segundo o qual, neste tipo de execução, a existência de causa legítima de inexecução deve ser invocada segundo o disposto no art. 163.º, mas não se exige, neste caso, que as circunstâncias invocadas sejam supervenientes, sendo que esta opção legislativa, ao que tudo indica, encontra um justificação no facto da sentença anulatória não ser uma sentença de condenação e, por via disso, não encerrar definitivamente a etapa declarativa do processo. É que a execução das sentenças anulatórias continua a ser um processo também declarativo, no qual são discutidas, pela primeira vez, questões que não tinham sido objecto de apreciação no processo em que foi proferida a sentença de anulação"*.

Ou seja, o próprio actual modelo do contencioso administrativo contém uma significativa margem de conformação processual quanto à invocação, apreciação e decisão do regime previsto no art. 134.º, n.º 3 do CPA, e, dentro deste, do requisito atinente à duração temporal, desde que, em concreto e no momento processual em causa, o acto declarado nulo já tenha esgotado os seus efeitos e, nessa medida, permita conhecer da sua repercussão sobre a esfera jurídica de todos os interessados.

1.4. A harmonização com os princípios gerais de direito

Como decorre do estatuído no preceito legal em análise, a atribuição de efeitos jurídicos a situações de facto decorrentes de actos nulos tem que ser feita em harmonia com os princípios gerais de direito, como sejam, entre o mais, os princípios da boa fé, da justiça, da protecção da confiança, da paz social, da realização do interesse público, e da proporcionalidade, o que pressupõe, como mínimo, que não ofenda tais princípios.

Desde logo há que referir neste ponto que, tal como é pacificamente aceite na doutrina[46] e na jurisprudência[47], para se lançar mão da possibilidade a que alude o art. 134.º, n.º 3, do CPA, é indispensável que a nulidade não seja imputável aos particulares beneficiários do acto nulo, pretendendo-se assim que a jurisdicização não ponha em causa o princípio da boa fé, o qual não se compagina com a ideia dos particulares obterem uma vantagem (o que acontecerá com a atribuição de efeitos jurídicos às situações de facto consolidadas ao abrigo de um acto nulo) ou se libertarem de uma desvantagem quando é de sua responsabilidade o motivo que deu causa à situação de nulidade.

Encontrando-se previsto no art. 6.º-A do CPA, o princípio da boa-fé assume diversas manifestações, tanto mais que se aplica em todas as formas e em todas as fases da actividade administrativa. Assim, e entre o mais, o referido princípio aplica-se à relação entre os particulares e a Administração, promovendo a cooperação entre os mesmos, e, como tal, vinculando ambos os sujeitos[48]. Uma actuação dentro dos cânones que a boa-fé implica (ou seja, uma actuação correcta, leal, sem reservas, de colaboração) exige-se quer à Administração, quer aos particulares, motivo pelo qual, se estes tiverem dado causa à nulidade do acto, a situação não será merecedora de tutela jurídica nos termos consignados no art. 134.º, n.º 3 do CPA.

Mas não basta que não haja violação do princípio da boa fé, sendo igualmente necessário que a atribuição de efeitos jurídicos às situações de facto decorrentes de um acto declarado nulo, permita prosseguir o interesse público subjacente à operação urbanística em causa e às normas jurídicas violadas.

---

[46] Neste sentido MÁRIO ESTEVES DE OLIVEIRA e outros, ob. cit., pg. 655, e Pedro Gonçalves e FERNANDA PAULA OLIVEIRA, "O Regime...", pg. 26.

[47] Cf., entre outros, o Acórdão do STA de 16.1.2003, processo n.º 01316/02, in www.dgsi.pt .

[48] Esta concreta manifestação corresponde ao sentido positivo do princípio da boa--fé (obrigação de cooperação), o qual, juntamente com o sentido negativo (obrigação de lealdade que visa prevenir e evitar comportamentos desleais e incorrectos) correspondem aos vectores básicos do mencionado princípio, como, acompanhando a opinião de RUI DE ALARCÃO, referem MÁRIO ESTEVES DE OLIVEIRA e outros – cf. ob. cit., pg. 110.

A identificação do interesse público a considerar, resultará da identificação do acto nulo em causa feita nos termos referidos no supra ponto 1.2. pois, como já se referiu, casos existem em que a nulidade decorre da violação de normas que se destinam a tutelar interesses públicos que, de acordo com a opção feita pelo legislador e pela sua importância, prevalecem sobre quaisquer outros interesses, públicos ou privados, pelo que, nestes casos, e em regra, o interesse público terá que prevalecer, afastando assim a possibilidade de jurisdicização dos efeitos consagrada no art. 134.º, n.º 3 do CPA, por não se harmonizar com os princípios gerais de direito. Para além de funcionar como critério de decisão ou de actuação da Administração, o interesse público funciona também como um fim a que a mesma está adstrita[49]. Como refere Pedro Machete, *"o princípio da prossecução do interesse público define funcionalmente a Administração Pública, constituindo a sua razão de ser e de agir"*[50].

Por fim, a manutenção das consequências de facto resultantes do acto nulo deverá, evidentemente, louvar-se nos particulares contornos da situação *sub judice* pois, no fundo, serão estes que imporão, ou não, a convocação dos princípios gerais de direito para fundamentar a referida manutenção da situação de facto, tais como os princípios da confiança dos interessados, da segurança jurídica, da proporcionalidade, da paz social, e da justiça, todos e cada um deles harmonizados com o princípio da prossecução do interesse público.

De certa forma, podemos dizer que as circunstâncias concretas da situação de facto perspectivadas à luz dos princípios gerais de direito corresponderão ao fundamento do regime legal plasmado no art. 134.º, n.º 3 do CPA, constituindo o tipo de nulidade que, em concreto, afecta o acto de gestão urbanística, o lapso de tempo já decorrido, e a prossecução do interesse público subjacente à norma violada, os pressupostos de verificação necessária para poder fazer operar aquele regime legal.

Precise-se ainda que, apesar de a Administração Pública prosseguir múltiplos e diversos interesses públicos, este é um aspecto que não obsta a que os mesmos, *in casu*, coincidam com os interesses

---

[49] Neste sentido cf. MÁRIO ESTEVES DE OLIVEIRA e outros, ob. cit., pg. 96 e ss.
[50] Cf. ob. cit., pg. 5.

particulares que a manutenção da situação de facto consolidada irá tutelar ou, até mesmo, com interesses de terceiros. Como fazem notar Pedro Gonçalves e Fernanda Paula Oliveira, *"as normas jurídicas violadas que permitem a jurisdicização podem proteger também interesses de terceiros"*[51].

Tradicionalmente, a eficácia do acto administrativo em sentido amplo e, dentro desta, as causas de invalidade do mesmo, assentam numa configuração de relação jurídica meramente bilateral (*"numa perspectiva ainda própria de uma sociedade industrial e não respondendo às exigências da actual sociedade de risco"*[52]), sem atender ao facto de, na prática, muitas vezes, as relações jurídicas envolverem vários interesses e vários interessados em cujas esferas jurídicas os efeitos do acto também se projectam e que, como tal, também merecem ser contempladas (relações jurídicas poligonais).

Face à evolução da realidade administrativa e face ao surgimento de novos, diferentes e mais complexos procedimentos administrativos, a doutrina foi desenvolvendo novas categorias dogmáticas como o *"acto administrativo com duplo efeito"*, o *"acto administrativo com efeitos para terceiros"*, e a *"relação jurídica multipolar"*[53].

Como sustenta Mário Torres, *"nos dias de hoje, não faz mais sentido conceber a impugnação dos actos administrativos como o pedido de protecção judicial feito por um particular contra uma agressão da Administração (vista como um ente único), pois o que os tribunais administrativos são chamados a apreciar são pretensões à volta das quais se posicionam, em múltiplos pólos, diversos interesses particulares e variados interesses públicos, colectivos e difusos, defendidos por distintas Administrações, corporações, grupos e cidadãos, sendo possível ver particulares e Administração*

---

[51] Cf. "O Regime...", pg. 27.

[52] A afirmação é de ANTÓNIO LORENA DE SÈVES que identifica os vários sujeitos de direito que podem ser afectados pelo acto que autoriza uma operação de loteamento, demonstrando que o mesmo, quanto à sua repercussão e efeitos, não se circunscreve a uma relação jurídica meramente bipolar entre o município e o loteador, podendo tocar a esfera jurídica de terceiros, tais como o autor do projecto da operação de loteamento e dos projectos de obras de urbanização, os adquirentes de lotes, os vizinhos e o técnico responsável pela direcção técnica da obra – cf. ob. cit. pg. 66 e ss.

[53] Vide, a este propósito, ANTÓNIO LORENA DE SÈVES, ob. cit. pg. 57 e ss.

juntos de um lado e outros particulares e outras Administrações coligadas no outro lado do litígio" [54].

Se a tudo isto juntarmos a existência de interesses difusos (a acrescer à multiplicidade de interesses públicos e privados que podem estar presentes no domínio do urbanismo), e o significativo alargamento da legitimidade procedimental (cf. art. 53.º do CPA) e processual (cf. art. 9.º, n.º 2 do CPTA e Lei n.º 83/95, de 31.8) que o ordenamento jurídico consagrou para a defesa desses interesses, não há como negar a ampla possibilidade de, na prática, terceiros poderem intervir nas decisões urbanísticas, evitando-as, promovendo-as, nelas participando e, até mesmo, contra elas reagindo administrativa ou judicialmente.

Em suma, dada a projecção das operações urbanísticas na esfera jurídica de terceiros, justifica-se a compreensão do regime ínsito no art. 134.º, n.º 3 do CPA, como um mecanismo que tempere a falta de equilíbrio jurídico a que pode conduzir a configuração legislativa "*tradicional*" da relação jurídica administrativa como uma relação meramente bipolar entre a entidade licenciadora e o particular requerente do licenciamento.

Tanto mais que a afectação da esfera jurídica de terceiros pode não ocorrer no âmbito do procedimento de licenciamento, mas sim em momento posterior a este, sobretudo quando as operações urbanísticas se consolidam na realidade, entram no comércio jurídico, e são objecto dos mais variados negócios jurídicos.

Para além disso, o confronto em causa pode não ser entre interesses públicos e interesses privados, podendo a jurisdicização justificar-se em face do confronto entre vários interesses públicos conflituantes. Veja-se que, em determinadas situações, o próprio município poder ser considerado um terceiro face à decisão urbanística[55]. Ora, incumbindo ao município, por definição e imperativo

---

[54] Cf. Anotação ao Acórdão do Tribunal Constitucional de 31.1.2001, processo 405/99, Cadernos de Justiça Administrativa, n.º 27, pg. 41.

[55] Neste sentido se posiciona ANTÓNIO CORDEIRO, referindo-se às situações em que as decisões em matéria urbanística competem à Administração Central ou, ainda que formalmente a competência pertença à Administração Municipal, a decisão está subordinada a uma prévia e obrigatória intervenção das entidades estaduais – cf. "A Protecção de Terceiros em Face de Decisões Urbanísticas", Almedina, 1995, pgs. 160 e 161.

legal, prosseguir de modo exclusivo o interesse público (assim o art. 266.º, n.º 1 da CRP e o art. 4.º do CPA), daqui poderão surgir situações em que a atribuição de efeitos jurídicos a situações de facto se estribe em interesses públicos.

Como já se fez alusão, os princípios gerais de direito cuja harmonização fundamente a aplicabilidade do regime constante do art. 134.º, n.º 3 do CPA, serão certamente diversos e dependerão das circunstâncias concretas da situação em causa. Deste modo, debruçar-nos-emos, a título meramente exemplificativo, sobre alguns desses princípios que, em nossa opinião, poderão surgir, tendo por contexto um cenário de demolição de um edifício construído ao abrigo de um acto administrativo de gestão urbanística declarado nulo, pois, em última análise, a demolição perfilha-se como inevitável tendo em conta a improdutividade total de efeitos decorrente daquele acto.

De imediato admitimos a possibilidade de se convocar o *princípio da proporcionalidade*, sobretudo quando estiverem em causa nulidades decorrentes da violação de normas procedimentais, pois, na vertente que impõe o prosseguimento do interesse público por parte da Administração através do meio que se revelar menos oneroso para o particular, sempre decorrerá do mencionado princípio que se tenha por desproporcionada a demolição de uma obra que, no plano material, está em conformidade, com o ordenamento jurídico (situação que, contudo, não será a "situação tipo" a que se dirige este normativo que, quanto as nós, terá o seu âmbito de aplicação preferencial nos casos em que a operação urbanística é insusceptível de legalização, mesmo repetindo o procedimento).

Por outro lado, na dimensão que impõe que os benefícios alcançados com a actuação administrativa sejam superiores aos respectivos custos, o princípio da proporcionalidade pode surgir neste âmbito associado ao *princípio da boa gestão financeira dos recursos públicos*, pois os custos com a demolição podem ser superiores aos benefícios alcançados com a mesma. Efectivamente, a boa administração e a afectação racional dos recursos financeiros é um interesse público que, por si ou em conjunto com outros interesses públicos, pode ser convocado para justificar a aplicabilidade do regime constante do art. 134.º, n.º 3 do CPA. Referindo-se à inexistência de causa legítima de inexecução na execução para pagamento de quantia pecuniária, Rodrigo Esteves de Oliveira dá expressão a esta ideia ao admitir que se "(...) *a Administração dever cumprir uma ordem judicial de demolição de um edifício ilegalmente construído (embora ao abrigo de uma licença administrativa) e isso implicar, para o erário público, o pagamento de pesadas indemnizações àqueles que aí habitavam ou faziam profissão ou comércio, parece-nos dever admitir-se que essas dificuldades financeiras (e as consequências que elas trariam para a satisfação de interesses públicos relevantes) constituam um motivo legítimo de inexecução ...*"[56].

Também Pedro Gonçalves e Fernanda Paula Oliveira admitem expressamente este princípio como justificativo da aplicação do regime legal constante do art. 134.º, n.º 3 do CPA, nos casos em que os custos com a demolição ponham em causa a boa gestão financeira dos recursos públicos, e desde que a edificação a preservar reúna todos os requisitos de habitabilidade, de estética, de higiene e de segurança, pois, assim sendo, o interesse público subjacente às normas urbanísticas está salvaguardado, tutelando-se, em simultâneo, o interesse privado na manutenção da situação de facto[57].

É claro que este princípio da boa gestão financeira dos recursos públicos assume especial importância nos casos em que a entidade licenciadora tenha dado causa à nulidade em questão, pois, nestas situações, e verificando-se que houve uma conduta ilícita por parte dos seus órgãos, funcionários ou agentes, aquela entidade responde civilmente pelos prejuízos causados (assim resulta do art. 70.º, n.º 1 do RJUE)[58]. Impõe-se, como tal, a ponderação sobre se não é menos

---

[56] Cf. "A Reforma da Justiça Administrativa – Processo Executivo: algumas questões", Boletim da Faculdade de Direito da Universidade de Coimbra, Coimbra Editora, 2005, pg.255.

[57] Cf. "O Regime...", pg. 26 e 27.

[58] Ao que acresce a circunstância de o novo regime da responsabilidade civil extracontratual do Estado constante da Lei n.º 67/2007, de 31.12, ter agravado a posição da Administração no âmbito do exercício da função administrativa, nomeadamente ao consagrar uma presunção de culpa leve quanto à prática de actos jurídicos ilícitos (art. 10.º, n.º 2), bem como ao alargar a responsabilidade dos titulares dos órgãos, funcionários e agentes, para além do dolo, aos casos em que tenham agido com culpa grave (art. 8.º, n.º 1).

prejudicial para o interesse público manter as edificações, desde que as mesmas cumpram os requisitos de habitabilidade (caso se destinem à habitação), de estética, de higiene, e de segurança.

Um importantíssimo princípio a convocar nesta matéria, será o *princípio da confiança dos cidadãos nos actos dos poderes públicos*, que só relevará nos casos em que o particular não tenha contribuído para o motivo que determinou a nulidade, pois, se assim for, não se cria uma situação de confiança que mereça tutela do direito. Reportando-se a jurisdicização a situações consolidadas no tempo, terá que haver nestas, irremediavelmente, um *"investimento de confiança"*, no sentido em que o particular executou a operação urbanística em termos materiais, e fê-lo ao abrigo do acto nulo e em conformidade com este, porque confiou na autoridade intrínseca aos actos praticados pela Administração que, em regra, não é questionada. Ou seja, o particular adoptou uma conduta efectiva, concretizada em determinadas actuações concretas, que denota a sua confiança no acto nulo, de tal modo que a remoção deste importaria para si gravosas consequências.

Este princípio da confiança está, como se percebe do que se acabou de dizer, intimamente ligado ao princípio da boa-fé, na medida em que só existe confiança a tutelar se o particular estiver de boa fé. Aliás, esta referência à confiança encontra-se expressamente consignada na al. a) do n.º 2 do art. 6.º-A do CPA, norma que, como já se fez menção, consagra o princípio da boa fé e que estatui que a *"confiança suscitada na contraparte pela actuação em causa"* é um dos valores fundamentais do direito que, em especial, devem ser tidos em conta na ponderação, *in casu*, do cumprimento do princípio da boa-fé.

O *direito à habitação* de particulares que estavam de boa fé, quer seja o próprio promotor da operação urbanística, quer sejam terceiros adquirentes, deverá também ser ponderado para aferir da aplicabilidade do n.º 3 do art. 134.º do CPA, sobretudo quando for significativo o número de operações urbanísticas realizadas ao abrigo do acto de licenciamento nulo. Dever-se-á ponderar a este nível as consequências sociais que resultarão da demolição do edifício, tendo por referência, para além o mais, o estado do mercado imobiliário e o nível da oferta de habitações. Neste contexto, valores como a *estabilidade das relações sociais*, a *segurança jurídica* e, no fundo, a *paz social,* poderão justificar a jurisdicização.

Todos os princípios focados, por si ou devidamente conjugados uns com os outros, em face nomeadamente das circunstâncias e das particulares características do caso concreto, poderão fundamentar a aplicação prática do regime legal previsto no art.134.º, n.º 3 do CPA.

1.5. Quanto à entidade competente

O n.º 3 do art. 134.º do CPA não se pronuncia sobre a entidade com competência para atribuir efeitos jurídicos às operações urbanísticas consolidadas no tempo e decorrentes de actos nulos, competindo apreciar as duas possibilidades que a este propósito podem ser convocadas, a administrativa e a judicial.

Quanto à *via administrativa*, a doutrina que temos vindo a citar admite a possibilidade de tal atribuição ser feita em sede administrativa, nomeadamente pela entidade que praticou o acto nulo em causa[59]. Esta é, de facto, uma solução admissível tendo em conta a possibilidade que a lei, designadamente o art. 134.º, n.º 2 do CPA, confere ao órgão que praticou um acto administrativo de declarar a nulidade do mesmo.

Deste modo, a decisão de lançar mão desta possibilidade de jurisdicização, pressupõe a emissão de um outro (e autónomo) acto administrativo por parte do órgão que praticou o acto nulo, acto esse que terá que ser devidamente fundamentado nos termos legais. Esta fundamentação implicará necessariamente a explicitação legal da razão de ser da nulidade do acto administrativo de gestão urbanística, a indicação do lapso de tempo decorrido entre a prática do acto, o surgimento da situação de facto, e a sua consolidação na realidade, fazendo, por fim, a análise dos princípios gerais de direito que, por referência às específicas circunstâncias do caso concreto, justificam a atribuição de determinados efeitos jurídicos, identificando quais, ao acto administrativo nulo.

---

[59] Cf. PEDRO GONÇALVES e FERNANDA PAULA OLIVEIRA, "O Regime...", pg. 27 e 28.

Já quanto à possibilidade da atribuição de efeitos jurídicos a situações de facto decorrentes de actos nulos vir a ser feita pela *via judicial*, a opinião generalizada no âmbito do anterior modelo de contencioso administrativo[60] entendia que esta possibilidade deveria ser efectivada através da acção para reconhecimento de direito prevista nos arts. 69.º e ss da LPTA, ou no âmbito do processo de execução de sentenças em que o reconhecimento daqueles efeitos poderia configurar uma causa legítima de inexecução da sentença[61].

Aliás, há bem pouco tempo, nomeadamente em aresto tirado em 2.4.2008 no processo n.º 01114/06, o STA reafirmou esta doutrina, aderindo de forma expressa ao entendimento que, por sua vez, consta do Acórdão proferido pelo mesmo tribunal em 2.10.1997 no processo n.º 039277, afirmando, a propósito dos efeitos putativos considerados no art. 134.º, n.º 3 do CPA, o seguinte:

"Por um lado, o objecto típico do processo de recurso contencioso não é, em princípio, compatível com a extensão do objecto concreto do processo à declaração desses efeitos. De acordo com o preceituado no art. 6.º do ETAF, "salvo disposição em contrário, os recursos contenciosos são de mera legalidade e têm por objecto a declaração da invalidade ou anulação dos actos recorridos".

Trata-se, pois, de um recurso de mera anulação, que tem por objecto o acto impugnado, estando apenas em causa a anulação ou a declaração de nulidade ou de inexistência de um acto ilegal. Está, assim, vedado ao tribunal, no âmbito do contencioso de anulação, apreciar eventuais efeitos produzidos pelos

---

[60] O anterior modelo do contencioso administrativo português não era um contencioso de plena jurisdição, sendo certo que na fase declarativa (o recurso contencioso regulado pela LPTA), os poderes de pronúncia do tribunal limitavam-se à apreciação da legalidade do acto, tanto mais que o DL n.º 256-A/77, de 17.6 (diploma que, até 31.12.2003, disciplinou a execução das sentenças dos tribunais administrativos) não concedeu aos tribunais o poder de substituição, i.e., o poder de praticar os actos devidos pela Administração.

[61] Posição que foi sufragada por abundante jurisprudência do STA (cf., entre outros, os Acórdãos de 6.7.1989, processo n.º 026865, de 2.10.1997, processo n.º 039277, de 12.02.2003, processo n.º 048032, e de 2.4.2008, processo n.º 01114/06), *in* www.dgsi.pt

actos nulos, apreciação essa que mais se coaduna com um contencioso de plena jurisdição.

(...)

Por outro lado, o contencioso administrativo oferece meios mais adequados ao reconhecimento da legitimação jurídica destas situações de facto. É o caso da acção para reconhecimento de direito, nos termos do art. 69.º da LPTA... e o processo de execução de sentenças (artigos 5.º e 7.º do DL n.º 256-A/77, de 17/6), em que o reconhecimento desses efeitos pode configurar causa legítima de inexecução total ou parcial".

No entanto, e mesmo tendo por referência o anterior modelo de contencioso administrativo e, em específico, no que concerne à execução de sentenças proferidas pelos tribunais administrativos, já era possível descortinar algumas opiniões algo divergentes do entendimento atrás referido. Na realidade, vários autores já consideravam o processo de execução de sentenças, não como um processo executivo propriamente dito e limitado a fixar as consequências materiais resultantes da sentença exequenda, mas sim como um processo que exige do julgador uma reapreciação de facto e de direito da situação *sub judice*, de molde a contemplar as alterações de facto e de direito que, em virtude da actividade administrativa ou dos próprios particulares, tenham surgido entre o momento do proferimento da sentença exequenda e o momento da sua execução efectiva no plano material[62].

Por outro lado, tendo por pano de fundo o próprio RJUE, alguma jurisprudência parece admitir a aplicabilidade do disposto no art. 134.º, n.º 3 do CPA na fase da determinação das operações materiais para execução da sentença. Parece poder ser atribuído esse sentido ao Acórdão do TCA Norte de 6.9.2007 proferido no processo n.º 422-A//96, quando aí se afirma que (cf. ponto I do sumário)[63]:

"Impõe-se ao julgador, no plano da execução coerciva de uma sentença que declarou nula a licença de construção de um prédio, construído e habitado, que preste atenção aos contornos

---

[62] Cf. VIEIRA DE ANDRADE, "A Justiça...", pg. 281.
[63] *In* www.dgsi.pt.

da situação de facto que foi gerada por esse acto nulo, e que pondere a possibilidade executiva de extirpar a causa dessa declaração de nulidade, revertendo a situação de facto ilegal numa situação jurídica de legalidade, e evitando, desta forma, a total demolição do edificado."

Ou seja, e em face da supra citada doutrina e jurisprudência, parece-nos ser de admitir, mesmo no contexto do anterior regime legal aplicável à execução das sentenças proferidas por tribunais administrativos, a possibilidade de lançar mão da previsão a que alude o n.º 3 do art. 134.º do CPA, no sentido de temperar a rigidez do regime legal atinente às nulidades e a radicalidade dos seus efeitos.

Mais, o processo executivo até se pode revelar ser o momento mais adequado para fazer operar a jurisdicização de efeitos, visto que é no seu âmbito que se vai proceder à fixação das operações materiais em que a execução da sentença que declarou a nulidade de um acto administrativo de gestão urbanística deve consistir, tudo o que, de resto, vai de encontro ao fundamento que está na base do regime previsto no art. 134.º, n.º 3 do CPA, entendo-o, como o entendem Pedro Gonçalves e Fernanda Paula Oliveira, ao afirmarem que *"o decurso de um período de tempo entre o momento em que a situação de facto nasce e aquele em que se pretende retirar consequências do facto de ser nulo o acto que provoca essa situação parece ser o factor que induz o legislador a introduzir um desvio à regra da destruição dos efeitos materiais produzidos à sobra do acto nulo"*[64].

Todavia, e como é consabido, o contencioso administrativo português foi profundamente reformulado com a entrada em vigor do novo ETAF e do CPTA. No que em concreto diz respeito ao processo executivo, o regime específico do processo executivo instituído pelo Título VIII do CPTA, teve o expresso propósito de superar algumas das limitações apresentadas pelo regime constante do DL n.º 256-A/77, assistindo-se, pela primeira vez, à consagração legal de mecanismos de natureza verdadeiramente executiva que o poder

---

[64] Cf. "O Regime...", pg. 25.

judicial pode opor às entidades públicas, tais como a entrega de coisa devida, a possibilidade da prestação ser realizada por terceiro se o facto a prestar for fungível, e a emissão de sentença que produza os efeitos do acto legalmente devido de conteúdo vinculado (cf. art. 167.º, n.ºs 5 e 6 do CPTA), providências que já eram admitidas, em determinadas circunstâncias, por alguma doutrina[65].

Ora, aqui chegados, parece-nos poder concluir em face do actual modelo processual em vigor no contencioso administrativo português que os tribunais administrativos se encontram dotados de poderes suficientes para poderem atribuir efeitos jurídicos às situações de facto criadas e consolidadas ao abrigo de um acto nulo, tarefa que poderá ter lugar em sede de processo executivo ou, até mesmo, no âmbito da acção administrativa especial destinada a obter a declaração de nulidade do acto administrativo de gestão urbanística. Na verdade, não afastamos liminarmente esta última possibilidade, na medida em que a verificação dos pressupostos de que depende a aplicabilidade do regime estatuído pelo art. 134.º, n.º 3 do CPA, só pode ser aferida no momento em que se declarar a nulidade do acto administrativo em apreço, tendo em conta que a norma tutela situações de facto criadas *"por força do decurso do tempo"*. Assim sendo, e tendo em conta a possibilidade da nulidade ser invocada a todo o tempo, no momento em que, em sede de acção administrativa especial, se apreciar e se declarar a nulidade do acto, poder-se-á estar perante situações já suficientemente consolidadas por decurso do tempo que justifiquem, nessa sede, a convocação do regime estatuído no n.º 3 do art. 134.º do CPA.

Em conclusão, somos de parecer que, por força da possibilidade da nulidade ser invocável a todo o tempo, e por força da importância que o factor tempo tem enquanto requisito do regime legal criado pelo art. 134.º, n.º 3 do CPA, haverá que admitir a possibilidade de o mesmo ser invocado em vários momentos, e em sede de vários meios processuais.

---

[65] Cf. VIEIRA DE ANDRADE, *A Justiça...*, ob. cit., pg. 289.

2. O tratamento jurisprudencial

À laia de introdução do presente ponto, cumpre começar por dizer que uma análise da jurisprudência administrativa portuguesa produzida desde a entrada em vigor do CPA, leva a concluir que a aplicação em concreto do regime legal contido no art. 134.º, n.º 3 do CPA no âmbito dos actos administrativos de gestão urbanística declarados nulos, vem sendo tímida e escassa. Parece-nos que para tal terá contribuído o modelo de contencioso administrativo português vigente até 2004, no que concerne, sobretudo, aos poderes de pronúncia dos tribunais administrativos, situação a que atrás já fizemos referência.

Apesar da profunda alteração que o CPTA introduziu na conformação do contencioso administrativo e à qual também já fizemos referência em termos sucintos, não é possível ainda, na presente data, afirmar que houve uma alteração significativa na forma como a jurisprudência tem tratado este regime legal do art. 134.º, n.º 3 do CPA.

Deste modo, e tendo em mente as indicadas limitações, de seguida faremos alusão a algumas decisões jurisprudenciais que entendemos que se justificam, seja pela forma como abordaram os requisitos do art. 134.º, n.º 3 do CPA, seja pelo facto de terem negado a aplicação do aludido regime quando, quanto a nós, e em face das circunstâncias concretas, tal regime poderia ter sido aplicado.

2.1. O Acórdão do STA de 4.7.2002, processo n.º 041815

Está em causa no Acórdão ora em referência, a demolição de um edifício resultante da declaração judicial de nulidade do respectivo licenciamento, sendo que o motivo gerador da nulidade consistiu na falta de obtenção de parecer da Direcção-Geral dos Serviços de Urbanização, parecer considerado vinculativo e obrigatório nos termos do regime legal aplicável (arts. 14.º, n.º 1 e 22.º, n.º 2 do D.L. n.º 289/73, de 6.6).

In casu, o tribunal entendeu verificar-se a causa legítima de inexecução correspondente à *"grave lesão do interesse público"*. Se atentarmos nos fundamentos convocados pelo Acórdão para decidir desta forma, constatamos que os mesmos se reconduzem aos requisitos constantes do art. 134.º, n.º 3 do CPA, designadamente na forma como atrás os sistematizámos. Repare-se que estamos desde logo perante um acto nulo, sendo que o tribunal atendeu ao motivo que determinou a nulidade (a falta de um parecer legalmente exigível) e valorizou o facto de o mesmo não se prender com o conteúdo do licenciamento, nem decorrer da violação de uma norma que proibisse em absoluto a construção. Ou seja, e socorrendo-nos da classificação do tipo de nulidades feita por Pedro Gonçalves e Fernanda Paula Oliveira, o que ocorre nesta situação é um vício procedimental que os citados autores consideram, precisamente, como uma das hipóteses em que a jurisdicização deve ser admitida.

O decurso do tempo é também tido em conta na decisão em apreço, que atribui relevância ao facto das fracções do prédio a demolir terem sido adquiridas por terceiros há mais de 10 anos. A relevância dos 10 anos é tida em consideração pela decisão na medida em que corresponde ao prazo que o art. 1294.º do CC estatui para a usucapião de imóveis havendo justo título e registo. De salientar, contudo, que, fazendo a análise aos requisitos do art. 134.º, n.º 3 do CPA, expressamente se consigna neste aresto que não se trata de um prazo fixo e rígido *"porque a remissão para os princípios gerais de direito impõe que o intérprete pondere lugares paralelos, mas também significa que o legislador não pretendeu a aplicação mecânica de qualquer outra norma de atribuição de efeitos ao decurso do tempo"*.

Finalmente, o Acórdão faz intervir os princípios gerais de direito nos moldes a que nos temos vindo a referir. Começa por fazer passar a situação pelo crivo, incontornável, do princípio da boa fé: atente-se que no caso *sub judice*, os particulares a quem a jurisdicização aproveita e que são os terceiros adquirentes das fracções, não deram causa à nulidade do acto pois nem sequer intervieram no acto de licenciamento, nem foram citados para o processo de recurso contencioso. A sua boa fé é, como tal, inquestionável, ao que acresce a harmonização com outros princípios gerais de direito que justificam, ou mesmo reclamam, a conservação do edifício, tais como a confiança que aqueles depositaram na Administração, a segurança jurídica, o direito à habitação (à data do proferimento do Acórdão, e como o mesmo esclarece, ainda se verificava uma crise de habitação na área em questão, a área metropolitana de Lisboa), e o próprio princípio da proporcionalidade (considerando a decisão quanto a este, que "*a demolição sacrificaria desproporcionadamente os direitos de terceiros de boa fé cujos interesses a Administração tinha de ponderar*").

Acresce ainda que o aresto convoca outros princípios que visam a realização do interesse público, demonstrando ser real a possibilidade deste regime tutelar e realizar simultaneamente interesses privados e públicos. Quanto a estes, há referências na decisão à segurança jurídica, valor que também é de ordem pública dada a sua relação com a própria paz social, ao princípio da proporcionalidade na vertente em que impõe à Administração o dever de não lesar desproporcionadamente os direitos e os interesses legalmente protegidos dos particulares, e ao princípio da boa administração e da afectação racional dos recursos financeiros públicos a que a actuação administrativa também deve obedecer.

Em suma, encontramos neste Acórdão uma verificação prática dos requisitos constantes do art. 134.º, n.º 3 do CPA, o que, aliás, é assumido na medida em que aí se faz uma significativa incursão e explicitação do referido regime. De resto, o Acórdão dá a ideia de que só não lançou mão de tal regime por tal ser desnecessário, uma vez que se preenchia a previsão normativa da "*grave lesão do interesse público*" enquanto causa legítima de inexecução da sentença, sendo certo ainda que, de acordo com a jurisprudência já indicada, o reconhecimento dos efeitos putativos do art. 134.º, n.º 3 do CPA pode configurar causa legítima de inexecução de sentença.

2.2. *Acórdão do TCA Norte de 6.9.2007, processo n.º 00422--A/96-PORTO*

Esta decisão do TCA Norte que seleccionámos foi tomada no âmbito de um processo de execução de uma sentença, na qual se declarou a nulidade de um despacho que licenciou a construção de um edifício destinado a habitação e que veio a ser constituído em propriedade horizontal. A nulidade foi declarada com fundamento na violação da cércea dominante no local (que é de rés-do-chão e 1.º andar, tendo o edifício licenciado e construído cave, rés-do-chão,

1.º e 2.º andares) e que devia ter sido respeitada em conformidade com o disposto no respectivo PDM.

Em face da demolição total do edifício imposta pela declaração judicial de nulidade do acto de licenciamento e fixada pelo tribunal de 1.ª instância como acto necessário à execução da mesma, o TCA Norte revogou tal decisão, e fixou um prazo de 3 anos para a entidade licenciadora proceder à demolição em causa, determinando, porém, que essa demolição possa ser apenas parcial no caso de vir a ser entendido que parte da construção pode ser legalizada, devendo, neste caso, ser emitido o respectivo acto válido de licenciamento.

Se atendermos ao fundamento que, de forma expressa, foi convocado pela decisão em apreço, teremos que dizer que a mesma se louva no princípio da proporcionalidade (basta atentar no teor dos pontos III e IV do sumário do aresto). No entanto, não podemos deixar de referir que a decisão se socorre igualmente das ideias conformadoras do regime legal previsto no art. 134.º, n.º 3 do CPA, o que na nossa opinião justifica a sua abordagem.

Revisitando o ponto III do sumário do Acórdão, verificamos que a linha de pensamento aí desenvolvida assenta na atenção que a lei dá às situações de facto decorrentes de actos nulos enquanto desvio à regra geral da improdutividade de efeitos do acto nulo, referindo-se primeiro à consagração deste desvio nos termos gerais (i.e., nos termos previstos no art. 134.º, n.º 3, do CPA), e referindo-se depois à sua manifestação no plano concreto dos operações urbanísticas e constante do art. 106, n.º 2 do RJUE e do seu antecessor, o art. 167.º do Regulamento Geral das Edificações Urbanas (doravante designado por RGEU), para concluir dizendo que *"esta solução radical (demolição total) pode não ser imposta pela concreta ilegalidade que inquinou o acto administrativo e justificou a sua declaração de nulidade, e pode surgir, até, como claramente desproporcionada em face da situação de facto que, não obstante ser gerada por um licenciamento contrário ao ordenamento jurídico, veio a consolidar-se no mundo real."*

É patente que a decisão ora em referência atende ao tipo de nulidade que, em concreto, viciou o acto (a violação da cércea dominante) valorizando-se o facto de a mesma, do ponto de vista material, não afectar todo o edifício, bem como confere relevo a alguns princípios gerais de direito, nomeadamente o da proporcionalidade e o da boa-fé, com alusão aos terceiros de boa-fé que adquiriram e ocuparam as diversas fracções prediais.

Verifica-se, em suma, que o Acórdão convoca e faz uso do espírito subjacente ao art. 134.º, n.º 3 do CPA, pese embora este regime não tenha sido privilegiado de forma expressa na decisão final. Na verdade, sendo a nossa jurisprudência reservada na utilização do regime previsto no art. 134.º, n.º 3 do CPA, isto por um lado, e, por outro lado, colocando-se *in casu* a possibilidade de o edifício ser sujeito a alterações ou correcções materiais que o tornem conforme às normas legais aplicáveis, permitindo, assim, o seu posterior licenciamento, compreende-se que a decisão em causa tenha favorecido, ao invés da jurisdicização dos efeitos, o regime consignado no art. 106.º, n.º 2 do RJUE.

2.3. O Acórdão do TCA Norte de 5.6.2008, processo n.º 00232--A/2003-COIMBRA

O interesse na menção desta decisão prende-se com o facto de a mesma, fazendo uma análise do regime legal constante do art. 106.º, n.º 2 do RJUE e daquele que vem vertido no art. 134.º, n.º 3 do CPA, em termos em tudo idênticos àqueles que constam da decisão atrás referida, acaba por concluir em sentido oposto. A convocação e a interpretação dos referidos normativos é idêntica em ambas as decisões que, aliás, têm redacção absolutamente igual no que concerne aos pontos I, II, III e IV dos respectivos sumários, mas o resultado final é diverso.

No fundo, nesta decisão faz-se um teste prático à aplicabilidade dos referidos regimes legais, e, *in casu*, decide-se pela sua não aplicação em face da não verificação de um dos seus pressupostos. É certo que, de forma expressa, o Acórdão louva-se no regime constante do art. 106.º, n.º 2 do RJUE e no princípio da proporcionalidade que este consagra, decidindo pela sua não aplicação na medida em que a operação urbanística *sub judice* é insusceptível de ser legalizada. Ou seja, não há como negar que a decisão faz uma aplicação da previsão legal constante do referido art. 106.º, n.º 2 do RJUE que estabelece como requisito para obstar à demolição a susceptibilidade da obra ser legalizada, mostrando-se até, de certa forma, insensível à possibilidade dos princípios de direito convocados (tais como os da boa gestão financeira dos recursos públicos, da segurança, da confiança, da boa fé, da proporcionalidade, e da paz social) relevarem a título de causa legítima de inexecução.

Todavia, e tal como já mencionámos a propósito da decisão anteriormente indicada, também este Acórdão se socorre das ideias conformadoras do regime legal previsto no art. 134.º, n.º 3 do CPA, conferindo relevo ao tipo de nulidade em causa, nomeadamente ao *"fundamento pelo qual a nulidade da licença foi decretada"* (e que corresponde à construção ter sido licenciada em área de terreno qualificada como REN), na medida em que a sua gravidade impede a sua sanação em procedimento de licenciamento posterior que, eventualmente, viesse a ser encetado[66].

Em suma, em ambas as decisões do TCA Norte encontramos o mesmo pano de fundo decisório quanto ao regime legal aplicável e à forma como o mesmo é compreendido pelo tribunal, tribunal este que vem a decidir em termos distintos em um e em outro caso, na medida em que, na primeira situação estamos perante a violação de uma norma procedimental, enquanto que na segunda estamos perante a violação de uma norma que contende com a classificação dos tipos de solo e com a interdição de aí construir[67].

2.4. *O Acórdão do STA de 7.11.2006, processo n.º 0175/06*

O presente Acórdão foi proferido em sede de recurso interposto de uma sentença proferida pelo então Tribunal Administrativo de Círculo de Coimbra que, julgando procedente o respectivo recurso contencioso de anulação, declarou a nulidade do acto de aprovação do projecto de construção de um edifício destinado a habitação, com

---

[66] Estaremos aqui perante um tipo de nulidade decorrente da vinculação situacional dos solos, e que na opinião de PEDRO GONÇALVES e FERNANDA PAULA OLIVEIRA, em princípio, impedirá a atribuição de efeitos jurídicos a situações de facto criadas ao abrigo de actos nulos.

[67] O que se afirma, repete-se, sem perder de vista que essas diferenças impuseram decisões em sentido distinto, na medida em que numa a legalização posterior do licenciamento é possível e noutra já não.

fundamento em três ordens de razões: nulidade decorrente de não ter havido parecer da Comissão Coordenadora da Região Centro (art. 8.º, n.º 2, al. C) do D.L. n.º 13/71, de 23.1, e art. 1.º, n.º 7 do D.L. n.º 219/72, de 27.6), nulidade derivada da ausência de consulta da referida Comissão imposta pela existência de faixas de protecção *non aedificandi,* e, terceira ordem de razões, nulidade decorrente do facto de não se mostrarem cumpridos os afastamentos constantes do art. 9.º, n.º 1 do Regulamento do PDM (tudo nos termos do disposto no art. 52.º, n.º 2, al. b) do D.L. n.º 445/91, de 20.11, na redacção dada pelo D.L. n.º 250/94, de 15.10).

Devemos começar por dizer que, apesar da sentença proferida em primeira instância ter entendido que o recurso contencioso de anulação não é o meio idóneo para ser convocado o regime legal constante do art. 134.º, n.º 3 do CPA[68], o certo é que o Acórdão ora em apreciação nada diz a esse respeito e, em bom rigor, emitiu pronúncia sobre a verificação dos pressupostos deste regime (cf. ponto 5.3. do Acórdão), divergindo, neste ponto, pelo menos na prática, da tendência dominante no STA.

Quanto ao fundo, o Acórdão concluiu que não se verificava a aplicabilidade do regime legal em apreço, decisão que fundamentou aderindo à opinião perfilhada pelo mesmo tribunal em aresto tirado em 16.1.2003 no processo n.º 01316/02, para além de ter considerado que, entre a prática do acto e a sua impugnação contenciosa, não se completaram quatro anos, pelo que não decorreu o lapso de tempo que o art. 134.º, n.º 3 do CPA impõe. Parece-nos, contudo, que os elementos constantes dos autos podem ser interpretados de modo diverso, o que se afirma pelas seguintes razões.

Todas as nulidades imputadas ao acto administrativo declarado nulo decorrem de uma única e mesma circunstância: a circunstância do prédio se situar junto a uma estrada nacional, facto que impõe, nos termos da legislação em vigor à data da aprovação do licencia-

---

[68] Para além de ter rejeitado a aplicação desta norma com base no argumento (também defendido pelo Ministério Público no parecer que juntou aos autos) de que o seu regime só se aplica a funcionários providos em lugares por via de actos nulos e não a situações de licenciamento de obras, ponto em que não obteve a concordância do tribunal de recurso.

mento, a consulta da Comissão Coordenadora da Região Centro, a existência de faixas de protecção *non aedificandi,* e a necessidade de respeitar os afastamentos constantes do art. 9.º, n.º 1 do Regulamento do PDM.

Sucede que constam dos autos indícios suficientes de que a estrada em questão poderá perder, ou poderá mesmo já ter perdido à data da decisão, a sua caracterização de estrada nacional, tendo passado para a rede viária municipal, facto que, a concretizar-se, terá reflexos sobre os requisitos legais aplicáveis, atendendo ao facto de as nulidades imputadas ao acto em causa decorrerem, todas elas, da circunstância da estrada junto da qual o prédio se situa ser uma estrada nacional. Tais indícios correspondem a um protocolo celebrado pela então Junta Autónoma das Estradas e a entidade licenciadora da operação urbanística em causa, que tem por objecto, precisamente, a transferência da estrada em causa para a rede municipal aquando da adjudicação da obra de realização da "Variante a Gouveia", sendo que, em sede de alegações, foi junto aos autos uma informação de que essa obra já se encontrava em execução. Deste modo, poder--se-á sustentar que deixou de existir (ou pelo menos há indícios nesse sentido) o pressuposto de facto do qual decorreram as nulidades apontadas ao acto administrativo.

Contudo, a decisão aqui em apreço nem sequer se pronunciou sobre a ocorrência, ou não, da transferência da estrada da rede viária nacional para a municipal, pois considerou tal facto irrelevante à vista da aplicação do princípio *tempus regit actum* à situação decidenda, o qual impõe a apreciação da validade do acto à luz das circunstâncias de facto e das normas vigentes à data da prática do acto.

Não se pretendendo pôr em causa aqui o acerto do referido princípio, nem, tão-pouco, advogar que a alteração posterior das circunstâncias de facto é idónea a sanar a nulidade do acto, não se pode deixar de referir, no entanto, que a aferição daquele pressuposto de facto é de extrema importância para outros efeitos, nomeadamente para verificar o tipo e a gravidade da nulidade que inquinou o acto em causa. Com efeito, a alteração da qualificação da estrada, a verificar-se, torna dispensável o respeito pelos afastamentos constantes do art. 9.º, n.º 1 do Regulamento do PDM. Este facto permite-nos concluir que estamos perante uma norma do PDM que não foi instituída para salvaguarda dos interesses preponderantes tutelados por este tipo de instrumento de gestão territorial, mas que decorre apenas da classificação das estradas e das precauções que as mesmas impõem em função, por exemplo, do tipo e do volume de tráfego que cada tipo de estrada comporta. Deste modo, parece-nos ser possível concluir que não estamos aqui perante um tipo de nulidade que impeça a atribuição de alguns efeitos à situação constituída ao abrigo do acto de licenciamento que foi declarado nulo.

Por outro lado, a tal não obstam também os dois outros motivos determinantes da nulidade declarada, na medida em que se tratam de vícios procedimentais (e, como tal, não impedirão, em regra, a aplicabilidade do disposto no n.º 3 do art. 134.º do CPA), com a particularidade de, uma vez verificada a passagem da estrada para a rede viária municipal, já não seriam exigíveis no âmbito de um novo procedimento de licenciamento.

Por fim, e quanto à insuficiência do lapso de tempo decorrido, dever-se-á ter em conta que, por um lado, o critério adoptado pelo Acórdão em causa (o período de tempo decorrido entre a prática do acto e a sua impugnação contenciosa), poderá não ser o adequado se, por exemplo, os terceiros adquirentes das fracções do edifício não tiverem tido intervenção no procedimento de licenciamento nem no recurso contencioso de anulação, e tendo em conta, por outro lado, que, mesmo que tivessem tido, deverá atender-se à consolidação de facto dos efeitos da operação urbanística (designadamente através da conclusão da construção do edifício e da entrada das respectivas fracções no comércio jurídico), e não a uma contagem puramente aritmética do tempo que, aliás, vai ao arrepio de alguma jurisprudência do STA (veja-se, por exemplo, o Acórdão de 4.7.2002 proferido no processo n.º 041815, no qual se refere que este período de tempo não deve ser rígido). Acresce ainda quanto à consolidação dos efeitos, que existe uma referência nos autos ao facto do recurso contencioso de anulação ter sido interposto após a edificação do imóvel, após a emissão da licença de habitação, e após a alienação de fracções a terceiros pelo titular do alvará de construção.

Em conclusão, a situação a que o Acórdão se reporta parece conter elementos que, nos termos supra explanados, poderiam determinar a aplicação *in casu* do regime legal constante do art. 134.º, n.º 3 do CPA, ou, pelo menos, em face dos quais o tribunal poderia ter feito uma indagação mais profunda dos factos, de molde a verificar a mencionada possibilidade.

2.5. A Sentença do TAF do Porto, de 12.11.2007, processo n.º 678-A/95 [69]

A sentença ora em apreciação foi proferida no âmbito de um incidente de inexecução de sentença, nomeadamente na fase de determinação dos actos e operações materiais que se destinam, em concreto, a cumprir a decisão exequenda, tendo determinado o encerramento, o despejo e a demolição do edifício.

A decisão começa por reconhecer, em termos gerais, a possibilidade legal consagrada pelo art. 134.º, n.º 3 do CPA, e remete para o entendimento perfilhado pelo Acórdão proferido pelo TCA Norte em 6.9.2007 no processo n.º 422-A/96 e atrás já referido. Este aresto, tendo por pano de fundo a doutrina subjacente ao art. 134.º, n.º 3 do CPA, admitiu a aplicabilidade do disposto no então art. 167.º do RGEU (actual art. 106.º, n.º 2 do RJUE) fora do momento de verificação de causa legítima de inexecução da sentença, ou, conforme consta do próprio, *"no plano da execução coerciva da sentença"*.

Porém, ao arrepio daquilo que parece ser a posição subscrita pelo próprio Acórdão que citou, a sentença a que nos referimos decidiu não apreciar a aplicação do regime legal disposto no art. 134.º, n.º 3 do CPA à situação em causa (e que foi expressamente requerida pelo executado), por entender que tal deveria ter sido *"invocado em resposta ao requerimento inicial enquanto matéria susceptível de constituir causa legítima de inexecução"*.

A refutação desta posição já foi feita no supra ponto 1.5., parecendo-nos que, na verdade, não existe qualquer limitação legal que impeça a aplicação do enunciado no art. 134.º, n.º 3 do CPA no momento em que a sentença se encontra a fixar as operações materiais em que a execução deve consistir, pois, e como expressam

---

[69] A sentença a que fazemos referência é do conhecimento público e diz respeito ao "Shopping do Bom Sucesso" no Porto, foi proferida em sede de processo de inexecução de sentença, e, na presente data, ainda não transitou em julgado.

Pedro Gonçalves e Fernanda Paula Oliveira "*o decurso de um período de tempo entre o momento em que a situação de facto nasce e aquele em que se pretende retirar consequências do facto de ser nulo o acto que provoca essa situação parece ser o factor que induz o legislador a introduzir um desvio à regra da destruição dos efeitos materiais produzidos à sobra do acto nulo*" [70].

Concluímos, assim, que nos parece que a sentença poderia ter apreciado nesta fase, e tal como requerido, a aplicabilidade do regime constante do art. 134.º, n.º 3 do CPA.

Num segundo momento, a sentença em questão debruça-se sobre a aplicabilidade *in casu* do regime constante do então art. 167.º do RGEU, que, actualmente, tem correspondência na redacção do n.º 2 do art. 106.º do RJUE. Acompanhando a posição subscrita pelo já mencionado Acórdão do TCA Norte, a sentença reconhece que as citadas normas do RGEU e do RJUE são uma concretização no plano particular destes regimes jurídicos, da doutrina que confere relevo a situações de facto surgidas à sua margem, i.e., situações de facto desconformes com o direito. Efectivamente, em ambas as decisões, e após alguns comentários tecidos ao espírito do art. 134.º, n.º 3 do CPA, pode ler-se a seguinte passagem: "*também é interessante verificar, agora no plano mais concreto do regime jurídico da urbanização e da edificação, como a lei atende a situações surgidas à sua margem, permitindo (nomeadamente) que a demolição de edificações clandestinas possa vir a ser evitada no caso de se mostrar possível o seu licenciamento, nomeadamente mediante a realização de trabalhos de correcção ou alteração – ver o então artigo 167.º do RGEU, e o actual artigo 106.º, n.º 2 do RJUE*".

Neste contexto, a decisão testou a aplicabilidade daquele normativo do RGEU por referência à concreta e real possibilidade de ser requerido um novo acto de licenciamento da operação urbanística em causa sem o vício gerador da nulidade, tendo considerado que tal só seria possível através da alteração da situação de facto ou mediante uma alteração do direito.

Omitindo qualquer consideração quanto à eventual possibilidade de alteração da situação de facto, a sentença debruçou-se apenas

---

[70] Cf. "O Regime…", pg. 25.

sobre o mecanismo de legalização da operação em apreço por via da alteração de direito. E, para tanto, socorreu-se da actual versão do Regulamento do PDM do Porto, visto que a nulidade declarada pela sentença exequenda decorreu da violação dos n.ºs 4 e 8 do art. 2.º do aludido Regulamento, na versão em vigor à data da prática do acto impugnado e declarado nulo.

Desta feita, e considerando que as sucessivas revisões do Regulamento do PDM do Porto não permitem concluir pela possibilidade actual de legalização da operação urbanística efectivamente realizada, a sentença fixou como operação necessária à execução da decisão exequenda, e para além do mais, a demolição da construção. Em suma, a decisão em referência afastou a possibilidade de atribuição de efeitos jurídicos à situação de facto decorrente da licença de construção declarada nula e ao abrigo da qual foi construído o edifício, pela única razão deste edifício não ser legalizável nos termos previstos no art. 167.º do RGEU.

Em nossa opinião, poderá perpassar pela decisão em análise uma certa confusão entre os dois mecanismos legais que, embora possam ter um resultado comum (evitar a demolição de uma construção ferida de ilegalidade), implicam pressupostos diferentes, nem sempre tutelam os mesmos direitos e interesses, e, seguramente, não se excluem um ao outro.

A doutrina consagrada pelo art. 167.º do RGEU (e, presentemente, pelo n.º 2 do art. 106.º do RJUE), acolhendo o princípio da proporcionalidade, destina-se em primeira linha a evitar a demolição de construções que se mostram conformes aos requisitos legais vigentes no momento em que serão demolidas. Donde resulta que a aplicabilidade prática deste regime se destina, primordialmente, às situações de construções clandestinas, ou seja, aos casos em que a ilegalidade decorre da omissão pura e simples de procedimento de licenciamento, e não tanto (ainda que possível) aos casos em que existe procedimento e até mesmo acto de licenciamento, mas encontram-se feridos de ilegalidade. No primeiro caso não se justificará, em princípio, a protecção da confiança dos interessados que seria lesiva do princípio da boa fé, o que poderá já não acontecer na segunda situação, sobretudo se a ilegalidade do licenciamento for imputável unicamente à entidade licenciadora.

Já a atribuição de efeitos jurídicos às operações urbanísticas efectuadas ao abrigo de actos nulos, não pressupõe a possibilidade de legalização das referidas operações. Tal ideia, de facto, não encontra qualquer arrimo na letra do art. 134.º, n.º 3 do CPA, nem no seu espírito, pois, como já foi dito, esta norma consiste num desvio ao regime geral da improdutividade dos efeitos dos actos administrativos nulos, com vista a temperar a severidade deste regime, o que faz, nomeadamente, tutelando situações de facto criadas e consolidadas no tempo ao abrigo dos mesmos (é mesmo um pressuposto deste regime, senão mesmo a sua razão de ser, que exista um acto nulo).

São, como tal, mecanismos legais distintos, sendo que a jurisdicização de efeitos pode operar (o que, parece-nos, acontecerá na grande maioria das situações) sempre que a solução de legalização não for passível de ser posta em prática. Como referem Pedro Gonçalves e Fernanda Paula Oliveira, *"o facto de não ser possível legalizar a operação urbanística – seja por via da alteração de facto ou por via da alteração do direito aplicável – não determina que a solução tenha de ser a demolição das operações urbanísticas consolidadas"*, acrescentando que *"na impossibilidade da legalização, outra via que evita a demolição é a que passa pela aplicação da regra geral, constante do art. 134.º/3 do CPA, sobre a atribuição de efeitos jurídicos às situações de facto consolidadas (jurisdicização)"*[71].

Assim, parece-nos que a impossibilidade de legalizar a operação urbanística efectivamente consolidada, não impede que se evite a demolição da respectiva construção através da aplicação do regime constante do art. 134.º, n.º 3 do CPA, desde que, naturalmente, se verifiquem os respectivos pressupostos, que não incluem a possibilidade de legalização. E quanto a este pressupostos, dir-se-á o seguinte.

Em primeiro lugar, estamos perante um acto administrativo nulo, tendo a sentença exequenda declarado a nulidade do despacho do Vereador do Pelouro do Urbanismo e da Reabilitação Urbana da

---

[71] "O Regime...", pg. 24 e 25.

Câmara Municipal do Porto de 19.7.1994 que deferiu o licenciamento da construção do edifício conhecido como "Shopping do Bom Sucesso", por violação do art. 2.º, n.ºs 4 e 8 do Regulamento do PDM do Porto.

Quanto ao requisito do decurso do tempo, refira-se que o processo de licenciamento do edifício em questão teve início em Julho de 1984, o acto administrativo declarado nulo e objecto da sentença exequenda foi praticado no dia 19 de Julho de 1994, e a sentença em referência, que ainda não transitou em julgado, foi proferida em 12.11.2007, ou seja, mais de 13 anos decorridos sobre a prática do acto.

Com base em tal acto administrativo, foi construído o edifício conhecido como "Shopping do Bom Sucesso", o qual foi constituído em propriedade horizontal, sendo que as suas fracções (mais de 1000, umas afectas a comércio, serviço, lazer, e/ou indústria hoteleira, outras a escritórios, outras ainda a salas de cinema), foram alienadas pelos proprietários originários a diversas pessoas não intervenientes no processo de licenciamento.

Diga-se que na fundamentação de direito a sentença alude a esta situação e, com base na certidão de teor predial do edifício, consigna que o direito em apreço *"fraccionou-se e foi disseminado entre os vários adquirentes das respectivas fracções"*, e reconhece que *"várias situações em apreço serão mesmo anteriores à existência do processo principal"*.

O "Shopping do Bom Sucesso" foi aberto ao público no dia 30.11.1994, e a constituição da propriedade horizontal do edifício foi registada em 10.05.1996, sendo que, e sem prejuízo de situações constituídas anteriormente, a partir dessa data as fracções entraram no comércio jurídico e foram objecto de inúmeras transacções (de resto, na data em que a sentença foi proferida, nenhuma das partes processuais era proprietária de qualquer fracção).

Acontece que, compulsada a certidão de teor predial, constata-se que a grande maioria das fracções, e tendo por referência a data de proferimento da sentença, foram adquiridas por terceiros estranhos ao acto de licenciamento há mais de 10 anos.

Donde resulta que estamos perante uma situação de facto constituída e consolidada há mais de 10 anos, lapso de tempo que, pacificamente, se reputa como suficiente e razoável nos termos e para os efeitos previstos no n.º 3 do art. 134.º do CPA, correspondendo mesmo ao prazo mais dilatado que a doutrina e a jurisprudência mais exigentes exigem.

Em suma, estamos perante uma construção edificada e utilizada para os fins a que se destina há mais de 13 anos (tendo novamente por referência a data do proferimento da decisão em questão), utilização que é feita por terceiros adquirentes que não são, nem foram, nem intervenientes no procedimento de licenciamento, nem partes processuais no processo de execução de sentença, nem, ainda, no recurso contencioso, pelo que estamos perante uma situação de facto perfeitamente consolidada, verificando-se, em consequência, este segundo requisito constante do art. 134.º, n.º 3 do CPA.

Por último, terá que se proceder à harmonização com os princípios gerais de direito, na medida em que o art. 134.º, n.º 3 do CPA a impõe como condição para proceder à atribuição de efeitos jurídicos a situações de facto consolidadas e decorrentes de actos nulos.

Para aferir da verificação deste requisito, e seguindo a já mencionada doutrina de Pedro Gonçalves e Fernanda Paula Oliveira, cumpre, em primeiro lugar, atender ao tipo de nulidade que inquina o acto de gestão urbanística declarado nulo, pois, como já foi dito, casos existem em que a nulidade decorre da violação de normas que se destinam a tutelar interesses públicos que, de acordo com a opção feita pelo legislador e pela sua importância, prevalecem sobre quaisquer outros interesses, públicos ou privados. Nestes casos, e em regra, o interesse público subjacente à norma prevalecerá, afastando assim a possibilidade de juridicização dos efeitos consagrada no art. 134.º, n.º 3 do CPA, por não se harmonizar com os princípios gerais de direito.

Transpondo a "metodologia" atrás referida para a sentença em apreço, desde já adiantamos que nos parece que a nulidade do acto não obsta à aplicabilidade do regime previsto no art. 134, n.º 3 do CPA. Vejamos:

Tendo entendido que o edifício construído excedeu o índice de ocupação volumétrico legalmente admitido pelo Regulamento do PDM do Porto, a sentença exequenda declarou a nulidade do acto face à violação do art. 2.º, n.ºs 4 e 8 do referido diploma, e nos termos previstos no art. 52.º, n.º 2, al. b) do DL n.º 445/91, de 20.11.

Sendo "*o valor urbanístico expresso em metros cúbicos/metros quadrados, correspondente à relação entre o volume de construção e a área do terreno que lhe está afecta*"[72], o índice de ocupação volumétrica é um conceito técnico-urbanístico através do qual o Regulamento do PDM (ou de outro plano municipal de ordenamento do território) define em concreto esta característica a que deve obedecer a construção a edificar numa determinada parcela de terreno, parcela essa que já foi previamente classificada, qualificada e categorizada pelo mesmo instrumento legal. Ora, este índice, nomeadamente o seu valor máximo, resulta de uma opção discricionária que, no âmbito da sua política de ordenamento do território, o município fez para uma determinada categoria de espaço.

Verdadeiramente, não parece oferecer grandes dúvidas o entendimento segundo o qual a especificação qualitativa e quantitativa do índices, indicadores e parâmetros urbanísticos e de ordenamento do território municipal cai no âmbito da discricionariedade de planificação do município. É que, nesta fase de planificação, o município já terá que ter previamente classificado e qualificado o território municipal, ou seja, já terá concluído os momentos de planificação que reclamam a sua compatibilização com as normas referentes à vinculação situacional dos solos e com as normas que estabelecem restrições decorrentes de *standards* urbanísticos (os critérios de fundo que os planos municipais têm obrigatoriamente que respeitar).

Deste modo, entendemos que a definição do índice de ocupação volumétrica cabe no poder discricionário que o município tem para escolher as soluções que considera serem as mais adequadas e correctas para implementar o modelo de desenvolvimento urbanístico que adoptou para o seu território, donde resulta que o interesse público subjacente a tal norma (e que, de acordo com a decisão exequenda, foi considerado postergado) poderá ceder se assim o reclamarem os demais interesses e princípios gerais de direito convocáveis na situação em apreço.

Assim, e entrando agora nos concretos contornos da situação *sub judice* na sentença em apreço, a construção a demolir e feita ao abrigo do acto administrativo declarado nulo, como já foi dito, cor-

---

[72] Cf. ALVES CORREIA, "Manual...", pg. 641 (nota 332).

responde a um edifício comercial composto por mais de 1000 fracções, afectas a diversos usos (comércio, serviços, lazer, restauração e escritórios, entre outros), fracções essas cuja propriedade, na sua maior parte, foi adquirida há 10 e mais anos por terceiros estranhos ao processo de licenciamento da construção, e igualmente estranhos ao processo de inexecução e ao respectivo recurso contencioso, sendo que todos eles, que são terceiros de boa fé, serão afectados pela demolição do edifício.

De resto, a própria sentença reconhece esta realidade ao consignar que, perante a identificação dos titulares das fracções constante da certidão do registo predial, e, *"em função de estar proposta a demolição do edifício, não pode deixar de se notar que uma eventual decisão nesse sentido contende com os titulares de tais direitos"* (de resto, e porque admitiu que os titulares de direitos de propriedade sobre as fracções *"terão legitimidade para questionar a decisão"*, a sentença ordenou a sua notificação aos mesmos).

Tal factualidade – que a sentença admite sem reservas – é, quanto a nós, essencial para decidir sobre a aplicabilidade *in casu* da previsão constante do art. 134.º, n.º 3 do CPA, pois é com base nela que poderão ser convocados alguns princípios gerais de direito que legitimam a atribuição de efeitos jurídicos à situação de facto consolidada.

Impõe-se começar por dizer que a nulidade do acto de gestão urbanística que foi declarada, não é imputável aos terceiros adquirentes das fracções, nem sequer aos requerentes do licenciamento da construção, sendo por ela responsável, e tão somente, o autor do acto que deferiu o licenciamento em violação de normas constantes do Regulamento do PDM do Porto. Assim, fica claro que a atribuição de quaisquer efeitos jurídicos à situação de facto em análise não ofende o princípio da boa fé[73].

---

[73] Apesar da aquisição de fracções por parte de terceiros que não ocupam qualquer posição processual nos autos do processo de inexecução ser um facto que consta dos mesmos desde momento muito anterior ao do proferimento da sentença em causa, o certo é que só foi dado conhecimento do processo a tais terceiros, e pela primeira vez, com a notificação da sentença. Por este motivo, não nos parece ter qualquer relevo, como lhe parece querer dar a decisão em apreço, o facto da existência do presente processo ser, alegadamente e como aí se refere, um facto público e notório.

Por outro lado, os particulares contornos da situação *sub judice* reclamam que se convoque e considere outros princípios gerais de direito, como sejam os princípios da confiança dos interessados, da segurança jurídica e da proporcionalidade.

Estamos, verdadeiramente, perante a aquisição de fracções por parte de terceiros de boa fé, estranhos ao procedimento de licenciamento e estranhos ao processo judicial que declarou a nulidade do acto, que há 10, 12 ou mais anos adquiriram tais fracções nas quais exercem as mais variadas actividades profissionais, actividades que consubstanciam, entre o mais, a criação e a manutenção de diversos postos de trabalho.

A circunstância do conteúdo da sentença afectar a esfera jurídica desses terceiros, corresponde a um dos fundamentos justificativos da aplicabilidade do regime estatuído pelo n.º 3 do art. 134.º do CPA, pois entendemos que a eficácia *erga omnes* da sentença não faz precludir o dever que a Administração tem de não lesar desproporcionadamente os direitos e interesses legalmente protegidos dos administrados (de resto, se o cumprimento de uma decisão judicial fosse um valor absoluto e insusceptível de ser comprimido ou ponderado com outros valores, não seria sequer admissível a previsão legal de determinados mecanismos como, por exemplo, a consagração do grave prejuízo para o interesse público como sendo uma causa legítima de inexecução de sentença).

Nestas circunstâncias, a demolição do edifício parece-nos ser absolutamente desproporcionada, porquanto da sua execução resultarão muitos e mais gravosos sacrifícios para os direitos dos terceiros adquirentes das fracções, do que os benefícios que se alcançarão para o interesse público (sendo que o interesse público concretamente protegido pela norma violada, relembra-se, tem que ver com o volume de ocupação de uma dada parcela de terreno, e não com os superiores interesses atinentes à vinculação situacional dos solos e aos critérios de fundo que, por imposição legal superior, têm que ser vertidos para os planos municipais de ordenamento do território).

Acresce que a demolição do prédio que, tal como consta da própria sentença, passa pelo seu prévio despejo e desocupação, implica a extinção de centenas de postos de trabalho, e a diminuição da actividade comercial e de serviços na zona da cidade do Porto em questão, para a qual, como é consabido, o "Shopping do Bom Sucesso" foi um factor dinamizador.

Consequentemente, a demolição do edifício acarretará consequências sobre os níveis de emprego, bem como sobre a sustentabilidade e a viabilidade económicas da zona em apreço, factores que, globalmente considerados, correspondem também ao interesse público.

Mais, atendendo aos particulares contornos da situação em causa (veja-se que a nulidade do acto judicialmente declarada é imputável apenas ao ente público), a demolição do prédio acarretará para este a obrigação de indemnizar os proprietários das fracções, indemnização que, como é fácil de compreender e atenta a dimensão e as características do edifício, será avultadíssima. Ora, a boa administração e afectação racional dos recursos financeiros é um interesse público que, em conjunto com os demais já referidos, também pode – e deve – ser convocado para justificar a aplicabilidade do regime constante do art. 134.º, n.º 3 do CPA, como, aliás, já referimos em momento anterior.

Por tudo o exposto conclui-se que, *in casu*, a demolição da construção edificada, revela-se ser violadora do princípio da proporcionalidade, sobretudo na sua vertente da proibição do arbítrio ou princípio da proporcionalidade em sentido estrito, para além de atentar de forma manifesta contra os princípios da confiança e da segurança jurídica, tendo em conta a situação de facto que, não obstante ter sido gerada por um licenciamento declarado nulo, veio a consolidar-se no mundo real.

Com a apreciação desta sentença damos conta de uma situação em que, quanto a nós, e perante tudo o que ficou dito, podia ter sido aplicada por parte do tribunal a previsão constante do art. 134.º, n.º 3 do CPA, na medida em que se verificam os respectivos requisitos. Todavia, tal como já foi dito, é manifesta a timidez e a reserva dos nossos tribunais administrativos em fazer uso da mencionada previsão legal.

A manutenção da ilegalidade do acto (circunstância que, no fundo, é um pressuposto de aplicação deste regime), parece funcionar como uma objecção ou, pelo menos, como um constrangimento para a aplicação a situações concretas por parte da jurisprudência da possibilidade constante do art. 134.º, n.º 3 do CPA. Para tanto, na nossa opinião, terá contribuído de alguma forma o entendimento estrito do princípio da separação de poderes que, durante muito tempo, vigorou no seio da nossa jurisprudência administrativa, aliado à circunstância de a mesma actuar no âmbito de um contencioso de estrita e pura legalidade. Na verdade, mesmo no âmbito do exercício de poderes vinculados, admitia-se que a atribuição de um poder de substituição aos tribunais administrativos poderia, por motivos de erro ou até de orientação política ou administrativa, acabar por ser utilizado no domínio da discricionaridade administrativa e, nessa medida, atentar contra o princípio da separação de poderes.

Todavia, a alteração profunda que o contencioso administrativo sofreu, nomeadamente ao nível das normas processuais e dos poderes de pronúncia dos tribunais administrativos, aliada a uma crescente consideração do sistema jurídico como um todo complexo, do qual fazem parte regras e princípios em pé de igualdade, e no qual o papel dos princípios não se limita a um papel secundário de auxiliar na aplicação das regras, mas sim um papel principal, porquanto encerram valores normativos e jurídicos fundamentais, poderão inverter a situação, como se impõe. Com efeito, não se concebe que, estando consagrado na lei um instrumento como o previsto no art. 134.º, n.º 3 do CPA, as decisões judiciais não confiram alguma protecção a situações perfeitamente consolidadas no tempo e criadas ao abrigo de um acto nulo, sobretudo quando a nulidade é da responsabilidade exclusiva da Administração.

A suspensão de eficácia de decisões urbanísticas: o caso do "edifício Coutinho", em Viana do Castelo

MARLEEN COOREMAN[1]

Introdução

O direito do urbanismo, área do direito administrativo que vem assumindo uma relevância crescente, regula as mais importantes formas de intervenção nos solos, abrangendo a actividade de planeamento – ao nível municipal através dos Planos Municipais de Ordenamento do Território – e a actividade de execução das concretas formas de ocupação, uso e transformação dos solos previstas nos planos. Porque essas actividades de planeamento e de execução levadas a cabo pela Administração contendem muitas vezes com os direitos e interesses dos particulares, verifica-se o que se pode designar de contencioso do urbanismo ou contencioso urbanístico.

A revisão da Constituição da República Portuguesa de 1997 reforçou as garantias dos particulares em matéria de tutela jurisdicional efectiva dos seus direitos ou interesses legalmente protegidos, tutela esta que veio a ser materializada no Código de Processo nos Tribunais Administrativos (CPTA) através da consagração de meios processuais adequados à impugnação de quaisquer actos administrativos e normas administrativas que lesem aqueles direitos e interesses. Um dos meios de tutela jurisdicional efectiva ao dispor dos particulares é a providência cautelar, enquanto meio processual urgente que permite suspender a eficácia de decisões administrativas e, por essa via, garantir um efeito útil à decisão da acção principal onde se discute a legalidade ou ilegalidade de um acto ou uma norma. Não existem no CPTA disposições especiais em matéria de urbanismo, por isso, o contencioso do urbanismo é, essencialmente, um contencioso administrativo, utilizando os meios processuais

---

[1] Advogada, Mestranda em Direito das Autarquias Locais na Universidade do Minho.

gerais, nomeadamente, as providências cautelares, enquanto meio processual adequado para suspender decisões urbanísticas, tema deste trabalho. A generalidade das acções de impugnação de decisões urbanísticas não tem efeito suspensivo, razão pela qual a providência cautelar assume particular relevância como forma de impedir a execução de um acto administrativo urbanístico.

Como ponto de partida para o desenvolvimento do presente trabalho, escolhemos um caso *sui generis* – o do Edifício Jardim, em Viana do Castelo – cuja demolição está prevista no Plano de Pormenor do Centro Histórico daquela cidade e cuja expropriação foi determinada por despacho do Ministro do Ambiente, do Ordenamento do Território e do Desenvolvimento Regional em 2005. Mas a declaração de expropriação por utilidade pública com caracter de urgência (e a consequente demolição do Edifício Jardim) encontra-se suspensa desde 2006 por decisão do Tribunal Administrativo e Fiscal de Braga no âmbito de uma providência cautelar interposta por alguns proprietários de fracções integrantes do prédio em questão.

Para melhor compreensão das especificidades do caso concreto, o trabalho começa com um enquadramento genérico sobre o direito do urbanismo, os planos municipais de ordenamento do território, a expropriação e o seu procedimento, e, também de forma breve, as formas de processo na jurisdição administrativa. Segue-se o contencioso do urbanismo, desdobrado em contencioso de actos administrativos urbanísticos e contencioso de normas urbanísticas, conjugado com as características da providência cautelar, os critérios de que depende o seu decretamento e os efeitos que lhe estão inerentes. Terminamos com uma subsunção dos requisitos da providência cautelar ao caso do *Edifício Jardim* para melhor compreensão da suspensão da eficácia de uma decisão urbanística.

1. O caso do *"Edifício Jardim"* em Viana do Castelo – uma decisão urbanística suspensa por efeito de um procedimento cautelar

Por despacho do Ministro do Ambiente, do Ordenamento do Território e do Desenvolvimento Regional (MAOTDR), datado de 25 de Julho de 2005 e publicado na II Série do Diário da República em 16 de Agosto de 2005, foi declarada a utilidade pública da expropriação, com carácter urgente, de duas parcelas[2] necessárias à execução do Plano de Pormenor do Centro Histórico de Viana do Castelo. Numa das parcelas a expropriar está implantado um edifício de treze andares, conhecido por *"Prédio Coutinho"* e por *"Edifício Jardim"*, licenciado pela Câmara Municipal de Viana de Castelo nos anos 70 e constituído em propriedade horizontal com 105 fracções autónomas. A execução do Plano de Pormenor implica a demolição deste edifício para, no mesmo espaço, ser construído um edifício destinado a mercado e criado um espaço público.

Alguns proprietários de fracções autónomas neste edifício interpuseram uma providência cautelar no Tribunal Administrativo e Fiscal (TAF) de Braga, contra o MAOTDR, a VianaPolis – Sociedade para o Desenvolvimento do Programa Polis em Viana do Castelo e o Município de Viana do Castelo, peticionando (i) a suspensão da eficácia do referido despacho do MAOTDR, na parte em que declarou a urgência da expropriação da parcela 133 onde está situado o *Edifício Jardim*; (ii) a suspensão da eficácia do referido despacho do MAOTDR, na parte em que declarou a utilidade pública da expropriação da parcela 133 onde está situado o *Edifício Jardim*; (iii) a suspensão da eficácia do Plano de Pormenor do Centro Histórico de Viana do Castelo na parte referente ao local de implantação do *Edifício Jardim*.

O MAOTDR e a sociedade VianaPolis alegaram (separadamente), em síntese, na matéria que aqui releva, que: a expropriação visa a concretização do Plano de Pormenor do Centro Histórico de Viana do Castelo, válido e eficaz e em cuja elaboração participaram os cidadãos; a expropriação visa o interesse público e a salvaguarda do ambiente e do ordenamento do território, interesses estes que prevalecem sobre os interesses privados existentes; a fundamentação da urgência da expropriação fundamenta-se na própria lei[3] e não existe

---

[2] As parcelas com os números 82 e 133.
[3] No Código das Expropriações e no Decreto-Lei n.º 314/2000, de 2 de Dezembro. Este Decreto-Lei conferiu poderes especiais às sociedades gestoras do Programa Polis, designadamente, em matéria de expropriações considerando de utilidade pública e com caracter urgente as expropriações de imóveis e os direitos a eles inerentes, localizados nas zonas de intervenção legalmente delimitadas no âmbito da execução do Programa Polis, bem como em execução de planos de urbanização e de planos de pormenor das zonas de intervenção deste programa.

periculum in mora para os requerentes, sendo os seus danos ressarcidos na acção principal.

Estamos, assim, perante um pedido de suspensão da eficácia de um acto que declarou a utilidade pública da expropriação, com caracter urgente, de duas parcelas e um pedido de suspensão de eficácia de um plano de pormenor.

O TAF de Braga suspendeu a eficácia do despacho do MAOTDR, na parte em que declarou a expropriação por utilidade pública com carácter urgente de uma das parcelas[4] e declarou improcedente o pedido de suspensão de eficácia do Plano de Pormenor do Centro Histórico de Viana do Castelo.

É este um caso concreto em que uma decisão urbanística foi suspensa por efeito do decretamento de uma providência cautelar requerida por particulares e que servirá de mote para o desenvolvimento do presente trabalho.

2. O direito do urbanismo – enquadramento

O direito do urbanismo regula *"as mais importantes formas de intervenção nos solos, dele fazendo necessariamente parte as normas definidoras dos parâmetros urbanísticos, quer sejam emanadas pelo Estado quer pelas próprias autarquias locais, onde se incluem, com especial relevo, as normas de planeamento"*[5] e também a actividade de execução das concretas formas de ocupação, uso e transformação dos solos previstas nos planos – a denominada gestão urbanística.

Em matéria de planeamento, no Regime Jurídico dos Instrumentos de Gestão Territorial (RJIGT)[6] encontramos os diferentes planos

---

[4] A parcela n.º 133 onde está implantado o *edifício jardim*.
[5] FERNANDA PAULA OLIVEIRA, *"Direito do Urbanismo. Do Planeamento à Gestão"*, Estudos Regionais e Locais, CEJUR – Centro de Estudos do Minho, Março 2010, p. 10.
[6] Decreto-Lei n.º 380/99, de 22 de Setembro, com as alterações introduzidas pelo Decreto-Lei n.º 53/2000, de 7 de Abril, Decreto-Lei n.º 310/2003, de 10 de Dezembro, das leis n.ºs 58/2005, de 29 de Dezembro, e 56/2007, de 31 de Agosto, Decreto-Lei n.º 316/2007, de 19 de Setembro e Decreto-Lei n.º 46/2009, de 20 de Fevereiro.

com incidência territorial. Ao nível municipal assumem especial relevância os Planos Municipais de Ordenamento do Território (PMOT) por serem planos da responsabilidade dos municípios e por as suas disposições serem, directa e imediatamente, vinculativas para todos.

Os planos são executados através de acções concretas levadas a cabo pela Administração e/ou pelos particulares, por exemplo, através de loteamentos e de edificações. A execução destas acções carece de um controlo prévio da Administração municipal, nomeadamente, através de procedimentos de licenciamento, de autorização, de comunicação prévia, entre outros.

Temos, assim, de forma muito sumária, a emanação de regulamentos urbanísticos e de actos administrativos urbanísticos enquanto formas de manifestação da vontade da Administração nesta área especial do direito administrativo.

No caso do *Edifício Jardim* estão em causa duas decisões urbanísticas: uma relativa ao Plano de Pormenor do Centro Histórico e outra relativa à expropriação da parcela onde o referido edifício se encontra situado. Compreendamos cada uma delas.

2.1. *Os planos municipais de ordenamento do território*

A política de ordenamento do território e de urbanismo ao nível municipal é concretizada através de específicos instrumentos de gestão territorial: os planos municipais de ordenamento do território.

Os PMOT compreendem os planos directores municipais, os planos de urbanização e os planos de pormenor. São instrumentos de natureza regulamentar que estabelecem o regime de uso do solo, definindo modelos de evolução previsível da ocupação humana e da organização de redes e de sistemas urbanos e, na escala adequada, parâmetros de aproveitamento do solo e de garantia da qualidade ambiental.[7] Os planos directores municipais integram as orientações fixadas nos instrumentos de gestão territorial nacional e regional

---

[7] Cfr. art.º 69.º do Regime Jurídico dos Instrumentos de Gestão Territorial, constante do Decreto-Lei n.º 380/99 de 22 de Setembro, alterado pelo Decreto-Lei n.º 310/2003, de 10 de Dezembro, pelas Leis n.ºs 58/2005, de 29 de Dezembro e 56/2007, de 31 de Agosto e pelo Decreto-Lei n.º 316/2007, de 19 de Setembro.

com expressão no território de cada município e fixam a estratégia de desenvolvimento e de organização de todo o território municipal. Constituem também um instrumento de referência para a elaboração dos planos de urbanização e de planos de pormenor e para o estabelecimento de programas de acção territorial. Os planos de urbanização têm uma função de estruturação do espaço e de definição do regime de uso do solo de uma determinada área do território municipal, fixando os critérios para a sua transformação e a programação da sua ocupação. Por seu lado, os planos de pormenor desenvolvem e concretizam com detalhe a concepção da forma de ocupação de uma área específica do território municipal. Os planos de pormenor identificam as operações de transformação fundiária necessárias, o desenho urbano, o alinhamento, a implantação, a modelação dos terrenos, a distribuição volumétrica, a localização dos equipamentos e das zonas verdes, as operações de demolição necessárias, a conservação e a reabilitação das construções existentes, entre outros. Devem também conter os sistemas pelos quais os planos vão ser executados e qual a programação que lhes está inerente. Elaborados, aprovados e publicados em Diário da República, os planos municipais destinam-se a ser executados através de acções concretas levadas a cabo por particulares e por entidades públicas, em conjunto ou separadamente. Os planos directores municipais são sobretudo instrumentos de ordenamento do território enquanto acções da Administração para assegurar a melhor estrutura das implantações humanas tendo em vista o desenvolvimento harmonioso das regiões e os planos de urbanização e de pormenor são instrumentos urbanísticos que se ocupam do ordenamento racional da urbe.[8]

Os PMOT são uma das mais importantes fontes de direito do urbanismo ao nível local quer pela função de definirem a ocupação, o uso e a transformação do solo, quer por terem eficácia plurisubjectiva, isto é, as suas disposições vinculam as entidades públicas e os particulares, de forma directa e imediata.

---

[8] DIOGO FREITAS DO AMARAL, *"Ordenamento do Território, Urbanismo e Ambiente: Objecto, Autonomia e Distinções"*, in Revista Jurídica do Urbanismo e do Ambiente n.º 1, Almedina, Coimbra, Junho 1994, pp. 14 e ss.

2.1.1. *O plano de pormenor do centro histórico de Viana do Castelo*

A Assembleia Municipal de Viana do Castelo aprovou em 15 de Fevereiro de 2002 o Plano de Pormenor do Centro Histórico daquela cidade. Este plano de pormenor é composto por um regulamento, uma planta de implantação, uma planta de condicionantes e, ainda, de anexos com o património classificado e em vias de classificação, de propostas de classificação patrimonial e de indicadores urbanísticos relativos às propostas de intervenção do plano. Acompanham o plano o relatório fundamentado das soluções adoptadas, a planta da situação existente, o programa de execução das acções, o plano de financiamento e a planta de delimitação de zonas sensíveis e mistas.

Entre os objectivos deste plano de pormenor encontra-se a eliminação de *"intrusões visuais e as discrepâncias volumétricas, por forma a repor, na sua heterogeneidade, o equilíbrio da morfologia do centro histórico, em ordem à sua classificação como património mundial."*[9] A concretização dos objectivos da intervenção no centro histórico implicam *"o reajustamento do perfil dominante do Centro Histórico, nomeadamente pela eliminação da volumetria dissonante do edifício-jardim"*[10] e *"a transferência do mercado para o local em que se situa o edifício jardim, em imóvel a construir para o efeito, que reproduza, na sua forma, o mercado que aí existiu;"*[11]

A concretização dos objectivos dos planos de pormenor pode ser efectuada através de três sistemas de execução: de compensação, de cooperação e de imposição administrativa. Os dois primeiros consagram a intervenção dos particulares (a par do município no sistema de cooperação) e a definição dos direitos e das obrigações das partes de forma consensual – através de um contrato de urbanização. No sistema de imposição administrativa, o definido para a execução

---

[9] Cfr. alínea b) do art.º 1.º do Regulamento do Plano de Pormenor do Centro Histórico de Viana do Castelo, publicado na II Série do Diário da República de 9 de Agosto de 2002.

[10] Cfr. alínea d) do art.º 54.º do Regulamento do Plano de Pormenor do Centro Histórico de Viana do Castelo. Sublinhado nosso.

[11] Cfr. alínea c) do art.º 55.º do Regulamento do Plano de Pormenor do Centro Histórico de Viana do Castelo. Sublinhado nosso.

do Plano de Pormenor do Centro Histórico de Viana do Castelo, a execução do plano pertence ao município, directamente ou mediante concessão de urbanização. A concretização dos objectivos fixados no regulamento do Plano de Pormenor do Centro Histórico de Viana do Castelo implica a eliminação do *Edifício Jardim*, para aí ser construído um edifício novo destinado a mercado. E, como a execução deste plano de pormenor se fará através do sistema de imposição administrativa, a expropriação do *Edifício Jardim* revela-se inevitável para concretizar aqueles objectivos.

A execução deste específico PMOT, ao ser efectuada por via da imposição administrativa e, portanto, sem envolver a cooperação dos particulares / proprietários, resultou numa fonte de conflitos cuja resolução está no âmbito da jurisdição administrativa.

2.2. *A expropriação – linhas gerais*

Quando a execução dos planos está a cargo da Administração, esta pode fazer uso de um importantíssimo instrumento de gestão urbanística – a expropriação. A expropriação por utilidade pública, no seu sentido clássico, é definida por ALVES CORREIA como a *"privação ou subtracção do direito de propriedade e na sua transferência para um sujeito diferente para a realização de um fim público."*[12] É um instrumento através do qual a Administração impõe aos particulares a aniquilação do seu direito de propriedade, e de outros direitos que lhe estão inerentes como o usufruto e o arrendamento, transferindo-o para si ou para terceiro, mediante o pagamento de uma justa indemnização. O direito de propriedade privada tem consagração constitucional, mas não foi consagrado como um direito absoluto, já que razões de utilidade pública podem fundamentar a sua aniquilação por via da expropriação. Para que a expropriação prevaleça sobre o direito de propriedade privada tem de se verificar um conjunto de pressupostos. Pressuposto legal de base é que a expropriação se destine à realização de um interesse

---

[12] FERNANDO ALVES CORREIA, *"O Plano Urbanístico e o Princípio da Igualdade"*, Colecção Teses, Almedina, Coimbra, 1997, p. 473.

público prevalecente sobre o direito de propriedade privada do particular que foi expropriado. *"A expropriação tem subjacente um conflito entre um interesse público e um interesse privado, relativo à propriedade. Esse conflito surge quando uma entidade pública ou privada, tendo necessidade de adquirir um bem para um fim de utilidade pública, se confronta com o interesse oposto do respectivo proprietário em conservá-lo no seu património."*[13] Só pode haver expropriação se o bem vier a ter uma utilidade pública, isto é, se for utilizado em benefício de todos, devendo este "uso social" ser superior ao uso privado que lhe é dado. A declaração de utilidade pública é o acto que produz efeitos na esfera jurídica do particular e pode dizer-se que tem como efeito a extinção do direito de propriedade do particular sobre aquele bem já que depois daquela declaração o proprietário perde o poder de intervenção sobre o imóvel e pouco mais tem do que a sua posse jurídica e o direito a uma justa indemnização. Uma base legal e o pagamento contemporâneo de uma justa indemnização constituem dois outros pressupostos para que a expropriação se possa efectuar. A base legal encontra-se, desde logo, no art. 1.º do Código das Expropriações – *"os bens imóveis e os direitos a eles inerentes podem ser expropriados por causa da utilidade pública compreendida nas atribuições, fins ou objecto da entidade expropriante, mediante o pagamento contemporâneo de uma justa indemnização, nos termos do presente código."* Não pode haver expropriação sem o pagamento de uma justa indemnização, isto é, sem o pagamento de uma compensação adequada ao dano infringido ao proprietário, que o ressarce do sacrifício suportado e colocado à sua disposição sem grande desfasamento temporal em relação ao desapossamento.

A Constituição da República Portuguesa (CRP) permite ao Estado, às regiões autónomas e às autarquias locais o recurso à expropriação para fins urbanísticos. No caso específico dos municípios é lícito o recurso à expropriação quando tal instrumento seja necessário para executar PMOT.

---

[13] LUÍS PERESTRELO DE OLIVEIRA, *"Código das Expropriações anotado"*, 2.ª edição, Almedina, Coimbra, 2000, p. 17.

Existe outro sentido a dar ao conceito de expropriação – a expropriação de sacrifício. Esta acontece quando PMOT determinem restrições significativas na utilização dos solos, preexistentes e juridicamente consolidadas, de tal forma que, o proprietário se vê fortemente limitado no seu direito de propriedade com efeitos equivalentes aos da expropriação em sentido clássico com a diferença que mantém a apropriação do bem. São situações susceptíveis de serem indemnizadas.[14]

2.2.1. *O procedimento expropriativo*

O procedimento de expropriação é composto por dois sub-procedimentos: um de natureza administrativa, integrado por um conjunto de actos, sendo o acto de declaração de utilidade pública o acto constitutivo, e outro de natureza judicial, que abrange os actos relacionados com a discussão litigiosa do valor da indemnização. Existe antes destas uma fase de pré-procedimento expropriativo através do qual se procurará adquirir a propriedade dos bens, por via do direito privado. *"O procedimento expropriativo propriamente dito inicia-se, pois, em nosso entender, com o requerimento (ainda que articuladamente com a resolução de expropriar) que é remetido ao órgão competente pela declaração de utilidade pública."*[15], isto é, não tendo resultado a aquisição por via do direito privado, quando deva existir, a Administração, juntamente com a resolução de expropriar, requer a declaração de utilidade pública e notifica esse facto aos proprietários e demais interessados abrangidos.

A declaração de utilidade pública de expropriação de bens imóveis e dos direitos inerentes é da competência do ministro a cujo departamento compete a apreciação final. Quando se trate de expropriações da iniciativa de autarquias locais para efeitos de concretização de um plano de urbanização ou de um plano de pormenor eficazes, a competência pertence à assembleia municipal devendo ser tomada por maioria absoluta dos seus membros em efectividade

---

[14] Vide art.º 143.º do Regime Jurídico dos Instrumentos de Gestão Territorial.
[15] FERNANDA PAULA OLIVEIRA, *"Direito do Urbanismo. Do Planeamento à Gestão"*, cit., p. 123.

de funções. Esta deliberação deve também ser comunicada ao membro do Governo responsável pela administração local. À expropriação pode ser atribuído, mediante decisão fundamentada, caracter urgente o que confere à entidade expropriante a posse administrativa imediata dos bens expropriados. Mas este carácter urgente caduca se as obras na parcela não se iniciarem no prazo fixado no programa de trabalhos, salvo motivo devidamente justificado. O acto declarativo da utilidade pública é publicado em Diário da República e notificado aos expropriados e aos demais interessados conhecidos por carta registada com aviso de recepção. Tratando-se de um edifício, é afixado um aviso na entrada principal do prédio. Não sendo conhecidos os proprietários e demais interessados ou sendo devolvidas as cartas registadas, a declaração de utilidade pública é publicitada através de editais a afixar nos locais de estilo do município e das juntas de freguesia do lugar do bem e, ainda, em dois jornais mais lidos na região, devendo um deles ser de âmbito nacional.

2.2.2. *A declaração de utilidade pública da expropriação para a execução do plano de pormenor do centro histórico de Viana do Castelo*

Conforme já afirmámos, a concretização dos objectivos do Plano de Pormenor do Centro Histórico de Viana do Castelo implicam a expropriação de duas parcelas, encontrando-se o *Edifício Jardim* situado numa dessas parcelas. Foi neste contexto que foi proferido o despacho do MAOTDR, datado de 25 de Julho de 2005 e publicado na II Série do Diário da República em 16 de Agosto de 2005, no qual foi declarada a utilidade pública da expropriação, com carácter urgente, das duas parcelas necessárias à execução do referido Plano de Pormenor. Ainda que se trate da concretização de um plano de pormenor eficaz, a declaração de utilidade pública de expropriação das parcelas foi decretada por despacho de Ministro e não pela Assembleia Municipal de Viana do Castelo, provavelmente por a execução do referido plano não ser efectuada directamente pela autarquia local, mas por uma sociedade especificamente criada para desenvolver o Programa Polis em Viana do Castelo – a VianaPolis.

Estamos, assim, perante duas decisões urbanísticas. Uma de natureza regulamentar – o plano de pormenor – e outra com a natureza de acto administrativo – o despacho do ministro. Como se podem suspender decisões urbanísticas, é a pergunta a que procuraremos responder de seguida.

3. A garantia da tutela jurisdicional efectiva

A Constituição da República Portuguesa (CRP) (art. 20.º) garante a todos os cidadãos a tutela jurisdicional efectiva dos seus direitos ou interesses legalmente protegidos cabendo ao Estado garantir este direito a quem não tem recursos económicos. Todos têm ainda direito a que a causa em que intervenham seja objecto de decisão em prazo razoável e mediante um processo equitativo. Significa que os cidadãos têm direito de recorrer aos tribunais quando um direito ou interesse legalmente consagrado e protegido é lesado, devendo o tribunal assegurar, ao longo de todo o processo, um estatuto de igualdade substancial das partes e proferir uma decisão em prazo razoável. O processo deve *"desenrolar-se em tempo razoável, com «contraditoriedade e com plena igualdade das partes», sob a actuação imparcial do juiz, devendo concretizar, numa medida certa ou temperada, as garantias das partes e a eficácia jurisdicional."*[16]

Esta garantia de tutela jurisdicional existe quer a lesão provenha de um acto de um particular quer provenha de um acto ou regulamento da Administração. A CRP (art. 268.º/4) garante o direito de impugnação de quaisquer actos administrativos e de normas administrativas, o direito de ser judicialmente decretada a prática de um acto administrativo legalmente devido e, ainda, o direito à adopção de medidas cautelares adequadas. Esta garantia é reforçada no CPTA ao consagrar não só o direito de obter, em prazo razoável, uma decisão judicial, mas ainda a possibilidade de a fazer executar e de obter as providências cautelares, antecipatórias ou conservatórias, destinadas a assegurar o efeito útil da decisão. Nas providências cautelares a tramitação processual é urgente e, portanto, sacrificam--se o contraditório pleno e a igualdade das partes em prol de uma

---

[16] ISABEL CELESTE M. FONSECA, *"Direito Processual Administrativo – Roteiro Prático"*, Almeida & Leitão, Ld.ª, 2.ª Edição, Elcla Editora, 2010, p. 26.

decisão mais célere que visa assegurar os efeitos úteis de uma acção principal. Por essa razão, apesar de se sacrificarem algumas garantias processuais, as providências cautelares concretizam também uma tutela jurisdicional efectiva e temporalmente justa.

3.1. *As formas de processo na jurisdição administrativa*

Na jurisdição administrativa as acções podem seguir a forma comum, especial ou urgente. A acção administrativa é comum quando não lhe couber forma especial (art. 37.º CPTA) e segue a forma especial quando o processo tenha como objecto pretensões resultantes da prática ou da omissão ilegal de actos administrativos impugnáveis ou de normas que tenham ou devessem ter sido emitidas ao abrigo de disposições do direito administrativo (art. 46.º CPTA).

Os processos urgentes previstos no CPTA são de duas espécies. Um primeiro conjunto de *"processos principais, isto é, processos que visam a pronúncia de sentenças de mérito, onde a cognição seja tendencialmente plena, mas com uma tramitação acelerada ou simplificada, tendo em consideração a natureza dos direitos ou dos bens jurídicos protegidos ou outras circunstâncias próprias das situações ou até das pessoas envolvidas."*[17] São processos principais, que não dependem de outros e que têm uma tramitação célere e mais simplificada do que a comum pela natureza do seu objecto e que têm uma sentença de mérito que decide a causa. O CPTA prevê expressamente, enquanto processos urgentes desta natureza, o contencioso eleitoral, o contencioso pré-contratual, a intimação para prestação de informações, consulta de documentos ou passagem de certidões e a intimação para defesa de direitos, liberdades e garantias. Há ainda processos urgentes previstos em legislação dispersa, como é o caso das acções para perda de mandato e de dissolução de órgãos autárquicos ou de entidades equiparadas[18], das acções

---

[17] JOSÉ CARLOS VIEIRA DE ANDRADE, *"A Justiça Administrativa (Lições)"*, 10.ª edição, Almedina, 2009, pp. 254-255.
[18] Previsto no art.º 15.º do Regime Jurídico da Tutela Administrativa constante da Lei n.º 27/96, de 1 de Agosto.

para intimações urbanísticas[19] e das acções relativas à concessão ou perda do direito de asilo ou de protecção subsidiária e de expulsão[20]. Existem depois processos urgentes com caracter instrumental, sumário e provisório que são acessórios de uma acção principal cujo efeito útil visam assegurar e que se designam por providências cautelares. Apenas estas serão objecto de desenvolvimento.

4. O contencioso urbanístico

O direito do urbanismo é classificado como uma área especial do direito administrativo e, nessa medida, o contencioso existente em matéria de urbanismo é essencialmente um contencioso administrativo.

São os Tribunais Administrativos os competentes para apreciar questões emergentes da aplicação das normas de direito do urbanismo, designadamente, dos PMOT, do Regime Jurídico da Urbanização e Edificação (RJUE) e dos regulamentos municipais de urbanização e edificação. Como são também competentes para apreciar questões relativas a actos administrativos de gestão urbanística praticados ao abrigo das normas de direito do urbanismo, designadamente, os licenciamentos, as autorizações, as comunicações prévias e as expropriações por utilidade pública, salvo, neste último caso, às acções relativas à determinação do valor da indemnização da expropriação, cuja competência é dos tribunais judiciais. Os Tribunais Administrativos podem ainda ser chamados a pronunciar-se sobre questões resultantes de contratos que a Administração estabeleça no âmbito do direito do urbanismo, como são os contratos para planeamento previstos no art. 6.º-A do RJIGT e os contratos de urbanização celebrados no âmbito da execução de PMOT nos sistemas de

---

[19] Nas modalidades de intimação para a prática de acto legalmente devido (art.º 112.º do Decreto-lei n.º 555/99, de 16 de Dezembro, com as alterações introduzidas pelo Decreto-Lei n.º 177/2001, de 4 de Junho, pela Lei n.º 60/2007, de 4 de Setembro e pelo Decreto-lei n.º 26/2010, de 30 de Março de 2010) e de intimação para a emissão de alvará de licença ou de autorização de utilização de edifícios ou suas fracções (n.º 5 do art.º 113.º deste mesmo diploma legal).

[20] Previsto no art.º 84.º da Lei n.º 27/2008, de 30 de Junho.

compensação e de cooperação, bem como, sobre questões resultantes de prejuízos causados pela revogação, anulação ou declaração de licenças, comunicações prévias ou autorização de utilização, sempre que a sua causa resulte de uma conduta ilícita dos titulares dos órgãos do município, seus funcionários e agentes (art. 70.º RJUE) ou por danos causados a titular de alvará de loteamento em virtude da sua alteração por iniciativa da câmara municipal (art. 48.º RJUE). O contencioso urbanístico pode, assim, ser um contencioso de normas urbanísticas, de actos administrativos urbanísticos, de contratos urbanísticos ou de responsabilidade civil extracontratual da Administração por actos urbanísticos ilícitos ou lícitos.

Nos termos do CPTA, as acções administrativas (em geral) seguem a forma comum, especial ou urgente, consoante o objecto da lide. As mesmas regras aplicam-se ao contencioso urbanístico. Quando está em causa a prática ou a omissão ilegal de actos administrativos urbanísticos impugnáveis ou normas urbanísticas as acções seguem a **forma especial**. Quando está em causa a interpretação, a validade e a execução de contratos urbanísticos e a responsabilidade civil extracontratual por actos urbanísticos lícitos ou ilícitos das pessoas colectivas, dos titulares dos seus órgãos, funcionários e agentes, as acções seguem a **forma comum**.

Também as **acções urgentes** são admitidas e necessárias no domínio do urbanismo, porquanto as acções especiais e comuns, supra mencionadas, não têm, em regra, efeito suspensivo. Como já afirmamos, o CPTA prevê expressamente um conjunto de processos urgentes encontrando-se outros dispersos por legislação avulsa. Em matéria de direito do urbanismo, são susceptíveis de existirem processos urgentes relativos a intimação para prestação de informações, a consulta de documentos ou passagem de certidões [21], acções para intimações urbanísticas nas modalidades de intimação para a prática de acto legalmente devido (art. 112.º do RJUE) e de intimação para a emissão de alvará de licença ou de autorização de utilização de edifícios ou suas fracções (art. 113.º/5 do RJUE), e, ainda, providências cautelares. As três primeiras são acções urgentes e, em simul-

---

[21] Por exemplo a passagem de uma certidão de destaque.

tâneo, processos principais, isto é, para além de terem uma tramitação célere e mais simplificada do que a acção comum, pela natureza do seu objecto, não dependem de outra acção para que seja proferida uma decisão de mérito. As providências cautelares, por seu lado, são processos urgentes mas tem caracter instrumental, isto é, são acessórias de uma acção principal cujo efeito útil visam assegurar. As providências cautelares podem revelar-se essenciais no domínio do urbanismo, porquanto, muitas vezes, os seus actos e decisões, ao serem executados, são irreversíveis e, como referimos, as acções comuns e especiais não têm efeito suspensivo, com a excepção adiante referida.

4.1. A suspensão da eficácia de actos administrativos urbanísticos

Um acto administrativo urbanístico será um acto administrativo praticado no âmbito do direito do urbanismo. São exemplos de actos desta natureza as ordens de demolição, os licenciamentos urbanísticos, as autorizações de utilização de edificações, as comunicações prévias, quer quando concedidos quer quando indeferidos. São actos que podem violar um PMOT ou Planos Especiais de Ordenamento do Território, podem não ter sido precedidos das consultas externas obrigatórias ou ter outros vícios e, portanto, podem ser ilegais, por serem nulos ou anuláveis, e, por isso, susceptíveis de impugnação judicial através de uma acção especial (al. a) do n.º 2 do art. 46.º CPTA) por lesarem direitos e interesses dos particulares.

Com excepção da acção especial que impugne o acto administrativo que ordena a demolição total ou parcial de uma obra ou a reposição do terreno, as acções de impugnação de actos administrativos urbanísticos não têm efeito suspensivo e, por isso, necessitam de recorrer a um meio processual instrumental para o efeito – as providências cautelares.

4.1.1. As providências cautelares

"É garantido aos administrados tutela jurisdicional efectiva dos seus direitos e interesses legalmente protegidos, incluindo (...) a

adopção de medidas cautelares adequadas."[22] A consagração constitucional e legal da possibilidade de adopção de procedimentos cautelares é *"essencial para a realização da justiça"*[23-24]. Por duas razões. Primeiro, porque a realização da justiça exige tempo para a necessária ponderação dos interesses em presença e o exercício do direito ao contraditório, não se compadecendo com decisões precipitadas e sem que seja dada a possibilidade às partes de carrear para o processo os elementos de prova que sustentam o seu pedido. E, portanto, os processos devem ser decididos no prazo razoável que permita ao juiz ter tempo para ponderar antes de proferir a decisão. Segundo, porque, apesar do tempo necessário para a realização da justiça, existem circunstâncias em que os processos devem ver assegurados os seus efeitos úteis através de uma decisão provisória, proferida num espaço de tempo mais curto que o da acção principal, garantindo-se, se for decretada, os efeitos úteis da decisão final na acção principal.

As providências cautelares destinam-se a antecipar ou a conservar o efeito útil da decisão na acção principal. A demora de uma decisão na acção principal pode causar danos no direito de quem tiver razão, tornando a decisão final inútil e ineficaz e causadora de prejuízos pela não satisfação em tempo de uma decisão. Através da providência cautelar assegura-se a utilidade da sentença que vier a ser proferida na acção principal, decorrendo esta no seu tempo normal com vista a uma decisão ponderada e em prazo razoável. A providência cautelar é, por isso, instrumental na medida em que não decide o mérito da questão, mas visa assegurar o efeito da acção administrativa principal. E resulta numa decisão sumária em conse-

---

[22] Cfr. n.º 4 do art.º 268.º da Constituição da República Portuguesa.

[23] MÁRIO AROSO DE ALMEIDA e CARLOS ALBERTO FERNANDES CADILHA, *"Comentário ao Código de Processo nos Tribunais Administrativos"*, 2.ª edição revista, Almedina, Coimbra, 2007, p. 646.

[24] Para ANA GOUVEIA MARTINS a finalidade da providência cautelar, não é a realização da justiça, mas *"antes a neutralização do periculum in mora, i. é, do perigo da inutilidade da sentença final que a inevitável lentidão do processo judicial pode trazer, por o dano, médio tempore, se consolidar de forma irreversível."* in *"A Tutela Cautelar no Contencioso Administrativo (em especial nos procedimentos de formação dos contratos"*, Coimbra Editora, 2005, p. 36.

quência de uma apreciação sumária dos factos e do direito pela urgência na tutela do direito. A providência cautelar, quando decretada, tem também um caracter provisório pois não decide o litígio, mantendo-se apenas enquanto não for declarada a sua caducidade, alteração, revogação ou substituição, oficiosamente ou a requerimento fundamentado de qualquer interessado. A providência cautelar *"visa salvaguardar transitoriamente os direitos e interesses objecto da controvérsia até que seja possível uma pronúncia definitiva sobre a lide"* [25]

As providências cautelares podem ser especiais ou comuns, consoante estejam ou não especificadamente reguladas no CPTA ou no CPC. Estão especificadamente reguladas no CPTA as providências relativas à suspensão da eficácia de um acto administrativo ou de uma norma, à admissão provisória a concurso e a exames, à atribuição provisória da disponibilidade de um bem, às autorizações provisórias, à regulação provisória de situações jurídicas, à intimação para a adopção ou abstenção de uma conduta por parte da Administração ou de um particular, à formação de contratos, ao pagamento de quantias e à produção antecipada de prova. A enumeração do CPTA é meramente indicativa, já que pode ser solicitada a adopção de qualquer providência cautelar que se mostre adequada a assegurar a utilidade da sentença a proferir na acção principal, incluindo as providências cautelares especificadamente reguladas no CPC[26], com as necessárias adaptações.

As providências cautelares podem ser conservatórias – visam manter ou preservar uma situação de facto existente – ou antecipatórias – visam antecipar, provisoriamente, os efeitos de uma sentença favorável, satisfazendo-se antecipada e provisoriamente a pretensão do requerente. Em ambos os casos garantem-se os efeitos úteis da decisão que for proferida na acção principal. Como veremos infra, o decretamento de providências cautelares conservatórias e antecipatórias depende da existência de *periculum in mora* e da

---

[25] ANA GOUVEIA MARTINS, *"A Tutela Cautelar no Contencioso Administrativo"*, cit., p. 49.

[26] São providências cautelares especificadamente previstas no CPC a restituição provisória de posse, a prestação de alimentos provisórios, o arbitramento de reparação provisória, o arresto, o embargo de obra nova e o arrolamento.

aparência da existência do direito do requerente – o *fumus boni iuris*. O *periculum in mora* ou o perigo de inutilidade da sentença nas providências conservatórias implica um juízo de prognose quanto ao risco da decisão da acção principal se poder vir a revelar inútil, infrutífera, por entretanto se ter destruído ou modificado a situação de facto. Já nas providências antecipatórias o juízo de prognose do *periculum in mora* consiste na apreciação do risco de demora de uma decisão, isto é, um perigo de retardamento. Quanto ao *fumus boni iuris* o juízo de prognose é mais exigente nas providências antecipatórias do que nas conservatórias já que nestas *"apenas"* se exige que a pretensão do requerente não se manifeste como improcedente, enquanto que naquelas a pretensão tem de se revelar como provavelmente procedente.

4.1.2. *Critérios de decisão para a concessão de uma providência cautelar*

A concessão de uma providência cautelar pode acontecer pela verificação de critérios excepcionais ou pela verificação de critérios gerais. Comecemos pelas mais fáceis de entender mas mais difíceis de acontecer – as excepcionais.

Uma providência cautelar pode ser concedida quando o juiz verifique que a pretensão que o requerente formulou, ou irá formular, na acção principal merecerá provimento, por exemplo, por estar em causa a impugnação de um acto manifestamente ilegal ou idêntico a outro já anteriormente declarado nulo ou anulado, ou se tratar da aplicação de uma norma já anteriormente declarada nula ou anulada. São situações em que o vício invocado pelo requerente se apresenta quase como evidente e com alguma certeza jurídica. VIEIRA DE ANDRADE defende que a concessão de providências cautelares ao abrigo deste regime excepcional, previsto na alínea a) do art. 120.º do CPTA, deve cingir-se às situações nele enumeradas – de nulidade – e, portanto, às acções administrativas especiais. Nos restantes casos, o tribunal deverá ponderar a perigosidade e os interesses em presença, *"sobretudo quando existam contra-interesssados e não esteja em causa a lesão de posições jurídicas subjectivas do impugnante."*[27]

---

[27] JOSÉ CARLOS VIEIRA DE ANDRADE, *"A Justiça Administrativa (Lições)"*, cit., p. 353.

Outra situação excepcional que permite a concessão de uma providência cautelar sem a verificação de requisitos de substância é quando apenas está em causa o pagamento de uma quantia certa, sem natureza sancionatória. Neste caso, a concessão da providência depende apenas da prestação de uma garantia numa das modalidades previstas na lei tributária.[28]

Como critérios gerais para a concessão de uma providência cautelar temos (i) o p*ericulum in mora*, (ii) o *fumus boni iuris* e (iii) a não superioridade dos danos da concessão da providência ante os danos da sua recusa.

O *periculum in mora* ou o perigo de inutilidade da sentença pressupõe que o juiz do processo faça um juízo de prognose quanto ao risco da decisão da acção principal se poder vir a revelar inútil por entretanto se ter consumado uma situação de facto incompatível com esta decisão (perigo de infrutuosidade) ou quanto ao risco de demora de uma decisão na acção principal produzir danos irreparáveis (perigo de retardamento). O juiz tem de avaliar a situação jurídica em litígio, analisá-la face ao tempo que decorrerá até à decisão na acção principal e verificar se entretanto os efeitos se apresentarão como um facto consumado, insusceptíveis de serem repostos se a acção principal vier a ser julgada procedente. *"Deve considerar-se que o requisito do periculum in mora se encontra preenchido sempre que os factos concretos alegados pelo requerente permitam perspectivar a criação de uma situação de impossibilidade de restauração do natural da sua esfera jurídica, no caso de o processo principal vir a ser julgado procedente."*[29] O p*ericulum in mora* também exige que o tribunal avalie os concretos prejuízos invocados pelo requerente decorrentes do acto impugnado e verifique se são de difícil reparação se a providência não for decretada. Se forem, encontra-se preenchido este requisito.

A concessão de uma providência cautelar exige também o *fumus boni iuris*, isto é, a aparência de que o direito invocado pelo reque-

---

[28] Constituem garantias idóneas a garantia bancária, a caução, o seguro-caução ou qualquer outro meio susceptível de assegurar o crédito como o penhor e a hipoteca voluntária.

[29] MÁRIO AROSO DE ALMEIDA e CARLOS ALBERTO FERNANDES CADILHA, *"Comentário ao Código de Processo nos Tribunais Administrativos"*, cit., p. 705.

rente existe e que merecerá uma decisão a seu favor na acção principal. Trata-se de proceder a um juízo perfunctório, sumário, sobre a probabilidade da existência do direito reclamado e uma apreciação sobre a probabilidade da ilegalidade da actuação da Administração e, portanto, uma apreciação sobre a probabilidade de obter uma sentença de mérito que dê razão ao requerente. O decretamento de uma providência cautelar implica, assim, que se verifiquem indícios razoáveis da existência do direito ou interesse que se visa acautelar. Mas este requisito exige um juízo de prognose mais exigente nas providências antecipatórias do que nas conservatórias. Nas providências conservatórias exige-se que *"não seja manifesta a falta de fundamento da pretensão formulada ou a formular"* e nas providências antecipatórias exige-se que *"seja provável que a pretensão formulada ou a formular nesse processo venha a ser julgada procedente."*[30] Ou seja, naquelas basta que a pretensão formulada não se manifeste como improcedente, enquanto que nestas tem de haver um juízo de probabilidade de sucesso na pretensão.

Ainda que se verifiquem estes dois requisitos, o tribunal tem outra ponderação a fazer de acordo com o princípio da proporcionalidade: a dos interesses em presença – do requerente e do(s) requerido(s) – e analisar os danos resultantes do decretamento ou não decretamento da providência. A lei determina a apreciação dos danos através da ponderação dos interesses presentes, não se referindo directamente à prevalência do interesse público sobre o interesse privado. O juiz deve indeferir a providência quando o prejuízo do requerido – em regra correspondente ao interesse público – for maior que o prejuízo que se pretende evitar ao requerente. E tem de ponderar se a suspensão permite ao particular suster os prejuízos que seriam irreparáveis sem o decretamento da providência. A providência não poderá ser decretada mesmo que se encontrem preenchidos os outros dois requisitos, se os danos que dela resultarem para os contra-interessados forem superiores aos do requerente.

O juiz pode decretar outra providência que não a requerida em acumulação ou em substituição desta, quando se revele mais adequada para evitar a lesão ou seja menos gravosa para os demais interessados.

---

[30] Vide alíneas b) e c) do n.º 1 do art.º 120.º do CPTA.

4.1.3. A proibição de executar o acto

De modo a assegurar os efeitos da eventual concessão da providência cautelar, o recebimento do requerimento da providência cautelar de suspensão da eficácia de um acto administrativo pela Administração, implica a proibição da sua execução, isto é, quando a entidade administrativa é citada para deduzir oposição fica proibida de executar o acto impugnado e tem de assegurar que os seus serviços cumpram a proibição. Esta suspensão da eficácia do acto visa garantir a tutela jurisdicional efectiva do procedimento cautelar e mantém-se até que seja indeferida de modo a que assegurar o efeito útil da decisão do tribunal na providência cautelar.

Se da não execução do acto resultar um grave prejuízo para o interesse público, pode a Administração emitir, no prazo de 15 dias, um acto designado de *resolução fundamentada*. *"Ao abrigo da resolução fundamentada a Administração vai poder executar o acto e poderá continuar a fazê-lo até ao momento em que o tribunal porventura julgue infundada a resolução, no âmbito de um eventual incidente de declaração de ineficácia dos actos praticados ao abrigo da resolução, ou venha a decidir o processo cautelar decretando a suspensão da eficácia, o que implica a automática caducidade da resolução."*[31] Assim, a resolução fundamentada permite à Administração suster os efeitos de suspensão da execução do acto resultantes da interposição da providência cautelar e, portanto, executar o acto até que a providência seja decretada ou o tribunal declare ineficazes os actos de execução indevida, neste caso, a requerimento do interessado.

4.1.4. O poder de convolar a providência cautelar em processo principal

Ante a verificação de certos requisitos, a lei permite que a providência cautelar se transforme na acção principal e o juiz decida do mérito da causa. São razões de excepcional urgência na decisão definitiva, acrescida da exigência da providência cautelar não se

---

[31] MÁRIO AROSO DE ALMEIDA e CARLOS ALBERTO FERNANDES CADILHA, *"Comentário ao Código de Processo nos Tribunais Administrativos"*, cit., p. 749.

revelar suficiente para a protecção dos interesses em presença e do facto de já existirem no processo os elementos necessários, que permitem ao juiz, ouvidas as partes, convolar a providência cautelar em acção principal, isto é, proferir uma decisão que conheça do mérito da causa, antecipando, assim, o juízo a proferir a final na acção principal. Nas palavras de ISABEL FONSECA é uma *"metamorfose do processo cautelar"*[32] que foi acolhida no CPTA como instrumento de concretização do princípio da tutela jurisdicional efectiva a que já nos referimos supra.

Para que possa ocorrer a convolação da providência cautelar em processo principal é necessário que haja manifesta urgência na resolução definitiva da causa, atendendo à natureza das questões, à gravidade dos interesses envolvidos e ao facto de já existirem no processo todos os elementos necessários para que o tribunal profira a decisão. A "manifesta urgência" existirá quando se revele insuficiente o decretamento da providência cautelar e os direitos e valores em presença o exijam. Este requisito de natureza substancial implica uma ponderação cuidadosa e exigente quanto à possibilidade da pretensão se satisfazer através do decretamento de uma providência cautelar em qualquer das suas modalidades, devendo o tribunal preferir esta via em vez da decisão de mérito da causa por via da convolação. A existência no processo de todos os elementos é um requisito que se preencherá se estiver no procedimento cautelar toda a matéria de facto e de direito controvertida, tendo sido dada às partes a possibilidade de exercer o direito ao contraditório, nomeadamente, em matéria de prova. Assim, não se prevendo que na acção principal surjam elementos adicionais que importem para a apreciação do mérito da causa, encontrar-se-á preenchido este requisito procedimental para a convolação.

A jurisprudência e a doutrina são consensuais em considerar que a convolação deve ter caracter excepcional e, portanto, só deve ser utilizada em casos de urgência qualificada ante interesses de grande relevo e quando a concessão da providência cautelar ser revele insuficiente ou se mostre impossível.

---

[32] *"As (in)justiças do art.º 121.º do CPTA: depressa e bem ... há pouco como"*, Cadernos de Justiça Administrativa, n.º 67, Janeiro/ Fevereiro 2008, p. 63.

4.2. A suspensão da eficácia de normas urbanísticas

O direito de sindicar por via judicial normas administrativas de caracter regulamentar mereceu forte resistência por parte do legislador e da jurisprudência. Por serem actos com força geral e abstracta, eram considerados insusceptíveis de lesarem directamente direitos ou interesses dos particulares, e, por essa razão, o que se poderia impugnar eram os actos que concretizavam as normas e não as próprias normas. Com a revisão da CRP de 1997 consagrou-se expressamente o direito de impugnar judicialmente normas administrativas com eficácia externa e lesivas dos direitos e interesses, legalmente protegidos, dos cidadãos.

A impugnação contenciosa de normas ocorre por via de uma acção especial em que se peticiona a declaração de ilegalidade de uma norma a título principal por vícios próprios ou por vícios derivados da invalidade de actos praticados no âmbito do procedimento de aprovação da mesma. A impugnação contenciosa de normas pode ainda ocorrer por via indirecta, incidental, no âmbito de uma acção especial de impugnação de acto administrativo no qual a norma foi aplicada, levando à sua desaplicação naquele caso concreto. Em qualquer dos casos, a declaração de ilegalidade num processo concreto leva à desaplicação dessa norma apenas nesse caso e não resulta numa declaração de ilegalidade com força obrigatória geral, com efeitos *erga omnes*. Para que isso aconteça tem o Ministério Público de pedir a declaração de ilegalidade da norma com força obrigatória geral ou quem possa ser prejudicado pela aplicação da norma, ou possa previsivelmente vir a sê-lo em breve, mas neste caso exige-se que a aplicação da norma tenha sido recusada por qualquer tribunal em três casos concretos com fundamento na sua ilegalidade. Temos assim uma via judicial com dois efeitos diferentes: a eficácia restrita ao caso concreto ou a eficácia com força obrigatória geral.

As formas de impugnação dos PMOT são as mesmas que referimos quanto à generalidade dos regulamentos, porquanto o RJIGT[33] classifica os PMOT como instrumentos de natureza regula-

---

[33] Cfr. n.º 1 do art.º 69.º do RJIGT.

mentar, resolvendo assim, pelo menos, para efeitos de contencioso administrativo, o problema da sua qualificação jurídica.

Para além da impugnação de normas prevista nos arts. 72.º e seguintes do CPTA, prevê este código a possibilidade de se suspender a eficácia de normas, ou seja, consagra a possibilidade de se requerer a suspensão dos efeitos da vigência de uma norma a título cautelar, como apenso de um processo principal onde seja requerida a declaração de ilegalidade da norma. O decretamento da suspensão depende da verificação dos requisitos nos mesmos termos em que é efectuada para a concessão de providências cautelares em geral, incluindo a análise dos danos resultantes do decretamento ou não decretamento da providência. O tribunal indeferirá a suspensão se o prejuízo para o interesse público for maior que o prejuízo que se pretende evitar ao requerente e, portanto, se os danos que dela resultarem para o interesse público forem superiores aos do requerente. A suspensão, quando decretada, cingir-se-á ao caso concreto se requerida por um interessado que apenas pode obter a desaplicação da norma no caso concreto e terá eficácia com força geral nos mesmos termos em que o pode obter na acção principal.

Nos termos do art. 76.º do CPTA, a declaração de ilegalidade de uma norma produz efeitos desde a data de emissão da norma, determinando a repristinação das normas que aquela haja revogado. Mas em matéria de urbanismo a questão pode não ser tão linear. Veja-se a declaração de ilegalidade do Plano Director Municipal (PDM) de Lagos (por vício de procedimento) pelo Supremo Tribunal Administrativo, em Fevereiro de 1999. Sendo um PDM de primeira geração não há normas de valor equivalente a repristinar, pelo que a gestão urbanística vem sendo feita com base em Planos de Urbanização e em Planos de Pormenor, invertendo-se a hierarquia dos planos. E pergunta-se: declarado ilegal um PMOT, anulam-se todos os actos praticados ao seu abrigo? A resposta é dada pelo art. 102.º do RJIGT ao determinar que a declaração de nulidade de um instrumento de gestão territorial não prejudica os efeitos dos actos administrativos entretanto praticados com base no plano, salvo menção expressa em contrário, acompanhada da necessária comunicação do dever de indemnizar. Se assim não fosse corria-se o risco dos municípios terem de pagar elevadas indemnizações a todos os particulares que fossem afectados por actos administrativos urbanísticos emitidos ao abrigo do instrumento de gestão territorial. Veja-se, novamente, o PDM de Lagos[34] que esteve em vigor, pelo menos, durante cerca de três anos, produzindo efeitos e servindo de base à emissão das mais diversas licenças de urbanização e edificação.

Em suma, ainda que se aplique o CPTA às questões do contencioso de normas urbanísticas, há especificidades a ter em conta.

5. A providência cautelar do caso "Edifício Jardim"

No caso *Edifício Jardim* foi interposta uma providência cautelar no TAF de Braga, contra o MAOTDR, a VianaPolis – Sociedade para o Desenvolvimento do Programa Polis em Viana do Castelo e o Município de Viana do Castelo, no qual se pediu a suspensão da eficácia de duas decisões urbanísticas: o despacho do MAOTDR e a suspensão da eficácia do Plano de Pormenor do Centro Histórico de Viana do Castelo na parte referente ao local de implantação do *Edifício Jardim*. Ou seja, estamos perante um pedido de suspensão da eficácia de um acto administrativo urbanístico – o despacho do Ministro que declarou a utilidade pública da expropriação, com caracter urgente – e um pedido de suspensão de norma urbanística – pelo menos, dos art. 1.º [al. b)], 54.º [al. b)] e 55.º [al. b) e c)] do Regulamento do Plano de Pormenor, mas também dos outros elementos que compõem o Plano e que se referem à parcela 133, a expropriar.

Conforme dissemos, as providências cautelares podem ser especiais ou comuns, consoante estejam ou não especificadamente reguladas no CPTA ou no CPC. Neste caso, estamos perante uma providência para a suspensão da eficácia de um acto administrativo e de uma norma, ou seja, trata-se de uma providência cautelar especificamente regulada no CPTA.

Quer o acto administrativo urbanístico quer a norma urbanística visam a demolição do *Edifício Jardim*, e com a providência cautelar pretendeu evitar-se que esta ocorresse, até que haja, pelo menos, uma decisão definitiva na acção principal. Ao visar-se que o *Edifício*

---

[34] Foi publicado em Diário da República de 3 de Abril de 1995.

Jardim se mantenha *"de pé"* está a pretender-se preservar uma situação de facto existente, pelo que, estamos perante uma providência cautelar conservatória.

O pedido de suspensão de eficácia do Plano de Pormenor do Centro Histórico de Viana do Castelo não foi apreciado no caso em análise por existir excepção de litispendência, isto é, ter sido já apreciada noutra acção.

No que se refere aos requisitos para o decretamento da providência quanto ao acto urbanístico, o *periculum in mora* verifica-se sem grande dificuldade de prognose, já que a execução da demolição do edifício traduz-se na inutilidade da sentença da acção principal, isto é, se o despacho do Ministro for anulado, declarado nulo ou inexistente pelo tribunal na acção principal (ou se parte do Plano de Pormenor for declarado ilegal), quando esta decisão for proferida, sem que tivesse havido a suspensão da eficácia da declaração da utilidade pública da expropriação por decisão cautelar, o prédio já não existiria por entretanto ter sido demolido e, portanto, a decisão na acção especial seria inútil. Quanto ao requisito do *fumus boni iuris*, o tribunal considerou-o preenchido pois, numa análise sumária e urgente, não viu obstáculos que obstassem à pretensão de mérito que o requerente deduziria na acção principal. Como dissemos, não se trata de verificar o grau de probabilidade da existência do direito, mas de verificar que o direito não se revele manifestamente sem fundamento. E o tribunal considerou poderem merecer provimento algumas das ilegalidades invocadas quanto ao acto administrativo urbanístico – o caracter urgente da expropriação poderá ter caducado[35], o Ministro pode não ter competência para declarar a utilidade pública da expropriação por se tratar da execução de um Plano de Pormenor, cabendo tal declaração à Assembleia Municipal e os artigos 6.º e 7.º do Decreto-Lei n.º 314/2000, de 2 de Dezembro, podem ser inconstitucionais por violação do direito de propriedade e do direito à habitação.

---

[35] Cfr. o n.º 3 do art.º 15.º do Código das Expropriações, nos termos do qual o carácter urgente da expropriação caduca se as obras na parcela não se iniciarem no prazo fixado no programa de trabalhos.

Nos termos do n.º 1 do art. 14.º do Código das Expropriações, a declaração de utilidade pública da expropriação de bens imóveis e dos direitos inerentes é da competência do Ministro a cujo departamento compete a apreciação final, mas quando se trate de expropriações da iniciativa de autarquias locais para efeitos de concretização de um plano de urbanização ou de um plano de pormenor eficazes, a competência pertence à Assembleia Municipal. Ora, no caso da expropriação *sub iudice* a declaração de utilidade pública foi decretada pelo Ministro, podendo questionar-se se terá competência para o efeito ou não. É que apesar de se tratar da concretização de um Plano de Pormenor através de uma sociedade constituída pelo Município de Viana do Castelo e pelo Estado – a VianaPolis, e não directamente pelo município – a lei de autorização legislativa[36] que autorizou o Governo a criar o regime excepcional aplicável às sociedades gestoras das intervenções previstas no Programa Polis, manteve a competência para a declaração da utilidade pública das expropriações dos terrenos, imóveis e direitos a eles relativos localizados nas zonas de intervenção aprovadas, nos mesmos termos do Código das Expropriações e, portanto, o MAOTDR não tem competência para declarar a utilidade pública da expropriação, com caracter de urgência, em execução do Plano de Pormenor para o Centro Histórico de Viana do Castelo. Quanto ao argumento da inconstitucionalidade dos arts. 6.º e 7.º do Decreto-Lei n.º 314/2000, fundamenta-se na colisão de direitos constitucionais. Por um lado, o direito a que o *"Estado (...) e as autarquias locais definam as regras de ocupação, uso e transformação dos solos urbanos, designadamente através de instrumentos de planeamento, no quadro das leis respeitantes ao ordenamento do território e ao urbanismo, e procedem às expropriações dos solos que se revelem necessárias à satisfação de fins de utilidade pública urbanística"* (art. 65./4 da CRP) e, por outro, o direito à propriedade privada (art. 62.º da CRP) e à habitação (art. 65.º/1 da CRP). Sendo direitos de valor aparentemente igual (dois deles consagrados no mesmo artigo da CRP) caberá ao juiz da acção principal decidir qual deles merece prevalência. Estamos, assim, perante questões jurídicas que podem merecer fundamento na acção

---

[36] Cfr Lei n.º 18/2000, de 10 de Agosto.

principal e, por isso, ante estas possíveis ilegalidades e inconstitucionalidades o tribunal considerou preenchido o requisito do *fumus boni iuris*. No que se refere ao confronto dos interesses públicos e privados, considerou-se que a necessidade da construção de um mercado (interesse público visado pela expropriação) não se sobrepõe ao direito de propriedade e residência dos particulares, tanto mais que, para além de existir outro mercado na cidade, as habitações que se pretendem demolir foram licenciadas pela Câmara Municipal de Viana do Castelo nos anos 70 e, portanto, o direito que os particulares têm resulta do facto da própria Administração ter permitido *"que tais direitos e interesses se constituíssem e solidificassem"*[37]. Os interesses dos particulares foram, por isso, considerados prevalecentes sobre o interesse público da construção do mercado.

Foram estas as razões que levaram o TAF de Braga a suspender a eficácia do despacho do Ministro do Ambiente, do Ordenamento do Território e do Desenvolvimento Regional, na parte em que declarou a expropriação por utilidade pública com carácter urgente de uma das parcelas.

---

[37] P. 18 da decisão do TAF de Braga, Proc.º 1083/05.2BEBRG.

*O dever de indemnizar no caso de
declaração de nulidade de um alvará de
loteamento. Comentário ao Acórdão
do STA de 24.01.2008*

SOFIA ARROCHELA LOBO[1]

SUPREMO TRIBUNAL ADMINISTRATIVO
1.ª Secção – 1.ª Subsecção
Recurso n.º 829/07
Recorrente (s): Município do Porto
Recorrido (a)(s): Alfredo Pina de Almeida Rebelo e Outros

RECURSO N.º 829/07-11
    Acordam na 1.ª Secção do Supremo Tribunal Administrativo:
    Os autores – Eng.º Alfredo Pina de Almeida Rebelo e mulher, Maria Inês Velasco de Gouveia Durão Pina Rebelo, Eng.º Noel Casimiro Botelho Vieira e mulher, Oscarina Maria da Costa Queirós Botelho Vieira, Eng.º José Pereira Lopes e mulher, Maria Teresa da Rocha Amorim Pereira Lopes, Eng.º Eloi José Baltazar e mulher, Maria Helena de Basto do Vale e Vasconcelos Baltazar, Eng.º Manuel Mário Quinas Garcia Ferreira, Dr. José Diamantino de Meireles Leal e mulher, Maria Gabriela Pinto Oliveira de Meireles Leal, Eng.º David Manuel da Gama Lima Rebelo e mulher, Maria Isabel Mortágua Inácio Lima Rebelo, Laurindo Correia da Costa e mulher, Palmira Pinto da Silva e Costa e Eng.º Manuel Maria Coelho de Sousa Ribeiro e mulher, Maria Manuel Loureiro de Bragança Gomes e Sousa Ribeiro, todos identificados nos autos – interpuseram no TAC do Porto e contra a câmara da mesma cidade (depois, definiu--se no processo que o réu era o Município do Porto) a presente acção, fundada nos vários prejuízos que os autores teriam suportado por terem sido impedidos de lotear de certo modo um determinado terreno.

---

[1] Chefe da Divisão Municipal de Contencioso e Apoio à Contratação da Câmara Municipal do Porto.

Os autores formularam o pedido principal de condenação do réu a pagar-lhes a quantia global de 461.0240176$00, acrescida, quanto a de 1.024.136$00, dos juros moratórios legais desde 1985, inclusive ate ao pagamento, e, quanto a quantia de 460.000$00, dos juros moratórios legais desde a citação até efectivo pagamento; e, a título subsidiário, pediram a condenação do réu a pagar-lhes a quantia global de 87.274.136$00, acrescida, quanto à de 86.250.000$00, de actualização desde 1985, inclusive, até efectivo pagamento, bem como os juros; moratórios legais a partir desse ano, inclusive, até efectivo pagamento.

No despacho saneador, e para além do mais, o Mm.º Juiz «*a quo*» julgou improcedente a excepção, invocada pelo réu contestante, de prescrição do direito dos autores.

O réu interpôs recurso dessa decisão, tendo culminado a sua minuta de agravo com o oferecimento das seguintes conclusões:

1 – O despacho do Vereador da CM Porto, de 15/12/82, cuja nulidade fundamenta o pedido indemnizatório da acção, era conhecido pelos autores desde a data da sua prolação.

2 – O acórdão do STA de 28/5/97 limita-se a concluir que aquele despacho era nulo e de nenhum efeito, a propósito da questão judicial suscitada pelos autores relativamente a outros despachos.

3 – A contagem do prazo de prescrição de três anos faz-se da data em que o lesado teve conhecimento do direito que lhe compete.

4 – Ora, os autores tiveram conhecimento do direito a indemnização, não através do acórdão do STA que lhes foi notificado a 28/5/97, mas sim através do conhecimento claro que tiveram, desde 1982, da ilicitude do acto do Sr. Vereador de 15/12/82 e dos eventuais direitos indemnizatórios dai decorrentes.

5 – A acção instaurada pelos autores em 15/7/86 contra a CM Porto foi instaurada já depois do decurso do prazo prescricional de três anos relativo ao despacho de 15/12/82.

6 – De qualquer modo, a acção instaurada pelos autores contra a câmara em 15/7/86 não tem a virtualidade de interromper o prazo prescricional em curso relativo ao despacho de 15/12/82, pois os autores, nessa acção, pretendem apenas ser indemnizados pela ilicitude de outros despachos que não aquele.

7 – O Mm.º Juiz «*a quo*», salvo o devido respeito, que é muito, ao julgar improcedente a excepção de prescrição do direito de

indemnização invocada pelo réu, Município do Porto, não procedeu em conformidade com a lei, violando o art. 71 .º, n.º 2, da LPTA e o art. 498.º do Código Civil.

Os agravados contra-alegaram, defendendo a bondade do despacho recorrido e o não provimento do agravo.

O processo prosseguiu os seus termos e, após audiência de discussão e julgamento, o Mm.º Juiz «*a quo*» proferiu sentença em que condenou o réu a pagar aos autores a quantia em euros equivalente a 359.899.136$00, acrescido o montante em euros equivalente a 358.875.000$00 de juros de mora à taxa legal desde a citação até efectivo pagamento e o montante em euros correspondente ao remanescente de juros de mora a taxa legal desde 1685 até efectivo pagamento», absolvendo o réu do restante pedido.

O réu veio então recorrer da sentença, tendo concluído a sua alegação da maneira seguinte:

a) As questões a decidir no âmbito do recurso são, no essencial, as seguintes (depois de conhecido o mérito do recurso de agravo interposto do despacho saneador na parte em que julgou improcedente a excepção da prescrição):

(i) "matéria de facto" incorrectamente julgada, provada e como tal considerada pelo Tribunal "*a quo*";

(ii) inexistência de responsabilidade civil extracontratual do Recorrente por não estarem reunidos todos os pressupostos deste instituto;

(iii) subsidiariamente, incorrecta avaliação do dano e nexo causal na determinação do montante indemnizatório.

• O erro de julgamento relativamente à matéria de facto.

b) Analisados os quesitos 4.º, 5.º, 6.º, 13.º e 15.º da base instrutória e a resposta que lhes foi dada pelo Tribunal Colectivo, vertida nas alíneas ci), cii), ciii), cx) e cxii) dos "factos dados por assentes", dúvidas não existem de que a referida matéria jamais deveria ter sido quesitada por não o consubstanciar, em si, qualquer realidade factual susceptível de ser objecto de prova.

c) Antes versando, claramente, sobre questões de direito e contendo, de forma manifesta, matéria conclusiva ou juízos de valor (e não matéria factual).

d) Com efeito:

(1) O quesito 4.º assenta, todo ele, em matéria de índole jurídica e conclusiva, partindo, ainda por cima, de premissas erradas – "não consecução dos direitos conferidos pelo alvará de loteamento n.º 36/82", "obrigação que a entidade administrativa impôs aos AA – a despeito

1) A violação de normas instrumentais, que não incidem directamente sobre o conteúdo dos actos administrativos, antes regulando aspectos organizatórios, funcionais e formais do exercício do poder, não gera, em princípio, responsabilidade civil.

m) Ora, no presente caso concreto, "o acto administrativo configurado no despacho do Vereador da Ré de 15/12/82 foi declarado nulo pelo STA com fundamento em a DGPU não ter sido chamada a participar na sua formação, a título consultivo, como o impunha o art. 2.º do DL n.º 289/73" – cfr. alínea xcii) dos "factos dados por assente".

n) Tratou-se, por conseguinte, de um vício meramente formal ou procedimental.

o) A violação decorrente da não audição da Direcção-Geral de Urbanização não se mostra, portanto, relevante do ponto de vista substantivo – o preceito em concreto violado, que determinou a nulidade do alvará de loteamento n.º 36/82 (art. 2.º do DL n.º 289//73, de 6/6), não apresenta uma previsão normativa de cariz substantivo.

p) Quer isto significar que, ainda que os serviços do Recorrente tivessem promovido a consulta em falta, nunca a prática de semelhante acto traria à esfera dos Recorridos a satisfação do invocado direito de construir o empreendimento que pretendiam, já que, violando o alvará de loteamento o Plano Director de Urbanização da Cidade do Porto, o parecer da Direcção-Geral dos Serviços de Urbanização seria necessariamente negativo (até por força do que resultava do disposto no art. 25.º do DL n.º (208/82, de 26/5, que dispunha o seguinte – "São nulas e de nenhum efeito as resoluções que violem as disposições do plano director municipal").

q) Os Recorridos não demonstraram, como lhes competia, que a norma de cuja violação resultou o aludido vício tinha por fim a protecção, não meramente reflexa, mas intencional, dos seus direitos ou interesses.

r) Ou, pelo menos, e seguindo uma corrente mais moderada, que a decisão de fundo seria diversa se a forma tivesse sido respeitada, isto é, se a consulta à Direcção-Geral dos Serviços de Urbanização tivesse sido realizada.

s) Assim sendo, e porque na falta de qualquer das circunstâncias acima mencionadas, os actos inválidos por vício de forma não importam, por si só, ilicitude para efeitos indemnizatórios nem o necessário nexo causal, a acção deveria ter sido julgada totalmente improcedente por não provada.

t) Ao decidir em sentido contrário o Mm.º Juiz "*a quo*" violou o disposto nos arts. 22.º da CRP, 2.º, 3.º e 6.º do DL n.º 48.051, de 21/11/67, 483.º e 563.º, do CC, 25.º do DL n.º 208/82, de 265, e 7.º, n.º 1, al. b) do DL n.º 289/73, de 6/6.

Sem prescindir, e para o caso, que não se concede, de assim não se entender,

• Inexistência de dano indemnizável/nexo causal relativamente às denominadas "perda da capacidade construtiva" e "quantia paga em excesso aos SMAS"

u) Todo o raciocínio expendido ao longo da douta sentença recorrida assenta em duas premissas essenciais que, *in casu*, não se verificam:

(i) por um lado, que os Recorridos eram titulares de direitos conferidos pelo alvará de loteamento n.º 36/82;

(ii) por outro lado, que os serviços da Recorrente impuseram aos Recorridos, "a despeito da ilicitude da revogação daquele" alvará, o exercício dos direitos conferidos pelo alvará n.º 24/84.

v) É a partir desta dupla asserção, vertida, de resto, ilegalmente, no quesito 4.º da base instrutória, que tanto a douta sentença objecto de impugnação, como os próprios Recorridos na sua petição inicial, concluem ter resultado para si "vultuosos prejuízos".

w) Sucede, no entanto, que, como consta da matéria de facto assente, este Supremo Tribunal, por douto acórdão de 29/5/97, decidiu precisamente o contrário do que ali vem pressuposto [cfr. alíneas lxxxix) e xc) da matéria de facto assente].

x) Não sendo, por conseguinte, os Recorridos titulares de qualquer direito ao abrigo do alvará de loteamento n.º 36/82 em virtude de o mesmo ser nulo, não poderão, por maioria de razão, ser ressarcidos pela perda de um alegado direito de construção que nunca tiveram.

y) A diferença entre a capacidade construtiva permitida por um e por outro dos alvarás de loteamento em confronto não pode, portanto, ser objecto de comparação para os efeitos pretendidos pelos Recorridos e acolhidos na douta sentença impugnada.

z) Pela simples razão de um dos factores da comparação ter sido, pura e simplesmente, erradicado do ordenamento jurídico, tudo se passando como se o mesmo nunca tivesse existido.

aa) A valorização da diferente capacidade construtiva não é, portanto, em si, um dano indemnizável já que, tanto de facto como de direito, os Recorridos só puderam construir nos lotes de que eram proprietários de acordo com as prescrições constantes do alvará de loteamento n.º 24/84.

bb) O dever de indemnizar numa situação como a presente – declaração de nulidade de um alvará de loteamento antes mesmo de no mesmo estar erigida qualquer construção – tem de ser visto, em primeira linha, no contexto em que se insere: violação pelos órgãos do Município de deveres gerais de diligência, bem como de deveres especiais que a lei põe a seu cargo em matéria de urbanismo.

cc) Trata-se, por conseguinte, de incumprimento de deveres numa actuação unilateral da Administração, mas na qual a lei entende proteger os particulares, requerentes do procedimento.

dd) Ora, o aspecto mais relevante na delimitação deste dever resulta da existência de limites jurídicos inflexíveis derivados dos efeitos possíveis do acto legal, por contraposição ao acto ilegal que provocou os danos e que dimanam da norma proibitiva de construir contra o disposto no instrumento de regulamentação então vigente – o Plano Director de Urbanização da Cidade do Porto.

ee) Quer-se com isto dizer que o dever de indemnizar numa situação como a dos presentes autos é, essencialmente, um dever resultante da actuação ilícita que autorizou uma determinada volumetria de construção, mas em que o acto resultante – aprovação e consequente licenciamento – não podia ser praticado senão com conteúdo diferente e, com aquele conteúdo com que foi prolatado, é um acto nulo.

ff) Desta constatação resulta, em termos de causalidade, que o limite dos danos indemnizáveis não pode ultrapassar os danos negativos, porque os danos positivos encontram-se indissoluvelmente conexionados com um efeito que nunca seria possível, por ser afastado pela lei.

gg) A nulidade do acto que aprovou o alvará de loteamento n.º 36/82 é, deste modo, uma fronteira inamovível e a situação hipotética que servirá de medida à diferença (cálculo do dano) não pode incluir a situação que existiria se o efeito aprovado fosse legalmente possível.

hh) Mesmo sem considerar o dever de indemnizar numa situação como a do presente caso concreto como havendo de se reconduzir a responsabilidade pré contratual, o facto de se tratar de actuação unilateral e, sobretudo, a existência da limitação necessária que decorre da nulidade do acto de aprovação do alvará de loteamento, conduzem a que apenas os danos negativos possam ser considerados como consequência da ilicitude dos órgãos do Recorrente, sendo os positivos resultado inultrapassável da proibição legal de construção.

ii) Como decorrência do que acaba de dizer-se sobre os limites intrínsecos do dever de indemnizar do Recorrente por virtude de os danos indemnizáveis não poderem ultrapassar o limite do benefício permitido pela lei, tem de exprimir-se como as perdas patrimoniais sofridas e que não teriam tido lugar se não fosse a conduta que esteve na base da aprovação ilícita, ou as expectativas goradas, desde que fossem consentâneas com a impossibilidade jurídica do acto proibido por lei e fulminado com a nulidade.

jj) Ora, as vantagens decorrentes da situação hipotética de o acto ser permitido contrariam a lei, pelo que está afastado o dever de indemnizar por fundamentos dessa natureza e, assim, os Recorridos, contrariamente ao decidido na douta sentença recorrida, nunca podem obter uma compensação decorrente da alegada maior capacidade construtiva que pretendiam implementar, quando essa capacidade é afastada como efeito absoluto da nulidade do acto que aprovou o alvará de loteamento n.º 36/82.

kk) No sentido acabado de expor, vide, entre outros, Acórdão do STA de 4/2/88, proferido no processo n.º 021676, Acórdão do STA de 16/05/2001, proferido no processo n.º 046227, e Acórdão do STA de 27/2/07, proferido no processo n.º 0937/06.

11) Ao julgar que a diminuição das áreas de construção do 1.º para o 2.º loteamento causou aos Recorridos um prejuízo na ordem dos 358.875.000$00 referido a data da instauração da presente

acção (resposta ao quesito 13.º da base instrutória, que deverá julgar-se não escrita) e que se encontrava verificado o inelutável nexo causal entre este alegado prejuízo e a conduta ilícita imputável ao Recorrente, o Mm.º Juiz "*a quo*" atentou contra o disposto nos arts. 22.º da CRP, 2.º, 3.º e 6.º do DL n.º 48.051, de 21/11/67, 483.º, 562.º, 563.º, 564.º, 566.º do CC, 25. do DL n.º 208/82, de 26/5, e 7, n.º 1, al. b) do DL n.º 289/73, de 6/6.

mm) Assim como violou os referidos dispositivos legais, pelas mesmas exactas razões que acima se expuseram, ao condenar o Recorrente no pagamento aos Recorridos da diferença entre aquilo que por estes foi pago aos SMAS em "função da redução de áreas de construção do 1.º para o 2.º loteamento", ou seja, na quantia de 128.316$00 acrescida de juros de mora à taxa legal desde 1985 ate efectivo e integral pagamento.

Ainda sem prescindir,

• Da errada quantificação dos danos/nexo de causalidade.

nn) Qualquer das quantias que resulta da conjugação de respostas dadas pelo Tribunal "*a quo*" aos quesitos 7.º, 8.º, 9.º, 10.º, 11.º e 12.º da base instrutória (respectivamente, 62.250.120$00 e 358.875.000$00):

(i) não corresponde, por um lado, ao prejuízo efectivamente sofrido pelos Recorridos com a alegada "diferença de área de construção do primeiro para o segundo alvará;

(ii) e, por outro, ainda que assim fosse, que não é, não existiria imprescindível nexo causal.

oo) Na verdade, e de acordo com a própria alegação dos Recorridos dada como provada:

(i) "Por escritura pública de 28/3/83, lavrada no 4.º Cartório Notarial do Porto, de fls. 28v. a 38 do livro 36-E, os AA. adquiriram aos proprietários do terreno e titulares do alvará, em regime de compropriedade, os lotes 1, 2, 3 e 4 do dito loteamento (...)" – cfr. alínea xxiv) dos factos assentes;

(ii) "Antes disso, porém, já os AA. tinham feito contrato-promessa de compra e venda daqueles mesmos lotes" – cfr. alínea xxv) dos factos assentes e documento de fls. 136 e seguintes;

(iii) "No estudo económico que serviu de base ao alvará de loteamento n.º 36/82, foi prevista a área de construção de 19.032m^2, acima do solo, e a de 7.650m² na cave (garagens)" – cfr. alínea xxix) dos factos assentes;

(iv) "Foi em função dessa área de construção disponível e encargos que os AA. adquiriram os referenciados lotes 1, 2, 3 e 4, pelo preço que o fizeram, de 20.935.000$00" – cfr. alínea xxxii) dos factos assentes;

(v) "E não os teriam adquirido nessas condições se não fossem esses os pressupostos – área de construção disponível e encargos referidos" – cfr. alínea xxxiii) dos factos assentes;

(vi) o contrato promessa de compra e venda foi outorgado em 6/5/1980 e no mesmo constava, quanto à forma de cálculo do preço, o seguinte: "O preço total da venda será determinado após aprovação do plano de loteamento e calculado multiplicando a área total de construção – com excepção da área destinada às caves – aprovada pela C.M do Porto para o terreno objecto do presente contrato por 1.100$00, valor atribuído a cada metro quadrado de área de construção" – cfr. cláusula 3.ª do documento junto a fls. 136 e seguintes;

(vii) ainda de acordo com o mesmo contrato promessa de compra e venda, "no caso de, por qualquer causa independente da vontade dos promitentes vendedores, não ser possível o aproveitamento do terreno identificado na cláusula primeira para construção, o presente contrato haver-se-á por nulo, devendo os promitentes vendedores restituir ao segundo outorgante, em singelo, todas as importâncias que deste hajam recebido a título de sinal ou princípio de pagamento, não resultando para este o direito a qualquer indemnização nem a reparação por perdas e danos ou lucros cessantes" – cfr. cláusula 6.ª n.º 1 do documento junto a fls. 136 e seguintes;

(viii) "No alvará n.º 24/84 só foram permitidas as seguintes áreas de construção: 707m² acima do solo e 6.800m² de caves (garagens)" – cfr. alínea lxxii) da matéria de facto assente.

pp) A factualidade supra transcrita nos pontos (vi) e (vii) da antecedente conclusão reporta-se a matéria aceite por mútuo acordo entre as partes e que, como tal, não obstante não ter sido levado a matéria de facto assente, pode e deve ser considerado pelo Tribunal no seu julgamento, atento o que resulta do disposto no art. 659.º, n.º 3 do CPC, aplicável aos acórdãos por força do estatuído nos arts. 713.º, n.º 2 e 726.º do mesmo diploma legal.

qq) Deste modo, e face à matéria de facto adquirida nos autos, podemos facilmente constatar que os Recorridos compraram, em 28/3/83, os lotes de terreno que integravam o alvará de loteamento n.º 36/82 pelo preço de 20.935.000$00, no pressuposto de que ali poderiam construir 19.032m^2 acima do solo – 1.100$00 × 19.032m^2, tudo em perfeita conformidade com o que haviam acordado com os promitentes vendedores (vide clausula 3.ª do documento de fls. 136 e seguintes).

rr) Ainda no decurso desse mesmo ano de 1983, os Recorridos tomaram conhecimento do auto de indeferimento do pedido de licenciamento que haviam apresentado para a construção do Bloco Sul e dos respectivos fundamentos – desconformidade com o que resultava do Plano Director da Cidade [cfr. alíneas xxxvi), xxxxviii), xxxix), xlii), xliii), xlv), xlvi) da matéria de facto assente].

ss) Tendo apresentado, em 18/4/84, novo pedido de licenciamento, que veio a ser aprovado por despacho de 28/8/84 e, posteriormente, titulado pelo alvará n.º 24/84, o qual, como vimos, apenas permitia construir 13.707m^2 acima do solo.

tt) Ora, face à capacidade construtiva acima do solo efectivamente reconhecida aos lotes de terreno que os Recorridos adquiriram, os prejuízos que estes alegadamente poderão ter sofrido com a nulidade do alvará de loteamento n.º 36/82 correspondem, tão só, à diferença entre o preço que realmente pagaram aos vendedores – 20.935.000$00 – e aquele que, de acordo com o contrato-promessa que celebraram, deveriam ter pago – 15.077.700$00 (1.100$00 × 13.707m^2). Ou seja, a quantia de 5.857.300$00!

uu) Sustentar o contrário, como o fez a douta sentença objecto de impugnação, representa um enriquecimento dos Recorridos que o Recorrente está convicto ser ilegítimo.

vv) Acresce que, mesmo reduzindo o montante da justa indemnização ao valor de 5.857.300$00 (actualizável desde 1985 de acordo com o índice de preços ao consumidor com excepção da habitação, não se verifica *in casu* o necessário nexo causal entre o facto ilícito e o dano.

ww) Ao desconsiderar a realidade acima exposta, o Mm.º Juiz "*a quo*" violou o disposto nos arts. 22.º da CRP, 2.º, 3.º e 6.º do DL n.º 48.051, de 21/11/67, 483.º, 562.º, 563.º, 564.º e 566.º do CC e 659.º, n.º 3 do CPC.

Sempre sem prescindir,

xx) No caso em apreço, contrariamente ao decidido pelo Tribunal "*a quo*", não se pode calcular o alegado prejuízo que os Recorridos sofreram a título de perda da capacidade construtiva recorrendo unicamente ao critério do custo corrente do terreno por metro quadrado de construção para habitação e garagens.

yy) A diferença apurada, lançando mão apenas deste critério, não traduz, na verdade, o dano que os Recorridos realmente sofreram: existe um sem número de condicionantes que não foram tomadas em consideração (impostos, encargos com projectos, licenças, infra-estruturas, etc.).

zz) Está-se, assim, perante uma situação em que não é possível determinar o valor exacto dos danos, nem no presente processo, nem em eventual execução de sentença.

aaa) Em situações deste tipo, em que não pode ser averiguado o valor exacto dos danos, determina o n.º 3 do art. 566.º do Código Civil que o Tribunal julgue equitativamente dentro dos limites que tiver por provados.

bbb) Era o que deveria ter feito o Mm.º Juiz "*a quo*", que chegaria, certamente, se tivesse proferida uma decisão justa, a um valor bastante mais reduzido do que aquele que acabou por atribuir aos Recorridos.

ccc) A situação, se a analisarmos com a devida atenção, é ainda mais chocante quando constatamos que a douta sentença recorrida, sem qualquer tipo de explicação/justificação, parte do pressuposto que os Recorridos têm o direito de continuamente actualizarem os preços relativos à capacidade construtiva "perdida" em virtude da declaração de nulidade do alvará n.º 36/82.

ddd) Tal premissa e, pura e simplesmente, irrealista/inaceitável, traduzindo uma desproporção manifesta entre aquilo que é o prejuízo efectivo dos Recorridos e o que lhes é, abusivamente e sem qualquer suporte legal, dado pelo Tribunal "*a quo*".

eee) Repare-se que, ainda que se aceite o critério que vem proposto como o adequado para aferir do dano sofrido pelos Recorridos, o custo do terreno por metro quadrado de construção tem, necessariamente, de se restringir ao período de tempo em que "vigorou" o alvará de loteamento n.º 36/82, ou seja, até o mesmo ter sido "substituído" pelo alvará de loteamento n.º 24/84.

fff) Ora, tendo os Recorridos adquirido os lotes em causa em 28/3/83 e o alvará de loteamento n.º 24/84 sido aprovado em 28/8/84, 17 meses depois, é com referencia a este concreto e bem delimitado período que terá de se aferir o valor do terreno a partir do preço então vigente por metro quadrado de construção.

ggg) Como se estivéssemos perante o cálculo da indemnização devida numa situação de expropriação por utilidade pública dos terrenos (que, como se sabe, é aferida pelo valor do bem calculado à data da declaração de utilidade pública, actualizável de acordo com o índice de preços ao consumidor publicado pelo INE, com exclusão da habitação).

hhh) Por conseguinte, e segundo o próprio critério acolhido na douta sentença recorrida, só os valores resultantes da resposta aos quesitos 9.º e 10.º da base instrutória [cfr. alínea cvi) e cvii) poderiam, e deveriam, ser utilizados para aferir o prejuízo real dos Recorridos a este título: a permanente actualização de preços de construção consubstancia repete-se, um ilegítimo enriquecimento dos Recorridos a custa do erário público!

iii) O Mm.º Juiz "*a quo*", ao aderir, acriticamente, à tese propugnada pelos Recorridos atribui-lhes, no fundo, um valor indemnizatório que é irrealista e que lhes confere, bem vistas as coisas, o direito a adquirirem vários prédios urbanos para construção de graça.

jjj) Mais, um valor que, seguramente, não andará longe daquele que os Recorridos tiveram que investir para erigirem os, ainda assim, gigantes blocos de apartamentos que construíram nos lotes adquiridos.

kkk) Em violação clara do que resulta dos arts. 22.º da CRP, 2.º, 3.º e 6.º do DL n.º 48.051, de 21/11/67 e 483.º, 562.º, 564.º e 566.º do CC.

Os recorridos contra-alegaram, pronunciando-se pela confirmação da sentença.

O Ex.º Magistrado do M.º P.º junto deste STA emitiu douto parecer no sentido de se negar provimento ao primeiro agravo e de conceder provimento parcial ao recurso deduzido da sentença, revogando-a no segmento relacionado com a diminuição das áreas de construção do primeiro para o segundo loteamento.

A sentença recorrida considerou provados os seguintes factos:

i) Correu seus termos por este mesmo Tribunal acção administrativa para efectivação da responsabilidade civil da Ré, entre as mesmas parte, que obteve o processo n.º 567/86, e que se encontra finda (certidão das peças essenciais desse processo que se junta como documento, adiante sempre referenciado por *"ibidem"*);

ii) Nessa acção foram dados como assentes os factos que seguem, os quais aqui são também articulados como factos essenciais da causa de pedir da presente acção – e que, quando se justificar, serão articulados tal como ficaram apurados, entre aspas, e com referência às respectivas peças processuais (agora com destaques nossos);

iii) "Por despacho de 15.12.1982, proferido com delegação de poderes do Presidente da Câmara Municipal do Porto, pelo Vereador a tempo inteiro, da mesma Câmara, Arq. Artur Vieira de Andrade, sobre o requerimento n.º 10 284 aí registado em 12-5-82, foi aprovado um loteamento" (ibidem – ESP. A);

iv) "O loteamento aí aprovado dizia respeito ao prédio sito entre a Praça do Império e a Rua do Castro, a chamada "Quinta da Ervilha", na freguesia de Nevogilde e na Foz do Douro, na cidade do Porto" (ibidem – ESP. A);

v) "e reportava-se à 1.ª Fase da referida urbanização, em terrenos identificados no respectivo instrumento e aqui dados por reproduzidos" (ibidem – ESP. A);

vi) "Na sequência, foi emitido a favor dos aí requerentes, os Herdeiros de António da Costa Fontes, o alvará de loteamento n.º 36/82, registado na referida Câmara Municipal no livro 1, fls. 62, n.º 36, em 16-12-82" (ibidem – ESP. B);

vii) "Do mesmo alvará ficou constando que os projectos da referida Urbanização foram oportunamente aprovados" (ibidem – ESPI B);

viii) "e que o loteamento se situava em local abrangido pelo Plano Director de Urbanização da Cidade, aprovado por despacho ministerial de 1.8.1964, com o qual estava conforme" (ibidem – ESP. B);

ix) "Certo que, como sempre acontece, a passagem do alvará foi antecedida de um estudo económico realizado pelos serviços competentes da Câmara, cujo resumo consta da informação de 13.11.82 do respectivo processo, aqui dada por reproduzida (ibidem – ESP. A);

x) "Esse estudo económico foi feito com base numa definição prévia de volumes e áreas de construção, como tudo consta da mesma informação" (ibidem – ESP.C);

xi) "sendo certo que para o lote 1 foram previstos R/C e 8 pisos numa zona e R/C e 4 pisos noutra zona, para o lote 2 foram previstos R/C e 8 pisos, para o lote 3 foram previstos R/C e 8 pisos e para o lote 4 foram previstos R/C e 11 pisos" (ibidem – ESP.C)

xii) e sendo certo ainda que o mesmo estudo se baseou, outrossim, nos orçamentos relativos às aí chamadas "despesas de urbanização", orçamentos preliminarmente obtidos" (ibidem – ESP.C);

xiii) "Em reunião efectuada entre os representantes do Município e os interessados requerentes do loteamento, foram finalmente acordadas as condições de concessão do respectivo alvará, tal como consta do mesmo processo, e foi também objecto de ofício n.º 1.590/82/GTE" (ibidem – ESP. D);

xiv) "Na continuidade, foi emitido o aludido alvará do loteamento, contendo o resumo das condições a que ficou sujeito, criadas em função dos mencionados antecedentes, de entre as quais" (ibidem – ESP. E);

xv) "foi aprovada a constituição de 10 lotes de terreno, numerados de 1 a 10 com áreas, respectivamente, de 2.513m^2, 1.626m^2, 1.700m^2, 2.527m^2, 2.058m^2, 44244m^2, 5.233m^2, 32.867m^2 e 13.227m^2, com a localização prevista na planta que ficou anexa ao alvará (com.. 1.ª)" (ibidem – ESP. E);

xvi) "a área lapisada a carmim na mesma planta anexa (lotes n.ºs 5 e 10) seria integrada gratuitamente no domínio público, para cumprimento do novo alinhamento de acordo com a Urbanização prevista para o local (cond. 2.ª)"; (ibidem – ESP. E);

xvii) "o excedente de encarg o de mais-valia sobre o custo dos trabalhos de Urbanização no montante de 27.300.000$00, seria liquidado pelos requerentes pela execução dos projectos de todas as infra-estruturas da via Nun' Alvares – nascente e poente – entre a Praça do Império e a Rua do Crasto e pela construção de parte da via poente, com 235m de comprimento, a que corresponde uma área de 3.995m^2 a partir e para norte da Praça do Império (cond.3.ª)"; ibidem – ESP. E);

xviii) "as infra-estruturas referidas compreendiam as redes de águas pluviais, saneamento, electricidade, pavimentação, iluminação pública e ajardinamento, de acordo com os projectos aprovados e a aprovar sob fiscalização dos serviços (cond.3.ª); (ibidem – ESP. E);

xix) "o prazo para apresentação do projecto das vias nascente e poente entre a Rua do Crasto e a Praça do Império era de 12 meses a contar da data do alvará (cond.4.ª)"; (ibidem – ESP. E);

xx) "e a execução dos 235m de comprimento da via poente teria de estar concluída 18 meses após a aprovação dos projectos, para o que deveriam apresentar então a respectiva garantia bancária de acordo com os valores constantes do orçamentos/estimativas e que viessem a ser definidos pelos diferentes Serviços Municipalizados (cond.4.ª)"; (ibidem – ESP. E);

xxi) "os lotes 8 e 9 destinavam-se a ser cedidos para os fins aí referidos (cond.5.ª); (ibidem – ESP. E);

xxii) "os restantes lotes 6 e 7, correspondentes à 2.ª fase do loteamento, seriam objecto de um novo alvará de loteamento (cond.6.ª)"; (ibidem – ESP. E);

xxiii) "os alvarás de habitabilidade das construções previstas nos lotes n.os 1 a 4 ficavam condicionados ao início das obras de execução de parte da via poente, a cargo dos requerentes (cond.7.ª)"; (ibidem – ESP. E);

xxiv) "Por escritura pública de 28.3.83, lavrada no 4.º Cartório Notarial do Porto, de fls.28v. a 38 do livro 36-E, os A.A. adquiriram aos proprietários do terreno e titulares do alvará, em regime de compropriedade, os lotes 1, 2, 3 e 4 do dito loteamento, nos termos constantes dos respectivos documentos autênticos que se encontram juntos ao mesmo processo camarário, e que se dão por reproduzidos, entre os quais a ligação dos adquirentes ao cumprimento das condições do alvará" (ibidem – ESP. F);

xxv) "Antes disso, porém, já os A.A. tinham feito contrato promessa de compra e venda daqueles mesmos lotes" (ibidem – ESP. F);

xxvi) "o que permitiu ao autor intervir desde logo no processo burocrático camarário relativo ao aludido loteamento" (ibidem – ESP.G);

xxvii) "aí prestando em 13.12.82 termo de responsabilidade, em substituição dos primitivos requerentes do processo, ao cumprimento de todas as condições exigidas pela Câmara e constantes do alvará mencionado" (ibidem – ESP. G);

xxviii) "e aí apresentando em 14.12.82 garantia bancária do montante de 10.614.000$00, referida expressamente no mesmo alvará, como correspondendo à execução de infra-estruturas da referida 1.ª fase do loteamento" (ibidem – ESP. G);

xxix) "No estudo económico que serviu de base ao alvará de loteamento n.º 36/82, foi revista a área de construção de 19.032m^2, acima do solo, e a de 7.650m^2 na cave (garagens)" (ibidem – RESP.QUES. 4.º)";

xxx) "foi em função desta área de construção que foi calculado o encargo de mais-valia previsto no mesmo alvará" (ibidem – RESP.QUES. 5.º);

xxxi) "sendo esse encargo constituído pelos seguintes ónus económicos daí constantes:
1. cedência gratuita dos lotes 5 e 10;
2. execução dos projectos de todas as infra-estruturas das vias Nun' Alvares, nascente e poente, entre a Praça do Império e a Rua do Crasto e construção de parte da via poente, na extensão de 235m de comprimento, a que corresponde uma área de 3995m^2 a partir e para norte da Praça do Império, cujo orçamento global era de 27.300.000$00;
3. custo dos trabalhos de urbanização, orçado em 11.510.000$00" (ibidem – RESP. QUITS. 6.º);

xxxii) "Foi em função dessa área de construção disponível e encargos que os A.A. adquiriram os referenciados lotes 1, 2, 3 e 4, pelo preço por que o fizeram, de 20.935.000$00" (ibis em – RESP. QUES. 7);

xxxiii) "E não os teriam adquirido nessas condições se não fossem esses os pressupostos – área de construção disponível e encargos referidos" (ibidem – RESP. QUES. 8.º);

xxxiv) "A fim de dar cumprimento a condição 4.ª do alvará supra referido, o 1.º A. apresentou o requerimento n.º 4393/83, de 25.2.83, sem o que não possuiria elementos para o efeito" (ibidem – ESP. H);

xxxv) "mas nenhuma resposta recebeu dos serviços da Ré" (ibidem – ESP. H);

xxxvi) "Requereu também o 1.º A. o licenciamento de obra a construir no lote n.º 1, mediante o requerimento n.º 13982/83, 4.7.83" (ibidem – ESP. 1); xxxvii) "mas nenhuma resposta oficial recebeu também dos serviços da Ré" (ibidem – ESP. I);

Gestão Urbanística 341

xxxviii) ou, melhor dizendo, "na sequência do alvará de loteamento n.º 36/82, os A.A. promoveram a elaboração do projecto de construção do Bloco Sul" (ibidem – ESP. AA);

xxxix) "que submeteram a licenciamento à Câmara (req.º n.º 13.982/83)" (ibidem – ESP. AA);

xl) "tendo apresentado, na mesma altura, um estudo prévio para o Bloco Centro e um Programa-base para o Bloco Norte" (ibidem – ESP. AA);

xli) "O projecto apresentado com o requerimento de licenciamento de supra alínea I) (vide supra art. 36.º) era rigorosamente conforme com o alvará de loteamento n.º 36/82" (ibidem – RESP. QUES. 1.º);

xlii) "Por despacho de 2.9.83 foi indeferido esse pedido de licenciamento (esp. também alíneas I) e J)" (ibidem – ESP. AA);

xliii) ou, melhor dizendo, "veio apenas o 1.º A. a conhecer, na sequência da notificação referida no subsequente art...." (da petição inicial) "que havia sido proferido despacho em 2.9.83, que indeferia o pedido de licenciamento no processo iniciado com o dito req. 13.982/83, com fundamento em que o projecto contrariava o Plano Director, o qual previa para essa zona habitações unifamiliares" (ibidem – ESP. J);

xliv) "mas esse despacho não lhe foi notificado" (ibidem – ESP. J);

xlv) "Certo é que o 1.º A. foi contactado pessoalmente pelos representantes da Ré para participar em reunião em que também estariam presentes responsáveis pela Direcção Regional do Planeamento Urbanístico do Norte" (ibidem – ESP. L);

xlvi) "A pretendida reunião teve lugar, e durante ela ao 1.º A. foi informado, com surpresa sua, que a Ré não permitia executar o loteamento, tal como aprovado fora, por entender agora que ele era desconforme com o Plano Director da Cidade, opinião aí expendida verbalmente" (ibidem – ESP. L);

xlvii) "O A... manifestando sempre que ele e seus representados não prescindiam dos seus direitos, admitiu chegar a uma solução conciliatória que minimizasse os prejuízos causados pela obstrução camarária" (ibidem – ESP.M);

xlviii) "Mas só tempos mais tarde, em 16-3-1984, fora os A.A. notificados, através do 1.º A.. do despacho proferido, com delega-

ção de poderes do Presidente da Câmara, pelo Eng.º Carlos Brito, de 14-1-1984, e do seguinte teor:
 –"Foi promovida uma reunião com a presença do Sr. Chefe de Direcção dos Serviços Jurídicos, os quatro Senhores Advogados Síndicos e o Sr. Eng.º Queirós da D.S.U., na qual se debateu toda a problemática em causa, em particular a proposta de andamento do assunto avançada pelo Prof. Duarte Castel-Branco. Foi obtido um consenso de que a proposta era viável e poderia servir para a resolução do problema. Homologo, pois, a proposta e a informação do G.P.U. Assim deverá o requerente ser informado da proposta e da informação do G.P.U. referidas, no sentido de proceder em conformidade, permitindo à Câmara sanar uma situação extremamente complexa e difusa. De qualquer forma, chama-se a atenção para o meu despacho de 10 de Janeiro p.p. ao qual deve ser dado andamento conveniente" (vide processo burocrático) (ibidem – ESP. M);
 xlix) "Pôde então o 1.º A. conhecer a referida informação do G.P.U. com o n.º 25/84, de 3.2.34, cujo teor se dá por reproduzido" (ibidem – ESP. M);
 1) "E em que, reconhecendo claramente os compromissos assumidos pela Ré relativamente à 1.ª Fase do loteamento que só poderiam ser modificados por acordo conciliatório com A.A. ..., ora interessados" (ibidem – ESP. M);
 2) li) "Acabava por propor que "a construção desta 1.ª Fase deveria observar os seguintes princípios:
 "1.º – A área disponível, lote, será de 10.180m², aplicando o coeficiente de ocupação do solo de 3,5m³/m², a solução urbanística não devera ultrapassar 35.630m³ do volume total construído.
 "2.º – deverá também ficar assegurada a integração da faixa de terreno lapisada a vermelho, necessária à nova implantação da Via Nun' Álvares, e que é cerca de 760m².
 "3.º – Não poderá possuir qualquer acesso, mesmo de peões para a Via Nun' Alvares.
 "4.º – Deverá ser revisto o estudo económico.
 "5.º – Deverá ser apresentada pelo requerente uma proposta de implantação e volumes em conformidade com os pontos atrás referidos.
 "6.º – Esse Plano, após aceitação em princípio, deverá ser remetido à Direcção dos Serviços Regionais do Planeamento Urbanístico

do Norte de modo a correr o seu parecer para proposta final da mudança de função aprovada no Plano Director.

"7.º – De posse desta exigência legal, poder-se-á então emitir as necessárias licenças de construção" (ibidem – ESP. M);

Iii) "E pode o mesmo A. conhecer a invocada proposta do Prof. Castel-Branco, de 9.2.84, pronunciada na sequência da transcrita informação, e do seguinte teor:

"A) – Quanta ao ponto I verifica-se que o mesmo excede os parâmetros fixados pelas N.A.U. pois o coeficiente de ocupação do solo não é aplicável às áreas de recorte fundiário ou lote, apto como tal para construção, excluídas pois as áreas proporcionadas de vias, estacionamento e equipamento, que não devem ser para um tal efeito consideradas. Daqui que o cômputo global do volume de construção a autorizar careça de revisão, em função do pedido de reformulação do loteamento a que adiante se alude.

"2 – De facto disponibilidade da Câmara para a solução conciliatória que se encara adoptar, parece implicar como seu acto preliminar que o requerente reformule a essa luz o loteamento anterior. Será perante esse pedido, implicando a anulação do anterior que a Câmara se deverá pronunciar em termos de materialização do consenso alcançado, mas essa pronúncia tem em qualquer caso a sua eficácia condicionada a obtenção da anuência da Direcção dos Serviços Regionais do Planeamento Urbanístico.

"3 – Pensa-se que dentro dos parâmetros precedentes os Serviços Jurídicos deverão ser consultados sobre a viabilidade das actuações acima referidas com vista a formalizá-las em termos de adequada ressalva dos interessados camarários ou adaptá-los à consecução desse objectivo.

"4 – Concorda-se com os restantes pontos da informação em apreço" (vide proc. burocrático) " (ibidem – ESP. N);

Iiii) "Pôde também o A. conhecer os pareceres dos serviços jurídicos, que foram no sentido de a Câmara estar vinculada por acto constitutivo de direitos, cuja revogação só seria lícita em prazo que já transcorrera, pelo que só por via conciliatória poderia ser resolvido o problema" (ibidem — ESP. 0);

liv) "Logo o A., por si e pelos demais A.A. seus representados, apresentou requerimento em 18-4-84, com o n.º 8539/84, em que, na sequência da aludida notificação submeteu a Câmara "como aditamento, uma alteração ao plano de urbanização e loteamento que serviu de base ao alvará de loteamento n.º 36/82", a qual continha "uma nova implantação com definição de novos volumes de construção" (ibidem – ESP. P);

lv) "esclarecendo que isso se destinava "a, em via conciliatória proposta pela Exma. Câmara, obter a alteração urgente e rápida do Plano Director no sentido de uma minimização dos já muito vultuosos prejuízos" "e ainda afim de ser obtida uma também rápida e urgente licença de construção no processo de obras n.º 13.982/83" (cf. Processo burocrático)" (ibidem – ESP. P);

lvi) "Na mesma data, apresentou o mesmo A., por si e em representação dos demais, uma longa exposição à Câmara (req. N.º 8.591) em que fazia, paciente e cuidadosamente, o historial do grave caso – nos termos que se dão aqui integralmente reproduzidos" (ibidem – ESP. Q);

lvii) "e em que houve por bem frisar, para dúvidas não existirem: Pretendem o requerente e seus representados deixar bem claro que, não prescindindo dos seus direitos, só em condições de perfeita equidade perante os interesses em causa admitem tal conciliação, razão pela qual apresentam nesta mesma data uma alteração do loteamento" (sic) (ibidem – ESP. Q);

lvii) "e explicado de seguida com cuidado a posição jurídica dos A.A. aí requerentes, quer a nível da área de construção, quer do estudo económico, quer do prazo para projectos de vias, quer da construção de via, quer do prazo do alvará, quer sobre o projecto de construção de obra já requerido" (ibidem – ESP. Q)

lix) "terminaram por esclarecer que não prescindiam de ser, ressarcidos pelos danos causados pela entidade administrativa, em consequência da responsabilidade civil em que ela estava constituída" (ibidem – ESPI Q);

lx) "a menos que se realizasse um acordo equitativo, que passasse pela rapidez na solução do impasse como pela justa ponderação dos danos efectivos sofridos pelos requerentes em coordenação ou compensação com encargos deles exigíveis (cf. Processo burocrático)" (ibidem – ESP. Q);

lxi) "Prosseguiu o processo os seus trâmites graciosos para a concessão de novo alvará, tendo sido requerido em 23.7.84 (requerimento n.º 15.617)" (ibidem – ESP. R);

lxii) Até que, por despacho de 28.8.84, proferido, com delegação de poderes do Presidente da Câmara do Porto, pelo Eng.º Carlos Brito, foi aprovado o loteamento n.º 24/84, que alterava o alvará n.º 36/82 atrás referido, e se reportava à por demais referida propriedade" (ibidem – ESP. S);

lxiii) "Também deste alvará – com o n.º 24/84, registo na Câmara no Livro 1, a fls. 73 em 20-11-84 – ficou constando que o loteamento se situa em local abrangido pelo Plano Director de Urbanização da Cidade, aprovado por despacho ministerial de 1-8-1964, com o qual está conforme" (ibidem – ESP. S);

lxiv) "Aí se deixou expresso que fora já prestada a caução a que se refere a al. b) do n.º 1 do art. 13.º do DL n.º 289/73, na quantia de 10.156.000$00, mediante garantia bancária, e com o fim de garantir a execução de todos os trabalhos de urbanização cujo prazo de execução deveria ser de dois anos a contar da data de emissão do mesmo alvará" (ibidem – ESP. S);

lxv) "A realização do loteamento ficou sujeita, outrossim, a conjunto de condições, a saber" (ibidem – ESP. T);

lxvi) "era autorizada a constituição de 11 lotes de terreno, numerados de 1 a 8D. com as áreas, respectivamente, de – lote 1 – 1466m2, lote 2 – 2513m2, lote 3 – 2010m2, lote 4 – 2010m2, lote 5 – 769m2, lote 6144m2, lote 7 – 1000m2, lote 8 – 160m2, lote 8B – 180m2, lote 8C – 180m2, lote 8D – 160m2, com a localização prevista na planta aí anexa (cond. 1.ª)" (ibidem – ESP.T);

lxii) "as áreas lapisadas a carmim na mesma planta (lotes 6 e 7) seriam integradas gratuitamente no domínio Público para cumprimento do novo alinhamento, de acordo com a urbanização prevista para o local (cond. 2.ª)" (ibidem – ESP. T);

lxiii) "os lotes 8, 8B, 8C e 8D viriam a ser permutados com a área tracejada confinante a sul, permuta que só seria concretizada se viesse a ser aprovada em reunião camarária (cond. 3.ª)" (ibidem – ESP.T);

lxix) "na hipótese de não ser aprovada em reunião camarária a permuta referida, os lotes 8A, 8B, 8C e 8D deveriam ser cedidos gratuitamente à Câmara no domínio público, com vista ao cumprimento do alinhamento aprovado (cond. 4.ª)" (ibidem – ESP. T);

lxx) "o prazo de execução das infra-estruturas seria de dois anos a contar da data da emissão do alvará em referência (cond. 5.ª)" (ibidem –ESP. T);

lxxi) "e ainda o encargo de mais-valia relativo à nova solução urbanística ficaria dependente da conclusão das negociação já iniciadas por requerimento dos requerentes e suspensão do alvará de loteamento n.º 36/82 (cond. 6.ª)" (ibidem – RESP. QUES. 10.º);

lxxii) "No alvará n.º 24/84 só foram permitidas as seguintes áreas de construção: 13.707m2 acima do solo e 6.800m2 de caves (garagens)" (ibidem – RESP. QUES. 10.ª);

lxxiii) "A área de construção do alvará n.º 24/84 sofreu uma redução da ordem dos 25,16% em relação à área de construção permitida pelo alvará n.º 36/82" (ibidem – RESP. Ques. 18.º);

lxxiv) "Vão passados longos meses, mais de dois anos" – por referência óbvia à data da propositura da primeira acção, e hoje vão passados cerca de quinze anos – "sem que a entidade administrativa tome uma posição clara e decidida sobre o ressarcimento danos que aos A.A. causou, ainda que sob a perspectiva da supra referida condição 6 do alvará n.º 24/84" (ibidem – ESP U);

lxxv) "e isso apesar de os A.A., na sequência da sua aludida exposição de 18-4-84 e da emissão do alvará n.º 24/84, terem requerido, já em 30.4.85 (requerimento n.º 8777) que em seguimento à via conciliatória proposta pela Ex.ma Câmara para a regularização deste assunto, se proceda à resolução dos aspectos que não foram ainda contemplados neste último alvará e em particular o volume da construção adquirido pelos requerentes e que aí não foi considerado" (ibidem – ESP. V);

lxxvi) "e ainda que esse assunto fosse "decidido nos próximos 60 dias, já que os requerentes, no caso de se gorar o entendimento, não prescindirão de intentar a acção de indemnização respectiva, segundo a orientação expressa na referida exposição, pelo que o deverão fazer em prazo adequado (cf. proc. burocrático)" (ibidem – ESP. V);

lxxvii) "e isso mesmo a despeito de os A.A., com cuidado e lealdade, terem exposto, através de seu novo requerimento de 14.6.85 (requerimento n.º 11.722), aquilo que consideravam os prejuízos havidos até essa altura (cf. proc. burocrático)" (ibidem – ESP. V);

lxxviii) Certo é também que "os A.A. não interpuseram recursos contenciosos dos despachos 2.9.83 (alínea J) e de 16.3.84 (alínea M)" (ibidem – ESP. Z);

lxxix) "o facto constante da supra alínea Z) (vide supra art. 78.º) ocorreu porque os A.A. acederam, com boa fé negocial, em acordar a via conciliatória sugerida e da iniciativa da Ré, que se mostrava preocupada com as consequências, para si, gravosas, do procedimento dos seus agentes" (ibidem – RESP.QUES. 2.º);

lxxx) "E os A.A. desde sempre fizeram a ressalva de que não prescindiriam de ser indemnizados pelos danos que a actuação administrativa que os agentes da Ré lhes causava, o que esta conheceu e aceitou" (ibidem – RESP. QUES. 3.º);

lxxxi) Como se disse (supra arts. 1.º e 2.º), propuseram os A.A. contra a R. a acção judicial aí referida, nos termos que constam da respectiva petição inicial certificada e respectivos documentos que a acompanharam, e que neste lugar se dão por escritos e referenciados (ibidem);

lxxxii) No processo referido nos precedentes arts. 1.º e 2.º os aí A.A. formularam o seguinte pedido:

"Termos em que a presente acção deverá ser julgada provada e procedente e, em consequência, ser a Ré condenada a pagar aos A.A., conjuntamente, a quantia global de 231.689.605$00, acrescida de juros moratórios legais à taxa que for vigorando desde a citação da mesma Ré até efectivo pagamento" (ibidem);

lxxxiii) Numa primeira fase, foi decidido na 1.ª Instância o indeferimento liminar da petição, com fundamento em que os ali A.A. já não possuíam direito a indemnização por não terem interposto prévio recurso contencioso, mas essa sentença foi revogada por um recurso para o Supremo Tribunal Administrativo, que mandou baixar o processo para prosseguir os seus termos (ibidem);

lxxxiv) Prosseguindo os seus termos o processo, contestou a demanda conforme consta do respectivo articulado e que dão também aqui por transcritos (ibidem);

lxxxv) Apresentaram os A.A. o articulado réplica, e, mais tarde, requerimento de ampliação do pedido, nos teores que constam do mesmo documento junto (ibidem);

lxxxvi) Da elaborada especificação e das subsequentes respostas aos quesitos resultou que forma dados como assentes entre A.A. e a R.R os factos atrás articulados e devidamente assinalados com o teor contido entre aspas tal como transcrito (ibidem);

lxxxvii) Na sequência do mesmo processo referido nos precedentes arts. 1.º e 2.º veio a ser proferida douta sentença em 23.06.92, que decidiu:
"Em conformidade com o exposto, julgo a presente acção parcialmente provada e procedente, e improcedente na parte restante, pelo que condeno a Ré a pagar aos A.A. a importância de 988.136$00, acrescida dos respectivos juros, à taxa legal, desde a citação até efectivo pagamento, absolvendo-a do restante pedido" (ibidem);
lxxviii) Interposto recurso desta sentença para o Supremo Tribunal Administrativo, formularam os aí recorrentes as alegações constantes do teor que se dá aqui reproduzido, formulando a seguinte conclusão final:
"Termos em que, revogando-se a sentença na parte recorrida e condenando-se ademais a Ré a pagar ainda aos A.A. a quantia global de 356.415.460$00, acrescida dos juros moratórios como peticionados na 1.ª Instância, far-se-á Justiça"(ibidem)
lxxxix) Mas por douto acórdão de 28.05.97 foi decidido:
"Termos em que acordam em negar provimento ao recurso jurisdicional e revogar a decisão recorrida por não provada a ilicitude em que os A.A. ora Recorrentes, fundaram a obrigação de indemnizar por parte da Ré, nos termos do art. 2.º do DL 48.051 de 21-xi-67" (ibidem);
xc) Para assim decidir o douto acórdão formulou a seguinte fundamentação, que se deve aqui transcrever (os destaques são nossos):
"Resulta, à saciedade, da matéria de facto considerada provada pela decisão recorrida que, o licenciamento de 15/14/82 contrariava o Plano Director de Urbanização da Cidade do Porto, aprovado por despacho ministerial de 1/8/64, pois, designadamente, em local onde, no Plano, se previa a construção de moradias unifamiliares, previam-se, no loteamento licenciado por aquele acto, prédios de habitação colectiva que chegava a atingir 11 pisos.
A esse desrespeito, fazem também a referência as Informações camarárias 23.069/83 e 258/83, constantes do instrutor relativo à concessão do alvará 36/82, que se encontra apenso e cujo teor foi considerado reproduzido, na matéria de facto dada como assente pela decisão recorrida (fls. 283).
– Não foi obtido previamente o parecer da D. Geral do Planeamento Urbanístico através dos seus Serviços Regionais, como se

comprova pela consulta do já referido instrutor, que a sentença em recurso, considerou reproduzido.

Tanto assim que, após ser-lhe remetida, em cumprimento do preceituado no art. 19.º no 4 do DL 289/73, uma cópia do alvará 36/82, a D. Regional de Planeamento Urbanístico do Norte, pelo ofício 1840 de 28/ix/83, assinado pelo respectivo Director, dirigiu à C.M. do Porto, nos seguintes termos:

"Tendo-nos surgido dúvidas na conformidade do Loteamento em epígrafe com o Plano Director da cidade do Porto, não obstante tal figurar expressamente no respectivo alvará, rogo a Vexa promova o envio a título devolutivo das peças escritas e desenhadas necessárias à verificação, já que o referido alvará é omisso relativamente à densidade de ocupação, cérceas e equipamento"

2.2.4. Ao tempo em que foi concedida a licença de loteamento relativo ao alvrá 36/82, o diploma regulador das operações de loteamento era o DL 289/73 de 6 de Junho, o qual no seu art. 2.º n.º 1 prescrevia, além do mais, a necessidade de audição da Direcção-Geral de Urbanização, antes de a Câmara se pronunciar sobre o pedido de loteamento; e o n.º 2 do mesmo preceito estatuía: "Os pareceres da Direcção-Geral dos Serviços de Urbanização e de outras entidades dependentes do Governo serão dispensados sempre que as operações previstas no artigo anterior se conformarem com o Plano de Urbanização aprovado nos termos do DL 560/71 de 17 de Dezembro, e tenham sido ouvidos os Serviços Municipais ou o gabinete técnico I referido no n.º 1.

Do exposto resulta já que quer se considerasse ou não, o Plano Director de Urbanização da cidade do Porto, um Plano de Urbanização aprovado nos termos do DL 560/71 de 17 de Dezembro, a consulta da Direcção-Geral dos Serviços de Urbanização, não podia ser dispensada, por a operação de loteamento não se conformava com aquele Plano (ver ac. Deste STA de 2-VI-87 P. 22.317).

É pois irrelevante para a solução jurídica do presente caso, discutir a validade daquele Plano, por alegadamente não ter sido publicado, como se refere no douto parecer jurídico junto aos autos.

E o art. 14.º do citado diploma legal prescreve: "Os actos das Câmaras Municipais respeitantes a aprovações de loteamento quando não sejam precedidos da Direcção-Geral dos Serviços de Urbanização ou das entidades referidas no n.º 1 do art. 2.º nos casos em que é devida, ou quando não sejam conformes com o seu parecer ou decisão do Ministro respectivo são nulos e de nenhum efeito".

Nesta conformidade, forçoso é concluir que o despacho do Vereador da C.M. do Porto de 15/12/82, é um acto nulo e de nenhum efeito, por força das disposições conjugadas dos arts 2.º n.º 1 e 2 e 14.º n.º 1 do DL 289/73 de 6 de Junho 2.2.5. Sendo nulo, não é constitutivo de direitos, nem os posteriores actos, de 2-IX-83, que recusou o licenciamento de construção a realizar no lote n.º 1 (conforme àquele loteamento), e de 14/1/84 que aprovou o novo loteamento para o local, operando efeitos contrários aos do acto de 15/12/82, são actos de revogação, ao contrário do que se considerou na sentença recorrida, pois, os actos nulos, face à sua inaptidão intrínseca de criar quaisquer direitos ou constitui relações jurídicas válidas, são insusceptíveis de revogação (ver entre outros, Mário Esteves de Oliveira, obra e local citadas).

Por inteiramente aplicável à situação em análise, transcreve-se a doutrina inserta nos pontos I e II do sumário do ac. deste STA de 2-V-90, publicado nos Apêndices ao D da R. de 31-1-95 pg 3288:

I – "Não é revogatório dos despachos que licenciaram construções o que, depois de ser verificado que elas se localizavam no perímetro do Parque Nacional da Arrábida e que a respectiva Comissão Instaladora os não autorizava, o que implicava serem aqueles nulos e de nenhum efeito ordenar a demolição dessas construções.

II – Isso não teria qualquer sentido, já que esses actos eram assim insusceptíveis de produzir quaisquer efeitos independentemente da declaração nesse sentido".

2.2.6. Face à inelutável nulidade do licenciamento de 15/12/82, não poderá manter-se a decisão do Tribunal Administrativo do Círculo do Porto, que considerou serem aqueles actos de 2-IX-83, e sobretudo o licenciamento do novo loteamento em 14/1/84, "revogações ilegais de um acto constitutivo de direitos".

A revogação desta decisão, impõe-se, pois, como decorrência lógica da declaração de nulidade do acto de 14/I/84. E, falece assim o primeiro pressuposto em que os A.A. alicerçararm a obrigação de indemnizar por parte da Ré: a ilicitude daqueles actos de 2-IX-83 e 14-1-84.

Este facto, torna inútil, prejudicando o conhecimento dos demais pressupostos da responsabilidade civil extra-contratual por acto ilícito, designadamente aqueles que foram apreciados na decisão recorrida e objecto de impugnação no presente recurso jurisdicional" (sic- a pontuação é muito deficiente) (ibidem).

xci) Este acórdão transitou em julgado (ibidem);

xcii) Como se viu, o acto administrativo configurado no despacho do Vereador da Ré de 15.12.82 foi declarado nulo pelo S.T.A. com fundamento em a DGPU não ter sido chamada a participar na sua formação, a título consultivo, como o impunha o art. 2.º do DL n.º 289/73;

xciii) Os serviços jurídicos da Ré alertaram para a ilegalidade do despacho de 14.01.84 enquanto revogatório do despacho de 15.12.82;

xciv) A garantia bancária prestada pelos AA em 14.12.82 – no montante de 10.614.000$ – veio a revelar-se inútil, porque sem vantagem para o processo, durante o período de transcorreu até à emissão do 2.º alvará, em 20.11.84;

xcv) Ou seja, durante 706 dias (de 14.02.82 a 20.11.84);

xcvi) O que representou um prejuízo global de 895.820$00 consistente na despesa que, por esse período excessivo e inútil, os A.A. tiveram de pagar ao Banco garante (ibidem – doc. 1);

xcii) Os A.A. efectuaram em 05.11.81 o pagamento aos Serviços Municipalizados de Águas e Saneamento da quantia de 510.000$00, que lhes foi exigida tendo em conta a área de construção prevista no alvará n.º 36/82;

xcvii) As partes não desconheciam – antes tiveram isso presente na negociação e resolução de não serem interpostos recursos – que, perante o que o art. 2.º do DL n.º 40.388, de 21.11.55, e até a legislação sobre loteamentos, poderia vir a suceder que fosse a própria Direcção-Geral dos Serviços de Urbanização a embargar as obras que os AIA. iniciassem, muito mais tarde, com a procedência dos seus recursos (cfr. a fundamentação da resposta do tribunal colectivo ao quesito 1.º da base instrutória);

xcix) Ou seja, que poderia ser inutilizado o resultado prático da procedência desses possíveis recursos contenciosos administrativos (cfr. a fundamentação da resposta do tribunal colectivo ao quesito 2.º da base instrutória).

c) Estas razões estiveram presentes na negociação, de modo a que os AA. não interpusessem recursos dos referidos actos mas antes acedessem à via conciliatória (cfr. a fundamentação da resposta do tribunal colectivo ao quesito 3.º da base instrutória);

ci) Da não consecução dos direitos conferidos pelo alvará de loteamento n.º 36/82, e da obrigação que a entidade administrativa impôs aos AA – a despeito da ilicitude da revogação daquele – de apenas exercitarem os direitos conferidos pelo alvará n.º 24/84 resultaram para eles vultuosos prejuízos (cfr. a fundamentação da resposta do tribunal colectivo ao quesito 4.º da base instrutória);

ciii) Desta diferença proveio um prejuízo para os Autores – nessa altura – de não menos de 65.250.120$00 (cfr. a fundamentação da resposta do tribunal colectivo ao quesito 6.º da base instrutória);

civ) Tendo em conta que os 5.325m2 acima do solo eram de construção de habitação (cfr. a fundamentação da resposta do tribunal colectivo ao quesito 8.º da base instrutória);

cvi) que nessa altura (1982), no primeiro tipo de construção, atenta ainda a qualidade prevista, era normal obter um preço de 11.818$00/m² (cfr. a fundamentação da resposta do tribunal colectivo ao quesito 9.º da base instrutória);

cvii) e que também nessa altura (1982), no segundo tipo de construção, com as mesmas condicionantes, era normal obter um preço de 2.727$30/m2 (cfr. a fundamentação da resposta do tribunal colectivo ao quesito 10.º da base instrutória);

cviiI) e que, hoje em dia, no primeiro tipo de construção, atenta ainda a qualidae prevista, é normal obter um preço de 65.000$00/m2 (cfr. a fundamentação da resposta do tribunal colectivo ao quesito 11.º da base instrutória);

cix) e que, hoje em dia, no segundo tipo de construção, com as mesmas condicionantes, é normal obter um preço de 15.000$00m² (cfr. a fundamentação da resposta do tribunal colectivo ao quesito 12.º da base instrutória);

cx) Esse prejuízo deve ser hoje computado, face aos valores constantes das respostas dadas aos pontos 10.º, 11.º e 12.º da BI, em 358.875.000$00 (cfr. a fundamentação da resposta do tribunal colectivo ao quesito 13.º da base instrutória);

cxi) Os A.A. não puderam, até hoje e assim, construir aquela área nem auferir aquele provento (cfr. a fundamentação da resposta do tribunal colectivo ao quesito 14.º da base instrutória);

cxii) Provento esse a ter em conta, pelo que representaria de poupança, se viessem a reservar essa mesma área para sua utilização primitiva, ou venda (cfr. a fundamentação da resposta do tribunal colectivo ao quesito 15.º da base instrutória);

cxiii) Os autores não puderam dispor em 1984 do aludido montante de 65.250.120$00 (cfr. a fundamentação da resposta do tribunal colectivo ao quesito 16.º da base instrutória);

cxiv) Após a revogação do alvará n.º 36/82, e aprovação do n.º 24/84, nenhuma parte da verba referida no artigo 97.º da "Matéria Assente" foi restituída aos A.A. (cfr. a fundamentação da resposta do tribunal colectivo ao quesito 17.º da base instrutória);

cxv) A quantia de 381.684$00 corresponde a 74,84% da importância de 510.000%00 paga aos S.M.A.S., por excesso de densidade populacional, no decurso do A.L. 36/82 (cfr. a fundamentação da resposta do tribunal colectivo ao quesito 18.º da base instrutória).

Passemos ao direito.

Mediante a acção dos autos, os autores e aqui recorridos pretendem responsabilizar extracontratualmente o município réu, agora recorrente, pelos prejuízos que dizem ter sofrido por via da conduta omissiva, consubstanciada na falta de obtenção de um parecer obrigatório, que acarretou a nulidade do despacho, datado de 15/12/82, em que um vereador da respectiva câmara aprovara um loteamento por eles requerido. E os danos supostamente indemnizáveis são de três tipos, consistindo nas perdas pecuniárias advindas da diferença entre a área de construção possibilitada por aquele despacho e a área menos que veio a ser efectivamente permitida num loteamento seguinte, nos custos por eles suportados com a excessiva duração de uma garantia bancária e, por último, na diferença entre a importância que pagaram aos SMAS tendo em vista o loteamento aprovado pelo despacho de 15/12/82 e a quantia que lhes era realmente exigível em face da operação urbanística depois realizada.

Estão interpostos, admitidos e minutados dois recursos, ambos da iniciativa do réu: um agravo em que ele ataca a parte do despacho saneador que julgou improcedente a excepção peremptória de prescrição; e um recurso em que impugna a sentença final que, reconhecendo a responsabilidade do município pelos três tipos de danos alegados pelos autores, veio a condená-lo no pagamento de uma indemnização global, embora num montante inferior ao pedido.

Comecemos pelo agravo deduzido do saneador (cfr. o art. 710.º, n,.º 1, do CPC). Na sua contestação, o réu dissera que o direito de indemnização invocado na lide está prescrito, pois os autores teriam tomado conhecimento dele em 2/9/83 e, não obstante, só interpuseram a acção dos autos em 27/4/2000. Mas o tribunal «a quo» assim não entendeu, já que contou o prazo prescricional de três anos desde, pelo menos, 28/5/97, data em que, por acórdão do STA, «foi declarada a nulidade do acto administrativo de 15 de Dezembro de 1982» – sendo este, como sumariamente já vimos, o acto que aprova um primeiro loteamento, mais tarde substituído por outro.

O agravante discorda desta solução, para o que começa por filiar a actual pretensão indemnizatória no despacho de 15/12/82 (emanado de um vereador e que aprovou o primeiro loteamento) e na sua nulidade (advinda da não obtenção de um parecer obrigatório). Daí, o recorrente extrai duas consequências: já nessa data os autores eram sabedores da ilegalidade do despacho, pelo que contar-se-ia desde então o prazo prescricional de três anos, previsto no art. 498.º, n.º 1, do Código Civil; a prescrição não teria sido interrompida na sequência da acção que os autores interpuseram contra a ré em 15/7/86 (pleito onde formularam pedidos assimiláveis aos da presente lide) porque o direito actualmente exercitado é outro e, ademais, essa primeira acção já fora proposta mais de três anos depois de 15/12/82.

Recapitulemos os factos essenciais. Por despacho de um vereador da CM do Porto, de 15/12/82, os ora recorridos obtiveram a aprovação de um loteamento (que doravante designaremos por primeiro loteamento) cujo alvará (o n.º 36/82) foi emitido. Todavia, e por despacho de 2/9/83, foi indeferido o pedido de licenciamento da obra a realizar num dos lotes; e, por despacho de um vereador da CM Porto, datado de 14/1/84, impôs-se aos aqui recorridos que apresentassem nova proposta de implantação e volumes de construção, como condição da emissão das licenças de obras. Ante a posição camarária, os recorridos aceitaram introduzir alterações ao primeiro loteamento, embora declarassem não prescindir de ressarcimento pelos danos causados; e, em 28/8/84, foi aprovado para o mesmo terreno um segundo loteamento, substitutivo do anterior e titulado pelo alvará n.º 24/84. Todavia, e em cotejo com o primeiro, este segundo loteamento previa uma menor área de construção – pormenor que os recorridos consideraram danoso por lhes diminuir os lucros do empreendimento e tornar injustificável parte da quantia que haviam entregue aos SMAS. Ademais, as vicissitudes havidas com a operação urbanística levaram a que os recorridos suportassem despesas inúteis com uma garantia bancária. Assim, e com vista a serem ressarcidos desses danos – e ainda de vários outros, que agora nos não interessam – os recorridos interpuseram (em 15/7/86, segundo nos diz o recorrente) contra a CM Porto uma acção de indemnização por responsabilidade civil extracontratual, fundada na ilegal revogação do despacho, datado de 15/12/82, que aprovara o primeiro loteamento. Os aqui recorridos obtiveram um parcial ganho de causa na 1.ª instância, tendo a sentença partido da ideia de que aquele acto tinha natureza revogatória. Mas essa decisão veio a ser suprimida por acórdão deste STA, proferido em 28/5/97: considerou este aresto que o acto aprovador o primeiro loteamento era nulo, por no respectivo procedimento se haver omitido a audição obrigatória de uma entidade externa ao município, que haveria de emitir um parecer; e, por isso, o acórdão entendeu não estar provada a ilicitude dos actos em que os autores fundavam a obrigação de indemnizar – daí advindo a improcedência total da acção e a absolvição da ré do pedido. Em 27/4/2000, os mesmos autores interpuseram a acção destes autos, em que «grosso modo» repetiram os três pedidos «supra» identificados e já constantes do anterior pleito. Todavia, a «causa petendi» inclui agora, não a ilegal revogação do despacho que aprovara o primeiro loteamento, mas sim a negligência ou incúria dos órgãos e agentes camarários que, omitindo culposamente a obrigação legal de solicitar o aludido parecer, inquinaram o procedimento administrativo e provocaram a nulidade do despacho de 15//12/82. E, alinhados os anteriores factos, estamos agora em condições de avaliar se o direito dos autores está, ou não, prescrito.

O direito exercitado pelos recorridos nestes autos é o de indemnização pelos danos correspondentes às diferenças havidas entre o primeiro e o segundo loteamentos – a propósito das áreas de construção e das quantias pagas aos SMAS – e ao acréscimo de custos que o atraso da operação urbanística trouxera a uma garantia bancária. Ora, e como vimos, eles já haviam invocado tais direitos na acção que, contra o mesmo réu, interpuseram (admitimos que em 15/7/86), não sendo de afastar a claríssima identidade dos direitos exercitados nas duas lides a pretexto de que, nelas, os autores os filiaram em causas de pedir parcialmente diferentes – recorde-se que, nas acções de responsabilidade civil extracontratual, a «causa petendi» é complexa, abrangendo todos os requisitos da responsabilidade. Sendo assim, temos que, nessa primeira acção, os aqui recorridos manifestaram então o inequívoco propósito de exercer os mesmos direitos que neste processo invocam; por isso, e «ex vi» do art. 323.º do Código Civil – que significativamente admite que a prescrição se interrompa pela citação em processos de diversos tipos – a citação operada nesse primeiro processo era apta a interromper o prazo prescricional de três anos, previsto no art. 498.º, n.º 1, do mesmo diploma, que então estivesse porventura em curso.

Decerto que esse efeito interruptivo não teria lugar se, aquando da citação na primeira causa, já o prazo prescricional estivesse inteiramente decorrido. E é isto que vem defendido no agravo, pois o recorrente assevera que o «dies a quo» desse prazo era a data do despacho que aprovou o primeiro loteamento, ou seja, 15/12/82. Esta é, porém, uma tese insustentável. Com efeito, a prescrição não começa a correr antes de o lesado tomar conhecimento dos pressupostos que condicionam a responsabilidade civil do lesante (art. 498.º, n.º 1 do Código Civil). Ora, o acto de 15/12/82 não revelava ou sugeria «a se» os vícios do procedimento que o antecedera; e, sendo tipicamente favorável aos recorridos, esse despacho não se apresentava como fautor de prejuízos nem como uma base para imediatas pretensões indemnizatórias. Só com os actos de 2/9/83 e 14/1/84, reveladores de uma conduta administrativa que parecia revogatória do despacho de 15/12/82, os aqui recorridos seguramente souberam que as coisas se inclinavam para uma operação urbanística diferente da inicialmente aprovada e mais desvantajosa – pelo que só então perspectivaram a existência dos direitos de indemnização, mesmo que fundados num motivo diferente do agora invocado. Ademais, da factualidade provada não consta que os recorridos conheceram mais de três anos antes da citação do réu, operada na primeira acção (que o recorrente diz interposta em 15/7/86), a nulidade de que enfermava o acto de 15/12/82 – condição necessária para se poder dizer que os direitos invocados na presente lide já estavam prescritos aquando da citação efectuada no processo anterior. Do que ficou exposto, segue-se a improcedência da excepção e o naufrágio do agravo: pois, e afinal, o réu não logrou demonstrar, como lhe competia nos termos do art. 342.º, n.º 2, do Código Civil, que os autores tomaram conhecimento do seu direito – isto é, que eles tomaram conhecimento de que a Administração havia incorrido numa omissão ilegal, determinante da nulidade do despacho de 15/12//82 e causal de prejuízos na sua esfera jurídica – mais de três anos antes da citação havida na primeira acção; pois só assim se evitaria que essa citação lograsse o seu efeito interruptivo, levando ao surgimento de um novo prazo prescricional de três anos (cfr. o art. 326.º do Código Civil) que, como é manifesto, ainda não se complementara aquando da citação operada nestes autos.

Improcedem, portanto, todas as conclusões do agravo interlocutório, a que se negará provimento.

Passando ao recurso interposto da sentença, vemos que o recorrente o dividiu em três partes, integrando a primeira delas uma crítica à decisão de facto. E é por aí que devemos começar, com vista a estabilizarmos os dados factuais sobre que seguidamente incidirão as devidas considerações jurídicas.

Na óptica do recorrente, expressa nas suas conclusões b) a f), os quesitos 4.º, 5.º, 6.º, 13.º e 15.º da base instrutória versam sobre questões de direito e contêm matéria conclusiva, pelo que jamais deveriam ter sido formulados, devendo-se agora suprimi-los ou dar-se por não escritas as respectivas respostas. Os recorridos, ao invés, afirmam que a base instrutória se firmou por falta de reclamações e obteve a força de caso julgado formal; e que as respostas dadas pelo Tribunal Colectivo são inatacáveis por haverem incidido sobre estrita matéria de facto.

«Ante omnia», há que dizer que a fixação da base instrutória por falta de reclamações torna-a irrevogável enquanto tal; mas isso não traduz a emergência de um caso julgado, no sentido de que ficasse assente a necessidade e a suficiência da base instrutória – fosse no seu conjunto, fosse relativamente a qualquer das suas partes. Daí a possibilidade de se ampliar a base instrutória (art. 250.º, n.º 2, al. f), do CPC) e, também, a previsão de se considerarem não escritas certas respostas dadas pelo Tribunal Colectivo (art. 646.º, n.º 4, do mesmo diploma) – mesmo que elas consistam num puro e simples «provado», posto que o vício se localize na pergunta. Ora, o recorrente clama precisamente pela aplicação daquele último preceito às respostas dadas a cinco quesitos; e é indesmentível que cabe no «munus» deste STA aferir se tais respostas devem ser havidas como não escritas e, sendo esse o caso, daí tirar as devidas consequências «de jure».

No quesito 4.º, a que o Tribunal Colectivo respondeu «provado», perguntava-se se «da não consecução dos direitos conferido pelo alvará de loteamento n.º 36/82, e da obrigação que a entidade administrativa impôs aos autores – a despeito da ilicitude da revogação daquele – de apenas exercitarem os direitos conferidos pelo alvará n.º 24/84, resultaram para eles vultuosos prejuízos». É flagrante que a expressão intercalada entre travessões constitui matéria de direito que não deveria constar do quesito (art. 511.º do CPC); pelo que a resposta do Tribunal Colectivo deve, na parte relativa àquela expressão, aliás perfeitamente destacável do demais, ter-se por não escrita nos termos do sobredito art. 646.º, n.º 4. Apesar de aludir a «direitos» e a «obrigação», a parte restante do quesito tem uma nítida índole factual (apesar de não ser rigoroso nem aconselhável adjudicar os «prejuízos») e deve ser aproveitada; pois aquelas palavras apresentam, respectivamente, o sentido de «vantagens» e de «imposição», não traduzindo um verdadeiro desvio para um plano propriamente jurídico.

Nos quesitos 5.º e 6.º perguntava-se se os «vultuosos prejuízos» referidos no quesito 4.º consistiam «na diferença de área de construção do primeiro para o segundo alvará» e, ainda, se «desta diferença proveio um prejuízo para os autores – nessa altura – de não menos de 86.250.000$00». O Tribunal Colectivo respondeu «provado» ao quesito 5.º; e, ao quesito 6.º respondeu «provado apenas que desta diferença proveio um prejuízo para os autores – nessa altura – de não menos de 65.250.120$00». Ora, o quesito 5.º não envolve qualquer matéria de direito; e o 6.º, embora aponte para um «quantum» pecuniário que há-de resultar de operações matemáticas (cujos dados constavam, aliás, dos seis quesitos seguintes), não integra um juízo conclusivo assimilável aos conceitos de direito. Sendo assim, e ao contrário do que pretende o recorrente, é impossível usar-se o disposto no art. 646.º, n.º 4, do CPC, em relação Às respostas dadas a tais quesitos.

«Mutatis mutandis», deve dizer-se o mesmo a propósito dos quesitos 13.º e 15.º. Perguntava-se no primeiro desses dois quesitos se o prejuízo aludido no quesito 6.º «deve ser hoje computado –

com correcção também desde a ampliação do pedido feita no anterior processo – em 460.000.000$00», tendo o Tribunal Colectivo respondido que «esse prejuízo deve ser hoje computado, face aos valores constantes das respostas dadas aos pontos 10.º, 11.º e 12.º da base instrutória, em 358.875.000$00». No quesito 14.º, perguntava-se se os autores não puderam auferir o «provento» consistente no «quantum» pecuniário referido no quesito 13.º; após o que no quesito 15.º se inquire o seguinte, que recebeu do Tribunal Colectivo a resposta de «provado»: «provento esse a ter em conta, pelo que representaria de poupança, se viessem a reservar essa mesma área para sua utilização primitiva, ou venda?». Ora, também estes dois quesitos, apesar de se reportarem a valores só atingíveis mediante cálculos, não integram qualquer «questão de direito», pelo que nenhuma razão há para que consideremos não escritas as suas respostas.

Nesta conformidade, só o mencionado segmento da resposta ao quesito 4.º se terá por não escrito – procedendo parcialmente a conclusão d) da alegação do recorrente. E, deste modo simétrico, improcedem as conclusões b), c), e) e f), bem como a parte restante da mesma conclusão d).

Ainda a propósito da decisão de facto, o recorrente, na sua conclusão pp), pretende que este STA, no uso dos poderes conferidos pelo art. 712.º do CPC, adite oito factos que enuncia na conclusão anterior e que estariam provados «pior acordo». Contudo, a natureza instrumental desses factos não oferece dúvidas. Ora, os factos simplesmente instrumentais só têm de ser especificados ou quesitados quando os factos fundamentais, por aqueles servidos, não possam ser atingidos ou provados directamente. «In casu», constava da matéria assente e da base instrutória toda a factualidade relevante, a que se ordenariam os factos supostamente omitidos. Consequentemente, os referidos oito factos não merecem agora atendibilidade. Soçobra, portanto, a conclusão pp) da alegação de recurso.

Nas conclusões g) a t), inclusive, o recorrente diz basicamente duas coisas: «primo», que a ilegalidade do despacho de 15/12/82 não configura uma ilicitude donde brotasse a responsabilidade civil do município; «secundo», que essa ilegalidade meramente formal é impotente para fundar e caracterizar uma relação de causalidade entre a omissão havida e os prejuízos invocados.

Comecemos por aquele primeiro assunto. Toda a responsabilidade civil extracontratual por factos ilícitos exige a reunião de vários requisitos, sendo um deles o da ilicitude da acção («lato sensu»). Nos termos geria do art. 483.º do Código Civil, a ilicitude consiste numa de duas coisas: ou na ofensa de um «direito de outrem», tratando-se aí de um direito absoluto – real ou de personalidade (cfr. o art. 70.º, n.º 2); ou na ofensa de «qualquer disposição legal destinada a proteger interesses alheios», exigindo-se que a norma legal ou regulamentar violada inclua, no seu natural círculo de protecção, os interesses particulares ofendidos. Assim, e apenas à luz do mencionado art. 483.º, pareceria que a violação da norma impositiva da colheita de um parecer junto de uma entidade externa não traduziria um caso de ilicitude fundante de responsabilidade civil do município. Todavia, e em matéria de responsabilidade extracontratual dos entes públicos, regida pelo ainda aplicável DL n.º 48.051, de 21/11//67, ocorre uma flagrante aproximação entre as noções de ilegalidade e de ilicitude. Assim, o art. 6.º desse diploma dispõe que se consideram «ilícitos os actos jurídicos que violem normas legais e regulamentares». Deste modo, a circunstância de, durante o processo do primeiro loteamento, a Administração haver omitido «contra legem» um certo acto de trâmite, assim provocando a nulidade do despacho final, traduziu uma ilegalidade que, para efeitos de responsabilidade civil, equivale a uma conduta omissiva ilícita, potencialmente geradora de um dever de indemnizar.

Todavia, o problema infrutiferamente posto pela recorrente em sede de ilicitude ressurge a propósito do nexo de causalidade, pois, entre os vícios de forma localizados em actos preparatórios e os prejuízos advindos da ilegalidade da pronúncia final, existe sempre uma distância cronológica e de significação que torna problemático o estabelecimento de uma relação de causa e efeito. Somos, assim, remetidos para o segundo assunto tratado no bloco formado pelas conclusões g) a t); mas a este tema não são indiferentes os raciocínios que, ainda sobre o nexo causal, o recorrente esgrime em muitas das conclusões seguintes, pois seria especioso dizer-se que, num lado, ele aborda o problema do nexo em abstracto enquanto que, nos demais pontos, o faz em concreto. Portanto, veremos de seguida se a sentença andou bem ao julgar que os recorridos haviam demonstrado a existência de uma relação de causalidade entre a conduta omissiva viciante do acto de 15/12/82 e os danos invocados – começando pelos mais sérios, que concernem à diferença entre áreas de construção.

A propósito desse nexo causal, a sentença equacionou bem o problema, pois disse o seguinte:

«Se o procedimento de licenciamento do loteamento titulado pelo alvará n.º 36/82 tivesse sido conduzido e instruído de acordo com a lei nomeadamente se tivesse sido ouvida a Direcção-Geral dos Serviços de Urbanização, uma de duas: ou o loteamento não era aprovado, designadamente por não se confrontar com o Plano Director de Urbanização da cidade – e nesse caso os autores, provavelmente, só teriam suportado as despesas de instrução – ou era aprovado – caso em que não teriam ocorrido os prejuízos resultantes para os autores da redução das áreas de construção que se verificou do 1.º para o 2.º loteamento, pela simples razão de que não teria havido a necessidade de um segundo loteamento.»

Ante a disjuntiva assim aberta, era de esperar que o tribunal «a quo» analisasse as duas alternativas, escolhendo depois uma em detrimento da outra – pois a primeira afastava o nexo causal e a segunda possibilitava-o. Surpreendentemente, não foi esse o «iter» seguido, pois, logo a seguir, consta da sentença o seguinte:

«Então, verifica-se o pressuposto do nexo de causalidade».

Ao que imediatamente se seguiu a decisão condenatória, propriamente dita. Ora, tudo isto significa que a sentença até pode estar certa; mas que a via usada para concluir se mostra logicamente repreensível, sendo-nos agora exigível que avaliemos as justificações que hão-de resolver a alternativa correctamente posta pela sentença.

Na óptica dos recorridos, a existência do nexo de causalidade é inegável: não fora a omissão ilícita, o parecer teria sido produzido e o acto de 15/12/82 não seria nulo, mas válido; e daí adviria a constituição, na esfera jurídica deles, de um «jus aedificandi» segundo a área prevista no primeiro loteamento – de modo que a ulterior diminuição dessa área traduzida um genuíno lucro cessante. Mas esta argumentação camufla uma dificuldade grave, não sendo persuasiva ou convincente.

E, para melhor o mostrar, convém que raciocinemos de modo regressivo: a existência de um dano sofrido pelos recorridos (e respeitante à diferença entre as áreas de construção) tem como antecedente necessário que eles devessem ser titulares do direito de construir consoante as áreas projectadas no primeiro loteamento; mas, e como é óbvio, esse direito só existiria na esfera jurídica deles se, não fora a omissão ilícita, fosse certa a aprovação do primeiro loteamento.

Ora, nada há na matéria de facto – seja directamente dito, seja extraível por presunção judicial – que mostre a certeza, ou sequer a elevada probabilidade, de que, colhido o parecer externo, o primeiro loteamento viesse a ser aprovado. Aliás, era até mais verosímil a hipótese inversa, posto que tal operação urbanística dissentia do Plano Director; e, no entanto, é inútil emitir opiniões sobre graus de probabilidade, já que sobre os recorridos impedia o ónus de alegar e de provar os elementos constitutivos do seu direito (art. 342.º, n.º 1, do Código Civil), em que se incluía o encargo, por eles não cumprido, de demonstrar que o primeiro loteamento persistiria «qual tale» se o procedimento administrativo tivesse a regularidade que lhe faltou.

Mas, se não é seguro que, à obtenção daquele parecer, se seguisse a aprovação do primeiro loteamento, torna-se impossível garantir que a omissão ilícita, traduzida na falta de solicitação do parecer, foi a causa adequada da exclusão do mesmo loteamento – e, por isso, também a causa de os recorridos não poderem lotear segundo as áreas de construção inicialmente previstas e, ainda na mesma sequência lógica, a causa dos danos emergentes das respectivas diferenças de áreas.

Dir-se-á porventura que o anteriormente dito contraria as respostas em que o Tribunal Colectivo aludiu aos «prejuízos» sofridos pelos autores em resultado da «diferença da área de construção do primeiro para o segundo alvará». Mas só aparentemente assim sucede. Ao falar nesses «prejuízos», o Tribunal Colectivo não decidiu um dissídio de facto relativo ao nexo de causalidade, e antes se limitou a dar como provados os danos invocados pelos autores, fosse qual fosse a sua verdadeira origem. Ou seja: a decisão de facto diz-nos que, na perspectiva dos autores, eles tiveram danos de um certo género quantificáveis num certo valor; mas não nos diz se tais danos ou prejuízos tiveram a causalidade que na acção lhes vinha atribuída.

Está agora adquirido que a sentença errou ao supor, aliás sem fundamentação adrede, que a falta de obtenção do parecer obrigatório foi a causa adequada de os ora recorridos ficarem impossibilitados de aproveitar o seu terreno segundo a área de construção prevista no primeiro loteamento; e, daí, segue-se necessariamente a conclusão de que a diferença de valor entre as áreas pretendida e aprovada não constitui um dano objectivamente imputável à actuação dos órgãos ou agentes municipais, devendo o correspondente pedido indemnizatório soçobrar por falta de demonstração do indispensável nexo causal.

E algo de semelhante sucede com o dano emergente da inútil persistência da garantia bancária. Desde que os recorridos ordenaram essa garantia a um loteamento – o primeiro – cuja viabilidade agora se nos mostra incerta, não podem asseverar que, não fora a omissão ilícita, o loteamento seria legalmente aprovado em 15/12/82 e as despesas com a garantia não se teriam feito sentir, como sucedeu, no período compreendido entre as passagens do primeiro e do segundo alvarás. Portanto, e adoptando a mesma linha de raciocínio usada a propósito da diferença entre as áreas de construção, temos que não está provado o nexo de causalidade entre conduta ilícita e o dano advindo das despesas com a manutenção da garantia bancária; pois, e ante o «non liquet» em matéria de nexo causal, este prejuízo – tal como o derivado da diferença entre áreas de construção – pode perfeitamente filiar-se no facto de os recorridos terem requerido um loteamento (o primeiro) que sempre seria insusceptível de aprovação.

Em face do exposto, temos que procedem as várias conclusões do recurso interposto da sentença e os danos respeitantes à diferença de áreas de construção e aos custos excessivos da garantia bancária, há o indispensável nexo de causalidade.

Resta o problema da quantia que os recorridos entregaram aos SMAS. Diz-nos a matéria de facto que eles pagaram 510.000$00, correspondente à área de construção prevista no primeiro alvará; mas, como a área contemplada no segundo alvará era 74,84% menor do que aquela, a importância a entregar deveria ter sido de 381.684$00 – havendo assim uma diferença de 128.316$00. E é precisamente este o quantitativo que os recorridos querem haver do recorrente, pedindo-a a título indemnizatório.

A própria factualidade provada evidencia a razão de ser deste pedido. No entanto, o modo com a «quaestio juris» vem qualificada, como se fosse um assunto de responsabilidade civil extracontratual, não é a melhor. Acerca do mesmo assunto, disse-se na sentença do TAC do Porto, proferida na primeira acção interposta pelos aqui recorridos (cuja cópia consta do II volume dos autos), o seguinte:

«Resta apreciar o problema em relação ao pagamento a mais feito ao SMAS. Provou-se que os autores pagaram determinada quantia tendo em conta a área de construção prevista no 1.º alvará. Mas, tendo em conta a menor área de construção, prevista no 2.º alvará, a importância paga excedeu em 128.316$00 a devida.

Só numa abordagem perfunctória se pode sustentar que este invocado dano é assimilável aos primeiros, por, da anulação do acto e da consequente realização da construção em consonância com o estabelecido no 1.º alvará, decorrer a necessidade do pagamento realmente feito.

Se melhor atentarmos no problema, constatamos que ele nada tem a ver com a responsabilidade aquileana. É que a génese do pagamento a mais feito pelos autores não é o acto ilícito da ré, mas a menor área de construção efectivamente levantada. Ainda que a revogação do 1.º licenciamento tivesse sido legal, impunha-se a devolução do excesso pago pelos autores, na exacta medida em que ele se verificava em relação ao segundo licenciamento.

Ou seja: o pagamento feito pelos autores ao SMAS teve em vista um efeito – construção de determinada área – que deixou parcialmente de existir; pelo que a ré, pelo menos nos termos gerais do art. 473.º do C. Civil, tem uma obrigação de restituição na exacta proporção da supressão parcial desse efeito, sob pena de se locupletar à custa dos autores.»

Ora, afigura-se-nos ser este o modo correcto de colocar e resolver a questão – o que constitui uma diferente qualificação jurídica da pretensão e dos factos que lhe subjazem (art. 664.º do CPC), em vez de traduzir a atendibilidade de uma «causa petendi» diversa (art. 661.º do CPC). No que respeita àqueles 128.316$00, prestados para um efeito que afinal se não verificou, houve uma deslocação patrimonial injustificada e, portanto, indevida do património dos recorridos para os SMAS dos Município do Porto, ocorrendo assim um enriquecimento e um empobrecimento correlativos. Daí que o recorrente tenha o dever de restituir tal quantia aos recorridos, nos termos do art. 473.º, n.º 1, do Código Civil.

E os recorridos têm direito a haver do município recorrente aos juros legais calculados sobre aquela importância – como pedem e resulta do art. 480.º, al. b), do referido diploma. Na verdade, com a aprovação do segundo loteamento, ocorrida em 1984, tornou-se óbvio para os SMAS – ou seja, para o Município do Porto – que aquela entrega dos 128.316$00 perdera razão de ser, passando os empobrecidos a ter direito aos respectivos «juros legais». E, como os recorridos formulam na acção dos autos o pedido principal de que tais juros se contem «desde 1985, inclusive, até ao pagamento», nada obsta a que este preciso pedido obtenha uma total procedência – pelo que não colhe a conclusão mm) da alegação de recurso. Resta dizer que o pagamento tem de ser feito na moeda que hoje tem entre nós curso legal, atento o princípio nominalista consagrado no art. 550.º do Código Civil.

Nestes termos, acordam:

Em negar provimento ao agravo interposto do despacho saneador;

Em conceder provimento parcial ao recurso interposto da sentença, revogando-a em parte e confirmando-a na parte sobrante;

Por isso, em julgar a acção dos autos parcialmente procedente e improcedente na parte restante, pelo que condenam o município réu a pagar aos autores a quantia em euros correspondente à importância de 128.316$00 e aos respectivos juros de mora, calculados às taxas legais e contados desde 1/1/85 até efectivo cumprimento, absolvendo o réu do restante pedido;

Em condenar os autores e ora recorridos nas custas da acção e do recurso interposto da sentença, na proporção em que decaíram.

Lisboa, 24/1/2008

Comentário

I. Introdução

Foi interposta no Tribunal Administrativo de Círculo do Porto, e contra o Município do Porto, uma acção para efectivação da responsabilidade civil pelos prejuízos alegadamente decorrentes do facto de o despacho do competente Vereador da Câmara, de 15.12.82 que aprovou um loteamento, titulado pelo Alvará n.º 36/82, ter sido declarado nulo pelo Supremo Tribunal Administrativo com fundamento na violação do Plano Director de Urbanização do Porto e na circunstância de não ter sido consultada previamente a então Direcção-Geral do Planeamento Urbanístico (DGPU), como impunha o artigo 2.º do Decreto-Lei n.º 289/73, de 6 de Junho.

Os Autores formularam o pedido principal de condenação do Réu a pagar-lhes a quantia global de 2.299.579 €[2], acrescida, quanto à quantia de 5.108 €, dos juros moratórios legais desde 1985, inclusive até ao pagamento, e, quanto à quantia de 2.294 €, dos juros moratórios legais desde a citação até efectivo pagamento; e, a título subsidiário, pediram a condenação do Réu a pagar-lhes a quantia global de 435.322 €, acrescida, quanto à quantia de 430.213 €, de actualização desde 1985, inclusive, até efectivo pagamento, bem como os juros moratórios legais a partir desse ano, inclusive, ate efectivo pagamento.

A sentença de primeira instância condenou o Réu a pagar aos Autores 1.795.169 € acrescido de 1.790.061 € de juros de mora à taxa legal desde a citação até efectivo pagamento e o montante em euros correspondente ao remanescente de juros de mora à taxa legal desde 1985 até efectivo pagamento, absolvendo o Réu do restante pedido.

Os danos supostamente indemnizáveis são de três tipos:

– Perdas pecuniárias advindas da diferença entre a área de construção possibilitada por aquele despacho e a área menor que veio a ser efectivamente permitida num loteamento seguinte;
– Custos suportados com a excessiva duração de uma garantia bancária e;
– Diferença entre a importância paga aos Serviços Municipalizados de Águas e Saneamento tendo em vista o loteamento aprovado pelo despacho de 15.12.82 e a quantia que era realmente exigível em face da operação urbanística depois realizada.

---

[2] Por uma questão de simplificação, os valores em escudos foram convertidos para Euros

Consequentemente, foram interpostos e admitidos dois recursos, ambos da iniciativa do Réu: um de agravo em que é atacada a parte do despacho saneador que julgou improcedente a excepção peremptória de prescrição; e um recurso em que é impugnada a sentença final que, reconhecendo a responsabilidade do Município pelos três tipos de danos alegados pelos Autores, veio a condená--lo no pagamento de uma indemnização global, embora num montante inferior ao pedido. No que diz respeito a esta segunda parte, o Réu afirma que:

a) As questões a decidir no âmbito do recurso são, no essencial, as seguintes:

  (i) "matéria de facto" incorrectamente julgada, provada e como tal considerada pelo Tribunal de primeira instância;
  (ii) inexistência de responsabilidade civil extracontratual do Recorrente por não estarem reunidos todos os pressupostos deste instituto;
  (iii) subsidiariamente, incorrecta avaliação do dano e nexo causal na determinação do montante indemnizatório.

II. Enquadramento factual

Por despacho de um Vereador do Município do Porto, de 15.12.82, os Autores obtiveram a aprovação de um loteamento (que doravante designaremos por primeiro loteamento) cujo alvará (o n.º 36/82) foi emitido. Todavia, e por despacho de 02.09.83, foi indeferido o pedido de licenciamento da obra a realizar num dos lotes. E, por novo despacho, datado de 14.01.84, impôs-se aos Recorridos que apresentassem nova proposta de implantação e volumes de construção, como condição da emissão das licenças de obras. Face a esta posição, os Recorridos aceitaram introduzir alterações ao primeiro loteamento, embora declarassem não prescindir de ressarcimento pelos danos causados.

Em 28.08.84, foi aprovado para o mesmo terreno um segundo loteamento, substitutivo do anterior e titulado pelo alvará n.º 24/84. Todavia, e em relação ao primeiro, este segundo loteamento previa uma menor área de construção – pormenor que os Recorridos consideraram danoso por lhes diminuir os lucros do empreendimento e tornar injustificável parte da quantia que haviam entregue aos SMAS. Ademais, as vicissitudes havidas com a operação urbanística levaram a que os Recorridos suportassem despesas inúteis com uma garantia bancária. Assim, e com vista a serem ressarcidos desses danos, os Recorridos interpuseram (em 15.07.86) contra o Município do Porto uma acção de indemnização por responsabilidade civil extracontratual, fundada na ilegal revogação do despacho, datado de 15.12.82, que aprovara o primeiro loteamento. Os Recorridos obtiveram um parcial ganho de causa na primeira instância, tendo a sentença partido da ideia de que aquele acto tinha natureza revogatória. Mas essa decisão veio a ser suprimida por acórdão do STA, proferido em 28.05.97 que considerou que o acto aprovador do primeiro loteamento era nulo, por no respectivo procedimento se haver omitido a audição obrigatória de uma entidade externa ao Município, que haveria de emitir um parecer. Por isso, o acórdão entendeu não estar provada a ilicitude dos actos em que os Autores fundavam a obrigação de indemnizar, acarretando a improcedência total da acção e a absolvição do Réu do pedido.

Em 27.04.2000, os mesmos Autores interpuseram a acção judicial aqui em causa, repetindo grosso modo os três pedidos já identificados e constantes do anterior pleito. Todavia, a causa de pedir inclui agora, não a ilegal revogação do despacho que aprovara o primeiro loteamento, mas sim a negligência ou incúria dos órgãos e agentes camarários que, omitindo culposamente a obrigação legal de solicitar o aludido parecer, inquinaram o procedimento administrativo e provocaram a nulidade do despacho de 15.12.82.

1. *Do agravo (cfr. o art. 710.º, n.º 1, do CPC)*

Na sua contestação, o Réu dissera que o direito de indemnização invocado na lide está prescrito, pois os Autores teriam tomado conhecimento dele em 02.09.83 e, não obstante, só interpuseram a acção dos autos em 27.04.2000. O Tribunal de primeira instância assim não entendeu, já que contou o prazo prescricional de três anos desde, pelo menos, 28.05.97, data em que, por acórdão do STA, foi declarada a nulidade do acto administrativo de 15 de Dezembro de

1982, sendo este, o acto que aprovara um primeiro loteamento, mais tarde substituído por outro.

O Município do Porto discorda desta solução e começa por filiar a actual pretensão indemnizatória no despacho de 15.12.82 (emanado de um Vereador e que aprovou o primeiro loteamento) e na sua nulidade (advinda da não obtenção do referido parecer obrigatório). Daí, o Recorrente extrai duas consequências: já nessa data os Autores eram sabedores da ilegalidade do despacho, pelo que contar-se--ia desde então o prazo prescricional de três anos, previsto no art. 498.º, n.º 1, do Código Civil. A prescrição não teria sido interrompida na sequência da acção que os Autores interpuseram contra o Município em 15.07.86 (pleito onde formularam pedidos assimiláveis aos da presente acção) porque o direito actualmente exercitado é outro e, ademais, essa primeira acção fora proposta mais de três anos depois de 15.12.82.

O direito exercido pelos Autores nesta acção é o da indemnização pelos danos correspondentes às diferenças havidas entre o primeiro e o segundo loteamentos – a propósito das áreas de construção e das quantias pagas aos SMAS – e ao acréscimo de custos que o atraso da operação urbanística trouxera a uma garantia bancária.

Ora, tais direitos já haviam sido invocados na acção interposta contra o mesmo Réu, sendo que os Autores filiaram causas de pedir parcialmente diferentes. Nessa primeira acção, os aqui Recorridos manifestaram o inequívoco propósito de exercer os mesmos direitos que neste processo invocam. Com efeito, e por força do art. 323.º do Código Civil – que significativamente admite que a prescrição se interrompa pela citação em processos de diversos tipos – a citação operada nesse primeiro processo era apta a interromper o prazo prescricional de três anos, previsto no art. 498.º, n.º 1, do mesmo diploma, que estivesse porventura em curso.

Esse efeito interruptivo não teria lugar se, aquando da citação na primeira acção, já o prazo prescricional estivesse inteiramente decorrido. E, é isto que vem defendido no recurso de agravo, pois o Recorrente assevera que o dia em que começa a contar o prazo é a data do despacho que aprovou o primeiro loteamento, ou seja, 15.12.82.

No entanto, o Supremo Tribunal Administrativo, no acórdão que agora se comenta, defende, e bem, que esta é uma tese insustentável! Com efeito, a prescrição não começa a correr antes de o lesado tomar conhecimento dos pressupostos que condicionam a responsabilidade civil do lesante (art. 498.º, n.º 1, do Código Civil). Ora, o acto de 15.12.82 não revelava ou sugeria vícios do procedimento que o antecedera. Sendo tipicamente favorável aos Recorridos, esse despacho não se apresentava como fautor de prejuízos, nem como uma base para imediatas pretensões indemnizatórias. Só com os actos de 02.09.83 e 14.01.84, reveladores de uma conduta administrativa que parecia revogatória do despacho de 15.12.82, os Autores tomaram consciência que havia uma inclinação para uma operação urbanística diferente da inicialmente aprovada e mais desvantajosa, pelo que, só nessa altura, perspectivaram a existência dos direitos de indemnização, mesmo que fundados num motivo diferente do agora invocado.

Além disso, não consta que os Recorridos conhecessem mais de três anos antes da citação do Réu, operada na primeira acção (interposta em 15.07.86), a nulidade de que enfermava o acto de 15.12.82 – condição necessária para se poder dizer que os direitos invocados na presente lide já estavam prescritos aquando da citação efectuada no processo anterior.

Face ao exposto entendeu, e bem, o STA, que se verifica a improcedência da excepção e o "naufrágio do agravo": pois, e afinal, o Réu não logrou demonstrar, como lhe competia, nos termos do art. 342.º, n.º 2, do Código Civil, que os Autores tomaram conhecimento do seu direito – isto é, que eles tomaram conhecimento de que a Administração havia incorrido numa omissão ilegal, determinante da nulidade do despacho de 15.12.82 e causal de prejuízos na sua esfera jurídica – mais de três anos antes da citação havida na primeira acção. Só assim se evitaria que essa citação lograsse o seu efeito interruptivo, levando ao surgimento de um novo prazo prescricional de três anos (cfr. o art. 326.º do Código Civil) que, ainda não se completara aquando da citação operada nesta acção.

2. Do recurso da sentença

a) Erro de julgamento relativamente à decisão de facto

O Município do Porto, no que diz respeito ao recurso interposto da sentença, dirige a primeira parte a uma crítica à decisão de facto. Na óptica do Recorrente, os quesitos 4.º, 5.º, 6.º, 13.º e 15.º da base instrutória versam sobre questões de direito e contêm matéria conclusiva, pelo que jamais deveriam ter sido formulados, devendo-se agora suprimi-los ou dar-se por não escritas as respectivas respostas.

Os Recorridos, ao invés, afirmam que a base instrutória se firmou por falta de reclamações e obteve a força de caso julgado formal. Além disso, as respostas dadas pelo Tribunal Colectivo são inatacáveis por haverem incidido sobre estrita matéria de facto.

O STA começa por afirmar que a fixação da base instrutória por falta de reclamações torna-a irrevogável enquanto tal, mas isso não traduz a emergência de um caso julgado, no sentido de que ficasse assente a necessidade e a suficiência da base instrutória, fosse no seu conjunto, fosse relativamente a qualquer das suas partes. Daí a possibilidade de se ampliar a base instrutória (art. 250.º, n.º 2, al. f), do CPC) e, também, a previsão de se considerarem não escritas certas respostas dadas pelo Tribunal Colectivo (art. 646.º, n.º 4, do mesmo diploma) – mesmo que elas consistam num puro e simples «provado», posto que o vício se localize na pergunta.

Ora, o Recorrente clama precisamente pela aplicação daquele último preceito às respostas dadas a cinco quesitos e coube ao STA aferir se tais respostas devem ser havidas como não escritas e, sendo esse o caso, daí tirar as devidas consequências de direito.

No quesito 4.º, a que o Tribunal Colectivo respondeu "provado", perguntava-se se «da não consecução dos direitos conferidos pelo alvará de loteamento n.º 36/82, e da obrigação que a entidade administrativa impôs aos Autores – a despeito da ilicitude da revogação daquele – de apenas exercitarem os direitos conferidos pelo alvará n.º 24/84, resultaram para eles vultuosos prejuízos».

O STA considera, e mais uma vez bem, flagrante que a expressão intercalada entre travessões constitui matéria de direito que não deveria constar do quesito (art. 511.º do CPC), pelo que a resposta do Tribunal Colectivo deve, na parte relativa àquela expressão, ter-se por não escrita nos termos do referido art. 646.º, n.º 4.

Por outro lado, a parte restante do quesito tem uma nítida índole factual e deve ser aproveitada, dado que as palavras "direitos" e "obrigação" apresentam, respectivamente, o sentido de «vantagens» e de «imposição», não traduzindo um verdadeiro desvio para um plano propriamente jurídico.

Nos quesitos 5.º e 6.º perguntava-se se os «vultuosos prejuízos» referidos no quesito 4.º consistiram «na diferença de área de construção do primeiro para o segundo alvará» e, ainda, se «desta diferença proveio um prejuízo para os Autores – nessa altura – de não menos de 430.213 €».

O Tribunal Colectivo respondeu «provado» ao quesito 5.º; e, ao quesito 6.º, respondeu «provado apenas que desta diferença proveio um prejuízo para os Autores – nessa altura – de não menos de 325.466 €».

Ora, o quesito 5.º não envolve qualquer matéria de direito; e o 6.º, embora aponte para um «quantum» pecuniário que há-de resultar de operações matemáticas não integra um juízo conclusivo assimilável aos conceitos de direito. Sendo assim, o STA vem considerar correctamente que é impossível usar-se o disposto no art. 646.º, n.º 4, do CPC, em relação as respostas dadas a tais quesitos.

O mesmo entendeu o STA a propósito dos quesitos 13.º e 15.º. Perguntava-se no primeiro desses dois quesitos se o prejuízo aludido no quesito 6.º «deve ser hoje computado – com correcção também desde a ampliação do pedido feita no anterior processo – em 2.294.470 €», tendo o Tribunal Colectivo respondido que «esse prejuízo deve ser hoje computado, face aos valores constantes das respostas dadas aos pontos 10.º, 11.º e 12.º da base instrutória, em 1.790.061 €. No quesito 14.º, perguntava-se se os Autores não puderam auferir o «provento» consistente no «quantum» pecuniário referido no quesito 13.º; após o que no quesito 15.º se inquiria o seguinte, que recebeu do Tribunal Colectivo a resposta de «provado»: «provento esse a ter em conta, pelo que representaria de poupança, se viessem a reservar essa mesma área para sua utilização primitiva, ou venda?». Ora, também estes dois quesitos, apesar de se reportarem a valores só atingíveis mediante cálculos, não inteiram qualquer «questão de direito», pelo que o STA considera que nenhuma razão há para que se considerem não escritas as suas respostas. Nesta conformidade, só o mencionado segmento da resposta ao quesito 4.º se terá por não escrito.

Ainda a propósito da decisão de facto, o Recorrente pretende que o STA, no uso dos poderes conferidos pelo art. 712.º do CPC, adite oito factos que enuncia na conclusão anterior e que estariam provados «por acordo». Contudo, a natureza instrumental dos mesmos não oferece dúvidas, quando são simplesmente instrumentais. Estes só têm de ser especificados ou quesitados, quando os factos fundamentais, por aqueles servidos, não possam ser atingidos ou provados directamente. O STA entende correctamente que no caso concreto constava da matéria assente e da base instrutória toda a factualidade relevante, a que se ordenariam os factos supostamente omitidos. Consequentemente, os referidos oito factos não mereceram atendibilidade pelo STA.

b) A discordância com a solução de direito plasmada na decisão de primeira instância

Resulta da conjugação do art. 6.º do DL 48.051, de 21/11/67 (em vigor à época), com os artigos 2.º e 3.º do mesmo diploma, que não é qualquer ilegalidade que determina o surgimento de um acto ilícito gerador de responsabilidade civil. Para haver ilicitude responsabilizante é necessário que a Administração tenha lesado direitos ou interesses legalmente protegidos do particular, fora dos limites consentidos pelo ordenamento jurídico. Para isso, segundo uma parte da jurisprudência e doutrina, é necessário que a norma violada revele a *intenção normativa* de protecção do interesse material do particular, não bastando uma protecção meramente reflexa ou ocasional. Ou seja, é necessário existir *"conexão de ilicitude"* entre a norma ou princípio violado e a posição jurídica protegida do particular, o que deve ser apreciado caso a caso[1]

---

[1] cfr. Prof. Gomes Canotilho, em anotação ao Ac. STA de 12/12/89, RLJ, Ano 125.º, pág. 84. Nestes casos, falece não só o requisito da ilicitude, mas também o da causalidade, pois o vício de forma não se configura como causa adequada do prejuízo eventualmente sofrido, que se teria verificado independentemente dele.

A violação de normas instrumentais, que não incidem directamente sobre o conteúdo dos actos administrativos, antes regulando aspectos organizatórios, funcionais e formais do exercício do poder, não gera, em princípio, responsabilidade civil. Ora, no presente caso concreto, *"o acto administrativo configurado no despacho do Vereador da Ré de 15/12/82 foi declarado nulo pelo S.T.A. com fundamento em a DGPU não ter sido chamada a participar na sua formação, a título consultivo, como o impunha o art. 2.º do DL n.º 289//73"* – cfr. alínea xcii) dos *"factos dados por assentes"*. Tratou-se, por conseguinte, de um vício meramente formal ou procedimental. A violação decorrente da não audição da Direcção-Geral de Urbanização não se mostra, portanto, relevante do ponto de vista substantivo – o preceito em concreto violado, que determinou a nulidade do alvará de loteamento n.º 36/82 (art. 2.º do DL n.º 289/73, de 6/6), não apresenta uma previsão normativa de cariz substantivo.

Quer isto significar que, ainda que os serviços do Recorrente tivessem promovido a consulta em falta, nunca a prática de semelhante acto traria à esfera dos Recorridos a satisfação do invocado direito de construir o empreendimento que pretendiam, já que, violando o alvará de loteamento o Plano Director de Urbanização da Cidade do Porto, o parecer da Direcção-Geral dos Serviços de Urbanização seria necessariamente negativo (até por força do que resultava do disposto no art. 25.º do DL n.º 208/82, de 26/5, que dispunha o seguinte – *"São nulas e de nenhum efeito as resoluções que violem as disposições do plano director municipal"*).

Os Recorridos não demonstraram, como lhes competia, que a norma de cuja violação resultou o aludido vício tinha por fim a protecção, não meramente reflexa, mas intencional, dos seus direitos ou interesses. Ou, pelo menos, que a decisão de fundo seria diversa se a forma tivesse sido respeitada, isto é, se a consulta à Direcção--Geral dos Serviços de Urbanização tivesse sido realizada.

Assim sendo, e porque na falta de qualquer das circunstâncias acima mencionadas, os actos inválidos por vício de forma não importam, por si só, ilicitude para efeitos indemnizatórios nem o necessário nexo causal, pelo que a sentença não andou bem ao julgar que os Recorridos haviam demonstrado a existência de uma relação de causalidade entre a conduta omissiva viciante do acto de 15.12.82 e os danos invocados.

Todo o raciocínio expendido ao longo da sentença recorrida assenta em duas premissas essenciais que, *in casu*, não se verificam:

(i) por um lado, que os Recorridos eram titulares de direitos conferidos pelo alvará de loteamento n.º 36/82;
(ii) por outro lado, que os serviços do Recorrente impuseram aos Recorridos, *"a despeito da ilicitude da revogação daquele"* alvará, o exercício dos direitos conferidos pelo alvará n.º 24/84.

É a partir desta dupla asserção, vertida, de resto, ilegalmente, no quesito 4.º da base instrutória, que tanto a sentença de Abril de 2007, como os próprios Recorridos na sua petição inicial, concluem ter resultado para si *"vultuosos prejuízos"*.

Não sendo, por conseguinte, os Recorridos titulares de qualquer direito ao abrigo do alvará de loteamento n.º 36/82 em virtude de o mesmo ser nulo, não poderão, por maioria de razão, ser ressarcidos pela perda de um alegado direito de construção que nunca tiveram. A diferença entre a capacidade construtiva permitida por um e por outro dos alvarás de loteamento em confronto, não pode, portanto, ser objecto de comparação para os efeitos pretendidos pelos Recorridos e acolhidos na sentença impugnada, pela simples razão de um dos factores da comparação ter sido, pura e simplesmente, erradicado do ordenamento jurídico, tudo se passando como se o mesmo nunca tivesse existido.

A valorização da diferente capacidade construtiva não é, portanto, em si, um dano indemnizável já que, tanto de facto como de direito, os Recorridos só puderam construir nos lotes de que eram proprietários de acordo com as prescrições constantes do alvará de loteamento n.º 24/84. O dever de indemnizar numa situação como a presente – declaração de nulidade de um alvará de loteamento antes mesmo de no mesmo estar erigida qualquer construção – tem de ser visto, em primeira linha, no contexto em que se insere: violação pelos órgãos do Município de deveres gerais de diligência, bem como de deveres especiais que a lei põe a seu cargo em matéria de urbanismo.

Trata-se, por conseguinte, de incumprimento de deveres numa actuação unilateral da Administração, mas na qual a lei entende proteger os particulares, requerentes do procedimento. Ora, o aspecto mais relevante na delimitação deste dever resulta da existência de limites jurídicos inflexíveis derivados dos efeitos possíveis do acto legal, por contraposição ao acto ilegal que provocou os danos e que dimanam da norma proibitiva de construir contra o disposto no instrumento de regulamentação então vigente – o Plano Director de Urbanização da Cidade do Porto.

Quer-se com isto dizer que o dever de indemnizar numa situação como a dos presentes autos é, essencialmente, um dever resultante da actuação ilícita que autorizou uma determinada volumetria de construção, mas em que o acto resultante – aprovação e consequente licenciamento – não podia ser praticado senão com conteúdo diferente e, com aquele conteúdo com que foi prolatado, é um acto nulo.

Desta constatação resulta, em termos de causalidade, que o limite dos danos indemnizáveis não pode ultrapassar os danos negativos, porque os danos positivos encontram-se indissoluvelmente conexionados com um efeito que nunca seria possível, por ser afastado pela lei.

A nulidade do acto que aprovou o alvará de loteamento n.º 36/82 é, deste modo, uma fronteira inamovível e a situação hipotética que servirá de medida à diferença (cálculo do dano) não pode incluir a situação que existiria se o efeito aprovado fosse legalmente possível.

Mesmo sem considerar o dever de indemnizar numa situação como a do presente caso concreto como havendo de se reconduzir à responsabilidade pré contratual, o facto de se tratar de actuação unilateral e, sobretudo, a existência da limitação necessária que decorre da nulidade do acto de aprovação do alvará de loteamento, conduzem a que apenas os danos negativos possam ser considerados como consequência da ilicitude dos órgãos do Recorrente, sendo os positivos resultado inultrapassável da proibição legal de construção.

Como decorrência do que acaba de dizer-se sobre os limites intrínsecos do dever de indemnizar do Recorrente por virtude de os danos indemnizáveis não poderem ultrapassar o limite do benefício permitido pela lei, tem de exprimir-se como as perdas patrimoniais sofridas e que não teriam tido lugar se não fosse a conduta que esteve na base da aprovação ilícita, ou as expectativas goradas, desde que fossem consentâneas com a impossibilidade jurídica do acto proibido por lei e fulminado com a nulidade.

Ora, as vantagens decorrentes da situação hipotética de o acto ser permitido contrariam a lei, pelo que está afastado o dever de indemnizar por fundamentos dessa natureza e, assim, os Recorridos, contrariamente ao decidido na douta sentença recorrida, nunca podem obter uma compensação decorrente da alegada maior capacidade construtiva que pretendiam implementar, quando essa capacidade é afastada como efeito absoluto da nulidade do acto que aprovou o alvará de loteamento n.º 36/82.

Ora, o STA vem entender, e bem, que nada há na matéria de facto – seja **directamente dito, seja extraível por presunção judicial** – **que mostre a certeza, ou sequer a elevada probabilidade, de que, colhido o parecer externo, o primeiro loteamento viesse a ser aprovado. Aliás, era até mais verosímil a hipótese inversa, posto que tal operação urbanística dissentia do Plano Director; e, no entanto, é inútil** emitir opiniões sobre graus de probabilidade, já que sobre os Recorridos impendia o ónus de alegar e de provar os elementos constitutivos do seu direito (art. 342.º, n.º 1, do Código Civil), em que se incluía o encargo, por eles não cumprido, de demonstrar que o primeiro loteamento persistiria exactamente igual se o procedimento administrativo tivesse a regularidade que lhe faltou.

Mas, se não é seguro que, à obtenção daquele parecer, se seguisse a aprovação do primeiro loteamento, torna-se impossível garantir que a omissão ilícita, traduzida na falta de solicitação do parecer, foi a causa adequada da exclusão do mesmo loteamento – e, por isso, também a causa de os Recorridos não poderem lotear segundo as áreas de construção inicialmente previstas e, ainda na mesma sequência lógica, a causa dos danos emergentes das respectivas diferenças de áreas.

Em suma, a decisão de facto diz-nos que, na perspectiva dos Autores, eles tiveram danos de um certo género quantificáveis num certo valor; mas não nos diz se tais danos ou prejuízos tiveram a causalidade que na acção lhes vinha atribuída.

A sentença errou ao supor, aliás sem fundamentação expressa, que a falta de obtenção do parecer obrigatório foi a causa adequada de os Recorridos ficariam impossibilitados de aproveitar o seu terreno segundo a área de construção prevista no primeiro loteamento; e, daí, segue-se necessariamente a conclusão de que a diferença de valor entre as áreas pretendida e aprovada não constitui um dano objectivamente imputável a actuação dos órgãos, ou agentes municipais, devendo o correspondente pedido indemnizatório naufragar por falta de demonstração do indispensável nexo causal.

E algo de semelhante sucede com o dano emergente da inútil persistência da garantia bancária. Desde que os Recorridos ordenaram essa garantia a um loteamento – o primeiro – cuja viabilidade vemos que é incerta, não podem asseverar que, não fora a omissão ilícita, o loteamento seria legalmente aprovado em 15.12.82 e as despesas com a garantia não se teriam feito sentir, como sucedeu, no período compreendido entre as passagens do primeiro e do segundo alvarás. Portanto, e adoptando a mesma linha de raciocínio usada a propósito da diferença entre as áreas de construção, o STA entende correctamente que não está provado o nexo de causalidade entre a conduta ilícita e o dano advindo das despesas com a manutenção da garantia bancária.

Em face do exposto, o STA afirma, e bem, que procedem as várias conclusões do recurso interposto da sentença em que o Recorrente sustenta não estar provado que, entre a omissão ilícita e culposa e os danos respeitantes a diferença de áreas de construção e aos custos excessivos da garantia bancária, há o indispensável nexo de causalidade.

No que diz respeito ao problema da quantia que os Recorridos entregaram aos SMAS, diz-nos a matéria de facto que eles pagaram 2544 €, correspondente à área de construção prevista no primeiro alvará; mas, como a área contemplada no segundo alvará era 74,84% menor do que aquela, a importância a entregar deveria ter sido de 1904 € – havendo assim uma diferença de 640 €. E é precisamente este o quantitativo que os Recorridos querem haver do Recorrente, pedindo-a a titulo indemnizatório.

Só numa abordagem perfunctória se pode sustentar que este invocado dano é assimilável aos primeiros, por, da anulação do acto e da consequente realização da construção em consonância com o estabelecido no primeiro alvará, decorrer a necessidade do pagamento realmente feito.

A génese do pagamento a mais feito pelos Autores não é o acto ilícito do Réu, mas a menor área de construção efectivamente levantada. Ainda que a revogação do primeiro licenciamento tivesse sido legal, impunha-se a devolução do excesso pago pelos Autores, na

No entanto, esse direito só existiria na esfera jurídica deles se, não fora a omissão ilícita, fosse certa a aprovação do primeiro loteamento.

Porém não existe nenhuma certeza ou sequer elevada probabilidade de que, colhido o parecer externo, o primeiro loteamento viesse a ser aprovado. Além de que impendia sobre os Recorridos o ónus de alegar e provar os elementos constitutivos do seu direito, incluindo o encargo de demonstrar – o que não se verificou – que o primeiro loteamento persistiria exactamente igual se o procedimento administrativo tivesse a regularidade que lhe faltou.

Mas, se não é seguro que, à obtenção daquele parecer, se seguisse a aprovação do primeiro loteamento, torna-se impossível garantir que a omissão ilícita, traduzida na falta de solicitação do parecer, foi a causa adequada da exclusão do mesmo loteamento – e, por isso, também a causa de os Recorridos não poderem lotear segundo as áreas de construção inicialmente previstas e, ainda na mesma sequência lógica, a causa dos danos emergentes das respectivas diferenças de áreas.

Os Autores, eles tiveram danos de um certo género quantificáveis num certo valor, mas tais danos ou prejuízos não tiveram a causalidade que na acção lhes vinha atribuída!

exacta medida em que ele se verificava em relação ao segundo licenciamento.

Ou seja, o pagamento feito pelos Autores aos SMAS teve em vista um efeito – construção de determinada área – que deixou parcialmente de existir; pelo que o Réu, pelo menos nos termos gerais do art. 473.º do C. Civil, tem uma obrigação de restituição na exacta proporção da supressão parcial desse efeito, sob pena de se locupletar à custa dos Autores.

Ora, concordamos que este é o modo correcto de colocar e resolver a questão – o que constitui uma diferente qualificação jurídica da pretensão e dos factos que lhe subjazem (art. 664.º do CPC), em vez de traduzir a atendibilidade de uma causa de pedir diversa (art. 661.º do CPC). No que respeita àqueles 640 €, prestados para um efeito que afinal se não verificou, houve uma deslocação patrimonial injustificada e, portanto, indevida do património dos Recorridos para os SMAS do Município do Porto, ocorrendo assim um enriquecimento e um empobrecimento correlativos. Daí que o Recorrente tenha o dever de restituir tal quantia aos Recorridos, nos termos do art. 473.º, n.º 1, do Código Civil.

E, os Recorridos têm direito a haver do Município recorrente os juros legais calculados sobre aquela importância – como pedem e resulta do art. 480.º, al. b), do referido diploma. Na verdade, com a aprovação do segundo loteamento, ocorrida em 1984, tornou-se óbvio para os SMAS – ou seja, para o Município do Porto – que aquela entrega dos 640 € perdera razão de ser, passando os empobrecidos a ter direito aos respectivos juros legais. E, como os Recorridos formulam na acção dos autos o pedido principal de que tais juros se contem desde 1985 inclusive, até ao pagamento, o STA conclui correctamente que este preciso pedido obtenha uma total procedência.

Conclusão

A existência de um dano sofrido pelos Autores e Recorridos, relativamente à diferença entre as áreas de construção, tem como antecedente necessário que eles devessem ser titulares do direito de construir consoante as áreas projectadas no primeiro loteamento.

3. Eficácia dos Actos de Gestão Urbanística

O Instituto da Caducidade, em Especial no Âmbito da Gestão Urbanística e o seu Tratamento Jurisprudencial

ANDREIA CRISTO[1]

Introdução

O presente estudo tem como objectivo não apenas a análise teórica do instituto da caducidade, mas também a problematização das dúvidas que na prática são suscitadas por esta figura, atenta a sua especificidade no âmbito da gestão urbanística, mormente através da leitura e apreciação crítica do regime jurídico da urbanização e edificação.

Partindo do desenvolvimento da figura no âmbito do direito civil, considerámos que seria importante conhecer as diferenças de regime e tentar compreender e encontrar novas soluções na aplicação desta figura no âmbito do direito administrativo, em especial no direito do urbanismo.

Para além de uma comparação de regimes no âmbito das diferentes áreas do direito, procurámos fazer uma pesquisa o mais actualizada possível da nossa jurisprudência, no sentido de compreender quais as tendências recentes dos nossos arestos.

O trabalho estruturar-se-á da seguinte forma: numa primeira parte, procuraremos fazer uma abordagem generalizante sobre a figura da caducidade no ordenamento jurídico civilístico, pesquisando a sua origem e desenvolvimento.

Seguir-se-á uma caracterização geral da figura, distinguindo-se *caducidade punitiva (ou compulsória)* de *caducidade simples* e fazendo-se uma comparação face ao regime da prescrição, dando conta, ainda que de forma sumária, das principais orientações perfilhadas na doutrina relativamente a esta matéria.

---

[1] Advogada.

Sem maiores delongas, expenderemos algumas considerações sobre o regime da caducidade no âmbito do direito administrativo e a atipicidade das suas manifestações concretas, apontando as diferenças de regime entre caducidade preclusiva ou em sentido estrito, e caducidade-sanção ou por incumprimento.

Tendo por base estes conceitos, passaremos ao enquadramento jurídico da figura no âmbito da gestão urbanística, analisando o Decreto-Lei n.º 555/99, de 16 de Dezembro que estabeleceu o regime jurídico da urbanização e da edificação, centrando especialmente a nossa atenção no artigo 71.º e aproveitando o ensejo para questionar qual o tratamento jurídico das caducidades aí plasmadas.

Antes de terminar percorreremos os restantes artigos do diploma, de forma a fazer uma breve comparação de regimes relativamente às causas de caducidade analisadas.

Por último, debruçaremo-nos sobre a forma como a jurisprudência tem vindo a tratar este tema, fazendo a exposição, análise e breve comentário de alguns acórdãos.

1. O regime geral da caducidade no âmbito do direito civil

1.1. Origem e desenvolvimento do conceito na doutrina e na jurisprudência

A caducidade foi durante vastos anos uma figura pouco uniforme no seio da doutrina, apresentando-se como uma noção incerta e muitas vezes sem qualquer reconhecimento no âmbito do nosso direito positivo[2].

Antes da sua consagração legal diferentes opiniões se manifestaram em torno da delimitação deste conceito.

Para alguns doutrinários[3], não existia qualquer necessidade de autonomização do conceito em relação à prescrição extinta, atendendo

---

[2] ISIDORO MODICA atribui a SAVIGNY o mérito de proceder à especificação conceitual da figura da caducidade. Cfr. ISIDORO MODICA, *Teoria della decadenza nel diritto civile italiano,* Vol.I, Parte generale, 1906, p. 156.

[3] MELUCCI, G. BAUDRY-LACANTINERIE e ALBERT TISSIER.

a que não consideravam que se tratasse de uma figura distinta. Entendiam que os casos considerados como hipóteses de caducidade seriam antes prescrições de tipo especial, com regras particulares, mas cuja essência seria a mesma[4].

Em oposição a esta tese situavam-se a maioria dos autores que reconheciam a distinção das duas figuras, ainda que apresentando argumentos bastante diversos. Para alguns, a distinção baseava-se em elementos extrínsecos ao próprio conceito de caducidade, tais como, a diversidade da sua origem[5] ou as especialidades do próprio regime[6]. Para outros[7], era a natureza da inércia do titular que pautava a distinção entre as duas figuras.

---

[4] Eram as chamadas teses negativistas, que esgrimiam diferentes argumentos para apoiar esta ideia, entre os quais, o facto das duas figuras extinguirem o direito e de ser a própria lei a designar expressamente por prescrição alguns prazos. Para um estudo mais detalhado desta matéria, vide JOSÉ DIAS MARQUES, *"Teoria Geral da Caducidade"*, in O Direito, Revista de Ciências Jurídicas e de Administração Pública, Lisboa, LXXXIV, 1952, pp. 12 e 13.

[5] Ao contrário da prescrição que tem origem legal, a caducidade pode derivar da vontade privada.

[6] Por um lado, enquanto a prescrição gera apenas uma excepção, a caducidade, além da excepção, pode ainda constituir fundamento duma acção. Por outro lado, à prescrição pode sempre renunciar-se, uma vez que esteja decorrido o prazo, afastando-se assim o obstáculo que impedia a exigibilidade da obrigação, enquanto que na caducidade nem sempre se admite a renúncia, e nos casos em que a lei a permite, esta dá vida a um direito já extinto. Por fim, a caducidade pode ser conhecida *ex officio* e a prescrição necessita de ser invocada pela parte a quem interessa.

M. RAYMOND-THÉODORE TROPLONG diferenciava prescrição e *déchéance*, considerando que esta última não estava na disponibilidade dos interessados e acrescentando ainda que tem, de uma forma mais acentuada que a prescrição, uma função punitiva. Autor citado por JOSÉ DIAS MARQUES, *"Teoria Geral da Caducidade"*, ob.cit., p. 14.

Para ISIDORO MODICA existiam também alguns critérios intrínsecos, tais como, o facto do exercício do direito consistir na prática de um acto ou na propositura de uma acção, sendo que o critério mais seguro para a diferenciação constituía a determinação dos motivos do prazo. Cfr. ISIDORO MODICA, *Teoria della decadenza nel diritto civile italiano*, ob.cit., pp. 229 ss.

[7] Segundo o entendimento de COVIELLO, na prescrição atendia-se à razão subjectiva do não exercício do direito, enquanto na caducidade punham-se de lado as razões subjectivas e atendia-se apenas ao facto objectivo de não se ter verificado o exercício dentro do prazo estabelecido. No primeiro caso, a causa de extinção do direito era a negligência do sujeito durante certo tempo e, no segundo, era o mero decurso do prazo. Cfr. JOSÉ DIAS MARQUES, *"Teoria Geral da Caducidade"*, ob.cit., p. 40.

Existiam ainda alguns doutrinários que consideravam que os direitos objecto de prescrição ou de caducidade assumem uma natureza diversa, subjectivos no primeiro caso e potestativos no outro. Esta tese era seguida por ALBERTO DOS REIS[8] e MANUEL DE ANDRADE[9] que consideravam os direitos potestativos objecto de caducidade e os direitos já adquiridos objecto de prescrição[10].

Para outros autores, a caducidade, ao contrário da prescrição, tinha por objecto direitos a que não correspondia uma obrigação patrimonial de que sejam sujeitos passivos uma ou mais pessoas determinadas[11]. DIAS MARQUES entendia que a prescrição tem por objecto direitos de crédito e que a caducidade pode abarcar quaisquer outros direitos[12].

Outros ainda, defendiam que a diferença entre as duas figuras consistia no facto de, na prescrição extintiva, ser o decurso do prazo

---

[8] Afirmava que a prescrição extinguia direitos constituídos, enquanto que a caducidade extinguia o poder de constituir certo direito ou criar uma situação jurídica concreta. Cfr. JOSÉ ALBERTO DOS REIS, *"Caducidade e caso julgado na acção de investigação de paternidade ilegítima"*, in Revista de Legislação e Jurisprudência (RLJ), 76, p. 50.

[9] Considerava a caducidade ou preclusão *"um instituto por via do qual os direitos potestativos se extinguem pelo facto do seu não-exercício prolongado por certo tempo"*. Cfr. MANUEL DE ANDRADE, *Teoria Geral da Relação Jurídica – Facto jurídico, em especial negócio jurídico*, Vol.II, (1960, 6.ª reimp. ,1983), p. 463. No entanto, apesar de entender que a doutrina dominante fosse a de que aos direitos potestativos não era aplicável a prescrição, este autor admitia reservas, observando que *"Não está excluído que a posição mencionada deve sofrer certas atenuações. Assim, porventura quanto às acções de anulação (nulidade relativa) dos negócios jurídicos"*. Cfr. MANUEL DE ANDRADE, *Algumas questões em matéria de "injúrias graves", como fundamento de divórcio*, Coimbra, 1956, p. 56.

[10] Podemos destacar alguma jurisprudência que foi de encontro a esta tese. No *Acórdão do Supremo Tribunal Administrativo (STA), de 4 de Maio de 1948*, julgava-se que a prescrição se referia a direitos já fixados e constituídos, ao passo que a caducidade se reportava a direitos virtuais, não concretizados, in RLJ, 81, p. 206. Também o *Acórdão do Supremo Tribunal de Justiça (STJ), de 9 de Janeiro de 1959*, entendeu que, pela caducidade, se terminava um simples poder legal, enquanto, pela prescrição, se extinguia uma situação jurídica subjectiva, in Boletim Oficial do Ministério da Justiça (BMJ), 83, p. 386.

[11] Vide BARBOSA DE MAGALHÃES, *Prazos de caducidade, de prescrição e de propositura de acções*, Jornal do Foro, 1950, pp. 25 ss. Este autor acentuava o carácter patrimonial da prestação exigível.

[12] Vide JOSÉ DIAS MARQUES, *"Teoria Geral da Caducidade"*, ob.cit., pp. 46 ss.

que determinava a perda do direito, operando como facto jurídico autónomo, enquanto que na caducidade, o fundamento imediato da extinção era a própria limitação originária do direito. Considerando que a caducidade se reportava a direitos associados a um prazo peremptório, ou seja, desde a sua origem a pretensão encontrava-se temporalmente limitada, ao passo que na prescrição, os direitos nasciam para durarem indefinidamente e só se perdiam pelo seu não uso[13].

Também a jurisprudência se revelou hesitante em admitir a distinção entre as duas figuras. Inicialmente, e atendendo à omissão legislativa em matéria de caducidade, a jurisprudência considerava que a própria lei designava por prescrição os prazos de propositura das acções[14]. Na verdade, os arestos confundiam muitas vezes a noção de caducidade com a de prescrição[15].

O ano de 1928 constituiu um marco importante no que tange à autonomização da figura da caducidade na jurisprudência, na medida em que o Acórdão do Supremo Tribunal de Justiça, de 6 de Janeiro de 1928, aceitou finalmente a distinção dos dois institutos. No entanto, apesar da orientação demonstrada, continuou a verificar-se alguma indefinição na matéria[16], só se abrindo definitivamente

---

[13] Para um estudo aprofundado das diferentes teses doutrinárias que se dedicaram ao tema da autonomia do instituto da caducidade, vide o estudo do Professor Vaz Serra sobre prescrição extintiva e caducidade que serviu de base à elaboração do projecto para o novo Código Civil, aprovado pelo Decreto-Lei n.º 47344, de 25 de Novembro de 1966 (doravante CC). Cfr. ADRIANO VAZ SERRA, *"Prescrição extintiva e caducidade"*, in BMJ, n.º 107, 1961, p. 167.

[14] *Acórdão do STJ, de 3 de Junho de 1923*, in Gazeta da Relação de Lisboa (GRL), n.º 38, p. 138.

[15] A título de exemplo, o *Acórdão do STJ, de 19 de Fevereiro de 1926*, considerou que o prazo de um ano dado a um menor, a contar da sua maioridade, para exercer o direito de opção sobre um prédio em que era comproprietário, seria um prazo de prescrição, in GRL, n.º 40, pp. 29 ss.

[16] A título de exemplo, o *Acórdão do STJ, de 20 de Maio de 1930*, não fez qualquer distinção entre os dois institutos, in RLJ, 63, p. 138. Mas, passado apenas um mês, o *Acórdão do STJ, de 6 de Junho de 1930*, voltou a proclamar a diferenciação dos dois institutos, considerando que, no caso sub judice, o direito estava caduco e, como tal, o réu devia ser absolvido do pedido e não da instância, explicitando que *"Na realidade, é hoje assunto corrente em direito que, embora a decadenza seja um instituto afim do da prescrição, porque também nela opera o tempo como causa extintiva, todavia a sua*

uma nova fase na jurisprudência da caducidade com o Assento do Supremo Tribunal de Justiça, de 18 de Abril de 1933[17], que pôs fim à controvérsia e decidiu serem de prescrição os prazos para propositura das acções. Este assento veio assim decidir a favor do carácter prescricional dos prazos de propositura de acções, justificando que o instituto da caducidade não se encontrava previsto nos nossos códigos[18].

Com a promulgação do Código de Processo Civil[19], em 1939, o Assento acaba por ser afastado e autonomizam-se os prazos de propositura das acções, em relação ao regime da prescrição[20].

Mais tarde, com a aprovação do Código Civil em 1966[21] houve uma clarificação desta matéria em termos legislativos, passando a caducidade a constituir uma das formas de dissolução de negócios jurídicos e deixando de ser um conceito exclusivo do direito de accionar[22].

---

natureza é intrinsecamente distinta. Os caracteres diferenciais da prescrição, o seu conceito é dado por isto: que para determinadas relações jurídicas a lei, que estabelece um termo fixo dentro do qual pode promover-se uma acção, e expirado o prazo já esta não pode ser instaurada; e em tal se prescinde de qualquer consideração sobre a negligência do titular ou da impossibilidade em que se encontrou, olhando-se exclusivamente ao facto do inútil decurso do prazo. Não é um direito que se extingue com o lapso de tempo; é a aquisição dum jus que ficou impedido por inútil decurso do termo; a pretensão, a cujo exercício é prefixado um termo, nasce originariamente com esta limitação de tempo, e daí não poder já fazer-se valer, quando aquele prazo haja decorrido.", in GRL, n.° 44, p. 172.

[17] In Diário do Governo (DG), 1.ª série, de 4 de Maio de 1933.

[18] Vide ADRIANO VAZ SERRA, *"Prescrição extintiva e caducidade"*, ob.cit., pp. 174 e 175.

[19] Doravante CPC.

[20] Existiam cinco preceitos no código a regular esta matéria. Vide a este propósito, ANÍBAL DE CASTRO, *A Caducidade na Doutrina, na Lei e na Jurisprudência*, 2.ª ed., Lisboa, 1980, pp. 27 e 28.

[21] Aprovado pelo Decreto-Lei n.° 47 344, de 25 de Novembro.

[22] Talvez por ser dos mais modernos em termos europeus, é o que melhor reconhece os avanços da doutrina relativamente à figura da caducidade.

1.2. Caracterização geral da figura, sua natureza e fundamento jurídico

Se procurarmos a origem etimológica da palavra caducidade verificamos que esta deriva de caduco, em latim *caducus*, que significa antigo, decrépito. Hoje, tal como se encontra previsto no dicionário, caducar significa tornar-se caduco, envelhecer[23-24].

No âmbito do direito, designa-se genericamente por caducidade[25] a extinção não retroactiva de efeitos jurídicos em virtude da verificação de um facto jurídico stricto sensu, isto é, independentemente de qualquer manifestação de vontade. Enquanto forma extintiva de direitos, esta opera pelo não exercício de um direito dentro de um determinado prazo fixado por lei ou convenção[26-27].

No entanto, esta figura é utilizada pela doutrina e pela lei em dois sentidos diferentes[28]. Por um lado, em sentido lato, traduz a extinção de uma posição jurídica pela verificação de um facto stricto sensu dotado de eficácia extintiva, ou seja, correspondente a uma forma de cessação de situações jurídicas, atendendo a um facto superveniente a que a lei ou outra fonte atribua esse efeito. Por outro lado, em sentido estrito, constitui uma forma de repercussão do tempo nas situações jurídicas que por lei ou por contrato devam ser exercidas

---

[23] Segundo YVAINE BUFFELAN-LANORE, a caducidade deriva de *"caducus"*, que significa *"sujet a tomber"*. Cfr. BUFFELAN-LANORE, *Essai sur la notion de caducité des actes juridiques en droit civil*, Paris, 1963, p. 7. Vide ainda, ANÍBAL DE CASTRO, *A Caducidade na Doutrina, na Lei e na Jurisprudência*, ob.cit. p. 17.

[24] De acordo com GOMEZ CORRALIZA, a palavra caducidade provém do latim *"caducus-a-um"*, que significa: que cai, que há-de cair, caduco, frágil, destinado à morte. Cfr. BERNARDO GOMEZ CORRALIZA, *La caducidad*, Editorial Montecorvo, S.A., Madrid,1990, p. 21.

[25] Só no início do século XX é que a expressão foi introduzida na linguagem jurídica portuguesa, significando a anulação de certas situações. Cfr. ANTÓNIO MENEZES CORDEIRO, *Tratado de Direito Civil Português*, I, Parte geral, Tomo IV, Almedina, Coimbra, 2007, p. 207.

[26] Cfr. ANA PRATA, *Dicionário Jurídico – Direito Civil, Processual Civil e Organização Judiciária*, 4.ª ed., Almedina, Coimbra, 2005, p. 179.

[27] Tendo por princípio que a caducidade constitui um elemento autónomo em relação à prescrição, a locução caducidade é corrente, entre nós, para exprimir a *déchéance* ou *délais prefix* dos franceses, a *decadenza* dos italianos e a expressão *prazos de exclusão* dos alemães.

durante certo tempo e quando finalizado esse prazo, verifica-se a respectiva extinção.

Existem ainda alguns casos de caducidade em sentido amplo, como por exemplo, quando por contrato ou lei a extinção do direito esteja associada à prática de um determinado facto distinto do mero decurso do tempo ou no caso de impossibilidade superveniente das prestações. Nesses casos, pode aludir-se à caducidade como forma de extinção dos contratos[29] em caso de impossibilidade não imputável a uma das partes de efectuar a sua prestação[30].

Verificamos assim que este instituto pode surgir associado a uma multiplicidade de hipóteses bastante díspares, mas reporta-se quase sempre a situações jurídicas de carácter duradouro que se prolongam no tempo.

No âmbito do direito civil a caducidade é vista como uma causa de extinção automática geral que se encontra de certa forma associada a um "direito a prazo", ou seja, o direito em causa é ab initio previsto para vigorar durante um determinado período de tempo.

Com vista a sistematizar as hipóteses de caducidade em sentido amplo, MENEZES CORDEIRO identifica três situações a que habitualmente elas se ligam: *"à verificação de um termo; à impossibilidade superveniente das prestações, seja por razões subjectivas (morte ou incapacitação do devedor) ou objectivas (perda da coisa ou expropriação) e à ilegitimidade superveniente (cessação dos poderes que presidiram à celebração do contrato)"*[31].

Já nos casos de caducidade estrita, esta aponta para a cessação de situações jurídicas pelo decurso do prazo a que estejam adstritas, sendo que o Código Civil prevê uma multiplicidade de prazos de caducidade para as mais variadas situações.

---

[28] Cfr. ANTÓNIO MENEZES CORDEIRO, *Tratado de Direito Civil*, ob.cit., p. 207 e CARVALHO FERNANDES, *Caducidade*, Polis, p. 666.

[29] Se fizermos uma passagem pelos diferentes contratos plasmados no Código Civil encontramos uma diversidade de causas que conduzem à aplicação deste instituto e que revelam o seu carácter multifacetado. Para uma análise do regime da caducidade enquanto forma de cessação do vínculo contratual nos diferentes tipos de contratos plasmados no CC, vide PEDRO ROMANO MARTINEZ, *Da cessação do contrato*, 2.ª ed., Almedina, Coimbra, 2006, pp. 291 ss.

[30] Cfr. PEDRO ROMANO MARTINEZ, *Da cessação do contrato*, ob.cit., p. 43.

[31] Cfr. MENEZES CORDEIRO, *Tratado de Direito Civil Português*, ob.cit., p. 209.

A este propósito, é possível fazer uma distinção entre *caducidade punitiva (ou compulsória)* e *caducidade simples.*

O primeiro tipo de caducidade espelha as situações em que existe um encargo na esfera jurídica do titular do direito da posição sujeita a termo. Destarte, pelo não exercício atempado do direito, a ordem jurídica faz cessar a posição jurídica em causa.

No segundo tipo, a lei determina apenas a cessação de uma situação jurídica pelo decurso do tempo, mas não apresenta esse cariz sancionatório.

A distinção não é estanque e nem sempre é fácil de fazer, de qualquer modo, encontramos na lei artigos que contemplam uma e outra e demonstram os valores subjacentes a cada uma.

Assim, no artigo 1220.º, n.º 1 do CC, relativo ao prazo de denúncia dos defeitos da obra no contrato de empreitada, encontramos um exemplo de caducidade compulsória, concretamente, *"O dono da obra deve, <u>sob pena de caducidade</u> dos direitos conferidos nos artigos seguintes, denunciar ao empreiteiro os defeitos da obra dentro dos trinta dias seguintes ao seu descobrimento"* (sublinhado nosso). A expressão sublinhada espelha o carácter punitivo da caducidade aqui em causa, embora seja importante salientar que nem todos os exemplos deste tipo de caducidade contemplam esta locução.

No que concerne à caducidade simples, podemos destacar como exemplo o artigo 618.º do CC relativo ao direito de impugnação pauliana, que caduca ao fim de cinco anos[32] contados da data do acto impugnável.

Principalmente nos casos de caducidade punitiva verificamos que o legislador pretendeu sujeitar a determinados prazos os direitos que possam abalar as relações jurídicas previamente estabelecidas.

Efectivamente, está presente a ideia de que o tempo pode afectar as situações jurídicas constituídas, e como tal, o que se pretende muitas vezes é preservar ou premiar a estabilidade, procurando limitar temporalmente o exercício de certos direitos ou a sua exigibilidade.

---

[32] Segundo ANTUNES VARELA, a largueza do prazo é de certa forma compensada com a circunstância de a sua contagem se fazer a partir da data do acto impugnável, outra era a solução fixada no artigo 1045.º do Código de 1867. Vide ANTUNES VARELA, *Das obrigações em geral*, Vol.II, reimp. da 7.ª ed. de 1997, Almedina, Coimbra, 2001, pp. 462 e 463.

Nas palavras de JOSÉ DIAS MARQUES, *"O direito extingue-se por uma força intrínseca, porque a sua existência está ab origine, congenitamente, limitada a certo prazo"*[33]. Considerando ainda este autor, que a natureza jurídica do direito sujeito à caducidade é um direito a prazo.

Assim, quando a existência de um direito se encontra limitada por lei a determinado prazo, o fim desse determina a caducidade do direito, o que significa que o direito não se extingue em virtude da ocorrência de um facto novo, mas antes, por se ter esgotado o seu prazo de vida.

No fundo, na caducidade, o prazo é o tempo em que dura o direito, funcionando como um medidor do mesmo. Desde o seu início, constitutivamente, o direito é previsto para vigorar só durante certo prazo[34]. O tempo serve assim para limitar o exercício do direito, utilizando para tal prazos prefixos caracterizados pela peremptoriedade[35].

De acordo com o n.º 2 do artigo 298.º do CC, a caducidade aplica-se a direitos que sejam temporários[36], independentemente do seu tempo de exercício ser definido por lei ou por estipulação das partes. Este número considera, em princípio, que os prazos fixados para o exercício de direitos constituem prazos de caducidade. No entanto, a própria lei pode sujeitá-los ao regime da prescrição[37].

Por seu turno, o n.º 1 do mesmo artigo determina que *"Estão sujeitos a prescrição, pelo seu não exercício durante o lapso de tempo estabelecido na lei, os direitos que não sejam indisponíveis ou que a lei não declare isentos de prescrição"*[38].

---

[33] Cfr. JOSÉ DIAS MARQUES, *"Teoria Geral da Caducidade"*, ob.cit., p. 46.

[34] Vide JOSÉ DE OLIVEIRA ASCENSÃO, *Direito Civil: Teoria Geral*, Relações e situações jurídicas, Vol.III, Coimbra Editora, 2002, p. 343.

[35] Vide ANÍBAL DE CASTRO, *A Caducidade na Doutrina, na Lei e na Jurisprudência*, ob.cit., p. 41.

[36] Tal como já referimos, alguma doutrina anterior ao Código Civil restringia a caducidade aos direitos potestativos. Vide a este propósito, MANUEL DE ANDRADE, *Teoria Geral da Relação Jurídica*, ob.cit., p. 463.

[37] Neste sentido, vide PIRES DE LIMA e ANTUNES VARELA, *Código Civil Anotado*, Vol.I, 4.ª ed., Coimbra Editora, Coimbra, 1987, p. 272.

[38] Não estão assim sujeitos ao regime da prescrição, os direitos de personalidade que, pela sua própria natureza são considerados indisponíveis.

Daqui se extrai que o artigo em análise consagra que, como regra, todos os direitos estão sujeitos a prescrição, com excepção dos direitos indisponíveis e daqueles que a lei declare isentos de prescrição.

Assim, se por vontade das partes um direito deva ser exercido dentro de certo prazo, dificilmente este poderá ser considerado de prescrição[39], mas já no caso dum prazo estabelecido legalmente, ou a disposição legal se refere expressamente à prescrição, ou caímos no âmbito da figura da caducidade[40].

Podemos então concluir que, por regra, as posições jurídicas activas não estão sujeitas a nenhum prazo, podendo os seus titulares exercê-las quando entenderem, salvo no caso de prescrição[41].

De tudo quanto ficou exposto, verificamos que a contagem do prazo é um dos aspectos mais significativos do regime da caducidade[42-43]. No que toca ao seu início, este começa a correr, em regra, logo que o direito puder ser exercido[44] e uma vez iniciado não se suspende nem se interrompe[45].

---

[39] De acordo com o artigo 300.º do CC *"São nulos os negócios jurídicos destinados a modificar os prazos legais da prescrição ou a facilitar ou dificultar por outro modo as condições em que a prescrição opera os seus efeitos"*.

[40] De acordo com o *Acórdão do STJ, de 31 de Janeiro de 1980*, *"as disposições legais que estabelecem prazos de caducidade, não podem aplicar-se a situações que nas mesmas não estejam clara e taxativamente definidas e concretizadas"*, in BMJ, n.º 293, 1980, p. 252.

[41] Vide MENEZES CORDEIRO, *"Da caducidade no Direito Português"*, in O Direito, n.º 136, Almedina, Coimbra, 2004, p. 832.

[42] Sobre o regime da caducidade, CARVALHO FERNANDES, *Caducidade*, ob.cit., p. 668.

[43] GOMEZ CORRALIZA chama a atenção para a importância da fixação do momento inicial do cômputo do prazo. Cfr. GOMEZ CORRALIZA, *La caducidad*, ob.cit., p. 211.

[44] É necessário uma ponderação, caso a caso, para averiguar o momento em que o direito pode ser efectivamente exercido. A título de exemplo, o *Acórdão da Relação de Lisboa (RL), de 18 de Dezembro de 2002*, determinou que *"o prazo de caducidade de acção de acidente de trabalho só começa a correr com a efectiva entrega ao sinistrado do boletim de alta e não com o mero conhecimento dessa alta"*, in Colectânea de Jurisprudência (CJ) XXVII, 2002, 5, p. 161. O *Acórdão da Relação de Coimbra (RCbr.), de 11 de Março de 2003*, acrescentou que *"nos acidentes de trabalho, a instância inicia-se com o recebimento em juízo da participação do sinistro, pelo que o prazo de caducidade se conta desde essa data e não da petição inicial"*, in CJ XXVIII, 2003, pp. 56 ss.

[45] Segundo o artigo 331.º, n.º 1 do CC, *"Só impede a caducidade a prática, dentro do prazo legal ou convencional, do acto a que a lei ou convenção atribua efeito impeditivo"*.

Nessa medida, a forma de impedir que a caducidade se verifique é o exercício do direito no prazo previsto. Existindo, no entanto, uma excepção a esta regra no que toca a direitos disponíveis, na medida em que se admite que a caducidade não opere se houver reconhecimento do direito por parte daquele contra quem deva ser exercido[46-47]. Nestes casos, a jurisprudência exige que o reconhecimento tenha o mesmo efeito do que a prática do acto sujeito a caducidade e para que possa ter efeito impeditivo, deva ter lugar antes do direito ter caducado[48].

No que tange ao regime do seu conhecimento oficioso, uma vez verificada a caducidade, este varia consoante estejamos perante matéria disponível ou indisponível.

Assim, perante uma situação em que o direito não está na disponibilidade das partes, a caducidade é de conhecimento oficioso e não depende de invocação do interessado, podendo ser alegada em qualquer fase do processo[49]. Caso contrário, a pessoa a quem aproveita a caducidade tem que a invocar em juízo para que o tribunal a possa conhecer[50].

Daqui se extrai, que tanto as caducidades fixadas por convenção das partes, como as caducidades impostas por lei relativas a direitos disponíveis, ficam abrangidas pela regra da não oficiosidade[51].

No que toca ao fundamento jurídico da caducidade, este prende-se com a necessidade de certeza jurídica, que justifica a imposição

---

[46] Artigo 331.º, n.º 2 do CC.

[47] Vide a este propósito, *Acórdão do STA, de 22 de Outubro de 1998*, in http://www.vlex.com.

[48] *Acórdão da RL, de 30 de Novembro de 1977*, in BMJ 273, 1977, p. 316 e *Acórdão da Relação de Évora (REv.), de 15 de Abril de 1993*, in BMJ 426, 1993, p. 545.

[49] Segundo o n.º 1 do artigo 333.º do CC, *"A caducidade é apreciada oficiosamente pelo tribunal e pode ser alegada em qualquer fase do processo, se for estabelecida em matéria excluída da disponibilidade das partes"*.

[50] De acordo com o n.º 2 do artigo 333.º do CC, *"Se for estabelecida em matéria não excluída da disponibilidade das partes, é aplicável à caducidade o disposto no artigo 303.º "*. Tendo em conta o disposto no artigo 303.º do CC *"O tribunal não pode suprir, de ofício, a prescrição; esta necessita, para ser eficaz, de ser invocada, judicial ou extrajudicialmente, por aquele a quem aproveita, pelo seu representante ou, tratando-se de incapaz, pelo Ministério Público"*.

[51] Cfr. MENEZES CORDEIRO, *Tratado de Direito Civil Português*, ob.cit., p. 226.

de determinados prazos para o exercício de alguns direitos. No fundo, a ideia de que após o terminus do prazo previsto sem que o direito seja exercido, a situação deve estabilizar-se[52].

Para PUIG BRUTAU[53] a justificação da caducidade encontrava-se na natureza do direito que caduca, que apresentava ab initio uma duração prefixada.

Na verdade, certos direitos devem ser exercidos num determinado espaço temporal, de modo a que as situações jurídicas não sejam afectadas pela incerteza duma mobilidade prejudicial aos valores objectivos da segurança[54]. Tais direitos estão associados a determinados prazos previstos na lei, devendo o seu titular exercê-los prontamente, sob pena de perder tal possibilidade[55].

Conclui-se desta forma, que a causa que justifica a figura da caducidade é sempre a necessidade de pôr fim a uma situação jurídica de dúvida ou incerteza, que é o mesmo que dizer a necessidade de proporcionar à comunidade segurança jurídica[56].

1.3. *Caducidade versus Prescrição*

Acolhida a realidade autónoma da caducidade como forma de extinção de direitos, importa tecer algumas considerações relativamente à sua distinção face ao regime da prescrição extintiva[57].

Na orientação perfilhada por CABRAL DE MONCADA[58], o único ponto em comum entre a figura da prescrição e a da caducidade

---

[52] Segundo CARVALHO FERNANDES, dominam aqui considerações de interesse público. Vide CARVALHO FERNANDES, *Caducidade*, ob.cit., p. 667.

[53] Entendia este autor que os direitos submetidos ao regime da caducidade são normalmente direitos potestativos, no sentido em que atribuem a uma pessoa a possibilidade de produzir, mediante uma declaração de vontade, a criação, modificação ou extinção de uma relação jurídica com eficácia em relação a outros sujeitos de direito. Cfr. JOSÉ PUIG BRUTAU, *Caducidad, prescripción extintiva y usucapión*, Bosh, Casa Editorial, S.A., Barcelona, 1988, p. 13.

[54] Neste sentido, vide NUNO CABRAL BASTO, *Caducidade*, Dicionário Jurídico da Administração Pública, Vol.II, Lisboa, 1990, p. 60.

[55] Vide MANUEL ALBALADEJO GARCÍA, *Derecho Civil*, Tomo I, Vol.II, Bosh, Barcelona, 1989, p. 536.

[56] Vide BERNARDO GOMEZ CORRALIZA, *La caducidad*, ob.cit., p. 149.

[57] Sobre esta distinção, vide NUNO CABRAL BASTO, *Caducidade*, ob.cit., p. 60.

reportava-se às consequências que estas produzem, ou seja, ao facto de fazerem cessar a eficácia dos direitos resultantes dos actos praticados. Existindo, no entanto, muitos outros pontos em que as mesmas divergiam, acrescentando este autor, que enquanto na prescrição a extinção do direito se faz pelo seu não uso durante certo tempo, na caducidade ou perempção basta o simples facto de chegar ao fim o tempo previsto para o exercício do direito, não estando dependente da vontade das partes.

A caducidade estaria assim associada aos direitos potestativos, enquanto que a prescrição se baseava nos direitos subjectivos em sentido próprio[59].

Este critério foi afastado pelo Código Civil, passando a caducidade a reportar-se apenas a razões de certeza e segurança jurídica[60], no sentido de definir as situações a que respeita, e a prescrição por se fundar numa reacção contra o desinteresse do titular do direito[61].

Efectivamente, enquanto a caducidade se funda no *facto objectivo* do simples decurso do tempo previamente estipulado por lei ou pela vontade das partes, a prescrição reporta-se ao *facto subjectivo* do não exercício do direito, sendo considerada a inércia do titular do direito como um sinal claro de falta de interesse em o conservar. Neste último caso, a abstenção do titular é a base da presunção que ele pretende renunciar ao direito, ou que pela sua negligência este se tenha revelado indigno de tutela jurídica[62].

Segundo o entendimento propugnado por DIAS MARQUES, a prescrição extintiva tem por objecto um direito de crédito cuja existência se pode prolongar indefinidamente no tempo, ao contrário da cadu-

---

[58] Cfr. LUÍS CABRAL DE MONCADA, *Lições de Direito Civil*, Parte Geral, 4.ª ed. rev., Almedina, Coimbra, 1995, p. 729.

[59] Neste sentido, MANUEL DE ANDRADE, *Teoria Geral da Relação Jurídica*, ob.cit., pp. 463 e ss.

[60] ROSA M. GALÁN SÁNCHEZ chama a atenção para o facto de ambos os institutos pretenderem fixar um prazo que delimite o período de tempo em que se pode levar a cabo uma actuação e tudo com a preocupação de garantir a segurança jurídica. Cfr. ROSA M. GALÁN SÁNCHEZ, *La caducidad de los procedimientos*, Facultad de Derecho de la Universidad Complutense Madrid, 2004.

[61] Vide MÁRIO JÚLIO DE ALMEIDA COSTA, *Direito das Obrigações,* 9.ª ed., reimp. de 2001, Coimbra, 2005, pp. 1047 e 1048.

[62] Tal como o brocardo latino *"dormientibus non succurrit jus"*.

cidade que tem por objecto um direito de acção, que nunca pode ir além do próprio prazo que constitui a medida da sua existência[63].

Este autor realçou ainda a importância da distinção da função do prazo em ambos os institutos. Na prescrição não é essencial que o prazo comece a contar-se quando surge o direito, já que este mede a duração da negligência do seu titular. Pelo contrário, na caducidade o prazo é o próprio tempo de duração do direito[64].

De acordo com ANÍBAL DE CASTRO[65], o fundamento jurídico da caducidade ou decadência reside no interesse geral que há em pre-estabelecer o prazo a partir do qual (ou dentro do qual) o direito pode ser exercido, enquanto a prescrição presume a liberação do devedor, necessitando de ser oposta pelo prescribente e não operando assim de pleno direito. Por outro lado, enquanto a caducidade se reporta ao exercício ou à eficácia, e extingue a possibilidade de realizar o direito, a prescrição somente o paralisa.

Podemos ainda realçar que o Código Civil de 1966 assumiu um papel preponderante nesta matéria, tendo a expressão caducidade e sua distinção face ao regime da prescrição sido aprovadas no estudo preparatório efectuado por VAZ SERRA[66], que propunha um critério casuístico e teleológico[67], baseado não na diversa índole dos direitos que se extinguem pelo decurso do prazo, mas sim no objectivo da lei que os submete a um prazo consoante a especialidade de cada caso. Este autor realçava que a única via possível era a da *"interpretação de cada disposição legal que sujeite ao exercício durante certo prazo a vida dum direito"* e que, seja qual for a natureza do direito em questão, *"essa interpretação pode conduzir ao resultado*

---

[63] Existe um direito que só pode exercer-se mediante a prática de um único acto (ex. a propositura da acção).

[64] De uma forma sugestiva, acrescentou: *"enquanto a prescrição "mata" o direito, a caducidade é o próprio "morrer" do direito"*, cfr. JOSÉ DIAS MARQUES, *"Teoria Geral da Caducidade"*, ob.cit., p. 45.

[65] Cfr. ANÍBAL DE CASTRO, *A Caducidade na Doutrina, na Lei e na Jurisprudência*, ob.cit., p. 44.

[66] Relativamente aos diferentes critérios apresentados pela doutrina para distinguir o instituto da prescrição do regime jurídico da caducidade, vide por todos, ADRIANO VAZ SERRA, *"Prescrição e Caducidade"*, ob.cit., pp. 163 e ss.

[67] Reconhecido nos direitos italiano e francês.

de a lei querer reportar-se a uma prescrição, como pode conduzir ao de ela querer reportar-se a uma caducidade".

Fica claro de tudo o que ficou exposto, mormente das diferentes posições doutrinais, que a aplicação do regime da caducidade antes da sua consagração legal expressa se revelava uma tarefa difícil, pressupondo uma percepção dos objectivos prosseguidos pelo legislador para uma compreensão mais nítida da natureza do prazo em causa.

Destarte, ainda que nesta matéria o terreno continue em certa medida pantanoso, podemos afirmar que o artigo 298.º do C.C. veio ajudar a clarificar a distinção, determinando quais os direitos sujeitos aos regimes da prescrição e da caducidade, e aqueles que se podem extinguir pelo não uso.

Passemos então a analisar, de forma muito sucinta, as principais diferenças de regime destes dois institutos plasmadas no Código Civil[68].

Por um lado, o prazo de caducidade não se suspende, nem se interrompe[69], senão nos casos em que a lei determine[70], e só é impedido, em princípio, pela prática do acto[71]; enquanto que na prescrição a lei prevê expressamente os casos de suspensão e interrupção[72]. Uma ressalva apenas, quando estamos no âmbito de matéria disponível, em que se admitem estipulações modificativas do regime legal da caducidade e presume-se, tal como acontece na prescrição, a suspensão do prazo convencionado[73].

Esta diferença de regime entende-se, desde logo, na medida em que na prescrição a inércia do titular do direito se traduz numa

---

[68] Sobre esta matéria, vide MÁRIO JÚLIO DE ALMEIDA COSTA, *Noções Fundamentais de Direito Civil*, 4.ª ed., Almedina, Coimbra, 2001, pp. 334 ss. e CARLOS MOTA PINTO, *Teoria Geral do Direito Civil*, 3.ª ed., 12.ª reimp., Coimbra Editora, Coimbra, 1999, pp. 372 e ss.

[69] Vide artigo 328.º do CC.

[70] No direito administrativo, a suspensão ou interrupção de prazos de caducidade é comum.

[71] Vide artigo 331.º do CC.

[72] Vide artigos 318.º e ss. e 323.º e ss. do CC.

[73] Na doutrina espanhola, alguns autores põe em causa a natureza absoluta da figura da caducidade, admitindo a suspensão do prazo por causas de força maior. Vide BERNARDO GOMEZ CORRALIZA, *La caducidad*, ob.cit., pp. 55 ss.

presunção de renúncia, enquanto na caducidade, só é considerado o aspecto objectivo da segurança e certeza do direito, independentemente do motivo do não exercício.

Por outro lado, embora se admitam estipulações convencionais sobre a caducidade[74] e esta seja apreciada oficiosamente pelo tribunal, podendo ser alegada em qualquer fase do processo se for estabelecida em matéria excluída da disponibilidade das partes[75]; o regime da prescrição é inderrogável e necessita de ser invocado, não podendo o tribunal supri-lo de ofício[76].

Outra diferença prende-se com a duração dos prazos, já que a caducidade tem, em regra, prazos mais curtos, enquanto que a prescrição está associada, desde logo, ao prazo ordinário de vinte anos previsto no artigo 309.º do CC.

Uma palavra final relativamente ao efeito extintivo da caducidade, para realçar o seu carácter automático e definitivo. A verificação desta figura importa a extinção definitiva do direito e do correspondente dever, que deixa assim de subsistir mesmo a título de obrigação natural[77].

Este carácter automático é uma das características, senão mesmo a nota essencial que diferencia a caducidade civil da caducidade administrativa[78], tema que abordaremos no ponto seguinte.

---

[74] Desde que não se trate de matéria subtraída à disponibilidade das partes ou de fraude às regras legais da prescrição, vide a este propósito artigo 330.º do CC.

[75] A contrario, podemos concluir que em matéria não excluída da disponibilidade das partes, exclui-se a apreciação oficiosa da caducidade pelo tribunal. Vide artigo 333.º do CC.

[76] Vide artigos 300.º e 303.º do CC.

[77] Cfr. CARVALHO FERNANDES, Caducidade, ob.cit., p. 666.

[78] De acordo com a Sentença do Supremo Tribunal Espanhol (STE), de 30 de Março de 1983, "Es doctrina general que la caducidad, como expresión del influjo del tiempo en las relaciones jurídicas, por su proprio carácter, a diferencia de la prescripción, opera de modo automático, por el mero transcurso del tiempo señalado por la Ley". Vide JAIME RODRÍGUEZ-ARANA MUÑOZ, La caducidade en el derecho administrativo español, Editorial Montecorvo, S.A., Madrid, 1993, p. 14.

2. A caducidade no direito administrativo

2.1. Caracterização do regime da caducidade

Da análise que fizemos da figura da caducidade ao nível do direito civil e seu confronto relativamente ao instituto da prescrição, apercebemo-nos da complexidade jurídica que lhe está implícita, e que se sente ainda com maior veemência no direito administrativo, atendendo à atipicidade das suas manifestações concretas.

A caducidade civil e a administrativa têm em comum o facto de ambas se encontrarem associadas ao não exercício de um direito num determinado prazo legal, podendo, no entanto, apresentar finalidades e regimes bastante distintos.

Normalmente na caducidade administrativa é a lei que opera como título jurídico que há-de ser aplicado por um acto da Administração a que se ligam os efeitos daquela.

A simples presença da Administração Pública provoca uma alteração importante, já que a tutela do interesse colectivo supõe modificações substanciais nesta matéria. Desde logo, a caducidade no direito administrativo não é automática porque a própria Administração, servidora dos interesses colectivos, deve, caso a caso, estudar a incidência de incumprimento ou extinção da relação jurídico-administrativa, tendo em conta a utilidade pública que subjaz a todo o negócio jurídico[79]. Neste caso, a Administração não cria o título, nem a caducidade, apenas a declara.

Este carácter não automático que acompanha a caducidade no direito público verifica-se em termos gerais em todas as suas manifestações, sendo vasta a doutrina que tem vindo a estudar a relevante problemática da transposição dogmática e reelaboração da figura em face do direito público[80-81].

---

[79] Neste sentido, JAIME RODRÍGUEZ-ARANA MUÑOZ, *La caducidad en el Derecho Administrativo Español*, ob.cit., p. 15.

[80] Para um estudo da matéria da caducidade, vide LANDI e POTENZA, *Manuale di Diritto Amministrativo*, 10.ª ed., Giuffrè Editore, Milão, 1997, pp. 165 ss.

[81] O Professor MARCELLO CAETANO inseria a caducidade na teoria do tempo como facto jurídico-administrativo, concretamente enquanto facto natural que constitui, modifica ou extingue relações jurídico-administrativas. Vide MARCELLO CAETANO, *Manual de Direito Administrativo*, 10.ª ed., 5.ª reimp., Vol.I , Almedina, Coimbra, 1991, p. 420.

No âmbito do direito administrativo é impossível estabelecer princípios gerais que se possam aplicar invariavelmente a toda a matéria, já que esta figura funciona de forma diferente consoante o tipo de caducidade em causa. Destarte, o conceito de caducidade no direito administrativo corresponde a diferentes categorias tipológicas. Inevitavelmente, a caducidade das licenças funcionará de forma distinta da caducidade dos contratos de concessão, o que se compreende desde logo atendendo a que a própria natureza jurídica é bastante distinta e, nessa medida, o próprio regime da caducidade também não poderia ser o mesmo[82].

Nas palavras de MARIA ALESSANDRA SANDULLI, *"O termo "decadenza" é usado em direito administrativo para designar, com dúbio rigor hermenêutico, uma série não homogénea de fenómenos, que não correspondem a uma categoria tipológica unitária"*[83].

Deste modo, a figura da caducidade deve ser estudada e entendida em função da categoria sobre a qual a mesma se aplique, podendo contemplar situações muito distintas e, em cada caso, os prazos estabelecidos visam alcançar diferentes objectivos.

Em particular no direito administrativo, tem que se atender sempre ao interesse público específico em causa, sendo que o alcance da caducidade vai depender da finalidade e do modo de imposição do prazo para o exercício do direito, situação que se compreende atendendo à riqueza e variedade da actividade administrativa[84].

Umas vezes, tal como sucede no direito civil, a caducidade relativa à cessação ou perda de direitos a termo tem como fundamento garantir a certeza e segurança jurídicas, independentemente das causas do seu não exercício[85] e é a própria lei a estabelecer que o exercício de certos direitos deve ocorrer durante um determinado lapso temporal, impedindo que o efeito possa produzir-se para além do prazo estabelecido.

---

[82] A este propósito, vide JAIME RODRÍGUEZ-ARANA MUÑOZ, *"Reflexiones sobre la caducidad en el Derecho Público"*, in Separata de Revista Aragonesa de Administración Pública, n.º 5, 1994, p. 346.

[83] Cfr. MARIA ALESSANDRA SANDULLI, *Decadenza, Diritto Civile*, Enciclopédia Giuridica, Vol.X, p. 1.

[84] Cfr. VIEIRA DE ANDRADE, *Parecer* não publicado, p. 7.

[85] Cfr. ROGÉRIO SOARES, *Direito Administrativo*, Lições, Coimbra, 1978, p. 11.

Outras vezes, procura reprimir uma negligência objectiva na utilização de certas vantagens, abrindo as portas à eventual fruição delas por outros beneficiários mais interessados ou capazes, tal como sucede na caducidade de uma licença ou duma concessão[86].

Segundo ROGÉRIO SOARES, *"na caducidade está desperto um interesse público específico incompatível com a manutenção do estado de pendência"*. Interesse público esse que difere consoante o caso concreto em causa[87].

Nos casos em que se impede o exercício do direito depois do prazo estabelecido, atendendo a que apesar da falta de actividade do particular não ser considerada ilícita, o interesse geral exige a fixação de um prazo peremptório para o exercício de determinados direitos ou faculdades, estamos perante a chamada *caducidade preclusiva ou em sentido estrito*[88].

Aqui, não existe nenhuma violação de normas jurídicas pelo não exercício atempado de direitos, já que estes foram estabelecidos precisamente em benefício do particular. Assim, a falta de actuação deste não desencadeia nenhuma ilicitude, apenas lhe veda a possibilidade de beneficiar da situação subjectiva de que é titular, na medida em que não actuou no prazo devido.

Deste modo, é possível associar esta figura a uma ideia de dever, no sentido de existir uma obrigação jurídica de actuação dentro do prazo estipulado por lei, sob pena do ordenamento jurídico "sancionar" esse comportamento, não permitindo que o titular o venha a fazer extemporaneamente.

Esta espécie de sanção não tem carácter repressivo, permitindo até, em alguns casos, que a fruição de vantagens se venha a verificar por outros beneficiários mais interessados.

Parte da doutrina tende a associar as situações jurídicas provisórias ou não definitivas e as situações jurídicas reactivas ligadas aos direitos potestativos à caducidade em sentido estrito.

---

[86] Cfr. ROGÉRIO SOARES, *Direito Administrativo*, ob.cit., pp. 11 e 12.

[87] Interesse na rápida definição da validade dos actos administrativos, no caso do recurso contencioso, e interesse público do efectivo aproveitamento das licenças ou de concessões, cfr. ROGÉRIO SOARES, *Direito Administrativo*, ob.cit., p. 12.

[88] Cfr. FERNANDA MAÇÃS, *"A caducidade no Direito Administrativo: Breves considerações"*, Separata de Estudos de Homenagem ao Conselheiro José Manuel Cardoso da Costa, Coimbra Editora, Coimbra, 2005, p. 126.

Desde logo, o prazo de recurso contencioso é um dos exemplos deste tipo de caducidade, ainda que neste campo se deva distinguir, na esteira dos ensinamentos de VIEIRA DA ANDRADE[89], entre o prazo de impugnação do Ministério Público de um ano, e o prazo dos restantes interessados, de três meses. Só o primeiro, *"segue o regime típico de um prazo de caducidade, pois que começa a contar de um momento certo (da prática do acto ou da respectiva publicação, se obrigatória) e a sua queda determina, em regra, a formação de "caso decidido", através da inopugnabilidade objectiva do acto*[90]. *Assim não acontece com o prazo dos destinatários e outros interessados, dado que o seu decurso não determina, por si, a formação de caso decidido (embora confira estabilidade ao acto na medida da extinção, para eles do direito de impugnar), começa a contar da notificação, do conhecimento dos interessados ou da sua execução (que pode verificar-se em momentos diferentes, em função das circunstâncias, e corre em separado para os vários interessados) e pode inclusivamente ser reconstituído, em caso de comunicação insuficiente, interrompendo-se pelo requerimento ao autor do acto para a notificação das indicações em falta, passando a contar-se integralmente da nova comunicação, espontânea ou decorrente de intimação judicial, nos termos do artigo 60.º do CPTA".*

No fundo, se o particular não aproveitar o prazo de recurso estipulado pela lei, este deixa de poder reagir contenciosamente contra o acto administrativo que considera ilegal, verificando-se aqui que o efeito extintivo do direito ao recurso resulta do seu não exercício no prazo estipulado, característica típica da caducidade em sentido estrito. Segundo este autor, o prazo de impugnação do particular constitui um prazo de caducidade especial susceptível de suspensão e de interrupção[91].

---

[89] Cfr. VIEIRA DE ANDRADE, *A Justiça Administrativa*, Lições, 9.ª ed., Almedina, Coimbra, 2007, pp. 303 e 304.

[90] Os casos de legitimidade para interpor recurso ordinário de uma decisão jurisdicional proferida por um Tribunal Administrativo encontram-se previstos no artigo 141.º do Código de Processo dos Tribunais Administrativos (doravante CPTA).

[91] Cfr. VIEIRA DE ANDRADE, *A Justiça Administrativa*, ob.cit., p. 304.

Assim, no que toca à caducidade preclusiva, podemos concluir que esta se encontra sempre associada à perda de um direito pela falta de exercício atempado do mesmo.

Existem ainda outras situações de perda de direitos como consequência dum comportamento do seu titular[92], mormente o não cumprimento dum ónus ou dever a que estava sujeito derivado da relação estabelecida com a Administração.

Estes casos traduzem a chamada *caducidade-sanção ou por incumprimento,* sendo importante averiguar as causas do não exercício do direito[93].

Muitas vezes a Administração põe termo a efeitos produzidos por actos administrativos ampliativos, como as concessões, autorizações e licenças, através de uma declaração de caducidade, designadamente com fundamento no não exercício de faculdades; no incumprimento de deveres ou ónus; ou na extinção dos pressupostos legais ou dos requisitos da titularidade ou exercício do direito em causa, atendendo por exemplo à alteração superveniente das condições legais de manutenção dos direitos.

Importa no entanto salientar que estamos no âmbito de uma matéria particularmente sensível em que não existe uniformidade na doutrina quanto à natureza sancionatória de todas estas situações[94]. A diversidade de causas dificulta bastante o seu enquadramento dogmático e a caracterização de um regime jurídico unitário.

Deste modo, alguma doutrina entende que a utilização da expressão caducidade-sanção não tem obrigatoriamente que significar qualquer tomada de posição dogmática quanto à qualificação da mesma, procurando apenas autonomizá-la e diferenciá-la da caducidade em sentido estrito.

Existe uma dificuldade de autonomização de um conceito operativo de sanção administrativa, desde logo, pelo confronto com outras formas de reacção da Administração e com as sanções penais.

---

[92] Cfr. ROGÉRIO SOARES, *Direito Administrativo,* ob.cit., p. 12.

[93] Quase sempre ligadas a uma actividade do titular configurada pela lei como um dever.

[94] Sobre as diferentes causas e tipos de caducidade, GIUSEPPE SANTANIELLO, *Decadenza, Diritto Amministrativo,* Enciclopédia del Diritto, XI, Giuffrè Editore, pp. 800 ss. e MARIA ALESSANDRA SANDULLI, *Decadenza, Diritto Civile,* ob.cit., pp. 477 ss.

Verifica-se a existência de uma relação estreita entre os conceitos de sanção e ilícito, funcionando a sanção como uma forma de reacção punitiva na sequência da violação de um preceito jurídico, que se traduz num ilícito administrativo intimamente ligado à tutela de interesses da Administração.

A fixação de sanções administrativas pode ter em vista anunciar um comportamento aflitivo, procurando dissuadir o infractor da prática não desejada, relevando-se aqui a violação que se presume lesiva do interesse público; ou procurar reintegrar o interesse público ofendido, afastando a lesão na medida do possível e dando ênfase à lesão efectiva e sua extensão, deixando de lado a transgressão propriamente dita[95].

Da análise feita ao nível da doutrina é possível destacar diferentes entendimentos relativamente à noção de sanção administrativa[96].

No direito espanhol, encontramos uma variedade de posições bastante díspares, sendo que o conceito de sanção está longe de encontrar consenso e uniformização não só ao nível da doutrina como também da jurisprudência[97].Parte da doutrina defende uma noção ampla de sanção administrativa que abarca todos os meios disponíveis pelo legislador para assegurar o respeito e a eficácia das normas jurídicas[98]. Neste âmbito, GARCÍA DE ENTERRÍA[99] considera que se trata de *"um mal infligido pela Administração a um administrado como consequência de uma conduta ilegal"*. Este mal consiste na privação de um bem ou de um direito, ou na imposição de uma obrigação de pagamento de uma multa.

---

[95] Cfr. ROGÉRIO SOARES, *Direito Administrativo*, ob.cit., p. 39.

[96] No que concerne ao conceito de sanção administrativa, vide MARCELO MADUREIRA PRATES, *Sanção Administrativa Geral: Anatomia e Autonomia*, Almedina, Coimbra, 2005, pp. 52 ss e JOSÉ ROSENDO DIAS, *"Sanções Administrativas"*, in Revista de Direito Público (RDP), ano V, n.º 9, 1991, pp. 39 ss. Especificamente no direito italiano, CARLO ENRICO PALIERO e ALDO TRAVI, La *Sanzione Amministrativa: Profili Sistematici*, Giuffrè Editore, Milão, 1988, pp. 9 ss.

[97] Para uma análise mais detalhada da jurisprudência e das diferentes posições doutrinais, IGNACIO PEMÁN GAVÍN, *El Sistema Sancionador Español*, Cedecs Editorial SL., Barcelona, 2000, pp. 42 ss.

[98] Os autores que perfilham esta tese ampla de sanção administrativa acabariam por englobar na noção figuras muito distintas. Cfr. FERNANDA MAÇÃS, *"A caducidade no direito administrativo: Breves considerações"*, ob.cit., p. 133.

Importa no entanto considerar que nem toda a infracção de normas pode ser considerada um ilícito administrativo. Umas vezes, a infracção releva de modo indirecto, sendo apenas um pressuposto da actuação da Administração de forma a preservar os interesses lesados, independentemente da própria conduta do lesante, importando não propriamente a infracção, mas sim a lesão de um interesse específico. Outras vezes, releva de modo directo, funcionando como forma de punição do autor da conduta ilícita e constituindo o único pressuposto do exercício do poder administrativo.

Existem outros autores que procuram uma noção de sanção bastante mais restrita, acentuando a sua natureza de "pena em sentido técnico"[100] e o seu intuito punitivo ao autor da infracção.

No seguimento da tese de Garcia de Enterría, SUAY RINCÓN[101], acrescenta que *"sanção administrativa é qualquer mal infligido pela Administração a um administrado como consequência de uma conduta ilegal, resultante de um procedimento administrativo e com uma finalidade puramente repressora".*

De toda a análise efectuada aos diferentes autores, podemos dizer que os elementos identificadores da sanção administrativa mais salientados são: o carácter aflitivo, a finalidade punitiva da medida,

---

[99] EDUARDO GARCÍA DE ENTERRÍA, *"El problema Jurídico de las Sanciones Administrativas"*, in Civitas: Revista Española de Derecho Administrativo (REDA), n.º 10, Madrid, Jul./Ago., 1976, p. 399.

[100] Segundo CARLO ENRICO PALIERO e ALDO TRAVI esta expressão tem como referência a tese de GUIDO ZANOBINI que, em 1924, definiu as sanções administrativas como "penas em sentido técnico" cuja aplicação constitui um verdadeiro direito subjectivo para a Administração. Este autor acabou por aproximar sanção administrativa a sanção penal procurando encontrar um critério que permitisse distinguir as duas espécies. Assim, partindo da autoridade sancionadora, propugnou que enquanto a sanção administrativa constitui um direito subjectivo dos entes administrativos, a aplicação da sanção penal representa um dever para o Estado. Concluindo que *"são penas administrativas e não sanções penais todas aquelas cuja aplicação é reservada por lei à autoridade administrativa"*. Cfr. CARLO ENRICO PALIERO e ALDO TRAVI, La *Sanzione Amministrativa,* ob.cit, p. 4 e GUIDO ZANOBINI, *Le Sanzioni Amministrative*, Fratelli Bocca Editori, Turim, 1924, p. 38.

[101] Cfr. JOSÉ SUAY RINCÓN, *Sanciones Administrativas*, Publicaciones del Real Colégio de España, Bolonia, 1989, pp. 55 ss.

a natureza administrativa da autoridade competente para aplicar a infracção e a existência de um ilícito administrativo[102].

No entanto, a delimitação do conceito de sanção administrativa e a distinção entre uma concepção ampla e uma noção mais restrita acarreta algumas dúvidas no que concerne ao regime jurídico aplicável, colocando-se desde logo a questão de saber se lhes pode ser aplicado o regime previsto para as sanções penais.

Segundo ROGÉRIO SOARES[103], deve separar-se o ilícito administrativo do penal pela ideia condutora dos valores a defender. No primeiro caso, estamos perante interesses administrativos, e no segundo, perante valores ético-sociais[104]. Como principais características diferenciadoras, aponta o facto de nos ilícitos administrativos os actos não terem de estar necessariamente tipificados na lei; de se dispensar o funcionamento de um órgão judicial na aplicação da sanção; de os particulares não poderem ser sancionados com penas privativas da liberdade e de os mesmos não estarem abrangidos pelas amnistias dos factos criminosos.

Esta questão assume extrema importância e existem mesmo alguns autores que tendem a aproximar cada vez mais as sanções administrativas às sanções penais, o que releva bastante em termos de amplitude de garantias[105].

Nesta matéria, a jurisprudência entende que essa aplicação deve ser feita com algumas nuances.

---

[102] Vide FRANCK MODERNE, *Sanctions Administratives et Justice Constitutionnelle*, Económica, Paris, 1993, p. 77.

[103] Cfr. ROGÉRIO SOARES, *Direito Administrativo*, ob.cit., p. 38.

[104] Em relação a esta matéria, vide JOSÉ SUAY RINCÓN, *Sanciones Administrativas*, ob.cit., pp. 85 ss.

[105] No estudo de EDUARDO GARCÍA DE ENTERRÍA e TOMÁS-RAMÓN FERNÁNDEZ é analisada esta problemática, fazendo-se uma análise da aplicação dos princípios gerais de direito penal na esfera sancionadora administrativa, dentre os quais: o princípio da legalidade, o princípio da tipicidade, o princípio da culpabilidade, o princípio da proporcionalidade e o direito à presunção da inocência. Cfr. EDUARDO GARCÍA DE ENTERRÍA e TOMÁS-RAMÓN FERNÁNDEZ, *Curso de Derecho Administrativo*, Vol. II, Civitas Ediciones, S.L., Madrid, 2002, pp. 174 ss.

No fundo, a grande dificuldade prende-se precisamente com a determinação dos princípios penais que podem ser aplicados e quais os limites a que se deve atender[106-07].

Independentemente da resolução mais correcta para esta problemática, e regressando novamente à noção de sanção administrativa, podemos ainda salientar que esta funciona como uma medida punitiva, que pode ser aplicada pela Administração no âmbito das suas relações jurídicas, a quem, sem justificação, deixe de cumprir um dever administrativo.

Assim, tendo como princípio que a sanção administrativa em sentido estrito assume um cariz de reprovação ou condenação, torna-se difícil reconduzir a figura da caducidade por incumprimento a esta noção, na medida em que, neste último caso, o que se procura não é propriamente punir uma violação dos deveres impostos ao particular, mas antes evitar a lesão do interesse público específico decorrente do incumprimento. Verificamos assim que, por um lado, a Administração tem como principal preocupação acautelar o interesse público, fazendo uma ponderação dos interesses em jogo mediante o caso concreto e, por outro lado, a perda da situação jurídica de vantagem por parte do particular não se traduz numa ideia de punição do seu comportamento por parte da Administração.

Com base na dificuldade de qualificação deste tipo de caducidade administrativa, RAFAEL CABALLERO SÁNCHEZ tende a considerar que no caso da caducidade por incumprimento estaríamos perante uma sanção sui generis[108].

---

[106] Sobre esta problemática, vide ainda ALEJANDRO NIETO, *Derecho Administrativo Sancionador,* 3.ª ed., Tecnos, Madrid, 2002, pp. 167 ss; GONZALO QUINTERO OLIVARES, *"La Autotutela, los Limites al poder Sancionador de la Administración Pública y los Princípios Inspiradores del Derecho Penal",* in Revista de Administración Pública (RAP), n.º 126, 1991, pp. 267 ss e FRANCK MODERNE, *Sanctions Administratives et Justice Constitutionnelle,* ob.cit., pp. 193 ss.

[107] Em Portugal, GOMES CANOTILHO e VITAL MOREIRA chamam à atenção para o facto de algumas garantias de defesa próprias do direito processual penal serem aplicáveis aos processos sancionatórios, desde logo, tendo em conta o princípio do Estado de direito democrático plasmado no artigo 2.º da Constituição da República Portuguesa. Cfr. JOSÉ GOMES CANOTILHO e VITAL MOREIRA, *Constituição da República Portuguesa Anotada,* Vol. I, 4.ª ed. revista, Coimbra Editora, Coimbra, 2007, p. 205.

[108] RAFAEL CABALLERO SÁNCHEZ, *Prescripción y caducidad en el ordenamiento administrativo,* 1999, p. 261.

2.2. Regime jurídico e enquadramento dogmático

2.2.1. *O automatismo da figura*

As inúmeras causas[109] e tipos de caducidade existentes dificultam a concretização de um regime jurídico e seu enquadramento dogmático.

Importa desde logo reconhecer que no âmbito do direito administrativo é necessário considerar hipóteses muito especiais de caducidade, atendendo a que esta pode decorrer não só da lei como também depender de autoridade administrativa[110].

Assim, não podemos deixar de atender à entidade que fixa o prazo para o exercício do direito[111] de forma a perceber o grau de automatismo do regime em causa e fazer a análise dos interesses envolvidos. Obviamente, existirá sempre um interesse público subjacente a esta figura, sendo importante averiguar qual a finalidade concreta, já que o regime será tanto mais automático quanto a indisponibilidade dos interesses em causa.

Tal como já tivemos oportunidade de salientar, no âmbito do direito civil esta extinção funciona de forma automática, operando a caducidade sem necessidade de uma declaração formal[112].

---

[109] Tais como: a extinção do direito por perda dos pressupostos legais da sua titularidade, o incumprimento de deveres na sequência de um acto administrativo autorizativo e o não exercício de faculdades atribuídas por concessões.

[110] VIEIRA DE ANDRADE chama a atenção para o facto dos prazos de exercício dos direitos poderem ser fixados não só por lei ou por contrato, mas também por vontade unilateral da Administração, concretamente por regulamento ou acto administrativo, podendo aqui existir um maior ou menor espaço de decisão por parte desta. Neste âmbito, dá o exemplo da caducidade decorrente da aposição de cláusulas acessórias, como o termo final e a condição resolutiva, cfr. VIEIRA DE ANDRADE, *Parecer,* ob.cit., p. 6.

[111] Se a Administração individualmente por acto administrativo; se através de um acordo com consentimento do titular, ou pelo próprio legislador directamente.

[112] No âmbito da doutrina espanhola e italiana, muitos autores já se pronunciaram a este respeito, a título de exemplo, BERNARDO GOMEZ CORRALIZA defende que a extinção é automática, ou seja, produz-se *ipso iure, sine facto hominis,* não sendo necessário, depois de expirar o prazo, nenhum acto posterior, nem do juiz, nem da parte, cfr. BERNARDO GOMEZ CORRALIZA, *La caducidad,* ob.cit., p. 456. Ainda, CESARE RUPERTO assinalou que o efeito da caducidade produz-se *ipso iure,* sem prejuízo de dever ser alegada pelo interessado nos casos em que não seja apreciada oficiosamente, cfr. CESARE RUPERTO, *Prescrizione e decadenza,* Torino, 1968, p. 434.

Ao contrário deste regime, a caducidade preclusiva no âmbito do direito administrativo nem sempre opera de forma automática pelo mero decurso do tempo previamente estabelecido sem que o particular exerça o seu direito.

Nos casos em que a lei determina o prazo de caducidade por razões de certeza e segurança jurídica[113], entende-se que a impossibilidade de exercício do direito durante esse prazo faça com que a caducidade opere de forma automática[114-115]. No entanto, na maioria dos casos, é necessário que a Administração venha a declarar a caducidade, já que esta não opera *ope legis*.

Compreende-se que assim seja, desde logo, atendendo a que só perante o caso concreto é possível avaliar as exigências de interesse público e também porque o automatismo neste domínio cria insegurança jurídica, pois não permite aferir com elevado grau de certeza se o direito ou o acto verdadeiramente se extinguiu[116].

Destarte, mesmo no âmbito da caducidade em sentido estrito, a declaração administrativa faz com que termine o clima de incerteza e se confirme a situação de caducidade, tornando assim a situação jurídica certa e incontestável[117].

Já nos casos de caducidade por incumprimento, é pacífico na doutrina a exigência de declaração administrativa, na medida em

---

[113] Na esteira de VIEIRA DE ANDRADE, naquelas situações em que ao determinar a caducidade, a lei visa precisamente assegurar que, por razões de certeza, o direito ou a faculdade não possam ser exercidos para além do prazo fixado, o efeito de "perda do direito", decorrente do facto do não uso (ou de outro facto), deve ser automático e há-de operar por força da própria lei. Cfr. VIEIRA DE ANDRADE, *Parecer*, ob.cit., p. 9.

[114] A propósito da caducidade da carta de condução de veículo automóvel com carácter provisório, o Supremo Tribunal Administrativo veio defender o automatismo da caducidade, num *Acórdão de 16 de Novembro de 2000*, propugnando que "*o decurso do prazo, na caducidade, extingue prematuramente a eficácia do direito e a possibilidade de o realizar, ou seja, determina a sua resolução, o morrer do direito, que se opera ipso jure, de maneira directa e automática*", in http://www.dgsi.pt.

[115] Um dos autores que defende que a caducidade preclusiva opera de forma automática é GIUSEPPE SANTANIELLO, *Decadenza, Diritto Amministrativo*, ob.cit., p. 801.

[116] Vide FERNANDA MAÇÃS, "*A caducidade no Direito Administrativo: Breves considerações*", ob.cit., p. 164.

[117] A este propósito SÉRVULO CORREIA, *Noções de Direito Administrativo*, Vol.I, Editora Danúbio, Lda., Lisboa, 1982, p. 472.

que para além da verificação do pressuposto objectivo do decurso do tempo, é necessário averiguar a conduta do titular do direito[118].

Especificamente no âmbito da caducidade-sanção por incumprimento, e mesmo para aqueles autores que rejeitam a natureza sancionatória da caducidade, exige-se uma decisão expressa e um procedimento com as cautelas e garantias próprias dos actos com eficácia extintiva[119].

De acordo com JAIME RODRÍGUEZ-ARANA MUÑOZ[120] o carácter automático é precisamente a nota que distingue a caducidade civil da administrativa, sendo o próprio interesse geral o motivo da exigência de uma declaração, já que o interesse público constitui o elemento modular do regime geral da caducidade administrativa.

Este autor vai um pouco mais longe, defendendo o funcionamento não automático da caducidade em todas as suas manifestações no âmbito do direito administrativo, atendendo a que a própria Administração, servidora dos interesses gerais, deve caso a caso estudar a incidência do incumprimento ou da extinção da relação jurídico--administrativa, precisamente em conexão com a utilidade pública que subjaz a todo o negócio jurídico público[121]. Esta apreciação das circunstâncias por parte da Administração, em função dos interesses gerais, revela-se de enorme importância, atendendo a que, muitas

---

[118] Relativamente à concessão de domínio público, MARIA MERCEDES LAFUENTE BENACHES entende que a declaração da caducidade é uma modalidade de resolução objectiva, uma forma de extinção das concessões provocada pelo desaparecimento do interesse geral próprio da concessão, independentemente da sua causa. De acordo com esta doutrina, a concessão termina sempre que não se possa alcançar o interesse geral, posição esta que tende a eliminar as demais modalidades de extinção. Cfr. MARIA MERCEDES LAFUENTE BENACHES, *La concesión de domínio público*, Editorial Montecorvo, S.A., Madrid, 1988, p. 130.

[119] Cfr. FERNANDA MAÇÃS, *"A caducidade no direito administrativo: Breves considerações"*, ob.cit., p. 166.

[120] Cfr. JAIME RODRÍGUEZ-ARANA MUÑOZ, *La caducidade en el Derecho Administrativo Español*, ob.cit., pp. 14 e 15.

[121] De acordo com FRANCISCO VELASCO CABALLERO, o automatismo resolutivo do direito civil não é extensível ao direito administrativo, já que cria uma situação de insegurança jurídica, porque não se sabe se o acto se extinguiu ou não e, por outro lado, não se compagina com o princípio da proporcionalidade, cfr. FRANCISCO VELASCO CABALLERO, *Las cláusulas accesorias del acto administrativo*, Editorial Tecnos, Madrid, 1996, pp. 96 ss, .

vezes, a Administração ao ponderar as situações concretas acaba por optar por não declarar a caducidade, não se chegando a produzir os efeitos inerentes a tal figura.

Independentemente deste entendimento alargado do carácter não automático da figura da caducidade no âmbito do direito administrativo, certo é, que nos casos de caducidade por incumprimento, só através de uma ponderação das circunstâncias é possível aferir a oportunidade concreta do efeito extintivo. A Administração analisa se se verificam as causas da caducidade, pondera a conduta do particular e o grau de incumprimento, e no final pode chegar à conclusão que é imperioso no caso concreto manter a relação jurídica ou o contrato, tendo em conta não só o interesse público, como também a protecção de outros bens jurídicos presentes[122] e de forma a evitar prejuízos maiores ou soluções manifestamente injustas ou desproporcionadas.

2.2.2. Efeitos e carácter obrigatório da declaração

Em geral, nos casos de caducidade preclusiva, a declaração de caducidade tem natureza declarativa[123]. Na verdade, se a causa que a determina constitui um facto em si mesmo objectivo, a alteração da ordem jurídica dá-se por força da verificação desse facto, não vindo a declaração da administração introduzir qualquer mudança na realidade existente, limitando-se a afirmar essa alteração e a produzir efeitos ex tunc[124]. Destarte, no caso da existência de causas de resolução objectivas previstas na lei ou no contrato, a Administração limita-se a declarar a caducidade tendo em conta que estão verificados os pressupostos de facto aí previstos.

Dizem alguns autores, no entanto, que a declaração ao verificar a produção do facto extintivo elimina o equívoco de uma situação

---

[122] No caso de um contrato de concessão podem estar em causa: razões de conveniência da continuidade do serviço público, dificuldades insuperáveis em novas adjudicações, ou simplesmente conveniência geral na manutenção do contrato, cfr. JAIME RODÍGUEZ-ARANA MUÑOZ, *La caducidade en el Derecho Administrativo Español*, ob.cit., p. 288.
[123] Apenas declara a existência ou inexistência de um direito ou de um facto.
[124] Retroactivamente, contando a partir do início da situação referida no acto.

de aparência e, assim sendo, terá neste sentido efeitos constitutivos[125].

Na verdade, discute-se na doutrina os casos em que esta declaração produz efeitos constitutivos[126], já que a eficácia constitutiva dependerá da natureza do facto extintivo e da margem de discricionariedade da Administração na declaração de caducidade.

Assim, concluímos que quando a caducidade assume a natureza de sanção por incumprimento, não restam dúvidas de que é necessário uma declaração administrativa para operar o efeito extintivo do direito e para averiguar as causas da caducidade, a conduta do particular e as razões de interesse público subjacentes ao prazo em causa. Já que, de acordo com FERNANDA MAÇÃS[127], *"o automatismo resolutivo é gerador de insegurança jurídica, pois deixa sem que se saiba se o acto administrativo se extinguiu ou não. Além disso, não é compaginável com qualquer juízo de ponderação, com vista a averiguar se o efeito extintivo é adequado e exigível (princípio da proporcionalidade) no confronto com o interesse público e outros bens jurídicos em jogo no caso concreto".*

Ora, quando as causas de caducidade devam ser comprovadas ou qualificadas juridicamente de forma a verificar se estão conforme o estabelecido na lei, no contrato, ou no acto, devemos considerar que a declaração terá efeitos constitutivos, embora susceptíveis de se reportar ao momento em que terminava o prazo.

Especificamente na caducidade por incumprimento, em que a Administração valora as causas do não cumprimento por parte do particular de forma a averiguar se a relação jurídica estabelecida

---

[125] MARCELLO CAETANO chamou a atenção para o facto da maioria da doutrina italiana conceder que *"por vezes o apuramento ou reconhecimento de situações ou de circunstâncias em casos individuais pode ser acompanhado de uma decisão atributiva de direitos, embora se trate do exercício de poderes vinculados da Administração em tais termos que a decisão é consequência lógica e necessária da verificação ou constatação prévias: temos então os accertamenti costitutivi, que poderíamos traduzir por "verificações constitutivas"".* Cfr. MARCELLO CAETANO, *Manual de Direito Administrativo*, ob.cit., p. 456.

[126] Criando uma nova situação jurídica ou autorizando uma alteração na ordem jurídica existente.

[127] Cfr. *Parecer n.º 40/94 do Conselho Consultivo da Procuradoria-Geral da República, de 26 de Setembro de 2002*, disponível em http://www.dgsi.pt.

deverá ou não permanecer, existe não só uma obrigatoriedade de declaração da caducidade, como também ela própria produz efeitos jurídicos, operando a partir do momento em que é declarada.

Neste caso, a Administração mantém uma margem mais ampla de livre apreciação e uma maior liberdade de actuação no âmbito dos poderes discricionários que lhe são próprios: ainda que estes possam não existir ao nível da verificação dos pressupostos, existirão sempre em termos de decisão. Em princípio, a declaração será obrigatória nos casos em que a Administração verifica que esses pressupostos estão preenchidos. No entanto, em certos casos, o legislador permite uma ponderação[128] relativamente à declaração de caducidade, quando seja de considerar que razões de interesse público justificam a manutenção da relação.

É assim possível à Administração reabilitar[129] o direito com efeitos ex tunc, ou prorrogar o prazo, por forma a manter a situação jurídica em causa. Esta reabilitação decorre da margem de liberdade deixada à Administração para apreciação das causas de caducidade em concreto, sendo necessário ponderar cuidadosamente as circunstâncias e a razoabilidade do prazo decorrido, explicitando as razões que justificam a decisão e recorrendo à ideia de interesse público[130].

---

[128] Existe aqui alguma margem de discricionariedade deixada à Administração no que toca à análise das respectivas causas e comportamento do titular do direito, principalmente nos casos de caducidade por incumprimento. Os autores EDUARDO FIGUEIREDO DIAS e FERNANDA PAULA OLIVEIRA, na esteira da concepção defendida por ROGÉRIO SOARES, consideram que *"Na zona da discricionariedade a actividade administrativa é funcional e materialmente jurídica: visa a aplicação do direito ao caso concreto, na procura da melhor solução orientada pelo fim da norma (interesse público específico) e regulada por uma racionalidade jurídica (em obediência aos princípios jurídicos como os da igualdade, imparcialidade, justiça, proporcionalidade, mas também da necessidade, racionalidade, boa fé, proibição do arbítrio, e tendo em consideração os direitos, liberdades e garantias dos cidadãos administrados)"*, Cfr. *"A Discricionariedade Administrativa"*, Scientia Ivridica, Julho-Dezembro 1999, Tomo XLVIII, n.os 280/282, p. 383.

[129] No caso das concessões, a reabilitação não implica um novo outorgamento, apenas uma validação ou continuação da concessão inicialmente acordada. Cfr. JAIME RODRÍGUEZ-ARANA MUÑOZ, *La caducidad en el Derecho Administrativo Español*, ob.cit., p. 288

[130] Nas palavras de MARCELO REBELO DE SOUSA e ANDRÉ SALGADO DE MATOS, *"O interesse público é o norte da administração pública; é por isso que o artigo 266.º, n.º 1 da CRP e o artigo 4.º do CPA individualizam o princípio da prossecução do*

Face a todo o exposto, concluímos que a figura da caducidade assume contornos muito específicos no âmbito do direito administrativo, em comparação com o regime civilístico, sendo importante analisar, desde logo, qual a finalidade subjacente à causa de caducidade e a matéria em que se enquadra a relação jurídica respectiva, assumindo particular relevância o grau de disponibilidade administrativa no que respeita à fixação do prazo e em geral à vida da relação jurídica[131].

3. A caducidade no âmbito da gestão urbanística

3.1. *O regime jurídico da urbanização e edificação*

O Decreto-Lei n.º 555/99, de 16 de Dezembro[132] estabeleceu o regime jurídico da urbanização e da edificação[133] e revogou os regimes relativos ao licenciamento municipal de obras particulares e licenciamento municipal de operações de loteamento e de obras de urbanização, Decretos-Leis n.os 445/91, de 20 de Novembro[134] e 448/91, de 29 de Novembro[135], respectivamente.

Dada a impossibilidade de avançar para uma codificação integral do direito do urbanismo, a junção destes dois regimes e a adopção de um único diploma para regular a elaboração, aprovação, execução e avaliação dos instrumentos de gestão territorial assume particular relevância e vai de encontro à ideia de simplificação legislativa. O que se pretende é ganhar clareza e coerência dos regimes

---

interesse público em termos categóricos", cfr. MARCELO REBELO DE SOUSA e ANDRÉ SALGADO DE MATOS, *Direito Administrativo Geral, Introdução e princípios fundamentais*, Tomo I, 2.ª ed, Dom Quixote, Lisboa, 2006, p. 205.

[131] A este propósito, VIEIRA DE ANDRADE, *Parecer*, ob.cit., p. 11.
[132] Entrou em vigor no dia 14 de Abril de 2000.
[133] Doravante RJUE.
[134] Diploma sucessivamente alterado pela Lei n.º 29/92, de 2 de Setembro, pelo Decreto-Lei n.º 250/94, de 15 de Outubro, e pela Lei n.º 22/96, de 26 de Julho.
[135] Com as alterações da Lei n.º 25/92, de 31 de Agosto, dos Decretos-Leis n.os 302//94, de 19 de Dezembro e 334/95, de 28 de Dezembro, e da Lei n.º 26/96, de 1 de Agosto.

jurídicos, evitando-se a dispersão e a duplicação desnecessárias de normas legais[136].

Este regime sofreu várias alterações[137], mas foi a Lei n.º 60/ /2007, de 4 de Setembro[138], que veio introduzir novidades de enorme relevância para a gestão urbanística, destacando-se de entre as modificações, o alargamento do âmbito da isenção de licenciamento, a criação da figura do gestor de procedimentos[139] e a utilização de

---

[136] Objectivos que se encontram previstos no Preâmbulo do Decreto-Lei n.º 555/99, de 16 de Dezembro.

[137] A sua vigência foi suspensa até ao dia 31 de Dezembro de 2000, pela Lei n.º 13/2000, de 20 de Julho e mais tarde a Lei n.º 30-A/2000, de 20 de Dezembro veio autorizar o Governo a introduzir alterações, prolongando a sua suspensão até à entrada em vigor do Decreto-Lei a emitir ao abrigo daquela autorização legislativa. Este veio a ser publicado a 4 de Junho de 2001, pelo Decreto-Lei n.º 177/2001, de 4 de Junho, tendo sido sucessivamente alterado pelas Leis n.os15/2002, de 22 de Fevereiro e 4-A/2003, de 19 de Fevereiro, pelo Decreto-Lei n.º 157/2006, de 8 de Agosto, pela Lei n.º 60/2007, de 4 de Setembro e pelos Decretos-Lei n.os18/2008, de 29 de Janeiro, 116/2008, de 4 de Julho e 26/2010, de 30 de Março. Esta recentíssima alteração terá um período de vacatio legis de 180 dias, de acordo com o artigo 130.º.

Nas palavras de SÉRVULO CORREIA *"O modo como decorreu este acidentado processo legislativo reflecte as grandes linhas de um juízo político-parlamentar sobre a primeira versão do novo regime jurídico da urbanização e da edificação. Por um lado, ao não ter querido sujeitar o diploma a ratificação, a Assembleia da República reconheceu que a complexidade do ordenamento ali estruturado fazia dele um texto pouco atreito a soluções correctivas de cariz pontual. Por outro lado, ao não revogar pura e simplesmente o Decreto-Lei n.º 555/99, suspendendo-o apenas e impulsionando a sua revisão pelo Governo, o Parlamento reconheceu implicitamente que a primeira versão do novo regime jurídico da urbanização e da edificação encerrava uma regulação maioritariamente idónea, merecedora de ser preservada e de servir de matriz à nova formulação normativa"*. Cfr. SÉRVULO CORREIA, *"O Novo Regime da Urbanização e da Edificação: um primeiro balanço"*, AA.VV., O Novo Regime Jurídico da Urbanização e da Edificação, Lex, Lisboa, 2002, pp. 18 e 19. Para uma breve apreciação geral do regime jurídico da urbanização e edificação, vide FERNANDA PAULA OLIVEIRA, *"O Novo Regime Jurídico da Urbanização e Edificação, a visão de um jurista"*, Revista do Centro de Estudos de Direito do Ordenamento do Urbanismo e do Ambiente (RECEDOUA), n.º 2, 2001, p. 35.

[138] Esta reforma do RJUE apenas se tornou plenamente eficaz a partir do dia 3 de Março de 2008.

[139] Que constitui o rosto da administração municipal no seu relacionamento com os interessados e com as demais entidades da Administração Central que se devam pronunciar sobre determinadas operações urbanísticas e fica encarregue do acompanhamento interno e externo. A este gestor compete assegurar o normal desenvolvimento da trami-

tecnologias da informação[140], com o objectivo de agilizar e simplificar procedimentos de gestão urbanística na sequência do Programa de Simplificação Administrativa e Legislativa (SIMPLEX)[141].

Em termos gerais, no que tange aos procedimentos de controlo prévio, a reforma parece seguir uma directriz geral de sentido liberalizador e desregulamentador, existindo um menor controlo ex ante das operações urbanísticas[142].

Não obstante a aparente facilidade e eficiência processual deste novo regime, ficaram por resolver algumas questões práticas tendo em conta a realidade administrativa dos municípios e sobretudo a inexistência generalizada dos sistemas informáticos de tramitação processual, pressuposto da eficácia da aplicação integral deste diploma.

De um ponto de vista substancial, também se verificaram algumas alterações no que tange, por exemplo, ao regime especial de nulidade, através da previsão de um regime misto para a nulidade dos actos administrativos de gestão urbanística, traduzido numa limitação temporal de dez anos para que o órgão que emitiu o acto ou

---

tação processual, acompanhando, nomeadamente, a instrução, o cumprimento de prazos, a prestação de informação e os esclarecimentos aos interessados, ex vi do n.º 3 do artigo 8.º do RJUE. Deste modo, os serviços devem estar organizados de forma a que o gestor do procedimento seja identificado logo com a entrada do pedido ou comunicação prévia, já que o recibo da apresentação daqueles contem a identificação do gestor do procedimento, bem como a indicação do local, do horário, e da forma pelo qual poderá ser contactado, nos termos do disposto no n.º 4 do mesmo artigo.

[140] Com vista a alcançar uma desmaterialização do procedimento administrativo, através do recurso a um sistema informático próprio, o qual permite, designadamente, a entrega de requerimentos e comunicações, a consulta do estado dos procedimentos e a submissão dos procedimentos a consulta por entidades externas ao município, nos termos do artigo 8.º-A do RJUE e regulamentado pela Portaria n.º 216-A/2008, de 3 de Março, através da criação de duas plataformas, uma para os municípios e outra para a Administração central. No caso dos municípios, o sistema deve permitir a tramitação dos procedimentos de controlo e de informação prévia e a entrega dos requerimentos e comunicações, bem como dos elementos anexos previstos na Portaria n.º 232/2008, de 11 de Março.

[141] Para uma apreciação global sobre as novidades no Regime Jurídico da Urbanização e Edificação, introduzidas pela Lei n.º 60/2007, cfr. FERNANDA PAULA OLIVEIRA, *"A alteração legislativa ao Regime Jurídico de Urbanização e Edificação: uma lebre que saiu gato...?"* in Revista de Direito Regional e Local (RDRL), n.00, 2007, pp. 53 e ss.

[142] A este propósito, vide PEDRO GONÇALVES, *"Controlo prévio das operações urbanísticas após a reforma legislativa de 2007"*, in RDRL, n.º 1, p. 14.

a deliberação declare a nulidade, para além da harmonização do regime das caducidades urbanísticas onde se prevê que todas operem mediante declaração administrativa nesse sentido e com prévia audiência dos interessados[143].

3.2. Caducidade da licença ou admissão da comunicação prévia

Iremos centrar a nossa atenção fundamentalmente na análise do artigo 71.º do RJUE[144] que contempla expressamente quais as causas que conduzem à caducidade da licença[145] ou admissão da comunicação prévia das operações urbanísticas[146].

No que respeita aos títulos das operações urbanísticas, o artigo 74.º, n.º 1 do RJUE prevê que as operações objecto de licenciamento

---

[143] Cfr. FERNANDA PAULA OLIVEIRA, "A alteração legislativa ao Regime Jurídico de Urbanização e Edificação: uma lebre que saiu gato...?", ob.cit., p. 67.

[144] Doravante todos os artigos mencionados dizem respeito ao RJUE, na versão da Lei n.º 60/2007, de 4 de Setembro, salvo indicação expressa de outro diploma legal.

[145] A propósito do regime jurídico da extinção das licenças de urbanismo, JESUS GONZÁLEZ PEREZ apresenta quatro causas de extinção distintas: as que pressupõe, previamente, um acto administrativo nesse sentido (anulação da licença); as que consistem num acto de renúncia do particular e em que unicamente se exige dar conhecimento à administração pública; as objectivas que operam à margem de qualquer declaração pessoal (desaparecimento do objecto); e as que requerem uma declaração formal (caducidade), cfr. JESUS GONZÁLEZ PEREZ, Nuevo régimen de las licencias de urbanismo, Madrid, 1991, p. 448.

[146] Tanto no direito administrativo geral, como no direito administrativo especial, concretamente nos direitos do ordenamento do território e do urbanismo, existem importantes casos de caducidade que ficam de fora do âmbito do nosso estudo e do RJUE. Destacamos aqui o Decreto-Lei n.º 351/93, de 7 de Outubro que estabeleceu o regime de caducidade dos pedidos e dos actos de licenciamento de obras, loteamentos e empreendimentos turísticos, impondo a confirmação da compatibilidade das licenças de loteamento, de obras de urbanização e de construção emitidas anteriormente à data da entrada em vigor de planos regionais de ordenamento do território, com as regras de uso, ocupação e transformação do solo constantes do respectivo plano e o Decreto Lei n.º 423/83, de 5 de Dezembro que prevê o regime da utilidade turística, diploma este que sofreu já diversas alterações. Sobre o primeiro, vide a anotação feita por FERNANDO ALVES CORREIA ao Acórdão do STA de 30 de Setembro de 1997 (P. 35 751) no seu estudo intitulado "Caducidade" de licenças e aprovações urbanísticas incompatíveis com as disposições de um superveniente PROT: uma solução constitucionalmente admissível?" in Cadernos de Justiça Administrativa (CJA), n.º 14, 1999, pp. 24 ss e ainda o Acórdão

sejam tituladas por alvará, cuja emissão é condição de eficácia, na medida em que se traduz numa exigência legal para que o acto administrativo possa produzir os seus efeitos jurídicos. Também a autorização de utilização dos edifícios é titulada por alvará, nos termos do n.º 3 do mesmo artigo. Já no caso da admissão de comunicação prévia esta é titulada pelo recibo da apresentação acompanhado do comprovativo da admissão[147].

Destarte, o interessado deve requerer a emissão do respectivo alvará de licença ou iniciar as obras no caso de comunicação prévia[148], no prazo de um ano a contar da data da notificação do acto de licenciamento[149] ou da admissão da comunicação prévia, sob pena de caducidade do acto administrativo[150], nos termos do disposto no artigo 71.º, n.º 2, quando se reporte a licença ou admissão de

---

do STA, de 17 Junho 2004 (P. 0706/02) in http://www.dgsi.pt. Relativamente ao segundo regime, vide os estudos de FERNANDA MAÇÃS, *"A Caducidade por incumprimento e a natureza dos prazos na atribuição da utilidade turística"* in CJA, n.º 48, 2004, pp. 14 ss; *"A caducidade no Direito Administrativo: Breves considerações"*, ob.cit., pp. 150 ss. *e o Parecer do Conselho Consultivo da PGR de 26 de Setembro de 2002*, publicado no DR, II Série, n.º 11, de 14 de Janeiro de 2003.

[147] De acordo com o disposto no artigo 36.º, o presidente da câmara municipal deve rejeitar a comunicação, num prazo de 20 dias a contar da entrega desta e dos demais elementos, quando verifique que a obra viola as normas legais e regulamentares aplicáveis, designadamente as constantes de plano municipal de ordenamento do território, as normas técnicas de construção em vigor ou os termos de informação prévia existentes. Este prazo é alargado para 60 dias quando haja lugar a consulta de entidades externas. Acrescenta ainda o artigo 36.º-A, que decorrido o prazo sem que a comunicação prévia tenha sido rejeitada, é disponibilizada no sistema informático a informação de que a comunicação não foi rejeitada, o que equivale para todos os efeitos à sua admissão. Nesse caso, o particular pode dar início às obras, efectuando previamente o pagamento das taxas devidas através de autoliquidação. Não obstante, o presidente pode decidir as questões de ordem formal e processual que possam obstar ao conhecimento de qualquer pedido ou comunicação por sua iniciativa ou por indicação do gestor de procedimento, bem como proferir despacho de aperfeiçoamento do pedido ou despacho de rejeição liminar, de acordo com o artigo 11.º.

[148] O artigo 80.º-A do RJUE prevê o prazo de informação sobre o início dos trabalhos e o responsável pelos mesmos, o que permite um controlo mais eficaz das causas de caducidade.

[149] Que serve de título e de prova do direito subjectivo público conferido ao particular.

[150] A deliberação da câmara e o despacho do presidente.

comunicação prévia para a realização de operação de loteamento que não exija a realização de obras de urbanização, bem como a licença para a realização de operações urbanísticas previstas nas alíneas b) a e) e g) do n.º 2 do artigo 4.º[151].

A requerimento fundamentado do interessado, o prazo de um ano pode ser prorrogado uma única vez pelo presidente da câmara[152], não tendo sido estabelecido qualquer prazo máximo de prorrogação[153].

O n.º 5 do artigo 76.º faz uma enunciação taxativa dos fundamentos para a recusa legítima da emissão do alvará, a saber: a caducidade[154], a suspensão, a revogação, a anulação, a declaração de

---

[151] Estas alíneas referem-se a obras de urbanização, trabalhos de remodelação de terrenos e obras de construção, de alteração e ampliação em área não abrangida por operação de loteamento; obras de reconstrução, ampliação, alteração, conservação ou demolição de imóveis classificados ou em vias de classificação e as obras de construção, reconstrução, ampliação, alteração, conservação ou demolição de imóveis situados em zonas de protecção de imóveis classificados, bem como dos imóveis integrados em conjuntos ou sítios classificados, ou em áreas sujeitas a servidão administrativa, ou restrição de utilidade pública; obras de reconstrução sem preservação das fachadas e demais operações urbanísticas que não estejam isentas de licença, nos termos do RJUE.

[152] Nos termos do artigo 76.º , n.º 2.

[153] De acordo com FERNANDA PAULA OLIVEIRA, MARIA JOSÉ CASTANHEIRA NEVES, DULCE LOPES e FERNANDA MAÇÃS *"o prazo máximo de prorrogação não deve exceder o prazo inicial, solução a que nos conduz a interpretação sistémica. Efectivamente, se na generalidade das prorrogações de prazo deste diploma se prescreve expressamente que as prorrogações de prazos são de duração inferior ao prazo inicial, seria contrariar a lógica sistémica do diploma considerar que esta prorrogação poderia ser de duração superior ao mesmo"*, cfr. *Regime Jurídico da Urbanização e Edificação*, comentado, 2.ª ed., Almedina, Coimbra, 2009, p. 480. Também ANDRÉ FOLQUE propugna que este prazo só pode ser prorrogado uma vez por novo prazo não superior a um ano, cfr. ANDRÉ FOLQUE, *Curso de Direito da Urbanização e da Edificação*, Coimbra Editora, Coimbra, 2007, p. 202.

[154] A caducidade já era fundamento para a recusa legítima de emissão de alvará no regime do licenciamento municipal de obras particulares, nos termos do n.º 4 do artigo 21.º do Decreto-Lei n.º 445/91, de 20 de Novembro, juntamente com a inexistência da licença ou o incumprimento das formalidades previstas no mesmo artigo, e no regime do licenciamento municipal de operações de loteamento e de obras de urbanização, de acordo com o n.º 4 do artigo 30.º do Decreto-Lei n.º 448/91, de 29 de Novembro, que indicava como fundamentos a inexistência e a caducidade da licença ou o incumprimento das formalidades previstas nos n.os 1 e 2 do mesmo artigo, regimes semelhantes e muito menos completos do que o actual RJUE.

nulidade da licença ou da admissão de comunicação prévia e a falta de pagamento das taxas devidas.

Importa ainda salientar, que no caso de operação de loteamento que exija a realização de obras de urbanização, o interessado deve, no prazo de um ano a contar da admissão da comunicação prévia das obras de urbanização, requerer a emissão de um único alvará[155], sob pena de caducidade, ex vi do artigo 71.º, n.º 1, alínea b), que prevê expressamente que *"a licença ou admissão da comunicação prévia para a realização de operação de loteamento caduca se não for requerido o alvará único a que se refere o n.º 3 do artigo 76.º no prazo de um ano a contar da notificação do acto de autorização das respectivas obras de urbanização"*[156].

Assim, quando a comunicação prévia ou o licenciamento de operações de loteamento[157] envolvam a necessidade de realização

---

[155] Nos termos do artigo 76.º, n.º 3.

[156] O n.º 3 do artigo 76.º refere-se a autorização das obras de urbanização, mas como bem ensinam FERNANDA PAULA OLIVEIRA e outras, *"(...) Embora os loteamentos se encontrem sujeitos, em regra, a licenciamento, acto que é titulado por alvará, as respectivas obras de urbanização estão sujeitas a comunicação prévia, acto cujo título não é, como sabemos, um alvará. Ora, a este propósito, não obstante o n.º 3 do presente artigo se referir a autorização em vez de admissão da comunicação prévia das obras de urbanização, consideramos continuarem ambos os actos a ser objecto de um único título, que é o correspondente ao acto mais solene (o alvará). (...) no caso de operação de loteamento que exija a realização de obras de urbanização, é emitido um único alvará, que deve ser requerido no prazo de um ano a contar da admissão da comunicação prévia das obras de urbanização"*, cfr. Regime Jurídico da Urbanização e Edificação, comentado, ob.cit., p. 481.

[157] Segundo o artigo 2.º, alínea i), operações de loteamento são *"as acções que tenham por objecto ou por efeito a constituição de um ou mais lotes destinados, imediata ou subsequentemente, à edificação urbana e que resulte da divisão de um ou vários prédios ou do seu reparcelamento"*. Na versão originária do Decreto-Lei n.º 555/99, de 16 de Dezembro, os loteamentos urbanos abrangiam não apenas a divisão de prédios em lotes, mas ainda a constituição de um lote ou de vários resultantes do emparcelamento de prédios autónomos ou do seu reparcelamento, operações sujeitas a controlo municipal. Destarte, no entendimento de FERNANDA PAULA OLIVEIRA e SANDRA PASSINHAS, o Decreto-Lei n.º 555/99 abrangia três operações urbanísticas diferentes que o legislador entendeu sujeitar ao mesmo regime jurídico: os loteamentos clássicos ou em sentido estrito (as tradicionais divisões de prédios em lotes para efeitos de construção), os emparcelamentos, e os reparcelamentos, cfr. *"Loteamento e Propriedade Horizontal: Guerra e Paz"*, in RECEDOUA, n.º 9, 2002, p. 47. Ainda no que concerne à delimitação

de obras de urbanização, que também terão de se submeter a admissão de comunicação prévia, a lei contempla os dois procedimentos como sucessivos, devendo ser apresentada a comunicação prévia para as obras de urbanização e uma vez concedidas ser requerido o alvará único[158]. No primeiro caso, no prazo de um ano a contar da notificação do acto de licenciamento ou da admissão do loteamento, e no segundo, no prazo de um ano após as obras de urbanização serem concedidas, sob pena de caducidade das admissões ou licenças anteriores. Pode, no entanto, acontecer que não haja lugar à emissão de alvará único, quando à comunicação prévia da operação de loteamento lhe sucede uma comunicação prévia das obras de urbanização, devendo neste caso aplicar-se o prazo de um ano para o procedimento de comunicação prévia de obras de urbanização, nos termos da alínea a), do n.º 1, do artigo 71.º[159].

Existem ainda outras causas de caducidade relativas à realização de obras de urbanização[160], concretamente, prevê a alínea a) do

---

da noção jurídica de loteamento, cfr. AA.VV., *Direito do Urbanismo e Autarquias Locais – realidade actual e perspectivas de evolução*, CEDOUA, FDUC e IGAT, Almedina, Coimbra, reimp., Abril 2005, pp. 82 e ss.

Com as alterações introduzidas pela Lei n.º 60/2007, as operações de emparcelamento deixaram de fazer parte da noção de operações de loteamento e, nessa medida, estão dispensadas do cumprimento das exigências de cariz material, não estando sujeitas a controlo prévio municipal. Assim, a junção de prédios do mesmo proprietário pode ser obtida por simples operação registral (anexação). Vide FERNANDA PAULA OLIVEIRA e outras, *Regime Jurídico da Urbanização e Edificação*, ob.cit., p. 71. Tendo em conta as designações utilizadas por FERNANDO ALVES CORREIA, o "direito" de urbanizar constitui a faculdade de dotar um terreno de infra-estruturas urbanísticas; o de lotear, a faculdade de realizar uma operação de loteamento, entendida como a acção que tenha por objecto ou por efeito a constituição de um ou vários prédios ou do seu reparcelamento; e o de edificar, a faculdade de erigir uma nova construção no solo. Cfr. FERNANDO ALVES CORREIA, *Manual de Direito do Urbanismo*, Vol.I, 4.ª ed., Almedina, Coimbra, 2008, p. 831.

[158] Para compreender as diferentes fases, prazos dos procedimentos da licença e da autorização e a documentação necessária para instruir o processo, na versão originária do Decreto-Lei n.º 555/99, de 16 de Dezembro e importante para uma comparação e análise das alterações introduzidas em 2007, vide *Guia das Operações de loteamento*, DGOTDU, Colecção informação, n.º 7, Maio de 2003.

[159] Vide FERNANDA PAULA OLIVEIRA e outras, *Regime Jurídico da Urbanização e Edificação*, ob. cit., p. 461.

[160] Vide n.os 3 e 4.º do artigo 71.º.

n.º 3 do artigo 71.º que a licença ou admissão de comunicação prévia caducam quando as obras respectivas não forem iniciadas no prazo de nove meses a contar da data de emissão do alvará, do prazo previsto no artigo 36.º [161], ou nos casos de silêncio, da data de pagamento das taxas, do depósito ou garantia de pagamento[162]. Assim, no momento em que o interessado paga as taxas, deve requerer a emissão do alvará, sob pena de caducidade da licença que aquele titula. Em regra, é o alvará que certifica a eficácia do acto de licenciamento em causa[163].

A licença ou admissão de comunicação prévia também caduca nos termos das alíneas b), c) e d) do n.º 3 do artigo 71.º, no caso das obras estarem suspensas por período superior a seis meses, salvo se a suspensão decorrer de facto não imputável ao titular da licença ou da admissão da comunicação prévia; quando estejam abandonadas[164] por período superior a seis meses; ou se não forem concluídas no prazo fixado na licença, comunicação prévia ou suas prorrogações, contado a partir da data de emissão do alvará, ou no prazo de 20 ou 60 dias a contar da data da entrega da comunicação e demais elementos instrutórios fixados pela Portaria n.º 232/2008, nos termos do artigo 36.º, n.º 1.

---

[161] Sem prejuízo do saneamento e apreciação preliminar previstos no artigo 11.º do RJUE, o presidente da câmara municipal deve rejeitar a comunicação prévia no prazo de 20 dias a contar da entrega da comunicação e restantes elementos ou de 60 dias quando haja lugar a consulta a entidades externas, se verificar que a obra viola as normas legais e regulamentares aplicáveis.

[162] Vide artigo 113.º.

[163] Os actos administrativos que decidem sobre as operações urbanísticas são as licenças e as admissões das comunicações prévias, na medida em que os alvarás são documentos que apenas servem de títulos às mesmas, permitindo desencadear os seus efeitos, cfr. FERNANDA PAULA OLIVEIRA e outras, *Regime Jurídico da Urbanização e Edificação*, ob.cit., p. 461.

[164] O n.º 4 do artigo 71.º determina que se consideram abandonadas as obras ou trabalhos sempre que: se encontrem suspensas(os) sem motivo justificativo registado no respectivo livro de obra; decorram na ausência do técnico responsável pela respectiva execução ou se desconheça o paradeiro do titular da respectiva licença ou comunicação prévia, sem que este haja indicado à câmara municipal procurador bastante que o represente. Neste caso, uma vez que nada na lei o impede, a presunção pode ser ilidida mediante prova em contrário, de acordo com o disposto no artigo 350.º do CC.

No seu estudo sobre o direito da urbanização e da edificação, ANDRÉ FOLQUE[165] apresenta três razões que justificam a aplicação do regime da caducidade, salientando que *"Em primeiro lugar, o facto de o desaproveitamento do uso dos solos e das edificações ser inconveniente para a função social da propriedade privada. A licença e a autorização das operações urbanísticas traduzem, em muitos casos, a execução de um plano, de uma ordem pública urbanística programada que a todos interessa prosseguir de modo coerente e previsível. Por outro lado, o risco da não caducidade é o da especulação imobiliária. Antecipar-se-ia a aquisição de direitos reais administrativos, retardando-se o seu uso como forma do ganho indevido de mais-valias. Em terceiro lugar, iniciadas as obras, o seu efeito no ambiente é sempre inconveniente, não apenas pelos perigos que comportam para a segurança e salubridade (...) como também pelas perturbações na qualidade de vida cuja extensão no tempo urge abreviar (...)"*.

Ainda no âmbito do artigo 71.º, não queremos deixar de destacar quatro notas que consideramos relevantes. Por um lado, salientar que o prazo de nove meses supra referido[166], quando estão em causa operações sujeitas a comunicação prévia, choca com o prazo de um ano, previsto no n.º 2 do artigo 71.º, devendo optar-se pelo prazo mais amplo, em termos de caducidade do acto, no caso dos dois prazos serem potencialmente aplicáveis ao caso concreto[167].

Por outro lado, no que concerne à contagem de prazos, sublinhar que os mesmos se contam de acordo com o artigo 279.º do CC[168]. O que significa que não se aplicam as regras fixadas no artigo 72.º do CPA, pelo que os mesmos não se suspendem aos Sábados, Domingos e Feriados[169].

---

[165] ANDRÉ FOLQUE, *Curso de Direito da Urbanização e da Edificação*, ob.cit., pp. 200 e 201.

[166] Vide alínea a), do n.º 3, do artigo 71.º.

[167] Neste sentido FERNANDA PAULA OLIVEIRA e outras, *Regime Jurídico da Urbanização e Edificação*, ob.cit., p. 462, que entendem que *"quando ambos os prazos forem potencialmente aplicáveis, se deve optar pelo prazo mais lato para retirar consequências ligadas à caducidade do acto"*.

[168] Vide artigo 71.º, n.º 6.

[169] De acordo com a remissão efectuada, aplicam-se, designadamente, as seguintes regras: na contagem do prazo não se inclui o dia, nem a hora (se o prazo for de horas),

Em terceiro, chamar à colação uma hipótese que entretanto foi revogada, mas que já fez parte do corpo do artigo 71.º, na alínea e), do n.º 3, como uma das causas geradoras da caducidade da licença ou autorização para a realização de operações urbanísticas, mais concretamente, no caso de falência ou insolvência do titular da licença ou autorização, situação esta que desapareceu com a Lei n.º 60/2007, de 4 de Setembro.

Por último, evidenciar que segundo o n.º 7 do artigo 71.º[170], a caducidade não produz efeitos relativamente aos lotes para os quais já haja sido aprovado pedido de licenciamento para obras de edificação, ou que já tenha sido apresentada comunicação prévia da realização dessas obras[171]. Nas palavras de ANDRÉ FOLQUE[172] este número é uma verdadeira cláusula de salvaguarda do existente e de protecção da confiança[173].

Alguns autores chamam a atenção para os problemas de ordem prática que a aplicação deste regime pode suscitar, nomeadamente quando as obras de urbanização que estão por executar se destinem a servir os respectivos lotes, considerando que a execução das obras pela câmara municipal ou por terceiro (mecanismos previstos nos

---

em que ocorrer o evento a partir do qual o prazo começa a correr; se o prazo terminar em domingo ou dia feriado transfere-se para o primeiro dia útil (vide artigo 279.º do CC). Para maiores desenvolvimentos, J.A.SANTOS, *Regime Jurídico da Urbanização e Edificação*, anotado e comentado, 3.ª ed., Dislivro, pp. 391 ss e ABÍLIO NETO, *Código Civil Anotado*, 16.ª ed., rev. e act., Ediforum, 2009, pp. 155 ss.

[170] Sobre esta matéria, vide *Acórdão do STA, de 20 de Fevereiro de 2008*, in http://www.jusnet.pt.

[171] FERNANDA PAULA OLIVEIRA e outras chamam a atenção para a questão de apenas se poderem manter ou concretizar os lotes isolados relativamente aos quais esses requisitos estejam preenchidos e não as parcelas comuns ou públicas a eles afectas, o que pode levar à existência de verdadeiras ilhas urbanas no meio do nada, defendendo, nesses casos, que o município deveria poder declarar parcialmente a caducidade, ressalvando as parcelas ligadas àquele lote, para assegurar a sua funcionalidade urbana, cfr. *Regime Jurídico da Urbanização e Edificação*, ob.cit., p. 469.

[172] Cfr. ANDRÉ FOLQUE, *Curso de Direito da Urbanização e da Edificação*, ob.cit., p. 199.

[173] No fundo, o legislador estabelece aqui uma ponderação de interesses, existindo uma preocupação de protecção dos terceiros adquirentes.

artigos 84.º e 85.º) serão a única forma de assegurar a protecção dos interesses de terceiros adquirentes dos lotes em causa[174].

Declarada a caducidade pela câmara municipal, com audiência prévia do interessado[175], o alvará será cassado pelo presidente, nos termos do artigo 79.º, apreendido pela câmara municipal após notificação ao respectivo titular e comunicado este facto à conservatória do registo predial competente[176], para efeitos de anotação à descrição e de cancelamento do registo do alvará e comunicação prévia[177]. Com a alteração do RJUE, este artigo chama ainda a atenção para a cassação da admissão da comunicação prévia, feita por averbamento à informação prevista no n.º 1 do artigo 36.º-A[178].

Mesmo que a licença ou admissão da comunicação prévia haja caducado, é permitido ao seu titular requerer nova licença ou apresentar comunicação prévia[179], podendo ser utilizados no novo pro-

---

[174] Vide a este propósito, JOÃO PEREIRA REIS e MARGARIDA LOUREIRO, *Regime Jurídico da Urbanização e da Edificação*, anotado, Almedina, Coimbra, 2002, p. 183.

[175] A audiência prévia representa o mecanismo que reflecte o princípio constitucional que determina a participação efectiva dos interessados no procedimento e deve realizar--se antecedendo todos os actos que decidam de forma desfavorável a pretensão do particular. Cfr. ANTÓNIO GÓIS NÓBREGA, *Regime Jurídico da Urbanização e Edificação, anotado*, 2.ª ed., rev. e act., Ed. ATAM, 2002.

[176] Nos termos do n.º 3 deste artigo, o presidente da câmara municipal dá igualmente conhecimento à conservatória dos lotes que se encontrem na situação referida no n.º 7, do artigo 71.º, ou seja, onde já haja sido aprovado pedido de licenciamento para obras de edificação ou já tenha sido apresentada comunicação prévia da realização dessas obras e para os quais a caducidade não produz efeitos, requerendo a esta o cancelamento parcial do alvará ou da admissão da comunicação prévia, nos termos da alínea f) do n.º 2 do artigo 101.º do Código do Registo Predial e indicando as descrições a manter.

[177] Relativamente a esta matéria, vide *Acórdão do STA, de 14 de Julho de 2008*, in http://www.jusnet.pt.

[178] Artigo 79.º, n.º 5.

[179] Apesar do regime da renovação não se encontrar previsto na legislação anterior ao Decreto-Lei n.º 555/99, de 16 de Dezembro, era entendimento da jurisprudência que "*caducando a licença de loteamento, o pedido de renovação do licenciamento está sujeito a novo processo de licenciamento regulado pela lei vigente à data do respectivo requerimento*", *Acórdão do STA, de 16 de Dezembro de 1993*, in BMJ n.º 432, 1994, p. 406 e ainda que "*As licenças de loteamento caducadas e os alvarás que as titulem não podem ser prorrogados, mas podem ser renovados por meio de um novo pedido de apreciação e um novo processo em que sejam observadas as regras, formalidades, exigências e consultas próprias do processo que é indicado pela lei como adequado, no momento em que o novo pedido é formulado*", *Acórdão do STA, de 9 de Dezembro de 1997*, in

cesso os elementos que instruíram o processo anterior, desde que o novo requerimento seja apresentado no prazo de 18 meses a contar da data da caducidade ou se este prazo estiver esgotado, não existirem alterações de facto e de direito que justifiquem uma nova apresentação[180].

A este novo procedimento aplica-se o direito vigente ao tempo do pedido de renovação, ou seja, as novas regras que entretanto tenham entrado em vigor, por aplicação da regra do *tempus regit actum*[181-182].

Também no caso de obras inacabadas, ou seja, nas situações em que pese embora as obras já tenham atingido um estado avançado de execução, a licença ou a admissão de comunicação prévia haja caducado, pode ser requerida a concessão de licença especial para a sua conclusão ou ser apresentada comunicação prévia para esse fim[183].

3.3. *Enquadramento jurídico*

Especificamente no âmbito das licenças urbanísticas, e tendo em conta as considerações previamente estabelecidas, é imperioso ques-

---

BMJ, n.º 472, 1997, p. 539. Cfr. ANTÓNIO JOSÉ RODRIGUES, *Regime Jurídico da Urbanização e da Edificação*, Centro de Estudos de Formação Autárquica, Coimbra, 2002. Sobre esta matéria, vide ainda o *Acórdão do STA, de 23 de Outubro de 2007*, in http://www.dgsi.pt, que também determinou que "*A Licença obtida ao abrigo do artigo 72.º do RJUE, aprovado pelo DL n.º 555/99 de 16 de Dezembro, é uma nova licença e não o renascimento da anteriormente caducada*".

[180] Vide artigo 72.º.

[181] Princípio segundo o qual as condições de validade, substância e forma, e os efeitos jurídicos de um acto, se regem pela lei vigente ao tempo da sua realização e não por lei que posteriormente tenha vindo a alterar esse regime. Vide a este respeito, o artigo 12.º, n.º 2 do CC. Cfr. ANA PRATA, Dicionário Jurídico, ob.cit., p. 1161.

[182] Cfr. FERNANDA PAULA OLIVEIRA e outras, *Regime Jurídico da Urbanização e da Edificação*, ob.cit., p. 470.

[183] Com efeito, a partir da nova redacção dada ao artigo 88.º pela Lei n.º 60/2007, de 4 de Setembro, sempre que a câmara municipal reconheça interesse na conclusão da obra e não se mostre aconselhável a demolição da mesma, por razões ambientais, urbanísticas, técnicas ou económicas, pode ser concedida licença ou admitida comunicação prévia para a conclusão da mesma, independentemente dos motivos da caducidade em causa. O procedimento próprio desta licença especial é o de alteração previsto no artigo 27.º, e a apresentação da comunicação prévia segue o regime do artigo 35.º, aplicando-se o disposto no artigo 60.º.

tionar qual o tratamento jurídico das caducidades plasmadas no artigo 71.º do RJUE e baseando-nos na distinção efectuada entre caducidade preclusiva e caducidade-sanção no âmbito do direito administrativo, tentar enquadrá-las numa destas figuras para melhor compreender o seu regime e natureza jurídica[184].

Da leitura do artigo 71.º parece resultar que as caducidades aí previstas não estão associadas a interesses de certeza ou estabilidade jurídicas em que o direito tenha de ser exercido dentro do prazo previamente estabelecido, mas sim acautelar possíveis situações de verdadeira inércia do titular da licença ou da admissão de comunicação prévia, o que nos leva a concluir que em regra no âmbito das licenças urbanísticas as causas de caducidade analisadas não se enquadram na figura da caducidade preclusiva, mas sim da caducidade-sanção.

Na verdade, a Administração tem a possibilidade de prorrogar os prazos previstos, o que demonstra claramente que não se encontra presente nenhum interesse público específico em que o direito tenha de ser exercido dentro do prazo inicialmente estabelecido. No fundo, o interesse aqui presente, particularmente no n.º 3, é o de que as obras de urbanização se realizem efectivamente, de modo a evitar que se prolonguem no tempo situações de pendência e de fazer cessar a inércia do titular do direito. Procura-se assim satisfazer o interesse público dominante da realização efectiva da operação urbanística, e não propriamente uma ideia punitiva do comportamento do titular[185], mas apenas constrangê-lo a adoptar determinado

---

[184] Para uma perspectiva do instituto da caducidade no âmbito das licenças urbanísticas no direito espanhol, cfr. FRANCISCO ANTONIO CHOLBI CACHÁ, *El Procedimiento de Concesión de las Licencias de Urbanismo (especial referencia a la aplicación del silencio positivo)*, El Consultor de los ayuntamientos y de los juzgados, Madrid, 2002, pp. 463 e ss.

[185] A caducidade integra-se como uma figura ou instituição jurídica que não procura penalizar ou ir contra os direitos subjectivos dos particulares, mas antes, estabelecer um sistema de segurança jurídica que permita o exercício desses direitos subjectivos em tempo e de forma adequada. Neste sentido, GONZÁLEZ PÉREZ e GONZÁLEZ SALINAS, *Procedimiento Administrativo Local*, Tomo II, 2.ª ed., Publicaciones Abella, EC., Madrid, 1993, p. 907 e FRANCISCO GONZÁLEZ NAVARRO, "*La llamada caducidad del procedimiento administrativo*", in RAP, n.º 45, pp. 203 e 204.

comportamento por razões de interesse público e de protecção de terceiros adquirentes dos lotes[186].

É exactamente por razões de interesse público e também de salvaguarda do património cultural, da qualidade do meio urbano e do meio ambiente, da segurança das edificações e do público em geral ou no caso de obras de urbanização para protecção de interesses de terceiros adquirentes de lotes, que nos termos do artigo 84.º[187], a câmara pode promover a realização das obras por conta do titular do alvará ou do apresentante da comunicação prévia, quando por causa que lhe seja imputável, este não tiver realizado as obras no prazo fixado, ou suas prorrogações, mesmo que tenha caducado ou sido suspensa a licença ou comunicação prévia[188].

Na verdade, no caso das obras de urbanização existe uma prestação de uma caução[189] para garantir a boa e regular execução das obras, nos termos do artigo 54.º.

Também no caso da câmara não promover tal execução, qualquer adquirente dos lotes, de edifícios construídos nos lotes ou de fracções autónomas dos mesmos, tem legitimidade para requerer a autorização judicial para promover directamente a execução das obras de urbanização, nos termos do artigo 85.º[190].

---

[186] Cfr. FERNANDA MAÇÃS, *"A caducidade no Direito Administrativo: Breves considerações"*, ob.cit., p. 150.

[187] Este artigo abrange as situações de não execução das obras de urbanização e ainda os casos em que as obras de edificação não tenham sido concluídas.

[188] Na verdade, existe uma coincidência, ainda que não seja total, entre as causas que podem originar a caducidade dos actos de licenciamento ou comunicação prévia e as situações previstas no n.º 1 deste artigo. No entanto, os prazos de caducidade e de substituição da câmara não coincidem, e umas vezes a substituição da câmara pressupõe que esta tenha declarado a caducidade, enquanto que noutras tal não sucede. Vide FERNANDA PAULA OLIVEIRA e outras, *Regime Jurídico da Urbanização e Edificação*, ob.cit., p. 504.

[189] Este montante pode ser reforçado, quando se mostre insuficiente para garantir a conclusão dos trabalhos ou reduzido em conformidade com o adiantamento dos mesmos, não dando lugar, em qualquer dos casos, à emissão de novo alvará ou à apresentação e admissão de nova comunicação.

[190] Tal autorização permite que a caução a que se refere o artigo 54.º fique à sua ordem, a fim de responder pelas despesas com as obras até ao limite do orçamento. Caso a caução se revele insuficiente deverá ser a câmara municipal a suportar os custos

Dúvidas não há em dizer que no caso de caducidade por não realização no prazo fixado das obras de urbanização, não se visa impedir que as obras se façam, mas antes incentivar o promotor do loteamento a cumprir as condições previamente fixadas e a realizar efectivamente as obras de urbanização nos prazos previstos. Concretamente no que toca à realização de obras de urbanização, pretende-se assegurar que as parcelas estejam dotadas de infra-estruturas urbanísticas necessárias para garantir qualidade de vida e bem-estar aos futuros moradores dos lotes[191].

No fundo, a finalidade última da caducidade é incentivar os promotores a realizar de forma efectiva as obras de urbanização, o que significa que a câmara não pode limitar-se a verificar o decurso do prazo para o exercício das faculdades inerentes ao título ou mesmo ao cumprimento de certos deveres, devendo averiguar qual a melhor solução para o caso concreto, tendo como pano de fundo o interesse público.

No que toca à apreciação da responsabilidade pelo incumprimento, verifica-se que o artigo 71.º contempla expressamente duas hipóteses justificativas: a primeira, nos casos em que a suspensão das obras de urbanização por período superior a seis meses decorre de facto não imputável ao titular da licença ou da admissão da comunicação prévia[192] e a segunda, nas situações em que as obras estão abandonadas por período superior a seis meses, mas os trabalhos estão suspensos por um motivo justificativo registado no respectivo livro de obra[193].

Existem no entanto outras situações, tais como, o caso das obras não se iniciarem no prazo estabelecido, que podem corresponder a razões não imputáveis ao titular da licença, não se percebendo aqui

---

acrescidos, tendo esta direito de regresso sobre o titular do alvará ou apresentante da comunicação prévia.

[191] Entendimento defendido por FERNANDO ALVES CORREIA, *As grandes linhas da recente Reforma do Direito do Urbanismo Português*, Almedina, Coimbra, 1993, nota 59, p. 82 e FERNANDA PAULA OLIVEIRA, *"Duas questões no direito do urbanismo: aprovação do projecto de arquitectura (acto administrativo ou acto preparatório?) e eficácia de alvará de loteamento (desuso?)"*, anotação ao Acórdão do STA (1.ª Secção), de 5 de Maio de 1998, in CJA, n.º 13, 1999, p. 56.

[192] Vide alínea b), n.º 3.
[193] Vide alínea a), n.º 4.

quais as razões que levaram o legislador a tratar de forma desigual situações que a este nível parecem substancialmente idênticas.

Destarte, consideramos que em todos os casos devem ser avaliados os motivos justificativos que levaram ao não cumprimento, sendo que a lei associa a figura da caducidade às situações de inércia do titular do direito relativamente ao exercício das faculdades inerentes ao licenciamento, por vezes, com vista a evitar situações de pendência contrárias ao interesse urbanístico, outras, procurando sancionar o não cumprimento de determinados deveres que se encontram associados a essas faculdades.

Uma nota mais para realçar que o facto do artigo 72.º admitir a possibilidade do titular de licença ou comunicação prévia, que entretanto haja caducado, requerer nova licença ou apresentar nova comunicação prévia, vem de encontro à ideia de que estamos perante uma caducidade-sanção, já que esta, ao contrário da preclusiva, opera a extinção dos efeitos do acto em causa, mas não implica a extinção do direito[194].

Importa ainda acrescentar que a caducidade tem que ser declarada[195] no âmbito de um procedimento que garanta a audiência do interessado, não podendo funcionar de forma automática[196]. Isto mesmo se encontra plasmado no n.º 5 do artigo 71.º, onde se lê: *"As caducidades previstas no presente artigo são declaradas pela câmara municipal, com audiência prévia do interessado"*[197].

---

[194] Cfr. FERNANDA MAÇÃS, *"A caducidade no Direito Administrativo: Breves considerações"*, ob.cit., p. 171.

[195] Sobre a questão da declaração de caducidade de um alvará de loteamento e as suas consequências registrais, vide o caso apresentado por ISABEL PEREIRA MENDES, *"Consequências registrais da caducidade do alvará do loteamento e da suspensão da eficácia da deliberação camarária que a reconhece"*, in Revista da Ordem dos Advogados (ROA), ano 95, Dezembro, pp. 963 e ss.

[196] Seguindo o mesmo entendimento, TOMÁS-RÁMON FERNANDEZ, *Manual de Derecho Urbanístico*, 21.ª ed., El Consultor de los Ayuntamientos y Juzgados, Madrid, 2008; FERNANDA MAÇÃS, *"A Caducidade por incumprimento e a natureza dos prazos na atribuição da utilidade turística"*, ob.cit., p. 11 e JAIME RODRÍGUEZ-ARANA MUÑOZ, *La caducidad en el Derecho Administrativo Español*, ob.cit., pp. 223 ss.

[197] Esta exigência de audiência prévia do interessado nas situações de caducidade previstas no artigo 71.º constitui uma das novidades introduzidas pela Lei n.º 60/2007, de 4 de Setembro.

Compreende-se a exigência de audiência dos interessados nesta matéria, direito este que constitui uma concretização legislativa do direito de participação[198] dos cidadãos na formação das decisões administrativas que lhes digam respeito, de acordo com o disposto no artigo 267.º, n.º 4 da CRP[199].

Na realidade, a Administração não pode limitar-se a verificar o decurso do prazo fixado, é necessário avaliar as causas do não cumprimento e aferir qual a melhor solução para o caso concreto, de entre as possibilidades de extinção do título, reabilitação ou prorrogação do prazo. No fundo, a entidade tem que ponderar o interesse público e a própria conduta do interessado, designadamente se houve má fé e se existe um interesse efectivo em terminar a obra, podendo optar por não declarar a caducidade, ainda que existam motivos e se verifiquem os requisitos previstos na lei.

Nos casos analisados somos levados a concluir que a declaração tem efeitos constitutivos[200], na medida em que as causas que con-

---

[198] Sobre o direito de participação, vide FERNANDA PAULA OLIVEIRA, *Instrumentos de Participação pública em Gestão Urbanística,* CEFA, Coimbra, 2000, pp. 36 ss.

[199] Neste sentido, MÁRIO ESTEVES DE OLIVEIRA, PEDRO GONÇALVES e PACHECO DE AMORIM, *Código do Procedimento Administrativo comentado,* 2.ª ed., 7.ª reimp. de 1997, Almedina, Coimbra, 2007, p. 449.

[200] De acordo com JESUS GONZALEZ PEREZ, a declaração de caducidade é um requisito essencial para que a extinção se produza e os efeitos desta não operam de forma automática pelo simples decurso do tempo, mas sim através de um acto formal declarativo, com uma ponderada valoração dos factos e com plena intervenção do interessado. Apresenta como requisitos subjectivos para a declaração de caducidade, a existência das duas partes, o órgão administrativo e o interessado, que fazem iniciar o procedimento e têm legitimidade para comparecer ao longo deste, e como requisitos objectivos, o desrespeito pelos prazos fixados na licença e que a inactividade seja imputável ao titular da licença. Cfr. JESUS GONZALEZ PEREZ, *Nuevo régimen de las licencias de urbanismo,* ob.cit., pp. 468 ss. Este autor chama ainda a atenção para a possibilidade da figura da caducidade não ser aplicada quando se verifica que a questão suscitada afecta o interesse geral. Cfr. JESUS GONZALEZ PEREZ, *Manual de Procedimiento Administrativo,* Civitas, Madrid, 2000, p. 355.

Já FRANCISCO ANTONIO CHOLBI CACHÁ entende que existem diversos requisitos que se devem atender antes de se proceder à verificação da caducidade, concretamente, a existência de uma paralisação do procedimento imputável ao interessado; o requerimento de audiência do interessado; o decurso do prazo sem que o interessado realize as actuações necessárias; uma declaração expressa formulada pelo órgão competente, com prévia audiência do interessado e a inexistência de um interesse geral. Cfr. FRANCISCO

duzem ao regime da caducidade necessitam de ser comprovadas e analisadas tendo em conta o caso concreto[201], de forma a valorar os respectivos motivos e analisar as repercussões na manutenção da relação jurídica, não bastando a mera verificação dos pressupostos objectivos relativos ao decurso do prazo e sendo necessário fazer uma análise da conduta do destinatário do acto ou titular do direito[202]. Nestes casos, a declaração da Administração é o momento a partir do qual os efeitos jurídicos se começam a produzir.

Efectivamente, o regime das licenças urbanísticas parece conferir à Administração um amplo espaço de ponderação e decisão relativamente à declaração ou não da caducidade, com vista a formular um juízo sobre a sua repercussão na relação jurídica em causa[203], podendo optar pela prorrogação do prazo para conclusão das obras a pedido do interessado[204], que funciona como um reconhecer do direito do loteador de realizar as respectivas obras[205] ou substituir-se

---

ANTONIO CHOLBI CACHÁ, "*El Procedimiento de Concesión de las Licencias de Urbanismo*", ob.cit., pp. 471 ss.

[201] A administração dispõe de margem de discricionariedade para apreciar a caducidade.

[202] Cfr. FERNANDA PAULA OLIVEIRA e outras, *Regime Jurídico da Urbanização e Edificação*, ob.cit., p. 464.

[203] A câmara municipal pode não declarar a caducidade, mesmo que se tenha esgotado o prazo, se essa for a melhor solução para o interesse público, designadamente se o loteador estiver disposto a realizar as obras. Nestes termos, não pode o tribunal declarar oficiosamente a caducidade das licenças de loteamento por não conclusão tempestiva das obras de urbanização. Cfr. VIEIRA DE ANDRADE, *Parecer*, ob.cit., p. 48.

[204] Uma questão que se poderá colocar a este respeito é a de saber se quando o particular pede a prorrogação do prazo já depois do terminus do prazo de caducidade, este se deve começar a contar do dia em que foi feito o pedido ou com efeitos retroactivos, a partir da data em que supostamente operaria a caducidade. Antes, tendo em conta o entendimento de que a caducidade operava ope legis, o pedido de prorrogação só era possível dentro do prazo inicialmente previsto, já que depois de operar a caducidade da licença já não se permitia a prorrogação por carência de objecto, visto que a mesma já não produzia quaisquer efeitos. De acordo com o entendimento mais recente e tendo por base a exigência de declaração de caducidade, entende-se que esta prorrogação tem efeitos retroactivos, contando a partir da data em que o prazo inicialmente previsto terminou. Vide a este propósito, VIEIRA DE ANDRADE, *Parecer*, ob.cit., p. 25.

[205] Sobre a possibilidade de prorrogação dos prazos, cfr. JAIME RODRÍGUEZ-ARANA MUÑOZ, *La caducidad en el Derecho Administrativo Español*, ob.cit., pp. 235. Em especial, no âmbito dos contratos administrativos, JAIME RODRÍGUEZ-ARANA MUÑOZ, *La prorroga en los contratos administrativos*, Ed. Montecorvo, Madrid, 1988.

ao loteador e promover a realização das obras por conta do titular do alvará ou do apresentante da comunicação prévia, quando por causa que lhe seja imputável, este não tiver realizado as obras no prazo fixado. Daqui se conclui, por maioria de razão, que nos casos em que o loteador pretender realizar as obras em falta, a câmara não lhe deverá vedar esta possibilidade, desde logo, por uma questão de eficiência administrativa[206], tendo em conta que a Administração visa garantir ou restaurar a ordem urbanística, devendo sempre prevalecer o escopo da prossecução do interesse público específico[207].

No caso particular de já ter terminado o prazo máximo fixado pela Administração e estarem esgotadas as possibilidades de prorrogação é possível dizer que a licença caduca por razões ligadas à instabilidade jurídica, verdadeiro caso de caducidade preclusiva, tendo a declaração, neste caso, efeitos meramente declarativos[208]. No fundo, a causa que gera a caducidade constitui um facto em si mesmo extintivo, sendo que a Administração apenas reconhece tal alteração com efeitos desde o momento da ocorrência do facto.

Urge questionar e reflectir se mesmo nestes casos não existirão razões ligadas ao interesse público que aconselhem e permitam a manutenção da relação. A título de exemplo, podemos pensar nos casos em que o promotor comprove estar em condições de concluir as obras ou ainda naqueles em que este preste uma garantia[209]. Será que nestas circunstâncias se justifica a aplicação pura do regime da caducidade preclusiva? Não se deveria acautelar a possibilidade de ponderação por parte da Administração e permitir-lhe uma margem de apreciação e reflexão do caso concreto, de forma a aferir os interesses que devam prevalecer e concluir pela não aplicação da figura da caducidade tendo em conta os interesses públicos em causa?

---

[206] Sobre esta matéria, VIEIRA DE ANDRADE, *Parecer*, ob.cit., pp. 23 e 24.

[207] Cfr. FERNANDA MAÇÃS, *"A caducidade no Direito Administrativo: Breves considerações"*, ob.cit., p. 150.

[208] Cfr. FERNANDA MAÇÃS, *"A caducidade no Direito Administrativo: Breves considerações"*, ob.cit. p. 145.

[209] Chamando a atenção para esta problemática, FERNANDA PAULA OLIVEIRA e outras, *Regime Jurídico da Urbanização e da Edificação*, ob.cit., p. 466.

Afigura-se-nos que dependendo das circunstâncias concretas em causa e tendo em conta o escopo de prossecução do interesse público, a Administração mesmo nestes casos deveria poder manter a relação jurídica, não aplicando o regime da caducidade, ainda que pudesse exigir a prestação de uma garantia ao interessado como forma de acautelar a efectiva realização das obras.

3.4. Breve confronto com outras caducidades plasmadas no RJUE

3.4.1. Apresentação dos projectos de engenharia das especialidades

O prazo de apreciação e decisão do projecto de arquitectura de obras de edificação[210] é de 30 dias a contar da data da recepção do pedido ou dos elementos solicitados, nos termos do n.º 3 do artigo 11.º [211]; ou da data de recepção do último dos pareceres, autorizações ou aprovações emitidos pelas entidades exteriores ao município, quando tenha havido lugar a consultas; ou ainda do termo do prazo para a recepção dos pareceres, autorizações ou aprovações, sempre que alguma das entidades consultadas não se pronuncie até essa data[212].

---

[210] No que respeita à qualificação e natureza jurídicas da aprovação do projecto de arquitectura, vide FERNANDA PAULA OLIVEIRA, *"Duas questões no direito do urbanismo: aprovação do projecto de arquitectura (acto administrativo ou acto preparatório?) e eficácia de alvará de loteamento (desuso?)"*, ob.cit., pp. 42 ss.

[211] Para uma análise da fase de saneamento e apreciação liminar à luz das alterações implementadas em 2001, vide CARLOS ALEGRE, *Regime Jurídico da urbanização e edificação,* Ed. Rei dos Livros, 2001. De acordo com este autor, a epígrafe justifica-se atendendo a que estamos perante uma fase em que são detectadas, corrigidas ou supridas as faltas encontradas no requerimento inicial, à qual se segue a da apreciação liminar, que culmina com a elaboração de um despacho. Assim, na sequência do despacho do presidente da câmara para aperfeiçoamento do pedido ou da comunicação, o requerente ou comunicante é notificado para no prazo de 15 dias corrigir ou completar o pedido, ficando suspensos os termos ulteriores do procedimento.

[212] Vide artigo 20.º.

Junto com o requerimento inicial, o interessado pode apresentar os projectos de engenharia das especialidades[213] necessários à execução da obra[214] ou deve apresentá-los no prazo de seis meses a contar da notificação do acto que aprovou o projecto de arquitectura, podendo o presidente prorrogar esse prazo por uma só vez, e por período não superior a três meses, mediante requerimento fundamentado apresentado pelo interessado antes do respectivo termo. Findo esse prazo, ou daquele que resultar da prorrogação concedida, sem que o interessado apresente tais projectos, o processo de licenciamento suspende-se pelo período máximo de seis meses, findo o qual é declarada a caducidade após a audiência prévia do interessado[215].

Estes projectos de engenharia das especialidades são objecto de pronúncia por parte de entidades externas, sendo que a câmara se limita a confirmar se a mesma foi favorável de forma a deferir o pedido.

Problemática será a caracterização da caducidade aqui em causa e a ponderação se estaremos perante uma caducidade preclusiva ou por incumprimento.

Numa primeira leitura, tendo em conta os prazos e respectiva suspensão que a lei confere, parece que estamos perante um caso de caducidade preclusiva[216], na medida em que se visa reprimir uma negligência objectiva na utilização de certas vantagens, procurando impedir o exercício do direito depois do prazo estabelecido, atendendo a que apesar da falta de actividade do particular não ser considerada ilícita, o interesse geral exige a fixação de um prazo peremptório para o exercício de determinados direitos ou faculdades,

---

[213] As declarações de responsabilidade dos autores dos projectos de engenharia de especialidades que estejam inscritos em associação pública constituem garantia bastante do cumprimento das normas legais e regulamentares aplicáveis aos projectos, excluindo a sua apreciação prévia, salvo quando as declarações sejam formuladas nos termos do n.º 5 do artigo 10.º.

[214] Estão previstos no n.º 5 do artigo 11.º da Portaria n.º 232/2008, de 11 de Março, os projectos de engenharia de especialidade que devem ser entregues pelo requerente.

[215] O anterior artigo 17.º-A do Decreto-Lei n.º 445/91, de 20 de Novembro, já previa a caducidade do acto administrativo de aprovação do projecto de arquitectura por falta de apresentação dos projectos das especialidades.

[216] Neste sentido, FERNANDA PAULA OLIVEIRA e outras, *Regime Jurídico da Urbanização e Edificação*, ob.cit., p. 244.

vedando ao particular a possibilidade de beneficiar da situação subjectiva de que é titular, tendo em conta que não actuou no prazo devido.

No entanto, e ponderando as considerações supra estabelecidas, afigura-se-nos pertinente questionar se mesmo nestes casos não fará sentido conceder uma margem de apreciação ao órgão municipal, findo o prazo de suspensão máximo de seis meses, previsto no n.º 6 do artigo 20.º, de forma a aferir a eventual existência de interesses públicos que possam obstar à declaração de caducidade.

Efectivamente, e tendo em conta a realidade vivida no seio de algumas câmaras municipais, muitos destes casos constituem meras legalizações de situações já existentes, e nessa medida, depois de ouvido o interessado e fazendo uma justa ponderação dos interesses em causa e da conduta do particular, a câmara municipal poderá chegar à conclusão que é mais favorável a não declaração da caducidade, tendo em conta o interesse público, e nestes termos, considerar que não se justifica uma aplicação automática desta figura, que levaria à necessidade de um novo procedimento, ainda que se pudesse admitir a renovação do acto de aprovação do projecto de arquitectura.

De todo o exposto, entendemos que será aconselhável permitir a existência de uma margem de apreciação ao órgão municipal, não bastando a mera verificação do pressuposto objectivo do decurso do tempo. Assim, revela-se necessária uma ponderação da conduta do particular e do respectivo grau de incumprimento, bem como uma averiguação da existência de interesses públicos que possam obstar à declaração de caducidade.

3.4.2. *Pedido de informação prévia*

A informação prévia constitui um verdadeiro acto administrativo que se pronuncia sobre uma determinada operação urbanística de forma prévia ou antecipada[217]. Esta informação é constitutiva de direitos, mais propriamente, do direito ao licenciamento ou apresentação de comunicação prévia da operação urbanística a que respeita.

---

[217] Cfr. AA.VV., *Direito do Urbanismo e Autarquias Locais – realidade actual e perspectivas de evolução*, ob.cit., p. 80.

Daqui resulta, que quanto mais detalhado e concreto for o pedido, maior grau de vinculação daí resultará.

Acontece, porém, que no caso do pedido ser apresentado por quem não tiver legitimidade para requerer a licença[218], tal informação só se pode considerar constitutiva se a pessoa que a requereu adquirir a titularidade de um qualquer direito que a habilite a realizar a operação urbanística sobre a qual recaiu a informação prévia[219].

No que concerne aos seus efeitos, o artigo 17.º determina de forma expressa que quando a informação é favorável, vincula as entidades competentes na decisão sobre um eventual pedido de licenciamento ou apresentação de comunicação prévia da operação urbanística a que respeita, e quando proferida nos termos do n.º 2 do artigo 14.º[220], a sujeição da operação urbanística em causa tem que se efectuar nos exactos termos em que foi apreciada e dispensa a realização de novas consultas externas. No entanto, este pedido de licenciamento ou apresentação de comunicação prévia deve ser efectuado no prazo de um ano após a decisão favorável do pedido de informação prévia.

Daqui se extrai que a não apresentação do pedido de licenciamento ou de comunicação prévia dentro do prazo previsto, implica a perda dos efeitos vinculativos[221] e constitutivos de direitos da informação emitida, determinando a sua caducidade[222].

---

[218] De acordo com esta alteração, a informação prévia fica um pouco descaracterizada transformando-se num instrumento de confirmação das regras aplicáveis mais próxima do direito à informação constante do artigo 110.º do RJUE.

[219] Vide a este propósito, JOÃO PEREIRA REIS e MARGARIDA LOUREIRO, *Regime Jurídico da Urbanização e da Edificação*, ob.cit., p. 78.

[220] No caso específico do pedido respeitar a obra de construção, ampliação ou alteração em área não abrangida por plano de pormenor ou operação de loteamento, o interessado pode requerer que a informação prévia contemple especificamente alguns aspectos em função da informação pretendida e dos elementos apresentados, tais como: o programa de utilização das edificações, incluindo a área bruta de construção a afectar aos diversos usos e o número de fogos e outras unidades de utilização; uma estimativa de encargos urbanísticos devidos; as infra-estruturas locais e ligação às infra-estruturas gerais.

[221] O que significa que se aquele prazo não for respeitado, a câmara poderá emitir decisão contrária àquela informação, atendendo a que deixa de ser vinculativa, o que não significa que a câmara não tenha um especial dever de fundamentação, nos termos do artigo 124.º do CPA. Neste sentido, FERNANDA PAULA OLIVEIRA e outras, *Regime Jurídico da Urbanização e Edificação*, ob.cit., pp. 226 e 227. Vide ainda, o *Acórdão do*

Uma novidade importante em matéria de informação prévia foi introduzida pela Lei n.º 60/2007 e prende-se com a possibilidade de renovação deste acto, decorrido o prazo de um ano. Assim, passado esse prazo, pode o particular requerer ao presidente da câmara municipal a declaração de que se mantêm os pressupostos de facto e de direito que levaram à anterior decisão favorável, devendo o mesmo decidir no prazo de 20 dias. Se os pressupostos se mantiverem ou se o presidente da câmara municipal não tiver respondido no prazo legalmente previsto, começa a correr novo prazo de um ano para efectuar a apresentação dos pedidos de licenciamento ou de comunicação prévia, beneficiando o requerente dos efeitos constitutivos que são imputados ao acto que foi renovado.

Verificamos que esta renovação[223] tem como pressupostos a manutenção da situação de facto e de direito que esteve subjacente

---

STA, de 22 de Março de 2007, in http://www.jusnet.pt, que propugna que apesar do incumprimento do prazo previsto, tal não significa que a entidade administrativa possa conduzir a sua conduta de forma discricionária. O decurso deste prazo faz desaparecer o dever de agir em conformidade com a informação prévia prestada, mas a entidade administrativa continua sempre obrigada ao respeito pelo princípio da legalidade e respectiva legislação aplicável ao tempo.

[222] Relativamente a esta problemática pronunciou-se o *Acórdão do STA, de 27 de Abril de 2006*, sobre um caso antigo que ainda se reportava ao DL 445/91, mas onde se lê expressamente que *"O acto de deferimento do pedido de informação é constitutivo de direitos apenas no sentido de que vincula a Câmara Municipal, durante aquele período, a licenciar a construção que o interessado definiu nos elementos que apresentou, naqueles exactos termos ou com condicionantes impostas, pelo que só a apresentação do projecto e do pedido de licenciamento dentro de um ano após a informação prévia favorável garante a eficácia constitutiva prevista na lei, que consiste na ilegalidade do indeferimento que contrariar o conteúdo da informação prévia"*, in http://www.jusnet.pt.

[223] Questiona-se, no entanto, se os efeitos da informação prévia favorável apenas podem ser renovados uma vez ou se a renovação pode ser feita sucessivamente. Segundo FERNANDA PAULA OLIVEIRA *"Inclinamo-nos, não obstante a inexistência de uma expressa previsão legal neste sentido, para uma única renovação, que é a única mais consentânea com a original natureza deste instituto: a de antecipar um pedido de licenciamento de uma pretensão que o interessado tem naquele momento, mas em relação ao qual quer ter a certeza sobre a decisão que sobre ela incidirá"*. Cfr. FERNANDA PAULA OLIVEIRA *"O Regime Jurídico da Urbanização e Edificação. As novidades e as dúvidas resultantes da Lei 60/2007, de 4 de Setembro"*, in Cadernos Municipais Electrónicos, n.º 1 – Simplificação de Procedimentos e Descentralização no Combate à Crise, Junho, 2009, p. 65.

à emissão da informação prévia inicial, o que significa que uma alteração do enquadramento normativo ou a aprovação de operações urbanísticas que possam ter influência no objecto de apreciação podem determinar um juízo de não renovação da informação prévia favorável.

Ao pedido de informação prévia aplica-se a regra do *tempus regit actum*, de acordo com a qual a validade de um acto depende da sua conformidade com as normas legais e regulamentares aplicáveis em vigor à data da sua prática.

E o que sucede no caso do particular não cumprir este prazo ou aquele de um ano após a decisão favorável do pedido de informação prévia?

A lei nada diz a este respeito, mas da análise anteriormente realizada parece que chegamos à conclusão que estamos perante um caso de caducidade preclusiva, que ocorre por mero decurso do tempo, atendendo ao facto do titular não ter exercido determinada faculdade no espaço temporal fixado para o efeito. Não importando aqui averiguar quais as causas do não exercício, já que os próprios efeitos da informação prévia têm a "validade" inicial de um ano.

Não se vislumbra aqui qualquer interesse público específico em relação ao prazo inicialmente previsto, mas apenas razões de estabilidade e certeza jurídicas. Como estamos perante o exercício de um direito próprio, o titular conhece ab initio o prazo estabelecido e é livre de optar pelo seu exercício ou não. Com a informação prévia, o titular obtém um benefício que apenas afectará a sua esfera jurídica, o que significa que se deixar passar o prazo de um ano e entretanto as regras urbanísticas sofrerem alterações, a câmara não está obrigada a emitir um licenciamento em conformidade com a informação prévia, visto que a mesma já não tem carácter vinculativo[224].

---

[224] Outra questão importante que se pode colocar a este propósito, é a de saber se a informação prévia mantém o seu carácter vinculativo se entre a data da deliberação sobre o pedido de informação prévia e a data da deliberação do pedido de licenciamento tiverem entrado em vigor normas urbanísticas que estabelecem regras diferentes das até aí vigentes para a área em causa. A este propósito, vide FERNANDA PAULA OLIVEIRA e outras, que consideram que se estas novas regras resultam do desconhecimento da existência da informação prévia, em regra, significa a invalidade da norma do plano por falta de

3.4.3. Parecer da Comissão de Coordenação e Desenvolvimento Regional

Um outro caso de caducidade plasmado no RJUE[225] é o do parecer da Comissão de Coordenação e Desenvolvimento Regional[226] relativamente ao licenciamento de operação de loteamento que se realize em área não abrangida por plano municipal de ordenamento do território[227]. Este parecer[228] avalia a operação de loteamento do ponto de vista do ordenamento do território e verifica a sua articulação com os instrumentos de desenvolvimento territorial previstos na lei, caducando no prazo de dois anos, salvo se, dentro desse prazo, for licenciada a operação de loteamento ou uma vez esgotado, não existirem alterações nos pressupostos de facto e de direito em que se fundamentou o parecer.

Daqui resulta, que mesmo após o prazo de dois anos é necessário averiguar se não se verifica nenhuma das ressalvas aqui previstas,

---

ponderação de interesses relevantes, mas se a informação anteriormente concedida foi ponderada pelos órgãos responsáveis pelo planeamento, as normas são válidas, devendo a câmara municipal indeferir o pedido de licenciamento ou rejeitar a comunicação prévia, mas tendo o particular direito a ser indemnizado. Cfr. *Regime Jurídico da Urbanização e Edificação*, ob.cit., p. 229.

[225] Vide artigo 42.º do RJUE.

[226] Doravante CCDR. Antes da alteração de 2007 era a direcção regional do ambiente e do ordenamento do território (DRAOT) que emitia o parecer. As DRAOT foram criadas pelo Decreto-Lei n.º 120/2000, de 4 de Julho, que aprovou a Lei Orgânica do Ministério do Ambiente e do Ordenamento do Território e sucederam nas competências das direcções regionais do ambiente (DRA) e das comissões de coordenação regional (CCR) no que diz respeito a matéria de ordenamento do território.

[227] Doravante PMOT. De acordo com o artigo 9.º da Lei n.º 48/98, de 11 de Agosto, que estabelece as bases da política de ordenamento do território e de urbanismo, são instrumentos de desenvolvimento regional: o programa nacional da política de ordenamento do território, os planos regionais de ordenamento do território e os planos intermunicipais de ordenamento do território. Estes têm uma natureza estratégica, que traduzem as grandes opções com relevância para a organização do território, estabelecendo directrizes de carácter genérico sobre o modo de uso do mesmo, consubstanciando o quadro de referência a considerar na elaboração de instrumentos de planeamento territorial.

[228] Deve pronunciar-se no prazo de 20 dias a contar da data de disponibilização do processo, considerando-se que há concordância com a pretensão formulada se o respectivo parecer não for efectuado dentro desse prazo, de acordo com os n.ºs 3 e 4 do artigo 13.º , ex vi do n.º 1 do artigo 42.º.

especialmente, estudar quais as circunstâncias actuais e perceber se existiram ou não alterações nos pressupostos de facto e de direito que fundamentaram previamente a decisão. Esta situação demonstra claramente que não estamos perante uma caducidade que actue de forma automática.

Existe aqui um juízo por parte da Administração em relação à averiguação de tais pressupostos, que envolverá com certeza alguma discricionariedade e o que tornará ainda mais premente a aplicação do regime da caducidade previsto no artigo 71.º, que salvaguarda a prévia audiência do interessado e a obrigatoriedade de uma declaração de caducidade.

Para além dos pontos assinalados, também o facto de a lei prever uma causa de suspensão do prazo nos casos em que a prática do acto de licenciamento tenha sido objecto de uma acção de intimação[229], ajuda à percepção que tal caducidade não opera ope legis.

Um último ponto de reflexão, para questionar se podemos considerar que a declaração de caducidade terá neste caso uma natureza constitutiva, atendendo à margem de discricionariedade que é deixada à Administração na averiguação dos pressupostos de facto e de direito que fundamentaram previamente a decisão. Propendemos para uma resposta afirmativa, visto que a Administração terá sempre a faculdade de ponderar se declara ou não a caducidade em face das circunstâncias concretas, sendo obrigada a averiguar se existiram alterações nos pressupostos de facto e de direito que fundamentaram o parecer.

3.4.4. *Caducidade do embargo*

Quando estejam a ser executadas obras de urbanização, edificação, demolição ou quaisquer outros trabalhos de remodelação de terrenos, sem a necessária licença ou admissão de comunicação prévia, em desconformidade com o respectivo projecto ou com as condições do licenciamento ou comunicação prévia admitida, ou em violação de normas legais e regulamentares, o presidente da câmara

---

[229] Prevista no artigo 112.º.

municipal é competente para embargar as obras referidas ou os trabalhos de remodelação.

O acto de embargo é notificado ao responsável pela direcção técnica da obra, bem como ao titular do alvará de licença ou apresentante da comunicação prévia e quando possível ao proprietário do imóvel no qual estejam a ser executadas as obras ou seu representante, sendo suficiente para obrigar à suspensão dos trabalhos qualquer dessas notificações ou a de quem se encontre a executar a obra no local[230].

No entanto, de acordo com o artigo 104.º do RJUE, esta medida cautelar caduca logo que for proferida uma decisão que defina a situação jurídica da obra com carácter definitivo, ou no termo do prazo que tiver sido fixado para o efeito. Aqui, atendendo ao carácter provisório do embargo, já que constitui uma medida cautelar que não determina uma solução definitiva, no termo do "prazo de vida da ordem de embargo" a caducidade opera de forma automática.

Somos assim da opinião que estamos perante uma caducidade preclusiva, na medida em que, neste caso, a possível perda de direitos anda associada ao não exercício dos mesmos num determinado espaço temporal, estando subjacente uma ideia de certeza e estabilidade jurídicas, independentemente das causas do não exercício do direito. O interessado deveria promover a regularização da obra, sob pena de decorrido o prazo fixado a ordem de embargo caducar, o que pode significar, em última instância, uma ordem de demolição da obra.

O tempo de duração do embargo corresponde a um poder discricionário da Administração que deve ser definido com razoabilidade dado o seu carácter provisório. O n.º 2 do artigo 104.º determina que nos casos em que não tiver sido fixado um prazo, a ordem de

---

[230] Esta notificação é o elemento chave para a produção dos efeitos do embargo, ou seja, para obrigar à suspensão dos trabalhos. A previsão da Lei n.º 60/2007, de 4 de Setembro, de notificação do embargo a quem se encontre a executar a obra no local é bastante relevante em termos de eficácia do acto, na medida em que em certos casos se revela extremamente difícil notificar, ou mesmo determinar, quem é o director técnico da obra, ou o proprietário do imóvel no qual estejam a ser executadas as obras.

embargo caduca se não for proferida uma decisão definitiva no prazo de seis meses, prorrogável uma única vez por igual período.

Tanto o embargo, como a caducidade, são objecto de registo na conservatória do registo predial, mediante comunicação do despacho que o determinou, procedendo-se aos necessários averbamentos nos termos do n.º 8 do artigo 102.º.

Questiona-se ainda se caducando a ordem de embargo é possível o presidente da câmara ordenar a sua renovação. Da leitura do artigo parece extrair-se que a imposição legal de prazos máximos condicionará de forma definitiva a possibilidade de renovação, o que significa que é necessário tomar uma decisão em relação ao caso, e nessa medida, se o particular não tomou quaisquer providências no sentido de regularizar a obra, a Administração também não se pode substituir a ele, podendo mesmo ter que recorrer à ordem de demolição[231].

Deste modo, verificamos que no âmbito do direito administrativo, em especial na gestão urbanística, a maioria dos casos de caducidade têm que ser declarados pela Administração, não funcionando esta de forma automática, o que significa desde logo um afastamento relativamente ao regime previsto no direito civil.

4. A caducidade e o seu tratamento jurisprudencial

4.1. Apresentação e análise de jurisprudência no âmbito da gestão urbanística

Da leitura que fizemos de toda a jurisprudência em que nos debruçámos, verificámos que existem grandes oscilações de tratamento jurisprudencial no que concerne ao tratamento da figura da caducidade no âmbito da gestão urbanística, ainda que possamos desde já exaltar e aplaudir a evolução crescente dos nossos tribunais relativamente ao tratamento desta figura e ao recente entendimento propugnado no sentido da necessidade de declaração de caducidade.

---

[231] Sobre esta problemática, FERNANDA PAULA OLIVEIRA e outras, *Regime Jurídico da Urbanização e Edificação*, ob.cit., p. 560.

Uma nota ainda para realçar o excelente trabalho que muitos autores têm desenvolvido nesta matéria e a enorme relevância do seu contributo para as decisões aquilatadas na jurisprudência, chegando mesmo alguns arestos a fazer referência à doutrina mais emblemática que auxilia a fundamentação de tais acórdãos e que serviu de base de reflexão para o estudo aqui plasmado.

Apresentaremos apenas três acórdãos, escolhidos tendo em conta a actualidade das decisões e a relevância da problemática em causa.

4.1.1. *Acórdão do Tribunal Central Administrativo Sul, de 17 de Abril de 2008*[232]

O Município de Santa Cruz veio interpor recurso jurisdicional para o TCA Sul, da sentença do TAF do Funchal que concedendo provimento à providência cautelar intentada por X intimou a entidade requerida a "fazer cessar as obras que estejam em curso e a suspender o fornecimento de água à obra, bem como a não emitir licença de utilização. Mais intimou, os contra-interessados, a cessarem as obras de imediato e a EEM a suspender o fornecimento de electricidade à obra."

Inconformado, o Município alega que o procedimento de licenciamento de obra particular caducou e que o X foi notificado de que "Tendo caducado a licença de construção não poderá haver prorrogação do prazo", não tendo sido solicitada a atribuição de novo licenciamento.

Ora, existindo caducidade, todos os actos administrativos anteriormente praticados no âmbito do procedimento de licenciamento, foram "arrastados" na sua validade e eficácia, pela caducidade do procedimento. Neste contexto, verifica-se que a causa de pedir, apresentada pelo X, perdeu sustentabilidade jurídica e em consequência, os pressupostos processuais do processo cautelar não estavam preenchidos. A caducidade do acto contenciosamente recorrido acarreta a extinção da instância, por inutilidade superveniente da lide, já que o acto impugnado não é susceptível de produzir quaisquer efeitos.

---

[232] O texto integral pode ser consultado em http://www.dgsi.pt.

Assim, o tribunal "a quo" devia ter decidido pela extinção da instância, porque os actos administrativos que o X impugnava já não eram válidos e eficazes.

O aqui recorrido contra-alegou, alegando que o procedimento do licenciamento continua a ser válido e a produzir os seus efeitos, devendo o recurso ser julgado improcedente.

Tendo por base a matéria de facto apresentada, o tribunal entendeu o seguinte:

A delimitação objectiva do recurso, tal como feita nas conclusões da alegação do recorrente, consiste apenas na questão da extinção da instância por inutilidade superveniente da lide, pretensamente derivada da caducidade da licença de construção.

Resulta da factualidade assente que em 18.09.2003 a Câmara Municipal recusou prorrogar o prazo de eficácia da licença de construção, por considerar que esta já tinha caducado, prorrogação requerida em 04.09.2003.

O recorrente, alega, agora, que o procedimento de licenciamento titulado pela licença de construção caducou, e que tal caducidade acarreta a extinção da instância, pelo que a causa de pedir perdeu sustentabilidade jurídica.

A verdade é que, como alega o recorrido, a caducidade da licença de construção não ocorre "ope legis", necessitando de ser declarada por acto formal da entidade licenciadora, o que não se mostra que tenha sucedido.

Como é sabido, o RJUE prevê expressamente tal declaração, exigência essa aplicável a todas as situações. Ou seja, não operando a caducidade de forma automática, como alega o recorrente, a mesma deve ser declarada no âmbito de um procedimento que garanta a audiência do interessado (cfr. Maria José Castanheira Neves, Fernanda Paula Oliveira e Dulce Lopes, "Regime Jurídico da Urbanização e Edificação", p. 371). E tal declaração está sujeita ao dever de fundamentação dos actos administrativos, devendo tornar perceptíveis as razões de facto e de direito que a justificam.

Como no caso presente não houve declaração expressa, a pretensa caducidade é ineficaz, não podendo determinar a extinção da instância.

Em face do exposto, acordam em negar provimento ao recurso e em confirmar a sentença recorrida

4.1.2. Acórdão do Supremo Tribunal Administrativo, de 18 de Junho de 2009 (Processo 0483/09)[233]

A Caixa de Crédito Agrícola Mútuo do Bombarral (C.C.A.M.B.) veio recorrer da sentença do TAF de Coimbra, de 27 de Outubro de 2008, que negou provimento ao recurso contencioso por si interposto da deliberação da Câmara Municipal de Óbidos (C.M.O.), de 6 de Janeiro de 2003, que declarou a caducidade do alvará de loteamento de que era titular.

Alegou para o efeito, que os despachos proferidos nos autos que notificaram para alegações e que dispensaram a produção de prova, deviam ser anulados e consequentemente todo o processado, e que a produção de prova requerida se revelava, atenta à natureza dos factos, essencial à boa decisão da causa. Entendeu ainda que não estavam preenchidos os pressupostos do artigo 71.º do RJUE para ser declarada a caducidade do alvará, pelo que a deliberação da C.M.O. incorre em vício de violação de lei, nomeadamente do disposto no artigo 71.º, em especial no n.º 3, alíneas b), c) e d), e no n.º 4, sendo por isso anulável nos termos do artigo 135.º do CPA.

Por outro lado, acrescentou que a declaração de caducidade em apreço não é proporcional, nem adequada, e ao contrário do que se afirmava na sentença recorrida, não era a única solução ao alcance da C.M.O..

Finalmente, entendeu ainda que ao declarar a caducidade do alvará de loteamento com fundamento no abandono, suspensão ou não execução no prazo fixado das obras de urbanização, a autoridade recorrida adopta uma conduta contrária aos termos do acordado com a recorrente na sua reunião de Junho de 2000, suscitando na recorrente a confiança de que deveria aguardar pela notificação da C.M.O. para concluir as obras. Este compromisso oral, tal como foi assumido, deveria ser considerado válido e vincular a C.M.O., posição, aliás, expressa quer na doutrina, quer na jurisprudência do STA.

A autoridade recorrida contra-alegou sustentando a manutenção do julgado.

---

[233] O texto integral encontra-se disponível em http://www.dgsi.pt.

A Magistrada do Ministério Público emitiu o seguinte parecer: em relação à questão de não ter sido elaborada base instrutória, considerou que se deveria possibilitar a produção de prova testemunhal, pois, em seu entender, tal prova revelava-se essencial para a descoberta da verdade material.

Concordando que poderão existir razões para conceder provimento ao recurso jurisdicional, cita Maria José Castanheira Neves, Fernanda Paula Oliveira e Dulce Lopes, a propósito da caducidade da licença ou autorização para a realização de operação de loteamento, in Regime Jurídico da Urbanização e Edificação, no sentido de que *"Podemos dizer que, não sendo a licença ou autorização emitida no interesse exclusivo do respectivo titular, mas também no interesse da colectividade, a caducidade tem como objectivo sancionar a inércia do promotor, com vista a evitar que se prolonguem no tempo situações de pendência contrárias ao interesse geral urbanístico. Mas, mais do que sancionar este, pretende garantir-se o interesse público dominante de que a operação urbanística seja efectivamente realizada (...)"*. Afirmando que a finalidade da caducidade não é a de impedir que as obras se realizem, mas antes incentivar e obrigar o promotor do loteamento a cumprir as condições fixadas, ou seja, realizar as obras de urbanização, acrescentou que as câmaras municipais dispõem do poder de gerir, com certa margem de liberdade, as situações de caducidade analisadas. E, mais adiante, no que concerne à natureza jurídica da declaração de caducidade, considerou que estava em causa uma caducidade-sanção ou por incumprimento, que supõe, além da verificação de um pressuposto objectivo traduzido no decurso de um prazo, a conduta do destinatário do acto ou titular do direito. Daí afirmar-se que a caducidade *"não produz efeitos imediatos (ex lege), ou seja, não é uma manifestação automática de eficácia legal, mas um efeito que se faz valer ex voluntate da Administração"*.

Partindo deste entendimento, de que a declaração de caducidade tem uma natureza constitutiva e não meramente declarativa e de que a Administração goza de uma determinada margem de discricionariedade na apreciação da caducidade, não acompanhou a sentença na sua ponderação de que à data da deliberação impugnada já o alvará de loteamento havia caducado.

Por outro lado, considerou que não se mostra, à partida, desprovida de sentido a celebração de um acordo entre a C.M.O. e a C.C.A.M.B. para a realização das obras de urbanização em falta, sendo certo que não constando de acta a decisão de acordar (por parte da C.M.O.), não é possível atribuir-lhe efeitos jurídicos quanto ao seu objecto, mas já não será indiferente concluir-se pela existência ou pela inexistência do referido acordo, ainda que meramente verbal, na medida em que se tiver havido o alegado acordo a deliberação impugnada é susceptível de ser censurada, nomeadamente no que concerne à invocada violação do princípio da boa fé, fundada na alegação de conduta da câmara contrária ao acordado e igualmente oposta à confiança suscitada na C.C.A.M.B. de que deveria aguardar pela notificação da mesma câmara para concluir as obras. Como a autora, ora recorrente, logo na petição afirmou a celebração do alegado acordo, matéria que a ré contestou, era essencial, pelas razões expostas, esclarecer se tal acordo foi ou não celebrado e em que termos, pelo que, ao abrigo do artigo 845.º do Código Administrativo, deveria o tribunal "a quo", após fazer constar da especificação os factos considerados provados, levar ao questionário os factos controvertidos nessa parte.

Nestes termos, concluiu pela anulação da sentença, bem como de todo o processado que a antecede até ao despacho que ordenou as notificações para alegações finais, a fim de que sejam elaborados especificação e questionário, dando-se oportunidade à autora de produzir prova, nomeadamente testemunhal, sobre os factos em causa, emitindo parecer no sentido do provimento do recurso jurisdicional, com baixa dos autos à primeira instância para os efeitos referidos.

Tendo por base a matéria de facto provada, o tribunal entendeu o seguinte:

Verifica-se que na data em que foi proferida a deliberação recorrida ainda não tinham terminado as obras de urbanização, uma vez que faltavam, no mínimo, as obras relativas aos pavimentos, ou seja, as obras relacionadas com os passeios e arruamentos. Também pela reclamação de alguns adquirentes dos lotes em causa se verifica que as obras referentes aos arruamentos não estavam realizadas. Ora, de acordo com o referido no alvará de licenciamento de operações de loteamento urbano, datado de 26 de Novembro de 1992, as obras teriam que se realizar no prazo de 18 meses, ou seja, até Maio de 1994, não constando dos autos, nem tal foi alegado, que tenha havido qualquer pedido de prorrogação do prazo para terminar as obras, durante o referido período de dezoito meses. Assim sendo, de acordo com a alínea c) do artigo 71.º do RJUE, a licença do loteamento tinha que caducar.

Referiu ainda que as obras estiveram paradas, pelo menos desde Junho de 2000 até à declaração de caducidade do alvará, pelo que também por esta razão, tinha caducado. Assim sendo, estando verificados os pressupostos para que fosse declarada a caducidade da licença para a realização de obras de urbanização, nada mais restava à entidade recorrida que, ouvida a recorrente, procedesse em conformidade e declarasse a caducidade do alvará.

Para além disso, entendeu que da acta da reunião de 5 de Junho de 2000 não consta nenhum acordo, apenas a decisão de autorização da substituição da caução. Ora, um acordo realizado por um órgão colegial, no caso dos autos resultado de uma reunião de câmara, tem de constar da acta da referida reunião para que possa ser considerado válido. Não tendo existido qualquer acordo juridicamente válido, não pode a recorrente vir invocar a sua pretensa efectivação para justificar o incumprimento do estabelecido no alvará quanto às obras de urbanização.

Considerou assim improcedente o vício de violação de lei por incumprimento do disposto nas alíneas b), c) e d) do n.º 3, do artigo 71.º do RJUE.

Acrescentou ainda, que o prazo de caducidade de 18 meses (artigo 71.º n.º 3, d), do RJUE) foi confessadamente desrespeitado pela recorrente, considerando que os prazos de caducidade só se suspendem ou interrompem quando a lei o previr (artigo 328.º do CC); que começam a correr quando o direito puder ser exercido (artigo 329.º do CC); que a caducidade só é impedida pela prática dentro do prazo legal ou convencional do acto a que a lei ou convenção atribua efeito impeditivo (artigo 331.º do CC) e fundamentalmente, que a "caducidade é apreciada oficiosamente pelo tribunal" (artigo 331.º n.º 1 do CC) devendo concluir-se que a caducidade opera por si, sendo desnecessário um acto expresso a declará-la.

Entendeu a caducidade como uma forma de extinção de direitos resultante do seu não exercício durante um determinado prazo, de acordo com o ensinamento de Mota Pinto na Teoria Geral do Direito Civil, considerando que, extinto o direito ele deixa de existir, saindo, em virtude da caducidade, da esfera jurídica do seu titular. Nessa medida, tendo em consideração a matéria de facto, o alvará concedido à recorrente caducou 18 meses após ter sido passado, muito antes da emissão do acto impugnado, que se limitou a declarar a caducidade, completamente despido da possibilidade de o fazer reviver, pois não se pode fazer renascer o que está morto (o alvará é de 1991, o eventual acordo de 2000 e o acto impugnado de 2003).

Invocou ainda que qualquer possibilidade de prorrogação da validade do alvará teria que ser tentada antes de a caducidade ter operado, já que depois, só através de um novo pedido de licenciamento, sujeito, todavia, às novas regras então em vigor.

Destarte, concluiu que se a caducidade operou independentemente da declaração contida no acto recorrido e, portanto, se o respectivo prazo se extinguiu por si, por manifesta imposição legal, é patente que o acto, situando-se no estrito desenvolvimento de poderes vinculados, não pode violar nenhum dos princípios referidos pela recorrente, designadamente os princípios da proporcionalidade, da boa fé e da protecção da confiança, princípios conformadores da actividade administrativa discricionária que, conjuntamente com todos os restantes princípios jurídicos administrativos, constituem os seus limites internos. Para além de que, como é sabido, o princípio da legalidade consome aqueles princípios que, por essa razão, também não podem ter saído violados. Assim, a possibilidade de ter existido um qualquer acordo entre a recorrente e a recorrida, posterior à consumação da caducidade, é absolutamente irrelevante para fazer operar os princípios da boa fé e da protecção da confiança e, desse modo, influir na legalidade do acto, podendo, isso sim, relevar no âmbito da responsabilidade civil.

Pelos motivos expostos, considerou que era indiferente, tal como se decidiu, proceder à produção de prova para o efeito de se avaliar da existência de um tal acordo, declarando improcedentes todas as conclusões da alegação da recorrente, negando provimento ao recurso e confirmando a sentença recorrida.

4.1.3. Acórdão do Tribunal Central Administrativo Sul, de 18 de Junho de 2009 (Processo 03137/07)[234]

Pimenta e Rendeiros, Urbanização e Construção SA inconformada com o Acórdão do TAF do Porto, de 9 Outubro de 2006, que em acção administrativa especial absolveu o Município de Sintra do pedido, dela veio recorrer para o TCA.

Alega a recorrente, que estando assente que o alvará foi emitido em 21 de Março de 1989, foi fixado para a conclusão das obras de urbanização o prazo de 720 dias e que ocorreu, em 23 de Março de 1990, uma prorrogação do prazo para a conclusão de tais obras por mais 365 dias e que as mesmas nunca foram realizadas, o que significa, aplicando ao caso dos autos o artigo 54.º do Decreto-Lei n.º 400/84, de 31 de Dezembro, que o alvará em apreço caducou a 23 de Março de 1991, não tendo sequer sido iniciadas as referidas obras de urbanização.

Ora, considerando que a caducidade decorre automaticamente da lei, como entendeu o Acórdão do STA, de 16 de Novembro de 2000 (Proc.45902), e também a Comissão de Coordenação de Lisboa e Vale do Tejo, em Janeiro de 1995, aquilo que releva para efeito da verificação desse vício, é que o senhor presidente da câmara municipal de Sintra, autor do acto impugnado, não poderia ter declarado a validade daquilo que caducara, pelo que esse acto assenta em erro nos seus pressupostos, já que a declaração de caducidade do alvará em apreço não é um acto discricionário, tendo, pelo contrário, uma matriz vinculada.

Mesmo que assim se não considerasse, entendeu que o Tribunal devia declarar agora a caducidade de tal alvará, verificado como estava que não ocorreu causa de impedimento da verificação da caducidade e estando suprida nos presentes autos qualquer eventual falta de audiência da contra-interessada.

Na tese da recorrente, o problema jurídico destes autos reconduz--se à questão de saber se o alvará de loteamento está válido e eficaz ou caducou.

---

[234] O texto integral pode ser consultado em http://www.dgsi.pt.

A Recorrida pronunciou-se pelo não conhecimento do recurso e, para tanto, sustentou que o recorrente não especifica quais os concretos meios probatórios constantes do processo que "impunham decisão sobre os pontos da matéria de facto impugnada diversa da decisão recorrida", nem formula as conclusões da sua alegação de forma clara, precisa e concisa.

O Procurador Geral Adjunto pronunciou-se pelo parcial provimento do recurso.

Com base na factualidade considerada provada, o Tribunal entendeu, que no essencial da questão de mérito o acórdão recorrido não errou de direito.

Começou por não aceitar a tese da recorrente de que é estranha às atribuições da entidade demandada a possibilidade de decretar válido e eficaz o alvará de loteamento n.º 7/89, face à existência de um documento que comprove a sua caducidade, uma vez que esta decorre automaticamente da lei e que conclui que o acto do presidente da câmara municipal de Sintra que determinou a passagem da certidão referida é nulo, atento o disposto na alínea b) do n.º 2 do artigo 133.º do CPA. Na verdade, considerou que estaríamos perante uma certidão em que a contra-interessada pretendeu saber se não foi declarada a caducidade do alvará de loteamento, nem alterada a respectiva licença de loteamento, ao abrigo de um legítimo direito de informação (artigos 268.º da CRP e 61.º a 65.º do CPA).

De facto, entendeu que o acto administrativo em causa *"limitou--se a determinar a emissão de uma certidão comprovativa de que não foi declarada a caducidade do alvará de loteamento, nem alterada ou revogada a respectiva licença de loteamento"* e que o autor do acto se limitou a constatar que não constava no respectivo processo que tivesse sido declarada a caducidade do alvará, pelo que, de acordo com a informação em que se sustentava, não havia inconveniente em satisfazer a pretensão certificativa apresentada. Justificou que, como é sabido, além das funções presidenciais e executivas, cabe actualmente ao presidente da câmara autorizar a passagem de certidões ou fotocópias autenticadas aos interessados, relativas a processos ou documentos constantes de processos arquivados, podendo tal competência ser objecto de delegação.

Considerou que não existia, portanto, qualquer vício de violação de lei decorrente da prática do acto impugnado. Acrescentando que, ao contrário do entendimento perfilhado pela recorrente, a declaração de caducidade do alvará não opera automaticamente, sendo necessária a intervenção da Administração no sentido de valorizar eventuais causas de incumprimento e sendo indispensável em tal valoração a participação dos interessados em sede de audiência prévia.

Ou seja, entendeu que não basta a verificação de um dos eventos de que a lei faz depender a caducidade do alvará, sendo necessária uma declaração formal da entidade competente (cfr. JOSÉ OSVALDO GOMES, MANUAl dos Loteamentos Urbanos; artigo 24.° do Decreto-Lei n.° 289/73, de 6 de Junho; artigo 84.° n.° 2, al. a) do Decreto-Lei n.° 400/84, de 31 de Dezembro e artigo 71.° n.° 2 do Decreto-Lei n.° 448/93). Concluindo que, de acordo com o exarado na decisão recorrida, muito embora a declaração de caducidade do alvará configure um acto administrativo de matriz vinculada, o certo é que deve ser assegurada a participação do contra-interessado, por imposição do artigo 8.° do CPA e tratando-se de um pedido de estrita declaração, teria a autora de demonstrar o interesse relevante no pedido formulado, o que não sucedeu.

Assim, terminou dizendo que sempre teria de improceder qualquer pedido de declaração de caducidade do alvará de loteamento n.° 7/89, como bem tinha decidido o acórdão recorrido e, em face do exposto, acordou em negar provimento ao recurso e em confirmar o acórdão recorrido.

4.2. *Comentário*

A relevância do primeiro acórdão decorre, desde logo, da sensibilidade demonstrada relativamente ao facto da caducidade da licença de construção não ocorrer "ope legis", o que constitui um ponto de viragem face a alguma jurisprudência que vinha propugnando o carácter automático desta figura, sem necessidade de ser declarada por acto formal da entidade licenciadora.

Como muito bem salientou o aresto em análise, e com o qual concordamos inteiramente, faltava uma declaração por parte da Administração, sujeita ao dever de fundamentação dos actos administrativos e que tornasse perceptíveis as razões de facto e de direito que a justificam, no âmbito de um procedimento que garanta a audiência prévia do interessado.

Na verdade, não podemos esquecer que a finalidade última da caducidade é incentivar os promotores a realizar as obras de urbanização, o que significa que a câmara não pode limitar-se a verificar o decurso do prazo para o exercício das faculdades inerentes ao título, devendo averiguar qual a melhor solução para o caso concreto, tendo como pano de fundo o interesse público.

No que concerne aos dois últimos acórdãos, a sua relevância prende-se com o facto de no mesmo dia serem proferidas decisões de conteúdo oposto para questões bastante semelhantes.

O primeiro dos acórdãos entendeu, que estando verificados os pressupostos para que fosse declarada a caducidade da licença para a realização de obras de urbanização, nada mais restava à entidade recorrida que declarar a caducidade, concluindo que esta opera por si só, sendo desnecessário um acto expresso a declará-la. À semelhança do entendimento deste instituto no âmbito do direito civil, e citando Mota Pinto, considerou a caducidade como uma forma de extinção de direitos resultantes do seu não exercício durante um determinado prazo, concluindo que, extinto o direito ele deixa de existir, saindo, em virtude da caducidade, da esfera jurídica do seu titular. Propugnou ainda, que a prorrogação da validade do alvará só seria possível se fosse tentada antes de a caducidade ter operado, já que depois só através de um novo pedido de licenciamento, sujeito então às novas regras em vigor.

Terminou concluindo que a figura da caducidade operou independentemente da declaração contida no acto recorrido e, portanto, que o respectivo prazo se extinguiu por si, por manifesta imposição legal.

Em sentido oposto, o segundo acórdão propugnou que a declaração de caducidade do alvará não opera automaticamente, sendo necessária a intervenção da Administração no sentido de valorizar eventuais causas de incumprimento e sendo indispensável em tal valoração a participação dos interessados em sede de audiência prévia, considerando expressamente, que não basta a verificação de um dos eventos de que a lei faz depender a caducidade do alvará, sendo ainda necessária uma declaração formal da entidade competente.

Não podemos deixar de expressar a nossa concordância inequívoca relativamente ao facto do instituto da caducidade nem sempre ocorrer de forma automática, sendo necessária uma declaração expressa por parte da Administração, não bastando a mera verificação de um dos eventos que a lei faz depender a caducidade.

Como muito bem salientou a Digníssima Magistrada do MP no segundo aresto em análise, a licença ou autorização não é emitida no interesse exclusivo do titular, mas também tendo em conta o interesse da colectividade, o que significa que a caducidade procura sancionar a inércia do promotor, com vista a evitar que se prolonguem no tempo situações de pendência contrárias ao interesse geral urbanístico. E, mais importante que a ideia de sanção, encontra-se aqui presente uma intenção de garantia do interesse público dominante de que a operação urbanística seja efectivamente realizada. No caso vertente, a finalidade da caducidade era precisamente a de que as obras se realizassem efectivamente e incentivar para que o promotor cumprisse as condições fixadas.

Daqui se conclui, que ao contrário da decisão propugnada, entendemos que a caducidade não podia operar por si só, sendo necessário um acto expresso a declará-la, já que as câmaras municipais dispõem do poder de gerir, com certa margem de liberdade, as situações de caducidade analisadas.

A caducidade em causa não constitui uma forma de extinção de direitos resultante do seu não exercício durante um determinado prazo, mas antes uma caducidade por incumprimento, que supõe, para além da verificação do pressuposto objectivo traduzido no decurso do prazo, a análise da conduta do destinatário do acto ou titular do direito.

Neste caso, atentas as circunstâncias concretas, a declaração de caducidade tem uma natureza constitutiva, gozando a Administração de uma certa margem de discricionariedade na apreciação da caducidade, não se devendo considerar que o alvará de loteamento havia caducado pelo mero decurso do tempo. Entendemos que se o interessado, apesar de não ter realizado as obras nos prazos previstos, as tencionar fazer, a câmara pode prorrogar retroactivamente o prazo para a sua conclusão, reconhecendo-lhe o direito de realizar as obras em falta, e não devendo considerar-se sem mais, na esteira do acórdão em análise, que qualquer possibilidade de prorrogação da validade do alvará teria que ser tentada antes de a caducidade ter operado.

Afigura-se-nos como algo incontornável que faltou aqui uma declaração expressa por parte da Administração. No caso sub judice, a câmara não podia limitar-se a verificar o decurso do prazo para o exercício das faculdades inerentes ao título ou mesmo ao cumprimento de certos deveres, mas tinha que averiguar qual a melhor solução para o caso concreto, tendo em conta que visa garantir ou restaurar a ordem urbanística, devendo sempre prevalecer o escopo da prossecução do interesse público específico.

Em conclusão, a caducidade teria que ser declarada no âmbito de um procedimento que garantisse a audiência do interessado, não podendo funcionar de forma automática. Isto mesmo, resulta expressamente do próprio artigo 71.º, n.º 5 do RJUE, ainda que este entendimento se possa estender a outras causas de caducidade previstas nesse diploma.

Conclusão

Atenta a complexidade da figura objecto do nosso estudo e da particularidade de regime que a mesma assume no âmbito dos diferentes ramos do direito, começámos por decalcar a sua origem, para tentar perceber o seu desenvolvimento no âmbito doutrinal e jurisprudencial no seio do ordenamento jurídico civilístico, optando por uma caracterização do instituto e breve confronto com o regime da prescrição.

Nessa altura, apercebemo-nos do carácter automático da figura em análise, uma das características, senão mesmo a nota essencial, que diferencia o seu tratamento no direito civil e administrativo.

No âmbito do direito administrativo, o conceito corresponde a diferentes categorias tipológicas, e nessa medida, considerámos que seria oportuno dissecar os diferentes tipos de caducidade, numa tentativa de compreender e delinear, não só as características, como também as diferenças de regime face ao observado no âmbito do direito civil.

Particularmente no que concerne às licenças urbanísticas, preocupámo-nos em tentar compreender qual o tratamento jurídico das caducidades plasmadas no regime jurídico da urbanização e edificação e conduzi-las a um dos tipos de caducidade estudadas no seio do direito administrativo.

No fundo, propugnámos por um enquadramento jurídico, chegando então à conclusão que no âmbito das licenças urbanísticas deve ser conferido à Administração um amplo espaço de ponderação e decisão relativamente à declaração ou não da caducidade, de forma a encontrar a melhor solução para o caso concreto. Defendemos que a declaração de caducidade não opera automaticamente, sendo necessária a intervenção da Administração no sentido de valorizar eventuais causas de incumprimento e sendo indispensável em tal valoração a participação dos interessados em sede de audiência prévia, devendo sempre prevalecer o escopo da prossecução do interesse público específico.

Afigura-se-nos, no entanto, que apesar das alterações de regime implementadas com a Lei n.º 60/2007, de 4 de Setembro, se deixou fugir uma boa oportunidade para se instituir um regime bem definido e congruente da caducidade no âmbito do direito do urbanismo.

Na verdade, do estudo efectuado ao RJUE detectámos que ainda surgem algumas dúvidas de concretização da figura da caducidade, discutindo-se muitas vezes se a mesma necessita de ser declarada ou opera automaticamente, problemas estes que conduzem na prática a soluções bastante distintas e com repercussões muito relevantes na vida dos particulares.

Também no que concerne à jurisprudência, verificámos que apesar de nesta matéria encontrarmos já alguns arestos que se demonstram sensíveis à evolução da doutrina, não permanecendo aqui, ao contrário de outros casos, somente agarrados aos entendimentos consentâneos mais antigos, existem ainda, no entanto, grandes oscilações de tratamento jurisprudencial no que toca à figura da caducidade no âmbito da gestão urbanística.

4. Medidas de Tutela de Legalidade

Demolição vs Legalização
Não demolir, sem transigir – que solução?

ANA LEITE[1]

1. O problema: a natureza e os limites do poder/dever de ordenar a demolição

É unanimemente reconhecido que uma das maiores dificuldades na prática urbanística se prende com a dificuldade na promoção de uma fiscalização eficaz sobre as construções que vão sendo executadas sem prévio controlo municipal.

A questão das legalizações e do modo de reagir perante situações de facto já materialmente consolidadas é uma questão recorrente tanto na doutrina, como principalmente na prática urbanística, que se vê continuamente desafiada a promover uma gestão que, por um lado, garanta o cumprimento das normas e procedimentos urbanísticos pensados para um controlo prévio à promoção destas operações e, por outro lado, garanta um correcto equilíbrio entre os diversos interesses públicos em presença onde, muitas vezes, a tutela de normas meramente procedimentais concorrem com as legítimas expectativas criadas por terceiros adquirentes dos imóveis que integram obras ilegais.

É também sabido que o legislador nacional não jurisdicionalizou o instituto das "legalizações". Isto é, o legislador não consagrou um procedimento de licenciamento ou comunicação prévia distinto conforme as operações urbanísticas em análise estivessem ou não já materializadas.

E bem se compreende que assim seja. Com efeito, por princípio, não faria sentido distinguir o procedimento de controlo municipal aplicável às operações urbanísticas, tomando por critério o facto de tais obras se encontrarem já concretizadas ou não. A análise a efec-

---

[1] Jurista na Câmara Municipal do Porto.

tuar sobre a conformidade de uma determinada solução urbanística com as normas legais e regulamentares aplicáveis deve ser efectuada através das mesmas diligências e com o mesmo rigor, quer a obra se encontre já promovida ou não.[2]

Para as obras construídas ilegalmente o legislador prevê, por isso, não um procedimento específico de licenciamento ou comunicação prévia, mas, pelo contrário, dota os municípios dos meios necessários para que a ilegalidade urbanística assim verificada seja reposta, por recurso às medidas de tutela da legalidade urbanística elencadas nos artigos 102.º e ss. do RJUE.

Prevê, assim o legislador que se as obras forem construídas ilegalmente o Município pode ordenar a realização de trabalhos de correcção, ou, em último recurso, proceder à demolição de tais obras.

É sobre a dificuldade de concretização deste poder que nos pretendemos debruçar para verificar se esta medida de tutela da legalidade urbanística deve ser utilizada sempre que nos encontremos perante uma obra ilegal, seja tal ilegalidade material ou meramente formal, isto é, quer a ilegalidade em presença seja uma ilegalidade resultante da violação de parâmetros urbanísticos definidos nos instrumentos de gestão territorial ou de outros normativos construtivos concretos, quer tal ilegalidade se traduza apenas na promoção de uma obra sem a prévia submissão a um procedimento de licenciamento ou comunicação prévia.

A letra da lei parece dar a resposta que a jurisprudência que aqui nos propomos comentar vem defendendo: a resposta de que o Município está limitado neste poder à demolição apenas das ilega-

---

[2] Referimo-nos aqui apenas à fundamentação, que nos parece válida, para a inexistência de qualquer distinção no procedimento de análise da conformidade das soluções urbanísticas sejam elas existentes ou não, e já não à eventual consagração de normas substantivas distintas para soluções urbanísticas já concretizadas. Com efeito, não raras vezes, os instrumentos de gestão territorial consagram normas distintas, nomalmente transitórias, para que construções ilegalmente existentes sejam licenciadas com a dispensa da verificação do cumprimento de requisitos mais exigentes. Esta diferenciação poderá fazer sentido em municípios em que se verifique a existência de edifícios antigos que, embora construídos sem licença, cumpriam, à data da sua construção todas as normas legais e regulamentares aplicáveis.

lidades materiais, não podendo ordenar a demolição de obras que sendo formalmente ilegais – porque promovidas sem o devido controlo prévio municipal – cumprem todas as normas legais e regulamentares que lhes são aplicáveis.

Se é certo que a jurisprudência sustenta esta posição em princípios constitucionais irrefutáveis como o princípio da proporcionalidade, não podemos todavia deixar de salientar o constrangimento que o ordenamento jurídico assim interpretado coloca à prática da fiscalização urbanística.

Com efeito, perante ilegalidades formais – em que, de acordo com os argumentos invocados pela jurisprudência que aqui será apresentada, os municípios se encontram proibidos de ordenar a demolição – a prática da fiscalização urbanística vê-se confrontada com situações de total ineficácia, restando-lhe conviver complacentemente com uma ilegalidade que se perpetua no tempo, sem que os municípios possuam à sua disposição meios que lhes permitam repor a legalidade formal e contornar o sentimento instalado de que a ilegalidade formal compensa.

Será, assim, da perspectiva de quem procura encontrar uma solução que permita ultrapassar estes constrangimentos que nos propomos analisar a jurisprudência que vem sendo produzida sobre o âmbito e os limites do poder de ordenar a demolição de obras ilegais.

2. Enquadramento Normativo

O artigo 106.º do RJUE, na sua versão actualmente em vigor é o resultado da evolução normativa de uma regra que se encontrava já consagrada no RGEU.

Com efeito, estabelecia o artigo 167.º do RGEU, na redacção que lhe foi conferida pelo Decreto-lei n.º 44258, de 31 de Março de 1962, que *"a demolição das obras referidas no artigo 165.º <u>só poderá ser evitada</u> desde que a câmara municipal ou o seu presidente, conforme os casos, reconheça que são susceptíveis de vir a satisfazer os requisitos legais e regulamentares de urbanização, de estética, de segurança e de salubridade."*

Do mesmo modo, o artigo 58.º n.º 1 do Decreto-lei n.º 445/91, de 20 de Novembro, veio estabelecer que "*o presidente da câmara municipal (...) pode ainda, quando for caso disso, ordenar a demolição da obra e ou a reposição do terreno nas condições em que se encontrava antes da data de início das obras (...)*", mantendo-se em vigor o artigo do RGEU relativo aos pressupostos da ordem de demolição.

O artigo 167.º – bem como os demais normativos relativos às medidas de tutela da legalidade urbanística constantes do RGEU – foi, todavia, revogado pelo Decreto-lei n.º 555/99, de 16 de Dezembro que, na sua versão inicial estabelecia expressamente que "*a demolição não pode ser ordenada se a obra for susceptível de ser licenciada ou autorizada ou se for possível assegurar a sua conformidade com as disposições legais e regulamentares que lhe são aplicáveis mediante a realização de trabalhos de correcção ou de alteração.*" (cfr. art. 106.º n.º 2 na versão original do Decreto-lei n.º 555/99, de 16 de Dezembro).

Esta versão do n.º 2 do artigo 106.º do RJUE foi, todavia, alterada através do Decreto-lei n.º 177/2001, de Junho de 2001, que, retomando – com algumas adaptações – a redacção do artigo 167.º do RGEU, veio estabelecer que "*a demolição pode ser evitada se a obra for susceptível de ser licenciada ou autorizada ou se for possível assegurar a sua conformidade com as disposições legais e regulamentares que lhe são aplicáveis mediante a realização de trabalhos de correcção ou de alteração.*"

A doutrina vem defendendo que desta evolução da redacção do artigo 106.º do RJUE deve resultar a interpretação de que o dever de ordenar a demolição é já não um poder discricionário dos municípios, como vinha defendendo a jurisprudência à luz das normas do RGEU, mas antes um poder vinculado, a exercer sempre que o interessado não tenha promovido as diligências necessárias para a legalização de uma determinada obra[3].

---

[3] OLIVEIRA, Fernanda Paula, *et allii*, *Regime Jurídico da Urbanização e Edificação – Comentado*, 2.ª ed. Almedina, Coimbra, 2009, pp. 563 e ss.

Entende assim a doutrina que a jurisprudência proferida durante a vigência do artigo 167.º do RGEU deve considerar-se ultrapassada em face desta nova redacção do artigo 106.º n.º 2 do RJUE.

Antes, porém, de podermos tomar posição relativamente a este entendimento, importa regressar àquela jurisprudência e aos fundamentos por ela invocados para afirmar o poder de ordenar a demolição como um poder limitado à verificação do pressuposto da legalização das obras promovidas sem licença.

3. A resposta da Jurisprudência[4]

3.1. *O poder de ordenar a demolição como um poder limitado pelo princípio da proporcionalidade*

A Jurisprudência do Supremo Tribunal Administrativo vem sendo uniforme na afirmação de que *"constitui pressuposto da decisão camarária de ordenar a demolição de obra clandestina a ponderação de que a obra não é susceptível de legalização"*[5].

Entende, assim, a Jurisprudência que o poder de ordenar a demolição é um poder limitado por este pressuposto de ponderação de que a obra não é susceptível de legalização, pressuposto este a que *"vinculadamente o acto se encontra adstrito"*[6] e sem a verificação do qual *não é permitida* a demolição da obra ilegal[7].

O entendimento assim uniforme e reiteradamente afirmado pela Jurisprudência fundamenta-se essencialmente nos *"princípios da necessidade, da adequação, da indispensabilidade ou melhor ingerência possível, corolários do princípio da proporcionalidade"*[8].

Com efeito, salienta a jurisprudência, que a vertente da necessidade do princípio da proporcionalidade *"proclama que só deve lesar-se a posição do particular se não houver outro meio para*

---

[4] Os textos integrais dos acórdãos aqui citados encontram-se disponíveis em www.dgsi.pt/jsta.nsf?OpenDatabase.
[5] Acórdão do Supremo Tribunal Administrativo de 14.12.2005, Proc. n.º 0959/05.
[6] Idem.
[7] Acórdão do Supremo Tribunal Administrativo de 24.09.2009, Proc. n.º 0656/08.
[8] Acórdão do Supremo Tribunal Administrativo de 14.12.2005, Proc. n.º 0959/05.

realizar o interesse público" e que a vertente da proporcionalidade *stricto sensu* deste mesmo princípio "*dita que a medida correctiva a suportar pelo administrado deve ser justa, na relação custo/benefício, isto é, que deve reduzir-se ao mínimo indispensável para reparar a legalidade ofendida*"[9].

Entende, por isso, a jurisprudência que longe de poder decidir discricionariamente pela demolição ou pela legalização, a "*Administração está vinculada a não ordenar a demolição se a obra, com ou sem alterações puder ser legalizada.*"[10], sendo a "*proibição de demolir obras clandestinas que possam ser legalizadas corolário do princípio constitucional da necessidade, que obsta a que sejam impostas aos particulares restrições desnecessárias*"[11].

Não podemos deixar de aderir à argumentação assim expendida pela Jurisprudência.

Com efeito, o princípio da proporcionalidade a que a Administração Pública se encontra constitucionalmente vinculada, por força do disposto no n.º 2 do artigo 266.º, da CRP, impõe que na sua actuação a Administração "*prossiga os fins legais, os interesses públicos, primários e secundários, segundo o princípio da justa medida, adoptando, dentre as medidas necessárias e adequadas para atingir esses fins e prosseguir esses interesses, aqueles que impliquem menos gravames, sacrifícios ou perturbações à posição jurídica dos administrados*"[12].

Ora, conforme é sabido o poder de ordenar a demolição não tem por fim qualquer intuito sancionatório (sendo este carácter sancionatório remetido para as normas contra-ordenacionais), mas visa antes a reposição da legalidade urbanística, e surge como uma "*medida de reposição do statu quo ante que só tem razão de ser se for verdadeiramente necessária, ou indispensável para conseguir a boa harmonia construtiva e urbanística*"[13].

---

[9] Acórdão do Supremo Tribunal Administrativo de 22.04.2009, Proc. n.º 0922/08.
[10] IDEM.
[11] IBIDEM.
[12] Canotilho, J. J. Gomes e Moreira, Vital, *Constituição da República Anotada*, 3.ª ed. Revista, Coimbra Editora, Coimbra, 1993, p. 924.
[13] Acórdão do Supremo Tribunal Administrativo de 14.12.2005, Proc. n.º 0959/05.

O exercício deste poder de ordenar a demolição esvaziado da prossecução daquele fim, isto é, nas situações em que não está na verdade em causa a tutela do interesse público de cumprimento das normas urbanísticas de natureza material revelar-se-ia sempre, a nosso ver, como o exercício de um poder da Administração inconstitucional, porque violador do princípio da proporcionalidade. Com efeito, o que poderá justificadamente fundamentar que seja necessário, justo e adequado que o Município proceda à demolição de uma obra que cumpra todos os requisitos legais e regulamentares de natureza urbanística, de estética, segurança e salubridade?

Nestas situações entendemos, na esteira da jurisprudência firmada, que os Municípios não poderão ordenar – e muito menos executar coercivamente – a demolição destas obras, por não ser esta a medida adequada, necessária ou proporcional para repor a legalidade urbanística violada.

Resulta do que vimos de expor que este entendimento de que o poder de ordenar a demolição de obras ilegais é um poder vinculado não radica a sua fundamentação apenas no texto das concretas normas que foram sendo construídas para concretizar este poder, mas antes num princípio constitucionalmente consagrado, a que tanto a Administração como o legislador ordinário se encontram vinculados.

Pretendemos com isto realçar como, independentemente da evolução da legislação ordinária relativamente ao procedimento a adoptar para o exercício deste poder de ordenar a demolição, tal poder se mantém constitucionalmente vinculado ao princípio da proporcionalidade, pelo que se mantêm totalmente actuais os pressupostos de que parte a jurisprudência que se vem firmando no Supremo Tribunal Administrativo sobre esta matéria.

3.2. *A ponderação da susceptibilidade de legalização – ónus municipal ou impulso particular?*

De uma leitura da evolução normativa entretanto ocorrida poderia, no entanto, pensar-se que a actualidade desta Jurisprudência já não se encontra, todavia, verificada relativamente ao ónus de ponderação da susceptibilidade de legalização imposto pelo princípio da proporcionalidade.

Com efeito, no confronto entre o texto do artigo 167.º do RGEU que estabelecia que a demolição "*só poderá ser evitada desde que a câmara municipal ou o seu presidente, conforme os casos, reconheça que são susceptíveis de vir a satisfazer os requisitos legais e regulamentares de urbanização, de estética, de segurança e de salubridade.*" e o actual artigo 106.º n.º 2 do RJUE, que determina que "*a demolição pode ser evitada se a obra for susceptível de ser licenciada ou autorizada ou se for possível assegurar a sua conformidade com as disposições legais e regulamentares que lhe são aplicáveis mediante a realização de trabalhos de correcção ou de alteração*", doutrina existe que vem defendendo que o legislador pretendeu transferir agora para o particular o ónus de demonstrar que a demolição pode ser evitada, por já não constar da letra da lei a referência de que são a câmara ou o seu presidente que reconhecem a susceptibilidade de legalização.

Assim se defende que "*a alteração que foi introduzida no n.º 2 do artigo 106.º, pelo Decreto-Lei n.º 177/2001, aponta no sentido de a legalização de obras corresponder a um ónus dos interessados. Caso estes não realizem os trabalhos de correcção ou alteração devidos, nos termos do artigo 105.º ou não promovam a legalização da operação no prazo razoável que lhe deve ser dado para efeito, é legítima,* rectius *devida, a emanação da ordem de demolição.*"[14]

Não acompanhamos, todavia, este entendimento e não o acompanhamos, mais uma vez, por aderirmos aos argumentos que vêm sendo expendidos pela jurisprudência sobre esta questão.

Com efeito, num juízo subsuntivo da demonstração de que o poder de ordenar a demolição se encontra vinculado pelo princípio da proporcionalidade, a jurisprudência afirma que da vinculação a este princípio decorre "'*por imperativo lógico, uma outra vinculação: a de não ordenar o desmantelamento da construção sem precedência de um juízo acerca da susceptibilidade de legalização*"[15],

---

[14] OLIVEIRA, Fernanda Paula *et allii*, *Regime Jurídico da Urbanização e Edificação – Comentado*, 2.ª ed. Almedina, Coimbra, 2009, pp. 563 e ss.

[15] Acórdão do Supremo Tribunal Administrativo de 22.04.2009, Proc. n.º 0922/08.

juízo este que *"não depende da prévia apresentação pelo interessado de um projecto de legalização"*[16].

Julgamos ser de aderir a esta posição da jurisprudência. Com efeito, considerando que o acto que ordena a demolição tem por pressuposto a vinculação ao princípio da proporcionalidade, não vemos como pode o Município considerar-se desonerado de aferir se tal proporcionalidade se encontra ou não verificada em cada caso concreto.

De facto, julgamos que mesmo nas situações em que o infractor não promova qualquer diligência no sentido de legalizar a obra construída sem licença ou sem comunicação prévia, a prática do acto que ordena a demolição de obras que não violem qualquer norma urbanística material não deixará de consubstanciar uma violação ao princípio da proporcionalidade, na medida em que não existirá um justo equilíbrio entre o interesse público a prosseguir com a prática deste acto (o interesse público da reposição da legalidade formal) e a lesão da posição do particular que dela resulta (lesão esta que poderá, inclusivamente e *in extremis*, estender-se ao direito à habitação do particular).

Assim, e porque o que está subjacente à prática do acto que ordena a demolição não é, reitera-se, qualquer juízo de culpa sobre a actuação ou inércia do infractor, mas antes e tão só o recurso à medida mais gravosa que o legislador prevê para garantir a reposição do *statu quo ante* nas situações de ilegalidade urbanística, não pode o Município exonerar-se do seu dever de garantir a verificação do princípio da proporcionalidade na prática dos seus actos, escudado no argumento de que o particular não promoveu qualquer diligência no sentido da demonstração dessa proporcionalidade.

É certo que não deixamos de reconhecer que contra o que aqui defendemos poderiam esgrimir-se, pelo menos, dois argumentos: por um lado, o de que o impulso procedimental cabe ao particular e não pode o Município substituir-se a ele e, por outro lado, o de que a posição aqui defendida, na esteira jurisprudencial, pode surgir como um incentivo à inacção e traduzir-se, mesmo, num constrangimento à própria eficácia da actividade fiscalizadora.

---

[16] Acórdão do Supremo Tribunal Administrativo de 14.12.2005, Proc. n.º 0959/05.

Julgamos, todavia, que ambos os argumentos poderão ser afastados.

Desde logo, não julgamos que a conclusão sobre o ónus de o Município promover um juízo sobre a susceptibilidade de legalização das obras conflitue de alguma forma com o facto de o legislador prever que os procedimentos de controlo prévio municipal definidos no RJUE sejam procedimentos de hetero-iniciativa (cfr. artigo 9.º do RJUE).

Com efeito, julgamos estar aqui perante duas situações distintas que merecem, por isso, também tratamento distinto.

Assim, o artigo 9.º do RJUE regula as situações em que um determinado promotor pretenda submeter uma concreta operação urbanística a controlo prévio do Município, em cumprimento integral da lei, isto é, antes de concretizar aquela construção. Nestes casos o procedimento inicia-se, como não poderia deixar de ser, por hetero-iniciativa, consubstanciando o requerimento do particular um pressuposto legal do exercício da competência da Administração.

Nestes casos, esta natureza do procedimento administrativo, de hetero-iniciativa, visa tutelar os interesses do requerentes, a quem é, desde logo, garantida a possibilidade de delimitar o âmbito e objecto do seu pedido, constituindo-se na sua esfera jurídica o direito a ver o seu pedido decidido.

Ora, facilmente se compreenderá que o regime assim consagrado para os procedimentos urbanísticos iniciados pelo promotor *"cumpridor"* não poderá ser directamente transposto para as situações em que foram promovidas obras sem aquele prévio controlo municipal.

Alegar, nessas situações, que não impende sobre o Município o ónus de verificar a susceptibilidade de legalização daquelas obras, apenas porque, ainda aí, caberia ao particular a iniciativa de requerer expressamente essa legalização seria desvirtuar o fundamento desta natureza de hetero-iniciativa, invocando um direito tutelador da posição daquele particular, numa situação em que ele próprio, por iniciativa sua, materializou já a solução urbanística que deveria ter submetido a prévia apreciação do Município.

Ao que assim afirmamos acresce o que a jurisprudência vem também salientando a este propósito: que não se pode considerar absurdo que o juízo sobre a susceptibilidade de legalização *"possa ser formulado sem o impulso processual do interessado, pois não é apenas o interesse dele que releva para decidir pela legalização, nem é mesmo o interesse primacial em grande parte dos casos, sendo antes o interesse público que poderá conduzir à decisão de não demolição (Pense-se, por exemplo, nas situações de prédios clandestinos já habitados, em que a demolição pode acarretar consequências dramáticas para os moradores, normalmente pessoas de fraquíssimos recursos económicos. Em situações deste tipo, independentemente da apresentação de projecto, poderá entender-se, com razoabilidade evidente, que se o prédio for susceptível de legalização, com consequente satisfação do interesse público urbanístico, será de evitar os dramas sociais inerentes à demolição).*[17]

É pelo exposto que nos parece que a conclusão pelo dever do Município de ponderar expressamente a susceptibilidade de legalização das obras promovidas sem licença antes de ordenar a demolição de tais obras não conflitua de forma alguma com a natureza de hetero-iniciativa dos procedimentos de controlo prévio municipal, até porque, em ambas as situações existe uma iniciativa do particular: nuns casos através da apresentação do requerimento formalmente, noutros casos materialmente, através da efectiva construção da obra ilegal.

Não despiciendo não será, reconhecêmo-lo, o argumento invocado contra a posição jurisprudencial que vimos de enunciar, segundo o qual esta posição poderá consubstanciar uma *"injustiça, na medida em que a ser seguido este entendimento se traduzirá, na prática, na atribuição de um prémio aos infractores."*

Assim o afirmava o recorrente no âmbito do processo objecto do Acórdão do STA de 14.12.2005, alegando que *"Quem constrói legalmente, apresenta projectos, espera o tempo necessário à apreciação desses mesmos projectos e só depois de aprovados os projectos e liquidadas as taxas devidas inicia a execução da obra. Porquê impor à entidade Administrativa que verifique se a obra é legalizável ou não, quando o particular infractor nada fez com vista à eliminação da infracção urbanística perpetrada com a implantação de uma construção clandestina. Quem constrói sem licença não*

---

[17] Acórdão do Supremo Tribunal Administrativo de 29.11.2006, Proc. n.º 0633/04.

merece melhor tratamento do que quem ainda nada construiu e pretende fazê-lo de acordo com a lei."[18]

E, do mesmo modo, a doutrina salienta como não deve "*a Administração municipal esperar indefinidamente que o particular dê início ao procedimento de legalização, sob pena de, perante a inércia deste, se perpetuarem situações de violação da legalidade urbanística e de um errático panorama urbanístico.*"[19]

Com efeito, a posição que vem sendo defendida pela jurisprudência – e cuja fundamentação, por tudo quanto expusemos, acompanhamos integralmente – parece votada, na sua concretização prática, a um impasse sem solução: é que, se por um lado, a jurisprudência vem defendendo que é pressuposto da determinação da ordem de demolição a promoção, pela Administração, de um juízo de prognose sobre a susceptibilidade de legalização da obra, por outro lado afirma também que este juízo é meramente apriorístico, sendo que "*a legalização propriamente dita só virá, claro, com o pedido de legalização e respectiva apreciação, em cuja apreciação a câmara, tendo-se limitado anteriormente a emitir um juízo perfunctório, em sede de mera aparência ou plausibilidade, poderá chegar à conclusão contrária.*"[20]

Aplicando esta solução na prática, a Administração vê-se confrontada com o constrangimento, de não podendo demolir obras promovidas sem licença, quando tais obras sejam susceptíveis de legalização, ficar dependente da "*boa vontade*" do infractor para vir diligenciar no sentido de proceder à reposição da legalidade formal, apresentando o pedido de licenciamento ou comunicação prévia devido.

Como facilmente se compreenderá esta é uma situação que, para além de constrangedora para uma fiscalização urbanística que se pretende eficaz é também geradora de desigualdades, uma vez que, não possuindo a Administração mecanismos para reagir contra a ilegalidade meramente formal, esta ilegalidade acaba por compensar.

---

[18] Acórdão do Supremo Tribunal Administrativo de 14.12.2005, Proc. n.º 0959/05.

[19] OLIVEIRA, Fernanda Paula *et allii*, *Regime Jurídico da Urbanização e Edificação – Comentado*, 2.ª ed. Almedina, Coimbra, 2009, pp. 563 e ss.

[20] Acórdão do Supremo Tribunal Administrativo de 14.12.2005, Proc. n.º 0959/05.

É nesta dificuldade efectiva, e na injustiça dela resultante, que a doutrina sustenta o seu entendimento de que a solução para estas ilegalidades formais passa *"pela comissão de verdadeiros* poderes-deveres *e não meras faculdades à Administração em matéria de reposição da legalidade urbanística, e por outro lado, pela consideração de que a legalização de obras corresponde a um* ónus *dos interessados, devendo estes desencadear os procedimentos tendentes à legalização das operações urbanísticas ilegais ou responder ao repto lançado pela Administração nesse sentido"*[21], refutando-se, por isso, que a Administração se encontre impedida de ordenar a demolição nas situações em que os particulares não promovam as diligências necessárias à legalização das construções iniciadas sem prévio controlo municipal.

Não deixamos de reconhecer que a interpretação firmada pela jurisprudência, de acordo com a qual, o poder de ordenar a demolição se encontra limitado pelo princípio da proporcionalidade poderá consubstanciar um constrangimento à eficácia da actividade fiscalizadora da Administração, se esta não dispuser de outros meios para poder repor a legalidade urbanística.

Não nos parece, porém, que a solução para responder a este constrangimento possa ser a afirmação de que, caso os particulares não promovam as diligências necessárias à legalização, dentro do prazo fixado pelo Município para o efeito, então a Administração estará já legitimada, ou mesmo vinculada, a avançar para a demolição.

A afirmação que assim vem sendo efectuada pela doutrina, parece-nos ser duplamente falaciosa. Por um lado, porque a demolição de obras que sejam susceptíveis de legalização será sempre uma medida violadora do princípio da proporcionalidade, uma vez que o interesse público a salvaguardar não impõe, por si só, a destruição da construção resultante de tal obra. Por outro lado, porque fundamentar a ordem de demolição no facto de o promotor não ter iniciado as diligências necessárias à legalização admissível, confere a esta ordem de demolição um cunho sancionatório que desvirtua a

---

[21] OLIVEIRA, Fernanda Paula *et allii, Regime Jurídico da Urbanização e Edificação – Comentado*, 2.ª ed. Almedina, Coimbra, 2009, pp. 563 e ss.

natureza das medidas de tutela da legalidade urbanística, conferindo-lhes um carácter contra-ordenacional que não está, claramente, na sua teleologia.

Como ultrapassar então este constrangimento resultante dos limites ao poder de ordenar a demolição de forma a garantir, por um lado, a eficácia da fiscalização urbanística e, por outro lado, sem desvirtuar a natureza das medidas de tutela da legalidade urbanística?

4. Não demolir sem transigir, que solução? As legalizações coercivas

Na ponderação da questão supra-enunciada o Município do Porto optou por consagrar, através de regulamento municipal, uma "terceira via" para solucionar este problema, que não passa nem pela determinação da demolição, nas situações em que a obra é susceptível de legalização nem, nos seus antípodas, pela atitude passiva de aguardar *sine die* que o promotor venha diligenciar no sentido de obter a referida legalização.

O Município do Porto optou por consagrar uma norma que prevê a legalização coerciva das obras que, apesar de terem sido promovidas sem licença ou sem comunicação prévia, cumprem todas as normas legais e regulamentares aplicáveis.

Assim estabelece o artigo B-1/41.º do Código Regulamentar do Município do Porto[22] que, caso o particular não promova as diligências necessárias à legalização voluntária das obras efectuadas sem prévio controlo da Autarquia, o Município promoverá "coercivamente" a legalização destas obras, procedendo oficiosamente a esta legalização, emitindo o respectivo alvará e cobrando as taxas devidas.

Através desta norma de natureza regulamentar, o Município do Porto pretendeu, assim, consagrar regras que lhe permitam exercer de forma eficaz e dentro dos limites legais os seus poderes de fiscalização, conseguindo, deste modo repor a legalidade urbanística através de uma medida efectivamente adequada, necessária e proporcional.

---

[22] Que poderá ser consultado em http://cmpexternos.cm-porto.pt/crmp/.

Com efeito, nas situações em que a ilegalidade urbanística é meramente formal, a medida adequada para repor a legalidade não será uma medida de actuação coerciva material sobre uma construção que cumpre todos os requisitos urbanísticos e construtivos, mas antes uma medida também ela formal de "legalização coerciva" dessa obra.

E contra esta medida julgamos não poder esgrimir-se o argumento de que nestas situações estará o Município a violar o direito de propriedade constitucionalmente consagrado, por "impor" ao proprietário a legalização de uma construção cujo licenciamento não requereu ou cuja comunicação prévia não foi apresentada. Este argumento não poderá proceder porque a ele se opõe necessariamente o argumento *a maiori ad minus*: se o Município tem atribuições para ordenar e executar coercivamente a demolição de obras ilegais, quando realizadas em incumprimento das normas urbanísticas, por maioria de razão há-de ter competência para, oficiosa e coercivamente, afirmar que as obras realizadas sem prévio licenciamento ou comunicação prévia cumprem todas as normas legais e regulamentares e que, por isso, vai considerá-las como legalmente existentes.

Acresce que esta *"legalização coerciva"* não coloca em causa o facto – comum a todas as licenças urbanísticas e por isso também necessariamente a estas – de que tais licenças são emitidas *sob reserva de direitos de terceiros* e, por isso, sem prejuízo de eventuais litígios particulares que sobre tais obras eventualmente impendam e, sem prejuízo, realce-se de o proprietário poder sempre proceder à demolição da obra construída sem essa licença[23].

Mais julgamos que a medida assim consagrada ainda se integra nos limites do poder regulamentar do Município, uma vez que ape-

---

[23] Com efeito, um dos argumentos que vem sendo expendido pela doutrina contra esta solução consagrada pelo Município do Porto vem sendo o de que, ao promover esta legalização coerciva o Município poderá estar a impor a um proprietário obras promovidas sem o seu consentimento. Julgamos, todavia, que para além dos argumentos apresentados no nosso texto, acresce o argumento de que caso, nessas situações o Município procedesse à demolição das obras susceptíveis de legalização, estaria a actuar não em prossecução de qualquer interesse público-urbanístico, mas tão só na prossecução do interesse do particular que não mobilizou os meios judiciais de natureza cível que sempre teria à sua disposição para impedir a violação da sua propriedade.

nas se traduz na previsão de uma regra imprescindível para *"assegurar a realização das suas atribuições específicas"*[24], a saber, as suas atribuições em matéria de fiscalização urbanística, atribuições estas que, por tudo quanto expusemos, se encontravam esvaziadas de mecanismos simultaneamente eficazes e proporcionais.

A consagração desta *"legalização coerciva"* das obras que o Município verifique serem susceptíveis de legalização permitirá assim reagir de forma proporcional à ilegalidade verificada, repondo--se a legalidade, na justa medida em que ela se encontrava violada, medida esta que, nestes casos, será meramente formal, porque meramente formal é também a ilegalidade verificada.

Esta medida, associada à cobrança coerciva das taxas devidas pelo licenciamento oficiosamente emitido permitirá assim que o Município não proceda à demolição coerciva de construções que tenham sido promovidas sem o devido controlo prévio da autarquia, sem que tal facto não se traduza num favorecimento do promotor que não cumpriu estas normas urbanísticas formais. Pelo contrário, perante a consagração deste mecanismo, o promotor imobiliário saberá que, caso não proceda ao licenciamento ou comunicação prévia das suas obras, o Município sempre procederá à "reposição da legalidade formal" emitindo oficiosamente o título devido e, consequentemente, cobrando a este promotor taxas acrescidas porque acrescido será também o custo da prestação deste serviço pelo Município.

Considerando o carácter inovatório desta medida e, não deixando de reconhecer as eventuais dificuldades práticas que se poderão colocar à sua aplicação, o Município do Porto optou por restringir o âmbito de aplicação desta medida apenas às obras de alteração que não impliquem cálculos de estabilidade, durante o período experimental de um ano, prevendo-se que, terminado este prazo de um ano, se reponderere este âmbito de aplicação e se averigue se o objectivo deste mecanismo foi ou não cumprido, isto é, se através dele o Município consegue garantir a eficácia da sua atribuição de fiscalização urbanística, sem demolir, mas também sem transigir.

---

[24] AMARAL, Diogo Freitas do, Curso de Direito Administrativo, vol. II, Almedina, Coimbra, 2004, p. 160.

As Medidas de Tutela da Legalidade Urbanística

SUSANA CARVALHO FERREIRA[1]

1. Generalidades

1.1. *Breve caracterização e enquadramento legal*

As medidas de tutela da legalidade urbanística, como o são o embargo, a demolição, a reposição de terrenos e a cessação da utilização, são medidas que visam repor a legalidade de uma obra ou de uma operação urbanística ilegal, ou, se quisermos, *"reintegrar a legalidade urbanística violada*[2]*"*.

No mínimo, estas medidas implicarão a suspensão da actividade urbanística, mediante o embargo desta, *"impedindo que o seu prosseguimento torne mais difícil ou oneroso o estabelecimento da legalidade violada*[3]*"*.

Mas se se tratar de edifícios ou de fracções autónomas, que estejam a ser utilizadas sem o respectivo título jurídico (a autorização de utilização) ou em desconformidade com este, poderá ser ordenada a cessação da utilização desses edifícios ou fracções – nos termos dos artigos 109.º do RJUE e 165.º do RGEU, este último já revogado.

Não obstante, a cessação da actividade pode revelar-se insuficiente para que a legalidade urbanística violada seja reposta. Assim, a Administração pode impor ao particular *"obrigações de facere, exigindo dele que adopte uma ou várias condutas de conteúdo positivo, destinadas a adequar materialmente a realidade de facto aos efeitos jurídicos desejados pela norma violada. Tais medidas*

---

[1] Jurista

[2] Cfr. Preâmbulo do Decreto-Lei n.º 555/99, de 16/12.

[3] Cfr. MONTEIRO, CLÁUDIO, *O Embargo e a Demolição no Direito do Urbanismo*, policopiado, Faculdade de Direito de Lisboa, 1995, p. 41.

podem consistir na realização coerciva de obras de alteração, reparação ou beneficiação de edificações, na sua demolição parcial ou integral ou ainda na reposição do terreno nas condições em que o mesmo se encontrava antes do início da transformação das suas características estruturais e funcionais⁴".

Em qualquer destas situações, *"não se trata tanto de punir infracções de natureza urbanística, mas sobretudo de reintegrar a realidade física ilegalmente alterada⁵".*

Estas medidas estão reguladas na subsecção III da Secção V – Fiscalização, do Capítulo III – Execução e Fiscalização, nos artigos 102.º a 109.º do RJUE. Mas outros preceitos se conexionam com elas, nomeadamente no que diz respeito ao artigo 100.º (crime de desobediência).

1.2. Distinção e conexão entre figuras relacionadas

a) Medidas de tutela da legalidade e polícia administrativa

Marcello Caetano⁶ define polícia como *"a intervenção administrativa da autoridade pública no exercício das actividades individuais susceptíveis de fazer perigar interesses gerais, tendo por objecto evitar que se produzam, ampliem ou generalizem os danos sociais que as leis procuram prevenir".*

As medidas de polícia, que encontram acolhimento constitucional no artigo 272.º, n.º 2 da CRP, têm por fim *"a protecção da ordem pública, seja contra perturbações actuais ou iminentes, seja contra situações de perigo agravado da sua futura lesão, seja ainda contra lesões já consumadas da ordem pública, mas que urge repor ou reparar⁷".*

---

⁴ Cfr. MONTEIRO, CLÁUDIO, *O Embargo...*, cit., p. 42.
⁵ Cfr. MONTEIRO, CLÁUDIO, *O Embargo...*, cit., p. 42.
⁶ CAETANO, MARCELLO, *Manual de Direito Administrativo*, 7.ª edição, Lisboa, Coimbra Editora, 1965, p. 678.
⁷ Cfr. FOLQUE, ANDRÉ, *Curso de Direito da Urbanização e da Edificação*, Coimbra Editora, 2007, p. 259.

Portanto, tendo como finalidade própria a prevenção da ocorrência ou ampliação dos danos sociais ou minimização dos riscos da sua ocorrência, a função de polícia da Administração não se confunde com as medidas de tutela da legalidade urbanística.

O pode suceder é que se a polícia, na esfera do que lhe é atribuído, promover a salvaguarda de finalidades de carácter administrativo, vai entrar na esfera urbanística, integrando as medidas de tutela da legalidade tal âmbito policial. Todavia, *"não o esgotam, uma vez que, tendo propósitos essencialmente preventivos, a função de polícia não compreende apenas medidas reactivas contra a verificação de ilícitos [...] urbanísticos, mas engloba, inclusive preferencialmente, mecanismos permissivos (como sucede com a emanação de autorizações e licenças para a realização de operações urbanísticas), e impositivos (como acontece com a necessidade de realização de obras de conservação nos imóveis de oito em oito anos, prevista no artigo 89.º, n.º 1 do Regime Jurídico da Urbanização e Edificação)*[8].

b) Medidas de tutela da legalidade e sanções administrativas[9]

A finalidade das medidas de tutela da legalidade traduz-se na restituição da situação de facto à legalidade[10] e não em sancionar o comportamento do particular (abrangendo-se aqui as pessoas colectivas[11]) que tenha violado as normas urbanísticas em vigor.

E isto porque o Regime Jurídico da Urbanização e Edificação contém, nos artigos 98.º e 99.º, um vasto elenco de comportamentos

---

[8] Cfr. LOPES, DULCE, "Medidas de Tutela da Legalidade Urbanística", in *Revista do Centro de Estudos de Direito do Ordenamento, do Urbanismo e do Ambiente*, n.º 14, 2004., pp. 52-53.

[9] Para mais desenvolvimentos quanto à temática das sanções administrativas, vide JOSÉ, ROSENDO DIAS, "Sanções Administrativas", in *Revista de Direito Público*, n.º 9, Janeiro/Julho, 1991.

[10] Cfr. OLIVEIRA, FERNANDA PAULA e LOPES, DULCE, *Direito do Urbanismo – Casos Práticos Resolvidos*, Coimbra, Almedina, 2005, p. 174

[11] No Direito Contra-Ordenacional, *"as coimas podem aplicar-se tanto às pessoas singulares como às pessoas colectivas"* – artigo 7.º, n.º 1 do Decreto-Lei n.º 433/82, de 27/10, com as alterações introduzidas pelo Decreto-Lei n.º 356/89, de 17/10, Decreto-Lei n.º 244/95, de 14/09, e Lei n.º 109/2001, de 24/12.

que se configuram como contra-ordenações, e que poderão culminar num procedimento contra-ordenacional, encetado pelo Presidente da Câmara Municipal ou por qualquer dos seus membros[12], visando precisamente sancionar um comportamento ilícito.

No entanto, verificamos que, na prática, as medidas de tutela da legalidade urbanística se cruzam muitas vezes com as normas dos artigos 98.º e 99.º: uma construção sem licença, em área não abrangida por operação de loteamento, consubstancia uma violação ao artigo 4.º, n.º 2, alínea c) do RJUE, e constitui contra-ordenação pelo artigo 98.º, n.º 1, alínea a) do mesmo diploma, pelo que a juntar a um possível embargo ou demolição (que visa restituir a legalidade à construção) pode somar-se uma contra-ordenação (que visa sancionar o comportamento do particular ou da pessoa colectiva em causa)[13].

---

[12] Nos termos do n.º 10 do artigo 98.º do RJUE *"A competência para determinar a instauração dos processos de contra – ordenação, para designar o instrutor e para aplicar as coimas pertence ao presidente da câmara municipal, podendo ser delegada em qualquer dos seus membros"*. Sublinhe-se a concordância expressa entre esta norma e o preceito constante da alínea p) do n.º 2 do artigo 68.º da Lei n.º 169/99, de 18/09, alterada pela Lei n.º 5-A/2002, de 11/01, nos termos da qual compete ao Presidente da Câmara Municipal *"Determinar a instrução dos processos de contra-ordenação e aplicar as coimas, nos termos da lei, com a faculdade de delegação em qualquer dos restantes membros da câmara"*.

[13] A este propósito, veja-se FOLQUE, ANDRÉ, *Curso de Direito da Urbanização e da Edificação*, cit., p. 264. Segundo este Autor, *"pode haver aplicação de sanções administrativas sem a adopção de medidas reintegrativas da legalidade, por exemplo, quando ocorrem obras clandestinas, mas susceptíveis de legalização, por satisfazerem aos requisitos legais e regulamentares de urbanização, estética, segurança e salubridade"*. E, por outro lado, *"podem ser aplicadas medidas de polícia administrativa sem haver lugar a sanções contra-ordenacionais ou disciplinares, como resulta do regime geral do ilícito de mera ordenação social"*.

Temos algumas reservas em aceitar sem limitações esta última conclusão do Autor, no sentido de que pode ser aplicada uma medida de polícia administrativa (ou seja, uma medida de tutela da legalidade) sem que haja lugar a um processo de contra-ordenação. É que se, nos termos do n.º 1 do Regime Geral do Ilícito de Mera Ordenação Social, instituído pelo Decreto-Lei n.º 433/82, de 27/10, *"constitui contra-ordenação todo o facto ilícito e censurável que preencha um tipo legal no qual se comine uma coima"*, dificilmente será ordenada uma medida de tutela da legalidade urbanística sem que ao mesmo tempo haja fundamento para a instrução de um procedimento contra-ordenacional. Não estamos, evidentemente, a dizer que isso não possa acontecer (há exemplos facilmente detectáveis numa simples pesquisa na Internet); o que nos parece é que esta não será certamente a regra. Mesmo no âmbito de uma medida de tutela da legalidade ordenada

Ademais, o procedimento contra-ordenacional pode estar mesmo na *dependência* de uma medida de tutela da legalidade urbanística – é o que dispõe o artigo 98.º, n.º 1, alínea h) do RJUE: só depois de ter sido decretada a medida de tutela da legalidade (neste caso, o embargo) e após verificação do desrespeito pelo seu cumprimento, é que se poderá instruir um procedimento contra-ordenacional com fundamento na norma citada[14].

---

por outra entidade que não o Município, certamente que este terá conhecimento, quanto mais não seja por comunicação da entidade ordenante, da medida de tutela da legalidade – e poderá instruir um processo de contra-ordenação, visto ter competência para tal.

Mesmo no caso de uma operação urbanística que seja susceptível de ser legalizada, o processo de contra-ordenação servirá, por um lado, de "repreenda" pela violação das normas urbanísticas ou do título jurídico e, por outro lado, de motivação para a legalização. É que pelo facto de uma obra ilegal poder ser legalizada, não significa que o infractor providencie, prontamente (isto é, após ser advertido do ilícito), nesse sentido – e o processo de contra-ordenação pode ser um factor que o impulsione a fazê-lo.

Também não nos parece que pelo facto de uma operação urbanística ilegal reunir condições para ser legalizada, tal seja impedimento da instrução de um processo de contra-ordenação. Veja-se este exemplo: o particular construiu uma moradia sem qualquer título jurídico, mas estando esta perfeitamente enquadrada no PDM e em todas as normas legais e regulamentares (por sorte, por acaso, ou por outro factor qualquer), portanto legalizável. Este particular não seria alvo de um procedimento contra-ordenacional; já outro particular, que construiu um muro, sem alvará de licença de obras de construção, mas que teve o "azar" deste não se coadunar de todo com as disposições legais e regulamentares em vigor, e que não seja susceptível de legalização, já enfrentará um processo de contra--ordenação.

O que já aceitamos é que, nos casos referidos, possa existir um procedimento contra-ordenacional sem que seja adoptada uma medida de tutela da legalidade urbanística – se a moradia pode ser legalizada, impelir o particular para que proceda nesse sentido; mas se o muro já for insusceptível de o ser, instruir processo de demolição do mesmo. Tal decorre do preâmbulo do Decreto-Lei n.º 555/99 quando estatui que as medidas de tutela da legalidade devem obedecer ao princípio da proporcionalidade. Portanto, quanto a este ponto, estamos em sintonia com André Folque.

[14] Para uma boa sistematização da distinção entre as medidas de tutela da legalidade urbanística e as sanções administrativas, vide o quadro de FOLQUE, ANDRÉ, *Curso de Direito da Urbanização e da Edificação*, cit., pp. 266 e 267.

1.3. Competência – alguns aspectos acerca da delegação de competências para a aplicação das medidas de tutela da legalidade urbanística

A competência para aplicação das medidas de tutela da legalidade é conferida, consoante as especificidades de cada medida, pelo RJUE:

- Quanto ao embargo, o artigo 102.º, n.º 1 diz-nos que pode ordenar tal medida o presidente da câmara municipal e outras entidades a quem a lei confira competência para tal;
- Quanto à demolição e à reposição de terrenos, a competência pertence ao presidente da câmara municipal (artigo 106.º, n.ºs 1 e 4);
- Para a aplicação das três medidas acima referidas, é também competente o presidente da CCDR territorialmente competente (artigo 108.º-A).
- Quanto à cessação da utilização, é o presidente da câmara municipal a entidade competente para a ordenar (artigo 109.º, n.º 1). No entanto, caso os ocupantes não cessem a utilização indevida, a câmara municipal é a entidade competente para determinar o despejo administrativo (artigos 109.º, n.º 2 e 92.º).

Relativamente ao *Presidente da Câmara Municipal*, verificamos que esta entidade possui competência para aplicar qualquer uma das quatro medidas de tutela da legalidade – portanto, tem uma competência universal no que se refere ao decretamento destas medidas.

Mas mesmo que o RJUE não o dispusesse, a verdade é que o presidente da câmara municipal já disporia dessa competência, pelo menos quanto ao decretamento do embargo e da demolição, desta feita pelo disposto no artigo 68.º, n.º 2, alínea m) da Lei n.º 169/99, de 18/09, alterada pela Lei n.º 5-A/2002, de 11/01, que estabelece o quadro de competências, assim como o regime jurídico de funcionamento dos órgãos dos municípios e das freguesias, e que determina que *"compete ainda ao presidente da câmara municipal: [...] m) embargar e ordenar a demolição de quaisquer obras, construções ou edificações efectuados por particulares ou pessoas colectivas, sem licença ou com inobservância das condições dela constantes, dos regulamentos, das posturas municipais ou de medidas preventivas, de normas provisórias, de áreas de construção prioritária, de áreas de desenvolvimento urbanos prioritário e de planos municipais de ordenamento do território plenamente eficazes".*

Já no que toca ao *Presidente da Comissão de Coordenação e Desenvolvimento Regional territorialmente competente,* a Lei n.º 60//2007, de 04/09, aditou o artigo 108.º-A ao RJUE. Nos termos desta disposição legal, também o presidente da CCDR pode decretar o embargo, a demolição e a reposição de terrenos, *"sempre que não se mostre assegurada pelo município a adopção das referidas medidas de tutela da legalidade urbanísticas*[15]*."* Quer isto dizer que esta norma atribui competências à CCDR para:

– Realizar fiscalizações, inspecções e vistorias, nos termos do artigo 94.º a 96.º;
– Determinar o embargo em quaisquer operações urbanísticas desconformes com planos municipais e especiais de ordenamento do território, nos termos do artigo 102.º;
– Ordenar a realização de trabalhos de correcção ou alteração, nos termos do artigo 105.º;

---

[15] Entende Cabral Metello (vide METELLO, FRANCISCO CABRAL, *RJUE – Regime Jurídico da Urbanização e da Edificação,* Coimbra, Almedina, 2008, p. 28) que o facto do artigo 108.º-A estabelecer que o presidente da CCDR territorialmente competente pode usar os poderes conferidos sempre que não se mostrem asseguradas pelo município as medidas de tutela da legalidade urbanística é passível de diversas críticas. Em primeiro lugar, *"... Os poderes atribuídos à CCDR podem colocar questões melindrosas no que tange à respectiva compatibilidade com a autonomia das autarquias locais. [...] os presidentes das CCDR's podem muito bem considerar que certas e determinadas medidas de tutela da legalidade urbanística não foram suficientes e adequadas. Consequentemente, agravar ou substituir as decisões municipais. Tal situação poderá constituir – eventualmente – um autêntico juízo por parte de um agente da administração do Estado sobre o poder e acção autárquica".* Além disso, *"[...] o presente diploma nada determina quanto ao período a respeitar pelo presidente da CCDR até considerar que o presidente da câmara não obteve a intervenção mais consentânea com a situação em concreto".* E, finalmente, entende o Ilustre Autor que *"[...] o diploma em análise nada refere quanto à eventual possibilidade de um presidente da câmara poder – ou não – revogar ou alterar uma das medidas de tutela da legalidade urbanística assumida por um presidente da CCDR".* Considerações ponderosas e, ao que nos parece, cheias de sentido.

– Determinar a demolição do edificado, nos termos do artigo 106.º;
– Determinar a reposição do terreno nas condições em que se encontrava antes do início das obras ou trabalhos, nos termos do artigo 106.º; e
– Ordenar a posse administrativa do imóvel, bem como a execução coerciva das obras, nos termos do artigo 107.º.

Finalmente, há *outras entidades a quem a lei atribui competência para determinar a aplicação das medidas de tutela da legalidade urbanística*[16]. A título de exemplo, indicamos:

– O Instituto Português do Património Cultural – nos termos do n.º 1 do Decreto-Lei n.º 349/87, de 05/11;
– O Secretário de Estado do Ambiente – por competências delegadas do Ministro do Ambiente, do Ordenamento do Território e do Desenvolvimento Regional, nos termos do Despacho n.º 1403/2007, de 05/01/2007;
– A Direcção-Geral do Ordenamento do Território e a Direcção--Geral dos Recursos Naturais – nos termos do n.º 1 do artigo 33.º do Decreto-Lei n.º 468/71, de 05/11, alterado pelo Decreto--Lei n.º 89/87, de 26/02;
– A Inspecção – Geral do Ambiente e do Ordenamento do Território, as comissões de coordenação e desenvolvimento regio-

---

[16] Esta pluralidade de competências não é despicienda de levantar alguns problemas. Dulce Lopes (Vide LOPES, DULCE, "Medidas de Tutela da Legalidade Urbanística", cit., p. 54, nota 15) salienta que estas duplicações de competências podem *"conduzir a conflitos de competências ou, no limite, à desresponsabilização das entidades, daí que as regras especiais de competência devam valer apenas no âmbito material dos respectivos regimes. [...] No âmbito dos regimes jurídicos previamente aplicáveis à promoção de obras públicas e de obras particulares propendia-se para uma interpretação restritiva da possibilidade de imposição de medidas de tutela da legalidade por parte de órgãos da Administração central, sempre que estivessem em causa obras licenciadas ou obras em execução de plano municipal, por homenagem aos princípios da autonomia local e da descentralização".*

Sobre a mesma problemática, André Folque (Cfr. FOLQUE, ANDRÉ, *Curso de Direito da Urbanização e da Edificação*, cit., p. 271) adverte que *"A distribuição de competências comuns concorrentes entre diversos órgãos – de diferentes pessoas colectivas públicas – é fruto de não raros conflitos – sobretudo negativos."*

Por nós, subscrevemos o que foi dito por estes dois Autores.

nal, as administrações das regiões hidrográficas, os municípios e as demais entidades competentes em razão da matéria ou área de jurisdição – nos termos do n.º 1 do artigo 39.º do Decreto-Lei n.º 166/2008, de 22/08.

a) Delegação de competências

Será possível a delegação de competências para a aplicação das medidas de tutela da legalidade urbanística?
O artigo 35.º do Código do Procedimento Administrativo, sob a epígrafe "Da delegação de poderes" preceitua, no seu n.º 1, que *"os órgãos administrativos normalmente competentes para decidir em determinada matéria podem, sempre que para tal estejam habilitados por lei, permitir, através de um acto de delegação de poderes, que outro órgão ou agente pratique actos administrativos sobre a mesma matéria"*.
Trata-se assim de um acto pelo qual um órgão transfere para outro o poder de exercício normal de uma competência cuja titularidade lhe pertence (primária ou originariamente)[17]. E, salvo disposição legal em contrário, o delegante pode autorizar o delegado a subdelegar (artigo 36.º do CPA) – é o que se entende por subdelegação de poderes.
Da lei decorre então que a delegação de poderes assenta em três requisitos:
Em primeiro lugar, tem que radicar na lei (lei de habilitação).
Sem esta habilitação, a delegação é *"nula, por envolver uma renúncia ou alienação de competências, ficando os actos que venham a praticar-se ao abrigo dela feridos também do vício de incompetência*[18]*"*.
Em segundo lugar, supõe a existência de dois órgãos, ou de um órgão e de um agente: *"O acto de delegação cria entre o delegante e o delegado uma relação jurídica nova: ou porque não existia*

---

[17] Vide OLIVEIRA, MÁRIO ESTEVES DE, GONÇALVES, PEDRO COSTA E AMORIM, JOÃO PACHECO DE, *Código do Procedimento Administrativo Comentado*, 2.ª edição, Coimbra, Almedina, 2007, p. 210.
[18] Vide OLIVEIRA, MÁRIO ESTEVES DE, GONÇALVES, PEDRO COSTA E AMORIM, JOÃO PACHECO DE, *Código do Procedimento Administrativo Comentado*, cit., p. 215.

entre eles uma qualquer relação respeitante à competência de ambos ou porque, mesmo existindo essa relação orgânica anterior [...], a relação de delegação se traduz em momentos ou vínculos específicos, alguns dos quais, de resto, cobrem ou modificam aspectos ou efeitos, que já estavam contemplados no regime daquela relação prévia". Só que essa relação pré-existente *"não se esvanece totalmente, quando o delegado exerce a competência que lhe foi conferida pelo delegante; se este é o seu superior hierárquico poderá, por exemplo, sancioná-lo disciplinarmente pelo modo como exerceu essa competência*[19]*"*.

E depende sempre de um acto de delegação, que deve obedecer aos requisitos do artigo 37.º do CPA.

A principal controvérsia quanto à possibilidade de delegação de competências para aplicação das medidas de tutela da legalidade relaciona-se precisamente com o primeiro requisito que apontámos: a existência de uma lei de habilitação.

Comecemos por ver a questão no que toca ao *embargo*. O n.º 1 do artigo 102.º do RJUE preceitua que é competente para ordenar o embargo o presidente da câmara municipal, *"sem prejuízo das competências atribuídas por lei a outras entidades"*.

Já tivemos oportunidade de exemplificar entidades a quem outros diplomas legais, além do RJUE, atribuem competência para embargar – sendo precisamente uma delas o presidente da CCDR. E se se pode dizer que a competência do presidente da CCDR é residual, porquanto só pode ser accionada se o município demonstrar inércia em aplicar tal medida, a verdade é que tais poderes não estão claramente definidos na lei. Portanto, se o presidente da CCDR pode ordenar um embargo, parece-nos que, por maioria de razão, também um vereador o poderá fazer; afinal, não é em vão que a competência é atribuída ao presidente da câmara municipal: é ele quem, melhor que ninguém, conhece o território que administra – e os vereadores também o conhecerão, porventura, ainda mais pormenorizadamente do que o Presidente da CCDR.

---

[19] Cfr. OLIVEIRA, MÁRIO ESTEVES DE, GONÇALVES, PEDRO COSTA E AMORIM, JOÃO PACHECO DE, *Código do Procedimento Administrativo Comentado*, cit., pp. 227--228, em anotação ao n.º 1 do artigo 39.º do CPA, respeitante aos poderes do delegante ou do subdelegante.

Em segundo lugar, refira-se que as medidas de tutela da legalidade urbanística se inserem na subsecção III da Secção V, dedicada à Fiscalização. A subsecção I dedica-se às disposições gerais – ora, se são gerais, servirão para toda a matéria que se segue. E o n.º 1 do artigo 94.º diz que a fiscalização administrativa compete ao presidente da câmara municipal, podendo ser delegada em qualquer dos vereadores. Integrando as medidas de tutela da legalidade uma forma de fiscalização do tipo repressivo[20], e conjugando isto com a inserção sistemática destas medidas na Secção que regula a Fiscalização, este artigo poderá configurar-se como uma norma geral de delegação de competências[21] – a tal norma de habilitação de que fala o CPA.

Em terceiro lugar, diríamos que mesmo que os argumentos acima apresentados não sejam acolhidos, um terceiro não poderá ser ignorado (e que serve tanto para a delegação de competências para aplicação do embargo como da *demolição*). É que o artigo 68.º, n.º 2, alínea m) da Lei n.º 169/99, de 18/09, alterada pela Lei n.º 5-A/ /2002, de 11/01, determina que *"compete ainda ao presidente da câmara municipal: [...] m) embargar e ordenar a demolição de quaisquer obras, construções ou edificações efectuados por particulares ou pessoas colectivas, sem licença ou com inobservância das condições dela constantes, dos regulamentos, das posturas municipais ou de medidas preventivas, de normas provisórias, de áreas de construção prioritária, de áreas de desenvolvimento urbanos prioritário e de planos municipais de ordenamento do território plenamente eficazes"*.

E, nos termos do artigo 69.º, n.º 1 deste Lei, preceitua-se que *"o presidente da câmara é coadjuvado pelos vereadores no exercício*

---

[20] Topando com a realização de operações urbanísticas em desconformidade com a respectiva licença ou comunicação prévia admitida, com a falta desta ou com infracções às disposições legais e regulamentes aplicáveis, a Administração deve intervir com o duplo intuito de reintegrar a ordem jurídica violada e de sancionar a conduta ilícita do infractor. Para mais desenvolvimentos, vide MONTEIRO, CLÁUDIO, *O Embargo...*, cit., pp. 40 e ss.

[21] Neste sentido, veja-se o Acórdão do Tribunal da Relação de Guimarães, de 20/ /10/2008, processo n.º 1969/08-1, apenas na parte respeitante às conclusões do recorrente Ministério Público.

da sua competência e no da própria câmara, podendo incumbi-los de tarefas específicas". E acrescenta o n.º 2 que *"o presidente da câmara pode delegar ou subdelegar nos vereadores o exercício da sua competência própria ou delegada".*

Portanto, parece-nos que esta norma do artigo 69.º, n.º 2 permite abarcar a delegação de competências das medidas de tutela da legalidade urbanística – pelo menos, no que concerne, de forma explícita, ao embargo e à demolição.

Seguidamente, em relação à *cessação da utilização*, apresentamos, em primeiro lugar, o elemento de ordem sistemática que referimos quanto ao embargo (e que se pode estender à demolição) – estando o artigo 109.º abrangido pelas "Disposições gerais" da subsecção I, também aqui, como na competência para a fiscalização administrativa, pode haver delegação.

E, em segundo lugar, apresentamos um outro argumento ligado à história da cessação da utilização e sequência legal. Quando a Lei n.º 169/99, de 18/09, na sua versão primitiva, entrou em vigor, ainda o RJUE (na sua redacção inicial do Decreto-Lei n.º 555/99, de 16//12) não estava no nosso ordenamento jurídico. Nesta altura vigoravam ainda os Decretos-Lei n.ºs 448/91, de 29/11, 445/91, de 20/11 e 92/95, de 09/05 (este último regia a execução das obras de embargo, demolição e reposição do terreno); mas a verdade é que nenhum deles se referia à cessação da utilização, nem utilizava ainda a terminologia de "medidas de tutela da legalidade urbanística" que o RJUE posteriormente introduziu. E mesmo o artigo 165.º do RGEU não se referia a "cessação da utilização", mas apenas ao despejo sumário: o que não é a mesma coisa. Ainda que, remotamente, houvesse analogia (porquanto, no regime actual, o despejo sumário sucede à cessação da utilização, se esta não for respeitada), também a alínea n) do n.º 2 do artigo 68.º da Lei n.º 169/99, de 18/09 estabelece que esta é competência própria do presidente da câmara municipal (e delegável, pelo 69.º, n.º 2) – se bem que o preceito se refira aos prédios cuja expropriação por utilidade pública tenha sido declarada ou cuja demolição ou beneficiação tenha sido deliberada.

Das duas uma: ou o legislador se "esqueceu" de englobar a cessação da utilização na Lei n.º 169/99, de 18/09, porquanto esta medida nunca tinha sido referida nestes moldes antes do Decreto-Lei n.º 555/99, de 16/12; ou deliberadamente não a quis prever. Quanto a nós, apontamos para a primeira hipótese[22], pelo que ficou dito acima e será complementado infra.

E um terceiro argumento se pode apontar – se, nos termos do n.º 2 do artigo 5.º do RJUE, a competência para a concessão da autorização de utilização de edifícios ou suas fracções, bem como a alteração à mesma, pode ser *"delegada nos vereadores, com faculdade de subdelegação, ou nos dirigentes dos serviços municipais"*, por maioria de razão também a cessação da mesma o poderá ser[23].

---

[22] Contra, o acórdão do Tribunal da Relação de Guimarães, de 30/06/2008, processo 741/08-1.

[23] Contra, cfr. o acórdão do Tribunal da Relação do Porto, processo n.º 0415798, de 06/12/2006. Em termos muito abreviados, o acórdão debruça-se sobre uma ordem de cessação da utilização que não foi acatada, tendo havido participação criminal por tal conduta configurar crime de desobediência. Só que quem proferiu o despacho no sentido de cessar a utilização do edifício foi um vereador, com competência delegada para tal – e não o presidente da câmara municipal.

Para responder à questão da delegação de competências para aplicação das medidas de tutela da legalidade, o aresto em análise analisa quais os requisitos em que a delegação deve assentar, nos termos do artigo 35.º do CPA: tem de radicar na lei; deve supor a existência de dois ou mais órgãos, ou de um órgão e um agente; e depende sempre de um acto de delegação.

Entende o acórdão em análise que, no caso concreto, falha o primeiro requisito, pois inexiste uma lei de habilitação. E isto porque o RJUE não prevê a possibilidade de delegação, nem de subdelegação de poderes em relação às medidas de tutela da legalidade urbanística, como o faz noutros preceitos (por exemplo, no n.º 2 do artigo 5.º). O acórdão apoia o seu entendimento no *"alcance e gravidade das medidas em causa"* e conclui que, tendo o presidente da câmara municipal delegado no vereador a sua competência originária para ordenar qualquer das medidas de tutela da legalidade urbanística, tal acto é inválido, ou seja, *"o vereador não tinha competência para emitir aquela ordem"*.

O que dizer em relação a este acórdão? Desde logo, que discordamos veemente dele. Não se compreende porque é que não é feita qualquer referência à Lei n.º 169/99, de 18/09, alterada pela Lei n.º 5-A/2002, de 11/01, que estabelece o quadro de competências, assim como o regime jurídico de funcionamento dos órgãos dos municípios e das freguesias, quando nas próprias conclusões do arguido e na resposta do Ministério Público ela é referida.

E não nos parece que o argumento que o acórdão analisado utiliza, no sentido de que não pode haver delegação de competências devido ao *"alcance e gravidade das medidas em causa"*, possa proceder. É que as medidas são graves, decerto; mas o que é mais grave? É o facto de a câmara municipal embargar ou demolir uma obra ilegal, ou é a própria obra, ofensora dos ditames urbanísticos? Não nos parece que a "gravidade" das medidas seja superior à "gravidade" da obra ou da operação urbanística ilegal.

Quanto à *reposição de terrenos*, esta já havia sido referida em legislação anterior à Lei n.º 169/99, de 18/09. Mas, mesmo assim, não foi elencada nas competências do presidente da câmara municipal.

Parece-nos que tal se explica porquanto a legislação urbanística tende a aglutinar, no mesmo preceito, a reposição de terrenos e a demolição – o que acontecia já com os Decretos-Lei n.ºs 448/91, de 29/11 e 445/91, de 20/11 e que ainda acontece nos dias de hoje, com o RJUE. E, por isso, ao que poderá acrescer o argumento sistemático que referimos supra, também o seu decretamento pode ser delegado nos vereadores da câmara municipal, nos moldes que vimos acima.

Finalmente, e com base na nossa experiência prática, podemos afirmar que a prática comum na maior parte dos municípios é a delegação[24] – não é concebível, pelas inerentes dificuldades práticas que isto acarretaria, que fosse o presidente de uma câmara municipal, que pode abarcar enormes aglomerados populacionais, como temos alguns no nosso País, que ordene a aplicação de todas as medidas de tutela da legalidade. Nem faz qualquer sentido que o RJUE, que surgiu para dotar as câmaras municipais de instrumentos mais céleres, eficazes e transparentes, limite *"o poder do presidente da câmara de delegar as suas competências nos vereadores*[25]*"*.

1.4. Crime de desobediência[26]

Determina o artigo 100.º, n.º 1 do RJUE, sob a epígrafe de "Responsabilidade criminal", que *"o desrespeito dos actos adminis-*

---

[24] A título de exemplo, refira-se o Boletim Municipal das Decisões e Deliberações de Odivelas n.º 12/2002, em que são delegadas competências do Presidente da Câmara Municipal para um vereador, no que toca à totalidade das medidas de tutela da legalidade urbanística e disponível em http://www.cm-odivelas.pt/CamaraMunicipal/Deliberacoes-Municipais/2002/12_2002.pdf.

[25] Cfr. o acórdão do Tribunal da Relação de Guimarães, de 20/10/2008, processo n.º 1969/08-1 e, em sentido idêntico, o acórdão do Tribunal da Relação de Coimbra de 19/09/2007, processo n.º 726/05.2TAGRD.C1. Também o acórdão do Supremo Tribunal Administrativo, de 18/03/2010, processo n.º 0528/2008 apoia a existência de fundamento legal para a delegação de competências.

[26] Não faremos aqui alusão a alguns aspectos curiosos desta figura que se prendem com o seu estudo do ponto de vista jurídico-penal, nomeadamente no que diz respeito

trativos que determinem qualquer das medidas de tutela da legalidade urbanística previstas no presente diploma constitui crime de desobediência, nos termos do artigo 348.º do Código Penal".

E preceitua o artigo 348.º do Código Penal que:

"1 – Quem faltar à obediência devida a ordem ou mandado legítimos, regularmente comunicados e emanados de autoridade ou funcionário competente, é punido com pena de prisão até 1 ano ou com pena de multa até 120 dias se:

a) Uma disposição legal cominar, no caso, a punição da desobediência simples; ou

b) Na ausência de disposição legal, a autoridade ou o funcionário fizerem a correspondente cominação.

2 – A pena é de prisão até 2 anos ou de multa até 240 dias nos casos em que uma disposição legal cominar a punição da desobediência qualificada."

Verificando-se a circunstância do artigo 100.º, n.º 1 do RJUE, estaremos perante um crime de desobediência simples ou qualificada?

A previsão legal do RJUE não é completa; nela não é dito se estamos perante um crime de desobediência qualificada ou simples, o que, como se depreende, tem muita importância na determinação da moldura abstracta – a moldura máxima da pena eleva-se para o dobro no caso da desobediência qualificada.

No entanto, em face dos princípios que enformam o Direito Penal, mormente do princípio da legalidade e não havendo uma referência expressa à qualificação da desobediência, a Doutrina tem entendido que estamos perante um crime de desobediência simples[27].

---

ao bem jurídico em causa e aos tipos objectivo e subjectivo de ilícito. Para maiores considerações, vide DIAS, JORGE DE FIGUEIREDO (direcção), *Comentário Conimbricense do Código Penal. Parte Especial*, Tomo III, Coimbra, Coimbra Editora, 2001, pp. 350 a 354.

[27] Cfr. NEVES, MARIA JOSÉ CASTANHEIRA; OLIVEIRA, FERNANDA PAULA e LOPES, DULCE, *Regime Jurídico da Urbanização e da Edificação Comentado*, Coimbra, Almedina, 2006, p. 434.

a) Elementos constitutivos

Quanto aos elementos constitutivos do crime de desobediência, são estes:
1. A existência de uma ordem ou mandado;
2. A legalidade substancial e formal dessa ordem ou mandado:
Substancial, porque tem que se basear numa disposição legal que autorize a sua emissão ou tem que decorrer dos poderes discricionários do funcionário ou autoridade emitente;
Formal, porque deve seguir as formalidades que a lei estipule para o efeito, nomeadamente quanto conteúdo dos actos administrativos, que o CPA determina.
3. A competência da autoridade ou funcionário[28] para a emissão dessa ordem ou mandado – as ordens devem ser dadas por quem tenha o poder legal de as emitir, tanto no aspecto *material* (caberem no círculo de atribuições de quem as proferiu), como *hierárquico* (as ordens dadas devem partir dos superiores e destinarem-se aos subalternos) e como *de tempo e lugar* (as ordens devem ser dadas no lugar legalmente previsto e apenas quando a lei o determinar).

"*Cada funcionário ou autoridade detém uma parcela do poder, um tempo para o seu exercício e uma área de jurisdição. Ora é precisamente dentro de tais limitações e balizas que os servidores públicos cumprem as suas tarefas na realização do interesse superior do Estado*[29]".

---

[28] O conceito de funcionário, para fins criminais, é o que consta do artigo 386.º do Código Penal. "*O conceito de autoridade diferencia-se do de funcionário. Autoridade pública pressupõe o poder autónomo de ordenar e decidir, ao passo que a função pública – ainda que englobe os agentes políticos (não funcionários e não profissionais) – liga-se essencialmente ao desempenho de uma actividade administrativa e pressupõe um vínculo de subordinação hierárquica*" – citando o MP do Porto, HENRIQUES, MANUEL LEAL E SANTOS, MANUEL SIMAS, *Código Penal Anotado*, 2.º volume, 3ª edição, Rei dos Livros, 2000, p. 1505.

[29] Vide HENRIQUES, MANUEL LEAL E SANTOS, MANUEL SIMAS, *Código Penal Anotado*, cit., p. 1504. Os Autores citam ainda o MP do Porto acrescentando que se opera a "*incompetência quando o acto, em razão do seu objecto, não couber na esfera de atribuições do seu autor (incompetência em razão da matéria), for produzido por um subalterno quando se tratar de acto reservado a um superior (incompetência em razão do grau hierárquico). A incompetência pode resultar, por outro lado, da circunstância*

4. A regularidade da sua transmissão ao destinatário – os destinatários têm que ter conhecimento da ordem ou mandado a que ficam sujeitos, pelo que se exige um processo regular e capaz para a sua transmissão, de maneira a que aqueles tenham conhecimento do que lhes é exigido. A regularidade da transmissão está relacionada, obviamente, com as formas de notificação.

5. A violação dessa ordem ou mandado – é indispensável que o comando, expresso sob a forma de mandado ou ordem, tenha sido desrespeitado, porque sem esse elemento nem sequer se põe a hipótese de crime.

b) Universalidade – para todas as medidas de tutela da legalidade

Este crime pode verificar-se quanto ao incumprimento de qualquer das medidas da tutela da legalidade urbanística – embargo, demolição, reposição do terreno e cessação da utilização.

No caso do embargo, o artigo 102.º, n.º 3 do RJUE determina que o auto deve conter expressamente a cominação legal no caso de incumprimento, pelo que o notificado fica ciente das consequências do desrespeito à ordem de embargo – este é, aliás, um elemento essencial e obrigatório do auto.

Naturalmente que quando o presidente da câmara municipal (ou outra entidade competente para o efeito) proceder à notificação do infractor no sentido de lhe ordenar o cumprimento de uma medida de tutela da legalidade, poderá fazer referência ao crime em que este incorre caso desrespeite a ordem, do tipo *"Mais se informa que, nos termos do artigo 100.º, n.º 1 do RJUE, o desrespeito da presente ordem* [demolição, embargo, reposição de terreno ou cessação da utilização, conforme o caso]*, constitui crime de desobediência, previsto e punido pelo artigo 348.º, n.º 1 do Código Penal, com pena de prisão até 1 ano ou com pena de multa até 120 dias"*.

---

de não se verificarem os pressupostos de tempo e lugar que a lei prevê para o exercício dos poderes. Será o caso de um funcionário emitir uma ordem cujos pressupostos não se verificam na área da sua jurisdição, diga respeito a uma situação futura ou produza efeitos retroactivos não consentidos por lei (incompetência em razão do lugar e tempo)".

c) *Procedimento*

Verificando-se desobediência à medida de tutela da legalidade urbanística, há uma participação criminal para o Ministério Público, nos termos do artigo 40.º do RGCO, que, no seu n.º 1, estatui que *"a autoridade administrativa competente remeterá o processo ao Ministério Público sempre que considere que a infracção constitui um crime"*. Nos termos do n.º 2, se o agente do Ministério Público considerar que não há lugar para a responsabilidade criminal, devolverá o processo à mesma autoridade.

Aquando a participação criminal, deve haver uma descrição das obras, se as houver, o incumprimento da ordem, a constatação da situação (que muitas vezes se apoia numa informação da Fiscalização Municipal), e a junção de todos os meios de prova que se considerem relevantes – cópia dos autos, fotografias... E a partir daí o processo vai seguir os trâmites normais, previstos no Código de Processo Penal, e que nos abstemos de descrever.

d) *O artigo 98.º, n.º 1, alínea h) do RJUE: crime de desobediência vs. contra – ordenação*

Uma outra questão que merece que façamos aqui algumas considerações prende-se com a qualificação da situação jurídica do não cumprimento de uma ordem de embargo e sua consequência.

Da versão original do RJUE, constante do Decreto-Lei n.º 555//99, de 16/12, estatui-se no artigo 98.º, n.º 1, alínea g) que *"Sem prejuízo da responsabilidade civil, criminal ou disciplinar, são puníveis como contra-ordenação: [...] g) O prosseguimento de obras cujo embargo tenha sido legitimamente ordenado"*. Tal norma permaneceu intocada nas alterações de 2001 e de 2007, apenas com a diferença de que a partir de 2001 tal disposição passou a constar da alínea h) do n.º 1 do artigo 98.º.

E o artigo 100.º, n.º 1 do RJUE estatui que *"o desrespeito dos actos administrativos que determinem qualquer das medidas de tutela da legalidade urbanística previstas no presente diploma constitui crime de desobediência, nos termos do artigo 348.º do Código Penal"*.

A questão levanta-se apenas quanto ao embargo porquanto, se houver desrespeito ao mesmo, há uma duplicidade de procedimentos a seguir: em primeiro lugar, o apuramento da responsabilidade criminal, por configurar um crime de desobediência, previsto e punido no art. 348.º do Código Penal, por remissão do artigo 100.º, n.º 1 do RJUE. E, em segundo lugar, a instauração de um processo de contra-ordenação pelo prosseguimento de obras cujo embargo tenha sido legitimamente ordenado, nos termos do artigo 98.º, n.º 1, alínea h) do RJUE. O que significa que pela mesma conduta há a possibilidade de existir um crime e uma contra-ordenação. Como resolver tal dicotomia, para evitar que esta duplicidade se manifeste como uma colisão de normas?

Já aqui tivemos oportunidade de tecer algumas considerações sobre a destrinça entre as medidas de tutela da legalidade urbanística e o poder sancionatório da administração em matéria urbanística, traduzindo-se este poder, em parte, na aplicação de coimas à violação de normas legais que a lei qualifica como contra-ordenações.

A sanção prevista ao nível contra-ordenacional para o prosseguimento de obras embargadas (prevista no art. 98.º, n.º 1, alínea h) do RJUE) consubstancia um sancionamento administrativo pelo desrespeito de um dever de *non facere*, negativo, porquanto o acto de embargo faz recair sobre o embargado um dever de abstenção da actividade infractora. Já o crime tipificado no artigo 348.º do Código Penal refere-se ao não acatamento de uma ordem administrativa, legal e legitimamente ordenada.

As contra-ordenações vêem o seu regime geral plasmado no Decreto-Lei n.º 433/82, de 27/10, com as alterações introduzidas pelo Decreto-Lei n.º 356/89, de 17/10, Decreto-Lei n.º 244/95, de 14/09 e Lei n.º 109/2001, de 24/12.

E é precisamente no artigo 20.º do referido diploma legal que esta problemática encontra solução. Com efeito, diz-nos este artigo, sob a epígrafe de "Concurso de infracções" que *"Se o mesmo facto constituir simultaneamente crime e contra-ordenação, será o agente sempre punido a título de crime, sem prejuízo da aplicação das sanções acessórias previstas para a contra-ordenação"*.

Na esteira de António de Oliveira Mendes e de José dos Santos Cabral[30], neste artigo *"se regulam as situações em que o mesmo*

---

[30] MENDES, ANTÓNIO JORGE FERNANDES DE OLIVEIRA, E CABRAL, JOSÉ ANTÓNIO HENRIQUES DOS SANTOS, *Notas ao Regime Geral das Contra-Ordenações e Coimas*, 2.ª edição, Coimbra, Almedina, 2004.

facto se mostra previsto e punível como crime e como contra-ordenação", isto é, *"quando a conduta do agente preenche formalmente um tipo de crime e um tipo contra-ordenacional"*. Perante o conflito resultante deste concurso *"legal, aparente ou impuro"*, impõe a lei que *"o agente seja punido pelo crime, isto é, pela infracção de natureza mais grave, sem embargo da aplicação das sanções acessórias previstas para a contra-ordenação, a menos que, obviamente, o crime também as preveja"*. Tal opção legal justifica-se pelo entendimento que decorre do princípio *non bis in idem*, segundo o qual ninguém pode ser julgado mais que uma vez pela prática do mesmo facto (artigo 29.º, n.º 5 da CRP).

Nos termos do n.º 1 do artigo 82.º do RGCO, se o agente for condenado em coima e/ou em sanção acessória por decisão da autoridade administrativa, e posteriormente vier a ser condenado, pelo mesmo facto, em processo criminal, aquela decisão caduca.

Imaginemos um caso em que A desrespeita uma ordem de embargo e na sequência desse incumprimento é desencadeado processo criminal por crime de desobediência (no Tribunal competente) e é instaurado processo de contra-ordenação (pelo presidente da câmara municipal, com fundamento no já citado artigo 98.º, n.º 1, alínea h) do RJUE). Se o presidente da câmara municipal decidir pela aplicação de uma coima, sanção acessória, ou ambas e se, entretanto, A for condenado no âmbito do processo criminal, aquela coima e/ou a(s) sanção(ões) será(ão) revogada(s), de acordo com este normativo.

Ainda nos termos do n.º 2 do artigo 82.º do RGCO, o mesmo sucede se a decisão proferida em processo criminal, pese embora não seja condenatória, se mostre incompatível com a aplicação da coima e/ou da sanção acessória cominadas pela autoridade administrativa.

Julgamos que quando o presidente da câmara municipal (ou a entidade competente) proceder ao envio, para o Ministério Público, da comunicação de que houve desrespeito à ordem de embargo, deve fazer menção que o mesmo facto também consubstancia contra-ordenação pelo artigo 98.º, n.º 1, alínea h) do RJUE. E que solicite que o Ministério Público comunique a decisão à entidade denunciante, para que esta posteriormente decida pela manutenção ou revogação da coima, se esta já tiver sido aplicada.

Finalmente, e pela similitude de situações, acrescente-se que o que ficou dito serve quanto às falsas declarações dos autores de projectos dos directores técnicos de obras, o que, além de constituir ilícito contra-ordenacional pelo artigo 98.º, n.º 1, alíneas e) e f), enquadra o crime de falsificação de documentos previsto e punido pelo artigo 256.º do Código Penal, por remissão expressa do artigo 100.º, n.º 2 do RJUE.

1.5. *A posse administrativa e a execução coerciva*

a) Noção. Carácter residual. Competência

No n.º 1 do artigo 107.º, preceitua-se que a posse administrativa pode ter lugar no caso de incumprimento[31] de *"qualquer das medidas de tutela da legalidade urbanística"*, de forma a *"permitir a execução coerciva de tais medidas"*.

Por isso, ela configura-se como um meio instrumental para a execução coerciva das medidas de tutela da legalidade urbanística mas tem um carácter marcadamente residual – porquanto só pode ser empregue no caso de não cumprimento voluntário das medidas impostas pelo município.

A competência pertence ao presidente da câmara municipal – nos termos do n.º 1 do artigo 107.º.

b) Procedimento e requisitos

1. Em primeiro lugar, deve verificar-se o incumprimento de uma das medidas de tutela da legalidade urbanística ordenada pelo presidente da câmara municipal, no prazo e sob as condições estabelecidas por este;

---

[31] Daqui decorre que a tomada de posse administrativa e a consequente execução coerciva das medidas que foram impostas não exclui que o infractor seja punido tanto a nível criminal (porque o incumprimento configura uma desobediência, nos termos dos artigos 100.º, n.º 1 do RJUE e 348.º do Código Penal) como a nível contra-ordenacional (se bem que o processo de contra-ordenação, caso haja fundamento para a sua instauração, deverá ser instruído aquando a tomada de conhecimento da ilegalidade – e é por isso que é instruído, em muitos casos, conjuntamente com os processos que determinam a aplicação das medidas de tutela da legalidade urbanística, que posteriormente foram (serão) desrespeitadas e que motivaram a posse administrativa).

2. Depois, deve existir a prática de um acto administrativo expresso que determine a transferência da posse a favor do município;
3. Como já decorria do n.º 2 do artigo 7.º do Decreto-Lei n.º 92//95, de 09/05, o acto administrativo que determine a posse administrativa será notificado ao dono da obra e aos titulares de direitos reais sobre o terreno através de carta registada com aviso de recepção – e, acrescente-se, ao titular do alvará ou da comunicação prévia admitida;
4. Elaboração de um auto de posse administrativa, de onde conste:
– A identificação do acto administrativo determinante da posse administrativa;
– A descrição do estado em que o terreno se encontra no momento da posse, indicando eventuais construções existentes no local;
– A identificação dos equipamentos que ali se encontrem.

Portanto, já não é menção obrigatória no auto a identificação dos titulares de direitos reais sobre o terreno, como no regime anterior.

Tratando-se da execução coerciva de uma ordem de embargo, os funcionários municipais responsáveis pela fiscalização de obras procedem à selagem do estaleiro da obra e dos respectivos equipamentos[32]. Mas pode o presidente da câmara autorizar a transferência ou a retirada dos equipamentos do local de realização da obra, por sua iniciativa ou a requerimento do dono da obra ou do seu empreiteiro, que devem ser notificados sempre que os equipamentos sejam depositados noutro local – é o que resulta dos n.ᵒˢ 4 a 6 do artigo 107.º do RJUE.

c) Duração

Relativamente à duração da posse administrativa do terreno, esta mantém-se pelo período necessário à execução coerciva da respectiva medida de tutela da legalidade urbanística, caducando no termo do prazo fixado para a mesma.

Mas tratando-se de execução coerciva de uma ordem de demolição ou de trabalhos de correcção ou alteração de obras, estas devem

---

[32] A quebra de selos apostos constitui crime previsto e punido pelo artigo 356.º do Código Penal.

ser executadas no mesmo prazo que havia sido concedido para o efeito ao seu destinatário, contando-se aquele prazo a partir da data de início da posse administrativa – n.ºs 7 e 8 do artigo 107.º do RJUE.

d) Execução coerciva

Como foi referido supra, o n.º 9 do artigo 107.º foi revogado pelo Código dos Contratos Públicos. Estabelecia este preceito que a execução coerciva de uma ordem de demolição ou de trabalhos de correcção poderia ser feita por administração directa ou em regime de empreitada por ajuste directo, mediante consulta a três empresas titulares de alvará de empreiteiro de obras públicas de classe e categoria adequadas à natureza e valor das obras.

Actualmente, a formação do contrato passou a ser integralmente regulado pelos procedimentos contidos no CCP, sem qualquer especificidade constante do RJUE.

No que toca às despesas realizadas com a execução coerciva, a disciplina consta do artigo 108.º do RJUE. Nos termos do n.º 1, as quantias relativas às despesas realizadas com a execução coerciva da obra a qualquer título, incluindo quaisquer indemnizações ou sanções pecuniárias que a administração tenha de suportar para o efeito, são por conta do infractor. Decorre também do n.º 2 do artigo 108.º, como já decorria do n.º 4 do artigo 6.º do Decreto-Lei n.º 92/95, de 09/05, que quando as quantias a título de despesas não forem pagas voluntariamente no prazo de 20 dias a contar da notificação para o efeito, são cobradas judicialmente em processo de execução fiscal, servindo de título executivo certidão, passada pelos serviços competentes, comprovativa das despesas efectuadas, podendo ainda a câmara aceitar, para extinção da dívida, dação em cumprimento ou em função do cumprimento nos termos da lei. Findo esse prazo, a autarquia deverá promover cobrança judicial do seu crédito, recorrendo ao processo de execução fiscal, como acontece com a maioria das situações de dívidas aos municípios[33].

---

[33] A este propósito veja-se o artigo 56.º da Lei das Finanças Locais, aprovada pela Lei n.º 2/2007, de 15/01, e alterada pelas Leis n.ºs 22-A/2007, de 29/06 e 67-A/2007, de 31/12.

Nos termos do n.º 3 do artigo 107.º, e como já advinha da legislação anterior, o crédito referido no n.º 1 goza de privilégio imobiliário sobre o lote ou terrenos onde se situa a edificação – nos termos das alíneas a) e b) do artigo 748.º do Código Civil.

2. O Embargo

2.1. Noção

O embargo consubstancia-se na obrigação de suspensão[34] de uma operação urbanística iniciada, no todo ou em parte, e justifica-se por, pelo menos um, dos três motivos taxativamente enunciados no artigo 102.º, n.º 1 do RJUE:

1. Ou por se verificar que a obra ou os trabalhos de remodelação de terrenos são clandestinos. Tal sucede quando estejam a ser executadas sem a necessária licença ou admissão de comunicação prévia, quando estas sejam legalmente exigidas.

2. Ou porque a obra ou os trabalhos de remodelação de terrenos estão a ser executados ao arrepio dos projectos aprovados e das condições estipuladas pelo licenciamento[35] ou pela comunicação prévia admitida[36].

A regra é a de que a obra corresponda integralmente ao projecto aprovado. No entanto, nem sempre a execução das obras em desconformidade com o projecto aprovado configura uma ilegalidade. Ou porque surgiram imprevistos, ou porque os projectos têm erros

---

[34] Tem, por isso, natureza cautelar. Nessa medida, " [...] o embargo visa combater o chamado periculum in mora, isto é, o perigo que pode resultar, para a solução do caso concreto, da demora normal na procura dessa solução, tendo um carácter conservatório e não antecipatório, já que não pretende adivinhar a solução futura para a situação em causa mas tão – somente manter o status quo existente à data da detecção da infracção por forma a que a solução que para esta venha a ser encontrada possa ter eficácia prática útil" – OLIVEIRA, FERNANDA PAULA, "Ordem de demolição: Acto confirmativo da ordem de embargo?", in *Revista do Centro de Estudos de Direito do Ordenamento, do Urbanismo e do Ambiente*, n.º 2, 1998, p. 120.

[35] A tramitação do procedimento de licenciamento está regulado nos artigos 18.º e ss. do RJUE.

[36] A tramitação do procedimento de admissão de comunicação prévia está regulado nos artigos 34.º e ss. do RJUE.

ou omissões que só no contexto real de execução da obra são detectados, ou mesmo porque outros factores o exigem – por exemplo, a adequação ao gosto pessoal do proprietário. Para salvaguardar estas situações, o n.º 1 do artigo 83.º do RJUE preceitua que podem ser realizadas em obra alterações ao projecto, mediante comunicação prévia nos termos previstos no artigo 35.º, desde que essa comunicação seja efectuada com a antecedência necessária para que as obras estejam concluídas antes da apresentação do requerimento a que se refere o n.º 1 do artigo 63.º. E, de acordo com o n.º 2 do artigo 83.º, pode haver mesmo alterações em obras que nem sequer necessitem de admissão de comunicação prévia – desde que não correspondam a obras que estivessem sujeitas a prévio licenciamento, nos termos do regime geral.

3. Ou ainda porque a obra ou os trabalhos de remodelação de terrenos violam uma norma legal ou regulamentar aplicável.

O dono da obra pode estar até titulado juridicamente para a executar. Não obsta ao embargo que exista, para a obra ou para os trabalhos em causa, uma licença ou uma comunicação prévia admitida. Não é por dispor desse título que o dono da obra fica desobrigado de cumprir outros normativos a que está vinculado[37].

No entanto, quando seja indispensável embargar uma obra licenciada com fundamento na ilegalidade da respectiva licença, não há necessidade de previamente praticar um acto expresso de revogação ou suspensão de eficácia. É que se houver revogação, o embargo deixa de fazer sentido, em virtude do carácter definitivo da definição de direito contida no acto revogatório. Já a suspensão da eficácia está implícita na ordem de embargo e não carece de ser exteriorizada para obter relevância jurídica.

Advirta-se ainda que a ordem de embargo nunca poderá configurar uma revogação de uma licença[38]: o embargo de obra com

---

[37] Cfr. FOLQUE, ANDRÉ, *Curso de Direito da Urbanização e da Edificação*, cit., p. 269, indica, a este propósito, que será o caso de " *muitas das regras construtivas – de qualidade dos materiais, de segurança, das técnicas – assim como também das normas relativas à própria execução dos trabalhos (estaleiros, entulhos, segurança de terceiros, etc.)*".

[38] Veja-se, a este propósito, o acórdão do Supremo Tribunal Administrativo, processo n.º 0498/03, de 26/10/2004.

fundamento em violação do licenciamento não é, nos seus próprios termos, revogação de um licenciamento. Se o embargo for ordenado em virtude das obras estarem a ser levadas a cabo em desconformidade com a respectiva licença, não faz sentido questionar a legalidade dessa mesma licença e erradicá-la da ordem jurídica. O acto de licenciamento continua em plena vigência na ordem jurídica, não sendo afectado e muito menos revogado pelo embargo.

O acto administrativo[39] em que o embargo se consubstancia impõe que haja uma situação ilícita e a suspensão dessa mesma situação, em termos *materiais* (deixar de construir o muro que carecia de licenciamento e que não o obteve), evitando que se consolidem situações de facto lesivas dos interesses materiais que as normas de direito administrativo tutelam.

Nos termos do n.º 1 do artigo 102.º do RJUE as operações urbanísticas objecto de embargo poderão ser:

– Obras de urbanização, que o artigo 2.º, alínea h) do RJUE define como sendo as obras de criação e remodelação de infra-estruturas destinadas a servir directamente os espaços urbanos ou as edificações, designadamente arruamentos viários e pedonais, redes de esgotos e de abastecimento de água, electricidade, gás e telecomunicações, e ainda espaços verdes e outros espaços de utilização colectiva;

– Obras de edificação[40], que estão definidas no artigo 2.º, alínea a) do RJUE e que se consubstanciam na actividade ou no resultado da construção, reconstrução, ampliação, alteração ou conservação de um imóvel destinado a utilização humana, bem como de qualquer outra construção que se incorpore no solo com carácter de permanência;

– Obras de demolição, que nos termos do artigo 2.º, alínea g) do RJUE são as obras de destruição, total ou parcial, de uma edificação existente; e ainda

---

[39] O embargo enquadra-se na classe dos actos administrativos que provocam situações de desvantagem para os particulares e, dentro destes, classificam-se como criadores de uma obrigação de não fazer (proibições). É também um acto administrativo de primeiro grau. Neste sentido, OLIVEIRA, FERNANDA PAULA, "Ordem de demolição: Acto confirmativo da ordem de embargo?", cit., p. 119.

– Trabalhos de remodelação de terrenos que, nos termos do artigo 2.º, alínea l) são as operações urbanísticas que as alíneas anteriores do citado preceito não densifiquem, e que impliquem a destruição do revestimento vegetal, a alteração do relevo natural e das camadas de solo arável ou o derrube de árvores de alto porte ou em maciço para fins não exclusivamente agrícolas, pecuários, florestais ou mineiros.

2.2. Distinção / Conexão com a demolição

Relativamente à conexão entre a demolição, que teremos oportunidade de analisar adiante, e o embargo, saliente-se desde já que o embargo não constitui um pressuposto jurídico da demolição.

Com efeito, a demolição pode ser ordenada independentemente da existência prévia de uma ordem de embargo. O presidente da Câmara Municipal pode, *"quando for caso disso*[41]*"*, ordenar a demolição de uma obra ilegal, não necessitando de lançar mão, a priori, do embargo administrativo.

O caso de escola será o de uma obra de edificação de uma moradia que está estruturalmente terminada, não obstante não ter sido requerido e obtido o necessário alvará de licença de obras de construção. Ora, se a obra está acabada, se não se encontram já quaisquer trabalhadores no local, seria de todo dispensável encetar previamente um processo de embargo da mesma e só depois olvidar no sentido de que esta seja demolida. O embargo proíbe que a obra prossiga: ora, neste caso, não haveria que impedir a continuação de algo que está acabado! Assim sendo, o correcto seria encetar de

---

[40] Apesar da noção de "obras de edificação" ser mais restrita, em termos conceituais, do que a noção de "obras de construção" (neste sentido, COSTA, ANTÓNIO PEREIRA DA, *Regime Jurídico do Licenciamento de Obras Particulares*, Anotado, Coimbra Editora, 1993, pp. 25 e 26), o RJUE utiliza a palavra "edificação" como tendo um sentido mais amplo do que o de "construção", integrando nele não só as construções relativas a edifícios mas todas as construções que se incorporem no solo com carácter de permanência (como refere OLIVEIRA, FERNANDA PAULA, *Direito do Urbanismo e Autarquias Locais*, CEFA, 2000, p.141) – no mesmo sentido, REIS, JOÃO PEREIRA; LOUREIRO, MARGARIDA E LIMA, RUI RIBEIRO, *Regime Jurídico da Urbanização e da Edificação*, cit., p. 26.

[41] Nos termos do n.º 1 do artigo 106.º do RJUE.

imediato o procedimento tendente à demolição da moradia nos moldes que veremos adiante.

O artigo 102.º, n.º 1 do RJUE é claro neste ponto: o embargo aplica-se a obras de urbanização, edificação, demolição ou trabalhos de remodelação de terrenos quando "*estejam a ser executadas*", numa (ou nalgumas, ou em todas) das situações previstas nas alíneas desse mesmo número. Se as obras estão acabadas, não será já o embargo o mecanismo correcto que obstará à situação ilegal, mas tão-só a demolição das mesmas[42].

Mas se as obras (ou trabalhos de remodelação) estão, ilegalmente, a decorrer, nada invalida que sejam tomados os procedimentos tendentes ao embargo das mesmas (pelo que a construção parará "ali", com as características exactas em que se encontra aquando da notificação da ordem de embargo, e que, acrescente-se, deverão ser documentadas por fotografias ou por outros meios que possibilitem a comprovação do crime de desobediência, caso se verifique que as obras não foram suspensas) e consequente demolição do edificado.

Claro que, como veremos no momento oportuno, a demolição é uma medida de última ratio. E apesar de o legislador não prever agora, como o fez outrora[43], que a demolição não poderia ser ordenada se a obra fosse susceptível de ser legalizada ou autorizada ou se fosse possível assegurar a sua conformidade com as disposições legais e regulamentares aplicáveis mediante a realização de trabalhos de correcção ou de alteração, parece-nos que será de grande radicalismo, embargar uma obra e desencadear imediatamente o procedimento tendente à sua demolição.

E isto porque o embargo não comporta em si a legalização da obra ou dos trabalhos de remodelação de terrenos ilegais. Se o infractor quiser continuar os trabalhos que vinha, ilicitamente, fazendo, terá sempre que obter um título que os legitime e que defina a situação jurídica da obra: um alvará de licença para a realização da operação urbanística ou a admissão de um pedido de comunicação prévia. Ou, já tendo obtido os títulos necessários, providenciar pela

---

[42] A este propósito, vide infra a exposição que é feita sobre os "Efeitos do Embargo".

[43] Veja-se a redacção originária do n.º 2 do artigo 106.º do Decreto-Lei n.º 555/99, de 16/12.

conformidade destes com a obra em causa, ou diligenciar no sentido da conformidade da situação com as normas legais e regulamentares aplicáveis – numa palavra, legalizar. E se o infractor assim não actuar, lançar-se então mão do procedimento da demolição.

A não ser assim, e se fosse ainda instaurado um processo de contra-ordenação, teríamos que para a mesma situação se aplicariam três (ou mais) medidas administrativas: duas destinadas à restituição da legalidade (procedimento de embargo e de demolição), e uma (ou mais) tendente(s) ao sancionamento do comportamento ilícito do particular ou da pessoa colectiva (procedimento contra-ordenacional).

A ordem de demolição não constitui, assim, uma consequência necessária do embargo.[44-45]

---

[44] Na esteira de MONTEIRO, CLÁUDIO, *O Embargo...*, cit., p. 88, pode dizer-se que existe uma instrumentalidade hipotética entre o embargo e a demolição: *"O prévio embargo das obras, por si só, não assegura o efeito útil da ordem de demolição ou qualquer outra medida de protecção da legalidade urbanística, mas caso alguma dessas medidas venha a ser adoptada, a sua execução não será prejudicada pela relevância jurídica que eventualmente pudesse vir a ser atribuída à situação de facto entretanto consolidada"*.

[45] Rematamos, e da melhor forma, com a súmula das conclusões retiradas por OLIVEIRA, FERNANDA PAULA, "Ordem de demolição: Acto confirmativo da ordem de embargo?", cit., p. 123, e que passamos a apresentar.

A ordem de embargo não é um acto preparatório da ordem de demolição pelas seguintes razões:

– A ordem de embargo é um acto administrativo susceptível, só por si, de recurso contencioso, o que não acontece com os actos preparatórios;

– O embargo não se encontra incluído no procedimento de formação da ordem de demolição, são actos administrativos diversos, com procedimentos e efeitos jurídicos também diversos.

– O embargo não é um pressuposto jurídico da demolição, que pode ser ordenada sem que a ele haja lugar, o que não acontece com os actos preparatórios;

– A invalidade da ordem de embargo não afecta a validade da ordem de demolição.

E nem a ordem de demolição é um acto confirmativo da ordem de embargo: é que para um acto ser confirmativo, deve reproduzir o conteúdo de um outro acto, limitando--se a repetir a estatuição anterior, portanto faltando-lhe a característica da inovação no ordenamento jurídico. Além disso:

– A legislação urbanística prevê a demolição e o embargo como medidas distintas;

– A ordem de demolição provoca um efeito jurídico novo relativamente ao determinado pelo embargo: enquanto a primeira determina a destruição de obras ilegais, o segundo implica a suspensão das obras ou trabalhos em execução;

2.3. Provisoriedade/ Temporalidade

O embargo é uma medida provisória porque não visa dar a solução definitiva para a situação irregular detectada, mas apenas paralisar uma operação urbanística ilegal que está em curso.

De facto, o embargo não repara a lesão do interesse público: apenas é interrompido o agravamento dessa lesão, em ordem à salvaguarda do interesse público, à protecção da confiança de terceiros e até do próprio interessado na operação embargada (se a obra ou os trabalhos de remodelação de terrenos começam "mal" ab initio, é de todo o interesse que o proprietário o saiba, para que providencie no sentido da reposição da legalidade da mesma; e evitando um futuro processo de demolição).

Mas não é um acto provisório no sentido em que se emprega tradicionalmente tal qualificação, porque não antecipa os efeitos jurídicos que virão a ser produzidos por decisões subsequentes em que assentam os mesmos pressupostos[46].

À característica da provisoriedade/temporalidade se liga a fixação temporal da duração do embargo. O embargo dura apenas o tempo estritamente necessário para acautelar a utilidade das medidas que, a título definitivo, reintegrem a legalidade urbanística violada, incluindo aqui o licenciamento ou autorização da obra.

É evidente que, através do RJUE, foi intenção do legislador evitar o prolongamento indefinido da vigência de ordens de embargo que, a pretexto da prossecução do interesse público, consolidavam situações de facto que se revelavam ainda mais prejudiciais ao ambiente e à qualidade de vida dos cidadãos do que aquelas que o próprio embargo procurava evitar – é o que resulta do preâmbulo do referido diploma legal.

– Enquanto que a ordem de embargo determina um não fazer, a demolição implica um dever de facere (ou um desfazer), ou seja, proceder a trabalhos que impliquem a destruição das obras realizadas.

[46] Cfr. MONTEIRO, CLÁUDIO, *O Embargo...*, cit., pp. 89 e ss.

2.4. Tipos: *total ou parcial*

A obediência ao princípio da proporcionalidade acarreta em si a consideração de que o embargo possa ser total (quando toda a obra terá que ser embargada) ou parcial (quando as finalidades cautelares do embargo se bastarem com a interrupção de parte da obra)[47].

O artigo 102.º, n.º 5 do RJUE admite expressamente ambas as modalidades, ao preceituar que: *"No caso de a ordem de embargo incidir apenas sobre parte da obra, o respectivo auto fará expressa menção de que o embargo é parcial e identificará claramente qual é a parte da obra que se encontra embargada"*.

Imaginemos uma situação em que A constrói um prédio com X andares, tendo obtido licenciamento municipal para o efeito. No entanto, resolve construir mais um andar, reflectindo-se na desconformidade com o projecto aprovado. Só esse andar que está a ser ilicitamente construído deve ser embargado, e apenas na parte em que não corresponda ao projecto aprovado pela Câmara Municipal, sendo que em relação aos restantes se podem continuar a realizar as obras. Conquanto estas obras não implicarem desenvolvimentos nas ilegais, naturalmente.

2.5. *Procedimento*

Quanto ao procedimento, podemos identificar várias fases a seguir, que decorrem da lei vigente. No entanto, não se pretende aqui dogmatizar um procedimento universal, que pode certamente variar de município para município. E não só o município: tanto o presidente da CCDR (artigo 108.º-A) como *"outras entidades"* (artigo 102.º, n.º 1) são competentes para ordenar o embargo, mediante a previsão legal nos diplomas próprios.

---

[47] Isto, como observa Cláudio Monteiro, se a parte embargada possuir autonomia funcional bastante relativamente à parte restante – vide Cfr. MONTEIRO, CLÁUDIO, *O Embargo...*, cit., p. 97. Tal entendimento encontra acolhimento jurisprudencial no acórdão do Supremo Tribunal Administrativo de 26/10/2004, processo n.º 0498/03.

No que toca às Autarquias Locais, são de destacar os seguintes trâmites:

1. Recebidos quaisquer elementos (participação, auto de notícia...) a autoridade administrativa determina a instrução do Processo, através de despacho[48] do Presidente da Câmara Municipal[49].

2. Há um mandado de notificação para o Fiscal Municipal – O Fiscal notifica o infractor do prazo de duração do embargo e adverte que, se houver desrespeito à ordem de embargo, tal comportamento consubstanciará um crime de desobediência.

3. Além do mandado, o Fiscal deve levar consigo o Auto de Embargo – neste documento são descritas as obras ilegais, os dados pessoais do notificado, a desobediência (os elementos constantes do artigo 102.º, n.º 3 do RJUE), devendo ser assinado pelo Fiscal, pelo notificado e pelas testemunhas[50].

Nas Câmaras Municipais em que tal seja possível, poderão ser testemunhas da autuação um outro Fiscal Municipal, além do Autuante, ou um funcionário (qualquer funcionário, apesar de se reconhecer que os funcionários afectos ao Ordenamento do Território, ou Obras Particulares (conforme a denominação do serviço) possuem uma sensibilidade especial, em virtude do manuseio de Processos de Obras e do RJUE). Tanto o Mandado como o Auto são em duplicado: um é para o Fiscal trazer e ser junto ao processo de Embargo, e o outro fica para o notificado.

4. Caso a fiscalização detecte a desobediência à ordem de embargo, é elaborado um auto de desrespeito ao embargo, podendo, na sequência de despacho, dar origem a participação criminal por

---

[48] Nos termos do acórdão do Supremo Tribunal Administrativo, de 02/05/2006, processo n.º 0236/05, *"1. Encontra-se fundamentado despacho exarado pelo presidente de uma câmara municipal no canto superior direito de uma informação dos respectivos serviços de fiscalização, a ordenar que se proceda a embargo, e na qual eram discriminados as obras levadas a efeito e os plúrimos fundamentos por que se entendia não se mostrarem conformes aos projectos aprovados, terminando por propor o seu embargo".*

[49] Referimo-nos, obviamente, aos casos em que o embargo é decretado pelo Presidente da Câmara Municipal. Mas como vimos supra, a competência é plural.

[50] Se as obras estiverem a ser executadas por pessoa colectiva, tanto o embargo como o auto são comunicados para a sede social ou representação em território nacional – conforme o n.º 7 do artigo 102.º do RJUE.

crime de desobediência a acto administrativo, conforme preceitua o artigo 100.º do RJUE.

Assim que detectada a ilegalidade poderá ser instruído processo de contra-ordenação, desde que o mesmo se encontre apoiado numa das alíneas do artigo 98.º, n.º 1 do RJUE que seja passível de ser aplicada ao caso concreto.

É de salientar que, a cada embargo, deve corresponder um processo de embargo, em papel ou, se tal se demonstrar possível, electrónico. Deste processo devem constar todos os documentos relevantes para o mesmo: despachos, cópias do mandado de notificação e do auto de embargo, informações da Fiscalização Municipal, fotografias da situação ilegal, e eventuais plantas de localização da mesma.

2.6. Sujeitos da notificação

A Lei n.º 60/2007, de 04/09 veio alterar a redacção do artigo 102.º, n.º 2, no que se refere aos sujeitos da notificação do embargo. A intenção do legislador foi, certamente, a de acabar com uma realidade que as próprias Câmaras Municipais já tinham detectado: os atrasos que se verificavam na notificação do embargo, devido à "astúcia" dos proprietários ou dos responsáveis pela direcção técnica da obra. E porquê?

Até 2007, dizia a lei que, em primeiro lugar, podia ser notificado do embargo o responsável pela direcção técnica da obra. Só que este responsável podia não estar no local à hora a que os fiscais se lá dirigissem com o Auto de Embargo. Ou, pior, podia dizer que não era ele o responsável (o que é muito possível em Municípios de maiores dimensões). E, muitas vezes a obra podia não ter sequer responsável pela direcção técnica – a título de exemplo, o caso um munícipe que construa "com as suas próprias mãos" um muro que estaria sujeito a licenciamento, mas que não o requereu, não tem certamente direcção técnica da obra.

Em segundo lugar, podia ser notificado o titular do alvará da licença ou autorização, que muitas vezes é o proprietário. Mas não é muito provável que o proprietário se encontre no local; certamente que terá a sua vida, e no campo das possibilidades vemos que esta é bem remota. Acrescente que há situações, como é o caso da comunhão de bens e da compropriedade, que dificultam e muito a notificação do "proprietário".

Em terceiro lugar, podia ser notificado o proprietário do imóvel, em relação ao qual já nos pronunciámos.

Em quarto lugar, o representante do proprietário do imóvel: outro golpe de sorte...

Para evitar estes atrasos (e abusos)[51], a norma do RJUE que se refere aos sujeitos da notificação foi alterada, sendo que é identificado agora um quinto sujeito da notificação: "quem se encontre a executar a obra no local". O Fiscal pode dirigir-se à obra e notificar do embargo um dos trabalhadores que lá se encontrem a laborar[52].

Só que, ao permitir que a ordem de embargo possa produzir efeitos antes do conhecimento pessoal pelo seu destinatário, o disposto no n.º 2 do artigo 102.º do RJUE constitui uma excepção ao princípio geral de que os actos administrativos só são eficazes após a notificação do interessado, plasmado nos artigos 268.º, n.º 3 da CRP e 66.º e 132.º do CPA.

Do teor literal do artigo 102.º, n.º 2 do RJUE resulta que o acto de embargo começa a produzir efeitos logo após a notificação ser realizada; mas isto não significa que o embargo seja *"plenamente eficaz"*[53] a partir da sua notificação a outra pessoa que não seja o dono da obra ou o titular da licença. Se "quem se encontre a executar a obra no local" não der conhecimento da ordem de embargo ao seu legítimo destinatário, não poderá este ser responsabilizado pelo incumprimento do dever de suspensão das obras ou trabalhos.

---

[51] Tudo indica, portanto, que estas alterações se destinam, por um lado, a contribuir para obviar as dificuldades frequentemente ressentidas pela Administração na concretização da necessária notificação para obrigar à suspensão dos trabalhos e, por outro lado, alargar o âmbito da obrigação de notificação, por parte da Administração, deste acto particularmente lesivo para os interessados.

[52] Saliente-se que o legislador veio recuperar parte do artigo 57.º, n.º 4 do Regime Jurídico do Licenciamento Municipal de Obras Particulares (aprovado pelo Decreto-Lei n.º 445/91, de 20/11), que estabelecia que a notificação do embargo podia ser feita a qualquer das pessoas que se encontrassem no local a executar os trabalhos.

[53] Cfr. MONTEIRO, CLÁUDIO, *O Embargo...*, cit., p. 113.

E se, como veremos em sede própria, o embargo for notificado ao empreiteiro e este prosseguir com os trabalhos, não será imputável ao dono da obra ou titular da licença ou comunicação prévia admitida o crime de desobediência. Parafraseando Cláudio Monteiro, *"até é discutível que a própria conduta do empreiteiro integre o referido tipo criminal, já que aquele não é destinatário da decisão mas apenas destinatário da respectiva notificação"*. E isto é assim porque *"a notificação nada acrescenta ao conteúdo do acto notificado, limitando-se a dar conhecimento de um facto*[54]*"*.

Portanto, se a notificação do embargo é feita ao empreiteiro ou ao responsável pela direcção técnica da obra, não integram estes o conceito de destinatários do embargo.

Claro que não se pode descurar a obrigatoriedade do trabalhador em comunicar a notificação do embargo ao responsável pela direcção técnica da obra ou ao proprietário, o que não julgamos difícil de cumprir, pelo teor do Auto (que, em muitos Municípios é lido pelos Fiscais, o que é, a nosso ver, louvável) e pela assinatura que o notificado terá que apor no Auto (mas não obrigatoriamente, como veremos a seguir).

2.7. Forma da notificação. Recusa do notificado em assinar

Em princípio, a notificação é feita presencialmente. Perante o Fiscal e a testemunha, o infractor recebe a notificação e o auto de embargo.

André Folque[55] entende que *"haveria proveito em que a eficácia da ordem de embargo fosse apenas condicionada à afixação de um edital, no espaço em que decorre a obra, e selados os equipamentos, com indicação de onde e como consultar o teor do auto. De todo o modo, cremos que nada excluí a possibilidade deste procedimento, de acordo com o disposto no artigo 70.º, n.º 1, alínea d) do CPA: «edital a afixar nos locais do estilo, ou anúncio a publicar no Diário da República, no boletim municipal ou em dois*

---

[54] Cfr. MONTEIRO, CLÁUDIO, *O Embargo...*, cit., p. 113.
[55] FOLQUE, ANDRÉ, *Curso de Direito da Urbanização e da Edificação*, cit., p. 272.

jornais mais lidos da localidade de residência ou sede dos notificandos, se os interessados forem desconhecidos ou em tal número que torne inconveniente outra forma de notificação»."

Isto pode ser assim se não houver simultaneidade entre a notificação (expressa no mandado de notificação) e a entrega do auto para assinatura. É que, ao que parece, a lei diferencia dois momentos: primeiro, a notificação do embargo a um dos sujeitos respectivos; e um segundo momento, "após o embargo", em que "é de imediato lavrado o respectivo auto".

Só que estes dois momentos são, na prática, um só: como foi referido quando tratámos do procedimento, ao topar com a obra ilegal, o Fiscal comunica-o ao Presidente (ou à entidade com competência para tal). Havendo despacho no sentido de se proceder ao embargo, o Fiscal não vai notificar o infractor, voltar à Câmara e regressar à obra com o Auto... Leva a notificação e o auto ao mesmo tempo – porque é na sequência do despacho do órgão competente para embargar que é elaborado o documento de notificação e o auto.

O Fiscal, ao deparar-se com a obra ilegal, não pode notificar o infractor de que a obra será embargada, pois na verdade ele não o sabe (apesar de, como veremos, este ser um poder vinculado). Pode até fazê-lo a título de informação, aviso, mas não configura uma notificação formal do embargo. É que só depois do despacho do órgão competente é que o Fiscal fica legitimado para notificar formalmente o infractor de que a obra terá que ser suspensa. E isto já na posse do auto.

Em relação à questão das notificações, salientemos agora um outro aspecto – quando o notificado não quer assinar. O Fiscal dá ao notificado a cópia do mandado de notificação, preenche o Auto, lê o Auto e o notificado diz que só assina na presença do advogado, ou que nem sequer o quer assinar. Será que este é regularmente notificado do embargo?

O artigo 66.º do Código do Procedimento Administrativo[56] refere-se ao dever de notificar: *"Devem ser notificados aos interessados*

---

[56] Não esqueçamos que o RJUE remete expressamente para o CPA em *"tudo o que não esteja expressamente previsto no presente diploma"*, nos termos do seu artigo 122.º.

os actos administrativos que: b) Imponham deveres, sujeições ou sanções, ou causem prejuízos". E quanto à forma da notificação, o artigo 70.º do CPA estabelece que *"as notificações podem ser feitas: a) Por via postal, desde que exista distribuição domiciliária na localidade de residência ou sede do notificando; b) Pessoalmente, se esta forma de notificação não prejudicar a celeridade do procedimento ou se for inviável a notificação por via postal"*.

O que nos parece é que no caso da notificação do embargo, a celeridade não fica de todo prejudicada se a notificação for feita pessoalmente; pelo contrário, esta forma de notificação promove a celeridade, porque certamente que o envio de uma carta será mais demorado do que a deslocação ao local.

E se, apesar da recusa, do conteúdo da notificação constarem todos os elementos legalmente exigidos (previstos no artigo 68.º do CPA), se o Fiscal identificou pelo menos um dos sujeitos referidos no artigo 102.º, n.º 3 do RJUE, se o abordou, se eventualmente leu o conteúdo do Auto, não nos resta senão concluir que a notificação está perfeita, isto é, que o sujeito foi regularmente notificado (devendo a recusa constar do Auto de Embargo).

E o facto de dizer que não assina o Auto não nos parece impedimento para se considerar que a obra está, a partir daquele momento, embargada[57].

2.8. *Efeitos*

O artigo 103.º do RJUE, sob a epígrafe de "Efeitos do embargo" indica um conjunto de consequências resultantes do acto administrativo de embargo.

A produção destes efeitos depende do cumprimento de certas formalidades, que o artigo anterior estatui, como o sejam a notificação aos interessados.

---

[57] Remete-se para as considerações anteriores: uma coisa é ser notificado o destinatário do embargo – devendo existir, de imediato, a paralisação da obra ou dos trabalhos; outra é ser notificado alguém que é considerado sujeito da notificação para efeitos do artigo 102.º, n.º 2 mas que não é verdadeiramente o destinatário da ordem, havendo que transmiti-la a quem de direito.

A par dos efeitos do artigo 103.º, há um eventual: a prática do crime de desobediência, nos termos do artigo 100.º do RJUE e 348.º do Código Penal, caso seja desrespeitada a ordem de embargo.

a) Suspensão dos trabalhos de execução da obra

O artigo 103.º do RJUE estabelece, no seu número 1, que o embargo obriga à suspensão imediata, no todo ou em parte, dos trabalhos de execução da obra. Mais uma vez se consagra a possibilidade do embargo ser apenas em relação a uma parte da obra.

Aqui chegados, deparamo-nos com uma outra questão: o embargo poderá ser aplicado a obras que ainda não foram iniciadas?

Diz André Folque[58] que *"não se vê porque motivo não possa – e não deva até – ser determinado o embargo de obras cujos trabalhos preparatórios evidenciem o pronto início em determinado local: acumulação de materiais e equipamentos, preparação de estaleiros, conhecimento de um contrato de empreitada. Recorde-se que o embargo tem essencialmente um fim preventivo, e, como tal, seria absurdo ter de aguardar pelo flagrante delito – «aterros, escavações ou terraplanagens e derrube de árvores em maciço» – para poder interditar-se o início dos trabalhos."*

Só que as obras têm, nos termos do artigo 102.º, n.º 1, que estar a ser executadas. O embargo é uma medida grave, e como tal provisória e sujeita a caducidade. Se o legislador quisesse que uma simples prognose de uma obra não titulada configurasse um processo deste tipo, não teria enformado o embargo de tantas cautelas.

Para mais, permitir que uma desconfiança configure a instauração de um processo de embargo, notificar no local o eventual infractor, fazê-lo assinar um Auto!

Claro que uma coisa é embargar uma futura obra, da qual ainda nada se conhece, mas da qual se vislumbram indícios apenas; e outra será, perante trabalhos de aterro, escavações, terraplanagens, embargar esses mesmos trabalhos, por se enquadrarem nos "trabalhos de remodelação de terrenos" que podem ser sujeitos ao embargo.

---

[58] Cfr. FOLQUE, ANDRÉ, *Curso de Direito da Urbanização e da Edificação*, cit., p. 274.

Mas obviamente que aqui não estamos a embargar uma futura obra; somente trabalhos, que necessitam de ser licenciados. E será essa a descrição dos trabalhos que será feita no auto de embargo.

E quanto a obras já acabadas?

Entende Dulce Lopes[59] que *"o embargo consiste numa ordem de paralisação imediata de trabalhos, motivo pelo qual não pode ser aplicado a obras que já se encontram concluídas, embora ilegalmente, uma vez que o seu propósito é evitar o agravamento da irregularidade".*

Cláudio Monteiro[60] pronuncia-se no sentido que *"não é admissível o embargo de uma obra que ainda não tenha sido iniciada ou que já tenha sido concluída, pois a suspensão de uma actividade que não está a ser desenvolvida não exerce uma função útil".* Aliás, *"tais actos seriam nulos por impossibilidade física do objecto".*

Ao invés, André Folque[61] entende que *"quanto a obras já concluídas, o embargo tem também um efeito útil. Trata-se de proibir a utilização do edifício ou da parte ampliada. Dir-se-ia que a medida adequada seria a ordem para cessação de utilização seguida de despejo coercivo, sendo esse o caso. Contudo, a utilização só pode ser feita cessar se já tiver sido iniciada. Uma vez mais, o embargo mostra-se como medida de polícia com alcance preventivo, por excelência".*

A prática dos municípios não é certamente a defendida por André Folque. Deparando-se com uma construção ilegal já concluída, a tendência será certamente a de lançar mão das outras medidas de tutela da legalidade.

Também aqui a redacção do n.º 1 do artigo 102.º do RJUE não abona muito a favor do Ilustre Autor. Diz este preceito, por diversas vezes, que o embargo pode ser mobilizado em relação a obras *"quando estejam a ser executadas".* Não nos diz que se trata de obras "quando estejam acabadas". Nem utilizou a expressão do artigo 57.º do Decreto-Lei n.º 445/91 relativa a *"obras executadas".*

---

[59] Cfr. LOPES, DULCE, "Medidas de Tutela da Legalidade Urbanística", cit., p. 61.
[60] Cfr. MONTEIRO, CLÁUDIO, *O Embargo...*, cit., p. 92.
[61] Cfr. FOLQUE, ANDRÉ, *Curso de Direito da Urbanização e da Edificação*, cit., p. 274.

E parece-nos que aqui a letra da lei é conclusiva: o embargo só serve para obras ainda não concluídas, e não para obras acabadas. Se as obras estão acabadas, não será já o embargo o mecanismo correcto que obstará à situação ilegal, mas tão-só a demolição[62] das mesmas.

b) Suspensão da eficácia da licença ou admissão da comunicação prévia

Nos termos do regime actual, em que não vigora já uma norma semelhante à do artigo 46.º do Decreto-Lei n.º 448/91, de 29/11[63], no caso de se tratar de obras licenciadas ou objecto de comunicação prévia, o embargo determina a suspensão da eficácia da respectiva licença ou a admissão de comunicação prévia, bem como no caso de obras de urbanização, da licença ou comunicação prévia de loteamento urbano a que as mesmas respeitam (número 2 do artigo 103.º do RJUE).

Compreende-se a razão de ser desta consequência: enquanto a licença ou comunicação prévia admitida autoriza o seu titular a realizar a operação urbanística pretendida, o embargo proíbe o exercício dessa mesma actividade.

Claro que o embargo apenas produzirá efeitos prospectivos, gozando somente de eficácia ex-nunc, para o futuro. Assim sendo, este não afecta a eficácia jurídica do acto de licenciamento, pelo que só impede que se produzam os efeitos que ainda não tiveram lugar.

---

[62] Isto, como é óbvio, e referindo-nos apenas ao elenco do artigo 102.º, n.º 1 do RJUE, quanto às obras de urbanização e edificação. A aplicação da ordem de demolição não está prevista para os trabalhos de remodelação de terrenos (que se traduzem em operações urbanísticas que impliquem a destruição do revestimento vegetal, a alteração do relevo ou das camadas de solo arável ou o derrube de árvores de alto porte ou maciçamente para fins que não sejam exclusivamente agrícolas, pecuários, florestais ou mineiros – maxime para fins de edificação), mas tão-só para "obras", conforme preceitua o artigo 106.º, n.º 1 do RJUE. E destas há que excluir as obras de demolição que podem ser embargadas mas não já... demolidas.

[63] Relativamente às questões que esta norma levantava, vide SARDINHA, JOSÉ MIGUEL, *O Novo Regime Jurídico das Operações de Loteamento e de Obras de Urbanização*, Coimbra Editora, 1992 e CUNHA, JÚLIO PEREIRA DA, *Regime de Licenciamento de Obras Particulares e de Operações de Loteamento e Obras de Urbanização*, edição da ATAM, 1992.

Ainda que o embargo seja parcial, hipótese que a lei contempla no já referido artigo 102.º, n.º 5 do RJUE, o prazo fixado no alvará para a execução das obras será suspenso (nos termos do n.º 4 do artigo 103.º do RJUE).

Naturalmente, a continuação da obra na parte em que ela se conforma com a licença ou com as normas legais e regulamentares aplicáveis não é prejudicada, conquanto esta seja autonomizável.

c) Interdição do fornecimento de energia eléctrica, gás e água

Uma questão que nos parece mais delicada é a do artigo 103.º, n.º 3: *"É interdito o fornecimento de energia eléctrica, gás e água às obras embargadas, devendo para o efeito ser notificado o acto que o ordenou às entidades responsáveis pelos referidos fornecimentos".*

Como salienta Dulce Lopes[64], esta norma levanta inúmeros problemas, sobretudo em situações em que os mercados do fornecimento de tais serviços de interesse económico geral começam a ser liberalizados, e nas hipóteses em que são os próprios particulares, em regra vizinhos, a fornecer energia eléctrica, gás e água a uma obra em execução.

Devemos ainda ter presente que os contratos de fornecimento, designadamente de água, são requeridos e efectuados para uma determinada habitação, onde obviamente poderão inserir-se espaços integrantes e dependentes, como sejam os telheiros, vedações e anexos.

Significa isto que numa habitação com as características supra mencionadas, não existem vários contratos de fornecimento de água (para os anexos, telheiros, etc), mas apenas um contrato que abrange o referido fornecimento para todo o espaço que dela faça parte. Neste caso e na sequência de um processo de embargo, mesmo que parcial, não nos parece aceitável que se possa proceder ao corte de fornecimento de água de apenas uma parte da habitação, salvo se tal

---

[64] Cfr. LOPES, DULCE, "Medidas de Tutela da Legalidade Urbanística", cit., p. 63, nota 32.

espaço constituir uma parte autónoma e dessa forma ser objecto de um contrato de fornecimento de água próprio.

Não sendo assim, é manifestamente desproporcionado que, estando em causa apenas o embargo de obras de uma parte da habitação, por exemplo de um anexo, seja toda ela atingida e prejudicada pela interdição do fornecimento de água. Com efeito, embora a lei não refira expressamente estas situações específicas, consideramos importante a sua ponderação casuística, tendo sempre em atenção a submissão da Administração Pública a critérios de proporcionalidade (artigo 5.º, n.º 2 do CPA) que assentam fundamentalmente na necessidade de adequação das medidas administrativas aos objectivos a prosseguir e de equilíbrio entre os interesses públicos e privados, a fim de se evitar sacrifícios desproporcionados para os particulares.

A ratio do artigo 103.º, n.º 3 parece ser no sentido de impedir o prosseguimento da obra e não degradar as condições de habitabilidade que a mesma já possua[65].

Poderão ainda surgir problemas que se prendem com a responsabilidade contratual do fornecedor da energia eléctrica, do gás ou da água. Temos um contrato em que o fornecedor do bem ou serviço é o devedor e os clientes, que usufruem do bem ou do serviço, são os credores (claro que em relação ao pagamento da factura do serviço, a situação inverte-se: o credor é o fornecedor do bem ou do serviço e o devedor é o cliente). No fundo, há uma relação de simultaneidade.

Diz-nos o artigo 798.º do Código Civil que *"o devedor que falta culposamente ao cumprimento da obrigação torna-se responsável pelo prejuízo que causa ao credor"*; o artigo 801.º que *"tornando impossível a prestação por causa imputável ao devedor, é este responsável como se faltasse culposamente ao cumprimento da obrigação"* (n.º 1), e que *"tendo a obrigação por fonte um contrato bilateral, o credor, independentemente do direito à indemnização, pode resolver o contrato e, se já tiver realizado a sua prestação, exigir*

---

[65] Neste sentido, veja-se o parecer jurídico do Técnico Superior Jurista da Associação de Municípios da Região Autónoma dos Açores, publicado no site http://www.amraa.pt/FileControl/Anexos/rjue.doc

a restituição dela por inteiro" (n.º 2); finalmente, o artigo 804.º estatui que *"a simples mora constitui o devedor na obrigação de reparar os danos causados ao credor"* (n.º 1), sendo que *"o devedor se considera constituído em mora quando, por causa que lhe foi imputável, a prestação, ainda possível, não foi efectuada no tempo devido"* (n.º 2).

No caso do embargo, e tendo em conta que é o fornecedor do bem ou serviço que deixa de cumprir (ainda que haja previamente um pedido por parte da Câmara Municipal), poderíamos pensar que se aplicam os citados artigos do Código Civil, e que o sujeito do embargo poderia pedir não só pedir uma indemnização, como também a rescisão do contrato.

Mas parece-nos que aqui há que ter em atenção o artigo 799.º do Código Civil que, sob a epígrafe de "Presunção de culpa e apreciação desta" preceitua no seu n.º 1 que *"incumbe ao devedor provar que a falta de cumprimento ou o cumprimento defeituoso da obrigação não procede de culpa sua"*, e o n.º 2, que estatui que *"a culpa é apreciada nos termos aplicáveis à responsabilidade civil"*. Remete assim este n.º 2 para os artigos 483.º e seguintes do mesmo Código.

Desde logo podemos concluir, pela norma do artigo 483.º, n.º 2 que *"só existe obrigação de indemnizar independentemente de culpa nos casos especificados na lei"*. E que casos são esses? São os casos de responsabilidade civil pelo risco, consagrados nos artigos 499.º a 510.º do Código Civil.

Assim sendo, o fornecedor de água, electricidade ou gás só terá que indemnizar os clientes se se provar culpa da sua parte. E a culpa, nos termos do artigo 487.º, deve ser provada pelo lesado, e é apreciada pela diligência de um bom pai de família, em face das circunstâncias de cada caso.

De tudo isto decorre que o recorrente, com vista a afastar a sua responsabilidade, teria de fazer prova de que usou de toda a diligência que é exigida a uma pessoa normal, tendo como padrão a conduta de uma pessoa "medianamente cuidadosa, atendendo à especialidade das diversas situações", sendo que "por homem médio" não se entende o puro cidadão comum, mas o modelo de homem que resulta do meio social, cultural e profissional daquele indivíduo concreto, isto é, *"o homem médio que interfere como critério da culpa é determinado a partir do círculo de relações em que está inserido o agente*[66]*."*

Assim sendo, não nos parece que os fornecedores de gás, electricidade e águas tenham que recear, ao cumprir com a ordem dada pela Câmara Municipal para que interrompam o fornecimento à obra embargada. É que, como vimos, só se poderá alegar a sua eventual responsabilidade contratual se se provar culpa sua. E certamente que um "bom pai de família" não vai censurar a conduta do fornecedor que, cumprindo o que a lei expressamente preceitua, e na sequência de um pedido da Câmara Municipal, suspende o fornecimento da electricidade, água ou gás[67].

2.9. Caducidade

Já foi aqui referido que o embargo é uma medida provisória. E é por isso mesmo que o artigo 104.º do RJUE, sob a epígrafe de "Caducidade do embargo", estabelece que a ordem de embargo caduca logo que for proferida uma decisão que defina a situação jurídica da obra com carácter definitivo ou no termo do prazo que tiver sido estipulado ou supletivamente, no prazo de seis meses, prorrogável por igual período.

A lei não esclarece o que se deve entender por *"situação jurídica da obra com carácter definitivo"*. João Pereira Reis, Margarida Loureiro e Rui Ribeiro Lima subscrevem o entendimento que *"a dita decisão pode consistir numa de várias de medidas que visem reintegrar a legalidade urbanística violada, nestas se incluindo a vulgar e impropriamente chamada «legalização da obra», através de actos originários de licenciamento ou de admissão da comunicação prévia, ou de alterações a licença já proferidas. Competirá, pois, à*

---

[66] Vide COSTA, ALMEIDA, *Direito das Obrigações*, reimpressão da 9.ª edição, Coimbra, Almedina, 2006.

[67] A título de curiosidade, refira-se que no site da EPAL (www.epal.pt) como Pergunta Frequente, é questionado sobre o que acontece no caso de existir um embargo, sendo que a resposta é a seguinte: "Se existir um embargo, em termos legais (Decreto--Lei n.º 177/2001 de 4 de Junho), não poderá existir qualquer desenvolvimento do processo de abastecimento por parte da EPAL, enquanto o mesmo se encontrar em vigor."

câmara municipal ou ao seu presidente, caso a caso, adoptar a medida (decisão definitiva) que considere mais adequada àquele objectivo «reintegração da legalidade violada», a qual poderá, naturalmente, consistir na determinação dos trabalhos de correcção ou alteração a que alude o artigo 105.º ou, nas situações «irrecuperáveis», na demolição e reposição do terreno previstas no artigo 106.º[68]".

É para evitar a violação do princípio da proporcionalidade que o embargo deve estar sujeito a um prazo de duração. O regime anterior não estabelecia qualquer limite máximo temporal de vigência de uma ordem de embargo, nem sequer previa que o órgão competente fixasse um prazo. No entanto, já se entendia que na falta de uma disposição especial legalmente fixada, haveria que seguir-se a norma estabelecida no artigo 85.º do CPA, nos termos da qual a ordem de embargo caducaria com a prática de qualquer acto que estabelecesse com definitividade a situação jurídica da obra ou dos trabalhos ou pelo decurso de um prazo determinado que seria, se nada se determinasse, de seis meses[69].

E a partir de 1999, o legislador adoptou a elaboração lógica e apoiada no CPA que a Doutrina apontava, reconhecendo a natureza provisória do acto de embargo: o prazo supletivo previsto na lei é de seis meses, prorrogável por uma única vez por igual período, no caso de ausência de um prazo diferente que pode ser superior, igual ou inferior ao prazo supletivo legalmente definido, mas que terá que ser sempre adequado à situação concreta. Como é que se afere essa adequação é que a lei não no-lo diz.

A anotação que Cabral Metello[70] faz ao artigo 104.º, n.º 2 do RJUE merece a nossa atenção. Entende o ilustre Autor que o disposto no n.º 2 do artigo sub judice contraria todo o vertido no n.º 3 do artigo 102.º. E isto porque *"se constitui obrigatoriedade a menção*

---

[68] Cfr. REIS, JOÃO PEREIRA, LOUREIRO, MARGARIDA E LIMA, RUI RIBEIRO, *Regime Jurídico da Urbanização e da Edificação*, cit., p. 286.

[69] Nos termos da alínea d) do artigo 85.º do CPA. Vide BOTELHO, JOSÉ MANUEL SANTOS; ESTEVES, AMÉRICO J. PIRES e PINHO, JOSÉ CÂNDIDO DE, *Código do Procedimento Administrativo, Anotado e Comentado*, 5.ª edição, Almedina, 2002.

[70] Vide METELLO, FRANCISCO CABRAL, *RJUE – Regime Jurídico da Urbanização e da Edificação*, cit., p. 196.

do prazo no auto de embargo, então a sua falta acarreta(rá) a nulidade do embargo, não podendo este produzir quaisquer efeitos".

Sendo o embargo um acto administrativo, sujeito à disciplina, entre outros diplomas, do CPA – é o que decorre cabalmente do artigo 122.º do RJUE – tem que se harmonizar com a disciplina deste. E, na verdade, se o Auto deve conter *"obrigatória e expressamente"* a *"proibição de prosseguir a obra e do respectivo prazo"*, é porque a fixação do prazo é um elemento fundamental do acto.

Sendo nulos os actos *"a que falte qualquer dos elementos essenciais"*[71], não se vê como a não previsão de qualquer prazo no Auto, remetendo implicitamente para o prazo supletivo do artigo 104.º, n.º 2, não é uma contradição entre os referidos normativos.

Aguardamos com anseio a resposta que a Jurisprudência dará a esta questão.

A caducidade, ao contrário do que acontece na maioria das situações no plano urbanístico, opera automaticamente (ope legis), sem necessidade de declaração por parte do órgão administrativo ou judicial[72]. A ratio será certamente a de salvaguardar o interesse do particular. O que significa que não há necessidade de uma informação jurídica a declarar a caducidade do embargo – o que pode ter as suas vantagens mas também os seus inconvenientes, pois à partida teria que ser o infractor que teria que olvidar no sentido de poder continuar com a obra ou com os trabalhos. Exige-se aqui uma coordenação grande (talvez demasiado!) entre as Secções/ Divisões/ / Departamentos que apreciem qual a decisão definitiva a dar à obra, à entidade com competência para ordenar o deferimento da legalização, caso esta seja viável, a quem comunique as decisões ao particular, ao Gabinete Jurídico encarregue de fundamentar uma possível demolição da obra ou de dar pareceres sobre o próprio embargo... Tudo isto exige um envolvimento gigantesco, que nas câmaras municipais de maiores dimensões pode constituir uma verdadeira "caça ao tesouro".

---

[71] Nos termos do n.º 1 do artigo 133.º do CPA.

[72] Neste sentido, vide o parecer da CCDR de 29/08/2003, disponível em: https://www.ccdrc.ptindex.php?option=com_pareceres&view=details&id=1477&Itemid=45&lang=pt

Face ao regime jurídico actualmente em vigor, se não for definida, dentro do prazo estabelecido para o embargo ou antes de decorridos seis ou doze meses (neste último caso, se tiver sido requerida a prorrogação do prazo inicial, nos termos do n.º 2 do artigo 104.º) a situação jurídica da obra ilegalmente iniciada, no sentido de ser promovida a sua legalização ou a sua demolição, o respectivo proprietário poderá reiniciá-la, a não ser que, evidentemente, a câmara emita nova ordem de embargo, e que funcionará não como um acto confirmativo do anterior mas como um acto "ex novo", contenciosamente recorrível[73].

Mas atenção! Caducando o embargo, tal não significa que o particular fique legitimado, sem mais, à continuação das obras, e muito menos que tal operação se tornou legal, continuando sempre a ser necessário indagar se a obra é susceptível de ser licenciada, e, em caso afirmativo, operar no sentido de obter tal licença.

E por isso, retomar a construção de uma obra ou dos trabalhos de remodelação de terrenos após a caducidade do embargo, sem proceder à sua legalização, é naturalmente de censurar.

2.10. *Trabalhos de correcção ou alteração*

Se a causa do embargo for a execução de uma obra ao arrepio dos projectos aprovados e das condições estipuladas, ou por violação de uma norma legal ou regulamentar aplicável, o artigo 105.º do RJUE determina que o presidente da câmara municipal pode ordenar a realização de trabalhos de correcção ou alteração da obra, fixando um prazo para o efeito.

Permite-se assim que a reposição da legalidade urbanística se obtenha pela realização de trabalhos e obras que corrijam os erros de execução detectados (alterando o que foi indevidamente construído) ou que preencham as falhas existentes (executando aquilo que não foi realizado). A consequência ideal será a da conformidade da obra com o projecto aprovado e com as normais legais e regu-

---

[73] Neste sentido, cfr. FARIA, PAULO, *A caducidade das ordens de embargo de obras particulares*, dispnível em: http://urbaniuris.blog.com/2007/05/03/a-caducidade-das-ordens-de-embargo-de-obras-particulares/, interessantíssimo blog pessoal do autor.

lamentares aplicáveis, deste modo sanando-se as irregularidades que ocorreram.

O prazo de execução dos trabalhos é fixado pelo presidente da Câmara Municipal tendo em conta a natureza e grau de complexidade dos mesmos – parte final do n.º 1 do artigo 105.º.

Claro que o despacho do Presidente da Câmara deve ser fundamentado (remissão do artigo 122.º do RJUE para os artigos 123.º a 126.º do CPA): não deve haver apenas a indicação de um prazo, mas também a identificação dos trabalhos de correcção ou alteração que devem ser realizados. Crê-se até que a lógica é que primeiro se afira *que* trabalhos devem ser realizados para que a coincidência entre o projecto aprovado e a obra seja conseguida: e depois, casuisticamente, dependendo do grau de complexidade dos mesmos, fazer um juízo de prognose (apoiado na experiência da Câmara Municipal), estimando o prazo de conclusão dos mesmos.

Se o prazo se esgotar sem que estes trabalhos se encontrem realizados, a obra permanece embargada até ser proferida uma decisão que defina a sua situação jurídica com carácter definitivo (legalização ou demolição) – nos termos do n.º 2.

Mas aqui há que salvaguardar que este prazo se pode interromper com a apresentação de pedido de alteração à licença ou comunicação prévia (nos termos do n.º 5). E aí, de duas uma: ou o pedido obtém deferimento ou admissão (no caso de se tratar de licença ou de comunicação prévia), e parece-nos que a ilegalidade fica sanada e não haverá lugar à realização de quaisquer trabalhos de correcção; ou o pedido é indeferido ou rejeitado, e aí a decisão do presidente da câmara mantém toda a razão de ser. E como o prazo para realização dos trabalhos se "interrompe", significa que se reinicia a partir da data do indeferimento, sendo esta a data relevante para a contagem do prazo para a sua execução.

Se se tratar de obras de urbanização ou de outras obras indispensáveis para assegurar a protecção de interesses de terceiros ou o correcto ordenamento urbano, a câmara municipal pode promover a realização dos trabalhos de correcção ou alteração por conta do titular da licença ou do apresentante da comunicação prévia – nos termos do n.º 3.

Tal facto não preclude que a câmara municipal ordene ao detentor do alvará ou da comunicação prévia admitida a execução dos trabalhos de correcção ou de alteração, nos termos referidos no n.º 1. Aliás, esta é a via a que a câmara municipal deverá recorrer em primeira linha e só se houver incumprimento da ordem de realização dos trabalhos, recorrer à execução directa. Claro está, salvaguardada a situação em que o interesse público exija a realização imediata da câmara municipal, nomeadamente por motivos de urgência na realização dos trabalhos em causa.

A ordem de realização destes trabalhos suspende o prazo que estiver fixado no respectivo alvará de licença ou estabelecido na comunicação prévia admitida (nos termos do n.º 4 do artigo 105.º do RJUE). O que significa que o prazo para realização das obras fica suspenso durante o período de tempo que o presidente da câmara municipal fixou para que os trabalhos sejam realizados; retomando a contagem, portanto, após a realização destes.

2.11. *Audiência dos interessados e princípio da participação*

Há ainda uma outra questão que o legislador não resolveu em relação ao embargo, e que encontramos debatida no Acórdão do STA de 04.07.2006, processo n.º 0498/03: o embargo estará sujeito ao artigo 100.º do CPA, no que toca à audiência dos interessados?

Nos termos do citado acórdão, *"não basta que determinada decisão administrativa respeite a embargo para que seja, por natureza, urgente e afaste, sem mais, a exigência de audiência prévia, estabelecida, como regra geral, no art. 100 CPA.*

[...] aquela regra surge na sequência e em cumprimento da directiva constitucional contida no número 4 do art. 267 da CRP, obrigando o competente órgão administrativo a associar, de alguma forma, o administrado à preparação da decisão final. Por se tratar de direito constitucional concretizado, tal princípio terá mesmo de prevalecer sobre todas as normas contidas em leis especiais e onde não se mostre garantido com igual extensão ao configurado no CPA. O cumprimento da formalidade em análise visa não só garantir a participação do interessado nas decisões que o afectem como ainda contribuir para o acerto das decisões administrativas, permitindo «o melhor conhecimento das realidades por parte de quem tem de decidir e facilitar a boa execução das decisões incrementando a

necessidade das mesmas por parte dos destinatários» – Sérvulo Correia, in Noções de Direito Administrativo, p. 123. Assim, a audiência prévia dos interessados constitui formalidade essencial, de cumprimento obrigatório em todos os casos, salvo perante alguma das situações previstas no art. 103, n.º 1 alíneas a), b) ou c), ou quando ocorra alguma das hipóteses contempladas nas alíneas a) e b) do n.º 2 do mesmo preceito, que permitem ao órgão instrutor dispensar a audiência.

Nestes casos, e segundo o entendimento inicialmente adoptado pela jurisprudência [...] deveria a Administração proferir decisão fundamentada da qual constassem os motivos da urgência ou dispensa de audiência. É este o entendimento invocado pelo recorrente, na respectiva alegação, na qual defende que a urgência deveria ter sido justificada pelo instrutor ou pelo autor do acto impugnado, sem o que, conforme o mesmo entendimento, não seria legítima a não promoção da audiência previamente à impugnada decisão de embargo. Todavia, como bem nota o Exmo. Magistrado do Ministério Público, outra tem sido a orientação maioritária da mais recente jurisprudência [...] conforme a qual é bastante, para afastar a obrigatoriedade do cumprimento da formalidade da audiência prévia dos interessados, a ocorrência de uma situação objectiva de urgência, ainda que, a tal respeito, não seja proferida qualquer declaração pelo órgão instrutor ou pelo autor da decisão. É este o entendimento que se tem por mais acertado e, por isso, agora se reitera.

Assim, deve entender-se que, designadamente «nos casos em que a lei prevê que não há lugar a audiência dos interessados, a solução legal impõe-se, de forma objectiva, logo que se esteja perante situações enquadráveis em alguma das alíneas do n.º 1 do art. 103» do CPA (ac. de 24.3.04-R.º 691/03). Pois que a «a declaração de dispensa (ou inexistência) de audiência ou a ausência dela não muda a realidade em si mesma»..."

O que dizer quanto a este ponto?

A audiência dos interessados representa o cumprimento da directiva constitucional de *"participação dos cidadãos na formação das decisões e deliberações que lhes disserem respeito"* (artigo 267.º, n.º 5, da CRP), determinando para o órgão administrativo competente a obrigação de associar o administrado à tarefa de preparar a decisão final.

Este princípio da participação que teve consagração expressa no art. 8.º do CPA, que impõe à Administração o dever de *"assegurar a participação dos particulares (...) na formação das decisões que lhes disserem respeito, designadamente através da respectiva audiência, nos termos deste Código"*.

E é no artigo 100.º e seguintes do CPA que são concretizados quer os termos da audiência, quer, ainda, as condições e circunstâncias em que não existe ou pode ser dispensada.

A exigência de audiência de interessado prévia à determinação de embargo não tem obtido resposta uniforme no STA. Tanto que a divergência na jurisprudência foi recenseada, em termos para que se remete, no Acórdão de 01//07/2003, rec. n.º 41000.

Nela se entende que não se pode partir de uma tese geral quanto à natureza dos embargos para dela decidir quanto à exigência de audiência. Haverá que analisar cada embargo, pois é, afinal, pelo acto concreto em si que se deve verificar se se está perante alguma das situações permitindo ou impondo a ausência de audiência.

O facto é que o Decreto-Lei n.º 555/99, de 16/12, apesar de já ter sido alterado por diversas vezes, manteve o mesmo tipo de disciplina, reiterando a audiência quanto à demolição (artigo 106.º) e omitindo qualquer referência à mesma no que respeita ao embargo, apesar de estabelecer um regime bastante detalhado para esta medida (artigos 102.º a 105.º).

Do que se conclui que, no embargo, em regra, a audiência não se verificará, podendo, no entanto, as circunstâncias do caso levar a solução diversa. O que é consentâneo com a urgência com que o embargo merece ser tratado.

2.12. *Natureza – vinculada ou discricionária?*

Terá a ordem de embargo de obra não licenciada uma natureza vinculada ou discricionária?

Carla Amado Gomes[74] entende que *"o grau de vinculação da Administração – no caso, do Presidente da Câmara Municipal (art.*

---

[74] Em anotação ao acórdão do STA de 06/05/1998, processo n.º 39504. Vide GOMES, CARLA AMADO, "Embargos e demolições: entre a vinculação e a discricionariedade", in *Cadernos de Justiça Administrativa* n.º 19, 2000, p. 46.

102.º, n.º 1 do DL n.º 555/99) – é grande. Com efeito, uma vez constatada a falta de base legal para o desenvolvimento da actividade edificatória – um dos pressupostos de facto de exercício da competência, de preenchimento incontroverso, – a autoridade administrativa deve, não só embargar a obra, como aplicar sanções aos prevaricadores. A lei não deixa margens de liberdade de actuação à entidade administrativa, salvo no respeitante ao momento concreto da prática do facto – que, no entanto, em atenção aos cânones da proporcionalidade em sentido estrito, também não deve exceder o tempo estritamente necessário. Dado que o adiamento da decisão só avoluma os gastos do particular na realização de uma obra que pode vir a ser demolida. Isto para não falar nos casos de risco efectivo para a saúde ou segurança públicas, em que o imediatismo da acção é ditado pela urgência. Por isso, o STA fala mesmo num "poder-dever de ordenar que cesse a execução das obras", em que está investido o Presidente da Câmara".

Segundo André Folque[75], a ordem de embargo depara-se com *"pressupostos e requisitos vinculados, mas consente ao órgão competente uma latitude de discricionariedade considerável. Não dispõe de autonomia na determinação da melhor oportunidade nem tãopouco para aquilatar da conveniência do embargo. Logo que verificada a desconformidade da operação com as prescrições legais e regulamentares aplicáveis, com a licença, com a autorização*[76] *ou com os limites da dispensa ou da isenção, o embargo deve ser despachado de imediato, precedido pelo cumprimento das formalidades".*

A jurisprudência está em sintonia com a orientação defendida por Carla Amado Gomes. Com efeito, o acórdão do STA, processo n.º 039405 de 06/05/1998, preconiza que o Presidente da Câmara não tem um poder discricionário para decidir do embargo. Tal poder é um poder vinculado, pelo que o Presidente da Câmara tem o poder e o dever de ordenar o embargo e impedir a continuação das obras, não podendo aguardar o licenciamento (ou a inércia na obtenção

---

[75] Cfr. FOLQUE, ANDRÉ, *Curso de Direito da Urbanização e da Edificação*, cit., p. 273.

[76] Actualmente, leia-se comunicação prévia admitida.

deste) para se pronunciar sobre o embargo. O embargo, parece então ter natureza vinculativa, sob pena de, não o sendo, se consentir na violação da lei[77].

3. A Demolição

3.1. *Noção*

O artigo 2.º, alínea h) do RJUE define que são obras de demolição, "as obras de destruição, total ou parcial, de uma edificação existente". No entanto, ainda que a definição desta medida seja consensual, já não é tão pacífica a identificação das situações – tipo ou pressupostos que, uma vez verificados, permitem o recurso à demolição por motivos urbanísticos[78].

Assim sendo, podemos distinguir entre as demolições:

1. Efectuadas voluntariamente pelo proprietário da edificação – nesta situação está em causa, primordialmente, o exercício de uma faculdade por parte do proprietário mas que, no entanto, não se encontra na sua inteira disponibilidade, sendo antes alvo de condicionamentos de natureza urbanística, na medida em que tal demolição carece de um acto autorizativo prévio.

2. Requeridas para a execução de planos urbanísticos – apela para a função de instrumento de execução das disposições do plano, uma vez que a regulamentação por eles efectuada não se conforma, muitas vezes, com o edificado preexistente, o que implica, quando tal seja imprescindível para a correcta execução dos ditames inscritos nos planos urbanísticos, o recurso à demolição.

3. Subsequentes à revogação de actos de autorização e de licenciamento precários de usos ou de realização de obras provisórias – estão em causa situações em que tenham sido concedidas licenças ou autorizações precárias mediante as quais se permite a manutenção provisória de certas obras ou usos, em princípio incompatíveis

---

[77] Entendimento sufragado pelo acórdão do STA, processo n.º 089/04, de 29/06//2005.

[78] Cfr. LOPES, DULCE, "Medidas de Tutela da Legalidade Urbanística", cit., p. 72. A Autora apresenta a classificação proposta por José Manuel Arredondo Gutiérrez.

com o destino do ordenamento urbanístico, mas que só quando interfiram efectivamente com a execução do plano serão objecto de demolição.

4. Posteriores à declaração de ruína dos edifícios (ou motivadas por razões de necessidade pública) – actua perante um estado de ruína constatado e declarado pela Administração, em que os edifícios, não respeitando os requisitos essenciais de habitabilidade, devem ser demolidos. Neste hipótese, que está prevista no artigo 89.º, n.º 3 do RJUE, é a Câmara Municipal que tem competência para ordenar, oficiosamente ou a requerimento de qualquer interessado, a demolição total ou parcial das construções que ameacem ruína ou ofereçam perigo para a saúde pública e segurança das pessoas.

5. Ordenadas pela Administração no exercício dos seus poderes legais de protecção urbanística – esta situação assemelha-se a uma cláusula geral de recurso a esta medida como último remédio da reposição da legalidade urbanística, abrangendo aquelas situações que decorrem do facto do proprietário, mesmo que o pudesse ter feito, não ter evitado a demolição ou das hipóteses em que a mesma decorre da constatada impossibilidade de legalização da operação urbanística em causa.

3.2. Procedimento

Em relação ao procedimento de demolição, salientam-se os seguintes trâmites:

1. Recebidos quaisquer elementos (participação da Fiscalização Municipal, auto de notícia da Guarda Nacional Republicana...) dá-se disso conhecimento ao Presidente da Câmara Municipal, que profere despacho no sentido de "notifique-se para que proceda à demolição", ou "proceda-se como proposto".[79]

---

[79] A este propósito, transcrevemos aqui o sumário do acórdão do STA de 04/07/2006, processo n.º 0379/05:

"I. O despacho do Presidente da Câmara que, em procedimento administrativo instaurado com base na constatação de um particular construir uma marquise sem a respectiva licença municipal, concede ao interessado um prazo "para que proceda à reposição do terreno no seu estado inicial, designadamente através da demolição da marquise que foi

2. Há uma notificação para a regularização voluntária – o infractor é notificado para apresentar uma proposta de regularização da obra (nos termos do artigo 106.º, n.º 2 do RJUE) isto é, de legalização da mesma[80].

3. Findo o prazo é dado parecer pelo Gabinete Jurídico da Câmara Municipal. Se a obra for regularizada, o processo de demolição será, em princípio, arquivado; se não regularizar, o infractor é notificado para demolir a obra, dando-se um prazo de 15 dias para que ele se pronuncie, nos termos do artigo 106.º, n.º 3 do RJUE.

4. Se o infractor não se pronunciar, ou se da sua pronúncia não se vir outro remédio senão demolir a obra e se este não proceder à sua demolição, é notificado de que a obra será demolida pela Câmara Municipal, a expensas suas.

5. Nomeação do empossante e posse administrativa – há uma descrição, feita num auto de posse administrativa (107.º, n.os 1 e 3 RJUE), das obras objecto de demolição.

6. É feita uma estimativa orçamental.

7. É enviado um ofício ao infractor, a informá-lo da data em que os serviços vão executar a demolição, a expensas suas.

Na esteira do que ficou dito relativamente ao embargo, assim que detectada a ilegalidade poderá ser instruído processo de contra-ordenação, desde que o mesmo possa ser fundamentado por uma das alíneas do artigo 98.º, n.º 1 do RJUE que seja passível de ser aplicada ao caso concreto.

---

ali construída e consequente prolongamento da cozinha, podendo no mesmo prazo apresentar projecto de legalização da dita construção" consubstancia um acto administrativo sujeito a condição suspensiva.

II. Assim, o acto referido em I., definindo desde logo o sentido e conteúdo da decisão administrativa face à ilegalidade da construção, apesar de valido e completo, só será eficaz, produzindo efeitos, se o seu destinatário não satisfizer as condições da legalização da obra, no caso, não apresentar projecto de legalização da mesma, ou se o que apresentar não for aprovado pelo município.

III. A ordem de demolição nele contida só se torna, pois, operativa, caso se não verifique aquela condição – cfr. art. 127.º, alínea c) do CPA – pelo que o despacho em causa não viola o n.º 2 do art. 106.º do Dec.-Lei n.º 555/99, de 16/12."

[80] Esta é uma espécie de "fase prévia" do procedimento de demolição que se traduz, tão-só, na tentativa de legalizar a obra ilegal.

3.3. Princípio da proporcionalidade: medida de última ratio

A demolição é uma medida administrativa de "última ratio", em virtude do princípio da proporcionalidade. No entanto, há que atender também à parte final do artigo 106.º, n.º 2 do RJUE, que se refere aos trabalhos de correcção ou de alteração. Entende-se assim que se o particular não proceder a esses trabalhos, a demolição pode ser ordenada.

Preceituava assim o artigo 106.º, n.º 2 do RJUE na sua redacção inicial do Decreto-Lei n.º 555/99, de 16/12: *"A demolição não pode ser ordenada se a obra for susceptível de ser licenciada ou autorizada ou se for possível assegurar a sua conformidade com as disposições legais e regulamentares que lhe são aplicáveis mediante a realização de trabalhos de correcção ou de alteração".*

Com o Decreto-Lei n.º 177/2001, de 04/06, a redacção foi alterada, passando a constar o seguinte: *"A demolição pode ser evitada se a obra for susceptível de ser licenciada ou autorizada ou se for possível assegurar a sua conformidade com as disposições legais e regulamentares que lhe são aplicáveis mediante a realização de trabalhos de correcção ou de alteração".*

Também em 2007, com a Lei n.º 60/2007, de 04/09, este preceito foi tocado pelo legislador, em virtude da ênfase dado ao procedimento da comunicação prévia: *"A demolição pode ser evitada se a obra for susceptível de ser licenciada ou objecto de comunicação prévia ou se for possível assegurar a sua conformidade com as disposições legais e regulamentares que lhe são aplicáveis mediante a realização de trabalhos de correcção ou de alteração".*

Entendemos que, não obstante esta ser uma medida de última ratio, não podemos ficar indiferentes à nova redacção deste preceito, que se verificou logo em 2001. Parece-nos certo dizer que houve uma certa flexibilização do legislador em relação à demolição.

Nos termos da nova redacção deste artigo já se permite que naqueles casos em a obra é susceptível de legalização mas em que o particular simplesmente não quer demolir a obra, o Município use desta medida. Isto já permite ao Município "punir" aquele particular que, mais avisadamente, não procede à demolição da obra ilegal e sabe que nada se pode fazer em relação a ela. É certo que poderia enfrentar um procedimento contra-ordenacional; mas a obra continuaria de pé...

3.4. Compatibilização com o direito de propriedade constitucionalmente consagrado

A nossa Jurisprudência tem sido confrontada com a seguinte questão: a ordem de demolição de uma edificação atentará contra o direito de propriedade, constitucionalmente consagrado no artigo 62.º da CRP?

A este propósito, veio o acórdão do STA de 18/03/2003, processo 0731/02, pronunciar-se no seguinte sentido:

" [...] o direito de propriedade constitucionalmente consagrado não beneficia de uma garantia em termos absolutos, havendo de conter-se dentro dos limites e nos termos definidos noutros lugares do texto da Constituição.

[...] Também este Supremo Tribunal já decidiu que o "jus aedificandi" , não se apresenta à luz do texto constitucional, em especial, do artigo 62.º, como parte integrante do direito fundamental da propriedade privada.

A faculdade de construir é de configurar como mera concessão jurídico-pública resultante, regra geral, dos planos urbanísticos. Trata-se, assim, no "jus aedificandi" de um direito de natureza jurídico--pública não se consubstanciando em faculdade ínsita no conteúdo prévio e substancial do direito fundamental de propriedade privada. A aptidão construtiva dos solos urbanos e não urbanos não está desligada do que em matéria de planeamento e ordenamento está previsto na CRP. Pode, assim concluir-se que o uso e fruição, pelo respectivo titular de direito de propriedade não é livre e absoluto antes se apresentando como juspublicisticamente enquadrado e condicionado (Ac. do STA de 13/1/2000 – rec. n.º 44 287).

Assim, no caso concreto, a propriedade do recorrente tem de respeitar outros valores urbanístico-ambientais, não podendo este construir para além do que lhe é permitido em função desses mesmos valores, pelo que ao fazê-lo está a violar as leis que protegem tais direitos".

E, portanto, quando a câmara municipal, ou outra entidade competente para o efeito, ordena a demolição do que foi construído ilegalmente, não está a violar o direito de propriedade constitucionalmente previsto. E isto, quer se entenda que o direito a construir constitui uma dimensão essencial do direito de propriedade ou não, visto que o recurso àquela medida corresponde a uma tarefa de ponderação entre bens jurídicos[81].

3.5. Tipos: total ou parcial

A demolição pode ser total (quando toda a obra terá que ser demolida) ou parcial (quando só parte da obra terá que ser demolida). Os casos de demolição parcial não são meramente académicos: imaginemos que A tem uma suinicultura, sendo que parte dela está em Reserva Ecológica Nacional. Será precisamente essa parte da suinicultura, ilegalizável, que terá que ser demolida.

3.6. Carácter real

A demolição é também uma medida com carácter real, ou seja, produz os seus efeitos mesmo face a terceiros alheios à criação da situação. Daí que não se possa dizer que o titular de boa fé das obras ou construções ilegais, que desconheça a sua ilicitude, se possa opor à demolição.

Todavia, tanto os proprietários como os ocupantes das edificações são considerados interessados para se pronunciarem em sede de audiência prévia dos interessados, exigida nos termos do artigo 106.º, n.º 3 do RJUE, excepto em relação a ordens que preencham algumas das situações de inexistência ou dispensa previstas no artigo 103.º do CPA.

Mas e se o particular for notificado para requerer a legalização de uma obra clandestina edificada no seu terreno, pelo anterior proprietário do prédio, há mais de vinte anos?

A este propósito vejam-se as seguintes considerações de Paulo Faria[82], que merecem o nosso aplauso.

---

[81] Cfr. o acórdão do Tribunal Constitucional n.º 484/00, disponível em: http://w3b.tribunalconstitucional.pt/tc/acordaos/20000484.html.

[82] Cfr. FARIA, PAULO, A imprescritibilidade da demolição de obras realizadas clandestinamente, disponível em http://urbaniuris.blog.com/2005/05/16/a-imprescritibilidade-da-demolicao-de-obras-realizadas-clandestinamente/

"[...] a Jurisprudência e Doutrina dominantes têm vindo a entender que a demolição é sempre imposta ao proprietário, independentemente de ter sido quem construiu, podendo o proprietário actual exercer o direito de regresso contra o construtor da obra.

Quanto à questão da alegada prescrição da demolição, existem posições jurisprudenciais e doutrinárias antagónicas, sendo, porém, majoritária aquela que considera imprescritível o direito de uma autarquia exigir a demolição de uma obra clandestina" e *" [...] a maior parte das decisões dos tribunais vai no sentido de considerar que a demolição de uma obra clandestina não está sujeita a prazo de prescrição, pelo que as obras não podem, neste caso, ser adquiridas por usucapião.*

Na Doutrina, destacam-se as posições de CUNHA GONÇALVES, que considera imprescritíveis as obrigações impostas por serem relativas à saúde e higiene pública, polícia e segurança, defesa nacional ou pelas leis que estabelecem a fiscalização das construções, e ainda a de ANTÓNIO PEREIRA DA COSTA, que, relativamente à aquisição por usucapião das obras ilegais, tal fundamento não terá qualquer lógica, dado não estar aqui "em causa o direito de propriedade, que é aceite ao ser ordenada a demolição", acrescentando que "a ordem de demolição pressupõe até o reconhecimento do direito de propriedade sobre as obras a demolir, o qual resulta, independentemente de qualquer prazo, da incorporação no prédio dos materiais utilizados

Assim, diz este último autor que "o que se discute (nestas situações) é o direito de fazer demolir obras clandestinas, não o direito da propriedade ou qualquer outro direito real". Refere ainda que não ocorre prescrição extintiva, pois trata-se de um direito (o de demolir) inalienável, não podendo, do mesmo modo, invocar-se a prescrição referente às contra – ordenações, visto que a demolição não constitui uma sanção, podendo ser ordenada além da coima correspondente à contra – ordenação.

De frisar que em tantos diplomas que prevêem demolições impostas pela Administração, em nenhum deles se estabeleceram quaisquer prazos ou tão pouco a possibilidade de prescrição daquele direito, o que denota que o legislador sempre foi francamente avesso a aceitá-la".

E, portanto, o facto de não ter sido o actual proprietário a executar a obra em causa, não é um argumento atendível, porque a obrigação de demolir uma obra é sempre imposta ao mesmo, independentemente de ter sido o seu autor ou não – e daí o carácter real da ordem de demolição.

3.7. Destinatário da ordem de demolição: o caso das obras ilegais realizadas em prédio objecto de contrato de arrendamento

A este propósito, transcrevemos aqui parte do parecer jurídico de Paulo Faria[83], de 20/06/2005.

"[...] Face a uma ou mais construções realizadas sem prévio licenciamento municipal, a prolação quer da respectiva ordem de demolição quer de despejo (cessação da utilização) tem em vista unicamente o fim que a lei pressupõe, ou seja, a reposição da situação predial em conformidade com o respectivo estatuto jurídico.

E, no caso de tais construções se acharem eventualmente inseridas em prédio objecto de contrato de arrendamento, não obsta à emissão da ordem de demolição o facto de o arrendatário invocar a suposta autorização (presumindo-se que verbal) do proprietário para executar aquelas, ou outras razões atinentes à situação jurídica decorrente do contrato de arrendamento.

[...] Aliás, da mesma forma que, conforme entende unanimemente a nossa Jurisprudência, o direito de construir não se acha ínsito no direito de propriedade, também da existência de um contrato de direito privado estabelecido entre proprietário e um terceiro (comodatário, arrendatário, superficiário, etc.), não decorre a possibilidade deste último poder realizar as obras que lhe aprouver sem que à autoridade administrativa competente seja solicitado o seu licenciamento ou autorização, excepto, naturalmente, se a obra pretendida se achar isenta daqueles procedimentos.

---

[83] Cfr. FARIA, PAULO, *Obras ilegais realizadas em prédio objecto de contrato de arrendamento – Destinatário da ordem de demolição e apreciação de eventuais conflitos entre proprietário e arrendatário*, disponível em http://urbaniuris.blog.com/2005/06/20/obras-ilegais-realizadas-em-predio-objecto-de-contrato-de-arrendamento-destinatario-da--ordem-de-demolicao-e-apreciacao-de-eventuais-conflitos-entre-proprietario-e-arrendatario.

Além do mais, a Câmara Municipal, sendo terceira em relação às partes ("maxime", senhorio e arrendatário), não está vinculada a quaisquer contratos ou acordos entre aqueles eventualmente celebrados, cumprindo-lhe apenas respeitar e fazer respeitar as regras de direito público do urbanismo e da construção.

[...] *Neste contexto, e tendo sido efectivamente realizadas obras sem prévio licenciamento em prédio objecto de contrato de arrendamento, deve ser emitida ordem de demolição dessas mesmas obras, caso não seja requerida a sua legalização, sendo certo que a notificação do despacho que determine a dita demolição sempre terá que ser dirigida ao arrendatário, enquanto executor das obras, sendo irrelevante a alegação pelo mesmo que o proprietário/arrendatário tenha conferido a autorização para a sua realização, ainda que de forma verbal.*

O Autor conclui o seu parecer referindo-se ao acórdão do STA de 24/11/1999, proferido no âmbito do recurso n.º 36.046, ainda aquando a vigência do RGEU, que conclui que *"O responsável pelo pagamento das despesas feitas por uma câmara municipal com a demolição de obras efectuadas em violação de disposições do RGEU, nos termos do § único do seu art. 166.º, é o dono ou executor dessa obra, e não o proprietário do terreno onde a mesma foi clandestinamente edificada".*

E acrescenta que *"esta problemática encontra-se, de resto – entendemos – ultrapassada, na medida em que o Regime Jurídico da Urbanização e da Edificação em vigor, instituído pelo Dec. – Lei n.º 555/99, de 16/12, com as alterações introduzidas pelo Dec. – Lei n.º 177/2001, de 4/06, refere sempre, nas disposições relativas à ordem de demolição, as expressões "interessado", "infractor" e "dono da obra", as quais não são, como sabemos, necessariamente coincidentes com o conceito de dono ou proprietário do prédio".*

O que, de resto, já fomos aflorando ao longo da exposição, mas que é enriquecido pelas palavras do Ilustre Autor.

3.8. Audiência dos interessados

Não há dúvida de que a audiência dos interessados está prevista a propósito da demolição (e da reposição de terrenos) – nos termos do n.º 3 do artigo 106.º do RJUE, *"a ordem de demolição ou de reposição a que se refere o n.º 1 é antecedida de audição do interessado, que dispõe de 15 dias a contar da data da sua notificação para se pronunciar sobre o conteúdo da mesma"*.

Apenas indicamos, de entre muitos acórdãos que poderíamos citar, o acórdão do STA de 25/09/2009, processo 0974/08, cujas conclusões são as seguintes:

"I – Nos termos do art. 106.º, 3 do Dec. Lei 555/99, de 16 de Dezembro a ordem de demolição das obras ilegais e ilegalizáveis é antecedida de audição do interessado, que dispõe de 15 dias a contar da notificação para se pronunciar sobre o conteúdo da mesma.

II – Os efeitos invalidantes decorrentes da preterição do referido direito de audiência só serão de afastar de acordo com o princípio do aproveitamento do acto administrativo, quando seja possível antecipar um juízo de inevitabilidade jurídica da demolição, o que pressupõe a prova clara e inequívoca dos factos de onde decorra não só a ilegalidade, mas também a ilegalização da construção em causa."

3.9. Natureza: vinculada ou discricionária?

Em relação à questão de saber qual a natureza do poder de demolir uma obra não licenciada, Carla Amado Gomes[84], analisando o aresto do STA de 19/05/1998, processo 43433, manifesta-se neste sentido:

"Em primeiro lugar, em face de uma obra não licenciada, o Presidente da Câmara deve, a par de um procedimento sancionatório, iniciar um procedimento de legalização; em segundo lugar, uma vez concluído esse procedimento, a Administração comunicará a decisão ao particular e fixar-lhe-á um prazo de cumprimento, findo o qual, e perante a inércia daquele, deverá lançar mão do seu poder de execução coerciva. Onde fica a discricionariedade, perguntar-se-á. De facto, pode pensar-se que ela reside na possibilidade de escolha,

---

[84] Cfr. GOMES, CARLA AMADO, "Embargos e demolições: entre a vinculação e a discricionariedade", cit., p. 49.

findo o procedimento de legalização, entre legalizar ou demolir. Mas, aqui chegados, óbvio se torna que, nessa situação, dificilmente estaremos perante um fenómeno de verdadeira discricionariedade [...] mas tão só confrontados, salvo maior imaginação, com uma decisão administrativa apoiada em normas técnicas. [...] A liberdade de escolha do órgão, se bem se atentar, não existe, porque a solução correcta, em termos técnicos, é uma só: ou a obra pode subsistir ou deve ser demolida".

Quanto a nós, também nos parece que, quando a câmara municipal emite uma ordem de demolição, o faz no uso de um poder vinculado. E isto porque é alheia a quaisquer questões de natureza estritamente particular que com aquela actuação possam advir para os particulares afectados pela mesma. Na sequência de uma fase prévia que deve existir nos processos de demolição, e a que se chama muito simplesmente de legalização, ou a obra é legalizável, o particular legaliza e é reposta legalidade; ou não é, e a Administração manda demolir; ou é, mas o particular incorre na inércia na demolição. E se ele nada faz ou se, naquele caso, nada se pode fazer, então o presidente da câmara municipal não tem outra solução senão ordenar a demolição.

3.10. Impugnação dos actos administrativos que ordenem a emolição da obra (ou reposição de terreno)

Optámos por autonomizar esta questão porquanto ela é tratada num preceito próprio: o artigo 115.º do RJUE.

A epígrafe deste artigo foi alterada com a revisão de 2007 – onde antes se estatuía "recurso contencioso" passou-se agora a chamar, expressamente, "acção administrativa especial".

Ora, esta acção administrativa especial tem precisamente por objecto a impugnação dos actos administrativos que, nos termos do artigo 106.º do RJUE, ordenem a demolição (total ou parcial) da obra ou a reposição do terreno nas condições em que este se encontrava *ab initio*.

Nos termos do n.º 1 do artigo 115.º, esta acção tem, em princípio, efeito suspensivo. No entanto, e nos termos do n.º 3, a todo o tempo e até à decisão em 1.ª instância, o juiz pode conceder o efeito meramente devolutivo à acção, oficiosamente ou a requerimento do recorrido ou do Ministério Público, caso do mesmo resultem indícios da legalidade da sua interposição ou da sua improcedência – mas esta última previsão pode dar-se por preenchida sempre que a insusceptibilidade de legalização da obra seja manifesta e absoluta.

A este propósito, veja-se este aresto do STA de 19/05/2004, processo n.º 177/04:

"I – Nos termos do art. 115.º, n.º 1, do Dec-Lei n.º 555/99, de 16 de Dezembro, os recursos contenciosos interpostos de actos administrativos que ordenem a demolição de obras têm efeito suspensivo automático, a ponto de, com a citação da petição de recurso, sobre a autoridade administrativa recair o "dever" de impedir "com urgência", o início ou a prossecução da execução do acto recorrido, caso a execução se encontre a decorrer (n.º 2 do art.º 115.º), apenas podendo iniciar ou prosseguir com a execução, caso o juiz venha posteriormente a atribuir efeito meramente devolutivo ao recurso nos termos do estabelecido no n.º 3 da mesma disposição.

II – Nos termos do art.º 106.º n.º 2 do DL 555/99 a demolição de obras construídas sem licença só deve ser ordenada se não for possível a sua legalização, pelo que e em princípio deve ser indeferido o pedido de atribuição de efeito meramente devolutivo ao recurso contencioso de anulação interposto de despacho que ordenou a demolição de uma casa de habitação construída sem a devida licença, mantendo-se assim e enquanto se mantiver uma situação de dúvida sobre a possibilidade de legalização da obra, a impossibilidade de aquele despacho ser imediatamente executado."

4. A Reposição de Terrenos

4.1. *Tratamento sistemático*

O artigo 106.º do RJUE trata, a par da demolição, da reposição de terrenos. No entanto, o facto destas medidas de tutela da legalidade terem sido aglutinadas pelo legislador no mesmo artigo, não significa que se trate de conceitos idênticos.

Na verdade, estas medidas podem ser ordenadas tanto conjuntamente[85] como separadamente (o que acontecerá no caso de operações urbanísticas que não envolvam obras de edificação, como sucede com a realização de obras de urbanização ou com trabalhos de remodelação de terrenos[86]).

4.2. *Exemplos*

Como exemplos de situações em que é possível aplicar esta medida de tutela da legalidade urbanística temos as obras, em geral (um muro, uma moradia...) e ainda os trabalhos de escavação (que reclamam o seu aterro), o arranque de espécies florestais (que reclamam a sua plantação em espécie idêntica, se não for possível a reconstituição natural) e o depósito de terras e entulhos, utilizando o solo como estaleiro, indevidamente.

Saliente-se que esta medida de tutela da legalidade urbanística só se destina à reposição de terrenos no sentido do n.º 1 do artigo 106.º: reposição do terreno nas condições em que se encontrava antes da data de início das obras ou trabalhos.

O que significa que nesse terreno terá que ter existido obras ou trabalhos – e só nesses casos. Pois se, por exemplo, A despeja carradas de estrume num terreno contíguo a uma casa, não pode a Câmara Municipal, ao abrigo desta medida de tutela da legalidade, ordenar ao infractor que reponha o terreno (solo) nas condições em que este se encontrava antes da descarga (aliás, aqui a competência é da SEPNA – Serviço de Protecção da Natureza).

---

[85] É o que se passará naqueles casos em que tenha havido a construção de raiz de um prédio em solo que não tenha sido anteriormente objecto de aproveitamento urbanístico, onde a realidade física ilegalmente alterada pressuporá, normalmente, quer a demolição da obra realizada, quer a reposição do terreno nas condições em que ele se encontrava antes do início daquela – Cfr. ALMEIDA, ANTÓNIO DUARTE E OUTROS, *Legislação Fundamental de Direito do Urbanismo*, Lex, 1994, p. 949.

[86] Cfr. ALMEIDA· ANTÓNIO DUARTE E OUTROS, *Legislação Fundamental de Direito do Urbanismo*, cit., p. 949.

4.3. Procedimento

O procedimento a seguir não é complexo:

A ordem de reposição é antecedida da audição do interessado, que dispõe de 15 dias a contar da data da notificação para se pronunciar sobre o conteúdo da mesma (art. 106.º, n.º 3 do RJUE).

Verificadas as condições para que se lance mão desta medida, o Presidente da Câmara Municipal dá um prazo ao infractor para que este proceda à reposição do terreno (art. 106.º, n.º 1 do RJUE).

Findo esse prazo, e perante o incumprimento da ordem, o Presidente da Câmara Municipal (ou outras entidades com competência para tal, como referimos supra) determina a reposição do terreno a expensas do infractor (art. 106.º, n.º 4 do RJUE).

Assim que detectada a ilegalidade poderá ser instruído processo de contra-ordenação, desde que o mesmo possa ser fundamentado por uma das alíneas do artigo 98.º, n.º 1 do RJUE que seja passível de ser aplicada ao caso concreto.

4.4. Vinculatividade do artigo 106.º, n.º 4 para o Presidente da Câmara Municipal

O acórdão do STA de 16.12.2003, processo n.º 01272/03, vem levantar algumas questões sobre esta matéria, nomeadamente em relação à conexão da ordem de reposição de terrenos (e de demolição) com a posse administrativa e em relação a vinculatividade do art. 106.º, n.º 4 do RJUE para o Presidente da Câmara Municipal.

A era um comerciante de materiais de construção, que estavam depositados num terreno junto à sua casa. Tendo sido informado pela Fiscalização Municipal de que necessitava de uma licença para continuar a utilizar o terreno como depósito de materiais de construção, instruiu o procedimento de licenciamento, tendo sido indeferido com base numa determinação do PDM, segundo a qual o local se encontrava em área verde urbana. Posteriormente, A foi notificado para cessar a sua actividade e para repor o terreno no estado em que encontrava inicialmente, tendo-lhe sido concedido o prazo de 30 dias. A solicitou sucessivas prorrogações do prazo, que foram deferidas. Mas finalmente, foi decidido, por deliberação da Câmara

Municipal, "providenciar no sentido de tomar posse administrativa", tendo A sido notificado dessa deliberação.

A vem invocar, em suma, o seguinte: no caso em apreço, o estaleiro em questão não consubstancia uma obra de edificação ilícita, pelo que não estava abrangida pela disciplina do artigo 107.º do Decreto-Lei n.º 555/99, de 12/12. Mesmo que assim não se entenda, a existir uma urbanização ou edificação ilícita, primeiramente o Presidente da Câmara deveria ordenar a demolição ou a reposição do terreno, fixando um prazo definitivo para o efeito, procedendo-se à audiência prévia do interessado e, decorrido o prazo, determinar a demolição ou reposição do terreno por conta do infractor (art. 106.º). E só após o decurso do prazo fixado sem que o interessado tivesse actuado é que, para proceder à demolição ou reposição coerciva a expensas do infractor, poderia determinar a posse administrativa. Como A pediu sucessivas prorrogações ao prazo, tendo estas sido sempre deferidas, não foi emitido acto definitivo e executório contendo ordem de demolição ou reposição do terreno, bem como não foi fixado definitivamente ao Recorrente um prazo para o efeito. Conclui então A que a Câmara Municipal ignorou pura e simplesmente todo o disposto no art. 106.º e passou, de imediato, ao dispositivo do art. 107.º, ou seja, ordenou a posse administrativa, sem previamente ter fixado definitivamente um prazo ao recorrente para demolição ou reposição do terreno.

O Tribunal decidiu no sentido de que não lhe assistia razão. Ao que aqui nos interessa, e <u>quanto à questão de que a posse administrativa só pode ser ordenada depois de ter sido ordenada a demolição ou reposição do terreno por conta do infractor, com estabelecimento de um prazo, sem que essa ordem tenha sido cumprida, o que não se verificou no caso sub judice</u>, *"temos que o recorrente assenta a sua construção em pressupostos de facto errados. Na verdade, defende que, até à data da notificação do acto contenciosamente impugnado, nunca lhe tinha sido notificada uma ordem definitiva de reposição do terreno no estado anterior, com fixação do respectivo prazo para o efeito, como estabelece o n.º 1 do artigo 106.º, prazo esse que só para a tomada da posse administrativa lhe foi fixado pelo acto impugnado, daí concluindo pela definitividade e consequente recorribilidade deste acto. Ora, como resulta dos documentos de fls 13 e 43 do processo burocrático, foi proferido, em despa-*

cho a determinar que o recorrente cessasse a actividade que desenvolvia no terreno em causa e que o repusesse, no prazo de 30 dias, nas condições anteriores, despacho esse que lhe foi notificado. Resultando dos documentos de fls 15 a 17 dos autos que lhe foi prorrogado o prazo para exercício da sua actividade e reposição do terreno nas suas condições iniciais. Como ele não cumpriu, incumbia ao presidente da câmara ordenar a reposição do terreno por conta do infractor (n.º 4 do artigo 106.º), podendo determinar a posse administrativa, por forma a permitir a execução coerciva dessa reposição (artigo 107.º, n.º 1). A determinação estabelecida no n.º 4 do artigo 106.º é vinculante para o presidente da câmara".

Ao que se conclui que se o infractor não acatar a ordem de reposição do terreno, o Presidente da Câmara Municipal terá que, obrigatoriamente, determinar a sua reposição a expensas do infractor, podendo lançar mão do instrumento da posse administrativa, regulada nos artigos 107.º e 108.º do RJUE. Sob pena de ter de ser o presidente da CCDR, no caso de operações urbanísticas desconformes com o disposto em plano municipal ou plano especial de ordenamento do território, a assegurar a efectividade das medidas de tutela da legalidade urbanística, como foi já salientado (artigo 108.º-A do RJUE).

5. A Cessação da Utilização

5.1. Noção

Foi o Decreto-Lei n.º 555/99, de 16/12 que se referiu, pela primeira vez, à expressão "cessação da utilização". Antes deste normativo, o nosso ordenamento jurídico apenas dispunha, quanto a esta matéria, do artigo 165.º do Regulamento Geral das Edificações Urbanas, que previa que as câmaras municipais poderiam "[...] ordenar o despejo sumário dos inquilinos e demais ocupantes das edificações ou parte das edificações utilizadas sem as respectivas licenças ou em desconformidade com elas"[87].

---

[87] A propósito do despejo sumário, mormente quanto à caracterização da sua natureza jurídica, vide o acórdão do Supremo Tribunal Administrativo de 13/02/2003, processo n.º 0839/02.

No direito vigente, se o edifício ou a fracção autónoma apresentarem uma utilização incompatível com a respectiva autorização de utilização, ou por nem sequer dela disporem, é o presidente da câmara municipal a entidade competente para ordenar o termo da utilização indevida.

Esta medida de tutela da legalidade está prevista no artigo 109.º do RJUE, e liga-se, em termos de importância, à necessidade de apresentação da licença de utilização no momento da celebração das escrituras públicas que envolvam a transmissão da propriedade de prédios urbanos ou de suas fracções autónomas, exceptuados os casos do artigo 2.º do Decreto-Lei n.º 281/99, de 26/07 (sobre a exibição do alvará de licença de construção do imóvel).

O legislador não definiu, como fez com muitos dos conceitos jurídicos utilizados no diploma, o conceito de utilização de edifícios. O conceito de "utilização", aflorado no artigo 4.º, n.º 4 e no artigo 6.º, n.º 1, alínea h), resulta do disposto nos artigos 62.º e seguintes, e deve ser entendido no seu "sentido corrente[88]".

"Cessar" significa parar. E "utilização" é sinónimo de uso. Assim sendo, esta medida traduz-se no deixar de fazer uso, no caso, de um edifício ou fracção autónoma que não possuam o correspondente título – a autorização de utilização.

5.2. *Pressupostos*

Quanto aos seus pressupostos, é de salientar, por um lado, a ausência de licença ou autorização de utilização e, por outro, a afectação dos edifícios ou fracções autónomas a fim diverso do previsto no alvará. Alguma doutrina entende que deveria ser alargada às situações em que não se respeitem regras, nomeadamente a emissão de resíduos[89].

---

[88] A expressão é de REIS, JOÃO PEREIRA, LOUREIRO, MARGARIDA E LIMA, RUI RIBEIRO, *Regime Jurídico da Urbanização e da Edificação*, cit., p. 26.

[89] Cfr. NEVES, MARIA JOSÉ CASTANHEIRA, OLIVEIRA, FERNANDA PAULA e LOPES, DULCE, *Regime Jurídico da Urbanização e da Edificação Comentado*, cit., p. 455.

5.3. Despejo administrativo

Quando os ocupantes dos edifícios ou suas fracções não cessem a utilização indevida dentro do prazo fixado, a câmara municipal pode determinar o despejo administrativo, nos termos do artigo 109.º, n.º 2 do RJUE. E aplicar-se-á, com as devidas adaptações, o disposto no artigo 92.º.

Assim, a deliberação da câmara que ordene o despejo é eficaz a partir da sua notificação aos ocupantes do imóvel e estes dispõem de 45 dias para liberar o mesmo dos bens que nele se encontrem.

Mas por razões que se prendem com a dignidade da pessoa humana, com o direito à vida e com o direito à habitação, os números 3 e 4 do artigo 109.º estabelecem uma regra especial: quando o ocupante mostre, por atestado médico, que a execução do mesmo põe em risco de vida, por razão de doença aguda, a pessoa que se encontre no local.

Neste caso, o despejo não pode prosseguir enquanto a câmara municipal não providenciar pelo realojamento da pessoa em questão, a expensas do responsável pela utilização indevida[90].

Esta norma do artigo 109.º do RJUE tem um cariz marcadamente transitório, na medida que pode ser sanada pela emissão da licença ou da autorização em falta ou se pode apresentar um pedido de alteração de utilização, se for possível. Não sendo possível, ou não sendo acatada, converte-se numa medida definitiva – o despejo administrativo.

5.4. Audiência prévia dos interessados

É de salientar ainda uma outra questão, já por diversas vezes abordada nos nossos tribunais, e sobre a qual já foi dito alguma coisa quando abordámos o embargo: no caso de ordem para a ces-

---

[90] Como já referimos supra, e apenas a título de curiosidade, atente-se na remissão de que é feita no n.º 4 do artigo 109.º: *"nos termos do artigo anterior"*. No entanto, naturalmente que esta referência é feita para o artigo 108.º, uma vez que o artigo anterior é o 108.º-A, que nada regula quanto a esta matéria. *Errare humanum est...*

sação de utilização (e, mesmo também para o despejo sumário), haverá lugar à audiência prévia dos interessados, ou ela poderá ser preterida pelo artigo 103.°, n.° 1, alínea a) do CPA?

O acórdão do STA de 11.10.2007, processo n.° 0274/07, vem abordar esta matéria. Ao que nos importa presentemente, salientamos as seguintes conclusões do douto aresto:

"[...] A audiência dos interessados, como figura geral do procedimento administrativo decisório de 1.° grau, representa o cumprimento da directiva constitucional de "participação dos cidadãos na formação das decisões ou deliberações que lhes disserem respeito" (art. 267.°, n.° 5 da CRP), determinando para o órgão administrativo competente a obrigação de associar o administrado à tarefa de preparar a decisão final. Princípio da participação que teve consagração expressa no art. 8.° do CPA.

[...] O fim legal dessa formalidade, autonomizada na estrutura do procedimento pelo CPA (arts. 100.° e segs.), é o de proporcionar aos interessados a possibilidade de se pronunciarem sobre o objecto do procedimento, chamando a atenção do órgão competente para a decisão para a relevância de certos interesses ou pontos de vista adquiridos no procedimento. O art. 103.° do CPA consagra taxativamente as situações de inexistência do dever de audiência dos interessados (n.° 1), e aquelas em que a mesma pode ser dispensada pelo órgão instrutor (n.° 2). De entre as primeiras, avulta a de a decisão ser urgente – al. a). [...]. Como a jurisprudência deste Supremo Tribunal Administrativo tem reiteradamente sublinhado, <u>a "urgência da decisão", enquanto circunstância justificativa da não audiência dos interessados, e ainda que não formalmente invocada, tem que resultar objectivamente da decisão administrativa e das circunstâncias que a conformam, devendo assentar numa análise objectiva das circunstâncias de facto subjacentes à decisão administrativa que convença da existência de real urgência da decisão</u> [sublinhado nosso]. A "urgência" é, portanto, aferida em relação à situação objectiva, real, que a decisão procedimental visa regular, e não em relação à urgência procedimental, que esta (em regra, pelo menos) não justifica a preterição de formalidades essenciais do procedimento (Mário Esteves de Oliveira, Pedro Gonçalves e Pacheco de Amorim, Código do Procedimento Administrativo,

2.ª edição, pág. 464). E é também seguro que deve ser aferida com referência à data em que foi proferida a decisão administrativa em causa, não podendo relevar a urgência afirmada posteriormente ao acto e que dele inequivocamente não resulte (Ac. STA de 21.09.2006 – Rec. 254/06). [...]

Como é jurisprudência uniforme deste STA, nem mesmo o exercício de poderes vinculados justifica, por si só, a preterição da formalidade de audiência prévia e o consequente aproveitamento do acto administrativo. O tribunal só pode recusar efeito invalidante à omissão da formalidade prevista no art. 100.º do CPA, se o acto tiver sido praticado no exercício de poderes vinculados e se puder concluir, com inteira segurança, num juízo de prognose póstuma, que a decisão administrativa impugnada era a única concretamente possível. [...]

O que, no caso concreto, não aconteceu, pois como veremos de seguida, o entendimento da Jurisprudência é que este é um poder discricionário da Administração – e se assim é, não se pode sanar o efeito invalidante da falta de audiência prévia dos interessados, porquanto este só pode ser arguido quando estejamos perante poderes vinculados.

5.5. Natureza: vinculada ou discricionária?

Terá a ordem de cessação de utilização de um edifício ou fracção autónoma uma natureza vinculada ou discricionária?

Dispõe assim o sumário do acórdão do STA de 20/01/2005, processo n.º 340/04:

"I – Se a construção de uma casa foi licenciada para dispor de dois pisos, um destinado a garagem, loja e adega (rés-do-chão) e o andar superior composto de três quartos de dormir, sala comum, "hall", dois quartos de banho e cozinha, tratava-se de moradia unifamiliar.

II – Não ficou alterado o fim habitacional se, no decorrer das obras, o rés-do-chão, por alterações licenciadas, tiver passado a constar de cozinha, "hall", casa de banho, arrumos, garrafeira e loja, cuja licença para habitação e ocupação foi titulada por alvará próprio.

III – Essas alterações, por si só, também não modificaram a natureza de moradia unifamiliar, até porque no piso inferior não havia sequer quartos de dormir, nem sala de jantar.

IV – Mas, tendo posteriormente esse rés-do-chão passado a constar de dois quartos de dormir, sala de jantar, cozinha e casa de banho e nele passado a residir uma outra família, em total independência relativamente ao andar superior, mesmo não se modificando o fim habitacional, ocorreu uma alteração da natureza e da utilização desse piso, sem a necessária autorização e licenças administrativas.

V – Verificado isto, podia o Presidente da Câmara fazer uso dos n.ºs 1 e 2, do art. 109.º do DL n.º 559/99, de 16/12, isto é, tinha competência para ordenar a cessação da utilização do rés-do-chão e o despejo dos respectivos residentes.

VI – Trata-se, no entanto, de um poder discricionário, accionável em função dos interesses em conflito e do interesse público em presença.

VII – Para atacar o acto que não ordene a cessação e o despejo dos moradores, nesse caso, seria preciso invocar ou desvio de poder, incompetência, vício de forma, erro de facto e violação de lei (aqui, apenas quanto aos limites vinculados do poder discricionário).

Não havendo vinculação legal, carece de sentido a arguição do vício de violação do art. 109.º citado."

E, nos termos do citado acórdão: *"Trata-se de um exercício não vinculado de competência. Como se disse em aresto deste Tribunal, entende-se que «... o poder de ordenar o despejo se fica por uma mera faculdade, por um poder discricionário, accionável em função da casuística do caso concreto, do jogo de valores em presença, dos interesses em conflito. Esta actividade administrativa não significa, portanto, um exercício de poder meramente desgarrado da realidade material, desprovido de fundamento, desligado da situação concreta. Por isso não é arbitrária. Deve apenas obediência ao interesse público subjacente na norma ao conferir ao órgão administrativo um tal poder de despejar ou não.*

[...] O poder ali conferido, portanto, apenas é dominado pelo interesse público de reprimir as utilizações de edificações sem as respectivas licenças de utilização ou em desconformidade com elas, na salvaguarda, em última instância, do respeito pela legalidade, polícia urbanística e ordenamento do território e, às vezes, pelo

direito de vizinhança e correlativo direito ao descanso e bem-estar das pessoas".

Ao que não é alheio, certamente, o facto do legislador utilizar a expressão "pode", no n.º 2, do artigo 109, do DL n.º 555/99, de 16/12, atribuindo à câmara municipal o poder de, livremente, decidir quanto o "se" e o "quando" da aplicação da medida administrativa do despejo sumário – nos termos do acórdão do STA de 12.12.2006, recurso 685/06.

Parte III

CONTRATAÇÃO URBANÍSTICA

Os Contratos Urbanísticos como Actividade Económica e Mercado Público: a Influência da Jurisprudência Comunitária

JOÃO ILHÃO MOREIRA[1]

1. Introdução

A crescente abertura da Administração a soluções negociadas com os particulares tem proporcionado uma expansão na frequência e no âmbito de aplicação da figura do contrato administrativo. É no campo do direito do urbanismo, área com fortes repercussões no campo da economia e muito sensível a um complexo entrelaçar de interesses públicos e privados, que a abertura de soluções contratualizadas entre a Administração e os particulares, através da figura do contrato urbanístico, tem manifestado um claro efeito útil na composição dos diferentes interesses, permitindo soluções mais ágeis e de carácter menos impositivo.

Questões, porém, se levantam quanto ao procedimento a que estarão sujeitos estes contratos e até que ponto serão, a estes, aplicáveis as regras de contratação pública. Nas relações contratuais entre a Administração e os particulares tem sido atribuída crescente importância ao princípio da concorrência, apresentando-se a possibilidade de, através de propostas mais vantajosas, procurar a adjudicação de contratos públicos, como uma das manifestações mais relevantes do referido princípio.

A crescente importância da contratação pública tem sido acompanhada de uma maior atenção legislativa sobre as regras a aplicar nesta área, procurando garantir que a escolha do co-contratante se apresente transparente e respeite os princípios da igualdade e da concorrência, permitindo melhores decisões relativas à utilização de fundos públicos e incrementando a eficiência económica. Da mesma

[1] Jurista na Comissão Europeia

forma, tem o legislador comunitário dedicado a este assunto a maior atenção, visto que a possibilidade de concorrer a contratos através de linhas transnacionais se apresenta como indispensável à criação de um mercado verdadeiramente único.

Procurando simplificar o quadro comunitário aplicável à contratação pública, o legislador comunitário realizou, nas Directivas 2004/18/CE e Directivas 2004/17/CE, a coordenação das Directivas à época existentes[2]. Este esforço de simplificação e coordenação das regras existentes foi, também, levado cabo pelo legislador nacional que através da aprovação do CCP, para além de realizar a transposição daquelas Directivas, criou o primeiro código nacional dedicado a uma regulação dos diferentes tipos de contratos públicos[3].

O efeito combinado da crescente aplicação de contratos urbanísticos com o incremento de regras aplicáveis à contratação pública, com o objectivo de permitir um maior grau de abertura concorrencial nos contratos públicos, tem como resultado a criação de um verdadeiro mercado público de contratos urbanísticos[4]. Apesar de ainda se afirmar pouco claro a verdadeira extensão da aplicação das regras de contratação pública ao procedimento de formação dos contratos urbanísticos, a jurisprudência do TJUE tem desempenhado um importante papel na forma como se deverão aplicar as regras da contratação a certas decisões de gestão urbanística.

---

[2] Recorde-se que a Directiva 2004/18/CE substituiu as Directivas 92/50/CEE do Conselho, de 18 de Junho de 1992, relativa à coordenação dos processos de adjudicação de contratos públicos de serviços, 93/36/CEE do Conselho, de 14 de Junho de 1993, relativa à coordenação dos processos de adjudicação dos contratos públicos de fornecimento e 93/37/CEE do Conselho, de 14 de Junho de 1993, relativa à coordenação dos processos de adjudicação de empreitadas de obras públicas. A Directiva 2004/17/CE, dedicada aos processos de adjudicação de contratos nos sectores especiais da água, da energia, dos transportes e dos serviços postais, substituiu a Directiva 93/38/CEE do Conselho.

[3] O CCP, ao agregar a legislação aplicável à contratação pública revogou, um conjunto vasto e disperso de diplomas, entre os quais se destacam o Decreto-Lei n.º 59//99 de 2 de Março, o Decreto-Lei n.º 196/99 de 8 de Junho, o Decreto-Lei n.º 197/99 de 8 de Junho, o Decreto-Lei n.º 223/2001 de 9 de Agosto e o Decreto-Lei n.º 1/2005, de 4 de Janeiro.

[4] Neste sentido, para o ordenamento jurídico espanhol, JOSÉ MARIA GIMENO FELIU, «El urbanismo como actividad económica y mercado público: la aplicación de las normas de contratación pública» in *Revista de Administración Pública*, 173, mayo-agosto, 2007, pp. 64-65.

Uma primeira e importante decisão do TJUE foi pronunciada em 12 de Julho de 2001, no conhecido acórdão *la Scala*[5]. Esta decisão do TJUE apresentou um carácter polémico[6], despoletando um importante debate doutrinal, não só comentando a interpretação realizada pelo Tribunal, como procurando descortinar os possíveis efeitos desta sentença nos respectivos ordenamentos jurídicos[7]. As principais conclusões deste acórdão foram repetidas em nova decisão de 18 de Janeiro de 2007, no acórdão *Auroux*[8], que permitiu não só confirmar a aplicação das regras de contratação no campo dos contratos urbanísticos, como contribuir para uma compreensão mais profunda sobre em que situações e em que termos deveria tal aplicação ser realizada.

Procuraremos neste texto, num primeiro momento, compreender e analisar os referidos documentos jurisprudenciais, tentando enquadrar as principais conclusões do TJUE, para depois, numa segunda parte, tentar antever os reflexos daquelas decisões no ordenamento

---

[5] TJUE, ac. «Scala», de 12 de Julho de 2001, Proc. n.º C-399/98.

[6] FERNÁNDEZ RODRIGUEZ define-a mesmo como «*una decisión explosiva*». TOMÁS RAMÓN FERNÁNDEZ RODRÍGUEZ, «La Sentencia del TJCE de 12 de julio de 2001 (asunto «proyecto Scala 2001») y su impacto en el ordenamiento urbanístico español», in *DA*, 261-262, septiembre 2001- abril 2002, p. 11.

[7] Assim, J. M. GIMENO FELIU, «El urbanismo como actividade...», cit., pp. 63-100; JEAN-JACQUES PARADISSIS, «Planning agreements and EC public procurement law», in *Journal of Planning & Environment Law*, June, 2003, pp. 666-677; MARTA LORA--TAMAYO VALLVÉ, «Ejecución de obra urbanizadora y Derecho comunitario (Sentencia del Tribunal de Justicia de las Comunidades Europeas de 12 de julio de 2001 del Teatro de la Escala)», in *Revista de Administración Pública*, 159. septiembre – diciembre, 2002, pp. 221-256; FRANCISCO BLANC CLAVERO, «La posición jurídica del urbanizador: Urbanismo concentrado y concentración administrativa», in *DA*, 261-262, septiembre 2001- abril 2002, pp. 143-164; RAFAEL GÓMEZ-FERRER MORANT, «Gestión del planeamiento y contratos administrativos», in *DA*, 261-262, Setembro 2001- Abril 2002, pp. 27-68; T. R. FERNÁNDEZ RODRIGUEZ, «La Sentencia del TJCE...», cit., pp. 11-26; MARCOS VAQUER CABALLERÍA, «La fuente convencional, pero no contractual, de la relación jurídica entre el agente urbanizador y la Administración urbanística» in *DA*, 261--262, septiembre 2001- abril 2002, pp. 231-255; JULIO CÉSAR TEJEDOR BIELSA, «Contratación de la obra pública urbanizadora y sistema de compensación: La Sentencia del Tribunal de Justicia de 12 de julio de 2001», in *Revista española de Derecho Administrativo*, 112, octubre – diciembre, 2001, pp. 597-611.

[8] TJUE, ac. «Auroux», de 18 de Janeiro de 2007, Proc. n.º C-220/05.

jurídico-urbanístico português. Pretenderemos, também, conhecer em que circunstâncias e condições assumirá, o princípio da concorrência, relevância na figura do contrato urbanístico e mais concretamente, como se reflectirá nas exigências sobre o pré-procedimento daquele contrato.

2. A Jurisprudência Comunitária Sobre A Contratação Urbanística

2.1. O acórdão la Scala[9]

Na origem deste acórdão encontra-se um reenvio prejudicial por parte do *Tribunale amministrativo regionale per la Lombardia*, ao abrigo do art. 177.º do TCE (actual art. 267.º do TFUE). Perante este Tribunal italiano tinham sido interpostos dois recursos de anulação contra as deliberações n.º 82/96, de 12 de Setembro de 1996 e n.º 6/98, de 16 e 17 de Fevereiro de 1998 do Conselho Municipal da *Comune di Milano*.

A primeira destas deliberações aprovava o denominado «*Projecto Scala 2001*» que consistia no restauro do edifício do *Teatro alla Scala*, nos edifícios municipais do complexo imobiliário *Asnaldo* e a construção de um novo teatro na zona de *la Bicocca*. Esta deliberação consistia num convénio entre a cidade de Milão, a sociedade *Pirelli* (proprietária do loteamento), o ente autónomo *Teatro alla Scala* e a *Milano Centrale Servizi SpA* (mandatária dos promotores do projecto imobiliário *Biccoca*).

No convénio referido, a *Pirelli S.p.A.* garantia a realização das operações de restauro do *Teatro alla Scala* e o arranjo dos edifícios do complexo imobiliário Asnaldo. A *MCS*, por seu lado, assegurava a construção do exterior do *Teatro alla Bicocca*, assim como o seu parque de estacionamento. Estas obras seriam realizadas como obras

---

[9] Consultável em http://curia.europa.eu/jurisp/cgi-bin/gettext.pl?lang=pt&num=799 89287C19980399&doc= T&ouvert=T&seance=ARRET.
Para consultar as Conclusões do Advogado-Geral Philippe Léger para o acórdão «la Scala» cfr. http://curia.europa.eu/jurisp/cgi-bin/gettext.pl?lang=pt&num=79998792C199 80399&doc=T&ouvert=T&seance= CONCL

de urbanização secundária e o seu valor seria deduzido das contribuições de urbanismo a que estas entidades estavam obrigadas perante a cidade de Milão, segundo a legislação nacional e regional.

Em 1998, e na sequência de novas orientações tomadas pela nova administração pública, a deliberação n.º 6/98 aprovou o anteprojecto de construção do novo *Teatro alla Bicocca*, confirmando que a execução directa da obra seria realizada pelos requerentes do loteamento, em cumprimento das obrigações contratuais relativas ao plano de loteamento.

Considerando que estas deliberações não eram válidas à luz do direito italiano de urbanismo e de contratos e à luz do direito comunitário, a Ordem dos Arquitectos das Províncias de Milão e Lodi e o arquitecto Piero De Amicis interpuseram recurso contra estas deliberações. Defendem os requerentes que a construção do teatro, apresentando as características de uma obra pública, devia ter sido adjudicado através de concurso público e não de adjudicação directa.

O *Tribunale amministrativo regionale per la Lombardia* concluiu que as deliberações da comuna de Milão eram legais perante as normas italianas, contudo, não manifestou a mesma certeza em relação à compatibilidade com o ordenamento jurídico comunitário. O tribunal italiano coloca perante o TJUE duas questões prejudiciais:

1) A regulamentação estatal e regional que permite ao construtor (titular de uma licença de construção ou de um plano de loteamento aprovado) a realização directa de obras de equipamento, deduzidas total ou parcialmente da contribuição devida está ou não em contradição com a Directiva 93/37/CEE, em particular com os princípios de rigorosa concorrência que o direito comunitário impõe aos Estados-Membros no âmbito das obras públicas de valor igual ou superior a 5.000.000 ECU?

2) Não obstante os princípios de concorrência expostos, podem considerar-se compatíveis com o direito comunitário os acordos entre a Administração e os particulares em matérias caracterizadas pela escolha, por parte da Administração Pública, de um interlocutor privado com o qual acorda prestações deste tipo, quando excedam o limiar previsto pelas directivas nesta matéria?

2.1.1. A decisão do TJUE

A primeira questão que se coloca neste caso é a de saber se a realização de uma obra de equipamento secundária, tendo como contrapartida a dedução da taxa urbanística devida, estará sujeita aos procedimentos previstos na Directiva 93/37/CEE, ou seja, se no caso da construção deste teatro se apresentava como obrigatória a realização de um concurso público ou de um concurso limitado previamente à sua adjudicação.

A primeira tarefa a realizar será a delimitação do âmbito da aplicação da Directiva, para, em seguida, determinar se esta será aplicável ao caso *sub iudice*. A Directiva 93/37/CEE afirmava como objectivo a coordenação dos processos de adjudicação de empreitadas de obras públicas, pretendendo-se aplicar aos contratos com esta natureza.

A definição de contrato de empreitada de obras públicas encontra-se presente no art. 1.º al. a) da Directiva que afirma que «os contratos de empreitada de obras públicas são contratos a título oneroso, celebrados por escrito entre um empreiteiro, por um lado, e uma entidade adjudicante, definida na alínea b), por outro, que tenham por objecto quer a execução quer conjuntamente a execução e concepção das obras relativas a uma das actividades referidas no anexo II ou de uma obra definida na alínea c), quer a realização, seja por que meio for, de uma obra que satisfaça as necessidades indicadas pela entidade adjudicante.»[10]

---

[10] Esta é, também, a definição presente na actual Directiva 2004/18/CE. No novo CCP, a noção presente no art. 343.º, e onde se afirma que «entende-se por empreitada de obras públicas, o contrato oneroso que tenha por objecto quer a execução quer, conjuntamente, a concepção e a execução de uma obra pública que se enquadre nas subcategorias previstas no regime de ingresso e permanência na actividade de construção», é, também, em tudo semelhante à noção comunitária. Desta definição, presente no CCP, podem se encontrar todos os elementos constitutivos da noção da Directiva, com a excepção de uma referência expressa à exigência da forma escrita e à figura do empreiteiro. Porém, estes elementos são, igualmente, constitutivos da noção de contrato de empreitadas públicas encontrando-se a referência à figura do empreiteiro, como parte necessária de um contrato com estas características, no art. 344.º n.º 1 do CCP. Quanto à exigência de forma, esta será apenas dispensada, segundo o art. 95.º n.º 1 al. d), no caso de contratos de empreitadas de obras públicas de complexidade técnica muito reduzida e cujo preço contratual não exceda os €15 000.

Retira-se da definição apresentada que para a existência de um contrato de empreitadas de obras públicas será necessária a presença simultânea de seis requisitos: a existência de um *contrato*; a título *oneroso*; celebrado por *escrito*, entre uma *entidade adjudicante* e um *empreiteiro*, com vista a realizar *certo tipo de obras*. Destes seis requisitos, apenas a presença do elemento contratual, a natureza onerosa e a presença da figura do empreiteiro se mostram controversas.

Não é disputado, desde logo, que a comuna de Milão se apresenta como uma entidade adjudicante. Efectivamente, as regras de contratação pública criam obrigações, não só ao Estado, em sentido estrito, como a todos os entes infra-territoriais, de carácter local ou regional, a todos os organismos de direito público e ainda a quaisquer associações formadas por autarquias locais ou organismos de direito público[11]. Apresentando a comuna da Milão a natureza de

---

[11] Tanto as Directivas de contratação pública como o CCP contêm um abrangente âmbito de aplicação subjectiva, pretendendo-se aplicar, não apenas às pessoas colectivas de população e território (Estado, Regiões Autónomas e autarquias locais), mas, também, a institutos públicos e as associações públicas em geral. Realizam as regras de contratação uma interpretação ampla e funcional da noção de Estado, sendo, por isso, aplicáveis estas regras a organismos de direito público caso se encontrem cumulativamente, presentes os seguintes requisitos: que o organismo tenha sido criado especificamente para satisfazer necessidades de interesse geral, que a sua actividade não se revista de carácter industrial ou comercial e seja maioritariamente financiado ou controlado por entidades adjudicantes. RUI MEDEIROS, «Âmbito do novo regime de contratação de pública à luz do princípio da concorrência» in *CJA*, 69, Maio/Junho 2008, pp. 17-21; CLÁUDIA VIANA, *Os princípios comunitários na contratação pública*, Coimbra Editora, Coimbra, 2007, pp. 411--422. Para uma detalhada descrição do conceito de entidade adjudicante na jurisprudência comunitária, ver CHRISTOPHER BOVIS, *EU Public Procurement Law*, Edward Elgar, Cheltenham, 2007, pp.193-227.

[12] Afirma Vaquer Caballería que a falta desta exigência de forma não significa, ao contrário dos outros critérios identificadores de um contrato de empreitadas de obras públicas, que deixaremos de estar perante um contrato de empreitadas de obras públicas, nem determina a exclusão da aplicação do direito comunitário de contratação pública. M. VAQUER CABALLERÍA «La fuente convencional...», cit., p. 236. Parece ser esta perspectiva a adoptar, visto o próprio CCP admitir a não exigência de uma forma escrita para os contratos de empreitadas de obras públicas que revistam um baixo nível de complexidade e que não atinjam um valor de €15 000, nos termos do art. 95.º n.º 1 al. d) do CCP. Não deverá, então, ser vista a forma escrita como elemento essencial do contrato de empreitadas públicas, cuja falta determinará que estaremos perante um contrato diferente do contrato de empreitadas de obras públicas. A falta de respeito pela forma

autarquia local, afirma-se como incontestado que a comuna é, para efeitos de aplicação da Directiva, uma entidade adjudicante.

Não sobram, igualmente, dúvidas sobre o carácter escrito do convénio celebrado entre estas duas entidades[12]. Por último, também não se mostra contestada que a construção da fachada de um teatro corresponde a um tipo de obras susceptível de satisfazer o critério exigido na norma[13]. A construção desta fachada, apresentando-se como uma obra de equipamento, constitui uma obra de construção ou de engenharia civil, enquadrando-se no grupo 501 do anexo II da Directiva.

Não assume, porém, o mesmo grau de evidência, a presença dos restantes critérios, exigindo, por isso, cada um deles, uma análise mais cuidada.

a) Sobre a condição relativa à natureza contratual da relação jurídica

O primeiro elemento controverso em análise é se uma convenção como a descrita neste caso tem uma natureza contratual. Sobre este ponto, o Advogado-Geral Léger afirma que não estamos perante um contrato, visto a convenção descrita não apresentar aquilo que, nas palavras do Advogado-Geral, «*constitui um elemento essencial da relação contratual: a faculdade de escolher a parte contratante.*»[14] Afirma, ainda, o Advogado-Geral que não existindo liberdade de escolha em relação à contraparte extinguem-se as razões que justi-

---

escrita, quando esta se afirma necessária, deverá determinar a nulidade do contrato, como se retira da uma leitura combinada do art. 284.º n.º 2 do CCP com o art. 133.º n.º 2 al. f) do CPA. Sobre o conceito de *actos que careçam em absoluto de forma legal*, presente naquela norma do CPA, ver MÁRIO ESTEVES DE OLIVEIRA/ PEDRO GONÇALVES / JOÃO PACHECO DE AMORIM, *Código do Procedimento Administrativo – comentado*, Almedina, Coimbra, 2007, p. 648.

[13] A Directiva 2004/18/CE, no seu art. 1.º n.º 2 al. b), tal como já fazia a Directiva 93/37/CEE, define obra como «o resultado de um conjunto de trabalhos de construção ou de engenharia civil destinado a desempenhar, por si só, uma função económica ou técnica.»

[14] Conclusões do Advogado-Geral Philip Léger, in acórdão «Scala», de 7 de Dezembro de 2000, para. 68.

ficam a aplicação das normas de contratação pública, pois, apenas, existindo esta liberdade «*existe um risco real, numerosas vezes constatado na actuação das autoridades públicas dos Estados- -Membros, de que estas escolham os seus interlocutores com base em critérios que não são puramente económicos.*»[15]

O TJUE não concordou, porém, com a opinião expressa pelo Advogado-Geral, tendo concluído que «*os elementos definidos pela convenção de loteamento e os acordos celebrados no quadro daquela são suficientes para que o elemento contratual exigido pelo artigo 1.º, alínea a), da directiva esteja presente.*»[16] Para este Tribunal, a falta de capacidade de escolher a outra parte contratante «*não é suficiente para excluir o carácter contratual do acordo celebrado entre a administração comunal e o titular do loteamento, uma vez que é a convenção de loteamento entre eles celebrada que determina as obras de equipamento que o titular do loteamento deve realizar de cada vez, assim como as condições respectivas, incluindo a aprovação pela comuna dos projectos destas obras.*»[17] Na opinião do TJUE, esta interpretação é aquela que melhor se coordena com o objectivo abertura dos mercados de empreitadas de obras públicas a uma concorrência efectiva, pois «*é a abertura à concorrência comunitária segundo os procedimentos previstos pela directiva que garante a ausência de risco de favoritismo por parte dos poderes públicos.*»[18]

Parece-nos correcta a interpretação realizada pelo TJUE[19]. Efectivamente, e ao contrário do que afirma o Advogado-Geral, a faculdade de escolher a contraparte não se manifesta como elemento essencial do contrato. São diversos os casos em que essa liberdade

---

[15] Conclusões do Advogado-Geral, cit., para. 74.
[16] Ac. «Scala», cit., para. 74.
[17] Ac. «Scala», cit., para. 71.
[18] Ac. «Scala», cit., para. 75.
[19] Não partilhando esta perspectiva e considerando que no caso *sub iudice* não se estaria perante um contrato mas perante um simples negócio jurídico de fixação de uma obrigação pré-existente onde se precisa a forma e o prazo em que esta deverá ser cumprida, T. R. FERNÁNDEZ RODRIGUES, «La Sentencia del TJCE...», cit., p. 17. Considerando que o TJUE decidiu correctamente, mas criticando a argumentação por este apresentada, ver C. VIANA, *Os princípios comunitários*..., cit., pp. 377-378.

de escolher a contraparte não se encontra presente e nem por isso se duvida a presença da figura contratual. Tal acontece, desde logo, nos casos em que um direito de preferência resulta directamente da lei[20] ou em que a lei determina limitações subjectivas a contratar[21].

De facto, a noção de contrato indica-nos que este se define como o acordo vinculativo, assente sobre duas ou mais declarações de vontade, contrapostas mas perfeitamente harmonizáveis entre si, que visam estabelecer uma composição unitária de interesses[22]. Daqui se retira que é o acordo de vontades juridicamente vinculativo entre os contratantes que se apresenta como elemento essencial da figura do contrato[23]. Dos autos resulta que este acordo de vontades se encontra presente, visto ter a comuna de Milão a possibilidade de aceitar ou rejeitar a proposta e ser através deste acordo realizado entre esta entidade adjudicante e os promotores imobiliários que se estabelece a data de entrega do edifício.

---

[20] A título de exemplo veja-se as preferências legais, estabelecidas no Código Civil, nos arts. 1380.º e 1381.º (dos proprietários de territórios confinantes), arts. 1409.º e 1410.º (do comproprietário), art. 1535.º (do direito de superfície), art. 1555.º (em caso da alienação de alienação do prédio encravado) e art. 2130.º (quanto ao quinhão hereditário). Veja-se, ainda, no campo do arrendamento urbano, como resultaram do Novo Regime de Arrendamento Urbano, o art. 1091.º (preferência do arrendatário na compra e venda, dação em cumprimento ou celebração de novo contrato) e art. 1112.º n.º 4 (preferência do senhorio no trespasse por venda ou dação em cumprimento). MÁRIO JÚLIO ALMEIDA COSTA, Direito das Obrigações, 10.ª edição, Almedina, Coimbra, 2006, p. 452.

[21] Veja-se, por exemplo, no Código Civil, arts. 876.º e 579.º (venda e cessão de coisas ou direitos), o art. 877.º (proibição arts. 953.º e 2192.º a 2198.º (doação a favor daqueles que se encontrem na situação de indisponibilidade relativa). M. J. ALMEIDA COSTA, Direito das Obrigações, cit., pp. 238-239; JOÃO DE MATOS ANTUNES VARELA, Das Obrigações em Geral, Vol. I, 10.ª edição, Almeida, Coimbra, 2000, pp. 240-241.

[22] CARLOS ALBERTO MOTA PINTO, Teoria Geral do Direito Civil, 4ª edição, Coimbra Editora, Coimbra, 2005, p. 647; J. M. ANTUNES VARELA, Das Obrigações..., cit., p. 212. Também, no campo de direito público, se mostra o acordo de vontades como um dos elementos constitutivos da noção contrato, tal como fica expresso no art.178.º do CPA. Veja-se, entre outros, JOÃO CAUPERS, Introdução ao Direito Administrativo, 8.ª edição, Âncora, Lisboa, 2005, p. 233; JOSÉ FIGUEIREDO DIAS / FERNANDA PAULA OLIVEIRA, Noções Fundamentais de Direito Administrativo, Almedina, Coimbra, 2005, p. 239; DIOGO FREITAS DO AMARAL, Curso de Direito Administrativo, Vol. II, Almedina, Coimbra, 2002, p. 517.

Não nos parece, igualmente, ser de aceitar o argumento apresentado pelo Advogado-Geral que afirma que as formalidades processuais do direito comunitário de empreitadas de obras públicas apenas se justificam quando as entidades adjudicantes dispõem de uma margem de apreciação na designação dos agentes económicos, visto que sem esta margem de decisão cessaria a possibilidade de discriminar e consequentemente não existiria justificação para a aplicação do regime de regras de contratação pública.

No nosso entender não é exacta a afirmação de que uma norma como a descrita não permite discriminar, visto que, e ao contrário do que afirma o Advogado-Geral, esta norma permite algum espaço de escolha à entidade adjudicante. A norma, é certo, não habilita aquela entidade a escolher livremente a contraparte, mas permite-lhe a importante decisão de se adjudica aquela obra ao requerente do loteamento ou realiza um procedimento de adjudicação.

As Directivas que regulam a contratação pública têm, efectivamente, como princípios orientadores a igualdade e a não discriminação entre concorrentes[24]. Estes princípios colocam sobre a entidade adjudicante um dever de realizar procedimentos livres, abertos e transparentes, o que não será compatível com a possibilidade da entidade adjudicante decidir se abre, ou não, um procedimento de adjudicação. Ao optar por entregar a realização de determinada obra pública a um determinado promotor imobiliário, estará a impedir que outros empreiteiros, potencialmente mais eficientes, se candidatem a essa realização, não permitindo uma efectivação do princípio da concorrência que apenas se poderia atingir através de um procedimento de adjudicação aberto a todos os concorrentes[25].

---

[23] Existem, porém, situações em que poderá existir a figura de contrato mesmo sem a presença deste acordo de vontades. É esta a situação que sucede com as empresas concessionárias de serviços públicos, a respeito dos utentes que satisfaçam as exigências legais. Ver M. J. ALMEIDA COSTA, *Direito das Obrigações*, cit., pp. 232-233; J. M. ANTUNES VARELA, *Das Obrigações...*, cit., pp. 236-237.

[24] Cfr. art. 2.º da Directiva 2004/18/CE e art. 1.º n.º 4 do CCP.

[25] Com a revogação do art. 183.º do CPA, que consagrava o concurso público como modo normal de escolha do co-contratante em contratos administrativos, e a actual paridade estabelecida pelo legislador entre o concurso público e concurso limitado por prévia

b) Sobre a condição relativa à existência de um empreiteiro

Como já se afirmou, a existência de um contrato de empreitada exige, para além da presença de uma entidade adjudicante, a atribuição do contrato a um empreiteiro. Também a existência deste elemento se mostra controversa, negando o Advogado-Geral que este se encontre presente no caso apresentado ao TJUE. Afirma o Advogado-Geral que o segundo motivo pelo qual deverá ser rejeitada a qualificação desta convenção como contrato de empreitada de obras públicas deriva «*do facto de o requerente do loteamento não ser sempre um empreiteiro*»[26]. O facto de o requerente do loteamento não executar necessariamente as obras, podendo designar um empreiteiro que a realizará, tem como consequência que não existe uma ligação directa entre o empreiteiro efectivo e a entidade adjudicante, não tendo, assim, a entidade adjudicante, uma intervenção directa na obra encomendada. Afirma o Advogado-Geral que face a esta situação desapareçem as razões que justificariam a aplicação da directiva, pois o requerente do loteamento actuaria segundo «*uma lógica de pura racionalidade económica que o incentiva a fazer uma escolha tendo em conta os seus próprios interesses*» encontrando-se, assim, assegurado «*de maneira quase automática, o respeito pela concorrência efectiva já que, com esta preocupação de economia, o particular com liberdade de escolher o empreiteiro, e devedor a título exclusivo do preço que irá pagar, procurará a optar pela melhor proposta ao melhor preço.*»[27]

Contudo, também neste ponto o TJUE discorda das Conclusões apresentadas. Afirma o TJUE que a «*Directiva não exige que a pessoa que celebra um contrato com uma entidade adjudicante*

---

qualificação torna-se duvidoso que se possa defender a validade de um princípio do concurso público como corolário do princípio da concorrência. Poderá, contudo, afirmar-se, incontestavelmente, um princípio do acesso público aos procedimentos da contratação pública, no sentido de que, salvo circunstâncias excepcionais, qualquer interessado que preencha as condições de acesso deve poder apresentar-se à obtenção dos contratos a celebrar pelas entidades adjudicantes. RODRIGO ESTEVES OLIVEIRA, «Os princípios gerais da contratação pública», in org. PEDRO GONÇALVES, *Estudos de Contratação Pública – I*, Coimbra Editora, Coimbra, 2008, pp. 67-68.

[26] Conclusões do Advogado-Geral, cit., para. 86.
[27] Conclusões do Advogado-Geral, cit., para. 90.
[28] Ac. «Scala», cit., para. 90.

esteja em condições de realizar directamente a prestação acordada com os seus próprios recursos para poder ser qualificada como empreiteiro; é suficiente que seja capaz de fazer executar a prestação em causa, fornecendo as garantias necessárias para este efeito.»[28] Para este Tribunal, o facto de a *MCS* subscrever os acordos que a comuna de Milão concluiu com a sociedade *Pirelli*, cumpre a obrigação de fornecer garantias suficientes quanto à realização das obras programas.

Parece ser de subscrever, igualmente neste ponto, a posição avançada pelo TJUE. A jurisprudência do TJUE, anterior a este caso, tinha já optado por uma definição ampla de empreiteiro, considerando ser possível que «*um prestador que não preenche por si só as condições mínimas exigidas para participar no processo de adjudicação de um contrato de serviços, invocar, perante a entidade adjudicante, as capacidades de terceiros a que conta recorrer se o contrato lhe for adjudicado.*»[29] Pode-se, então, retirar da jurisprudência comunitária que bastará, para a aplicação da directiva, que exista uma contraparte que garanta a realização de uma obra, não sendo necessário que esta a realize directamente[30].

O segundo argumento apresentado pelo Advogado-Geral afirma--se, porém, mais difícil de desmontar, necessitando que sobre ele se realize uma mais profunda reflexão. O Advogado-Geral argumenta, essencialmente, que ao permitir-se a um privado escolher o empreiteiro de determinada obra se assegura a escolha do empreiteiro mais eficiente, capaz de apresentar a proposta mais vantajosa para a realização da obra em questão. Na base deste argumento encontra-se a presunção de que um privado, impelido pela maximização do seu lucro, procurará, sempre, o empreiteiro que realize a obra a menor custo.

Não deverá, porém, este argumento ser considerado decisivo. Apesar de, em muitas situações, escolher o empreiteiro mais eficaz

---

[29] TJUE, ac. «Holst Italia», de 2 de Dezembro de 1999, Proc. n.º C-176/98, para. 27.

[30] Distingue-se a definição de empreiteiro realizada pelo TJUE daquela que é a realizada pela legislação portuguesa. No Decreto-Lei n.º 12/2004 de 9 de Janeiro, que assegura as condições de acesso e permanência na actividade de construção, empreiteiro é definido, no art. 3.º al. b), como o empresário em nome individual ou sociedade comercial que, nos termos daquele diploma se encontra habilitado, a exercer a actividade de construção.

ser a opção economicamente mais racional, isso não significa que este seja, na prática, aquele que será escolhido para essa realização. Desde logo um promotor imobiliário poderá ter ligações comerciais habituais com determinados empreiteiros que o poderão levar a optar por um dos seus parceiros comerciais usuais, situação que se tornará ainda mais provável no caso de existirem relações de amizade, familiaridade ou outras, entre o requerente do loteamento e o empreiteiro directo escolhido por este.

Também se poderá afirmar que, em certas situações, a escolha do empreiteiro mais eficiente não se afirmará como a opção mais barata para o requerente do loteamento. Tal sucederá porque o requerente do loteamento não estará, tal como uma entidade adjudicante, perante uma situação de informação perfeita, desconhecendo total ou parcialmente o valor das propostas que cada empreiteiro lhe apresentaria. Uma entidade adjudicante está, dentro das regras legais[31], obrigada a suprir estas falhas de informação, promovendo procedimentos de adjudicação abertos e publicitados, suportando, assim, o custo de superação dessas falhas de informação[32]. Um privado, porém, poderá, num mercado em que estime que os valores apresentados pelos diversos concorrentes, interessados na realização da obra, não manifestarão assinaláveis divergências, optar por não suprir, total ou parcialmente, a sua falta de conhecimento das condições de mercado optando por entregar a realização da obra a um empreiteiro sem incorrer nos custos relacionados com a obtenção de mais informação[33].

---

[31] O nível de publicidade e abertura do concurso estará dependente do valor do contrato e de critérios materiais, definidos nos art.º 17 e ss. do CCP.

[32] A realização de um concurso público, ou de um outro procedimento complexo de adjudicação, envolve um conjunto diverso de custos. Existirão custos relacionados com a divulgação do procedimento de adjudicação, com a preparação desse mesmo procedimento, no esclarecimento de potenciais concorrentes, na avaliação das diferentes propostas e custos na adjudicação e celebração do contrato com o concorrente vencedor. Estes custos não se reflectirão apenas em valores financeiros a despender pela entidade adjudicante, mas também, horas dispensadas pelos serviços e trabalhadores da entidade adjudicante e custos de oportunidade derivados da extensão temporal do procedimento.

[33] A minimização de custos de uma empresa poderá dar-se em duas vertentes, na diminuição de custos de produção ou na redução de custos de transacção. Se os custos

Acrescente-se que no caso apresentado não resultará, também, forte incentivo a que o requerente do loteamento procure o empreiteiro directo que realize melhor preço, visto que poderá sempre fazer repercutir o custo superior com a realização das obras num maior nível de dedução da taxa devida. Por último, aceitar que o requerente do loteamento escolha livremente o empreiteiro directo não significará, igualmente, a escolha do empreiteiro mais eficiente, pois este, no caso de se dedicar, também, à realização de empreitadas, poderá decidir-se por uma "auto-adjudicação" não permitindo que outros empreiteiros, eventualmente interessados na realização daquela obra pública, possam aceder àquele contrato.

c) Quanto ao elemento relativo ao carácter oneroso do contrato

O último requisito controverso que se mostra necessário demonstrar para podermos afirmar estar perante um contrato de empreitadas de obras públicas é a onerosidade do contrato. A presença deste elemento é, também, negada pelo Advogado-Geral que nas suas conclusões argumenta que «*não se afigura que a comunidade pública faça um financiamento no caso de execução directa de obras "em dedução"*»[34]. Para o Advogado-Geral não se pode con-

---

de transacção forem negligenciáveis a opção de uma empresa será contratar externamente a realização de determinado produto ou serviço que não represente o conteúdo essencial da actividade desta, pois a contratação externa permitirá fazer uso de economias de escala estáticas e fazer uso de benefícios derivados da agregação da procura. Porém, caso os custos de transacção, ou seja, os custos associados à contratação externa para além da aquisição do bem ou serviço em si, sejam elevados, uma empresa poderá procurar integrar a produção daquele produto ou serviço acessório à prestação essencial prestada por esta. Ver OLIVER WILLIAMSON, «Transaction-Cost Economics: The Governance of Contractual Relations», in *Journal of Law and Economics*, 2, October, 1979, p. 245. Isto permite explicar porque um requerente do loteamento poderá preferir em vez de procurar exaustivamente o empreiteiro mais eficiente, contratar com um que lhe esteja mais próximo diminuindo assim os seus custos de transacção ou realizar ele mesmo a obra integrando a construção de equipamento nas suas actividades. Apesar de existir aqui uma diminuição de custos que poderia, à partida, ser vantajosa para entidade adjudicante, as regras de contratação pública não tem como função primordial a diminuição de custos da entidade adjudicante, mas sim proteger a liberdade de circulação e estabelecimento das empresas mais eficientes no mercado, oferecendo-lhes a oportunidade de, em plano de igualdade, procurar a adjudicação de contratos públicos.

[34] Conclusões do Advogado-Geral, cit., para. 101.

siderar que o contrato seja oneroso, visto «*o património da comuna é acrescido do valor desta mesma obra, sem despesas da sua parte, enquanto o património do requerente do loteamento se vê diminuído deste mesmo valor, sem outra contrapartida financeira que não seja a dispensa do pagamento da contribuição.*»[35]

Sobre a presença deste último requisito é divergente a posição adoptada pelo TJUE em relação àquela manifestada pelo Advogado-Geral. O TJUE considera que «*o titular de uma licença de construção ou de um plano de loteamento aprovado que realize as obras de equipamento não efectua qualquer prestação a título gratuito, uma vez que liquida uma dívida com o mesmo valor.*»[36] O TJUE entende aqui, mais uma vez, que apenas a realização de um procedimento de adjudicação permitirá cumprir os objectivos da directiva, ou seja, a liberdade de estabelecimento e a livre prestação de serviços em matéria de contratos de empreitadas de obras públicas.

Mais uma vez parece-nos ser correcta a interpretação realizada pelo TJUE. Efectivamente, o que distingue um contrato gratuito de um contrato oneroso será a intenção das partes de originar vantagens para uma só parte, caso em que teremos um contrato gratuito, ou para as duas partes, caso em que teremos um contrato oneroso[37]. Deverá, então, atender-se à existência ou não de um espírito de liberalidade, ou seja, à intenção de realizar uma prestação sem existir uma vantagem correspectiva a essa realização. Não será, certamente, esta a situação do caso *sub iudice*, pois o requerente do loteamento

---

[35] Conclusões do Advogado-Geral, cit., para. 101.
[36] Ac. «Scala», cit., para. 84.
[37] A onerosidade ou a gratuitidade de um contrato é uma classificação que não se confunde com a bilateralidade ou unilateralidade do mesmo, visto serem possíveis tanto contratos unilaterais a título oneroso (pense-se no caso do mútuo retribuído) como contratos bilaterais a título gratuito (pense-se na doação modal ou com encargos). Ver M. J. ALMEIDA COSTA, *Direito das Obrigações*, cit., pp. 368-369; J. M. ANTUNES VARELA, *Das Obrigações...*, pp. 405-406. Contudo, a proximidade entre estas duas classificações levou a que estas tenham sido identificadas, nomeadamente no seio da doutrina italiana, o que permitirá compreender o argumento avançado pela demandada que o contrato não se apresenta como oneroso visto não ter um carácter sinalagmático, ou seja, não existir nenhuma contra-prestação a cargo da comuna. Porém, como vimos, não existe uma identificação necessária destas duas classificações, não devendo por isso aceitar-se o argumento apresentado pela demandante.

não realiza a obra de equipamento com um espírito de liberalidade, mas sim, contra a dedução da taxa devida à comuna de Milão a título de encargos para equipamento.

No caso descrito, apesar de não existirem desembolsos monetários por parte da Administração, resultam claros benefícios económicos a favor dos promotores de loteamento[38]. Efectivamente, e recuperando a linguagem do art. 17.º n.º 2 do CCP, o benefício económico não é uma noção que inclua apenas o preço a pagar por parte de uma entidade adjudicante ou por terceiros, mas deverá incluir, igualmente, qualquer vantagem que decorra directamente da execução e que possa ser configurada como contraprestação do contrato realizado.

2.1.2. *Conclusões do acórdão la Scala*

Sobre o acórdão *la Scala* poderá afirmar-se que representa um claro passo na abertura dos contratos urbanísticos à aplicação do princípio da concorrência, tendo como consequência que os operadores económicos encarem aqueles contratos como um mercado público em que a contra-parte seja escolhida por critérios de eficiência económica e capacidade de apresentar propostas mais vantajosas.

Através de uma interpretação essencialmente funcional do regime comunitário de contratação aplicável às empreitadas, o TJUE "coloca um travão" à discricionariedade da Administração quanto ao modo de determinar a selecção do empreiteiro da realização de obras de equipamento. Efectivamente, uma solução diferente por parte do TJUE significaria permitir ao município, em determinadas situações, adjudicar directamente a um particular aquela que é, para todos os efeitos, uma obra pública, não só não permitindo que empreiteiros competitivos realizassem aquelas obras em condições mais vantajosas para a entidade adjudicante, como permitindo que aquela Administração tratasse de forma discriminatória alguns particulares perante outros, autorizando que alguns realizassem aquelas

---

[38] J. C.TEJEDOR BIELSA, «Contratación de la obra...», cit., p. 601.

obras contra uma dedução nas taxas pagas e que outros não tenham essa possibilidade.

Importante é, por último, fazer referência à possibilidade, que o TJUE, admite de a entidade adjudicante não ter de realizar, directamente, um dos procedimentos previstos nas Directivas de contratação. Afirma o TJUE que o efeito útil da Directiva «*será também conseguido se a legislação nacional permitir à administração comunal obrigar o titular do loteamento detentor da licença, através dos acordos que com ele celebrar, a realizar as obras acordadas através do recurso aos processos previstos na Directiva.*»[39] Significa isto que o fundamental é que a escolha do empreiteiro directo seja realizada através do recurso às regras de contratação, mesmo que essa escolha não seja realizada directamente pela entidade adjudicante, mas sim através de um privado[40].

2.2. O acórdão Auroux[41]

A utilização das Directivas de contratação pública como forma de controlar a discricionariedade das entidades administrativas na realização de contratos urbanísticos foi ainda estendida no posterior acórdão *Auroux*. Apresenta-se, igualmente, esta como uma decisão importante, visto permitir esclarecer a forma como o TJUE interpreta alguns dos conceitos já abordados no acórdão *la Scala*, sobretudo, indicando como deverá ser abordado o conceito de obra. A impor-

---

[39] Ac. «Scala», cit., para. 100.

[40] Efectivamente nada parece impedir que um particular adopte, como regulamento de escolha de um contratante, as disposições de contratação pública, incorrendo, inclusivamente, em responsabilidade perante potenciais co-contratantes, por violação dos ditames da boa-fé, no caso de frustrar as expectativas criadas pelos diversos interessados. JOSÉ MANUAL ROUBAUD Y PUJOL «A aplicação do regime jurídico das empreitadas de obras públicas às empreitadas particulares» in *ROA*, 54, Vol. II, Julho, 1994, p. 545.

[41] Consultável em http://curia.europa.eu/jurisp/cgi-bin/gettext.pl?lang=pt&num=799 298 81C19050220&doc=T&ouvert=T&seance=ARRET.

As conclusões do Advogado geral podem ser vistas em http://curia.europa.eu/jurisp/cgi-bin/gettext.pl?lang=pt&num=79939384C19050220&doc=T&ouvert=T&seance=CONCL

tância desta sentença manifestar-se-á, ainda, pois permite conhecer a posição do Tribunal sobre a cada vez mais relevante figura das empresas com capitais mistos e como a estas se aplicarão as regras de contratação pública no campo do direito de urbanismo.

2.2.1. *Antecedentes*

Na origem deste caso está, igualmente, um reenvio prejudicial, desta vez por parte do *Tribunal administratif de Lyon*. Perante este Tribunal encontrava-se um diferendo entre a Commune de Roanne e os membros da oposição no conselho municipal relativo à construção de um centro de lazer que incluía a construção de um cinema, de espaços comerciais destinados a ser cedidos a terceiros, vias de acesso, um parque de estacionamento e espaços públicos a ser entregues à entidade adjudicante

A execução deste projecto caberia à *Société d'équipement du département de la Loire* (SEDL), uma sociedade de desenvolvimento urbana de economia mista, que se encarregaria de procurar meios de financiamento, organizar a realização de estudos, proceder a aquisições imobiliárias e ordenar a realização das obras de construção. Nos termos da convenção celebrada entre aquela sociedade e a comuna de Roanne, em troca das construções a serem integrados no património da cidade, esta co-financiaria aquele projecto e assumiria os riscos pelas perdas e pelas parcelas não alienadas.

Os demandantes pediam ao Tribunal francês que este anulasse a convenção pública de ordenamento urbano, pois consideravam que esta representava uma violação das Directivas comunitárias de contratação, visto que a realização desta convenção de urbanismo não tinha sido antecedida da realização de um procedimento de adjudicação. Perante estes factos, o *Tribunal administratif de Lyon* optou por suspender e a instância e colocar perante o TJUE as seguintes questões prejudiciais:

1) Um contrato pelo qual uma primeira entidade adjudicante encarrega uma segunda entidade adjudicante da realização de uma operação de ordenamento urbano, no âmbito da qual esta segunda entidade adjudicante entrega à primeira obras destinadas a satisfazer as suas necessidades, constitui um contrato de empreitada de obras

públicas na acepção do disposto no art. 1.º da Directiva 93/37/CEE de 14 de Junho de 1993?

2) No caso de resposta afirmativa à primeira questão, a primeira entidade adjudicante está dispensada, para celebrar esse contrato, de aplicar os processos de adjudicação de contratos previstos pela mesma directiva, na medida em que este contrato só pode ser celebrado com determinadas pessoas colectivas e que estes mesmos procedimentos serão aplicados pela segunda entidade adjudicante para a adjudicação das respectivas empreitadas de obras?

2.2.2. Conclusões fundamentais do acórdão Auroux

Na sua sentença o TJUE reafirma a sua interpretação de contrato empreitada de obras públicas, identificando-lhe os mesmos seis elementos já enunciados no acórdão *la Scala*. Mais uma vez não se afirmaram quaisquer dúvidas perante a natureza de entidade adjudicante atribuída à comuna de Roanne ou quanto ao carácter escrito da convenção celebrada. O facto de a *SEDL* receber um montante como contrapartida da cessão do parque estacionamento, receber uma participação da comuna em todas as despesas a realizar e ter direito a receber receitas de terceiros pelas parcelas comerciais alienadas não permite duvidar do carácter oneroso deste contrato. Por último, quanto ao carácter de empreiteiro da *SEDL*, opta o TJUE pela controversa formulação já afirmada, repetindo que «*não se exige que a pessoa que celebra o contrato com uma entidade adjudicante esteja em condições de realizar directamente a prestação acordada com os seus próprios recursos*»[42], não assumindo, por isso, dúvidas de maior que a *SEDL* se apresenta como um empreiteiro.

Revela-se, porém, mais inovadora esta sentença quanto à interpretação da presença do elemento relativo à existência de uma obra pública. O TJUE opta, também em relação a este requisito, por uma interpretação ampla[43], considerando que o facto de a realização do centro de lazer se destinar a acolher actividades comerciais e servi-

---

[42] Ac. «Auroux», cit., para. 38.
[43] J. M. GIMENO FELIU, «El urbanismo como actividade...», cit., p. 96.

ços satisfaz a condição prevista no art. 1.º al. c) da Directiva de que a obra terá de realizar uma função técnica ou económica. Esclarece, igualmente, o TJUE que a realização do centro de lazer satisfaz as necessidades indicadas pela comuna de Roanne na convenção, visto que «*resulta de várias disposições da convenção que, através da construção do centro de lazer no seu conjunto, a comuna de Roanne procura reposicionar e dinamizar o bairro da estação.*»[44]

Fica ainda claro que em relação a este elemento o TJUE opta por uma interpretação funcional, procurando estender o conceito de obra da Directiva, normalmente associado ao conceito de obra pública, a obras de claro interesse privado, podendo se concluir que bastará determinada obra realizar um interesse da entidade adjudicante para, sem mais, se poder afirmar que esta preenche o critério relativo à realização de um obra. Não se poderá, contudo, afirmar que o TJUE prescinda totalmente de um elemento intencional que se traduza num fim de interesse colectivo. O TJUE é claro a afirmar que o facto da construção do centro de lazer se integrar num objectivo de revitalização de parte da cidade é necessário para se poder afirmar perante uma obra à qual se exige a aplicação das regras de contratação pública[45]. Deverá, por isso, afirmar-se que para determinada obra se apresentar como susceptível de ser integrada num contrato de empreitada de obras públicas, esta deverá satisfazer, ainda que indirectamente, um interesse público, mesmo que não possa ser considerada uma obra pública *stricto sensu*.

Uma outra questão de assumida importância abordada por este acórdão é a de saber se o facto de a convenção ser elaborado entre duas entidades adjudicantes significará que não será necessário aplicar um procedimento de adjudicação no contrato realizado entre

---

[44] Ac. «Auroux», cit., para. 42.

[45] A existência de um fim de interesse colectivo na obra a construir mostra-se como elemento constitutivo de um contrato de empreitada de obras públicas, sendo, aliás, esta finalidade pública a razão que justifica o afastamento do regime de empreitada de obra pública do regime de empreitada civil. JORGE ANDRADE DA SILVA, *Códigos dos Contratos Públicos – comentado e anotado*, 2.ª edição, Almedina, Coimbra, 2009, pp. 797; JOÃO CAUPERS, «Empreitadas e concessões de obras públicas: fuga para o direito comunitário?» in *Direito e Justiça*, Vol. Especial, 2005, p. 97.

estas[46]. Poderia argumentar-se, neste sentido, que a segunda entidade adjudicante, ao ser obrigada a recorrer, relativamente a todos os contratos subsequentes, a um procedimento de adjudicação, dispensaria a primeira de efectuar tal procedimento, visto que o princípio da concorrência será protegido independentemente do concurso ser organizado pela primeira ou pela segunda entidade adjudicante.

O TJUE não aceitou, porém, esta visão, considerando que «*a directiva não contém disposições que permitam afastar a sua aplicação no caso de um contrato de empreitada de obras públicas celebrado entre duas entidades adjudicantes, mesmo admitindo que a segunda entidade adjudicante seja obrigada a subcontratar o valor total do contrato a sucessivos empreiteiros.*»[47] Além disso, o TJUE relembra que nada na convenção determina que a *SEDL* seja obrigada a subcontratar a totalidade do contrato convencionado. Por estas duas razões o TJUE conclui «*que uma entidade adjudicante não está dispensada de recorrer aos processos de adjudicação de contratos de empreitada de obras públicas previstos pela directiva com o fundamento de que, nos termos do direito nacional, essa convenção só pode ser celebrada com determinadas pessoas colectivas que possuem, elas próprias, a qualidade de entidade adjudicante.*»[48]

Neste último ponto o TJUE parece afastar-se da sua decisão no acórdão *la Scala*, pois, como vimos, o TJUE tinha naquele acórdão admitido, expressamente, a possibilidade de uma entidade adjudicante exonerar-se da sua responsabilidade de proceder a um procedimento de adjudicação se, no contrato celebrado, o co-contratante se comprometesse a utilizar um procedimento de adjudicação que respeitasse as regras da Directiva. Estamos, porém, perante situações assumidamente diferentes, visto que enquanto no acórdão *la Scala*

---

[46] A possibilidade de duas entidades adjudicantes realizarem contratos com o objecto de elaborar, alterar, rever ou executar instrumentos gestão territorial é expressamente admitida no art. 6.º-A n.º 7 do RJIGT. Defendendo que aos contratos urbanísticos entre duas entidades adjudicantes não estão sujeitos às regras procedimentais descritas nos n.º 4 a 6 daquele artigo, ver ALEXANDRA LEITÃO, «A contratualização no direito do urbanismo» in *RJUA*, 25/26, Janeiro/Dezembro, 2006, p. 18.

[47] Ac. «Auroux», cit., para. 66.

[48] Ac. «Auroux», cit., para. 68.

a entidade adjudicante via completamente cerceada a sua liberdade de escolha da contraparte, no acórdão *Auroux* a comuna de Roanne poderia ter escolhido entre um conjunto, ainda que limitado, de diferentes entidades[49]. Diferença relevante é, igualmente, o TJUE se encontrar no acórdão *la Scala* perante uma convenção celebrada entre uma entidade adjudicante e um ente privado e no acórdão *Auroux* perante uma convenção celebrada entre duas entidades adjudicantes, ainda que uma fosse participada por capitais privados.

Poderá retirar-se, por analogia, que se basta o facto de um ente adjudicante ter uma participação privada para não ser possível a uma entidade adjudicante furtar-se a um procedimento de adjudicação, garantindo que os subcontratos serão realizado em conformidade com as regras das Directivas, por maioria de razão, tal não justificará, com toda a certeza, a fuga a essas regras se a contraparte for um ente totalmente privado. Porém, apenas uma nova decisão do TJUE poderá permitir esclarecer, de forma total, as incoerências entre estes dois acórdãos relativos a este ponto, podendo, desde já, afirmar-se que não parecerá lógico exigir a realização de um duplo procedimento de adjudicação, tal como foi exigido no acórdão «Auroux», caso se verifique uma garantia da subcontratação total do contrato[50].

---

[49] Efectivamente a comuna de Roanne poderia ter optado por realizar aquela convenção urbanística com uma entidade diferente da SELD apesar de nos termos «*do artigo L. 3004, n.º 2, na redacção anterior, do Code de l'urbanisme, que nessa época só podiam ser escolhidas como cocontratantes entidades públicas francesas e determinadas sociedades francesas de economia mista.*», Conclusões da Advogada-Geral Juliane Kokott, in acórdão «Auroux», de 15 de Junho de 2006, para. 78.

[50] O TJUE afirma no acórdão Auroux, seguindo de perto as Conclusões da Advogada- Geral Juliane Kokott, que uma segunda entidade adjudicante poderá sempre realizar contratos subsequentes de valor inferior àqueles estabelecidos na Directiva furtando-se, assim, a aplicação das regras de contratação pública. Contudo, tal fuga das regras da contratação através deste método, não se manifestará tão simples, visto a Directiva 2004//18/CE prever directamente um mecanismo para lidar com tais fugas, estabelecendo o art. 9.º n.º 5 al. a) que «sempre que uma obra prevista ou um projecto de aquisição de serviços possa ocasionar a adjudicação simultânea de contratos por lotes separados, deve ser tido em conta o valor total estimado da totalidade desses lotes.»

2.3. O acórdão Helmut Müller

A recente decisão do TJUE no acórdão *Helmut Mullër*[51] apresenta-se como o último passo no desenvolvimento da jurisprudência daquele Tribunal, em relação à definição de que actos urbanísticos se encontram sujeitos à aplicação das Directivas de contratação pública e, consequentemente, se devem apresentar como mercados abertos à concorrência. Não invertendo a direcção tomada no acórdão *Auroux*, decorrem, porém, importantes limites à decisão tomada pelo TJUE naquele acórdão, que permitem melhor compreender o exacto escopo da aplicação das regras da contratação pública a acordos de desenvolvimento urbanístico.

2.3.1. Antecedentes

Na origem deste caso encontra-se o anúncio, em Outubro de 2006, por parte da *Bundesanstalt*, agência federal alemã responsável pela gestão da propriedade governamental, da intenção de proceder à alienação de um terreno de 24 hectares anteriormente afecto a fins militares. *Helmut Müller*, empresa do sector imobiliário, realizou uma proposta pelos terrenos em questão, em Novembro de 2006, no valor de 4.000.000 € sob condição de que o Conselho Municipal de Wildeshausen aprovasse um plano urbanístico baseado nos seus projectos de utilização dos terrenos. Esta proposta não foi aceite pelo Conselho Municipal.

Em Janeiro de 2007, a *Bundesanstalt* abriu um concurso com vista a vender o terreno em questão, pedindo aos possíveis interessados que apresentassem propostas pelo terreno. Contudo, tais propostas deveriam ser realizadas sem um planeamento de construção pré-determinado. Neste contexto foram apresentadas quatro propostas, tendo a empresa *Helmut Müller* apresentado uma proposta no

---

[51] TJUE, ac. «Helmut Müller», de 25 de Março de 2010, Proc. n.º C-451/08, *in* http://curia.europa.eu/jurisp/cgi-bin/gettext.pl?lang=pt&num=79899674C19080451&doc=T&ouvert= T&seance=ARRET.

As conclusões do Advogado Geral podem ser consultadas in http://curia.europa.eu/jurisp/cgi-bin/gettext.pl?lang=pt&num=79908882C19080451&doc=T&ouvert=T&seance=CONCL

valor de 1.000.000 €. Posteriormente, o município de Wildeshausen pediu aos proponentes que apresentassem os seus próprios projectos para a utilização da área. Em Junho de 2007, a *Bundesanstalt* aceitou a proposta da empresa *Gut Spascher Sand Immobilien GmbH* no valor de 2.500.000 €, declarando a preferência do projecto desta última por razões urbanísticas. O contrato de compra e venda não fez, contudo, qualquer referência à futura utilização do terreno alienado.

Insatisfeito com a decisão da agência federal, a *Helmut Müller* interpôs recurso da decisão da *Bundesanstalt* para a entidade dotada de competência jurisdicional em primeira instância em matéria de contratos públicos. Tendo aquela entidade julgado inadmissível a acção proposta pela empresa *Helmut Müller*, esta decidiu interpor recurso para o *Oberlandesgericht Düsseldorf*. Este Tribunal decidiu suspender a instância e submeter ao Tribunal de Justiça, essencialmente, as seguintes questões:

1) O conceito de contratos de empreitada de obras públicas, na acepção do art. 1.º n.º 2 al. b) da Directiva, exige que a empreitada objecto do contrato seja executada em sentido material ou corpóreo para a entidade adjudicante e no interesse económico directo desta ou basta que essa obra satisfaça um objectivo público, como o desenvolvimento urbanístico de uma parte de um município?

2) O conceito de contrato de empreitada de obras públicas, nos termos do art. 1.º n.º 2 al. b) da Directiva, exige que o empreiteiro esteja directa ou indirectamente obrigado a executar a obra? Nesse caso, deve tratarse de uma obrigação judicialmente exigível?

3) As necessidades especificadas pela entidade adjudicante, na acepção da terceira hipótese referida no art. 1.º n.º 2 al. b), da Directiva 2004/18, podem consistir quer no facto de a entidade adjudicante exercer a competência de se assegurar que a obra a realizar satisfaz um interesse público quer no exercício da competência reconhecida à entidade adjudicante para verificar e aprovar os planos de construção?

4) As disposições da Directiva 2004/18 aplicam-se a uma situação na qual uma autoridade pública vende um terreno a uma empresa tendo outra autoridade pública a intenção de celebrar um contrato de empreitada de obras relativo a este terreno apesar de ainda não

ter formalmente decidido proceder à sua adjudicação? Existe a possibilidade de, do ponto de vista jurídico, se considerar como um todo a venda do terreno e a adjudicação subsequente de um contrato de empreitada de obras que tem por objecto esse mesmo terreno?

2.3.2. Conclusões fundamentais do acórdão Helmut Müller

O Tribunal de Justiça começa por esclarecer que determinado contrato apenas poderá ser qualificado como um contrato de empreitada de obras públicas quando se revestir de *interesse económico directo para a entidade adjudicante*. Naturalmente que este requisito se encontra presente sempre que a entidade adjudicante se torna proprietária da empreitada realizada. Existe ainda um interesse económico directo, como decorre dos acórdãos *La Scala* e *Auroux*, quando for previsto que a entidade adjudicante disporá de um título jurídico que lhe garanta a disponibilidade das obras objecto do contrato tendo em vista a sua afectação pública residir nas vantagens económicas que a entidade adjudicante poderá retirar da utilização ou da cessão futuras da obra, no facto de ter participado financeiramente na realização da obra ou nos riscos que assume em caso de insucesso económico da obra.

Porém, o TJUE estabelece um importante limite à aplicação do conceito de empreitadas públicas no campo do direito urbanístico. Explica o Tribunal «*que a execução das obras de construção, pelo menos quando estas têm uma certa envergadura, deve, regra geral, ser objecto de autorização prévia por parte da autoridade pública competente em matéria de urbanismo*» e que «*esta autoridade deve apreciar, no exercício das suas competências de regulação, se a execução da obra é conforme com o interesse público.*»[52] Contudo, «*o simples exercício de competências de regulação em matéria de urbanismo, visando a realização do interesse geral, não tem por objecto receber uma prestação contratual nem satisfazer o interesse económico directo da entidade adjudicante, conforme exige o artigo 1.º n.º 2, alínea a), da Directiva 2004/18.*»[53]

---

[52] Ac. «Helmut Müller», cit., para. 56.
[53] Ac. «Helmut Müller», cit., para. 57.

Assim, o facto de um particular realizar obras em consonância com as políticas urbanísticas não é, então, suficiente para se afirmar realizar um interesse económico directo da entidade adjudicante. Opção diferente por parte do TJUE, confirmando uma interpretação ampla do acórdão *Auroux*, teria significado uma verdadeira revolução no direito de urbanismo, transformando de forma decisiva a construção de projectos urbanísticos de grande dimensão. O TJUE esclarece, ainda, que apenas se pode falar num contrato de empreitada no caso da obrigação de realizar a obra objecto do contrato poder ser juridicamente exigível.

É certo que o TJCE não exige que para a definição de um determinado acordo, entre uma entidade pública e um particular, como contrato de empreitada de obras públicas, exista um caderno de encargos *stricto sensu*. Contudo, para se poder afirmar que determinada obra satisfaz as necessidades especificadas pela entidade adjudicante é «*necessário que aquela tenha tomado medidas no sentido de definir as características da obra ou, pelo menos, de exercer uma influência determinante na concepção da mesma.*»[54] Não pode, portanto, afirmar-se que determinadas obras serão susceptíveis de se configurar como obras públicas, para efeitos de aplicação das Directivas de contratação pública, pelo «*simples facto de uma autoridade pública examinar determinados planos de construção que lhe sejam apresentados ou tomar uma decisão no exercício das suas competências em matéria de regulação urbanística.*»[55]

Em conclusão, o acórdão *Helmut Müller* garante que a maioria de actividades realizadas, pela Administração, na definição de planos e projectos de desenvolvimento urbanístico não serão sujeitas à obrigação do respeito pelas regras de contratação pública. Limitando o escopo de aplicação do acórdão Auroux, não inverte, porém, o importante campo de sobreposição entre estes dois ramos de Direito. Efectivamente, as directivas de contratação pública têm um importante papel nalguns dos actuais contratos urbanísticos previstos no actual quadro jurídico nacional. Procuraremos analisar esta influência no ponto seguinte do nosso texto.

---

[54] Ac. «Helmut Müller», cit., para. 67.
[55] Ac. «Helmut Müller», cit., para. 69.

3. A Influência das Directivas de Contratação Pública nos Contratos Urbanísticos Em Portugal

3.1. *Noção, vantagens e exemplos do contrato urbanístico*

A figura do contrato urbanístico tem assumido crescente peso, não só na regulação das relações entre a Administração responsável pela elaboração de planos e particulares, como, mesmo, entre entidades públicas. A importância da contratualização, no âmbito do direito urbanismo, é expressamente afirmada pelo legislador, que no art. 5.º al. h) do LBPOTU apresenta a contratualização como princípio orientador da política de ordenamento do território.

O contrato urbanístico apresenta-se como uma figura muito heterogénea, contemplando um conjunto vasto de negócios jurídicos com estruturas, regimes e objectivos assumidamente diversos. Poderá, porém, apresentar-se como definição de contrato urbanístico, o acordo subscrito entre a Administração e outras pessoas públicas ou privadas com o objectivo de estabelecer formas de colaboração para realizar determinada actuação de carácter urbanístico[56].

Diversas vantagens explicam a crescente importância desta figura manifestada tanto numa progressiva extensão no campo de utilização, como na frequência de recurso demonstrada[57]. Desde logo, os contratos urbanísticos permitem muitas vezes à Administração encontrar financiamentos em situações em que esta se veja confrontada com escassos recursos, permitindo realizar no seu território importantes operações urbanísticas, diminuindo os valores de inves-

---

[56] A. LEITÃO «A contratualização no direito...», cit., p. 10; RICARDO ESTÉVEZ GOYTRE, *Manual de derecho urbanístico*, 4.ª edição, Comares, Granada, 2005, p. 431.

[57] Sobre as vantagens da contratação urbanística, ver FERNANDA PAULA OLIVEIRA, *Contratos para planeamento: da consagração legal de uma prática, às dúvidas práticas do enquadramento legal*, Almedina, Coimbra, 2009, pp. 12-15; MIGUEL ÁNGEL SENDÍN GARCIA, *Régimen jurídico de los convenios urbanísticos: adaptado a la nueva Ley del Suelo (Ley 8/2007, de 28 de mayo, de Suelo) y a la nueva Ley de contratos del sector público (Ley 30/2007, de 30 de octubre, de contratos del sector público)*, Comores, Granada, 2006, pp. 43-47; A. LEITÃO, «A contratualização no direito...», cit., p. 11., R. ESTÉVEZ GOYTRE, *Manual de derecho...*, cit., pp. 433-434.

timento público e permitindo poupar nos custos de gestão urbanística. Acrescenta-se que os contratos urbanísticos oferecerão um maior grau de legitimidade às decisões urbanísticas, permitindo, em consequência, uma redução de litigiosidade destas decisões.

De entre a panóplia de figuras contratuais no campo do direito do urbanismo, destacam-se, desde logo, os contratos de planeamento. Tratamos aqui da utilização da figura contratual como forma de influenciar as concretas soluções a consagrar nos planos urbanísticos[58], permitindo vantagens tanto para proprietários, que poderão ao acertar com a Câmara Municipal a definição do desenho urbano facilitar a fase de execução das suas prescrições, como para a Administração Municipal, que poderá, assim, maximizar as possibilidades de sucesso da realização de projectos complexos que necessitarão da participação de todos os titulares de direitos para o executar, evitando-se recursos impositivos, necessariamente, mais morosos e onerosos[59].

Este tipo de contrato encontra-se expressamente previsto e regulado no art. 6.º-A do RJIGT que no n.º 1 afirma «os interessados na elaboração, alteração ou revisão de um plano de urbanização ou de um plano de pormenor podem apresentar à câmara municipal propostas de contratos que tenham por objecto a elaboração de um

---

[58] FERNANDA PAULA OLIVEIRA, «Contratação pública no direito do urbanismo», in org. PEDRO GONÇALVES, *Estudos de Contratação Pública – I*, Coimbra Editora, Coimbra, 2008, p. 787; JOÃO TEIXEIRA FREIRE, «A contratualização do conteúdo do plano urbanístico – reflexões em torno dos chamados acordos de planeamento entre os municípios e os particulares», in *RFDUL*, Vol. XLV, 1 e 2, 2004, p. 427. Questão que se coloca é a de saber se os contratos de planeamento apenas se poderão aplicar à elaboração, alteração ou revisão de planos de urbanização e de planos de pormenor, visto apenas estes serem referidos no art. 6.º-A do RJIGT, ou se poderão aplicar, igualmente, aos procedimentos de alteração planos directores municipais. Defendendo aquela primeira posição, FERNANDO ALVES CORREIA, *Manual de Direito do Urbanismo*, Vol. I, 4.ª edição, Almedina, Coimbra, 2008, p. 479. Em sentido oposto e argumentando, essencialmente, que seria injustificado um tratamento diferenciado e que sempre seria possível alterar-se um plano director municipal através da alteração de um dos planos mais precisos expressamente referidos, ver F. P. OLIVEIRA, *Contratos para planeamento*..., cit., p. 24; DULCE LOPES, «Plano, acto e contrato no direito do urbanismo – Ac. do STA de 18.5.2006, P. 167/05 – anotado», in *CJA*, 68, Março/Abril, 2008, p. 24.

[59] F. P. OLIVEIRA, «Contratação pública...» in org. P. GONÇALVES, *Estudos da Contratação*..., cit., p. 802.

projecto de plano, sua alteração ou revisão, bem como a respectiva execução.» Como resulta da norma, a celebração deste contrato depende da iniciativa de um particular, distinguindo-se assim de um mero contrato de prestação de serviços em que um particular se compromete a elaborar um plano a pedido do município[60].

Igualmente relevantes se apresentam os contratos de execução de planos, figura ampla que permite integrar um conjunto vasto de contratos celebrados entre os particulares e a Administração. Estes têm, ao contrário dos contratos de planeamento, uma origem posterior à fase de criação ou revisão do plano e apresentam como escopo a agilização da execução das normas urbanísticas, inclusive aquelas constantes dos planos, permitindo soluções concertadas quanto ao modo de cumprimento daquelas normas[61].

Integram-se nesta categoria os contratos celebrados nos sistemas de compensação, afirmando-se no art. 122.º n.º 2 do RJIGT que «os direitos e as obrigações dos participantes na unidade de execução são definidos por contrato de urbanização»; os contratos celebrados nos sistemas de cooperação, esclarecendo o art. 123.º n.º 2 a) e b) do RJIGT que estes poderão ser realizados entre os diferentes proprietários e promotores da intervenção urbanística ou entre estes e o município; e os contratos celebrados num sistema de imposição administrativa, sistema expressamente regulado no art. 124.º do RJIGT.

Para além destes, são, igualmente, contratos de execução de planos, aqueles referidos no art. 25.º do RJUE. Estes contratos têm como função permitir a um particular propor à Administração a realização de infra-estruturas ou assumir o seu encargo, caso a operação urbanística, pretendida por aquele particular, tenha sido indeferida por constituir uma sobrecarga excessiva sobre as infra-estruturas de serviços existentes ou implicar a realização ou a construção de trabalhos não previstos pelo município. Será ao procedimento aplicável a estes contratos que dedicaremos as linhas seguintes.

---

[60] A. LEITÃO «A contratualização no direito...», cit., p. 12.
[61] J. T. FREIRE, «A contratualização do conteúdo...», cit., pp. 427-428; FERNANDA PAULA OLIVEIRA / DULCE LOPES, «O papel dos privados no planeamento: que formas de intervenção?», in *RJUA*, 20, Dezembro, 2003, p. 71.

3.2. O procedimento pré-contratual aplicável aos contratos para a assunção de encargos relativos a infra-estruturas gerais

A jurisprudência comunitária analisada terá os seus reflexos mais evidentes nos contratos para a assunção de encargos relativos a infra-estruturas gerais. Estes contratos, como vimos, definidos no art. 25.º do RJUE, apresentam todos os requisitos necessários para se afirmar a presença de um contrato de empreitadas de obras públicas, tal como interpretados pelo TJUE. Daqui resultará que a estes contratos se deverá aplicar um procedimento pré-contratual de acordo com as regras de contratação pública[62].

Recuperando a interpretação realizada pelo TJUE na jurisprudência analisada, são seis os elementos constitutivos de um contrato de empreitadas de obras públicas: a existência de um contrato, a presença de uma entidade adjudicante e de um empreiteiro, o respeito pela forma escrita, o carácter oneroso do contrato e a realização de um certo tipo de trabalhos. A qualificação desta figura como contrato resulta não apenas da expressão do legislador[63], mas, sobretudo, do facto de estarmos perante um acordo de vontades com uma composição unitária de interesses divergentes.

Efectivamente, a possibilidade de um promotor assumir a responsabilidade da realização de infra-estruturas gerais, quando a ausência ou sobrecarga da operação urbanísticas sobre estas se revelasse como fundamento de indeferimento dessa operação, não se apresenta como um direito subjectivo do particular, visto não existir nenhu-

---

[62] Em sentido oposto e argumentando, essencialmente, com o facto do promotor se encontrar numa situação de infungibilidade e irrepetibilidade derivada de que realização daquela infra-estrutura geral serve de forma imediata a pretensão do requerente, justificando, assim, um menor relevo dos princípios da igualdade e concorrência que apenas deveriam valer de forma plena no caso de envolverem uma pluralidade de potenciais interessados o que, segundo a Autora, não acontece claramente nestes contratos. Ver F. P. OLIVEIRA «Contratação pública...» in org. P. GONÇALVES, *Estudos da Contratação...*, cit., pp. 817-818.

[63] Convém lembrar que, segundo a jurisprudência comunitária, «a definição de um contrato de empreitada de obras públicas pertence ao domínio do direito comunitário», sendo indiferente a qualificação jurídica existente no direito nacional. Ac. «Auroux», cit., para. 40.

ma obrigatoriedade por parte da Administração de aceitar a proposta realizada pelo particular[64]. Existe, portanto, tanto uma manifestação de vontade do particular que toma a iniciativa de apresentar tal proposta perante o município, como por parte da Administração municipal, que tem a liberdade de aceitar ou não esta proposta.

Quanto ao requisito da presença de uma entidade adjudicante, não se afirmarão quaisquer dúvidas da sua existência, visto apresentarem as autarquias locais, expressa e directamente, esta natureza[65]. A classificação do requerente da licença, que se compromete a realizar os trabalhos necessários de criação e reforço de estruturas gerais, como empreiteiro, torna-se, também, clara à luz da interpretação realizada pelo TJUE deste requisito. Como resulta da jurisprudência reiterada deste Tribunal, não se afirma empreiteiro apenas aquele que directamente realiza a obra contratada, mas, também, aquele que se compromete a realizá-la através de terceiro[66].

O carácter oneroso deste contrato revela-se igualmente claro, visto não existir na realização dos trabalhos nenhuma intenção de liberalidade por parte do particular. Relevante se torna recordar o art. 25.º n.º 3 do RJUE onde se estabelece que «em caso de deferimento nos termos do n.º 1, o requerente deve, antes da emissão do alvará, celebrar com a câmara municipal contrato relativo ao cumprimento das obrigações assumidas e prestar caução adequada, beneficiando de redução proporcional ou isenção das taxas por realização de infra-estruturas urbanísticas, nos termos a fixar em regulamento municipal.»

Torna-se clara a analogia entre a norma do RJUE e a situação analisada no acórdão *la Scala*. Também a norma italiana, que ao tempo vigorava, determinava que a realização directa de uma ou mais obras de equipamento primário ou secundário, por parte do promotor urbanístico, permitia a dedução total ou parcial dos encar-

---

[64] É esta a interpretação mais conforme a letra da lei que afirma «*pode haver deferimento*». MARIA JOSÉ CASTANHEIRA NEVES et al., *Regime Jurídico da Urbanização e Edificação – comentado*, 2.ª edição, Almedina, Coimbra, 2009, pp. 271-272.

[65] Cfr. art. 1.º n.º 9 da Directiva 2004/18/CE e art. 2.º n.º 1 al. c) do CCP.

[66] Ver, TJUE, ac. «Conisma», de 23 de Dezembro de 2009, Proc. n.º C-305/08, para. 41;

gos devidos a este título. Ao realizar as infra-estruturas gerais, o requerente do licenciamento beneficia de uma redução ou isenção das taxas por realização de infra-estruturas urbanísticas, não se podendo, assim, afirmar nenhuma gratuitidade na realização do requerente.

Por último, não manifestará dúvidas que o tipo de obras realizadas no âmbito destes contratos preenche os requisitos exigidos para nos podermos afirmar perante um contrato de empreitadas de obras públicas. A realização de infra-estruturas gerais, que seguindo a exemplificação referida no art. 24.º n.º 2 al. b) do RJUE, poderá, por exemplo, tomar a forma de construção de arruamentos ou de redes de abastecimento de água, de energia eléctrica ou de saneamento, apresentam-se com clara natureza de obra pública, apresentando não só um elemento material, traduzido na construção ou na ampliação de um estrutura existente[67], como, também, um elemento subjectivo, traduzido no fim de interesse público indiscutivelmente realizado por estas obras.

Verificam-se, assim, presentes, todos os elementos constitutivos da noção de contrato de empreitada de obras públicas, sendo, por isso, para a realização destes contratos necessário realizar-se um procedimento pré-contratual de acordo com as regras de contratação pública. Questão que se coloca é a de saber se a abertura manifestada pelo TJUE, no acórdão *la Scala* para aceitar que não se realize um procedimento pré-contratual, caso o requerente do licenciamento se comprometa a cumprir as regras de contratação na escolha do empreiteiro directo, dispensa a realização de um procedimento de adjudicação. Parece-nos, como já afirmamos *supra*, que caso de existir uma garantia de subcontratação total da realização da obra,

---

[67] Esclarece o art. 343.º n.º 2 do CCP que «para efeitos do disposto no número anterior, considera-se obra pública o resultado de quaisquer trabalhos de construção, reconstrução, ampliação, alteração ou adaptação, conservação, restauro, reparação, reabilitação, beneficiação e demolição de bens imóveis executados por conta de um contraente público.» Optou, assim, o legislador por uma definição restrita do conceito de obra afastando-se das teses que defendem que neste conceito se deverá incluir resultados de carácter iminentemente intelectual. Sobre as diferentes teses referentes ao conceito de obra, ver JORGE DE BRITO PEREIRA, «Do conceito de obra no contrato de empreitada» in *ROA*, 54, Vol. II, Julho, 1994, pp. 569-622.

parece ser de aceitar que o procedimento de adjudicação possa ser organizado pelo requerente do licenciamento.

Não podemos, contudo, abandonar este tópico sem deixar um reparo à opção do legislador de estabelecer que a redução no valor das taxas devidas por realização de infra-estruturas urbanísticas seja efectuada através de regulamento municipal. Melhor opção seria repercutir o valor efectivamente pago pelo requerente do licenciamento na contratação do empreiteiro directo na redução da taxa devida, visto que a opção actual terá como consequência que em determinadas situações o particular obtenha, na prática, reduções mais elevadas que o valor dispendido, o que redundará na obtenção de um enriquecimento injustificado em comparação com aqueles requerentes que não viram o seu licenciamento recusado por ausência ou sobrecarga nas infra-estruturais gerais existentes. Também se manifestará injustificada quando, da aplicação do regulamento municipal, resulte uma redução menor da taxa do que o valor dispendido pelo requerente. Esta opção do legislador poderá, contudo, compreender-se como uma forma de evitar que, simulando um preço superior àquele efectivamente realizado, pudesse o requerente e o empreiteiro directo defraudar o município conseguindo uma redução na taxa maior do que aquela que seria devida.

3.3. O procedimento pré-contratual dos contratos de planeamento

Ao contrário do que defendemos para os contratos sobre encargos de execução de infra-estruturas gerais, não se poderá afirmar a necessidade de um procedimento pré-contratual concursal para os contratos de planeamento. Tal não se verificará porque não decorrerá destes contratos uma vantagem directa para o particular que possa ser concebida como um benefício decorrente de uma prestação do particular.

Não existindo uma vantagem directa para o particular, por este realizar uma proposta de plano a apresentar a Administração Municipal, não fará sentido impor, nestes casos, o respeito do princípio da concorrência. Como se apresenta fácil de antecipar, temos, assim, uma situação manifestamente diferente daquela descrita dos contratos de assunção de execução de infra-estruturas gerais, em que um outro particular poderia, naturalmente, afirmar interesse na construção ou ampliação de tal estrutura contra um pagamento de um preço por parte da Administração. No caso dos contratos de planeamento, a proposta por parte de um privado de um contrato de planeamento, não impedirá que outros operadores económicos realizem, inclusive para o mesmo local, outras propostas contratuais que poderão ser, ou não, igualmente aceites pela Administração.

É certo que se poderá afirmar que, para um particular, poderão decorrer vantagens da Administração aprovar um plano com o conteúdo por este proposto, como por exemplo, o novo plano prever, para esse particular, um aumento de capacidade edificativa. Contudo, tal é uma característica que decorre, potencialmente, de todos os planos e que não pode ser, por isso, concebida como uma contraprestação da elaboração daquele contrato.

Confirma esta conclusão, o facto da elaboração de planos se apresentar como uma tarefa exclusivamente pública, resultando daqui que o poder de planeamento não pode ser afectado através daqueles contratos[68]. Na prática, a Administração poderá afastar-se daqueles compromissos assumidos com os particulares caso ponderosas razões de interesse público que justifiquem esse afastamento que não existissem ou tenham sido ponderadas no momento de realização daquele acordo[69]. Acrescente-se, também, que eventuais vantagens, decorrentes para um particular, por exemplo, um aumento de capacidade edificativa, não resultarão directamente do contrato,

---

[68] Este limite aos contratos de planeamento encontra-se expressamente previsto no art. 6.º-A n.º 2 do RJIGT, que afirma «os contratos previstos no número anterior não prejudicam o exercício dos poderes públicos municipais relativamente ao procedimento, conteúdo, aprovação e execução do plano, bem como à observância dos regimes legais relativos ao uso do solo e às disposições dos demais instrumentos de gestão territorial com os quais o plano de urbanização ou o plano de pormenor devam ser compatíveis ou conformes.» Este limite aos contratos de planeamento era, porém, já expressamente referido pela doutrina, ainda antes da previsão expressa deste tipo de contratos no RJIGT. F. A. CORREIA, *Manual de Direito...*, cit., p. 477; F. P. OLIVEIRA / D. LOPES, «O papel dos interessados...», cit., p. 75. Afirmando o mesmo limite para o direito urbanístico espanhol, R. ESTÉVEZ GOYTRE, *Manual de derecho...*, cit., pp. 438-439.

[69] F. P. OLIVEIRA, *Contratos para planeamento...*, cit., p. 38.

visto estes contratos de planeamento apenas adquirirem eficácia na medida a que vierem a ser incorporados no plano[70].

Por tudo isto, parece-nos mais correcto, em relação a este tipo de contratos urbanístico, encará-los como um meio de participação dos particulares no âmbito do procedimento elaboração dos planos do que um mercado público concorrencial em que a Administração procura, através de mecanismos de contratação externa, libertar-se de uma actividade que lhe pertence.

Resposta diferente parece-nos apenas justificada no caso de a realização de uma proposta de plano por um particular representar, já não uma forma da Administração auscultar diferentes perspectivas e coordenar interesses complexos, mas sim, representar a aquisição de um serviço, em que a Administração prefere, simplesmente, contratar externamente, em vez de utilizar os seus próprios meios, remunerando o particular por aquele serviço. Deverá aqui, avaliar-se se aquele contrato de planeamento representa uma aquisição externa de serviços, não através de saber de quem partiu a iniciativa do procedimento, mas sim, se, na prática, existe a prestação de um serviço e se este é, de alguma forma, remunerado pela Administração.

Poderá, inclusive, conceber-se que o pagamento por aquele serviço seja realizado através de um benefício presente no plano, sendo, porém, tal opção por parte da Administração, a nosso ver, extremamente criticável. Efectivamente, permitir que alterações em planos urbanísticos sejam utilizadas como contrapartida para a aquisição de serviços, significará um claríssimo e injustificado abuso da função e finalidade da planificação urbanística.

Em todo o caso, mesmo aqueles contratos de planeamento que não se considerem sujeitos à regulação jurídica do CCP, estarão sempre obrigados a um dever de publicitação e fundamentação, nos termos do art. 6.º-A n.º 4 e n.º 5 do RJIGT. Deverão, assim, os contratos de planeamento ser objecto de divulgação pública e mostrar-se devidamente fundamentados, designadamente, apresentando as razões que justificam a sua adopção, explicitando a opor-

---

[70] Cfr. art. 6.º-A n.º 3 do RJIGT.

tunidade da deliberação e demonstrando a eventual necessidade de alteração dos planos municipais[71].

3.4. As regras de contratação pública aplicáveis a contratos urbanísticos abaixo dos limiares comunitários

Como decorre do art. 7.º al. a) e al. c) da Directiva 2004/18/CE apenas os contratos cujo valor estimado seja igual ou superior a €162 000 para os contratos públicos de fornecimento e de serviços e igual ou superior a €6 242 000 para os contratos de empreitadas de obras públicas, estarão sujeitos aos procedimentos previstos naquela Directiva, ou seja, apenas para os contratos que atinjam aqueles valores será obrigatória, segundo a legislação comunitária, a prescrição de um concurso público, de um concurso limitado, de um procedimento de negociação ou de um diálogo concorrencial, nos termos dos art. 28.º e seguintes da Directiva.

Aqueles valores são, contudo, consideravelmente reduzidos por aplicação dos art. 19.º a 21.º do CCP, estabelecendo-se que no caso das autarquias locais a escolha do co-contratante por ajuste directo apenas estará disponível para contratos com um valor inferior a €150 000 para contratos de empreitadas de obras públicas[72] e €75 000 no caso de contratos de aquisição de serviços[73]. Apesar da importante redução operado pelo CCP, fica claro que parte dos contratos urbanísticos, aos quais serão aplicados as regras de contratação pública, não ficarão, necessariamente, sujeitos à realização de um concurso público ou de um concurso limitado por prévia qualificação.

Tal não será, contudo, sinónimo de afirmar que os contratos que não atinjam aqueles valores estarão livres de quaisquer sujeições

---

[71] Acrescenta DULCE LOPES a estas menções, expressamente apresentadas no art. 6.º-A n.º 4 do RJIGT, a necessidade de fundamentar, igualmente, com a referência à base legal e atribuições municipais no domínio em causa, ao estatuto de interessado do co-contraente da Administração e a justificação da legitimidade e proporcionalidade das contrapartidas a prestar. D. LOPES, «Plano, acto...», cit., p. 25.

[72] Cfr. art. 19.º al. a) do CCP.

[73] Cfr. art. 20.º al. a) do CCP.

legais, resultando de consistente jurisprudência do TJUE[74] que mesmo para os contratos abaixo dos limiares comunitários se exige o respeito os princípios fundamentais de direito comunitário. Estarão, por isso, todos os contratos, mesmo aqueles de reduzido valor, sujeitos a uma obrigação de publicidade e transparência e ficam adstritos a um dever de respeito pelos princípios de não-discriminação e igualdade entre os concorrentes[75].

Este dever de respeito pelo princípio da transparência para todos os contratos justifica a solução prevista no art. 127.º do CCP e que determina no seu n.º 1 que a celebração de quaisquer contratos na sequência de ajuste directo deve ser publicitada, pela entidade adjudicante, no portal da Internet dedicado aos contratos públicos, estabelecendo o n.º 2 do mesmo artigo que tal publicitação é condição da eficácia do respectivo contrato.

4. Conclusão

Em conclusão podemos afirmar que o novo paradigma da Administração, mais aberto e flexível a soluções negociadas com os particulares, tem tido, no campo do direito do urbanismo, a sua mais clara reflexão na figura do contrato urbanístico. Ao mesmo tempo, uma preocupação crescente com uma gestão eficiente dos recursos públicos tem justificado, não só, um crescente recurso a contratações fora de portas, como também uma maior preocupação com as regras

---

[74] TJUE, ac. «Telaustria», de 7 de Dezembro de 2000, Proc. n.º C-324/98, para. 68; TJUE, despacho «Vestergaard», de 3 de Dezembro de 2001, Proc. n.º C-59/00, para. 20; TJUE, ac. «Comissão v. França», de 20 de Outubro de 2005, Proc. n.º 264/03, para. 32; TJUE, ac. «Medipac», de 14 de Junho de 2007, Proc. n.º C-6/05, para. 33; TJUE, ac. «SECAP», de 15 de Maio de 2008, Proc. n.º C-147 e 148/06, para. 20.

[75] Ver Comissão, *Comunicação interpretativa sobre o direito comunitário aplicável à adjudicação de contratos não abrangidos, ou apenas parcialmente, pelas directivas comunitárias relativas aos contratos públicos*, 2006/C, in JO C 179, de 1de Agosto de 2006. Contudo, a própria Comissão esclarece que determinados contratos poderão, em condições especiais, não apresentar qualquer interesse para operadores económicos localizados em outros Estados-Membros, não justificando aplicação de normas derivadas do direito comunitário primário. Também, neste sentido, TJUE, ac. «Coname», de 21 de Julho de 2005, Proc. n.º C-231/03, para. 20.

de escolha dos operadores económicos responsáveis pela realização desses contratos.

Será, porventura, a partir desta concepção de diferentes objectivos que se poderá procurar a justificação para um tratamento diferenciado de diferentes contratos urbanísticos. Será naqueles contratos em que se possa afirmar existir uma remuneração de um particular por um serviço, obra ou fornecimento, ainda que se manifeste na simples redução de uma taxa, que se justificará uma aplicação total e completa das regras de contratação. Deverá ser assim mesmo que a iniciativa do contrato seja do particular ou que a sua realização seja necessária para viabilizar uma pretensão daquele.

Tal aplicação de regras de procedimento concursais não se justificará, apenas, nas situações em que a contratação se apresente, simplesmente, como um modo de concertar interesses entre diferentes particulares e a administração e que não represente a realização de uma prestação à qual se possa associar, ainda que apenas potencialmente, o interesse de realização por parte de outros operadores económicos.

A jurisprudência comunitária tem desempenhado um claro papel de expansão do campo de aplicação das regras de contratação, demonstrando que classificações legislativas nacionais não obstarão a aplicação daquelas regras. De tudo isto resulta que, pelo menos parcialmente, se pode afirmar uma abertura concorrencial dos contratos públicos, decorrendo daí uma menor possibilidade discricionária por parte da Administração na escolha do particular com quem elabora contratos urbanísticos, ou, pelo menos, colocando condições na forma como este particular escolherá o prestador directo do objecto contratual.

Os Contratos para Planeamento Ad Hoc

MARIA CRISTINA TORRES DE ECKENROTH GUIMARÃES[1]

Tribunal Central Administrativo Norte
Recurso n.º 1149/04.6BEPRT

Acordam os juízes da Secção de Contencioso Administrativo do Tribunal Central Administrativo Norte:
Ana Álvares Ribeiro Marques de Aguiar, Maria Álvares Ribeiro Marques de Aguiar Lopes Pinto, Teresa Maria Álvares Ribeiro Marques de Aguiar Barata Tovar, Marta Álvares Ribeiro Marques de Aguiar e Sofia Álvares Ribeiro Marques de Aguiar, com os sinais nos autos, inconformadas, vieram recorrer do acórdão do TAF do Porto, datado de 27 de Maio de 2005, que julgou improcedente a presente acção administrativa especial que haviam intentado contra o Vereador do Pelouro do Urbanismo e da Mobilidade da Câmara Municipal do Porto, e em que pediam a anulação de acto administrativo por este praticado e a condenação deste à prática de acto de deferimento de pretensão e subsequentes actos de licenciamento do pedido de loteamento que haviam formulado.
Apresentaram alegações e sintetizaram as mesmas nos seguintes termos:

I – Os factos supra elencados sob os n.os 10 e 11 são relevantes para a boa decisão da causa e foram admitidos por acordo das partes, por não impugnados pelo recorrido, pelo que deverão ser dados como provados e apurados.

II – O acórdão recorrido ao não o ter feito incorreu em erro na fixação dos factos da causa e violou, como tal, o previsto no art. 94.º do CPTA, devendo, por tal motivo, ser alterada, por forma a que tais factos também sejam dados como apurados.

III – O acto administrativo impugnado não emitiu qualquer juízo conclusivo sobre se a pretensão edificatória das recorrentes viola ou

---

[1] Chefe de Divisão de Estudos e Assessoria Jurídica da Câmara Municipal do Porto.

não os objectivos de revisão do PDM, limitando-se a dizer que "ainda não há condições para se emitir parecer favorável, uma vez que a pretensão, tal como se encontra formulada, pode comprometer os objectivos do PDM, ..." (sic).

IV – Assim sendo as recorrentes ficam sem saber se a sua pretensão viola ou não, em concreto, os ditos objectivos de revisão do PDM (mas apenas que pode violar!!?), o que, no mínimo e desde logo, torna obscura e incompreensível a fundamentação do acto em apreço, viola, como tal, o disposto nos arts. 124.º e 125.º do CPA e afecta aquele acto dos vícios de forma e de violação de lei, por insuficiência/falta de fundamentação, vícios esses geradores da sua anulabilidade.

V – A informação n.º 532/99 DMESTU, ao ser prestada em conclusão de um procedimento administrativo que visava a formação e manifestação da vontade vinculante do recorrido, bem como ao ser incluída na escritura pública de permuta é juridicamente vinculante para o recorrido, estando este obrigado a respeitá-la e a limitar, em conformidade, o seu poder de planeamento urbanístico.

VI – O procedimento administrativo que levou àquela informação e esta última, por ambos visarem a formação e manifestação da vontade vinculante do recorrido, têm a natureza de um procedimento e informação prévias, tal como reguladas no RJUE, e são análogos aos mesmos.

VII – Na falta de outro regime legal deverá, pois, aplicar-se, por analogia, àquela informação o regime da informação prévia previsto no RJUE, maxime no respectivo art. 17.º.

VIII – Ora, as recorrentes apresentaram o respectivo pedido de loteamento em 11/10/2002, pelo que dentro do prazo de um ano ali previsto.

IX – O recorrido, por força do citado art. 17.º/1 do RJUE estava, pois, como está, obrigado a deferir aquele pedido, pelo que, ao não o ter feito, violou aquele preceito legal, afectando o acto em apreço do vício de violação de lei, gerador da sua anulabilidade.

X – As medidas preventivas previstas na Resolução do Conselho de Ministros n.º 125/2002, de 15 de Outubro, não são aplicáveis ao procedimento de licenciamento requerido pelas recorrentes, pois que, como vimos, a pretensão daquelas havia já sido objecto de uma informação prévia favorável.

XI – O acto administrativo em apreço, ao indeferir a pretensão das recorrentes com fundamento na aplicação das sobreditas medidas preventivas, violou, pois, o disposto no art. 107.º/5 do DL 380/ /99, de 22 de Setembro, e no art. 5.º/1 da Resolução do Conselho de Ministros n.º 125/2002, de 15 de Outubro, ficando assim afectado, também por aqui, do vício de violação de lei, gerador da sua anulabilidade.

XII – A aplicação/invocação das medidas preventivas pela CMP não respeita, em concreto, o princípio da necessidade aplicável a estas, nem também respeita o princípio da proporcionalidade em sentido estrito aplicável àquelas medidas.

XIII – Pelo que o acto administrativo em apreço viola, pois, aqueles dois princípios, consagrados nos arts. 110.º/2 e 3 e art. 107 do DL 380/99, e incorre, como tal, em novo vício de violação de lei, vícios esses geradores da sua anulabilidade.

XIV – O acto em apreço, ao invocar como fundamento do indeferimento a execução da Avenida Nun' Álvares, que a CMP antes havia garantido não afectar o terreno cedido, por permuta, aos particulares, violou claramente o princípio da boa fé da Administração, previsto no art. 266.º/2 da CRP e no art. 6.º/1 e 2 do CPA, pois que agiu em manifesto "venire contra factum propium", contrariando o que antes havia garantido,

XV – o que afecta, também por esse motivo, de novo vício de violação de lei, vício esse gerador da sua anulabilidade.

XVI – O douto acórdão recorrido ao não reconhecer nenhum dos vícios do acto administrativo impugnado atrás apontados violou os preceitos legais ali invocados, o que deverá levar à sua revogação e substituição por acórdão que reconheça aqueles mesmos vícios e julgue a acção procedente.

XVII – Não havendo outros fundamentos, de facto e de direito, para o indeferimento da pretensão das recorrentes, deverá antes ser expressamente deferido o pedido de liceciamento de operação de loteamento formulado por aquelas.

TERMOS EM QUE o presente recurso deverá ser julgado procedente, alterando-se e, depois, revogando-se o douto acórdão recorrido conforme atrás defendido, com o que se fará justiça.

Contra-alegou o recorrido, tendo concluído pelo seguinte modo:

1.º – A matéria de facto foi integral e completamente ponderada na douta decisão do Tribunal *a quo*, tendo o Tribunal alicerçado a sua convicção na consideração dos factos provados, no teor dos documentos juntos aos autos (que não foram impugnados), nos processos administrativos apensos aos mesmos e nos factos admitidos por acordo das partes.

2.º – As Recorrentes tinham todas as condições para retirar da decisão recorrida o conhecimento da razão pela qual foi o seu pedido indeferido – a circunstância de comprometer o PDM em revisão –, pelo que não se pode rigorosamente falar em qualquer vício por falta ou insuficiência de fundamentação.

3.º – O contrato de permuta celebrado entre as Recorrentes e o Recorrido não consubstancia um acto constitutivo de direitos para as Recorrentes, no que toca ao procedimento de licenciamento do loteamento em apreço, pelo que não pode ser relevado em sede de constituição de direitos.

4.º – Acresce que a pretensão das Recorrentes consubstancia uma violação do princípio da legalidade, na medida em que *"a validade das licenças ou autorizações das operações urbanísticas depende da sua conformidade com as normas legais e regulamentares aplicáveis em vigor à data da sua prática"* (artigo 67.º do RJUE).

5.º – Pelo exposto, as normas constantes dos artigos 107.º, n.º 5, do Decreto-Lei n.º 380/99, e 5.º, n.º 1, da RCM n.º 125/2002, não são aplicáveis no caso concreto, não sendo, como tal, verdadeira a afirmação de que tais normas vão violadas.

6.º – Os princípios da necessidade e da proporcionalidade em sentido estrito – corolários do princípio da proporcionalidade, em sentido lato – não têm o alcance que as Recorrentes lhe pretendem conferir.

7.º – De todo o modo, certo é que o traçado da avenida está abrangido pela área territorial de revisão do PDM, sendo igualmente certo que a operação urbanística em causa se encontra abrangida pelo âmbito material das medidas preventivas.

8.º – A actuação do Recorrido em apreço integra-se no domínio da actuação vinculada, pelo que não faz qualquer sentido fazer apelo aos princípios gerais.

9.º – De todo o modo, o que sucede é (apenas) que o *"parecer em apreço condiciona o licenciamento em causa do traçado da avenida, julgando-se que o que é fulcral é a sua articulação com a envolvente"*, existindo apenas uma determinação de articulação com a aludida artéria.

Termos em que deve ser mantida a decisão recorrida, com o que se fará inteira e sã Justiça.

O Ministério Público emitiu parecer no sentido do não provimento do recurso.

Colhidos os vistos legais, cumpre decidir.

No acórdão recorrido identificou-se a seguinte factualidade concreta que se julgou com interesse para a decisão da causa:

1.º Em 22/03/2002, no Notário Privativo da Câmara Municipal do Porto, foi outorgada escritura pública de permuta de parcelas de terreno entre Maria Antónia de Sousa Guedes Álvares Ribeiro Marques de Aguiar, mãe das aqui autoras, e marido e o Município do Porto, nas seguintes condições:

a) esta permuta é efectuada em igualdade de valores, tendo sido atribuído pela Comissão de Avaliação, a cada uma das parcelas, o valor global de oitenta e seis mil seiscentos e noventa e um euros e sete cêntimos;

b) a parcela municipal, identificada pela letra A, destina-se à construção urbana, nas condições definidas na informação número quinhentos e trinta e dois/noventa e nove/DMESTU;

c) a parcela de terreno dos segundos outorgantes, identificada pela letra B, destina-se a ser integrada no domínio público, tendo em vista a execução da Avenida Nun' Álvares – cfr. processo administrativo apenso aos presentes autos não numerado, cujo teor da escritura pública aqui se tem por integralmente reproduzido.

2.º A informação n.º 532/99/DMESTU a que se refere a escritura pública de permuta tem o seguinte teor:

"1. No seguimento do Despacho do Sr. Vereador do Pelouro do Urbanismo e Planeamento de 26/11/98, em resposta ao req.º n.º 7183/97, a capacidade construtiva da parcela de terreno designada pela letra "D" a permutar, deverá ficar condicionada à planta que se anexa, na qual se estabelecem as seguintes condicionantes urbanísticas:

  a) Capacidade construtiva para cinco habitações unifamiliares;
  b) A volumetria deverá respeitar os índices máximos estabelecidos no PDM;
  c) A cércea máxima acima da cota de soleira deverá ser de dois pisos;
  d) São estabelecidos os alinhamentos a respeitar na arquitectura;

2. A parcela municipal a permutar ("D") possui uma área de 1.485m², equivalente à parcela do requerente ("C" – 103);

3. O requerente obriga-se a proceder a uma acção de loteamento, e a garantir a execução das infra-estruturas necessárias à viabilização do empreendimento. (...)" – cfr. processo administrativo apenso aos presentes autos não numerado, cujo teor da informação aqui se tem por integralmente reproduzido.

3.º Em 19/09/2002, por escritura pública outorgada no 1.º Cartório Notarial de Matosinhos, aqueles ditos pais das autoras doaram a estas o prédio identificado na escritura pública de permuta – cfr. processo administrativo apenso aos presentes autos não numerado, cujo teor da escritura pública aqui se tem por integralmente reproduzido.

4.º Em 11/10/2002, as autoras solicitaram o licenciamento de uma operação de loteamento para o terreno permutado junto do aqui réu, tendo instruído o pedido, designadamente, com as escrituras referenciadas *supra* – cfr. requerimento n.º 19204/02 ínsito no processo administrativo apenso aos presentes autos não numerado.

5.º Em 21/03/2003, as autoras foram notificadas, em sede de audiência prévia, que o réu pretendia indeferir o pedido de licenciamento com fundamento em parecer da DRAOT-NORTE – cfr. ofício n.º OF/1148/03/DMEU constante do processo administrativo vindo a referenciar.

6.º Neste parecer pode ler-se, designadamente, que "(...) face às indefinições urbanísticas que ainda subsistem para a Av. Nun' Álvares e áreas envolventes, concluiu-se ser permaturo emitir-se um parecer definitivo. (...) Assim, considera-se que, de momento, o projecto não deve ser deferido, sendo aplicável o disposto nas alíneas b) e c) do artigo 3.º da Resolução do Conselho de Ministros n.º 125/2002, de 15 de Outubro (medidas preventivas)." – cfr. processo administrativo apenso aos autos.

7.º Em 28/03/2003, as autoras responderam em sede de audiência prévia – cfr. requerimento n.º 6461/03 ínsito no processo administrativo.

8.º Em 24/03/2004, as autoras foram notificadas do teor da acta de reunião n.º 22/2004 da Comissão de Coordenação e Desenvolvimento Regional – cfr. ofício n.º OF/1344/04/DMGU constante do processo administrativo vindo a mencionar.

9.º A acta de reunião n.º 22/2004 tem o seguinte teor:

"O traçado da Av. Nun' Álvares, sua articulação com a envolvente, quer em termos viários quer urbanísticos, é fundamental para a análise da pretensão.

O referido traçado faz parte de um estudo mais abrangente, que se encontra em adiantada fase de elaboração mas ainda não validado. Por uma questão de prudência deve-se aguardar que seja aprovado e vertido para o PDM.

Assim, ainda não há condições para se emitir parecer favorável, uma vez que a pretensão, tal como se encontra formulada, pode comprometer os objectivos do PDM, nomeadamente, a estruturação dos sistemas de transportes bem como intenções municipais de valorização e requalificação do espaço público.

Foi precisamente para salvaguardar o que se acabou de referir que foram decretadas Medidas Preventivas, sendo a este aplicável, nomeadamente, o disposto nas alíneas b) e c) do n.º 1 do artigo 3.º da R.C.M. n.º 125/2002, de 15 de Outubro."

10.º Em 18/03/2004, foi proferido despacho de homologação do parecer exarado na sobredita acta pelo Vereador do Pelouro do Urbanismo e Mobilidade da Câmara Municipal do Porto, por delegação de poderes do Presidente da Câmara Municipal – cfr. processo administrativo vindo a referenciar.

11.º As autoras foram notificadas desta decisão em 29/03/2004 – cfr. ofício n.º OF/1344/04/DMGU, de 24/03/2004, junto ao processo administrativo.

12.º Em 15/10/2002, foi publicada, no Diário da República n.º 23, I Série-B, a Resolução do Conselho de Ministros n.º 125/2002, que ratificou as medidas preventivas destinadas a acautelar a revisão do Plano Director Municipal do Município do Porto.

Nada mais se considerou provado.

Resta agora apreciar o recurso que vem dirigido a este Tribunal.

A primeira questão que importa tratar no presente recurso consiste em saber se efectivamente a factualidade que as recorrentes pretendem que deveria ter sido considerada assente pelo acórdão recorrido será ou não relevante para a decisão da causa.

Nos artigos 1.º a 27.º da petição inicial as recorrentes descrevem com minúcia toda a tramitação que teve como desfecho final a escritura de permuta de terrenos que os seus pais efectuaram com a Câmara do Porto, sendo certo que de tal escritura ficaram a fazer partes as condicionantes que lhes permitiriam construir as moradias pretendidas no terreno que receberam da autarquia.

Na verdade tal factualidade apenas serve, a título instrumental, para dar a conhecer ao Tribunal as razões que levaram a que os pais das recorrentes e a Câmara tivessem celebrado a referida permuta com os contornos que ficaram expressos nos respectivos contratos, onde se incluiu, naturalmente, a definição da capacidade urbanística do terreno que ficou a pertencer aos pais das recorrentes.

Ou seja, tal como as recorrentes delinearam a causa de pedir nestes autos, e bem assim os pedidos, trata-se de matéria de facto que não tem uma relevância estrutural para que se possa decidir a causa, em consciência, e segundo as várias soluções jurídicas admissíveis; não se tratam dos factos essenciais ao reconhecimento do direito, mas apenas dos factos instrumentais que de algum modo permitem um melhor esclarecimento daqueles factos essenciais que aliás foram dado como provados no acórdão recorrido.

E assim sendo, não se vê, agora, qualquer utilidade em levar aquela factualidade ao probatório da decisão da causa uma vez que a mesma não é susceptível de aportar para essa mesma decisão qualquer mais-valia para a solução jurídica da questão de fundo que aqui é trazida pelas partes.

Já quanto à factualidade vertida nos artigos 29.º a 52.º da petição inicial a mesma prende-se com o pedido de loteamento do terreno que veio à propriedade das recorrentes, nos termos que haviam sido definidos na já referida escritura de permuta.

Ou seja, diferentemente da factualidade vertida nos artigos 1.º a 27.º, esta factualidade contende directamente com o acto administrativo que aqui vem impugnado e que se pretende que seja substituído por outro com diferente conteúdo que defira a pretensão das recorrentes.

Contudo, também se trata de matéria que não releva para a decisão da causa que consiste, no essencial, em saber qual o alcance e efeito prático da informação n.º 532/99/DMESTU no que toca à constituição ou não de direitos na esfera jurídica das recorrentes, tendo como contrapartida uma obrigação da Câmara no licenciamento do loteamento que respeite as condicionantes definidas por tal informação, já que, conforme a resposta que venha a ser dada a esta questão trata-se também de factualidade que não releva sobre tal questão.

Assim, afigura-se-nos que a factualidade levada ao probatório do acórdão recorrido é suficiente para que o Tribunal se possa pronunciar quanto ao pedido formulado pelas recorrentes e por isso é à mesma que deverá ser dada relevância na presente decisão.

Improcede, assim, nesta parte o recurso que agora vem dirigido a este Tribunal.

Quanto ao fundo da causa.

Em primeiro lugar há que saber, então, qual o alcance da dita informação n.º 532/99/DMESTU integrada no contrato de permuta, no sentido de se saber se criou ou não direitos na esfera jurídica das recorrentes que agora devem ser atendidas pela Câmara Municipal perante o licenciamento do loteamento requerido pelas mesmas.

Tal informação foi prestada no âmbito de um procedimento demorado e que teve em vista uma troca de terrenos entre a Câmara e os pais das recorrentes no sentido de estes abrirem mão de um terreno que era essencial para a construção de um eixo viário dentro da Cidade do Porto essencial ao desenvolvimento urbano e organização de tráfego.

Essa mesma informação, e planta a ela anexa, foi incluída na proposta de permuta de terrenos aprovada por unanimidade por deliberação da Câmara Municipal do Porto em 11 de Setembro de 2001, o que permitiu a celebração da escritura de permuta que trouxe à propriedade das recorrentes a parcela de terreno agora em causa.

Este "negócio" da permuta de terrenos teve uma tramitação instrutória prévia onde foi praticado um acto administrativo definidor de direitos e obrigações, que em devido tempo se consolidaram na esfera jurídica das recorrentes, ou dos seus antecessores.

Há então que analisar o contrato de permuta celebrado pelas partes.

Dispõe o art. 179.º do CPA que, os órgãos administrativos na prossecução das atribuições da pessoa colectiva em que se integram, podem celebrar contratos administrativos, salvo se outra coisa resultar da lei ou da natureza das relações a estabelecer.

Esta norma acolhe o princípio da autonomia pública contratual da Administração, o que significa que a Administração Pública pode *"... usar a forma do contrato para produzir o efeito jurídico de um acto administrativo (contratos decisórios que substituem actos administrativos), assim como celebrar contratos em que se compromete a praticar ou a não praticar um acto administrativo com um certo conteúdo (contratos obrigacionais)."*, cfr. Parecer do Conselho Consultivo da PGR, n.º 115/2003 de 23/09/2004.

Isto é, também por meio do contrato a Administração pode produzir na esfera jurídica de um particular os mesmos efeitos que se produziriam mediante a prática de um acto administrativo tal como definido pelo art. 120.º do CPA – O acto administrativo é a decisão dos órgãos da Administração que ao abrigo de normas de direito público visem produzir efeitos jurídicos numa situação individual e concreta.

"... para além dos casos em que, assim, se tornou lícito à Administração recorrer ao contrato administrativo em substituição da prática de um acto administrativo ou da celebração de um contrato de direito privado, existem também – e são esses os casos típicos de contrato administrativo – aqueles casos em que a produção do respectivo efeito jurídico está prevista na lei, como sendo própria de um contrato desses. Podemos, portanto, afirmar que além dos contratos administrativos com objecto próprio ou exclusivo, haverá então, hoje, contratos desses com objecto próprio de acto administrativo ou com objecto próprio de contrato de direito privado.", cfr. M. Esteves de Oliveira e outros, CPA Anotado, 2.ª edição, pág. 817.

Na verdade esta norma admite a utilização do contrato administrativo para um variado leque de situações em que a Administração se possa envolver com os particulares, naturalmente com as limitações decorrentes da lei ou da natureza dos efeitos jurídicos pretendidos obter.

Assume-se, assim, o contrato administrativo como um verdadeiro meio potenciador da actividade da Administração que lhe permite escolher a utilização de tal tipo de contrato em substituição da prática do clássico acto administrativo ou mesmo do contrato de direito privado.

E se há tipos de contratos administrativos bem definidos na lei, cfr. art. 178.º, n.º 2 do CPA, que de forma evidente delimitam o âmbito de actuação da Administração, outros poderão ser celebrados com conteúdos diferentes e que serão os contratos atípicos, incumbindo, no entanto, à Administração também aí actuar segundo critérios de legalidade e oportunidade na prossecução dos interesses que estejam a seu cargo.

"Neste âmbito, pode conceber-se, em primeiro lugar, um contrato cuja «forma significante» não apareça descrita na lei mas no qual sejam pactuados efeitos de direito que se encontrem previstos em normas jurídicas de direito administrativo... Denominamos esses contratos como contratos com objecto passível de acto administrativo", cfr. Sérvulo Correia, Legalidade e Autonomia Contratual nos Contratos Administrativos, pág. 401. Tais contratos administrativos *"... só são admissíveis na medida em que o regime especificamente jurídico-administrativo neles estatuído seja enquadrável numa disciplina normativa vigente e desde que esta não deva ser forçosamente concretizada através de acto administrativo",* cfr. mesmo autor e mesma obra citada, pág. 719, e que é o caso por exemplo das decisões disciplinares ou as decisões de reclamações ou recursos, entre muitas outras.

Assim os contratos administrativos podem ter diferentes conteúdos, podendo mesmo ser mistos. *"Nestes (nos contratos administrativos mistos) podem combinar-se contratos administrativos típicos (formando uma nova categoria de contratos atípicos), podem combinar-se contratos típicos com contratos atípicos (podendo os contratos atípicos ter objecto passível de contrato de direito privado ou objecto passível de acto administrativo) e podem combinar-se diferentes contratos atípicos com objectos passíveis de contrato privado, com objectos passíveis de acto administrativo ou objectos passíveis de contrato privado e de acto administrativo.*

Em qualquer das diferentes hipóteses e sub-hipóteses, o regime de legalidade do contrato administrativo misto terá de equacionar-se segundo a doutrina da combinação: a parte do conteúdo correspondente a cada um dos tipos combinados deverá ter o regime de legalidade que lhe corresponde segundo a natureza do seu objecto. Assim é porque, ainda que se pudesse considerar como tipo prevalente aquele que correspondesse a um objecto passível de contrato privado, nem por isso seria possível dispensar a parte do contrato correspondente ao exercício de uma competência material administrativa da prossecução do fim visado pela norma que a concede e da conformidade material com os pressupostos e os efeitos de direito que a norma perfile como modelo incomprimível (se bem que extensível) do acto a praticar em sua aplicação.

Em caso de dúvida quanto à incompatibilidade de dois regimes de legalidade diferentes num contrato misto em que pelo menos um dos objectos seja passível de acto administrativo, parece que terá de se derivar para uma aplicação «sui genieris» da doutrina da absorção, cumprindo globalmente o regime de legalidade mais exigente, pois que será esse o único modo de garantir que o exercício contratual de discricionariedade não seja subtraído aos imperativos de legalidade material que devessem presidir ao uso da mesma competência material por via unilateral.", cfr. Sérvulo Correia, mesma obra citada, pág. 642.

Daqui se pode concluir assim que a utilização do contrato administrativo fora dos casos legalmente previstos deve orientar-se sempre pelo princípio da legalidade; na verdade não é concebível que a Administração lance mão deste tipo de contratos para atingir um fim vedado por lei ou para impor ao particular ónus ou obrigações que lhe não seriam exigíveis de outro modo.

"O principal é que o contrato substitutivo (ou integrativo) de acto administrativo está, quanto aos respectivos pressupostos, conteúdo e consistência, sujeito às mesmas limitações ou vinculações que impendiam sobre este – salvo, obviamente, as que aí pudessem ser expressamente afastadas por assentimento do destinatário –, o que pode jogar um papel importante em matéria, por exemplo, de cláusulas acessórias ou de revogação do contrato. O contrato não serve, pois, para obter do particular contrapartidas que lhe podiam ser exigidas no acto administrativo – pense-se na licença de loteamento –, constrangendo-o ou pressionando-o a aceitar, contratualmente, encargos que através de acto administrativo não lhe podiam ser assacados.

Como também não serve para a hipótese inversa: de lhe dar aquilo que através de acto administrativo não lhe podia ser dado. Pense-se num subsídio maior do que o atribuível ao abrigo da lei, que fixa o seu máximo", cfr. M. Esteves de Oliveira e outros, obra citada, pág. 819.

Analisemos então o contrato dos autos.

Se por um lado, na parte em que respeita à permuta de terrenos não haverá dúvidas que se trata de um negócio que poderia cair no âmbito do direito privado, uma vez que o recorrido actuou despido dos seus poderes de autoridade, aliás terá mesmo servido para evitar um processo de expropriação litigiosa, já na parte em que o Réu declara que a parcela de terreno que entrega às recorrentes (aos seus pais) se destina à construção urbana nas condições definidas na informação n.º 532/99/DMESTU se configura como um verdadeiro acto administrativo praticado no âmbito das competências e atribuições que lhe são conferidas pelo disposto nos arts. 14.º a 17.º do DL n.º 555/99 de 16 de Dezembro.

E, tal informação, conforme resulta do PA apenso, foi prestada face a uma concreta pretensão construtiva que foi mesmo avaliada, à data, face ao estudo Prévio do PU da Avenida Nun' Álvares, daí resultando mesmo uma definição bem concretizada do que as recorrentes podem construir e em que condições o podem fazer.

Assim, tal informação ao ser incorporada no contrato administrativo celebrado pelas partes nos moldes em que o foi, que aliás foi objecto prévio de deliberação do órgão competente, não pode deixar de ser vista como uma cláusula contratual que contém efeitos susceptíveis de serem constituídos por acto administrativo para efeitos do disposto no art. 17.º do DL n.º 555/99 e do qual resultam direitos para as recorrentes que agora não podem ser postergados.

É que tal como atrás vimos, este contrato configura-se como um contrato administrativo atípico misto com objecto passível de acto administrativo.

Não é por isso de relevar, aqui, devido aos contornos específicos que assumiu tal informação, que não tenham sido observadas as regras de trâmite estabelecidas nos arts. 14.º a 16.º do DL n.º 555/99 de 16 de Dezembro, já que ao actuar como actuou o recorrido não excedeu as suas competências nem violou as normas legais em vigor.

Vejamos então qual o efeito que as medidas preventivas que vieram a ser adoptadas no âmbito do processo de revisão do Plano Director Municipal do Porto terão sobre tal acto administrativo.

É certo que tais medidas apenas entraram em vigor após a prolação de tal acto e de o mesmo ter produzido os seus efeitos e que tiveram como objectivo garantir a liberdade de revisão do Plano Director Municipal do Porto (PDM) e a não comprometer a sua execução, implicando a suspensão dos instrumentos de gestão territorial que não se coadunem com os objectivos dessa mesma revisão, cfr. art. 1.º, n.º 1 da Resolução do Conselho de Ministros n.º 125/ /2002, DR, I Série-B de 15/10/2002.

No entanto estabelece-se no art. 5.º, n.º 1 desta mesma Resolução do Conselho de Ministros que: Os actos administrativos válidos e eficazes, constitutivos de direitos já subjectivados em terceiros, resultantes de decisões ou deliberações legalmente tomadas antes da entrada em vigor das presentes medidas preventivas, não ficam abrangidos por estas.

Visa-se com esta norma a salvaguarda de direitos anteriormente adquiridos que foram reconhecidos por serem conformes às normas em vigor à data do seu reconhecimento.

Ora, tendo o recorrido reconhecido às recorrentes (ou aos seus pais) o direito a construir nos moldes e com as limitações constantes da dita informação, não pode agora, sob pena de violação desta norma deixar de decidir favoravelmente a sua pretensão com o fundamento de que a construção a levar a efeito pode violar o novo Regulamento do PDM, apenas pode ser indeferida tal pretensão se a mesma violar as regras impostas na dita informação e bem assim na legislação que se encontrava em vigor à data.

Assim, tendo o pedido de licenciamento da operação urbanística sido requerido no prazo de um ano nos termos do disposto no art. 17.º, n.º 1 do DL n.º 555/99 está o recorrido vinculado a respeitar a informação que prestou e o contrato outorgado que faz parte do bloco de legalidade, independentemente de terem entrado entretanto em vigor as medidas preventivas atrás referidas.

Daqui se conclui, assim, que às recorrentes assiste o direito de verem apreciado o seu pedido de licenciamento face ao teor da informação n.º 532/99/DMESTU e bem assim da legislação em vigor à data e consequentemente não pode o recorrido invocar "nova" legislação para efeitos de não decidir ou de indeferir tal pretensão.

Uma última observação se impõe quanto ao pedido formulado pelas recorrentes sob o n.º 2 e que consistia em ser o recorrido condenado a praticar o acto de deferimento e os subsequentes actos de licenciamento do pedido de loteamento por si formulado.

Na verdade não se pode o Tribunal substituir ao recorrido no que toca à apreciação da conformidade do pedido de licenciamento quanto às normas legais aplicáveis, aquelas que se encontravam em vigor à data da celebração do contrato, ou seja, 22/03/2002, e à conformidade de tal pedido com a dita informação n.º 532/99/DMESTU.

Apenas pode o Tribunal condenar o recorrido a apreciar esse pedido de licenciamento face a tais regras globalmente consideradas e apenas nessa medida é que será o recorrido condenado.

Por tudo o que fica exposto, acordam os juízes que compõem este Tribunal em:

– Conceder provimento ao recurso;
– Revogar o acórdão recorrido;
– Julgar procedente a acção e em consequência anular o acto administrativo impugnado e bem assim condenar o recorrido a apreciar a conformidade do pedido de licenciamento com as normas legais que se encontravam em vigor à data da celebração do contrato, ou seja, 22/03/2002, e à conformidade de tal pedido com a dita informação n.º 532/99/DMESTU.
– Condenar o recorrido nas custas em ambas as instâncias.
  D.N.

Porto, 19 de Abril de 2007

Comentário

Os contratos para planeamento constituíram, mesmo antes da sua consagração legal no artigo n.º 6.º-A do Regime Jurídico dos Instrumentos de Gestão Territorial (RJIGT)[2], um instrumento privilegiado na gestão urbanística municipal.

---

[2] Aprovado pelo Decreto-Lei n.º 380/99, de 22 de Setembro e alterado, sucessivamente, pelo Decreto-Lei n.º 53/200, de 7 de Abril, pelo Decreto-Lei n.º 310/2003, de 10 de Dezembro, pelo Decreto-Lei n.º 316/2007, de 19 de Setembro, pelo Decreto-Lei n.º 46/2009, de 20 de Fevereiro e pelo Decreto-Lei n.º 181/2009, de 7 de Agosto.

Com efeito, o Município do Porto utilizou a via contratual, múltiplas vezes, como forma de prosseguir fins de interesse público. Estes fins concretizavam-se, em muitas ocasiões, na construção de infra-estruturas de dimensão e relevância municipal, evitando-se, através da permuta de terrenos, toda a morosidade e onerosidade associadas a um processo expropriativo. Outras das vezes, o Município do Porto cedia imóveis integrados no domínio municipal, aos quais reconhecia determinadas capacidades construtivas, e, consequentemente, dado valor, como forma de apoiar entidades que desenvolviam actividades de relevante interesse municipal. E ainda, noutros casos, adoptava estes contratos de modo a evitar o pagamento de avultadas indemnizações em acções judiciais, concretizando pela via contratual transacções judiciais que encerravam litígios judiciais em que o Município viria previsivelmente a ser condenado. É, todavia, sobre o primeiro tipo de contratos – contratos para execução de infra-estruturas urbanísticas de dimensão municipal – que a sentença do Tribunal Central Administrativo do Norte, proferida no Recurso n.º 1149/04.6BEPRT, a 19 de Abril de 2007, se debruça, pelo que nos deteremos em especial sobre esta tipologia, salientando, porém, que o que for dito para esta é, naturalmente, extensível às outras.

Iniciaremos este comentário precisamente questionando-nos sobre a génese destes contratos, ou seja, sobre a razão de ser do Município optar pela via contratual?

Ora, podemos desde já avançar que o processo de contratualização «nasce» com a identificação, pela administração municipal, da necessidade e prioridade em executar determinadas infra-estruturas urbanísticas, *in casu*, a execução prioritária da avenida Nun'Álvares – via estruturante para a Cidade. Neste contexto, tentando evitar o processo expropriativo, o Município enceta com os particulares proprietários dos prédios necessários à execução da infra-estrutura, todo um processo negocial tendente à permuta de terrenos. Esta permuta visa transferir para o domínio municipal privado os terrenos necessários à concretização da referida infra-estrutura urbanística, tendo como contraponto a transferência para o particular de terrenos municipais. Encarado o contrato nesta fase, facilmente o classificaríamos como um contrato de direito privado, ou seja, uma mera permuta de terrenos numa fase prévia à resolução de expropriar, que inicia, como sabemos e decorre do artigo 10.º do Código das Expropriações[3], o processo expropriativo.

Sucede que, de forma a tornar a permuta interessante para o particular, o Município elabora para o seu terreno, cuja propriedade irá, por via do contrato, ser transferida para aquele, um estudo urbanístico que define, com rigor, as capacidades construtivas aí conferidas. É a convicção de irá adquirir determinado terreno, com uma determinada capacidade construtiva associada (logo, com o reconhecimento de um dado valor), que convence o particular a enveredar pela via contratual, afastando o rumo litigioso. E é também a permuta de terrenos com um concreto estudo urbanístico associado, que é submetida a aprovação do executivo camarário e cujos termos, subsequentemente, são formalizados por escritura pública. Ora, com estas características, o contrato assume agora, claramente, a natureza de contrato administrativo.

Mas qual a protecção que é conferida aos particulares relativamente à concretização da edificabilidade conferida pela via contratual?

Poderíamos sentir-nos tentados a defender – acompanhando alguma doutrina[4] – que o particular não fica titular de qualquer direito à edificabilidade, caso as normas urbanísticas sofram alterações introduzidas, nomeadamente por força de um processo de revisão do Plano Director Municipal. Ou seja, se para o terreno permutado vier o legislador municipal, em sede de revisão do seu plano director municipal, a consagrar outra edificabilidade – ou mesmo a ausência dela – o contrato administrativo não confere ao particular qualquer direito a edificar. Isto porque, não configurando esta tipologia de contratos um contrato decisório, através do qual a Administração Municipal pratica um acto urbanístico, enquadrando-se, outrossim, na classe dos contratos meramente obrigacionais,

---

[3] Aprovado pela Lei n.º 168/99, de 18 de Setembro, alterado pela Lei n.º 13/2002, de 19 de Fevereiro, pela Lei n.º 67-A/2007, de 31 de Dezembro, pela Lei n.º 30/2008, de 10 de Julho, e pela Lei n.º 56/2008, de 4 de Setembro.

[4] Cfr. FERNANDA PAULA OLIVEIRA "O Direito de edificar: dado ou simplesmente admitido pelo plano?", Anotação ao Acórdão do STA de 1.2.2001, Processo n.º 46 825, in Cadernos de Justiça Administrativa, n.º 43, 2004.

através dos quais a Administração se compromete, apenas, a praticá--lo, a edificabilidade por eles conferida não é tutelada caso as opções urbanísticas se alterem. Ou seja, estaríamos aqui no domínio dos *contratos para planeamento* cujos efeitos ficam condicionados à plasmação da edificabilidade contratualizada no plano, o que não acontecendo, retira ao particular o direito a ver concretizada tal edificabilidade.

Neste pressuposto, tal edificabilidade, para existir e poder ser concretizada, sempre teria de ficar sujeita à emissão de um acto administrativo-urbanístico e sempre estaria dependente da sua concretização/admissão em instrumento de planeamento territorial. A entrada em vigor do Plano Director Municipal sem consagrar a referida edificabilidade corresponderia, assim, a uma revogação de um direito adquirido, conferidor, por essa via, de um direito de indemnização.

Opostamente, podemos seguir o entendimento perfilhado no aresto aqui comentado e concluir que estes contratos se assumem como verdadeiros *contratos com objecto passível de acto administrativo*[5], *que só são admissíveis na medida em que o regime especificamente jurídico-administrativo neles estatuído seja enquadrável numa disciplina normativa vigente e desde que esta não deva ser forçosamente concretizada através de acto administrativo.*[6-7]

Deste posicionamento é forçoso concluir que o contrato administrativo, fora dos casos legalmente previstos do n.º 2 do artigo 178.º do Código do Procedimento Administrativo (CPA.), preceito à data em vigor e que, de forma clara, procedia à delimitação do âmbito de actuação da Administração assumia *in casu* características atípicas, na medida em que o seu conteúdo era distinto dos contratos que expressamente estavam elencados naquele preceito legal, enquadrando-se, por conseguinte, no preceito subsequente. Ou seja, para

---

[5] Assim denominados por *Sérvulo Correia*, in Legalidade e Autonomia Contratual nos Contratos Administrativos, pág. 401.

[6] Mesmo Autor, a pág. 719.

[7] Como é o caso por exemplo das decisões disciplinares ou as decisões de reclamações ou recursos, entre muitas outras, em que a contratualização nunca seria admissível.

além dos contratos típicos, era perfeitamente lícito que a Administração se socorresse de contratos administrativos atípicos que substituíssem a prática de um acto administrativo, desde que a sua actuação estivesse vinculada a critérios de legalidade e de oportunidade na prossecução dos interesses que estejam a seu cargo.[8]

E no caso analisado no acórdão aqui comentado, o contrato constitui-se como substitutivo (ou integrativo) do acto administrativo de aprovação de um pedido de informação prévia, nos termos do artigo 14.º e 17.º do Regime Jurídico da Urbanização e da Edificação (R.J.U.E.)[9]. Pois, como é referido em tal acórdão: *"Se, por um lado, na parte em que respeita à permuta de terrenos não haverá dúvidas que se trata de um negócio que poderia cair no âmbito do direito privado, uma vez que o recorrido*[10] *actuou despedido dos seus poderes de autoridade, aliás terá mesmo servido para evitar um processo de expropriação litigiosa, já na parte em que o Réu declara que a parcela de terreno que entrega às recorrentes, se destina à construção urbana nas condições definidas na informação n.º 532/99/DMESTU*[11] *se configura como um verdadeiro acto administrativo praticado no âmbito das competências e atribuições que lhe são conferidas pelo disposto nos artigos 14.º a 17.º do Decreto-Lei n.º 555/99, de 16 de Dezembro."* (nossas notas de rodapé)

Isto porque o Município, ao celebrar o contrato, não excedeu as suas competências nem violou as normas legais em vigor, submetendo-se integralmente aos critérios da legalidade e oportunidade que devem pautar a prossecução do interesse público. E nada impede – pelo contrário privilegia-se – que a Administração utilize a via contratual, desde que tal não se encontre vedado por força da lei ou da

---

[8] Esta matéria encontra-se actualmente regulada, em termos substancialmente idênticos, no Código dos Contratos Públicos.

[9] Aprovado pelo Decreto-Lei n.º 555/99, de 16 de Dezembro, alterado pelas Leis n.os 13/2000, de 20 de Julho, e 30-A/2000, de 20 de Dezembro, pelo Decreto-Lei n.º 177/2001, de 4 de Junho, pelas Leis n.os 15/2002, de 22 de Fevereiro, e 4-A/2003, de 19 de Fevereiro, pelo Decreto-Lei n.º 157/2006, de 8 de Agosto, pela Lei n.º 60/2007, de 4 de Setembro, e pelos Decretos-Lei n.os 18/2008, de 29 de Janeiro, 116/2008, de 4 de Julho e 26/2010, de 30 de Março.

[10] O Município.

[11] Que integra o estudo urbanístico que fixa a capacidade construtiva.

natureza das relações a estabelecer, o que, no exemplo em análise, nãos se nos afigura suceder.

No caso concreto, o Município mais não fez do que substituir, pela via contratual, o acto administrativo que reconheceria a viabilidade de realizar determinada operação urbanística, ou seja, a aprovação de um pedido de informação prévia, devendo, por isso, ficar vinculado às condições do referido contrato, nos termos e para os efeitos do disposto no R.J.U.E.

Com efeito, se olharmos para o estudo urbanístico constante da informação n.º 532/99/DMESTU, informação esta que obedeceu a todo um procedimento administrativo, tendente entre outros aspectos à avaliação do terreno a permutar e à aprovação pelos órgãos municipais competentes, somos forçados a concluir que tal estudo se aproxima muitíssimo de uma informação prévia da iniciativa do Município, na medida em que aí se estabelecem condicionantes urbanísticas ao nível da capacidade construtiva, da cércea máxima acima da cota soleira e dos alinhamentos.

Faz qualquer sentido, neste contexto, diferenciar este contrato administrativo de um acto de aprovação de um pedido de informação prévia? A não tutela desta tipologia de contrato, por se considerar que este não se assume como contrato decisório, mas meramente obrigacional, não envolverá uma patente violação do princípio da boa-fé? Não estaremos, nessa hipótese, perante um manifesto *venire contra factum proprium*, em que a Administração Municipal não garante aquilo que contratualizou por iniciativa própria?

Parece-nos que sim, pois o procedimento administrativo que conduziu à formação do contrato configura uma verdadeira manifestação da vontade do Município e ao ser incluída na escritura pública é – ou pelo menos deve ser – vinculante para este, obrigando-o a respeitá-la e a limitar, em conformidade, o seu poder de planeamento urbanístico.

E foi precisamente este o raciocínio que esteve na base da interpretação analógica que em Abril de 2007 o Município efectuou do artigo 3.º do Regulamento do seu Plano Director Municipal, cuja revisão foi ratificada através da Resolução do Conselho de Ministros n.º 19/2006, publicada no *Diário da República*, 1.ª série – B, n.º 25, de 3 de Fevereiro de 2006.

Este preceito regulamentar, sob a epígrafe de Actos Válidos, determina:

"O presente PDMP não derroga os direitos conferidos por informações prévias favoráveis, autorizações e licenças, aprovações ou alterações válidas, incluindo projectos de arquitectura e hastas públicas alienadas, mesmo que ainda não tituladas por alvará, concedidas pelas entidades administrativas competentes antes da entrada em vigor do PDMP."

Ou seja, considerando o princípio da aplicação das normas no tempo – *tempus regit actum* – segundo o qual os actos administrativos devem ser decididos de acordo com as normas que se encontram em vigor no momento da sua prática, esta disposição regulamentar veio identificar as situações que, não obstante sejam decididas já na vigência do Plano Director Municipal, este não lhes é aplicável.

A dúvida que se colocava era, precisamente, se tal preceito pretendeu abranger todas as situações em que através de actos de natureza contratual, o Município assumiu compromissos urbanísticos com privados. No esforço de responder a tais legítimas dúvidas, foi necessário fazer uma leitura do referido artigo para além do seu elemento literal, procurando o seu sentido e alcance lançando mão do elemento teleológico, na busca de uma solução hermenêutica.

E concluiu-se[12] – à época por analogia com as situações de vendas em hastas públicas, analogia esta que poderá tornar-se extensível ao instituto de informação prévia, caso se subscreva o entendimento do acórdão ora comentado – que uma interpretação normativa adequada do artigo 3.º teria de estender a sua letra de modo a abarcar, através de um juízo analógico, os compromissos urbanísticos assumidos pelo Município através da via contratual.

Ou seja, reconheceu-se, por esta via interpretativa, aos contratos administrativos atípicos o mesmo nível de protecção que é conferida aos pedidos de informação prévia válidos, sendo, a partir dessa data, a posição do Município coincidente com a decidida no acórdão do Tribunal Central Administrativo do Norte.

---

[12] Com base em Parecer emitido pela Mestre FERNANDA PAULA OLIVEIRA.

Urbanismo Concertado: entre a promessa e o contrato

MICAELA MARQUES GIESTAS[1]

Acórdão do Supremo Tribunal Administrativo
Processo: 0167/05
Data do Acordão: 18-05-2006
Tribunal: 1 SUBSECÇÃO DO CA

Sumário:

I – Podendo o direito de propriedade comportar limitações, restrições ou condicionamentos no domínio do urbanismo e do ordenamento do território, o *jus aedificandi* não faz parte do acervo de direitos constitucionalmente reconhecidos ao proprietário, sendo antes o resultado de uma atribuição jurídico-pública decorrente do ordenamento jurídico urbanístico pelo qual é modelado.

II – Assim, se particular e Câmara Municipal acertaram a abertura de uma estrada no terreno do primeiro, não podia a segunda vincular-se à prática de acto administrativo futuro de deferimento de pedido de loteamento para o terreno confinante à estrada independentemente do ordenamento jurídico em vigor na altura em que viesse a tomar a decisão.

III – Neste campo, portanto, de um acordo desse tipo não derivam obrigações contratuais por não ser discricionário o poder administrativo em matéria de urbanismo, construção e planeamento do território.

Acordam na 1.ª Subsecção da 1.ª Secção do STA

I – Relatório

A... e B..., que para a acção foram habilitados por despacho de fls. 164 em virtude do falecimento da A., recorrem da sentença do TAC de Coimbra que julgou improcedente a acção para reconheci-

---

[1] Advogada Estagiária.

mento de direito que os seus pais ... e ... ali intentaram contra a Câmara Municipal de Ourém.

Nas alegações, apresentaram as seguintes conclusões:

«A. A R., através da deliberação de 21/09/1992, criou uma situação jurídica em proveito dos AA, constituindo--lhes os inerentes direitos e gerando interesses que, desta sorte, passaram a usufruir da tutela do Direito.

B. Este acto deliberatório constituiu o corolário de um processo negocial e a inequívoca manifestação de vontade da Administração.

C. E foi precedido, através dos serviços técnicos e do colégio de vereadores da R, de uma análise que serviu para verificar e ponderar (como não podia deixar de o ser) da compatibilidade da pretensão do primitivo A com a lei, com os regulamentos e com a própria realidade física do seu objecto.

D. Estes direitos, para serem concretizados, não dispensam os seus titulares de formularem uma concreta pretensão construtiva, ao abrigo da legislação urbanística em vigor à data em que for apresentada.

E. Mas com o recurso ao presente meio jurisdicional, pretendem os AA, tão só, que seja a R compelida a reconhecer os direitos de construção de que os AA entendem ser titulares por lhes terem sido conferidos pela própria R, no exercício das suas competências c depois de ter apreciado a compatibilidade da pretensão do primitivo A com a lei, com os regulamentos e com a própria realidade física do seu objecto.

F. Aliás, esse direito, surge reconhecido na própria sentença recorrida, que também reconhece que caso a sua objectivação não seja possível, assiste aos AA o direito a obterem uma outra contrapartida».

*

Alegou, igualmente a Câmara Municipal de Ourém, formulando as seguintes conclusões:

«a) A decisão não padece de qualquer vício e deve ser mantida.

b) A Câmara não pode ter outra deliberação sem violar o Plano de Urbanização ou o Plano Director Municipal.

c) A violação destes instrumentos urbanísticos gera a nulidade da deliberação.

e) Assim não pode o tribunal substituir-se à Câmara».

O digno Magistrado do MP opinou no sentido do improvimento do recurso.

*

Cumpre decidir.

***

II – Os Factos

A sentença recorrida deu por assente a seguinte factualidade:

«1. O A. ... e sua mulher ..., são proprietários de um prédio rústico, sito no lugar de Pregueira Lomba da Égua, inscrito na matriz predial da freguesia de Fátima, sob o art. 22 781 e descrito na CRP de Ourém, sob o art. 02382/920914.

2. Na sequência de contactos entre AA e Ré, formalizados pela carta de fls. 15 dos autos, por parte daqueles, datada de 21/9/1992, em sessão de 21/9/1992, a Câmara Municipal de Ourém, *"...deliberou, por unanimidade, informar o interessado de que concorda com o pedido, devendo, todavia, serem mantidos os afastamentos previstos nas alíneas A) e B) do número dois da Informação"* 93/92, sendo que esta refere que *"Conforme discutido e acordado em reunião de 92-08-31, os termos de ocupação do terreno do Sr. ..., com vista à realização da Estrada Municipal Ourém- Fátima, por Alvega, deverão ser os seguintes:*

1. Tipo de construção – O Plano de Urbanização de Fátima em aprovação prevê, em quarteirões onde já existia esta tipologia, 4 (quatro) pisos em habitação plurifamiliar (prédio urbano), o que se verifica na zona.

2. Implantação – distâncias – A implantação deverá obedecer ao previsto no PU em aprovação com a condição de serem respeitadas as seguintes condições:

a) 5 (cinco) m para estacionamento à face da nova estrada;
b) 1,5 m para passeio;
c) Índice de ocupação – previstos no PU em aprovação.

3. Infra-estruturas – A construção da Estrada Municipal é a infra-estrutura em causa pelo que mais nenhuma outra está considerada. Sugerimos que todas as infra-estruturas sejam analisadas caso a caso, conforme é usual, aquando da apresentação dos respectivos projectos de construção.

3. Em relação ao prédio, dito em 1, em 23/08/2000, os AA requereram aprovação de loteamento para aquele prédio, que deu origem ao Proc. 3 037/00 (fls. 187).

4. Por deliberação de 31/10/2000, a CM de Ourém decidiu manter anterior decisão de 25/7/2000, pela qual a apreciação do processo ficava suspensa até aprovação da revisão do Plano Urbanização de Fátima (fls. 188/190).

5. Interposto recurso contencioso da deliberação, referida em 4 – RCA 33/2001 –, por douta sentença de 25/5/2002, foi anulada a mesma deliberação (fls. 191).

6. Nos presentes autos, os AA pretendem que a Ré seja condenada reconhecer-lhes o direito, emergente da deliberação de 21/9/ /1992, a erigirem no seu prédio construções de quatro pisos (rés do chão mais três pisos) em habitação plurifamiliar, implantadas com os seguintes afastamentos:
– cinco metros para estacionamento à face da nova estrada;
– 1,5 metros para passeio».

Nos termos do art. 712.º do CPC aditam-se ainda os seguintes elementos:

7. No STA, nos autos n.º 1646/03, em 3/02/2005, foi lavrado acórdão de improvimento do recurso jurisdicional interposto da sentença referida no ponto 5 supra (fls. 301/306).

8. O Plano de Urbanização que vem referido no ponto 2.1 e 2.2 da matéria de facto foi aprovado em 21 de Junho de 2005 (Portaria n.º 633/95).

9. A deliberação da Câmara de 25/07/2000 (ponto 4 supra) foi praticada no âmbito de anterior processo de loteamento apresentado em 15 de Março de 1999 pelos interessados e a que tinha sido dado o n.º 1/99 (cf. fls. 289 a 294).

10. Em 14/06/2004 a Câmara, relativamente ao mesmo prédio referido em 1., deliberou deferir o projecto de arquitectura – agora apresentado pelos filhos dos primitivos AA- com vista à construção de um edifício destinado a habitação, comércio, serviços e estabelecimento de hospedagem no pedido de licenciamento a que fora dado o n.º 2444/02 (fls. 286 e 313, 320, 332/335).

***

III – O Direito

A sentença recorrida considerou que, independentemente da deliberação de 21/09/2002, os AA, para levarem a cabo com sucesso uma operação de loteamento, deveriam acatar o disposto nos arts. 9.º e 10.º do DL n.º 555/99, de 16/12. Neste sentido, diz, o acordo emergente de tal deliberação, por si só, não poderia conferir o direito de que se arrogam na acção, «*ainda que a mesma lhes confira, em contrapartida com a cedência de uma parcela de terreno para construção de uma estrada municipal, determinado direito, que contudo tem de ser objectivado de acordo com os processos legais previstos para as operações de loteamento e licenciamento de obras particulares, ou, eventualmente, se tal não for possível, obter uma outra contrapartida*» (sic).

Estes são os fundamentos essenciais que levaram à improcedência da acção.

Pensamos que o tema nuclear do recurso passa, de permeio, pela análise de algumas questões essenciais.

Uma delas tem que ver com o direito de propriedade e com o *ius* edificandi que lhe anda associado.

Das palavras dos recorrentes depreende-se que se arrogam titulares de um direito de edificar na sequência da deliberação de 21/09//92 e que, na sua perspectiva, constitui o corolário de um processo negocial em que a vontade da Câmara se teria tornado inequívoca e manifesta.

E, portanto, constituído desse modo o direito – que agora dizem ser-lhes negado – a acção teria por objectivo compelir a Câmara a reconhecê-lo na medida exacta do compromisso assumido.

Em primeiro lugar, importa estudar muito bem a referida deliberação.

Constituirá um contrato? Dela resultarão verdadeiras obrigações contratuais?

Recordemos que os então AA deram o seu «*acordo*» (fls. 15) à abertura de uma estrada e que, em contrapartida, a Câmara concordava com o «*pedido*» daqueles (fls. 18) no sentido de lhes permitir a «*construção contínua de uma fila de prédios de rés-do-chão, mais três pisos ao longo de toda a propriedade*» (fls. 15), «*respeitando os afastamentos previstos nas alíneas A) e B)do número dois da informação 93/92*» (fls. 18).

Como é sabido, em matéria de ordenamento do território os instrumentos jurídicos existentes definem com a precisão e o rigor possíveis os limites da intervenção humana. Há a esse nível um universo de normas e regras que disciplinam a acção do homem nos mais variados aspectos, em particular no que respeita à gestão e utilização do espaço no âmbito da actividade construtiva.

Costuma dizer-se que, nesse plano, a vinculação constitui a principal parcela dos poderes administrativos, reservando-se à discricionariedade um papel pouco mais que residual.

Se o particular quer construir no seu terreno, o seu *interesse legítimo* só se tornará *direito* após uma análise feita com sucesso pelos poderes públicos da conformação da sua pretensão aos mecanismos legais e regulamentares em vigor. O licenciamento assume neste contexto o reconhecimento administrativo da adequação da pretensão à ordem legal vigente.

Por conseguinte, a faculdade de construir apresenta-se como o resultado de uma concessão jurídico-pública em face dos planos urbanísticos.

É este o sentido de um aresto deste tribunal sobre o tema relacionado com o *ius edificandi*, a que totalmente aderimos, e de que transcrevemos o seguinte trecho:

«No que concerne à vertente relacionada com a hipotética protecção constitucional considera-se que não se trata de direito que se encontre abrangido pela tutela, fundamentalmente subjectiva, do direito de propriedade privada, tal como acolhido no artigo 62.º da CRP, não se entendendo, por isso, que o direito de construir se apresente, à luz do texto constitucional, como parte integrante do direito fundamental de propriedade privada.

(...) entendemos que se trata aqui de um direito de natureza jurídico-pública, não existindo um direito originário à construção. Cfr., neste sentido, Rogério Soares, in "Direito Administrativo", a págs. 116-117.

O *"jus aedificandi"* não é, por isso, uma faculdade ínsita no conteúdo prévio e substancial do direito de propriedade, podendo dizer-se que a realidade constitucional do direito de propriedade em matéria urbanística, de direito de construção, é juspublicisticamente condicionável e regulável.

Vide, neste sentido, Osvaldo Gomes, in "Plano Director Municipal", a págs. 197-198.

Esta é, também, a posição de Alves Correia, in "O Plano Urbanístico e o Princípio da Igualdade" e de Carlos Ferreira de Almeida, in "Direito Económico", II Parte, 1979, a págs. 455-457.

O Tribunal Constitucional tem, também, defendido a tese antes enunciada, como se pode constatar dos seus Acs. n.ºs 115/88, in DR, II Série, de 5-9-88, n.º 131/88, in Revista da Ordem dos Advogados, ano 48, Dezembro de 1988, a págs. 895 e segts., n.º 52/90, in DR, de 2-4-92, n.º 329/99/T, de 2-6-99, in DR, II Série, de 20-7--99 e n.º 517/99/T, de 22-9-99, in DR, II Série, de 11-11-99.

Esta tem sido, aliás, a posição seguida por este STA.

Cfr., entre outros, os Acs. de 18-6-98 – Rec. 41653, de 13-1-00 – Rec. 44287, de 15-10-98 – Rec. 42683, de 4-4-00 – Rec. 42438 e de 12-12-00 – Rec. 46738

(...) propendemos para uma perspectiva juspublicista desta questão, partindo-se, essencialmente, do texto constitucional, para se sustentar que o *"jus aedificandi"* não faz parte do direito constitucional de propriedade, tal como consignado no art. 62.º da CRP.

De facto, a aptidão construtiva dos solos urbanos e não urbanos não está desligada do que em matéria de planeamento e ordenamento do território está previsto na CRP (cfr., em especial, os art. 65.º e 66.º).

O direito de construir não pode, consequentemente, ser visto apenas numa perspectiva que tenha unicamente em conta os interesses privados, impondo-se a consideração de outros interesses constitucionalmente condicionantes do direito de propriedade acolhido no art. 62.º da CRP.

É que, tal como decorre do preceito acabado de citar, o direito de propriedade é para ser gozado "nos termos da Constituição".

A consagração constitucional do direito de propriedade não obsta à existência de limites a este direito, resultantes, de resto, de outros direitos e princípios constitucionalmente consagrados. Cfr., neste sentido, em especial, Luís Cabral de Moncada, in "Direito Económico", 2.ª edição, a págs. 152, G. Canotilho e Vital Moreira, in "Fundamentos da Constituição", 1991, a págs. 164.

Pode, assim, concluir-se que o uso e fruição, pelos respectivos titulares, do direito de propriedade não é livre e absoluto, antes se apresentando como juspublicisticamente enquadrado e condicionado. Ou, noutra formulação, podemos dizer não ser livre o modo de uso e fruição do direito de propriedade, na vertente relacionado com o direito de construir, dado que este direito está dependente de uma permissão administrativa prévia, que se destina, em larga medida, a aferir da compatibilidade da pretensão de construir com os interesses e necessidades públicas legalmente protegidas neste domínio, como é o caso, por exemplo, da REN.

A edificabilidade potencial dos terrenos terá, assim, de se concretizar legalmente através da emissão dos competentes alvarás, na sequência dos pertinentes pedidos de licenciamento». *(Ac. do STA de 10/10/2002, Proc. n.º 0912/02).*

Em suma, o direito de propriedade não é um direito absoluto, podendo comportar limitações, restrições ou condicionamentos, particularmente importantes no domínio do urbanismo e do ordenamento do território, em que o interesse da comunidade tem que sobrelevar ao do indivíduo, não fazendo o *jus aedificandi* parte do acervo de direitos constitucionalmente reconhecidos ao proprietário, antes sendo o resultado de uma atribuição jurídico-pública, decorrente do ordenamento jurídico urbanístico pelo qual é modelado (apud, *Ac. do STA de 3/12/2002, Proc. n.º 047859;* neste mesmo sentido: *ac. de 11/11/2004, Proc. n.º 0873/03; e de 3/3/2004, Proc. n.º 048296,* entre outros).

Tudo isto para dizer, enfim, que a pretensão de construir por banda dos recorrentes não poderia, em princípio, passar ao lado do crivo juspublicístico em vigor e sem a prévia definição do direito através de um *acto administrativo.*

Mas também é certo que no nosso ordenamento jurídico, o artigo 179.º do Código do Procedimento Administrativo acolhe o princípio da autonomia pública contratual da Administração, estatuindo que *«os órgãos administrativos, na prossecução das atribuições da pessoa colectiva em que se integram, podem celebrar quaisquer contratos administrativos, salvo se outra coisa resultar da lei ou da natureza das relações a estabelecer».*

Isto significa que, como é sublinhado em recente parecer da PGR, *«... a Administração Pública pode «usar a forma do contrato para produzir o efeito jurídico de um acto administrativo (contratos decisórios que substituem actos administrativos), assim como cele-*

brar contratos em que se compromete a praticar ou a não praticar um acto administrativo com um certo conteúdo (contratos obrigacionais)» [...], apenas com as limitações decorrentes da lei ou da natureza das relações a estabelecer[...].

E continua o dito parecer: «*O princípio da legalidade administrativa reclama aqui uma exigência de conformidade do contrato com a lei, já que a Administração não pode servir-se dos contratos administrativos para se subtrair ao cumprimento da lei ou para produzir efeitos de direito administrativo que, quando conformados em acto administrativo, lhe estariam vedados.*

Mas o princípio da conformidade do conteúdo do contrato à lei, ou seja, a exigência de que o conteúdo inserido nas cláusulas contratuais encontre correspondência numa norma legal, não pode abranger todo o contrato [sic]; se for esse o caso, e, portanto, se à Administração não for reconhecido pelo legislador um poder próprio para desenhar certos aspectos do concreto conteúdo de uma relação jurídica (poder discricionário), não há espaço para negociação, e o contrato não é aí, em princípio, possível. A Administração pode, por conseguinte, usar o contrato administrativo no âmbito das relações jurídicas administrativas também conformáveis por acto administrativo quando for titular de um poder discricionário, em cujo exercício pode estipular o designado conteúdo administrativo extra-típico do contrato.»[...]

Por conseguinte, esse tipo de vinculação contratual é possível no quadro dos pressupostos da discricionariedade da decisão.

Sintetizando, dir-se-á que a permissibilidade geral da celebração de contratos administrativos obrigacionais mediante os quais a Administração Pública se compromete juridicamente a praticar ou a não praticar um acto administrativo com certo conteúdo apenas pode operar em espaços em que existam poderes discricionários e, como salienta SÉRVULO CORREIA *[144], no contexto de um exercício antecipado do poder discricionário, que não se confunde com uma disposição do poder discricionário, de onde decorre que a Administração só pode assumir essa vinculação com efeitos externos, quando os pressupostos abstractos e concretos do acto que se obriga a praticar ou a não praticar estejam já verificados*» (Parecer da PGR n.º P001152003, de 23/09/2004).

E no que respeita, concretamente, ao domínio de construção e urbanismo, reflecte ainda o parecer que vimos citando:

«... deve sublinhar-se que a regra geral da admissibilidade jurídica do contrato administrativo, como forma típica da actividade administrativa pública, suscita alguma perplexidade no âmbito do ordenamento do território e do urbanismo [146], domínio jurídico que prima, como se evidenciou supra, pela densidade e detalhe da regulamentação aplicável.

O certo é que o recurso a formas de concertação de interesses através da celebração de contratos entre a Administração e os particulares está expressamente previsto na Lei de Bases da Política de Ordenamento do Território e de Urbanismo (artigos 5.º, alínea h), 16.º, n.º 2).

Também o Decreto-Lei n.º 380/99, de 22 de Setembro, que define o regime de coordenação dos âmbitos nacional, regional e municipal do sistema de planificação territorial, o regime geral de uso do solo e a disciplina jurídica do procedimento de elaboração, aprovação, execução e avaliação dos instrumentos de gestão territorial, faz referência à contratualização entre a Administração municipal e os particulares a propósito da execução dos instrumentos de gestão territorial (artigos 123.º, n.º 2, alíneas a) e b), e 131.º, n.º 8).

A questão fundamental é a de saber como conciliar a contratualização do ordenamento do território e do urbanismo com o princípio da legalidade, sendo que a Administração Pública não pode renunciar aos seus poderes de planeamento por via contratual – «indisponibilidade, por via contratual, do poder de planeamento» [147] –, afirmando-se a este propósito que o poder de planeamento nunca pode estar condicionado para o futuro através da celebração de contratos administrativos e deve exercitar-se conforme as exigências do interesse público com independência daqueles».

Quer dizer, em tese, não está afastada a possibilidade abstracta de se assumir obrigações contratuais entre Câmaras Municipais e particulares, nomeadamente com vista à emissão de um acto administrativo com um determinado objecto.

Todavia, essa possibilidade restringe-se a dois casos:

a) Àqueles em que a Administração dispõe de um poder discricionário e apenas quando os pressupostos (abstractos e concretos) do acto que ela se obriga a praticar, ou a não praticar, estão já verificados (neste sentido, Pedro Gonçalves, *"O Contrato Administrativo"*, pág. 98) – o que, manifestamente, não é o caso vertente, uma vez que o licenciamento de construções e a ocupação do solo traduzem o exercício de poderes vinculados;

b) Ou àqueles outros em que a lei prevê que as obras de urbanização sejam realizadas por contrato (art. 25.º do D-L n.º 448/91, de 29.11), sendo isso sinal de que lhe não repugna que, após a prática do acto administrativo de licenciamento, a execução das infra-estruturas seja regulada por um título obrigacional donde constem as prestações a que a Administração e o empreendedor se vinculam (sobre caso em que a Câmara se comprometeu com o particular a realizar obras de urbanização: *Ac. do STA de 16/06/2004, Proc. n.º 01126/03).*

Ora, se à vontade da Câmara de abrir uma estrada correspondeu da parte do proprietário do terreno uma vontade de autorizar a abertura, nesse aspecto houve um acertamento. Limitado o consenso a esse aspecto, não se vê qualquer entrave: a Câmara solicitou; o particular, no uso dos seus poderes de proprietário sobre a terra, acedeu.

Mas quanto à 2.ª parte, e pelo que acima se disse, é assaz problemática a questão.

Com efeito, não foi formalmente celebrado nenhum *"protocolo"*, *"acordo"* ou *"convénio"*. E mesmo que fosse, estaríamos aí, em princípio, perante aquilo a que se designa «*actividade administrativa informal*», caracterizada por *actuação informal* de cooperação dominada por um contacto entre a Administração e os particulares ou entre entidades públicas e culminada num "acordo" que do contrato se distingue, precisamente, pela ausência de "vinculatividade ou obrigatoriedade jurídica" (Parecer da PGR).

É verdade que, através da tarefa de interpretação da vontade, lá vamos descobrindo, de vez em quando em certos "acordos" mais do que simples actividade informal. Tudo dependerá das conclusões extraídas da análise da estrutura do documento, do objecto da negociação, das obrigações expressas para cada uma das partes, da exorbitância dos poderes da parte pública, da assunção das responsabilidades decorrentes da celebração e do incumprimento, etc, etc.

Nalgumas dessas hipóteses haverá, porventura, um verdadeiro contrato que, frequentemente, terá natureza administrativa.

Sucede que na situação em apreço não houve qualquer documento escrito a selar a "negociação".

Os particulares consentiram na utilização do seu terreno para a construção da estrada *com esta condição:* loteamento com vista à construção em banda contínua de prédios de 4 pisos ao longo de toda a propriedade.

O que fez a Câmara?

A Câmara limitou-se a concordar com a exigência através de uma deliberação, isto é, através de um acto administrativo. Só que este acto não acolheu integralmente a exigência dos particulares. Disse que concordava com o pedido, porque o Plano de Urbanização *em aprovação* previa para a zona a construção de prédios de quatro pisos (rés-do-chão e três andares) devendo, todavia, ser mantidos os afastamentos referidos nas alíneas a) e b) do n.º 2 da Informação 93/92.

Ora, este n.º2 dispõe que: «*A implantação deverá obedecer ao previsto no PU em aprovação com a condição de serem respeitadas as seguintes condições: a) 5 (cinco) m para estacionamento à face da nova estrada; 1,5 m para passeio...*».

Ou seja, em lado nenhum a Câmara assumiu a obrigação de permitir o loteamento exactamente como o pretendiam os interessados naquele momento, antes se comprometeu a autorizá-lo no futuro de acordo com as estipulações do Plano de Urbanização que se encontrava em fase de aprovação, o que só se verificaria em Junho de 1995 (ponto 8 da matéria de facto).

E não o fez porque, sob pena de nulidade *(Ac. do STA de 21//04/2005, Proc. n.º 01671/02),* a pretensão de construir por banda dos recorrentes não poderia, em princípio, passar ao lado do crivo juspublicístico em vigor e sem a prévia definição do direito através de um acto administrativo, como acima dissemos.

Portanto, e em conclusão:

1. Não houve, nem podia haver acordo contratual a respeito do loteamento, já que este não pode ser objecto de estipulações contratuais, mas de acto administrativo unilateral de licenciamento;

2. A Câmara não assumiu a obrigação de emitir no futuro um acto administrativo com um determinado conteúdo, já que sobre o

assunto não dispunha de poderes discricionários, e porque em matéria de licenciamento de construções e de ocupação do solo com operações urbanísticas a actuação administrativa é de natureza vinculada;

3. Aos particulares foi apenas reconhecida a edificabilidade *potencial* do seu terreno, mas, ainda assim, sujeita às regras que viessem a ser incluídas no Plano de Urbanização <u>em aprovação</u> e, por conseguinte, só concretizada futuramente através de um pedido de licenciamento;

4. A tais particulares não lhes foi conferido nenhum direito actual, mas somente uma expectativa legítima, da qual, porém, não poderia resultar em caso algum uma alteração da ordem jurídica estabelecida em matéria do ordenamento do território.

Ora, sendo isto assim, isto é, se a recorrida desde sempre relegou para o Plano de Urbanização (ainda em aprovação em 1992) a apreciação da pretensão dos AA, parece evidente que não poderão obter, pela presente via da acção de reconhecimento de direito, aquilo que só por acto pode ser conferido.

***

IV. Decidindo

Face ao exposto, acordam em negar provimento ao recurso, confirmando a sentença recorrida.

Custas pelos recorrentes.

Taxa de justiça: 400 euros.

Procuradoria: 200 euros.

Lisboa, STA, 18 de Maio de 2006. – *Cândido de Pinho* (relator) – *Azevedo Moreira* – *Costa Reis*.

1. Considerações gerais e exposição do problema[2]

Ao longo dos últimos anos temos assistido no direito do urbanismo a uma intensificação das formas de concertação, pelo que actual-

---

[2] O acórdão que agora se visa comentar foi já objecto de estudo por Dulce Lopes, nos Cadernos de Justiça Administrativa, n.º 68, de 2008, sob o título *Plano, Acto e Contrato no Direito do Urbanismo*. Com o nosso estudo pretendemos tão só dar o nosso

mente a contratualização e a necessidade de negociar soluções é elevada a princípio constituinte da ordem jus-urbanística, e o mesmo decorre do art. 5.º, alínea h) da Lei de Bases da Politica do Ordenamento do Território e Urbanismo.[3]

A implementação de procedimentos de consenso e mediação é hoje um instrumento eficaz e juridicamente admissível para o processo e desenvolvimento urbano, pois a colaboração do particular no exercício das funções públicas urbanísticas propicia que os interesses públicos se materializem. Na esmagadora maioria das vezes, estes acordos são contratos geralmente reconduzidos à figura dos contratos sobre o exercício de poderes públicos, substituindo as formas unilaterais da actuação administrativa ou estabelecendo os contornos como serão exercidos, quer os poderes de planeamento, quer os poderes de gestão urbanística.

Todavia, o facto de estes acertos não encontrarem o seu regime normativo regulamentado poderá conduzir, em determinadas situações, à negação da própria figura e reacender a discussão em torno

---

contributo com um *novo olhar* sobre o mesmo caso, dada a acrescida importância que o tema da contratação tem revestido no direito do urbanismo. Salvo devido respeito que tão prestigiada autora merece da nossa parte, discordamos da tese acolhida neste douto estudo, nomeadamente da recondução deste acordo à figura dos contratos para planeamento. Como teremos oportunidade de referir, os contratos para planeamento, têm por objecto a concertação entre a administração e os particulares sobre a forma como aquela exercerá os seus poderes públicos de planeamento, ou seja, sobre os termos e condições que irão influenciar a elaboração do plano, nomeadamente no compromisso que respeita à oportunidade do desencadeamento do respectivo procedimento administrativo do plano de pormenor ou do plano de urbanização – no caso de o particular pretender apenas que sejam clarificadas as regras de ocupação para determinada área e por isso fará um contrato com vista ao acerto de *timings* – ou o compromisso de definição dos princípios orientadores do conteúdo, tendo por referência determinada pretensão. No nosso caso, pelo contrário, o contrato não tem por objecto a elaboração de um projecto de plano, sua alteração ou revisão, mas tão só o reconhecimento de uma capacidade edificatória de acordo com os estudos de um plano já em fase de aprovação. O objecto nuclear típico dos contratos para planeamento é a viabilização de uma concreta pretensão por parte do proponente, e não é esse o nosso caso, embora, como vamos ter oportunidade de referir, existia por parte da câmara municipal um dever de ponderar o acordo que firmou, para não quebrar legitimamente as expectativas que fundou no particular, já que estava na convicção que seriam essas as regras do plano. Todavia, dado o inestimável contributo da anotação, remetemos o leitor para o seu estudo.

[3] Doravante LBPOTU.

da admissibilidade dos contratos sobre os poderes públicos de autoridade. Em certos casos a atipicidade – como também a falta de vinculatividade de alguns compromissos assumidos – pode subverter-se numa suposta obscuridade, ajuricidade ou ilicitude. Nesta medida, o caso que, agora trazemos em anotação, é, em boa verdade, um exemplo paradigmático dos problemas que se podem levantar no âmbito do exercício concertado, na medida em que discute-se, por um lado a admissibilidade dos contratos sobre o exercício de poderes públicos na actuação vinculada da administração e, por outro, o reconhecimento de direitos derivados de acordos informais.

No litígio vertido no Acórdão de 18 de Maio de 2006, processo n.º 0167/05, em causa está a discussão em torno de uma *acordo ou contrato* – essa será a grande questão que nos propomos a analisar – celebrado entre um particular e a câmara municipal, no qual, os primeiros se comprometiam a ceder uma parcela de um terreno para a abertura de uma estrada, e como contrapartida a Câmara Municipal de Ourém obrigava-se a aprovar um pedido de licenciamento para a construção, no terreno confinante à infra-estrutura, uma fila contínua de prédios de rés-do-chão, mais três pisos ao longo de toda a propriedade, respeitando os afastamentos previstos na informação constante da deliberação camarária. Todavia, aquando do pedido de licenciamento da operação de loteamento, entendeu a administração municipal indeferir o pedido por considerar que uma solução diferente seria nula por violação das regras de ordenamento do território em vigor, neste caso, do Plano de Urbanização de Fátima.

Os particulares, inconformados com tal actuação do executivo municipal, na estrita convicção que aquela deliberação era o resultado de um processo de negociação susceptível de constituição de direitos, interpuseram recurso jurisdicional para que a câmara fosse condenada a reconhecer os direitos de edificação, emergentes da referida deliberação. Alegam para o efeito que aquele acto deliberatório constitui uma manifestação inequívoca da vontade da administração e o mesmo foi conferido no exercício legítimo das suas competências, depois de ter sido apreciada a compatibilidade da pretensão edificatória à luz das disposições normativas vigentes.

Todavia, considerou o tribunal *ad quo* que o acordo emergente de tal deliberação, por si só, não poderia conferir o direito de que se arrogam na acção, *"ainda que a mesma lhes confira, em contra-*

partida com a cedência de uma parcela de terreno para construção de uma estrada municipal, determinado direito, que contudo tem de ser objectivado de acordo com os processos legais previstos para as operações de loteamento e licenciamento de obras particulares, ou, eventualmente, se tal não for possível, obter uma outra contrapartida"

Chamado a pronunciar-se sobre a questão o Supremo Tribunal Administrativo negou provimento ao recurso apresentado pelos particulares para reconhecer as obrigações assumidas pela câmara municipal de aprovar o pedido de licenciamento efectuado de acordo com o pactuado entre as partes, concluindo que:

"1. Não houve, nem podia haver acordo contratual a respeito do loteamento, já que este não pode ser objecto de estipulações contratuais, mas de acto administrativo unilateral de licenciamento;

2. A Câmara não assumiu a obrigação de emitir no futuro um acto administrativo com um determinado conteúdo, já que sobre o assunto não dispunha de poderes discricionários, e porque em matéria de licenciamento de construções e de ocupação do solo com operações urbanísticas a actuação administrativa é de natureza vinculada;

3. Aos particulares foi apenas reconhecida a edificabilidade potencial do seu terreno, mas, ainda assim, sujeita às regras que viessem a ser incluídas no Plano de Urbanização em aprovação e, por conseguinte, só concretizada futuramente através de um pedido de licenciamento;

4. A tais particulares não lhes foi conferido nenhum direito actual, mas somente uma expectativa legítima, da qual, porém, não poderia resultar em caso algum uma alteração da ordem jurídica estabelecida em matéria do ordenamento do território.

Ora, sendo isto assim, isto é, se a recorrida desde sempre relegou para o Plano de Urbanização (ainda em aprovação em 1992) a apreciação da pretensão dos AA, parece evidente que não poderão obter, pela presente via da acção de reconhecimento de direito, aquilo que só por acto pode ser conferido".

Vejamos, então o mérito das conclusões vertidas no acórdão face ao regime da contratação urbanística.

2. Entre a promessa, o acordo e o contrato administrativo

A tendência para a adopção de formas de actuação administrativa baseadas no consenso e na participação dos interessados é, uma prioridade para a administração dos nossos tempos: a colaboração dos particulares assegura a eficácia e a rapidez na concretização dos objectivos comuns e surge como uma forma de legitimação operativa da própria actividade administrativa. Esta nova ética, ou por outras palavras, este novo *"estilo de administração"*[4] deve-se, sobretudo, à afirmação das debilidades da aplicação inflexível mediante a imposição administrativa, porque se o acto unilateral assegura eficazmente a submissão, o mesmo é incapaz de suscitar o desejo de colaboração. É certo que o sistema de *administração autoritária e da relação sujeição-poder,* de ordenar e sancionar através das decisões unilaterais e executórias, é plenamente eficaz quando se trata de impor a ordem e assegurar a lei, porém, na *moderna administração* o mesmo é já insuficiente. Perante o despoletar de tarefas sociais cada vez mais complexas, e face ao acréscimo das insuficiências técnicas e financeiras da Administração, a mesma já não consegue responder aos constantes apelos de inovação e crescimento, e por isso, hoje pauta *a sua actuação sobre as redes de diálogo, do consenso e da concertação*[5].

Desta forma, a actividade urbanística também não escapa a esta nova cultura, o fenómeno da participação, concertação, e *maxime da contratualização,* surge no direito do urbanismo como consequência da falta de instrumentos adequados para tornar efectivas as técnicas urbanísticas dos novos tempos[6], cada vez mais complexas e exigentes. As soluções do tipo convencional ou contratual podem fazer face à rigidez dos mecanismos e procedimentos legais urbanísticos, permitindo a sua flexibilização e a colaboração necessária. Nas palavras de LOPEZ PELLICER, o *"urbanismo é a única matéria que*

---

[4] BARBOSA DE MELO, *"Introdução às formas de concertação social"*, BFD, Vol. LIX, 1983, pág. 92.
[5] PEDRO GONÇALVES, *O Contrato Administrativo – Uma instituição do nosso tempo,* Coimbra, Almedina, 2003, pág. 24.
[6] CAÑO MURCIA, *Teoría y Práctica del Convenio Urbanístico,* 6ª edición, Aranzadi, 2008, pág. 29.

hoje pode fazer sacudir a apatia e o desinteresse dos cidadãos pela coisa pública"[7].

No urbanismo a colaboração entre particulares e entes públicos têm encontrado novas e múltiplas aplicações desde meros contactos, acordos e mediações até verdadeiros processos contratuais ou parcerias, como instrumentos de orientar a acção dos particulares num sentido conforme o interesse público. E em troca dos compromissos que eles assumem, a Administração concede-lhes vantagens de diversas ordens. A ambas as partes é proveitoso a satisfação dos seus interesses recíprocos.

Mas se vários são os factores que apontam no sentido da existência de um *contratualismo generalizado das decisões administrativas*[8], à medida que os contratos e acordos vão ganhando relevo para fazer frente a importantes problemas sociais e jurídico-administrativos, tanto mais se discute o enquadramento jurídico destas actuações, as fronteiras entre cada uma e a necessidade de estabelecer limites.

No nosso caso, a questão central diz respeito exactamente à natureza do acordo formalizado entre as partes e às consequências dessa vinculação, por isso cumpre-se, assim a exigência, de delimitação conceptual entre acordo, promessa e contrato.

O contrato é um negócio jurídico bilateral, constituído *"por duas ou mais declarações de vontade, de conteúdo oposto mas convergente, que se ajustam na sua comum pretensão de produzir um resultado jurídico unitário, embora com um significado para cada parte".*[9] Desta forma, o contrato é uma manifestação de vontades no sentido de se vincularem no cumprimento de determinadas prestações, de forma a criar entre as partes a noção de segurança e confiança na satisfação das legítimas expectativas na produção daquele resultado. Desta forma, considera-se formalizado o contrato quando

---

[7] LOPEZ PELLICER, *Elaboración y gestión en el planeamiento urbanístico*, Editorial Montecorvo, SA., pág. 82 e 83.

[8] SUZANA TAVARES DA SILVA, *"A nova dogmática do Direito Administrativo: o caso da Administração por compromissos"*, Estudos da Contratação Pública – I, Coimbra Editora, Coimbra, 2008, pág. 896.

[9] MOTA PINTO, *Teoria geral do Direito Civil*, 4ª edição, Coimbra Editora, Coimbra, 2005, pág. 647.

existe um acordo de vontades para a formação do vínculo e a estipulação do conteúdo das obrigações recíprocas, isto é, quando constitutivo de efeitos obrigatórios no cumprimento da pactuado.

Assim, o contrato administrativo é juridicamente obrigatório e *"constitui, para o contraente público e para o co-contratante, situações subjectivas activas e passivas que devem ser exercidas e cumpridas de boa-fé e em conformidade com os ditames do interesse público, nos termos da lei".*[10]

Porém, em paralelo com as formas tradicionais do agir administrativo surgem com cada vez mais frequência formas de relacionamento híbridas e não previstas na lei, que se inscrevem no domínio da *"soft law"*, a que compreendem os *gentlemen's agreements, os acordos informais e as declarações de intenções,* caracterizados fundamentalmente pela falta de obrigatoriedade jurídica. Note-se, contudo, que a sua atipicidade e a falta de vínculo obrigacional no cumprimento, que caracteriza estas figuras, não significa que as mesmas sejam ilícitas, uma vez que se reconhece à Administração o poder para negociar e ajustar decisões através do recurso a medidas informais desde que com um fim legítimo e sejam legalmente admissíveis. Não existe, entre nós, um princípio da tipicidade na actuação administrativa.

Nesta medida, não sendo ilegais, a verdade é que estes acordos apenas correspondem a compromissos de cooperação entre a administração e os particulares, que se distinguem dos contratos administrativos. O vínculo contratual distingue-se das *actuações informais* – os pactos, acordos ou protocolos – que se caracterizam pelo facto de

---

[10] Artigo 286.º do Código dos Contratos Públicos, doravante, CCP. No que diz respeito aos contratos administrativos é importante esclarecer que o CCP rompeu com a filosofia do CPA, ao apresentar a relação jurídica administrativa como uma consequência do contrato administrativo e já não como um critério de qualificação e diferenciador das outras *fattispeccies* contratuais. Hoje, será um contrato administrativo aquele que tiver sido celebrado por um contraente público, tendo em conta os seguintes factores: a qualificação legal, a submissão a um regime de direito público, a vontade das partes manifestadas nesse sentido, o carácter público do objecto sobre que incide e, por último, os casos em que a lei submeta, ou que admita submeter, a um procedimento de formação regulado por normas de direito público e em que a prestação do co-contratante possa condicionar ou substituir a realização das atribuições do contraente público. Sobre o tema vide PEDRO GONÇALVES. *"A Relação Jurídica Fundada em Contrato Administrativo"*, cadernos de Justiça Administrativa, n.º 63. Pág. 36 a 46.

representarem um conjunto de entendimentos consensuais onde não existe qualquer sujeição de cumprimento às prestações firmadas pactualmente.

No entanto, a *Administração por compromissos* não se esgota apenas na figura dos acordos bilaterais, pode também respeitar a um acto unilateral, consubstanciado em *recomendações, advertências ou promessas* da Administração em benefício do particular, que pode pôr termo aos contactos feitos entre as partes no sentido de estabelecerem um compromisso. A vinculatividade das promessas administrativas tem sido discutida doutrinalmente e jurisprudencialmente. Neste sentido, JOÃO TABORDA DA GAMA refere que a questão da vinculatividade das promessas deve ser avaliada à luz das *razões de facto* que levaram a Administração a comprometer-se com determinado resultado, e a *forma* que revestiu a promessa. Deste modo, recorrendo ao método tipológico, o autor distingue três grupos de promessas em função do grau de vinculatividade: em primeiro lugar, podemos distinguir as *promessas informais ou orais*, cuja conformidade com o ordenamento jurídico e os seus efeitos serão avaliados, e decorrerão apenas da tutela do princípio da protecção da confiança; por outro lado, destacam-se as *promessas normais sem especiais formalidades*, feitas normalmente por escrito pelos órgãos competentes, para cuja vinculatividade concorrerá a legalidade e a confiança; e por último, figuram no terceiro tipo de promessas, as *promessas legalmente previstas* e por isso juridicamente vinculativas. Consubstanciam neste último tipo as "*promessas que correspondem à decisão administrativa no culminar de um procedimento próprio, legalmente previsto e regulado, que foi iniciado pelo particular que pede à Administração que se comprometa a, em determinadas circunstâncias, actuar de um certo modo, emitindo um acto administrativo com um determinado conteúdo.*"[11]

Neste terceiro grupo devemos enquadrar o instituto da informação prévia enquanto acto jurídico constitutivo de direitos, concretamente do direito à construção nos termos e com os condicionamentos constantes da decisão emitida. A informação prévia é um acto

---

[11] JOÃO TABORDA DA GAMA, *Promessas administrativas, da decisão de autovinculação ao acto devido*, Coimbra Editora, 2008, pág. 119.

prévio promissório que confere ao particular uma definição dos limites de conformação normativa do seu direito de edificação e dos respectivos condicionamentos, e que vincula a administração a deferir o pedido de licenciamento.

O pedido de informação prévia foi consagrado, na estrutura do processo de licenciamento, pelo Decreto-Lei n.º445/91, de 20 de Novembro, com o objectivo de permitir *"diminuir os riscos e minimizar os custos do projecto, sem prejudicar o prazo de apreciação da decisão."*[12] Assim, embora de carácter facultativo, tem um papel decisivo no domínio do urbanismo, na medida em que é um factor de segurança para os particulares já que em função da informação, o particular decide se avança ou não com o projecto e em que moldes o pode fazer, diminuindo os riscos de não aprovação do projecto.

Deste modo, este instituto, enquanto acto administrativo, é constitutivo de direitos, pois o conteúdo da informação prévia prestada vincula a câmara municipal na decisão a tomar sobre um eventual pedido de licenciamento, desde que seja apresentado dentro do prazo de um ano após a decisão favorável do pedido. Significa, portanto, que a Administração *está vinculada a respeitar o conteúdo da informação que prestou*, no momento em que delibera sobre o pedido de licenciamento ou da admissão da comunicação prévia.

Claro está que os efeitos da informação prévia restringem-se apenas ao objecto do pedido do interessado, pelo que o conteúdo da informação prévia só é vinculativo para a câmara municipal se o projecto apresentado com o pedido de licenciamento se ajustar nos *"exactos termos"*[13] ao objecto do pedido. Como dissemos atrás, na informação prévia, a câmara municipal pronuncia-se sobre uma concreta pretensão do interessado, aceitando-a ou rejeitando-a, e deste modo, se o conteúdo deste instrumento está indissociavelmente relacionado com os exactos termos do pedido, então quanto mais

---

[12] Preâmbulo do DL 445/91. Revogada pelo art. 124.º do DL 555/99 de 16 de Dezembro. Diploma que estabelece o Regime Jurídico da Urbanização e Edificação.

[13] ANTÓNIO DUARTE DE ALMEIDA et al., *"Legislação Fundamental de Direito do Urbanismo"*, Lisboa, Lex, página 831.

detalhado e desenvolvido for o pedido do interessado, maior será o grau de vinculação.

Porém, o grau de vinculatividade da informação prévia pode ser posto em causa, quando durante o prazo da sua validade entrarem em vigor novas normas de ordenamento do território. Nestes casos, de acordo com FERNANDA PAULA OLIVEIRA[14] podemos estar perante uma de duas situações: ou o conteúdo da informação prévia prestada ao particular não foi devidamente ponderado no momento da elaboração do plano – caso em que a norma será inválida – ou podem ter sido ponderados os interesses legítimos, mas a opção tenha recaído por regras contrárias necessárias à prossecução e salvaguarda do interesse público. Neste segundo caso, as normas do plano já serão válidas, pelo que a câmara municipal terá que indeferir o pedido de licenciamento ou a admissão da comunicação prévia, *"sob pena de nulidade do acto de controlo preventivo"*, caso que encontra apoio legal tanto no artigos 67.º e 68.º do Regime Jurídico da Urbanização e da Edificação[15], que prevê a nulidade das licenças ou autorizações que violem o disposto em plano municipal de ordenamento do território.

Todavia, subsiste ainda um *dever de indemnização* por parte da câmara municipal, pelas legítimas expectativas que criou através da constituição de um direito ao licenciamento. Senão vejamos, dispõe o artigo 143.º do RJIGT prevê a obrigatoriedade de indemnização pelas restrições singulares às possibilidades objectivas de aproveitamento do solo, *preexistentes e juridicamente consolidadas*, e dos efeitos que emanam da informação prévia favorável há uma situação jurídica consolidada para o particular, que assim vê a sua pretensão viabilizada e através da qual foi-lhe atribuído um direito ao licenciamento.

Sem dúvida, acreditamos que este tipo de situações devem ser evitadas devido aos impactos negativos que suscitam na esfera jurídica dos particulares, pelo que os planos municipais têm vindo, *"em artigos específicos destinados à salvaguarda de preexistências ou de compromissos previamente assumidos, a salvaguardar as infor-*

---

[14] FERNANDA PAULA OLIVEIRA, *"Anotação ao Acórdão do STA de 20.06.2002"*, in Revista do CEDOUA, n.º 10, Ano V, 2002, pág. 109 e ss.

[15] Doravante, RJUE.

mações prévias em vigor no momento da entrada em vigor do plano, dando cobertura normativa legítima para os actos de licenciamento ou de admissão de comunicação prévia emitidos posteriormente a este momento se conformem com os termos das informações prévias favoráveis".[16]

Estamos agora em condições de nos debruçarmos sobre o nosso caso. Relembramos que considerou o Supremo Tribunal Administrativo que não houve qualquer documento escrito a formalizar e a selar aquela negociação, pelo que o acordo em questão deveria ser entendido como um acordo meramente informal sem carácter vinculativo para as partes. Mais, considerou o douto tribunal que na deliberação a câmara limitou-se a concordar com um pedido feito pelos particulares, mas em lado nenhum assumiu a obrigação de permitir o loteamento como pretendiam os interessados naquele momento.

De facto, não existe qualquer referência a um negócio jurídico celebrado pelas partes, no sentido de formalizarem a manifestação da sua vontade no cumprimento das suas prestações, apenas se retira da matéria de facto que a deliberação foi tomada na sequência de uma carta trocada entre os particulares e o executivo municipal, mas nada nos diz quanto ao seu conteúdo. E desta forma somos impelidos a concordar com a tese vertida no acórdão: *o acordo é um acordo informal.* Nesta medida, esta negociação distingue-se daqueles acordos que tinham por base uma permuta de terrenos, cujo facto de nele ser incluída uma informação prévia prestada face a uma concreta pretensão urbanística, declarando que a parcela do terreno se destinava à construção nas condições referidas nessa informação transforma este contrato num contrato administrativo com objecto passível de acto administrativo. Ou seja, ao ser incluída no próprio contrato de permuta a deliberação camarária, o mesmo passava a ser constitutivo de direitos e efeitos susceptíveis de serem constituídos por acto administrativo.

Não existindo, portanto, qualquer acordo solene devidamente outorgado pelas partes, a questão que legitimamente colocamos é se

---

[16] FERNANDA PAULA OLIVEIRA, et al., *"Regime Jurídico da Urbanização e Edificação – comentado"*, 2.ª edição. Almedina, Coimbra, 2009.

o conteúdo da deliberação poderá constituir título suficiente para gerar no particular a convicção que a câmara se comprometia a posteriormente aprovar o pedido de licenciamento. No nosso entender a mesma consubstancia uma *promessa administrativa*, ainda que não nos termos da vinculatividade legal da informação prévia. Apesar desta questão não ser analisada no acórdão em apreço, entendemos que aquela deliberação poderia ser consubstanciada numa informação prévia juridicamente vinculativa para a câmara municipal, apesar de concedida a título informal e sem observação do respectivo procedimento legal, já que não é referido que tenha sido o particular a fazer o pedido, antes a mesma foi deliberada na sequência de meros contactos informais entre as partes envolvidas. Mas nos termos em que foi prestada – não só pelo teor literal se retira que era uma informação favorável mas que deviam ser mantidos os condicionamentos, como também o conteúdo da mesma reconduz-se aos termos do pedido de informação prévia (que aliás faz referência aos pressupostos do n.º 2 do artigo 14.º do RJUE) – essa informação é uma informação prévia. Não obstante, dado o decurso temporal entre a informação e o pedido (de 1992 para 2000), acreditamos que essa omissão se deve ao facto de nestes termos ter já a informação caducado, ou ter sido objecto de análise na sentença a que o acórdão faz referência no ponto número 5 da matéria de facto.

Todavia, em nossa opinião aquela deliberação não deixa de constituir uma promessa administrativa que põe termo a um acordo negocial, segundo o qual o particular concedia na construção da estrada no seu terreno, desde que a câmara se comprometesse no futuro a aprovar o pedido de licenciamento nos termos daquela deliberação. Trata-se, portanto, de um acordo capaz de gerar legítimas expectativas no cumprimento das prestações acordadas.

3. Contratualização Urbanística

O acórdão afirma peremptoriamente que não seria possível a celebração de um contrato por intermédio do qual a câmara municipal reconhecesse uma capacidade edificativa pelas normas em vigor e se comprometesse no futuro a deferir o pedido de licenciamento, já que sobre o assunto não dispunha de poderes discricionários e porque em matéria de licenciamento de construções e de ocupação do solo com operações urbanísticas a actuação administrativa é vinculada. Além disso, afirma o tribunal que a possibilidade de celebração de contratos sobre o exercício de poderes públicos, no âmbito do direito do urbanismo, deve ser restringida a dois casos: *"a) Àqueles em que a Administração dispõe de um poder discricionário e apenas quando os pressupostos (abstractos e concretos) do acto que ela se obriga a praticar, ou a não praticar, estão já verificados – o que, manifestamente, não é o caso vertente, uma vez que o licenciamento de construções e a ocupação do solo traduzem o exercício de poderes vinculados; b) Ou àqueles outros em que a lei prevê que as obras de urbanização sejam realizadas por contrato (art. 25.º do D-L n.º 448/91, de 29.11), sendo isso sinal de que lhe não repugna que, após a prática do acto administrativo de licenciamento, a execução das infra-estruturas seja regulada por um título obrigacional donde constem as prestações a que a Administração e o empreendedor se vinculam"*.

Na verdade, a contratualização urbanística assume uma realidade múltipla e variada, na qual cabem quer os contratos tipificados pela norma, quer os celebrados apenas ao abrigo do princípio da autonomia pública contratual, o que tem conduzido a algumas dúvidas quanto à sua delimitação normativa e definição. Assim, no país vizinho, onde os contratos urbanísticos têm uma larga tradição[17], os autores têm-se deparado com algumas dificuldades para a concretização de uma definição capaz de absorver um conceito tão elástico. Para melhor ilustramos esta tendência, destacamos as palavras de ARREDONDO GUTIERREZ afirmando que a definição de *"convénio urbanístico"* é por si só genérica e imprecisa, pois através dela pretende-se aludir a uma heterogeneidade de figuras nas quais se podem englobar desde simples pactos de concretização, incluindo

---

[17] MARTÍN HERNANDÉZ destaca que a nova prática urbanística que estes contratos supõem e que, sem dúvida, impregnou de maior flexibilidade as actuações urbanísticas, permitindo que se adaptem à realidade concreta tem passado de um vazio normativo a regulações expressas, graças à prática e à jurisprudência. *"Os convénios urbanísticos"*, RDU, Julho/Agosto de 1995, pág. 60.

modificações de obrigações legais entre a administração e particulares, a verdadeiros contratos. Deste modo, o autor reconhece que é possível definir tal conceito apenas como *"qualquer vinculação contratual contraída pelas administrações públicas, geralmente sobre a veste do direito administrativo, que enquadra uma relação mais ou menos estreita com a função pública urbanística e as competências que tipicamente a integram: a elaboração do planeamento urbanístico, a sua execução, assim como a intervenção administrativa na actividade edificadora privada e no mercado do solo."*[18]

Em Portugal a mais autorizada doutrina tem avançado com uma definição genérica destes contratos como os *"acordos subscritos entre a Administração e os particulares – e por vezes entre entidades administrativas entre si – interessados numa determinada actuação de carácter urbanístico, com o objectivo de estabelecer formas de colaboração para o realizar."*[19] Todavia, desta noção resulta claro que não existe um regime comum aplicável a todos os contratos urbanísticos, sendo que o único elo de ligação entre eles parece ser a matéria sobre o qual se ocupam, isto é, os efeitos e regimes jurídicos de um tão vasto leque coincidirem num único ponto: *no seu carácter urbanístico*. Por isso reconhecendo as limitações dum conceito tão vago[20] e que a sua excessiva amplitude pode conduzir a uma inoperatividade do próprio conceito, JORGE ALVES CORREIA conclui que o conceito de contrato urbanístico deve ser desmontado através dos vários elementos que o compõem, e assim deve ser definido como o *"acordo de vontades juridicamente vinculativo celebrado entre dois ou mais sujeitos de direito, sendo um deles,*

---

[18] ARREDONDO GUTIÉRREZ, *Los Convenios urbanísticos y su Régimen Jurídico*, Granada, 2003 pág.1.

[19] ALEXANDRA LEITÃO, "A contratualização no Direito do Urbanismo" in Revista Jurídica do urbanismo e do Ambiente, n.º 25/26, 2006, pág. 10.

[20] Nas palavras de SUZANA TAVARES DA SILVA uma definição semelhante a esta *"peca por defeito, pois não abrange os convénios formalizados entre as Administrações Públicas (convénios interadministrativos) e peca por imprecisão, pois não sabemos se poderemos incluir os que resultem de uma actividade concertada prevista e regulada na lei, ou se pelo contrário, também abrangerá os que resultem de uma actividade informal.",* in *"Actuações Informais e Medidas de Diversão em Matéria de Urbanismo"* Revista do CEDOUA, Ano III, 2000, pág. 63.

necessariamente, um membro da Administração Pública que age nessa qualidade (enquanto tal), submetido a um regime substantivo de direito público, que tem em vista disciplinar o regular exercício da actividade urbanística."[21] Desta definição excluem-se os acordos não vinculativos e os contratos celebrados entre particulares com fins urbanísticos.

E se os contratos urbanísticos amparam uma série de situações, a verdade é que por isso estamos impedidos de fazer um tratamento jurídico unitário da figura – várias são as classificações possíveis dos contratos urbanísticos em função de diferentes critérios e qualquer tentativa de sistematização poderá ficar sempre aquém e incompleta dada a sua multiplicidade.

Atendendo às matérias de intervenção urbanística sobre o qual se ocupam são essencialmente dois os domínios da contratação urbanística: os contratos que tem por objecto a definição do modelo de ocupação territorial – os contratos para planeamento – e os contratos que versam sobre o controlo e gestão da execução das normas urbanísticas. Ou seja, por um lado temos os contratos que têm por base a preparação da programação e regulação de um *futuro plano* e, por outro, os contratos que regulam os termos e as condições da respectiva operacionalização e gestão de um de plano já aprovado e em vigor na ordem jurídico-administrativa. Por outras palavras referem-se estes contratos a diferentes momentos da intervenção municipal no âmbito urbanístico: um a *montante* dos planos, visando influenciar as soluções a plasmar nos respectivos planos; e outro a *jusante* dos mesmos, pretendendo definir a colaboração dos particulares na concretização das opções urbanísticas previamente determinadas naqueles instrumentos de planeamento[22].

---

[21] JORGE ALVES CORREIA, *Contratos urbanísticos, Concertação, Contratação e Neocontratualismo no direito do urbanismo*, Coimbra, Almedina, 2009, pág. 83. Entende assim que dentro do conceito genérico de contrato com fins urbanísticos há que autonomizar a categoria do contrato urbanístico.

[22] De notar ainda que a montante dos instrumentos de planeamento surgem também outras formas de contratualização entre a administração e os privados, mas que não se reconduzem necessariamente aos contratos para planeamento, como os contratos de concepção de planos ou de prestação de serviços, nos quais a elaboração do plano é adjudicada a uma equipa exterior ao município, colaborando estes, deste modo, no exercício de *funções jurídico-públicas*.

Todavia, importa advertir que nada obsta a que os dois tipos de contratos se fundam, pelo contrário, actualmente tendo em conta a configuração normativa dos contratos para planeamento dada pelo legislador no artigo 6.º do RJIGT, no momento em que são acertadas as regras de definição da ocupação do solo podem também ser negociados os direitos e deveres no âmbito da execução do plano objecto de contratualização. E isto, porque o valor substancial da contratualização no planeamento municipal reside essencialmente na ideia de que para a concretização de um plano – peça fundamental do sistema jurídico-público do urbanismo – não basta aprová-lo, é preciso executá-lo e a execução depende da colaboração dos particulares. Note-se, porém, que ao contrário de outros ordenamentos jus-urbanisticos europeus, estes contratos apenas foram legalmente admitidos em 2007, constituem, aliás, a grande novidade legislativa do Decreto-Lei n.º 316/2007, que veio alterar o RJIGT, embora já fossem objecto de uma prática reiterada por parte das câmaras municipais, e admitidos pela própria doutrina, sob a forma de *contratos administrativos atípicos ou contratos sobre o exercício de poderes públicos.*

Os *contratos para planeamento* correspondem aos acordos celebrados entre a Administração e os particulares em momento prévio ao da escolha dos conteúdos urbanísticos, como forma de concretizar determinado projecto do interesse geral. Representam, por isso, um compromisso do município na ponderação de uma determinada solução urbanística, que está dependente da sua inscrição no *futuro plano* que vier a ser elaborado, alterado ou revisto.[23] Assim sendo, o que caracteriza a figura dos contratos para planeamento é o facto de serem subscritos entre a administração local e os privados, cujo objecto é a preparação *ex-novo* de um instrumento de planeamento,

---

[23] Os contratos para planeamento manifestam apenas um certo compromisso da administração relativamente aos seus poderes indelegáveis de planeamento, isto é, existe apenas uma auto-limitação dos seus poderes discricionários relativos às condições e objectivos acordados. Daí que a mera existência do contrato para planeamento não dispensa a que se dê lugar ao correspondente procedimento administrativo de elaboração, alteração ou revisão do plano, inscrevendo – ou não – o conteúdo contratual que foi previamente acordado.

são "*contratos pre-plan – nascidos antes da formação de um plano urbanístico*"[24]. Por isso distinguem-se daqueles contratos celebrados no âmbito de procedimentos pré-expropriativos, mas nos quais a câmara municipal *reconhece capacidades edificativas a terrenos que já são admitidas pelas normas em vigor no momento da celebração do contrato ou que estejam previstas num plano já em elaboração*, como é o caso do acordo em litígio no acórdão em anotação. Senão vejamos.

Na sequência de contactos realizados entre os particulares e o executivo municipal, como forma de evitar um processo expropriativo longo e dispendioso, acertaram as partes que em troca da cedência de uma parcela de terreno para a construção de uma estrada, a câmara comprometia-se a conceder a licença de construção nos termos da informação favorável que prestou, tendo em conta as normas urbanísticas em vigor na data em que foi efectuado o pedido, ficando, contudo, sujeita a uma condição suspensiva de compatibilidade com o plano de urbanização de Fátima em processo de aprovação. Neste caso, o projecto apresentado pelo particular não teve qualquer influência na consagração futura das regras do plano de urbanização. Pelo contrário, de acordo com o estipulado na informação, o pedido do particular fica, condicionado aos afastamentos previstos na mesma deliberação, nomeadamente que a implantação deverá obedecer ao previsto no PU em aprovação com a condição de serem respeitadas as seguintes condições: "*(a) 5 (cinco) m para estacionamento à face da nova estrada; (b) 1,5 m para passeio; (c) Índice de ocupação – previstos no PU em aprovação.*" E ainda que a "<u>construção da Estrada Municipal é a infra-estrutura em causa pelo que mais nenhuma outra está considerada. Sugerimos que todas as infra-estruturas sejam analisadas caso a caso, conforme é usual, aquando da apresentação dos respectivos projectos de construção</u>".[25] Este acordo não surgiu como forma de alterar o plano que já se encontrava em aprovação, não nasceu antes do plano, mas durante a elaboração do plano, e pretendia-se tão só reconhecer

---

[24] JORGE ALVES CORREIA, *Contratos Urbanísticos...*, ob cit. pág. 134.
[25] Sublinhado nosso.

capacidades edificatórias que estavam já em estudo. Não influenciou a conformação dessas regras, isto é, não foi a pretensão do particular que conduziu à alteração das regras do plano, antes ficou condicionada a condições de edificação que à partida estavam previstas. Aliás, foi mesmo a aprovação do plano de urbanização que impediu a câmara municipal de deferir o pedido de licenciamento nos termos que tinha decidido favoravelmente aquando do pedido de informação. Questão diferente será, se a câmara municipal tinha o dever de salvaguardar o acordo que firmou, o que analisaremos mais à frente.

Mesmo que o acordo firmado revestisse a natureza contratual, nunca poderia ser reconduzido à categoria de contrato para planeamento por em causa não estar a conformação consensual das regras de um futuro plano, mas antes a compatibilidade com o mesmo. De acordo com FERNANDA PAULA OLIVEIRA, a razão de distinção deste tipo de contratos prende-se, essencialmente, com o facto dos contratos para planeamento se projectarem para o futuro. Nas palavras da autora, *"apenas podem ser reconduzidos plenamente a esta figura os contratos em que as capacidades edificativas que por eles são reconhecidas não se encontram ainda admitidas pelos instrumentos planificatórios em vigor, pressupondo, a concretização do disposto no contrato, a necessidade de alteração ou de elaboração de um plano que as integre"*[26].

Todavia, estes contratos pela falta de regulação expressa levantam algumas dificuldades relativas ao seu enquadramento jurídico, sendo reconduzidos genericamente à categoria dos contratos sobre o exercício de poderes públicos.

Os contratos sobre o exercício de poderes públicos "*podem representar uma alternativa ao acto administrativo (...) ou implicar uma combinação com um acto administrativo*"[27]. Significa isto que

---

[26] FERNANDA PAULA OLIVEIRA, "Contratação pública no direito do urbanismo", Estudos da Contratação Pública – I, Coimbra Editora, Coimbra, 2008 pág. 822.

[27] PEDRO GONÇALVES, O Contrato Administrativo...., ob. cit., pág. 76. FILIPA URBANO CALVÃO refere que deverão corresponder a contratos sobre o exercício de poderes públicos, seja por neles se estipular o modo ou o sentido do exercício de tais poderes, seja por determinarem eles próprios a produção de certos efeitos jurídico-públicos. In "Contratos sobre o exercício de poderes públicos", Estudos da Contratação Pública – I, Coimbra Editora, Coimbra, 2008, pág. 328.

os contratos sobre o exercício de poderes públicos integram, quer os contratos *substitutivos de actos administrativos ou contratos decisórios*, através dos quais a Administração no final do procedimento administrativo celebra um contrato com um privado, em vez de tomar a decisão unilateralmente – utilização alternativa do contrato em relação ao acto administrativo – quer *os contratos obrigacionais ou endoprocedimentais*, que se configuram como contratos pelos quais a Administração se vincula à emissão de um acto administrativo antes ou no decurso de um determinado procedimento administrativo. Por outras palavras, os contratos endoprocedimentais constituem acordos preliminares entre a Administração e os particulares com vista a fixar ou modificar o conteúdo de uma acto procedimental, enquanto os acordos substitutivos implicam que a Administração abdique do exercício do seu poder unilateral de decisão que é substituído por um contrato.[28]

A admissibilidade deste tipo de contratos decorre da consagração legal do princípio geral da utilização do contrato como forma de actuação administrativa, ou por outras palavras, do *princípio geral da permissibilidade de recurso à forma jurídica do contrato administrativo para conformar relações jurídico-administrativas,*[29] que se traduz na possibilidade de qualquer entidade pública recorrer aos contratos administrativos para realizar as respectivas atribuições, mesmo que o regime e os efeitos não estejam especificamente con-

---

[28] PAULO OTERO, *Direito Administrativo,* policopiado, Lisboa, 1998, página 347. MARCELO REBELO DE SOUSA E ANDRÉ SALGADO DE MATOS distinguem entre contratos substitutivos de actos administrativos e contratos administrativos com efeito promissório, considerando que os últimos se reconduzem aos acordos pelos quais a administração se vincula a praticar, ou não praticar, um acto administrativo de determinado conteúdo. Note-se que uma vez que a vinculação da administração através de contratos com efeito promissório envolve um exercício antecipado da margem de livre decisão, deve entender-se que os mesmos serão sempre celebrados sob reserva de alteração do regime normativo aplicável e das circunstâncias sobre as quais assentam. In *Direito Administrativo Geral – Contratos Públicos,* Tomo III, D. Quixote, 2008, pág. 49.

[29] SÉRVULO CORREIA, *Legalidade e autonomia contratual nos contratos administrativos,* Almedina, 2003, (Reimpressão da edição de 1987), pág. 676.

sagrados na lei.[30] Numa redacção semelhante ao já revogado artigo 179.º do Código do Procedimento Administrativo[31], o Código dos Contratos Públicos[32] reconhece aos contraentes públicos a faculdade de celebrar quaisquer contratos administrativos, *salvo se outra coisa resultar da lei ou da natureza jurídica das relações a estabelecer*. Significa, portanto, que embora se reconheça que a celebração de contratos sobre o exercício de poderes públicos seja um contributo para atingir um maior grau de eficiência, e por isso a admissibilidade geral, a verdade é que existem incompatibilidades entre a forma contratual e determinados conteúdos. Ora, a administração não tem uma derradeira liberdade na opção entre o contrato administrativo e o acto administrativo.

Desde logo, por se tratarem de *contratos atípicos*, o princípio da legalidade da actuação administrativa reivindica o cumprimento no estabelecido legalmente, já que a Administração não pode servir-se dos contratos administrativos para se subtrair ao cumprimento da lei ou para produzir efeitos de direito administrativo que, quando conformados em acto administrativo, seriam ilícitos – "*é da lei que resulta a incompatibilidade entre determinados conteúdos e a conformação através de contrato administrativo*".[33]

Esta questão é tão mais importante nas situações em que a entidade pública deve manter a faculdade de modificar ou suprimir a situação jurídica sem ficar vinculada a qualquer acordo celebrado anteriormente. Este é o critério que vale para o exercício de poderes vinculados, isto é, nos domínios em que a Administração está obrigada a observar todos os pressupostos legais e regulamentares para a emissão de um acto administrativo. Considera-se, portanto, que por estas situações não poderem ser negociadas, não há margem para o contrato – este tipo de vinculação contratual só é possível no quadro dos pressupostos da discricionariedade da decisão.

---

[30] Pedro Gonçalves refere que este conceito de autonomia pública contratual tem, portanto, um âmbito idêntico ao de autonomia administrativa, entendida como a capacidade que desfrutam as pessoas colectivas públicas de praticar actos administrativos. Cfr, PEDRO GONÇALVES, *O Contrato Administrativo...*, ob. cit., pág. 39.
[31] Doravante CPA.
[32] Doravante CCP.
[33] SÉRVULO CORREIA, *A legalidade e a autonomia...*, ob. cit., pág. 682

Todavia, acompanhando de perto SÉRVULO CORREIA, não podemos abordar a questão tão linearmente e é necessário estabelecer algumas precisões. Assim, não é propriamente a natureza vinculada da produção de determinados efeitos jurídico-administrativos que impede que ela tenha lugar através do contrato. Mas o que pode pôr em causa a possibilidade da celebração do contrato é o facto dos pressupostos legais de vinculação impedirem que o *"conteúdo da relação possa incluir qualquer mínimo e acessório elemento que não os decorrentes da norma como objecto do poder dever da Administração"*.[34]

No nosso caso, o tribunal considerou que os actos administrativos de licenciamento não podem ser objecto de contrato ou de qualquer acordo, por em causa estar um exercício do poder público vinculado. A Administração neste caso não concerta a própria produção dos efeitos jurídicos da situação – isso só poderá acontecer quando tenha uma margem de ponderação da decisão administrativa – mas tão-só se a pretensão concreta do particular poderá ser concretizada e quando poderá. Além do mais, em todo o caso, o entendimento de que aquela deliberação consubstanciava um acordo negocial não prejudicaria o exercício de poder de autoridade, e o mesmo é reiterado quando a câmara se comprometeu a autorizá-lo no futuro de acordo com as estipulações do Plano de Urbanização, ainda em fase de aprovação.

É exactamente este o fundamento que legitima a opção pela forma contratual do exercício dos poderes públicos na actuação vinculada: só poderão ser celebrados sob a *reserva da manutenção dos elementos de facto e de direito* em que assentou a sua celebração e, por isso, estão sujeitos a uma *condição resolutiva implícita*, pois da alteração destes pressupostos resulta a extinção do negócio jurídico, isto é, a obrigação da câmara deixa de existir, resolvendo-se o contrato. As estipulações contratuais não podem impedir que a Administração possa resolver num sentido diferente, pois a necessidade de dar cumprimento às normais legais justificam o afastamento do acordado, ou seja, os direitos adquiridos pelo contrato não podem preva-

---

[34] SÉRVULO CORREIA, *A legalidade e a autonomia...*, ob. cit., pág. 689.

lecer sobre as disposições do plano aprovado posteriormente, a não ser que o plano salvaguarde esses mesmos direitos. Ou seja, mesmo tendo celebrado um contrato com este objecto, o executivo municipal deverá ponderar as obrigações que assumiu por respeito ao *princípio da protecção da confiança*, mas não está obrigado a respeitar criteriosamente as obrigações assumidas aquando da aprovação do futuro plano, que no momento em que concedeu a informação favorável já se encontrava em aprovação, se tal se verificar contrário ao interesse público.

Além do mais, merece também reparos a conclusão vertida no acórdão em virtude dos novos desenvolvimentos doutrinários. Na verdade, tem considerado a doutrina que não existem actos totalmente vinculados nem actos totalmente discricionários, por isso não devemos excluir, sem mais, a contratação sobre o exercício de poderes públicos nos actos vinculados.[35] No que diz respeito à vinculação inerente ao acto administrativo de licenciamento e aos fundamentos do respectivo, FERNANDA PAULA OLIVEIRA *et al.*, em anotação ao artigo 24.º do RJUE, ressalvam que o carácter vinculado da licença pode assumir um duplo significado: a administração só poderá indeferir a pretensão urbanística do particular quando esteja perante um dos fundamentos enumerados taxativamente na lei, e por outro lado que, perante uma concreta pretensão urbanística no caso de existir algum dos fundamentos previstos, a Administração é obrigada a indeferir aquela pretensão.[36] No segundo caso, afirmam as autoras que a administração municipal pode dispor de uma margem de discricionariedade na apreciação dos pedidos de licenciamento, *margem essa que decorre ou de os fundamentos de indeferimento estarem enunciados com recurso a conceitos abertos e indetermina-*

---

[35] VIEIRA DE ANDRADE fala de um estatuto híbrido onde se contemplam vinculação e discricionariedade, uma *heteronomia imperfeita: cada acto administrativo está em parte determinado por normas abstractas que tem de respeitar e de executar, em parte corresponde a momentos de "concretização", de" desenvolvimento" ou de" criação" do órgão administrativo*. In *"Dever de Fundamentação Expressa de actos Administrativos"*, Almedina, 2007, (2.ª Reimpressão), pág.15.

[36] FERNANDA PAULA OLIVEIRA, *et al., Regime Jurídico da Urbanização e Edificação – comentado*, ob cit., pág. 258e ss.

dos ou de se tratar de fundamentos que, quando verificados, apenas permitirem (e não imporem) o indeferimento. É claro que com isto não queremos dizer que em caso de violação dos planos de eficácia plurisubjectiva, como é o nosso caso, a câmara municipal tem alguma margem de ponderação, pelo contrário, está obrigada a indeferir o pedido, pois está *vinculada ao cumprimento* do normativo legal. Apenas queremos demonstrar que o acto de licenciamento não é totalmente vinculado, pelo que não devemos excluir *a priori* a contratação do exercício de poderes públicos pelo facto de se considerar que a licença reveste um carácter vinculado: essa limitação não é absoluta. Importante é analisar caso a caso e celebrar estes contratos sob a reserva de manutenção dos elementos de facto em que assentou a celebração do acordo, e em caso algum podem estes contratos consubstanciar uma violação do ordenamento jurídico em vigor ou prevalecer sobre ele.

Também neste sentido, SÉRVULO CORREIA afirma que nada impede a administração de estipular com o destinatário de uma decisão concreta o modo de aplicação, no âmbito desta, de um poder de autoridade, rejeitando por isso a posição adoptada pelo Acórdão do STA de 1977, que defendia que os actos relativos ao licenciamento dos projectos de obras e ao alvará como título dessa licença não podem ser objecto de contrato e se deve considerar critério de todo inconcebível o de que o licenciamento de construção, como acto administrativo de competência municipal, pudesse ser objecto de contrato, ainda que administrativo.[37]

4. Estado de Direito e Princípio da protecção da confiança

Um dos pilares basilares do Estado de Direito Democrático concretiza-se nos princípios da segurança jurídica e da protecção da confiança dos cidadãos, que implicam a garantia da estabilidade das relações jurídicas administrativas e um grau mínimo de certeza nas expectativas juridicamente criadas, a que está subjacente uma ideia

---

[37] SÉRVULO CORREIA, *Legalidade e autonomia contratual...*, ob. cit., pág. 689, nota de rodapé 527.

de protecção da confiança dos cidadãos e da comunidade na ordem jurídica e na actuação do Estado. Por outras palavras, o princípio da protecção da confiança e segurança jurídica pressupõe um mínimo de previsibilidade em relação aos actos do poder, por forma a que a cada pessoa seja garantida e assegurada a continuidade das relações em que intervém e dos efeitos jurídicos dos actos que pratica.

A mais autorizada doutrina tem defendido que embora estes dois princípios – princípio da segurança jurídica e da protecção da confiança dos cidadãos – estejam estritamente associados, a verdade é que têm dimensões jurídicas diferentes, embora a linha diferenciadora seja bastante ténue. O primeiro está associado à estabilidade da ordem jurídica considerada objectivamente, enquanto o segundo consubstancia-se nas relações subjectivas entre poder público e particular, impondo designadamente a calculabilidade e previsibilidade dos indivíduos em relação aos efeitos jurídicos dos actos de poderes públicos constituídos na sua esfera. Assim, o princípio geral da segurança jurídica em sentido amplo, o qual abrange também a ideia de protecção da confiança *"pode formular-se do seguinte modo: o indivíduo tem do direito poder confiar em que aos seus actos ou às decisões públicas incidentes sobre os seus direitos, posições ou relações jurídicas alicerçados em normas jurídicas vigentes e válidas por esses actos jurídicos deixado pelas autoridades com base nessas normas se ligam os efeitos jurídico previstos e prescritos no ordenamento"*.[38]

E se a concepção de uma sociedade juridicamente organizada requer como premissa o reconhecimento da segurança jurídica como um valor supremo, então, a confiança legítima significa que a Administração, no exercício dos seus poderes, não deve frustrar, deliberadamente, a justa expectativa que tenha criado no administrado.

---

[38] GOMES CANOTILHO, *Direito Constitucional e Teoria da Constituição*, 7.º Edição, Coimbra, Almedina, 2003, pág. 257. Segundo o autor os princípios da segurança jurídica e da protecção da confiança dos cidadãos encontram-se no mesmo patamar do princípio da legalidade da administração, do princípio da proibição do excesso e do princípio da protecção jurídica e das garantias processuais, sendo por isso subprincípios concretizadores do Estado de Direito. " *O homem necessita de segurança para conduzir, planificar e conformar autónoma e responsavelmente a sua vida. Por isso, desde cedo se consideram os princípios da segurança jurídica e da protecção da confiança como elementos constitutivos do Estado de Direito."*

Significa, portanto, que o princípio da protecção da confiança tem na sua essência uma dimensão de eficácia negativa, isto é, corresponde a uma obrigação de *non agere,* a um dever de abstenção do Estado, no exercício da função administrativa, de praticar actos que possam alterar ou modificar as vantagens concedidas. Mesmo no caso do princípio da protecção da confiança entrar em conflito com outros bens jurídicos e interesses, designadamente com o princípio da legalidade, exige-se uma ponderação acrescida dos interesses em confronto, impelindo a administração a alcançar um *sábio* equilíbrio entre eles.

A frustração das legítimas expectativas depositadas pelos cidadãos dará lugar a um dever de minimização dos efeitos ou de ressarcimento dos prejuízos daí decorrentes. Deste modo, a jurisprudência administrativa nacional tem admitido inequivocamente a aplicação quer do princípio da boa fé, quer do princípio da protecção da confiança no âmbito do direito administrativo. Todavia, a mesma aplicação carece da verificação de vários pressupostos, a saber: a) uma actuação da parte de um sujeito de direito, público ou privado, que crie uma situação de confiança justificada, ou seja, os factos concretos verificados devem ter o poder de objectivar e efectivamente incutir no agente uma determinada expectativa; b) uma situação de confiança justificada do destinatário da actuação de outrem no desiderato último dessa actuação; c) a efectivação de um investimento de confiança, isto é, o desenvolvimento de actos ou omissões na base da situação de confiança; d) o nexo de causalidade, e por último e) a frustração da confiança por parte do sujeito que a criou.

Assim, tem entendido a jurisprudência que para que se possa, válida e relevantemente, invocar tal princípio é necessário que o interessado em questão não o pretenda alicerçar apenas na sua mera convicção psicológica, antes impõe-se a enunciação de sinais externos produzidos pela administração suficientemente concludentes para um destinatário normal e onde se possa razoavelmente ancorar a invocada confiança, como é o caso da nossa deliberação, que pela sua forma criou legítimas expectativas.[39] Por isso, o administrado

---

[39] Neste sentido, cfr entre outros o Acórdão do Tribunal Central Administrativo Norte, Processo n.º 01312/07.8BEPRT.

tem de demonstrar a existência de razões sérias para acreditar na validade dos actos ou condutas anteriores da Administração aos quais tenha ajustado a sua actuação. Por último, mas não menos importante, a protecção compensatória da confiança nos actos criados administrativamente só subsistirá quando estejamos perante uma *confiança legítima*, isto é, quando adequada e conforme ao Direito, não podendo invocar-se a violação do princípio da confiança quando este radique *num acto anterior* claramente ilegal.

Sendo afastada a confiança, incorre a Administração num dever de reparação do dano que deve garantir a respectiva neutralização dos prejuízos da confiança que foi violada. Seja pela origem contratual ou extracontratual, havendo quebra do princípio da protecção da confiança estará a administração responsável pelo ressarcimento dos danos. A responsabilidade civil do Estado é assim uma garantia do cidadão em caso de lesão das suas legítimas expectativas, da qual *emerge para a Administração e para os seus titulares de órgãos, funcionários ou agentes, a obrigação de indemnização causadas a outrem no exercício da actividade administrativa*.[40]

4.1. Protecção da confiança nos contratos administrativos

No direito privado, as obrigações contratuais uma vez assumidas geram a legítima confiança de que as prestações serão cumpridas e os contratos administrativos não escapam a esta lógica. Porém, a Administração goza de determinadas prerrogativas inerentes à sua função de agente de realização do direito e da prossecução do interesse público. Isto significa que mesmo nas actuações consensuais, típicas da relação contratual, mantém a Administração determinadas atribuições que lhe permitem modificar os acordos firmados.

Nos contratos administrativos – em especial nos contratos sobre o exercício dos poderes públicos – o contraente público encontra-se numa situação ou posição de poder devido a uma lógica de função,

---

[40] MARCELO REBELO DE SOUSA e ANDRÉ SALGADO MATOS, *Responsabilidade Civil Administrativa, Direito Administrativo Geral,* Tomo III, Dom Quixote, Lisboa, 2006, pág. 11.

na medida em que o facto de a administração estar *"amarrada a um contrato não pode paralisar o seu dever constante e permanente de servir o interesse público"*.[41] Na verdade, os contratos administrativos têm uma disciplina jurídica substantiva própria, por em causa estar uma *reserva de interesse público*, que prevalece sobre o próprio contrato, ou seja sobre o princípio do *pacta sunt servanda*, corolário dos contratos de direito privado. E por isso se afirma que *"o interesse público que constitui o fim do contrato administrativo penetra no seu interior modela as prestações, actualiza-as «pari passu» de acordo com as suas variações"*.[42]

A regra geral que vigora em matéria de responsabilidade contratual é a de que o devedor que falte culposamente ao cumprimento da obrigação se torna responsável pelo dano causado ao credor. Porém, nos contratos sobre o exercício de poderes públicos é necessário ter em conta que, na maioria das vezes, o afastamento do acordado impõe-se por imperativos de realização de interesse público. Ressalve-se, que a invocação das prerrogativas da satisfação do interesse público para o afastamento do acordado só será legítima se, e na medida em que, for indispensável para a realização do direito. A Administração não pode desvincular-se de um contrato que fundou legítimas expectativas na posição do particular, sem que esteja perante um caso absolutamente imperioso do ponto de vista do interesse público.

E por em causa estar o exercício de um poder de autoridade, no caso de desvinculação ao acordado por razões de interesse geral, o cumprimento *in natura* fica desde logo afastado: o particular nada poderá fazer para compelir forçosamente a administração para cumprir o acordado, directa ou indirectamente, uma vez que em causa está a impossibilidade de renúncia dos seus poderes. Não obstante, isto não significa que a obrigação de indemnização possa ser directamente afastada, tutelando a posição jurídica do particular que assumiu contratualmente determinados compromissos, e confiou na manutenção da relação jurídica. Este direito surge com o fundamen-

---

[41] PEDRO GONÇALVES, *O Contrato administrativo...*, ob. cit., pág. 104.
[42] BARBOSA DE MELO e ALVES CORREIA, *Contrato administrativo*, Coimbra, CEFA, 1984, pág.8.

to que, mesmo sabendo que o contrato tinha a sua eficácia condicionada por uma reserva da manutenção das razões de facto que conduziram à sua celebração, o particular acredita no cumprimento do estabelecido, na medida em que entende ter a Administração, no momento da vinculação, ponderado todos os interesses em causa e se celebrou o contrato é porque entende que tal terá provimento.

Em caso de impossibilidade definitiva do cumprimento, o contrato é automaticamente resolvido, pelo que o particular deve ser ressarcido apenas pelo interesse *in contraendo*, ou seja, o interesse contratual negativo.[43] Trata-se de uma indemnização pelo prejuízo que o credor teve com o facto de celebrar o contrato ou, por outras palavras, do prejuízo que ele não sofreria se o contrato não tivesse sido celebrado. Não faria sentido que se se pudesse exigir do devedor, neste caso da Administração, o ressarcimento do benefício que normalmente lhe traria a execução do negócio, uma vez que a impossibilidade de cumprimento do acordado não lhe é imputável. Impele, portanto, à Administração a exoneração da reposição do património do privado no estado em que se encontraria, se o contrato não tivesse sido celebrado.[44]

Chegados aqui, cumpre-nos concluir que no caso do acordo em apreço ter sido formalizado, e por isso, representar um contrato sobre o exercício de poderes públicos, o particular não poderia exigir o reconhecimento dos seus direitos, porque o mesmo seria dizer que o acordo deve prevalecer sobre as regras de ordenamento do território. O contrato neste caso deveria ser celebrado sobre a reserva de manutenção das razões de facto, pelo que na circunstância de impossibilidade superveniente do cumprimento do contrato por a mesma comprometer gravemente o interesse público, caso haja lugar a indemnização, a mesma só poderá fundamentar-se numa compensação pelos sacrifícios da prossecução do interesse público, isto é, numa *reparação do dano emergente*.

---

[43] Sobre o tema vide PAULO MOTA PINTO, *O Interesse Contratual Negativo e Interesse contratual Positivo*, Vol. I Coimbra, Coimbra Editora, 2009.

[44] ANTUNES VARELA, *"Das Obrigações em Geral"* Vol. II, 5.ª Reimpressão da 7.ª Edição, Almedina, 2009, pág. 104

No nosso caso, o particular consentiu na utilização do seu terreno para a construção de uma estrada, mas com uma condição, o município reconheceria, através de um acto administrativo, a capacidade edificativa do seu terreno e as condições em que o podia fazer, comprometendo-se a autorizar o pedido de loteamento no futuro. Não sendo possível o deferimento do pedido, por o mesmo manifestar uma violação do plano aprovado posteriormente, – e para o qual remetia a própria informação prévia – consideramos, no entanto, que ao particular cabia uma compensação pela cedência de uma parcela do seu terreno, isto é, pelo dano emergente com a celebração do contrato. Note-se, porém, que este dever de reparação do prejuízo por violação do princípio da protecção da confiança encontra a sua base de sustentação, não no acto de indeferimento do pedido, mas no facto da posição do particular não ter sido salvaguardada ou considerada pelo plano de urbanização que, entretanto, entrou em vigor. E isto, porque *"os princípios da segurança jurídica e da protecção da confiança (...) constituem postulados ou normas de actuação a serem observados no exercício da actividade discricionária da administração, na qual esta detenha liberdade para escolha de alternativas comportamentais, funcionando, pois como limites internos dessa actividade, não relevando assim no domínio da actividade vinculada... consistente esta na simples subsunção de um dado concreto à previsão normativa dos comandos legais vigentes."*[45]

Mas, tendo nós concordado com a tese sufragada no acórdão face à falta de vinculatividade do acordo firmado entre o particular e a administração, a questão que legitimamente se coloca é se estas conclusões serão também ajustadas para os compromissos informais.

4.2. *Protecção da confiança nos compromissos informais*

É, hoje, um dado incontornável no nosso ordenamento jurídico que o poder público, em todos os modos de actuação, deve agir em observância pelos valores constitucionalmente consagrados, nomea-

---

[45] Acórdão do Supremo Tribunal Adimistrativo de 13/11/2002, Processo n.º 44846.

damente pelos princípios da protecção e da segurança jurídica, que representam a essência do próprio Estado de Direito.

Contudo, dissemos anteriormente que o que caracteriza os compromissos informais é a *ausência de vinculatividade ou a existência de uma vinculatividade ténue*, consubstanciando-se tão só em acertos e conjugações de esforços consensuais entre a Administração e os particulares, a que não corresponde um modelo pré-definido ou a uma forma estabelecida e regulada pelo ordenamento jurídico em termos abstractos, antes pelo contrário, este tipo de actuação é, na verdade, uma alternativa das formas de actuação administrativa.[46] E, por esta razão, tem considerado a doutrina que *"os efeitos que o acordo produz são relevantes no plano do facto e não do direito (...) Por isso, não resulta para as partes nem directa, nem indirectamente, um qualquer poder de exigir o seu cumprimento"*[47], mesmo que fundado na violação do princípio da protecção da confiança ou do princípio da boa-fé. Esta posição assenta na ideia geral que podendo as partes formalizar o acordo, e tendo optado por não o fazer, significa que não queriam manter qualquer tipo de vínculo jurídico, por isso não são obrigadas a respeitar os compromissos expressos no acordo.

Não obstante, a verdade é que o princípio da protecção da confiança é um corolário de toda a actividade do Estado, mesmo que não tipificada ou especialmente regulada, na medida em que o princípio da boa fé, que dá consistência ao princípio da protecção da confiança, impõe que *a Administração Pública esteja obrigada a "obedecer à bona fides nas relações com os particulares. Mais: ela deve mesmo dar, também aí, o exemplo aos particulares da observância da boa fé, em todas as suas várias manifestações, como*

---

[46] Neste sentido vide Parecer do Conselho consultivo da PGR, n.º 001152003, relativo a um contrato celebrado para a resolução do diferendo sobre a realização de uma operação urbanística na Zona da Praia do Meco, celebrado entre o Município de Sesimbra, a Sociedade Aldeia do Meco, SA. Em causa estava saber qual a validade e eficácia de um acordo que pretendia a transferência dos direitos de urbanização e de edificação respeitantes à instalação de um empreendimento turístico na zona da Praia do Meco para uns terrenos localizados na Mata de Sesimbra. Este conselho acabou por concluir que a transferência dos direitos de urbanização era ilegal, por falta de suporte normativo.

[47] PEDRO GONÇALVES, *O contrato administrativo...*, ob. cit., pág. 52.

núcleo essencial do seu comportamento ético. Sem isso nunca se poderá afirmar que o Estado (e com ele outras entidades públicas) é pessoa de bem."[48]

Assim, a Administração quebra o valor ético da confiança que despertou num particular ao actuar em desconformidade com aquilo que fazia antever o seu comportamento, mesmo numa promessa administrativa ou acordo informal. De acordo com SUZANA TAVARES DA SILVA, actualmente, estão reunidos os pressupostos para a aplicação destes referentes materiais e consequentemente do instituto da responsabilidade civil da administração: (1) o reconhecimento da necessidade de utilização deste tipo de actuações como forma de prossecução do interesse público; (2) o reconhecimento da aptidão dessas actuações de conduzir a investimentos de confiança legítima; (3) o reconhecimento de que esses investimentos são adequados a gerar danos efectivos em caso de incumprimento; (4) e por último o reconhecimento de um dever de reparação desses prejuízos pelo Estado que deve garantir pelo menos a neutralização dos prejuízos. No entanto, não podemos, é exigir e legitimar o cumprimento forçoso destes compromissos, nos princípios em análise, ou seja, não pode resultar o reconhecimento vinculativo do conteúdo dos compromissos e os direitos adquiridos pela expectativa na manutenção da promessa.[49]

Mas o afastamento do acordado pode dar origem a um dever especial de reparação dos prejuízos, como uma compensação pelo sacrifício dos seus interesses. Por outras palavras *a juridicidade não se deve confundir com a respectiva vinculatividade.* A celebração de compromissos informais não pode equiparar-se aos efeitos obrigatórios constantes das formas tradicionais do agir administrativo, e por isso, não pode determinar o reconhecimento *por parte das entidades públicas, capaz de fundamentar a condenação à adopção de um comportamento por parte das entidades judiciais,* mas apenas um dever de reparação de eventuais prejuízos de um investimento de

---

[48] FAUSTO DE QUADROS, *"O concurso público na formação do contrato administrativo"* in: Revista Ordem dos Advogados, 1987, pág. 725.
[49] SUZANA TAVARES DA SILVA, *"A nova dogmática do direito administrativo: o caso da administração por compromissos..."*, ob. cit., pág. 936.

confiança que a contraparte tenha realizado e possa opor legitimamente à Administração.[50]

Assim, consideramos que vale aqui o mesmo que dissemos relativamente aos contratos sobre o exercício de poderes públicos, ou seja, que, ainda que seja impossível o reconhecimento dos direitos e a exigência do cumprimento forçoso, está a administração obrigada a ponderar as legítimas expectativas que provocou na esfera do particular.

5. Apreciação Crítica

Assim, de tudo o quanto foi dito, diremos que este acórdão suscita um conjunto de questões jurídicas bastante peculiares, problematizando, sobretudo, a questão da contratualização no domínio do direito do urbanismo. Na essência do acórdão está a negação da possibilidade da Administração assumir obrigações, mesmo contratuais, no exercício de poderes públicos vinculados.

A admissibilidade dos contratos sobre o exercício de poderes públicos decorre da consagração legal do princípio da autonomia pública contratual, que se traduz na possibilidade de qualquer entidade pública recorrer à figura dos contratos para a realização das suas atribuições, salvo se outra coisa resultar da lei ou da natureza das relações a estabelecer. A natureza da actividade vinculada poderia, então, constituir um entrave à utilização de contratos mediante os quais a Administração se obriga a no futuro deferir um pedido de licenciamento nos termos de uma informação favorável. Todavia, na verdade como vimos a possibilidade de contratualização de poderes públicos vinculados não está negada à partida: a impossibilidade não deve ser absolutizada. Reconhece-se, desde logo, à administração a possibilidade de contratualizar no domínio de poderes vinculados *sobre o se e o quando da produção de efeitos predeterminados por lei*. E neste caso a câmara comprometia-se a aceder naquela pretensão no momento em que fosse apresentado o pedido. Por isso, em

---

[50] SUZANA TAVARES DA SILVA, *"A nova dogmática do direito administrativo: o caso da administração por compromissos..."*, ob. cit., pág. 910 e ss.

causa não está a contratualização dos efeitos jurídicos do acto vinculado, mas tão só quando poderão ser exercidos.

Além disso, como afirmámos anteriormente a estes contratos é aposta uma condição resolutiva implícita, pois da alteração dos pressupostos em que assentou a manifestação da vontade de se vincular a determinada prestação resulta a extinção do negócio celebrado. Significa que por razões de interesse público pode a câmara municipal afastar-se do acordado anteriormente. Aliás, essa é uma característica dos contratos administrativos, nos quais as partes não se encontram numa posição de igualdade, antes numa relação de *sujeição-poder*.

Assim, por em causa estar um exercício de poderes públicos não pode proceder o pedido de reconhecimento dos direitos, se posteriormente entraram em vigor novos normativos que impedem essa efectivação, pelo que o cumprimento *in natura* fica desde logo afastado. Todavia, consideramos que as pretensões compensatórias não devem ser afastadas, isto é, decorre do princípio da protecção da confiança que a câmara municipal estava obrigada a reparar os prejuízos que levaram o particular a fazer investimentos na convicção que seriam reconhecidas as suas pretensões. Porém, este dever de reparação das legítimas expectativas criadas pelo vínculo fundamenta-se não no indeferimento do pedido, mas no facto de não terem sido salvaguardados os direitos constituídos no plano que iria entrar em vigor três anos mais tarde. Note-se, porém, que ainda que a existência do ocordo deva ser devidamente ponderada no momento da elaboração do plano, tal não significa que a Administração esteja obrigada a regularizar os acordos que celebrou, ou seja, que opte por uma solução urbanística semelhante à contratualizada ou acordada.

De todo o modo, a não consagração no plano dos acordos celebrados anteriormente dará lugar ao pagamento de uma indemnização, sobretudo em casos como este que se trata de uma transferência para o domínio municipal de um imóvel, na qual o particular vê a *"sua justa indemnização"* pela cedência do terreno malograda.

Vimos também, que mesmo admitindo que no caso vertente não existe qualquer vínculo jurídico ou efeitos obrigatórios, a solução será consubstanciada nos mesmos termos pela extensão da aplicação do princípio da protecção da confiança a todas as formas do agir administrativos, ainda que informais. Aliás, uma solução contrária conduziria a um caso de enriquecimento sem causa à custa de outrem na cedência do terreno.

Assim, concluímos, em primeiro lugar, que há, desde logo, um erro na formulação do pedido, ao particular não poderiam ser reconhecido os direitos de edificar nos termos do acordado, pois se, por um lado, a natureza do acordo não permitia que o mesmo prevalecese sobre as normas do futuro plano de eficácia plurisubjectiva, por outro, o tribunal não podia substituir-se à câmara municipal no que diz respeito à apreciação da conformidade do pedido de licenciamento quanto às normas aplicáveis. Por último, consideramos que o tribunal deveria ter ido mais longe, e ter apreciado a validade do direito a uma compensação pelos sacrifícios, neste caso, pela cedência do terreno.

Parte IV

O JUIZ COMUM E O DIREITO DO ORDENAMENTO

O Montante da Indemnização por Expropriação: o Caso do Parque da Cidade do Porto

FERNANDA PAULA OLIVEIRA[1]

Tribunal da Relação do Porto
Espécie de Recurso – Apelação
Processo n.º 13677/1998 da 7.ª Vara Cível do Porto – 3.ª Secção
Recorrentes: Médio e Longo Prazo – Promoção Imobiliária Lda. e outros.
Gaspar Alves Pereira (Herdeiros)
Câmara Municipal do Porto
Recorridos: Os mesmos

Acordam no Tribunal da Relação do Porto:

I. Relatório

Por despacho de 15/10/1996 do Ex.mo Senhor Secretário de Estado da Administração Local, publicado no D.R. n.º 272, II Série de 23/11/1996 foi declarada a utilidade Pública e urgência na expropriação da parcela n.º 1, da Planta Cadastral do Projecto do Parque da Cidade – Porto (2.ª fase).

Trata-se de uma expropriação parcial de uma área de terreno com 73.230m², a destacar de um prédio com a área de 89.700m², sito na freguesia de Nevogilde – Porto e cujo auto de vistoria A.P.R.M. data de 01/1997.

Foi adjudicada à C. M. do Porto a propriedade da parcela acima referida.

Inconformadas com a decisão arbitral que consta de fls. 73 e seg. vieram as, então expropriadas D. Alice Vilares, Maria Cândida Rodrigues e Alice Vilares apresentar recurso, invocando no essen-

---

[1] Professora Doutora da Faculdade de Direito da Universidade de Coimbra.

cial que o valor que é atribuído à parcela por aquela decisão é diminuto e defendendo o valor de 3.756.428.200$00 (escudos).

Igualmente recorreu Gaspar Ferreira sustentando que lhe deve ser fixado um *"quantum"* indemnizatório não inferior a 98.775.000$00 (escudos).

A expropriante C. M. do Porto usou do legal direito de resposta.

Teve lugar a avaliação à qual alude o art. 60.°, do Código das Expropriações de 1991.

Na pendência dos autos faleceu a Sr.ª D. Alice Vilares, tendo-se procedido à legal habilitação.

Posteriormente a sciedade de Préstimos/IMOLOC habilitou-se em substituição processual das referidas sehoras (artigos 360.°, do C.P. Civil).

Foi proferida sentença tendo a mesma sido anulada por este Tribunal da Relação do Porto, por Acórdão de 07/11/2002 tendo-se entendido que se impunha a ampliação da matéria de facto.

Produziu-se a prova que se entendeu como pertinente na sequência do ordenado pelo referido acórdão, tendo sido produzido prova testemunhal e apresentadas nos autos novas perícias.

Foi de novo proferida sentença que julgou parcialmente procedentes os recursos interpostos, fixando-se em €11.877.055,58 (euros) – o *"quantum"* a atribuir às, oportunamente, habilitadas Médio e Longo Prazo, Promoção Imobiliária Lda., Préstimo-Prestígio Imobiliária e Jardins de França S. A. relativamente ao valor a ser pago pela expropriante C. M. do Porto, valor este a ser actualizado nos termos do art. 23.°, n.° 2, do C. Expropriação e a indexar à data da D.U.P., e aos herdeiros do Sr. Gaspar a indemnização no valor de €46.882,00 (euros) igualmente a ser actualizada nos termos do art. 23.°, n.° 2, do C. Expropriação.

Inconformados com esta decisão dele interpuseram recurso Médio e Longo Prazo S. A, Préstimos S. A. e Jardins de França S. A. (que substituíram a IMOLOC), a Câmara Municipal do Porto e os Herdeiros de Gaspar Alves Vieira.

Os recorrentes Médio e Longo Prazo S. A, Préstimos S. A. E jardins de França formularam as seguintes conclusões:

A. Na mais comedida das apreciações, a sentença recorrida, aderindo ao laudo final dos peritos designados pelo tribunal, alcança um valor indemnizatório (€169/m²) de menos de metade do que se apuraria para um solo apto para construção com a localização e características da parcela expropriada, indemnização que – se não permite a aquisição da parcela expropriada como solo "para plantar couves e batatas", como confessadamente pretendia o actual Presidente da Câmara Municipal do Porto, nos comentários públicos que recentemente teceu sobre aquela sentença – torna largamente compensadora a prévia classificação como zona verde das parcelas a expropriar para construção do Parque da Cidade.

B. Um terreno na mesma zona, com a mesma dimensão e classificado como solo apto para construção, que fosse avaliado com base nos mesmos critérios essenciais – (i) o mesmo valor de venda por m² (€ 1365 acima do solo; € 530 em cave); (ii) os mesmos Regulamentos do PDM de Porto e Matosinhos (com COS de 5m³/m² e 2m³/m² no Porto e 1m²/m² em Matosinhos); (iii) a mesma distância entre pisos (2,8m) para conversão dos coeficientes volumétricos previstos no PDM do Porto; (iv) e o mesmo índice fundiário (30%) –, ascenderia a um valor nunca inferior a €400,68 por cada m² de terreno.

C. Deve-se este desfasamento, essencialmente: (i) à errada consideração em parte das parcelas situadas no concelho do Porto dos coeficientes de ocupação do solo de 2m³/m² e de 1m³/m², contrariando o Regulamento do PDM do Porto (onde apenas se prevê 5m³/m² e 2m³/m²); (ii) por outro lado, a um erro de cálculo grosseiro na determinação do coeficiente de ocupação do solo médio das parcelas situadas na área envolvente da parcela expropriada, ao tomar em consideração naquele cálculo uma área de 487.100m² de arruamentos e espaço público; (iii) e, por último, à ilegal subtracção de 24% do valor global da indemnização para alegados custos de infra-estruturação do terreno.

D. O juiz é o "perito dos peritos" (veja-se o disposto no artigo 655.º CPC e, quanto à prova pericial, os artigos 611.º CPC e 389.º CC) – devendo «controlar o raciocínio que conduz o perito ao seu laudo e afastar-se dele quando o repute errado»[2] –, pelo que, havendo

---

[2] Acórdão do Tribunal da Relação do Porto de 15.12.1992, rec. n.º 9250084, Desembargador SOARES DE ALMEIDA.

divergência de posições periciais, «a solução terá de encontrar-se, numa perspectiva crítica, no quadro da lei, e do conteúdo dos dois relatórios divergentes em presença, além de outros elementos de facto relevantes constantes do processo», podendo consistir «no afastamento de qualquer dos laudos ou até de todos» se a «análise crítica da prova» o aconselhar[3].

E. Só assim é possível conciliar as características próprias do processo especial de expropriação que confere à avaliação um grande relevo para a decisão da causa com o princípio da decisão (corolário dos princípios da irrenunciabilidade e inalienabilidade das competências jurisdicionais) e o dever de fundamentação das sentenças.

[A DECISÃO SOBRE A MATÉRIA DE FACTO]

F. Tem sido entendido que «na expropriação por utilidade pública não é exigível que seja proferida decisão sobre a matéria de facto», como está previsto para os processos ordinário e sumário nos arts. 653.º, n.º 2, e 791.º, n.º 3, do C.P.C.[4]

G. Isto não significa, naturalmente, que não exista uma decisão sobre a matéria de facto, mas apenas que a fixação da factualidade relevante para a decisão da causa tem lugar na sentença, a qual, diz-nos o n.º 2 do art. 659.º do CPC, deve o juiz «discriminar os factos que considera provados e indicar, interpretar e aplicar as normas jurídicas correspondentes, concluindo pela decisão final».

H. Naqueles «factos que considera provados» há-de estar – sublinhe-se – toda a «matéria de facto relevante para a decisão da causa, segundo as várias soluções plausíveis da questão de direito» (cfr. n.º 1 do artigo 511.º CPC), o que não sucedeu na decisão judicial em crise que omite a especificação de vários factos essenciais.

I. Ora, constando do processo todos os elementos de prova que serviram de base à decisão sobre a matéria de facto, designadamente a extensa prova pericial e documental e a gravação em banda mag-

---

[3] Acórdão do Tribunal da Relação de Lisboa de 18.10.2001, rec. n.º 76316, Desembargador ARLINDO ROCHA.
[4] Acórdão da Relação de Coimbra de 28.10.2003, (proc. n.º 1575/03, Des. Monteiro Casimiro).

nética dos esclarecimentos prestados na audiência de 17 de Março de 2006 pelo perito das expropriadas e por um dos senhores peritos designados pelo tribunal, o tribunal *ad quem* pode ampliar aquela decisão, nos termos da alínea a) do n.º 1 do artigo 712.º do CPC.

J. É certo que, considerando a integral adesão do tribunal ao valor indemnizatório proposto pelos peritos do tribunal, pode outrossim entender-se que é no laudo daqueles peritos (e nas significativas correcções que introduziram na sequência do pedido de esclarecimento formulado pelas expropriadas) que deve buscar-se a factualidade relevante omitida pela sentença[5].

K. Nesse caso, porém, a sentença, ao dar (implicitamente) por assente a factualidade em que se louvam os senhores peritos designados pelo tribunal, terá então julgado incorrectamente vários factos essenciais para a boa decisão em causa, devendo ser alterada em conformidade, nos termos do mesmo preceito do Código de Processo Civil (alínea a) do n.º 1 do artigo 712.º do CPC), o que subsidiariamente se requer.

L. No cumprimento do artigo 690.º - A, n.º 1, do CPC, os pontos de facto a aditar à decisão sobre a matéria de facto (ou incorrectamente julgados) e os concretos meios probatórios que impunham decisão diversa da recorrida são os seguintes:

L.1. «Na zona onde se situa a parcela expropriada e à data da declaração de utilidade pública, o valor de construção numa parcela com as características da expropriada não seria inferior a € 1500/m^2 para a construção acima do solo e € 750/m^2 para construção em cave». [cfr. laudo dos peritos do tribunal de 22.11.2004, a fls. 1283, laudo do perito das expropriadas de 18.04.2005, a fls. 1385-1386, e laudo dos peritos do tribunal de 31.05.2005, a fls. 1415];

L.2. «Na área envolvente cujo perímetro exterior se situa a 300m dos limites do Parque da Cidade a área edificável é de cerca de 867.600m^2 (222.500m^2 no concelho de Matosinhos; e 645.100m^2 no concelho do Porto)» [cfr. laudo dos peritos do tribunal, fls. 1411-1412];

---

[5] Admitindo essa "remissão" implícita para a factualidade em que assenta o relatório pericial acolhido pelo tribunal, veja-se o citado acórdão da Relação de Coimbra de 28.10.2003.

L.3. «Considerando os planos directores municipais do Porto e de Matosinhos vigentes à data da DUP, coexistiam naquela área edificável os seguintes coeficientes do solo [cfr. laudo dos peritos do tribunal, fls. 1411-1412 e artigos 2.º, n.º 4, 4.º, 16.º, n.º 4 e Planta n.º 2 do Regulamento do PDM do Porto];
   a) $1m^2/m^2$, numa área de $222.500m^2$ (Matosinhos);
   b) $5m^3/m^2$, numa área de $48.600m^2$ (Porto);
   c) $2m^3/m^2$, numa área de $596.500m^2$(Porto).»

L.4. «Na frente poente do Parque da Cidade existe um edifício com cércea de r/c + 3 andares e um coeficiente de ocupação do solo de $1,768m^2/m^2$» [cfr. laudo do perito das expropriadas, a fls. 1381, e os esclarecimentos prestados na audiência de 17 de Março de 2006 pelo perito das expropriadas e por um dos senhores peritos designados pelo tribunal gravados em banda magnética na face A da 1.ª cassete, do n.º 1 ao 2586, e na face B da mesma cassete, do n.º 1 ao 2454];

L.5. «No concelho de Matosinhos junto à frente Norte do Parque, existe um empreendimento denominado "Portas do Mar" que apresenta um coeficiente de ocupação do solo de 1,34 m^2/m^2 (com uma área de terreno de $26.470m^2$, o empreendimento apresenta uma área de construção acima do solo de $33.090m^2$ em habitação e 2454 em comércio, num total de $35.544m^2$)» [cfr. documento n.º 15 junto com o requerimento das expropriadas de 8.05.2006 e os esclarecimentos prestados na audiência de 17 de Março de 2006 pelo perito das expropriadas e por um dos senhores peritos designados pelo tribunal];

L.6. «Os custos com a infra-estruturação de terrenos, à data da DUP, estimam-se em cerca € 50 por cada m^2 de construção acima do solo» [cfr. laudo do senhor perito da expropriante, fls. 1252-1253; laudo do perito indicado pelas expropriadas, a fls. 1383; e, para aquilatar da falta de sustentação da 24% do valor do terreno defendida pelos senhores peritos do tribunal, os esclarecimentos prestados na audiência de 17 de Março de 2006 por um daqueles peritos, gravados em banda magnética na face A da 1.ª cassete, do n.º 1 ao 2586, e na face B da mesma cassete, do n.º 1 ao 2454].

[A DECISÃO SOBRE A MATÉRIA DE DIREITO]

M. É relativamente ao conjunto dos solos integrados no Parque da Cidade e respectivos limites que se determina «*a área envolvente cujo perímetro exterior se situe a 300m*» mencionada no n.º 2 do artigo 26.º do CE/91, reconhecidamente aplicável aos presentes autos – v., entre outros, os Acórdãos da Relação do Porto de 02.07.1998 (ap. 772/98, 3.ª secção), de 09.06.1998 (ap. N.º 555/98, 2.ª secção) e de 26.11.2002 (proc. n.º 9921492, este último integralmente reproduzido *in* www.dgsi.pt).

N. Por outro lado e por maioria de razão, a citada disposição legal refere-se aos **solos aptos para construção existentes nessa área envolvente** *e não aos arruamentos e outras áreas de espaço público:* de outro modo, sob pena de *deflacionarmos* artificialmente o valor desses prédios vizinhos, frustrando o *ratio* do preceito que quer garantir que um terreno apto para construção não sai desvalorizado por força da sua afectação a zona verde em instrumento de planeamento.

O. Há dois tipos de vícios no laudo dos peritos do tribunal (**e, por conseguinte, na sentença**) no que concerne à determinação do coeficiente de ocupação médio do solo:

a) **Erro sobre os pressupostos de facto**: mesmo que aceitássemos as premissas de que partem os senhores peritos, a determinação do coeficiente médio enferma de um *erro de cálculo grosseiro;*

b) **Erros sobre os pressupostos de direito**: os senhores peritos *(i)* consideram indevidamente os COS de 2,5m^3/m^2 e de 1m^3/m^2, violando frontalmente o n.º 4 do artigo 2.º e o artigo 4.º do Regulamento do PDM; *(ii)* em segundo lugar, não consideram várias construções existentes na área envolvente, como impõe o n.º 2 do artigo 26.º CE/91 e expressamente determinava o Acórdão da Relação do Porto que anulou a sentença anteriormente proferida; *(iii)* por último, recusam infundadamente a aplicação do n.º 3 do artigo 2.º do Regulamento do Plano Director Municipal do Porto, do qual resulta um acréscimo não inferior a 20% da capacidade construtiva média apurada.

P. Relativamente à primeira questão e de acordo com os cálculos dos senhores peritos, na área envolvente cujo perímetro exterior se situa a 300m do conjunto dos solos integrados no Parque da Cidade, temos uma área edificável de aproximadamente 867.600m², pertencendo 222.500m² desta área ao concelho de Matosinhos e 645.100m² ao concelho do Porto.

Q. Aquela área de terreno de 867.600m², mesmo considerando os coeficientes de ocupação (indevidamente) referenciados pelos senhores peritos [1m²/m² em Matosinhos; 1,79m²/m² (5m³:2,8), 0,89m²/m² (2,5m³:2,8), 0,71m²/m² (2m³:2,8) e 0,36m²/m² (1m³:2,8) no Porto (cfr. laudo dos peritos do tribunal, fls. 1412-1413)], apresenta uma capacidade construtiva máxima de 604,071 m² (cfr. fls. 1413, onde se quantifica 222.500m² para a parte de Matosinhos e 381.571m² para as áreas do Porto), o que equivale a um COS médio arredondado de 0,70m²/m².

R. No entanto, partindo das mesmas exactas premissas, os senhores peritos do tribunal (e a sentença uma vez que adere ao montante indemnizatório por estes proposto) chegam a um COS médio de 0,45m²/m², uma vez que *dividem a área bruta de construção apurada* (604.071m²) *não pela área das respectivas parcelas* (867.600m²)*, mas por toda a área de terreno existente na designada «figura homotética»* (1.354.700m²)*, incluindo, portanto centenas de milhares de metros quadrados de arruamentos e de espaço público.*

S. Como melhor se infere no Quadro 2 da presente alegação, mesmo considerando a absurda percentagem de 24% para os alegados custos de infra-estruturação do terreno e as despesas realizadas pela CMP com o encapelamento do ribeiro existente na parcela, o valor da indemnização da parcela expropriada, à data da DUP, nunca poderia ser inferior a € 18.229.683,32 (dezoito milhões, duzentos e vinte nove mil, seiscentos e oitenta e três euros e trinta e dois cêntimos), muito aquém, é certo, daquela que as expropriadas entedem como justa (que nunca deverá, em qualquer caso, ser inferior a € 26.324.796,4), mas bem acima do valor a que aqueles peritos chegaram no seu último laudo e veio a ser sufragado na sentença (€ 11.877.055,58).

T. Dito isto, mesmo o COS médio acima apurado de 0,70m²/m² está muito aquém daquele que resulta da correcta aplicação das normas legais e regulamentares aplicáveis:

U. *Em primeiro lugar* e ao contrário do que defendem os peritos do tribunal, a possibilidade de se aplicar coeficientes de ocupação do solo de 2,5m³/m² e de 1m³/m² (prevista na alínea b) do n.º 4 do artigo 2.º e no n.º 4 do artigo 16.º do Regulamento) é absolutamente excepcional, uma vez que diz respeito à construção a uma distância superior a 30m das vias públicas pavimentadas, que, por força do artigo 4.º do mesmo Regulamento, não é em princípio permitida.

V. Como todos reconhecem, a parcela expropriada seria naturalmente objecto de uma prévia operação de loteamento, nada autorizando, portanto, a supor que os lotes teriam uma configuração que ditasse a aplicação daquela edificabilidade condicionada.

W. Basta, aliás, consultar a legenda da Planta n.º 2 anexa ao Regulamento do PDM, designada "Disposições fundamentais sobre Edificação Urbana", para constatarmos que há apenas 3 coeficientes de ocupação do solo no PDM ($5m^3/m^2$, $2m^3/m^2$ e $0m^3/m^2$) e para verificar que na envolvente do que hoje é o Parque da Cidade temos apenas os coeficientes de ocupação do solo de $5m^3/m^2$, $2m^3/m^2$ (cfr. igualmente fls. 1381 e o doc. n.º II junto com o laudo inicial do perito das expropriadas, a fls. 430 do processo).

X. *Em segundo lugar,* o Acórdão da Relação do Porto (que anulou a primeira decisão proferida neste processo e designadamente o acórdão de 30 de Janeiro de 2003 que recaiu sobre o pedido de aclaração formulado pelas expropriadas) impunha expressamente que os senhores peritos atendessem igualmente à área bruta de construção das construções existentes.

Y. Tanto obrigava a considerar, pelo menos, a cércea de r/c + 3 andares existente na frente Poente do Parque da Cidade, como fez o perito indicado pelas expropriadas – apurando um COS de 1,768 m^2/m^2 (cfr. laudo do perito das expropriadas, fls. 1381) – e bem assim o empreendimento localizado no Concelho de Matosinhos junto à frente Norte do Parque, denominado "Portas do Mar" que apresenta um COS de 1,34 m^2/m^2 (cfr. documentos 1 a 15 juntos com o requerimento das expropriadas de 8.05.2006; cfr. igualmente, a fls. 1413, a resposta dos senhores peritos ao esclarecimento solicitado pelas expropriadas).

Z. Num processo recente, em que o valor da parcela expropriada foi igualmete determinado através da aplicação do n.º 2 do artigo 26.º CE/91, apresentando a área envolvente da parcela cércea variável, e *não obstante predominarem as construções de R/C e andar,* o coeficiente médio de ocupação do solo foi fixado em 1,0m^2/m^2, coeficiente sufragado pelo Tribunal da Relação do Porto (acórdão de

22.09.2005, proc. 0530834, in www.dgsi.pt; *v.* demais acórdãos, *supra* III – 1.4).

AA. Por último, ao COS médio assim obtido deveria acrescer, ainda, uma percentagem não inferior a 20%, nos termos do n.º 3 do artigo 2.º do Regulamento do PDM (cfr. laudo do perito das expropriadas, fls. 1382).

BB. Em suma, na determinação do COS médio da área envolvente, a sentença recorrida fez errada interpretação do disposto no n.º 2 do artigo 26.º do CE/91, e nos artigos 4.º, n.º 3 e n.º 4, alínea b), e 16.º, n.º 4, todos do Regulamento do PDM do Porto, ratificado pelo Desp. 103-A/92 do Ministro do Planeamento e da Administração do Território, publicado no DR II.ª Série, de 2 de Fevereiro de 1993, bem como da Planta n.º 2 anexa àquele regulamento, designada "Disposições fundamentais sobre a Edificação Urbana".

CC. Tomando em devida conta os dados de facto e de direito atrás expostos, parece-nos inteiramente correcto o COS médio de 1,608m^2/m^2 fixado pelo perito das expropriadas (cfr. fls. 1381-1383 do processo), tanto mais que este perito não teve em conta o COS de 1,34m^2/m^2 dos prédios existentes em Matosinhos.

DD. Este COS médio baseia-se na média dos diferentes coeficientes de ocupação do solo aplicáveis (ou aplicados em construções existentes) na área envolvente do Parque da Cidade (0,741 + 1,852 + 1,00 + 1,768 : 4 = 1,340m^2/m^2) – à semelhança da solução perfilhada no Acórdão de 3.12.2003 da Relação de Guimarães, proc. n.º 1516/03-2, Desembargador Carvalho Martins, *in* www.dgsi.pt –, acrescido de 20% por força do disposto no n.º 3 do artigo 2.º do Regulamento do PDM do Porto (cfr. laudo do perito das expropriadas, fls. 1382-1383)

EE. Em todo o caso, mesmo efectuando uma média ponderada dos vários índices previstos nos planos directores municipais do Porto e de Matosinhos (ou seja, *atendendo à área exacta em cada um desses índices é aplicável)* e, como melhor se infere nos Quadros 4 e 5, *supra*, somando a área de terreno das parcelas situadas na área envolvente (867.600m^2) e respectivas áreas brutas de construção (733.099m^2), chegaríamos a um COS médio arredondado nunca inferior a 0,84m^2/m^2.

FF. Como tal e sem prescindir, caso se venha a adoptar aquela média ponderada, o valor da parcela (sem benfeitorias) que resultaria da aplicação daquele coeficiente de 0,84m²/m² **nunca poderá ser inferior a €29.341.796,4**, como melhor se infere do Quadro 6 (que, por comodidade, aqui reproduzimos):

QUADRO 6

1. Parcela Expropriada	73.230m²
2. a.b.c da parcela	61.513m² (73.230m² × 0,84)
3. Valor da construção acima do solo	€ 81.504.990 (61.513m² × €1325)
4. Valor da construção em cave	€16.300.998 (61.513m² × 0,50 × €530)
5. Valor total da construção	€97.805.988 [(3) + (4)]
6. Valor da parcela expropriada (s/ benfeitorias)	€29.341.796,4 (€97.805.988 × 30%)
7. Valor apurado do m² de terreno	€ 400,68 (€29.341.796,4 : 73.230m²)

GG. Baseando-se no laudo dos peritos do tribunal (cfr. laudo complementar de 31.05.2005, fls. 1418), a sentença recorrida deduz, ainda, ao valor apurado para o terreno das expropriadas 24% deste valor para alegados custos com a infra-estruturação do terreno bem como, com alegado sustento no n.º 4 do artigo 25.º do CE/91, as despesas que a Câmara Municipal do Porto terá realizado com o encapelamento de um ribeiro ali existente aquando da construção do Parque da Cidade.

HH. Começando pela segunda questão, trata-se de um ribeiro que, sendo perfeitamente possível preservar, foi canalizado por razões estranhas às expropriadas (cfr. fls. 422, 481 e 575 do processo) e, quando questionados pelas expropriadas, os senhores peritos designados pelo tribunal reconheceram que seria tecnicamente possível a sua reabilitação (cfr. fls. 1419).

II. Por conseguinte, não só não ficou demonstrada a necessidade de qualquer dos trabalhos de encapelamento realizado pela expropriante (constantes do caderno de encargos dos concursos públicos documentados no processo) como faleceu a prova de que a reabilitação do ribeiro pudesse "agravar substancialmente" o custo de construção na parcela expropriada, como exige expressamente o n.º 4 do artigo 25.º do CE/91.

JJ. Nestes termos, ao deduzir ao valor da indemnização o montante de €368.143,99 alegadamente despendido pela expropriante com a canalização do ribeiro fez errada interpretação do disposto no n.º 4 do artigo 25.º do CE/91 e do princípio constitucional da justa indemnização (artigo 62.º da CRP).

KK. Quanto à alegada dedução para infra-estruturação do terreno, importa recordar que a classificação do solo como apto para construção não depende da existência de todas as infra-estruturas referidas na alínea a) do n.º 2 do artigo 24.º do CE/91.

LL. Conjugado aquele preceito com o disposto nos n.ºs 2 e 3 do artigo 25.º do mesmo código, verificamos que, num aproveitamento economicamente normal, o valor do solo apto para construção deverá variar entre um mínimo de 10% – no caso de dispor apenas de acesso rodoviário, sem pavimento em calçada, betuminoso ou equivalente – e 34% – no caso de dispor das demais infra-estruturas referidas no n.º 3 do artigo 25.º.

MM. Assim sendo, «temos que concluir que o valor das diversas infra-estruturas está referido na lei percentualmente em relação ao valor da construção. Consequentemente, faltando uma ou mais dessas infraestruturas, o seu valor não é tomado em conta para o efeito de aumentar a percentagem do valor do terreno em relação ao valor da construção. E assim, a ausência dessa ou dessas infraestruturas, provocando uma diminuição do valor do terreno, está obviamente a ser tomada em conta para o efeito do cálculo do mesmo valor» (nosso sublinhado)[6].

NN. *Ao subtrair ao montante indemnizatório 24% do valor do terreno, a sentença recorrida* fez errada interpretação dos citados artigos 24.º e 25.º do CE/91 e do princípio constitucional da justa indemnização (artigo 62.º da CRP), bem como das respectivas concretizações legais.

OO. Em todo o caso, se assim não se entender – o que apenas por prudência equacionamos –, então o montante a deduzir não deverá ser inferior a 10% do custo de construção (cfr. laudo do senhor perito da expropriante, fls. 1252-1253).

---

[6] Acórdão da Relação do Porto de 05.06.2003 (proc. n.º 0332945, Desembargador OLIVEIRA VASCONCELOS, in www.dgsi.pt). No mesmo sentido, confiram-se os doutos acórdãos da Relação do Porto de 03.07.2003 (proc. n.º 0332821, Desembargador SALEIRO DE ABREU, in www.dgsi.pt), de 30.11.2004 (proc. n.º 0431552, Desembargador Oliveira Vasconcelos), de 16.10.2003 (proc. n.º 0334829, Desembargador OLIVEIRA VASCONCELOS, in www.dgsi.pt, de 30.11.2004 (proc. N,.º 0425149), Desembargador HENRIQUE ARAÚJO, in www.dgsi.pt).

PP. Os custos com infra-estruturas nada têm que ver com o valor apurado para o terreno, ou com o valor da construção (que é influenciado pela localização e pelas condições mais ou menos privilegiadas do local), sendo por referência ao custo do m^2 de construção (que, se o terreno oferecer características normais, não varia significativamente conforme a zona do país), que costuma estimar-se o custo da infra-estruturação, designadamente em orçamentos que o projectista está obrigado a entregar para o respectivo licenciamento.

QQ. Se tomarmos em consideração que, à data da DUP, o custo do m^2 de construção era de cerca de €500, qualquer dedução para infra-estruturação adicional não poderá ser superior a €50 por cada m^2 de área de construção dependendo assim o valor absoluto a deduzir da área bruta de construção da parcela.

RR. Caso V. Exas. considerem – como esperam as expropriadas – que a parcela expropriada tem uma capacidade construtiva acima do solo (apurada nos termos do n.º 2 do artigo 26.º do CE/91) não inferior a 117.754 m^2 (73.230m^2 x 1,608m^2/m^2 – conforme defende o perito das expropriadas, a fls. 1383), teríamos que deduzir €5.887.700 (117.754 x €50) ao montante da indemnização a pagar às expropriadas apurado a fls. 1383, prefazendo, assim, tal indemnização, à data da DUP, o montante de €49.809.715,00 (€55.638.765,00 – 5.887.700 + €8400 + €10.250 + €40.000), quarenta e nove milhões, oitocentos e nove mil, setecentos e quinze euros;

SS. Caso V. Ex^{as}. entendam fixar o COS médio naquele que resulta da média ponderada dos coeficientes de ocupação do solo abstractamente previsto nos Planos Directores do Porto e de Matosinhos – ou seja, um índice nunca inferior a 0,84m^2/m^2 (cfr. *supra* III – 1.5., Quadros 4 e 5) – a parcela expropriada terá uma capacidade construtiva acima do solo de 61.513m^2 (73.230m^2 x 0,84m^2/m^2), havendo então que deduzir €3.075.650 (61.513 x €50) ao montante indemnizatório que resultaria dessa inferior capacidade construtiva (€ 29.341.796,4 – crf. *Supra* III – 1.5., Quadro 6), perfazendo a indemnização assim apurada, à data da DUP, o montante de €26.266.146,40 (€29.341.796,4 – €3.075.650). A este valor acrescem, ainda, os montantes relativos às benfeitorias (€18,650 de acordo com o perito das expropriadas, a fls. 1383) e as *despesas com o muro de vedação a construir* na área sobrante (€40.000, de acordo com o valor apurado pelo perito das expropriadas, a fls. 1383), o que eleva o valor final para €26.324.796,4 (vinte e seis milhões, trezentos e vinte e quatro mil, setecentos e noventa e seis euros e quarenta cêntimos) – tudo como melhor se infere do cálculo de indemnização constante no Quadro 7 (que aqui igualmente reproduzimos):

QUADRO 7

1. Parcela Expropriada	73.230m²
2. a.b.c da parcela	61.513m² (73.230m² × 0,84)
3. Valor da construção acima do solo	€ 81.504.990 (61.513m² × €1325)
4. Valor da construção em cave	€16.300.998 (61.513m² × 0,50 × €530)
5. Valor total da construção	€97.805.988 [(4) + (5)]
6. Valor da parcela expropriada	€29.341.796,4 (€97.805.988 × 30%)
7. Custos de infra-estruturação	€ 3.075.650 (61.513 × € 50)
8. Benfeitorias	€18.650
9. Muro de vedação a construir	€40.000
10. Valor global da indemnização	€26.324.796,4 [(6) –(7) + (8) + (9)]
11. Valor apurado por m² de terreno	€359,48 (€26.324.796,4 : 73.230m²)

TT. Refira-se, ainda, que a sentença não faz qualquer referência à actualização do valor indemnizatório apurado de acordo com os coeficientes de valorização da moeda, violando desta forma o disposto no n.º 1 do artigo 23.º do CE/91.

UU. Por último, sublinhe-se que o critério ou medida geral da indemnização do «valor do bem expropriado» (cf. o artigo 22.º, n.º 2) «não pode deixar de ser o "valor real e corrente", ou como escrevemos noutra ocasião, "o valor de mercado normativamente entendido"»[7].

---

[7] ALVES CORREIA, *ob. e loc. cit.* No mesmo sentido se escreve no Acórdão de fixação de jurisprudência n.º 1/99 do Supremo Tribunal de Justiça de 12 de Janeiro de 1999 (in DR Série I-A, n.º 37/99, de 13/02/1999, pp. 779 e ss): «*Apontando para o "valor da construção", enquanto no Código de 1976 (artigo 33.º, n.º 1) se referia ao "custo provável de construção", está a seguir o critério do* **"valor corrente de mercado**", *critério que é seguido pela quase generalidade dos ordenamentos jurídicos* (v. Dr. Alves Correia, ob. cit., p. 129), *com referência aos direitos espanhol, italiano, francês e alemão*».

VV. Como se acentua em recente Acórdão da Relação de Lisboa, os critérios previstos na lei para fixação da indemnização «*constituem referências com vista à determinação objectiva do valor dos bens*», mas «*o recurso a esses critérios não pode conduzir a uma indemnização que não reflicta o valor corrente dos bens, sem correspondência com esse valor ou que não seja idónea a ressarcir de forma integral e justa o expropriado pelo dano resultante da expropriação*»[8].

WW. Nos presentes autos de expropriação litigiosa, é unânime o reconhecimento da localização e características absolutamente excepcionais da parcela expropriada (todos os peritos consideraram um factor de 15% para a localização e qualidade ambiental), por isso qualquer que seja o método utilizado na determinação do valor da parcela expropriada ele terá sempre de ser testado através do respectivo com os valores de m^2 de terreno praticados no mercado para terrenos com características de igual modo privilegiadas.

XX. Recentemente, a propósito de um terreno expropriado em 2003 para construção da empreitada "Acessibilidades ao Bessa", o Tribunal da Relação do Porto considerou como justa indemnização um valor de €518,10 por cada m^2 de terreno, acrescentando, que este valor estava *muito próximo dos €569,3/m^2 que os senhores árbitros referem corresponder "ao valor real e corrente de terrenos para aquela zona da cidade do Porto"*»[9].

YY. Ora, actualizando o valor de €169/m^2 de terreno, à data do DUP, proposto pelos senhores peritos do tribunal e aceite pela sentença recorrida de acordo com o respectivo coeficiente de desvalorização da moeda (1,29, por força da Portaria n.º 429/2006, de 3 de Maio) chegamos a um valor de apenas €218,01m^2, muito distante daquele que foi sufragado para a zona do Estádio do Bessa.

ZZ. E mesmo os valores que resultam dos cálculos que subsidiariamente efectuámos, *supra*, nos Quadros 6 e 7, de €400,68/m^2 e €359,48/m^2 (que actualizados a 2006 correspondem a €516,87 e

---

[8] Acórdão da Relação de Lisboa de 16.03.2006 (proc. n.º 0433555, Desembargador FÁTIMA GALANTE, in www.dgsi.pt).

[9] Acórdão da Relação do Porto de 20.04.2006 (proc. n.º 0631436, SALEIRO DE ABREU).

€463,72, respectivamente) ficam, por conseguinte, muito aquém do valor justo para uma parcela de características excepcionais e situada naquela que todos os peritos reconhecem ser a zona mais valorizada da cidade.

AAA. Reitera-se, por fim, que não há quaisquer custos de infra--estruturação a deduzir, pelo que deve ser fixada a indemnização a pagar pela expropriante no montante defendido pelo perito das expropriadas de €50.133.538,00 (cinquenta milhões, cento e trinta e três mil, quinhentos e trinta e oito euros).

BBB. Caso o tribunal *ad quem* entenda basear-se apenas na média ponderada dos coeficientes de ocupação do solo abstractamente previstos nos instrumentos de planeamento vigentes à data da DUP (COS médio de 0,84m^2/m^2), a indemnização a pagar às expropriadas nunca poderá ser inferior a €29.341.796,4 (vinte e nove milhões, trezentos e quarenta e um mil, setecentos e noventa e seis euros e quarenta cêntimos).

CCC. Sem prescindir, caso se entenda necessário deduzir quaisquer custos de infra-estruturação do terreno, os montantes indemnizatórios subsidiariamente referidos – calculados de acordo com os COS médios de 1,608/m^2 e de 0,84/m^2 serão reduzidos para €49.809.715,00 e €26.324.796,4, respectivamente.

DDD. Em qualquer caso, o montante indemnizatório apurado deve ser actualizado de acordo com o disposto no n.º 1 do artigo 23.º do CE/91.

A entidade expropriante Câmara Municipal do Porto formulou as seguintes conclusões:

A. A sentença recorrida assenta no laudo dos peritos do Tribunal.

B. O Tribunal *a quo* ao aderir ao laudo dos peritos do Tribunal pressupôs que o mesmo não enfermava de erros.

C. O que não se verifica nos presentes autos.

D. Pelo contrário, os cálculos elaborados pelos peritos do Tribunal e o raciocínio aos mesmos subjacente está repleto de erros e contradições de mudanças bruscas de posição o que arruína, por completo, a credibilidade que à partida seria depositada num trabalho realizado por estes peritos.

E. Sem justificação nuns casos, ou baseando-se em raciocínios e cálculos errados, noutros casos, os peritos do Tribunal aumentam o valor de justa indemnização de cerca de 5.800.000,00€ para 11.800.000,00€.

F. Contradizem-se relativamente ao índice de ocupação médio referente ao lote.

G. Contradizem-se relativamente ao pé direito para efeitos de cálculo do índice de ocupação do solo.

H. Contradizem-se relativamente ao valor de construção.

I. Contradizem-se relativamente à percentagem correspondente à construção em cave.

J. Contradizem-se relativamente a considerar a construção em cave na área bruta de construção para efeitos de cálculo das cedências obrigatórias ao domínio público no âmbito da aplicação da Portaria n.º 1182/92.

K. Erram no cálculo de um arredondamento relativo ao valor de construção o que representa um acréscimo de 28.776,34€, no valor de indemnização.

L. Enfim, o laudo dos peritos do Tribunal encontra-se desprovido de rigor, razão pela qual não pode sustentar uma sentença que fixa o valor de uma indemnização a pagar por uma entidade pública com dinheiros públicos.

M. Por esse motivo, deve a sentença recorrida ser revogada.

N. Ao perfilhar o laudo dos peritos do Tribunal a sentença é ilegal, na medida em que estes peritos fazem uma interpretação ilegal do n.º 2 do artigo 26.º do CE.

O. Sendo a parcela em causa classificada como zona verde no PDM a indemnização é calculada com base no disposto no n.º 2 do artigo 26.º do CE.

P. Ora o perímetro delimitado por um raio de 300 metros a contar dos limites da zona verde, para efeitos de determinação da capacidade construtiva da parcela, inclui terrenos que pertencem ao concelho de Matosinhos.

Q. Situando-se a parcela expropriada no concelho do Porto, o cálculo da sua capacidade edificativa não pode ter em conta o índice de ocupação do solo em vigor no PDM de Matosinhos.

R. Deverá ser sempre com base nas regras do PDM do Porto que a sua capacidade construtiva é definida e não com base nas regras do PDM do concelho vizinho.

S. É manifesto e notório que a política urbanística dos dois concelhos é totalmente distinta.

T. O índice de ocupação do solo de Matosinhos é 278% superior ao índice de ocupação do solo no Porto.

U. Se é à luz de um plano municipal de ordenamento do território que a parcela é classificada como *"zona verde ou de lazer"*, então, a utilização hipotética da parcela para efeitos de cálculo do valor da indemnização deve ser determinada por aplicação das regras desse mesmo plano e não de outro, ainda que esse outro respeite a um concelho confinante com a parcela!

V. Admitir o inverso revela-se contraditório e configura um *venire contra factum proprium*.

W. Refere o n.º 1 e o n.º 2 do artigo 25.º do CE que a justa indemnização deve ser calculada de acordo com a utilização expectável e normal.

X. Em momento algum pode considerar-se ser expectável e normal calcular a indemnização com base em índices de ocupação que não sejam os que resultam das normas urbanísticas em vigor no concelho onde se insere a parcela.

Y. Atender ao índice de ocupação do solo em vigor no PDM de Matosinhos para aplicar numa parcela situada no concelho do Porto consubstancia uma frontal violação do princípio da igualdade, quer considerado na sua vertente interna, quer considerado na sua vertente externa.

Z. Desta forma resulta violado o princípio da igualdade previsto no artigo 13.º da Constituição da República Portuguesa, inconstitucionalidade que se brande e esgrime para todos os efeitos legais.

AA. A vertente interna do princípio da igualdade resultaria violada na medida em que os proprietários de parcelas contíguas expropriadas não abrangidas numa zona classificada como zona verde, veriam a sua indemnização ser calculada com base em parâmetros inferiores.

BB. Por seu turno violar-se-á o princípio da igualdade na sua vertente externa na medida em que relativamente aos proprietários de parcelas contíguas não expropriadas que as pretendessem vender nunca poderiam obter um preço que correspondesse a uma capacidade construtiva calculada com base num índice de ocupação do solo de um concelho vizinho.

CC. Como também para aqueles que pretendessem construir nas parcelas expropriadas nunca poderiam aspirar ao licenciamento de um projecto elaborado com base numa capacidade construtiva que o terreno não possui.

DD. Considerar o índice de ocupação do solo previsto no PDM de Matosinhos implica aumentar a capacidade construtiva da parcela de $0,37m^2/m^2$ para $0,45m^2/m^2$.

EE. Este aumento na capacidade construtiva corresponde a um valor no montante da indemnização de 2.138.476,76€.

FF. O índice de ocupação do solo fixado pelos peritos do Tribunal de $0,45m^2/m^2$ revela-se, na prática, inexequível para o tipo de construção considerada adequada para a parcela expropriada.

GG. Inexequível porque não permitiria respeitar o afastamento mínimo entre fachadas laterais com aberturas previsto no artigo 60.º do RGEU.

HH. Para que este preceito não fosse violado impunha-se que as moradias não tivessem aberturas nas fachadas laterais.

II. Ora, revela-se de todo desajustada a construção de moradias unifamiliares de qualidade sem aberturas laterais.

JJ. São os próprios peritos do Tribunal que referem que o índice de ocupação médio do lote de $0,75m^2/m^2$, que resulta do índice bruto de $0,45m^2/m^2$, é elevado.

KK. Não restam pois dúvidas que o índice de ocupação do solo fixado na sentença de $0,45m^2/m^2$ é manifestamente exagerado e inexequível.

LL. O pé direito a considerar nos presentes autos não deverá ser inferior a 2,90m.

MM. O pé direito previsto nos cálculos dos peritos do Tribunal de 2,80m revela-se desajustado tendo em conta que se prevê a construção de moradias de qualidade.

NN. Prevendo-se conforme fazem os peritos do Tribunal uma laje com 0,20m de espessura, resultaria que a distância entre pavimento e tecto se reduziria a 2,60m.

OO. Ora, 2,60m é a distância que actualmente é utilizada na construção das habitações sociais.

PP. Uma habitação de qualidade não se coaduna com pés direitos reduzidos.

QQ. *"Valor de construção"* para efeitos de cálculo do valor de indemnização não pode coincidir com *"valor de mercado de construção"* ou *"valor final de venda"*.

RR. O valor final de mercado de construção incorpora custos que nada têm a ver com o valor de construção *strictu sensu*.

SS. Na verdade, o valor final de mercado de construção integra o valor de construção propriamente dito, custos relacionados com a actividade de promoção imobiliária e o valor do terreno.

TT. O valor do terreno corresponde a cerca de 40% do valor final de mercado.

UU. Há muito que se discute na jurisprudência o conceito de valor de construção a aplicar para efeitos de cálculo do valor de indemnização num processo de expropriação.

VV. O Tribunal da Relação do Porto já foi chamado a pronunciar-se sobre este assunto diversas vezes,

Em dois acórdãos recentes refere esse Tribunal:

"Insurge-se, e quanto a nós com plena razão, a expropriante contra o facto de os peritos maioritários terem concluído que o custo de construção correspondia ao valor de mercado dessa mesma construção, ou seja, ao valor de venda dessa mesma construção" Acórdão da RP de 29.11.2006.

"Face aos próprios termos da lei, julgamos ser líquido que terá de atender-se ao custo de construção e não ao valor de construção (valor de mercado)". Acórdão da RP de 20.04.2006

WW. A este respeito diga-se que nada mudou entre o regime previsto no CE de 91 e no CE de 99.

XX. A mudança de denominação de *"valor de construção"* para *"custo de construção"* visa apenas clarificar uma polémica há muito surgida.

YY. Neste sentido pronunciou-se o Tribunal da Relação do Porto no já mencionado acórdão de 29.11.2006.

ZZ. Partindo do valor final de mercado para determinar o valor de construção deve ser deduzida a parcela referente ao valor do terreno e aos custos relacionados com a actividade do empreendedor imobiliário.

AAA. Os peritos do Tribunal acabam por não fazer qualquer dedução ao valor final de venda que fixaram em 1.325,00€/m^2.

BBB. Contrariamente ao que haviam feito nos laudos apresentados, os peritos do Tribunal nos esclarecimentos não deduziram o valor correspondente à qualidade ambiental e localização da parcela.

CCC. Como a qualidade ambiental e a localização integram o índice fundiário que será aplicado sobre o valor de construção fixado, a não dedução das verbas correspondentes às características da parcela equivale à sua duplicação no valor da indemnização.

DDD. Para além das verbas respeitantes ao valor do terreno devem ser deduzidos ao valor final de mercado os encargos correspondentes à actividade do empreendedor, designadamente o seu lucro, juros bancários.

EEE. Em particular no que se tange o lucro do empreendedor, os peritos do Tribunal escreveram no primeiro e segundo laudo que o mesmo deveria ser deduzido do valor final de mercado.

FFF. Surpreendentemente, nos esclarecimentos prestados os peritos referem que não deve ser feita qualquer dedução ao valor final de mercado.

GGG. Esta posição, pode ser infundada e por não corresponder ao espírito da lei, não pode ser acolhida.

HHH. O valor de construção fixado na sentença corresponde assim ao valor final de mercado, sem qualquer dedução.

III. Esse valor de 1.325,00€/m^2 revela-se manifestamente exagerado.

JJJ. É o que resulta de uma análise comparativa com processos pendentes e processos já objecto de decisão do Tribunal de Relação do Porto.

KKK. Num processo em curso respeitante a uma parcela vizinha da parcela expropriada, os peritos aí nomeados pelo Tribunal fixaram o valor da indemnização em 500,00€/m^2.

LLL. Por seu turno, em dois recentes acórdãos do Tribunal da Relação do Porto, relativos a processos de expropriação cuja DUP é de 2003 e referentes a zonas da cidade do Porto igualmente qualificadas como de habitação de gama alta e de qualidade, fixou-se o valor de construção em 1.000,00€/m^2 e 1.100,00€/m^2.

MMM. O valor de construção por m^2 a aplicar à parcela deve ser de 498,80€.

NNN. Esse é o valor que resulta dos valores publicados pela AICCOPN anualmente com base nas informações dos seus associados, como também é o valor que resulta da Portaria publicada anualmente para efeitos de determinação da renda nos contratos de arrendamento, acrescidos de uma percentagem relativa a encargos relacionados com projectos e com a fiscalização da obra.

OOO. O valor de 498,89€/m^2 encontra-se devidamente justificado no laudo do perito da expropriante, contrariamente ao valor fixado pelos peritos do Tribunal que nem sequer justificam porque motivo deixaram de deduzir as verbas relativas à qualidade ambiental e à localização bem como ao lucro do empreendedor.

PPP. Uma vez que a canalização do ribeiro era uma obra que se impunha realizar previamente a qualquer aproveitamento urbanístico, deve a mesma ser considerada como uma infra-estrutura do loteamento e não como um custo agravado da construção como o vieram a fazer os peritos do Tribunal, nos termos do n.º 4 do artigo 25.º do CE.

QQQ. A execução desta obra é prévia à execução da construção, como também é prévia à execução do próprio loteamento.

RRR. As deduções referidas no n.º 4 do artigo 25.º do CE referem-se à construção propriamente dita.

SSS. Sendo uma infra-estrutura e não um custo agravado de construção deve a mesma ser deduzida ao valor do solo urbanizado e não ao valor total de construção calculado, como o fazem os peritos do Tribunal.

TTT. A diferença entre considerá-la como um custo agravado de construção ou como uma infra-estrutura traduz-se em termos numéricos numa diferença de 284.207,16€ no valor de indemnização final.

UUU. A alteração produzida nos esclarecimentos nas verbas respeitantes à dedução das infra-estruturas que passou de 50% para 24% é incompreensível.

VVV. Consideram os peritos do Tribunal que o valor de construção encontrado pressupõe que o terreno se encontra urbanizado.

WWW. Por esse motivo e considerando que foi atribuído à parcela o índice fundiário máximo de 30%, entendem que devem ser deduzidos os encargos com as infra-estruturas, bem como as áreas cedidas obrigatoriamente ao domínio público ao abrigo do disposto na Portaria n.º 1182/92.

XXX. Essas áreas representam 40% da área do terreno, a que acrescem os 10% relativos aos encargos com a execução das infra-estruturas do loteamento.

YYY. Daí que no primeiro e segundo laudo os peritos do Tribunal prevejam uma dedução de 50% ao valor do terreno para determinar o valor do terreno não urbanizado.

ZZZ. Ora, os 40% relativos às cedências obrigatórias ao domínio público resultam da aplicação de 60% da área bruta de construção prevista nos termos definidos na Portaria n.º 1182/92.

AAAA. Esta área bruta de construção foi calculada no primeiro e no segundo laudo dos peritos do Tribunal como incluindo a cave.

BBBB. Nos esclarecimentos os peritos do Tribunal consideram que, afinal, em oposição frontal ao disposto na Portaria, a área de construção em cave não integra o conceito de área bruta de construção nos termos do mencionado diploma legal.

CCCC. O que os conduz a considerar que, então, a percentagem de área de terreno a ceder ao domínio público representa apenas 26%, em vez dos anteriores 40%.

DDDD. Estranhamente sem explicarem como, ao refazerem os seus cálculos em vez de considerarem 36% (26% + 10%) como a percentagem global relativa às infra-estruturas e às áreas de cedência, consideram apenas 24%.

EEEE. Estas sucessivas mudanças de humores dos senhores peritos do Tribunal reflectem-se no montante indemnizatório de forma directa fazendo duplicar o valor de indemnização anteriormente fixado.

FFFF. Os peritos não justificaram os valores que atribuíram às benfeitorias, o que seria exigível, desde logo porque resolveram quintuplicar o seu valor relativamente ao valor fixado na decisão arbitral.

GGGG. De todo o modo, não deve ser acrescido ao valor de indemnização qualquer verba a título de benfeitorias.

HHHH. A jurisprudência é abundante no sentido de ao ser atribuída à parcela capacidade construtiva e não sendo as benfeitorias susceptíveis de serem aproveitadas para a construção, como é o caso, a sua existência representa um factor de desvalorização e não um valor a acrescer à indemnização.

IIII. As expectativas do ocupante rural que existia à data não são merecedoras de protecção jurídica nos termos previstos no regime jurídico que regula o contrato de arrendamento rural.

JJJJ. Aquando do início da exploração da parcela, cerca de um ano antes da DUP, era do conhecimento público que a parcela iria ser objecto de uma expropriação.

KKKK. A indemnização fixada pelos peritos do Tribunal baseia-se em factos que não foram dados como provados e no pressuposto que existe um contrato de arrendamento válido e eficaz, o que não se verifica.

LLLL. A celebração de contrato de arrendamento rural exige a forma escrita – n.º 1 do artigo 3.º do Decreto-Lei n.º 385/88, de 25 de Outubro.

MMMM. De acordo com a doutrina, a observância desta norma é imperativa.

NNNN. A ocupação da parcela não se encontra titulada por contrato escrito.

OOOO. Resulta do disposto no artigo 220.º do Código Civil que a sanção aplicável à inobservância de forma legal é a nulidade.

PPPP. Conforme refere o Senhor Professor Castro Mendes *"a nulidade impede a produção de efeitos jurídicos"*.

QQQQ. Assim, sendo o contrato de arrendamento rural nulo não pode a indemnização ser calculada como se o contrato fosse válido e eficaz.

RRRR. A compensação ao ocupante rural deve ser determinada através do cálculo do rendimento médio anual da exploração e dos custos de transferência da exploração da parcela expropriada para a parcela sobrante, não mais que isso.

SSSS. Ainda que se entenda que existia contrato de arrendamento, o que não se concede e só por mero dever de patrocínio se refere, não ocorreu a caducidade do contrato, pois, como referem os peritos do Tribunal no segundo laudo, o ocupante rural continuou a explorar a parcela sobrante.

TTTT. Tendo a parcela sobrante uma área superior à área explorada pelo ocupante, a exploração por parte do ocupante não resultou prejudicada com a expropriação havendo apenas que incluir no valor da indemnização os custos relativos à transferência da exploração da parcela expropriada para a parcela sobrante.

UUUU. A compensação deverá cingir-se ao rendimento líquido anual acrescido do custo de transferência da parcela expropriada para a parcela sobrante, a qual, somadas as verbas acima expostas, perfaz o montante de: 7.559,17€, conforme resulta do laudo do perito nomeado pela expropriante, baseado na decisão arbitral.

Os herdeiros de Gaspar Alves Pereira formularam as seguintes conclusões:

1.ª O Tribunal ponderou mal a prova produzida já que não atendeu à prova pericial;
2.ª A prova pericial constatou a existência da exploração agrícola em toda a parcela pelo que não podia o Tribunal recorrido dar como assente só ser explorado 1ha.
3.ª Até porque a prova pericial foi efectuada após o resultado da audiência de inquirição das testemunhas já era do seu conhecimento a convicção do Tribunal e tiveram-na por isso, em conta como referiram;
4.ª Mesmo assim, averiguaram e constataram ser explorada a área na totalidade da parcela;
5.ª Acresce que sendo inequívoco que a área da parcela estava toda arrendada a indemnização pela caducidade do todo implica indemnização para o todo;
6.ª A indemnização deve ser a fixada pelos peritos do Tribunal. Termos em que na procedência do presente recurso deve a indemnização ser fixada em €341.801,20 reportada à data da DUP.

Foram apresentadas contra-alegações pelos recorrentes Médio e Longo Prazo – Promoção Imobiliária Lda. e outros, pela Câmara Municipal do Porto e pelos herdeiros de Gaspar Alves Pereira.

Questões a decidir:
Da Apelação da Médio e Longo Prazo – Promoção Imobiliária Lda. e outros:
1. Ampliação da decisão sobre a matéria de facto;
2. Determinação do coeficiente de ocupação médio do solo;
3. Saber se ao COS Médio deverá acrescer uma percentagem não inferior a 20% nos termos do n.º 3 do art. 2.º do Regulamento do P.D.M.;

4. Dedução de 24% ao valor apurado para a parcela a expropriar respeitante à infra-estrutura do terreno, bem como para despesas que a C.M.P terá realizado com o encapelamento de um ribeiro, ali existente aquando da construção do Parque da Cidade.
5. Actualização do valor indemnizatório;
6. Justa indemnização.

Da apelação da expropriante Câmara Municipal do Porto:

1. Erros e contradições do laudo dos peritos do tribunal a que aderiu a sentença recorrida;
2. Valor da Justa Indemnização;
3. Existência ou inexistência de contrato de arrendamento rural, caducidade e compensação do ocupante;

Da Apelação dos Herdeiros de Gaspar Alves Pereira:

1. Se a exploração agrícola deve ser considerada como existente em toda a parcela e não apenas na área de 1ha;
2. Se a indemnização deve ser fixada no valor de €341.801,20 (euros) reportada à data da D.U.P..

Questões prévias suscitadas pelas Apelantes Médio e Longo Prazo – Promoção Imobiliária S.A. e outros nas suas contra-alegações:

Se deve ser julgado deserto o recurso da expropriante por apresentação extemporânea das Alegações;

Se deve ser rejeitado o recurso em tudo quanto verse sobre matéria de facto, por não ter sido dado cumprimento ao ónus de impugnação especificada previsto no n.º 1, do art. 690.º-A, do C.P. Civil.

*

Apreciemos, pois, e desde logo as questões prévias suscitadas nas contra-alegações das recorrentes (e recorridas) Médio e Longo Prazo – Promoção Imobiliária Lda.

*

Invocam estas recorrentes/recorridas que as alegações da expropriante Câmara Municipal do Porto são extemporâneas porquanto o despacho de recebimento de recurso foi notificado às partes por ofício de 15/11/2006, pelo que o prazo para alegar terminava a 05//01/2007, considerando já a possibilidade de praticar o acto nos três dias úteis subsequentes ao termo do prazo, nos termos prescritos no n.º 3, do art. 145.º, do C.P.C..

A expropriante invocou que as alegações do recurso que interpôs foram apresentadas nos 30 dias subsequentes à notificação da cópia dactilografada da sentença, razão pela qual o mesmo não pode ser julgado deserto.

Apreciando e decidindo:

Para a apreciação da questão suscitada mostram-se provados os seguintes factos:

1. Através de requerimento entrado em juízo em 31/10/2006 a expropriante Câmara Municipal do Porto alegando dificuldades de leitura da sentença manuscrita proferida nos autos requereu cópia dactilografada da mesma.

2. Sobre este requerimento recaiu o seguinte despacho datado de 22/11/2006 "Deferido" *"in totum"*.

3. A cópia dactilografada da decisão foi notificada à entidade expropriante e expropriados através de ofício datado de 11/12/2006.

4. As alegações de recurso da entidade expropriante deram entrada em juízo através de fax datado de 26/01/2007.

*

Face a esta factualidade, e sendo certo que o prazo para a apresentação das alegações só se pode considerar iniciado a partir da notificação à expropriante/Recorrente da cópia dactilografada da sentença, nos termos das disposições conjugadas dos artigos 259.º, 698.º, n.º 2 e 150.º, n.º 1 – alínea c) do C.P. Civil, conclui-se que as mesmas foram apresentadas tempestivamente no 30.º dia do prazo.

Assim improcede a questão prévia da extemporaneidade das alegações suscitada pelas expropriadas.

*

II – Vejamos agora a 2.ª questão prévia suscitada, ou seja se deve rejeitar-se o recurso da expropriante em tudo quanto verse sobre matéria de facto por não ter sido dado cumprimento ao ónus de impugnação especificada imposto pelo citado art. 690.º-A, n.º 1 do C.P. Civil.

Ora e salvo o devido respeito a expropriante não impugnou a matéria de facto consignada como tal na sentença pelo que a apreciação de tal questão está prejudicada.

II. Fundamentação

De Facto:
É a seguinte a matéria de facto dada como provada na decisão recorrida:
– A expropriação em crise foi determinada por despacho de 16/10/1996, publicado no D.R. 272, II Série, de 28/11/1996, que destarte autorizou a D.U.P. (e respectiva posse administrativa) com chancela de urgência.

Trata-se de uma expropriação parcial de uma (01) área de terreno com 73.230m², cujo auto de vistoria "A.P.R.M." data de 1987 (e que atrás consta, dando-se ora por reproduzido).

A parcela a expropriar é destacada de um prédio de maior dimensão com a área de 89.700m² e situa-se na freguesia de Nevogilde – Porto daqui derivando que existe uma parcela sobrante de 16.470m².

O prédio em questão confronta com a Avenida da Boavista numa extensão de 240 metros situando-se nos terrenos sitos entre a Avenida da Boavista e a Estrada da Circunvalação, distando dessas vias, nos seus limites mais próximos, 90 e 260 metros respectivamente.

Dista cerca de 400m² do Oceano Atlântico.

Está sita a 1700 metros do cruzamento da Fonte da Moura, 900 metros da Fundação Dr. Cupertino de Miranda e 400 metros (cerca de) do Castelo do Queijo.

A renda reportada ao contrato de arrendamento que vinculava as expropriadas e o interveniente (entretanto falecido) Sr. Gaspar Pereira, era consubstanciada pela entrega a tais senhoras por parte deste último de – e pelo menos – 100kgs de batata por ano.

A área explorada pelo falecido Sr. Gaspar Pereira era do – e pelo menos (1) (um) hectares (1ha) sendo este o objecto do sobredito contrato à data da vistoria *"ad perpetuam rei memoriam"*.

Para lá dos produtos hortícolas referenciados na vistoria a seu tempo elaborada nestes autos o falecido Sr. Gaspar Pereira criava cavalos na sua exploração (pelo menos 8) aí criando ainda patos, galinhas e porcos (pelo menos 7) e tinha ainda uma plantação de alfaces e morangos.

Da Apelação das expropriadas – Préstimo – Prestígio Imobiliário S.A., Jardins de França – Empreendimentos Imobiliários e Médio e Longo Prazo S.A.

1. Ampliação da decisão da matéria de facto:
Sustentam as recorrentes que devem ser aditados à decisão sobre a matéria de facto (ou decididos de modo diverso caso se entenda que constam já da sentença por omissão implícita para o laudo maioritário a que esta aderiu 6 factos respeitantes a três questões essenciais para a determinação da indemnização (1) valor da construção acima do solo e em cave (2) coeficiente de ocupação do solo das parcelas situadas na área envolvente e (3) custo das infra-estruturas.

E assim pretendem as expropriadas recorrentes que com base nos laudos dos peritos do Tribunal de 22/11/2002 do perito das expropriadas de 18/04/2005 e dos peritos do Tribunal de 31/05/2005 que:

1 – Na zona onde se situa a parcela expropriada à data da declaração de utilidade pública, o valor de construção numa parcela com as características da expropriada não seria inferior a €1.500,00/m² para construção acima do solo e €750,00/m² para a construção em cave.

Ora entendemos que o que as recorrentes pretendem que se fixe na matéria de facto provada são conclusões – ilações – que o julgador (es) terá de extrair dos elementos probatórios constantes dos autos, designadamente, dos laudos dos peritos pelo que não deverão constar do elenco dos factos provados.

E o mesmo se dirá quanto aos restantes pedidos de ampliação da matéria de facto formulados nos 3-5 e 6, ou seja que:

Na área envolvente cujo perímetro exterior se situa a 300m dos limites do Parque da Cidade a área edificável é de cerca de 867.600m² (222.500m² no concelho de Matosinhos e 645.100 m² no concelho do Porto);

Quanto ao ponto n.º 4 e face aos elementos de prova indicados pelas recorrentes aditar-se-á à factualidade provada o seguinte:

"Na frente poente do Parque da Cidade existe um edifício com cércea de r/c+3 andares".

Procedem, assim, e apenas parcialmente as respectivas conclusões das apelantes.

*

2. Vejamos, agora a segunda questão suscitada – o valor médio das construções existentes ou que seja possível edificar na área envolvente (art. 26.º, n.º 2 CE/91).

A parcela a expropriar tem uma área de 73.230m² e ou, é destacada de um prédio com a área de 89.700m² e situa-se na freguesia de Nevogilde – Porto.

O prédio em questão confronta com a Avenida da Boavista numa extensão de 240 metros, situando-se nos terrenos sitos entre a Avenida da Boavista e a Estrada da Circunvalação distando destas vias, nos seus limites mais próximos 90 e 260 metros respectivamente.

A parcela a expropriar constitui a parcela n.º 1 incluída na planta cadastral dos terrenos destinados à cosntrução do "Parque Urbano da Cidade – 2.ª fase".

Como ideia geral cumpre salientar que a justa indemnização a que se reportam os artigos 62.º, da C.R.P, 1 e 22.º, do C. Expropriação aqui aplicável representam a expressão paticular de indemnização por actos lesivos de direitos e pelos danos causados a outrem – não visará, desta forma, compensar o benefício alcançado pelo expropriante, mas ressarcir o prejuízo que para o expropriante advém do acto expropriativo que forçadamente o priva do uso e fuição de um bem.

Ora, nos termos do disposto no art. 24.º do C. Expropriação para cálculo da indemnização por expropriação o solo classifica-se como solo apto para construção ou solo para outros fins.

A parcela a expropriar está classificada no PDM do Porto como Zona Verde ou de lazer, tendo sido reservada para nela ser instalada o denominado "Parque da Cidade".

O art. 25.º do Código das Expropriações estabelece os critérios da valorização dos solos aptos para a construção, enquanto o art. 26.º, n.º 1, do mesmo Código estabelece os critérios de cálculo dos solos para outros fins.

E o n.º 2, do citado artigo 26.º determina que *"sendo necessário expropriar solos classificados como zonas verdes ou de lazer por plano municipal de ordenamento do território plenamente eficaz, o valor de tais solos será calculado em função do valor médio das construções existentes ou que seja possível edificar nas parcelas situadas numa área envolvente cujo perímetro exterior se situe a 300 metros do limite da parcela expropriada"*.

Como refere Osvaldo Gomes (*in* Expropriações por Utilidade Pública p. 191) as razões subjacentes à citada norma *"assentam numa preocupação de justiça, face ao possível subjectivismo de quem escolhe e ao factor de desequilíbrio ou de desigualdade perante donos dos prédios vizinhos, por vezes com características semelhantes, mas que, por qualquer razão poderão ser prejudicados por critérios não necessariamente objectivos de política urbanística".*

Como tem sido maioritariamente decidido nos vários recursos apreciados nesta Relação relativos a outras parcelas expropriadas para instalar o Parque da Cidade – é relativamente ao conjunto dos solos integrados no Parque da Cidade e respectivos limites que se define a "área envolvente cujo perímetro exterior se situe a 300 metros do limite da parcela ou parcelas a expropriar". Aliás os senhores peritos do Tribunal e indicado pelos expropriados no laudo constante de fls. 1279 e seguintes, em item apenas subscrito pelos peritos do Tribunal, após terem encontrado relativamente à parcela em causa "um coeficiente médio de ocupação do solo de cerca de 0,15 m²/m²", ou seja, poderiam edificar-se a 0,15m² de construção por cada m² de terreno, e terem reconhecido que se trata de um índice muito baixo, cujo resultado foi influenciado pelo facto de dentro do perímetro de 300 metros se situar uma parte dos terrenos do Parque da Cidade com coeficiente de ocupação de solo nulo escreveram "outra hipótese, na qual se admite que o princípio estabelecido no Código das Expropriações não sai ferido, consiste em extrapolar que a envolvente dos 300 metros pode ou deveria ser medida a partir do perímetro exterior da área do Parque ou seja da área verde ou de lazer".

E estes senhores peritos do Tribunal, a cujo laudo a sentença de 1.ª instância aderiu, considerando que "tal raciocínio leva a que a figura homotética se estenda mais profundamente no concelho de Matosinhos, fazendo subir o índice médio de ocupação do solo. E, assim considerando, que na área do concelho de Matosinhos, abrangida pela figura geométrica, o índice de ocupação do solo é de 1m²/m², enquanto no concelho do Porto, é variável, mas com predominância na zona em causa, do índice volúmico de 1m³/m²", ou seja neste caso, 37m³/m² encontraram um coeficiente de ocupação do solo de 0,44m²/m².

E após pedidos de esclarecimento por parte das expropriadas, ora recorrentes, e considerando a área envolvente medida a partir dos limites da parcela expropriada, e adoptando a distância entre faces superiores de piso de 2,8m, e não inferior a de 2,70m, porquanto o critério de avaliação pressupõe habitação de qualidade e tal distância inclui a espessura de um pavimento, o que implica que a espessura resistente da laje, a sua regularização superior e inferior, o isolamento térmico e acústico e os revestimentos representam uma espessura que conduziria a um pé direito muito reduzido, incompatível com a qualidade admitida e muito próxima do pé direito mínimo regularmente admitido.

E assim, adoptando a distância entre faces superiores de pisos de 2,80m, a área edificável na zona envolvente que faz parte do concelho do Porto, os senhores peritos do Tribunal encontraram um coeficiente de ocupação de solo de:

1.068.400m^2 : 2,80 = 381.517m^2 (225.500m^2 + 381.578m^2): 1.354.700m^2 = 0.45m^2/m^2 e não 0,15m^2/m^2, como certamente, por lapso, se refere na sentença recorrida.

Ora, concordamos com as expropriadas quando referem que os senhores peritos do Tribunal no cálculo efectuado consideraram vastas áreas de arruamentos e espaços públicos sem qualquer capacidade construtiva (uma área total de 487.100m^2 com COS – Zero) que diminui o valor do coeficiente de ocupação do solo.

Na verdade, resulta do laudo complementar dos senhores peritos constante de fls. 1411 e seguintes que os mesmos consideraram uma área edificável de aproximadamente 876.600m^2 pertencendo 222.500m^2 ao concelho de Matosinhos e 645.100m^2 ao concelho do Porto.

E assim dividindo a área de terreno das parcelas situadas na zona envolvente (867.600m^2) pelas respectiva áreas brutas de construção (604.071m^2) obtemos um C.O.S. médio arredondado de 0,70m^2/m^2.

E assim entendemos que efectivamente houve um erro de cálculo dos senhores peritos do Tribunal quanto ao cálculo do coeficiente de ocupação médio do solo.

Vejamos, agora, se o laudo dos senhores peritos do Tribunal e consequentemente a sentença a que o mesmo aderiu enfermam de erros sobre os pressupostos de direito, ou seja:

Em primeiro lugar se os senhores peritos consideraram indevidamente o COS de 2,5m^3/m^2 violaram o disposto nos artigos 2.º, n.º 4 e 4.º, do Regulamento do PDM.

Salvo o devido respeito, os senhores peritos do Tribunal justificaram a aplicação dos índices de capacidade construtiva de 2,5m^3/m^2

e 1m³/m² com a localização da área de 20.800m² além da profundidade de 30 metros e de cerca de 315.600m² além da profundidade de 30 metros (em relação aos arruamentos pavimentados) o que se afigura correcto.

Invocam ainda as expropriadas que os senhores peritos do Tribunal não consideram várias construções existentes na área envolvente como impõe o art. 26.º do CE/91.

Os senhores peritos admitem a fls. 1413 que na área envolvente medida desde os limites do parque existem um prédio de rés-do-chão mais três andares na Praça Gonçalves Zarco, duas moradias com dois andares e ainda as instalações industriais da firma Eduardo & Ferreirinha na Estrada da Circunvalação.

Todavia, concorda-se com os senhores peritos do Tribunal e com a sentença recorrida na parte em que refere que a zona em causa se encontra vocacionada para uma volumetria de construção de moradias unifamiliares (de qualidade) com cave R/C e 1.º Andar, após prévio loteamento.

Efectivamente, o tipo de construção existente, na Avenida da Boavista na área em questão (e cércea de facto existente na envolvente próxima da parcela num raio de 300 metros), é composto de moradias com as assinaladas características (c.f. as fotos da Avenida da Boavista juntas a fls. 1573 e seguintes).

E, tal como se escreveu na decisão recorrida, e apesar da existência na cércea envolvente de um prédio com rés-do-chão e três andares, não se concorda nem existem elementos fácticos que permitam considerar que a zona em causa seja própria à construção de prédios de três e mais pisos.

É notório que a zona (parte sul) da Avenida da Boavista é uma zona de habitação constituída por vivendas, unifamiliares de elevada qualidade e com um enquadramento estético particularmente cuidado. Procedem assim e apenas parcialmente as conclusões formuladas.

3. Vejamos a 3.ª questão:

Invocam ainda as expropriadas que os senhores peritos do Tribunal recusam infundadamente a aplicação do n.º 3, do art. 2.º, do Regulamento do Plano Director Municipal do Porto do qual resulta um acréscimo de 20% da capacidade construtiva média apurada.

Vejamos se tal sucede.

Os senhores peritos do Tribunal nos esclarecimentos prestados às questões colocadas pela expropriada (c.f. fls. 1414) expressamente referiram "que tal disposição só tem real eficácia ao nível da capacidade edificativa quando estão em causa edifícios de habitação colectiva com caixas de escadas, ascensores, átrios e outros espaços comuns.

Numa moradia, apenas perante um projecto concreto, poderá eventualmente, ser possível considerar um acréscimo, que será sempre de reduzida incidência".

Ora, a justificação dada afigura-se-nos correcta e está suficientemente fundamentada, fundamentos aos quais aderimos.

Improcedem assim as respectivas conclusões.

*

4. Apreciemos, agora, a quarta questão suscitada, ou seja se deve operar-se a dedução de 24% ao valor apurado para a parcela a expropriar respeitante à infra-estruturação do terreno, bem como para despesas que a C.M.P. terá realizado com o encapelamento de um ribeiro ali existente aquando da construção do Parque da Cidade.

Na sentença recorrida e por ter aderido ao lado maioritário dos senhores peritos considerou-se que devia operar-se a dedução de 24% ao valor apurado para a parcela expropriada para alegados custos com a infra-estruturação do terreno.

Do cotejo dos artigos 24.º e 25.º, do C.E. de 1991 resulta que a classificação do solo como apto para construção não depende da existência de todas as infra-estruturas referidas na alínea do n.º 2, do citado art. 24.º.

No caso vertente concordamos com a dedução para custos das infra-estruturas propugnado pelo Ex.mo perito da expropriante, ou seja 10% do custo total de construção.

Dadas as características da parcela e o tipo de construção só será possível a construção com base em loteamento urbano.

E para custo das infra-estruturas a efectuar, designadamente, novos arruamentos, redes de água, saneamento, águas pluviais, rede eléctrica, gás, telecomunicações e ainda os arranjo exteriores necessários nas áreas de domínio público considera-se adequado o valor de 10% do custo total de construção.

No que respeita ao valor indicado pelos senhores peritos do tribunal para o encapelamento do ribeiro ali existente – ao contrário do sustentado pelo apelante, aderimos ao entendimento dos senhores peritos no sentido de que a necessidade de canalizar o ribeiro que atravessava a parcela resulta do consignado na vistoria *"ad perpetuam rei memoriam"* donde se extrai que "Na zona onde o ribeiro, que se encontra canalizado até a parcela em causa, entronca com os terrenos que a compõem, verifica-se uma enorme erosão que tenderá a agravar-se se não houver medidas correctivas no perfil e inserção do ribeiro".

A qualidade da água era deficiente, como referem os senhores peritos, a reabilitação das linhas de água é um trabalho moroso, tecnicamente delicado, nomeadamente quando, como no caso presente, se verificam situações de erosão e poluição. Por seu turno, a canalização de linhas de água é sempre a solução mais barata e mais rápida para superar os inconvenientes como os existentes na situação em apreço.

O custo do valor dispendido pela expropriante foi documentalmente comprovado por documentos exibidos.

E a sua dedução juridicamente justifica-se com base no disposto no artigo 25.º, n.º 4 do C.E. de 1991.

Procedem, assim, apenas, parcialmente, as conclusões da expropriante.

*

5. Apreciemos agora a quinta questão suscitada – Actualização do valor da indemnização.

Invocaram os expropriados que a sentença não faz qualquer referência à actualização do valor da indemnização de acordo com os coeficientes de valorização da moeda violando desta forma o disposto no n.º 1, do art. 23.º, do C.E./91.

O art. 23.º, do C.E./91 estatuía:

1 – O montante da indemnização calcula-se com referência à data da declaração de utilidade pública, sendo actualizado à data da decisão final do processo de acordo com a evolução do índice de preços ao consumidor, com exclusão da habitação.

2 – O índice referido no número anterior será publicado pelo Instituto Nacional de Estatística relativamente ao local da situação dos bens ou da sua maior extensão.

Ora, e salvo o devido respeito, a sentença recorrida referiu expressamente que o valor fixado, deveria ser actualizado nos termos do art. 23.º, n.º 2, do C. Expropriações (por relação e a indexar à data da D.U.P pelo que não assiste razão à recorrente devendo apenas sublinhar-se que a actualização deve efectuar-se nos termos dos números 1 e 2, do citado normativo o que de certo modo está implícito quando se refere a actualização nos termos do n.º 2).

6. Vejamos, por fim, a última questão suscitada – ou seja a "Justa Indemnização".

O direito à justa indemnização em casos de expropriação traduz-se num direito fundamental consagrado no art. 62.º da Constituição da República Portuguesa.

Contudo, na Constituição não se estabelecem os critérios concretos que permitam realizar tal conceito indemnizatório.

E assim o legislador constitucional deixou, por isso, para o legislador ordinário a definição de tais critérios, os quais sempre terão de respeitar, não só na sua formulação, como na sua concretização os princípios materiais da Constituição, designadamente, os princípios de igualdade e da proporcionalidade.

Em termos gerais, deve entender-se que a "justa indemnização" há-de corresponder ao valor adequado quer permita ressarcir o expropriado da perda "que a transferência do bem que lhe pertencia para outra esfera dominical lhe acarreta, devendo ter-se em atenção a necessidade de respeitar o princípio de equivalência de valores: nem a indemnização pode ser tão reduzida que o seu montante a torne irrisória ou meramente simbólica, nem por outro lado, nela deve atender-se a quaisquer valores especulativos ou ficcionados, por forma a distorcer (positiva ou negativamente) a necessária proporção que deve existir entre as consequências da expropriação e a sua reparação" (cf. Acórdão do Tribunal Constitucional, publicado no Diário da República, I série, n.º 75, de 30/03/90).

O princípio consagrado no citado art. 62.º da Constituição, encontra-se plasmado nos artigos 1.º e 22.º do Código das Expropriações de 91 nos termos dos quais se prevê que a expropriação por utilidade pública confere ao expropriado o direito de receber o pagamento contemporâneo de uma justa indemnização.

Acrescenta-se no n.º 2, do citado artigo 22.º, que a justa indemnização não visa compensar o benefício alcançado pelo expropriante, mas ressarcir o prejuízo que para o expropriado advém da expropriação, medida pelo valor do bem expropriado, fixada por acordo ou determinada objectivamente, pelos árbitros ou por decisão judicial, tendo em consideração as circunstâncias e as condições de facto existentes à data da declaração de utilidade pública.

E assim, e atendendo ao acima exposto e tendo em consideração que um dos factores a ter em conta na fixação por expropriação é a potencial edificação do terreno a expropriar e os critérios estabelecidos no citado art. 26.º, n.º 2, do Código das Expropriações condideramos que a justa indemnização a atribuir às expropriadas é a seguinte:

1. Parcela expropriada: $73.230 m^2$;
2. A.B.C da construção da parcela: $73.230 \times 0,70 = 51.261 m^2$;
3. Valor da construção acima do solo: $51.261 m^2 \times 1325 =$ €67.920.825;
4. Valor da construção em cave: $51.261 m^2 \times 0,50 \times €530 =$ €13.584.165;
5. Valor total da construção: €67.920.825 + €13.584.165 = €81.504.990;
6. Valor da parcela expropriada: €81.504.990 × 30% = €24.451.497;
7. Custo de infra-estruturação: €24.451.497 × 10% = 244.514,97;
8. Encapelamento do ribeiro: €368.145,99;
9. benfeitorias: €14.689,59;
- Valor global da indemnização: €24.451.497 − (244.514,97) − €368.145,99) + 14.689,59 = €21.652.894
- Valor: €21.652.894,00
- Valor apurado para o m²: €21.652.894,00 : $73.230 m^2$ = €295,68

E assim procedem parcialmente as conclusões das apelantes fixando-se o valor global da indemnização da parcela a expropriar em €21.652.894 valor este que deve ser actualizado de acordo com o art. 23.º, n.º 1, do C. de Expropriações.

Da Apelação da Expropriante Câmara Municipal do Porto

I

Vejamos a 1.ª questão suscitada ou seja erros e contradições do laudo dos peritos a que a sentença de 1.ª Instância aderiu.

a) Contradição relativa ao índice de ocupação média do solo:

Invoca a apelante/expropriante que no primeiro laudo refere-se que o índice de ocupação média é de 0,75/m^2 na área dos lotes "corresponde a uma proporção perfeitamente ajustada a uma zona de moradias de qualidade" e no segundo laudo referem que o índice de ocupação médio de 0,73m^2/m^2 já representa afinal um índice demasiado elevado para moradias de qualidade".

Que os peritos mudaram radicalmente de opinião sem qualquer justificação.

Ao contrário do sustentado pela recorrente os senhores peritos justificaram a indicação do índice de ocupação médio do solo após urbanização no valor de 0,73m^2/m^2 com a construção exclusiva de moradias

b) Contradição relativa ao pé-direito:

Invoca a recorrente/expropriante que os senhores peritos mudam duas vezes de opinião.

No primeiro laudo os peritos referem que deve considerar-se o pé-direito de 2,80m;

No segundo laudo adoptam o pé-direito de 2,90m; e

Nos esclarecimentos retomam os 2,80m.

Tais mudanças de posição não se encontram fundamentadas.

Ora, salvo o devido respeito, os senhores peritos nos esclarecimentos prestados a fls. 1413 explicam as razões porque entendem dever adoptar-se a distância de 2,80m, ou seja, porque o critério de avaliação pressupõe habitação de qualidade e tal distância que inclui a espessura de um pavimento é a adequada àquele tipo de construção.

c) Contradições relativas às componentes do valor de construção:

Sustenta a apelante que no primeiro e segundo laudos os peritos do Tribunal fixam o valor da construção acima do solo em 1.000€.

Nos esclarecimentos prestados esse valor sobe para €1.325,00 (euros).

Em dois momentos distintos os peritos defendem uma posição, sendo que na segunda pronúncia a cimentam de forma mais explicativa e detalhada, e num terceiro momento, invertem a posição defendida e sustentada.

Em nosso modesto entendimento o que sucedeu foi que os senhores peritos do Tribunal a fls. 1411 e seguintes reconhecem que o valor a adoptar para a avaliação da parcela em questão era o "valor de mercado" quantificado em €1.325,00/m² pelo que não se vislumbra qualquer contradição.

d) Aponta ainda a apelante a existência de contradição relativa à percentagem correspondente à construção em cave invocando que no primeiro laudo os peritos referem que a construção em cave corresponde a 38% do valor da construção acima do solo e no segundo laudo os peritos referem que a construção em cave representa 40% do valor de construção acima do solo.

Em nosso entendimento não existe contradição, mas adopção de uma nova posição quanto ao valor da percentagem da construção em cave relativamente ao valor da construção acima do solo.

E os senhores peritos a fls. 1417 (em sede de esclarecimentos prestados) justificaram a posição adoptada referindo, designadamente que na cave normalmente localizam-se a garagem, a lavandaria, arrumos, etc., eventualmente, quarto da empregada e quarto de banho, sendo portanto uma zona de construção mais barata, pois possui características e acabamentos de qualidade menor do que os da área edificada acima do solo. Foi a ponderação destes factores que levou a fixação do valor da cave em 40% do valor da construção acima do solo.

e) Invocaram ainda erro no cálculo do arredondamento, sustentando que no primeiro laudo consideraram que o valor de mercado de construção à data da Declaração de Utilidade Pública (D.U.P.) era de "265 C/m² e que esse valor convertido em euros correspondia a 1321,81/m² e que no segundo laudo arredondaram tal valor para €1.325,00/m², sendo o valor fixado nos esclarecimentos.

Como acima se referiu os senhores peritos nos esclarecimentos prestados consideraram e justificaram que o valor de mercado devia corresponder a €1.325,00/m² pelo que não é correcto falar em erro de cálculo no arredondamento.

Improcedem, assim, as respectivas conclusões.

II. O justo valor da indemnização às expropriadas:

Quanto a esta questão remete-se para as considerações expostas na antecedente apelação das expropriadas.

III. Existência ou inexistência de contrato de arrendamento rural, compensação do ocupante:

Sustenta a recorrente/expropriante que a sentença de 1.ª Instância concluiu erradamente que o ocupante rural da parcela teria direito a ser indemnizado como um arrendatário rural.

Mais invoca que a ocupação em crise não se encontrava titulada por qualquer contrato escrito, pelo que ainda que se pudesse enquadrar materialmente numa relação contratual de arrendamento rural, verifica-se que a mesma, à luz do regime jurídico aplicável é nula.

E a inexistência de contrato de arrendamento rural determina a desaplicação do regime legal respectivo.

Vejamos se assim é.

A sentença recorrida em obediência ao Acórdão desta Relação de 07/11/2002 e perante a prova produzida concluiu, e a nosso ver bem, que o interessado (Gaspar Alves Pereira – Herdeiros) é de considerar como arrendatário do espaço físico de pelo menos 1 hectare.

E para este efeito, não está em causa a natureza do vínculo (subsumível à figura do arrendamento rural) mas sim estava em questão o seu objecto, âmbito, regime, prazo e renda.

Improcedem, pois as respectivas conclusões.

Sustenta a expropriante que ao contrário da sentença recorrida que aceitou a indemnização fixada pelos peritos do Tribunal (c.f. fls. 1287 V.º) com todas as componentes que integram, a saber:

– Produção de batata e produtos hortícolas;
– Encargos de exploração;
– Criação de animais, galinhas, coelhos, cavalos, porcos;
– Frutos pendentes ou culturas destruídas;
– Prejuízo pelo subaproveitamento das máquinas.

A compensação deve ser determinada através do cálculo do rendimento médio anual da exploração e dos custos de transferência da exploração da parcela expropriada para a parcela sobrante e não mais do que isso.

Ora, o que ficou provado no âmbito dos presentes autos foi que em relação à parcela expropriada o falecido Gaspar explorava a área de cerca de 1 hectare.

Os senhores peritos nos esclarecimentos prestados a fls. 1287 expressamente referiram que a parcela sobrante com cerca de 1,65ha, não é considerada na indemnização tendo em conta que o "arrendatário" a continuou a explorar.

Ora, e sendo assim não faz sentido que a compensação ao ocupante rural seja determinada, através do cálculo dos custos de transferência da exploração da parcela expropriada para a parcela sobrante.

Quanto aos restantes cálculos efectuados pelos senhores peritos e sufragados pela sentença recorrida afiguram-se-nos correctos e minuciosos, não tendo a este respeito a ora recorrente aduzido fundamentação que os possa pôr em crise, com excepção dos argumentos invocados quanto ao valor atribuído pelo prejuízo pelo aproveitamento do equipamento.

Na verdade, tendo-se considerado como provado que a área explorada pelo Sr. Gaspar Pereira (em relação à parcela expropriada) era de 1ha não pode considerar-se o subaproveitamento do equipamento como proporcional à redução da área de exploração agrícola.

Com efeito, os senhores peritos sustentam os seus cálculos nas seguintes premissas:

O valor das máquinas e equipamentos ao serviço da exploração foi avaliado em 6.484.39€ e ficou desvalorizado pelo sub-aproveitamento já que estava dimensionada para área de 4ha e passou a dispor apenas de 1,65ha. Consideraram, assim, que sofreu uma desvalorização por sub-aproveitamento proporcional à redução de área a granjear.

Ora, tendo ficado provado que o ocupante rural apenas explorava relativamente à parcela a expropriar 1ha (não pode nunca considerar-se que destinava 4ha à produção agrícola) pelo que forçoso é concluir, que não pode ser atribuída qualquer indemnização a título de prejuízo pelo sub-aproveitamento.

Assim, e face ao acima exposto, o valor da indemnização a atribuir ao ocupante rural é de €46.300.22.

Procedem, assim, parcialmente as conclusões da apelante em relação à indemnização a fixar ao ocupante rural.

Da Apelação do Ocupante Rural (Herdeiros de Gaspar Alves Pereira):

Vejamos então, a primeira questão suscitada, ou seja, se a exploração agrícola deve ser considerada como existente em toda a parcela e não apenas na área de 1ha:

1 – Sustentam os recorrentes que o Tribunal ponderou mal a prova produzida já que não atendeu à prova pericial, sendo certo que a prova pericial foi efectuada após o resultado da audiência de inquirição das testemunhas já era do seu conhecimento a convicção do Tribunal e tiveram-na por isso em conta e mesmo assim averiguaram e constataram ser explorada a área na totalidade da parcela.

No caso vertente, o que sucedeu foi que na vistoria *"ad perpetuam rei memoriam"* (c.f. fls. 56) consta que o caseiro (que esteve presente nessa vistoria) cultiva a parcela, arrecadando a produção de cerca de 1ha não só de produtos hortícolas, mas também de alguns animais de criação, tais como patos, coelhos e galinhas.

As expropriadas no requerimento de fls. 158 disseram que existia, desde há muitos anos, sobre o terreno objecto de expropriação um arrendamento rural, nunca reduzido a escrito, destinado ao cultivo de novidades hortícolas, cuja renda era, desde sempre, apenas paga em géneros e era constituída por cem quilogramas de batatas, pago anualmente no dia 29 de Setembro.

Entretanto o interessado Gaspar apresentou recurso da decisão arbitral apresentando a sua versão da exploração dos terrenos expropriados.

Tal situação, concretamente, quanto à área explorada, nunca foi aceite pela expropriante.

E então, e na sequência do Acórdão desta Relação foi produzida prova tendo-se dado como provado "que a área explorada pelo falecido Sr. Gaspar Pereira era de, e pelo menos – de um hectare (1ha) sendo, este o objecto do sobredito contrato à data da vistoria *"ad perpetuam rei memoriam"* (c.f. fls. 1178 – e fundamentação aí aduzida).

Ora, neste caso o exarado pelos senhores Peritos nos relatórios, designadamente, no de esclarecimento posterior à audiência, não se baseou em qualquer elemento probatório novo, (pelo menos do mesmo não consta), nem na percepção directa do facto pelos mesmos, não tendo a recorrente indicado, nem, resulta dos autos a existência de qualquer elemento probatório (para além do laudo dos

senhores peritos) que é apreciado livremente pelo Tribunal (c.f. art. 591.º, do C.P. Civil) em conjugação com as demais provas.
Improcedem assim as respectivas conclusões dos Apelantes.
2 – A apreciação da 2.ª questão – fixação da indemnização no valor de €341.801,20 reportado à D.U.P.:
A apreciação desta questão está prejudicada, sendo que o valor que os apelantes pretendem que seja fixado é aquele que os senhores peritos indicaram para uma área de exploração de 7,3ha, que não foi dada como provada.
Improcedem, assim, as respectivas conclusões.

IV. Decisão

Por todo exposto acordam os juízes que compõem esta Secção Cível em:

A) Julgar parcialmente procedente a apelação das expropriadas, e, em consequência, fixar em €21.652.894,00 o valor global da indemnização da parcela a expropriar, o qual deve ser actualizado de acordo com o art. 23.º, números 1 e 2 do Código das Expropriações;

B) Julgar parcialmente procedente a apelação da expropriante e alterar a sentença recorrida no sentido de fixar em €46.300,22 a indemnização a atribuir aos herdeiros de Gaspar Alves Pereira, indemnização essa também a ser actualizada nos termos do 23.º, números 1 e 2, do C. Expropriações;

C) Julgar improcedente a apelação dos herdeiros de Gaspar Alves Pereira (ocupante rural).

Custas pelos apelantes, na proporção do decaimento.
Porto, 1 de Abril de 2008

Comentário

A. *O caso*

O presente Acórdão do Tribunal da Relação do Porto, proferido em 1 de Abril de 2008 no âmbito de um Recurso de Apelação

(Processo n.º 13677/1998 da 7.ª Vara Cível do Porto – 3.ª Secção), veio, entre outras coisas, julgar parcialmente procedente a apelação das expropriadas e, em consequência fixar em € 21. 652.894,00 o valor global da indemnização de uma parcela de terreno sita em Nevogilde, Porto, entre Av. Boavista e Estrada da Circunvalação, a 400 metros da orla marítima, designada de Parcela 1 do Parque da Cidade. Com esta decisão verificou-se um acréscimo de mais de 1072% do valor da indemnização que havia sido fixado por Acórdão de Arbitragem em 1997, no valor de € 1.847.312,37

Valores de Indemnização no processo:

Data	Decisão	Valor
09.12.1997	Acórdão de Arbitragem	€ 1.847.312
03-11-1999	Perito Expropriadas	€ 14.678.254
05-12-1999	Perito CMP	€ 2.654.812
10-12-1999	Peritos Tribunal	€ 5.827.526
08-01-2002	Sentença 1.ª Instância	€ 5.827.526
07-11-2002	Tribunal da Relação	Não fixou valores, anulou a 1.ª sentença e ampliou a matéria de facto
05-10-2004	Perito CMP	€ 2.654.812
22-11-2004	Perito Tribunal e Expropriadas	€ 5.759.270
31-05-2005	Correcção dos Peritos do Tribunal em resposta à expropriada	€ 11.877.056
23-10-2006	Sentença 1.ª Instância	€ 11.877.056
01-04-2008	**Tribunal da Relação**	**€ 21.652.894**

Um dos aspectos que mais contribuiu para este aumento do valor da indemnização, foi o facto de o tribunal ter tido em consideração na sua determinação o coeficiente de ocupação do solo previsto no Plano Director Municipal de Matosinhos para a área envolvente, isto não obstante estivesse em causa a expropriação de uma parcela de terreno localizada no Porto – e abrangida, por isso, pelo correspectivo Plano Director Municipal, cujo coeficiente de ocupação do solo era muito inferior ao previsto no Plano Director Municipal de Matosinhos – e destinada ao Parque Urbano daquela cidade.

Ora, a questão que aqui se coloca é, precisamente, a de saber se o Plano Director Municipal de Matosinhos deve ser tido em conta como elemento para cálculo de valor de uma indemnização de uma expropriação que ocorra no Porto, e isto por força do então n.º 2 do artigo 12.º (actualmente n.º 12 do mesmo normativo, com algumas alterações).

B. Os factos com relevo para a questão a apreciar

- Por despacho do Senhor Secretário da Administração Local e Ordenamento do Território de 16 de Outubro de 1996, publicado no Diário da República n.º 272 da II.ª série de 23 de Novembro de 1996, foi declarada a utilidade pública, com carácter de urgência de uma parcela designada como "Parcela n.º 1" na Planta Cadastral do Projecto do Parque Urbano da Cidade do Porto – 2.ª Fase.
- Esta parcela estava classificada no Plano Director Municipal do Porto como área verde ou de lazer, com coeficiente de ocupação do solo de 0 m3/m2.
- Nos termos do n.º 2 do artigo 26.º do Código das Expropriações de 1991, (Decreto-Lei n.º 438/91, de 9 de Novembro), aplicável ao caso, *"sendo necessário expropriar solos classificados como zona verde ou de lazer por plano municipal de ordenamento do território plenamente eficaz, o valor de tais solos será calculado em função do valor médio das construções existentes ou que seja possível edificar nas parcelas situadas numa área envolvente cujo perímetro exterior se situe a 300 m do limite da parcela expropriada."*
- Ora, a área envolvente a considerar para efeitos do disposto nesse preceito legal abrangia terrenos e construções pertencentes ao concelho de Matosinhos, classificados no Plano Director Municipal respectivo com um coeficiente de ocupação do solo muito superior ao admitido no Plano Director Municipal do Porto para a parte da área envolvente por ele abrangido.

C. Análise jurídica da questão

1. *Uma interpretação literal do n.º 2 do artigo 26.º do Código das Expropriações de 1991*

A questão que estava em causa no âmbito do presente processo expropriativo, no que à questão que aqui estamos a analisar diz respeito, prendia-se, no seu essencial, com a interpretação a ser deferida ao artigo 26.º, n.º 2 do Código das Expropriações de 1991.

Não obstante este normativo não se encontre já em vigor, a questão continua a ter actualidade, na medida em que o actual Código das Expropriações (aprovado pela Lei n.º 168/99, de 18 de Setembro) continua a conter uma disposição com um conteúdo idêntico: o n.º 12 do artigo 26.º nos termos do qual

"Sendo necessário expropriar solos classificados como zona verde, de lazer ou para instalação de infra-estruturas e equipamentos públicos por plano municipal de ordenamento do território plenamente eficaz, cuja aquisição seja anterior à sua entrada em vigor, o valor de tais solos será calculado em função do valor médio das construções existentes ou que seja possível edificar nas parcelas situadas numa área envolvente cujo perímetro exterior se situe a 300 m do limite da parcela expropriada."[10]

Ora, se se atendesse em exclusivo à letra do normativo em referência, ter-se-ia de concluir afirmativamente à questão de saber se o Plano Director Municipal de Matosinhos deveria ser tido em consideração na determinação do valor da expropriação da parcela localizada no Porto para a implantação do respectivo Parque Urbano.

É que aquele n.º 2 do artigo 26.º expressamente mandava atender (como manda actualmente o n.º 12 do normativo correspondente), na determinação do valor dos solos classificados por plano municipal de ordenamento do território como zona verde ou de lazer, ao valor médio das construções existentes ou que seja possível edificar nas parcelas situadas numa área envolvente cujo perímetro exterior se situe a 300m do limite da parcela expropriada.

E, existindo, no caso em apreço, edificações no perímetro de 300m em torno dos solos classificados como zona verde e de lazer

---

[10] As alterações introduzidas no Código das Expropriações de 1999 comparativamente com o de 1991 traduziram-se, por um lado, numa ampliação do âmbito de aplicação da norma, que passou a abranger, para além dos solos qualificados como zona verde ou de lazer, também os destinados à implantação de infra-estruturas e equipamentos, e, por outro lado, numa restrição a esse mesmo âmbito de aplicação, consistente na exigência de que os solos classificados como zona verde, de lazer ou para a instalação de infra-estruturas e equipamentos tenham sido adquiridos antes da entrada em vigor do plano municipal que procede àquela qualificação. Cfr. Fernando Alves Correia, *Manual de Direito do Urbanismo*, Vol. II, cit, p 251.

pelo Plano Director Municipal do Porto, teria de se atender, nos termos literais daquele artigo, ao valor médio das mesmas na determinação no valor da parcela expropriada para aqueles fins, mesmo que algumas daquelas edificações se encontrassem já no âmbito de aplicação territorial de um instrumento de planeamento da responsabilidade de um distinto município.

E isto porque aquele normativo não fazia a este propósito (nem faz o actual), qualquer diferenciação, remetendo apenas para a situação objectiva existente na envolvente daqueles solos, independentemente da área de intervenção ser do mesmo ou de distinto município.

Consideramos, contudo, que esta não é a leitura mais adequada ao sentido e alcance desta norma, tendo o tribunal laborado num erro quando o fez.

Senão vejamos.

2. *Uma interpretação do n.º 2 do artigo 26.º do Código das Expropriações de 1991 que atenda ao seu sentido e alcance*

De acordo com a doutrina mais a avalizada neste domínio, o legislador terá pretendido, com a mesma, eliminar as tentativas, por parte da Administração, de «manipulação» das regras urbanísticas.[11]

No entender desta doutrina, caso não tivesse o legislador determinado esta regulamentação atinente à determinação do valor dos solos classificados nos planos municipais como zonas verdes e de lazer, poderia o município, nos planos por si aprovados, proceder a uma classificação ou qualificação dolosa dos mesmos, com o intuito de diminuir o seu valor, designadamente para efeitos expropriativos. É que, dependendo o valor dos solos daquilo que neles pode ser concretizado, e estando este factor dependente, essencialmente, das opções de planeamento efectuadas sobre os mesmos pelos instrumentos de planeamento municipal, poderia a Administração sentir-se tentada a qualificar um terreno como zona verde ou de lazer, com capacidades edificativas nulas ou muito reduzidas, desvalori-

---

[11] Fernando Alves CORREIA, *Manual de Direito do Urbanismo*, Vol. II cit., p. 251; *A Jurisprudência do Tribunal Constitucional sobre Expropriações por Utilidade Pública e o Código das Expropriações de 1999*, Separata da Revista de Legislação e Jurisprudência, Coimbra, 2000, p. 145.

zando-os, de modo a que, posteriormente, os pudesse adquirir, por expropriação,[12] pagando por eles um valor correspondente ao do solo sem aptidão edificativa.

Em face desta possibilidade terá, então, o legislador, com o disposto no n.º 2 do artigo 26.º do Código das Expropriações de 1991 (e igualmente com o actual n.º 12, do correspondente artigo) visado obstaculizar a "manipulação" das regras urbanísticas com o intuito de alcançar indemnizações mais baixas.

Por isso, mandou atender, para efeitos da determinação do montante indemnizatório, a elementos certos e objectivos que demonstram a capacidade dos solos classificados como zona verde e de lazer para receber edificação urbana, caso não tivesse sido formulada aquela opção.

Tais elementos correspondem à existência, numa área muito próxima, de infra-estruturação apta para este fim e de edificações por ela servidas, mas apenas, dizemos nós, se as mesmas se localizarem no âmbito territorial do mesmo município que destina aqueles solos para zona verde ou de lazer e não em município vizinho

É que, antes de mais, e como se afirmou antes, o que o normativo pretendeu foi impedir que o Município, que faz aquela opção – de destinar solos localizados em zonas com aptidão edificativa para zonas verdes e de lazer – manipulasse as normas urbanísticas para, desta forma, obter valores indemnizatórios mais baixos em caso de expropriação, o que apenas pode ser feito quando estão em causa opções de um mesmo município, limitadas, como não pode deixar de ser, ao seu âmbito territorial de jurisdição.

Com efeito, considerando a realidade actual – de falta de articulação de planos de municípios vizinhos – o facto de um município ter permitido a implantação de edificações numa área inferior a 300m de solos classificados pelo município vizinho como zona verde e de lazer, não indicia, necessariamente, a aptidão edificatória destes últimos, já que, pode bem acontecer que, do lado do município que fez aquela opção (de destinar solos para zonas verdes e de lazer), as mesmas infra-estruturas e edificações inexistam, até por opção do próprio município.

---

[12] Ou permitir que outros os adquirissem pela mesma via.

Numa situação destas não é possível afirmar-se que aquele solo (destinado a zona verde e de lazer), não fosse o plano qualifica-lo deste modo, teria a mesma utilização urbanística admitida no município vizinho.

Ou seja, e dito de outra forma, naquilo que aqui interessa, não fosse a opção do Plano Director Municipal do Porto de afectar aquela área a zona verde e de lazer, na melhor das hipóteses o que teria sucedido, em face das características objectivas daqueles solos, seria uma opção sobre a mesma coincidente com a que foi feita para a sua envolvente próxima pelo mesmo Plano, quer em termos de destino, quer de parâmetros urbanísticos aplicáveis.

Por isso entendemos que o n.º 2 do artigo 26.º do Código das Expropriações de 1991 (bem como o actual n.º 12 do artigo correspondente), quando manda atender à envolvente dos 300m, deve ser interpretado como referindo-se apenas a uma envolvente que se integre *na área territorial de jurisdição do mesmo município que faz a opção de destinar o solo a zona verde e de lazer.*

Uma leitura diferente deste normativo, que mandasse atender às opções de planeamento formuladas pelos Municípios vizinhos, conduziria a uma violação clara do princípio da igualdade na relação expropriativa, que se apresenta como um dos critérios constitucionais da justa indemnização.[13]

É que, não obstante os solos destinados a zona verde e de lazer se localizem na proximidade da área territorial de aplicação de um instrumento de planeamento da responsabilidade de um distinto município, que prevê índices muito superiores, não pode o seu proprietário vir invocar a existência, antes daquela qualificação como zona verde, de uma expectativa razoável de ver atribuído ao seu terreno iguais índices de construção.

---

[13] Violam a igualdade na sua vertente interna as normas referentes à determinação do montante indemnizatório que permitem um tratamento diferente para cidadãos colocados perante a mesma situação de expropriação. O princípio da igualdade na relação externa refere-se, por sua vez, à necessidade de não estabelecimento de regras atinentes à determinação de montantes indemnizatórios que trate de forma distinta os expropriados comparativamente com os não expropriados. Neste sentido vide Fernando Alves CORREIA, *Manual de Direito do Urbanismo*, Vol. II *cit.*, p. 211 e ss e *A Jurisprudência do Tribunal Constitucional sobre Expropriações por Utilidade Pública e o Código das Expropriações de 1999*, *cit.*, p. 35-36.

E não pode, no caso de expropriação, vir invocar o princípio da "justa indemnização" para ver calculado o montante indemnizatório com base numa capacidade edificativa com a qual, por constar de um instrumento de um município distinto, não podia contar.

Em rigor, a não ser assim, esta norma determinaria um tratamento desigual entre os proprietários de parcelas contíguas, ambas confinantes com o Município vizinho, para as quais o Plano Director Municipal tivesse reconhecido distintas qualificações – zona verde e zona de edificação –, na medida em que, em caso de expropriação, à primeira teria de se atender à envolvente nos 300m, contabilizando, para isso, os parâmetros constantes do Plano do Município vizinho, e à segunda apenas se poderia atender aos parâmetros, inferiores, do correspectivo Plano (no caso, o Plano Director Municipal do Porto).

E, se assim fosse, enquanto aos expropriados de parcelas destinadas a zonas verdes e de lazer seriam atribuídas indemnização com base num valor significativamente superior (contabilizando a edificabilidade admitida pelo plano vizinho), aos outros, proprietários de prédios contíguos assim não classificados, seria atribuída uma indemnização inferior (de acordo com os parâmetros do respectivo plano), situação claramente violadora do princípio da igualdade na relação interna da expropriação.

E estes últimos, caso não fossem expropriados, apenas obteriam, no mercado, o valor correspondente aos parâmetros e índices urbanísticos constantes dos planos sobre os mesmos incidentes (do seu município) e nunca aos parâmetros do município vizinho.

Ora, se é verdade que o *"princípio da igualdade de encargos"* entre os cidadãos, a que o Tribunal Constitucional já fez apelo por diversas vezes, a propósito da apreciação de regras de definição do cálculo da indemnização, obriga a que o expropriado não seja penalizado no confronto com os não expropriados, também não se afigura curial que, pela via da expropriação, devam os expropriados vir a ser manifestamente favorecidos em relação aos não expropriados.

De facto, se é verdade que a indemnização só é justa se conseguir ressarcir o expropriado do prejuízo que ele efectivamente sofreu, e, por isso, não pode ser irrisória ou meramente simbólica, também não poderá ser desproporcionada à perda do bem expropriado para fins de utilidade pública, cujo valor nunca seria o decorrente das normas urbanísticas mais favoráveis vigentes no município vizinho.

De onde considerarmos que a única forma de se cumprir, no caso em apreço, o parâmetro constitucional da *justa indemnização*, que se conforma aos princípios da *igualdade* na *relação interna* e *externa* da expropriação, teria sido interpretando o n.º 2 do artigo 26.º do Código das Expropriações de 1991 (assim como deve ser interpretado o n.º 12 do actual artigo 26.º), como referindo-se a opções formuladas no âmbito do mesmo município, sob pena de a disposição em causa ter de ser considerada inconstitucional.

D. *Outras questões*

O presente aresto suscita ainda duas outras questões interessantes que aqui apenas enumeramos.

a) A primeira prende-se com a forma como devem ser contabilizados os 300 m referidos no n.º 12 do artigo 26.º do Código das Expropriações.

Numa visão mais superficial, poder-se-ia ser tentado a concluir que esta questão não tem razão de ser, na medida em que a norma é muito clara a este propósito: em causa está uma envolvente (toda a envolvente) que se situe a 300 m de cada um dos "pontos-limite" da parcela expropriada.[14]

Pensamos, porém, que uma aplicação literal desta norma pode levar a uma solução que se apresenta, ela própria, como contraditória com os objectivos que com a mesma se tentou alcançar, designadamente a manipulação das normas de planeamento para, dessa forma, reduzir montantes indemnizatórios em processos expropriativos, tendo, ainda, como consequência, um tratamento desigual de proprietário colocados na mesma situação de expropriação.

Com efeito, se o município optasse por estabelecer, nos seus planos municipais, amplas áreas destinadas a espaços verdes e de lazer situadas em zonas de normal expansão urbanística da cidade, apenas teria de se aplicar o disposto no n.º 2 do artigo 26.º do

---

[14] Cfr., neste sentido, o Acórdão do Tribunal da Relação do Porto de 2 de Março de 1999.

Código das Expropriações de 1991 (e no n.º 12 do actual artigo 26.º) em relação àqueles solos localizados na "bordadura" dos parques urbanos e não já aos restantes, os quais, embora colocados na mesma situação (de serem qualificados como espaço verde e de lazer em plano municipal e de serem expropriados para esse fim), seriam tratados de forma diferenciada quanto ao montante indemnizatório a ser atribuído, violando-se o princípio da igualdade na relação interna das expropriações, que se apresenta, como se referiu, como uma das exigências essenciais (e constitucionais) da justa indemnização.

De onde decorre que a única interpretação daquela norma conforme à Constituição e que está adequada à sua específica teleologia (de evitar que os planos procedam a qualificações de solos como espaços verdes e de lazer para, dessa forma, diminuir o seu valor numa futura aquisição expropriativa), é a de que deve ser relativamente ao *conjunto dos solos integrados na zona verde e de lazer* assim qualificada por plano municipal de ordenamento do território que deve ser definida a área envolvente dos 300 metros referida no n.º 12 do artigo 26.º. É, aliás, neste sentido que tem decidido já a nossa jurisprudência. Vide, por todos, o Acórdão do Tribunal da Relação do Porto de 26-11-2002, Processo 9921492, onde se afirma que, com uma solução distinta, não deixaria de se estar

"... *a manipular avaliações diferentes de terrenos vizinhos, com as mesmas características, mas com diferente posicionamento relativamente àquela zona envolvente. Como bem se refere na sentença recorrida, quando o legislador se reporta ao valor médio das construções existentes ou que seja possível edificar nas parcelas situadas numa área envolvente cujo perímetro exterior se situe a 300 metros do limite da parcela expropriada terá tido em vista que aquela distância representaria uma área não abrangida por outras expropriações, não considerando a hipótese de estas virem a incidir também sobre a área envolvente da parcela a expropriar.*

A entender-se de outro modo, frustar-se-ia a ideia que esteve subjacente ao mencionado preceito legal, ou seja, a intenção de evitar as chamadas classificações dolosas; isto porque, resultando as potencialidades construtivas, antes de mais, dos planos

municipais, concretizados pelas licenças de loteamento e de construção, no caso de os terrenos expropriados se destinarem a zonas verdes ou de lazer previstas nos planos municipais, neles não se poderia construir.

No caso dos autos a parcela expropriada, faz parte de um grupo de terrenos, com a área total de 25 hectares, expropriados para implantação de uma zona verde e de lazer, denominada "Parque da Cidade", estando assim classificada no plano municipal de ordenamento do território de......, em vigor à data da declaração de utilidade pública da expropriação. A implantação daquela zona verde está definida há mais de 14 anos pela Câmara Municipal de..... o que, como refere o aludo maioritário dos peritos, se traduziu dentro do seu perímetro, onde a parcela expropriada se insere, numa situação de "reserva cativa" de terrenos, impedindo, assim, qualquer desenvolvimento urbanístico da mesma. Como também se refere naquele laudo, a existência, na área envolvente ao Parque da Cidade, de Planos de Pormenor elaborados e aprovados pela Autarquia, com construções de cérceas varáveis entre rés-do-chão + 3 andares e moradias unifamiliares, permite concluir que a parcela se insere numa zona de normal expansão urbanística da cidade de....., mas onde esta foi cerceada precisamente pelo objectivo da expropriação.

É, pois, relativamente ao conjunto dos solos integrados no Parque da Cidade que se deve definir a área envolvente cujo perímetro se situe a 300 m do limite da parcela ou parcelas a expropriar, não merecendo nessa parte censura a sentença recorrida, apoiada no laudo maioritário dos autos."

Nesta linha, embora considerando o argumento em sentido contrário, no caso de na referida área dos 300m existirem barreiras naturais (por exemplo, estando em causa a execução de um parque urbano com frente marítima, em que os 300m, num dos lados do parque urbano se encontra para lá de barreiras naturais), consideramos que deve ser desconsiderada essa área, para a determinação do valor médio das construções existentes ou que seja possível edificar, a qual, a ser contabilizada, teria como consequência uma diminuição substancial do montante indemnizatório, por se terem em consideração para aferir aquele valor médio, áreas onde a edificabilidade nunca seria admitida.E isto porque, não fosse a opção do plano a de afectar a área a zona verde e de lazer aquela área, a sua ocupação seria, quanto muito, idêntica à admitida pelo mesmo plano para sua envolvente, sem considerar, naturalmente, as áreas para além das barreiras naturais.

b) Uma última reflexão que aqui deixamos é a que se prende com o facto de muitas vezes, na sua tarefa de planeamento territorial, os municípios destinarem a zonas verdes e de lazer áreas que, por natureza, isto é, dadas as suas características objectivas, mais vocacionadas estão para estes fins. O caso, por exemplo, de áreas que incluem um conjuntos de condicionantes de ordem natural, como linhas de água, vales profundos, etc., que não denotavam já, independentemente da opção planificadora, qualquer vocação edificatória.

Uma leitura literal do n.º 12 do artigo 26.º, que mandasse atender à edificabilidade média que existe ou é possível existir numa envolvente de 300m penalizaria os municípios que se veriam "forçados" a adquirir, como tendo capacidade edificativa, terrenos claramente deles desprovidos,

Sobre esta questão, quando está em causa a destinação a zona verde e de lazer, de solos integrados na RAN e na REN, existe já uma ampla jurisprudência do tribunal Constitucional a qual é desenvolvidamente apresentada e analisada por FERNANDO ALVES CORREIA, no seu Manual de Direito do Urbanismo, Volume II.[15]

Sendo certo que em causa estão solos *"afectos à estrutura ecológica necessários ao equilíbrio do sistema urbano"*, os quais, nos termos da alínea c) do n.º 4 do artigo 73.º do Regime Jurídico dos Instrumentos de Gestão territorial, têm a *qualificação de urbanos*, desempenhando uma *função de melhoria da qualidade urbana* da cidade em que se integram, não poderá, na avaliação que deles for feita para efeitos indemnizatórios, deixar de se ter em consideração as suas especiais características (designadamente a sua natural inaptidão edificatória). Uma solução diferente penalizaria os municípios cujas decisões planeadoras (e politica territorial) assentassem em critérios razoáveis e bem fundamentados.

---

[15] Cfr. pp. 298 a 319.

O Caso da Quinta do Taipal: Exposição Sumária e Análise Crítica Jurisprudencial

INÁCIO MIGUEL CONSCIÊNCIA PINTO[1]

I. Introdução

O caso sub júdice que visamos aqui discutir e analisar versa sobre o acórdão relativo à "Quinta do Taipal", onde a questão jurídica em análise suscitada por este caso se coloca relativamente à problemática do conflito de direitos existente entre o direito (protecção) ao ambiente e o direito de propriedade.

Pretende-se, assim, ao longo do decurso deste desafiante trajecto, analisar algumas controvérsias que este caso levantou e deixou, na nossa óptica, em aberto, nomeadamente o de saber quais dos direitos ou interesses aqui em jogo (ambiente vs propriedade) deve prevalecer; depois se existe no acórdão em discussão um caso de simples vinculação ecológico-social ou, se quisermos, situacional da propriedade ou se estamos perante uma compressão ablatória de natureza expropriativa; por fim saber até que ponto é admissível a suportabilidade por parte do proprietário de medidas autoritativas de compressão ecológica sem qualquer direito a compensações patrimoniais (vinculação situacional sem indemnização), ou se pelo contrário há lugar a uma indemnização pelo sacrifício (expropriação geradora de indemnização), remetendo aqui, no tocante a este ponto, para as hipóteses de indemnizações pelo sacrifício e as expropriações de sacrifício, importando, ainda, na hipótese não indemnizável (injustificável), conhecer e identificar os principais princípios impassíveis de violação e finalmente saber qual o regime jurídico aplicável ao caso em análise.

---

[1] Técnico Jurista da Direcção-Geral da Administração da Justiça do Distrito de Faro, licenciado em direito e especialista na área jurídica do direito administrativo, ordenamento, urbanismo e ambiente pela Faculdade de Direito da Universidade de Coimbra.

II. Identificação, Exposição Sumária e Análise Crítica do Caso Sub Júdice

1. Identificação do caso concreto

Descrição:
Processo N.º 94/89 – Tribunal Judicial de Montemor-o-Velho (Sentença de 31-5-1990);
– Tribunal da Relação de Coimbra (Acórdão de 30-6-1992);
– Supremo Tribunal de Justiça (Acórdão de 9-12-1993);
– Tribunal da Relação de Coimbra (Acórdão de 17-5-1994);
– Supremo Tribunal de Justiça (Acórdão de 17-1-1995)

Autor: Magistrado do Ministério Público
Réus: António Augusto Couceiro Figueira; Fernanda Cruz Mendes Couceiro Figueira; João Augusto Carvalho Martinho; Piedade da Silva Henriques – Comproprietários da "Quinta do Taipal"

2. Exposição sumária dos argumentos das partes/ Análise das soluções admissíveis versadas pelos acórdãos/ Súmula das decisões dos tribunais/ Análise Crítica

• **Sentença de 31-5-1990**[2]

O autor, na defesa dos interesses difusos que lhe incumbe proteger, propôs uma acção de processo ordinário, antecipada por uma providência cautelar, contra os (com)proprietários da "Quinta do Taipal", para defesa do equilíbrio ecológico e do são ambiente da zona integrada pela Quinta, sita na comarca de Montemor-o-Velho, para que fosse proibido o enxugo dos terrenos componentes de uma área húmida de 50 hectares, ou outros que constituíssem um perigo ou pudessem destruir a fauna ali existente e correspondentemente o seu "habitat" natural. Em suma, alega o autor que, a zona em ques-

---

[2] "O caso da Quinta do Taipal: protecção do ambiente e direito de propriedade", *RLJ*, ano 128.º, n.º 3850-3851, Coimbra Editora, 1996, pp. 13-44;

tão tratava-se de um paúl que dispõe de uma riqueza natural elevada abrigando animais de espécies raras (aves aquáticas raras, vindas do Norte da Europa, no Inverno, e da África no Verão; sendo um dormitório de garças e havendo também ali indícios da existência de lontras, animal que está praticamente em extinção no nosso continente) e que se os réus fizessem ali trabalhos de enxugo naquele terreno ou quaisquer outras acções desestabilizadoras do «habitat» instalado, sairia irremediavelmente prejudicado o equilíbrio ecológico de toda a área.

Contrapondo os argumentos do autor da acção, passaram os réus a contestar os mesmos, alegando em síntese que: **a)** Até 1986, sempre houve cultivo de arroz na área em causa, precedida do necessário enxugo de terras, sem qualquer prejuízo ecológico, e que **b)** o enxugo da terra, ocupava muito pouco tempo, e a produção de arroz não acarretava nenhum dos prejuízos indicados. Assim sendo, concluíram pela improcedência dos fundamentos invocados na acção pelo agente do ministério público (o autor).

Perante os argumentos das partes, o tribunal judicial de Montemor-o-velho começou por justificar a sua decisão final de condenação dos réus a absterem-se, por si ou por intermédio de outrem, de executarem quaisquer trabalhos de enxugo dos terrenos componentes da área húmida de 50 hectares da denominada "Quinta do Taipal", começando por pegar no *conteúdo* do direito de propriedade, definido nos termos do artigo 1305.º do Código Civil, fazendo este alusão ao modo *pleno* e *exclusivo* com que o proprietário goza dos direitos de uso, fruição e disposição das coisas, significando isto uma ideia de carácter *absoluto* e *ilimitada* do direito de propriedade, podendo, desta forma, o proprietário exigir a abstenção de todos de perturbar o seu exercício, não existindo outros poderes sobre a coisa acima dos dele.

Perante o exposto, disse o tribunal que esta ideia absoluta e ilimitada do direito de propriedade tem vindo a descaracterizar-se pelo cariz acentuadamente *social* daquele direito, ao qual na parte final do artigo 1305.º do CC, já se fazem algumas *restrições* que devem entender-se já como reveladoras de uma *preocupação ecológica* por parte do legislador e não somente entendidas como típicas restrições das denominadas "relações de vizinhança"(artigo

1346.º e ss. do C.C), limitando desta forma o carácter ilimitado e absoluto do direito de propriedade.

Desta forma, equipara-se o direito do ambiente como um dos direitos fundamentais de *natureza análoga* aos direitos, liberdades e garantidas, gozando assim e por força do artigo 18.º,n.º1 da CRP de aplicabilidade directa, conflituando ou se quisermos utilizar a expressão "concorrendo" com o direito de propriedade privada nos termos e segundo o exposto no artigo 62.º da nossa lei fundamental e do já supra citado artigo 1305.º do CC.

E eis os fundamentos de maior relevo invocados pelo tribunal para proibir as operações de enxugo de terras no paúl em causa, condenando os réus a absterem-se de, por si ou por intermédio de outrem, da execução de quaisquer trabalhos de enxugo dos terrenos que compõe a área de 50 hectares, na ponta norte da denominada Quinta do Taipal.

• **Acórdão de 30-6-1992**[3]

Perante o decidido na 1.ª instância, contestaram os réus, pugnando pela improcedência da acção, alegando o já supra citado nas alíneas **a) e b)** pelos mesmos na sentença anterior. Acrescidos a estes argumentos invocados pelos réus, alegam estes, ainda que: **c)** não se compreende nem se aceita que a sentença invente factos novos nunca por ninguém referidos, tais como ter havido já anteriormente prejuízo para o ambiente, já que sempre parte da quinta foi cultivada anualmente arroz, pelos seus proprietários com o conhecimento de todos e sem qualquer oposição; **d)** não atribui a sentença qualquer relevância ao facto de o enxugo ser temporalmente muito delimitado (apenas um mês), não pondo por isso em causa a fauna ali existente; **e)** bastou-se o Juiz *a quo* para fundamentar a sua sentença, com o testemunho de algumas pessoas, o qual não pode substituir um necessário estudo cientificamente elaborado e no qual se equacionem correctamente as vertentes aqui em discussão; **f)** não se compreende ainda a relevância dada ao facto de quer a Câmara Muni-

---

[3] (Cont.) "O caso da Quinta do Taipal: protecção do ambiente e direito de propriedade", *RLJ*, ano 128.º, n.º 3850-3851, Coimbra Editora, 1996, pp. 13-44;

cipal do Concelho, quer o S.N.P.R.C.N, terem prevista uma proposta para que aquela área venha a ser declarada Reserva Natural, sabido que nenhuma daquelas entidades é competente para tal declaração e não estar prevista qualquer declaração naquele sentido pela entidade competente (Secretaria de Estado do Ambiente e Defesa do Consumidor; **g)** negam que, como afirma a sentença, no conteúdo do direito de propriedade se incluam restrições aos poderes por ele conferidos, pois dizem que tais restrições são exógenas, e apenas em casos excepcionais e porque interesses mais vultuosos o justifiquem, podem comprimir o direito de propriedade; ainda haveria uma compressão e nunca uma completa postergação do conteúdo do direito, sob pena de se retirar o direito no seu todo, o que constituiria na melhor das hipóteses, uma expropriação; **h)** Além do direito de propriedade privada, também está em jogo o direito de iniciativa económica privada, interesse constitucionalmente protegido no artigo 61.º da CRP, assumindo-se como representativo de um interesse geral, de um verdadeiro interesse da comunidade, pela enorme especial apetência dos solos para o cultivo do arroz bem como o enorme contributo que esse cultivo nos 50 hectares referidos iria dar à economia agrária do país; **i)** o constitucionalmente consagrado direito ao ambiente sempre haverá que ser analisado na vertente do equilíbrio ecológico de imediato efeito na vertente humana e na vertente do equilíbrio ecológico relativo à fauna e à flora, assumindo a primeira dessas vertentes, bem distintas, um muito maior peso do que a segunda, e no caso em análise está-se perante a segunda dessas vertentes, o que será de ter em conta na apreciação dos concretos interesses conflituantes, avaliação essa que será forçosa para se conseguir a composição dos interesses conflituantes que se revelam à partida de igual dignidade; **j)** neste seguimento fazem ainda referência especial ao denominado pela doutrina alemã de *privilégio agrário*, demonstrando que a protecção da natureza não tem uma prevalência absoluta perante outros fins de interesse público, referindo-se concretamente em relação à exploração agrícola dos solos e ao prevalecente enunciado privilégio agrário; **l)** alegam então os réus que tal composição e tentativa de conciliação dos interesses abstractos de igual dignidade constitucional aqui em questão pura e simplesmente inexistiu na sentença recorrida, sentença essa que não se preocupou com os princípios da necessidade, adequação e proporcionalidade, vencendo nela todos os interesses do autor, enquanto que os dos recorrentes, embora reconhecidos e merecedores de tutela, em nada foram vistos ou achados, não se tendo a sentença orientado por critérios de justiça material; m) apelam os réus, ainda, ao facto de os tribunais judiciais não terem competência ou legitimidade para apreciar o caso, pois não lhes compete determinar a criação de áreas protegidas, competência essa do Governo nos termos referidos no artigo 66.º,n.º2 da CRP; n) consideram, então, os réus que se estaria perante a verificação de um caso de expropriação;

Perante o exposto pelas partes a Relação acabou por confirmar a decisão da 1.ª instância, improcedendo as alegações de recurso e suas conclusões, julgando improcedente a apelação, referindo, para tal, em que com base numa colisão de direitos de igual dignidade constitucional (ambiente vs propriedade) e havendo incompatibilidade entre ambos, deu primazia ao interesse subjectivo público (ambiental) em detrimento do direito subjectivo privado (propriedade privada). Refere ainda, que, a prevalência do direito do ambiente em face do direito de propriedade se justificaria, até porque, não se verificaria a inutilização deste último, pois a limitação visava apenas uma parcela do imóvel, com pouco peso na economia. Fala, portanto, de uma mera limitação parcial do direito de propriedade e não de uma expropriação defendida pelos réus, negando-lhes essa mesma pretensão, mas admitindo o tribunal que os mesmos poderiam intentar numa acção à parte (reconvenção), o pedido de uma eventual compensação económica.

- **Acórdão de 9 de Dezembro de 1993**[4]

Neste acórdão, perante os argumentos das partes (já nos acórdãos acima referidos), o Supremo Tribunal de Justiça, considerou enfermar a decisão recorrida de nulidade, por força do n.º 1, alínea d), do artigo 668.º e artigo 716.º do Código de Processo Civil, referindo-se aí em síntese, como argumentos de maior relevo justi-

---

[4] (Cont.) "O caso da Quinta do Taipal: protecção do ambiente e direito de propriedade", *RLJ*, ano 128.º, n.º 3850-3851, Coimbra Editora, 1996, pp. 13-44;

ficativos desta nulidade, que os tribunais não se podem substituir aos organismos públicos que o artigo 66.º, n.º 2 da CRP impõe para defesa do ambiente. A decisão recorrida configura uma "zona protegida" ou "reserva natural" que só pode ser criada pelo Governo, pertencendo a este o exercício da actividade que evite por em perigo o habitat da fauna selvagem existente na área, através de zonas protegidas, e em que este se pronuncie após parecer de um destes organismos, cientificamente fundamentado e em que se mostre que o terreno sobre que recairá a decisão é dotado de tal riqueza natural que justifique tal estatuto, estando, portanto, estas questões excluídas da competência ou da jurisdição do tribunal a quo, e que a não se entender assim, houve de facto uma expropriação, pois nenhum conteúdo restou ao direito dos comproprietários do terreno, porquanto se lhes vedou a cultura do arroz, única cultura apta em tais solos húmidos, mas que não foi concretizada através dos mecanismos do Código das Expropriações, com a declaração inicial da declaração de utilidade pública, emitida pelo Ministro ou Ministros competentes.

E, em consequência, se ordena que o processo baixe à Relação de Coimbra, para que, em nova decisão e com intervenção, se possível, dos mesmos juízes, se conheça das questões não apreciadas, segundo o disposto no n.º 2 do artigo 731.º, do CPC.

• **Acórdão de 17 de Maio de 1994**[5]

Este tribunal julga improcedente a apelação, confirmando a sentença da 1.ª instância, dando assim primazia a um dos interesses difusos constitucionalmente consagrado no artigo 66.º da CRP: o direito do ambiente (direito subjectivo público), sendo um dos direitos fundamentais de natureza análoga ao direitos, liberdades e garantias, por força do artigo 18.º da CRP, gozando, assim, do principio da aplicabilidade directa (desnecessidade de intervenção de lei mediadora) (cfr. J.J. GOMES CANOTILHO e VITAL MOREIRA, *Constituição da República Portuguesa Anotada*, 4.ª Edição, Coimbra Editora,

---

[5] (Cont.) "O caso da Quinta do Taipal: protecção do ambiente e direito de propriedade", *RLJ*, ano 128.º, n.º 3850-3851, Coimbra Editora, 1996, pp. 13-44;

2007, pp.381-382; JORGE MIRANDA, *Manual de Direito Constitucional*, IV, pág. 144). Referiu, ainda, que nesta colisão de direitos, o interesse público subjectivo (ambiente) prevalecente, restringia, não na totalidade, o interesse privado (direito de propriedade), mas afectaria apenas uma parcela do imóvel com pouco peso na economia, não se verificando a inutilização deste último. O tribunal afasta, ainda, a tese da expropriação defendida pelos réus, mas admitindo que podiam eventualmente, numa acção a intentar à parte, pedir uma compensação económica.

- **Acórdão de 17 de Janeiro de 1995[6]**

Neste acórdão, o Supremo Tribunal de Justiça, viria a revogar o acórdão da Relação e a sentença da 1.ª instância, absolvendo os réus dos pedidos, pois entendendo os recorrentes que ambas as sentenças lhes impunham uma cláusula de imodificabilidade do solo, retirando-lhes, todo o conteúdo útil do seu direito de propriedade (podendo-se aqui falar-se de uma situação de expropriação), tal seria ilegítimo e anómalo face à Constituição e à Lei Ordinária, na medida em que só a *Administração*, o *Governo*, pode criar servidões administrativas ou restrições de utilidade pública, mediante o pagamento de uma compensação indemnizatória, sendo que, por outro lado, as instâncias criaram, um habitat permanente, reservas para aves sedentárias e migratórias e hipotéticas lontras, quando é certo que a fauna é protegida por legislação especial e as áreas protegidas e reservas são criadas e conservadas pela *Administração*, pelo *Governo*, mediante proposta da respectiva comissão nacional.

Desta forma, não podem nem devem ser os tribunais a suprir as deficiências do poder executivo na criação de áreas protegidas em todas as zonas do país em que isso se mostre necessário. Decretar-se, através de sentença judicial, a criação de uma área protegida para aves seria o mesmo que alargar ilegalmente a jurisdição dos tribunais, substituindo-se estes aos poderes da Administração.

---

[6] (Cont.) "O caso da Quinta do Taipal: protecção do ambiente e direito de propriedade", *RLJ*, ano 128.º, n.º 3850-3851, Coimbra Editora, 1996, pp. 13-44;

Assinale-se, por fim, que o Supremo Tribunal de justiça concordou inclusivamente com as considerações feitas pelas outras instâncias, acerca da necessidade de preservação e defesa do ambiente, mas que todavia optou por empurrar a responsabilidade para o Estado que tinha pendente, na altura, a declaração como área protegida, da zona na qual se situava a propriedade dos réus.

3. Análise crítica

Perante o exposto e feita a apresentação em traços gerais e sintéticos dos momentos mais relevantes dos acórdãos ao caso sub júdice, torna-se, então, necessário analisar algumas das controvérsias que este complexo caso suscitou e deixou em aberto e que aqui nos importam aqui abordar.

Comecemos, então, por analisar o direito de propriedade ao caso em análise e a admissibilidade ou não de lhe impor limites ou restrições perante a interpretação apriorística do seu conteúdo absoluto e ilimitado nos termos do artigo 1305.º do Código Civil. A nossa Constituição consagra-o no artigo 62.º, n.º 1, ao estabelecer que "a todos é garantido o direito à propriedade privada e à sua transmissão em vida ou por morte nos termos da Constituição". O direito de propriedade privada é um direito fundamental de natureza análoga aos direitos, liberdades e garantias, nos termos do artigo 17.º da CRP e no caso em apreço, como já vimos na exposição sintética dos acórdãos enunciados, concorre com o direito do ambiente, previsto no artigo 66.º da nossa lei fundamental, que também é um dos direitos fundamentais de natureza análoga aos direitos, liberdade e garantias, gozando assim de aplicabilidade directa, concorrendo no caso com aquele direito. Temos portanto que fazer uma justaposição ou se quisermos um balanceamento entre estes direitos ou interesses em conflito de modo a tentar harmonizá-los por forma a encontrar neles alguma compatibilidade e concordância prática.

Assim, sublinhe-se que "o direito de propriedade não é garantido em termos absolutos, mas sim dentro dos limites e com as restrições previstas e definidas noutros lugares da Constituição (e na lei, quando a Constituição possa ela remeter ou quando se trate de revelar limitações constitucionalmente implícitas) por razões ambientais, de ordenamento territorial e urbanístico, económicas..."[7]. Ora esta formulação restritiva parece, em termos apriorísticos, adequar-se ao caso no que toca a razões sociais de ordem ambiental, do património cultural[8] e de ordenamento do território no que toca à protecção faunística da quinta e a sua submissão a uma proposta de criação de um espaço de reserva natural, mas, assim sendo, coloca aqui o problema da compressão desse mesmo espaço aos comproprietários da quinta e põe em causa a sua liberdade de iniciativa económica privada, definida nos termos do n.º 1 do artigo 61.º da CRP, já que parece esta última assumir-se no caso como representativa de um verdadeiro interesse geral da comunidade, pela enorme e especial apetência dos solos para o cultivo do arroz ,bem como o enorme contributo que esse cultivo nos 50 hectares referidos iria dar à economia agrária da região e do país. Parece-nos, então, tratar-se de um caso de expropriações de sacrifício.

Antes de nos referirmos a elas e na senda da explanação do conteúdo e limites do direito de propriedade, diz Alves Correia[9] "não encontrar naquele dispositivo constitucional do artigo 62.º, n.º 1 da Constituição, qualquer incumbência expressa dirigida ao legislador para definir o conteúdo e limites do direito de propriedade privada, ao contrário do que sucede, por exemplo, com o artigo 14.º,

---

[7] Vide CANOTILHO, J.J GOMES e MOREIRA,VITAL, *Constituição da República Portuguesa Anotada*, 4.ª Edição, Coimbra Editora, 2007, p. 801 (in fine); "Revestindo o direito de propriedade, em vári os dos seus componentes, uma natureza negativa ou de defesa, ele possui natureza análoga aos «direitos, liberdades e garantias», compartilhando por isso do respectivo regime específico (cfr. art. 17.º), nomeadamente para efeito do regime de restrições. A este propósito interessa ter em conta, não apenas os limites explícitos (sobretudo em matéria de propriedade de meios de produção), mas também os limites não expressos, decorrentes de outras normas e princípios constitucionais, que vão desde os princípios gerais de constituição económica e financeira (entre os quais as obrigações fiscais: art. 103.º), até aos direitos sociais (defesa do ambiente, do património cultural, etc.) – *ob.citada,* p. 802;

[8] Cfr. ANDRADE, J.C. VIEIRA de, *Os Direitos Fundamentais na Constituição Portuguesa de 1976,* Coimbra, Almedina, 1987, p. 213 ss; CANOTILHO, J.J. GOMES/ /MOREIRA, VITAL, *Fundamentos da Constituição,* Coimbra, Coimbra Editora, 1991, p. 133 ss;

[9] CORREIA, FERNANDO ALVES , *Manual de Direito do Urbanismo,* Vol. I, 4.ª Edição, Coimbra, Almedina, 2008, pp. 807 e ss;

n.º 1, frase 2, da Lei Fundamental alemã, o artigo 33.º, n.º 2, da Constituição Espanhola e o artigo 42.º da Constituição italiana". Todavia, como escrevem J.J.GOMES CANOTILHO e VITAL MOREIRA[10], a ausência de uma explícita reserva de lei restritiva, embora cause alguma perplexidade (pois é corrente na história constitucional e no direito constitucional comparado) não impede porém que a lei – seja por via de algumas específicas remissões constitucionais expressas (artigos 82.º, 88.º e 94.º), seja por efeito da concretização de limites não expressamente estabelecidos ou autorizados, sobretudo, por colisão com outros direitos fundamentais – possa determinar restrições mais ou menos profundas ao direito de propriedade. De uma forma geral, o próprio objecto económico, social e político da Constituição implica um estreitamento do âmbito dos poderes tradicionalmente associados à propriedade privada e a admissão de restrições (quer a favor do Estado e da colectividade, quer a favor de terceiros) das liberdades de uso, fruição e disposição.

Cabe-nos, assim, perguntar se no caso em análise estas medidas restritivas (em nome da função social que os bens desempenham) do direito de propriedade dos solos, não comportariam, para os proprietários da quinta do taipal, restrições excessivas nos seus direitos, a ponto de tais medidas deverem ser perspectivadas como verdadeiras medidas expropriativas. Ou por outras palavras como refere GOMES CANOTILHO[11], "questão pertinente a resolver seria o problema de saber se a privação ou limitação do uso dos solos, constitui uma mera *limitação da propriedade* sem qualquer relevância indemnizatória (reconduzível a uma ideia de uma *função ecológica* do direito de propriedade) , ou, se, pelo contrário existe aqui uma *imposição autoritária de natureza ablatória* , isto é: a proibição do enxugo de terrenos dizia respeito a uma área da Quinta do Taipal que nunca tinha sido explorada, permanecendo, na prática, como paul ou zona húmida, ou a solos que já anteriormente tinham sido afectados ao

---

[10] J.J. GOMES CANOTILHO e VITAL MOREIRA, *Constituição da República Portuguesa Anotada*, 4.ª Edição, Coimbra Editora, 2007, p. 802 (in fine) e 803;

[11] CANOTILHO, J. J. GOMES (anotação), «O caso da Quinta do Taipal: protecção do ambiente e direito de propriedade», *RLJ,* ANO 128.º, N.º 3850-3851, Coimbra Editora, 1996, pp. 44-57;

cultivo do arroz através do método do enxugo? A ideia de vinculação social resultante da função ecológica da propriedade tem alguma razoabilidade no primeiro caso mas já assumirá contornos marcadamente ablatórios no segundo"[12].

Desta forma, o balanceamento e as prioridades de direitos e interesses defendidas pelo Tribunal da Relação de Coimbra justificaria, talvez, um maior cuidado na procura de concordância prática, embora no segundo Acórdão da Relação de Coimbra, se referisse que não se verificaria a inutilização do direito de propriedade, pois essa limitação visava apenas uma parcela do imóvel, com pouco peso na economia. Nesta perspectiva, a compressão do direito de propriedade e do direito de iniciativa económica poderia não violar o núcleo essencial destes direitos. A propriedade continuaria a ter uma função útil traduzida na afectação do uso do solo restante ao cultivo do arroz. De referir que o tribunal da Relação admitiu, perante esta eventual compressão da propriedade, a possibilidade de uma compensação económica, mas numa acção a intentar à parte.

---

[12] Cfr. CANOTILHO, J. J. GOMES (anotação), « O caso da Quinta do Taipal: protecção do ambiente e direito de propriedade », *RLJ,* ANO 128.º, N.º 3850-3851, Coimbra Editora, 1996, pp. 44-57 O Doutor Gomes Canotilho encontra resposta a esta questão socorrendo-se do instituto do *set-aside* no direito norte-americano, que aparece nos dias de hoje como um dos remédios para a defesa e conservação de ecossistemas naturais (o agricultor compromete-se a manter os habitats nos terrenos retirados à exploração agrícola, recebendo uma compensação pela inalterabilidade do uso dos solos ou subsídios para a prática de culturas ou explorações económico-agrárias ecologicamente adequadas), pois este insinua uma compreensão mais realista dos problemas e um maior balanceamento entre direitos e pretensões do que a dicotomia interpretativa reconduzível ao esquema de vinculação ecológico-social sem indemnização/intervenção expropriatória indemnizável.

Mediante a aplicação do *Multi-Year Set-Aside Programm* o proprietário compromete-se, a troco de uma indemnização calculada de acordo com a quantidade e qualidade dos solos agrícolas retirados de usos económico-agrários, a manter os espaços e ambientes naturais e, até mesmo, a melhorar o equilíbrio ecosistémico. Ora, parece-nos, também a nós uma boa solução, ou se quisermos, uma boa política de gestão e de compatibilização dos interesses em causa, embora não possamos comparar as realidades, nomeadamente no que toca a fundos estaduais entre o nosso país e os Estados Unidos, mas poderá ser importante como uma meta a atingir nestes casos pelo nosso governo, considerando-se uma excelente referência ou exemplo a seguir.

No entanto a retórica do Tribunal da Relação merece-nos alguns reparos. Começando por recortar um conflito de direitos fundamentais, (o direito ao ambiente, por um lado, e o direito de propriedade por outro), tratando-se em ambos os casos de *direitos fundamentais constitucionais* de natureza económica, social e cultural, garantidos com o mesmo título e a mesma força pela CRP, faz uma supra-infra ordenação (em termos abstractos e aprioristicos) desses direitos[13], isto é, entre direitos subjectivos públicos (direito ao ambiente) e direitos subjectivos privados (direito de propriedade ou direito de iniciativa económica privada), afirmando, incorrectamente que o direito ao ambiente pesa, vale mais ou é mais forte do que o direito de propriedade privada, pois a doutrina e a jurisprudência norte-americanas preferem métodos concretos de balanceamento de direitos e interesses.

O segundo Acórdão da Relação, fala, como já atrás foi referido de uma colisão de direitos e da preferência dada ao direito subjectivo público (ambiental). De referir, aqui, que a tese de privilégio agrário defendida pelos apelantes parece ter menos força do que o que parecia e portanto é passível de ser criticável, pois os mesmos pretendiam alargar o cultivo do arroz a toda a área da propriedade e não apenas à parcela tradicionalmente cultivada. No entanto, e apesar disto, coloca-se o problema de saber se existe aqui um caso de simples vinculação ecológico-social da propriedade ou se estamos perante uma compressão de natureza expropriativa ou ablatória; o acórdão da relação pronuncia-se a favor da primeira posição, dizendo que deu-se apenas, segundo este, prevalência a um interesse difuso, impondo-se uma restrição ao direito de propriedade, pois a

---

[13] CANOTILHO, J. J. GOMES (anotação), « O caso da Quinta do Taipal: protecção do ambiente e direito de propriedade », *RLJ,* ANO 128.º, N.º 3850-3851, Coimbra Editora, 1996, pp. 44-57, "Por outro lado, mesmo que se possa falar aqui de direito subjectivo público, trata-se de um direito subjectivo das autoridades públicas e não de um direito fundamental constitucional; desta forma, o discurso dos acórdãos só é inteligível se por direito subjectivo público se entender afinal, o direito que o Estado tem de, verificados os pressupostos legais, poder impor aos particulares certos comportamentos ou limitações aos respectivos direitos, como por exemplo: limitações ao jus aedificandi por motivos de interesse público. Neste sentido, o Estado teria o "direito subjectivo" de impor limitações ao uso agrícola dos solos a fim de proteger os ecossistemas naturais".

vinculação ecológica limita-se a uma parcela da quinta do taipal com pouca expressão económica. Mas é necessário esclarecer este ponto, pois o que se trata aqui com a sentença da Relação é a imposição de um vínculo definitivo limitador do direito de propriedade e da liberdade de iniciativa económica privada. Assim, a questão deve, então, reportar-se ao balanceamento de direitos e interesses segundo o critério material de distinção entre compressão ablatória ou quase--ablatória do direito de propriedade e simples limitação desse direito. Verifica-se, assim, nas sentenças da 1.ª Instância e da Relação um efeito adequadamente ecológico, mas com um défice no balanceamento de direitos, conducente ao sacrifício não indemnizável dos proprietários.

Assim, é necessário fazer uma distinção entre as medidas simplesmente conformadoras do direito de propriedade, em nome da função social, e aquelas outras que se enquadram no conceito de expropriação de sacrifício (parecendo estas últimas ser adequadas ao nosso caso), a qual se caracteriza por uma destruição ou limitação essencial de uma posição jurídica garantida como propriedade pela Constituição, mas à qual falta, porém os momentos privativo, apropriativo e translativo do direito, bem como a relação tripolar entre beneficiário da expropriação, expropriado e entidade expropriante[14] (distinguindo-se estas das expropriações em sentido clássico[15]). Estamos, neste casos, perante actuações de entidades públicas cuja finalidade não é a aquisição de bens para a realização de um interesse público, mas que provocam uma limitação de tal forma intensa no direito de propriedade que devem ser qualificadas como expropriativas dando origem, por isso, a uma obrigação de indemnização[16]. Consideram-se, assim, expropriativas, certas intervenções

---

[14] CORREIA, FERNANDO ALVES, *O Plano Urbanístico e o Princípio da Igualdade*, Almedina, 1989, p. 491;

[15] Significa esta a privação ou subtracção de um direito e a sua apropriação por um sujeito diferente para a realização de um fim público, implicando, por isso, um momento privativo e um momento apropriativo de um direito, e uma relação tripolar entre o expropriante, o beneficiário da expropriação e a entidade expropriante. Trata-se, pois, de um procedimento de aquisição de bens com vista à prossecução de um interesse público.

[16] "...modificações especiais e graves na utilitas do direito de propriedade, pelo que deve ser acompanhada de indemnização", – cfr "A Jurisprudência do Tribunal Consti-

administrativas na propriedade que não envolvem a perda da titularidade de um direito, mas apenas a privação de algumas faculdades decorrentes do direito de propriedade[17], (é o que se passa no nosso caso em apreço).

É hoje comummente aceite pela doutrina jurídica comparada, que o direito de propriedade está subordinado a um limite imanente à sua estrutura, designado por função social ou vinculação social[18]. Em vários ordenamentos jurídicos tal obrigação social é, aliás referida nos seus textos constitucionais (cfr. art. 14, n.º 2, da Constituição alemã; art.33.º, n.º 2, da Constituição espanhola e art. 42.º da Constituição italiana). Como já foi supracitado, refira-se, em jeito de reforço, que apesar de a nossa Constituição não fazer referência expressa à função social da propriedade, tal vazio não poderá, de modo algum, ser interpretado como a adopção de um conceito absoluto e ilimitado de propriedade (o direito de propriedade não é pois um direito absoluto mas antes um direito que comporta restrições ou limitações, desde que necessárias, para a salvaguarda de outros direitos ou interesses com dignidade constitucional). A propriedade encontra-se hoje, também no nosso ordenamento jurídico, sujeita à socialização da sua função[19]. A consequência normal e lógica da função social da propriedade privada é a de legitimar a lei

---

tucional sobre Expropriações por Utilidade Pública e o Código das Expropriações de 1999", Separata da *RLJ*, Ano 132.º, N.º 3904, 3905, 3906, 3907, 3908 e 3909, e Ano 133.º, N.º 3910, 3911, 3912, 3913 e 3914, p. 12-21.

[17] OLIVEIRA, FERNANDA PAULA, *Direito do Urbanismo,* Manuais CEFA, 2.ª Edição, reimpressão, 2004, pp. 81-82 e ss.

[18] CORREIA, FERNANDO ALVES , *O Plano Urbanístico e o Princípio da Igualdade* , Almedina, 1989, p. 314. Sobre o fundamento, sentido e natureza da função social da propriedade, cfr. p. 317-320; GALLEGO, ANABITARTE, ALFREDO, "Regímen Urbanístico de la Propriedad del Suelo. Valoraciones. Expropriaciones y Venta Forzosa", *in Revista de Derecho Urbanístico,* n.º 134, 1993, p. 736-739; LOPEZ MUÑIZ, "Derecho de Propriedad y Proyeto de Ley de Reforma de La Ley del Suelo", *in Derecho Urbanístico e Local,* 1992, p. 65 ss; "V Congresso Ítalo-Español de Profesores de Derecho Administrativo – La Vinculación de la Propriedad Privada por Planes y Actos Administrativos", in *Revista de Estúdios de la Vida Local,* 185, 1975, p. 279 ss.

[19] MIRANDA, JORGE, *Manual de Direito Constitucional,* Vol. IV, Coimbra Editora, 1988, p. 436-437; MORENO, DOMINIQUE, *Le Juge Judiciaire et le Droit de L'Urbanisme,* Librairie Générale de Droit et de Jurisprudence, 1991, p.2;

e a Administração a produzir restrições ou compressões às faculdades de uso, fruição e disposição dos solos sem que verifique, em princípio, uma obrigação de indemnização. No ordenamento jurídico português, o artigo 11.º da Lei dos Solos (Decreto-Lei n.º 794/76, de 5 de Novembro, alterado pelo Decreto-Lei n.º 313/80, de 19 de Agosto, e pelo Decreto-Lei n.º 400784, de 31 de Dezembro), ao determinar que as restrições decorrentes das imposições das medidas preventivas não conferem ao particular afectado o direito a qualquer indemnização, inclui-as na figura da vinculação social da propriedade dos solos. ALVES CORREIA refere que elas se inserem na vinculação situacional dos solos, subespécie da vinculação social.

As ideias referidas anteriormente sobre "o princípio da vinculação situacional" do direito de propriedade do solo têm um enorme relevo no nosso ordenamento jurídico e para o caso que estamos a analisar. Aquele princípio apresenta um interesse particular quando utilizado como critério justificativo das várias medidas legislativas e administrativas que estabelecem limitações ou restrições às faculdades de utilização do solo e que não assumem dignidade expropriativa[20],

---

[20] "As proibições, restrições ou condicionamentos à utilização dos bens considerados necessários à conservação das suas características físicas (e também do seu destino económico) são, em geral, como salienta a doutrina e a jurisprudência germânicas, uma mera consequência da vinculação situacional (Situationsgebundenheit) da propriedade que incide sobre os solos incluídos nas áreas protegidas, isto é, um simples produto da especial situação factual destes, da sua inserção na natureza e na paisagem e das suas características intrínsecas. Como vem realçando a doutrina e a jurisprudência italianas em relação à imposição de vínculos paisagísticos sobre imóveis privados, o acto de classificação de uma zona como área protegida não constitui uma expropriação que reclame uma indemnização, uma vez que o acto classificatório limita-se a tornar actual uma vocação que existe naturaliter nos bens, em razão das suas qualidades intrínsecas", – Cfr., na doutrina, por todos, M. IMORDINO, *Vincolo Paesaggistico e Regime dei Beni*, Padova, Cedam, 1991, p. 113-118 e 259-285, e A. ABRAMI, *Il Regime Giuridico delle Aree Protette*, Torino, Giappichelli, 2000, p. 15-17, e , na jurisprudência, a Sentença da *Corte Costituzionale* n.º 56, de 29 de Maio de 1968, citada por G. ROLLA, *Il Privato e l´Espropriazione* (I – *Principi di Diritto Sostanziale e Criteri di Indemnizo*), 2.ª ed., Milano, Giuffrè, 1986, p. 14 e 15, G. MASUCCI/ P. R. DI TORREPADULA, *Diritto Urbanístico*, 3.ª ed., Roma, Jandi Sapi, 1980, p. 69 e 70, nota 82, e G. MENGOLI, *Manuale di Diritto Urbanístico*, 3.ª ed., Milano, Giuffrè, 1992, p. 351 e 352, nota 29.

Cfr., ainda, a Sentença da *Corte Costituzionale* n.79, de 1971 8 mencionada por A. ABRAMI, *ob. Cit.*, p. 16), a qual destacou, a propósito da apreciação da constitucionalidade de uma lei que criou uma área protegida, que a conformação geológica, a

pelo que não dão origem a qualquer indemnização[21]. Refira-se que a jurisprudência e a doutrina alemãs vieram, no entanto, alargar o conceito de expropriação ao enquadrarem nele também as situações em que a Administração imponha ao particular um sacrifício que despoja o direito de propriedade dos seus caracteres fundamentais ou do seu núcleo essencial, embora ele se mantenha intocável na sua titularidade. Trata-se de intervenções que não envolvem a perda da titularidade do direito mas apenas a privação de alguns direitos inerentes à qualidade de proprietário ou de algumas faculdades ou irradiações da propriedade[22]. É em relação a este sentido de expropria-

---

inserção num determinado complexo paisagístico, a absoluta prioridade da fauna e da flora, a origem histórica e o valor naturalístico dos bens limitam as faculdades de uso do proprietário, no sentido de que tais faculdades não podem ser exercidas em contraste com as características naturais e em termos de as prejudicar. Por isso, as limitações trazidas pela lei – acrescentou aquele tribunal – não fazem mais do que aclarar uma condição típica dos bens.

[21] Cfr. MONIZ, ANA RAQUEL, *O Domínio Público: O Critério e o Regime Jurídico da Dominialidade,* Coimbra, Almedina, 2005, p. 339-343;

[22] Cfr.BADURA, PETER, "Fondamenti e Sistema della Responsabilitá dello Stato e del Rissarcimento Pubblico nella Republica Federale di Germânia, tradução de Giuseppe Sanviti e Ute Spanrad", in *RTDP,* Ano XXXVIII, 1988, p. 405;

PETER BADURA chama a atenção para o carácter expropriativo das intervenções administrativas que lesam um direito patrimonial de um modo tangível, se com isso se provoca, no direito, um sacrifício especial não exigível, no sentido da igualdade de ónus (encargos).

CORREIA, FERNANDO ALVES, – *As Garantias do Particular na Expropriação por Utilidade Pública,* Coimbra (Separata do Vol. XXIII do suplemento do Boletim da Faculdade de Direito da Universidade de Coimbra), 1982, p. 35 ss. e 77 ss.; – *"O Plano Urbanístico e o Princípio da Igualdade",* Almedina, 1989, p. 491-492

Ao contrário dos alemães, OLIVEIRA ASCENSÃO considera que o alargamento do conceito de expropriação implica que nos afastemos muito dos dados portugueses. Segundo este Autor, os alemães partem do princípio de que a supressão da propriedade privada só pode verificar-se através da expropriação e de que só esta garante a indemnização. A expropriação passa assim a abranger todas as agressões que substancialmente tenham o mesmo efeito lesivo da propriedade que a expropriação clássica, com a sua típica e formal extinção de direitos privados.

OLIVEIRA ASCENSÃO entende, de acordo com os nossos dados constitucionais, que podem existir intervenções de outra natureza sobre a propriedade. Sendo, embora, a expropriação o modo normal de intervenção, isso não há-de significar que se considere toda a agressão ao direito de propriedade como expropriação. Tratando-se de intervenções lícitas mas geradoras de iniquidade de distribuição de sacrifícios, o fundamento da sua

ção, que põe o assento tónico no sacrifício do expropriado susceptível de indemnização, que se levanta a questão de definir, no caso em apreço, a linha que o separa daqueles atentados ao património dos particulares (comproprietários da quinta do taipal) que se limitam a definir o conteúdo e limites do direito de propriedade, concretizando a função social, não sujeitos, por isso, a qualquer ressarcimento. Desta forma é importante realçar para o caso, que o acto de classificação de um bem imóvel objecto de propriedade privada (e no nosso caso, da denominada quinta do taipal) como bem cultural (e no caso sub júdice, sendo vista a propriedade do taipal como uma zona de riqueza natural faunística e paisagística digno de classifica-

indemnização há-de encontrar-se na própria garantia da propriedade privada e não na sua identificação ou equiparação à expropriação.

Sendo assim, este Autor considera as intervenções legais que sacrificam o proprietário, como uma categoria normal, dentro da nossa ordem jurídica, diversa da expropriação, o que é o mesmo que recusar o alargamento do conceito de expropriação que referimos. Cfr. ASCENSÃO, OLIVEIRA, "O Urbanismo e o Direito de Propriedade ", in *Direito do Urbanismo*, coord. D. FREITAS DO AMARAL, Lisboa, INA, 1989, p.325-328. No mesmo sentido vide, COSTA, ANTÓNIO PEREIRA DA, *Servidões Administrativas (Outras Restrições de Utilidade Pública)*, Elcla Editora, 1992, p. 25, e MEDEIROS, RUI, *Ensaio Sobre a Responsabilidade do Estado por Actos Legislativos*, Coimbra, Almedina, 1992, p. 74 e 302.

Também no ordenamento jurídico italiano se aderiu ao conceito alargado de expropriação ao defender-se que basta uma redução substancial dos poderes de disposição e de gozo do titular que desvirtue a sua fisionomia económica, para que o particular possa exigir uma indemnização. Numa sentença da Corte Costituzionale italiana (6/1996) foi afirmado que a previsão constitucional de indemnização não abrange apenas a expropriação em sentido clássico mas também aquelas situações em que o direito de propriedade ou outros direitos reais estão sujeitos a limitações capazes de anular ou comprimir, de forma excessiva, as faculdades de uso. A doutrina dominante Italiana (Sandulli, D´angelo e Bartolomei) defende que a excessiva restrição das faculdades de fruição e uso dos solos pode determinar um esvaziamento substancial do conteúdo do direito, pelo que deve estar sujeito a indemnização.

O *Consiglio di Stato* italiano não aderiu à noção ampla de expropriação, ao afirmar que o art. 42.º da Constituição italiana apenas se referia à expropriação clássica, mas a *Corte Costituzionale* veio alargar amplamente o âmbito do art. 42.º, 2 e 3, ao considerar substancialmente expropriativas as limitações ou imposições que conduzem a um esvaziamento intenso do conteúdo dos direitos, mesmo que a titularidade dos bens permaneça intacta, ou seja, quando haja uma compressão em excesso do direito de propriedade face à função social que ele desempenha.

Cfr. BUDETTA, ARTURO, "Proprietá Urbana ed Interventi Autoritative: Profili Costituzionale", *Rassegna Diritto Pubblico, 1969, p. 176-183*.

ção de uma reserva natural) não assume em princípio, a natureza de um acto expropriativo, que exija indemnização, sendo as restrições e condicionamentos à utilização e disposição dos bens que vão sendo ligados ao acto de classificação, em geral, um mero efeito da função social, da vinculação social ou ainda da vinculação situacional da propriedade que incide sobre os bens culturais, isto é, uma simples consequência da especial situação factual dos bens, da sua inserção na natureza e na paisagem e das suas características intrínsecas[23]. O referido princípio (situacional) apresenta, assim, para o nosso caso em discussão, uma particular importância em vários domínios, como o da problemática do acompanhamento , ou não, de indemnização das proibições, restrições e condicionamentos ao uso, ocupação e transformação do solo classificado como área protegida ou integrado na RAN ou na REN, bem como o da separação entre servidões e restrições administrativas que devem ser acompanhadas de indemnização e aquelas que não reclamam qualquer indemnização.

Esta tese da não consideração do acto de classificação como uma "expropriação que obrigue a indemnização" não exclui, todavia, que em certas situações, decerto excepcionais, o acto de classificação de um imóvel privado como bem cultural deva implicar a atribuição ao respectivo proprietário de uma indemnização. Isso sucederá, seguramente, como vêm defendendo a doutrina e a jurisprudência germânicas, quando do acto de classificação resultar uma proibição ou uma grave restrição à utilização que o proprietário vinha habitualmente dando ao imóvel classificado (ou ainda quando não for economicamente exigível ao proprietário que conserve o imóvel classificado ou que o utilize do modo habitual ou de outro modo lícito)[24].

---

[23] CORREIA, FERNANDO ALVES, "Propriedade de Bens Culturais – Restrições de Utilidade Pública, Expropriações e Servidões Administrativas", in *Direito do Património Cultural*, coord. JORGE MIRANDA/J. MARTINS CLARO/M. TAVARES DE ALMEIDA, Lisboa, INA, 1996.

[24] ALVES CORREIA refere que "a tese exposta não excluirá, todavia, que, em situações decerto excepcionais, o acto de classificação de uma zona como área protegida implique a atribuição a algum ou alguns proprietários de uma indemnização. Isso sucederá, seguramente, quando do acto de classificação resultar uma proibição ou uma grave restrição à utilização que o proprietário vinha habitualmente efectivando no seu terreno, como, por exemplo, o exercício de uma actividade agrícola, para a qual a área em causa tinha especiais aptidões. Numa situação dessas , o acto de classificação produz danos na

É o que se verifica no nosso caso em particular onde está em jogo além do direito de propriedade privada, o direito (alegado em fase contestação pelos réus) de iniciativa económica privada (artigo 61.º da CRP), assumindo-se como representativo de um interesse geral, de um verdadeiro interesse da comunidade, pela enorme apetência dos solos para o cultivo do arroz bem como o enorme contributo que esse cultivo nos 50 hectares da quinta iria dar à economia agrária da região e do país. Assim sendo, neste caso, o acto de classificação do imóvel privado como bem cultural, reserva ou parque natural, apresenta-se como uma expropriação de sacrifício ou uma expropriação substancial, já que produz danos na esfera jurídica dos comproprietários da quinta de tal gravidade e intensidade que deve ser-lhe reconhecido carácter expropriativo e, em consequência dessa situação, ser acompanhado de indemnização[25-26].

---

esfera jurídica do proprietário de tal gravidade e intensidade que deve ser-lhe reconhecido natureza expropriativa e , consequentemente, ser acompanhado de indemnização.

Repare-se que estamos aqui a falar das hipóteses em que as áreas classificadas como áreas protegidas continuam nas mãos dos proprietários privados, isto é, das situações em que, por efeito do acto de classificação, se assiste a uma expropriação de sacrifício ou a uma expropriação em sentido substancial. Diferentes são os casos em que, na sequência da classificação de uma área como área protegida, tem lugar uma expropriação (em sentido clássico) e consequente transferência do direito de propriedade que sobre ela incide para a Administração Pública, nos quais estão afastadas quaisquer dúvidas sobre a garantia do direito de indemnização. Vide CORREIA, FERNANDO ALVES, *As Grandes Linhas da Recente Reforma do Direito do Urbanismo Português,* Almedina, Novembro, 2000, pp. 51-61 e "O Direito do Urbanismo em Portugal", in *RLJ,* N.º 3937, Ano 135.º, Março-Abril 2006, Coimbra Editora, pp. 201-203.

[25] Cfr., sobre este ponto, CANOTILHO, J.J. GOMES , Anotação ao "Caso da Quinta do Taipal: Protecção do ambiente e direito de Propriedade", *RLJ,* ANO 128.º, N.º 3850-3851, Coimbra Editora, 1996, pp. 44-57. Segundo este autor, " a pressão gerada pelo «movimento ecológico» tem levado a considerar as medidas de garantia e preservação da natureza («definição legislativa da reserva ecológica», «delimitação de zonas protegidas», «proibição de uso agrícola dos solos», «proibição de pesticidas») como medidas concretizadoras da vinculação social da propriedade, tendo em conta a situação e condicionalismo dos bens imobiliários («dependência da situação», segundo a conhecida fórmula germânica da *Situationsgebundenheit*) […]. A doutrina mais recente, embora sem contestar a bondade da «presunção ecológica» conducente ao enquadramento de muitas delimitações da propriedade na categoria de «vinculação ecológico-social da propriedade», contenta a consequência simplista e automática sistematicamente deduzida desta presunção da desnecessidade de uma «ponderação indemnizatória». WALTER LEISNER perguntava mesmo, num significativo e importante artigo, se a garantia e protecção da propriedade,

Ao contrário do que se passa no ordenamento alemão, o nosso legislador não estabeleceu uma disposição que, delimite, de uma forma genérica, as medidas preventivas simplesmente conformadoras do direito de propriedade dos solos das medidas preventivas com carácter expropriativo. Entre nós, a inexistência de critérios apriorísticos que permitam desenhar claramente esta linha de fronteira faz com que a determinação das restrições ou imposições das medidas preventivas que devam dar origem a indemnização seja feita na ponderação do caso concreto, tendo em conta as situações típicas de conflito.

Saber em que circunstâncias as medidas preventivas implicam um dever de indemnização para a Administração implica determinar

---

constitucionalmente reconhecida, se transmutava, no direito do ambiente, numa simples excepção. Para evitar as consequências perturbadoras que a «causa ecológica» pode vir a ter na ordenação constitucional dos bens, algumas legislações recentes têm preceitos explícitos quanto ao dever de indemnização em caso de ingerências ou intervenções dos poderes públicos impositivos de mudanças ou alterações na conformação e uso dos solos que signifiquem restrições significativas quanto à exploração e economia dos mesmos".

[26] No que respeita ao direito alemão, J. LUTHER dá-nos conta de que as proibições, restrições e condicionamentos às possibilidades de utilização do solo integrado em parques naturais e em parques nacionais concretizam, segundo a jurisprudência constante, vínculos sociais da propriedade, especialmente vínculos situacionais da propriedade, que derivam da posição natural do terreno no seu ambiente, não sendo, por isso indemnizáveis. No entanto, todos os tipos de utilização do território iniciados em data anterior à instituição do parque beneficiam da garantia institucional da propriedade (*Bestandsschutz*), devendo, por isso, ser objecto de indemnização. Por outro lado, as restrições à iniciativa económica e ao exercício da profissão resultantes da criação do parque nacional ou do parque natural são consideradas limitações admissíveis sem indemnização, a não ser que comportem o completo abandono da profissão ou a cessação de uma iniciativa empresarial no momento da instituição da área protegida. Cfr. *La Normativa Sui Parchi Naturali nel Diritto Tedesco*, in RGA, Ano VII, N.º 3 81992), P. 584.

[27] Vide FERNANDEZ, MARIA ELIZABETH MOREIRA, *Ressarcibilidade dos Vínculos Ambientais que Restringem o Uso dos Solos – o caso particular da Reserva Agrícola Nacional*, Relatório do Curso de Mestrado em Ciências Jurídico-Políticas, 1992/1993, p.34.

[28] O art.9.º do Decreto-Lei 48.051, determina o princípio da responsabilidade da Administração por actos lícitos, que obriga o Estado e demais pessoas colectivas públicas a indemnizar os particulares a quem, no interesse geral, mediante actos administrativos legais ou actos materiais lícitos, tenham sido impostos encargos ou causado prejuízos especiais ou anormais. Isto significa que, se em nome da vinculação social os bens tiverem de sofrer determinadas restrições, tais sacrifícios não podem ser desmedidos em relação ao benefício que a sociedade deles retira, ou seja, deve satisfazer-se o interesse

até onde vai, segundo a consciência social de cada época, a tolerabilidade natural do proprietário, ou seja, até onde se pode restringir sem indemnização. Isto significa que apenas assumirão dignidade expropriativa ou ressarcitória aquelas limitações ou compressões ao direito de propriedade dos solos que, segundo a consciência social de cada época, não se mantenham dentro do grau normal de exigibilidade, fazendo, por isso, perigar o conteúdo dos direitos subjectivos patrimoniais que integram o direito de propriedade[27].

Para tornar as coisas mais claras, e como já foi supra referido, devemos, então, começar por afirmar que devem ser consideradas como expropriativas, no nosso direito, as imposições decorrentes das medidas preventivas que causem danos na esfera jurídica dos particulares, desde que sejam especiais e anormais (art.9.º, n.º1, do Decreto-Lei 48.051, de 21 de Novembro de 1967).[28]

De referir que, um dos critérios normalmente adoptados para caracterizar os danos indemnizáveis é o da "intervenção individual", segundo o qual as restrições genéricas não estão sujeitas a indemnização enquanto as específicas estão. GOMES CANOTILHO considera que a concepção de "intervenção individual", não sendo perfeita, é aquela que adere com maior êxito aos critérios da contemporização material que se usam para caracterizar a anormalidade e a especialidade de sacrifícios.[29]

Para ALVES CORREIA, não sendo o critério da "intervenção individual" suficiente na distinção entre vinculação social e sacrifício indemnizável, deve ainda assim entender-se que "...todas as vezes que um individuo ou um grupo de indivíduos, em comparação com os restantes cidadãos, suportem um sacrifício especial e desigual em proveito da comunidade, sejam indemnizados em termos de ser estabelecida ou reposta a igualdade violada".[30] Introduz-se, assim,

---

geral sem sacrifícios desmedidos para o lesado, o que implica o pagamento de uma justa indemnização pelo prejuízo efectivo e imediato das restrições impostas, quando atinjam uma certa gravidade. Designa-se este critério como o critério da gravidade excepcional.

[29] CANOTILHO, J.J. GOMES, *O Problema da Responsabilidade do Estado por Actos Lícitos*, Coimbra, Almedina, 1974, p. 283.

[30] CORREIA, FERNANDO ALVES, *"O Plano Urbanístico e o Princípio da Igualdade"*, Coimbra, Almedina, 1989, p. 497.

uma ligação entre a teoria do sacrifício especial e o princípio da igualdade, na sua vertente da igualdade perante encargos públicos.[31] Segundo ALVES CORREIA estaremos perante uma expropriação susceptível de indemnização quando haja a "... imposição de um sacrifício especial a alguém, de tal modo que constituiria uma violação do princípio da igualdade a não atribuição de uma indemnização ao lesado", devendo, além disso, "tratar-se de uma medida de carácter individual, que coloque o particular numa posição diferente dos restantes cidadãos".[32]

---

[31] O princípio da igualdade perante os encargos públicos significa que estes encargos, quer se traduzam em impostos ou outras formas de sujeição destinadas a satisfazer o interesse público, bem como todas as limitações aos direitos individuais na perspectiva do interesse geral, devem ser repartidos de modo igual pelos cidadãos, devendo ser indemnizados aqueles que suportem um sacrifício especial em benefício da comunidade. Cfr. CORREIA, FERNADO ALVES, *"O Plano Urbanístico..."*,Cit., p. 460-461

O princípio da igualdade perante os encargos públicos é considerado também como o fundamento jurídico da responsabilidade do Estado por actos lícitos. Cfr. CAETANO, MARCELLO, *Manual de Direito Administrativo*, 10.ª edição, Coimbra, Almedina, 1990, Vol. II, p. 1238-1241; CANOTILHO, J.J. GOMES, *"O Problema da Responsabilidade do Estado...*, cit., p. 135-137.

Para MARCELLO CAETANO o dano especial e anormal há-de traduzir-se num sacrifício imposto a uma certa pessoa, sacrifício esse que não possa considerar-se um risco normalmente suportado por todos em virtude da vida em colectividade. CAETANO, MARCELLO, ob. Cit., Vol. II, p. 1241.

[32] CORREIA, FERNANDO ALVES, *"As Garantias...*cit., p. 86.

Entre nós, OLIVEIRA ASCENSÃO considera que o critério da "intervenção individual" é insuficiente. Segundo este Autor, se é certo que uma restrição específica cria desigualdades e, portanto, faz surgir logo, potencialmente, uma indemnização, não é menos certo que também as restrições genéricas que atingem gravemente o direito de propriedade não podem dispensar o pagamento de uma indemnização face à tutela constitucional daquele direito.

Para OLIVEIRA ASCENSÃO, não podem deixar de obrigar a uma indemnização todas as intervenções, sejam individuais ou genéricas, que excluam a normal utilização dos bens. Cfr. ASCENSÃO, OLIVEIRA, *"Urbanismo e Direito de Propriedade"*cit., p. 326.

Para FAUSTO QUADROS estaremos perante medidas expropriativas quando elas se traduzam em sacrifícios especiais a um direito, ou seja, desde que toquem no seu conteúdo essencial, porque diminuem a substância ou a essência desse direito ou das faculdades que o integram, designadamente, das faculdades de fruir, usufruir e dispor do imóvel. Cfr. QUADROS, FAUSTO, Princípios Fundamentais de Direito Constitucional e de Direito Administrativo em matéria de Direito do Urbanismo, in *Direito do Urbanismo*, coord. D. Freitas do Amaral, Lisboa, INA, 1989, p. 286.

Para além dos critérios referidos, outros têm sido utilizados. Assim, os prejuízos ou encargos indemnizáveis serão aqueles que excedam a carga comum da vida social

Assim, e passando mais concretamente ao controverso problema da indemnização dos danos decorrentes destas restrições de utilidade pública (transposição adaptável da indemnização das servidões administrativas) ALVES CORREIA e uma boa parte da doutrina, referem que sempre defenderam que a forma ou a origem da constituição da servidão administrativa (lei ou acto administrativo) não pode servir de critério de indemnização, ou não, das servidões administrativas, mas sim da natureza dos danos delas derivados.

Procurando ir ao encontro das críticas formuladas à disciplina jurídica da indemnização das servidões administrativas, consagrada no artigo 8.º, n.º 2 e 3, do Código das Expropriações de 1991? e que já se encontrava também, nos seus aspectos essenciais, no artigo 3.º, n.º 2 e 3, do Código de 1976?, veio o Código de 1999, nos n.º 2 e 3 do artigo 8.º, reformular o regime jurídico da indemnização das servidões administrativas. De facto, estes preceitos passaram a ter a seguinte redacção: "2. As servidões, resultantes ou não de expropriações, dão lugar a indemnização quando: a) inviabilizem a utilização que vinha sendo dada ao bem, considerado globalmente; b) Inviabilizem qualquer utilização do bem, nos casos em que este não esteja a ser utilizado; ou c) anulem completamente o seu valor económico. 3. À constituição das servidões e à determinação da indemnização aplica-se o disposto no presente Código com as necessárias adaptações, salvo o disposto em legislação especial".

Resulta da nova redacção do n.º 2 do artigo 8.º do CE que o problema da indemnização das "servidões administrativas" deixou – e bem – de estar dependente da forma ou da origem da sua cons-

---

(GARCÍA de ENTERRÍA, EDUARDO/ RAMÓN-FERNÁNDEZ, TOMÁS, *Curso de Derecho Administrativo*, Madrid, Civitas, 1991, p. 340), e que não sejam impostos à generalidade das pessoas mas a certas e determinadas pessoas ou grupos de pessoas em razão da sua posição particular. É o requisito da individualização do dano de que falam Garcia de Enterría e Rámon Fernández. É, pois, necessário que o sacrifício imposto não seja desmedido em relação ao benefício que a sociedade retira dele. Subjaz aqui a ideia de que o excesso de sacrifício do particular em relação ao interesse público deve ser indemnizado.

O Conselho de Estado espanhol, citado por estes Autores, considerou que a maior intensidade de sacrifício postula claramente o reconhecimento ao administrado do direito de obter uma indemnização compensatória do dano sofrido que, pela sua gravidade excepcional, não pode ser considerado como uma carga geral de acatamento obrigatório. Cfr. COSTA, ANTÓNIO PEREIRA da , ob. Cit., p. 60.

tituição (lei ou acto administrativo), passando a estar ligado à índole ou à natureza dos prejuízos delas emergentes. Além disso, clarifica--se, no n.º 3 do artigo 8.º, algo que resultava implicitamente do CE de 1991, dizendo-se que, salvo o prescrito em legislação especial, a constituição das servidões e a determinação da indemnização seguem o disposto no CE, com as necessárias adaptações.

O n.º 2 do artigo 8.º do CE de 1999, apesar de conter o aspecto positivo anteriormente assinalado, é demasiado restritivo no que respeita ao âmbito das servidões administrativas que devem ser acompanhadas de indemnização. Com efeito, na nossa óptica, para além das servidões administrativas que produzem os tipos de danos referidos nas três alíneas do n.º 2 do artigo 8.º, outras há que devem dar direito a indemnização: são aquelas que produzem danos especiais e anormais (ou graves) na esfera jurídica dos proprietários dos prédios[33] (normalmente, terrenos), sendo portanto, esta situação, com as necessárias adaptações, extensível e verificada no nosso caso que estamos a analisar. Por outras palavras,[34] "devem dar direito a indemnização todas as servidões administrativas que se apresentem como verdadeiras expropriações de sacrifício ou substanciais, isto é, como actos que produzem modificações especiais e graves (ou anormais) na utilitas do direito de propriedade, em termos tais que ocorreria uma violação do princípio da justa indemnização por expropriação (aqui entendida no sentido de expropriação de sacrifício ou substancial), condensado no artigo 62.º, n.º 2, da CRP, do princípio do Estado de direito democrático, consagrado nos artigos 2.º e 9.º, al. b), da Lei Fundamental, nos termos do qual os actos do poder público lesivos de direitos ou causadores de danos devem desencadear uma indemnização, e do princípio da igualdade dos cidadãos perante os encargos públicos, ínsito no artigo 13.º, n.º 1, da CRP, se o proprietário onerado com essa servidão administrativa

---

[33] Cfr CORREIA, FERNANDO ALVES, *"A Jurisprudência do Tribunal Constitucional sobre Expropriações por Utilidade Pública e o Código das Expropriações de 1999"*, in RLJ, Ano 132.º, N.º 3904, p. 199 e 200, nota 14;

[34] ALVES CORREIA nas Conclusões do seu Parecer publicado na *C.J. do S.T.J.*, Ano IX, Tomo I, p. 2001.

[35] CORREIA, FERNANDO ALVES, "O Direito do Urbanismo em Portugal", in *RLJ*, Ano 135.º, N.º 3937, Março-Abril 2006, Coimbra Editora, p.201-203.

não obtivesse uma indemnização. E as servidões administrativas que produzem danos daquela natureza não se restringem, seguramente, às elencadas do n.º 2 do artigo 8.º do vigente CE.

De acordo com o critério avançado, só não dão direito a indemnização as servidões administrativas que criem limitações ou condicionamentos à utilização e disposição dos bens, designadamente dos solos, que são um mero efeito da função social, da vinculação social ou da vinculação situacional da propriedade que incide sobre aqueles bens, isto é, uma simples consequência da especial situação factual dos bens, da sua inserção na natureza e na paisagem e das suas características intrínsecas, ou cujos efeitos ainda se contenham dentro dos limites ao direito de propriedade definidos genericamente pelo legislador.

À luz deste quadro, pensamos[35] que a norma do n.º 2 do artigo 8.º do CE de 1999, na parte em que não consente a indemnização de todas e quaisquer servidões administrativas que produzem danos especiais e anormais (ou graves) na esfera jurídica dos proprietários dos prédios pelas mesmas onerados, é inconstitucional, por violação do princípio do Estado de direito democrático, condensado nos artigos 2.º e 9.º, al. b) da CRP (a indemnização dos prejuízos oriundos daquelas servidões é uma exigência deste princípio)[36], do princípio da igualdade, plasmado no artigo 13.º, n.º 1, da Lei Fundamental

---

[36] Cfr. Brito, M. NOGUEIRA DE, *A justificação da Propriedade Privada numa Democracia Constitucional* , Coimbra, Almedina, 2007, p. 993-1032.

[37] Cfr., *"A Jurisprudência do Tribunal Constitucional sobre Expropriações*, cit., in RLJ, Ano 132.º, N.º 3907, p. 301 e 302, nota 61.; CORREIA, FERNANDO ALVES, *Manual de Direito do Urbanismo*, Volume I, 4.ª Edição, Almedina, 2008, pp. 332-337;

[38] A determinação da indemnização: o fundamento da indemnização pela constituição das servidões administrativas é o mesmo das expropriações, ou seja, resulta do Estado de direito Democrático, da igualdade dos cidadãos perante os encargos públicos e da justa indemnização por expropriação (artigos 2.º, 13.º e 62.º da Constituição). Assim, como a indemnização pela expropriação, deve consistir a indemnização pela constituição de uma servidão numa compensação total do dano infligido ao proprietário do prédio serviente ressarcindo-o plenamente do sacrifício especial e anormal por ele suportado, que deverá corresponder à diminuição do valor de mercado do prédio serviente, tendo em conta as circunstâncias e as condições de facto existentes à data da constituição da servidão – Vide FERREIRA, JOÃO PEDRO DE MELO, *Código das Expropriações Anotado,* 4.ª Edição, Coimbra Editora, 2007, pp. 110-117, em especial notas 8 a 11.

(o proprietário do prédio afectado pelas referidas servidões administrativas contribuirá em maior medida do que os restantes cidadãos para o interesse público, havendo, assim, uma violação do princípio da igualdade dos cidadãos perante os encargos públicos, se os danos por ele suportados não forem indemnizados) e do princípio da justa indemnização por expropriação (entendida, aqui, no sentido de expropriação de sacrifício ou substancial), consagrado no artigo 62.º, n.º 2 da CRP.

O fundamento da indemnização das servidões administrativas cujos efeitos sejam os que foram mencionados encontra-se nos referidos princípios constitucionais do Estado de Direito Democrático, da igualdade dos cidadãos perante os encargos públicos e da justa indemnização por expropriação (de sacrifício ou substancial)[37-38].

A indemnização por danos ou encargos especiais e anormais (indemnização pelo sacrifício) está, actualmente, expressamente prevista nos artigos 2.º e 16.º do Regime da Responsabilidade Civil Extracontratual do Estado e Demais Entidades Públicas, aprovado pela Lei n.º 60/2007, de 31 de Dezembro (alterado pontualmente pela Lei n.º 31/2008, de 17 de Julho). Mas a indemnização nos casos de danos singulares e graves ou especiais e anormais, e à situação em particular dos comproprietários do nosso caso em apreço da quinta do taipal, resultantes do acto de classificação de uma zona como área protegida deve seguir, segundo a posição de ALVES CORREIA[39], o regime da indemnização por expropriação nos termos do artigo 8.º, n.º 2 e 3, do Código das Expropriações.

O Supremo Tribunal de Justiça, em 17 de Janeiro de 1995, revogando o acórdão da Relação e a sentença de 1.ªinstância, acabou por resolver o caso sub judice considerando que a situação de quase indisponibilidade em que, por força do decidido nas instâncias ante-

---

[39] "... mas cremos que, pelo menos tendencialmente, o legislador optou pela indemnização de acordo com os cânones da expropriação de sacrifício naquelas situações em que o acto do poder público revelar uma intencionalidade ablativa de um direito de conteúdo patrimonial ou de algumas faculdades ou irradiações desse direito" – Vide CORREIA, FERNANDO ALVES, " A Indemnização pelo Sacrifício e a Expropriação de Sacrifício", in *Revista de Direito Público e Regulação, CEDIPRE*, N.º1, Maio de 2009, pp. 74-80.

riores, ficou parte da propriedade dos recorrentes, é anómala e ilegítima face à Constituição e à lei ordinária, pois que só a Administração, o Governo, pode criar servidões administrativas ou restrições de utilidade pública, mediante o pagamento de uma compensação indemnizatória, sendo que, por outro lado, as decisões de 1.ª e 2.ª instância, acabavam por, na prática criar uma área protegida ou uma reserva, tarefa esta também da competência exclusiva da Administração.

Não obstante o "Ambiente" ter perdido no Supremo Tribunal de Justiça, o que é certo é que não se pode negar a pertinência na argumentação jurídica deste acórdão, acima referida. Assinale-se, por fim, que o Supremo Tribunal de Justiça, concordou inclusivamente com as considerações feitas pelas outras instâncias, acerca da necessidade de preservação e defesa do ambiente, mas que todavia optou por empurrar a responsabilidade para o Estado que tinha pendente, na altura, a declaração como área protegida, da zona na qual se situava a propriedade dos réus.

III. Conclusão

De tudo quanto foi afirmado podemos, então, concluir que, assumindo, neste caso, o Ministério Público o papel de promotor ambiental logo no momento inicial do primeiro impulso processual através de uma acção ordinária, antecipada por uma providência cautelar, contra os comproprietários da Quinta do Taipal, advogando por uma causa ambiental em detrimento da propriedade privada se releva aqui o papel que lhe cabe num Estado de direito democrático ambiental, no desencadeamento de acções destinadas a defesa dos vários pontos enunciados ao longo do artigo 66.º da CRP, mormente a criação e desenvolvimentos de reservas e parques naturais de recreio, classificação e protecção de paisagens e sítios, de modo a garantir a conservação da natureza, bem como, a promoção do aproveitamento racional dos recursos naturais, salvaguardando a sua capacidade de renovação e a estabilidade ecológica, com respeito pelo princípio da solidariedade entre gerações, num quadro de um desenvolvimento sustentável.

No entanto torna-se necessário começar por fazer referência ao conteúdo absoluto e ilimitado do direito de propriedade dos comproprietários da citada Quinta, nos termos do artigo 1305.º do Código Civil e consagrado no artigo 62.º n.º1 da CRP, ao estabelecer que "a todos é garantido o direito à propriedade privada e à sua transmissão em vida ou por morte nos termos da Constituição". O direito de propriedade privada é um direito fundamental de natureza análoga aos direitos, liberdades e garantias, nos termos do artigo 17.º da CRP e no caso em apreço concorre com o direito do ambiente, previsto no artigo 66.º da nossa lei fundamental, que também é um dos direitos fundamentais de natureza análoga gozando assim de aplicabilidade directa, concorrendo desta forma com aquele direito, tornando-se, portanto, necessário fazer um balanceamento dos direitos em conflito tentando encontrar neles alguma compatibilidade por forma a darmos alguma justiça ao nosso caso. Mas, sublinhe-se que o direito de propriedade não é garantido em termos absolutos, mas sim dentro dos limites e com as restrições previstas e definidas noutros lugares da Constituição (e na lei, quando a Constituição possa ela remeter ou quando se trate de revelar limitações constitucionalmente implícitas) por razões ambientais, de ordenamento territorial, urbanístico e económicas. Ora, adequando-se à priori ao caso a defesa das razões sociais de ordem ambiental e do património cultural da referida Quinta, viu-se, e como se referiu ao longo do decurso da apreciação crítica do caso em apreço, que acabou por colocar o problema da compressão daquele espaço dos comproprietários pondo em causa a sua liberdade de iniciativa económica (art.61.º da CRP) e representativa de um verdadeiro interesse geral da comunidade, parecendo-nos estarmos, aqui, perante um caso de expropriações de sacrifício.

Desta forma, e na iminência da Quinta do Taipal poder vir a ser declarada como zona protegida ou reserva natural em nome da sua função social, vinculação social ou da sua vinculação situacional, estas medidas restritivas deveriam comportar – pela situação decerto excepcional em que o caso se enquadra e daquele acto de classificação do espaço resultar uma proibição ou uma grave restrição à utilização que os comproprietários vinham habitualmente efectivando no seu terreno, situação essa que produziria danos na sua esfera jurídica de tal gravidade e intensidade (danos especiais e anormais) que lhes deveria ser reconhecido natureza expropriativa (expropriação de sacrifício) – e, consequentemente, ser acompanhadas de indemnização (indemnização por expropriação), nos termos reconhecidos pela nossa lei fundamental (art. 62.º n.º 2 da CRP) e pela natureza dos danos, nos termos do artigo 8 n.º 2 e 3 do CE (com as necessárias adaptações ao nosso caso), tendo presente a inconstitucionalidade do seu n.º2 por ser demasiado restritivo na parte em que não consente a indemnização no que toca à produção de danos graves (especiais/anormais) na esfera jurídica dos proprietários, violando-se, desta forma o princípio do Estado de direito democrático (arts. 2.º e 9.º, al. b), da CRP), o princípio da igualdade (art. 13.º, n.º 1 da CRP) e o princípio da justa indemnização por expropriação – entendida, aqui, no sentido de expropriação de sacrifício – (art.62.º,n.º2 da CRP).

Finalmente, resta sublinhar, que se crê que a indemnização neste tipo de casos, e o nosso em particular, deve seguir o regime da indemnização por expropriação, nos termos do artigo 8.º, n.º 2 e 3.º do Código das Expropriações (por estarmos perante situações análogas às servidões administrativas que devem ser acompanhadas de indemnização) e não o Regime da Responsabilidade Civil Extracontratual do Estado e Demais Entidades Públicas, constante da Lei n.º 67/2007, de 31 de Dezembro (artigos 2.º e 16.º, no tocante à indemnização pelo sacrifício).

Parte V

NA INTERSECÇÃO ENTRE DIREITO CIVIL E DIREITO DO URBANISMO

Ordem de demolição judicial: podem os interessados proceder à sua execução sem prévio controlo municipal?

ANABELA MOUTINHO MONTEIRO[1]

Enquadramento factual

Correu termos, pelas Varas Cíveis do Porto, uma acção comum ordinária onde os Autores demandaram os então proprietários de um prédio no Concelho do Porto, peticionando que estes fossem condenados demolir a parte do edifício que traziam em construção, designadamente as varandas, e a tapar as janelas que deitavam directamente sobre o seu prédio.

Por decisão transitada em julgado em 1998, o Tribunal julgou inteiramente procedente a acção e condenou os Réus a demolirem parte da fachada do edifício em questão, entretanto erigido com R/C e 11 andares, para que esta ficasse cega. Tais trabalhos consistiam fundamentalmente na demolição/reconstrução de 56 vãos de janelas e varandas existentes.

A sentença foi depois confirmada por Acórdãos da Relação do Porto e do Supremo Tribunal de Justiça.

Uma vez que os Réus não cumpriram voluntariamente o determinado judicialmente, os Autores instauraram contra os mesmos, acção executiva, requerendo, atenta a inércia dos executados, execução para prestação de facto fungível por outrem, ao abrigo do disposto nos artigos 933.º e seguintes do Código de Processo Civil (doravante C.P.C.).

Pelo facto de a demolição parcial do edifício implicar uma alteração estrutural que podia pôr em causa a estabilidade da construção e a segurança dos ocupantes e da envolvente, os exequentes foram notificados pelo Município do Porto, em Abril de 2006, de que

---

[1] Jurista, Câmara Municipal do Porto

"qualquer obra de demolição parcial (ou total) do edifício não poderá ser iniciada sem que ocorra previamente o licenciamento ou autorização administrativos, devendo para o efeito contactar os serviços competentes".

Verificando-se, porém, em sede de fiscalização municipal, que as obras tinham sido iniciadas e prosseguiam o seu curso sem a respectiva licença/autorização administrativa, o Município do Porto, por despacho do Sr. Vereador com o Pelouro do Urbanismo, de 8/10//2007, ordenou o embargo da obra.

Referir, por último, que o Município do Porto e os condóminos do edifício em questão não foram partes no processo judicial que ordenou a demolição parcial de uma das fachadas do prédio, nem na acção executiva que se lhe seguiu.

Comentário

O tema central que perpassa a factualidade sumariamente enunciada é o de saber se a estrita obediência às decisões judiciais a que todos, inclusive o Município, se encontram vinculados em virtude do reconhecimento constitucional e legal da força obrigatória das sentenças transitadas em julgado[2], legitima, por si só, que a execução de uma tal sentença condenatória se faça sem controlo prévio municipal. Dito de outra forma, será que, ao determinar o embargo da obra de demolição ordenada por sentença transitada em julgado, o Município do Porto atentou contra tal decisão judicial?[3]

Embora reconheçamos a complexidade da matéria em discussão, procuraremos, neste comentário, avançar com aquela que, em face do nosso ordenamento jurídico-constitucional, se nos afigura a única resposta possível às questões assim suscitadas.

---

[2] *Cfr.* Artigos 205.º da C.R.P. e 9.º da Lei de Organização e Funcionamento dos Tribunais Judiciais.

[3] Como o sustentavam então os exequentes.

I. Comecemos, pois, por mencionar o quadro constitucional e legal subjacente:

a) Da Jurisdição comum *vs.* Jurisdição administrativa;
b) Do Caso Julgado;
c) Das Atribuições e Competências das Autarquias Locais.

a) Da Jurisdição comum vs. Jurisdição administrativa

De acordo com a jurisprudência pacífica dos nossos tribunais superiores, a competência em razão da matéria, ou jurisdição, avalia-se em função da relação material controvertida, atendendo aos termos em que é formulada a pretensão do Autor (ou Requerente), incluindo os seus fundamentos. Como afirma o Prof. Manuel de Andrade, a competência do tribunal *"afere-se pelo quid disputatum, em antítese com aquilo que será mais tarde o quid decisum"*.[4]

Os Tribunais Judiciais são, nos termos do disposto no n.º 1 do artigo 211.º da Constituição da República Portuguesa (doravante, C.R.P.), os tribunais comuns em matéria cível e criminal e exercem jurisdição em todas as áreas não atribuídas a outras ordens judiciais. No mesmo sentido determina o n.º 1 do artigo 26.º da Lei de Organização e Funcionamento dos Tribunais Judiciais[5].

Por seu turno, à jurisdição administrativa e fiscal estão atribuídas, conforme consagra o n.º 3 do artigo 212.º da C.R.P. e o n.º 1 do artigo 1.º do Estatuto dos Tribunais Administrativos e Fiscais[6] (doravante E.T.A.F.), todas as matérias que respeitem à apreciação de litígios emergentes das relações jurídicas administrativas, nomeadamente as que tenham por objecto as matérias enumeradas no artigo 4.º do E.T.A.F.

Para a competência radicar na jurisdição administrativa exige-se, para além da qualidade da entidade em si, que o litígio seja regulado ou passível de ser regido por normas de direito administrativo. Segundo Gomes Canotilho e Vital Moreira, *"estão em causa apenas os litígios emergentes de relações jurídico administrativas (ou fiscais) (n.º 3 in fine). Esta qualificação transporta duas dimensões*

---

[4] *In* Noções Elementares de Processo C. Civil, página 91.
[5] Aprovada pela Lei n.º 52/2008, de 28 de Agosto.
[6] Aprovado pela Lei n.º 13/2002, de 19 de Fevereiro.

caracterizadoras: 1- as acções e recursos incidem sobre relações jurídicas em que, pelo menos, um dos sujeitos é titular, funcionário ou agente de um órgão de poder público (especialmente da administração); 2- as relações jurídicas controvertidas são reguladas, sob o ponto de vista material, pelo direito administrativo ou fiscal. Em termos negativos, isto significa que não estão aqui em causa litígios de natureza "privada" ou "jurídico civil". Em termos positivos, um litígio emergente de relações jurídico administrativas e fiscais será uma controvérsia sobre relações jurídicas disciplinadas por normas de direito administrativo e/ou fiscal".[7]

b) Do Caso Julgado

Expressa a lei que transitada em julgado a sentença ou o despacho saneador que decida do mérito da causa, a decisão sobre a relação material controvertida fica a ter força obrigatória dentro do processo e fora dele nos limites fixados pelos artigos 497.º, n.º 1, e 498.º, n.º 1, do C.P.C.[8]

De harmonia com o preceituado nos artigos 497.º, n.º 1 e 498.º, n.º 1, a excepção do caso julgado tem como pressuposto a repetição de uma causa decidida por sentença que já não admite recurso ordinário, repetindo-se a causa quando se propõe uma acção idêntica a outra quanto aos sujeitos, ao pedido e à causa de pedir. A excepção do caso julgado tem como objectivo evitar que o tribunal seja colocado na alternativa de contradizer ou de reproduzir uma decisão anterior – cfr. Artigo 497.º, n.º 2 do C.P.C.

A chamada força ou autoridade reflexa do caso julgado também pressupõe, tal como a excepção do caso julgado, a tríplice identidade prevista no artigo 498.º do C.P.C.

O que acontece, segundo Alberto dos Reis, é que *"o caso julgado exerce duas funções: – a) uma função positiva; e b) uma função negativa. Exerce a primeira quando faz valer a sua força e autoridade, e exerce a segunda quando impede que a mesma causa seja novamente apreciada pelo tribunal. A função positiva tem a sua*

---

[7] *In*, Constituição da República Portuguesa Anotada, página 815.
[8] *Cfr.* Artigo 671.º do C.P.C.

expressão máxima no princípio da exequibilidade (...) a função negativa exerce-se através da excepção de caso julgado. Mas quer se trate da função positiva, quer da função negativa, são sempre necessárias as três identidades".[9]

No que respeita ao alcance do caso julgado, determina o artigo 673.º do C.P.C. que a sentença constitui caso julgado nos limites e termos em que julga.

A expressão «limites e termos em que julga» significa que a extensão objectiva do caso julgado se afere, em regra, face às normas substantivas relativas à natureza da situação que ele define, à luz dos factos jurídicos invocados pelas partes e dos pedidos formulados na acção.

Dispensando-nos aqui de uma profunda reflexão sobre os efeitos e alcance do caso julgado, diremos apenas que, o que nos termos dos artigo 671.º, n.º 1 e 673.º do C.P.C. adquire valor de caso julgado material, é a parte dispositiva da sentença, entendida, segundo a orientação da jurisprudência maioritária, como um todo, englobando a decisão propriamente dita e os respectivos fundamentos enquanto seus pressupostos.

A este propósito, refere Miguel Teixeira de Sousa, que *"reconhecer que a decisão está abrangida pelo caso julgado não significa que ela valha, com esse valor, por si mesma e independente dos respectivos fundamentos. Não é a decisão, enquanto conclusão do silogismo judiciário que adquire o valor de caso julgado mas o próprio considerado no seu todo: o caso julgado incide sobre a decisão como conclusão de certos fundamentos e atinge estes fundamentos enquanto pressupostos daquela decisão"*.[10]

Cumpre, ainda, chamar a atenção para o entendimento preconizado no Acórdão do Supremo Tribunal de Justiça, de 22/11/2007, e que aqui, pensamos, ter plena aplicação:

"Quando a decisão proferida sobre a relação litigada entre as partes tenha reflexos jurídicos sobre terceiros, afectando qualquer seu direito, a eficácia dessa decisão não se lhes pode opor. Porque titulares de uma relação dependente daquela que apreciada e

---

[9] *In* Código de Processo Civil Anotado, vol. II, páginas 92 e 93
[10] *In* Estudos sobre o Novo Código de Processo Civil, página 578.

decidida foi entre as partes processuais, esses terceiros são juridicamente interessados na definição dessa relação. E, como tal, a eficácia do caso julgado não se lhes estende porque nenhuma intervenção tiveram na acção onde aquela relação foi discutida e porque, como refere Manuel de Andrade, a existência da relação principal não implica a do subordinado".[11]

c) Das Competências das Autarquias Locais

Por último, não podemos deixar de lembrar aqui as atribuições e competências que são reconhecidas às Autarquias Locais, tanto:

(i) na Constituição da República Portuguesa, artigos 2.º, 3.º, 6.º, n.º 1 e 235.º a 254.º;

(ii) como na Lei ordinária, designadamente na Lei n.º 169/99, de 18 de Setembro, artigo 64.º, n.º 5, alíneas a) e b) e artigo 68.º, n.º 2, alínea m) e no Regime Jurídico da Urbanização e Edificação[12], artigos 4.º e 93.º a 96.º e 102.º a 109.º

Nos termos dos citados normativos compete, aos Municípios, em matéria de licenciamento e fiscalização, conceder licenças nos casos e nos termos estabelecidos por lei, designadamente para construção, reconstrução, utilização, ou demolição de edifícios, bem como realizar vistorias e executar, de forma exclusiva ou participada, a actividade fiscalizadora atribuída por lei, nos termos por esta definidos.

II. Feito este, necessariamente breve, enquadramento constitucional e legal, permitimo-nos, desde já, adiantar que a resposta à questão de saber se a sentença condenatória, que aqui comentamos, pode ser executada pelos interessados sem controlo prévio do Município, não poderá ser senão negativa.

Desde logo, pela evidência de que estamos perante uma sentença provinda de tribunal de jurisdição comum, que se pronunciou sobre a questão em litígio do ponto de vista do direito privado, manifestan-

---

[11] Proferido no processo n.º 07B3799
[12] Aprovado pelo Decreto-Lei n.º 555/99, de 16 de Dezembro, na redacção que lhe foi dada pelo Decreto-Lei n.º 26/2010 de 30 de Março.

do-se, pois, *in casu* a autoridade do caso julgado dentro de tais limites.

É, com efeito, patente a natureza privada da relação jurídica subjacente à acção declarativa, assente no direito de propriedade dos Autores e em que o pedido foi o da condenação dos Réus, proprietários de prédio confinante, *"a demolirem a parte de um edifício que trazem em construção na dita Rua (...), confrontando com o prédio dos Autores pelo lado norte – parte essa consistente em varandas que ocupam espaço aéreo deste em cerca de 0,6 metros – bem como a taparem seis janelas existentes em cada piso dele com 2,20 metros de cumprimento cada, que deitem directamente sobre o mesmo prédio e permitem a sua devassa".*

Por conseguinte, o Tribunal não se pronunciou, pela necessidade, ou não, da obra de demolição/reconstrução estar sujeita a controlo prévio municipal, ou sequer, pela validade da licença emitida e ao abrigo da qual foi, legitimamente, erigido o edifício cuja fachada se pretendia demolir/reconstruir. Não se pronunciou, nem tinha que o fazer, por tal matéria não lhe incumbir, antes constituindo, nos termos supra enunciados, reserva de jurisdição administrativa.

Assim, uma interpretação da sentença que agora comentamos que, circunscrevendo-se à decisão condenatória, se abstraia dos respectivos fundamentos – isto é, a aferição do âmbito do direito de propriedade – e tenda a defender, à luz da autoridade do caso julgado, que a execução da demolição *sub judice* não carece de controlo prévio municipal, por tudo quanto afirmamos supra a propósito do alcance do caso julgado não poderá, pois, proceder.

Em segundo lugar porque, a prolação de uma tal sentença condenatória não pode ter ínsita uma *"dispensa ou isenção automática"* do cumprimento do ordenamento jurídico no seu todo, designadamente, das normas urbanísticas aplicáveis ao edificado.

Queremos com isto expressar que, precisamente pela circunstância de estarmos perante uma sentença provinda de tribunal de jurisdição comum, que se pronunciou sobre a questão controvertida do ponto de vista estritamente do direito privado, na execução de uma tal sentença condenatória não poderá deixar de ser verificado e assegurado o cumprimento das normas urbanísticas.

Ora, sucede que, nos termos supra aludidos, a verificação de um tal cumprimento constitui competência municipal, através do controlo prévio de licenciamento nos termos previstos no artigo 4.º do R.J.U.E.

No caso concreto, a verificação do cumprimento das normas urbanísticas revelava-se tanto mais premente porquanto em causa estava a demolição/reconstrução de 56 vãos de janelas e varandas existentes, para que esta ficasse «cega», o que no limite poderia tornar o edifício inadequado aos usos para que foi licenciado.

Não é impunemente que se executa uma tal operação urbanística sem que antes se estabeleçam condições que permitam essa execução com segurança de pessoas e bens, designadamente, a reapreciação do respectivo projecto de arquitectura, a elaboração dos necessários cálculos de estabilidade e estrutura, etc.

Por conseguinte, entendemos que bem andou o Município ao ordenar o embargo da demolição cuja execução entretanto foi iniciada. Ao fazê-lo não só não atentou contra a sentença condenatória, como actuou no exercício das competências que, constitucional e legalmente, lhe estão atribuídas, sob pena, aliás, de não o fazendo, poder, em última instância, vir a incorrer em responsabilidade civil e criminal.

Por tudo quanto ficou dito, estamos genuinamente convictos de que a demolição a que os Réus se encontravam obrigados por força da sentença condenatória transitada em julgado não poderia, nem poderá, ser executada sem o necessário controlo prévio municipal, ainda que a sua legitimidade para a promoção de uma tal operação urbanística seja *in casu* comprovada através da sentença judicial e não da habitual certidão da Conservatória do Registo Predial.

Acessão industrial imobiliária e usucapião parciais versus *destaque*

MÓNICA JARDIM e DULCE LOPES[1]

Introdução

A diferenciação entre direito civil e administrativo, que se reflecte não apenas de um ponto de vista substancial como também de uma perspectiva processual, tem recentemente constituído o palco privilegiado para o debate de um conjunto de questões de fronteira, em especial quando em causa estão domínios tão estreitamente conexos como o do direito das coisas e o do direito do urbanismo.

Debruçamo-nos neste texto sobre uma dessas questões, a da relação entre a acessão industrial imobiliária e a usucapião e a figura do destaque, que, como veremos, nos há-de transportar para a discussão dos próprios pressupostos da aquisição do direito de propriedade e para a compreensão da função que este instituto do direito do urbanismo desempenha na reconfiguração fundiária do solo[2].

---

[1] Assistentes da Faculdade de Direito da Universidade de Coimbra

[2] Saliente-se que apenas abordaremos a referida questão a propósito da acessão e da usucapião ocorrida na vigência do actual Código Civil. Sentimos necessidade de fazer esta ressalva, por um lado, porque o momento da aquisição do direito de propriedade por acessão é, inquestionavelmente, o da verificação dos actos materiais de incorporação [cfr. a al. d) do art. 1317.º do Código Civil] e, por outro, porque invocada triunfantemente a usucapião os seus efeitos retrotraem-se à data do início da posse (cfr. art. 1288.º do Código Civil).

Do mesmo modo, também não abordaremos situações mais complexas que envolvem cenários de loteamento ou de áreas urbanas de génese ilegal, uma vez que estas implicam um *instrumentarium* que não pode ter lugar, apenas e só, no âmbito da discussão da acessão ou usucapião parcial da coisa.

I. Colocação da questão

Como se sabe, um direito real incide, em regra, sobre a totalidade da coisa que constitui o respectivo objecto[3].

Por outro lado, conforme decorre do n.º 2 do art. 408.º do Código Civil, os direitos reais só podem incidir sobre coisas certas, determinadas e autonomizadas juridicamente.

E, segundo a melhor doutrina, o conceito de coisa abarca, além de outros, os seguintes elementos:

- Objecto com existência autónoma e;
- Objecto apropriável, susceptível de subordinação jurídica ao poder, acção ou disponibilidade exclusiva de alguém.

Assim, não cabe na noção jurídica de coisa um objecto que não tenha existência autónoma, isto é, que não seja uma entidade distinta e separada ou que não esteja individualizado. O que equivale a dizer-se que *sobre o que só existe como parte de um todo mais vasto não podem constituir-se relações jurídico-reais com individualidade própria*.

Por outro lado, em relação a coisas que são já, de algum modo, certas e determinadas (mas ainda não separadas ou autonomizadas de outras coisas como é o caso das partes componentes e das partes integrantes), há que afirmar que, tratando-se de coisas passíveis de identificação na sua individualidade, mas encontrando-se estreitamente conexas com uma coisa diferente, não podem ser objecto de direitos reais diversos dos que incidem sobre a coisa a que se encontram ligadas. Só depois de se produzir a desafectação ou separação é que podem ser objecto de um direito real distinto.

---

[3] O direito português consagra o princípio *superfícies solo cedit*. No entanto, este princípio, como é consabido, conhece excepções no ordenamento jurídico português. Lembramos os arts. 1389.º a 1391.º e 1395.º do Código Civil, onde, de forma expressa, se admite que o direito de propriedade sobre as águas existentes num prédio pertença a pessoa diversa do *dominus* do referido prédio, e o art. 1528.º, do mesmo diploma legal, que admite a constituição do direito de superfície mediante a alienação de obra ou árvores já existentes. Mas a excepção ao princípio em apreço, com mais relevância prática, é indubitavelmente a que resulta do regime da propriedade horizontal, constante dos artigos 1414.º a 1438.º do Código Civil.

Em resumo, não é possível a constituição de um autónomo *ius in re* sobre uma parte de um bem, sem que se proceda à individualização ou separação dessa parte.

Pelo que respeita a prédios, é evidente que são fraccionáveis e que, portanto, uma parcela de um prédio pode autonomizar-se e dar origem a um novo prédio. *Mas a desafectação ou separação só pode ocorrer, obviamente, de acordo com a lei.*

Podendo conduzir a acessão industrial imobiliária e a usucapião à aquisição do direito de propriedade sobre um novo imóvel formado a partir de uma área de terreno que é desafectada ou separada daquele a que originariamente pertencia, somos necessariamente confrontados com as limitações legais a que se criem novos prédios, seja como simples divisão de um prédio rústico em diversos prédios rústicos, seja como formação de um ou mais prédios urbanos a partir de uma área antes incluída num único prédio rústico.

No presente estudo interessam-nos, precisamente, as questões que se suscitam quando a acessão industrial imobiliária e a usucapião podem conduzir à autonomização jurídica de uma única parcela de terreno do prédio mãe.

De facto, com a acessão e a usucapião parciais surgem novas coisas e novos direitos sobre elas[4], já que não pode haver aquisição originária do direito real sem que a coisa sobre o qual incida exista.

No entanto, a autonomização jurídica de uma única parcela de terreno, quer se localize em solo rústico quer em solo urbano, está subordinada a requisitos legais, por isso, imediatamente, surgem as seguintes questões:

Sendo exercido o direito à acessão sobre a parcela do prédio onde foi realizada a obra e não sobre a totalidade do prédio ou sendo invocada a usucapião apenas sobre uma parcela de um prédio, o juiz ou quem tenha competência na matéria tem, ou não, de se preocupar com a eventual violação dos requisitos previstos na legislação urbanística e que condicionam o fraccionamento do solo para fins de edificação urbana?

---

[4] A precedência entre a coisa e o direito é lógica mas, no caso da acessão e da usucapião, não é cronológica, já que aqui a coisa e o direito nascem em simultâneo.

Por outras palavras: a possibilidade de estar a concretizar um "destaque"[5] ilegal impede ou não a aquisição de uma parcela (como coisa autónoma) de um prédio mais vasto por acessão ou por usucapião?

Para facilitar a exposição, analisemos primeiro o problema quando suscitado pela acessão industrial imobiliária e, só depois, aquele que pode surgir aquando da invocação judicial da usucapião.

II. A Acessão Industrial imobiliária[6]

A acessão industrial imobiliária é um modo de adquirir originariamente a propriedade.

Segundo o art. 1340.º, n.º 1, do Código Civil, se alguém, de boa fé, construir obra em terreno alheio e o valor que as obras tiverem trazido à totalidade do prédio for maior do que este tinha antes, o autor da incorporação adquire a propriedade dele, pagando o valor que o prédio tinha antes das obras[7].

---

[5] Colocamos a expressão destaque entre aspas porque a utilizamos aqui de forma não rigorosa do ponto de vista urbanístico, uma vez que nos referimos ao fraccionamento jurídico de um prédio em dois como consequência directa da acessão ou da usucapião.

[6] Dá-se a *acessão* quando com a coisa que é propriedade de alguém se une e incorpora outra coisa (alheia ou *res nullius*) que não lhe pertencia (cfr. art. 1325.º do Código Civil).

Porque não interessam ao nosso estudo, não nos referiremos às hipóteses de acessão industrial imobiliária previstas no art. 1339.º (obras, sementeiras ou plantações feitas em terreno do próprio com materiais alheios), no art. 1342.º (obras, sementeiras ou plantações feitas com materiais alheios em terreno alheio) e no art. 1343.º (prolongamento de edifício por terreno alheio), todos, do Código Civil.

Acresce que reduziremos a análise do art. 1340.º do Código Civil à hipótese de ser feita obra em terreno alheio, assim excluindo, portanto, a de realização de sementeira ou plantação.

[7] O actual Código, ao contrário do que ocorria na vigência do Código de Seabra, não reserva o direito de acessão ao possuidor em nome próprio – ou seja, não exclui o mero detentor –, nem faz depender tal direito de a posse do interventor ser titulada.

Assim, se, por exemplo, a obra foi realizada toda no tempo de vigência do Código de Seabra, por um interventor cuja posse era não titulada ou por um mero detentor, se o litígio for agora apreciado, está afastada a acessão, não obstante a mesma ser viável em face das regras do actual Código.

No entanto, como afirma QUIRINO SOARES, "Acessão e Benfeitorias" *Colectânea de Jurisprudência – Acórdãos do Supremo Tribunal de Justiça*, Ano IV, T. I, 1996, p. 18:

Entende-se que houve boa fé se o autor da obra, sementeira ou plantação desconhecia que o terreno era alheio, ou se foi autorizada a incorporação pelo dono do terreno (Cfr. art. 1340.º, n.º 4, do Código Civil)[8].

O autor da incorporação adquire a propriedade do prédio se o valor acrescentado – *ou seja, "o valor em que o prédio é aumentado"* e não a diferença entre o valor da obra e o valor do terreno, uma vez que a obra pode ter gerado um acréscimo de valor do prédio superior àquele que lhe seria atribuído quando avaliada isoladamente – for superior ao que o prédio tinha antes da incorporação[9].

O fundamento económico do preceito é não destruir a obra feita, pelo que *"deve formar-se, com a acessão, um único corpo, e, portanto, há-de resultar dela uma ligação material, definitiva e permanente, entre a coisa acrescida e o prédio, que torne impossível a separação sem alteração da substância da coisa"*[10].

"a vida ou os seus sucessos não são tão lineares quanto as regras com que os legisladores e os juristas os pretendem enquadrar. E assim é que, por vezes, as obras, porque se não podem, por sua própria natureza, realizar «uno acto», têm contacto com mais de um regime legal; outras vezes, embora iniciadas e concluídas sob um único regime, sofrem, mais tarde, desenvolvimentos (alterações; acrescentos) empreendidos quando uma outra lei já havia substituído a primeira."

A este propósito, refira-se por fim que segundo o nosso entendimento, na esteira de QUIRINO SOARES, na hipótese de ocorrer mudança do regime legal quando as obras estão em curso, deve dar-se prevalência à lei nova, porque *"além de ter, relativamente aos actos materiais de incorporação, elementos de conexão não menos relevantes que a lei antiga, leva, sobre esta, a vantagem de constituir a última palavra do legislador sobre o assunto, e, por isso, supostamente, conter as mais ajustadas e aperfeiçoadas regras de solução do conflito de interesses subjacente."* (Cfr. QUIRINO SOARES, "Acessão e Benfeitorias", loc. cit., p. 19).

[8] A autorização para praticar os actos materiais em que a acessão se traduz tanto pode ser atribuída através de uma declaração de vontade expressa, feita pelo proprietário da coisa, como resultar, por exemplo, de um contrato translativo nulo por falta de forma. Ou seja, a autorização pode ser tácita.

[9] Se o valor acrescentado for igual, haverá licitação entre o antigo dono e o autor da incorporação, pela forma estabelecida no n.º 2 do artigo 1333.º do Código Civil.

Se o valor acrescentado for menor, as obras, sementeiras ou plantações pertencem ao dono do terreno, com obrigação de indemnizar o autor delas do valor que tinham ao tempo da incorporação. (cfr. n.os 2 e 3 do art. 1340.º do Código Civil).

[10] Cfr. PIRES DE LIMA e ANTUNES VARELA, *Código Civil Anotado*, Coimbra, Coimbra Editora, vol. III, 2.ª ed., 1987, p.164.

Nesta perspectiva, para justificar *acessão industrial imobiliária*, a *obra* deverá ficar incorporada no terreno de modo tal que os elementos que a compõem percam a sua individualidade, formando, com o terreno, uma nova coisa[11-12].

---

[11] Ou seja, a acessão pressupõe que uma coisa se una ou incorpore de forma inseparável (definitiva, permanente) a outra. Não basta a mera adjunção, justaposição ou um simples nexo de afectação ou destino: é necessário que a coisa se una a outra ou se integre ou incorpore (faça corpo) com a outra, sendo que esta inseparabilidade deve ser entendida em sentido económico e não meramente material. Consequentemente, duas ou mais coisas encontram-se unidas de modo inseparável quando a desincorporação, embora física e materialmente possível, destruísse ou danificasse gravemente a coisa principal.

[12] Como se sabe, nas hipóteses de acessão industrial imobiliária que resultam da intervenção em terreno alheio surge, amiúde, a necessidade de delimitar claramente esta figura em face das benfeitorias.

Em abstracto, a distinção é simples, uma vez que, segundo o art. 216.º do Código Civil, as benfeitorias são despesas feitas numa coisa já existente, com vista à sua conservação, valorização ou maior recreio – às quais a lei associa direitos do autor, desde que este se encontre em determinada posição jurídica relativamente à coisa (posse – arts. 1273.º a 1275.º; locação – art. 1046.º, comodato – art. 1138.º; usufruto – 1450.º) –, enquanto a acessão constitui um título de aquisição originária do direito de propriedade imobiliária, ao lado usucapião. Todavia, em concreto, a verdade é que nem sempre é fácil saber se estamos perante uma benfeitoria ou uma acessão. Tanto assim é que a doutrina, desde longa data, se preocupa em distinguir as benfeitorias das acessões.

MANUEL RODRIGUES, A Posse: Estudo de Direito Civil Português, 2.ª ed., Reimpressão, 1996, Coimbra, Almedina, p. 362, *grosso modo*, defendeu que a distinção passava pelo facto de a benfeitoria (*impensa*) se traduzir numa despesa que beneficiava uma coisa já existente, enquanto a acessão envolvia um acto de inovação que alterava a substância da coisa.

Este entendimento foi acolhido, embora com reticências, por MANUEL ANDRADE, Teoria Geral da Relação Jurídica, vol. I, Coimbra, Coimbra Editora, 1997, pag. 274, e em geral pela jurisprudência.

Em resumo, segundo esta posição, o regime da acessão aplicar-se-ia, em detrimento do das benfeitorias, sempre que a intervenção em terreno alheio lhe alterasse a substância. Não sendo esse o caso, interviria o regime das benfeitorias, se a relação do autor delas com o prédio fosse das que prevê aquele regime.

No entanto, como demonstrou CUNHA GONÇALVES, *Tratado de Direito Civil em Comentário ao Código Civil Português*, Vol. III, Coimbra, Coimbra Editora, 1931, n.º 301, o critério, já na vigência do Código de Seabra, revelava-se insuficiente, uma vez que as inovações realizadas, por exemplo, pelo locatário ou pelo usufrutuário, estavam sujeitas por lei, tal como hoje, ao regime das benfeitorias.

PIRES DE LIMA e ANTUNES VARELA, *Código Civil Anotado*, vol. III, ob. cit., p. 166 e 167, na vigência do actual Código Civil, bem como, ANTÓNIO CARVALHO MARTINS, *Acessão*, Coimbra, Coimbra Editora, 1999, p. 17 e 117 e ss. distinguem a benfeitoria da acessão tendo em conta a relação que o interventor tem com a coisa beneficiada. Assim, segundo estes autores, a benfeitoria supõe a existência de uma relação jurídica (por exemplo, a posse, a locação, o comodato, o usufruto); ao invés, na acessão, tal relação não existe, sendo o acto praticado por um estranho, ou seja, por uma pessoa que não tem qualquer contacto jurídico com a coisa. Nesta perspectiva, as intervenções inovadoras praticadas por quem detém uma relação jurídica com a coisa, por muito que alterem a substância do prédio, só encontram, eventualmente, tutela no regime das benfeitorias.

Consideramos que qualquer dos critérios apresentados se revela insuficiente para distinguir a benfeitoria em face da acessão.

Concordamos com PIRES DE LIMA e ANTUNES VARELA quando afirmam que estamos perante uma benfeitoria quando em causa esteja quer uma despesa, quer um acto de inovação, desde que o mesmo seja praticado por quem tem uma relação jurídica com a coisa. No entanto, distanciamo-nos destes autores, na medida em que entendemos que quando em causa esteja um acto de inovação praticado por um titular de posse formal ocorre a acessão.

Explicitando, segundo o nosso entendimento, a benfeitoria supõe uma *despesa* ou *acto de inovação* praticada *por quem tem uma relação jurídica com a coisa* (relação essa que pode ser simplesmente possessória); ao invés, consideramos que a acessão envolve necessariamente um *acto de inovação*, acto esse que pode ser realizado *por quem não mantém uma relação jurídica com a coisa, ou por quem mantém com ela relação meramente possessória, em termos de direito de propriedade ou de propriedade superficiária.*

Portanto, na nossa perspectiva, pode ocorrer a acessão se em causa estiver um *acto de inovação* – já não uma mera despesa, uma vez que o acto de inovação é pressuposto da acessão –, *praticado por quem não tem uma relação jurídica com a coisa, ou por quem tem com ela uma relação possessória nos termos dos direitos reais supra identificados,* em que também se verifica acessão.

Assim, se em causa estiver uma simples despesa feita na coisa e não um acto de inovação está, naturalmente, afastado o regime da acessão. Por outro lado, se a referida inovação for feita pelo arrendatário, pelo comodatário, pelo usufrutuário, etc., prevalece, sempre, o regime das benfeitorias próprio do estatuto legal ou contratual de cada um dos institutos. Por fim, se a inovação for feita por um *possuidor* em termos de direito da propriedade ou de propriedade superficiária ou por um estranho prevalece, sempre, a acessão.

Como resulta do acabado de expor, consideramos que pode beneficiar do regime da acessão quer o interventor que não tenha qualquer relação jurídica com a coisa, quer o interventor que seja possuidor em termos de direito de propriedade ou de propriedade superficiária desde que, obviamente, haja acto de inovação. De facto, não se nos afigura plausível que o legislador do actual Código Civil tivesse pretendido afastar-se do Código de Seabra – que exigia que o beneficiário da acessão fosse possuidor em nome próprio (cfr. art. 2306.º) – sem o dizer de forma expressa e inequívoca. Por um lado, porque, tal envolveria a inversão do pressuposto (positivo) da posse em nome próprio que o Código anterior exigia, passando-o a negativo (ausência de posse). Em segundo lugar, porque implicaria uma redução substancial do campo de aplicação da acessão industrial imobiliária, nos termos do art. 1340.º do Código Civil, uma vez que esta ficaria limitada aos meros detentores ou intervenientes ocasionais.

Assim, na nossa perspectiva, embora, em abstracto, o possuidor – em termos de direito de propriedade ou de propriedade superficiária – tanto possa beneficiar do regime

Os pressupostos substantivos que devem estar verificados para que o autor da obra possa invocar a acessão são, portanto, os seguintes:

a) a incorporação consistente no acto voluntário de realização da obra;
b) a natureza alheia do terreno sobre o qual é erguida a construção;
c) a pertença inicial dos materiais ao autor da incorporação;
d) a formação de um todo único entre o terreno e a obra;
e) o valor acrescentado pela obra ser superior ao valor que o prédio tinha antes da incorporação;
f) a boa fé, estritamente psicológica, do autor da incorporação[13] e;
g) a manifestação de vontade expressa do beneficiário do direito potestativo[14];

---

das benfeitorias como da acessão, em concreto, beneficiará do primeiro, se realizar uma mera despesa, e do segundo, se praticar um acto de inovação.

Quanto aos outros sujeitos de relações jurídicas com a coisa (usufrutuário, arrendatário, etc.), esses, precisamente em virtude da relação existente, mesmo que pratiquem um acto de inovação apenas poderão, se a lei o previr, beneficiar do regime das benfeitorias.

Consequentemente, em tais hipóteses, a regra *"superficies solo cedit"* não sofre qualquer derrogação.

"E compreende-se que assim seja, porque, na locação, no comodato, no usufruto, existe um vínculo entre o interventor (locatário, comodatário, usufrutuário) e o dono da coisa, cuja regulamentação faz expresso apelo ao regime das benfeitorias; assim, e salvo convenção em contrário, a chamada, ai, do instituto da acessão constituiria injustificada infracção à disciplina interna daquelas relações jurídicas bilaterais" (QUIRINO SOARES, "Acessão e Benfeitorias", loc. cit., p. 15).

[13] Como afirmam PIRES DE LIMA e ANTUNES VARELA, *Código Civil Anotado*, Vol. III, ob. cit., p. 164, o legislador, ao fixar os requisitos deste modo de aquisição, não quis desviar-se da ideia de boa fé que adoptou em matéria possessória (cfr. n.º 1 do art. 1260.º do Código Civil).

Aliás, a uniformização dos conceitos de boa fé em matéria de acessão e de posse já vinha do Código anterior, pelo menos desde quando o Assento do Supremo Tribunal de Justiça de 28 de Novembro de 1969 interpretou o artigo 2306.º (do antigo Código) no sentido de que a boa fé, ali referida, tinha o conteúdo definido no artigo 476.º.

Saliente-se, por fim, que a boa fé, para efeitos de acessão, deve ser contínua, isto é, deve manter-se por todo o tempo que dure a execução das obras, sementeiras ou plantações, sob pena de não se aplicar ao interventor o regime mais favorável que a lei estabelece no artigo 1340.º.

Mas, se a boa fé cessar depois de concluídos os actos de incorporação nenhum prejuízo sofrerá a aplicação do artigo 1340.º.

[14] Segundo PIRES DE LIMA e ANTUNES VARELA, *Código Civil Anotado*, vol. III, ob. cit., p. 165 e 166, a aquisição ocorre automaticamente, *ipso iure*, desde o momento da incorporação. De facto, estes autores, apesar de não combaterem, de *jure condendo*,

a razoabilidade da tese segundo a qual a aquisição por acessão supõe o prévio exercício de um direito potestativo, consideram que ela não tem *"cabimento no quadro das soluções consagradas na lei."*
De facto afirmam:
"– quando, no domínio da acessão, o legislador quis introduzir uma solução inquestionavelmente potestativa, como é a hipótese do artigo 1343.º, usou a expressão «pode adquirir» (que é a adequada à natureza do direito, aí, consagrado), bem diferente da do artigo 1340.º, em que usa a fórmula «adquire» (uma vez realizados os factos ali previstos);
– se o legislador não tivesse pensado a aquisição como automática, ter-se-ia preocupado, a exemplo do que sucede nos artigos 1333.º, n.º 4 e 1335.º, n. os 1 e 2, com as consequências de o beneficiário da acessão não pretender adquirir o direito de propriedade que a acessão lhe faculta;
– em se tratando de obras ou plantações, a renúncia do proprietário do terreno ao direito potestativo implicaria a constituição do direito de superfície, e, por isso, a necessidade de dar a tal acto de renúncia a forma solene da escritura pública" ou, acrescentamos nós, actualmente, a de documento particular autenticado. (Pela excelência do resumo, limitámo-nos a citar QUIRINO SOARES, "Acessão e Benfeitorias", loc. cit., p. 21).
Em defesa da "tese potestativa", *"perfilam-se argumentos baseados no sentido das expressões usadas pelo legislador (que revelam o carácter facultativo que se quis atribuir à acessão) e não faltam, também, apelos ao sistema.*
Assim, é o caso de o legislador ter estabelecido uma reciprocidade entre a aquisição por acessão e o pagamento (o titular «adquire pagando», segundo os termos dos artigos 1339.º e 1340.º, *«faz seu ... contanto que indemnize», de acordo com o n.º 1, do artigo 1333.º), reciprocidade que se não conciliaria com a automaticidade e imperatividade da aquisição, pois que, neste caso, a contrapartida resumir-se-ia à obrigação de pagar aqueles valor e indemnização; é, também, a explícita expressão contida no artigo 1343.º, onde se afirma que «o construtor pode adquirir... pagando»; é, finalmente, o conteúdo de outros artigos que expressam, em específicas regulamentações, o carácter facultativo que o legislador pretendeu atribuir à acessão (1333.º, n.º 2 e 1340.º, n.º 2, que subordinam a aquisição a uma licitação, e 1333.º, n.º 3, 1334.º, 1335.º e 1341.º, onde se prevêem hipóteses em que o beneficiário não queira exercer o direito de acessão).*
A defesa da tese potestativa *alimenta-se, por fim, das alegadas melhores virtualidades da aquisição facultativa para satisfazer a maior parte dos interesses envolvidos no fenómeno da acessão.*
Diz-se, em resumo:
– a tese da imperatividade da aquisição equivale a impor ao beneficiário o pagamento de uma indemnização que ele pode não estar em condições de prestar de imediato;
– equivale, ainda, a sujeitar o dono do terreno à perda do domínio (no caso de ser o sacrificado) sem a contrapartida do pagamento simultâneo da correspondente indemnização;
– a tese potestativa *possibilita o arranjo consensual do conflito, o que não sucede com a da* imperatividade, *pois, segundo esta, a solução daquele resulta automaticamente da realização dos factos contidos na previsão da lei;*

– *com a aquisição automática, o risco começaria logo a correr por conta do beneficiário da acessão, o que não seria, em muitos casos, justo, pois ele podia desconhecer, ainda, a incorporação.*" (De novo, pela excelência do resumo, limitámo-nos a citar QUIRINO SOARES, Acessão e Benfeitorias, loc. cit., p. 21. No entanto, por todos, *vide*: OLIVEIRA ASCENSÃO, Estudos Sobre a Superfície e a Acessão, *Scientia Iurídica*, 1973, Separata, p. 333 e s.; *idem, Direito Civil – Reais* 4.ª ed., Coimbra, Coimbra Editora, 1983, p. 401 e ss.; MENEZES CORDEIRO, *Direitos Reais*, Lisboa, Lex, 1979, pág. 721 e ss.; CARVALHO FERNANDES, *Lições de Direitos Reais*, Lisboa, Quid Juris, 2007, p. 345 e ss.; JOSÉ ALBERTO VIEIRA, *Direitos Reais*, Coimbra, Coimbra Editora, 2008, pág. 708).

Nós, como resulta do texto, e na esteira de Quirino Soares, consideramos que "*os elementos de interpretação gramaticais, lógicos e sistemáticos apresentados por cada uma das doutrinas são igualmente sólidos*" e que *a "alínea d), do artigo 1317.º não desempata a favor da tese da* aquisição automática *desde que se estabeleça a distinção entre momento da aquisição e* pressupostos *da aquisição.*" (Cfr. QUIRINO SOARES, "Acessão e Benfeitorias", loc. cit., p. 21).

Acresce que defendemos que a acessão prevista no art. 1340.º do Código Civil a favor do interventor tem carácter potestativo. Havendo, por isso, um verdadeiro direito, ou faculdade, de acessão que cabe ao interventor e titular beneficiário.

Assim, consideramos que até ao exercício, por parte do interventor beneficiário da acessão, do correspondente direito potestativo, o dono do terreno pode reivindicar (artigo 1311.º) o prédio com os elementos incorporados ou pedir a entrega do prédio e a reconstituição natural da situação; ao interventor caberá o ónus (sob pena de preclusão) de invocar, em defesa e reconvenção, a aquisição do direito de propriedade, por acessão, sobre o prédio cuja restituição lhe é exigida e, fazendo-o – desde que efectue o pagamento ou o depósito do valor determinado, no prazo fixado pela sentença – dá-se a acessão que retroage os seus efeitos à data da incorporação.

Portanto, o momento jurídico da aquisição do direito de propriedade, com fundamento no art. 1340.º, é, inquestionavelmente, o da verificação dos actos materiais de incorporação, nos termos da al. d) do art. 1317.º do Código Civil, mas tal aquisição, nas hipóteses dos n.os 1 e 2, não é uma consequência forçada ou automática da referida incorporação, depende, ao invés, do exercício do correspondente direito potestativo e do posterior pagamento ou depósito do valor fixado, sendo, por isso, na nossa perspectiva, uma aquisição voluntária que, de um ponto de vista de facto, ocorre após o momento da incorporação. (Neste sentido, *vide* ANTÓNIO CARVALHO MARTINS, *Acessão*, Coimbra, Coimbra Editora, reimp., 1999, nota 209, p. 128 e 129).

Saliente-se que os nossos Tribunais Superiores têm perfilhado a tese da acessão como forma de aquisição potestativa do direito de propriedade mas, em regra, têm afirmado que o momento da manifestação da vontade em exercer o direito traduz-se, apenas, no momento revelador do direito que, assim, se afirma e já está previamente constituído, existindo desde o momento da incorporação. (Cfr.: Acórdão do Supremo Tribunal de Justiça, de 8 de Julho de 1970, *Boletim do Ministério da Justiça*, 199, p. 220; Acórdão da Relação de Lisboa, de 17 de Janeiro de 1975, *Boletim do Ministério da Justiça*, 246, p. 189; Acórdão da Relação de Coimbra, de 2 de Julho de 1991, *Colectânea de Jurisprudência*, 1991 T. IV, p. 94; Acórdão do Supremo Tribunal de

No presente estudo, interessa-nos particularmente o requisito apresentado em e), ou seja, o valor acrescentado pela obra ser superior ao valor que o prédio tinha antes da incorporação.

Valor acrescentado não é o mesmo que valor dos materiais, das sementes ou das plantas, nem, sequer, a mesma coisa que valor da obra, da sementeira ou da planta-ção. Apura-se o *valor acrescentado pela* diferença entre o valor da nova realidade económica resultante da incorporação e o valor que o prédio tinha antes. O valor dessa diferença pode, muito bem, ser maior ou menor que o dos materiais, sementes ou plantas, ou, até, que o da obra, sementeira ou plantação.

Vejamos com mais pormenor como se apura esse valor.

É, obviamente, necessário apurar o valor que o prédio tinha antes da incorporação[15]. O prédio deve ser avaliado com base em todos os elementos valorativos que existiam à data da incorporação da obra. Ou seja, por um lado, a avaliação deve reconstituir a situação que existia antes da incorporação e tal reconstituição não deve limitar-se à configuração do prédio, mas sim abarcar toda a envolvência física e económica que se repercutia no respectivo valor. Por outro, na avaliação não devem ser levados em conta elementos que só surgiram após a incorporação (por exemplo, a construção de uma estrada nas imediações do prédio).

Acresce que deve ser apurado o valor da nova unidade predial, constituída pelo conjunto formado pela obra nova e pelo terreno e

---

Justiça, de 5 de Março de 1996, *Colectânea de Jurisprudência – Acórdãos do Supremo Tribunal de Justiça*, Ano IV, T. 1, p. 131; Acórdãos do Supremo Tribunal de Justiça, de 6 de Julho de 2006 e de 12 de Setembro de 2006, [on line], disponíveis *in*: http://www.dgsi.pt/jstj.).

Por fim, refira-se que, segundo o nosso entendimento, o pagamento ou o depósito do valor determinado funciona como condição suspensiva da transmissão – embora com efeito retroactivo ao momento da incorporação – e deve ocorrer no prazo determinado pela sentença, sob pena de caducidade do respectivo direito. (Neste sentido, por todos, *vide* acórdão do Supremo Tribunal de Justiça, de 30 de Junho de 2009, [on line], disponíveis *in*: http://www.dgsi.pt/jstj.).

[15] Na vigência do Código de Seabra, o momento regra era o da evicção. Actualmente, como resulta do exposto, o que conta, para o caso de o valor acrescentado ser maior, é o valor (do prédio) antes da incorporação.

que pode corresponder, como já o dissemos, a valor diverso daquele que resultaria da mera soma dos elementos do conjunto.

O *valor acrescentado* reside na diferença entre aqueles dois valores (entre o valor da nova unidade predial e o valor que o prédio tinha antes da incorporação)[16].

De acordo com a letra da lei, para que o interventor adquira o direito de propriedade sobre o terreno é necessário que o valor acrescentado à totalidade do prédio seja maior do que o valor que este tinha antes das mesmas obras.

Ora, como é evidente, para quem siga a letra da lei e atenda à totalidade do prédio para o confronto dos valores, e não apenas à parte beneficiada do prédio, nunca a acessão industrial imobiliária pode envolver qualquer problema urbanístico relacionado com o fraccionamento do solo[17]. Uma vez que o autor da obra adquirirá a propriedade da totalidade do prédio, pagando o valor correspondente a todo o prédio que existia antes da incorporação (devidamente actualizado), o único problema urbanístico que se pode vir a colocar prender-se-á com a legalidade ou possibilidade de legalização do edifício nele construído.

No entanto, tal posição tem sido rejeitada pela maioria da jurisprudência. De facto, esta tem maioritariamente entendido que se, por qualquer motivo, a nova unidade económica resultante dos actos de incorporação se limitar a parte do prédio (terreno) em que estes foram realizados, ainda assim, pode ocorrer a *aquisição parcial*.

Será, por exemplo, o caso de doação verbal a um filho de uma parcela de um prédio rústico, seguida da construção de uma casa, por este, na referida parcela; de uma partilha *mortis causa* que não obedeça à forma prescrita por lei e subsequente edificação por parte de um dos herdeiros na parcela de terreno que passou a possuir como se fora proprietário exclusivo; etc.

Segundo esta segunda opinião, que não se cinge à letra da lei, tudo se reconduz a saber se as obras se integraram *na unidade*

---

[16] Neste sentido cfr., entre outros, o acórdão do Supremo Tribunal de Justiça, de 10 de Outubro de 2002, [on line], disponível *in*: http://www.dgsi.pt/jstj.

[17] No acórdão de 3 de Abril de 2003, o Supremo Tribunal de Justiça considerou que a acessão só pode ocorrer em relação à totalidade do prédio. ([On line], disponível *in*: http://www.dgsi.pt/jstj.).

económica previamente existente no prédio ou se, pelo contrário, fizeram surgir *uma unidade económica distinta*[18]. *"Joga, aqui, um importante papel o critério económico para a definição dos limites de um prédio, e que se concretiza na ideia de que à unidade predial deve corresponder aquela área contínua que, para o respectivo dono, funciona como uma unidade económica"*[19].

Assim, o artigo 1340.º, n.º 1 do Código Civil deve ser interpretado no sentido de que *"... o autor da incorporação adquire a propriedade do terreno onde estão as obras"*, interpretação compa-

---

[18] *"Prédio rústico é uma parte delimitada do solo com as construções nele existentes que não tenham autonomia económica"* – cfr. art. 204.º, n.º 2.

Este critério, funcionando de acordo com a delimitação que em concreto seja feita, permite que, com PIRES DE LIMA e ANTUNES VARELA, Código Civil Anotado, Vol. III, 2.ª edição, pg. 165, se diga que os limites do prédio serão fixados de acordo com um critério económico, designadamente o de saber o que para o seu dono constitui, economicamente, uma unidade.

Deste modo poderá dizer-se que, havendo um prédio rústico destinado a uma exploração agrícola, a construção, que nele for feita pelo seu proprietário, de uma casa de habitação dará, pela sua autonomia económica, lugar a que um novo prédio urbano se destaque daquele.

E, da mesma maneira, a construção de um prédio, devidamente autorizada, feita por um terceiro em prédio rústico alheio tenderá a definir, ou não, uma nova delimitação de um prédio urbano a destacar do primeiro consoante essa construção se destinar a um fim diferente – se se tratar, nomeadamente, de uma casa para habitação, economicamente autónoma – ou se integrar na actividade económica que nele vier sendo desenvolvida – caso em que, ainda de acordo com a definição legal citada, a construção não terá autonomia económica.

Assim tem entendido este Supremo Tribunal de Justiça que, havendo essa autonomia económica, a acessão industrial imobiliária levará a que o construtor adquira apenas a parcela respeitante ao edifício – cfr. acórdãos de 4/3/86, BMJ 355-442, de 6/7/89, BMJ 389-583, de 5/3/96, Col. Jur. – STJ, 1996-I-129, de 16/4/98, BMJ 476-428, de 10/2/00, BMJ 494-347 e de 17/2/00, Col. Jur. – STJ, 2000-I-105." (Cfr. acórdão do Supremo Tribunal de Justiça, de 4 de Fevereiro de 2003, [on line], disponível *in*: http://www.dgsi.pt/jstj.).

[19] Cfr. QUIRINO SOARES, Acessão Industrial Imobiliária, *in* AAVV, *Comemorações dos 35 Anos do Código Civil*, Vol. IV – *Direito das Coisas*, para publicação.

Cfr., ainda, a este respeito, PIRES DE LIMA e ANTUNES VARELA, *Código Civil Anotado*, vol. III, ob. cit., p. 165. Bem como, por todos, os acórdãos do Supremo Tribunal de Justiça, de 16 de Abril de 1998, de 10 de Fevereiro de 2000, de 17 de Fevereiro de 2000, de 1 de Março de 2001, de 14 de Fevereiro de 2002, de 4 de Fevereiro de 2003, de 3 de Abril de 2003, [on line], disponíveis *in*: http://www.dgsi.pt/jstj.

tível com a expressão "adquirir a propriedade dele" (empregue na norma), uma vez que a acessão representa no fundo uma limitação imposta ao direito de propriedade do dono do terreno, impondo-se, assim, que ela se confine ao estritamente necessário para que o dono da obra adquira a parcela de terreno onde elas se situam. Daqui parecer-nos profundamente correcto que a palavra «dela» se refira apenas ao terreno onde estão as obras, sendo certo que esse sentido se coaduna com a palavra «prédio» (empregue na norma), dado que se tem em vista é a nova unidade económica surgida com as obras."[20-21]

Sendo a "doutrina da aquisição parcial" a actualmente dominante na jurisprudência, é evidente que, a sua aplicação prática pode, eventualmente, entrar em colisão com as limitações de interesse e ordem pública impostas pelo direito do urbanismo, uma vez que o reconhecimento ao autor da obra do direito de acessão imobiliária, ao determinar a autonomização física e jurídica da parcela onde ocorreu a edificação implica o fraccionamento do prédio precisamente para fins de edificação urbana (ou para efeitos de utilização individualizada do bem edificado).

---

[20] Cfr. acórdão do Supremo Tribunal de Justiça, de 10 de Fevereiro de 2000, [on line], disponível *in*: http://www.dgsi.pt/jstj.

[21] Quanto ao montante que deve ser pago pelo autor da obra ao dono do terreno, existe acordo quanto ao facto de em causa estar uma dívida de valor, por isso, não está condicionada ao princípio nominalista (art. 550.º do Código Civil). Mas não existe consenso quanto ao valor que deve ser pago.

A jurisprudência tem defendido que o montante a pagar pelo beneficiário da acessão deve ser a expressão pecuniária actualizada do valor que o terreno ou que a parcela de terreno, autonomizada como unidade económica – consoante a posição adoptada –, tinha antes da incorporação e deve ser referido à data mais recente que puder ser atendida pelo tribunal, segundo o preceituado no n.º 2 do art. 566.º do Código Civil, data que, nesta hipótese, só pode ser a da sentença final; a actualização monetária deve ser feita nos termos do art.º 551.º do Código Civil, ou seja, com referência aos índices dos preços ou à inflação.

Em sentido contrário manifestam-se ANTUNES VARELA (cfr. parecer publicado na *Colectânea de Jurisprudência – Acórdãos do Supremo Tribunal de Justiça*, Ano VI, T. II, 1998, p. 11 e ss.) e o Acórdão de 17 de Março de 1998, *Colectânea de Jurisprudência – Acórdãos do Supremo Tribunal de Justiça*, Ano VI, T. I, 1998, p. 134, considerando não ser de actualizar o valor do prédio a ser pago pelo autor das obras, uma vez que a lei é peremptória ao determinar que o Autor da incorporação adquire a propriedade, "pagando o valor que o prédio tinha antes das obras" (cfr. n.º 1 do art. 1340.º).

Parte da jurisprudência, a este propósito, considera que há que respeitar o fraccionamento urbanístico do prédio em que é construída a obra. Não existindo tal fraccionamento nos termos da legislação urbanística, não se pode entender que exista uma unidade económica distinta que permita a acessão apenas sobre a parcela de terreno ocupada. Nomeadamente, antes de se decidir pelo reconhecimento de uma aquisição parcelar por efeito de acessão industrial imobiliária, deve o julgador certificar-se de que não se irá consolidar uma situação desconforme com as regras que condicionam o destaque, uma vez que estas são de interesse e ordem pública, não podendo ser ignoradas pelos Tribunais.

Neste sentido se pronunciou, por exemplo, o Supremo Tribunal de Justiça no acórdão de 3 de Abril de 2003, afirmando que os tribunais não podem declarar a aquisição por acessão do direito de propriedade sobre uma parcela de prédio alheio *"sem que dos autos conste a prova, a produzir pelos réus por se tratar de elemento constitutivo do direito que estes se arrogam, de a Câmara Municipal competente ter emitido o respectivo alvará de loteamento ou por outra forma autorizado o destaque, como resulta do disposto nos arts. 1.º do Dec.-Lei n.º 289/73, de 6/6, 1.º e 2.º do Dec.-Lei n.º 400/ /84, de 31/12, 1.º, 3.º, al. a), e 5.º, do Dec.-Lei n.º 448/91, de 29/11, e 2.º, al. i), 4.º e 6.º do Dec.-Lei n.º 555/99, de 16/12. Entende-se, pois, que o fraccionamento de prédio para efeito de construção não pode ter lugar, nem ser confirmado pelos Tribunais, com violação, ignorância ou ultrapassagem do direito do urbanismo pelo recurso ao caminho da acessão"*[22].

---

[22] Em idêntico sentido vide o acórdão do Supremo Tribunal de Justiça, de 4 de Fevereiro de 2003, [on line], disponível *in*: http://www.dgsi.pt/jstj, onde pode ler-se:

"É, sabido que a autonomização de parcelas de terreno, seja para com elas se constituírem novos prédios rústicos, seja para darem lugar a prédios urbanos, está subordinada a requisitos sem cuja verificação serão inválidos os respectivos actos constitutivos, não pode permitir-se que pela via da acessão industrial imobiliária se obtenha o que por via negocial não seria possível conseguir. Aliás, já em hipótese com algumas semelhanças – a de se querer frustrar o direito de preferência do confinante com a alegação de que se pretende afectar o terreno comprado à construção de uma residência – se entendeu que a correspondente excepção a esse direito de preferência – a que é prevista no art. 1381.º, al. a), parte final – só funciona se se demonstrar que se poderá construir nesse local em conformidade com os condicionamentos legais –

Vide, ainda, o acórdão do Supremo Tribunal de Justiça, de 3 de Dezembro de 2009, onde, no respectivo sumário, se pode ler:

"*Oposta à pretensão do reivindicante contra-direito, fundado em invocada acessão industrial imobiliária, o pedido reconvencional deduzido só pode proceder se, para além do preenchimento dos requisitos especificamente previstos no CC, a aquisição potestativa originária da propriedade, potenciada pelo instituto da acessão, não implicar violação de normas imperativas, reguladoras da edificação e do ordenamento do território, as quais, visando proteger interesses de ordem pública, constitucionalmente consagrados, vinculam o Estado e, obviamente, também os Tribunais.*"

E em cujo texto é afirmado:

"*Na verdade, para além dos requisitos especificamente previstos no CC, a aquisição potestativa originária da propriedade, por ela [a acessão] potenciada, depende de não implicar violação de normas imperativas, reguladoras da edificação e do ordenamento do território, as quais, visando proteger interesses de ordem pública, constitucionalmente consagrados, vinculam o Estado e, obviamente também os Tribunais.*

Não pode, na verdade, olvidar-se que na interpretação e aplicação das normas do CC relativas ao direito de propriedade de imóveis o intérprete e aplicador não pode restringir-se à estrita consideração dos tradicionais regimes de direito privado, tendo necessariamente, numa perspectiva abrangente e interdisciplinar, que conferir o indispensável relevo aos regimes jurídicos atinentes ao direito do urbanismo e da ordenação do território e à tutela do ambiente, por essa via ponderando, na composição dos litígios, os relevantes interesses públicos que lhes subjazem: ou seja, a adequada composição dos litígios que se situam no domínio da propriedade imobiliária, conexionan-

---

doutrina que se abona no parecer de MANUEL HENRIQUE MESQUITA *publicado na Col. Jur. 1986-V-51 e também na orientação, constante e uniforme, deste STJ em casos desse tipo, evidenciada nos acórdãos de 31/1/80, 5/7/88, 22/11/88 e 11/7/91, publicados nos BMJ 293-358, 379-578, 381-592 e 409-803, de 21/6/94, publicado na Col. Jur. – STJ, 1994-II-154, e ainda no proferido em 26/11/96 na revista n.º 293/96(...).*"

do-se com o fraccionamento, a divisão, o exercício do «jus aedificandi» e o próprio aproveitamento e utilização dos prédios, envolve a simultânea e concomitante ponderação e aplicação «cruzada» e articulada dos regimes de direito privado – que sempre tiveram assento no CC – e dos regimes de direito público urbanístico e de ordenamento do território, constantes de legislação avulsa."

Acresce que dentro desta facção da jurisprudência existe, ainda, uma parte que acentua também o facto de a obra feita em terreno alheio ser uma construção ilegal, porque não licenciada.

A título de exemplo, vejam-se alguns excertos do acórdão do Supremo Tribunal de Justiça, de 22 de Junho de 2005, que a propósito de uma construção clandestina e embargada, feita em prédio alheio, mantendo a decisão proferida na Relação, não reconheceu ao interessado o direito de acessão.

"Não constando que a Câmara Municipal tenha ordenado a demolição da obra embargada em 1987, não menos certo é que bem assim não consta ter depois disso concedido a competente licença.

Não se sabe se esta poderá vir efectivamente a ser autorizada ou não.

Nenhuma presunção legal existe de que o venha a ser ou a deixar de ser.

(...)

Em todo o caso, a Relação não presumiu que a obra não é licenciável: limitou-se a considerar (...) que «não é lícito presumir que venha a ser emitida licença para a construção» (tal como projectada e, em parte, executada).

Em causa, como mencionado na sentença apelada, construção feita sem licença camarária, e que o relatório pericial (...) refere ter sido feita sem respeitar os parâmetros do PDM.

(...)

Está, de todo em todo, por demonstrar a alegada «forte probabilidade de licenciamento, atenta a predisposição da Câmara para o mesmo»[23].

---

[23] [On line], disponível *in*: http://www.dgsi.pt/jstj.

Ao invés, outra parte da jurisprudência considera que o que importa, mais do que verificar se existiu ou não destaque legal, é saber se poderia haver lugar ao referido destaque. Ou seja, o que importa determinar para efeitos de aceitar a acessão parcelar é saber se o fraccionamento que se vai provocar com a decisão colide, ou não, com as regras legais do ordenamento do território. Concretizando, não tem de existir destaque ou loteamento prévio; basta que tal destaque seja possível nos termos legais. Tendo o juiz elementos no processo que lhe permitam concluir afirmativamente, apesar de não existir prévio destaque, pode decidir-se pelo reconhecimento do direito de acessão.

Neste sentido se pronunciou o Supremo Tribunal de Justiça, no acórdão de 6 de Julho de 2006, afirmando, nas conclusões, além do mais, o seguinte:

> "*III – Apesar de não resultar dos autos a existência de qualquer autorização expressa dos autores para que o Estado construísse a escola nos seus terrenos, a autorização, com o significado de permissão, não tem de provir de uma manifestação de vontade expressa, podendo ser dada de forma tácita, nomeadamente, pelo comportamento concludente do proprietário – art. 217.º, n.º 1, do CC.*
>
> *IV – Decorrendo dos factos provados que existiu um acordo entre os AA e a CMSintra para a aprovação e concessão de alvará para loteamento dos prédios e que no âmbito do mesmo estava prevista a cedência à CM de uma parcela de terreno para equipamento de utilização colectiva, aquando e no pressuposto da concessão do alvará para loteamento dos prédios, é esta situação de facto a que verdadeiramente releva para efeitos da boa fé a que alude o art. 1340.º.*
>
> *V – Tendo a boa fé persistido durante todo o período da incorporação, a falta de preenchimento posterior da condição para a concretização do negócio entre a CMS e os AA não invalida a existência do consentimento tácito para a cedência efectiva do terreno, já que tal consentimento configura precisamente a declaração tácita que pode decorrer de negócio translativo nulo por vício de forma, (falta da escritura pública de cedência à CMSintra que, por seu turno, cederia ao Estado).*

VI – Apesar de os terrenos dos autores estarem situados em zona classificada pelo PDM como urbana e de a CMSintra ter licenciado a operação de loteamento, como não emitiu o competente alvará de loteamento ocorreu a caducidade do referido licenciamento.

VII – O regime aplicável à construção da escola numa parcela de terreno dos autores, não é o imposto para o regime dos loteamentos urbanos, pura e simplesmente porque o loteamento não existe, enquadrando-se, ao invés, na excepção prevista no art. 2.º, n.º 1, do DL 400/84, que prevê a possibilidade do destaque de uma única parcela de prédio inscrito na matriz.

(…)

XI – Se normas de interesse e ordem pública impõem a existência de uma zona non aedificandi, a qual diminui o valor dos terrenos que se situam à volta da Escola impedindo o seu aproveitamento urbanístico, tal diminuição tem que ser indemnizada, uma vez que só assim se obtém a atribuição da justa indemnização devida pela perda patrimonial sofrida pelos autores."[24].

---

[24] [On line], disponível *in*: http://www.dgsi.pt/jstj.

Vide, ainda, o acórdão da Relação de Coimbra, de 16 de Março de 2010, onde se pode ler:

"Os destaques podem ser levados a cabo no perímetro urbano sem prévio licenciamento ou autorização desde que as duas parcelas dele resultantes confrontem com arruamentos públicos e a construção erigida ou a erigir disponha de projecto aprovado pela câmara municipal. Fora do perímetro urbano, e cumulativamente, a lei exige que na parcela destacada só seja construído edifício destinado exclusivamente a fins habitacionais e não tenha mais de dois fogos e que na parcela restante se respeite a área da unidade de cultura fixada para a região (citado art. 5.º, n.º 1, a) e b) e n.º 2, a) e b)).

Conforme resulta da matéria de facto supra descrita e dos documentos juntos aos autos, não impugnados, os prédios envolvidos na operação estão inscritos na respectiva matriz predial rústica, situando-se na freguesia de São Pedro do Sul e confrontando ambos com arruamento público (caminho e estrada). Além disso, a construção erigida na parcela destacada obedeceu a projecto aprovado pela entidade competente. Entendendo-se por perímetro urbano os solos urbanizados ou urbanizáveis (segundo João Pereira Reis e outros, in Regime Jurídico da Urbanização e da Edificação, 3.ª ed., pág 44) não se oferecem dúvidas quanto à verificação dos requisitos do destaque em apreço, efectuado no perímetro urbano da freguesia de São Pedro do Sul.

Mas, suscitando-se dúvidas quanto à localização de tais prédios nesse mesmo perímetro urbano da freguesia de São Pedro do Sul, deve acrescentar-se que aquela

Expostos em geral os termos em que a nossa jurisprudência tem considerado a intersecção entre a acessão industrial imobiliária parcial e o cumprimento das disposições urbanísticas, cumpre analisá-los e tomar posição.

Efectivamente, no caso de acessão imobiliária parcial, na medida em que em causa está o fraccionamento fundiário de parte de prédio na qual se implantou já uma construção, as implicações com o direito do urbanismo são evidentes.

Podemos, desde logo, antecipar duas situações distintas, que poderão, de alguma forma, modelar o que dissermos de ora em diante:

a) a construção em causa é legal, isto é, foi construída em conformidade com os ditames jus-urbanísticos e de acordo com os procedimentos de controlo prévio dispostos para o efeito. Neste caso incluem-se as situações em que os edifícios sejam anteriores à entrada em vigor do Regime Geral das Edificações Urbanas ou as situações em que o titular do prédio autorizou a edificação a terceiro, preenchendo-se, para o efeito, os requisitos de legitimidade no âmbito do Regime Jurídico da Urbanização e Edificação[25].

---

matéria de facto e os documentos juntos e não impugnados, permitem também concluir que aquela construção se destina exclusivamente a fins habitacionais dos AA, não tem mais de dois fogos e que a parcela restante (do destaque) com mais de oito mil metros quadrados respeita a área de unidade de cultura fixada para a região – 2 hectares, segundo a previsão da portaria 202/70 de 21.04 para o distrito de Viseu – o que preenche também, os requisitos cumulativos para os destaques fora do perímetro urbano.

Em síntese, dando por certa a suposição da divisão material constante da sentença, o Senhor Juiz tinha à sua disposição nos autos suficiente alegação e prova para a apreciar no plano jurídico, como se procurou comprovar.

Do todo exposto resulta, portanto, e ao invés da decisão sob recurso, a verificação dos requisitos para a aquisição por acessão, já que da mesma não resulta a divisão ilegal do prédio dos RR, mormente, por violação de normas de carácter imperativo relativas ao loteamento urbano ou ao fraccionamento de prédio rústico.

III. Destarte, julga-se procedente a apelação e revoga-se a sentença recorrida e, em consequência, declara-se que os AA A.. e B.... adquiriram, por via de acessão industrial, o prédio no qual edificaram a sua casa de habitação (...)"

[25] Aprovado pelo Decreto-Lei n.º 555/99, de 16 de Dezembro, e alterado pelas Leis n.ºs 13/2000, de 20 de Julho, e 30-A/2000, de 20 de Dezembro, pelo Decreto-Lei n.º 177/2001, de 4 de Junho, pelas Leis n.ºs 15/2002, de 22 de Fevereiro, e 4-A/2003, de 19 de Fevereiro, pelo Decreto-Lei n.º 157/2006, de 8 de Agosto, pela Lei n.º 60/2007, de 4 de Setembro, pelos Decretos-Leis n.ºs 18/2008, de 29 de Janeiro, 116/2008, de 4 de Julho, 26/2010, de 30 de Março, e pela Lei n.º 28/2010, de 2 de Setembro.

b) a construção em causa é ilegal, na medida em que foi construída em desconformidade com as regras urbanísticas materiais aplicáveis ou sem que tenha sido desencadeado o procedimento administrativo disposto para o efeito, seja ele de licenciamento ou de comunicação prévia. Estas situações serão, de longe, as mais frequentes, na medida em que, ainda que o particular tenha alinhado o seu comportamento pelos ditames urbanísticos aplicáveis aquando da construção do edifício, pode não ter dado causa às formas e procedimentos legais dispostas para o reconhecimento jurídico do edificado, o que inviabiliza a consideração da edificação como sendo legalmente preexistente[26].

Neste âmbito, podemos ainda diferenciar duas hipóteses:

i. a construção pode ser legalizada: os obstáculos à legalização prendem-se com a ausência de procedimentos de licenciamento, comunicação prévia ou respectivas alterações, ou com a realização de trabalhos de correcção da obra, procedimentos estes que o interessado pode/deve desencadear[27], eventualmente na sequência de uma autonomização jurídica da parcela na qual se construiu o edifício a legalizar.

---

[26] Não estando, por isso, esta edificação acoberto da garantia do existente, prevista no artigo 60.º do Regime Jurídico da Urbanização e Edificação, o que significa que a sua manutenção pode sempre ser colocada em causa (ou não acolhida) por instrumentos legais e regulamentares adoptados em data posterior à sua construção. Sobre este artigo, cfr. o comentário respectivo em FERNANDA PAULA OLIVEIRA, MARIA JOSÉ CASTANHEIRA NEVES, DULCE LOPES e FERNANDA MAÇÃS, *Regime Jurídico da Urbanização e Edificação Comentado,* Coimbra, Almedina, 2009.

[27] Mesmo nestas hipóteses, não haverá, antes do efectivo licenciamento ou admissão da comunicação prévia ou da realização dos correspondentes trabalhos de correcção, certeza de que a legalização terá lugar, na medida em que esta depende da iniciativa procedimental do particular, designadamente ao tramitar os respectivos procedimentos no prazo que a Administração lhe dê para o efeito. Referimo-nos sempre, portanto, nestes casos a juízos de probabilidade objectiva de ocorrência de tal legalização, que possam fundar a convicção do juíz na avaliação dos pressupostos de invocação da acessão imobiliária. Sobre estas questões atinentes ao procedimento de legalização, cfr. DULCE LOPES, Vias procedimentais em matéria de legalização e demolição: Quem, Como, Porquê? Anotação ao Acórdão do Supremo Tribunal Administrativo (3.ª Subsecção do Contencioso Administrativo), de 2 de Fevereiro de 2005, Processo n.º 0633/04, *Cadernos de Justiça Administrativa,* n.º 65, 2007.

ii. a construção não pode ser legalizada, sobretudo por a mesma depender da alteração do quadro normativo vigente, o que não é razoavelmente expectável na pendência ou na sequência da concretização da hipótese de acessão industrial imobiliária[28].

Quanto à admissibilidade desta acessão parcial alguns acórdãos dos tribunais judiciais têm promovido, como vimos, uma intersecção entre direito civil e direito do urbanismo, assumindo que em causa está, como de facto está, um fraccionamento jurídico para fins de edificação urbana.

É esta a solução que pensamos ser mais razoável na maioria das situações, sobretudo quando a obra em causa for ilegal, mas passível de legalização. Isto porque não está apenas em causa a divisão fundiária do prédio para fins outros que não os construtivos – agrícolas, silvícolas, regularização de extremas, ampliação de logradouros –, mas a sua divisão de modo a destinar ou afectar definitivamente parte do prédio a construção.

Ora, de acordo com as regras urbanísticas, a cada prédio deve apenas corresponder uma única construção principal, podendo admitir-se várias construções, mas desde que estejam funcional e, por isso, indissociavelmente ligadas entre si, como, aliás, o admite o art. 57.º, n.º 5 do Regime Jurídico da Urbanização e Edificação. Como flui do disposto no Acórdão do Supremo Tribunal Administrativo, de 9 de Outubro de 2003, proferido no processo 293/03, *"Não constitui operação de loteamento a construção, num prédio que permanece indiviso, de um edifício para cobertura da piscina e de outro para cobertura de um campo de ténis e jardim pré-existentes"*, pois *"Com efeito, não foi autorizada a divisão do prédio em parcelas destinadas à construção, nem esse é um efeito da concretização da operação licenciada. A "Quinta dos ..." continua a existir como*

---

[28] Também aqui há possibilidade de, sobretudo pela aprovação, revisão ou alteração de instrumentos de gestão territorial, tais obras virem a ser passíveis de legalização. No entanto, tratar-se-á sempre de uma hipótese excepcional, na medida em que qualquer norma jurídica deve, mais do que santificar o existente, modelar situações futuras. Assim, deve ser sempre vista como excepcional, e inevitavelmente fundamentada em imperativos de interesse público, a alteração do enquadramento normativo aplicável a uma pretensão urbanística.

unidade, apenas com mais construções nela erigidas. Nem sequer pode razoavelmente sustentar-se que o licenciamento em causa implica a divisão do prédio, como efeito indirecto mas necessário, visto que nenhuma das construções que agora nele foram erguidas se apresenta como uma unidade funcionalmente independente relativamente à parte restante do prédio. São edificações que se integram neste, como antes nele se integravam as zonas de lazer (piscina, campo de ténis, jardim de Inverno) que vieram cobrir"[29].

Nos casos em apreço, o que se pretende é precisamente a secessão de um prédio no qual já existe, pelo menos, uma edificação (aquela que constitui o fundamento da acessão industrial imobiliária), mas em que podem existir mais edificações, sendo que se visa autonomizar juridicamente o destino de uma delas e da parcela de terreno em que se suporta. Nos casos em que estas situações ocorram, o licenciamento ou admissão de comunicação prévia da edificação ou ainda a emissão da autorização de utilização, quando em causa esteja apenas a autonomização jurídica de edificações legalmente existentes, devem, em regra, ser precedidos de uma operação de divisão ou reorganização fundiária para fins urbanísticos, seja ela o loteamento, seja ela o destaque.

O loteamento consiste numa operação de divisão ou reorganização fundiária, na qual pelo menos um dos lotes se destine a construção[30]. De acordo com a actual formulação do artigo 2.º, alínea i) do Regime Jurídico da Urbanização e Edificação, configuram ope-

---

[29] [On line], disponível *in*: http://www.dgsi.pt/jsta.nsf.

[30] Apesar das dúvidas que se levantavam na doutrina sobre a exigência, em data prévia e à luz do Código Administrativo, de um controlo do fraccionamento fundiário para fins urbanísticos foi inequivocamente com o Decreto-Lei n.º 46 673, de 29 de Novembro de 1965, que o legislador estabeleceu a figura administrativa que viria a ser, em maior medida, mobilizada para o efeito: a realização de operações de loteamento. No entanto, esta norma não era considerada suficientemente precisa, já que a venda ou anúncio de venda ou promoção de venda de terrenos, com ou sem construção, compreendidos em loteamentos, apesar de só se poderem efectuar após obtenção de licença, não determinavam a nulidade de respectivo contrato. Só com o Decreto-Lei n.º 289/73, de 6 de Junho, se passou a determinar que nos títulos de arrematação ou outros documentos judiciais, bem como nos instrumentos notariais relativos aos actos ou negócios referidos no número anterior, se deveria indicar número e data do alvará de loteamento em vigor, sem o que tais actos serão nulos e não podiam ser objecto de registo (artigo 27.º).

rações de loteamento "*As acções que tenham por objecto ou por efeito a constituição de um ou mais lotes destinados, imediata ou subsequentemente, à edificação urbana e que resulte da divisão de um ou vários prédios ou do seu reparcelamento*". Precisamente por estas operações serem aquelas que se presume deterem maior impacte urbanístico[31], criando ou modificando substancialmente zonas urbanas, encontra-se-lhes aliado o cumprimento de encargos específicos, designadamente a previsão de áreas destinadas a garantir qualidade de vida, cedências para o domínio público de parcelas de terreno, pagamento de compensações, obrigatoriedade de fazer obras de urbanização quando necessário e de garantir a sua realização e pagamento de taxas urbanísticas. Às demais operações urbanísticas, que detenham impacte urbanístico relevante, podem ser impostos encargos similares aos aplicáveis no âmbito do loteamento, desde que como tal sejam consideradas nos Regulamentos Municipais aplicáveis (artigo 44.º, n.º 5 do Regime Jurídico da Urbanização e Edificação).

Também por se presumir serem as operações de loteamento aquelas que, efectivamente, criam cidade, alterando ou inviabilizando outros usos potenciais do solo, encontram-se proibidas em solo rural (artigo 41.º do Regime Jurídico da Urbanização e Edificação), embora existam excepções a esta limitação espacial de cariz imperativo[32].

---

[31] O loteamento "destina-se a evitar, não só a desagregação da propriedade rústica, mas, sobretudo, a sua desagregação selvagem, que, não controlada, levaria à proliferação da construção sem estruturas básicas mínimas de enquadramento urbanístico". (Acórdão do Supremo Tribunal Administrativo, de 2 de Novembro de 1994, proferido no Rec. 34069, [on line], sumário disponível *in*: http://www.dgsi.pt/jsta). Sobre a noção e a evolução do conceito de loteamento urbano, cfr. FERNANDO ALVES CORREIA, *Manual de Direito do Urbanismo*, Vol III, Coimbra, Almedina, 2010. p. 86 e ss.

[32] Para além da excepção expressa para os empreendimentos turísticos (artigo 38.º), há quem admita os loteamentos possam ocorrer tanto em solo urbano como em solo rural, salvo em zonas incontroversamente qualificadas como rurais (ANDRÉ FOLQUE, *Curso de Direito da Urbanização*, Coimbra Editora, Coimbra, 2007, p. 80). Esta proibição, porém, nem sempre existiu, já que os primeiros diplomas nesta matéria admitiam loteamentos em solo rural. Apenas com o Decreto-Lei n.º 448/91, se passou a restringir o uso deste instrumento urbanístico às áreas classificadas nos planos municipais de ordenamento do território como urbanas, urbanizáveis e industriais (artigo 8.º).

Mas, no caso que mais directamente nos diz respeito, são os destaques as operações que permitem um fraccionamento fundiário simples (de duas parcelas), pela atestação da capacidade construtiva da área da parcela a destacar[33]. Além de que permitem que este fraccionamento ocorra sem que se lhe tenha de se aliar o cumprimento de encargos urbanísticos específicos, excluindo, portanto, a relevância das operações de loteamento do nosso objecto de análise[34].

Estas operações de destaque surgiram, na nossa legislação urbanística com o Decreto-Lei n.º 400/84, de 31 de Dezembro. Este diploma considerava que se encontravam fora da noção de loteamento as situações de destaque, isto é de celebração de negócio jurídico do qual resulte a divisão de uma única parcela, *desde que o prédio se situe dentro do aglomerado urbano*, a parcela confronte com arruamento público e o particular detenha projecto aprovado para a construção no máximo de dois fogos (com correspondente ónus de não fraccionamento pelo prazo de 10 anos).

Com o Decreto-Lei n.º 448/91, de 29 de Novembro, passaram a prever-se situações de destaque nos aglomerados urbanos e nas áreas urbanas, desde que do destaque não resultem mais de duas parcelas que confrontem com arruamentos públicos e a construção a erigir disponha de projecto aprovado pela câmara municipal; fora desses aglomerados e áreas urbanas, desde que a parcela a destacar se destine exclusivamente a fins habitacionais e não tenha mais de dois fogos e na parcela restante se cumpra a unidade mínima de cultura. Também se admitia que, havendo plano de urbanização ou plano de pormenor, o destaque passasse a obedecer apenas às con-

---

[33] Dizemos por regra já que, apesar de as operações de loteamento poderem hoje resultar apenas um lote para construção (configurando o demais o prédio sobrante), este não será o cenário normal em situações de divisão fundiária simples, não só pelas limitações espaciais que o loteamento conhece, como pelo regime legal mais exigente que se lhe encontra aliado. Para maiores desenvolvimentos sobre a distinção entre loteamento e destaque, cfr. DULCE LOPES, "Destaque – Um Instituto em Vias de Extinção?", *Direito Regional e Local*, n.º 10, 2010.

[34] Efectivamente, o que é dito em texto não vale para situações mais complexas como as do loteamento e das Áreas Urbanas de Génese Ilegal, porque aqui valem as exigências de previsão de parâmetros de dimensionamento e de eventuais cedências e compensações, que não podem ser aferidas ao nível meramente civil (acessão e usucapião), o que supõe ineliminavelmente uma determinação destes encargos por intermédio de uma actuação administrativa de natureza constitutiva (e não apenas certificativa, como sucede no destaque).

dições previstas no plano, sendo documento bastante, para efeitos de registo predial, certidão do plano respectivo (artigo 5.º).

Mais recentemente, com o Regime Jurídico da Urbanização e Edificação, o artigo 6.º passou a diferenciar entre os destaques dentro e fora de perímetro urbano, admitindo que a concretização dos mesmos pudesse ser feita através de acto notarial ou directamente no registo predial, desde que com apresentação de certidão de destaque emitida pela Câmara Municipal.

Precisamente pela simplicidade deste procedimento, pelo facto de os destaques se poderem realizar normalmente em solo rural e pelo facto de os mesmos não se encontrarem sujeitos a encargos urbanísticos, há quem critique a sua consideração como loteamentos simples, destacando que se trata de figuras *sui generis* de secessão fundiária[35].

Quanto a nós, apesar de apontarmos as semelhanças evidentes do destaque com a figura do loteamento, não deixamos de considerar que o *modus operandi* do destaque difere substancialmente dos actos de licenciamento ou admissão de comunicação prévia de uma operação de loteamento, já que não se traduz aquele num acto autorizativo (emitido na sequência de solicitação do interessado), mas num procedimento complexo em que concorrem um acto certificativo da Administração Municipal (a certidão de destaque)[36] e um acto voluntário do interessado.

E é a esta manifestação de autonomia privada que se assacam, *in fine*, os efeitos de fraccionamento fundiários decorrentes do destaque, posto que os interesses urbanísticos estejam devidamente salvaguardados pela intervenção administrativa que precede aquela manifestação. Ou seja, a certidão de destaque representa apenas um primeiro passo no processo de fraccionamento do solo, já que esta

---

[35] ANDRÉ FOLQUE, *Curso de Direito da Urbanização e Edificação*, cit., p. 61 e Parecer do Conselho Técnico da Direcção-Geral dos Registos e do Notariado, proferido no processo CP 89/2002 DST-CT.

[36] Sobre a caracterização do destaque como verificação constitutiva, cfr. NUNO MIGUEL MARRAZES DE MELO, "As certidões de destaque enquanto actos verificativos da legalidade urbanística de uma operação de reestruturação fundiária", *Revista Jurídica do Urbanismo e do Ambiente*, N.º 29/30, 2008, p. 222. e DULCE LOPES, "Destaque – Um Instituto em Vias de Extinção?", loc. cit.

secessão fundiária depende, sempre, da manifestação de vontade do interessado, perante a entidade competente, desde que devidamente instruída com aquela certidão.

Naturalmente que o legislador urbanístico, na regulamentação destas situações, apenas pensou nas hipóteses em que o legítimo proprietário do prédio o pretende dividir, seja directamente na conservatória, seja por via negocial (por exemplo, com a alienação de parte do seu prédio a terceiros). Ao passo que nas situações a que fazemos referência, a vontade no fraccionamento jurídico do prédio é manifestada por quem não é seu proprietário, sendo necessário fazer intervir o instituto da acessão imobiliária parcial (ou o da usucapião parcial) para que aquela divisão fundiária se concretize e o direito do titular sobre o novo prédio surja.

No que se refere aos requisitos destes destaques, o artigo 6.º, na versão inicial do Regime Jurídico da Urbanização e Edificação, exigia que, em perímetro urbano, as parcelas resultantes do destaque confrontassem com arruamentos públicos e que a construção erigida ou a erigir na parcela a destacar dispusesse de projecto aprovado quando exigível no momento da construção.

No entanto, com a alteração promovida pela Lei n.º 60/2007, de 4 de Setembro, ao Regime Jurídico da Urbanização e Edificação, o legislador deixou de indicar a necessidade de apresentação de projecto aprovado (que era entendido como a aprovação de um projecto de arquitectura). Já antes desta alteração, duvidávamos da utilidade da aprovação daquele projecto, uma vez que este servia apenas para efeitos de certificação do destaque, podendo nunca chegar a ser concretizado (designadamente porque a parcela destacada era alienada a outrem que podia não se rever no projecto apresentado). Pelo que agora apenas se exige uma intervenção municipal que confirme que o prédio a constituir através do destaque permite uma utilização urbanística, de acordo com as normas legais e regulamentares em vigor, isto é, é suficiente a emissão de uma informação camarária confirmativa da referida capacidade edificativa[37].

---

[37] Efectivamente, estas operações não estão isentas do cumprimento das normas legais e regulamentares aplicáveis, designadamente as constantes de planos municipais e especiais de ordenamento do território e as regras técnicas de construção (artigo 6.º, n.º 8).

Em solo rural, o destaque depende do preenchimento de dois requisitos cumulativos: que na parcela destacada só seja construído edifício que se destine exclusivamente a fins habitacionais e não tenha mais de dois fogos (devendo ser registado este condicionamento da construção) e que na parcela restante se respeite a área mínima fixada no plano de intervenção em espaço rural em vigor ou, quando aquele não exista, a área da unidade de cultura fixada nos termos da lei geral para a respectiva região.

Em qualquer um dos casos, e como forma de compensação ou de limitação do recurso a operações de destaque – consideradas, em solo urbano, uma forma de "fuga" aos loteamentos e no solo rural como únicas operações direccionadas para a divisão de terreno para fins de edificação urbana –, o artigo 6.º impõe o registo de um ónus de não fraccionamento por intermédio de *novos destaques* tanto da parcela destacada como da parcela da qual ela resultou pelo prazo de 10 anos[38].

Imagine-se, por exemplo, que um particular pretende destacar uma parcela que se encontra abaixo da área mínima de parcela ou que se localiza numa zona *non aedificandi*. Nestes casos, a Câmara Municipal deve recusar-se a emitir a correspondente certidão, por estar em causa um fraccionamento de prédios não destinados a construção. Do mesmo modo, tratando-se de fraccionamento de um prédio em que já se mostra esgotada a edificabilidade permitida pelos instrumentos de planeamento, deve a emissão da certidão de destaque ser recusada, sob pena de se poder permitir a violação destes instrumentos. No sentido do necessário controlo das disposições legais e regulamentares aquando da emissão da certidão de destaque cfr. o Acórdão do Supremo Tribunal Administrativo de 12 de Março de 2008, proferido no processo 0442/07, [on line], disponível *in*: http://www.dgsi.pt/jsta.

[38] Questão de relevo prende-se com as situações em que um destaque ocorra simultaneamente em solo urbano e em solo rural, na medida em que o regime aplicável a cada uma destas situações é diferenciado. Neste caso, algumas soluções eram apontadas pela doutrina, fosse a aplicação do regime aplicável à maior área do prédio mãe (ou outra regra estipulada através de deliberação municipal), fosse a aplicação da aplicação do regime correspondente à área ou à maior parte da área objecto de destaque. Neste último sentido foi o Parecer do Conselho Técnico da Direcção-Geral dos Registos e do Notariado, proferido no processo R.P. 126/2004, segundo o qual *"quando a parcela se localize em zona mista (...) é também a certidão emitida pela Câmara Municipal respectiva que propicia ao conservador do registo predial o conhecimento dos pressupostos de facto (...), a ele incumbindo a definição do critério a adoptar na valoração desses elementos factuais"*. Actualmente, o artigo 6.º, n.º 10 do Regime Jurídico da Urbanização e Edificação fornece uma resposta para estas situações, tendo ido, precisamente, no sentido do Parecer referido, isto é, no sentido da aplicação das regras do destaque correspondentes ao estatuto da parcela a destacar ou da maior área da parcela a destacar.

Havendo, portanto, formas legalmente dispostas para que se possa proceder à divisão fundiária do solo com vista à edificação urbana, os Tribunais, antes de se decidirem pelo reconhecimento de uma aquisição parcelar por efeito de acessão industrial imobiliária, devem certificar-se de que não irá consolidar-se uma situação desconforme com as regras que limitam aquele fraccionamento de prédios.

No entanto, consideramos que não pode ser o Tribunal isoladamente a decidir se se preenchem ou não os requisitos para a verificação de uma situação de fraccionamento fundiário para fins urbanísticos. Na nossa perspectiva, o Tribunal não se pode substituir à Câmara Municipal e proferir, sem mais, sentença que tenha o valor da certidão que à Câmara compete emitir em matéria de destaque, para assim reconhecer o direito de adquirir por acessão que envolve a autonomização jurídica da parcela de terreno. O Tribunal deve, isso sim, demandar que o incorporador demonstre que, caso já fosse proprietário, teria a possibilidade de, à luz das prescrições urbanísticas, proceder, por si só, à divisão do prédio. Este há-de ser considerado um passo prévio, mas indispensável, seja para a autonomização jurídica do prédio (e da construção nele legalmente existente) mediante a acessão, seja para a autonomização e posterior legalização do edificado.

Afirmada a necessidade de que a possibilidade de fraccionamento para fins de edificação urbana seja apreciada pelo Tribunal como questão prévia à concretização da acessão – na medida em que a acessão se apresenta como um meio de obter o referido fraccionamento –, e feita a defesa de que esta apreciação deve ser feita pelo órgão com competência para o efeito: a Câmara Municipal[39], cumpre definir ainda qual o instrumento urbanístico que mais se coaduna a este fim.

Vimos que, na nossa legislação urbanística, as operações de divisão fundiária para fins de edificação urbana são o destaque e o loteamento. No entanto, a concretização destas operações depende

---

[39] Apesar de o artigo 6.º, n.º 9, do RJUE se referir à competência da Câmara Municipal para a emissão da certidão de destaque, o artigo 65.º da Lei n.º 169/99, de 18 de Setembro, permite genericamente a delegação de competências desta no presidente da câmara.

da prova, perante o Município, da legitimidade urbanística do interessado.

Em especial, o art. 9.º do Regime Jurídico da Urbanização e Edificação aponta para a necessidade de qualquer requerimento ou comunicação constar a identificação do requerente ou comunicante, com a indicação da qualidade de titular de qualquer direito que lhe confira a faculdade de realizar a operação urbanística pretendida, controlo este que, normalmente, é feito através da apresentação da certidão da descrição predial emitida pela conservatória do registo predial.

O controlo da legitimidade – ainda que feito de forma perfunctória na fase de saneamento do procedimento administrativo – é, assim, um pressuposto procedimental subjectivo de qualquer procedimento urbanístico, seja ele de licenciamento ou de admissão de comunicação prévia, seja ele, em bom rigor, de certificação de destaque[40].

O único desvio a esta regra de legitimidade prende-se com os pedidos de informação prévia que, nos termos do art. 14.º e seguintes do Regime Jurídico da Urbanização e Edificação, são actos prévios de natureza verificativa, mas que conformam constitutivamente os actos de licenciamento ou de admissão da comunicação prévia que se lhe vierem a seguir.

Tendo em conta a lógica dos pedidos de informação prévia, os mesmos apenas deveriam, em princípio, ser reconhecidos a quem tivesse legitimidade para requerer um eventual pedido de licenciamento ou apresentar uma comunicação prévia, o que, aliás, sucedia antes da entrada em vigor do Regime Jurídico da Urbanização e Edificação. Este diploma veio, no entanto, alargar a legitimidade

---

[40] Como refere o Acórdão do Supremo Tribunal Administrativo, de 7 de Maio de 2002, processo n.º 043831, [on line], disponível *in*: http://www.dgsi.pt/jsta,*"Essa prova, de que decorre a legitimidade dos requerentes nos processos de licenciamento, deve-se reportar à data do pedido de licenciamento, mas deve manter-se verdadeira, ou seja, actualizada, até à prolacção do acto final de licenciamento. O que significa que as alterações das situações de facto verificadas após o início do processo se apresentam relevantes, pois que o que se visa essencialmente é que o acto definidor da situação seja proferido num quadro de situações reais"*. Por este motivo se impõe que a substituição do requerente ou comunicante seja comunicada ao gestor do procedimento (art. 9.º, n.º 9), sob pena de imposição de uma contraordenação [art. 98.º, n.º 1, alínea o)].

nestes procedimentos, desde que, quando o requerente não seja o proprietário do prédio, o pedido de informação prévia inclua a identificação daquele bem como dos titulares de qualquer outro direito real sobre o prédio, através de certidão emitida pela conservatória de registo predial, devendo estes ser notificados da abertura do procedimento (cfr. n.ºs 3 e 4 do art. 14.º).

Embora este alargamento facilite a possibilidade de um particular interessado na aquisição de um determinado prédio formular um pedido de informação prévia, a verdade é que se o proprietário do prédio não estiver interessado na venda deste (ou na constituição de um qualquer direito que permita a concretização da operação urbanística), a informação prévia favorável de nada serve ao seu titular, visto que, não obstante esta, ele não terá direito ao licenciamento, admissão da comunicação prévia ou autorização se, entretanto, não tiver adquirido a titularidade de um direito que lhe confira legitimidade para o efeito[41].

No caso do destaque, embora admitamos que a certidão que atesta a divisibilidade e edificabilidade do prédio possa ser emitida a pedido de quem não é proprietário ou titular de um direito que sobre o mesmo permita edificar – por analogia com o regime jurídico aplicável ao pedido de informação prévia, uma vez que também aqui há boas razões para aferir da viabilidade do fraccionamento do uso do solo, caso se venha, mais tarde, a deter legitimidade para o efeito –, não é despiciendo assinalar que aquela certidão nunca é, nem nunca foi, suficiente para a concretização do destaque. Esta

---

[41] Como é referido no Acórdão do Supremo Tribunal Administrativo de 16 de Janeiro de 2008, proferido no processo 0549/07, [on line], disponível *in*: http://www.dgsi.pt/jsta, *"A constituição ou não de direitos ou expectativas legítimas, depende da titularidade, pelo Requerente de alguma das posições jurídicas a que se reporta o art.º 10.º, n.º2 do DL. 445/91"*, pelo que *"Não sendo a Autora proprietária, locatária titular do direito de uso de habitação, superficiária, dos prédios (um rústico e um urbano) respeitantes à área de implantação do projecto a que se reporta o pedido de informação prévia, e não tendo quaisquer poderes de representação, pelo menos em relação à proprietária de um dos prédios, nem antes, nem depois, de ter obtido o deferimento do pedido de Informação Prévia que formulou, não se constituiu em relação a ela nenhum direito ou expectativa legítima, por força do aludido deferimento"*.

Para maiores desenvolvimentos sobre o sentido desta alteração legal, cfr. FERNANDA PAULA OLIVEIRA, MARIA JOSÉ CASTANHEIRA NEVES, DULCE LOPES e FERNANDA MAÇÃS, ob. cit., comentário ao art. 14.º.

concretização depende ainda do efectivo exercício da faculdade de divisão do solo que assiste ao proprietário; portanto, faculdade esta que só pode ocorrer quando reconhecida legitimidade ao particular para o efeito.

Esta divisão fundiária ocorre, por isso, no momento da concretização da acessão, uma vez que nesta sede – judicial –, confluirão não apenas a atestação da possibilidade de fraccionamento do prédio, como também a demonstração de vontade para o efeito, permitindo-se, assim, de forma simultânea, a constituição de um direito de propriedade novo sobre um novo prédio – que corresponde ao que anteriormente era uma parte de outro prédio – e a respectiva definição de quem é a titularidade.

É claro, do exposto, que consideramos não dever ser condição para a declaração judicial da acessão industrial imobiliária parcial o prévio destaque do prédio (isto é a efectivação do seu fraccionamento jurídico pela concretização do destaque na conservatória de registo predial), por um lado, porque consideramos que a acessão, por si só, produz o fraccionamento[42], por outro, por tal condição ser objectivamente impossível de concretizar num momento prévio ao da acessão, já que é este acto que configura o marco de aquisição da legitimidade, inclusive urbanística.

No entanto, já é exigível que seja comprovado, no âmbito do processo judicial em curso, que a parcela do prédio a individualizar por intermédio da acessão, para além de poder ser autonomizada juridicamente, comporta a construção que nela foi erigida. E isto porque é, como vimos, um pressuposto da acessão a *incorporação consistente no acto voluntário de realização da obra*[43].

---

[42] Como resulta do exposto, obviamente, não consideramos que após a declaração judicial da acessão industrial imobiliária parcial seja necessário efectuar o destaque; ao invés, este concretiza-se no momento desta declaração judicial.

[43] Este nível de apreciação apenas não é exigível nas situações de edificações legalmente existentes, uma vez que nestas apenas será relevante determinar a sua separabilidade relativamente ao restante prédio (e eventuais edificações neste existentes).

Com esta nota pensamos ser explícito que estamos num segundo nível de indagação de questões urbanísticas: já não nos referimos à certificação da possibilidade de fraccionamento do prédio, mas à aferição da possibilidade de legalização da edificação que naquele se implantou. No entanto, apesar de, do ponto de vista do direito do urbanismo, estas duas questões terem alguma precedência entre si, do ponto de vista civil, ambas concorrem de forma simultânea para o preenchimento dos requisitos de que depende a acessão.

Ora, esta consistência liga-se à elevada probabilidade de manutenção da obra, que terá de ser avaliada no momento da apreciação da acessão pelo Tribunal. Caso contrário, poderá ser decretada a acessão relativamente a prédios, suportada no maior valor acrescentado quando, na realidade e de um ponto de vista urbanístico, a nova unidade predial não é subsistente, designadamente por violar normas legais imperativas (servidões e restrições de utilidade pública) ou instrumentos de gestão territorial directamente vinculativos dos particulares.

Neste caso, firmada a impossibilidade de legalização, a solução devida do ponto de vista urbanística será – salvo em casos excepcionalíssimos – a demolição da obra realizada a expensas do seu proprietário[44]. Ora, o desencadear destas medidas de tutela da legalidade urbanística, previstas no art. 102.º e seguintes do Regime Jurídico da Urbanização e Edificação, pode comprometer irremediavelmente os pressupostos de que dependeu a acessão, designadamente o da consistência da obra e o do seu valor.

Por estes motivos, deve o Município ser chamado a apreciar não apenas a divisibilidade do solo (em função da capacidade edificativa da parcela a separar) como também a razoável subsistência da edificação que motiva a acessão industrial imobiliária parcial, o que impõe a aferição da compatibilidade desta com as normas e requisitos urbanísticos aplicáveis à área em causa[45].

O mecanismo mais adequado para o efeito parece ser, precisamente (tal como sucede para a atestação da possibilidade de fraccionamento do solo), a certidão que instrui o pedido de destaque.

No caso de solo urbano, porém, como deixou de ser exigível a apresentação e aprovação de um projecto pela certidão que instrui o

---

[44] Excepcionalíssimos porque convocam a alteração do enquadramento legal ou regulamentar vigente, o que carece de adequada fundamentação. Sobre as medidas tutelas de legalidade, cfr. DULCE LOPES, "Medidas de tutela da legalidade urbanística", *Revista do CEDOUA*, n.º 2, 2004.

[45] Note-se que o momento relevante para a definição das regras urbanísticas aplicáveis é o da legalização e não o da execução da obra, de acordo com a regra *tempus regit actum*. Como a legalização depende da prática de um acto administrativo de licenciamento ou de admissão de comunicação prévia, os pressupostos de legitimidade deste devem aferir-se no momento da sua prática (artigo 67.º do Regime Jurídico da Urbanização e Edificação), o que aproxima, em termos temporais, esta apreciação municipal do momento em que se aprecia judicialmente a situação de acessão.

destaque, esta atestará apenas a capacidade edificativa objectiva da parcela. Por exemplo, referirá que num prédio com x m², ao qual se aplica o índice de y, a área de construção admitida é de z m², por exemplo.

Em face da generalidade de uma certificação desta natureza, nem sempre será possível determinar, com a segurança exigível ou possível, que a obra em causa é passível de ser legalizada, na medida em que as *nuances* dos procedimentos de legalização são de tal ordem que a mera definição de grandes parâmetros urbanísticos aplicáveis pode não ser um elemento suficiente para firmar a apreciação judicial da verificação das condições da legalização e, por isso também, da consistência da obra para efeitos de acessão.

Quer-nos parecer que nestes casos mais complexos "verdadeiros *hard cases*", competirá ao interessado lançar mão de um mecanismo mais oneroso mas que, ao mesmo tempo, acautela mais os interesses de segurança jurídica e de equidade que com a acessão industrial imobiliária se pretendem acautelar. É este instrumento a informação prévia mediante a qual se aprecia uma operação urbanística concreta (neste caso de edificação), definindo as suas características essenciais, designadamente em termos de enquadramento urbanístico e arquitectura, ou, mesmo, antecipando a totalidade da operação urbanística que será sujeita a comunicação prévia (art. 14.º do Regime Jurídico da Urbanização e Edificação).

Esta informação prévia tem, como antevimos, efeitos constitutivos e permite firmar a possibilidade de construção ou de legalização de uma determinada construção nos precisos termos em que a mesma se encontra edificada. Para além do mais, não se colocam aqui, como vimos, obstáculos atinentes à legitimidade, já que o art. 14.º, n.º 3, do Regime Jurídico da Urbanização e Edificação, admite que o requerente do pedido de informação prévia não seja o proprietário do prédio, havendo, nestes casos, um interesse legítimo manifesto que justifica o alargamento do requisito da legitimidade urbanística.

Assim, quando não tenha sido ainda afirmada a possibilidade, realista e razoável, de legalização de uma construção, designadamente porque esta, tal como se encontra (sem trabalhos de correcção ou de alteração) ultrapassa o índice da parcela ou porque se trata de uma zona sujeita a condicionantes legais que prevêm a pronúncia vinculativa de entidades externas[46], deve o pedido de informação prévia ser o mecanismo exigível para que se permita o funcionamento da acessão industrial imobiliária, fazendo-se, assim, surgir um novo prédio.

III. A usucapião[47]

Como é consabido, a usucapião é um efeito da posse.
De acordo com a norma do art. 1251.º do Código Civil, *"posse é o poder que se manifesta quando alguém actua por forma corres-*

---

[46] Nestes casos, a certidão municipal que viabiliza o destaque terá, ela própria, uma mais-valia limitada, por a ocupação daquela área estar sujeita a pronúncia de outras entidades, que não são ouvidos em sede de destaque, mas que já o são no âmbito de um procedimento de informação prévia (art. 15.º do Regime Jurídico da Urbanização e Edificação).

[47] A usucapião, vocábulo que deriva de *usus* + *capio* (e, por isso, significa etimologicamente "tomar através do uso") é, como se sabe, um instituto muito antigo (anterior à Lei das XII Tábuas) que teve e nunca deixou de ter, como ideia-mãe, a posse (*possessio*) durante determinado tempo mínimo, de boa fé (*bona fides*) e com justa causa (*iusta causa*) ou título.
Na época clássica (que decorre entre 130 a.c. e 230) a *usucapio* dependia dos seguintes pressupostos:
 – cidadania romana;
 – posse ou *possessio ad usucapionem*, que não se confundia com a detenção, posse precária ou *possessio naturalis*;
 – *res*, corpórea e *in commercio*;
 – *iusta causa* da posse, que traduzia, em regra, uma relação negocial ou disposição judicial ou administrativa;
 – duração da posse (pelo menos, dois anos nos *fundi* e um ano nas outras coisas);
 – boa fé do possuidor – que consistia na convicção do possuidor, quando adquiria a posse, de que não lesava um direito alheio.
Diversa da *usucapio* era a *longi temporis praescriptio* (que, provavelmente surgiu, ainda na época clássica, na Grécia). Este instituto, ao contrário daquele, quando surgiu não tinha efeito aquisitivo; atribuía apenas àquele que tinha a *possessio* com *iusta causa* a possibilidade de paralisar a *actio* do proprietário que não houvesse reagido contra a posse contrária durante dez ou vinte anos, consoante vivessem ou não na mesma cidade. Portanto, funcionava como uma *exceptio* e fundamentava-se, sobretudo, na tolerância ou inacção que fazia presumir a falta de direito do demandante.
No entanto, a *longi temporis praescriptio* aproximou-se da *usucapio*, antes da época justinianeia, passando ambos os institutos a constituir modos de aquisição da coisa com base na *possessio* com *iusta causa* e na *bona fides* do possuidor. Por isso, Justiniano

pondente ao exercício do direito de propriedade ou de outro direito real." Posse é, assim, segundo a concepção subjectivista que perfilhamos (tal como boa parte da doutrina e a maioria da jurisprudência

---

realizou a sua fusão – embora as fontes falem de *usucapio* em relação a coisas móveis e de *longi temporis praescriptio* para as coisas imóveis.

A *usucapio* justinianeia dependia dos seguintes requisitos:
– a posse da coisa, com *animus* de ser possuída como correspondendo ao exercício de um direito real – *possessio ad usucapionem*;
– duração da posse: três anos nas coisas móveis e dez ou vinte anos nas imóveis, respectivamente, entre residentes na mesma ou em diferente província; o tempo devia ser contínuo, porque a interrupção da posse implicava a sua perda, mas admitia-se a *sucessio* e a *accessio*;
– *res habilis*, ou seja, *res* idónea para ser usucapida (não o era, por exemplo, a *res extra commercium*);
– *iusta causa*: consistente num negócio jurídico – que só não tinha permitido adquirir a propriedade por sofrer de um vício de fundo (aquisição a *non domino*) ou por ser inidóneo (*traditio* em vez de *mancipatio* ou *iure cessio*) – ou numa disposição judicial ou administrativa;
– *bona fides*: a consciência do possuidor, quando começava a possuir, de que não lesava um direito alheio, comportando-se, portanto, como uma pessoa de bem (*mala fides superveniens non nocet*).

Provada a *iusta causa*, a *bona fides* presumia-se, passando a impender sobre a parte contrária o ónus de provar a sua falta.

Entretanto, na época pós-clássica uma *constitutio* de Constatino criou a *quadraginta annorum praescriptio*, que supondo *possessiones* de quarenta anos, tempo decorrido por qualquer razão, dispensava a *iusta causa* e a *bona fides*.

O imperador Teodósio II, no ano 424, reduziu os quarenta anos a trinta, criando uma nova *praescriptio* que desempenhava uma dupla função: extintiva de *actiones* e aquisitiva; sem necessidade de *iusta causa* e de *bona fides*.

Anastásio, em 491, confirmou todas as *"temporales exceptiones quae ex vetere iure vel principalibus decretis descendunt"* e determinou que as *actiones* não expressamente compreendidas nessas *exceptiones* prescreviam no prazo de quarenta anos.

Em 528, uma *constitutio* de Justiniano mantendo a *trinta vel quadraginta annorum praescriptio* veio exigir a *bona fides* "*ab initio*", considerando indigno quem houvesse iniciado o exercício da posse de má fé. A par desta *longissimi temporis praescriptio* ou *usucapio* extraordinária, foi mantida a *longi temporis praescriptio* ou *usucapio* ordinária a favor de quem, com *iusta causa* e de *bona fides*, tivesse exercido posse durante dez ou vinte anos, consoante vivesse, respectivamente, na mesma província ou não.

Vide, a este propósito, SANTOS JUSTO, "A presença do direito romano no direito português: a *usucapio*", Boletim da Faculdade de Direito de Coimbra, STVDIA IVRIDICA, 70, Colloquia – 11, Separata de Jornadas Romanísticas, Universidade de Coimbra, Coimbra, 2003, bem como a bibliografia aí indicada; idem, Direito Privado Romano - III (Direitos reais), STVDIA IVRIDICA 26, Coimbra, Coimbra Editora, 1997, p. 73-75; Direitos Reais, 2.ª ed., Coimbra, Coimbra Editora, 2010, ob. cit., p. 186 ss..

nacionais), o exercício de poderes de facto sobre uma coisa em termos de um direito real *(rectius:* do direito real correspondente a esse exercício). Envolve, portanto, um elemento empírico – exercício de poderes de facto – e um elemento psicológico-jurídico – em termos de um direito real. Ou por outras palavras, supõe:

– o *corpus* que consiste no domínio de facto sobre a coisa[48].
– o *animus* que consiste na intenção de exercer sobre a coisa, como seu titular, o direito real correspondente àquele domínio de facto[49].

O possuidor pode agir por força do direito real de que é titular, caso em que a sua posse é uma projecção ou expressão de um *ius in re* existente. Chama-se a essa posse causal, por ter causa no direito. Mas, o possuidor pode também agir sem direito real nenhum (ou porque nunca intentou adquiri-lo, ou o intentou adquirir por acto inválido ou inexistente). Tem então uma posse sem fundamento, sem causa, num direito dado, uma posse autónoma a que se chama posse formal[50]. E é esta posse formal ou autónoma que constitui um fenómeno jurídico *sui generis*[51].

---

[48] Domínio esse que se traduz no exercício efectivo de poderes materiais sobre a coisa ou na possibilidade empírica desse exercício.

[49] Por ser difícil fazer prova da posse em nome próprio, que não seja coincidente com a prova do direito aparente, estabelece o art. 1252.°, n.° 2 uma presunção da posse em nome próprio por parte daquele que exerce o poder de facto, ou seja, daquele que tem a detenção da coisa (corpus). O exercício do *corpus* faz presumir a existência do *animus*.

[50] Lembramos que art. 1268.°, n.° 1 consagra a presunção de que o possuidor é o titular do direito.
Por seu turno, o Código de Registo Predial estabelece que *"o registo predial definitivo constitui presunção de que o direito existe e pertence ao titular inscrito, nos precisos termos em que registo o define"*.
Pode, desta forma, surgir um conflito entre a presunção derivada da posse e a presunção derivada do registo. Todavia, o próprio art. 1268.°, n.° 1 fornece a solução para este conflito ao estabelecer que prevalece a presunção derivada da posse, excepto se houver uma presunção registal anterior ao início da relação possessória. Portanto, se o registo não for anterior ao início da posse, prevalece a presunção derivada desta.

[51] ORLANDO DE CARVALHO, "Introdução à Posse", *Revista de Legislação e de Jurisprudência*, Ano 122.°, n.° 3781, p. 105.

Acrescente-se que, na nossa perspectiva, não obstante a posse ser *o poder que se manifesta quando alguém actua por forma correspondente ao exercício do direito de propriedade ou de outro direito real*, nada obsta a que exista posse formal em termos de direito de propriedade sobre uma parte de uma coisa. Ou seja, apesar de o direito de propriedade incidir, como já referimos, em regra, sobre a totalidade da coisa (certa, determinada e autonomizada juridicamente), segundo o nosso entendimento, nada obsta a que exista posse em termos de direito de propriedade sobre parte de uma coisa ainda não autonomizada, mas susceptível de vir a sê-lo[52].

Na verdade, o próprio legislador de forma indirecta e implícita também o admite. A prová-lo está o facto de permitir que através da invocação da usucapião seja constituída a propriedade horizontal (cfr. art. 1417.º), bem como, a aquisição do direito de propriedade sobre a água de fontes e nascentes existentes em prédio alheio (cfr. art. 1390.º, n.º 2)[53].

Segundo o disposto no artigo 1287.º do Código Civil, "*a posse do direito de propriedade ou de outros direitos reais de gozo, mantida por certo lapso de tempo, faculta ao possuidor, salvo disposição em contrário, a aquisição do direito a cujo exercício corresponde a sua actuação: é o que se chama usucapião*".

A aquisição mediante a usucapião depende da existência de uma posse, pública e pacífica (cfr. arts. 1293.º, a), 1297.º e 1300.º, n.º 1, todos do Código Civil)[54,] exercida em termos de um dos direitos

---

[52] Também nada impede que exista posse em termos de propriedade superficiária sobre obra ou árvores já existentes em terreno alheio. Por isso, se por hipótese, através de documento particular, A "constituir", a favor de B, um direito de superfície sobre obra ou árvores já existentes no seu prédio, B, em virtude do vício de forma, não adquirirá o direito de superfície, mas se tiver *corpus* e *animus* será, naturalmente, possuidor em termos de propriedade superficiária.

[53] De facto, em todos os casos em que o legislador consagra excepções ao princípio da totalidade e, assim, permite que o direito que tem por objecto o solo não abranja tudo o que nele esteja implantado, admite também que os direitos que concretizam excepções ao referido princípio sejam adquiridos mediante a invocação da usucapião.

[54] Consequentemente, se a posse tiver sido constituída com violência ou tomada ocultamente os prazos da usucapião só começam a contar-se desde que cesse a violência ou a posse se torne pública.

Quanto às restantes características da posse (boa ou má fé, titulada ou não titulada) e quanto ao facto de existir ou não registo da mera posse influenciam apenas a duração do período de tempo exigido por lei.

reais susceptíveis de serem usucapidos (cfr. art. 1293.º do Código Civil), durante um certo lapso de tempo[55].

Todos os que podem adquirir, inclusive os incapazes (por si, se tiverem o uso da razão – cfr. art. 1266.º do Código Civil –, ou por seus legais representantes), podem usucapir[56].

Mas, para o que ora mais interessa, a usucapião, para ser eficaz, necessita de ser invocada, judicial ou extrajudicialmente. "Não há, portanto, uma aquisição *ipso jure*, mas uma faculdade de adquirir atribuída ao possuidor, ou aos credores deste, ou a terceiros com interesse na aquisição"[57]. A usucapião também não pode ser conhecida *ex officio* pelo julgador (art. 303.º aplicável por força do disposto no art. 1292.º)[58].

Invocada triunfantemente a usucapião[59], os seus efeitos retrotraem-se à data do início da posse (art. 1288.º Código Civil), e o

---

[55] Variável conforme a natureza móvel ou imóvel dos bens sobre que a posse incida e consoante a posse seja titulada ou não titulada, de boa ou de má fé e exista, ou não, registo da mera posse ou registo do título (cfr. arts. 1294.º, 1295.º, 1296.º [para imóveis] e art. 1298.º [para móveis sujeitos a registo], todos do Código Civil).

Figura que assume grande importância em matéria de tempo de posse necessário para invocar a usucapião é, como se sabe, a acessão da posse que permite ao possuidor somar a sua posse à do seu antecessor (cfr. art. 1256.º).

Em matéria de tempo de posse relevante para a invocação da usucapião, lembramos, ainda que são aplicáveis à usucapião as regras da suspensão e interrupção da prescrição, (art. 1292.º), pois em ambos os casos há de comum um aspecto que é a repercussão que o tempo pode ter na alteração de situações jurídicas, extinguindo direitos, por um lado, e criando-os, por outro.

[56] Cfr. o n.º 2 do art. 1289.º do Código Civil.

[57] *Vide* PIRES DE LIMA e ANTUNES VARELA, *Código Civil Anotado*, vol. III, ob. cit., p. 56.

[58] No entanto, a invocação da usucapião pode ser tácita, se os factos alegados integrarem, de modo manifesto, os respectivos elementos ou requisitos constitutivos e revelarem a intenção inequívoca de fundar o direito na usucapião. (Neste sentido, *vide* Acórdão de Supremo Tribunal de Justiça de 10 de Abril de 1984, *Boletim do Ministério da Justiça*, n.º 336, 1984, p. 433 e ss. e de 18 Novembro 2008, [on line], disponível: in http://jurisprudencia.vlex.pt/vid/44475760#ixzz0n3QEh700).

[59] A usucapião pode ser invocada pelo representante, nos termos do art. 1252.º, n.º 1, do Código Civil, ou por terceiro com interesse na sua invocação, por via judicial ou extrajudicial, conforme disposto no art. 305.º do Código Civil, aproveitando aos demais compossuidores quando a posse seja exercida por vários e invocada apenas por um, resultando do art. 1291.º a regra da solidariedade entre os compossuidores.

momento da aquisição do direito coincide com o do início da posse (cfr. 1317.º, c), do Código Civil).

Quem preencha os requisitos previstos na lei para invocar a usucapião, pode fazê-lo extrajudicialmente[60] através de uma escritura de justificação notarial (cfr. arts. 89.º e ss. do Código do Notariado)[61] ou no âmbito do processo de justificação a correr nos serviços do registo predial (cfr. art. 116.º e ss. do Código de Registo Predial, com as alterações introduzidas pelo Decreto-Lei n.º 116//2008, de 4 de Julho)[62], quer relativamente a prédios não descritos ou descritos mas sem inscrição de aquisição, reconhecimento ou mera posse – justificação *para obter a primeira inscrição ou para estabelecimento do trato sucessivo* –, quer em relação a prédios descritos com inscrição de aquisição, reconhecimento ou mera posse em vigor – justificação *para estabelecimento de novo trato sucessivo*[63-64].

---

[60] Sobre a justificação de direitos para fins de registo predial, vide MÓNICA JARDIM, *A Evolução Histórica da Justificação de Direitos de Particulares para Fins do Registo Predial e a Figura da Justificação na Actualidade*, para publicação.

[61] A escritura de justificação notarial para a "primeira inscrição" foi admitida e regulada pela primeira vez pelo Decreto-Lei n.º 40603, de 18 de Maio de 1956.

Por sua vez, a escritura de justificação tendente ao estabelecimento de novo trato sucessivo foi legalmente admitida pela primeira vez no Código de Registo Predial de 1984.

[62] Foi o Decreto-Lei n.º 273/2001, de 13 de Outubro, na sequência de uma política de desjudicialização de matérias que não consubstanciavam verdadeiro litígio, o diploma que operou a transferência de competências em processos de carácter eminentemente registal dos tribunais judiciais para os próprios conservadores de registo, extinguiu o processo de justificação judicial e criou o processo de justificação nas conservatórias (refira-se que as bases já tinham sido lançadas com o Decreto-Lei n.º 312/90, de 2 de Outubro, que criou um processo especial de suprimento da prova de registo, organizada na própria conservatória competente para o lavrar).

[63] A justificação *para estabelecimento de novo trato sucessivo*, contempla as situações em que se verifique uma quebra na cadeia das aquisições derivadas, gerando, consequentemente, a necessidade de o justificante invocar a posse conducente à usucapião, enquanto causa originária da aquisição. A usucapião implica, assim, um novo trato sucessivo a partir do titular do direito justificado.

[64] Saliente-se que sendo alegada a usucapião baseada em posse não titulada, a lei, desde 1984, obriga a que se aleguem "as circunstâncias de facto que determinam o início da posse" (cfr. os actuais arts. nos arts. 89.º e 91.º do Código do Notariado). Porque assim é, não basta que na escritura de justificação se indiquem os fundamentos materiais e objectivos que tornam possível a aquisição originária, é ainda necessário explicar quais as circunstâncias concretas que estiveram na origem da posse.

De facto, segundo o nosso entendimento, não obstante as justificações serem um meio fácil e expedito para que qualquer interessado que possa invocar a titularidade do *direito*, mas que não disponha do documento legalmente necessário para instruir o pedido de registo, consiga obter a respectiva publicidade registal, não são apenas instrumentos para *actualização* dos direitos publicitados pelo registo, podendo ser utilizadas, também, para invocar, de forma expressa ou tácita, a usucapião.

Ou seja, apesar de em causa estarem meios de suprimento de títulos, entendemos que a lei não obriga o interessado que tenha legitimidade quer para invocar a usucapião, quer para intervir como justificante, a invocar previamente a usucapião caso pretenda recorrer à justificação. Ao invés, não encontramos obstáculo legal que, em regra, impeça o interessado de recorrer aos referidos meios de suprimento para invocar a usucapião e para obter o referido "título formal"[65].

Assim, quando a justificação vise *o estabelecimento do trato sucessivo* ou *o restabelecimento de novo trato sucessivo* e a usucapião não tenha sido anteriormente invocada, não é aquela um simples meio de suprir a falta de documento comprovativo da aquisição originária, é também, e em primeiro lugar, o meio extrajudicial através do qual o interessado invoca a usucapião.

Não obstante o acabado de expor, consideramos que a invocação da usucapião, quando extrajudicial, se efectua mediante declaração que, na nossa perspectiva, não está sujeita a forma específica.

Ou seja, segundo o nosso entendimento, se se pretender obter o registo do direito usucapido, como o registo só pode ser lavrado

---

[65] Na verdade, esta é a actuação da esmagadora maioria das pessoas que invocam tacitamente a usucapião nas justificações. (Para mais pormenores, *vide* MÓNICA JARDIM, *A Evolução Histórica da Justificação de Direitos de Particulares para Fins do Registo Predial e a Figura da Justificação na Actualidade*, [on line], disponível *in*: http://www.fd.uc/cenor/imagens/publicacoes/mnica-100922010.pdf.
No mesmo sentido, *vide* JOSÉ ALBERTO VIEIRA, *Direitos Reais,* Coimbra, Coimbra Editora, 2008, nota 1217, p. 423.
Em sentido oposto, afirmando que a invocação extra-judicialmente deve ser feita, necessariamente, através de escritura de justificação notarial ou mediante acção intentada nos serviços do Registo Predial, *vide*: FERNANDO PEREIRA RODRIGUES, *Usucapião – Constituição Originária de Direitos através da Posse*, ob. cit., p. 73 e ss.; MENEZES LEITÃO, *Direitos* Reais, Coimbra, Almedina, 2009, p. 237.

com base em documentos, o interessado terá de recorrer à justificação notarial ou ao processo de justificação a correr nos serviços do registo predial para, assim, obter um "título formal" que, de acordo com a lei, viabilize a publicitação do direito adquirido originariamente. No entanto, o facto de se ter de recorrer à escritura ou ao processo de justificação para obter o registo do direito não significa que o recurso a tais expedientes seja imposto por lei para invocar a usucapião. De facto, valendo, em matéria de invocação da usucapião, a regra da liberdade de forma (cfr. art. 219.º do Código Civil), a referida invocação pode ocorrer, por exemplo, mediante mera declaração verbal. Assim, apesar de não ser vulgar, nada obsta a que primeiro se invoque a usucapião, por qualquer forma, e depois se recorra à justificação, apenas e só para obter o "título formal" que permita a publicitação do direito usucapido[66].

Por fim, refira-se que não obstante o Decreto-Lei n.º 273/2001, de 13 de Outubro, ter extinguido o processo de justificação judicial, ao mesmo tempo que criou o processo de justificação a correr nas conservatórias e de, assim, a competência material para o processo de justificação de registo, a partir de Janeiro de 2002, ter passado a competir em exclusivo, e não em alternativa, ao conservador do Registo Predial, *desde que não haja qualquer litígio ou conflito que tenha de ser judicialmente dirimido*, a usucapião não deixou de poder ser invocada judicialmente. Muito ao invés, havendo litígio *ab initio* em torno da existência ou da titularidade do direito, o interessado não deve recorrer ao processo de justificação a correr nas conservatórias, mas sim intentar a respectiva acção judicial, evitando, deste modo, actos e procedimentos inúteis no registo.

Por isso, é extremamente frequente a referida invocação no âmbito de uma acção de defesa do direito de propriedade (*v.g.* acção de reivindicação e acção negatória) e isto quer por parte do autor, quer por parte do réu[67].

Posto isto, voltemos à questão do nosso trabalho: pode ser invocada a usucapião apenas sobre uma parcela de terreno se tal envolver um "destaque" ilegal?

---

[66] Para mais pormenores, *vide* MÓNICA JARDIM, *A Evolução Histórica da Justificação de Direitos de Particulares para Fins do Registo Predial e a Figura da Justificação na Actualidade*, loc. cit.

[67] *Ibidem.*

Ou, ao invés, pode-se afirmar que a usucapião, como forma de aquisição originária, deve prevalecer sobre as normas que sucessivamente têm vigorado em matéria de urbanismo?[68]

Na prática, a solução dada ao problema não tem sido uniforme.

Vejamos então qual tem sido a posição assumida pelos notários e pelos conservadores para, de seguida, indicarmos a solução adoptada pelos nossos tribunais e, por fim, apresentarmos o nosso entendimento.

Os notários enquanto garantes da legalidade e, por isso, em obediência às normas do urbanismo, têm em conta a lei em vigor no momento em que se verificou o início da posse e desde que este seja posterior à data da entrada em vigor do Decreto-Lei n.º 289/73, de 6 de Junho, recusam-se a lavrar a escritura de justificação, sempre que não tenha havido prévio destaque.

Na ausência de destaque prévio (ou de loteamento) os conservadores, nas mesmas circunstâncias, indeferem o pedido formulado no processo de justificação.

Tal ocorre porque, na perspectiva dos notários e dos conservadores, a justificação – por escritura ou através do processo – não pode nunca ser um meio através do qual se obtenha um "título formal" *que viole* qualquer disposição legal, como é o caso típico das normas relativas ao ordenamento do território vigentes à data do início da posse (data à qual, relembramos, se adquire a propriedade quando é invocada a usucapião).

Acresce que a posição assumida pelos notários e pelos conservadores coincide com a do Conselho Técnico dos Registos e do Notariado.

---

[68] Estas nossas indagações apenas fazem sentido, para a posição dominante, nas situações em que o início da posse – data a que retrotraem os efeitos da usucapião – ocorra em data posterior à entrada em vigor do Decreto-Lei n.º 289/73, de 6 de Junho. Isto porque só com este diploma se cominou com nulidade a inexistência de loteamento, quando exigível. Não obstante, vozes dissonantes há que defendem a possibilidade de aferição actual destes requisitos no momento em que é exercido o direito potestativo. Esta parece ser a posição de ANÓNIO CARVALHO MARTINS, *Acessão*, reimp., Coimbra, Coimbra Editora, 1999, nota 209, p. 129, uma vez que defende, em matéria de acessão, que a lei aplicável é a que estiver em vigor "à data em que o facto denunciador do direito postestativo for exercido, por aplicação da parte final do n.º 2 do artigo 12.º do Código Civil de 1966", e nada,' aparentemente, justificará uma posição diversa da sua parte em matéria de usucapião.

Segundo sabemos, quer notários quer conservadores não sugerem aos interessados que solicitem à Câmara Municipal qualquer tipo de certidão onde esta ateste que a parcela de terreno é susceptível de destaque, exigindo antes que aqueles apresentem já concretizado, por qualquer meio, o "destaque" ou a aquisição de parte do prédio.

Em resumo, o interessado, ao invocar a usucapião sobre uma parcela de um prédio, caso não tenha obtido o prévio destaque, i.e. a um fraccionamento fundiário prévio do prédio, não conseguirá ver satisfeita a sua pretensão, quer recorra a uma justificação notarial ou ao processo de justificação a correr nas conservatórias.

Porque sempre assim foi, antes da entrada em vigor do Código do Imposto Municipal sobre Imóveis, não raras vezes os interessados fraudulentamente dirigiam-se à repartição de finanças da área onde se localizava a parcela de terreno que pretendiam usucapir e declaravam que pretendiam inscrever um prédio que se encontrava omisso há mais de quarenta anos e que tinha sido por si adquirido há mais de vinte anos. Não lhes sendo exigida a apresentação do título aquisitivo, conseguiam, deste modo, geralmente, criar um novo prédio na matriz; inscrito o prédio em seu nome, deslocavam-se ao notário e obtinham a escritura de justificação sem se depararem com os obstáculos relacionados com as regras do urbanismo, desde que não tivessem feito uma construção clandestina.

Na hipótese de terem construído sobre a parcela do prédio que pretendiam usucapir, nem desta forma, ardilosa e fraudulenta, o interessado conseguia obter a escritura de justificação, uma vez que o notário lhe exigia a apresentação da autorização de utilização que, em regra, inexistia (ou inexistia na titularidade de quem pretendia arrogar-se a aquisição do prédio por usucapião). Ou, mais rigorosamente, o interessado que tivesse construído sobre a parcela de terreno "que passava a constar nas finanças como prédio autónomo", só obtinha "título formal" para registo através de uma escritura de justificação se conseguisse provar que a construção tinha sido realizada antes de 7 de Agosto de 1951 ou em data em que no respectivo concelho ainda não vigorasse o Regulamento Geral das Edificações Urbanas[69].

---

[69] A este propósito passamos a citar NETO FERREINHA e ZULMIRA NETO DA SILVA, *Manual de Direito Notarial*, 4.ª ed., Coimbra, Almedina, 2008, p. 498 e ss.:

Esta posição redunda, como é bom de ver, na formulação de exigências por vezes verdadeiramente diabólicas aos interessados na invocação da usucapião parcial, exigindo-lhes uma tarefa instrutória e probatória desrazoável que não consegue ser cumprida senão por recurso a vias fraudulentas ou não correspondentes à realidade dos factos.

Se a posição dos notários e conservadores em face do problema em análise sempre foi unívoca – apesar de, na nossa perspectiva, como explicitaremos, inadequada –, o mesmo já não se pode dizer da assumida pelos nossos tribunais nacionais.

De facto, por um lado, encontramos decisões que manifestam o seguinte entendimento:

> As normas do direito do urbanismo *"porque prosseguem fins de utilidade pública relevantes, são de ordem pública. Assim, e porque o art. 1287.º do Código Civil salvaguarda a existência de disposição em contrário, a posse do direito de propriedade não gera usucapião quando o accionamento de tal mecanismo legal viole as referidas disposições legais, as quais prosseguem um salutar e equilibrado ordenamento do território"*[70].

"O art. 4.º do Decreto-Lei 281/9, de 26 de Julho, veio estabelecer que a justificação que tiver por objecto prédios urbanos fica sujeita à disciplina deste diploma.

O normativo em causa, procurando superar os efeitos nocivos do diferendo interpretativo gerado à roda do art. 44.º da Lei 46/85, de 20 de Setembro (saber se na transmissão de prédios urbanos seria de exigir a licença de utilização ou simplesmente a de construção), estatuiu que nos respectivos títulos de transmissão se devia mencionar o alvará de licença de utilização (ou a sua isenção), alvará que, quando requerido mas não emitido, podia ser substituído pelo alvará de licença de construção, observados certos requisitos.

Parece, assim, ter sido intenção do legislador exigir que nas escrituras de justificação que tenham por objecto prédios urbanos se mencione a licença de utilização ou referir que os prédios foram construídos ou inscritos na matriz antes da entrada em vigor do Regulamento Geral das Edificações Urbanas – Decreto-Lei n.º 38382, de 07-08-51.

O assunto foi submetido em 23-05-2002 à apreciação do Conselho Técnico, que deliberou que a citada norma (art. 4.º do Decreto-Lei n.º 281/99) quis condicionar a justificação de direitos sobre prédios urbanos à comprovação da existência da correspondente licença de utilização, criando assim, um novo requisito de admissibilidade – cfr. p. 6 do II caderno do Boletim dos Registos e do Notariado, n.º 6/2002 -, pelo que teria de se fazer prova documental da existência da correspondente licença de utilização ou de que o imóvel estava dela dispensado, por ter sido construído ou inscrito na matriz antes de 07.08.951 (ou em data em que no respectivo concelho ainda não vigorasse o Regulamento Geral das Edificações Urbanas)."

[70] Cfr. o sumário do Acórdão da Relação de Lisboa, de 18 de Abril de 2002, [on line], disponível *in*: http://www.dgsi.pt.jtrl.

As decisões tomadas neste sentido nunca levantam sequer a questão de saber se ainda poderá ser legalizada a situação fáctica criada, uma vez que apenas tomam em consideração a situação existente que é, precisamente e paradoxalmente, aquela que se pretende ver alterada.

Por isso, por exemplo, no sumário do acórdão do Tribunal da Relação de Lisboa, de 19 de Outubro de 2004, se pode ler:

> "A posse sobre as fracções prediais em causa com os requisitos necessários à aquisição do respectivo direito de propriedade por usucapião não releva para esse efeito se não estiver autorizado o respectivo loteamento ou destaque pela autoridade administrativa competente."

Acresce que, pelo menos numa ocasião, a Relação de Lisboa, para além de seguir o entendimento exposto, não considerou que a data do início da posse pudesse ser a relevante para apurar se a usucapião conduziria, ou não, a uma operação urbanística ilícita. Afirmando:

> "A aquisição fundada em usucapião só poderia ser reconhecida se o respectivo prazo tivesse decorrido inteiramente antes de vigorar o regime legal impeditivo da realização de negócios jurídicos que tenham por efeito, directo, ou indirecto, a formação de lotes de construção. No fundo, e como se referiu, as partes, não podendo obter o pretendido fraccionamento do lote por meio de negócio jurídico, também não o poderão atingir por meio de uma qualquer acção judicial. Não podem ser atingidos, através do processo civil fins que os interessados não possam alcançar fora do processo."[71]

A par destas decisões, surgem outras diametralmente opostas, das quais retiramos os excertos que passamos a transcrever:

> – "Fundando-se a usucapião directa, imediata e exclusivamente na posse, no conteúdo desta se encontrando o do direito adquirido, com total independência dos direitos que sobre a

---

[71] Acórdão do Supremo Tribunal de Justiça, de 26 de Outubro de 2006, [on line], disponível in: http://www.dgsi.pt/jstj.

coisa impendiam antes desta originária aquisição, tem de concluir-se que a eventual ilegalidade do fraccionamento é inidónea para interferir e afectar a aquisição assim operada."[72];

– *"Sempre se dirá que o facto de a posse dos RR ter, porventura, infringido normas sobre o urbanismo, se mostraria completamente inócuo.*

É que, como tantas vezes Durval Ferreira o faz sobressair, "a posse é agnóstica". Justamente, em sede de Usucapião e Leis de Ordenamento do Território afirma este autor: «A eventual ilicitude ou imoralidade de tal apoderamento serão irrelevantes, pois, a posse é agnóstica" E acrescenta: "Em tema de posse ou de usucapião, a eventual ilicitude substantiva do título não macula: ao invés até beneficia», invocando aqui o disposto no art 1259.º CC. Referindo de seguida: «Mas será essa posse boa para, pelo decurso do tempo, poder conduzir à aquisição do direito, a cuja imagem se possui, por usucapião? A resposta è igualmente afirmativa». (Durval Ferreira, Posse e Usucapião, 2.ª ed, p 469 e ss.)"[73];

– *"1. Não constitui uso anormal do processo, nos termos do art.º 665.º do CPC, a pretensão, de, gorada que foi a tentativa de divisão, por via administrativa de prédio misto em regime de compropriedade, se pretender tal divisão, por via judicial, mediante a invocação da usucapião.*

2. A usucapião pode fundamentar a divisão de prédio em regime de compropriedade, maxime se os comproprietários dividiram verbalmente o prédio e passaram a exercer a posse exclusiva sobre a parcela ou quinhão que acordaram ficar a pertencer-lhe."[74];

– *"A questão que pode colocar-se é a de saber se a usucapião pode ser invocada como forma de legitimar a divisão*

---

[72] Cfr. sumário do acórdão da Relação de Lisboa, de 17 de Maio de 2007, [on line], disponível *in*: http://www.dgsi.pt/jtrl.

[73] Cfr. acórdão da Relação de Lisboa, de 19 de Março de 2009, [on line], disponível *in*: http://www.dgsi.pt/jtrl.

[74] Cfr. sumário do acórdão da Relação de Lisboa, de 4 de Julho de 2006, [on line], disponível *in*: http://www.dgsi.pt/jtrl.

material de um prédio contra o disposto em normas que impedem a celebração de negócios com o mesmo resultado.

A questão tem sido discutida e decidida, de forma predominante, no sentido da prevalência da usucapião, nos casos previstos no art. 1376.º do CC, de separação de parcelas com área inferior à unidade de cultura [Cfr., entre outros, os Acs. da Rel. de Coimbra de 2.5.89, BMJ 387-671 e de 9.10.90, BMJ 400-750, da Rel. do Porto de 9.1.95, CJ, XX, 1, 189 e da Rel. de Évora de 26.10.2000, CJ XXV, 4, 272; também Pires de Lima e Antunes Varela, CC Anotado, III, 2.ª ed., 269]. Cremos que, nos casos como os dos autos, em que a limitação decorre das regras dos loteamentos, a solução não poderá deixar de ser idêntica [Neste sentido o Ac. da Rel. de Coimbra de 28.3.2000, CJ XXV, 2, 31][75]*;*

– "Como se refere no citado Ac. da Rel. de Coimbra de 28.3.2000, perante um tão longo decurso do tempo (por que perdurou a alegada posse), deixa de fazer sentido a invocação do interesse público que preside às restrições impostas à divisão, assim como deixa de fazer sentido a invocação da prévia sujeição aos condicionalismos ligados ao urbanismo, devendo o sistema jurídico absorver a situação e reconhecer aos AA., pela via da usucapião, a exclusividade do seu direito de propriedade sobre a parcela."[76].

Refira-se, por fim, que sobre esta questão tomou posição o Supremo Tribunal de Justiça, através do seu acórdão de 2 de Fevereiro de 2010, declarando:

"Vedando o disposto no art. 49.º do citado Decreto-Lei n.º 555/99 a celebração de negócio jurídico que tenham por efeito, directo ou indirecto, a formação de lotes urbanos sem a existência da referida licença ou da prova da sua isenção, também não podem os interessados obter a mesma finalidade através de uma

---

[75] Acórdão da Relação do Porto, de 4 de Julho de 2002, [on line], disponível *in*: http://www.dgsi.pt/jtrp.

[76] Acórdão da Relação do Porto, de 4 de Julho de 2002, [on line], disponível *in*: http://www.dgsi.pt/jtrp.

acção judicial. Logo, não pode o recorrido obter o referido destaque através do instituto de usucapião, pois de outro modo, permitir-se-ia ao tribunal substituir as autoridades administrativas no que concerne à autorização de loteamentos ou de verificação da legalidade dos destaques prediais que é prévia à emissão da pertinente certidão comprovativa."[77-78].

Cumpre, agora, e sobretudo em face dos mais recentes desenvolvimentos jurisprudenciais, assumir posição sobre esta polémica.

---

[77] [On line], disponível *in*: http://www.dgsi.pt/jstj.

[78] Em momento anterior, o Supremo Tribunal havia-se pronunciado favoravelmente sobre a possibilidade de através de a usucapião poderem ser adquiridas parcelas com área inferior à unidade de cultura, não obstante o art. 1376.º do Código Civil, considerando que: *"O estado de facto criado pela divisão feita pelos comproprietários sem escritura ou auto público pode converter-se em estado de direito, pelo princípio da usucapião, se cada um dos comproprietários tiver exercido posse exclusiva sobre o quinhão que ficou a pertencer-lhe na divisão e tal posse se revestir dos requisitos legais."* (Cfr. acórdão do Supremo Tribunal de Justiça, de 18 de Março de 2004, [on line], disponível *in*: http://www.dgsi.pt/jstj).

Recorde-se que QUIRINO SOARES, Acessão e Benfeitorias, loc. cit., p. 24, embora a propósito da acessão, mas com argumentos que valem igualmente para a usucapião, havia assumido posição diametralmente oposta, afirmando:

"É certo que os actos de fraccionamento de prédios rústicos contrários ao disposto no artigo 1376.º e no artigo 20.º do D-L 384/88 (emparcelamento) são meramente anuláveis, nos termos do artigo 1379.º e do artigo 47.º, do D-L 103/ 90, de 22/3, e que, por isso, não podem ser recusados pelo notário com fundamento naquele motivo de invalidade.

Uma coisa, porém, é a função notarial, definida no artigo 1.º do Código do Notariado, destinada a registar os actos jurídicos extrajudiciais, dando-lhes a forma legal e conferindo-lhes autenticidade, e outra, bem diferente, é a judicial, que visa assegurar a defesa dos direitos e interesses legalmente protegidos dos cidadãos e resolver os conflitos de interesses públicos e privados, de harmonia com o direito e a lei.

Entender-se-ia mal que o juiz tivesse que reconhecer um direito potestativo de aquisição (como é o derivado da acessão industrial imobiliária) que, desde logo, ficava sob a "espada de Democles" da anulabilidade do acto que o exercitou (o pedido); muito mal se entenderia, ainda, que uma tal decisão de reconhecimento daquela aquisição pudesse ter uma característica condicional (ficaria condicionada a uma posterior acção de anulabilidade, interposta ao abrigo do artigo 1379.º.

As mesmas razões de interesse geral que estão na base da atribuição ao Ministério Público de legitimidade para a acção de anulação justificam que seja vedado ao juiz decidir na completa indiferença pela tutela de tais interesses."

Em nosso entender a usucapião é um meio alternativo de constituição do direito de propriedade ou de outro direito real de gozo através da posse, no pressuposto de que essa aquisição, em abstracto, também poderia ter lugar através de outro meio legal de aquisição.

No entanto, porque consideramos que pode haver posse em termos de direito de propriedade sobre parte de uma coisa ainda não autonomizada, entendemos que nada obsta a que uma parcela de terreno possa ser objecto de posse e que, uma vez verificados os requisitos legais, seja invocada a usucapião, apesar de não existir um prévio destaque. E isto porque nesta hipótese, como começámos por referir, a usucapião, em simultâneo, é um meio de autonomizar a referida parcela e uma forma de aquisição originária do direito real[79].

Mas, apesar do acabado de referir, na nossa perspectiva, a usucapião não pode funcionar como uma «válvula de escape» para adquirir um direito que de outro modo seria insusceptível de aquisição, sob pena de se deixar entrar pela janela o que se impediu que entrasse pela porta.

Vejamos com mais pormenor.

As situações de usucapião parcial são, como vimos também quanto à acessão industrial imobiliária, as que mais dúvidas levantam quanto à articulação entre direito civil e direito do urbanismo. E estas especiais dificuldades prendem-se com a pluralidade de situações que se podem verificar:

> *i.* a usucapião pode referir-se a partes de prédios nos quais se localiza uma edificação, *maxime* ilegal[80];
> *ii.* a usucapião pode incidir sobre partes de prédios que o interessado visa expressamente ou concludentemente[81] destinar a edificação;

---

[79] Ao invés, por respeito às normas do ordenamento do território – não obstante a possibilidade de haver posse em termos de direito de propriedade sobre parte de uma coisa ainda não autonomizada –, não consideramos viável o recurso à usucapião se não estiver autorizado o loteamento exigido por lei. Pela mesma razão, também entendemos que a usucapião não pode ser o meio de legalizar Áreas Urbanas de Génese Ilegal.

[80] No caso de a mesma ser legal, porque anterior à entrada em vigor do RGEU, vimos já não ser discutível a ocorrência de usucapião, desde que a edificação possa ser separada do prédio mais amplo em que se inseria.

[81] Será este, por exemplo, o caso de o interessado ter já dado início a um procedimento de licenciamento ou de admissão de comunicação prévia no Município para uma

iii. a usucapião pode incidir sobre parte de prédios sem que o interessado pretenda dar uma utilização urbanística ao prédio.

No primeiro caso, em que a usucapião se refere a prédios que dispõem de uma obra ilegal já implantada, é inegável que o fraccionamento pretendido visa dividir urbanisticamente um prédio em dois, destinando um destes prédios à construção (ou à legalização do imóvel existente). Neste caso, pensamos estar perante uma situação muito similar à da acessão e que, por isso, deve ser resolvida por recurso ao mesmo *instrumentarium*.

Assim, consideramos que a aquisição originária mediante a invocação da usucapião não pode ser aceite como forma de defraudar as normas de direito do urbanismo[82] e não encontramos razões para que se não exija a certificação dos requisitos para o "destaque", nos termos do disposto no art. 6.º do Regime Jurídico da Urbanização e Edificação[83].

No entanto, neste caso, ao contrário do que parece ser a tramitação nos cartórios notariais, nas conservatórias e em alguns tribunais, o destaque (enquanto resultado do procedimento complexo a que já aludimos) não deve ser visto como um pressuposto do direito usucapido cujo "título formal" para registo é obtido no final da justificação notarial, do processo de justificação a correr nas conservatórias ou da acção judicial[84], muito ao invés, o fraccionamento do solo e o surgimento do novo prédio ocorre com a usucapião ao mesmo tempo em que é adquirido originariamente o direito real. Porque assim é, tal como em matéria de acessão industrial imobiliá-

---

dada localização, apenas colocando a questão da aquisição por usucapião quando o requerimento ou apresentação são rejeitados por ausência de prova de legitimidade no processo urbanístico.

[82] Tal como a constituição da propriedade horizontal através da usucapião apenas se torna possível quando as "fracções" satisfaçam os requisitos dos arts. 1414.º e 1415.º do Código Civil.

[83] Recordamos que, em matéria de propriedade horizontal o Tribunal não pode alterar o título constitutivo em violação das normas legais em vigor, nomeadamente, sem a aprovação de todos os condóminos e sem a junção de documento da Câmara Municipal comprovativo de que a alteração está em conformidade com as leis e regulamentos em vigor na autarquia.

[84] Mas, como resulta do exposto, na nossa perspectiva, a viabilidade do destaque, essa sim, é um pressuposto do direito.

ria, não faz logicamente sentido exigir-se qualquer destaque sobre a parcela para que a justificação ocorra ou para que seja julgada procedente a acção judicial onde foi invocada a usucapião. E, sempre se acrescentará que, quem fizer tal exigência, por não aceitar que a usucapião, por si só, seja apta a fraccionar o prédio e a fazer surgir uma nova coisa, necessariamente, há-de negar o próprio direito a invocar a usucapião parcial.

Anota-se, no entanto, uma diferença particularmente relevante em relação à acessão que é a de, nestes casos, não ter de se atestar a possibilidade de legalização da concreta construção erigida na parcela a usucapir, na medida em que o valor da obra não assume, na usucapião, o papel de requisito que, como vimos, tem na acessão. Basta que se ateste a edificabilidade da parcela a autonomizar, através da certificação da possibilidade da ocorrência do destaque, sem ser necessário dar-se início a um procedimento de informação prédia que se debruçe especificamente sobre o edifício nela construído.

É precisamente esta intenção de ajustamento entre usucapião e fraccionamento para fins urbanísticos que exige uma modelação das regras aplicáveis àquela: por um lado, não deve ser possível declarar sem mais a usucapião, quando necessária ou declaradamente a parcela a usucapir venha a ser destinada a edificação; por outro lado, tem de se admitir que o fraccionamento fundiário ocorra com a usucapião, sob pena se inviabilizar qualquer destaque no prédio e, bem assim, a preterição de expectativas fundadas dos privados na aquisição de um bem.

Em qualquer uma das hipóteses analisadas, portanto, pensamos ser essencial a indagação do respeito pelos ditames jus-urbanísticos, já que um reconhecimento genérico de situações de usucapião parcial, sem averiguação da possibilidade de sujeição das mesmas a destaque implicaria, com grande probabilidade, a regularização de edificações nelas existentes em desrespeito das exigências urbanísticas aplicáveis. E isto sobretudo em virtude do facto de não se estabelecer, expressa e eficazmente, um cruzamento de informações entre estas situações de divisão fundiária e as hipóteses de concretização de operações urbanísticos para a área fraccionada[85].

---

[85] A única intersecção com o âmbito urbanístico reside na necessidade de comunicação ao Município dos negócios jurídicos de que resulte o fraccionamento ou divisão

No entanto, também nos parece que o momento adequado para que o destaque se concretize e produza os seus efeitos – de fraccionamento do solo – corresponde ao momento da aquisição por usucapião parcial. Esta desempenha, afinal, o mesmo papel que a manifestação de vontade tem num destaque que ocorra em situações normais (i.e., naquelas situações em que o interessado na divisão do prédio seja, precisamente, o seu titular): a de fraccionar o prédio para fins de edificação, atenta a possibilidade, atestada por certidão municipal, para que tal suceda.

Mais complexas se revelam, porém, as hipóteses em que a usucapião parcial opera sem que haja qualquer construção urbana na parte do prédio a usucapir ou sem que resulte clara e inequívoca a intenção de sujeitar a área em causa a uma finalidade edificativa.

Neste caso, a exigência de certidão de destaque parece claramente desproposital, em face da utilização não urbanística que se pretende dar à parcela. Importa, nestes casos, proceder à distinção entre a divisão fundiária que se configura como uma operação urbanística (ou se liga indissociavelmente a esta) e a divisão fundiária que não tem subjacente qualquer motivação de destinar a parcela a destacar a edificação urbana.

Efectivamente, a figura do destaque, tal como, aliás, o instituto do loteamento, dependem da afectação dos lotes ou parcela a *construção urbana*, isto é, da sua destinação a *usos urbanos* (habitacionais, comerciais, industriais), excluindo-se, portanto, a destinação a outros fins, (agrícolas, florestais, cinegéticos, etc.), o que significa que não deve haver lugar à intervenção municipal sempre que sejam estes que estejam em causa[86].

Nestas situações, de puro fraccionamento fundiário, haverá que indagar – e, mesmo aqui, apenas eventualmente, em face das oscilações da jurisprudência analisada – do preenchimento de requisitos

---

de prédios rústicos, nos termos do artigo 50.º do Regime Jurídico da Urbanização e Edificação, previsão esta à qual se encontra associada a imposição de uma contraordenação, nos termos previstos no artigo 98.º, n.º 1, alínea q) do mesmo diploma.

[86] Sobre estas limitações da actuação municipal e sobre a distinção entre operações urbanísticas e operações de fraccionamento fundiário, cfr. FERNANDA PAULA OLIVEIRA, MARIA JOSÉ CASTANHEIRA NEVES, DULCE LOPES e FERNANDA MAÇÃS, *ob. cit.*, comentário ao artigo 2.º.

de fraccionamento fundiário de prédios rústicos (cuja caracterização se pretende, assim, manter)[87].

Apesar desta regulamentação específica das situações de fraccionamento predial no direito civil, a jurisprudência também diverge sobre a necessidade de respeito dos requisitos para que o mesmo ocorra, designadamente quanto à indispensabilidade de garantia da unidade mínima de cultura. Pensamos, no entanto, que razões ponderosas há – de interesse público, ainda que não urbanístico –, para controlar o cumprimento deste requisito, sob pena de, também aqui, se deixar entrar pela janela aquilo a que se quis fechar a porta.

---

[87] Neste âmbito particular, do fraccionamento fundiário de prédios rústicos, o legislador aponta sempre para o cenário do emparcelamento como a operação de ocorrência desejável, já que é com ele que se consegue uma melhor satisfação do aproveitamento agrícola, pecuário, etc. do solo. O fraccionamento está sujeito a requisitos estritos, como sucede com a impossibilidade de fraccionamento em parcelas de área inferior a determinada superfície mínima, correspondente à unidade de cultura fixada para cada zona do País de terrenos aptos para cultura (artigo 1376.º do Código Civil), sob pena de invalidade do acto que tenha determinado tal fraccionamento (1379.º). Ainda de acordo com o artigo 20.º do Decreto-Lei n.º 384/88, de 25 de Outubro, a divisão em substância de prédio rústico ou conjunto de prédios rústicos que formem uma exploração agrícola viável só poderá realizar-se:
    a) Para efeitos de redimensionamento de outras explorações, operada nos termos da citada lei;
    b) Para reconversão da própria exploração ou se a sua viabilidade técnico-económica não for gravemente afectada;
    c) Se da divisão resultarem explorações com viabilidade técnico-económica.

O artigo 1377.º refere ainda que a proibição do fraccionamento não é aplicável, apelando, em grande medida para a destinação urbanística de prédios rústicos, nos seguintes casos:
    a) A terrenos que constituam partes componentes de prédios urbanos ou se destinem a algum fim que não seja a cultura;
    b) Se o adquirente da parcela resultante do fraccionamento for proprietário de terreno contíguo ao adquirido, desde que a área da parte restante do terreno fraccionado corresponda, pelo menos, a uma unidade de cultura;
    c) Se o fraccionamento tiver por fim a desintegração de terrenos para construção ou rectificação de estremas.

Conclusão

A necessidade de um diálogo permanente entre direito civil e direito do urbanismo evidencia-se claramente em casos-tipo como os da acessão industrial imobiliária e usucapião parciais.

Estes casos não esgotam as situações de intersecção entre aqueles dois ordenamentos – pense-se, por exemplo, em situações mais complexas como sucede com os negócios jurídicos de fraccionamento de prédios rústicos situados em solo urbano, que se analisam, por exemplo, numa partilha extrajudicial de herança ou numa área urbana de génese ilegal e que convocam o cenário do loteamento –, mas permitem que se articule um conjunto de instrumentos que, em última linha, impedem a consolidação de situações jurídicas em desconformidade com as exigências urbanísticas de uma correcta ocupação do espaço.

Assim, sempre que o particular pretenda fazer valer uma situação de acessão industrial imobiliária – precisamente em face do valor acrescentado introduzido por uma construção edificada em prédio alheio –, ou de usucapião – nos casos em que esta se refira a uma área em que se localize uma edificação ou o interessado a pretenda inequivocamente afectar a uma finalidade edificativa –, é necessário indagar se se mostram cumpridos os requisitos dispostos no ordenamento jus-urbanístico para a divisão fundiária do solo.

Esta indagação passará, nos moldes que expusemos, pela apresentação de uma certidão que defina os pressupostos para a viabilização do fraccionamento, de modo a que, seja o juiz, seja o conservador ou o notário possam, sem se imiscuir ou sem prescindir do exercício das competências municipais, apreciar globalmente todos os pressupostos e implicações das situações de acessão industrial imobiliária e usucapião.

Não obstante, consideramos que é no momento em que se invocam a acessão industrial imobiliária e a usucapião que o fraccionamento fundiário ocorre, individualizando-se *uno acto* a coisa e definindo-se os direitos sobre a mesma.

Propomos, assim, uma terceira via entre quem, incongruentemente, exige a concretização de um destaque prévio à ocorrência da acessão ou da usucapião – posição esta que equivaleria à negação da própria possibilidade de acessão ou usucapião parcial, já que estas formas de aquisição originária incidiriam sobre uma coisa já individualizada –, e quem ignora as exigências urbanísticas – que se encontram, como vimos, traduzidas na certificação da possibilidade de ocorrência do destaque –, pondo em causa a tutela de interesses públicos imperativos.

Com a posição advogada assegura-se, assim, que os requisitos objectivos para a ocorrência do destaque permanecem salvaguardados, apenas se permitindo o fraccionamento fundiário e a aquisição da propriedade por quem não era legítimo proprietário do "prédio mãe".

Parte VI

O DIREITO DO ORDENAMENTO DO TERRITÓRIO E A UNIÃO EUROPEIA

Entre as Metáforas Espaciais e a Realidade: a União Europeia Possui Competência em Matéria de Ordenamento?

JOSÉ ALFREDO DOS SANTOS JÚNIOR[1]

> "Se podes olhar, vê. Se podes ver, repara"
> LIVRO DOS CONSELHOS

> "Più si incontrano opinioni diverse, più si há occasione di acquisire uma nuova comprensione degli altri e di migliorarsi. Non fissiamoci sulle nostre idee, e dialoghiamo com gli altri, tenendo un atteggiamento di grande apertura".
> DALAI LAMA

1. *Era dos extremos*[2]: entre o discurso europeísta e o constitucionalista

A motivação desta investigação repousa na preocupação de como conciliar a supremacia inerente à Constituição com o primado do Direito Comunitário. A abordagem dogmática do princípio objeto de estudo padece normalmente de uma visão unilateral, quer na perspectiva da Constituição, quer na perspectiva do Direito Comunitário. Por outro lado, a quantidade e a complexidade dos problemas suscitados pela interação de ordenamentos – nacional e o comunitário – leva certa doutrina a referir-se a uma nova fase de desenvolvimento do Direito Público: a sua *europeização*[3]. Portanto, justifica-se, a nosso ver, a apreciação crítica das relações entre as Constituições estaduais e o primado do Direito Comunitário.

---

[1] Doutorando, na área de direito público, na Faculdade Direito da Universidade de Coimbra

[2] Inspirado na obra de Eric J. Hobsbawm, *Era dos Extremos, o breve século XX (1914-1991)*, ed., Companhia das Letras, São Paulo.

[3] Cfr. RAINER WAHL, *Die Zweite Phase des öffentlichen Rechts in Deutschland (Die Europäisierung des öffentlichen Rechts)*, in Der Staat, 38, 4, 1999.

O princípio do primado do Direito Comunitário foi fruto de uma jurisprudência "dinâmica" do TJCE baseada numa interpretação teleológica dos conceitos normativos consagrados nos tratados constitutivos, sobretudo. Pois os tratados comunitários não contêm uma regra de conflitos explícita, a determinar ao juiz nacional que resolva a favor do Direito Comunitário eventual oposição entre este e o direito nacional. Assim, o primado do Direito Comunitário não está expressamente consagrado nos tratados.

No sentido de superar este "vazio normativo", o jurista João Mota de Campos[4] sustenta as seguintes teses, a saber: a) o primado possui importância decisiva para o futuro da União Européia, pois ou o Direito Comunitário era aceito como hierarquicamente superior ao direito interno ou estaria condenado a não sobreviver senão como categoria residual; b) as regras jurídicas comunitárias são destinadas a impor-se nos mesmos termos a todos os Estados participantes e respectivos súditos, colocando-os em posição de perfeita igualdade no que respeita tanto às obrigações impostas como aos direitos reconhecidos; c) é a consequência inevitável da atribuição pelos Estados-Membros de amplas competências à União Européia.

A jurisprudência do TJCE foi bastante hábil na interpretação de conceitos vagos para ampliação de suas competências. Ao mesmo tempo é possível vislumbrar também um expansionismo normativo do Direito Comunitário marcado por uma acentuada inflação legal[5]. O TJCE orientou a sua jurisprudência em direção da dilatação de suas competências e pelo expansionismo normativo. O ordenamento jurídico comunitário pode ser visto como um sistema autônomo e esta autonomia reflete, de certo modo, um propósito de auto-referencialidade numa compreensão quase autopoiética do Direito[6], motiva-

---

[4] JOÃO MOTA DE CAMPOS e JOÃO LUIZ MOTA DE CAMPOS, *Manual de Direito Comunitário*, Coimbra Editora, 5.º ed.; p. 386-388.

[5] GÜNTER TEUBNER, *Verrechtlichung* – Beriffe, Mekmale, Grenzen, Auswege – tradução portuguesa de José Engrácia Antunes e Paula Freitas: *Juridificação – Noções, características, limites, soluções*, RDE, XIV, 1988.

[6] A propósito de tal compreensão, v. GÜNTHER TEUBNER, *Gesellschaftsordnung durch Gesetzgebungslärm? Autopoietische Geschlossenheit als Problem für die Rechtsetzung*, in JhbRsRt, 13 (*Gesetzgegungstheorie und Rechtspolitik*), 45 e ss e Günther Teubner, *Recht als autopoietisches system*. A respeito da circularidade e autopoiése, a partir da análise naturalista, H. Maturana, *Autopoiesis and cognition*, Reidel, Boston,

do sobretudo pela "necessidade existencial"[7] da afirmação da ordem jurídica comunitária face a outras.

A partir de determinado momento, o ordenamento europeu comunitário é forçado a descrever os seus próprios componentes, utilizando as suas próprias categorias jurídicas, e passa a criar normas reguladoras das suas próprias operações, estruturas e processos[8]. Neste sentido, os instrumentos de disciplina jurídica – tratados, regulamentos, diretivas, após o impulso inicial dado pelo exterior, geram-se e renovam-se a si próprios, tornando-se auto-suficientes e semi-dependentes em relação aos instrumentos normativos dos Estados-Membros[9]. Assim, o primado foi concebido como uma característica própria da ordem jurídica comunitária que se fundamenta a si mesma.

Numa perspectiva estritamente jurídica a autonomia da ordem jurídica comunitária assentar-se-ia na "transferência de competências" realizada no ato de adesão dos Estados-Membros à União Européia. Neste sentido, ocorrida em dois planos, a saber: a) no plano legislativo, os Estados transferiram para o "legislador comunitário" as prerrogativas de legislar em determinadas matérias, seja sob a forma exclusiva, seja sob uma forma concorrente; b) no plano judicial, os tribunais nacionais renunciariam a prerrogativa de controle de certos atos que produzem efeitos na ordem jurídica nacional e transfeririam a referida prerrogativa ao tribunal comunitário.

O TJCE no Acórdão Costa / ENEL[10] entendeu que "a transferência efetuada pelos Estados, da sua ordem jurídica interna em benefí-

---

1980; *Erkennen: Die Organisation und Verkörperung von Wirklichkeit*, Vieweg, Braunschweig, 1982; F. Varela, *Autonomy and autopoiesis*, in G. Roth, Self-organizing systems, Campus, Frankfurt, 14-24.

[7] Cfr. M. VIRALLY, *Sur Un Pont aus Anes: Les Rapports entre le Droit Internationale et les Drois Internes*, in Mélanges Offerts à Henri Rollin, Pédone, Paris, 1964 e P. Pescatore, *L'Ordre Juridique des Communautées Européennes*, Presses Universitaires de Liège, 1973, p. 227.

[8] GÜNTHER TEUBNER, *Recht als autopoietisches system* – tradução portuguesa: *O direito como sistema autopoiético*, Fundação Calouste Gulbenkian, Lisboa, p. 70 e 71.

[9] GÜNTHER TEUBNER, *Recht als autopoietisches system* – tradução portuguesa: *O direito como sistema autopoiético*, Fundação Calouste Gulbenkian, Lisboa, p. 66.

[10] Cfr. Acórdão do TJCE de 15 de julho de 1964, Costa / ENEL.

cio da ordem jurídica comunitária, dos direitos e obrigações correspondentes às obrigações dos tratados, implica (...) uma *limitação definitiva dos seus direitos soberanos*". Este Acórdão revela uma caso iniciado em Milão, em que se pretendia atacar a lei italiana da nacionalização da energia elétrica, que era denunciada como incompatível com algumas disposições do tratado da União Européia. O juiz italiano socorreu-se do reenvio prejudicial previsto no art. 234.º CE e submeteu ao TJCE a questão da interpretação das disposições posta em causa. O Governo italiano contestou a admissibilidade do recurso ao Tribunal Comunitário sustentando que a função do juiz italiano era a de aplicar a lei nacional.

O TJCE entendeu que, diversamente do que sucede com os tratados internacionais ordinários, o Tratado CE institui "uma ordem jurídica própria, integrada na ordem jurídica dos Estados-Membros e que se impõe às suas jurisdições ", "(...) Esta integração no direito de cada país membro, de disposições provenientes de fonte comunitária e, mais genericamente, os termos e o espírito do Tratado têm por corolário a *impossibilidade para os Estados-Membros de fazer prevalecer, contra uma ordem jurídica por eles aceita numa base de reciprocidade, uma medida unilateral ulterior (...)*". Considera o Tribunal: "(...) Resulta do conjunto destes elementos que, emanado de uma fonte autônoma, *o direito resultante do Tratado não poderia, em razão da sua natureza originária específica, ver-se judiciariamente confrontado com um texto de direito interno, qualquer que este fosse*, sem perder o seu caráter comunitário e sem que fossem postos em causa os fundamentos jurídicos da própria Comunidade".

Apesar de bastante enfática e expressiva a construção do TJCE as bases jurídicas são de duvidosa sustentabilidade. Do referido acórdão é possível extrair pelo menos uma idéia fundamental: a de que existem dois círculos normativos separados e com fundamentos de validade autônomos. A textura empregada pelo TJCE na formulação da ordem jurídica comunitária é demasiadamente frágil. Para utilizar uma linguagem mais estilizada diríamos que a ponte entre a União Européia européia e os Estados-Membros foi partida por juízes ultrazelosos e por juristas que acreditavam estar criando as fundações de um novo super-Estado[11].

---

[11] C. TREVOR HARTLEY, *The constitutional foundations of the European Union*, in LQR, 117 (abril, 2001), p. 245.

Embora se possa dizer que estamos diante de um ordenamento autônomo[12], esta autonomia é relativa[13] pelas seguintes razões, a saber: a) não existe o que o TJCE convencionou designar por "transferências de soberania"; b) as instituições comunitárias não possuem a possibilidade de colocar nas suas mãos os seus próprios destinos competenciais; c) não há sustentabilidade a idéia de auto-referencialidade da construção comunitária, na medida em que continua existir limites jurídicos impostos pelas ordens jurídicas nacionais a tal tarefa.

A relação entre o ordenamento jurídico comunitário e as ordens jurídicas nacionais impõe uma reflexão mais acurada e portanto para além da jurisprudência do TJCE. A nossa proposta nesta investigação é analisar rigorosamente as relações entre as referidas ordens jurídicas. As três objeções supracitadas materializam-se em três teses, a saber: a) tese da impossibilidade de limitação definitiva de soberania; b) tese da ausência de *Kompetenz-Kompetenz* da União Européia Européia; c) tese da imposição de limites pelo Estado constitucional. Procuraremos desenvolver de *per si* cada uma destas linhas argumentativas.

2. Tese da impossibilidade de limitação definitiva de soberania

Um dos pilares de sustentação da ordem jurídica comunitária é a tese da transferência definitiva de poderes soberanos efetuada pelos Estados-membro em favor da União Européia e das suas instituições.

Não é correto falar, neste contexto, em "transferência de soberania", pois a soberania é um dos elementos constitutivos da noção de Estado. Portanto, a sua transferência levaria a uma situação de perda de estadualidade o que seria apenas compaginável com as estruturas

---

[12] A respeito, MASSIMO SEVERO GIANNINI, *Profili di un Diritto amministrativo delle Comunità Europee*, in RTDP, 2003, 4, p. 984; Alessandro Pace, *La dichiarazione di Laeken e il processo costituente europeu*, in RTDP, 2002, 3, p. 613.

[13] JOAQUIM FREITAS DA ROCHA, *Constituição, Ordenamento e Conflitos Normativos, esboço de uma Teoria Analítica da Ordenação Normativa*, Coimbra Editora, 2008, p. 398-399.

jurídicas típicas de um Estado federal, o que não é manifestamente o caso.

Neste momento, é conveniente convocarmos a jurisprudência do Conselho Constitucional francês e do Tribunal Constitucional alemão no intuito de realizarmos uma breve suspensão reflexiva tendente à análise da fragilidade da tese de "transferência de soberania".

O *Conseil Constitutionnel*, em vez de se referir a transferências de soberania, utiliza fórmulas mais cautelosas como limitações de soberania (*"limitations de souveraineté"*[14]) e transferências de competências (*"transferts de compétences"*[15]). No entendimento do *Conseil Constitutionnel* o princípio constitucional da soberania nacional não constitui obstáculo a que, mediante condições de reciprocidade, o Estado possa concluir Tratados internacionais mediante os quais se proceda a transferências de determinadas competências em favor de outras pessoas jurídicas[16]. Tais transferências de competências não são verdadeiras alienações de soberania, mas simplesmente limitações, com caráter revogável e recuperável[17].

---

[14] Cfr. Décision n.º 97-394 DC, de 31 de dezembro de 1997.

[15] Cfr. Décision n.º 92-308 DC, de 9 de abril de 1992, e n.º 97-394 DC, de 31 de dezembro de 1997.

[16] Cfr. LOUIS FAVOREU (coord.), *Droit constitutionnel*, 3.º ed., Dalloz, Paris, 2000, p. 59 considera: *"C'est parce que la France est un Etat souverain qu'elle a le droit, sur le plan international, d'attribuer son actuelle compétence (...) à des organes de la Comunauté Européenne".*

[17] Cfr. Article 88-1: "La République participe aux Communautés européennes et à l'Union européenne, constituées d'États qui ont choisi librement, en vertu des traités qui les ont instituées, d'exercer en commun certaines de leurs compétences. Elle peut participer à l'Union européenne dans les conditions prévues par le traité de Lisbonne modifiant le traité sur l'Union européenne et le traité instituant la Communauté européenne, signé le 13 décembre 2007. *La République participe à l'Union européenne constituée d'États qui ont choisi librement d'exercer en commun certaines de leurs compétences en vertu du traité sur l'Union européenne et du traité sur le fonctionnement de l'Union européenne, tels qu'ils résultent du traité signé à Lisbonne le 13 décembre 2007".*

Article 88-2: "Sous réserve de réciprocité et selon les modalités prévues par le traité sur l'Union européenne signé le 7 février 1992, la France consent aux transferts de compétences nécessaires à l'établissement de l'union économique et monétaire européenne.Sous la même réserve et selon les modalités prévues par le traité instituant la Communauté européenne, dans sa rédaction résultant du traité signé le 2 octobre 1997, peuvent être consentis les transferts de compétences nécessaires à la détermination

Na ordem jurídica alemã o debate doutrinário concentra-se no art. 24.º da *Lei Fundamental de Bonn* que determina expressamente a possibilidade de transferências de poderes soberanos, mediante a verificação de certas condições, em favor de organizações internacionais. Este debate acentuou a idéia de que a integração européia se projeta como uma construção jurídica radicada sempre na Constituição[18]. Neste sentido, a transferência de poderes soberanos para uma organização internacional como a União Européia só se pode fundar na autorização dos respectivos Estados soberanos, designadamente através dos parlamentos nacionais, com as respectivas "leis de adesão"[19]. E por outro lado, a integração européia é ainda uma manifestação do poder constituinte dos Estados-Membros[20], sobretudo pela exigência de autorização constitucional para a Alemanha poder participar na construção da ordem jurídica comunitária.

A razão subjacente do comportamento do Tribunal Constitucional alemão está no fato de a jurisprudência do TJCE, sobretudo numa primeira fase, manifestar-se pouco favorável à salvaguarda dos direitos fundamentais[21]. No Acórdão de 29 de maio de 1974 o Tribunal Constitucional Federal alemão apreciou a complexa relação entre o direito constitucional nacional e o Direito Comunitário, em termos que o levaram a recusar a aceitação da supremacia absoluta do Direito Comunitário sobre a *Lei Fundamental de Bonn*.

Nesta decisão o Tribunal começa por reafirmar a sua jurisprudência anterior, segundo a qual o Direito Comunitário e o direito interno constituem duas ordens jurídicas independentes e distintas uma da

---

des règles relatives à la libre circulation des personnes et aux domaines qui lui sont liés. La loi fixe les règles relatives au mandat d'arrêt européen en application des actes pris sur le fondement du traité sur l'Union européenne".

[18] Esta fundamentação constitucional do processo de integração, resulta, entre outras considerações, que os princípios fundamentais da *Lei Fundamental de Bonn* devem ser respeitados, assim como o núcleo essencial dos direitos fundamentais. V. Paul Kirchhof, *Der Deutsche Staat in Proze˜ der europäischen Integration*, in HdbStR (org. Insensee e Kirchhof), VII, C. F. Müller, Heidelberg, 1992, p. 881 e 884, e *BverGE*, 37, 271 (296).

[19] Cfr. *BverGE*, 89 (Maastricht), 155 (186, 187).

[20] PAUL KIRCHHOF, *Der Deutsche Staat in Proze˜ der europäischen Integration*, in HdbStR (org. Insensee e Kirchhof), VII, C. F. Müller, Heidelberg, 1992, p. 877.

[21] Cfr. Acórdãos *"Storck"*, *"Comptoirs de vente du Charbon de la Ruhr"* e *"Scarlata"*.

outra, entendendo que "cabe aos órgãos comunitários competentes, incluindo o TJCE, pronunciar-se, designadamente, sobre o caráter obrigatório, a interpretação e o respeito do Direito Comunitário, do mesmo modo que incumbe aos órgãos competentes nacionais julgar sobre o caráter obrigatório, a interpretação e o respeito do direito constitucional da República Federal da Alemanha". Considera o Tribunal: "(...) o Tribunal das Comunidades Européias não poderia proferir uma decisão com força obrigatória sobre a compatibilidade de uma norma de Direito Comunitário com a *Lei Fundamental*, tal como o *Bundesverfassungsgericht* não poderia proferir uma decisão com força obrigatória sobre a interpretação a dar a uma regra do Direito Comunitário". Acrescenta ainda: "O Direito Comunitário não é posto em causa quando, excepcionalmente, ele não pode prevalecer sobre certas disposições imperativas do direito constitucional". Portanto, o *Bundesverfassungsgericht* considerou-se competente para declarar uma disposição do Direito Comunitário inaplicável pelas autoridades administrativas ou pelos órgãos jurisdicionais da República Federal da Alemanha desde que ela ofendesse um direito fundamental garantido pela *Lei Fundamental de Bonn* e de forma ampla, quando ela afetasse "a estrutura fundamental da Constituição, que confere a esta a sua identidade".

Neste Acórdão *Solange-Beschluss,* o Tribunal Constitucional Federal alemão considerou que "enquanto o processo de integração da Comunidade não estiver desenvolvido a tal ponto que o Direito Comunitário contenha um catálogo de direitos fundamentais, adequado ao catálogo de direitos fundamentais da *Lei Fundamental,* e além disso, devidamente aprovado por um parlamento e dotado de vigência positiva, é admissível e recomendável que, quando um tribunal da República Federal da Alemanha considere inaplicável a norma de Direito Comunitário relevante para a decisão, na interpretação dada pelo Tribunal Europeu – por colidir, e enquanto colida, com um dos direitos fundamentais da Lei Fundamental –, aquele primeiro tribunal, após a invocação da decisão do Tribunal Europeu, exigida no art. 177.º do Tratado, se dirija ao Tribunal Constitucional Federal, dando origem a um processo de controle normativo". O Tribunal Constitucional adotou uma postura zelosa dos direitos fundamentais face à ordem jurídica comunitária.

O *Bundesverfassungsgericht* no Acórdão de 22 de outubro de 1986[22] inadmitiu um recurso constitucional numa questão que tinha sido objeto decisão a título prejudicial do TJCE. O Tribunal Constitucional considerou inadmissível o recurso quando a proteção aos direitos fundamentais no plano comunitário fosse assegurada a um nível equivalente na ordem jurídica nacional. Neste sentido, a competência do juiz comunitário é precária e o juiz constitucional alemão não se destitui do seu papel de vigilante dos direitos fundamentais, podendo num caso concreto fiscalizar a constitucionalidade de determinado ato de Direito Comunitário.

Recentemente o Tribunal Constitucional alemão no Acórdão de 7 de junho de 2000[23] relativo à aplicação do Regulamento das bananas considerou-se competente para apreciar o Direito Comunitário derivado, no caso de não proporcionar uma proteção efetiva aos direitos fundamentais substancialmente semelhante à promovida pela *Lei Fundamental de Bonn,* sobretudo para salvaguardar o conteúdo essencial dos direitos fundamentais.

---

[22] Convém esclarecer os fatos que deram origem a essa decisão remontam ao ano de 1976, quando a autoridade nacional competente, com base nas medidas de salvaguarda estabelecidas por um Regulamento das Comunidades Européias, negou a uma empresa uma licença de importação de cogumelos em conserva, procedentes de Formosa. A empresa recorreu à via do contencioso-administrativo e alegou ilegalidade das medidas de salvaguarda adoptadas pela Comissão. O Tribunal Federal Administrativo utilizou-se do reenvio prejudicial e o TJCE declarou que o regulamento em questão era conforme o direito no Acórdão de 6 de maio de 1981. A parte inconformada com a decisão, alegou a violação do direito de audição, uma vez que o TJCE não teria tomado devidamente em consideração as estatísticas que tinha apresentado no processo. Neste sentido, a parte pretendia que o tribunal nacional suscitasse de novo a questão no TJCE ou que apreciasse a questão de constitucionalidade nos termos do art. 100.º da *Lei Fundamental de Bonn.* As suas pretensões foram desatendidas e a decisão foi objeto de queixa constitucional perante o Tribunal Constitucional. A parte alegou a violação do princípio do juiz legal, consagrado no art. 101.º, n.º 1 da *Lei Fundamental de Bonn* e do direito de ser ouvida por um juiz, relacionando esses preceitos com a obrigação de reenvio. Alegava ainda a violação de direitos fundamentais no plano substantivo. No entanto, o Tribunal Constitucional recusou o recurso. No entendimento daquele tribunal, a decisão do juiz nacional de não proceder ao reenvio, pela segunda vez, não fora uma decisão arbitrária e, portanto, não havia nenhuma violação do direito ao juiz legal. Por outro lado, considerou inadmissível o recurso quando a proteção dos direitos fundamentais no plano comunitário fosse assegurada de forma equivalente à proteção no âmbito nacional.

[23] ULRICH EVERLING, *Will Europe Slip on Bananas? The Bananas Judgement of the Court of Justice and National Courts,* in Common Market Law Review, 1996, p. 401-433.

Em tom de desfecho parcial é possível concluir como Jorge Miranda[24] que, "numa primeira fase, o Tribunal Constitucional Federal afirmou a extensão, sem quebras, do princípio da constitucionalidade das normas européias. Numa segunda fase, acabou por admitir que na esfera comunitária os direitos fundamentais já obtinham um grau de proteção comparável ao atingido a nível interno, aceitou autolimitar o seu poder, embora reservando-se a indagação da comparabilidade. Num terceiro e mais recente momento, assentiu numa espécie de presunção de respeito dos direitos fundamentais pelas normas comunitárias, fazendo recair sobre quem assim impugnasse o ônus da demonstração contrária".

3. Tese da ausência de *Kompetenz-Kompetenz* da União Européia Européia

Tornou-se lugar comum nos discursos europeístas que o Direito emanado das instituições européias, no âmbito das competências que lhe foram atribuídas, goza de um primado sobre o Direito emanado pelas instituições nacionais. Pergunta-se quais são as competências atribuídas à União Européia? Quem tem a competência para as determinar? Quem pode estabelecer um controle do exercício dessas competências? Enfim, quem tem, no âmbito das relações entre os Estados-Membros e a União Européia Européia, a competência das competências[25]?

Primeiramente, parece claro que a titularidade da *Kompetenz-Kompetenz* é insuscetível de repartição e só pode estar nas mãos de uma ou outra ordem jurídica[26]. O "conflito dos conflitos" aflorará quando a União Européia Européia emanar atos normativos que

---

[24] JORGE MIRANDA, *A Constituição Européia e a Ordem Jurídica Portuguesa*, Lisboa, 2004, www.tribunalconstitucional.pt

[25] Cfr. MARCO EGGERT, *Licht im Dschungel der Kompetenzen? Zur Ordnung der Zuständigkeiten in der UE*, in Verfassungsexperimente. Europa auf dem Weg zur transnationale Demokratie?, LIT Vlg., Münster, 2003, p. 39.

[26] Cfr. HANS-JÜRGEN PAPIER, *Europäische Verfassungsgebung*, in The spanish Constitution in the european constitutional context (org. Francisco Segado), Dykinson, Madrid, 2003, p. 208.

ultrapassem drasticamente os seus limites competenciais[27]. Nesta hipótese quem proferirá a última palavra?

Na retórica utilizada pelo TJCE as dúvidas não existem. As instituições da UE podem determinar as suas próprias competências, e em caso de conflito de competências a última palavra cabe a si. Se por um lado os órgãos da União Européia não são onicompetentes[28], por outro lado em termos europeus e comunitário não existe qualquer disposição genérica atributiva destas competências. Para além disso, as organizações internacionais têm uma capacidade jurídica limitada às suas funções e, em face do art. 2.º[29] do TCE, as instituições comunitárias possuem finalidades bastante restritas[30]. Neste

---

[27] V. HASSO HOFMANN, *Souverän ist, wer über den Ausnahmezustand entscheidet*, in Der Staat, 44, 2, 2005, p. 184 e ss.

[28] Assim, PETER BADURA, *Bewahrung und Veränderung demokratischer und rechtsstaatlicher Strukturen in den internationalen Gemeinschaften*, in VVDStRL, 23, 1966, p. 48 e ss.; Paul Kirchhof, *Der Deutsche Staat in Proze der europäischen Integration*, in HdbStR (org. Insensee e Kirchhof), VII, C. F. Müller, Heidelberg, 1992, p. 877; Hans-Werner Rengeling, *Die Kompetenzen der Europäischen Union: Inhalte, Grenzen und Neuordnung der Rechtsetzungsbefugnisse*, in Brenner, Hüber, Möstl (org.), Der Staat des Grundgesetzes – Kontinuität und Wandel (Festschrift für Peter Badura zum siebzigsten Geburtstag), Mohr Siebeck, 2004, p. 1140; Theodor Schilling, *Artikel 24, absatz 1 des Grundgesetzes, Artikel 177 des EWG-Vertrags und die Einheit der Rechtsordnung*, in Der Staat, 29, 2, 1990, p. 176 e ss.

[29] Cfr. Artigo 2.º: "*A Comunidade tem como missão, através da criação da um mercado comum e de uma União Européia económica e monetária e da aplicação das políticas ou acções comuns a que se referem os artigos 3.º e 4.º, promover, em toda a Comunidade, o desenvolvimento harmonioso, equilibrado e sustentável das actividades económicas, um elevado nível de emprego e de protecção social, a igualdade entre homens e mulheres, um crescimento sustentável e não inflacionista, um alto grau de competitividade e de convergência dos comportamentos das economias, um elevado nível de protecção e de melhoria da qualidade do ambiente, o aumento do nível e da qualidade de vida, a coesão económica e social e a solidariedade entre os Estados-Membros*".

[30] Neste sentido, Peter Lindseth, *Democratic legitimacy and the administrative character of supranationalism: The example of the European Community*, in CoLRw, 99, 3, 1999, p. 652 e 675 e ss. Cfr. Ainda Theodor Schilling, *The autonomy of the community legal arder: an analysis of possible foudations*, in Who in the law is the ultimate Judicial Umpire of european community competences? The Schilling-Weiler/Haltern debate, Harvard Jean Monnet working paper 10/96, http://www.jeanmonnetprogram.org/papers/96/9610.html. (ou HarvIntLJ, 37, 1996).

[31] MASSIMO SEVERO GIANNINI, *Profili di un Diritto amministrativo delle Comunità Europee*, in RTDP, 2003, 4, p. 984.

sentido, dão concretude a um ordenamento "não geral"[31], portanto, não se compreende a atribuição de poderes genéricos, nomeadamente uma *Kompetenz-Kompetenz*[32].

Na verdade, nesta matéria, o que identificamos são competências por atribuição que definem o objeto e o procedimento a adotar, portanto, vigora um *princípio de atribuição limitada*[33]. Assim, há plena plausibilidade jurídica a afirmação de que a União Européia Européia não é titular de qualquer competência das competências[34]. Do princípio de atribuição limitada podemos extrair importantes consequências. Neste sentido, a União Européia Européia atua apenas no âmbito dos limites das competências que lhe tenham sido atribuídas pelos Estados-Membros, assim qualquer atuação dos seus órgãos deverá ser precedida de autorização destes, sob pena de erosão de suas competências internas[35]. Acresce a isto, as competências que não sejam atribuídas à União Européia Européia e aos seus órgãos são titularizadas pelos Estados-Membros. E por fim, o exercício de uma competência atribuída à União Européia Européia significa uma privação de competência por parte dos Estados – efeito preempção e o primado da aplicação da norma comunitária[36].

---

[32] Cfr. *BverfGE* 89, 155, 165 (Maastricht).

[33] A respeito do princípio, v. Paul Kirchhof, *Der Deutsche Staat in Proze der europäischen Integration*, in HdbStR (org. Insensee e Kirchhof), VII, C. F. Müller, Heidelberg, 1992, p. 878; Martin Nettesheim, *Kompetenzen, in Europäische Verfassungsrecht* (Theoretische und dogmatische Grundzüge, org. Von Bogdandy, Springer Vlg., Heidelberg, 2003, p. 421 e ss.; Delf Buchwald, *Zur Rechtsstaatlichkeit der Europäischen Union*, in Der Staat, 37, 2, 1998, p. 194 e ss.; Thomas Beyer, *Die Ermächtigung der europäischen Union und ihrer Gemeinschaften*, in Der Staat, 35, 2, 1996, p. 208 e ss.; Udo Di Fabio, *Der neue Art. 23. Des Grundgesetzes* (Positivierung vollzogenen Verfassungswandels oder Verfassungsneuschöpfung?, in Der Staat, 32, 2, 1993, p. 196 e ss.; Valérie Michel, *Le défi de la répartition des compétences*, in CDE, 2003, 1-2, p. 31.

[34] Neste sentido, MARCO EGGERT, *Licht im Dschungel der Kompetenzen ? Zur Ordnung der Zuständigkeiten in der EU*, in Verfassungsexperimente. Europa auf dem Weg zur transnationale Demokratie?, LIT Vlg., Münster, 2003, p. 43; Wolfang Hecker, *Staats-und Verfassungsrecht* (Hessisches Landesrecht), Nomos Vlg.; Baden-Baden, 2002, p. 395. Cfr. *BverGE*, 89 (Maastricht), 155 (181).

[35] Neste sentido, Valérie Michel, *Le défi de la répartition des compétences*, in CDE, 2003, 1-2, p. 34 e ss.

[36] V. DIMITRIS TRIANTAFYLLOU, *Des competences d'attribution au domaine de la loi*, Bruylant, Bruxelas, 1997, p. 41.

Na perspectiva da ordenação das competências a União Européia Européia não poderá deixar de reconhecer a preponderância da vontade dos Estados-Membros e neles encontrar o seu fundamento jurídico de validade, pois são eles os verdadeiros agentes da integração. Neste sentido a constituição, a alteração ou a extinção das suas competências tem de ser por eles determinada[37]. Da mesma forma que a soberania estatal não é ilimitada, mas tem o seu fundamento último na Constituição, também no âmbito comunitário deverá ser a Constituição a determinar as vinculações internacionais dos Estados e as ulteriores consequências dessas vinculações[38].

A tese da *Kompetenz-Kompetenz* colocou-se no Acórdão de 12 de outubro de 1993 (*Decisão Maastricht*)[39], onde o Tribunal Constitucional alemão procurou responder à questão de saber quem deve ter a última palavra sobre uma norma comunitária tida como *ultra vires*, isto é, emanada para além dos limites de competência da União Européia Européia. Nesta mesma senda, podemos citar ainda a decisão do Supremo Tribunal dinamarquês – *Caso Carlsen*[40] – em que este considerou que pode submeter Direito Comunitário derivado a um escrutínio constitucional se um ato violar a Constituição dinamarquesa, ou se for emanado *ultra vires*.

O Tribunal Constitucional alemão entendeu que uma interpretação demasiadamente *lata* de competências comunitárias, nomeadamente através do mecanismo das competências subsidiária, não teria efeito vinculativo para a Alemanha. Assim, o Tribunal poderia sempre redefinir os limites das competências da União Européia Européia.

---

[37] Neste sentido, PAUL KIRCHHOF, *Der Deutsche Staat in Proze der europäischen Integration*, in HdbStR (org. Insensee e Kirchhof), VII, C. F. Müller, Heidelberg, 1992, p. 877. Em sentido diverso, Martin Nettesheim, *Kompetenzen, in Europäische Verfassungsrecht* (Theoretische und dogmatische Grundzüge, org. Von Bogdandy, Springer Vlg., Heidelberg, 2003, p. 425.

[38] PAUL KIRCHHOF, *Der Deutsche Staat in Proze˜ der europäischen Integration*, in HdbStR (org. Insensee e Kirchhof), VII, C. F. MÜLLER, HEIDELBERG, 1992, p. 866.

[39] V. DOMINIK HANF, *Le Jugement de la Cour Constitutionnelle Fédérate Allemande sur la Constitutionnalité du Traité de Maastricht. Un Nouveau Chapitre de Relations entre le Droit Communnautaire et le Droit National*, in Revue Trimestrelle de Droit Européenne, ano 30, n.º 3, julho-setembro, 1994, pp. 391-423.

[40] Cfr. Caso *Carlsen*, n.º 1361/1997 de 6 de abril de 1998.

O Tribunal afirmou ainda a denominada *"doutrina da jurisdição universal"*. Vale dizer, possui jurisdição sobre qualquer ato público que tenha efeito direto sobre a Alemanha, incluindo os das organizações supranacionais. Todavia, quanto aos direitos fundamentais, considerou que não exerceria a sua jurisdição caso a caso, deixando essa tarefa para o TJCE, com o qual manteria uma relação de cooperação, condicionada à lógica da proteção equivalente à do âmbito nacional.

A análise do Tribunal, neste caso, está fundamentada sobretudo no entendimento axiomático que o Tratado da União Européia Européia não criou uma entidade supranacional com vestes de estatalidade. O cerne da decisão parece residir na ênfase dada ao processo de integração européia tendo na base uma limitada transferência de poderes e, por outro lado, a ênfase dada ao princípio da democracia. Para além disso, o Tribunal considera que o poder constituinte da Alemanha não reconheceu a absoluta supremacia do Direito Comunitário, e que os poderes do *Bundesverfassungsgericht* derivam exclusivamente da Lei Fundamental. Portanto, vigora um princípio de atribuição limitada e há plena plausibilidade jurídica a afirmação de que a União Européia Européia não é titular de qualquer competência das competências.

4. Tese da imposição de limites pelo Estado constitucional

Para além de não ser destinatária de qualquer transferência definitiva de poderes soberanos, muito menos ser titular de prerrogativas competenciais absolutas, a União Européia Européia não se pode afirmar como um ordenamento auto-referencial e absolutamente autônomo devido a uma outra consideração: toda a normação dela emanada encontra a sua origem, o seu "fundamento genético", nos Tratados constitutivos e, em última análise, no ordenamento normativo dos Estados-Membros[41].

A doutrina germânica desenvolveu duas importantes teses a este respeito, a saber: a teoria da autorização constitucional e teoria da alteração substancial do ordenamento normativo interno.

---

[41] Assim, TREVOR C. HARTLEY, *The constitutional foundations of the European Union*, in LQR, 117, abr. 2001, p. 226.

A primeira teoria realça o fato de a União Européia Européia ter nascido de um ato normativo, neste sentido, pode-se dizer que a lei veio primeiro e as instituições vieram depois, portanto essa lei foi criada pelos próprios Estados[42]. A abertura do Estado constitucional ao ordenamento europeu comunitário não significa a des-estadualização do poder constituinte e das opções constituintes fundamentais. Não podemos perder de vista a exigência da vontade democrática soberana expressada nas constituições dos Estados e a exigência de que toda alteração político-normativa necessita de uma "norma constitucional habilitante".

Na sua versão mais extremada a referida teoria apregoa: se por um lado as normas jurídicas comunitárias necessitam de uma cláusula de recepção da ordem jurídica interna via autorização constitucional, sob pena de *inexistência jurídica*. Por outro lado, tais normas precisam estar de acordo com as disposições constitucionais dos Estados, sem a qual estarão acometidas de *invalidade*.

Uma versão mais "*soft*" desta teoria aceita que as disposições constitucionais internas se afirmem apenas como *parâmetro de aplicabilidade*, e não já de validade. Tendo em conta dois argumentos, o primeiro de que a vontade estadual não pode ser absolutamente soberana à "moda" hegeliana do século XIX, pois não se pode fundar a validade do Direito externo (*v.g.* tratados internacionais e atos emanados das organizações previstas) na Constituição, no Direito interno e na vontade de um só Estado. Segundo porque esvaziaria qualquer possibilidade de construção de uma ordem jurídica comunitária[43].

A teoria da alteração substancial do ordenamento normativo interno foi suscitada diante da possibilidade de corrosão do núcleo essencial da ordem constitucional interna no âmbito do ordenamento jurídico austríaco[44]. Procurou-se apurar até que ponto o processo de integração europeu estaria procedendo uma "alteração substancial"

---

[42] Neste sentido, TREVOR C. HARTLEY, *The constitutional foundations of the European Union*, in LQR, 117, abr. 2001, p. 225.

[43] Cfr. DIETER GRIMM, *Braucht Europa eine Verfassung?* In JZ, 1995, 12, p. 585.

[44] Cfr. UDO DI FABIO, *Der neue Art. 23. Des Grundgesetzes* (Positivierung vollzogenen Verfassungswandels oder Verfassungsneuschöpfung?), in Der Staat, 32, 2, 1993.

da ordem jurídica, em especial da Constituição[45]. O que nos termos da Constituição austríaca exigiria à aprovação de uma Lei Constitucional por 2/3 da câmara baixa do parlamento e um referendo. Convém esclarecer que a Constituição austríaca em sentido amplo é flexível na medida em que é composta pela *Bundesverfassungsgesetze* – B-VG e pelas Leis Constitucionais que, para serem aprovadas, necessitam da maioria de dois terços. Neste sentido, pode-se afirmar que, até certo ponto, a constitucionalização depende menos do conteúdo e mais do procedimento de aprovação.

Neste contexto, entende-se que se está diante de uma "alteração substancial" quando os princípios estruturantes da ordem constitucional, como o princípio democrático, republicano, federal, separação de poderes estão sujeitos à alterações drásticas[46].

Quanto ao momento, a alteração se processa com lei constitucional que autoriza a adesão do Estado austríaco ou o com o ato jurídico de adesão (o tratado propriamente dito)? Qual ou quais normas da ordem comunitária, ao ingressar na ordem jurídica interna, poderão ser categorizadas como aptas a concretizar uma alteração substancial? Estas são problematizações possíveis.

Na França, compete o Conselho Constitucional fiscalizar a constitucionalidade das leis e dos Tratados de forma preventiva. O Conselho considera que existem princípios fundamentais consagrados na Constituição, que de forma alguma podem ser postos em causa pelo Direito Comunitário, designadamente os princípios da plenitude, do exclusivismo e da intangibilidade da soberania nacional[47]. A idéia de soberania nacional e os princípios fundamentais da ordem constitucional, como a indivisibilidade da República, a independência nacional e o sufrágio universal, são inderrogáveis pela via da ordem comunitária.

---

[45] Neste sentido, Bernd-Christian Funk, *Einführung in das österreichische Verfassungsrecht*, Leykam, Graz, 2000, p. 102; Theo Öhlinger, *Die Transformation der Verfassung*, in Juristische Blätter (JB), 124, 1, 2002, p. 2; Roland Winkler, *Integrationsverfassungsrecht*, Springer Vlg., Wien, 2003, 1 e ss.

[46] Neste sentido, Theo Öhlinger, *Die Transformation der Verfassung*, in Juristische Blätter (JB), 124, 1, 2002, p. 2

[47] Cfr. JOÃO MOTA DE CAMPOS, *As relações da Ordem Jurídica Portuguesa com o Direito Internacional e o Direito Comunitário à luz da Revisão Constitucional de 1982*, Instituto Superior de Ciências Sociais e Políticas, Lisboa, 1985, p. 335.

O Conselho Constitucional no Acórdão de 30 de dezembro de 1976, proferido a respeito da decisão comunitária de 1976, relativa à eleição do Parlamento Europeu por sufrágio direto e universal, o Conselho Constitucional não aceitou a primazia do Direito Comunitário que viole a independência nacional, a indivisibilidade da República, bem como qualquer ato comunitário que tenha por objeto modificar as competências e os poderes limitativamente atribuídos no texto dos Tratados à União Européia Européia, ou que atente contra os poderes e atribuições das instituições da República e designadamente do Parlamento, uma vez que tal comportamento seria contrário à Constituição francesa. Neste sentido, também nos Acórdãos de 25 de julho de 1991 – relativo ao *Acordo de Schengen* – e de 9 de abril de 1992 – relativo ao Tratado de Maastricht.

Em tom de desfecho parcial, o respeito aos princípios fundamentais consagrados nas Constituições dos Estados-Membros é ínsito ao princípio de atribuição limitada de competências consentida em favor da União Européia. Neste sentido, a União Européia Européia no exercício destas competências jamais poderá macular o núcleo irredutível das Constituições nacionais.

Não poderíamos terminar esta seção sem comentar, ainda que sucintamente, a recente decisão do Tribunal Constitucional Federal alemão, prolatada a 30 de Junho de 2009 pelo segundo senado que declarou a compatibilidade do Tratado de Lisboa com a constituição alemã[48]. O tribunal, seguindo a jurisprudência fixada na sentença Maastricht de 1993, não só reafirmou os limites constitucionais da transferência de competências à União Européia, como também ampliou seu direito de controlar a constitucionalidade do direito da União.

Apesar de o Tratado de Lisboa conceder personalidade jurídica própria à União Européia, o Tribunal Constitucional alemão não reconhece a União como estado próprio. Além disso, a *Lei Fundamental de Bonn* não permite a participação da Alemanha numa federação européia de estados. A corte constitucional alemã considerou que há um défice democrático na União, neste sentido, os direitos políticos (de participação) devem ser fortalecidos no âmbito nacional, a fim de garantir a eficácia do direito de voto dos alemães e o

---

[48] *Cfr.* BVerfG, 2 BvE 2/08.

respeito pela União Européia das competências que lhe foram outorgadas.

A novidade na decisão foi a introdução do conceito de "responsabilidade com a integração" (*"Integrationsverantwortung"*) formulado com o escopo de justificar a expansão da interferência do Parlamento alemão na ação do governo em assuntos europeus.

O Tribunal Constitucional alemão também reafirmou sua jurisprudência, portanto mesmo após a entrada em vigor do Tratado de Lisboa, continuará a controlar o direito europeu, para proteger o direito democrático de autodeterminação do povo alemão. Para além de verificar se os atos jurídicos da União são compatíveis com Lei Fundamental ou se ultrapassam as competências conferidas pela Alemanha. Agora a Corte constitucional também verificará se os atos jurídicos da União violam a identidade da ordem constitucional alemã considerada inviolável pelo art. 79.º III da Lei Fundamental, sob pena de declaração de inaplicabilidade[49].

5. A harmonização dos ordenamentos jurídicos comunitário e nacionais

Tomando-se em conta a autonomia da ordem jurídica comunitária em relação à ordem jurídica interna faz-se mister a formulação de esquemas racionais tendentes à compatibilização e articulação, nomeadamente no âmbito da harmonização e na solução dos conflitos potencialmente existentes entre ambas[50].

A solução de conflitos entre normas provenientes de ordenamentos distintos não poderá ser solucionada no âmbito da validade, mas

---

[49] Na doutrina: Tomuschat, Christian, *The Ruling of the German Constitucional Court on the Treaty of Lisboa;* Wohlfahrt, C., *The Lisboa Case: A Critical Summary;* Schönberger, Christoph, *Lisbon in Karlsruhe: Maastricht's epigones at sea;* Schorkopf Frank, *The European Union as An Association of Sovereign States: Karlsruhe's Ruling on the Treaty of Lisbon;* Halberstam, Daniel & Möllers, Christoph, *The German Constitutional Court says "Ja zu Deutschland!";* Grosser, Alfred, *The Federal Constitutional Court's Lisbon Case: Germany's "Sonderweg"– An Outsider's Perspective;* Niedobitek, Mathias, *The Lisbon Case of 30 June 2009 – A Comment from the European Law Perspective,* in German Law Journal, v. 10 2009.

[50] V. Enoch Rovira, *Federalismo y cooperación en la República Federal Alemana,* Centro de Estudios Constitucionales, Madrid, 1986, p. 121 e ss.

sim no plano da aplicabilidade das mesmas[51]. Este critério foi formulado pelo TJCE e passa pela idéia de primado do Direito europeu comunitário.

Neste sentido, a adoção do princípio do primado implica que as disposições dos Tratados e os atos das instituições que possuem caráter diretamente aplicável, vinculam todos os poderes do Estado e possuem por efeito uma dupla vinculação. Primeira, uma vinculação dos poderes executivos (administrativos, jurisdicionais) concretizada na exigência de tornar inaplicável, desde a sua entrada em vigor, qualquer norma de Direito interno contrária. Consequentemente, cria-se um *dever de inaplicabilidade*, sem que tenha de solicitar ou esperar a revogação ou a declaração de inconstitucionalidade das normas de Direito interno que pudessem constituir um obstáculo[52]. Segundo, uma vinculação dos poderes legislativos, que consiste em impedir a formação válida de novos atos normativos incompatíveis com o Direito europeu comunitário[53].

O princípio do primado constitui não apenas um princípio lógico de resolução de conflitos normativos, mas sobretudo uma exigência fundamental e imperiosa inerente à afirmação da ordem jurídica comunitária. Acresce a isto que o primado se impõe também por motivos de segurança jurídica, pois seria inadmissível que a mesma norma fosse válida num determinado ordenamento e não fosse em outro.

Para além disso, há quem defenda o princípio do primado a partir de uma releitura do princípio da separação de poderes numa visão "europeizada". A associação do princípio da separação de poderes e do princípio da legalidade da atuação administrativa conduziria a formulação de um modelo vertical de separação de funções, em que a função legislativa estaria nas mãos das instâncias comunitárias de poder e as funções administrativas estariam reservadas para os Estados-Membros. Neste sentido, a estes últimos restaria tão-somente

---

[51] Neste sentido, ALEXANDER GLAESER, *Souveranität und Vorrang*, in Europäisches Verfassungsrecht (Theoretische und dogmatische Grundzüge), org. Von Bogdandy, Springer Vlg., Heidelberg, 2003, p. 207.

[52] Cfr. Acórdão do TJCE de 9 de março de 1978, *Simmenthal*.

[53] Acerca da prevalência do primado em relação à lei posterior interna, v. Hans-Peter Ipsen, *Deutschland in den Europäischen Gemeinschaften*, in HdbStR, orgs. Insensee e Kirchhof, VII, C. F. Mülher, Heildelberg, 1992, p. 792 e ss.

a execução *stricto sensu* das disposições de caráter legislativo comunitárias, por conseguinte os Estados-Membros não poderiam verificar a validade/constitucionalidade das referidas normas.

Em verdade, o princípio do primado possui limites, não podemos aceitar as referidas considerações em termos absolutos. Neste sentido, o primado restringi-se às normas de Direito da União Européia emanadas no exercício das competências que lhe são atribuídas, sendo, portanto, um primado *horizontalmente* relativo. Acresce a isto, o primado vigora sobre todas as normas que não tenham valor constitucional, portanto *verticalmente* relativo.

A relatividade horizontal explica que os efeitos jurídicos do primado apenas se desencadeiam no âmbito das competências atribuídas à União Européia Européia[54]. Assim, fora desses domínios, vale dizer, onde a União Européia não está autorizada a agir, o Direito interno dos Estados-Membros tende a prevalecer. Não havendo qualquer disposição genérica atributiva de competências, a União Européia atua apenas no âmbito dos limites das competências que lhe tenham sido atribuídas pelos Estados-Membros ("princípio de atribuição limitada"). Portanto, o exercício de uma competência atribuída à União Européia significa uma privação de competência da parte dos Estados – efeito preempção – e o primado da aplicação da norma comunitária[55].

Quanto à prevalência normativa das Constituições dos Estados-Membros podemos seguir dois caminhos distintos, primeiro sustentar a sujeição de todos os atos da União Européia à controle da constitucionalidade por parte dos tribunais dos Estados-Membros ou considerar o surgimento de um Direito Constitucional de natureza européia.

A tese da *superconstitucionalidade* atribui primazia absoluta à Constituição. A idéia subjacente a esta construção é a de que são os Estados-Membros, e não a própria União Européia, os responsáveis pelo desenvolvimento e somente o primado dos Estados-Membros evitará a violação dos princípios densificadores do princípio do Estado de Direito. Para além disso, a referida construção concorre

---

[54] Neste sentido, THEODOR MAUNZ, e REINHOLD ZIPPELIUS, *Deutsches Staatsrecht*, 30.º ed., C.H. Beck, München, 1988, p. 462.

[55] V. DIMITRIS TRIANTAFYLLOU, *Des competences d'attribution au domaine de la loi*, Bruylant, Bruxelas, 1997, p. 41.

para a manutenção do fundamento último de legitimidade das Constituições (a soberania popular).

Neste sentido, defende-se também a tese da jurisdição universal dos órgãos internos de controle de constitucionalidade, com possibilidade de realizar juízo de constitucionalidade sobre todos os atos suscetíveis de serem aplicados na ordem interna, sejam oriundos da ordem jurídica interna, sejam oriundos da ordem jurídica comunitária. A tese da superconstitucionalidade e da correspondente jurisdição universal foi refutada por vários setores doutrinários. Tal refutação é sugerida nomeadamente por Weiler e Haltern[56]. Por outro lado, a idéia de Direito Europeu como Direito Constitucional Europeu encobre aspectos que podem por em xeque a própria sustentabilidade do discurso europeísta, aprofundamento que foge aos estreitos objetivos desta investigação.

6. Notas introdutórias sobre o juiz nacional e o princípio do primado do Direito Comunitário

Como é sabido, os juízos e tribunais dos Estados-Membros da União Européia são considerados *tribunais comuns de Direito Comunitário*, vez que a ordem jurídica comunitária é manejada, no plano estadual, pelos órgãos jurisdicionais nacionais. O Direito Comunitário é um sistema de normas de aplicação descentralizada[57]. São, pois, os Estados e a sua Administração que asseguram a vigência e o cumprimento das normas comunitárias, e, uma vez que União Européia não dispõe de uma ordem jurisdicional completa, própria[58],

---

[56] J. WEILER e U. HALTERN, *The autonomy of the community legal order – Through the looking glass*, in *Who in the law is the ultimate Judicial Umpire of european community competences?* The Schilling-Weiler/ Haltern debate,Harvard Jean Monnet working paper 10/96, http://www.jeanmonnetprogram.org/papers/96/9610.html. (ou HarvIntLJ, 37, 1996).

[57] PIERRE PESCATORE afirma mesmo que a aplicação do Direito Comunitário pelos Estados-Membros é uma premissa essencial do reenvio prejudicial – *Le recours prejudiciel de l'article 177 du traité CEE et la cooperation de la Cour avec les jurisdictions nationales*, Luxembourg, Curia, 1986, p. 8.

[58] PAZ SANTA MARÍA, JAVIER VEJA e BERNADO PÉREZ, *Introducción al Derecho de la Unión Europea*, Madrid, EuroLex, 1999, p. 514. Afirmam que o Tribunal de Justiça dispõe de competência de atribuição, não julgando todos os casos em que esteja em causa a aplicação de uma norma de Direito Comunitário.

são os tribunais nacionais que dirimem os conflitos que advenham desse cumprimento. Aos tribunais nacionais é atribuída uma *competência funcional dupla*, quando resolvem um litígio regido pelo nacional, formam parte da ordem jurídica nacional. Quando resolvem um caso regido pelo Direito Comunitário pertencem, de um ponto de vista funcional, à ordem jurídica comunitária[59].

Neste sentido, o reenvio prejudicial é marcado por uma dualidade fundamental, se por um lado é um instrumento de cooperação judiciária entre o TJCE e os tribunais nacionais, por outro lado, constitui importante mecanismo de garantia da uniformidade na aplicação do Direito Comunitário. As causas próximas da criação da competência prejudicial são as seguintes: a) razão de ordem pública; b) o desconhecimento do Direito Comunitário pelos juízes nacionais; c) o perigo do desrespeito pelo princípio da uniformidade; d) a possibilidade de vigência de normas inválidas; e) o perigo da perda das prerrogativas do Tribunal de Justiça[60].

A concepção clássica do reenvio prejudicial parte do interrelacionamento entre tribunais nacionais e tribunais comunitários para concluir que em última análise o processo de reenvio beneficia o ordenamento jurídico comunitário. Se por um lado a competência prejudicial do TJCE serve para minimizar os riscos pela aplicação descentralizada. Por outro servirá como instrumento de evolução jurisprudencial.

Os juízes nacionais nem sempre se sentem plenamente informados sobre o conteúdo e alcance das normas de Direito Comunitário. Tal quadro pode ser acentuado nos Estados que mais recentemente aderiram à União Européia Européia.

Além disso, a necessidade de o Direito Comunitário ser aplicado de modo uniforme em todo o território da Comunidade não se compadece com a aplicação discrepante das suas normas pelos diferentes Estados-Membros[61]. Este é potencializado pelo estado de perma-

---

[59] C. N. KAKOURIS, *Do the Member States possess judicial procedure 'autonomy'?* In Common Market Law Review, 34, 1997, pp. 1389-1412.

[60] INÊS QUADROS, *A Função Subjectiva da Competência Prejudicial do Tribunal de Justiça das Comunidades Europeias*, Almedina, p. 24-28.

[61] Neste sentido, ARACELI MARTIN e DIEGO NOGUERAS, *Instituciones y derecho de la Union Europea*, 2.º ed., Madrid, MACGRAW HILL, 1999, p. 244; JEAN BOULOUIS, *Contentieux communautaire*, 2.º ed., Paris, Dalloz, 2001, p. 11; JOSÉ CARLOS MOITINHO

nente formação em que o ordenamento comunitário se encontra, exigindo as suas normas uma tarefa constante e progressiva de integração[62].

A função de *garante* da legalidade manifesta-se no fato de o TJCE poder declarar, com força obrigatória geral, a invalidade dos atos comunitários derivados, através do recurso de anulação previsto no art. 230.º CE. Por outro lado, sendo os tribunais nacionais os *juízes comuns* de Direito Comunitário. São eles *a priori* que aplicam as normas de Direito Comunitário aos litígios concretos. Há portanto o perigo de invadirem a competência do TJCE, exercendo eles próprios o controle de validade das normas comunitárias, ao deixarem de as aplicar quando as considerassem inválidas.

Convém ressaltar que o TJCE não se substitui ao órgão jurisdicional nacional. O acórdão prolatado pelo Tribunal de Justiça na apreciação da questão prejudicial formulada pelos órgãos da jurisdição nacional não vai solucionar o litígio que decorre perante o tribunal nacional. A resposta formulada pelo TJCE é no sentido de fornecer elementos para a interpretação ou apreciação de validade de uma norma comunitária que o órgão jurisdicional terá de fazer no caso concreto. Trata-se de um processo objetivo onde os órgãos jurisdicionais (nacionais e comunitário) cooperam entre si para a solução de um litígio[63]. Não significa que não podemos extrair do procedimento de reenvio prejudicial uma feição subjetiva, que veremos a seguir.

O art. 234.ºCE prevê dois tipos de reenvio prejudicial: em interpretação e em apreciação de validade. O primeiro declaradamente constitui uma assistência às jurisdições nacionais e um mecanismo de desenvolvimento coerente do ordem jurídica comunitária. O segundo existe em razão da necessidade do controle incidental da legalidade do ato comunitário, o que não é confiado exclusivamente às jurisdições nacionais.

DE ALMEIDA, *A ordem jurídica comunitária*, in Temas de Direito Comunitário, Ordem dos Advogados, Lisboa, 1983, p. 27.

[62] INÊS QUADROS, *A Função Subjectiva da Competência Prejudicial do Tribunal de Justiça das Comunidades Europeias*, Almedina, p. 27.

[63] ROBERT KOVAR, *Recours préjudiciel en interprétation et em appréciation de validité*, JCE fasc. 360.

Quanto à admissibilidade prejudicial o art. 234.º CE é bastante lacônico. Para a apreciação de uma questão prejudicial basta que uma jurisdição nacional a entenda como necessária. Esta desregulamentação está claramente identificada com a fase de afirmação do TJCE, enquanto orgão jurisdicional da União Européia e de principal agente "normativo" da formulação da ordem jurídica comunitária. Neste sentido, aceitava qualquer questão que lhe fosse submetida.

Recentemente, o TJCE iniciou a formulação de regras quanto à admissibilidade prejudicial. Hoje, o TJCE poderá considerar inadmissível a questão prejudicial fundamentando-se em diversas motivações, a saber: conceito de jurisdição, desnecessidade da questão prejudicial, ausência de litígio real, falta de fundamentação de fato e de direito nacional e doutrina da questão política[64].

Quanto ao conceito de jurisdição parece que o TJCE reservou-se o papel de determinar o que possa ser considerado "orgão jurisdicional", suscetível de ser aplicada em relação a órgãos de qualquer Estado-Membro, independentemente da sua qualificação formal na ordem jurídica nacional[65]. O TJCE tem-se utilizado dos seguintes critérios para apreciação da natureza do órgão nacional, entre outros, a origem legal do órgão, a sua natureza permanente, a obrigatoriedade de sujeição à sua jurisdição, o respeito que demonstre pelos princípios do devido processo legal, a resolução de litígios, a aplicação do direito e não da equidade e a sua independência[66].

Por outro lado, o TJCE tem entendido, desde o Acórdão *Rheinmülen*[67], que nenhuma norma da ordem jurídica nacional deve poder impedir o recurso ao reenvio prejudicial por parte de um órgão jurisdicional nacional. Para além disso, no Acórdão *Peterbroeck*[68], o Tribunal de Justiça considerou que o juiz nacional não pode ser impedido de apreciar oficiosamente uma norma de Direito Comunitário, mesmo quando a invocação da norma deva – e não tenha sido – ser efetuada por um particular num determinado prazo.

---

[64] JOSÉ LUÍS CARAMELO GOMES, *O Juiz Nacional e o Direito Comunitário*, Ed. Almedina, p. 58.

[65] Este entendimento prevaleceu no Acórdão *Vaassen Göbbels* de 30.6.1966, proc. 61/65, colect., p. 401.

[66] MIGUEL GORJÃO-HENRIQUES, *Direito Comunitário*, 3.º ed., Almedina, p. 350.

[67] Cfr. Acórdão de 16.1.1974, proc. 166/73, colet., p. 17, n.º 2 e 3.

[68] Cfr. Acórdão de 14.12.1995, proc. C-312/93, colet., I, 12, p. 4599 e ss.

Para que o TJCE possa pronunciar-se o juiz nacional deverá indicar de modo suficientemente claro o contexto legal e fático em que se inscrevem as questões colocadas ou as hipóteses fáticas em que assentam, bem como a sua explicação[69]. Deverá ainda, justificar a necessidade objetiva de uma pronúncia do TJCE para a resolução do litígio[70]. Apesar de todo esforço jurisprudencial na formulação de esquemas racionais para apreciação do juízo de admissibilidade, não existe qualquer modelo formal definido *a priori* que se imponha aos juízes nacionais, quando pretendam suscitar questões prejudiciais no Tribunal de Justiça.

Na ordem jurídica portuguesa não há dúvidas quanto à natureza jurisdicional dos órgãos da justiça administrativa, o art. 209.º CRP é bastante claro ao considerar "tribunais", além do Tribunal Constitucional, o Supremo Tribunal Administrativo e os demais tribunais administrativos e fiscais. Para além disso, o art. 212.º n.º 3 CRP explicita que *"compete aos tribunais administrativos e fiscais o julgamento das acções e recursos contenciosos que tenham por objecto dirimir os litígios emergentes das relações jurídicas administrativas e fiscais"*. Parece que o TJCE também reconheceu a natureza jurisdicional aos órgãos da justiça administrativa portuguesa, tanto que no Acórdão do STA de 14.2.91 (p. 26980) foi suscitado pela primeira vez uma questão prejudicial no TJCE, a propósito do monopólio de importação do álcool da Administração Geral do Açúcar e do Álcool.

A República Portuguesa vem-se utilizando do reenvio prejudicial de forma bastante comedida[71], basta verificarmos o pequeno número de questões prejudiciais suscitadas no TJCE entre o período de 1994 e 2005, por exemplo. Parece que para a magistratura portuguesa o mecanismo do reenvio prejudicial é desnecessário!

---

[69] Cfr. Acórdão de 26.1.1993, procs. C-320 a 322/90, colet. I-393, n.º 6.

[70] Cfr. Despacho *Italia Testa* e *Mario Modesti*, de 30.4.1998, procs. C-128/97 e C-137/97, colet. I-2181, n.º 17.

[71] Cfr. Em 1994: 1 reenvio prejudicial; 1995: 5; 1996: 6; 1997: 2; 1998: 7, 1999: 7; 2000: 8; 2001: 4; 2002: 3; 2003: 1; 2004: 1; 2005: 2 conforme excerto do relatório anual sobre o controle da aplicação do Direito Comunitário, elaborado pela Comissão Européia.

Há sem sombra de dúvidas situações em que o reenvio não é obrigatório. A primeira é a impertinência da questão prejudicial, porque a norma comunitária invocada não seja, manifestamente, apta à resolução do litígio apresentado ao juiz nacional. O problema suscitado por esta exceção é que a decisão sobre a pertinência da norma comunitária incumbe exclusivamente ao juiz nacional, com todos os perigos daí decorrentes. Será sempre possível ao juiz do processo considerar que, do seu ponto de vista, não existe lugar para a aplicação da norma comunitária, por conseguinte não se suscitando o reenvio prejudicial. O que fazer quando a decisão do juiz nesta matéria seja incorreta? O que fazer quando a jurisdição nacional se recusa a aplicar as normas comunitárias, seja em termos substantivos, seja por desrespeito à obrigação de reenvio, por incorreta avaliação da situação de fato e de Direito?

Uma solução apontada é a de considerar este comportamento da jurisdição nacional como caracterizadora da noção de incumprimento estadual relevante para efeitos da aplicação do processo previsto no artigo 226.° CE[72]. Entretanto, esta solução é apenas parcial, pois através dela se obtém a censura comunitária ao comportamento da jurisdição estadual. No que concerne à situação dos particulares afetados pelo incumprimento, a sua constatação pelo TJCE não terá resultado prático, pois não é líquida a forma de conciliar a obrigação de execução determinada pelo art. 228.° CE com o princípio da coisa julgada. A sanção limitar-se-á ao Estado. Entretanto, no âmbito interno o particular lesado deverá olvidar os seus esforços na responsabilização do Estado pelo exercício da função jurisdicional.

Prosseguindo, a segunda exceção à obrigatoriedade do reenvio prejudicial consiste na existência de acórdão prejudicial anterior sobre a mesma matéria. Outra exceção é a decorrente da *teoria do ato claro*, o pressuposto desta tese é a de que a aplicação das normas comunitárias pode, quando perfeitamente clara, não suscitar quaisquer dúvidas de interpretação. E, nesse caso, não será obrigatório proceder ao reenvio prejudicial. A teoria do ato claro atribui ao juiz nacional o poder de ele próprio avaliar a sua capacidade de discernimento sobre a norma comunitária, com todos os perigos daí

---

[72] AMI BARAV, *La Fonction Communautaire du Juge national*, p. 121 e ss.

inerentes. Neste sentido, quando a correta aplicação da norma comunitária se imponha com uma tal evidência que não deixa quaisquer dúvidas, a jurisdição nacional será dispensada da obrigação de reenvio.

Convém esclarecer que estas hipóteses de dispensa serão desenvolvidas na sequência da investigação.

É possível identificarmos na Justiça Administrativa portuguesa, sobretudo no Supremo Tribunal Administrativo, muitos casos envolvendo a aplicação do Direito Comunitário[73]. O principal agente e garante da eficácia interna da ordem jurídica comunitária é o juiz nacional que no caso concreto deverá verificar se há relevância da norma comunitária para a resolução do litígio. Havendo um conflito entre a ordem jurídica comunitária e a nacional, o juiz deverá olvidar os seus esforços para conciliar as normas pelo viés interpretativo, tal como preconizado pelo princípio da interpretação conforme. Diante da impossibilidade de conciliação pela via interpretativa, o princípio do primado sugere ao juiz o dever de desaplicação da norma nacional e aplicação da norma comunitária.

Neste sentido, o TJCE tem sistematicamente repetido que ao juiz nacional cabe aplicar, no âmbito da sua competência, as normas de Direito Comunitário, deve portanto garantir a plena eficácia dessas normas desaplicando qualquer disposição contrastante da ordem jurídica nacional mesmo que posterior. Assim, o princípio da aplicação preferente exigirá, pois, a não aplicação da norma jurídica nacional e a aplicação da norma comunitária com ela colidente na resolução do caso concreto.

Isto não significa que não haja limites a uma eventual supremacia e preferência de aplicação de normas comunitárias em relação a normas constitucionais. Convém desde logo explicitar, tratar-se-á sempre de aplicação *preferente* que não alcança o plano da validade. Assim os preceitos constitucionais incompatíveis com normas comunitárias não são nulos ou anuláveis, mas apenas inaplicáveis no caso concreto.

Tornou-se lugar comum a afirmação que ao juiz nacional impõe a inaplicabilidade da norma nacional, qualquer que ela seja. É abso-

---

[73] Cfr. Acórdãos n.º 031535, de 14.10.99; n.º 025414 de 06.06.01; n.º 0668/02 de 10.07.02; n.º 034368 de 01.07.03; n.º 046639 de 03.02.05; n.º 01871/03 de 16.03.05; n.º 0460/07 de 11.12.07; n.º 01050/03 de 23.10.07, entre outros.

lutamente razoável sustentar-se que as normas européias contrárias aos princípios materialmente constituintes da ordem constitucional portuguesa estão sujeitas ao princípio da preeminência das normas constitucionais. Para além disso, a norma comunitária com primazia relativamente a normas constitucionais só pode ser o direito convencional dos tratados. Para o jurista José Joaquim Canotilho: "O alargamento da tese da primazia de aplicação de todas as normas comunitárias, desde os tratados ao mais anódino regulamento ou directiva acabaria por minar a medula óssea de qualquer estado de direito democrático e constitucional"[74].

Neste momento, é conveniente nos ocuparmos dos limites dos poderes do juiz nacional no exercício da sua função comunitária. A primeira limitação decorre naturalmente da própria natureza da ordem jurídica comunitária e da sua "incompletude". Esta nota consubstancia-se no princípio da aplicabilidade das normas da ordem jurídica nacional no que respeita ao processo e autor da efetivação jurisdicional das normas da ordem jurídica comunitária, geralmente designado por princípio da autonomia institucional e processual dos Estados-Membros. A segunda limitação dos poderes do juiz nacional decorre dos imperativos determinados pelo princípio da uniformidade de interpretação e aplicação da ordem jurídica comunitária, realizado através do mecanismo do reenvio prejudicial.

É justamente nos quadrantes da ordem jurídica nacional que o juiz nacional respeita o imperativo comunitário de realizar, nos litígios da sua competência, a plena eficácia da norma comunitária diretamente aplicável. Neste sentido, a função outorgada ao juiz nacional configura-se, pois, como uma obrigação de resultado, a tutela direta, imediata e efetiva dos direitos que os particulares retiram da ordem jurídica comunitária[75]. A efetivação desta função ocorrerá nos termos do princípio da autonomia institucional e processual dos Estados-Membros. Todavia, esta autonomia não pode ter como efeito a diminuição ou inexistência de proteção jurisdicional para os direitos que os particulares retiram da norma comunitária.

---

[74] JOSÉ JOAQUIM GOMES CANOTILHO, *Direito Constitucional e Teoria da Constituição*, 7.º ed., Almedina, p. 827.

[75] AMI BARAV, *La Plénitude de compétence du juge national en sa qualité de juge communautaire*, in L'Europe et le Droit, Mélanges Jean Boulouis, Dalloz, p. 1

Neste sentido, as condições impostas pela ordem jurídica interna não podem ser reguladas de forma a tornar praticamente impossível o exercício dos direitos conferidos pela ordem jurídica comunitária.

A aplicação das normas jurídicas nacionais não pode resultar a inexistência de uma instrumento jurídico adequado para satisfazer, por via da ação, a proteção jurisdicional dos direitos que os particulares retiram da ordem jurídica comunitária. Subjacente a esta compreensão está o princípio de que a cada direito tem de corresponder uma via de direito que permita, se necessário, a sua realização jurisdicional.

7. Notas sobre a jurisprudência do STA em matéria comunitária

O Supremo Tribunal Administrativo desde muito cedo vem interpretando o Direito Comunitário no Acórdão n.º 031535, de 14.10.99 decidiu-se que não viola a obrigação de defesa dos valores ambientais da Zona de Proteção Especial do Estuário do Tejo a simples decisão de localização nessa zona da nova ponte sobre o Tejo. O Tribunal considerou que a atividade interpretativa de disposição de uma diretiva só terá utilidade se ela for invocável no recurso contencioso interposto. E mesmo assim, somente em face de dúvida incontornável sobre o seu conteúdo, se justificará o recurso prejudicial ao Tribunal de Justiça.

O Tribunal consignou que a diretiva, de acordo com o disposto no artigo 249.º do Tratado, impõe ao Estado destinatário uma obrigação de resultado, conferindo-lhe, porém, o poder de optar entre os meios e formas havidos como adequados à sua realização.

Para além disso, reconheceu que o primeiro efeito da diretiva é constituído pela obrigação de transposição para a ordem jurídica interna do Estado destinatário. E que o Estado fica desde logo sujeito no decurso do prazo de transposição e antes de efetuada esta de não adotar medida que, pela sua natureza, comprometa seriamente a obtenção do resultado prescrito pela diretiva. Também decorrido o prazo de transposição sem que ela tenha lugar obriga o Estado--Membro a não tomar medidas que contrariem os objetivos da diretiva. Neste sentido, a não transposição tempestiva da disposição de uma diretiva para a ordem jurídica interna não isenta o Estado Português do dever do seu acatamento, antes lhe impõe que não tome medidas que a contrariem.

A verificação dos referidos efeitos está, no entanto, dependente de que a disposição da diretiva em causa seja *clara, precisa* e *incondicional*. A disposição da diretiva é clara e precisa se destituída de ambigüidade, isto é, se não comporta mais do que um sentido, de maneira a suscitar dúvidas na sua aplicação. É incondicional se não está sujeita a condição ou reserva, de modo a conceder ao Estado destinatário uma margem de discricionaridade.

O STA considerou ainda que reunidos os requisitos supracitados, a disposição da diretiva assume *efeito direto*, por virtude do qual vincula Estado destinatário e confere aos particulares direitos que eles podem opor-lhe e aos tribunais cumpre salvaguardar.

Em verdade, o Direito Comunitário, como ordenamento autônomo, foi mais longe do que o Direito Internacional, ao impor que muitas das suas normas fossem diretamente aplicáveis. Neste sentido, foi essencialmente a aplicabilidade direta que autonomizou definitivamente o Direito Comunitário em relação ao Direito Internacional, já que neste último ordenamento são raras as normas de aplicabilidade direta. Como resultado da repartição de competências entre a União Européia e os Estado, nem todos os tipos de normas comunitárias possuem a referida característica.

Assim, o TJCE formulou uma construção de forma a permitir aos interessados, verificadas determinadas condições, invocar em juízo as normas que não sejam diretamente aplicáveis: todas as normas claras, precisas e incondicionais[76] produzem o chamado efeito direto, ou seja, podem ser invocadas nos tribunais nacionais. Posteriormente, o Tribunal de Justiça elaborou que mesmo as normas que não preencham aquelas características poderão ser, não obstante, levadas em consideração como critério interpretativo quer das outras normas comunitárias, quer das próprias normas nacionais[77]. É o chamado princípio da interpretação conforme ao Direito Comunitário.

---

[76] Cfr. Acórdão de 4.12.75, proc. 41/74, *Yvonne Van Duyn c. Home Office*, rec. 1974, p. 1337.

[77] O princípio da interpretação conforme ao Direito Comunitário foi desenvolvido pelo TJCE no Acórdão de 13.11.90, proc. C-106/89 (Marleasing S. A c. Comercial

No Acórdão n.º 025414 de 06.06.01 o STA considerou que a falta de reenvio prejudicial para o TJCE, mesmo que obrigatório esse reenvio, não configura erro na forma de processo. O reenvio não se impõe quando já foi feito noutro processo, em que eram aplicáveis as mesmas normas de Direito Comunitário, de modo a não deixar dúvidas ao tribunal nacional sobre tal interpretação.

Na verdade a prática do reenvio prejudicial acabou por ser revelar vítima do seu próprio sucesso[78]. Com o objetivo de impedir a sobrecarga, o Tribunal de Justiça iniciou um rigoroso juízo quanto à admissibilidade das questões prejudiciais, de modo a limitar os casos em que os tribunais nacionais estão obrigados a reenviar questões prejudiciais para o Tribunal de Justiça, criando casos de dispensa de reenvio[79]. Podemos elencar as seguintes hipóteses de dispensa, a saber: a) autoridade material das decisões anteriores do Tribunal de Justiça; b) clareza objetiva do ato; c) impertinência da questão; d) consagração legal dos casos de dispensa[80].

Quanto à autoridade material a questão é saber se os efeitos dos acórdãos se verificam apenas *inter partes*, ou seja, apenas no processo no qual se suscitou a questão, ou se produzem efeitos *erga omnes*[81], impondo-se a todos os tribunais que se venham a deparar,

---

Internacional de Alimentacion S. A, col. 1990, p. I-4135), no qual afirmou que ao aplicar o direito nacional (...) o órgão jurisdicional nacional chamado a interpretá-lo é obrigado a fazê-lo, na medida do possível, à luz do texto e da finalidade da diretiva, para atingir o resultado por ela prosseguido e cumprir desta forma o art. 249.º, terceiro parágrafo do Tratado da União Européia Européia.

[78] ROBERT KOVAR, *La reorganisation de l'architecture juridictionnelle de l'Union Européenne*, in Marianne Dony e Emmanuelle Bribosia, *L'avenir du système juridictionnel de l'Union Européenne*, Bruxelles, Éditions de l'Université de Bruxelles, 2002, p. 42.

[79] RICARDO ALONSO GARCÍA, *El juez español y el derecho comunitario*, Valencia, Tirant, 2003, p. 233 e ss.

[80] INÊS QUADROS, *A Função Subjectiva da Competência Prejudicial do Tribunal de Justiça das Comunidades Europeias*, Almedina, p. 47-54.

[81] Para maior aprofundamento convém consultar Mar Jimeno Bulnes, *La cuestión prejudicial del articulo 177 TCE*, Saragoça, Bosch, 1996, p. 457 e ss. Para uma exposição alongada sobre os efeitos materiais dos acórdãos prejudiciais, V. MANUEL CIENFUEGOS MATEO, *Las sentencias prejudiciales del Tribunal de Justicia de las Comunidades Europeas en los Estados Miembros – estudio de la interpretation prejudicial y de su aplicacion por los jueces y magistrados nacionales*, Barcelona, Bosh, 1998, p. 85 e ss.

em casos futuros, com a eventual aplicação da mesmo norma. Há quem sustente uma posição intermédia quanto aos acórdãos prejudiciais interpretativos, que semelhante obrigação só existe para os tribunais que julguem sem possibilidade de recurso, vez que somente nesse momento a decisão é definitiva, devendo ser conforme à interpretação do TJCE. Neste sentido, em relação aos tribunais cujas decisões são ainda atacáveis pela via judicial, os acórdãos interpretativos equiparam-se aos prolatados pelas jurisdições supremas[82].

O TJCE pronunciou-se sobre a questão dos efeitos dos acórdãos que interpretem normas no Acórdão da *Costa en Schaake*[83], tendo afirmado que "a obrigação imposta às jurisdições nacionais de última instância pelo art. 234.º do Tratado CE, pode perder a sua razão de ser, dada a autoridade da interpretação conferida pelo Tribunal no âmbito do art. 234.º, quando a questão colocada seja materialmente idêntica a uma questão que já tenha sido objeto de uma decisão a título prejudicial num caso análogo". Convém realçar que o Tribunal de Justiça não indica o que se deve entender por "questão materialmente idêntica", podendo considerar-se a aplicação das mesmas normas e a apreciação de fatos análogos. De qualquer maneira, o TJCE no Acórdão *Cilfit*[84] formulou que para além dos casos em que haja identidade material das questões, haverá também dispensa da obrigação de reenvio se "a questão de direito em causa foi já resolvida pela jurisprudência do tribunal, qualquer que seja a natureza do processo que deu origem a esta jurisprudência, mesmo na falta de uma identidade estrita das questões em litígio".

A norma comunitária interpretada torna-se um *ato clarificado*[85], tendo servido como objeto de uma outra questão prejudicial idêntica.

---

[82] Nesse sentido, JOÃO MOTA DE CAMPOS, *Direito Comunitário*, vol. II, Lisboa, Gulbenkian, 1997, p. 496.

[83] Cfr. Acórdão de 27.03.63, nos processos 28-30/62, rec. 1963, p. 61.

[84] Cfr. Acórdão de 06.10.82, no proc. 283/81, rec. 1982, p. 3415: "os órgãos jurisdicionais nacionais não estão obrigados a reenviar uma questão de interpretação do Direito Comunitário que se lhes coloque, se a questão não é pertinente, ou seja, se a resposta a essa questão, qualquer que seja, não tiver nenhuma influência na solução do litígio".

[85] RICARDO ALONSO GARCÍA, *El juez español y el derecho comunitario*, Valencia, Tirant, 2003, p. 234.

Neste sentido, a obrigação de reenvio transforma-se em obrigação de seguir o acórdão prejudicial do Tribunal de Justiça, o que não se encontra previsto no art. 234.º CE. Assim todos os tribunais que venham, no futuro, a julgar casos idênticos devem considerar-se vinculados pela decisão do Tribunal proferida a título prejudicial naquela matéria, quer ela seja interpretativa, quer declare a invalidade da norma[86]. Não obstante, esta autoridade dos acórdãos prejudiciais é atípica, pois os tribunais ficam obrigados a aplicar a norma segundo a interpretação que lhe foi atribuída pelo Tribunal, mas conservam a faculdade de tornarem a questioná-lo, sempre que pretendam que ele esclareça a sua resposta ou quando considerarem que a jurisprudência do TJCE pode ser alterada[87].

Para prevenir abusos por parte dos tribunais nacionais, o Tribunal de Justiça delimitou o conteúdo desta dispensa de reenvio, declarando que ela deixará de existir se: a) o juiz nacional permanecer com dúvidas sobre o sentido e alcance daquela norma[88]; b) se constatar que existem novos argumentos, alterações legislativas ou posições assumidas pelo TJCE em casos diferentes mas com relevância para a questão[89]; c) se o juiz nacional quiser que o Tribunal de Justiça modifique o seu entendimento[90].

Outra causa de dispensa foi formulada no Acórdão *Cilfit*. Neste, o TJCE afirmou que a obrigação de reenvio cessa quando o juiz nacional constata que a aplicação correta do Direito Comunitário se impõe com uma tal evidência que não deixa margem a nenhuma "dúvida razoável". O reenvio deixará de ser obrigatório se a norma

---

[86] MAURICE BERGERÈS, *Contentieux communautaire*, Paris, P.U.F., 1989, p. 248 e ss.

[87] ARACELÍ MARTÍN, DIEGO NOGUERAS, *Instituciones y derecho de la Union Europea*, 2.ª ed., Madrid, McGraw Hill, 1999, p. 250; Jean Boulouis, *Contentieux communautaire*, 2.ª ed., Paris, Dalloz, 2001, p. 47.

[88] Cfr. Acórdão de 24.07.68, *Milch-Fett-und-Eierkontor*, proc. 29/68, rec. 1968, p. 165. Neste caso, o Tribunal pode formular um acórdão interpretativo de outro acórdão, correspondendo a uma clarificação do mesmo, tal como se encontra no art. 102.º do Regulamento de Processo do Tribunal de Justiça. A aplicação deste princípio no Acórdão de 02.10.03, no proc. C-147/01, *Weber's Wine World Handels*.

[89] Cfr. Acórdão de 03.04.68, *Molkerei-Zentrale*, proc. 28/67, rec. 1968, p. 211.

[90] Para além do Acórdão de 13.05.81, o Tribunal de Justiça reafirmou-o no Acórdão *Foglia*. Nesse caso, o fato de o acórdão do Tribunal de Justiça remeter para o acórdão anterior dever-se-á entender como recusa do pedido de alteração de entendimento.

se apresentar como clara no espírito do julgador[91]. Na verdade, a teoria do ato claro, que acabou por ser acolhida pelo TJCE e ao que parece pelo STA está viciada na sua gênese e possui pouco ou nada a contribuir para a resolução da questão sobre os termos em que se verifica a obrigação de reenvio[92]. A clareza do ato não é uma verdadeira exceção ao dever de reenvio, uma vez que só é descortinável depois de efetuada a interpretação da norma, que era precisamente o que se pretendia com caráter exclusivo ao Tribunal de Justiça[93]. Ou o juiz nacional reconhece a existência de uma dúvida na interpretação ou na validade da norma comunitária, surgindo neste momento a obrigação de reenviar a questão para o TJCE, que, através da sua interpretação, transformará a norma num ato claro. Ou não chega, sequer, a configurar-se nenhuma questão de Direito Comunitário, já que no espírito do julgador não surge qualquer dúvida interrogação sob o alcance da norma.

Para além disso, a teoria do ato claro deixa nas mãos dos juízes a tarefa de conciliar o seu próprio entendimento subjetivo com as exigências de uniformidade do Direito Comunitário. Neste sentido, não faltam exemplos nos quais os órgãos judiciários aplicam mal o Direito Comunitário ou consideram como claros atos de não o são[94].

O Tribunal de Justiça no Acórdão *da Costa en SchaaKe* determinou que a obrigação de reenvio cessava se a questão não fosse pertinente ou relevante para a resolução do caso. Na verdade, não se trata de um caso de dispensa de reenvio, uma vez que, se a questão não for relevante, não chega a haver obrigação de reenviar, já que a questão não se revela como verdadeiramente prejudicial.

---

[91] Neste sentido, THOMAS DE LA MARE, *Article 177 in Social and Political Context*, in Paul Craig, Gráinne de Búrcia (dir.), The Evolution of EU Law, Oxford, 1999, p. 223.

[92] DOMINIQUE BLANCHET, *L'usage de la théorie de l'act clair en droit communautaire: une hypothèse de mise em jeu de la responsabilité de l'État français du fait de la fonction juridictionnelle*, in Revue trimestrielle de droit européen, Paris, Ano 37, n.º 2 (abril-junho 2001), pp. 397-438.

[93] Inês Quadros, *A Função Subjectiva da Competência Prejudicial do Tribunal de Justiça das Comunidades Europeias*, Almedina, p. 52.

[94] DOMINIQUE BLANCHET, *L'usage de la théorie de l'act clair en droit communautaire: une hypothèse de mise em jeu de la responsabilité de l'État français du fait de la fonction juridictionnelle*, in Revue trimestrielle de droit européen, Paris, Ano 37, n.º 2 (abril-junho 2001), p. 401.

Neste sentido, o requisito da pertinência é mais um requisito de admissibilidade da própria questão prejudicial, e não causa de dispensa[95].

Quanto à consagração legal dos casos de dispensa de dispensa não se trata, já que a sua existência impede o nascimento da própria questão prejudicial. Neste sentido, se a questão for clara, não há verdadeiramente dúvida, e se a questão não for pertinente, ela também não será prejudicial. Por derradeiro, a existência de jurisprudência anterior do Tribunal de Justiça também não é fundamento de dispensa de reenvio, uma vez que ele continua a ser obrigatório se permanecer a dúvida no "espírito do juiz", o que nada acrescenta à regra geral. Todas estas causas de dispensa da obrigação de reenvio foram previstas no Regulamento de Processo do Tribunal de Justiça, no art. 104.º, n.º 3, que dispõe que "quando uma questão prejudicial for idêntica a uma questão que o Tribunal de Justiça já tenha decidido, quando a resposta a essa questão possa ser claramente deduzida da jurisprudência ou quando a resposta à questão não suscite nenhuma dúvida razoável, o Tribunal pode, depois de informar o órgão jurisdicional de reenvio, de ouvir as alegações ou observações dos interessados referidos nos artigos 20.º do Estatuto, 21.º do Estatuto CEEA e art. 103.º, n.º 3, do presente regulamento, e de ouvir o Advogado-geral, decidir por meio de despacho fundamentado, no qual fará, se for caso disso, referência ao acórdão anterior ou à jurisprudência em causa".

Em tom de desfecho parcial, a questão de Direito Comunitário, ou a dúvida sobre a validade ou interpretação, ou a pertinência da questão, ou a indagação da clareza do ato, são conceitos indeterminados, cujo preenchimento caberá ao próprio juiz nacional obrigado ao reenvio. Portanto, para além da tentativa de normatizar as hipóteses de dispensa, o juiz nacional deverá conscientizar-se que é um dos principais artífices da afirmação da ordem jurídica comunitária. Neste sentido, deverá adotar uma postura de cooperação tendente à efetivação dos direitos dos particulares retirados do Direito Comunitário.

---

[95] DAVID ANDERSON, *The admissibility of preliminary references*, YEL, n.º 14, 1994, pp. 179-202.

No Acórdão n.º0668/02 de 10.07.02 discute-se o prazo de 90 (noventa) dias de caducidade do direito de impugnar liquidação de emolumentos registrais. Entendeu o STA que não afronta o Direito Comunitário o referido prazo fixado no artigo 102.º, 1, do CPPT, sendo que a globalidade das possibilidades de reação de que os contribuintes dispõem respeita o princípio da equivalência com o direito interno e o princípio da efetividade.

A recorrida argumenta que o ato de liquidação de emolumentos impugnado é violador do Direito Comunitário, concretamente, da proibição constante do artigo 10.º da Diretiva Comunitária 69/335//CEE, proibição que, conforme jurisprudência do TJCE, é diretamente invocável pelos particulares, perante os órgãos jurisdicionais nacionais[96]. Ainda segundo o TJCE, o Direito Comunitário obsta a invocação, por parte das autoridades competentes, de normas processuais nacionais relativas a prazos, no âmbito de um pedido de particular perante os órgãos jurisdicionais nacionais, enquanto esse Estado-Membro não tiver transposto corretamente as disposições dessa mesma diretiva para a sua ordem jurídica interna[97].

O STA realçou que a aplicabilidade direta das diretivas comunitárias, decorrente da interpretação do artigo 249.º do Tratado CE, impõe-se diretamente na ordem jurídica interna. É que, em harmonia com o disposto no artigo 8.º, 3, da Constituição (redação vigente na altura em que Portugal ficou constituído na obrigação de transpor a dita diretiva – 1 de Janeiro de 1986, data da entrada em vigor do Ato de Adesão às Comunidades Europeias), as normas emanadas dos órgãos competentes das organizações internacionais de que Portugal seja parte vigoram diretamente na ordem jurídica interna, desde que tal se encontre estabelecido nos respectivos tratados constitutivos.

Para além disso, o Tribunal faz menção a jurisprudência dominante no TJCE. Para ele, compete à ordem jurídica interna de cada Estado-Membro designar os órgãos jurisdicionais competentes e regular as modalidades processuais das ações judiciais destinadas a garantir a salvaguarda dos direitos que decorrem, para os cidadãos.

---

[96] Cfr. Acórdão do TJCE, 6.ª Secção, de 29.IX.1999. Processo C-56/98.

[97] Cfr. Acórdão de 25.07.1991 – *Theresa Emmott contra Minister for Social Welfare*, Processo C-208/90.

do Direito Comunitário, desde que, por um lado, essas modalidades não sejam menos favoráveis do que as ações análogas de natureza interna – princípio da equivalência – e, por outro, não tornem praticamente impossível ou excessivamente difícil o exercício dos direitos conferidos pela ordem jurídica comunitária – princípio da efetividade[98].

No mérito o Tribunal considerou que não se vislumbra razão para conceder ao contribuinte impugnante de liquidação de emolumento notarial com fundamento em violação de Direito Comunitário prazo mais dilatado do que a legislação nacional fixa para a impugnação de imposição tributária com fundamento em todas as ilegalidades possíveis, mesmo as que se traduzam em afronta constitucional[99].

Em tese o que o particular poderia fazer diante desta decisão? Pensamos que o caminho a ser percorrido aponta para a responsabilização do Estado pelo incumprimento do Direito Comunitário. Neste sentido, o Acórdão *Francovich*[100] foi um marco na jurisprudência do Tribunal de Justiça, sobretudo porque levou em consideração o particular no que respeita ao incumprimento do Direito Comunitário pelos Estados. De certa maneira veio completar o sistema de proteção iniciado com o Acórdão *Van Duyn* que consagrara o efeito direto das diretivas, formulando um sistema subsidiário, aplicável quando o particular não pudesse beneficiar daquele efeito.

Do Acórdão *Francovich* extraiu-se, a propósito da afirmação da responsabilidade do Estado pela não implementação das diretivas, a regra geral relativa à responsabilidade patrimonial do Estado pelo incumprimento do Direito Comunitário, alicerçada na afirmação do TJCE segundo o qual "o princípio da responsabilidade do Estado pelos danos causados aos particulares pelas violações do Direito Comunitário que lhe são imputáveis é inerente ao sistema do Tratado".

---

[98] Cfr. Acórdãos de 15.09.1998 proferidos nos processos C-231/96 e C-260/96.

[99] Para maior aprofundamento a legislação portuguesa estabelece para o exercício do direito de ação de anulação de liquidação de qualquer tipo de tributo, devidamente notificada ao contribuinte, o prazo geral de caducidade de noventa dias, a contar do termo do prazo de pagamento voluntário, qualquer que seja a ilegalidade de que o mesmo enferme, consoante o artigo 102.º, 1, a), do CPPT. Tal prazo é aplicável qualquer que seja o fundamento da impugnação.

[100] Cfr. Acórdão de 19.11.91, no proc. C-6/90, col. 1991, p. I-5357.

No Acórdão *Francovich* atribui-se aos cidadãos a possibilidade de, sem previamente obter a declaração de incumprimento do Estado, reclamar, perante os tribunais nacionais, uma indenização do Estado por perdas e danos de acordo com o estabelecido no Direito Comunitário[101]. O referido Acórdão não estabeleceu qualquer restrição quanto aos autores do prejuízo que o particular sofreu. Neste sentido, a ação de responsabilidade é proposta em face do Estado entendido numa acepção ampla, ou seja, independentemente do órgão, seja de natureza legislativa, executiva ou judiciária. Assim, a jurisprudência *Francovich* já seria suficiente para responsabilizar o Estado pelos atos jurisdicionais que violassem Direito Comunitário.

O TJCE tornou expressa a extensão da responsabilidade do Estado aos atos jurisdicionais no Acórdão *Köbler*[102]. Neste, a Alemanha e a Holanda, não obstante admitisse em geral a responsabilidade do Estado por atos jurisdicionais, consideraram que ela se deve limitar aos casos em que a decisão infringe de forma especialmente grave e manifesta o Direito Comunitário aplicável, e só quanto a decisões insuscetíveis de recurso. O Reino Unido sustentou que a Coroa só poderia ser responsabilizada em caso de violação de um direito fundamental que a própria Convenção Européia dos Direitos do Homem protegesse.

O cerne da questão residia sobretudo na possibilidade de o TJCE ser chamado, a título prejudicial, a pronunciar-se sobre o acerto das decisões dos órgãos jurisdicionais, apreciando eventuais erros destes, inclusive no âmbito da própria ação de responsabilidade. E por outro lado, a preservação da autoridade da coisa julgada. Neste sentido, o TJCE afirmou que a responsabilidade do Estado é uma via alternativa, já que o respeito pelo caso julgado torna impossível a reconstituição *in natura*, mantendo-se aberta a via sucedânea da mera compensação do particular.

Por derradeiro, quanto ao argumento da irresponsabilidade e independência do poder judicial, disse o Tribunal que não é a res-

---

[101] FAUSTO DE QUADROS, *Responsabilidade dos poderes públicos no Direito Comunitário: responsabilidade extracontratual da Comunidade Europeia e responsabilidade dos Estados por incumprimento do Direito Comunitário,* Separata do III Coloquio Hispano-Luso de Derecho Administrativo, Valladolid, 16-18 octubre 1997, pp 138-153.

[102] Cfr. Acórdão de 30.09.03, no proc. C-224/01, col. 2003, p. I-10239.

ponsabilidade pessoal dos juízes que é acionada, mas a do próprio Estado. O Tribunal de Justiça considera que o sistema é semelhante ao instituído pela Convenção Européia dos Direitos do Homem, cujo art. 41.º prevê a condenação do Estado no pagamento de uma indenização ao lesado, pela prática de atos contrários aos direitos fundamentais, incluindo, segundo a jurisprudência do Tribunal Europeu dos Direitos do Homem, os atos lesivos praticados no exercício da função jurisdicional[103].

Convém ressaltar que o fundamento da responsabilidade dos Estados encontra-se no Direito Comunitário, embora caiba aos tribunais nacionais, enquanto juízes de Direito Comunitário, garantirem a efetivação dessa responsabilidade.

O Tribunal de Justiça desenvolveu também os critérios de aferição da responsabilidade. Sobretudo nos Acórdãos *Francovich, Brasserie du Pêcheur, Factortame*, e recentemente no Acórdão *Köbler*. É possível elencar os seguintes pressupostos da responsabilidade, a saber: a) decisão de um órgão jurisdicional que decide sem possibilidade de recurso; b) a regra de Direito Comunitário violada destina-se a conferir direitos aos particulares; c) violação suficientemente caracterizada; d) dano sofrido pela lesado e nexo de causalidade adequada entre a violação e o dano.

Para o Tribunal de Justiça, a violação do Direito Comunitário é mais grave quando se tornou definitiva em razão de recair sobre ela o manto da coisa julgada. O dano existirá para o particular sempre que ele já não possa recorrer da decisão, independentemente de saber se as decisões do tribunal autor do fato jurídico lesivo são, regra geral, recorríveis.

Por outro lado, o particular só pode considerar-se verdadeiramente lesado pela atuação do Estado se se concluir que a observância, por este, das normas comunitárias, lhe traria efetivamente algum benefício ou se delas pudesse retirar um interesse legítimo[104]. Todavia, este requisito deverá ser entendido de forma mais flexível se o

---

[103] O Tribunal de Justiça refere-se ao Acórdão *Dulaurans c. França*, de 21.03.00, do Tribunal Europeu dos Direitos do Homem.

[104] TAKIS TRIDIMAS, *The general principles of EC law*, Oxford University Press, 1999, p. 316.

que está em causa é a omissão de reenvio. Neste caso, basta que a norma comunitária cuja interpretação ou apreciação de validade não foi pedida ao Tribunal de Justiça seja pertinente para a resolução do caso. Esta parece-nos a solução mais adequada à proteção do particular. A simples pertinência da norma em relação ao resultado final é suficiente para que o juiz deva reenviar, porque ela cria para o particular um verdadeiro interesse no reenvio[105].

Prosseguindo, a responsabilidade dos Estados não exige como requisito o elemento subjetivo[106], o que resultou do Acórdão *Brasserie du Pêcheur*, tendo o Tribunal de Justiça considerado que a culpa é sinônimo de comportamento ilícito. A violação ocorre no momento em que o Estado não conseguiu realizar o resultado pretendido pela norma.

A dificuldade maior reside no nexo de causalidade, é necessário ao particular provar que a omissão de reenvio foi responsável pelos danos sofridos, o que será difícil, dada a incerteza sobre qual seria a resposta do Tribunal de Justiça, não necessariamente favorável à parte. Na verdade, o particular é tão-somente titular do interesse em que a decisão seja formulada, pelo tribunal nacional, de acordo com as regras aplicáveis e, portanto, com a intervenção do Tribunal de Justiça, independentemente de o resultado dessa intervenção lhe ser favorável[107].

No Acórdão n.º 034368 de 01.07.03 que versa sobre a capacidade técnica em empreitada de obras públicas, o Supremo Tribunal Administrativo consignou que as diretivas comunitárias, na parte em que as respectivas disposições se apresentam prescritivas, claras,

---

[105] INÊS QUADROS, *A Função Subjectiva da Competência Prejudicial do Tribunal de Justiça das Comunidades Europeias*, Almedina, p. 175.

[106] RUI MEDEIROS, *A responsabilidade civil dos poderes públicos – ensinar e investigar*, Lisboa, Universidade Católica Editora, 2005, p. 21. Convém consultar Santiago Muñoz Machado, *La responsabilidad extracontratual de los poderes publicos en el derecho comunitario europeo*, in El derecho comunitario europeo y su aplicación judicial, GC Rodriguez Iglesias, / D. J. Liñan Nogueras (org.), Madrid, Consejo General del Poder Judicial – Universidad de Granada-Civitas, 1993, pp. 133-157. Em sentido contrário, Marta Machado Ribeiro, *Da responsabilidade do Estado pela violação do Direito Comunitário*, Coimbra, Almedina, 1996, p. 104.

[107] INÊS QUADROS, *A Função Subjectiva da Competência Prejudicial do Tribunal de Justiça das Comunidades Europeias*, Almedina, p. 176.

completas, precisas e incondicionais, são suscetíveis de produzir efeitos diretos verticais, ou seja, podem ser invocadas contra as autoridades públicas se não tiverem sido transpostas em devido tempo para o direito interno ou o foram deficientemente. Semelhante construção pode ser inferida no Acórdão n.º 0980/05 de 17.01.06 em que discutiu-se a natureza jurídica de Correios de Portugal S.A. O Tribunal por força do disposto na alínea b) do art.º 1.º da Diretiva 93/36/CEE, do Conselho (alterada pela Diretiva n.º 97/52/CE, do Parlamento Europeu e do Conselho, de 13 de Outubro), entendeu que Correios de Portugal devem ser considerados um organismo de direito público para os fins daquelas diretivas, que o DL n.º 197/99 transpôs.

Correios de Portugal promoveram a argüição de nulidade por omissão de cumprimento do reenvio prejudicial obrigatório ao TJCE. Sendo que o Tribunal refutou a referida com fulcro na doutrina e na própria jurisprudência do TJCE que vêm afirmando, que embora um órgão jurisdicional nacional cujas decisões não sejam suscetíveis de recurso judicial em direito interno esteja, em princípio, obrigado a submeter questão a que se refira pedido de reenvio prejudicial ao Tribunal de Justiça. Tal porém é excecionado "quando já exista jurisprudência sobre a matéria (e quando o quadro eventualmente novo não suscite nenhuma dúvida real quanto à possibilidade de aplicar essa jurisprudência) ou quando o modo correto de interpretar a norma comunitária seja manifestamente evidente"[108].

Deste modo, o STA ponderando não se estar diante de uma questão de interpretação nova, e refletindo de resto o entendimento de que se considerava suficientemente esclarecido pela jurisprudência do Tribunal de Justiça, decidiu ele próprio da interpretação correta do Direito Comunitário e da sua aplicação à situação factual que lhe cabia decidir.

Neste sentido, considerou que não assiste razão às recorridas na arguição de nulidade por pretensa omissão da prática do ato previsto no artigo 234.º CE.

Existe direito subjetivo ao reenvio prejudicial? As partes não dispõem de quaisquer poderes formais de disposição ou de impulso

---

[108] Cfr. MOTA CAMPOS, *O Contencioso Comunitário*, p. 152.

relativamente ao processo[109]. O que se constata é que tem havido uma grande confusão acerca do papel das partes no reenvio obrigatório. Diz-se que o tribunal nacional mantém o poder de disposição em matéria de reenvio, o que na verdade, leva à total indiferenciação entre o reenvio facultativo e obrigatório[110]. Convém ao juiz nacional antes de decidir sobre a remissão da questão ao Tribunal de Justiça ouvir as partes a fim de que estas possam alegar o que considerem oportuno sobre a pertinência da questão[111].

A concepção objetiva do reenvio prejudicial não permite uma proteção jurisdicional efetiva e eficaz dos direitos dos particulares que o próprio Tribunal de Justiça não se cansa de defender[112]. No reenvio não se podem fazer valer direitos subjetivos e está vedada às partes a possibilidade de suscitar diretamente a questão ao tribunal, entretanto não significa que as partes não tenham qualquer interesse no mesmo. Neste sentido, intuímos a necessidade de uma releitura do mecanismo de reenvio para uma maior proteção do particular. Só assim alcançaremos verdadeiramente a efetividade do Direito Comunitário.

A qualificação que o TJCE faz do órgão jurisdicional de reenvio aponta para uma necessidade de proteção dos particulares, ao se exigir que seja de natureza contraditória, e a própria decisão de

---

[109] DENYS SIMON, Le système juridique communautaire, 3.º ed., Paris, PUF, 2001, p. 669; Aracelí Martín, Diego Nogueras, Instituciones y derecho de la Union Europea, 2.º ed., Madrid, McGraw Hill, 1999, p. 247.

[110] Giandomenico Falcon explica que na prática, a distinção entre a mera faculdade de reenviar e a verdadeira e própria obrigação não é grande: por um lado, não se vê por que é que o juiz que descobre a existência de uma dúvida séria de interpretação evitará o reenvio; por outro lado, a própria obrigação acaba por não subsistir, se o juiz de último grau considerar que não existe dúvida séria – La tutela giurisdizionale, in Trattato di Diritto Amministrativo Europeo, Mario Chiti e Guido Greco (org.), Milão, Giuffrè Editore, 1997, p. 382.

[111] MARCO VILLAGOMEZ CÉBRIAN, La cuestión prejudicial en el derecho comunitario europeo, Madrid, Tecnos, 1994, p. 106. No mesmo sentido, o Tribunal de Justiça considerou, no Acórdão Simmenthal, que a decisão de reenvio deve ser precedida de algum contraditório, no interesse da boa justiça.

[112] DOMINIQUE BLANCHET, L'usage de la théorie de l'act clair en droit communautaire: une hypothèse de mise em jeu de la responsabilité de l'État français du fait de la fonction juridictionnelle, in Revue trimestrielle de droit européen, Paris, Ano 37, n.º 2 (abril-junho 2001), p. 427.

reenvio precedida da audiência contraditória das partes[113]. Para além disso, a formulação do princípio da equivalência reconhece a necessidade de se assegurar às partes o direito à tutela efetiva dos direitos conferidos pela ordem comunitária.

Subjacente à natureza jurídica do reenvio está a discussão entre os defensores da teoria orgânica[114] e os que apregoam a teoria do litígio concreto[115]. Para os primeiros o risco da aplicação desigual do Direito Comunitário não se verifica em todos os tribunais, nem em todos os casos nos quais se apresente como potencialmente aplicável uma norma comunitária, vez que a errônea interpretação daquela por um tribunal inferior não compromete a unidade do Direito Comunitário. Para os teóricos do litígio concreto o que tem de ser verdadeiramente uniforme é a própria aplicação do Direito Comunitário. Somente se alcançará uniformidade se as normas comunitárias forem aplicadas das mesma forma aos casos concretos.

Parece-nos que a teoria do litígio do concreto acaba por reforçar o princípio da unidade do Direito Comunitário, vez que esta unidade estará melhor protegida se todos os tribunais, quando decidam definitivamente o caso, estiverem obrigados a submeter a questão ao Tribunal de Justiça. E não apenas às jurisdições superiores[116].

O reenvio tem natureza jurídica de interesse legítimo, tal como definida por Diogo Freitas do Amaral: "um direito à legalidade das decisões que versem sobre um interesse próprio", cabendo ao particular a pretensão de que uma eventual decisão desfavorável ao seu interesse não seja tomada ilegalmente[117]. Trata-se de uma definição

---

[113] Cfr. Acórdão *Simmenthal*.

[114] RENÉ JOLIET, *L'article 177 du traité CEE et le renvoi préjudiciel*, in Rivista di Diritto Europeo, Roma, ano 31, n.º 3 1, luglio-settembre 1991, p. 602; Pierrre Pescatore, *Las cuestines prejudiciales. Art. 177 del Tratado CEE, El derecho comunitario europeo y su aplicación judicial*, in Iglesias, G. C. Rodriguez Iglesias, D. J. Liñan Nogueras (org.), Madrid, Consejo General del Poder Judicial – Universidad de Granada-Civitas, 1993; João Mota de Campos, *Contencioso Comunitário*, Lisboa, Gulbenkian, 2002.

[115] RICARDO ALONSO GARCÍA, *El juez español y el derecho comunitario*, Valencia, Tirant, 2003.

[116] INÊS QUADROS, *A Função Subjectiva da Competência Prejudicial do Tribunal de Justiça das Comunidades Europeias*, Almedina, p. 112.

[117] DIOGO FREITAS DO AMARAL, *Curso de Direito Administrativo*, vol. II, Coimbra, Almedina, 2001, p. 65

que se ajusta à figura do reenvio prejudicial, vez que, não obstante o seu resultado possa não ser favorável ao particular, este pode ter a pretensão legítima de que essa decisão final seja resultado da contribuição do Tribunal de Justiça[118].

Em tom de síntese parcial, o reenvio representa portanto o acesso indireto[119] dos particulares à jurisdição comunitária, constituindo o Tribunal de Justiça o local onde os particulares beneficiarão da adequada aplicação do Direito Comunitário. É tempo de superarmos a concepção do reenvio numa perspectiva estritamente objetiva. Parece-nos que somente uma visão integral do reenvio poderá permitir a aplicação uniforme do Direito Comunitário sem "secundarizar" os particulares[120]. Se por um lado o reenvio excede o interesse das partes por outro não é menos verdade que também o inclui.

No Acórdão n.º 046639 de 03.02.05 discute-se a responsabilidade extracontratual da República Portuguesa por não ter autorizado a importação de carnes de caça selvagem oriundas da Argentina. O STA reconhece que a possibilidade de invocação direta por um particular do regime normativo estabelecido em diretiva comunitária, depende, para além de mais, de já ter expirado o prazo fixado para a sua transposição.

O pedido de autorização foi formulado, com invocação do regime estabelecido pela Diretiva 92/45/CEE do Conselho editada em 16-6-92 e a recusa foi, então fundamentada na circunstância da inexistência de acordo bilateral entre Portugal e a Argentina sobre trocas de carnes de caça selvagem, não se cumprindo, quanto à apresentação do produto, o disposto na diretiva invocada. A referida diretiva deveria ter sido transposta para o direito interno até ao dia 01.01.94, concluindo-se, por evidente lapso, que, à data do ato, isto é, em 13.10.93, não estava expirado o prazo da sua transposição. Ao tempo dos fatos, ainda não ser possível a invocação do efeito direto vertical da diretiva comunitária, não estando, ainda criados os

---

[118] INÊS QUADROS, *A Função Subjectiva da Competência Prejudicial do Tribunal de Justiça das Comunidades Europeias*, Almedina, p. 128.

[119] Neste sentido, Frédéric Berrod, *La systématique des voies de droit communautaires*, Paris, Dalloz, 2003, p. 853 e ss.

[120] Neste sentido, Inês Quadros, *A Função Subjectiva da Competência Prejudicial do Tribunal de Justiça das Comunidades Europeias*, Almedina, p. 135.

direitos subjetivos invocados, pois ainda não havia decorrido o prazo da sua transposição.

O STA ainda sufragou o entendimento de que o Estado, por via direta, não pode opor a uma pretensão formulada por um particular, o regime jurídico de uma diretiva que ainda não tenha transposto, sendo-lhe, no entanto, lícito opor, por via de exceção, a invocação do regime jurídico da normativa contra pretensão com base nele formulado. Quando, em invocação do efeito vertical de uma diretiva comunitária se formula uma pretensão, terá de se aceitar a globalidade do regime comunitário invocado. Assim, quando o particular invocar e pretender a aplicação direta de uma diretiva comunitária, não o poderá fazer, apenas quanto a uma norma ou a um segmento de uma norma, mas sim em relação à totalidade do regime comunitário invocado.

Neste sentido, o art. 15.º da referida diretiva fixou-se a correta estatuição de que as condições aplicáveis à colocação no mercado de carnes de caça selvagem importadas de países terceiros deverão, pelo menos ser equivalentes às previstas para o mercado interno, designadamente, com a intervenção de estabelecimentos reconhecidos de controle sanitário. Logo se estabelecendo que tais importações só seriam possíveis se os respectivos produtos tivessem proveniência de países terceiros em condições de satisfazer requisitos impostos na diretiva, e constantes de uma lista a elaborar e aprovar pela Comissão desde que obtido parecer favorável do Comité veterinário (art. 16.º/3 e 22.º), podendo tal comércio ser realizado por acordos bilaterais do país de destino (art. 17.º/2 -3.º travessão).

Uma diretiva não transposta pelo Estado-Membro no prazo fixado pode ser invocada pelo Estado em face de um particular? Segundo a jurisprudência constante do Tribunal de Justiça, uma diretiva não transposta não pode, só por si, criar obrigações para um particular (Acórdão *Faccini Dori*[121]). Portanto, não pode em face dos particulares ser invocada, vez que o efeito direto apenas existe a favor dos particulares e relativamente aos Estados-Membros destinatários[122].

---

[121] Cfr. Acórdão de 14.07.94, proc. C-91/92, colet., p. 3325.

[122] Cfr. Acórdão Processo Penal c. Luciano Arcaro, de 26.09.96, proc. C-168/95, colet., p. 4729, cons. 36.

No Acórdão n.º 01871/03 de 16.03.05 discute-se a violação do princípio da efetividade do Direito Comunitário. O STA considerou que tendo o contribuinte um prazo de 4 anos para pedir a restituição de um tributo indevidamente liquidado e não tendo pedido essa restituição dentro desse prazo, não pode alegar que o prazo de 90 dias para deduzir impugnação judicial é insuficiente para tornar efetivo o Direito Comunitário (princípios da equivalência e da efetividade).

Ocorre que o Tribunal já tratou desta questão de direito no Acórdão de 30.1.02, processo n.º 26.231, que foi assim sumariado, a saber: a) o Direito Comunitário não tem norma sobre o prazo para a restituição do indevido; b) aplica-se o prazo da lei portuguesa (5 anos pelo art. 35.º do Regime da Administração Financeira do Estado e 4 anos pelo art. 78.º da Lei Geral Tributária); c) compete à ordem jurídica de cada Estado-Membro regular as modalidades processuais e prazos das ações de restituição do indevido destinadas a garantir a salvaguarda dos direitos que para os cidadãos decorrem do Direito Comunitário, desde que, por um lado, essas modalidades não sejam menos favoráveis do que as das ações análogas de natureza interna (princípio da equivalência) e, por outro, não tornem praticamente impossível ou excessivamente difícil o exercício dos direitos conferidos pelo Direito Comunitário (princípio da efetividade); d) um prazo de 4 ou de 5 anos respeita esses princípios do Direito Comunitário; e) este prazo de restituição do indevido nada tem a ver com o prazo de 90 dias para deduzir impugnação judicial: um prazo é razoável para impugnar e outro é razoável para restituir o indevido; f) o STA não deve fazer um reenvio ao TJCE quando for conhecida uma jurisprudência européia constante e uniforme sobre um dado ponto de Direito Comunitário (teoria do ato claro ou teoria do precedente europeu). Neste sentido considerou que não há razões para alterar esta jurisprudência, que sempre foi seguida por este STA[123].

O Tribunal afirmou peremptoriamente que o Direito Comunitário goza do primado sobre as normas constitucionais portuguesas, nos

---

[123] Para um maior aprofundamento convém analisar os seguintes acórdãos do TJCE: de 27.2.80, p. 68/79; de 10.7.80 p. 826/79; de 29.6.88, p. 240/87; 17.7.97, p. C-90/94; de 9.2.99, p. C-343/96; 17.11.98, p. C-228/96; 24.9.02, p. C-225/2000.

termos do art. 8.º, n.º 4, da CRP. Se por um lado o art. 234.º CE não viola a Constituição da República Portuguesa, nomeadamente o princípio do juiz natural. Por outro lado, a CRP não é padrão de validade de normas jurídicas que lhe são superiores, pois o primado do Direito Comunitário sobre o direito constitucional dos Estados--Membros é um princípio estruturante do Direito Comunitário, sempre reafirmado pelo TJCE. E que consta hoje do art. 8.º, n.º 4, da CRP, na redação que lhe foi dada pela Lei Constitucional n.º 1/2004, de 24 de Julho. Também neste caso o Tribunal reiterou que não há que fazer o reenvio prejudicial quando a questão for impertinente, quando a lei comunitária seja clara e quando já haja um precedente na jurisprudência européia.

O que o particular pode fazer diante do incumprimento da obrigação de reenvio na ordem jurídica portuguesa? Em face da lacuna no que respeita a sanções próprias de Direito Comunitário, os Estados-Membros procuraram integrá-la por meio de instrumentos previstos no seu Direito Constitucional. A ordem jurídica portuguesa não conhece a figura do recurso de amparo (Espanha) e da queixa constitucional (*Verfassungsbeschwerde*, Alemanha). Não obstante, a sua introdução tenha já sido proposta por várias vezes e por vários autores[124]. Para suprir esta falta, há quem defenda que a fiscalização sucessiva da constitucionalidade pode conduzir a resultados semelhantes.

A tese é a seguinte se tiver sido aprovada uma lei que contrarie o art. 234.º do Tratado CE, os tribunais nacionais devem recusar a aplicação dessa lei por violação direta daquele artigo. Dessa decisão de recusa da aplicação da lei nacional caberá recurso para o Tribunal Constitucional, nos termos do art. 70.º, n.º 1, "i" da sua Lei Orgânica. O problema, no entanto, configura-se como uma inconstitucionalidade indireta, de que o Tribunal Constitucional português já afirmou várias vezes não conhecer[125].

---

[124] Cfr. JORGE REIS NOVAIS, *Em defesa do recurso de amparo constitucional (ou uma avaliação crítica do sistema português de fiscalização concreta da constitucionalidade)* in Themis, Ano VI, n.º 10, 2005.

[125] Cfr. O Acórdão do Tribunal Constitucional n.º 277, de 14.07.92 ou o Acórdão 326, de 05.05.98. No Acórdão n.º 570, de 07.10.98 discutia-se a violação, por um decreto-lei, de um regulamento comunitário, sendo pelo requerente arguida, por essa via,

O Tribunal Constitucional deverá, em sede de recurso nos termos do art. 280.º, n.º 1 "a", sem se pronunciar sobre a constitucionalidade, revogar a decisão do tribunal nacional que deixou de aplicar uma norma, obrigando o juiz *a quo* ao reenvio. Se, pelo contrário, o juiz aplicou a norma sem reenviar ao Tribunal de Justiça, caberá ao interessado recorrer para o Tribunal Constitucional daquela decisão com fundamento na interpretação inconstitucional da norma, por violação do princípio do juiz legal.

A hipótese de a fiscalização concreta da constitucionalidade poder substituir o recurso de amparo através da consideração de que o não reenvio para o Tribunal de Justiça consiste numa interpretação inconstitucional da norma aplicada, porque essa interpretação viola o princípio do juiz legal é bastante atraente. Todavia, faz-se mister tecermos algumas considerações que poderão pôr em xeque a sustentabilidade da referida.

Primeiramente, nem todas as questões de validade comunitária podem ser convertidas em questões de constitucionalidade, ou vice-versa[126]. Em verdade, o fundamento de validade das normas comunitárias é diverso, encontrando-se nos próprios Tratados constituti-

---

a violação do art. 8.º da Constituição. Aquele Tribunal decidiu, citando larga jurisprudência anterior: "as questões de constitucionalidade que ao Tribunal 'cumpre conhecer ao abrigo da alínea b) do n.º 1 do art. 70.º da Lei n.º 28/82, de 15 de novembro, são apenas aquelas em que a norma arguida inconstitucional viola direta ou imediatamente, uma norma ou princípio constitucional, e não também os de inconstitucionalidade indireta (ou seja, aqueles casos em que a violação da lei fundamental ocorre porque, em primeira linha, existe uma violação de um preceito de lei infraconstitucional)". Pelo contrário, a *Corte Costituzionale* parece admitir que as normas nacionais que violem normas comunitárias não podem considerar-se nulas ou ineficazes mas sim constitucionalmente ilegítimas por violação do art. 11.º da Constituição italiana (que se refere à participação do Estado italiano em organizações internacionais e, portanto, à repartição de competências que daí resulta, pelo que as normas nacionais se devem abster de contrariar aquelas). – consultar Sentença n.º 170, de 18.06.84. A este respeito, consultar ainda Antônio de Araújo, Miguel Nogueira de Brito, Joaquim Pedro Cardoso da Costa, *As relações entre os Tribunais Constitucionais e as outras jurisdições nacionais, incluindo a interferência, nesta matéria, da ação das jurisdições europeias*, in Estudos de homenagem ao Conselheiro José Cardoso da Costa, Coimbra Editora, 2003, pp. 203-273.

[126] Para JORGE MIRANDA tal seria inadmissível por se traduzir numa "absorção do Direito Constitucional pelo Direito Comunitário" – *Manual de Direito Constitucional*, Tomo VI, Coimbra Editora, 2001, p. 170.

vos, e neste sentido a generalidade dos vícios de que padeçam, não será reconduzível a inconstitucionalidade.

Por outro lado, faz-se *mister* estabelecermos uma fronteira entre a fiscalização da constitucionalidade da interpretação das normas e a fiscalização da constitucionalidade dos próprios atos jurisdicionais. Esta não é sindicável pelo Tribunal Constitucional, vez que não existe em Portugal a fiscalização da constitucionalidade de decisões judiciais, ao contrário da Espanha e da Alemanha, que poderá ser realizado por meio do recurso de amparo e da queixa constitucional, respectivamente. Convém realçar que a distinção entre fiscalização da interpretação de normas e fiscalização dos atos jurisdicionais não é sempre evidente, mesmo para o próprio Tribunal Constitucional[127].

O Tribunal Constitucional apreciou esta questão no Acórdão n.º 476/2002[128]. O caso versava sobre uma recusa do Supremo Tribunal Administrativo de reenvio de uma questão prejudicial para o TJCE, suscitada pela parte no processo. O STA recusou o reenvio sob o fundamento de considerar plenamente esclarecido sobre o sentido da norma comunitária, em razão da existência de anterior jurisprudência do Tribunal de Justiça. A parte vencida recorre ao Tribunal Constitucional sustentando que a recusa de reenvio significava uma interpretação inconstitucional do art. 234.º, por violação do direito ao juiz legal. O recurso não foi admitido pelo STA que considerou que "a norma do art. 234.º do Tratado de Roma não tem como padrão de validade a CRP (...). Apontando-se como único meio legal de reagir (...) uma queixa à Comissão Europeia para efeitos de ação de incumprimento decorrente de responsabilidade internacional do Estado Português"[129]. O STA considerou que, no fundo, que o recurso interposto pela parte tinha apenas como fundamento a recusa de reenvio por parte daquele Tribunal.

No âmbito da Reclamação, foi ouvido o Ministério Público, cuja posição viria a ser acolhida pela juízes do Tribunal Constitucional.

---

[127] RUI MEDEIROS, *A decisão de inconstitucionalidade*, Lisboa, Universidade Católica Editora, 1999, p. 341.

[128] Cfr. Acórdão de 20.11.02, proc. 449. Mais recentemente, e no mesmo sentido, o Acórdão n.º 510, de 13.07.04, proc. 564.

[129] Cfr. Ponto n.º 5 do Acórdão de 20.11.02.

Nela se afirmava que: "Note-se que, ao contrário do que se sustenta na reclamação deduzida, o que o reclamante verdadeiramente pretende questionar não é obviamente a constitucionalidade de uma norma de direito internacional convencional mas o invocado não acatamento de tal norma do Tratado de Roma pelo Tribunal '*a quo*': toda a linha argumentativa expendida pelo reclamante visa, afinal, demonstrar que a interpretação que o STA fez do preceito contido no art. 234.º do Tratado de Roma não é a que corresponde ao verdadeiro e correcto sentido de tal norma, já que deveria ter sido determinado o pretendido reenvio prejudicial que a decisão impugnada rejeitou. Ora, como é evidente, não cabe no âmbito da competência do Tribunal Constitucional, no quadro do recurso tipificado na alínea b), sindicar da correcção com que os tribunais situados em cada ordem jurisdicional interpretam e aplicam as normas do direito internacional convencional"[130].

O Tribunal Constitucional acabou, pois, por dar razão ao Supremo Tribunal Administrativo. Em verdade, o que era contestado pela requerente era a própria decisão judicial de não reenvio e não a interpretação da norma.

As soluções constitucionais apresentam alguns inconvenientes. Primeiro, tem como único fundamento, o direito nacional, neste sentido, são dependentes dos critérios, princípios e até procedimentos nacionais para salvaguarda de direitos também consagrados na ordem jurídica nacional. Segundo, o juiz nacional não se revela como verdadeiro juiz comunitário, uma vez que o que ele julga é a violação de um direito conferido pela ordem jurídica nacional. Por derradeiro, as soluções constitucionais conduzem à desigualdade entre os nacionais que integram a União Européia. Neste sentido, eles ficam à mercê dos meios de proteção existentes em cada Estado, o que inexoravelmente conduzirá a um tratamento diferenciado de situações idênticas[131].

Para solucionar este último inconveniente, tem-se proposto uma harmonização mínima das regras dos procedimentos nacionais, ten-

---

[130] Cfr. Ponto n.º 2 do mesmo Acórdão.
[131] INÊS QUADROS, *A Função Subjectiva da Competência Prejudicial do Tribunal de Justiça das Comunidades Europeias*, Almedina, p. 165-166.

dente a acompanhar à harmonização dos direitos dos Estados-Membros[132].

Acreditamos que a solução deve ser comunitária. Neste sentido, propomos um novo recorte da ação por incumprimento, estendendo-se a legitimidade aos particulares nos mesmos termos do sistema de proteção de direitos fundamentais instituído pela Convenção Europeia dos Direitos do Homem. Hoje apenas a Comissão ou Estado-Membro possuem legitimidade para intentarem perante o Tribunal de Justiça uma ação por incumprimento[133].

A Comissão durante muito tempo absteve-se de desencadear um processo de incumprimento. Inicialmente, o receio de pôr em causa o clima de confiança e cooperação mútua, necessário ao bom funcionamento do mecanismo do art. 234.º TCE. Acresce a isto, a possível ineficácia de uma declaração de incumprimento do Poder Judicial[134].

A nossa sugestão conserva a fase pré-contenciosa existente, ou seja, se a Comissão considerar que um Estado-Membro não cumpriu qualquer das obrigações que lhe incumbem por força do Tratado, formula um parecer fundamentado sobre o assunto, após ter dado a esse Estado oportunidade de apresentar as suas observações. Este parecer desempenha uma função essencial, pois o incumprimento estadual é apreciado em função da situação deste no termo do prazo estabelecido no parecer fundamentado, não sendo as alterações posteriormente ocorridas tomadas em consideração pelo Tribunal[135].

A mudança ocorrer-se-ia no art. 226.º, § 2.º, nos seguintes termos: *"Se o Estado em causa não proceder em conformidade com este parecer no prazo fixado pela Comissão, esta ou o eventual particular vítima do incumprimento do Direito Comunitário poderão*

---

[132] DENIS WAELBROEC, *Vers une harmonisation des règles procedurales nationals?* In Dony, Marianne e Bribosia, Emmanuelle, *L'avenir du système juridictionnel de l'Union Européenne*, Bruxelles, Éditions de l'Université de Bruxelles, 2002, p. 68.

[133] A ação por incumprimento está essencialmente prevista nos artigos 226.º a 228.º do Tratado da União Européia Europeia.

[134] FAUSTO DE QUADROS e ANA MARIA GUERRA MARTINS, *Contencioso da União Européia Europeia*, 2.ª ed., Almedina, p. 94.

[135] Neste sentido, entre outros, os Acórdãos *Comissão c. Reino Unido*, de 07.12.00, proc. C-69/99, colet., I-10979, n.º 22; ou *Comissão c. França*, de 15.03.01, proc. C-147/00, colet., I-2387, n.º 26.

recorrer ao Tribunal de Justiça". No art. 227.°, § 2.°: *"Antes de qualquer Estado-Membro ou particular propor uma ação contra Estado-Membro, com fundamento em pretenso incumprimento das obrigações que a este incumbem por força do presente Tratado, deve submeter o assunto à apreciação da Comissão".* Sem nos esquecermos do conteúdo do atual art. 227.°, § 4.°: *"Se a Comissão não tiver formulado parecer no prazo de três meses a contar da data do pedido, a falta de parecer não impede o recurso ao Tribunal de Justiça".*

Perante a acusação, o Tribunal de Justiça decidirá sobre a existência ou não do imputado incumprimento estadual. No termo do processo, o TJCE tanto poderá considerar procedente o pedido, condenando o Estado-Membro, como absolvê-lo, na hipótese contrária. Se o Tribunal de Justiça declarar que um Estado-Membro não cumpriu qualquer das obrigações que lhe incumbem por força do Tratado, esse Estado deverá tomar as medidas necessárias à execução do acórdão do Tribunal de Justiça, consoante o art. 228.°, § 1.° TCE.

A ampliação da legitimidade deve ser acompanhada de um novo recorte da executividade dos acórdãos do Tribunal de Justiça que declaram a ocorrência do incumprimento do Direito Comunitário. A própria declaração de incumprimento determinaria o montante da compensação a atribuir ao particular que promoveu a ação. O Tribunal de Justiça indicaria o montante da quantia fixa ou da sanção pecuniária compulsória, a pagar pelo Estado-Membro, que considerar adequado às circunstâncias.

As vantagens desta solução são bastante evidentes, asseguraria a garantia do reenvio prejudicial, de modo a garantir a uniformidade na aplicação do Direito Comunitário e principalmente a proteção dos direitos dos particulares retirados da ordem jurídica comunitária.

Apenas recentemente, o Tribunal de Justiça prolatou Acórdãos onde podemos inferir uma maior preocupação com o sistema de proteção dos direitos fundamentais. No caso *Köbler*[136] o TJCE estendeu ao Poder Judicial os princípios da responsabilidade do Estado por violação do Direito Comunitário, não obstante reconheça as particularidades da função judicial neste domínio, bem como as

---

[136] Cfr. Acórdão de 30.09.03, proc. C-224/01, col. 2003, p. I-10239 e ss.

dificuldades de aplicação deste regime ao incumprimento da obrigação de suscitar a questão prejudicial[137].

A jurisprudência köbler foi, recentemente, reafirmada no Acórdão *Traghetti del Mediterraneo Spa*[138], no qual Tribunal acrescenta que: "O Direito Comunitário se opõe a um regime legal nacional que exclua, de uma forma geral, a responsabilidade do Estado-Membro por danos causados aos particulares em virtude de uma violação do Direito Comunitário imputável a um órgão jurisdicional que decide em última instância pelo fato de essa violação resultar de uma interpretação de normas jurídicas ou de uma apreciação dos fatos e das provas efetuadas por esse órgão jurisdicional. O Direito Comunitário opõe-se igualmente a um regime nacional que limite essa responsabilidade aos casos de dolo ou de culpa grave do juiz (...)".

No caso *Comissão contra Itália*[139], quando podia ter declarado o incumprimento por parte de um órgão jurisdicional, o Tribunal de Justiça preferiu, por um lado, afastar a possibilidade de utilização da ação por incumprimento a violações esporádicas do Direito Comunitário imputáveis a juízes internos e, por outro lado, iludir a condenação direta do tribunal, com fundamento no respeito da independência do Poder Judicial interno, tendo optado pela condenação do Poder Legislativo por não ter modificado a legislação interna. Como se vê, o problema reside para além da ampliação da legitimidade para a propositura da ação de incumprimento, o próprio Tribunal em momentos decisivos parece abrir mão de formular acórdãos que constituam verdadeiras viragens.

Por derradeiro, no caso *Kühne*[140], o Tribunal de Justiça admitiu o reexame interno de um ato administrativo, que tinha sido objeto de uma sentença confirmativa já transitada em julgado, com fundamento no fato de a referida sentença se ter baseado numa interpretação do

---

[137] Para um aprofundamento deste Acórdão, consultar Pablo J. Martín Rodriguez, *La resposabilidad del Estado por actos judiciales en Derecho Comunitario*, Rev. Der. Com. Eur., 2004, pp. 829 e ss; Marten Breuer, *State Liability for Judicial Wrongs and Community Law: the Case of Gerhard Köbler v. Austria*, ELR, 2004, p. 243 e ss.

[138] Cfr. Acórdão de 13.06.06, proc. C-173/03, ainda não publicado.

[139] Cfr. Acórdão de 09.12.2003, proc. C-129/00, col. 2003, p. I-4637 e ss, cons. 29 e ss.

[140] Cfr. Acórdão de 13.01.04, proc. C-453/00, col. 2004, p. I-837 e ss. cons. 20 e ss.

Direito Comunitário que, por força de uma jurisprudência posterior do TJCE, em sede de art. 234.º, se deveria considerar errônea e que o tribunal nacional adotou sem ter submetido a questão ao Tribunal de Justiça, quando a isso estava obrigado pelo parágrafo terceiro do referido preceito[141].

Quanto aos fatos, no período de dezembro de 1986 a dezembro de 1987, a Kühne & Heitz exportou para terceiros países determinadas quantidades de carne de aves de capoeira. Nas suas declarações às autoridades aduaneiras neerlandesas, classificou esta mercadoria como integrando uma determinada rubrica da pauta aduaneira comum. Com base nestas declarações, o Productschap concedeu as restituições à exportação correspondentes a esta rubrica e pagou os montantes correspondentes. Tendo havido uma reclassificação dos produtos exportados com fundamento em erro da primeira, feita pela mesma entidade, foi exigido à sociedade o reembolso de todos os montantes pagos a título de restituição, vez que aquele produto integraria uma rubrica diferente, não dando direito a qualquer restituição dos direitos aduaneiros. A Kühne & Heitz reclamou graciosamente desta decisão e interpôs recurso de anulação do indeferimento daquela reclamação junto College van Beroep voor het bedrijfsleven (Tribunal Administrativo), que em 1991 tornou a confirmar a decisão administrativa, tendo o seu acórdão transitado em julgado.

Ocorre que em 1994, no âmbito de outro processo[142], o Tribunal de Justiça proferiu um Acórdão prejudicial, segundo o qual o mesmo produto integrava, na pauta aduaneira, aquela primeira rubrica que dava lugar à restituição dos direitos aduaneiros pagos. Ao tomar conhecimento deste Acórdão, a Kühne & Heitz exigiu da Productschap o reembolso de todas as quantias que deveriam ter sido restituídas. Tendo-lhe sido negada a pretensão, novamente recorreu contenciosamente do ato administrativo de indeferimento. Face esta situação, o College van Beroep voor het bedrijfsleven considerou

---

[141] Para um comentário deste Acórdão, consultar Pablo J. Martín Rodriguez, *La revisión de los actos administrativos firmes: un nuevo instrumento de la primacía y efectividad del Derecho comunitario?* Rev. Gen. Der. Eur., 2004, p. 1 e ss. http://www.iustel.com

[142] Cfr. No proc. 151/93, *Voogd Vleesimport* en -export, col. p. I-4915

que: "a concepção que transforma em regra o facto de as decisões definitivas deverem ser alteradas de forma a estarem em conformidade com uma jurisprudência posterior – no caso em apreço, a comunitária – cria uma situação de caos administrativo, prejudica gravemente a segurança jurídica e não é, portanto, aceitável"[143].

Entretanto, o mesmo Tribunal reconheceu que o direito holandês conhece casos em que decisões judiciais definitivas são alteradas por efeito de decisões de outras entidades. Neste sentido: "(...) recorda a jurisprudência do Hoge Raad der Nederlanden (Países Baixos) referente aos efeitos nos processos penais dos acórdãos proferidos pelo Tribunal Europeu dos Direitos do Homem. Assim, o Hoge Raad der Nederlanden considerou, no seu acórdão de 1 de Fevereiro de 1991 (Nederlandse Jurisprudentie – NJ – 1991, p. 413), que a descoberta posterior de uma violação de um direito fundamental, consagrado no artigo 6.º da Convenção Europeia para a Protecção dos Direitos do Homem e das Liberdades Fundamentais, é uma razão determinante susceptível de impedir a execução de uma decisão não susceptível de recurso proferida em processo penal"[144].

Em verdade, o tribunal holandês precisou que "em primeiro lugar, o direito nacional reconhece ao órgão administrativo a possibilidade de revogar a decisão em causa no processo principal que se transformou em definitiva. Em segundo lugar, esta apenas adquiriu o seu carácter definitivo na sequência de um acórdão de um órgão jurisdicional nacional cujas decisões não são susceptíveis de recurso judicial. Em terceiro lugar, esse acórdão fundamenta-se numa interpretação do Direito Comunitário que era, face a um acórdão posterior do Tribunal de Justiça, errada e tinha sido aplicada sem que ao Tribunal de Justiça tivesse sido submetida uma questão prejudicial nas condições previstas no artigo 234.º, n.º 3, CE. Em quarto lugar, o interessado dirigiu-se ao órgão administrativo imediatamente depois de ter tido conhecimento desse acórdão do Tribunal de Justiça"[145].

À luz destas considerações, o College van Beroep voor het bedrijfsleven decidiu suspender a instância e submeter ao Tribunal de Justiça a seguinte questão prejudicial: "O Direito Comunitário, e

---

[143] Cfr. Ponto n.º 15 do Acórdão em análise.
[144] Cfr. Ponto n.º 16
[145] Cfr. Ponto n.º 26

nomeadamente o princípio da lealdade comunitária consagrado no artigo 10.° CE, impõe a um órgão administrativo, nas circunstâncias mencionadas nos considerandos da presente decisão, que reconsidere uma decisão que se tornou definitiva de modo a garantir ao Direito Comunitário, tal como este deve ser interpretado à luz de uma decisão prejudicial posterior, a sua plena eficácia?"

O Tribunal de Justiça iniciou por reafirmar a sua jurisprudência no sentido que incumbe a todas as autoridades dos Estados-Membros assegurar o respeito das normas de Direito Comunitário no âmbito das suas competências respectivas[146]. E que a interpretação que, no exercício da competência que lhe é conferida pelo artigo 234.° CE, o Tribunal de Justiça faz de uma norma de Direito Comunitário esclarece e precisa, quando necessário, o significado e o alcance desta norma, tal como a mesma deve ser ou *devia ter sido entendida e aplicada desde o momento da sua entrada em vigor*[147].

Para além disso, realça que a segurança jurídica figura entre o número dos princípios gerais reconhecidos em Direito Comunitário. O caráter definitivo de uma decisão administrativa, adquirido na expiração de prazos de recurso razoáveis ou por esgotamento das vias de recurso, contribui para a referida segurança e daqui resulta que o Direito Comunitário não exige que um órgão administrativo seja, em princípio, obrigado a revogar uma decisão administrativa que já adquiriu este caráter definitivo[148].

O Tribunal de Justiça considerou que, em razão do princípio da cooperação expresso no art. 10.° do Tratado CE e em razão da especificidade da ordem jurídica holandesa, o órgão administrativo em causa está obrigado a reexaminar a referida decisão para ter em conta a interpretação da disposição pertinente do Direito Comunitário entretanto feita pelo Tribunal de Justiça.

O referido órgão deverá determinar em função dos resultados deste exame em que medida está obrigado a revogar a decisão em causa, sem lesar os interesses de terceiro. O TJCE acabou por formular a obrigação de reexame de uma decisão administrativa defi-

---

[146] Cfr. Acórdão de 12.06.90, Alemanha/Comissão, C-8/88, colet., p. I-2321, n.° 13.
[147] Cfr. Designadamente, acórdãos de 27.03.80, *Denkavit italiana*, 61/79, Recueil, p. 1205, n.° 16, e de 10.02.00, *Deutsche Telekom*, C-50/96, Colet., p. I-743, n.° 43.
[148] Cfr. Ponto n.° 24

nitiva para ter em conta a interpretação da disposição feita pelo Tribunal de Justiça quando preencha os seguintes requisitos, a saber: a) o direito nacional dispõe do poder de revogação desta decisão; b) a decisão em causa se tornou definitiva em consequência de um acórdão de um órgão jurisdicional nacional que decidiu em última instância; c) o referido acórdão, face à jurisprudência do Tribunal de Justiça posterior a esse acórdão, se fundamenta numa interpretação errada do Direito Comunitário aplicada sem que ao Tribunal de Justiça tivesse sido submetida uma questão prejudicial nas condições previstas no artigo 234.º, n.º 3, CE; d) o interessado se dirigiu ao órgão administrativo imediatamente depois de ter tido conhecimento da referida jurisprudência[149].

O que preocupa-nos no referido Acórdão é a eventual colisão com interesses legítimos de terceiros. Neste sentido, a atribuição de efeitos retroativos às sentenças do Tribunal de Justiça deverá ser limitada, sendo admitida apenas quando não estejam em causa interesses legítimos de terceiros. O Estado jamais poderá ser considerado terceiro, pois não poderia beneficiar-se do seu próprio incumprimento[150].

A doutrina do caso Kühne foi, mais recentemente, reafirmada pelo Tribunal de Justiça no Acórdão *Rosemarie Kapferer*[151]. Neste discutiu-se a conformação de uma sentença judicial transitada em julgado com o Direito Comunitário posterior. Atendendo às circunstâncias do caso, o Tribunal de Justiça entendeu que a sentença não poderia ser reapreciada porque isso é vedado pelo Direito nacional em causa (austríaco).

No Acórdão n.º 0460/07 de 11.12.07 que versa sobre a aplicação do IVA no caso de locação de bens imóveis. O STA considerou não ser hipótese de reenvio prejudicial por não está em causa a interpretação e aplicação de normas de Direito Comunitário acerca do direito de dedução e reembolso do IVA. Mas tão-somente normas que regulam as formalidades e os condicionalismos a observar pelos sujeitos passivos que decidem optar pela aplicação do IVA no caso

---

[149] Cfr. Ponto n.º 28.
[150] Neste sentido, também INÊS QUADROS, *A Função Subjectiva da Competência Prejudicial do Tribunal de Justiça das Comunidades Europeias*, Almedina, p. 187.
[151] Cfr. Acórdão de 16.03.06, proc. C-234/04, ainda não publicado.

de locação de bens imóveis que estão estabelecidas no DL 241/86, de 20 de Agosto. E, sendo assim, não havia que proceder ao reenvio prejudicial da questão ao TJCE.

No Acórdão n.º 01050/03 de 23.10.07 foi reiterado o entendimento de que sempre que uma questão sobre a interpretação do Tratado de Roma (CE) seja suscitada perante qualquer órgão jurisdicional de um dos Estados-Membros da União Européia Européia, esse órgão pode pedir ao Tribunal de Justiça que sobre ela se pronuncie, se considerar que a decisão sobre essa questão é necessária ao julgamento da causa. Se a questão for colocada num órgão jurisdicional cujas decisões sejam irrecorríveis, o reenvio prejudicial é obrigatório.

A decisão a proferir, na Subsecção é recorrível para o Pleno da 1.ª Secção e, portanto, o reenvio não é obrigatório. Haverá então que proceder ao reenvio no caso deste Supremo Tribunal considerar que a decisão sobre a questão é "necessária para o julgamento da causa". O Tribunal considerou necessária a decisão pelo Tribunal de Justiça, pois está em causa a interpretação do Tratado de Roma, designadamente do artigo 73.º, no que respeita à compatibilidade com o Tratado de auxílios no âmbito dos transportes através do ato impugnado e art. 87.º, no que respeita à questão de saber se a deliberação em causa é suscetível de afetar as trocas comerciais.

Para além disso, é igualmente necessário saber em que termos deve ser interpretado o Tratado de Roma, relativamente à eventual violação dos aludidos preceitos, ou seja, saber se tal violação quando efetuada por um Estado-Membro através de atos administrativos implica a invalidade do ato, ou se as consequências são de outra natureza.

8. A problemática do ordenamento territorial em âmbito europeu

De certa forma retomamos o debate da primeira parte da investigação, entretanto, agora, a reflexão aponta para outro sentido: a União Européia possui competência em matéria de ordenamento? Se por um lado as instituições européias empreendem ações que revelam o claro propósito de um planeamento territorial em âmbito europeu. Por outro lado discute-se se a União Européia Européia possui competência nesta matéria. E em havendo é imprescindível promover o seu recorte, sobretudo no que respeita à sua qualidade, extensão e limites.

Antes de inciarmos a discussão sobre a existência ou não de competência da União Européia Européia em matéria de planeamento, faremos uma breve suspensão reflexiva sobre emergência do discurso sobre o ordenamento transnacional do espaço europeu. Podemos dividi-lo em três momentos, a saber: a) primeira fase (1989-1991) das metáforas espaciais acadêmicas ao primeiro encontro informal dos ministros de ordenamento do território da UE; b) segunda fase (1991-1994) a construção da Europa das Mega-Regiões: dos estudos transnacionais à definição dos princípios básicos de uma estratégia de desenvolvimento espacial para a UE; c) terceira fase (1995-2001) a afirmação do ordenamento supra-nacional do território europeu: os textos de referência[152].

Quanto à primeira fase é conveniente ter em conta a publicação de uma série de estudos acadêmicos que sugeriam leituras estratégicas inovadoras para o conjunto do espaço europeu. E a realização em Nantes (1989) do primeiro encontro informal dos Ministros do Ordenamento do Território e Desenvolvimento Regional dos vários Estados-Membros.

A primeira fase foi riquíssima em estudos que propunham metáforas espaciais para o território europeu como "banana azul"[153], "estrela azul"[154], "cacho de uvas"[155] e "casa dos setes quar-

---

[152] JOÃO FERRÃO, *A emergência de estrategias transnacionais de ordenamento do território na União Européia Européia: reimaginar o espaço europeu para criar novas formas de governança territorial?* in EURE-Revista Latino americana de Estudios Urbanos Regionales, publicada em de 01.05. 04.

[153] R. BRUNET, *Les ViUes Européennes*, 1989, Paris: Datar. Este a partir de uma caracterização minuciosa das cidades européias efetuada a partir de um leque alargado de indicadores. É sobretudo estático e analítico: a idéia de "banana" visa ilustrar a forte concentração de recursos qualificados na dorsal *Londres-Amesterdã-Bonn-Milão*.

[154] Iaurif. *La Charte de l'Ile-de-France*. 1991 Paris: IAURIF A metáfora apresentada por este autor possui uma natureza mais dinâmica e prospectiva, na medida em que a "estrela azul" procura antecipar a futura organização do espaço europeu, muito estruturado pelas áreas centrais mais prósperas mas também pelos corredores de desenvolvimento induzidos pela construção das redes de transporte transeuropéias (de acordo com a resolução comunitária aprovada em 1989).

[155] KUNZMANN, K. R. & M. WEGENER (1991). *The pattern of urbanization in Western Europe*. Ekistics, 350, p. 282-291. A metáfora é claramente especulativa ou mesmo normativa, tendo como função defender uma Europa de regiões sustentáveis baseada em cidades fortemente internacionalizadas e organizadas em rede entre si.

tos"[156]. Estas metáforas foram as mais divulgadas e, por conseguinte tiveram um maior impacto sobre os debates que se seguiram sobre as estratégias de ordenamento do espaço europeu[157]. Estas leituras simplificadas da organização interna do território europeu, recorrendo à metáforas com grande poder comunicacional teve o mérito de alcançar ambientes externos ao mundo académico. Colocou na "ordem do dia" da política européia a necessidade de uma visão estratégica para o conjunto espaço europeu. Em verdade constituem, pois, a pedra basilar da emergência das estratégias transnacionais de ordenamento do território comunitário.

Neste sentido as metáforas espaciais e outros tipos de imagens e mapas simplificados virão, aliás, a desempenhar um papel crucial em todo o debate sobre as estratégias supranacionais de ordenamento do território europeu, quer enquanto instrumento de consensualização de idéias, quer como suporte de facilitação da comunicação entre técnicos, políticos e cidadãos[158].

Em 1989 realiza-se em Nantes o primeiro encontro informal dos ministros de ordenamento do território e desenvolvimento regional dos vários Estados-Membros, sob presidência francesa e com o apoio da Comissão Européia. Neste encontro foi decidido elaborar vários estudos de âmbito europeu (supranacional) sobre o ordenamento do território. Neste encontro foram lançadas as bases para a preparação de um importante documento, a Europa 2000, que marca o início da segunda fase.

Convém relembrar que este primeiro encontro informal de ministros do ordenamento do território dos vários Estados-Membros

---

[156] LUTZKY, N. (1990). *Vor Neuen Dirnensionen im Euopäischen Verkeher*. PROGNOS (eds.), Verkehr im Neuen Europa, Mehr Mobilität-mehr Wohlstand? Basel: PROGNOS. Este relembra-nos que a organização futura do espaço europeu não pode ignorar a diversidade histórico-cultural que o caracteriza, defendendo a existência de sete regiões transnacionais européias distintas entre si mas com forte unidade patrimonial interna.

[157] Para uma análise comparada destas várias metáforas espaciais convém consultar Nijkamp, P. (1993). *Towards a network of regions: the United States of Europe*, in European Planning Studies, 1, 2, p. 149-168.

[158] JENSEN, O. B. & T. RICHARDSON (2003). *Being on the map: the new iconographies of power over European space* in International Planning Studies, 8, 1: p. 9-34.

remonta, em certa medida, um referencial bem anterior. Em 1970 foi criada, no âmbito do Conselho da Europa, a CEMAT (Conferência Européia dos Ministros do Ordenamento do Território), que passou, desde então, a funcionar intermitentemente, numa base informal. Entre a data de criação e o período agora em análise, a CEMAT suscitou a realização de vários estudos, com relevo para os que deram origem à Carta Regional para a Europa, aprovada no encontro de Torremolinos, a 20 de maio de 1983. Na verdade, ao longo das décadas de 70 e 80 a CEMAT foi evoluindo de uma óptica de cooperação transfronteiriça para uma perspectiva mais alargada de cooperação inter-regional e mesmo, mais tarde, de desenvolvimento espacial da Europa.

A CEMAT desempenhou um papel essencial de "regresso do planeamento", ao realçar a necessidade de um planeamento indicativo e estratégico para o conjunto do espaço europeu como forma de garantir uma melhor coordenação das várias políticas setoriais e um desenvolvimento mais sustentável da Europa[159].

Nesta primeira fase acresce ainda a resolução comunitária sobre as redes transeuropéias que data de 1989. A intenção de desenvolver uma rede de infra-estruturas de transporte à escala européia foi definitivamente contemplada pelo Tratado de Maastricht. Alguns autores estão convencidos de que as redes transnacionais constituem a primeira intervenção comunitária de desenvolvimento espacial[160].

Parece que no início da década de 90 afirmou-se um "olhar de forma integrada e estratégica para a Europa". Acresce a isto ao que Le Galès[161] designa por "dinâmica Delors", vale dizer, o grande apoio dado por Jacques Delors, enquanto presidente da Comissão

---

[159] FOUCHER, M. (1994). *The challenges facing European society with the approach of the year 2000: the outlook for sustainable development and its implications for regional/spatial planning*, in European Planning Studies, 2, 1: p. 97-102.

[160] BUUNK, W., H. HETSEN e A. J. JANSEN (1999). *From sectoral to regional policies: a first step towards spatial planning in the European Union?* in European Planning Studies, 7, 1: 81-98; Peters, D. (2003). *Cohesion, polycentricity, missing links and bottlenecks: conflicting spatial storylines for pan-European transport investments*, in European Planning Studies, 11, 3: p. 317-339.

[161] LE GALÉS, P. (2002). *European cities. Social conflicts and governance*. Oxford, NY: Oxford University Press.

Européia, ao reconhecimento das autoridades regionais e locais como atores da política européia[162-163].

A segunda fase foi marcada pela realização de diversos estudos supranacionais, financiados pela Comissão Européia/DGXVI (Direcção-Geral do Desenvolvimento Regional), sobre a estrutura espacial da União Européia e as formas mais adequadas de estimular a cooperação inter-regional. Assim em 1991 foi publicado o documento Europa 2000, que apresenta os resultados de estudos realizados sobre oito "super-regiões europeias"[164], englobando, no conjunto, todo o espaço comunitário e ainda a Suíça e a Áustria[165].

Em verdade, a preocupação central dos vários estudos desenvolvidos no seguimento do encontro de Nantes foi o de definir espaços europeus de cooperação inter-regional e de troca de experiências que constituíssem um nível regional europeu de natureza supranacional. Assim, as várias super-regiões européias eram, por isso, constituídas por regiões de diversos Estados-Membros. A aposta na consolidação deste nível intermédio sem contraponto político-administrativo não pode ser desligada de uma intenção, mais ampla, de reconfigurar a arquitetura da governança do espaço comunitário[166].

---

[162] LE GALÉS, P. (2002). *European cities. Social conflicts and governance*. Oxford, NY: Oxford University Press, p. 100. A apreciação da postura de Jacques Delors por Le Galès é curiosa: *"The Delors Commission recognized regions and cities as local actors, fully integrated within European governance (...) Taking this line was a smart move on the Commission's part, since the more it legitimizes these cities and regions, the more they recognize the Commission's legitimacy"*. Tradução livre: O Comisão de Delors reconheceu regiões e cidades como atores locais, integrados inteiramente dentro da governance européia (...) desenvolver esta linha foi uma atitude habilidosa da Comissão, pois quanto mais legítimas estas cidades e regiões, mais legitimidade possui a Comissão.

[163] Uma integração da evolução do planeamento e das políticas espaciais no contexto da história da União Européia Européia pode ver-se em Williams, R. H. (1996). *European Union, spatial policy and planning*. Londres: Paul Chapman.

[164] ARCO ALPINO, Arco Atlântico, Regiões do Mar do Norte, Centro das Capitais, Diagonal Continental, Mediterrâneo Central, Mediterrâneo Ocidental e Novos Länder Alemães.

[165] Para uma caracterização sumária destas super ou megaregiões européias convém consultar Gripaios, P. & T. Mangles (1993), *An analysis of European super regions* in Regional Studies, 27, 8: p. 745-750.

[166] MEEGAN, R. (1994). *A Europe of regions? A view from Liverpool on the Atlantic Arc periphery* in European Planning Studies, 2, 1: 59-79. Segundo o referido autor na

Outro documento demasiadamente importante para a compreensão desta segunda fase foi "Europa+" formulado pela Comissão das Comunidades Européias em 1994, no qual, entre outros aspectos, se insiste na necessidade de desenvolver redes transeuropéias de transportes e formas eficazes de cooperação transnacional de base regional. Sem sombra de dúvida, entre os vários estudos realizados sobre as regiões européias, dois merecem especial alusão: o que incidiu sobre o chamado Arco Atlântico[167-168], dado que engloba as várias regiões portuguesas, e, sobretudo, o documento *Vision and Strategies around the Baltic Sea*[169], este último o mais rico e influente em matéria de planeamento transnacional.

Nesta altura já chamava bastante atenção a flagrante contradição: se por um lado a existência de estudos tendentes à estimular a cooperação inter-regional, por outro a ausência de uma base político-institucional forte. Para Groth[170]: " *(...) it is likely that the institutional weakness of these planning perspectives is somehow compensated by the growing importance of symbolic constructions of planning images, vision and concepts*" . Ou seja, é provável que a fraqueza institucional destas perspectivas de planeamento seja com-

---

p. 60: " *[...] the core of the political arguments influencing the debate on a "Europe of Regions" is the prediction that the increasing economic and political integration in Europe will inevitably be accompanied by the diminution of the power of nation states and a corresponding growth in the political (and economic) power of regions -and the local state-within a federal Europe*". Tradução livre: "[...] o núcleo dos argumentos políticos que influenciam o debate em uma "Europa das regiões" é a predição que o aumento da integração econômica e política em Europa será acompanhado inevitavelmente pelo diminuição do poder dos Estados-nação e por um crescimento correspondente no poder político (e econômico) das regiões – e o local dentro de uma Europa federal"

[167] CEDRE (1993). Evolution prospective des regions atlantiques. Strasburg: CEDRE.

[168] Para uma apreciação desta macro-região européia, convém consultar, WISE, M. (2000), *A Region involving much ado about very little?* in "The Atlantic Arc: transnational European reality of regional mirage? Journal of Common Market Studies, December, p. 885.

[169] VASAB 2010 (1994). *Vision and strategies around the Baltic Sea 2010: towards a framework for spatial development in the Baltic Sea region*. Third Conference of Ministers for Spatial Planning and Development, 7-8 Dezembro, Tallin.

[170] GROTH, N. B. (2000), *Urban systems between policy and geography*, in. Regional Studies, 34, 6: p. 571-580.

pensada de algum modo pela importância de crescimento de construções simbólicas de imagens, de visão e de conceitos de planeamento.

Concomitantemente à realização deste conjunto de estudos e documentos de base supranacional e inter-regional, as ações institucionais de natureza intergovernamental deram os passos mais significativos. Convém pontuar, em 1991, na Cimeira de Maastricht, foi decidido criar o *Committee on Spatial Planning* (CSP). Apesar da designação adoptada, a ação deste comitê vai marcar a passagem de uma abordagem de "planeamento espacial" para uma outra, de "desenvolvimento espacial".

Se por uma perspectiva substantiva, o conceito de desenvolvimento é mais abrangente e implica explicitamente a coordenação das várias políticas setoriais, pelo que se torna mais adequado. Pelo viés mais instrumental ou tático, o recurso a este conceito de maior amplitude permite contornar o fato de o planeamento espacial ser da estrita competência de cada um dos Estados-Membros[171].

A ação desenvolvida pelo Comitê de Planeamento Espacial possibilita que o conselho informal de ministros de ordenamento do território e desenvolvimento regional realizado na cidade de Liège[172], em Novembro de 1993, inicie formalmente a preparação do documento que virá a ser aprovado quase seis anos mais tarde: o EDEC (Esquema de Desenvolvimento do Espaço Comunitário). No ano de 1994, no conselho informal realizado em Leipzig, aprovam-se os três princípios básicos (coesão econômica e social, desenvolvimento sustentável, competitividade) e os objetivos gerais da política de desenvolvimento espacial da Europa, que virão a figurar na versão final do EDEC. Assim conclui-se a segunda fase do processo de consolidação de uma visão estratégica de base territorial para o conjunto do espaço comunitário.

---

[171] ESER, T. W. & D. KONSTADAKOPOULOS (2000). *Power shifts in the European Union? The case of spatial planning* in European Planning Studies, 8, 6: p. 783-808.

[172] Para uma apresentação sumária dos encontros informais de ministros realizados entre 1993 e 1996 (Liège, Corfu, Leipzig, Estrasburgo, Madrid e Veneza), convém consultar Pires, L. M., *A política regional europeia e Portugal*. Lisboa: Fundação Calouste Gulbenkian. 1998, p. 80-90.

Em tom de desfecho parcial, é possível assinalar que a construção simbólica de subespaços europeus de colaboração e a definição dos princípios básicos que deverão orientar o desenvolvimento do espaço comunitário serão as linhas mestras dos documentos e decisões de natureza mais pragmática que marcam a fase seguinte[173].

A terceira fase foi marcada pela tentativa de se pôr em prática as iniciativas desenvolvidas durante a fase anterior. Neste sentido, é oportuno pontuar alguns fatos marcantes, a saber: a) em 1995, no encontro informal de ministros realizado em Estrasburgo é discutido um documento em que se apresentam vários cenários para o ordenamento do território europeu, construídos a partir de três elementos principais: sistema urbano, rede de transportes e patrimônio natural; b) em Madrid, no mesmo ano, os ministros presentes expressam a necessidade de desenvolver conjuntamente uma estratégia de desenvolvimento espacial para o território comunitário, e de associar essa estratégia à reforma dos fundos estruturais; c) em 1996 foi lançado o Programa de Iniciativa Comunitária INTERREG II, o primeiro a adotar uma visão de planeamento transnacional não estritamente transfronteiriça.

O INTERREG II assume a cooperação inter-regional como fio condutor decisivo para reforçar os processos de ordenamento territorial em âmbito europeu. Neste sentido, sustenta-se que as candidaturas ao INTERREG II devem, no futuro, estar de acordo com as orientações e opções estratégicas contidas no EDEC[174]. Este irá constituir um elemento-chave para afirmar uma visão estratégica de ordenamento supra-nacional do território comunitário.

Neste momento é convenientes lançarmos algumas notas sobre a origem do EDEC. No encontro de Noordwijk, realizado a 9 e 10 de Junho de 1997, é apresentada uma versão preliminar do EDEC. Neste mesmo ano, a Comissão Européia edita *The EU Compendium of Spatial Planning Systems and Policies*, que objetiva, por um lado, esclarecer e compatibilizar, inclusive do ponto de vista linguístico,

---

[173] JOÃO FERRÃO, *A emergência de estrategias transnacionais de ordenamento do território na União Européia Européia: reimaginar o espaço europeu para criar novas formas de governança territorial?* in EURE-Revista Latino americana de Estudios Urbanos Regionales, p. 6.

[174] Neste sentido, Nadin, V. & D. Shaw (1998). *Transnational spatial planning in Europe: the role of Interreg IIc in the UK* in Regional Studies, 32, 3: p. 281-299.

os conceitos de desenvolvimento espacial e ordenamento do território, e, por outro, comparar a diversidade dos sistemas nacionais de planeamento existentes no seio da União Européia Européia. Paralelamente, em 1997 é publicado o documento Agenda 2000, sobre a reforma dos fundos estruturais para o período 2000-2006. É, pois, um ano decisivo para a afirmação do ordenamento transnacional do espaço europeu, coroando de certa maneira uma série de iniciativas que foram desenvolvidas ao longo da década de 90. Entre abril de 1998 e fevereiro de 1999 a DGXVI da Comissão Européia (Direção-Geral do Desenvolvimento Regional), que pela primeira vez se aproxima formalmente deste processo, até então conduzido pelo Comitê de Desenvolvimento Espacial, organiza nove seminários transnacionais, em estreita articulação com as iniciativas transregionais apoiadas pelo Programa INTERREG II, promovendo o debate público sobre o ordenamento supranacional do espaço europeu[175]

No Conselho informal de ministros do ordenamento do território e desenvolvimento regional realizado a 10 e 11 de Maio de 1999 em Postdam é, finalmente, aprovada a versão final do EDEC. Este teve, desde logo, um impacte relevante na programação dos fundos estruturais para o período 2000-2006.

Em 2001, o Segundo Relatório da Coesão Econômica e Social da Comissão Européia atribui um relevo crucial aos problemas de coesão territorial, em consonância com o primeiro princípio orientador tanto do EDEC ("desenvolvimento espacial policêntrico e equilibrado na União Européia Européia") como do documento da CEMAT ("promoção da coesão territorial através do desenvolvimento econômico e social equilibrado das regiões e da melhoria de competitividade"). Parcialmente podemos inferir que a partir deste momento, a idéia de ordenamento transnacional do espaço europeu encontra-se claramente consagrada em documentos de referência não só para os vários Estados-Membros da União Européia Européia mas para todos os países europeus (Conselho da Europa)[176].

---

[175] WILLIAMS, R. H. (2000). *Constructing the European spatial development perspective-for whom?* in European Planning Studies, 8, 3: p. 357-365.

[176] JOÃO FERRÃO, *A emergência de estrategias transnacionais de ordenamento do território na União Européia Européia: reimaginar o espaço europeu para criar novas formas de governança territorial?* in EURE-Revista Latino americana de Estudios Urbanos Regionales, p. 8.

O EDEC caracteriza-se pelas seguintes, a saber: a) informalidade do processo inter-governamental que lhe deu origem; b) natureza meramente indicativa da orientações propostas; c) valorização dos mecanismo de construção de consensos em torno de visões estratégicas de desenvolvimento. Sem a pretensão de esgotar o estudo sobre o EDEC trataremos de dois assuntos que estão interrelacionados com a reflexão-âncora desta investigação (a União Européia Européia possui competência em matéria de ordenamento?). A primeira sobre a legitimidade do EDEC e posteriormente sobre o papel que o ordenamento territorial transnacional poderá vir a desempenhar em termos de afirmação de um novo sistema de governança multi-nível do espaço europeu.

Que legitimidade tem um documento intergovernamental informal, baseado no trabalho de um mero Comitê?

"De quem é o EDEC? Formalmente, o documento continua a não ser da Comissão, nem o poderá ser enquanto esta não tiver competências formais no domínio do ordenamento do território[177]. Para além disso, quem é o "cliente" do EDEC? Para Albrechts[178]: *"It is not clear who can be considered the client: the CSD, the informal council of Ministers of Spatial Planning, the Members Stares of the Commission? The CSD has no influence as such on implementing the content of ESDP. The Ministers of Spatial Planning may decide to implement (part of) ESPD in their respective countries or use it as a (loose) frame of reference. The Commission has a clear say on certain issues through its sector policy (structural funds, Common Agricultural] Policy, etc.)"*.

Por outro lado, Richardson e Jensen[179], chamam a atenção para o fato de o EDEC não ser um documento meramente tecnocrático-científico: *"(...) the process of creating a European spatial planning framework is not reducible to a technical exercise. It is implicitly*

---

[177] WILLIAMS, R. H. (2000). *Constructing the European spatial development perspective-for whom?* in European Planning Studies, 8, 3: p. 357-365

[178] ALBRECHTS, L. (2001). *In pursuit of new approaches to strategic spatial planning. A European perspective* in International Planning Studies, 6, 3: p. 298.

[179] RICHARDSON, T. e O. B. JENSEN (2000). *Discourses of mobility and polycentric development: a contested view of European spatial planning* in European Planning Studies, 8, 4: p. 503-520.

normative and ideological—about policies and power as much about rational policy-making". E acrescentam: *"Everyday life-oriented ways of knowing certainly find no place within this quasi-scientific discourse"*.

É ainda conveniente realçar que o EDEC recebeu apoio político por parte do Parlamento Europeu, do Comité das Regiões e do Comité Económico e Social. E se é verdade que estes Comités são órgãos meramente consultivos, não é menos correto que o estatuto supranacional e o peso institucional do Parlamento Europeu conferem um valor particularmente significativo ao apoio prestado[180].

A introdução da escala europeia no âmbito do ordenamento do território comunitário constitui um novo sistema de governança multi-nível?

Para Alden[181] no futuro, nomeadamente com o alargamento a leste, as formas de governança e de planeamento regionais serão reforçadas, podendo, mesmo, criar um ambiente de excessiva concorrência entre regiões e cidades no interior do espaço europeu. Neste momento, aos estados nacionais caberá evitar esta situação, procurando conciliar a "Europa das Nações" com a "Europa das Regiões".

Faludi[182] vai mais distante, sublinhando a tendência para a Comissão Europeia deter um papel crescente neste domínio: *"Now that the ESDP is on the books, the Commission is claiming a leadership role"*. O referido autor sustenta a tese de que o *"European spatial planning must be seen as part of an emergent system of European multi-level governance"*. Considera, portanto, necessário ultrapassar a visão mais estreita das competências da União Europeia, passando a encarar-se as estratégias supranacionais de ordena-

---

[180] JOÃO FERRÃO, *A emergência de estrategias transnacionais de ordenamento do território na União Europeia Europeia: reimaginar o espaço europeu para criar novas formas de governança territorial?* in EURE-Revista Latino americana de Estudios Urbanos Regionales, p. 10.

[181] ALDEN, J. (2001). *Devolution since Kilbrandon and scenarios for the future of spatial planning in the United Kingdom and European Union* in International Planning Studies, 6, 2: p. 117-132.

[182] FALUDI, A. (2002). *Positioning European spatial planning in* European Planning Studies, 10, 7: p. 897-909.

mento do espaço europeu como uma componente essencial do processo de integração comunitária, através da consolidação de um sistema de governança multi-nível (regional, nacional, comunitário).

O EDEC acrescentou à gestão nacional e formal do ordenamento do território um nível inter-governamental de caráter informal (Conselhos de Ministros do ordenamento do território e desenvolvimento regional). Estará agora a Comissão Européia a dar um novo impulso no sentido supranacional, procurando reforçar a legitimidade institucional e os instrumentos de ação comunitária neste domínio?[183]

Parece que a tese defendida por Faludi não aponta nesse sentido. Entretanto sugere que a Comissão poderá funcionar cada vez mais como "process manager", num quadro em que as políticas não são impostas, mas sim negociadas e estimuladas (aposta na disseminação de boas práticas, incentivos à adoção de determinadas soluções, etc.): *"This is what the makers of the ESDP have attemped to do: by supplying persuasive concepts to gain the ear of policy-makers"*.

Neste sentido, a função de coordenação é essencial para evitar uma visão estritamente tecnocrática do EDEC, controlar democraticamente todo o processo e salvaguardar o princípio da subsidiariedade. Com estes três objetivos em mente, Faludi sustenta que o EDEC deve evoluir para uma nova forma de governança multi-nível capaz de integrar os políticas regionais, nacionais e comunitárias num processo articulado de aprendizagem colectiva. E sintetiza a função das estratégias supranacionais de ordenamento do território: *"If it wants to be at all relevant, then European spatial planning should be about strategy, about new discourses concerning European space. And taking multi-level governance [...] to heart, there should be multiple discourses, including, of course, one taking a Community perspective"*.

O papel de coordenação a ser desempenhado pela Comissão deverá assentar em duas componentes complementares: a coordenação através de discursos e idéias comuns, por um lado, e a coorde-

---

[183] JOÃO FERRÃO, *A emergência de estrategias transnacionais de ordenamento do território na União Européia Européia: reimaginar o espaço europeu para criar novas formas de governança territorial?* in EURE-Revista Latino americana de Estudios Urbanos Regionales, p. 12.

nação através de incentivos negociados bi-lateralmente entre a Comissão e os vários Estados-Membros, pelo outro[184].

Retomando a pergunta inicial desta parte da investigação: a União Européia Européia possui competência em matéria de ordenamento? Normalmente, os discursos são marcados por duas unilateralidade, os que afirmam a existência da competência e os que a negam.

O jurista espanhol Santiago Ibáñez[185] apresenta uma série de argumentos favoráveis ao reconhecimento de atribuição de competência à União Européia em matéria de ordenamento. A União Européia dispõe de competências setoriais que repercutem diretamente na ordenação do território (agricultura, transporte, coesão, redes transeuropéias, meio ambiente ...). Para além disso, o reconhecimento de atribuição de competências à União Européia faria parte de uma tendência manifestada nos últimos anos: o fenômeno da extensão horizontal das competências. Sendo possível falar-se, ao mesmo tempo numa limitação vertical quanto ao exercício da referida competência, em razão do princípio da subsidiariedade. Neste sentido, poder-se-ia reconhecer competência à União Européia em matéria de ordenamento, ainda que limitado o seu exercício.

Acresce a isto que um dos principais motivos da atual reforma institucional européia é a simplificação do sistema de distribuição de competências entre a União Européia e os Estados-Membros (Declaração n.º 23 anexo a Ata Final do Tratado de Nice).

Isto sem falar nos diferentes documentos[186] europeus sobre ordenamento do território que deixam transparecer claramente a sua

---

[184] Também neste sentido, BENZ, A. (2002). *How to reduce the burden of coordination in European spatial planning* in Faludi, A. (ed.), European spatial planning: lessons for North America. Cambridge, MA: Lincoln Institute of Land Policy.

[185] SANTIAGO GONZÁLEZ-VARAS IBÁÑEZ, *Tratado de Derecho Administrativo*, tomo n.º V, *Derecho Urbanístico*, v. I, Thomson Civitas, 5.º ed., p. 155-157.

[186] Entre outros, Carta Européia de Ordenamento territorial, a Carta de Torremolinos, aprovada em 20 de maio de 1983; Perspectiva Européia de Ordenamento territorial de 1997 (PEOT) de Noordwijk aprovada em 9 e 10 de junho de 1997; documento "Europa2000" e "Europa2000+"; as Resoluções do Parlamento Europeu n.º A3-245/90, A3-0253/92, COM 91, 0452-C3-0051/92. Na ordem jurídica portuguesa é possível identificar o Decreto-Lei n.º 380/99, que estabelece o regime jurídico dos instrumentos de gestão territorial tratar de forma demasiadamente tímida da questão nos arts. 26 e 27, *in verbis*: "O programa nacional da política de ordenamento do território estabelece as

vocação a favor de uma maior ação da União Européia em matéria de planeamento. Estes documentos podem ser entendidos como um primeiro estágio pré-normativo que justifica a dimensão estritamente européia do território. Na verdade, os referidos expressam, de certa maneira, a necessidade de se atender devidamente a dimensão puramente européia do espaço. Por outro lado, estes documentos estão tendo uma incidência de primeira ordem dentro dos Estados--Membros e no debate entre permanecer como *soft law* ou integrar o plano normativo, há quem considere que, curiosamente, a eficácia pode ser maior se permanecerem num âmbito não estritamente normativo[187]. O planeamento em âmbito europeu hoje está constituído por "soft law" como por exemplo a Perspectiva Européia de Ordenamento do Território (PESD)[188].

Abrir uma via para que os Estados possam realizar ações custosas e complexas que, *por si solos*, não poderiam concretizar também é uma das razões para se reconhecer à União Européia competência em matéria de planeamento. O reconhecimento de uma competência em ordenamento do território contribuiria para precisar seus limites e contornos.

No que respeita às competências setoriais que repercutem diretamente na ordenação do território é conveniente ter em mente que estas não substituem a idéia de um planeamento *lege ferenda*. Não obstante, não podemos deixar de reconhecer que o exercício das competências setoriais refletem "de fato", ou seja, no plano da realidade, a existência de ordenamento territorial em âmbito europeu, ainda que as referidas não versem primariamente sobre a matéria em causa.

---

grandes opções com relevância para a organização do território nacional, consubstancia o quadro de referência a considerar na elaboração dos demais instrumentos de gestão territorial e *constitui um instrumento de cooperação com os demais Estados membros para a organização do território da União Europeia"*. (destaque nosso). E mais à frente: "O programa nacional da política de ordenamento do território visa: a) Definir o quadro unitário para o desenvolvimento territorial integrado, harmonioso e sustentável do País, tendo em conta a identidade própria das suas diversas parcelas e a sua *inserção no espaço da União Europeia*".

[187] SANTIAGO IBÁÑEZ, *Tratado de Derecho Administrativo,* tomo n.º V, *Derecho Urbanístico,* v. I, Thomson Civitas, 5.º ed., p. 139.

[188] Dazu Gatavis, *Grundfragen eines europäischen Raumordnungsrechts,* 2000, S. p. 35.

Um bom exemplo para ilustrar são as medidas de ordenamento territorial que decorrem do exercício da competência européia em matéria de meio ambiente[189]. A Diretiva n.º 79/409, do Conselho, de 2 de abril de 1979 relativa à conservação das aves selvagens ocasionou que o Reino de Espanha tivesse que declarar como espaço não-urbanizável certas terrenos em áreas de proteção do habitat das aves[190].

Recentemente, o Reino da Espanha figurou em dois processos propostos pela Comissão, no primeiro n.º C-235/04, o Tribunal de Justiça em 14.09.06 considerou que o Reino de Espanha não cumpriu as obrigações que lhe incumbem por força do artigo 4.º, n.º 1 e 2, da Diretiva 79/409/CEE, relativa à conservação das aves selvagens, na medida em que não classificou territórios suficientes como zonas de proteção especial nas Comunidades Autônomas da Andaluzia, das Baleares, das Canárias, de Castela-La Mancha, da Catalunha, da Galiza e de Valência. Para além disso classificou territórios de extensão insuficiente como zonas de proteção especial nas Comunidades Autônomas da Andaluzia, das Baleares e das Canárias, a fim de oferecer proteção a todas as aves enumeradas no Anexo I da diretiva bem como às espécies migratórias não mencionadas no Anexo I.

No processo de n.º C-186/06, ainda mais recente, o Tribunal de Justiça em 26.04/07 considerou que o Reino de Espanha ao adotar a declaração de conformidade ambiental do projeto de colocação em regadio da zona irrigável do canal Segarra-Garrigues, não cumpriu as obrigações que lhe incumbem por força do artigo 4.º, n.º1 e 4, da Diretiva 79/409/CEE, relativa à conservação das aves selvagens.

---

[189] Cfr. Diretiva n.º 92/43/CEE, do Conselho, de 21 de maio de 1992, relativa à conservação dos habitats naturais e da fauna e flora silvestres; Diretiva n.º 2001/42/CE do Parlamento Europeu e do Conselho de 27 de Junho de 2001 relativa à avaliação dos efeitos de determinados planos e programas no ambiente; Diretiva 2000/60/CE do Parlamento Europeu e do Conselho, de 23 de outubro de 2000, pela qual se estabelece um marco comunitário da atuação no âmbito da política de águas. Isto sem falar na Decisão n.º 1692/96/CE sobre as orientações comunitárias para o desenvolvimento da rede transeuropéia de transportes.

[190] Cfr. Acórdão de 02.08.1993.

Em 18 de maio de 2009 foi intentada uma ação[191] pela Comissão em face da República Italiana que objetiva declarar que, uma vez que a região Veneto adotou e aplica uma regulamentação relativa à autorização das derrogações ao regime de proteção das aves selvagens, que não respeita as condições estabelecidas no artigo 9.º da Diretiva 79/409/CEE. Assim, a República Italiana não cumpriu as obrigações que lhe incumbem por força do artigo 9.º da Diretiva 79/409.

Em 26 de maio de 2009 foi intentada uma ação[192] pela Comissão em face do Reino de Espanha, no qual o demandante pede que seja declarado que, não tendo adotado as disposições legislativas, regulamentares e administrativas necessárias para dar cumprimento à Diretiva 2006/21/CE do Parlamento Europeu e do Conselho, de 15 de março de 2006, relativa à gestão dos resíduos de indústrias extrativas e que altera a Diretiva 2004/35/CE ou, de qualquer forma, não as tendo comunicado à Comissão, o Reino de Espanha não cumpriu as obrigações que lhe incumbem por força da referida diretiva, vez que o prazo estabelecido para adaptar o direito interno à Diretiva 2006/21/CE terminou em 30 de abril de 2008.

Como se vê, as determinações de caráter territorial, fruto do exercício de uma competência setorial da União Européia tendem a figurar nos planos e na ordem jurídica comunitária em geral. Convém frisar, que o meio ambiente não esgota as competências setoriais européias que podem repercutir sobre o território, há ainda as políticas agrárias, energéticas, de transporte, infra-estrutura, etc. Para além disso, a realização das redes transeuropéias traz de forma ínsita a necessidade de que as Administrações nacionais com competência em matéria de ordenamento e urbanismo insiram nos seus respectivos planos a rede que resulta do exercício da competência setorial comunitária[193].

Por outro lado, o Direito Europeu de ordenamento territorial serviria no fundo para reforçar a legitimidade das ações dos Estados decorrentes do exercício de suas próprias competências setoriais[194].

---

[191] Cfr. Processo n.º C-164/09
[192] Cfr. Processo n.º C-184/09.
[193] SANTIAGO IBÁÑEZ, *Tratado de Derecho Administrativo*, tomo n.º V, *Derecho Urbanístico*, v. I, Thomson Civitas, 5.ª ed., p. 141-142.
[194] Ibid., p. 143.

O art. 5.º.1 CE realça que a União Européia somente atua onde possui competência, vez que a delimitação das competências da União rege-se pelo *princípio da atribuição*. E o exercício da referida rege-se pelos princípios da subsidiariedade e da proporcionalidade. Em virtude do princípio da atribuição, a União Européia atua unicamente dentro dos limites das competências que os Estados-Membros lhe tenham atribuído nos Tratados para alcançar os objetivos fixados por estes últimos. As competências que não sejam atribuídas à União nos Tratados pertencem aos Estados-Membros.

A nossa apreciação será dividida em dois momentos, no primeiro abordaremos atos que afetem indiretamente o espaço europeu e seguidamente os que possuem impacto direto. Neste sentido, o exercício de políticas setoriais podem repercutir no ordenamento, desde de que decorram de competências expressamente previstas e os efeitos sobre o ordenamento não advenham precipuamente das referidas políticas[195].

Siegbert Gatawis[196] elenca uma série de medidas que podem repercutir sobre o ordenamento. As medidas ambientais tomadas com base no art. 175.º. 1 CE. O artigo 71.º.1, "d" CE confere à Comunidade Européia a possibilidade de adotar regulamentos que permitam atingir os objetivos do Tratado, por meio da política comum de transportes, com a possibilidade formular regras comuns aplicáveis aos transportes internacionais efetuados a partir de ou com destino ao território de um Estado-Membro, ou que atravessem o território de um ou mais Estados-Membros. E também as condições em que os transportadores não residentes podem efetuar servi-

---

[195] SIEGBERT GATAWIS, *Legislative Kompetenzen der Europäischen Gemeinschaft im Bereich der Raumordnung*, in Die Öffentliche Verwaltung, Oktober 2002, Helf 20, p. 859.

[196] SIEGBERT GATAWIS, *Legislative Kompetenzen der Europäischen Gemeinschaft im Bereich der Raumordnung*, in Die Öffentliche Verwaltung, Oktober 2002, Helf 20, p. 858-860. Convém consultar também Heinrich Siedentopf/Benedikt Speer, *Europäischer Verwaltungsraum oder Europäische Verwaltungsgemeinschaft?* In Die Öffentliche Verwaltung, September, 2002, Helf 18; Von Nikolaus, Zukunftsforum RaumPlanung in DVBL, 1 März 2002, p. 315-317; Jens Kersten, *Empfehlungen für die Ausgestaltung der Raumentwicklung im europäischehn Verfassungsvertrag*, in UPR 6/2003, p. 218-220; Siegbert Gatawis, Steuerung der nationalen durch das EUREK und durch Fördermittel der EG, in UPR 7/2002, p.263-270.

ços de transporte num Estado-Membro e medidas que permitam aumentar a segurança dos transportes.

A importância do setor dos transportes terrestres no desenvolvimento explica, de certa maneira, a criação de um título separado para as redes transeuropéias no Tratado de *Maastricht*. A fim de contribuir para a realização do mercado interno e a coesão econômica e social, a Comunidade contribuirá para a criação e o desenvolvimento de redes transeuropéias nos setores das infra-estruturas dos transportes, das telecomunicações e da energia, nos termos do art. 154.º CE. Neste sentido, a ação da Comunidade terá por objetivo fomentar a interconexão e a interoperabilidade das redes nacionais, bem como o acesso a essas redes;

Nos termos do artigo 154.º, o n.º 1 CE, a Comunidade deve contribuir para a criação e o desenvolvimento das redes transeuropéias nos domínios dos transportes, telecomunicações e infra-estruturas energéticas, inclusive com a possibilidade de contribuir para o financiamento de projetos específicos na área das infra-estruturas de transportes, nos Estados-Membros, através do Fundo de Coesão, criado nos termos do disposto no artigo 161 .º CE. Nesta seara, a Comunidade estabelecerá um conjunto de orientações que englobem os objetivos, as prioridades e as grandes linhas das ações previstas no domínio das redes transeuropéias. Essas orientações identificarão os projetos de interesse comum, realizará todas as ações que possam revelar-se necessárias para assegurar a interoperabilidade das redes, sobretudo no domínio da harmonização das normas técnicas.

Para além disso, as competências nas áreas da Agricultura (art. 37.º CE), Indústria (artigo 157.º. 3), Pesquisa e Tecnologia (artigo 163 e seguintes CE) e da política de concorrência (artigo 81.º e seguintes CE) permitem igualmente que a Comunidade venha adotar medidas efetivas que podem ter tranquilamente efeitos espaciais.

Acresce a isto, o art. 94.º CE que prevê que o Conselho, deliberando por unanimidade, sob proposta da Comissão, e após consulta do Parlamento Europeu e do Comitê Econômico e Social, pode adotar diretivas para a aproximação das disposições legislativas, regulamentares e administrativas dos Estados-Membros que tenham incidência direta no estabelecimento ou no funcionamento do mercado comum. E o art. 308.º que consigna que se uma ação da Comunidade for considerada necessária para atingir, no curso de funcionamento do mercado comum, um dos objetivos da Comunidade, sem que o presente Tratado tenha previsto os poderes de ação necessários para o efeito, o Conselho, deliberando por unanimidade, sob proposta da Comissão, e após consulta do Parlamento Europeu, adoptará as disposições adequadas.

Isto sem falar, a Comunidade possui instrumentos de política fiscal, que podem ser orientados para o controle espacial e uso da terra. Neste sentido, podemos invocar a Perspectiva Européia de Ordenamento do Território (PESD) e os Fundos Estruturais que no período compreendido entre 2000 e 2006 incidiram intensamente sobre o espaço territorial europeu. O problema reside no fato de que a regulamentação dos Fundos Estruturais não contêm metas obrigatórias para os Estados-Membros, assim, não há para estes um conceito de planeamento regional europeu específico, imposto normativamente.

Por outro lado, fica claro que ordenamento territorial em âmbito europeu não poderá ser formulado contra a vontade dos Estados-Membros, pois a soberania em termos de ordenamento do território ainda pertencem aos Estados. E certamente não serão os regulamentos dos Fundos Estruturais que terão "fôlego" para esvaziar a "onipotência do Leviatã". E para além disso, deve-se ter em mente que a Comunidade é geralmente apenas uma co-financiadora não sendo possível financiar integralmente os projetos. O que explica, parcialmente, a grande autonomia dos Estados-Membros no planejamento e na execução dos referidos.

Nesta altura, parece-nos conveniente discutir se a Comunidade Européia também possui competência para adotar medidas que tenha incidência exclusivamente ou, pelo menos, de forma precípua no ordenamento. O art. 175.º.2, "b" é alvo de intensa polêmica, pois há autores que vêem nele apenas uma regra procedimental de derrogação da *regra da maioria qualificada* pela da *unanimidade,* portanto, incapaz de atribuir competência[197]. Para além disso, o

---

[197] Para aprofundamento da questão convém consultar: David, DÖV 1993, p.1021; Frenz, *Europäisches Umweltrecht*, 1997, 71; Hoppe/Matuschak, FS Carl Heymanns Verlag, 1995, p. 331; Krautz-berger/Selke, DÖV, 1994, p. 685; Matuschak, *Europäisches Gemeinschaftsrecht im Verhältnis zum deutschen Städtebaurecht*, 1994, p. 143 e DVBl, 1995, p. 81; Seele in *Institutionelle Bedingungen einer europäischen Raumentwicklungspolitik*, 1994, p. 28.

referido dispositivo integra o Título XIX que versa sobre o meio ambiente.

Uma antítese normalmente invocada é a Diretiva n.º 2001/42/CE do Parlamento Europeu e do Conselho de 27 de Junho de 2001 relativa à avaliação dos efeitos de determinados planos e programas no ambiente. Esta tem por objetivo estabelecer um nível elevado de proteção do ambiente e contribuir para a integração das considerações ambientais na preparação e aprovação de planos e programas, com vista a promover um desenvolvimento sustentável. Neste sentido, visa garantir que determinados planos e programas, susceptíveis de ter efeitos significativos no ambiente, sejam sujeitos a uma avaliação ambiental em conformidade com o disposto na referida diretiva. Alcança os planos e programas que tenham sido preparados para a agricultura, silvicultura, pescas, energia, indústria, transportes, gestão de resíduos, gestão das águas, telecomunicações, turismo, *ordenamento urbano e rural* ou utilização dos solos. Nem sempre é fácil estabelecermos *a priori* as fronteiras entre as ações protetivas do meio ambiente e as medidas puramente de ordenamento territorial.

Traço demasiadamente importante cuja alusão é imprescindível diz respeito à exigência da *unanimidade* nas deliberações do Conselho, sob proposta da Comissão e após consulta ao Parlamento Europeu, ao Comité Económico e Social e ao Comité das Regiões, quando adota medidas que afetem o ordenamento do território, consoante o art. 175.º. 2, "b". A regra da unanimidade é a mais adequada em se tratando de medidas que repercutam no ordenamento do território?

O art. 175.º.2 CE ao exigir a unanimidade não conduz necessariamente à conclusão de que se trata de uma regra meramente procedimental. Estas podem conduzir seguramente à atribuição de competência em matéria de ordenamento territorial à União Européia, desde que observando-se a unanimidade. Esta lógica aplica-se ao Conselho, sob proposta da Comissão e após consulta ao Parlamento Europeu, ao Comité Económico e Social e ao Comité das Regiões nas disposições de caráter fundamentalmente fiscal e nas medidas que afetem o *ordenamento do território*; a gestão quantitativa dos recursos hídricos ou que digam respeito, direta ou indiretamente, à disponibilidade desses recursos; a afetação dos solos, com exceção da gestão dos lixos. E por derradeiro as medidas que afetem consideravelmente a escolha de um Estado-Membro entre diferentes fontes de energia e a estrutura geral do seu aproveitamento energético.

O que se questiona é por que não existem disposições correspondentes em outras áreas, que também pode afetar o ordenamento[198]. E estas medidas incluem aqui domínios da agricultura, dos transportes e das redes transeuropéias. Por exemplo, no domínio da Política Agrícola Comum, o Conselho decide em princípio por maioria qualificada. Excepcionalmente o art. 71.°.2 CE afasta a regra da maioria qualificada e impõe a unanimidade. Neste sentido, as disposições que incidam sobre os princípios do regime dos transportes e cuja aplicação seja suscetível de afetar gravemente o nível de vida e o emprego em certas regiões, bem como a exploração dos equipamentos de transporte, tendo em conta a necessidade de adaptação ao desenvolvimento econômico que vier a resultar do estabelecimento do mercado comum, serão adotadas pelo Conselho, *deliberando por unanimidade*, sob proposta da Comissão e após consulta do Parlamento Europeu e do Comitê Econômico e Social.

Como se vê a regra da unanimidade, aqui, é prevista de forma excepcional. Portanto, a reflexão aponta no sentido de que uma exigência extraordinária como esta não poderia ser estendida para todas as outras políticas setoriais que repercutam no ordenamento.

Por outro lado, por que uma competência comunitária no âmbito do ordenamento do território deve ser excluída? Em verdade, o Tratado de Maastricht constitui uma nova etapa no processo de criação de uma comunidade cada vez mais próxima dos povos da Europa.

Alguns autores[199] reconhecem no artigo 175.°. 2 CE uma regra de atribuição de competência, e não tão-somente uma regra procedimental. Com base nesta competência a União Européia poderia

---

[198] SIEGBERT GATAWIS, *Legislative Kompetenzen der Europäischen Gemeinschaft im Bereich der Raumordnung*, in Die Öffentliche Verwaltung, Oktober 2002, Helf 20, p. 861.

[199] Neste sentido: Battis, NuR 1993, p. 1; Bleckmann, DVB1, 1992, p. 335; Breier, NuR 1993, p. 457; Dekete-laere, EELRev 1997, p. 307; Klein, in Hailbronner u. a., Handkommentar EUV/EGV, Stand: november 1998, art. 130, Rn 17; Thiel, Umweltrechtliche Kompetenz in der Europäischen Union, 1995, p. 79; Williams, RaumPlanung 1993, p. 6 in Lodge (org.), The European Community and the Challenge of the Future, 1993, p. 348; Treuner, Europa Kommunal, 1993, p. 56.

promover medidas que primariamente tenham em vista o ordenamento territorial.

Entretanto, não se trata de uma competência ampla e irrestrita para todo e qualquer planeamento[200]. O artigo 175.º. 2 CE exige que as iniciativas estejam integradas na política ambiental. Parece evidente, pela posição sistemática desta norma de competência no âmbito do Título XIX que versa sobre o meio ambiente. Portanto, a política de ordenamento do território será, por conseguinte, abrangida pelo mandato da política ambiental comunitária. Neste sentido, ao mesmo tempo, legitima-se e limita-se[201]

Não obstante, o reconhecimento da competência, há vozes[202] que sustentam uma maior eficácia das medidas espaciais indiretas, sobretudo em termos práticos. O art. 175.º. 2 CE exige decisão unânime. Assim o veto de um único país pode pôr fim as medidas concretas sobre o espaço europeu.

O jurista espanhol Santiago Ibáñez[203] discute, uma vez reconhecida a competência da União Européia em matéria de ordenamento, de que espécie seria: compartilhada ou complementar? Sendo esta última, a competência da União Européia seria essencialmente de apoio às ações dos Estados. Se for considerada compartilhada significa que os Estados-Membros transferem mais prerrogativas à União Européia, conquanto o seu exercício seja limitado pelo princípio da subsidiariedade. Se por um lado o princípio da complementariedade permite avançar no processo de integração comunitária, por outro lado, emprega normalmente conceitos jurídicos indeterminados pouco

---

[200] Neste sentido: Battis, in Karl/Henrichsmeyer (org.), *Europäische Raumentwicklungspolitik*, 1996, p. 41; Biehl, in ARL 11, p. 38; Breier/Vygen, 13, Art. 175, Rn 12; Spannowsky, UPR 1998, p. 161; Wahl, FS Hoppe, 2000, p. 913.

[201] Neste sentido: Hendler, in Mertins (org.), *Vorstellungen der Bundesrepublik Deutschland zu einem europäischen RaumordnungsKonzept*, 1993, p. 37; Koch/Hendler, Baurecht, *Raumordnungsund Landesplanungsrecht*, 1995, p. 127.

[202] SIEGBERT GATAWIS, *Legislative Kompetenzen der Europäischen Gemeinschaft im Bereich der Raumordnung*, in Die Öffentliche Verwaltung, Oktober 2002, Helf 20, p. 836; Von Schmidhuber/Gerhard Hitzler, *Die Planungskompetenz der Europäischen Gemeinschaft heim Ausbau der europäischen Infrastrukturen*, in Die Öffentliche Verwaltung, April 1991, Helf 7, p. 277-278.

[203] SANTIAGO IBÁÑEZ, *Tratado de Derecho Administrativo*, tomo n.º V, *Derecho Urbanístico*, v. I, Thomson Civitas, 5.º ed., p. 158.

precisos, o que conduz o Tribunal de Justiça à condição de protagonista. Para além disso, a competência nos moldes da complementariedade *"puede interpretarse como uma forma de sostener las acciones comunitarias. A partir de entonces éstas se limitarán al simple fomento"*[204].

Em tom de desfecho parcial, já é possível "decantar" umas breves reflexões. À primeira vista, a idéia de reconhecimento de competência à União Européia em matéria de ordenamento talvez seja um lamento: mais uma dimensão do Leviatã degenera-se. Por outro lado, no plano da realidade, nos Estados-Membros a gestão do ordenamento do território já não um ato soberano, cada vez mais influenciada por condicionantes externos, sobretudo pelas várias políticas setoriais da comunidade. Parece-nos que o Tratado da União Européia deveria tratar de forma autônoma a problemática do ordenamento, sobretudo no que respeita ao quorum de deliberação.

Von Peter Schmidhuber e Gerard Hitzler Brüssel[205], já em 1991 sustentavam como ponto de partida para um planeamento coordenado em âmbito comunitário uma maior cooperação e um amplo intercâmbio de informações entre as autoridades nacionais e regionais. Para além disso, reconheciam a necessidade de as legislações nacionais sobre planeamento, incluir nos seus textos a dimensão internacional do ordenamento. Na ordem jurídica portuguesa é possível identificar o Decreto-Lei n.º 380/99, que estabelece o regime jurídico dos instrumentos de gestão territorial tratar de forma demasiadamente tímida da questão nos arts. 26 e 27, *in verbis*: "O programa nacional da política de ordenamento do território estabelece as grandes opções com relevância para a organização do território nacional, consubstancia o quadro de referência a considerar na elaboração dos demais instrumentos de gestão territorial e *constitui um instrumento de cooperação com os demais Estados membros para a organização do território da União Europeia"*. (destaque nosso). E mais à frente: "O programa nacional da política de ordenamento do territó-

---

[204] SANTIAGO IBÁÑEZ, *Tratado de Derecho Administrativo*, tomo n.º V, *Derecho Urbanístico*, v. I, Thomson Civitas, 5.º ed., p. 159.

[205] Von Schmidhuber/Gerhard Hitzler, *Die Planungskompetenz der Europäischen Gemeinschaft heim Ausbau der europäischen Infrastrukturen*, in Die Öffentliche Verwaltung, April 1991, Helf 7, p. 277.

rio visa: a) Definir o quadro unitário para o desenvolvimento territorial integrado, harmonioso e sustentável do País, tendo em conta a identidade própria das suas diversas parcelas e a sua *inserção no espaço da União Europeia*".

Na altura os referidos autores também propunham que na formulação de procedimentos transfronteiriços seria imprescindível a previsão de uma audição obrigatória entre as autoridades competentes dos Estados-Membros envolvidos. Entendiam que apenas com a coordenação e o diálogo entre os Estados-Membros seria possível pensar num planeamento em âmbito comunitário.

Acrescentaríamos que hoje para além da coordenação institucional e o constante diálogo entre os Estados-Membros, sobretudo quando da realização de projetos transfronteiriços (caso contrário seria impossível). O que se propugna é a transição da lógica da cooperação transfronteiriça para uma perspectiva mais alargada de cooperação inter-regional. Quem sabe, no futuro próximo, uma cooperação transnacional de base regional.

É *conditio sine qua non* para a concretização de medidas de ordenamento de âmbito comunitário, a conscientização de que hoje o território não possui o mesmo fenótipo que possuía no século XIX. E sobretudo que os Estados-Membros adotem uma postura de cooperação, sob pena de comprometer gravemente os objetivos do Tratado da União Européia. Parece que aqui os discursos desenvolvidos, ao longo da investigação, aproximam-se na seção sobre reenvio prejudicial vimos que o juiz nacional deverá conscientizar-se que é um dos principais artífices da afirmação da ordem jurídica comunitária. Neste sentido, deverá adotar uma postura de cooperação tendente à efetivação dos direitos dos particulares retirados do Direito Comunitário. Aqui a máxima se repete: os Estados-Membros precisam adotar uma postura de cooperação para tornar factível a formulação de políticas de ordenamento do território em âmbito comunitário.

9. Síntese das idéias desenvolvidas

Em desfecho, é conveniente recapitular, em proposições esquemáticas, as principais considerações e sugestões expostas ao longo desta investigação.

1. O ordenamento jurídico comunitário pode ser visto como um sistema autônomo e esta autonomia reflete, de certo modo, um propósito de auto-referencialidade numa compreensão quase autopoiética do Direito, decerto problemática, motivado sobretudo pela necessidade existencial da afirmação da ordem jurídica comunitária face a outras.

2. Embora se possa dizer que estamos diante de um ordenamento autônomo, esta autonomia é relativa pelas seguintes razões, a saber: a) não existe o que o TJCE convencionou designar por "transferências de soberania"; b) as instituições comunitárias não possuem a possibilidade de colocar nas suas mãos os seus próprios destinos competenciais; c) não há sustentabilidade a idéia de auto-referencialidade da construção comunitária, na medida em que continua existir limites jurídicos impostos pelas ordens jurídicas nacionais a tal tarefa.

3. A República Portuguesa vem-se utilizando do reenvio prejudicial de forma bastante "comedida", basta verificarmos o pequeno número de questões prejudiciais suscitadas no TJCE entre o período de 1994 e 2005, por exemplo.

4. É absolutamente razoável sustentar-se que as normas européias contrárias aos princípios materialmente constituintes da ordem constitucional portuguesa estão sujeitas ao princípio da preeminência das normas constitucionais. Para além disso, a norma comunitária com primazia relativamente a normas constitucionais só pode ser o direito convencional dos tratados.

5. A teoria do *ato claro* está viciada na sua gênese e possui pouco ou nada a contribuir para a resolução da questão sobre os termos em que se verifica a obrigação de reenvio. A clareza do ato não é uma verdadeira exceção ao dever de reenvio, uma vez que só é descortinável depois de efetuada a interpretação da norma, que era precisamente o que se pretendia com caráter exclusivo ao Tribunal de Justiça.

6. O requisito da *pertinência* é mais um requisito de admissibilidade da própria questão prejudicial, e não causa de dispensa. Se a questão não for relevante não chega a haver obrigação de reenviar, já que a mesma (questão) não se revela como verdadeiramente prejudicial.

7. A questão de Direito Comunitário, ou a dúvida sobre a validade ou interpretação, ou a pertinência da questão, ou a indagação da clareza do ato, são *conceitos indeterminados*, cujo preenchimento caberá ao próprio juiz nacional obrigado ao reenvio. Portanto, o juiz nacional deverá conscientizar-se que é um dos principais artífices da afirmação da ordem jurídica comunitária. Neste sentido, deverá adotar uma postura de cooperação tendente à efetivação dos direitos dos particulares retirados do Direito Comunitário.

8. A concepção objetiva do reenvio prejudicial não permite uma proteção jurisdicional efetiva e eficaz dos direitos dos particulares. Neste sentido, intuímos a necessidade de uma releitura do mecanismo de reenvio para uma maior proteção do particular.

9. Parece-nos que o reenvio tem natureza jurídica de *interesse legítimo*, ou seja, direito à legalidade das decisões que versem sobre um interesse próprio, cabendo ao particular a pretensão de que uma eventual decisão desfavorável ao seu interesse não seja tomada ilegalmente. Somente uma visão integral do reenvio poderá permitir a aplicação uniforme do Direito Comunitário sem "secundarizar" os particulares.

10. Propomos um novo recorte da *ação por incumprimento*, estendendo-se a legitimidade aos particulares nos mesmos termos do sistema de proteção de direitos fundamentais instituído pela Convenção Européia dos Direitos do Homem. A mudança ocorrer-se-ia no art. 226.º, § 2.º, nos seguintes termos: *"Se o Estado em causa não proceder em conformidade com este parecer no prazo fixado pela Comissão, esta ou o eventual particular vítima do incumprimento do Direito Comunitário poderão recorrer ao Tribunal de Justiça"*.

11. A ampliação da legitimidade deve ser acompanhada de um novo recorte da executividade dos acórdãos do Tribunal de Justiça que declaram a ocorrência do incumprimento do Direito Comunitário. A própria declaração de incumprimento determinaria o montante da compensação a atribuir ao particular que promoveu a ação.

12. À primeira vista, a idéia de reconhecimento de competência à União Européia em matéria de ordenamento talvez seja um lamento: mais uma dimensão do Leviatã degenera-se. Por outro lado, no plano da realidade, nos Estados-Membros a gestão do ordenamento do território já não um ato soberano, cada vez mais influenciada por condicionantes externos, sobretudo pelas várias políticas setoriais da

comunidade. Parece-nos que o Tratado da União Européia deveria tratar de forma autônoma a problemática do ordenamento, sobretudo no que respeita ao quórum de deliberação.

13. Acrescentaríamos que hoje para além da coordenação institucional e o constante diálogo entre os Estados-Membros, sobretudo quando da realização de projetos transfronteiriços. O que se propugna é a transição da lógica da cooperação transfronteiriça para uma perspectiva mais alargada de cooperação inter-regional. Quem sabe, no futuro próximo, uma cooperação transnacional de base regional.

10. Conclusão

Quanto à primeira seção da investigação preocupamo-nos com o estudo do reenvio prejudicial (Entre o reenvio prejudicial e o prejuízo pelo não reenvio!). É demasiadamente difícil concluir uma investigação que "passeou" por diversos temas, nos quais cada um poderia ser *de per si* objeto de estudo. Como "aprendemos" para todo texto pretensamente científico é imprescindível uma conclusão, mesmo que não conclua nada! Eis a nossa tarefa derradeira.

Esta investigação nasceu do "incômodo" dos discursos marcados por unilateralidades, quer dos europeístas, quer dos constitucionalistas clássicos, entretanto ao longo da investigação percebemos que há um problema ainda maior que as discussões teóricas. Que parece ser de ordem dogmática, ou seja, reside no plano da aplicação do Direito.

Há uma certa "auto-suficiência pragmática" por parte da magistratura portuguesa, no que respeita à interpretação/concretização do Direito do Comunitário, haja vista o inexpressivo número de reenvios prejudiciais. Queremos acreditar que a razão subjacente resida tão-somente no plano metodológico. Sinceramente, queremos acreditar que não se trata de uma luta de afirmação das respectivas jurisdições. E no meio desta "peleja" o particular desarmado!

Não constitui nossa intenção, nesta altura, formular afirmações peremptórias, definitivas, e sobretudo redutora da complexidade do tema em causa. Mas por dever de ofício impõe-nos uma breve reflexão: "dado ao exposto requer à magistratura portuguesa, sobretudo à dos Tribunais Superiores uma dose de humildade intelectual e espírito cooperativo, nestes termos pede deferimento".

No que respeita à segunda seção da investigação entre as metáforas espaciais e a realidade: a União Européia possui competência em matéria de ordenamento? Ensina a boa lógica argumentativa que é conveniente iniciarmos os discursos com frases de efeito, para que o leitor ou leitora possa "assimilar" mais facilmente as idéias. Mas como sabemos uma investigação científica não pode se dá ao luxo de "prazeres estilísticos". Portanto, vamos ao *lavoro,* como vimos é *conditio sine qua non* para a concretização de medidas de ordenamento de âmbito comunitário, a conscientização de que hoje o território não possui o mesmo fenótipo que possuía no século XIX. E principalmente que os Estados-Membros adotem uma postura de cooperação.

A palavra "cooperação" é o fio condutor que aproxima o estudo do reenvio prejudicial e da problemática do ordenamento territorial em âmbito comunitário. Se por um lado, o juiz nacional deverá conscientizar-se que é um dos principais artífices da afirmação da ordem jurídica comunitária. Por outro, os Estados-Membros precisam adotar uma postura de cooperação para tornar factível a formulação de políticas de ordenamento do território em âmbito comunitário.

Parte VI

ANÁLISE JURISPRUDENCIAL

Análise jurisprudêncial

ANA CLÁUDIA GUEDES[1]

(colaboração de Sónia Martins)[2]

Enquadramento metodológico

Não obstante a dificuldade, detectada aquando da realização do presente trabalho, em proceder, atráves das fontes disponíveis, a uma recolha sistematizada (isto é, por temas) da jurisprudência dos nossos tribunais administrativos em matéria de urbanismo e do ordenamento do território, considerou-se relevante dar aqui nota das mais recentes tendências jurisprudenciais nestes domínios.

Para tanto, e tendo presente a necessidade de conferir alguma utilidade prática ao nosso trabalho, designadamente como fonte de informação sobre a referida jurisprudência, optou-se por fazer o seu tratamento (recolha e análise), percorrendo, ainda que de forma não exaustiva, as várias temáticas tratadas na presente publicação pela ordem em que as mesmas são apresentadas, mas balizadas temporalmente apenas a partir da aprovação e aplicação do RJUE. Contudo, e de forma a evitar riscos de duplicação analítica, optámos por, modestamente, aventar alguns contributos de complementaridade, nomeadamente, trazendo à memória alguns arestos cujo objecto de decisão, de alguma forma ou de outra, se refiram às temáticas tratadas ou outros que, não tendo sido tocados por nenhum dos textos que constituem a presente publicação, interferem com matéria nele trabalhada.

---

[1] Pós-Graduada em Direito do Ordenamento do Urbanismo e do Ambiente pelo Centro de Estudos de Direito do Ordenamento, do Urbanismo e do Ambiente da Faculdade de Direito da Universidade de Coimbra.

[2] Pós-Graduada em Direito do Ordenamento do Urbanismo e do Ambiente pelo Centro de Estudos de Direito do Ordenamento, do Urbanismo e do Ambiente da Faculdade de Direito da Universidade de Coimbra.

I. Planeamento Territorial

Um dos aspectos referidos logo no primeiro texto desta publicação diz respeito ao relevo dos princípios no âmbito da actividade administrativa de planeamento do território.

Na linha da partida, e em sede de princípios, oferece-se-nos de interesse o Acórdão do TCA Norte de 29-05-2008, relativo ao processo n.º 00188/05.4BEPNF. Em causa está a interpretação a assacar ao artigo 3.º do Decreto-Lei n.º 13/94, de 15 de Janeiro (...) que prescreve o seguinte:

"1 – As faixas de terreno de 200 m situadas em cada lado do eixo da estrada, bem como o solo situado num círculo de 1300 m de diâmetro centrado em cada nó de ligação, são consideradas zonas de servidão non aedificandi de protecção à estrada a construir ou reconstruir.

2 – A servidão a que se refere o número anterior é constituída com a publicação, no Diário da República, da aprovação de estudo prévio de uma estrada nacional ou de documento equivalente, nomeadamente estudos ou plantas à escala e esboços corográficos devidamente cotados, desde que superiormente aprovados.

3 – Após a publicação no Diário da República, a Junta Autónoma de Estradas (JAE) remeterá às câmaras municipais interessadas os elementos previstos no número anterior.

4 – A servidão manter-se-á até à publicação, nos termos do Código das Expropriações, do acto de declaração de utilidade pública dos terrenos e da respectiva planta parcelar".

Para o TCA Norte, do enunciado nos n.ºs 1 e 2 do artigo 3.º do Decreto-Lei n.º 13/94, de 15 de Janeiro, decorre que a publicação de estudo prévio de via rodoviária, constitui uma servidão *non aedificandi* de protecção à via, e, como tal, uma proibição edificativa em tal zona, com eficácia *erga omnes*.

Dito de outra forma, é entendimento do tribunal que resulta da mesma uma proibição de licenciamento de edificações e de urbanizações em locais por ela abrangidos, independentemente da sua integração em PMOT. E isto porque uma prescrição ou imposição legal directamente aplicável que estabeleça um ónus ou condicionamento às pretensões dos particulares em matéria de urbanismo, se impõe sobre quaisquer planos municipais de ordenamento do território em vigor sobre a mesma matéria.

Mais defende que a remessa às Câmaras Municipais dos elementos previstos no n.º 3 do artigo 3.º do Decreto-Lei n.º 13/94 (estudo prévio ou documento equivalente) não contende com a validade da proibição construtiva decorrente da sua publicação obrigatória no DR, mas apenas com a sua eficácia.

Para tal entendimento concorre também o preceituado no artigo 11.º, ainda do Decreto-Lei n.º 13/94, ao cominar com nulidade todos os actos praticados com violação desse diploma legal.

A outra questão de direito identificada e analisada neste acórdão incide sobre a correcção do entendimento da sentença recorrida que ajuizou no sentido de que, havendo prescrição legal directamente aplicável que estabeleça um ónus ou condicionamento às pretensões dos particulares em matéria de urbanismo, tais prescrições prevalecem sobre quaisquer planos municipais de ordenamento do território em vigor sobre a mesma matéria por estes terem natureza meramente regulamentar.

Fazendo uso dos referentes normativos plasmados nos artigos 10.º e 11.º da LBPOTU, bem como dos artigos 23.º, 24.º e 25.º do RJIGT, concluiu o Tribunal pela não aplicabilidade dos referidos PROT's e Planos Sectoriais aos particulares, os quais exigem uma compatibilização dos planos municipais de ordenamento de território que, porém, só se tornam eficazes se for indicada a forma de adaptação, aquando da elaboração e aprovação dos planos municipais, e quando esta se efectivar.

Até lá, diz-se aí, as relações entre planos só podem ser discutidas no relacionamento interno, e nunca serem oponíveis aos particulares, sem que decorram as necessárias formalidades.

Independentemente destas considerações, adianta o Tribunal o seu entendimento a propósito do disposto nos artigos 10.º da LBPOTU e dos artigos 23.º a 25.º do RJIGT, para considerar que "*parece decorrer que, em função da hierarquização entre eles existente, os panos municipais têm que se compatibilizar com os planos regionais de ordenamento do território e com os planos sectoriais, na justa medida em que estes visam tutelar e ordenar interesses constitutivos de uma comunidade mais abrangente que a comunidade municipal*".

Do lado dos Acórdãos que tocaram outras sub-temáticas para além daquelas que se encontram melhor trabalhadas na Parte I da presente publicação, não podemos descurar o Acórdão do STA de 18.06.2008, tirado do processo com n.º 797/05, que se pronuncia sobre a natureza jurídica dos planos municipais de ordenamento do território, para concluir pela sua natureza regulamentar, conclusão esta que serve de pressuposto para justificar o meio contencioso idóneo a adoptar quando em causa esteja matéria com eles implicada: o processo de *"impugnação de normas"* – *"declaração de ilegalidade de normas emanadas ao abrigo de disposições de direito administrativo"*. E, no âmbito desta, esclarece-se, *"apenas podem ser impugnadas "por vícios próprios ou derivados da invalidade de actos praticados no âmbito do respectivo processo de aprovação"*. A leitura deste aresto afigura-se-nos também de interesse da perspectiva da análise do instituto da ratificação e da delimitação do seu âmbito de aplicação.

Obter dicta, o Tribunal Superior entende que *"no acto de ratificação do PDM, nos termos do artigo 80.º n.º 1 do RJIGT, compete no entanto ao Governo averiguar se o conteúdo do PDM conflitua com o estabelecido em outros instrumentos de gestão territorial ou se na sua elaboração teriam sido respeitados os trâmites procedimentais previstos nos artigos 76.º, 77.º e 78.º do mesmo diploma"*. Em conformidade, assevera que *"no que respeita às questões que se prendem com as opções assumidas no PDM pelos órgãos competentes para sua aprovação, por respeitarem directamente ao conteúdo do PDM enquanto regulamento administrativo, cuja aprovação é da exclusiva competência da Assembleia Municipal, estão subtraídas à apreciação ou ao controle do Conselho de Ministros no acto de ratificação, sob pena de invasão da esfera de competências da Assembleia Municipal"*.

A *questio iuris* de partida tinha que ver com a deliberação do Conselho de Ministros que ratificou o PDM de Ponte de Lima, fundamentalmente pelo facto de no PDM ter sido excluída a possibilidade de se poder construir num prédio rústico, prédio esse que os AA. pretendiam *manter como urbano para construção e na medida em que é contíguo a um aglomerado urbano*, o que, no entendimento daqueles configura *"uma grosseira discriminação relativamente a todos os terrenos contíguos, nos quais se pode construir, violando assim os diversos preceitos legais, que se citaram, na Reclamação, nomeadamente o princípio constitucional da igualdade..."*.

Para o Tribunal há dois sub-procedimentos no âmbito do procedimento de elaboração e aprovação de um plano municipal de ordenamento do território: um *"dirigido à elaboração e aprovação do PDM, da competência exclusiva dos órgãos municipais, a que se segue um outro procedimento distinto, visando a ratificação daquele regulamento através de acto da competência do Conselho de Ministros, acto este que, por revestir diferente natureza do PDM enquanto norma regulamentar, no plano do contencioso administrativo terá, naturalmente, de obedecer a um tratamento diferenciado"*.

O acto de ratificação do PDM, da competência do Conselho de Ministros, porque reveste a *natureza de acto de aprovação, ou de acto integrativo da respectiva eficácia, não tem natureza normativa mas sim de acto administrativo* contenciosamente impugnável (cfr. o Ac. do STA, Pleno de 02.05.01, Rec. 38.632).

Por conseguinte, *"enquanto acto administrativo distinto daquele acto normativo ou da deliberação da Assembleia Municipal que o aprovou, a sua legalidade apenas pode ser questionada via recurso contencioso de anulação, por "vícios próprios e específicos" desse acto e não com fundamento em alegados vícios de que eventualmente seja portador o PDM, enquanto norma legal ou regulamentar (cf. Ac. do STA de 17.10.95, Rec. 35829)"*.

Mais, sufraga que quando o artigo 80.º, n.º 1 do RJIGT estabelece que *"A ratificação pelo Governo dos planos municipais de ordenamento do território exprime o reconhecimento da sua conformidade com as disposições legais e regulamentares vigentes, bem como com quaisquer outros instrumentos de gestão territorial eficazes"*, não está a impor ao Governo a obrigação de averiguar se as opções assumidas pelos órgãos municipais relativas às aptidões, potencialidades, ou usos dos prédios abrangidos pelo PDM são ou não ilegais já que tal significaria, desde logo, uma interferência na esfera de competências dos órgãos municipais.

O que em causa está na referida norma é, para o julgador, a possibilidade de se verificar se o PDM, na *"definição de estratégias para o espaço rural*", contraria o estabelecido em outros instrumentos de gestão territorial ou mesmo se, na elaboração do mesmo, teriam sido respeitados determinados trâmites procedimentais, nomeadamente os previstos nos artigos 76.º e 77.º do Decreto-Lei n.º 380/99.

Acompanhando o entendimento já sufragado em Acórdão do mesmo STA de 11.01.05, no âmbito do processo de Recurso com o número 528/03, lê-se no aresto que *"trata-se, pois, de uma apreciação da legalidade do PDM face à legislação e disposições regulamentares em vigor à data da sua aprovação. A definição do seu conteúdo material, ou seja, do campo das soluções a adoptar quanto ao regime de ocupação, uso e transformação do território abrangido pelo plano (cf. artigo 9.º do DL 69/90 e artigo 85.º do DL 380/ 99), com excepção das limitações in rebus ipsis, tanto de carácter geral, como de carácter funcional, cabe aos órgãos municipais competentes para a sua aprovação, no uso do seu amplo poder discricionário de planeamento."*

O Acórdão da Subsecção viria no entanto a ser anulado pelo Acórdão do Pleno de 13.11.2007 (fls. 376-387) que defendeu, para o que à temática da presente publicação importa, a possibilidade de conhecimento de ilegalidades procedimentais em sede de processo de impugnação do acto de ratificação.

Embora não o refira de forma expressa, infere-se, no entanto, deste último que, ao mandar ampliar a matéria de facto, o fez em termos que possibilitassem o conhecimento de determinadas questões, nomeadamente no que respeita a saber se *"o Governo, no acto de ratificação do PDM teria violado o referido no artigo 80.º do RJIGT ou seja, se naquele se chegou a averiguar se, na elaboração do PDM «teriam sido respeitados determinados trâmites procedimentais, nomeadamente os previstos nos Art. 76.º e 77.º do DL 380/ /99»"*, ou se teria sido cumprido o disposto no artigo 78.º do mesmo diploma, em que se refere que «*concluída a versão final, a proposta de plano director municipal é objecto de parecer da comissão de coordenação regional*».

O que significa que, pelo menos implicitamente, se entendeu que, em termos processuais, a abordagem e decisão dessas questões podia ser feita na acção onde apenas é questionada a legalidade do acto de ratificação do PDM.

De relevo neste acórdão é também, quanto a nós, o afirmado acerca da natureza da resposta que é dada aos interessados depois de realização da discussão pública dos planos. A este propósito entende o Tribunal que a mesma não integra a prática de um acto administrativo tal como ele se mostra configurado no artigo 120.º do CPA, sendo, por isso, inaplicável a tal resposta as disposições constantes dos artigos 124.º e 125.º do CPA, ou o disposto no artigo 268.º da CRP, os quais versam sobre a fundamentação dos actos administrativos. O que está em causa, entende o julgador, é antes uma resposta a uma reclamação/exposição e que não integra qualquer conteúdo decisório.

Sobre o instituto da ratificação se debruçou também, e no mesmo sentido do anterior, o Acórdão de 27.10.98, processo n.º 418921.

Outras das subtemáticas que nos surgiram como predominantes em sede de instrumentos de gestão territorial é a do contencioso dos planos.

A este propósito, analisámos o Acórdão de 11.11.2003, extraído do processo com o número 1215/02, em que a questão principal a resolver incidia sobre a recorribilidade da deliberação do Conselho de Ministros que aprovou um plano especial de ordenamento de uma albufeira (PEOT). Segundo o Tribunal, esta aprovação por Resolução surge como um acto administrativo primário que põe termo ao procedimento de elaboração/revisão de um PEOT, sem se confundir com a aprovação integrativa de eficácia de outro acto. *"Isto é, a Resolução do Conselho de Ministros adopta a proposta de plano elaborada pela entidade, departamento ou serviço que tenha sido designada para o elaborar nos termos do processo genético dos planos especiais de ordenamento regulado pelos artigos 46.º; 47.º; 48.º e 49.º do DL 380/99, de 22 de Setembro a que podemos chamar processo regulamentar em contraposição ao designado processo legislativo"*.

Ademais, postula que esta Resolução se *"esgota na adopção voluntária daquele conteúdo, pelo que a sua natureza é determinada por este último e não pela autonomia que possa inteligir-se na existência formal da Resolução, porque não existe autonomia entre o que se aprova (objecto aprovado) e o acto que aprova um conteúdo ainda não adoptado como vontade de nenhum órgão (acto primário de aprovação)*", pelo que *"o acto de aprovação do Plano nestas circunstâncias não é susceptível de vícios próprios pois todos os vícios que possam infirmar a Resolução de aprovação são também vícios do conteúdo aprovado"*. Por assim ser, *"o contencioso relativo a eventuais vícios do processo regulamentar bem como do acto final de aprovação destes planos é um contencioso de normas e não de actos, pois apenas as normas regulamentares são resultado e conteúdo daquele processo de produção do regulamento e da sua aprovação final"*.

No mesmo sentido andou o Acórdão de 27.03.2003, referente ao processo com o número 1862/02 em que o que se discute, em primeiro lugar, é a natureza jurídica dos *planos municipais de ordenamento do território*.

Aí se diz que os planos municipais *"são, pois, verdadeiros regulamentos"*[3]. Assim sendo, todo o contencioso relativo ao *conteúdo material* destes instrumentos só pode ser um contencioso dirigido às normas, e, só em casos especiais, pode revestir a forma de um contencioso contra o acto de "ratificação" quando, especialmente, em causa estiverem vícios próprios e específicos desta[4].

Neste aresto, no entanto, e não obstante a conclusão alcançada, foi tratada também a questão, para nós pertinente, sobre a possibilidade de ser feito uso do recurso contencioso do *acto administrativo* de *aprovação* do próprio Regulamento, como aconteceu com a deliberação da Assembleia Municipal de aprovação do Plano de Urbanização da Ribeira de Santa Luzia, no Funchal. Para uma facção de juízes, não: nesse sentido, Ac. do STA de 09/06/99, Rec. n.º 44 614; para outra, sim: Ac. do STA, de 26/03/1992, Rec. n.º 29909.

Por uma questão de comodidade de leitura, transcrevemos o essencial das duas posições: para a primeira delas, o acto da Assembleia, enquanto fase intercalar do procedimento complexo de produ-

---

[3] Sobre a sua natureza jurídica regulamentar, pronunciaram-se os Acs. do STA de 8/04/97, Rec. N.º 38 998; de 8/07/97, Rec. n.º 38 632; de 6/07/2000, Rec. n.º 44 456, entre outros.

[4] Jurisprudência referida e ainda Ac. do STA de 06/07/2000, Rec. n.º 44 456; de 2/05/2001, Rec. 38 632; 29/01/2001, Rec. n.º 41 443). Para além disso, ainda, um contencioso dedicado à acção para declaração de ilegalidade de normas prevista nos artigos 66.º e ss da LPTA.

ção regulamentar em matéria urbanística, não seria acto administrativo "tout court", tal como o define o artigo 120.º do CPA, por lhe faltarem as características próprias de *decisão que vise produzir efeitos jurídicos numa situação individual e concreta*. O Plano seria, deste modo, um «*acto único*», «*embora a sua formação seja faseada e a sua validade só pode ser apreciada globalmente com referência aos seus elementos constitutivos*» *(sic)*. Nessa medida, seria insusceptível de recurso contencioso. Nesta perspectiva, tal acto, enquanto produtor de um conjunto de normas, absorveria na sua essência, a natureza destas.

Para a segunda facção seria recorrível autonomamente por vícios próprios (*v.g.* incompetência, falta de fundamentação, falta de quórum, etc.).

Ainda sobre a natureza das opções ínsitas em instrumentos de gestão territorial, encontrámos o Acórdão do STA de 2-7-2003, relativo ao processo 25749, segundo o qual:

> "*I – Não é acto administrativo em sentido material, passível de recurso contencioso, mas acto normativo, a inclusão de um terreno particular na área do Parque Natural da Ria Formosa, criada pelo Dec-Lei n.º 373/87, de 9.12.*
>
> *II – As prescrições deste diploma encerram uma vocação vincadamente normativa, possuindo as marcas da generalidade e da abstracção – resolvem-se na previsão hipotética de situações objectivas, não se esgotando numa única aplicação, e não dão a conhecer os seus destinatários específicos, que são indeterminados.*
>
> *III – A delimitação dos terrenos que ficam incluídos na zona do Parque Natural, não obstante apresentar traços de individualização que a aproximam da decisão administrativa lesiva, está de tal modo adstrita e é de tal modo indissociável da ordem normativa introduzida pelo diploma que não pode ser autonomizada como acto administrativo a se, com o fim da respectiva impugnação contenciosa*".

Não questionando a recorribilidade contenciosa dos actos *materialmente* administrativos que eventualmente se contenham dentro de diplomas com o valor formal de lei, entende o STA não se estar perante um acto administrativo, no sentido *material* do conceito, porquanto, pelo diploma em causa: (i) é criado o Parque Natural da Ria Formosa, e aprovadas as regras por que o mesmo se haveria de reger; (ii) é constituída uma zona de protecção do Parque; (iii) são fixados os limites geográficos de uma e outra, definindo-se, quer descritiva, quer graficamente, a respectiva linha de demarcação física; (iv) são estabelecidas regras específicas no que respeita ao exercício de actividades no interior das zonas delimitadas, através de certas proibições e restrições; (v) introduzem-se normas a observar no licenciamento de projectos; (vi) prevê-se a possibilidade de expropriação de terrenos de particulares; (vii) institui-se o direito de preferência, em favor do Estado, nas alienações de imóveis dentro da área do Parque (viii) define-se o regime organizativo do Parque, e, finalmente, (ix) legisla-se em matéria de fiscalização e contra-ordenações.

Ora, "*estes comandos possuem as marcas da generalidade e da abstracção, não dando a conhecer os seus destinatários específicos, que são indeterminados, e resolvem-se na previsão hipotética de situações objectivas, não se esgotando numa única aplicação – ao contrário do que sucede com o acto administrativo, que é sempre uma decisão individual e concreta*"[5].

Em consonância, para o STA, o acto de delimitação geográfica dos terrenos compreendidos na área do Parque é um acto meramente instrumental da *ordem normativa* que o diploma introduz, a ela adstrito e dela indissociável, sem possibilidade de ser autonomizado como acto administrativo encarado "*a se*", e impugnável como os actos administrativos[6].

---

[5] V*ide*, entre outros, os Acs. deste de 15.1.97 (Pleno), proc.º n.º 20.308, 15.6.99, proc.º n.º 44.163 , e 10.10.01, proc.º n.º 38.714).

[6] Assim, em sintonia com anteriores decisões deste Supremo Tribunal acerca de matérias afins, como a delimitação de áreas de reserva ecológica (REN) e a impugnação dos PDMs (cf. os Acs. de 4.7.02, 28.5.02 e 30.1.03, proc.ᵒˢ n.ᵒˢ 46.273, 48.233 e 44.729) é de entender que este tipo de actos, não obstante o recorte de minúcia que por vezes envolvem, devem submeter-se ao tratamento dos actos normativos (legislativos e regulamentares), sendo, por isso, insusceptíveis de recurso contencioso – sem prejuízo da sua impugnação noutra sede, como através do processo de impugnação de normas.

Noutro dos arestos encontrados[7], a questão de fundo que urgia resolver estava associada à natureza jurídica de projectos urbanísticos existentes nas câmaras municipais que ainda não tornados instrumentos de gestão territorial por falta de adopção de procedimento adequado conducente a tal, são, no entanto, usados como motivo de indeferimento de operações urbanísticas.

Nesta sede bem andou, em nosso entender, o STA quando concluiu que:

"*I – Encontrando-se o P.D.M. de Loures em vigor, as suas prescrições eram obrigatórias, e prevaleciam, naturalmente, sobre qualquer "projecto" para o local em causa, ainda não aprovado e publicado, pelo que enferma de vício de violação de lei o acto que indefere licenciamento de obra, por a mesma não se conformar com as valorações do denominado* **"Plano de Urbanização da Plataforma da B...**, *ainda não aprovado, nos termos de lei, nem publicado".*

A questão merece-nos alguma dedicação e atenção já que não foi este o entendimento proferido em sede da sentença recorrida a qual reconheceu ao denominado *"Plano de Urbanização da Plataforma da B..."*, que não se encontrava aprovado, força para contrariar as prescrições do artigo 49.º do PDM de Loures.

Como resulta das conclusões transcritas *supra*, não foi esse o entendimento corroborado pelo Tribunal superior para quem *"tal conclusão é juridicamente inadmissível"*, porquanto *"encontrando--se o P.D.M. de Loures em vigor, as suas prescrições eram obrigatórias, e prevaleciam, naturalmente, sobre qualquer "projecto" para o local em causa, ainda não aprovado e publicado, nos termos da lei, como era o caso do denominado Plano de Urbanização da B....".*

Outro dos Acórdãos por nós analisado foi o do STA de 10-11--2005, referente ao processo com o número 779/02, sendo a sua questão central a de aferir a possibilidade de aplicação dos procedimentos simplificados próprios de dinâmica dos planos municipais de ordenamento do território a um procedimento de alteração de delimi-

---

[7] Ac. do STA de 29.4.2009, processo n.º 182/08.

tação de REN. Adiantando a conclusão, concluiu o STA pela respectiva impossibilidade.

Partiu, no processo, a recorrente do pressuposto da existência de *"erro"* de cartografia na Planta de demarcação do PDM ou de erro de demarcação da zona REN onde se situam as suas instalações, sustentando que esse erro deveria ser corrigido ou alterado pela entidade recorrida com recurso ao preceituado no artigo 97.º do RJIGT.

Para tomar posição, assentou o Tribunal a sua convicção no estipulado no artigo 96.º do RJIGT quer no seu n.º 1 – segundo o qual *"os planos municipais e os planos especiais de ordenamento do território só podem ser objecto de alteração decorridos três anos sobre a respectiva entrada em vigor"* – quer no seu n.º 2 – que exceptua *"do disposto no número anterior (...) as alterações previstas no artigo seguinte"*, entre as quais se incluem *"as alterações de natureza técnica que traduzam meros ajustamentos do plano"*, podendo estas consistir, designadamente em *"correcções de erros materiais nas disposições regulamentares ou na representação cartográfica"*, as quais *"estão sujeitas a um regime procedimental simplificado"* –, bem como no n.º 3 do artigo 97.º do mesmo diploma legal, que dispõe que *"que as alterações referidas no n.º 1 devem estar concluídas, no prazo de 90 dias, pela entidade responsável pela elaboração do plano através da reformulação de regulamentos e de plantas na parte afectada, dando conhecimento à comissão de coordenação regional e assegurando a respectiva publicidade nos termos do art. 148.º e 149.º"*.

De onde decorre que, *"na representação cartográfica"*, a correcção do plano não se poder limitar a uma decisão da entidade recorrida, nomeadamente por o impulso procedimental que visa a correcção dos alegados erros competir à *"entidade responsável pela elaboração do plano através da reformulação de regulamentos e de plantas na parte afectada"*, sendo que nos termos do artigo 3.º n.º 1 e 2 do Decreto-Lei n.º 69/90, de 2 de Março, "a elaboração dos Planos municipais compete à Câmara Municipal" (n.º 1), *"competindo a sua aprovação à assembleia municipal (n.º 2)"*.

Sendo assim, a competência para a correcção de eventual erro contido no PDM, independentemente de se tratar ou não de erro manifesto, notório ou evidente, ou seja, independentemente da sua dimensão ou notoriedade, pertence aos órgãos do município.

Mais: entende o Tribunal, e bem, em nosso entender, que *"coincidindo a demarcação contida no PDM com a demarcação da REN, também o PDM não poderia ser alterado sem uma prévia alteração da zona demarcada da REN já que, como se referiu, os PDM devem incluir as áreas incluídas na REN que, aliás, por eles não pode ser contrariada (artigo 10.º do DL 93/90 e artigos 10.º n.º 2, alínea b) e 6 e 5.º, n.º 1, alínea a) do Decreto-Lei n.º 69/90, de 2/3)"*. Em conformidade entendeu o Tribunal que devia ter sido previamente alterada a zona demarcada na REN de forma a dela ser excluída o local onde se situa a construção que a recorrente pretende legalizar já que, *"enquanto essa "alteração" ou "correcção" não for feita, qualquer "construção" a levar a cabo na zona onde se integra a construção da recorrente, sempre continuaria a colidir com o disposto no artigo 4.º n.º 1 do DL n.º 93/90"*.

Mas mais: sufragou, ainda, o Tribunal que o disposto no artigo 97.º do RJIGT se dirige aos *"instrumentos de gestão territorial"*, não se vislumbrando a existência de norma que torne essa disposição aplicável ao regime jurídico da REN, previsto no Decreto-Lei n.º 93//90, tanto mais que este diploma tem normas próprias que expressamente prevêem que eventuais alterações da REN, como seja a aprovação da integração e exclusão de áreas da REN, têm de ser feitas nos termos e forma aí previstos. Por assim ser *"será o órgão legalmente competente quem tem poderes para reconhecer se existe ou não o alegado erro no que respeita à correcta e exacta delimitação da zona demarcada da REN"*.

Também o Acórdão do TCA Norte de 3.5.2009, proferido no âmbito do processo com o número 838/04.0BEVIS, se pronunciou sobre o conteúdo material de um instrumento de gestão territorial, *in casu*, de um PDM, no qual se determina que *"O PDM não pode servir para classificar património cultural de forma expedita escapando ao processo de classificação, sob pena de violação da Lei n.º 13/85"*.

A questão fulcral do recurso jurisdicional em apreço radicava, pois, em saber se a pretensão da A., quanto à obtenção de licenciamento de uma nova construção no seu prédio, podia ser inviabilizada pelo facto de o Regulamento do PDM local ter incluído o edifício existente no seu prédio como elemento arquitectónico a salvaguardar, quando é certo que, de acordo com a tramitação definida pela

Lei 13/85, de 6 de Julho (Lei do Património Cultural Português), esse prédio jamais fora objecto de classificação como património cultural nem estava em vias de o ser.

Para formar a sua convicção fez o TCA Norte apelo ao Acórdão do Pleno do STA, de 04.JUL.06, *in* Rec. n.º 01403/02, em que se sumariou o seguinte:

"I – Nos termos da Lei n.º 13/85 de 6 de Julho, a protecção do património cultural imóvel assenta na classificação, de acordo com as categorias de bens classificados e em vias de classificação, não existindo a categoria de bens a proteger.

II – Por contrariar a referida Lei do Património Cultural, deve rejeitar-se a aplicação da norma do art. 53.º/2 do PDM que, independentemente de procedimento adequado e de acto de classificação, inclui certos imóveis na categoria de bens a proteger e os sujeita ao conjunto de restrições de utilidade pública típicas da propriedade privada de bens culturais que aquela lei reserva aos imóveis classificados ou em vias de classificação. III – (...)".

Pugnou o Tribunal pelo entendimento segundo o qual nada no normativo regulatório existente parece obstar a que um PDM inclua a classificação de determinado bem como de valor local ou concelhio[8].

Sustenta, para o efeito, o Tribunal que: *(i)* os artigos 5.º/1/a) da Lei n.º 69/90 e 26.º da Lei n.º 13/85, no seu conjunto, contêm uma habilitação legal para que as assembleias municipais salvaguardem e valorizem o património cultural; *(ii)* a inclusão da propriedade do recorrente contencioso na zona em questão não produziu o efeito de consumar, por essa via, a sua classificação como bem do património cultural; *(iii)* não existe a categoria de bens a proteger, mas sim, unicamente a dos *bens classificados* e *em vias de class*ificação; *(iv)* é ilegal a criação de uma nova categoria de bem a proteger e *(v)* o PDM quis salvaguardar o imóvel.

---

[8] Nesse sentido, existe jurisprudência deste STA a mostrar que essa conclusão é aceitável, como o Ac. de 25.5.04, processo número 1615/02, em que se decidiu que *"não está inquinado de invalidade absoluta o acto de classificação de imóvel como de interesse concelhio contido em PDM regularmente aprovado pela Assembleia Municipal"*.

Porém, discorda do entendimento dominante sobre a interpretação a conferir ao acto de inclusão do prédio na zona de imóvel *a proteger* já que entende que tal não corresponde à criação de uma categoria nova, não prevista na lei, significando antes que o que se pretende é reservar o bem para classificação, dando início ao respectivo procedimento.

Na verdade, sufraga este Tribunal que o PDM em causa criou *"uma nova categoria de protecção que, ao arrepio do disposto na Lei do Património Cultural (art. 7.º/1 da Lei n.º 13/85 de 6 de Julho), não assenta na classificação dos imóveis"*. Ou, dito de outro modo, *"o plano municipal, que tem a natureza de regulamento administrativo (art. 4.º do DL n.º 69/90), contrariando a habilitação legal e o princípio da prevalência da lei (art. 112.º/7 da CRP), independentemente do procedimento adequado e de acto de classificação, sujeitou o imóvel em causa ao conjunto de restrições de utilidade pública típicas da propriedade privada de bens culturais que a Lei do Património Cultural reserva para os imóveis* classificados ou em vias de classificação *(cf. arts. 16.º a 17.º e 22.º e 23.º da Lei 13/85 e Fernando Alves Correia, "Propriedade de bens culturais – restrições de utilidade pública, expropriações e servidões administrativas" in Direito do Património Cultural, p. 400 e segs)"*.

Em conformidade, concluiu o Tribunal pela inaplicabilidade dos artigos constantes do Regulamento do PDM que contrariem a Lei do Património para a qual a protecção do património cultural imóvel assenta na classificação, de acordo com as categorias de bens classificados e em vias de classificação, o que pressupõe a observância do respectivo procedimento administrativo e que não foi observado no âmbito da qualificação feita pelo Regulamento do PDM local.

A que acresce o facto de, argumenta o Tribunal, de acordo com aquela Lei, não existir a categoria de bens a salvaguardar, mas unicamente a dos bens classificados ou em vias de classificação, configurando a criação da nova categoria – a de bens a salvaguardar – uma ilegalidade.

Mereceu, ainda, a nossa curiosidade o Acórdão do TCA Norte de 6-6-2007, referente ao processo com o número 675/04.1BECBR-A por nele explicitamente se dizer que *"A eventual revisão do PDM de Oliveira do Hospital o qual implicará uma alteração do Plano de Pormenor da Zona Industrial de Oliveira do Hospital por forma a que o mesmo contemple a zona onde está implantado o armazém da contra-interessada A..., Lda., com o que deixará de haver qualquer violação quer do PDM quer do Plano de Pormenor da Zona Industrial de Oliveira do Hospital bem como a eventual alteração da Carta de Delimitação da REN do concelho de Oliveira do Hospital, prevendo-se a desafectação da REN da totalidade da área de implantação do referido armazém, não tem como efeito sanar nulidades anteriormente cometidas, porquanto a legalidade dos actos é aferida pela lei em vigor à data da sua prolação".*

Aqui se sufraga, e bem, a tese no sentido de que a eventual alteração ou revisão do PDM e da carta da REN não podem sanar a nulidade imputada aos actos administrativos.

Questão diferente, a que aderimos, e como bem invoca o Ministério Público, nas suas alegações de recurso, é a possibilidade de, verificada qualquer alteração ao PDM, o interessado poder requerer novo licenciamento, ao abrigo do novo instrumento de ordenamento do território, com o qual se terá de adequar, isto sem que a alteração do PDM possa determinar a sanação de actos nulos praticados na vigência do Regulamento do PDM anterior, com o qual estivessem em desconformidade.

Uma outra sub-temática sistematicamente encontrada como questão controvertida junto dos nossos tribunais em matéria de planeamento e ordenamento do território, tem que ver com a putativa existência de conflitos entre direitos adquiridos dos cidadãos e o interesse público que importa preservar com o cumprimento dos Planos de Ordenamento do Território.

A constância da nossa jurisprudência neste domínio é a tónica, entendendo que os primeiros poderão ficar prejudicados, tendo, contudo, os seus titulares, caso se verifiquem danos especiais e anormais, direito a uma indemnização decorrente da responsabilidade pela prática de actos lícitos que cabe, neste caso à Administração.

É o que se vê defendido no Acórdão do TCA Sul de 16.12.2004, *in* processo 00087/04 em que também se pugna pela preponderância dos valores ambientais, paisagísticos ou do urbanismo, os quais têm primazia perante os interesses particulares, nomeadamente, perante os direitos de iniciativa privada, de propriedade ou do *jus aedificandi*.

O que estava em causa neste processo de execução de sentença era a apreciação e decisão sobre a existência ou inexistência de uma causa legítima de inexecução dos referidos julgados anulatórios e referiam-se estes a actos de execução do licenciamento de uma operação de loteamento a realizar em terrenos abrangidos pelo PDM de Lagoa, em área integrada na REN, onde não eram permitidas operações de loteamento.

Alegou a recorrente que o PDM de Lagoa e respectivo Regulamento era nulo por violar o anterior PROTAL (Plano Regional de Ordenamento do Território do Algarve), em vigor à data da prática do acto anulado (aprovado pelo Decreto Regulamentar n.º 11/91, de 21.03).

Considerou, todavia, o Tribunal que a mesma carece de razão, porquanto defende que o PDM é um instrumento de regulamentação urbanística mais restrito e específico, regulando pontualmente aspectos previstos, de forma genérica, pelo PROTAL, ou que até este nem previa. E como regulamento que é, a sua eventual revogação por substituição de anterior regulamento ou normas, na parte em que com ele sejam incompatíveis, não acarreta qualquer nulidade.

E, enfim, entende o Tribunal, que o interesse público deve sobrepor-se ao interesse da recorrente, *com sacrifício da regra da aplicabilidade do direito vigente à data do acto anulado.*

Ora, pugnou o Tribunal, que o interesse público subjacente às normas contidas no PDM de Lagoa, ratificado em data posterior (10.05.94) à data da prática do acto anulado, justificou a declaração de existência de causa legítima de inexecução da sentença anulatória datada de 19.12.01, tal como a sentença em crise considerou e a Exm.ª Magistrada do M.º P.º refere no seu douto parecer proferido nestes autos, e o qual se passa a citar, por inteira concordância:

"(...) Estamos, sem dúvida, em face duma questão bastante melindrosa perante a qual a jurisprudência se tem dividido.

Vários argumentos existem que vêm sendo acolhidos pela Jurisprudência a favor da tese da requerente como seja: o de que "a legalidade do acto afere-se pela lei vigente à data da sua prolação"; o de que "as decisões dos Tribunais vinculam todas as entidades públicas e privadas"; e o de que "só em caso de manifesta e total impossibilidade prática de executar o acto é que é decretar a existência de causa legítima de inexecução".

Esta é a doutrina tradicional que, por norma, é seguida no contencioso de anulação, da competência dos Tribunais Administrativos.

Tem, porém, a jurisprudência do STA, quando estão em causa valores ambientais, paisagísticos ou do urbanismo, seguido, por norma, um entendimento diverso.

De facto, tem essa jurisprudência considerado que, nestes casos, o interesse público inerente ao interesse colectivo do bem-estar em sociedade, tem primazia perante os interesses particulares e, nomeadamente, perante os direitos de iniciativa privada, de propriedade ou do jus aedificandi.

E no que respeita a este último, tem considerado que "o jus aedificandi não se apresenta à luz do texto constitucional, em especial do art. 62.º, como fazendo parte integrante do direito fundamental de propriedade privada"; e ainda que "a faculdade de construir é de configurar como mera concessão jurídico-pública, resultante, regra geral, dos planos urbanísticos." Trata-se, assim, no "jus aedificandi" de um direito de natureza jurídico-pública não se consubstanciando em faculdade ínsita no conteúdo prévio e substancial do direito fundamental de propriedade privada".

Assim, conclui a citada jurisprudência que, em caso de conflito entre direitos adquiridos dos cidadãos e o interesse público que importa preservar, de cumprimento dos Planos de Ordenamento do Território, aqueles poderão ficar prejudicados, tendo, contudo, os seus titulares, caso se verifiquem danos especiais e anormais, direito a uma indemnização decorrente da responsabilidade pela prática de actos lícitos que cabe, neste caso à Administração, nos termos do art. 9.º do DL n.º 48051 de 27-11--67 (cfr., para além do acórdão citado, os acórdãos do STA de 12-12-02, 10-10-02, 13-1-00, 18-2-98 e 15-10-98, in rec.ᵒˢ n.ᵒˢ 0828/02, 0912/02, 44287, 27816 e 42683, respectivamente).

No caso vertente, para além do direito de construir – sem dúvida adquirido pelo recorrente, por força do deferimento tácito do respectivo pedido – não ser absoluto por ter de ser conciliado com outros interesses, nomeadamente públicos, estava, à partida, condicionado pela sua localização – na faixa de 200 m de protecção ao estuário do Rio Arade (alíneas S) e T) *da matéria dada como provada no acórdão do STA de 16-10-91) – e por força da Lei, uma vez que a respectiva área estava incluída no regime transitório da REN pelo artigo 17.º do DL n.º 93/90 de 19-3.*

Era, portanto, previsível, que o PDM em elaboração viesse a qualificar os referidos terrenos como "zona non aedificandi".

Também é do conhecimento público que as áreas naturais e, nomeadamente, as áreas da orla costeira marítima e fluvial, têm de ser especialmente preservadas sob pena de assistirmos, futuramente, a um desastre ecológico.

É igualmente do conhecimento público que a região do Algarve é altamente afectada por construções localizadas em "zonas protegidas" pelo que se impõe, por isso, especial atenção nos deferimentos dos licenciamentos nesta região.

Ora, pretendendo a ora recorrente instalar, nos terrenos em causa, um complexo industrial, é manifesto que tal se apresentava como violador do PDM, da REN e dos valores que ambos pretendem preservar. (...)"

Apelativo também, mas mais do ponto de vista processual, apresenta-se-nos o Acórdão do TCA Sul de 30.05.2007, relativo ao processo com o número 1908/06 em que foi apreciada uma decisão do tribunal inferior que decidiu pelo não decretamento de providência cautelar.

A *ratio decidendi* do Acórdão mencionado tinha que ver com a verificação, no caso, dos pressupostos para decretamento da suspensão das obras relativas ao empreendimento turístico "Colombo's Resort", investimento privado de 125 milhões de euros que o Estado Português integrou no PITER (Programas Integrados Turísticos de Natureza Estruturante e Base Regional), com reconhecimento posterior desse PITER do Porto Santo como projecto PIN (projecto de potencial interesse nacional). Dada a extensão do Acórdão e a natureza técnico-processual das questões analisadas, mencionamo-lo apenas com a indicação de "a não perder", por se nos afigurar demonstrativo das questões que andam em torno a apreciação tendente à aplicação de medidas cautelares.

À margem das questões trabalhadas no texto constante da presente publicação que tratou da temática da participação pública no âmbito do planeamento territorial, a partir da análise do Acórdão do STA de 21 de Maio de 2008, Processo 01159/05, 2.ª Subsecção do C.A, deixamos algumas notas soltas sobre outras questões *ad latere* analisadas noutros arestos que encontrámos a propósito da participação pública.

Desde logo, a defesa convicta de que, por um lado, *"para se assegurar a eficácia da participação, a primeira versão do plano não pode ser inalterável e está, necessariamente, aberta à introdução de modificações"* e, por outro, a de que *"A garantia de participação procedimental não confere aos interessados, é certo, o direito de ver acolhidas pela Administração as suas sugestões, observações ou reclamações. Mas, se investe a entidade planificadora no dever as examinar e ponderar (art. 48/8 do DL 380/99) é forçoso considerar que as mesmas podem vir a contribuir para a introdução de alterações a consagrar na versão final da proposta para aprovação"*.

A propósito da forma de resposta às participações e intervenções em sede de discussão pública no âmbito dos procedimentos de elaboração/revisão dos instrumentos de gestão territorial surgem-nos os Acórdãos do STA de 2.7.2008 e o de 19.10.2006, ambos em sentido convergente.

Neles se pode ler que resultando directamente da lei a possibilidade de dispensa de comunicação escrita individualizada quando o número de pessoas seja elevado *"é manifesto que a Administração pode utilizar o meio de comunicação legalmente permitido nas circunstâncias objectivas definidas, não lhe sendo exigida qualquer decisão fundamentadora dessa opção"*, constituindo o *"modo de comunicação das respostas uma formalidade não essencial, cuja inobservância ou deficiente cumprimento não afecta a validade substancial do acto de ponderação anteriormente efectuado, e que tal formalidade se limita a levar ao conhecimento dos interessados"*, porquanto *"o escopo nuclear da regularidade do procedimento de elaboração do plano repousa na efectiva ponderação das objecções postas pelos interessados em sede de discussão pública, e não propriamente na forma de comunicação dessa resposta, levada a cabo posteriormente, e que nada adianta ao conteúdo do procedimento comunicado"*.

O pleito surgiu em virtude do facto de a Administração não ter observado o disposto no artigo 10.º, n.º 4 da Lei n.º 83/95, uma vez que não publicou as «respostas fundamentadas» às objecções dos interessados "*em dois jornais diários e num jornal regional, quando exista*", tendo-se limitado a publicar essas respostas na Internet e a patenteá-las para consulta nos respectivos serviços, concretamente no Instituto de Conservação da Natureza e na sede do Parque Natural da Arrábida.

Porém, sufraga o STA, que da inobservância ou incorrecto cumprimento dessa formalidade não resulta a invalidade do procedimento de elaboração do plano, e, por via dela, a invalidade do próprio plano. Trata-se, antes, de uma formalidade não essencial, destinada a levar o plano ao conhecimento dos interessados, cuja inobservância ou deficiente cumprimento não afecta a validade substancial do acto de ponderação anteriormente efectuado.

Para o segundo dos arestos indicados supra, "*o que o vício significa é que os autores não foram notificados (no sentido amplo de «notus facere» ou «tornar ciente») da pronúncia que a Administração emitiu acerca das objecções que formularam. Assim, a Administração não observou uma formalidade subsequente à actividade material que se lhe exigia, formalidade essa que apenas se inclinava a que ela externamente divulgasse o que já definitivamente decidira. Mas a falta dessa divulgação, através do canal próprio, não pode afectar o entretanto decidido – pois cada lapso formal opera no seu «situs» (e, a partir dele, porventura «in futurum»), sem retroacção para os passos procedimentais anteriores; e não pode também afectar o regulamento do POPNA pela razão singela de que este, embora ulterior no tempo à emergência da ilegalidade, configura uma simples expressão de algo que já antes se decidira e que, como vimos, a ilegalidade deixara indemne. Portanto, o vício agora em apreço mostra-se impotente para causar a pretendida ilegalidade do regulamento*".

Por fim, podemos ainda mencionar um terceiro grupo de acórdãos: o dos que se pronunciaram sobre a preterição da fase da audiência de interessados e que tem particular aplicação quando esteja em causa a prática de actos administrativos de gestão urbanística.

Cientes de que esta matéria poderia ser analisada noutra sede, decidimos, por razões sistemáticas, incluí-la junto dos mecanismos de participação, por existir, no estudo vertente, um capítulo dedicado ao tema.

De relevante cumpre anunciar que a jurisprudência deste STA tem admitido que, em nome da aplicação do princípio do aproveitamento do acto administrativo, não se deve determinar a anulação do acto que não deu prévio cumprimento ao dever de audiência, "*quando ele, de tão impregnado de vinculação legal, não consente nenhuma outra solução (de facto e de direito), a não ser a que foi consagrada*".

Em todo o caso e para que tal aproveitamento seja válido, "*não basta, porém, para o aludido aproveitamento do acto, que ele seja praticado no exercício de poderes vinculados, pois, sempre que exista a possibilidade de os interessados, através da audiência prévia, influírem no sentido da determinação da decisão final, não haverá que retirar efeitos invalidantes ao vício de preterição da referida formalidade*"[9-10].

II. Gestão Urbanística

Enquadramento metodológico

Fechado o capítulo do planeamento (se é que se pode fechar, já que, como se diz no prólogo desta publicação, "planeamento e gestão urbanística (...) ambos parte da mesma realidade iteractiva"), faremos, de seguida a nossa incursão pela jurisprudência atinente aos temas tratados na Parte II da presente publicação, referente à gestão urbanística, seguindo a metodologia precedentemente explicitada.

1. *Os actos de gestão urbanística*

A jurisprudência administrativa tem tido um labor significativo na produção de arestos sobre o acto de licenciamento urbanístico. À laia de exemplo e sem pretensões de exaustão, encontrámos, na pesquisa que efectuámos, vários acórdãos.

---

[9] Conforme se faz notar em diversos arestos deste STA (*v.g.* a título exemplificativo, Ac. de 12.6.97, rec. 41.616, ac. do Pleno de 2.6.04, p. 1591/03, Ac. de 16.2.06, p. 648/05)

[10] (Ac. do Pleno da secção do cont. administrativo de 23.5.06, rec. 1618/02).

São disso exemplo, nomeadamente, e no que se refere à característica de submissão exclusiva a regras de direito do urbanismo, o Acórdão do STA de 11-11-99, no processo com o número 44021 em que se inscreve, que *"Não incumbe à Administração no acto de licenciamento de obras particulares assegurar o respeito por normas de direito civil, designadamente das que tutelem servidões de passagem de terceiros sobre o prédio onde se situa a obra licenciada"*; noutro acórdão pode ler-se que *"o despacho camarário que ordena a demolição de um muro por o mesmo ocupar a serventia de um prédio confinante não traduz qualquer definição administrativa sobre direitos reais, tratando-se ainda de um acto contido nas atribuições das câmaras municipais"*.

Também o Acórdão do STA de 24-09-2009, relativo ao processo com o número 707/09 se refere a independência dos actos de gestão urbanística em relação ao direito privado nele se concluindo que *"O licenciamento de uma obra não pode ser recusado a pretexto de que ela pode ferir uma servidão de vistas constituída em proveito de um prédio limítrofe"*. Aqui, mais se sustenta que o artigo 1362.º do Código Civil não é uma das «normas legais» para que remete o artigo 24.º, n.º 1, al. a) do RJUE.

Para o julgador superior, estar ou não constituída uma servidão de vistas é questão de direito privado, que simplesmente concerne aos titulares dos prédios em confronto, postulando que *"O detentor de uma servidão do género tem o direito de exigir do dono do prédio serviente que respeite «o espaço mínimo de metro e meio» previsto no n.º 2 daquele art. 1362.º; mas isso, correspondendo à salvaguarda do seu interesse particular, consolidado num direito absoluto, nada tem a ver com a defesa de interesses públicos merecedores de protecção imperativa – até porque nada impede que o titular de uma servidão de vistas consinta, expressa ou tacitamente, na lesão desse seu direito"*. Por conseguinte, sufraga, *"qualquer litígio sobre se existe, ou não, uma determinada servidão de vistas há-de resolver-se entre os respectivos «domini» nos tribunais judiciais, carecendo os municípios de atribuições para o dirimir"*.

Rejeita o Tribunal superior argumentos concernentes à conveniência de, mediante a recusa camarária de licenciamento de obras ofensivas de uma servidão de vistas, se prevenirem litígios, pois uma tal prevenção também excede as atribuições municipais.

Relativamente ao tópico sobre a conformação do direito de propriedade privada na sua relação com o direito de construir, mencionamos, por peremptório e concludente, o Acórdão do STA de 8-01--2009, tirado do processo com o número 633/08 que atesta que:

"I – os termos em que o direito de propriedade está constitucionalmente desenhado determinam que o seu uso e fruição não seja inteiramente livre, mas condicionado e enquadrado, de tal modo que os usos ou utilidades que os respectivos titulares dela podem retirar são unicamente aqueles que o ordenamento jurídico – constitucional ou ordinário – lhes permitir.

II – Deste modo, e muito embora seja verdade que esse direito integra o poder de gozo sobre o bem objecto do direito também o é que o exercício desse poder não inclui o direito a construir nem, tão pouco, quando ele é reconhecido, o direito a construir aquilo que se quer, onde se quer e como se quer mas, apenas e tão só, a construir aquilo que as autoridades administrativas consentirem dentro das limitações e restrições assinaladas na legislação atinente.

III – E, correspondentemente, se o direito de edificação inexiste como elemento integrador do direito de propriedade também dele não faz parte o direito de manter o edificado nas condições em que o proprietário quiser e na forma que quiser visto que tais edificações têm de respeitar as exigências legais a elas referentes, desde logo as relacionadas com a sua segurança e salubridade"[11].

Cumpre, nesta sede, fazer um ponto de ordem a propósito do seguinte: nos arestos que encontrámos e que se pronunciam sobre o

---

[11] Posição também constante do Ac. do TCA Norte, "O *"jus aedificandi"* não se inclui no direito de propriedade privada, a que se refere o art.º 62.º da CRP, sendo antes o resultado de uma atribuição jurídica pública decorrente do ordenamento jurídico urbanístico pelo qual é modelado" (processo n.º 00418/04.0BEBRG, de 19.06.2008); e dos Acs. de 6-3-2007, processo 873/03; Ac. de 2-7-2002, processo 48390; processo 443/02, de 9-10-2002; processo 167/05, de 18-05-2006 nos termos dos quais é entendimento constante que "no direito de propriedade constitucionalmente consagrado não se tutela o *"ius aedificandi"*, um direito à edificação, como um elemento necessário e natural do direito fundiário".

"ius aedificandi" é também em todos eles invocada a violação constitucional do direito de propriedade privada. Ora também aqui o STA não tem tido dúvidas, postulando, *v.g.* no Acórdão de 26/09/2002, processo com o número 0485/02, que "Quanto à invocada violação do direito fundamental de propriedade, importa que se diga, como vem sendo reiteradamente afirmado pela doutrina e jurisprudência, que, o "jus aedificandi" (mais propriamente ainda o direito de urbanizar lotear e edificar) não se inclui no direito de propriedade privada, a que se refere o art.º 62.º da CRP, sendo antes o resultado de uma atribuição jurídica pública decorrente do ordenamento jurídico urbanístico pelo qual é modelado. Por isso, os poderes de uso, fruição e disposição em que o direito de propriedade se manifesta só podem ser exercidos se se contiverem dentro dos limites de tal modelação e respeitarem as restrições por ela impostas. Por outro lado, uma tal modelação, no caso a interdição de construir no local em causa, e em obediência aos enunciados valores, em nada contende com a matéria relativa à iniciativa económica privada e ao seu livre exercício, consagrado no n.º 1 do art. 61.º da CRP, pois que a mesma não tem seguramente por objecto, o direito de construir..., onde convenha ao interessado.

"Em suma, para que pudesse ocorrer a arguida nulidade, prevista no art. 133.º/2/d do CPA, tornava-se necessário que se verificasse uma contracção inadmissível do núcleo fundamental do direito de propriedade ou da livre iniciativa económica privada, o que no caso não sucede"[12].

Sobre o tema, num outro acórdão, também se vê escrito que a iniciativa económica privada não é um direito absoluto, mas sim um direito que pode ser objecto de limites mais ou menos apertados e que pressupõe o respeito pelas regras que sectorialmente definem

---

[12] A propósito, e em tal sentido, poderá ver-se abundante jurisprudência deste STA. Citam-se, a título de exemplo os seguintes acórdãos: de 30/09/1997 (rec. 35751), de 18/02/1998 (rec. 27816-P), de 24/05/2000 (rec. 41194), de 24/01/2001 (rec. 40923), e de 07/03/2002 (rec. STA 48179). Como jurisprudência do TC, poderão ver-se, *v.g.*, o Ac. n.º 377/99 – Proc. n.º 501/96 de 22 de Junho de 1999 (*in* DR II n.º 49, de 28 de Fevereiro de 2000) e o Ac. n.º 544/2001 – Proc. n.º 194/01, com citação de muita outra jurisprudência e doutrina.", cfr. Ac. do STA de 26/09/2002, proc. n.º 0485/02.".

cada actividade económica, não correspondendo a *"fazer-se o que se quer quando se quer"*[13].

Vários são os acórdãos que se manifestam sobre as relações entre o RJUE e o RGEU, em especial sobre os dispositivos normativos mais controversos, v.g., os artigos 58.º e 73.º do segundo dos diplomas referidos.

Acerca do primeiro dos artigos mencionados, temos necessariamente de abordar o Acórdão do Pleno do STA que, em 29 de Maio de 2007, em Acórdão por oposição de julgados, tirado no processo com o número 46 946, apreciou esta questão, tendo-se pronunciado nos termos que estão condensados no respectivo Sumário e que passamos a transcrever:

"I – A norma impositiva do afastamento das construções ínsita na 1.ª parte do corpo do artigo 58.º do RGEU destina-se a acautelar a salubridade dos edifícios, garantindo níveis mínimos de arejamento, iluminação natural e exposição solar. Estes objectivos são densificados e objectivados pelas normas seguintes do mesmo capítulo, designadamente os artigos 59.º e 62.º.

II – A execução das construções com observância daqueles normativos garante aos utilizadores um padrão mínimo de qualidade ambiental e urbanística e aplica-se, após 1951, aos pedidos de licenciamento de toda e qualquer edificação, que passou a ter de observar o afastamento em relação à construção existente na proximidade antes do pedido de licença.

III – O art. 58.º do RGEU é uma norma relacional que se sobrepõe transversalmente aos planos, destinada a proteger a higiene e saúde das pessoas que utilizem os edifícios existentes e aqueles cuja licença é pedida, independentemente de preocupações quanto a conceder igual aproveitamento da faculdade de construir maior ou menos volume nos prédios contíguos – não se destina a proteger a propriedade, mas a impor-lhe condicionamentos".

---

[13] Cfr. Ac. do STA de 9-11-2006, proc. n.º 0262/02.

Resolve, pois, este aresto, a controvérsia existente em torno da questão de saber se o artigo 58.º do RGEU só se refere a edifícios já existentes ou também à edificação cuja licença é pedida.

Tem sido entendimento do Supremo Tribunal que o afastamento de 10 metros previsto no artigo 60.º do RGEU só é exigível no caso de haver vãos de habitação nas fachadas das duas edificações. Não assim se apenas existirem numa delas. Esta interpretação baseia-se, no essencial, primeiro, no elemento gramatical, por via da flexão plural (*"fachadas ... nas quais existam vãos de compartimentos de habitação"*) que sugere, com muita força, a exigência de que ambas as fachadas, que não apenas uma delas, apresentem tais vãos e, segundo, no elemento sistemático que aconselha tal interpretação, de modo a salvaguardar o efeito útil da previsão do art. 73.º do RGEU, esse sim, aplicável quando apenas uma das edificações tenha vãos de compartimentos de habitação[14].

Já quanto ao entendimento a deferir ao estabelecido no artigo 73.º do RGEU, pode ler-se, no mesmo Acórdão que "*II – As «janelas» a que alude o art. 73.º do RGEU são as do prédio a edificar, e não as existentes num imóvel contíguo*".

Este artigo 73.º do RGEU tem suscitado a dúvida de saber se «as janelas» a que se refere são só as previstas no edifício a construir ou também as já existentes num prédio vizinho. Ora, essa dúvida resolveu-a o Tribunal no primeiro sentido, "*afinal o único que minimamente se harmoniza com a letra do preceito (art. 9.º, n.º 2, do Código Civil). Desde logo, e porque a norma trata da maneira como as janelas «deverão» ser dispostas, tempo verbal que se refere ao processo e ao resultado ulteriores do traçado delas numa fachada, logo se vê que o preceito alude a janelas futuras e, entretanto, apenas projectadas – e não a janelas preexistentes noutro edifício, cuja disposição se fez no passado e subsiste no presente. Depois, há que notar também que o artigo se ocupa da disposição de janelas, e não da disposição do «muro ou fachada» que lhes sejam fronteiros; e, negá-lo, é ler o preceito ao invés*".

---

[14] Vide Acs. STA de 1990.10.25 – rec. n.º 24 912, de 1996.04.16 – rec n.º 39 016, de 1997.01.28 – rec. n.º 40 435 e de 1999.10.21 – rec. n.º 37 337).

Para além das questões referidas, encontrámos diversificados acórdãos, dedicados a diversificadas sub-temáticas, mas todas elas, do nosso ponto de vista, umbilicalmente ligadas à matéria da licença. Por exemplo, correlacionado com a questão da apreciação da legitimidade enquanto pressuposto procedimental do desencadeamento dos procedimentos de controlo preventivos, encontrámos o Acórdão do STA de 18-05-99, no processo com o número 41853, segundo o qual: *"A licença de construção de chaminé para instalação de restaurante em fracção não licenciada para o efeito decorre de poder discricionário. Não enferma do vício de desvio de poder a deliberação da Câmara Municipal que negou tal construção em virtude da falta de concordância de todos os condóminos na medida em que a consideração dos interesses destes cabe ainda na conformação do interesse público que à Câmara compete prosseguir"*.

Assertivo e clarificador afigura-se-nos o Acórdão do TCA Norte em sede de tomada de posição sobre a natureza de um procedimento de licenciamento de actividade industrial que envolva obra. Num raciocínio sem espinhas, e que pode ser, do nosso ponto de vista, extrapolado para a forma de articulação entre o processo de obras e os demais processos especiais, afirma-se que *"O licenciamento da instalação e funcionamento de determinada indústria não se confunde com o necessário e indispensável licenciamento das obras a efectuar para que a indústria possa ser instalada e colocada em funcionamento. São coisas distintas que não se confundem, nem se consomem"*.

Para o julgador, o DL n.º 69/2003, de 10/04 – regime que deu azo à controvérsia –, *"teve em vista disciplinar o exercício da actividade industrial com o objectivo da prevenção dos riscos e inconvenientes resultantes da exploração dos estabelecimentos industriais, visando salvaguardar a saúde pública e dos trabalhadores, a segurança de pessoas e bens, a higiene e segurança dos locais de trabalho, a qualidade do ambiente e um correcto ordenamento do território, num quadro de desenvolvimento sustentável e de responsabilidade social das empresas"* e não contempla *"o licenciamento das edificações indispensáveis ao funcionamento da indústria, tanto mais que tal licenciamento está reservado aos órgãos autárquicos – Câmara e seu Presidente – nos termos do DL n.º 555/99, de 16/ /12 (...) Este licenciamento da competência das câmaras municipais, visa fazer observar os condicionamentos relativos à alteração da topografia dos locais e às obras de edificação nos termos enunciados pelo art. 4.º do DL n.º 555/99".*

Em conformidade e concludentemente decide no sentido de que *"a instalação de uma indústria exige dois tipos de licenciamento, o da indústria em si mesmo considerada e o das instalações onde essa indústria será instalada".*

Outra das sub-temáticas mais tratadas em sede jurisprudencial tem que ver com os pareceres que são emitidos por entidades exteriores ao município na fase de consulta, mormente quando estes sejam vinculativos, incidindo a questão central sobre a impugnabilidade dos mesmos.

Aqui trazemos à colação o Acórdão do STA de 22-5-2007, proferido no processo com o número 161/07 de onde se pode retirar a "regra" de que as câmaras não podem decidir em desconformidade com pareceres desfavoráveis emitidos fora do prazo quando os mesmos tenham de ter natureza de pareceres favoráveis concordantes.

Neste processo, em causa estava, para a recorrente, a existência de um parecer tácito concordante originado pelo decurso do prazo previsto no artigo 19.º, n.º 8 do RJUE. Sufraga o Tribunal superior, apelando às lições de Freitas do Amaral, que não sendo a natureza destes pareceres vinculativa, a verdade é que *"quem decide é a entidade que emite o parecer"*, sendo a decisão da segunda entidade apenas *"uma formalização de algo que já está pré-determinado no parecer".*

Nestes casos, prossegue, *"o acto tem dois autores: um é o órgão consultivo ou o especialista que emite o parecer vinculante, e o outro é o órgão com competência para tomar a decisão definitiva, mas que é obrigado a seguir as conclusões do parecer".*

Por isso, o parecer tácito, está sujeito ao regime da revogação dos actos administrativos e sendo assim, *"o parecer desfavorável ainda que fora de prazo consubstanciou uma revogação do hipotético parecer tácito".*

De igual modo andou o Acórdão do STA de 30-09-2003, referente ao processo com o número 826/03:

"I – É vinculativo o parecer emitido pelo IPPAR relativamente à construção ou reconstrução de obras urbanas em zonas de

protecção de imóveis classificados como de interesse público (...)

III – Trata-se, assim, de um verdadeiro acto administrativo, que produz efeitos no âmbito das relações externas entre dois órgãos administrativos de pessoas colectivas e um particular e que se pode considerar como uma estatuição autoritária (que cria uma obrigação a um órgão administrativo – Câmara Municipal – e a um particular – a ora recorrente) relativa a um caso concreto, produzido por outro órgão de pessoa colectiva diferente, no uso de poderes administrativos, pelo que é de considerar um acto prejudicial do procedimento, cuja força jurídica é mais intensa do que a dum mero acto pressuposto, visto ter influência sobre os termos em que é exercido o poder decisório final, na medida em que define logo a posição jurídica dos interessados, ou seja compromete irreversivelmente o sentido da decisão final, sendo, por isso, atenta a sua lesividade, de considerar destacável para efeitos de recorribilidade directa".

Já para o Meritíssimo Juiz recorrido, esse acto – um parecer do Director Regional do Porto do Instituto Português do Património Arquitectónico, proferido no âmbito de um processo de licenciamento para reconstrução de um edifício da recorrente, a correr termos na Câmara Municipal do Porto – configura-se como um acto opinativo, instrumental em relação à decisão final (o acto de licenciamento), que não define a situação jurídica da recorrente, pelo que não é um acto administrativo decisório e, como tal, não é passível de impugnação contenciosa.

A jurisprudência deste STA encontra-se dividida quanto a esta matéria. A título de exemplo, e citando apenas acórdãos do Pleno da Secção, o Acórdão de 7/5/96, proferido no recurso com o número 27 573, decidiu, embora com quatro votos de vencido, pela irrecorribilidade dos actos desta natureza, tendo levado ao seu sumário a seguinte doutrina:

"I – O parecer emitido pela CCRLVT, a pedido de uma Câmara Municipal para, na vigência do DL n.º 166/70, de 15/4, aquela deferir ou indeferir um pedido de licenciamento de obra particular, é sempre um acto meramente opinativo, como mero instrumento auxiliar da decisão. II – Porque o recurso conten-

cioso de anulação pressupõe sempre a existência de um verdadeiro acto administrativo e aquele parecer não reveste, nem tem as características e a natureza próprias de um acto administrativo por lhe faltar a produção de efeitos externos, ou porque não define a situação jurídica de terceiros, não é susceptível de recurso."

A partir de 2001, operou-se uma mudança na jurisprudência do Supremo Tribunal, consubstanciada nos Acórdãos do Pleno de 16/1//01 e de 15/11/01 (com um voto de vencido neste último), proferidos nos recursos com os números 31 317 e 37 811, respectivamente.

De acordo com ela, à qual aderimos, *"os pareceres vinculativos, proferidos por órgãos pertencentes a entidades estranhas da entidade com competência para a prática da decisão final, constituem actos prejudiciais do procedimento, ou seja, actos administrativos contenciosamente recorríveis, já que produzem efeitos no âmbito das relações entre dois órgãos administrativos de pessoas colectivas e um particular e que se pode considerar como uma estatuição autoritária (que cria uma obrigação a um órgão administrativo – Câmara Municipal – e a um particular – a ora recorrente) relativa a um caso concreto, produzido por outro órgão de pessoa colectiva diferente, no uso de poderes administrativos"*[15].

Abreviando razões, pode dizer-se que o trilho desta posição está praticamente traçado. E se adaptado ao caso do *parecer vinculativo*, pela função que exerce no seio do procedimento, resolve o Tribunal a questão nos seguintes termos: *"o parecer vinculativo, apesar de acto intercalar e preparatório, pela eficácia externa de que se revista e pelos efeitos que produza, será autónoma e contenciosamente impugnável"*.

---

[15] No Ac. de 06-12-2005, processo com o número 239/04 vai-se mais longe e retiram-se consequências processuais da impugnação do parecer vinculativo. Aqui se lê que *"o recurso contencioso que dele seja interposto, não trava o prosseguimento do procedimento e, portanto, não impede a prática do acto final.*

III – Isto significa que um tal recurso contencioso só pode ser entendido no quadro do exercício de uma mera faculdade, não operando aí os efeitos do caso decidido pela sua não interposição. (...) .V – O particular lesado que recorre do acto final de indeferimento pode, de acordo com o princípio da impugnação unitária, imputar-lhe as ilegalidades de que o próprio parecer padeça".

Em todo o caso, razões de ordem prática e de utilidade têm levado o Supremo Tribunal a não acolher a tese da recorribilidade contenciosa "necessária", do parecer, porquanto "*nalguns casos, pode mesmo não ter em concreto nenhuma influência no acto para que o procedimento tendia. Basta pensar em dois ou três exemplos: a) na casa que o requerente pretendia reconstruir e que acabou por ruir; b) no solar de elevado valor patrimonial e arquitectónico que o recorrente desejava transformar em hotel e que foi, por negociação posterior, adquirido pelo Estado; c) no caso de o operador de telecomunicações que desistiu de implantar a antena nas proximidades de uma ruína castreja, etc, etc.*"

Ou seja, "*São situações de superveniência que objectivamente impossibilitam a prática do acto final ou que o obrigam a diferente conteúdo, independentemente do sentido do parecer e que, prudentemente, aconselham a que se possa esperar pelo acto decisor do procedimento para, sendo caso disso, o interessado o poder impugnar com fundamentos de invalidade imputados àquele*".

No âmbito do acto da licença de obra, mas agora a propósito do seu relacionamento com o procedimento de controlo do uso, vários são os arestos que pugnam pela independência entre ambos.

São disso registo, o Acórdão de 25-06-2003, tirado do processo com o número 1009/03, segundo o qual,

"*I – No regime do DL n.º 555/99 de 16.12 os procedimentos administrativos de licenciamento da edificação e de autorização de utilização são autónomos, embora conexos, têm tramitações próprias e extinguem-se, cada um deles, com a prolação de um acto administrativo separado que se não confunde com o outro.*

II – (...) Quer no domínio da lei antiga, quer no domínio da lei nova, o licenciamento da obra e a autorização de utilização são realidades diversas e com finalidades distintas. O licenciamento da obra visa assegurar o respeito pelo direito público da construção dos edifícios (normas técnicas, ambientais, de ordenamento, de salubridade, etc) e define os termos em que é descondicionado o exercício do ius aedificandi do requerente (vide arts. 15.º, 17.º e 63.º do DL n.º 445/91 de 20.11 e arts. 11.º n.º 1 e 24.º do DL n.º 555/99 de 16.12). A autorização de utilização destina-se a verificar a conformidade da obra concluída com o projecto aprovado e com as condições do licenciamento (arts. 26.º n.º 2 do DL n.º 445/91 e 62.º n.º 2 do DL n.º 555/99)".

Não podemos estar mais de acordo com a posição acabada de transcrever tanto mais que usa, em seu abono, um argumento por nós utilizado há muito e que consiste no facto de "a eventual desconformidade da obra com o projecto aprovado deixar incólume a validade do licenciamento da edificação e de o acto de licenciamento da obra e o acto de autorização da utilização do edifício serem titulados por alvarás distintos, com especificações próprias".

A corroborar ainda mais o seu entendimento avança o Tribunal um argumento que nos parecer fulcral e que é este: *"Se a autorização de utilização visa verificar da conformidade da obra feita com o projecto aprovado, esta finalidade implica a necessidade lógica de um anterior acto definitivo do licenciamento da edificação, praticado com precedência do procedimento adequado, no qual está cumprida a respectiva fase constitutiva e esgotada a competência dispositiva do órgão decisor que só a poderá retomar num novo procedimento de impugnação ou de revogação".*

Vai exactamente no mesmo sentido o Acórdão de 18-03-2004, relativo ao processo com o número 156/04[16].

No que concerne ao procedimento tendente à prática da licença, atentemos no referido no Acórdão de 27/08/2003, no processo com o número 400/03 que bem caracteriza a sucessão de actos e formalidades implicados no mesmo. Aí se reconhece que *"O procedimento tendente ao licenciamento de construções desenrola-se por fases sucessivas, só sendo admissível passar às seguintes depois de esgotadas as anteriores".*

Este aresto é também importante porque vai no sentido defendido pela melhor doutrina de que o silêncio da Administração acerca de um projecto de arquitectura e dos projectos de especialidades não acarreta a aprovação daquele projecto e o licenciamento da obra de construção.

---

[16] "Os procedimentos administrativos de licenciamento da edificação e de licença ou autorização de utilização são procedimentos autónomos e com tramitação própria – sendo certo, de acordo com a jurisprudência deste STA, que os procedimentos administrativos de licenciamento da edificação e de licença ou autorização de utilização são procedimentos autónomos e com tramitação própria (cfr. Ac. de 25.06.2003 – Rec. 1009/03")".

E se assim é, isto é, se o silêncio da Administração não gera deferimento tácito, pelo que o projecto de arquitectura não pode ter-se por aprovado sem esta aprovação, não se inicia também o prazo para que as câmaras se pronunciem sobre o licenciamento da obra. Portanto, concluiu e bem, que *"na ausência deste licenciamento, não estão reunidos os pressupostos da pretendida intimação para a passagem do respectivo alvará e para o pagamento das taxas"*.

Neste processo, a recorrente tentou minimizar a importância do acto de aprovação do projecto de arquitectura, dizendo-o preparatório e precário – e sugerindo, assim, que a falta dele não obstava que o processo de licenciamento seguisse o seu normal curso.

Contudo, pugnou o STA pela evidência de que *"o procedimento tendente ao licenciamento de construções se desenrola por fases sucessivas, só sendo admissível passar às seguintes depois de esgotadas as anteriores; e que uma dessas fases é a que culmina com a pronúncia incidente sobre o projecto de arquitectura, de modo que a apreciação do pedido de licenciamento, «sensu stricto», impõe que a aprovação daquele projecto seja um dado adquirido (cfr., v.g., os artigos 20.º, ns.º 4 e 6, e 23.º, ns. 1, al. c), e 4, al. a), do DL n.º 555/99, de 16/12)"*.

Ainda a propósito de desfechos silentes, damos conta do Acórdão do TCA Norte de 30.07.2004, respeitante ao processo com o número 105/04. A importância da análise deste Acórdão está, do nosso ponto de vista, no facto de ele esclarecer aquela que é hoje a determinação legal respeitante à falta de prática do acto fora da licença – o deferimento tácito – em que o legislador refere textualmente que o mesmo opera *"com as consequências legais"*.

Ora as consequências legais a que se refere o legislador estão bem manifestadas neste Acórdão no qual se escreve que *"A formação de acto tácito pressupõe a dedução duma pretensão por um administrado, o dever legal de proferir uma decisão por parte da entidade a quem a pretensão é dirigida e a ausência de decisão até ao termo do prazo fixado na lei para esse efeito"*.

E *"A existência do dever legal de decidir por parte da autoridade administrativa pressupõe, em 1.º lugar, que a decisão que lhe é solicitada caiba na sua competência e, em 2.º lugar, que o poder de decidir seja vinculado: se o poder da autoridade administrativa não é vinculado quanto ao momento de agir ou à oportunidade de agir ou não agir, não há dever de decidir e, portanto, o silêncio face à pretensão do particular não conduz à formação do acto tácito. (Sérvulo Correia, Noções de D.º Adm., pág. 410.).*"

Como exemplo de Acórdão referente à falta de prática de acto de licença de obra no prazo devido, apontamos como boa leitura, o Acórdão de 29.03.2007 do TCA Norte, tirado no processo com o número 1101/06.7BEPRT, segundo o qual *"O meio processual previsto no art. 112.º do RJUE não constitui uma mera forma de resolver a questão da ausência de deferimento tácito para os processos sujeitos a licenciamento, sendo uma variável, em matéria urbanística, do meio processual previsto no art 67.º do CPTA, que admite a fixação do conteúdo do acto, muito mais vasto do que a extinta intimação para emissão de alvará, que consumiu"* (sublinhado nosso). Mais se sufraga neste aresto, e que é de suma importância, que *"Não obstante a existência de um projecto de decisão de indeferimento quanto ao projecto de arranjos exteriores, e de a recorrente não ter apresentado qualquer aditamento em conformidade com esse projecto nem por isso deixou de ter direito a que se profira um acto"*.

Integrado ainda na matéria do procedimento de licença, especificamente em sede de fase integrativa de eficácia, esclarece o STA no seu Acórdão de 29-09-2005, no processo com o número 180/05, que *"o alvará é o documento que titula o direito de edificar"* e que *"Não é, portanto, um acto administrativo e, por isso, é irrecorrível contenciosamente"*, sendo por isso que *"deve especificar os elementos essenciais da licença (leia-se do licenciamento), tais como a identificação do prédio ou lote onde se realizarão as obras, os condicionamentos do licenciamento, a cércea e o número de pisos acima e abaixo da cota da soleira, a área da construção e volumetria, o uso da edificação e o prazo da licença"*.

Encontrámos, ainda, na nossa pesquisa, um acórdão sobre isenção subjectiva. Referimo-nos ao Acórdão do TCA Norte, proferido no âmbito do processo com o número 01486/04.0BEPRT, de 17.05.2007. Este aresto concluiu no sentido de que *"Os hospitais públicos como e enquanto entes personalizados integrantes do SNS situam-se no âmbito da denominada "administração indirecta do Estado"*, pelo que *"A obra denominada de "Empreendimento Imobiliário de Apoio ao Hospital de S. João – Porto" não constitui uma *obra promovida pela administração directa do Estado pelo que não está integrada na previsão de dispensa de licenciamento enunciada na al. c) do n.º 1 do art. 03.º do DL n.º 445/91"*. O mesmo acontecendo no caso duma concessão de serviço público em que a concessionária não tenha assumido tarefas de exploração, de prestação de qualquer serviço público de saúde, de fornecimento ou ministração de cuidados de saúde no âmbito da concessão já que esta se prende com a concepção, construção e exploração do "Empreendimento" o qual é composto dum parque estacionamento, dum hotel e de um "centro de serviços" (comércio).

No que à natureza do acto de licença diz respeito, atente-se no referido no processo com o número 379/08 de 04-03-2010, que correu termos no STA, em que se refere literalmente que *"o referido acto de licenciamento de construção tem a natureza de acto constitutivo de direitos"* pelo que *"a revogação de um tal acto de licenciamento não poderia ter lugar fora do prazo de um ano, sob pena de incorrer, em vício de violação de lei, determinante de anulação.*

Singular afigura-se-nos o Acórdão do STA de 1.3.2005, retirado do processo com o número 291/04 que delimita o sentido a dar ao estipulado no artigo 60.º do RJUE. Nos termos deste *"O n.º 2 do artigo 60.º do Regime Jurídico da Urbanização e Edificação (DL 555/99, de 16.12, alterado pelo DL 177/2001, de 04.06) pretende compatibilizar dois interesses, por um lado, o do proprietário ou utilizador do prédio, estabelecendo a chamada garantia de existência activa, por outro lado, o interesse público na manutenção das finalidades consagradas nos planos que vigoram sobre as áreas em causa"*.

Tratava-se de saber se as obras projectadas determinariam um agravamento da desconformidade com as normas da RAN em que o prédio passou a ficar integrado em virtude da publicação do Regulamento PDM de Viana do Castelo.

Para o STA, o n.º 2 do artigo 60.º do RJUE faz subordinar os seus diversos componentes linguísticos aos dois objectivos que o preceito pretende compatibilizar: por um lado, a chamada garantia de existência activa, da qual é titular o proprietário ou utilizador do prédio; por outro lado, a não afectação das finalidades consagradas nos planos que vigoram sobre as áreas em causa, que correspondem, imediatamente, ao interesse público.

Ora, é precisamente a *"preocupação de "justa ponderação e superação dos conflitos de interesses coenvolvidos nos planos" (Alves Correia) que está plasmada no artigo 60.*".

O STA tergiversa ainda sobre a possibilidade de o artigo 60.º, n.º 2 do RJUE versar também sobre obras de ampliação. Entende o Tribunal que não obstante o preceito não as ter textualizado, *"podem existir obras de ampliação (necessariamente limitadas), no sentido do artigo 2.º, que não originem nem agravem a desconformidade com as normas em vigor."*

Nessas circunstâncias, e perante os interesses que o preceito visa assegurar, não há razão, para o julgador, que justifique o tratamento diverso do tratamento das obras de alteração ou reconstrução, no sentido do mesmo artigo 2.º, pelo que, concluiu *"Uma interpretação adequada da lei deve levar-nos a concluir que o legislador disse menos do que queria."*

Quase a finalizar, registam-se os Acórdãos que versam sobre a competência dos tribunais administrativos. Falamos quer do Acórdão do TCA Sul de 16.12.2004, no processo com o número 357/04 em que o TAF de Beja se considerou incompetente para conhecer de providências cautelares por nelas se pretender acautelar os direitos de autor reinvindicados pelo requerente, questão que, em seu entendimento, caberia no âmbito dos tribunais judiciais, e não dos administrativos.

Com efeito, entendeu-se na sentença recorrida que os direitos de propriedade intelectual que o requerente visa defender não derivaram da referida deliberação camarária, mas sim da lei, subsistindo sempre na sua esfera jurídica, mesmo que tal deliberação não ocorresse.

Não foi, no entanto, este o entendimento sufragado pelo TCA para quem *"o facto de o requerente, ao propor a competente acção administrativa especial e a presente providência cautelar, daquela dependente, visar em última análise, defender os direitos de propriedade intelectual a que se arroga, como autor do primitivo projecto de loteamento, não retira em nada o carácter de litígios do contencioso administrativo que estes detêm. Pois neles o autor ou requerente pretende a declaração de nulidade ou a anulação de actos administrativos que, se for obtida, pode contribuir para aquela defesa."*

E, assim, *"compete aos tribunais administrativos e fiscais o julgamento das acções e recursos contenciosos que tenham por objecto dirimir os litígios emergentes das relações jurídicas administrativas e fiscais"*, bem como das correspondentes *"providências cautelares"*.

A acabar, deixamos, por actual, a posição acerca da noção de operação urbanística constante do artigo 2.º do RJUE.

No aresto analisado, em causa estava a colocação de uma antena de telecomunicações sobre uma plataforma, em betão armado, criada de raiz, assente no solo, cuja estrutura envolvia ainda painéis solares e uma vedação em rede, postes metálicos de suporte fixados no solo, ocupando o contentor uma área aproximada de 12m2.

Entendeu o Tribunal que a mesma estava sujeita ao RJUE por *"comportar uma obra de construção civil"* e, por conseguinte, sujeita a autorização municipal. Pelo que a falta de acto de controlo prévio determina a sua demolição. Assenta o Tribunal a sua convicção na noção ínsita no artigo 2.º do RJUE, perfilhando o entendimento de que *"nos casos das edificações que se não destinem à utilização humana, o critério operativo da lei para fixar o âmbito da respectiva incidência objectiva, para distinguir as obras sujeitas a licenciamento, daquelas outras que dele estão isentas ou dispensadas (arts 4.º e 6.º), é o da incorporação no solo com carácter de permanência ao que não obsta a circunstância de para o resultado da construção poderem contribuir elementos amovíveis, transportáveis e reutiliáveis"*.

Interessante afigura-se-nos a explicação encontrada no aresto para este facto. Nele se diz que *"o poste metálico que integrava a instalação removida era aparafusado à base instalada através da colocação de uma estrutura em betão assente no solo (...) pelo que foi necessário proceder a remoção de terra e escavação para depois e de acordo com os conhecimentos e regras próprias de engenharia civil se proceder à mistura de materiais, de acordo com um molde, de forma a criar uma estrutura de betão para servir de fixação das estruturas"*.

2. A validade dos actos de gestão urbanística

Para além da já exaustiva referência à jurisprudência dos tribunais administrativos feita na presente publicação atinente à validade dos actos de gestão urbanística e aos efeitos decorrentes da declaração da sua nulidade, mencionaremos aqui, apenas, alguns acórdãos que recolhemos na nossa pesquisa e que complementam a análise feita.
Destacamos seis acórdãos.

*

O primeiro deles, proferido em sede do Processo com o número 830/07 de 20 de Dezembro. Neste Acórdão determina-se que, face ao estabelecido no Decreto-Lei 555/99, na redacção dada pelo Decreto-Lei 177/2001 (RJUE), a *"nulidade do licenciamento construtivo só ocorre se o licenciamento afrontar plano municipal de ordenamento do território, plano especial do ordenamento do território, medidas preventivas ou autorização de loteamento em vigor"*.

Este aresto afigura-se-nos de suma importância pois antevê, profeticamente, aquele que é hoje o regime dos planos de pormenor com efeitos registais, na medida em que vem concluir pela dispensa da necessidade de desencadear o procedimento de controlo da operação de loteamento quando o mesmo esteja enquadrado, a montante, por um plano de pormenor com determinadas características.

Efectivamente, nele se conclui que " *ainda que em abstracto para a realização de uma operação urbanística fosse necessário proceder a uma operação de loteamento – de simples emparcelamento – essa operação é dispensada se os respectivos prédios estiverem abrangidos por plano de pormenor e se o plano, nos termos do artigo 90/2 do DL 389/99, de 22.9, tratar de tudo aquilo que normalmente envolve os loteamentos, o ordenamento fundiário, a afectação de espaços, as vias de circulação.*"

*

O segundo aresto que destacamos foi tirado no processo com o número 155/04, de 13-05-2004, e fazemos-lhe referência pelas virtualidades processuais dele decorrentes. Nele se esclarece que a interposição de um dos recursos previstos no artigo 69.º do RJUE em virtude da ocorrência de alguma das causas de nulidade do artigo 68.º dispensa o Ministério Público de obter decisão jurisdicional de suspensão da licença ou autorização impugnadas, efeito que resultará directamente da citação do respectivo titular para contestar o recurso.

*

O terceiro Acórdão por nós seleccionado para este item é o Acórdão do STA de 12-12-2006, referente ao processo número 884//06 que, e bem, labora sobre a forma de invalidade a assacar a um indeferimento (como se de acto válido, ou sanável, se tratasse) de um pedido de alteração de licenciamento que se revelou inexistente.

Para o STA, aquele indeferimento configura um acto nulo por o objecto ser impossível *ex vi* artigo 133.º n.º 2 c) do CPA, e não um acto anulável, devendo a inexistência do licenciamento e a nulidade do indeferimento ser declaradas oficiosamente pelo Tribunal que, caso constate que a situação é deste tipo, não pode, para a segurança do direito, limitar-se a manter o indeferimento.

Em concreto estava a aprovação de um projecto cuja construção teve lugar em local diferente do licenciado. Concluiu o STA que a alteração de projecto que era pedida visava a construção efectuada sem licença, ainda que sob a aparência de a ter, pela troca induzida pelos interessados, pelo que, seria, então, ilegal o indeferimento deste pedido, havendo pura e simplesmente que declarar-se a inexistência jurídica da licença relativa àquela construção e a impossibilidade de alterar a aprovação inexistente, uma vez que as consequências jurídicas de uma ou outra decisão são profundamente diferentes.

*

No quarto Acórdão seleccionado, o Acórdão 2-4-2008, referente ao processo com o número 1114/06, a questão que para nós deve sobressair é a de carácter adjectivo, nos termos da qual *"o conhecimento dos efeitos putativos decorrentes do acto declarado nulo não cabe no âmbito do presente recurso contencioso de anulação, por se tratar de um recurso de mera legalidade, de acordo com o art.º 6.º do ETAF/84"*.

E, na verdade, esse tem sido o entendimento da jurisprudência do STA[17]. Por isso, e sem necessidade de outras considerações,

---

[17] Cf., entre outros, os Acs. de 06.02.89, rec.26865, de 02.10.97, rec. 39277, de 22.01.98, rec. 30.373, de 03.05.2000, rec. 45672, de 12.03.2003, rec.48.032, de 02.10.02, rec. 595/02, de 16.01.03, rec. 1316/02, de 12.03.2003, rec. 48.032,de 02.02.05, rec. 673/04, de 11.10.05, rec. 262/05.

passamos a transcrever a fundamentação de um desses arestos, que tratou dessa mesma questão: « ... *o que os recorrentes criticam à sentença recorrida é o facto de não lhes ter reconhecido a produção dos chamados "efeitos putativos" do acto nulo pelo decurso do tempo, expressamente prevista no n.º 3 do art.º 134.º do CPA.*

A sentença recorrida considerou que o recurso contencioso não é o meio adequado para discutir tais situações.

Neste sentido já se pronunciaram os Acs. deste STA de 6/7/89, rec. n.º 26.865 e de 2/10/97, rec. 39.277, este último versando sobre situação idêntica à dos presentes autos e que merece a nossa adesão.

Por um lado, o objecto típico do processo de recurso contencioso não é, em princípio, compatível com a extensão do objecto concreto do processo à declaração desses efeitos. De acordo com o preceituado no art.º 6.º do ETAF, "salvo disposição em contrário, os recursos contenciosos são de mera legalidade e têm por objecto a declaração da invalidade ou anulação dos actos recorridos".

Trata-se, pois, de um recurso de mera anulação, que tem por objecto o acto impugnado, estando apenas em causa a anulação ou a declaração de nulidade ou de inexistência de um acto ilegal. Está, assim, vedado ao tribunal, no âmbito de contencioso de anulação, apreciar eventuais efeitos produzidos pelos actos nulos, apreciação essa que mais se coaduna com um contencioso de plena jurisdição.

A estrutura e a tramitação deste meio processual não se revela adequada a uma pronúncia do tribunal sobre a produção dos efeitos putativos, quer por não ser admissível reconvenção, quer pelas limitações probatórias, sobretudo dos recursos que seguem os termos para que remete o art.º 24.º, al. b) da LPTA.

Por outro lado, o contencioso administrativo oferece meios mais adequados ao reconhecimento da legitimação jurídica destas situações de facto. É o caso da acção para reconhecimento de direito, nos termos do art.º 69.º da LPTA... e o processo de execução de sentenças (artigos 5.º e 7.º do DL 256-A/77, de 17/6), em que o reconhecimento desses efeitos pode configurar causa legítima de inexecução total ou parcial.

Como se sublinha no citado acórdão de 2/10/97, "além dos amplos poderes de "plena jurisdição" do tribunal nestes meios processuais, esta solução tem ainda a vantagem de preservar os interessados da preclusão que, na interpretação contrária e por pura lógica jurídica, poderia ligar-se à sua não invocação no recurso contencioso".

De qualquer das formas, sempre teremos de alertar para a mudança operada no contencioso administrativo com a reforma de 2004, a qual, por si mesma, implicou a mudança dos pressupostos em que assentou esta decisão.

*

O seguinte dos Acórdãos escolhidos qualifica o despacho de confirmação ou não da compatibilidade com as regras do plano regional de ordenamento do território de licenças de loteamento, de obras de urbanização e de construção e de aprovações de localização, de aprovações de projectos de construção de edificações e de empreendimentos turísticos, titulados antes da entrada em vigor desse plano como acto administrativo, reconhecendo-lhes, em conformidade, susceptibilidade de recurso contencioso (acórdão do STA de 11.07.2002, processo número 36758).

Este aresto tratou da questão da recorribilidade de actos declarativos do tipo referido para concluir que tem sido uniforme a posição do STA no sentido de decidir pela recorribilidade de tais actos[18].

Em causa estava o n.º 1 do artigo 1.º do Decreto-Lei n.º 351/93, de 7 de Outubro, que veio dispor que «*as licenças de loteamento, de obras de urbanização e de construção, devidamente tituladas, designadamente por alvarás, emitidas anteriormente à data da entrada em vigor de plano regional de ordenamento do território ficam sujeitas a confirmação da respectiva compatibilidade com as regras de uso, ocupação e transformação do solo constantes de plano regional de ordenamento do território*», sendo a confirmação dessa compatibilidade feita, conforme o n.º 2 do mesmo preceito, por despacho ministerial, com o efeito de se entender, na expressão do n.º 3 imediato, «que os direitos resultantes das licenças referidas no n.º 1 não caducaram», isto é, que subsistem por conformes à nova lei.

Este novo regime legal veio, no fundo, a ferir de ilegalidade superveniente direitos já subjectivados mas ainda não exercidos pelo início e desenvolvimento normal da obra, em matérias de loteamento,

---

[18] *Vd.*, por mais recentes, os Acs. de 03.10.01-R.º 36.037 e de 30.01.02-R.º 35735.

urbanização e construção desde que as concretas situações subjacentes sejam incompatíveis com o correspondente plano regional de ordenamento do território.

Entende o Tribunal que tal incompatibilidade, ao contrário do alegado pela autoridade recorrida, não funciona *ope legis*, uma vez que implica a apreciação de cada situação concreta, quer quanto à sua subsunção ao novo ordenamento legal quer quanto ao início e desenvolvimento das obras licenciadas, mediante o despacho ministerial previsto no atrás referido n.º 2 do artigo 1.º daquele decreto-lei.

É isso mesmo aliás o que decorre do preâmbulo do diploma quando, depois de reconhecer o dever do Governo de «*facultar aos particulares um meio expedito de verificação da compatibilidade do conteúdo dos actos com as regras de uso e ocupação do solo decorrentes de plano regional de ordenamento do território*», expressamente proclama que «*a instituição deste procedimento vem permitir uma avaliação casuística da compatibilidade com os planos referidos, possibilitando a definição clara de todas as situações em causa*» – avaliação casuística e correlativa definição que não se compadecem com a pretendida actuação autónoma da lei.

Assim, não duvida o Tribunal, o despacho ministerial, de confirmação ou não da compatibilidade de licenças, já legalmente tituladas, em matérias de loteamento ou de obras de urbanização e construção, com as novas regras de uso, ocupação e transformação do solo constantes do plano regional de ordenamento do território, envolve a reapreciação da situação de facto inerente ao direito em causa à luz daquelas novas regras, para o efeito de se concluir em termos decisórios pela subsistência ou não dessas licenças, consoante a sua conformidade ou não com essas novas regras legais e se tirar os respectivos efeitos.

Não se trata, pois, como pretende a autoridade recorrida, de uma certidão, que é um simples documento que, por teor ou por extracto, reproduz o conteúdo de outro (cf. artigos. 383.º e segs. do Código Civil), mas sim de uma decisão do Governo, através do ministro ou ministros competentes, que, respeitando a direito já integrado na esfera jurídica de um administrado mas posto em causa pela lei nova, estatui autoritariamente, por aplicação dessas outras normas de direito público e em razão das quais é inovador, sobre essa concreta situação e que, por isso mesmo, não pode furtar-se à apreciação da sua legalidade.

É, conclui, um *"acto administrativo, tal como, aliás, o define o art. 120.º do Cod. de Proced. Adm., que, quando lesivo dos direitos do seu destinatário, este tem o direito, constitucionalmente garantido, de impugnar na via contenciosa (art. 268.º, n.º 4, da Const. da Rep.)"*.

Do Acórdão do TCA Norte de 26.06.2008, referente ao processo número 255/04.1BEBRG, retiramos uma lição fundamental interpretativa do textualizado no artigo 133.º, n.º 1 do CPA: a de que "a expressão *"elementos essenciais"* a que se refere o artigo 133.º, n.º 1 do CPA não respeita aos elementos ou referências que, nos termos do artigo 123.º, n.º 2 «*devem sempre constar do acto*», nem aos elementos da respectiva noção contidos no art. 120.º do CPA"[19].

Em matéria de loteamentos, temos por importante o constante num par de Acórdãos que passaremos a partilhar.

Num deles, a lição a extrair é a de que é certo que o facto de se ser titular de um lote de terreno integrado num loteamento aprovado e declarado compatível com o PROTAL, não lhe confere, sem mais, "um direito adquirido" a construir nesse lote, não podendo o respectivo licenciamento de construção, sob pena de nulidade, violar normas impositivas inseridas em plano especial de ordenamento do território (como é o POOC) posteriormente publicado e em vigor à data desse licenciamento, in Acórdão de 6-3-2007, processo número 873/03.

Numa redacção, quanto a nós, a raiar o lirismo, e cuja leitura integral se nos afigura imprescindível e imperdível, não evitamos transcrever o trecho do aresto que sustenta que *"toda a regulamentação referente a ordenamento do território é dinâmica tendo que se conformar com as novas concepções que a evolução da vida em sociedade vai impondo (...) No caso dos autos a recorrente era proprietária de um lote de terreno para construção (...) essa circunstância não lhe conferia nenhum direito a construir o que qui-*

---

[19] Sobre o que deve entender-se por elementos essenciais do acto administrativo podem ver-se, entre outros, os Acs. do STA de 03-12-2002 (Rec. 047574), de 17-02-2004 (Rec. 01572/02), de 17-06-2003 (Rec. 0666/03) e de 03-03-2004 (Rec. 01938/03).

sesse nesse lote, já que as regras atinentes à construção e aos respectivos condicionalismos estavam definidas num outro diploma legal. Portanto, o que a recorrente possuía era, apenas, uma expectativa legítima de que naquele lote poderia construir uma moradia com as especificações referidas no alvará, mas sempre subordinada às normas atinentes ao licenciamento da construção que estivessem em vigor no momento em que requeresse e lhe fosse concedido o respectivo licenciamento (no caso o alvará de loteamento era de 86 e o pedido de construção de 99, cerca de 13 anos depois, quando o quadro legal era outro)".

Mais se lê nesta "pérola" que tendo sido necessário pedir uma certidão de conformidade do alvará de loteamento com o PROT Algarve que entretanto entrou em vigor, que tal é ilustrativo de que o *"alvará de loteamento não concedia nenhum direito definitivo a construir no referido lote"*, não fazendo, pois, qualquer sentido falar-se em direitos adquiridos nestes casos.

Por não podermos estar mais em desacordo com ele e não obstante reconhecermos que corresponde à posição maioritária para que tende o nosso STA, indicamos o seu Acórdão de 11-11-2004, relativo ao processo com o número 873/03, nos termos do qual *"A simples existência de um loteamento, bem como a declaração da sua compatibilidade com o PROT, não confere, sem mais, um direito adquirido à construção, cujo licenciamento está dependente, não só da conformação com as prescrições do respectivo alvará de loteamento, como também, e entre outras coisas, das imposições decorrentes dos instrumentos de planeamento territorial em vigor à data da respectiva aprovação (art. 63.º, n.º 1, al. a) do DL n.º 445/91, de 20 de Novembro – Regime de Licenciamento de Obras Particulares)"*.

Em sentido contrário o constante no Acórdão de 13-02-2008, referente ao processo com o número 610/07, sugere-se o Acórdão que reconhece o carácter de acto constitutivo de direitos à deliberação que aprova um loteamento.

Como referência àquele que é o entendimento do nosso tribunal superior sobre o conteúdo de um alvará, "distinguimos", por estarmos do lado do voto de vencido nele tirado e não do lado da maioria que o subscreveu, o Acórdão de 28-11-2007, relativo ao processo com o número 688/06, em que a referida maioria ditou que se existir um Plano de Urbanização para a zona de um loteamento que admita construção cuja possibilidade deva ser apreciada caso a caso, essa construção, porque dependente de um juízo valorativo, não pode figurar a título de especificação do alvará de loteamento.

A *questio iuris* constante do Acórdão do STA de 13-02-2008, sacado no processo com o número 762/07, versou sobre a possibilidade de equiparação da publicitação em jornal de âmbito nacional da decisão de abertura do período de discussão pública à exigência legal de publicitação nos jornais regionais editados na área do município, quando em causa esteja uma alteração a um loteamento.

Pugnou o tribunal pela inquinação da decisão que determinou a publicitação no referido jornal nacional, em concreto, por falta de publicidade pelo meio legalmente exigido, sustentando a sua convicção no artigo 130.º, n.º 2 do CPA.

Importante, a propósito da necessidade de previsão de áreas para espaços verdes, infra-estruturas e equipamentos colectivos, é a "doutrina" tirada do Acórdão de 12-11-2008, no processo com o número 854/07.

A questão concreta que se analisou no referido aresto era a de saber se o projecto de loteamento devia ou não prever áreas mínimas destinadas a "espaços verdes e de utilização colectiva", por aplicação dos critérios determinados na Portaria n.º 1136/2001, de 25 de Setembro.

Neste aresto determina-se, ao que nos importa, que o cálculo de lugares de estacionamento deve ser feito por estabelecimento e não em função das áreas de todo o edifício.

Mais analisou, este Acórdão, a deliberação camarária que, por unanimidade, deliberou *"aprovar o loteamento sem obrigação de cedência de qualquer parcela para espaços verdes públicos ou equipamentos de utilização colectiva e infra-estruturas, atenta a localização da operação urbanística, onde já existem espaços verdes públicos e não se prevê a implantação de quaisquer outros equipamentos públicos e mediante o pagamento de compensação pelo proprietário a que se refere o n.º 4 do artigo 44.º do Decreto-Lei n.º 555/99, de 16 de Dezembro, alterado pelo Decreto-Lei 177/ /2001 (...)"*.

O recorrente pugnava – e com a aquiescência do Ministério Público – pela necessidade de cedências mesmo que se houvesse entendido como desnecessárias, o que para o Tribunal levaria a que "*em cada município houvesse como que uma bolsa de áreas de terrenos a afectar a espaços verdes e de utilização colectiva, infra--estruturas e equipamentos*".

Mas mais. Entende o Tribunal, e a nosso entender bem, que a "*imposição concreta de X de área para a implantação de espaços verdes e de Y para infra-estruturas viárias e equipamentos (...) pode resultar numa afronta de valores que às câmaras cabe salvaguardar nas operações urbanísticas em causa (como o património cultural ou paisagístico, natural ou edificado, estética das povoações, adequada inserção no ambiente urbano, etc.), o que no caso apenas se previne com a conjugação dos artigos 43.º e 44.º citados*" (do RJUE). Revemo-nos, pois, neste entendimento.

De facto, o que vem de defender, o Tribunal tem tanta ou mais acutilância e veracidade, por em causa estar uma operação de loteamento traduzida num emparcelamento, "*situação em que a alegadamente obrigatória previsão de áreas (...) se tornaria ainda menos sustentável*".

Este Acórdão tratou também do preenchimento do requisito da legitimidade prescrito no artigo 9.º do RJUE segundo o qual o requerente deve "*invocar um direito que permita realizar a operação urbanística em causa*", para defender que a operação urbanística deve assentar num título constitutivo quer de direitos privados (usufruto, arrendamento, uso e habitação, propriedade, etc), quer de direitos de natureza pública (*v.g.*, concessão de bens dominiais).

Por fim, o Tribunal concluiu ainda pela irregularidade da aprovação da operação de loteamento uma vez que não foram apresentados os elementos justificativos da respectiva conformidade como regulamento do ruído sendo a sua junção antes da emissão do alvará irrelevante na medida em que este serve para "*fazer saber a quem dele tome conhecimento a existência de certo direito constituído (...) não tendo, pois, a ver com a (in)validade do acto de licenciamento.*"

Sobre loteamentos em REN, em regra, acções proibidas, oferece--se-nos de leitura recomendada o analisado no Acórdão do STA de 1-10-2003, relativo ao processo com o número 45385.

Por conclusivas, não podemos deixar de partilhar, e passe a redundância, as conclusões tiradas do acórdão segundo as quais:

"*I – Nas áreas incluídas na Reserva Ecológica Nacional (REN) são proibidas as "acções de iniciativa" que se traduzam em operações de loteamento, obras de loteamento, obras de urbanização, construção de edifícios, obras hidráulicas, vias de comunicação, aterros, escavações e destruição do coberto vegetal, face ao disposto no art. 4.º, n.º1 do DL n.º 92/99, de 19/03.*

II – Sendo teleológico e finalístico o objectivo da norma, a proibição ali estabelecida só recai sobre as acções de resultado, ou seja, aquelas cujo fim se "traduza", melhor dizendo, se concretize na realização de quaisquer obras que destruam ou danifiquem o valor ecológico das áreas abrangidas pela REN.

III – O "despacho conjunto" que reconheça o interesse público da acção a que alude o n.º2, al. c), do mesmo artigo é necessariamente prévio aos actos que permitem a "realização" da obra (ex: actos de aprovação de projectos, de licenciamento, de adjudicação, etc). Nessa medida é "acto pressuposto" destes.

IV – A deliberação camarária que, na sequência de um estudo realizado com esse propósito, se limitou a aceitar uma determinada localização para a construção futura de uma ETAR – cuja obra só posteriormente veio a ser posta a concurso público – não é uma acção de resultado, para os efeitos do citado n.º 1, do art. 4.º, muito menos constitui acto que permita a "realização" da obra, nos termos do n.º 2, al. c), do mesmo artigo".

Os principais momentos factuais emergentes dos autos eram os seguintes: a) Um estudo efectuado com vista à melhor localização para a construção de uma ETAR apontava três possíveis soluções: as soluções A e B, situadas em zonas urbanas, e a solução C, localizada na REN (arriba e faixa de protecção); b) Apreciado globalmente, considerou-se que o local C seria o que melhores condições reunia do ponto de vista ambiental, nomeadamente pelo «afastamento em relação ao tecido urbano e melhores condições para a descarga e dispersão no meio receptor»; c) Por isso, ao parecer emitido, propondo uma tal solução, a Directora Regional do Ambiente e Recursos Naturais de Lisboa e Vale do Tejo (DRARNLVT) assentiu com um despacho de «*Concordo*», datado de 6/05/1997 *(loc. cit.)*; d) A Câmara Municipal de Peniche, na posse do dito parecer enviado por aquela Direcção Regional, deliberou em 12/05/1997, que fosse adoptada a solução C constante do dito estudo; e) O Conselho de Administração dos Serviços Municipalizados de Peniche deliberou, em 15/04/1998, «*aprovar o processo e proceder à abertura de concurso público internacional (...), para adjudicação da empreitada de "Concepção/Construção da Estação de Tratamento de Águas Residuais de Peniche*» (fls. 59); f) No dia 7/06/1999 foi publicado o Despacho conjunto n.º 456/99 dos Ministros do Equipamento, do Planeamento e da Administração do Território e do Ambiente, determinando que, «*... para os efeitos do disposto na alínea c) do n.º 2 do artigo 4.º do Decreto-lei n.º 93/90, de 19 de Março, com a redacção que lhe foi dada pelo Decreto-lei n.º 213/92, de 12 de Outubro, é reconhecido o interesse público na construção da ETAR de Peniche em Carreira do Cabo, concelho de Peniche*».

Pergunta-se: teria a Câmara, com a deliberação mencionada em d) violado o artigo 4.º, n.º2, al. c), do DL n.º 93/99, de 19 de Março?

Entendeu o Tribunal que quando a lei se refere às "*acções de iniciativa pública*" ou "*acções de iniciativa privada*" o faz num objectivo finalístico e de *resultado*. Serão, portanto, todas aquelas, *e só essas,* cujo fim em vista se "traduza", melhor dizendo, se concretize na realização de "quaisquer obras urbanísticas" que destruam ou danifiquem o valor ecológico das áreas abrangidas pela REN.

Apenas essas serão proibidas.

Já quanto à necessidade do "despacho conjunto", respondeu o Tribunal com facilidade argumentando para o efeito que "*Se, como é verdade, a ETAR se localiza numa área da REN, a sua construção ali seria proibida. Logo, parece seguro que uma das causas para o levantamento da proibição legal só ficaria obtida com o despacho ministerial conjunto que à obra reconhecesse " interesse público*".

Mais espinhosa se lhe ofereceu a resposta à pergunta sobre se o despacho conjunto é necessariamente prévio ou preparatório da "acção" em causa (acto pressuposto) ou se funcionará, antes, como condição legal substantiva da validade do acto administrativo.

No processo foi junto aos autos um parecer do Prof. Doutor Vieira de Andrade em que este defende a tese de que o despacho é condição legal substantiva do acto administrativo: seria nulo o acto que autorizasse a realização de uma construção *que não fosse de interesse público*. Ou seja, tratar-se-ia de uma exigência feita ao objecto do acto, não de uma exigência procedimental, «*não decorrendo deste normativo legal o momento em que tal declaração tenha de ser proferida*»).

Acreditou, no entanto, o julgador, que o *momento* não era irrelevante, pois para se fazer uma avaliação e qualificação do interesse público subjacente à "acção", esta só poderá ser anterior, por ser ela precisamente o objecto sobre que recaía o estudo ministerial (só se pode qualificar *o que existe*, o que *é já certo*, e não o que se espera vir a existir). Mas que tipo de "acção", questionou ainda o Tribunal, na medida em que nem todas as acções estão cobertas pelo n.º 1 do artigo em causa.

Ora, defende, "se se trata de *"realizar"* as *"acções"*, o preceito está redigido supondo a verificação de duas coisas: a existência de *acções* de resultado (relativamente proibidas) que estejam em vias de *realização*. O que significa que, antes da *realização* da "acção", é suposto existir o despacho conjunto e, nessa medida, ele é formalidade essencial elevado à categoria de acto pressuposto[20].

Decifrando também o conceito de *"realização"*, interpreta o julgador que o mesmo "*não pode ser interpretado ao pé da letra, isto é, com o significado de "actividade material" ou de "execução da obra". Na verdade, se o contencioso administrativo declarativo de feição anulatória apenas garante o accionamento jurisdicional ante a existência de um acto administrativo, não faria qualquer sentido imputar a nulidade à própria realização da obra (as obras não são nulas; nulos são, eventualmente, os actos que as autorizem). Por conseguinte, o preceito está redigido de forma a abranger os actos administrativos que, na cadeia do procedimento, e em contravenção daqueles preceitos «autorizem a execução da obra» constante da "acção" ou dos empreendimentos que destruam ou danifiquem o valor ecológico das áreas integradas na REN (Fernando Alves Correia, in Manual de Direito do Urbanismo, vol.I, 2001, pag. 192). O que pode ser feito através de actos de licenciamento, de aprovação de projectos, de adjudicação, etc, etc.*"

---

[20] No sentido de que é prévio o reconhecimento do interesse público, ver Acs. do STA de 18/10/2002, Proc. N.º 01884/02; 05/02/2004, Proc. N.º 01918/02; 10/02/2004, Proc. N.º 01725/02.

Por conseguinte, concluiu nos termos melhor transcritos *supra*, na esteira, diga-se, do sentido defendido por Vieira de Andrade no referido parecer que entendeu tratar-se, *"simplesmente um acto que se limitou a aceitar uma determinada localização para a construção da ETAR"*, donde *"não carecia do despacho conjunto"* estando fora do âmbito de previsão da norma uma deliberação como a que constituiu o objecto do recurso contencioso".

3. Eficácia dos actos de gestão urbanística

Para além da ampla jurisprudência já tratada nesta publicação referente às caducidades urbanísticas acrescentamos, modestamente, as seguintes referências jurisprudenciais:

(*i*) Acórdão do STA de 27-10-2004, processo número 581/02, proferido em 27-10-2004.

O aresto em apreço decidiu, entre o mais, que tendo sido declarada a caducidade de um alvará de loteamento se produziu, por isso, a extinção dos direitos a que se reporta, ou seja, dos direitos de construir que pudessem derivar do licenciamento do loteamento, os quais só se poderão renovar com novo licenciamento.

De facto, lê-se no acórdão que *"as possibilidades concedidas às câmaras municipais de expropriarem prédios cuja licença de loteamento caducou ou realizarem obras de urbanização nos mesmos consubstanciam faculdades atribuídas àquelas entidades públicas, por razões de interesse público e não direitos dos particulares a verem licenciadas construções, depois da declaração da caducidade do alvará e antes da sua renovação. Por outro lado, os direitos atribuídos a terceiros, inclusivamente a adquirentes dos lotes, de requererem a realização de obras de urbanização nos casos de caducidade de licença de loteamento (reconhecidos pelo artigo 85.º do RJUE), não dispensam a emissão de um novo alvará e só são exercitáveis por via judicial"*.

(*ii*) Acórdão do STA de 14-01-2003, processo número 1092/02.

Vai no mesmo sentido do referido em (i) e determina que o *"Licenciamento do loteamento cuja licença caducou não pode fazer-se por revalidação da licença caducada, mas sempre pela apresentação de um novo projecto de loteamento em relação ao qual sejam ouvidas, de novo, todas as entidades exteriores à Câmara que a lei exige para o licenciamento original, não podendo ser utilizados, sem confirmação, os pareceres que informam o processo da licença caduca".* Assenta esta conclusão na convicção firme, e quanto a nós mais do que correcta, de que a caducidade impõe a extinção do direito, pois que é do interesse público que tais situações fiquem assim definidas para sempre, sem prejuízo do direito a uma nova apreciação administrativa de uma nova pretensão do administrado.

Mais esclarece que, sendo requerida nova licença, por ter caducado a anterior, o processo deve obedecer aos requisitos da lei vigente à data desse requerimento, com obtenção dos pareceres legalmente exigidos, não podendo ser utilizados os que informam o processo da licença caduca.

III. Contratação urbanística

Postula o julgador[21], que a escritura de permuta através da qual foram permutados bens presentes por bens futuros que se traduziriam em fracções que resultariam da operação urbanística em causa, encerra em si um contrato de direito privado assente no princípio da liberdade contratual, pelo que não considera que tenha havido preterição nem do disposto no artigo 49.º do RJUE (norma sobre negócios jurídicos) nem fraude à lei. Como também não *"se antolha que se impusesse, em vez de permuta, a realização de concurso público"*, e por conseguinte, conclui pela validade do negócio.

IV. Outras "obras" dos mesmos "autores"

I.

Sem qualquer correspondência com os temas doutrinários constantes da presente publicação, entendemos deverem ser mencionados arestos que categorizámos como "outras obras dos mesmos autores".

---

[21] *In* Ac. de 6-3-2007, processo número 873/03.

Estão nesta situação decisões relativas a:

- *Expropriações*[22]

Nesta sede, afigura-se-nos pertinente recordar o Acórdão do STA de 7.11.2006 referente ao processo com o número 613/06 e cuja importância lhe advém dos ensinamentos processuais que retira da análise do caso concreto.

Assim, nele se pugna que:

> "*I – Tendo sido no regulamento de um Plano de Pormenor (e em cuja discussão pública o interessado participou) contemplada uma operação de reparcelamento a que se referem os arts. 131.º a 134.º do regime aprovado pelo Dec. Lei n.º 380/99, de 22/9, em impugnação do acto que declarou a utilidade pública de expropriação de terreno destinado a dar execução àquele Plano de Pormenor deve o interessado na petição inicial de recurso contencioso de impugnação daquele acto expropriativo deduzir os vícios atinentes àquele reparcelamento sob pena do seu não conhecimento se apenas invocados em sede de alegações.*
>
> *II – Muito embora o sistema permita a impugnabilidade directa dos regulamentos, como é o caso da LPTA sob os arts. 63.º a 68.º, nada obsta a que em sede de impugnação de acto administrativo (referido em 1.) que executa aquele regulamento, se cure indagar do eventual acerto dalguma arguição de ilegalidade do mesmo regulamento.*"

Nas suas alegações finais, o Recorrente, além da violação dos princípios da necessidade e da proporcionalidade, veio imputar à deliberação recorrida a violação do artigo 131.º do RJIGT, designadamente do seu n.º 7, em conjugação com o artigo 5.º al. h) da Lei n.º 48/98 (LBPOTU), justificando a invocação de tal vício de violação de lei somente nas alegações, por só em face da contestação apresentada pela Autoridade Recorrida ter ficado a saber que o Plano de Pormenor das Antas prevê o reparcelamento para aquele local.

---

[22] Os Acórdãos aqui trazidos, por não pretenderem o tratamento sistemático do tema, não dispensam a leitura da recente publicação da autoria do Professor Doutor Alves Correia, *in* Manual de Direito do Urbanismo II, Coimbra, Almedina, 2010.

Sucede que, conforme constitui entendimento jurisprudencial uniforme, a alegação de vícios do acto administrativo impugnado deve ser feita desde logo na petição de recurso.

Ora, sufraga o Tribunal, a operação de reparcelamento contemplada pelo Plano de Pormenor das Antas, não podia deixar de ser do conhecimento do Recorrente à data da interposição do recurso contencioso, uma vez que estava expressamente prevista naquele Plano, aprovado por deliberação da Assembleia Municipal do Porto de 29-04-2002 e publicado pela Declaração n.º 236/2002 (2 série), da Direcção-Geral do Ordenamento do Território e Desenvolvimento Urbano (D.G.O.T.D.U.), no D.R., 2 Série, n.º 173 29-07-2002, tendo a deliberação recorrida expressamente remetido para o mesmo, declarando que a expropriação por ela decidida se destinava à sua execução.

Desta forma, o vício de violação de lei traduzido na violação do art. 131.º, designadamente do n.º 7 do RJIGT e reportado à necessidade de execução do reparcelamento previsto no aludido Plano, podia e devia ter sido invocado pelo Recorrente logo na petição de recurso, pelo que é ilegítima a arguição de tal vício apenas na alegação final, impedindo o respectivo conhecimento.

Também não deu acolhimento à arguição pelo Recorrente da nulidade da deliberação da Assembleia Municipal do Porto, de 29-04-2002, que aprovou o Plano de Pormenor das Antas, pois que tal deliberação nem sequer constitui objecto do recurso contencioso de anulação, o qual é constituído, apenas, pela deliberação de 27-12-2002 daquela entidade, na parte em que declara a utilidade pública da expropriação do prédio de que o Recorrente é proprietário.

Foi, na verdade, apenas esta deliberação que o Recorrente identificou na sua petição de recurso como sendo o acto administrativo impugnado através do mesmo, pelo que o objecto do recurso contencioso se encontra circunscrito à aludida deliberação de 27-12--2002, por força do princípio da demanda.

Para proferir decisão, atentou o Tribunal superior nas disposições legais constantes da LBPOTU mormente no seu artigo 5.º que enuncia que a *"Contratualização, incentivando modelos de actuação baseados na concertação entre a iniciativa pública e a iniciativa privada na concretização dos instrumentos de gestão territorial"*; no

RJIGT, mormente o invocado artigo 131.º que preceitua que: *"Sempre que algum ou alguns dos proprietários manifestem o seu desacordo relativamente ao projecto de reparcelamento, pode a câmara municipal promover a aquisição dos respectivos terrenos pela via do direito privado ou, quando não seja possível, mediante o recurso à expropriação por utilidade pública".*

A sentença, para concluir que a parcela expropriada ao ora Recorrente era necessária à concretização do reparcelamento aí previsto, ponderou que o Plano de Pormenor em causa integrava no seu conteúdo documental uma *planta de reparcelamento* que constitui uma das peças desenhadas que suporta as operações de transformação fundiária previstas.

Donde ter o STA dado como boa a pronúncia da sentença no sentido de que a operação de reparcelamento contemplada pelo Plano de Pormenor das Antas não podia deixar de ser do conhecimento do recorrente à data da interposição do recurso contencioso, em virtude de a mesma estar expressamente prevista naquele Plano, concluindo que *"Na verdade, sabido qual era o destino da expropriação – execução do Plano de Pormenor das Antas – PPA – e em cuja discussão pública, aliás, participou (...), e que este era integrado por uma planta de reparcelamento (...) que constituía assim uma das peças gráficas que suportava as operações de transformação fundiária ali previstas e que incluía o terreno em causa, falar em falta de elemento essencial do acto administrativo não tem qualquer sentido".* Ademais, *"o falado reparcelamento não constitui um fim em si mesmo (uma das causas da expropriação como refere o recorrente), mas um instrumento da execução do PPA, pelo que, sabendo o recorrendo que era a tal finalidade de ocupação, uso e transformação do solo que a expropriação se destinava, e que o mesmo PPA seria executado através de uma tal operação de reparcelamento, não colhe a invocação de que apenas com a contestação da ER, e não logo com o conhecimento da destinação do terreno à expropriação que iria executar o PPA, soube do parcelamento de que se vem falando".*

Por fim, defende o STA que em *"sede de impugnação de acto administrativo, o que cumpre indagar é das ilegalidades que lhe são assacadas (cf. art.º 6.º do ETAF/84), pelo que, desde logo em obediência ao princípio da tutela jurisdicional efectiva dos direitos ou interesses legalmente protegidos dos administrados na forma de impugnação de actos administrativos que os lesem, em conjugação com os princípios de economia e racionalidade processuais, muito embora o sistema permita a impugnabilidade directa dos regulamentos como é o caso da LPTA sob os arts. 63.º a 68.º, nada obsta a que o julgador na sua tarefa de aplicar o direito (cf. art.º 664.º do CPC) cure saber do acerto de alguma arguição de ilegalidade do Regulamento do PPA como integrante do bloco de legalidade convocável face à arguição deduzida pelo interessado".*

Não se trata pois de fazer a apreciação autónoma daquele regulamento, mas antes, de indagar, incidentalmente embora, se o acto administrativo que o executa é ou não ilegal por se fundar em ilegalidade de norma regulamentar.

Actualíssimo é o Acórdão do TCA Norte de 25.02.2010, tirado no processo com o número 651/06.0BEPRT sobre direito de reversão.

Aqui se defende, aliás, na esteira do que vem sendo entendimento do STA, que *"o direito de reversão é regulado pela lei vigente à data do seu exercício"*[23].

Como vem sendo jurisprudência reiterada e uniforme do STA, este prazo, no que concerne a prédios expropriados antes da entrada em vigor do CE/91 deve ser contado a partir dessa data, ou seja, 7/02/92[24].

Como se refere no Acórdão do STA de 27/10/2004, *"O CE/91 aplica-se a todos os pedidos de reversão feitos após a sua entrada em vigor e, por isso, o exercício desse direito por não aplicação da parcela expropriada ao fim que determinou a expropriação no prazo de dois anos após a adjudicação – n.º 1 do artigo 5.º do citado código – funciona mesmo relativamente a bens expropriados no domínio da legislação anterior que a não previa, contando-se*

---

[23] Cfr. Acs. de 23/04/96, rec. n.º 35534, de 9/07/96, rec. n.º 35998, de 15/04/97, rec. n.º 37652, de 1/07/98, rec. n.º 39505, de 27/06/00, rec. n.º 39204, de 12/12/2001, rec. n.º 039505 e de 25/06/2002, rec. n.º 37651.

[24] cfr. Acs. do STA de 15/04/97, rec. n.º 37653, de 19/01/95, rec. n.º 31966, 19/01/00, rec. n.º 37652, de 27/10/04, rec. n.º 1438/03 e de 12/04/2005, rec. n.º 44300.

aquele prazo, nesses casos, a partir do início daquela vigência. O que vale por dizer que tendo aquele Código entrado em vigor em 7/2/92 só em 7/02/94 se inicia o prazo para o exercício do direito de reversão para as expropriações anteriormente efectuadas e ... só a partir desta última data se conta o prazo de caducidade estabelecido no n.º 6 do mesmo preceito, o qual é de dois anos".

O Acórdão do STA de 19/5/2005 no processo com o número 1442/03 trata do entendimento a dar à expressão do CE *"Se no prazo de dois anos, após a data da adjudicação, os bens expropriados não forem aplicados ao fim que determinou a expropriação"* e conclui que *"Em sentido puramente literal significa, simplesmente, que no prazo de dois anos, contados a partir da adjudicação, a entidade beneficiária da expropriação não pratique na parcela expropriada (ou em relação à parcela expropriada) qualquer acto que traduza o objectivo que lhe foi determinado de levar a cabo a obra que se teve em vista com a declaração de utilidade pública, enfim, de cumprir o fim expropriativo".*

Por assim entender, é para o Tribunal superior suficiente *"que se tenham praticado actos jurídicos e operações orientados para a realização do fim de utilidade pública em causa para podermos dizer que houve aplicação para o fim que determinou a expropriação".*

E refuta que o artigo 5.º do Código das Expropriações apenas refere um facto objectivo e não impõe o conhecimento concreto desse facto, nomeadamente qualquer notificação. Para o Tribunal *"apenas está em causa que essa cessação o seja de forma objectivamente perceptível para qualquer pessoa e a notificação apenas se impõe quando tal não aconteça. É que é justificável a imposição de um ónus ao expropriado no sentido de acompanhar o destino dado ao prédio num prazo de dois anos após o acto de expropriação mas parece-nos ir longe demais que o expropriado tenha de andar a aferir se cada paragem da obra é definitiva ou não e se se traduziu numa mera suspensão face aos normais contratempos de qualquer obra. Nesse aspecto e a partir do momento em que existem factos no sentido de que o procedimento está em curso torna-se exigível a existência de um facto inequivocamente significativo da efectiva e definitiva cessação da aplicação do bem expropriado ao fim que determinou a expropriação".*

• **Pedido de informação prévia (PIP)**

A propósito da natureza jurídica do PIP, recomendamos, entre outros, o Acórdão tirado do processo com o número 1018/08 do STA, segundo o qual o PIP "*é acto administrativo negativo, contenciosamente recorrível, a pronúncia desfavorável da câmara municipal sobre pedido de informação prévia sobre determinada operação urbanística, formulada ao abrigo dos artigos 14 a 17 do RJUE*".

Também no processo com o número 45807 de 13-12-2000 o Tribunal se pronunciou sobre a natureza do PIP, mas neste caso para lhe retirar efeitos lesivos. Decidiu, pois, sobre a natureza de vários actos, entre eles, o de um PIP e o do licenciamento de uma construção para concluir que "*o acto que se pronuncia pela afirmativa num pedido sobre viabilidade de construção ou de localização constitui o início do processo de licenciamento e é destituído de lesividade em relação a terceiros por nada decidir sobre o licenciamento. Lesivo em relação a terceiros e como tal por eles recorrível é o acto de licenciamento da construção*". Um outro aresto analisado a propósito resulta do processo com o número 749/03, de 24-09-2003. Em causa estava a deliberação de uma câmara que deferiu um PIP para instalação de duas naves pré-fabricadas, com área de ocupação de 448m2 e com uma cércea de 4,50m, em aço galvanizado e alumínios, destinados à recolha de autocarros. Nesta sede o STA decidiu que pode recorrer-se do deferimento de um PIP de uma construção metálica de grandes dimensões contíguo a um solar do sec. XVII utilizado para turismo de habitação, se as reservas de turistas forem afectadas em consequência da divulgação da eminência da referida construção.

Mais recente é o processo com o número 415/07 de 12-7-2007 em que o STA conclui que "*A pronúncia em sede de PIP tem conteúdo meramente informativo mas que pode ser constitutiva de direitos na medida em que atribui o direito de exigir o deferimento do pedido de licenciamento se este estiver balizado dentro dos limites da informação prestada, fazendo nascer na esfera da câmara municipais a obrigação de deferimento do futuro pedido de licenciamento*". Desta conclusão dá o salto para uma outra, estranha quanto a nós, nos termos da qual "*a pronúncia desfavorável não faz nascer qualquer direito pelo que não sendo a última palavra da administração não tem aptidão lesiva, sendo a mesma irrecorrível".* Esta posição chegou a ser fortemente criticada pela doutrina.²⁵

De não descurar é a leitura do Acórdão do STA de 13.09.07, proferido no âmbito do recurso com o número 0207/97 e várias vezes citado em outras decisões: *"(...) o único direito que a prestação de uma informação favorável à pretensão do Requerente faz nascer na sua esfera jurídica é o direito de exigir a aprovação do pedido de licenciamento da obra desde que, como é evidente, este se contenha dentro dos parâmetros da informação prestada e desde que a sua apresentação se faça no ano imediato à notificação da informação. O que significa que o pronunciamento – favorável ou desfavorável – sobre a pretensão do Requerente em sede de informação prévia não constitui o acto definidor da situação jurídica do Requerente no tocante ao licenciamento da obra cuja construção se pretende, constituindo apenas uma mera antecipação da provável decisão final da Administração.*

A decisão sobre o pedido de informação prévia não constitui, pois, o acto final do procedimento de licenciamento. E, porque assim é, a mesma, ainda que favorável, é incapaz de fazer nascer imediatamente na esfera jurídica do Requerente o direito à construção, muito embora seja certo que ela enriquece a sua esfera jurídica visto lhe conceder o direito de exigir o deferimento do pedido de licenciamento nos exactos limites da informação prestada. E, concorrentemente, faz nascer na esfera jurídica da Câmara Municipal a obrigação de deferir o futuro pedido de licenciamento desde que, repete-se, este não exceda o conteúdo da informação prestada.

"Aquela informação constitui, pois, um acto provisório, um acto que antecipa aquela que, muito provavelmente, será a posição final da Administração, sem que essa provisoriedade autorize a que mesma seja qualificada como um mero acto precário sem reflexos externos, isto é, como um acto modificável a todo tempo por simples

---

²⁵ Cfr. OLIVEIRA, Fernanda Paula, Que Direitos me Dás, que Direitos me Recusas?" Reflexão em Torno da Questão da Impugnabilidade das Informações Prévias Desfavoráveis." Comentário ao Acórdão do STA, Processo n.º 0415/07, de 12 de Julho, 2008, *in Revista do Centro de Estudos do Direito do Ordenamento, do Urbanismo e do Ambiente* n.º 20, Ano X_2.07, p 141 e ss., Coimbra Editora.

vontade da Administração. E isto porque, sendo favorável, a mesma é constitutiva de direitos. Mas, sublinhe-se, o direito constituído por essa informação favorável não é o direito à construção mas sim, e apenas, o direito a que a Administração decida o pedido de licenciamento de acordo com os termos da informação prestada. (....)".

Assim sendo, há-de concluir-se que depois de deferido o pedido de viabilidade de construção, só com a apresentação do projecto e do pedido de licenciamento desconforme ao pedido de viabilidade, pode a Câmara desvincular-se.

Interessante, porque revelador da prática quotidiana, é a lição que se retira do processo com o número 282/09, acórdão de 18-06--2009 em que, e bem, o STA, esclarece que *"o aditamento a um PIP é um requerimento sui generis que não visa a prática de qualquer acto especialmente regulado no RJUE pelo que o silêncio sobre que ele recais não gera deferimento tácito ao abrigo da alínea c) do artigo 111.ºº".*

• **Registo Predial**

Atente-se ao Acórdão do STA de 22.05.2008, processo com o número 14/08, segundo o qual *"a presunção resultante da inscrição da aquisição do direito, que se estabelece no artigo 11.º do CRPredial, abrange apenas o facto jurídico em si mesmo, não abrangendo a área, limites e confrontações dos prédios descritos"*

A propósito do alcance da presunção resultante do registo predial tem a jurisprudência do Supremo Tribunal de Justiça entendido o seguinte:

"O registo predial, que se destina essencialmente a publicitar a situação jurídica dos prédios em benefício da segurança do comércio jurídico, assegura a quem adquire direitos de alguém sobre um prédio que a ter existido esse direito, ele ainda se conserva.

O registo não dá assim direitos, apenas os conserva.

O registo definitivo constitui presunção de que o direito existe e pertence ao titular inscrito, nos termos em que o registo o define (artigo 7.º do C. Registo Predial).

Embora o prédio tenha que ser identificado com elementos que o distingam e caracterizem, a verdade, porém, é que essa identificação mínima não abrange uma descrição física rigorosa e pormenorizada do imóvel. O registo predial não tem como finalidade garantir os elementos de identificação do prédio.

É jurisprudência firme deste Tribunal que a presunção resultante da inscrição da aquisição do direito não abrange a área, limites, confrontações dos prédios descritos. Saber se um prédio tem certa área é uma questão de facto, que diz respeito à identidade física do prédio, e não uma questão que respeite à sua situação jurídica"[26].

A inscrição na matriz, por sua vez, vale apenas para efeitos fiscais não constituindo uma presunção com significado civil.

As presunções resultantes do registo são ilidíveis mediante prova em contrário, como resulta, aliás, do princípio geral contido no artigo 350.º n.º 2 do C. Civil.

Face aos princípios sinteticamente enunciados, facilmente se conclui que a área do prédio pode ser demonstrada por qualquer um dos meios probatórios admitidos pelo nosso ordenamento jurídico-civil".

E ainda...

■ À tipologia de "moradias geminadas" não é essencial a simetria do conjunto, ou seja, a absoluta identidade simétrica das habitações gémeas, mas sim que elas estejam unidas por uma parede ou fachada lateral comum, *in* acórdão de 22-5-2007, processo com o número 1205/06;

■ A ilegalidade correspondente ao não cumprimento de normas legais que estabelecem prazos para a tramitação e decisão do pretendido licenciamento não preenchem o requisito da ilicitude em que se funda o instituto da responsabilidade extracontratual do Estado, pois que tais normas não têm por objecto directo a protecção de direitos subjectivos ou interesses legalmente protegidos. O mesmo acontece

---

[26] Por todos, o Ac. STJ de 08.06.2000, Revista n.º 399/00, 7.ª Secção, "Sumários" 2000, pág. 217; Ac. STJ de 10.01.2002, Revista n.º 3949/01, 7.ª Secção, "Sumários" 2002, pág. 28; Ac. STJ de 24.01.2002, Revista n.º 2672/01, 2.ª Secção, "Sumários" 2002, pág. 40; Ac. STJ de 04.07.2002, Agravo n.º 2014/02, 7.ª Secção, "Sumários" 2002, pág. 249.

com a demora na apreciação e decisão dos processos camarários quando não se demonstre que tivesse sido usado um prazo razoável, entendendo-se que, para tal, à luz do artigo 6.º, n.º 1 da CEDH, ratificada pela Lei 65/78, de 13 de Outubro, deve ter-se em consideração o tempo gasto na diligência, a sua complexidade, a conduta dos serviços e o comportamento do próprio interessado, *in* Acórdão de 26-9-2007, processo com o número 569/06;

■ Não há incompatibilidade lógica ou sequer prática entre a iniciativa de se pedir o licenciamento de uma obra para um certo terreno e a interposição de recurso do acto que, para o mesmo local, negara viabilidade a uma obra diferente, incompatibilidade que apenas ocorreria se do requerimento resultasse a perda fatal da utilidade ou seja "se tal requerimento impossibilitasse *"eo ipso"* que, na sequência do provimento do recurso, a recorrente viesse a pedir, e até impor à Administração, o licenciamento do projecto de obra por ela pretendido. Somente o efectivo levantamento da obra que não mero pedido, se apresenta como um real obstáculo à exploração das vantagens de anulação de um acto administrativo que inviabiliza outra construção para o mesmo espaço – Processo com o número 571/07, de 31-10-2007;

■ A degradação da formalidade prevista no artigo 100.º do CPA em formalidade não essencial ocorrerá sempre que a intervenção do interessado possa comprometer a utilidade da decisão; ou se tenha tornado desnecessária porque o contraditório já está assegurado ou porque, independentemente da sua intervenção e das posições que o mesmo possa tomar, a decisão da Administração só pode ser uma, *in* Acórdão de 19-06-2008, processo com o número 1021/07;

■ Não é obra de *reconstrução*, mas de *ampliação* aquela que, de estabelecimento de café de um só piso, se pretende passe a ser edifício com dois pisos habitacionais autónomos, com aumento da área de implantação, do volume e cércea relativamente à edificação anterior. Mas se a situação for de *ampliação*, então a criação de novos volume e cércea, com o consequente aumento de espaço de pavimento e de implantação, é compaginável – senão até condicionante – com a mudança física da estrutura e apresentação das fachadas e até mesmo com o seu deslocamento ou afastamento para o lado (qualquer lado) consoante a necessidade ampliativa, *in* Acórdão de 10-05-2007, processo com o número 1078/06;

- Havendo um acto a ordenar a reposição de um terreno no estado em que se encontrava antes da data do início dos trabalhos, fixando prazo para o efeito, nos termos do disposto no artigo 106.º, n.º 1 do Decreto-Lei n.º 555/99, de 16/12, o seu incumprimento impõe ao Presidente da Câmara que ordene essa reposição por conta do infractor (n.º 4 do mesmo preceito), in Acórdão de 16-12-2003, processo com o número 1272/02;
- O acto que determina a tomada de posse administrativa do terreno sem que tenha havido uma ordem expressa de reposição por conta do infractor, deve ser entendido como contendo implicitamente essa ordem. Tem, por isso, de se considerar um acto de mera execução e, como tal, contenciosamente irrecorrível, por falta de lesividade. Não lhe retira essa natureza o facto do prazo de demolição ter sido prorrogado algumas vezes e de, na data da prática do acto que ordenou a tomada de posse administrativa estar pendente novo pedido de prorrogação, sobre o qual não houve pronúncia expressa, se no recurso contencioso apenas foi questionada a inexistência de ordem e de fixação de prazo para reposição do terreno no seu estado anterior por conta do infractor, antes da decisão sobre a tomada da posse administrativa do terreno, nada se dizendo quanto à eventual ilegalidade do (implícito) indeferimento dessa prorrogação.
- "I – Apesar de, por força do disposto no art. 68.º/2/m) da Lei 169/99, a competência para embargar e ordenar demolições de edificações erigidas ilegalmente estar radicada no Presidente da Câmara, nada impede que a mesma seja delegada num dos Vereadores e que este, no uso dessa competência, ordene a demolição de uma construção ilegal. II – Sendo a competência o conjunto de poderes funcionais conferidos a um órgão de uma pessoa colectiva com vista à realização das atribuições que lhe estão cometidas, a sua delegação tem, necessariamente, de incluir os poderes indispensáveis ao seu cabal exercício visto que, de outro modo, aquelas atribuições não poderiam ser atingidas. III – O acto camarário que determina a demolição de uma obra construída sem licença, com fixação de prazo para cumprimento dessa determinação e explicitação de, em caso de incumprimento, poder sujeitar-se o destinatário a posse administrativa, para execução por sua conta, é um acto lesivo. IV – A decisão de posse administrativa, em face do incumprimento, é um acto de

execução da determinação de demolição e, por isso, a sua prolação não está sujeita ao prévio cumprimento do disposto no art. 100.º do CPA. Com efeito, de acordo com as apontadas normas, a posse administrativa de um prédio com vista à reposição da situação em que o mesmo se encontrava antes da realização das obras ilegais tem por pressuposto o não cumprimento voluntário da ordem que, nesse sentido, foi dada. *Esta ordem de demolição é que é o verdadeiro acto administrativo lesivo e aquela posse mais não é do que um seu acto de execução*, in Acórdão de 16-12-2003, processo com o número 1272/02;

■ "I – Cabe aos Tribunais Judiciais julgar todas as causas que não sejam especialmente atribuídas a outras espécies de Tribunais, cumprindo aos Tribunais Administrativos dirimir os litígios decorrentes da violação de direitos fundados em normas de direito administrativo ou decorrentes de actos jurídicos praticados ao abrigo de disposições de direito administrativo. II – Deste modo, os Tribunais Administrativos serão competentes para o julgamento de uma acção de indemnização se for de concluir que o que está em causa é, em primeiro lugar, saber se entrada em vigor do Plano de Ordenamento do Território teve as consequências danosas que a Autora alega e se estas são indemnizáveis e só depois, e respondendo-se afirmativamente a essa questão, calcular o valor indemnizatório que lhe corresponde, visto que aquela é, necessariamente, uma questão decorrente de um conflito de interesses públicos e privados no âmbito das relações jurídicas administrativas. Ora, é a jurisdição administrativa a competente para dirimir aquele conflito", *in* Acórdão de 26-03-2009, processo com o número 39/09;

■ No mesmo sentido, o Pleno da Secção do Contencioso Administrativo do STA já decidiu que *"competentes para conhecer de uma acção de condenação ao pagamento de indemnização decorrente de sacrifícios resultantes de aprovação do Plano de Ordenamento da Orla Costeira (POOC) Sintra/Sado pelo Conselho de Ministros (que proibiu a construção em determinado local do Por-*

---

²⁷ Acórdão de 11/05/2005 (rec. 616/04). A este propósito podem ainda ver-se o Acórdão do Tribunal de Conflitos n.º 358, de 3/4/2003, e o Acórdão do Tribunal Constitucional n.º 965/96, de 11/07/96..

tinho de Arrábida), sejam os Tribunais Administrativos de Círculo"[27]. Termos em que os Juízes que compõem este Tribunal acordam em conceder provimento ao recurso e, revogando a sentença recorrida, *declarar os Tribunais comuns incompetentes, em razão da matéria, para conhecer desta acção por essa competência pertencer aos Tribunais Administrativos, in* Acórdão do Tribunal de Conflitos de 25-05-2006, processo com o número 026/05;

■ "Às autarquias é concedido constitucionalmente o poder de cobrar taxas dentro do poder financeiro e tributário que lhes é constitucionalmente cometido e conforme resulta do artigo 1.º n.º 1 e 11.º da Lei 1/87 de 06 01 1987.

E o tributo a que se referem os presentes autos deve ser qualificado como taxa e não como imposto. Se a unilateralidade é a característica deste já aquela tem de ser caracterizada pela bilateralidade ou sinalagmaticidade". Contudo, as características da sinalagmaticidade e correspectividade das prestações das taxas têm de ser funcionalmente entendidas pois que para a "função das taxas pode ser menos relevante o custo e, por exemplo, mais relevante a contenção da utilização de um serviço – o que significa ... que o carácter sinalagmático da taxa não exige a correspondência do seu montante ao custo do bem ou serviço prestado: a bilateralidade que a caracteriza mantém-se mesmo na parte excedente ao custo ... não é, por si só, de qualificar a taxa como imposto ou de lhe conceder tratamento constitucional de imposto se o respectivo montante exceder o custo dos bens e serviços prestados ao utente ... se o valor da taxa for manifestamente desproporcionado, «completamente alheio ao custo do serviço prestado», então pode duvidar-se se a taxa não há-de ser encarada, de um ponto de vista jurídico-constitucional, como verdadeiro imposto ... porque desse modo e nessa medida se afectaria a correspectividade. Assim, a desproporcionalidade, desvirtuante da correspectividade, lesaria o critério legitimante da taxa enquanto a adequação à capacidade contributiva é característica do imposto ... ou seja ... a base funcional da distinção entre taxa e imposto não impõe uma sinalagmaticidade pré-jurídica, mas sim uma sinalagmaticidade construída juridicamente e um sentido de correspectividade susceptível de ser entendido e aceite como tal pelos cidadãos atingidos", *in* Acórdão do Tribunal Constitucional de 3-10-2000, DR II.ª S n.º 270, de 22-11-2000, p. 18931, *apud* Acórdão do STA de 14-05-2003, processo com o número 30/03;

■ Como se escreveu, ainda, neste Acórdão do Tribunal Constitucional, "o objectivo da taxa municipal de urbanização não traduz, por conseguinte, uma mera afectação financeira das receitas provenientes da sua cobrança mas a compensação das despesas efectuadas, ou a efectuar, pela autarquia, directa ou indirectamente causadas pelas obras sobre que incide esse tributo. Se essas obras determinam a necessidade, actual ou futura, da realização de infra-estruturas urbanísticas, estas constituem a contraprestação da autarquia, «o serviço prestado pela autarquia conexionado com o pagamento da taxa» ...

Assim sucede quando os particulares retiram benefícios da utilização dos equipamentos públicos disponibilizados pelas autarquias, inseridos na actividade pública de prestação de serviços destas últimas, sem que, no entanto, seja indispensável a correspondência económica absoluta entre as prestações do ente público e do utente nem contemporaneidade entre a cobrança do tributo e a fruição da vantagem ou benefício – que, de resto, pode até nem ocorrer".

■ "A natureza fundamentalmente colectiva inerente à utilização dos equipamentos urbanísticos não prejudica a existência de uma contraprestação directa e específica à prestação do particular, apesar de não ser forçoso que a utilidade proporcionada pelo serviço utilizado reverta, exclusivamente, em benefício de quem pagar a taxa. O que se exige – e lhe retira a unilateralidade típica do imposto – é que ocorram vantagens ou utilidades correspectivas, de modo que os munícipes tenham a possibilidade jurídica de exigir a realização, em prazo razoável, das infra-estruturas urbanísticas, para além de poderem utilizar os equipamentos públicos que a autarquia disponibiliza", *idem*;

■ "A circunstância das obras de infra-estruturas urbanísticas «poderem gerar utilidade para a generalidade da população não contende com o facto de elas serem efectuadas *no interesse* do onerado ... que delas retira, ou pode retirar, uma utilidade própria (o serviço prestado é, nesta dimensão, específico e divisível)", *in* Acórdão de 26-03-2009, processo com o número 39/09.

■ "... a exigência das taxas está exclusivamente relacionada com a utilização dos bens, mas as conveniências da cobrança fazem com que elas sejam devidas pela simples possibilidade dessa utilização", *idem*;

"A realização de infra-estruturas urbanísticas ocorre, por via de regra, na fase das operações de loteamento, nomeadamente quando os municípios assumem uma função de estímulo à iniciativa de urbanização e de construção (proporcionando a abertura de arruamentos, construindo infra-estruturas de abastecimento de água e de saneamento, por exemplo). No entanto, o apontado nexo de conexão justificativo da taxa não tem de funcionar sincronicamente ... bastando-se com a sinalagmaticidade construída juridicamente, já anteriormente mencionada", *ibidem*.

***

Da pesquisa jurisprudencial que fizemos, pudemos constatar que os nossos tribunais se deparam com problemáticas complexas e nem sempre fáceis de solucionar e que implicam, acima de tudo, um conhecimento não só das normas urbanísticas, mas também dos problemas reais e da forma como ambos afectam o ordenamento do território.

Sempre poderemos dizer, à laia de conclusão, que esta análise nos aproximou e nos fez vivenciar o pensamento judicial, mas sem que com isso comprometêssemos a distância necessária, imprescindível à análise crítica das diversas temáticas tratadas.

Como fonte mediata de Direito que é em geral, a jurisprudência constitui, também nas matérias urbanísticas, uma ferramenta inalienável da construção de um melhor arquétipo legislativo dedicado às mesmas.

ANEXOS

ANEXO I

Jurisprudência citada na obra

O Ordenamento do Território, o Urbanismo e os Tribunais. Prólogo
- Acórdão do STA de 21 de Março de 1996, Processo n.º 39097
- Acórdão do STA de 10 de Abril de 1997, Processo n.º 39573
- Acórdão do STA de 5 de Maio de 1998, Processo n.º 43497
- Acórdão do STA de 17 de Novembro de 1998, Processo n.º 43772
- Acórdão do STA de 30 de Setembro de 1999, Processo n.º 44672
- Acórdão do STA de 23 de Maio de 2000, Processo n.º 45768
- Acórdão do STA de 28 de Novembro de 2000, Processo n.º 46506
- Acórdão da 1.ª Secção do STA de 16 de Maio de 2001, Processo n.º 46.227
- Acórdão do STA de 6 de Julho de 2004, Processo n.º 0619/04
- Acórdão do STA de 19 de Abril de 2005, Processo n.º 1415/04
- Acórdão do STA de 25 de Janeiro de 2006, Processo n.º 1127/05
- Acórdão do STA de 12 de Março de 2007, Processo n.º 0620/07
- Acórdão do STA de 22 de Janeiro de 2009, Processo n.º 720/08
- Acórdão do STA de 4 de Junho de 2009, Processo n.º 0377/08
- Acórdão do STA de 9 de Dezembro de 2009, Processo n.º 019/09

Que Conformação do Direito de Participação Pública no Planeamento? Comentário ao Acórdão do STA de 21 de Maio de 2008, Processo 01159/05, 2.ª Subsecção do C.A.
- Acórdão do Tribunal Constitucional n.º 341/86
- Acórdão do STA de 23 de Fevereiro de 1999, Recurso n.º 44087
- Acórdão do STA de 11 de Outubro de 2007, Recurso n.º 1167/05
- Acórdão do STA de 21 de Maio de 2008, Processo n.º 01159/05

A Preservação de Efeitos do Acto Administrativo de Gestão Urbanística Nulo
- Acórdão do Tribunal Constitucional de 31.1.2001, Processo n.º 405/99
- Acórdão do STA de 06 de Julho de 1989, Processo n.º 026865
- Acórdão do STA de 30 de Novembro de 1994, Processo n.º 032888
- Acórdão do STA de 16 de Março de 1995, Processo n.º 036005
- Acórdão do STA de 20 de Fevereiro de 1997, Processo n.º 036677
- Acórdão do STA de 02 de Outubro de 1997, Processo n.º 039277
- Acórdão do STA de 18 de Fevereiro de 1999, Processo n.º 034981
- Acórdão do STA de 23 de Março de 2000, Processo n.º 044374
- Acórdão do STA de 14 de Maio de 2002, Processo n.º 047825
- Acórdão do STA de 30 de Janeiro de 2002, Processo n.º 048163
- Acórdão do STA de 04 de Julho de 2002, Processo n.º 041815
- Acórdão do STA de 2 de Outubro de 2002, Processo n.º 0595/02

- Acórdão do STA de 4 de Julho de 2002, Processo n.º 041815
- Acórdão do STA de 16 de Janeiro de 2003, Processo n.º 01316/02
- Acórdão do STA de 12 de Fevereiro de 2003, Processo n.º 048032
- Acórdão do STA de 17 de Junho de 2003, Processo n.º 0666/03
- Acórdão do STA de 18 de Maio de 2004, Processo n.º 047693
- Acórdão do STA de 7 de Novembro de 2006, Processo n.º 0175/06
- Acórdão do STA de 06 de Março de 2007, Processo n.º 0873/03
- Acórdão do STA de 06 de Junho de 2007, Processo n.º 067/07
- Acórdão do STA de 02 de Abril de 2008, Processo n.º 01114/06
- Acórdão do STA de 10 de Dezembro de 2008, Processo n.º 02071/03
- Acórdão do TCA Norte de 06 de Setembro de 2007, Processo n.º 422-A/96
- Acórdão do TCA Norte de 5 de Junho de 2008, Processo n.º 00232-A/03-COIMBRA
- Sentença do TAF do Porto, de 12 de Novembro de 2007, Processo n.º 678-A/95

A Suspensão de Eficácia de Decisões Urbanísticas: O Caso do "Edifício Coutinho", em Viana do Castelo
- Acórdão Tribunal Administrativo e Fiscal de Braga, de 31 de Outubro de 2006, Proc.º n.º 1083/05.2BERG.

O Instituto da Caducidade, em Especial no Âmbito da Gestão Urbanística e o seu Tratamento Jurisprudencial
- Acórdão do STJ, de 3 de Junho de 1923
- Acórdão do STJ, de 19 de Fevereiro de 1926
- Acórdão do STJ, de 6 de Janeiro de 1928
- Acórdão do STJ, de 20 de Maio de 1930
- Acórdão do STJ, de 6 de Junho de 1930
- Assento do STJ, de 18 de Abril de 1933
- Acórdão do STJ, de 9 de Janeiro de 1959
- Acórdão do STJ, de 31 de Janeiro de 1980
- Acórdão do STA, de 4 de Maio de 1948
- Acórdão do STA, de 16 de Dezembro de 1993
- Acórdão do STA de 30 de Setembro de 1997, Processo n.º 35 751
- Acórdão do STA, de 9 de Dezembro de 1997
- Acórdão do STA, (1.ª Secção) de 5 de Maio de 1998,
- Acórdão do STA, de 22 de Outubro de 1998
- Acórdão do STA, de 17 Junho 2004, Processo n.º 0706/02
- Acórdão do STA, de 27 de Abril de 2006
- Acórdão do STA, de 22 de Março de 2007
- Acórdão do STA, de 23 de Outubro de 2007
- Acórdão do STA, de 20 de Fevereiro de 2008
- Acórdão do STA, de 14 de Julho de 2008
- Acórdão do STA, de 18 de Junho de 2009, Processo n.º 0483/09
- Acórdão da Relação de Évora (REv.), de 15 de Abril de 1993
- Acórdão da Relação de Lisboa, (RL) de 30 de Novembro de 1977
- Acórdão da Relação de Lisboa (RL), de 18 de Dezembro de 2002
- Acórdão da Relação de Coimbra (RCbr.), de 11 de Março de 2003

- Acórdão do TCA Sul, de 17 de Abril de 2008
- Acórdão do TCA Sul, de 18 de Junho de 2009, Processo n.º 03137/07
- Parecer n.º 40/94 do Conselho Consultivo da Procuradoria-Geral da República, de 26 de Setembro de 2002
- Sentença do Supremo Tribunal Espanhol (STE), de 30 de Março de 1983

As Medidas de Tutela de Legalidade
- Acórdão do STA de 06 de Maio de 1998, Processo n.º 039405
- Acórdão do STA de 06 de Maio de 1998, Processo n.º 39504
- Acórdão do STA de 19 de Maio de 1998, Processo 43433
- Acórdão do STA de 24 de Novembro de 1999, Recurso n.º 36.046
- Acórdão do STA de 13 de Janeiro de 2000, Recurso n.º44 287
- Acórdão do STA de 13 de Fevereiro de 2003, Processo n.º 0839/02
- Acórdão do STA de 18 de Março de 2003, Processo 0731/02
- Acórdão do STA de 01 de Julho de 2003, Recurso n.º 41000
- Acórdão do STA de 16 de Dezembro de 2003, Processo n.º 01272/03
- Acórdão do STA de 19 de Maio de 2004, Processo n.º 177/04
- Acórdão do STA, de 26 de Outubro de 2004, Processo n.º 0498/03,
- Acórdão do STA de 20 de Janeiro de 2005, Processo n.º 340/04
- Acórdão do STA, de 29 de Junho de 2005, Processo n.º 089/04,
- Acórdão do STA, de 02 de Maio de 2006, Processo n.º 0236/05
- Acórdão do STA de 04 de Julho de 2006, Processo n.º 0498/03
- Acórdão do STA de 04 de Julho de 2006, Processo n.º 0379/05
- Acórdão do Tribunal da Relação do Porto, de 06 de Dezembro de 2006, Processo n.º 0415798
- Acórdão do Tribunal da Relação de Coimbra de 19 de Setembro de 2007, Processo n.º 726/05.2 TAGRD.C1
- Acórdão do STA de 11 de Outubro de 2007, Processo n.º 0274/07
- Acórdão do Tribunal da Relação de Guimarães, de 20 de Outubro de 2008, Processo n.º 1969/08-1
- Acórdão do STA de 25 de Setembro de 2009, Processo n.º 0974/08
- Acórdão do Supremo Tribunal Administrativo, de 18 de Março de 2010, Processo n.º 0528/2008

Demolição *Versus* Legalização. Não Demolir, sem Transigir – Que Solução?
- Acórdão do STA, de 14 de Dezembro de 2005, Processo n.º 0959/05
- Acórdão do STA, de 29 de Novembro de 2006, Processo n.º 0633/04
- Acórdão do STA, de 22 de Abril de 2009, Processo n.º 0922/08
- Acórdão do STA, de 24 de Setembro de 2009, Processo n.º 0656/08

Acessão Industrial Imobiliária e Usucapião Parciais *Versus* Destaque
- Acórdãos do STJ (*acórdãos de 4/3/86, BMJ 355-442, de 6/7/89, BMJ 389-583, de 5/3/96, Col. Jur. – STJ, 1996-I-129, de 16/4/98, BMJ 476-428, de 10/2/00, BMJ 494--347 e de 17/2/00, Col. Jur. – STJ, 2000-I-105*)
- Acórdão do STJ, de 8 de Julho de 1970
- Acórdão de STJ, de 10 de Abril de 1984

- Acórdão do STJ, de 5 de Março de 1996
- Acórdão do STJ, de 16 de Abril de 1998
- Acórdão do STJ, de 10 de Fevereiro de 2000
- Acórdão do STJ, de 17 de Fevereiro de 2000
- Acórdão do STJ, de 1 de Março de 2001
- Acórdão do STJ, de 14 de Fevereiro de 2002
- Acórdão do STJ, de 4 de Fevereiro de 2003
- Acórdão do STJ, de 3 de Abril de 2003
- Acórdãos do STJ, de 3 de Abril de 2003
- Acórdãos do STJ, de 4 de Fevereiro de 2003
- Acórdão do STJ, de 18 de Março de 2004
- Acórdão do STJ, de 22 de Junho de 2005
- Acórdão STJ, de 6 de Julho de 2006
- Acórdãos do STJ, de 12 de Setembro de 2006
- Acórdão do STJ, de 26 de Outubro de 2006
- Acórdão de STJ, de 18 Novembro 2008
- Acórdão do STJ, de 3 de Dezembro de 2009
- Acórdão do STJ, de 2 de Fevereiro de 2010
- Acórdão da Relação de Lisboa, de 17 de Janeiro de 1975
- Acórdão da Relação de Coimbra, de 2 de Julho de 1991
- Acórdão da Relação de Lisboa, de 18 de Outubro de 2001
- Acórdão da Relação de Lisboa, de 18 de Abril de 2002
- Acórdão da Relação de Lisboa, de 30 de Abril de 2004
- Acórdão da Relação de Lisboa, de 19 de Outubro de 2004
- Acórdão da Relação de Lisboa, de 4 de Julho de 2006
- Acórdão da Relação de Lisboa, de 17 de Maio de 2007
- Acórdão da Relação de Lisboa, de 19 de Março de 2009
- Acórdãos da Relação de Coimbra de 2 de Maio de 1989, BMJ 387-671 e de 9.10.90, BMJ 400-750
- Acórdão da Relação do Porto de 9 de Janeiro de 1995, CJ, XX, 1, 189
- Acórdão da Relação do Porto, de 4 de Julho de 2002
- Acórdão da Relação do Porto, de 4 de Julho de 2002
- Acórdão da Relação de Coimbra, de 28 de Março de 2000, CJ XXV, 2, 31
- Acórdão da Relação de Coimbra, de 16 de Março de 2010
- Acórdão da Rel. de Évora de 26 de Outubro de 2000, CJ XXV, 4, 272

- Acórdão do STA, de 2 de Novembro de 1994, Rec. n.º 34069
- Acórdão do STA, de 7 de Maio de 2002, Processo n.º 043831
- Acórdão do STA, de 10 de Outubro de 2002
- Acórdão do STA, de 9 de Outubro de 2003, Processo n.º 293/03
- Acórdão do STA de 16 de Janeiro de 2008, Processo n.º 0549/07
- Acórdão do STA, de 12 de Março de 2008, Processo n.º 0442/07

ANEXO II

Textos de Acórdãos referidos na obra e não publicados

"Longe dos Olhos e do Coração": O Problema Jurídico da Localização de Instalações para Eliminação de Resíduos no Brasil

Processo: SL 000031
Relator(a): Ministro NILSON NAVES
Data da Publicação: 02/10/2003
Decisão: SUSPENSÃO DE LIMINAR N.º 31 – SP (2003/0165357-5)
REQUERENTE: MUNICÍPIO DE ITAPEVI
ADVOGADO: THÚLIO CAMINHOTO NASSA E OUTROS
REQUERIDO: DESEMBARGADORA FEDERAL PRESIDENTE DO TRIBUNAL REGIONAL FEDERAL DA 3A REGIÃO
INTERES: ANTÔNIO SOBREIRA DE LIMA E OUTROS
ADVOGADO: MANUELA MARIA MOREIRA VILANOVA PINHEIRO

DECISÃO

Antônio Sobreira de Lima e outros ajuizaram ação popular requerendo que, "sendo acolhida a pretensão de liminarmente suspender a Licença Municipal e, sendo acolhida a pretensão de liminarmente suspender as licenças Estaduais, mesmo que seja acolhida isoladamente apenas uma das pretensões liminares", determine-se a paralisação das obras de instalação do aterro sanitário localizado na Estrada Municipal Araçariguama s/n.º, Ambuitá, Itapevi – SP.

A liminar foi deferida, em 23.4.03, pelo Juízo da 10.ª Vara Cível Federal da Primeira Subseção Judiciária de São Paulo, encontrando-se o referido aterro sanitário, dessa forma, inoperante.

Ajuizada suspensão de liminar no Tribunal Regional Federal da 3.ª Região, restou o pedido do Município de Itapevi indeferido pela Presidente daquela Corte, Juíza Anna Maria Pimentel, nestes termos: "Assim, se há interesse público na efetivação do aterro sanitário, como sustenta o postulante, também o há, no que tange à preservação da cobertura florestal mencionada, e no seu deslocamento somente em hipótese de extremada e comprovada necessidade, ainda assim com fiel observância dos procedimentos estabelecidos em lei.

Poder-se-ia objetar, como, de fato, o foi, já haver sido procedido o desmatamento necessário à implantação do projeto, situação que esvaziaria de sentido as questões em torno da regularidade de tal procedimento.

Veja-se, porém, que tal argumento configura-se em perigoso precedente, na medida em que incita condutas lesivas ao patrimônio natural, ademais de render ensejo à impunidade.

Quanto à questão da grave lesão à saúde pública, reflita-se o seguinte.

Dúvida não padece de que o lixão constitui expediente de todo reprochável, impróprio e nocivo, sob ângulos diversos. Porém, considere-se que seu uso, naquela localidade, não corporifica, certamente, novidade, capaz de abalar a saúde daquela população de forma brutal, frontal e grave, como requer a suspensão de segurança.

Se fosse assim, não se teria suportado sua utilização por largo espaço temporal, como fazem crer as fotografias inclusas nos autos.

Adite-se que a Administração dispõe de meios eficazes para coibir o acesso de famílias menos carentes das cercanias do lixão, impedindo-os de vasculhar o local à cata de objetos. Seria louvável, outrossim, ministrar programa assistencial àqueles necessitados, ou instituir plano de coleta seletiva e respectiva reciclagem, de molde a minimizar a condição de miserabilidade a que se estão sujeitos.

Logicamente, afigura-se curial, e mais, indispensável, a escorreita destinação dos resíduos sólidos daquela sociedade, desde que em local a tanto preparado e em sintonia com a preservação do meio ambiente, que é, certamente, uma das preocupações do homem moderno.

Ante o exposto, indefiro a suspensão propugnada, à míngua dos pressupostos legais."

Ato contínuo, ajuizou o requerente este pedido de suspensão, aduzindo para tanto que:

– "como prevalente o interesse público decorrente do saneamento básico, representado pelo tratamento do lixo urbano, de origem doméstica e industrial, o Código Florestal reconhece o aterro sanitário como de interesse e de utilidade pública, culminando por permitir a sua instalação mesmo em área considerada de preservação permanente" (fl. 6);

– "não é razoável e não condiz com a realidade supor que inúmeros engenheiros, técnicos e autoridades ambientais (dos mais diversos órgãos como a SMA, a CETESB, o DAEE, o CONSEMA, o DAEE e o IBAMA) tenham se omitido no cumprimento da lei ou que estivessem, todos, conluiados em expedir uma Licença Ambiental contra a lei ou contra o interesse público" (fl. 8);

– "o sistema jurídico prevê a existência de órgãos ambientais com competência para o licenciamento ambiental justamente (essa é a razão de ser desses órgãos ambientais) para que haja técnicos capacitados, experientes, habituados e com autonomia para examinar os fatos sopesando todos aspectos negativos e positivos da questão.

Dessa forma, como no caso, sabem que a instalação de um aterro sanitário causa impacto ambiental negativo, não significativo, e notoriamente menor frente a outros impactos ambientais também negativos, só que gravíssimos e extremamente significativos gerados pelos chamados 'lixões a céu aberto', verdadeiros 'vazadouros de resíduos sólidos', nos quais além da falta de instalação adequada, de cautela e de controle ambiental, o lixo não recebe nenhum tratamento, havendo, aí sim, escoamento e infiltração nas águas subterrâneas e superficiais, além de danos à saúde e à higien públicas" (fl. 9);

– "a r. decisão cuja suspensão é pedida, ao pretender evitar um impacto ambiental negativo, decorrente da instalação do aterro sanitário (não desconhecido das autoridades e órgãos ambientais que expediram as licenças ambientais), causa, na verdade, desde já e indiretamente, danos ambientais expressivamente maiores frente aos que quis evitar, na medida em que culmina por manter a geração dos danos gravíssimos ao meio ambiente, à saúde e à higiene dos moradores de Itapevi, provenientes do 'lixão a céu aberto', que foi reativado por causa da referida decisão liminar" (fl. 12);

– "como a instalação do aterro já estava concluída, tanto que sua operação já havia sido iniciada" em 15.4.03, "o perigo do desmatamento, referido pela liminar como 'periculum in mora' não poderia ter sido afirmado, até porque a supressão de vegetação, necessária para as obras de instalação, já havia ocorrido, posto que autorizada pelo DEPRN" (fl. 14);

– "é forçoso concluir que a paralisação do aterro sanitário causará enorme transtorno na prestação dos serviços públicos de limpeza urbana, que não pode sofrer abalo de continuidade e eficiência, haja vista que a Prefeitura será compelida a não cumprir o Termo de Ajustamento celebrado com o MP e, assim, a depositar os resíduos num local que ela própria se obrigou a não mais utilizá-lo, sob pena, inclusive de multa, além de ter que cessar a recuperação ambiental da respectiva área" (fl. 19).

Relatei. Decido.

O núcleo da questão jurídica diz da existência de supostas irregularidades que maculariam os atos que permitiram a instalação do aterro sanitário localizado na Estrada Municipal Araçariguama s/n.º, Ambuitá, Itapevi – SP, operado pela Empresa de Saneamento e Tratamento de Resíduos – Estre.

In casu, deparo-me com questão, se não complexa, que exige cautela em razão dos efeitos advindos da minha decisão, qualquer que seja ela, porquanto a lide envolve a preservação de trecho do ecossistema da Mata Atlântica, bastante devastado ao longo de séculos de exploração indiscriminada, vital para a qualidade de vida das comunidades lindeiras.

Conforme noticiado, o Município de Itapevi, como qualquer outra cidade que sofre processo acentuado de urbanização sem que haja o devido planejamento, vem enfrentando dificuldades ao longo dos anos para solucionar tão delicado problema: qual destinação deve ser dada ao lixo gerado pela comunidade local?

Durante anos foi utilizada área totalmente inadequada e sem as mínimas condições para receber todos os rejeitos produzidos naquela municipalidade, um verdadeiro "lixão" a céu aberto que serviria apenas como depósito de lixo sem qualquer tipo de tratamento, além do que estaria provocando o mesmo mal que agora os autores da ação popular pretendem obstar, qual seja, a destruição do meio ambiente.

Ademais, freqüentavam aquela área diversas famílias que ali buscavam seu sustento em razão da situação de miserabilidade em que viviam, utilizando-se, inclusive, da mão-de-obra de crianças que, sem alternativa, viam-se forçadas a executar aquele trabalho por uma questão de sobrevivência.

É justamente essa área que voltou a ser utilizada, com os mesmos problemas dantes, como destino do lixo após a concessão da liminar pelo Juízo de 1.º grau, causando, ao meu sentir, lesão ao interesse público e à saúde pública, pois impede que os rejeitos sejam colocados em local devidamente aparelhado para o seu recebimento, o qual, aliás, já estava em pleno funcionamento, segundo se extrai do auto de inspeção juntado aos autos (fl.184).

Em verdade, sem querer exercer juízo de valor quanto ao acerto do local para a instalação do aterro sanitário, mas utilizando-me do princípio da proporcionalidade para analisar o dano causado ou a ser causado, creio que a nova área – operada pela Estre – é a mais apropriada neste momento, até decisão final a ser tomada em sede de cognição plena, para receber o lixo produzido no Município de Itapevi, tanto mais quando analisada a infra-estrutura ali disponibilizada e a obtenção pela empresa de todas as licenças necessárias para a sua instalação, estando, inclusive, seguindo rigorosamente todas as exigências da CETESB, órgão que vinha sistematicamente verificando as condições de implantação e funcionamento do projeto.

A propósito, transcrevo o relatório de inspeção de 9.5.03 elaborado pela CETESB (fl. 184): "Nesta data foram vistoriadas as instalações do Aterro acima citado, onde constatamos que o mesmo encontra-se operando, condispondo resíduos sólidos domiciliares e comerciais. Existem 05 (cinco) máquinas em operação no Aterro realizando a compactação e cobertura do lixo. Foram implantados 03 (três) diques de contenção de águas pluviais.

O geológo Juliano Ribeiro Formigoni do DAIA/SMA acompanhou esta vistoria.

Segundo informações do representante, até a data da vistoria (09/05/2003) foram dispostos no aterro somente resíduos domiciliares do município de Itapevi e resíduos comerciais.

As nascentes continuam sendo canalizadas conforme já constatado e fotografado em vistorias anteriores.

A disposição do lixo foi iniciada pela célula 5. Os diques de contenção de águas pluviais estão dotados de drenos de passagem de um para outro na parte superior, de forma a permitir a sedimentação da terra carreada por estas águas. Foram tiradas fotos do aterro em operação.

Sugestões:
Que seja realizada nova inspeção após 15 (quinze) dias para nova avaliação."

Por outro lado, retiro do parecer técnico 007/2001 elaborado pela Coordenadoria de licença ambiental e de proteção de recursos naturais a seguinte conclusão (fl. 119 v):

"Com base nas informações contidas no EIA e RIMA apresentado, bem como naquelas obtidas na Audiência Pública realizada em 10.01.2001, conclui-se que a instalação e operação do empreendimento pretendido não irá acarretar impactos ambientais de grande magnitude sob o ponto de vista do meio biótico, desde que todas as medidas mitigadoras e compensatórias propostas no EIA e RIMA sejam adequadamente executadas."

E ainda do parecer 006/2001 (fl. 100 v): "Considerando as informações apresentadas no diagnóstico ambiental da área preconizada para a construção do aterro sanitário do CGR – Itapevi e com base nas características tecnológicas do sistema de proteção ambiental a ser adotado no empreendimento, entende-se que a instalação e a operação do aterro sanitário apresentam viabilidade ambiental, tendo em vista que esta atividade, da maneira que está sendo proposta, não irá acarretar em impactos ambientais significativos para a sua região de influência."

Ademais o Tribunal de Justiça do Estado de São Paulo rechaçou, em duas oportunidades, a pretensão do Ministério Público de impedir a instalação do referido projeto.

Na primeira, ao analisar o Agravo de Instrumento n.º 250.123.5/9 assim decidiu o Tribunal paulista:

"LIMINAR – Ação civil pública ambiental – Construção de aterro sanitário – Cumprimento dos requisitos exigidos para a implantação do projeto – Obtenção de autorizações e licenças dos órgãos responsáveis pela proteção do meio ambiente – Presunção de legalidade – Ausência de prova inequívoca – Recurso provido (fl. 70).

E, na seguinte, assim decidiu o Desembargador Relator nos autos do Agravo de Instrumento n.º 303.704.5/0, analisando pedido de efeito suspensivo:

"Tal pedido ministerial e a nova concessão da tutela antecipada tem lastro em representação do Ministério Público Federal dirigida ao IBAMA (fls. 66/68), onde se noticia que três funcionários desse órgão, tendo em conta pedido da interessada para obtenção de 'Anuência Prévia', em visita ao local das obras, 'somente o Agente de Fiscalização Sr. Paulo Sérgio Aredes de Araújo percorreu toda área prevista para implantação do CGR do Município de Itapevi, sendo que os demais permaneceram na periferia da gleba' (fl. 136).

Por isso, entendeu-se ter havido inadequada vistoria no local, pelo que se postulou a suspensão da referida 'Anuência Prévia' (fl. 68).

O IBAMA, no entanto, não suspendeu a autorização, limitando-se a ditar algumas diligências (fl. 79).

Pelo retrospecto aqui feito, indispensável para melhor compreensão, verifica-se não ter havido nenhum fato que permitisse a concessão de nova tutela.

Na verdade, há referências, vagas, ao fato de dois funcionários do IBAMA terem permanecido do lado de fora do empreendimento, enquanto um terceiro percorreu toda área prevista (fl. 136). Aparentemente, mera irregularidade, incapaz, por ora, de provocar a suspensão da licença, tanto que o pleito não obteve ressonância.

Assim, o quadro retratado no Agravo de Instrumento n.º 250.123-5/9, com acórdão desta relatoria, continua inalterado, ou seja, tem 'a agravante Licença Prévia para instalação de empreendimento (fls. 191/193), bem como foram obtidas a Licença de Instalação da CETESB (fls. 193/195), a Licença Prévia do IBAMA (fl. 196), a aprovação do projeto pelo Conselho Estadual do Meio Ambiente (fls. 197/198) e a autorização do Departamento de Águas e Energia Elétrica – DAEE (fls. 205-208) (...) Além disso, a agravante efetuou o Estudo de Impacto Ambiental e do Relatório do Impacto Ambiental (fls. 364//774), houve a realização de audiência pública (fls. 781/788), prestando-se posteriormente os esclarecimentos solicitados pelos munícipes (fls. 814/829), colheu-se parecer técnico do Centro de Gerenciamento de Resíduos do Município de Itapevi (fls. 830/890) e apresentou aos órgãos competentes diversos outros estudos sobre a área escolhida para instalação do aterro sanitário' (fl. 22).

Nada mudou, portanto. A agravante continua com os mesmos predicados para a obra. Representação do Ministério Público Federal, endossada pelo Estadual, não modificou uma vírgula sequer da situação anterior. Por conseguinte, era totalmente inadmissível novo pedido de antecipação da tutela, como também soa inadmissível sua concessão, isso sem falar em revogação implícita de decisão de órgão colegiado, que é de ser respeitada, mesmo por quem dela discorde.

Diante disso, defiro a tutela antecipada recursal, para cassar o despacho que determinou a suspensão das obras de instalação do aterro sanitário" (fls. 75-77)."

Isso posto, ocorrentes os pressupostos autorizadores, defiro o pedido para suspender a decisão proferida pelo Juízo da 10.ª Vara Cível Federal da Primeira Subseção Judiciária de São Paulo nos autos da Ação Popular n.º 2002.61.00.028433-4.

Comunique-se com urgência.
Intime-se.
Brasília, 26 de setembro de 2003.

Ministro Nilson Naves
Presidente

AGRG NA SUSPENSÃO DE LIMINAR N.º 105 – SP (2004/0097704-0)
AGRAVANTE: MUNICÍPIO DE ITAPEVI
ADVOGADO: THÚLIO CAMINHOTO NASSA E OUTROS
AGRAVADO: ANTÔNIO SOBREIRA DE LIMA E OUTROS
ADVOGADO: JOSÉ MARTINS DE OLIVEIRA NETO
REQUERIDO: TRIBUNAL REGIONAL FEDERAL DA 3A REGIÃO
(ASSISTÊNCIA JUDICIÁRIA)

DECISÃO

Em Ação Popular ajuizada por Antônio Sobreira de Lima e outros, buscando ter decretada a ilegalidade da anuência prévia para intervenção em área de preservação permanente (n.º 097/00), expedida pelo IBAMA na fase preliminar do processo de licenciamento ambiental destinado à instalação do Aterro Sanitário "GRR ITAPEVI – Centro de Gerenciamento de Resíduos", localizado na Estrada Municipal de Açariguama, em Itapevi – SP, o MM. Juiz da 10.ª Vara Federal – SJ/SP deferiu liminar sustando os efeitos de referida anuência e determinando a paralisação das obras de instalação do aterro.

Reagiu o Município, via pedido de suspensão, indeferido pelo Presidente do TRF – 3.ª Região, decisão contra a qual interposto o competente Agravo Interno.

Adveio, então, novo pedido, desta feita perante este Superior Tribunal de Justiça (SL 31), deferido pelo então Presidente, Ministro Nilson Naves, julgado posteriormente reformado pela Corte Especial, ao entendimento de que não esgotada a instância recursal (Lei 8437/92, art. 4.º, § 4.º, e Lei 8038/90, art. 25).

Extinto o Agravo Interno proposto perante o TRF, após desistência expressa por parte do Município recorrente (fls. 411/412), que também desistiu dos Embargos Declaratórios que tramitavam contra o Acórdão do STJ, o Município apresentou este novo pedido de Suspensão de Liminar, sob o argumento de que superados os entraves formais que impediam o seu processamento nesta Corte.

Para tanto, sustenta que o Código Florestal reconhece o aterro sanitário como de interesse e utilidade pública, permitindo a sua instalação mesmo em área de utilidade pública (fl. 10). Disse que o impacto ambiental causado pela respectiva instalação é mínimo, se comparado aos efeitos ocasionados pelos lixões existentes a céu aberto, nos quais os detritos, sem qualquer tratamento, acabam escoando e infiltrando águas subterrâneas e superficiais, causando, aí sim, sérios danos à saúde e higiene públicas (fl. 19).

Finalmente, que a instalação do aterro já estava concluída, e sua operação iniciada em 15/04/03, não podendo, o desmatamento da área, ser apontado para configuração de periculum in mora e concessão da liminar, uma vez que já havia ocorrido a supressão da vegetação, com a devida autorização pelo DEPRN (fl. 14).

O Ministério Público, às fls. 721/726, manifestou-se pelo deferimento do pedido, assegurando ao requerente a devida prestação jurisdicional. Os autores da Ação Popular, por sua vez, peticionaram e anexaram documentos, pelo indeferimento da medida (fls. 729/740).

Às fls. 791/794 proferi decisão, indeferindo o pedido, ao entendimento de que não superado o óbice detectado na SL 31/SP, uma vez que não exauridas as vias recursais cabíveis. Por isso o Agravo Regimental, agora, insistindo cabível e oportuno o pedido, porquanto firmada, a interpretação da norma de regência, em sentido contrário ao da decisão impugnada.

Para tanto, traz aos autos decisão recente, da Corte Especial, no sentido de que *"em se tratando de pedido do poder público, não se impõe a exigência do exaurimento da instância recursal, pressuposto objetivo de cabimento do novo pedido de suspensão de liminar e sentença (Leis n.º 8.437/1992, art. 4.º, § 4.º e n.º 8.038/1990, art. 25"* (SL96/AM).

Assim, afirma, *"fica ainda mais evidenciada a pertinência da re-inauguração da competência do STJ, para o segundo pedido de suspensão (SL 105), pois, no momento de sua entrada já não havia mais a tramitação do AgRg no TRF, e, portanto, exaurida estava aquela instância, já que, conforme demonstrado, houvera desistência homologada daquele recurso em razão exclusiva do primeiro deferimento na SL 31"* (fl. 813).

No mérito, reitera os argumentos anteriormente trazidos, *"principalmente diante da gritante desproporcionalidade entre o dano irreparável que a paralisação do aterro, já instalado e operando com inegável sucesso, certamente causará ao Município"* (fl. 813).

Decido.

Inicialmente, registre-se que, de fato, a Corte Especial firmou desnecessário o exaurimento de instância como condição de procedibilidade do pedido de suspensão requerido pelo poder público, podendo, este, ser apresentado diretamente nesta Corte (AgRgSL 96/AM, j. em 15/09/04). Cumpre, portanto, adotar idêntico posicionamento também no caso destes autos, em trâmite ainda quando modificado o entendimento predominante neste Superior Tribunal de Justiça.

Assim, reconsidero a decisão agravada, quanto à questão processual relativa ao exaurimento de instâncias e, dando como instaurada a competência desta Presidência para a análise do pedido, procedo ao exame do mérito respectivo.

No exame do pedido de suspensão, a regra é ater-se, o Presidente do Tribunal, às razões inscritas na Lei 8.437/92, art. 4.º. Não se admite, nesta via, exame das questões de fundo trazidas com a lide, devendo a análise da demanda cingir-se, apenas, à potencialidade lesiva da decisão impugnada.

Não se discute, pois, se correto ou não o local em que instalado o aterro sanitário em debate, que, aliás, já se encontrava em pleno funcionamento quando proferida a liminar cuja suspensão requer o Município. Fazê-lo desde logo seria percorrer os meandros da ação principal, o que não se admite nesta via.

Temos, pois, que o pedido foi indeferido pela Presidência da Corte local ao entendimento de que evidente risco invertido ao meio ambiente, a configurar, assim, *"perigoso precedente, na medida em que incita condutas lesivas ao patrimônio natural, ademais de render ensejo à impunidade"* (fl. 387).

Não se reconheceu, ademais, potencial ameaça à saúde pública, acaso não implementado o projeto, porquanto disto não decorreria, por si só, a necessária manutenção do "lixão" a céu aberto, cumprindo à Administração coibir o acesso de famílias carentes ao local, *"impedindo-os de vasculhar o local à cata de objetos"* (fl. 387).

Não obstante, narram os autos, foi exatamente esta a área – o lixão – que voltou a ser utilizada, quando paralisado, por força da medida liminar ora em debate, o funcionamento de local devidamente aparelhado e preparado para o recebimento da coleta de lixo. Ademais, e isso vem corroborado, inclusive, pelo parecer do Ministério Público sobre a questão – o aterro sanitário somente foi instalado após a concessão de licença prévia, expedida pela Secretaria de Estado do Meio Ambiente.

Os autos vieram, ademais, instruídos com parecer técnico emitido pelo IBAMA, havendo notícia de inspeções constantes no local, a demonstrar tomadas, efetivamente, as precauções necessárias.

Parece-me prudente, pois, aplicar, à hipótese, o princípio da proporcionalidade para analisar o dano causado – ou a ser causado – na espécie, e decidir pela utilização, ao menos até que examinado, pelas vias próprias, o mérito da impetração, pela utilização de área própria, já finalizada e constantemente fiscalizada pelo órgão de defesa do meio ambiente, para o despejo e processamento do lixo produzido em Itapevi. Mais prejudicial seria, por óbvio, manter os dejetos expostos, como estão, a céu aberto, em descontrolada degradação e ao alcance de famílias carentes e pequenos animais, possíveis transmissores de doenças. Nesse contexto, evidente risco não apenas à saúde pública, como também às próprias finanças municipais, pelo deslocamento dos recursos necessários à manutenção e vigilância do depósito de lixo atualmente em uso, e pela interrupção dos serviços e funcionamento do aterro construído para tal fim.

Assim, verificando presentes os pressupostos autorizadores da medida requerida, defiro o pedido, suspendendo os efeitos da decisão liminar proferida nos autos da Ação Popular n.º 2002.61.00.028433-4, em trâmite na 10.ª Vara Cível Federal – SJ/SP, até que definitivamente decidido o mérito da demanda.

Comunique-se com urgência ao TRF – 3.ª Região, bem como ao Juízo original.
Publique-se.
Brasília (DF), 18 de outubro de 2004.
MINISTRO EDSON VIDIGAL
Presidente

Número do processo: 1.0000.00.198187-7/000(2)
Númeração Única: 1981877-83.2000.8.13.0000
Relator: GUDESTEU BIBER
Relator do Acórdão: GUDESTEU BIBER
Data do Julgamento: 17/12/2002
Data da Publicação: 04/02/2003
Inteiro Teor:

EMENTA: Prefeito Municipal – Crime ambiental – Parág. 1.º, do art. 54, Lei n.º 9.605/98 – Depósito de lixo urbano, sem as cautelas técnicas necessárias, causando poluição de qualquer natureza, em níveis tais que resultem ou possam resultar em danos à saúde humana.

Negligência e imprudência da Autoridade Municipal. Condenação: aplicação de pena restritiva de direito: prestação pecuniária.

PROC CRIME COMP ORIG-C. CR. ISOLADAS N.º 000.198.187-7/00
COMARCA DE BARBACENA
DENUNCIANTE(S): MINISTÉRIO PÚBLICO ESTADO MINAS GERAIS, PG JUSTIÇA
DENUNCIADO(S): HELVÉCIO GARCIA MIRANDA, PREFEITO MUN SANTA BÁRBARA TUGÚRIO –
RELATOR: EXMO. SR. DES. GUDESTEU BIBER

ACÓRDÃO

Vistos etc., acorda a PRIMEIRA CÂMARA CRIMINAL do Tribunal de Justiça do Estado de Minas Gerais, incorporando neste o relatório de fls., na conformidade da ata dos julgamentos e das notas taquigráficas, EM JULGAR PROCEDENTE A DENÚNCIA PARCIALMENTE.

Belo Horizonte, 17 de dezembro de 2002.

DES. GUDESTEU BIBER – Relator
NOTAS TAQUIGRÁFICAS

Apregoadas as partes, assistiu ao julgamento, pelo Ministério Público, o Dr. Gilvan Alves Franco, Procurador de Justiça e proferiu sustentação oral, pelo denunciado, o Dr. Aristóteles Atheniense.

O SR. DES. GUDESTEU BIBER (CONVOCADO):
VOTO

Os autos mostram que HELVÉCIO GARCIA MIRANDA, Prefeito Municipal de Santa Bárbara do Tugúrio, no início de seu primeiro mandato, em 1997, para não poluir o Rio Pomba, onde era jogado o lixo urbano, determinou fosse o mesmo depositado no Sítio Xavier, de propriedade do Município, nas proximidades do perímetro urbano.

Geraldo de Paula Mendes, residente no Sítio do Golé, vizinho do novo lixão, sentindo-se prejudicado, procurou o Dr. Promotor de Justiça da Comarca, Curador de Defesa do Meio Ambiente, que ajuizou Ação Civil Pública contra o Município, obtendo vitória parcial, "condenado o réu a realizar a limpeza de todo o local em que depositou o lixo" e, ainda, "tapar os buracos e valetas que abriu no prazo de seis meses" (fls. 332/333).

Sem dúvida o réu cumpriu a seu modo a determinação judicial. Mandou aterrar o lixo anteriormente jogado nas proximidades do Sítio do Golé e continuou a jogá-lo no mesmo terreno municipal, um pouco afastado da residência de Geraldo de Paula Mendes e de seus familiares, tudo conforme esclarecem as testemunhas de fls. 228/245, ouvidas em Junho do corrente ano.

Geraldo de Paula Mendes – fl. 228 – informa sobre o lixo jogado a 100 metros do antigo depósito, acentuando "que ainda está prejudicando o meio ambiente." Trata-se de adversário político do Prefeito, com ele discutiu e foi chamado ao Juizado Especial Criminal e, em decorrência desse fato, pagou "cestas básicas", naquele Juízo – fl. 229.

É bem verdade que José Aparecido Ferreira – fl. 240 – informa, em junho do corrente ano – de um aterro sanitário, que teria solucionado o problema do lixo, contrapondo-se às reclamações de Geraldo de Paula Mendes, também em junho passado.

José Ferreira Jacob – fl. 242 – e José Sérgio Campos – fl. 244 – referem-se ao aterro sanitário.

Todavia, a defesa não diligenciou no sentido de trazer provas inequívocas das providências necessárias, determinadas pela sentença proferida na Ação Civil Pública – fls. 332/333.

O laudo de fls. 12/14, com os anexos fotográficos de fls. 15/20, mostra que o novo lixão – pelo menos até 10 de dezembro de 1998 – data dos exames – não possuía nenhum aterro sanitário. O certo é que o MM. Juiz da 2.ª Vara Cível de Barbacena, na v. sentença proferida em 21.11.2000 – Ação Civil Pública – deixa inequívoca a poluição, até aquela época.

Os peritos constataram um lixão idêntico àquele anteriormente edificado nas proximidades do Sítio do Golé, havendo a concentração habitual de abutres, grande quantidade de resíduos fluidos e fétidos, direcionados à estrada e ao córrego existentes, em nível inferior – foto de fl.20.

Assim, o réu não cogitou de sanar os malefícios do depósito de lixo. A situação permaneceu imutável até 25 de novembro de 1999, conforme atestou o Departamento Municipal de Água e Esgoto de Barbacena – fls. 54/56 – e, finalmente, em 27.04.2000 – através de exame pericial determinado na Ação Civil Pública – fls. 191/195.

Ora, assim procedendo, o réu "causou poluição de qualquer natureza em níveis tais que podiam resultar danos à saúde humana", estando incurso nas cominações previstas no art.54, parág. 1.º, da Lei 9.605/98.

É de se ver que não assiste razão ao nobre Dr. Procurador de Justiça, quando fala de "crime doloso", na espécie em julgamento. Sem nenhuma dúvida, trata-se de delito culposo, em que o agente procedeu com negligência ou imprudência, no exercício de sua elevada função pública, como Chefe do Poder Executivo do Município e deixou de tomar os cuidados exigíveis na solução do grave problema da limpeza pública. Podia e devia agir democraticamente, promovendo uma audiência pública, onde o povo fosse ouvido sobre a questão ou – pelo menos – solicitasse um pronunciamento legislativo da egrégia Câmara Municipal a respeito do problema que é de grande interesse público, na pequenina cidade mantiqueira.

Não há como acolher a outra tese do Dr. Procurador de Justiça. O inciso III do parágrafo 2.º do art. 54 da Lei 9.605/98 está direcionado aos crimes de poluição hídrica que tornem necessária a interrupção do abastecimento público de água.

Ora, na hipótese dos autos, não há falar em interrupção, se a rede de abastecimento de água da cidade passa a menos de cinqüenta metros do Sítio do Golé – fl. 71.

A prova testemunhal deixa evidente que o pequeno córrego poluído pelo lixão, servia apenas aos moradores do Sítio do Golé, uma propriedade privada, com a área de um hectare – fl. 230 – que pertence a Geraldo de Paula Mendes e seus filhos.

Portanto, tenho o réu HELVÉCIO GARCIA MIRANDA, Prefeito Municipal de Santa Bárbara do Tugúrio, qualificado nos autos, como incurso no art. 54, parágrafo 1.º, da Lei n.º 9.605, de 12 de fevereiro de 1998.

Pelos documentos de fls. 223/226 observo que o réu está indiciado em inquérito policial instaurado por crime contra a Administração Pública, vítima Carlos Guilherme de Paula e foi processado como incurso no art. 39, Lei n.º 9.605/98, com suspensão do feito, sob o rito da Lei 9.099/95 e, nos presentes autos, quando do recebimento da denúncia – fl. 157 – a egrégia Câmara deferiu o pedido da Procuradoria de Justiça, nos termos do art. 89, parág. 3.º, Lei 9.099/95.

Passo à aplicação da pena, observando o disposto nos artigos 6.º e seguintes da Lei 9.605/98.

Não tenho como grave o fato delituoso narrado nos autos. As Prefeituras Municipais, com diminuta arrecadação a título de "Limpeza Pública", são incapazes de vencer a rusticidade, a má educação e falta de preparo do povo para o exercício da cidadania. Já não digo Santa Bárbara do Tugúrio, perdida entre as montanhas, na Comarca de Barbacena, mas nossas grandes capitais sofrem o impacto da explosão demográfica e das migrações do povo sofredor, do campo para as cidades.

Juntar lixo urbano, transportá-lo a locais adequados, para tratá-lo com a técnica recomendada, custa muito dinheiro. Poucos Municípios têm condições de enfrentar essas despesas.

Também as conseqüências do "lixão" não são de grande monta. Os autos não registram – pelo fato – ofensa à saúde pública e ao meio ambiente, de modo irreversível.

Como acentuei, há registro de um delito antecedente do réu, incurso no art. 39, Lei n.º 9.605/98, com suspensão do processo – fls. 225/226 – portanto, de menor potencial ofensivo.

A situação econômica do Prefeito, fazendeiro e agora eleito para o segundo mandato, parece-me satisfatória.

As testemunhas falam de sua vida de homem íntegro.

Portanto, fixo sua pena-base em (oito) 8 meses de detenção e (quinze) 15 dias-multa, calculado o dia em 1/30 do maior salário mínimo, assim concretizada, porque ausentes as circunstâncias elencadas nos artigos 14 e 15 da Lei n.º 9.605/98.

Nos termos dos artigos 7.º e 12 da Lei supra, tratando-se de crime culposo, com diminuta pena privativa de liberdade, acreditando que diante da culpabilidade, antecedentes, conduta social e personalidade do sentenciado, bem como os motivos e circunstâncias do delito, indicam que a prestação pecuniária é suficiente para efeitos de reprovação e prevenção do crime, hei por bem substituir a privativa de liberdade pela mencionada restritiva de direito, que fixo em (dez) 10 salários mínimos, que o condenado pagará à Conferência de São Vicente de Paulo, da Cidade de Santa Bárbara do Tugúrio.

Custas "ex lege".

O SR. DES. EDELBERTO SANTIAGO: De acordo.
O SR. DES. ZULMAN GALDINO: De acordo.
A SR.ª DES.ª MÁRCIA MILANEZ: De acordo.
O SR. DES. SÉRGIO RESENDE (CONVOCADO) De acordo, salientando que, não bastassem os motivos alegados pelo em. Des. Relator, a decisão da Câmara já teria efeitos didáticos.

SÚMULA: JULGARAM PROCEDENTE A DENÚNCIA PARCIALMENTE.

APELAÇÃO E REEXAME NECESSÁRIO N.º 136.340-4, DE ROLÂNDIA – VARA CÍVEL.
APELANTE: MUNICÍPIO DE ROLÂNDIA.
APELADA: ASSOCIAÇÃO MOVIMENTO NOSSA TERRA – AMONTER.
REMETENTE: JUIZ DE DIREITO.
RELATOR: DES. ÂNGELO ZATTAR.

Ação civil pública. Implantação de aterro sanitário. Dispensa do estudo prévio de impacto ambiental devido à baixa quantidade de resíduos domiciliares produzidos. Ilegalidade. Elaboração de estudo para as obras potencialmente poluidoras exigido pela legislação federal. Irrelevância da quantidade de lixo produzido e da dispensa autorizada pelo Instituto Ambiental do Paraná. Necessária a elaboração do estudo, ainda que posterior ao início das obras, para que se prevejam os possíveis danos e para que se adotem medidas prévias para amenizá-los, se necessário. Determinação para a apresentação do estudo à população em 90 dias, sem embargo das atividades do aterro sanitário, sob pena de multa diária. Ação procedente. Apelação e reexame necessário. Desprovimento.

VISTOS, relatados e discutidos estes autos de Apelação e Reexame Necessário n.º 136.340-4, de Rolândia – Vara Cível, em que é apelante o Município de Rolândia, sendo apelada a Associação Movimento Nossa Terra – AMONTER e remetente o Juiz de Direito.

1. RELATÓRIO.

Trata-se de apelação da sentença pela qual se julgou parcialmente procedente a ação civil pública n.º 634/1999, proposta pela Associação Movimento Nossa Terra – AMONTER em face do Município de Rolândia, condenando-se este à obrigação de fazer consistente em providenciar, no prazo de 90 (noventa) dias, junto aos órgãos competentes, a elaboração do estudo de impacto ambiental (EIA/RIMA), conferindo-se à população ampla publicidade sobre o seu resultado, sem embargo das atividades do aterro sanitário, sob pena de incorrer em multa diária de R$ 1.000,00 (mil reais).

Diante do art. 18 da Lei n.º 7.437/85, condenou-se apenas o réu ao pagamento de 50% (cinqüenta por cento) das custas processuais e dos honorários advocatícios do patrono da autora, fixados em R$ 2.500,00 (dois mil e quinhentos reais), determinando-se, por fim, a remessa dos autos a este Tribunal para o reexame necessário.

Alegou o apelante a desnecessidade da elaboração do EIA/RIMA em face do Município encontrar-se dentro dos parâmetros de dispensa de sua emissão, insurgindo-se, também, contra a imposição da multa diária para o caso de não cumprimento da medida imposta.

Recurso refutado.

O representante do Ministério Público em segundo grau opinou no sentido do seu desprovimento.

2. VOTO.

A sentença está correta, desmerecendo reparo.

O estudo de impacto ambiental (EIA/RIMA), ainda que posterior ao início da obra, é imprescindível para que se prevejam os possíveis danos à comunidade local, permitindo-se adotar prévias medidas para amenizá-lo, se necessário, como bem observou o Dr. Juiz de Direito, in verbis:

(...).

Não se diz aqui, reitero, que a obra oferece riscos à segurança ecológica do lugar, mas entendo que a dúvida vigora em benefício de todos, fazendo-se afastar o critério abstrato do IAP frente ao caso concreto, surgindo assim a inexorável necessidade da realização do Estudo pretendido. Somente por tal parecer técnico se poderá constatar que a obra ofende, ou não, a natureza.

Por isso ratifico: a prova documental – fotografias de fls. 38/41 – é suficiente para evidenciar que o local escolhido pelo Município conta com peculiaridades ambientais que necessitam ser atendidas.

Passando pela rodovia que liga Rolândia a Porecatu, mesmo do leito da pista, é possível visualizar tanto o **aterro** como casas a ele bem próximas, as quais, aliás, aparecem na fotografia de fl. 38 (ao lado do seguimento de reta indicativo: 300 metros). Não é difícil crer que seus moradores consomem água extraída de poços perfurados naquelas adjacências.

Na região encontram-se ainda, notoriamente, restaurantes, granja e indústria de alimentos.

Mas o que chama a atenção e faz nascer imensa preocupação na mente deste julgador, é que naquelas imediações existe um grande número de mananciais e também leito de rios, dos quais a população ribeirinha retira sustento, irriga lavoura, implementa atividades agro-pastoris, industriais etc.

Não precisa ser perito no assunto para se saber que qualquer falha no sistema do aterro ou uso indevido do local para depósito de lixo inadequado significa condenar todos os confinantes e a própria coletividade a um sofrimento desmedido, até mesmo com riscos à vida dos que dependem dos recursos naturais ali dispostos.

Também os consumidores de alimentos da indústria noticiada nos autos poderiam sofrer sérias conseqüências, de forma irreversível, o que não se pode aceitar.

É papel constitucional do contemporâneo Poder Judiciário, além de reprimir lesão a direito, defender também ameaça de lesão (fl. 375).

No mesmo sentido discorre o Dr. Procurador de Justiça, in verbis:

(...).

Como as exigências legais e mais salutares ao Meio Ambiente e à comunidade que reside próxima ao aterro não foram cumpridas, deve ser feito, sim, mesmo que não mais previamente, um estudo que apresente medidas mitigatórias ao impacto ambiental que a obra ocasionará.

Já que anteriormente a implantação do empreendimento não foi exigido o Estudo Prévio de Impacto Ambiental, agora, mesmo sem o importantíssimo caráter preventivo, um estudo deve ser apresentado à comunidade local.

É óbvio que a implantação de um aterro sanitário é o melhor a ser feito com relação a resíduos urbanos, que para a população municipal a situação melhorou, e é isso que o Ministério Público almeja. Porém, não se pode deixar de exigir o cumprimento do dever legal e também a garantia do bem-estar futuro das próximas gerações.

Por conseguinte, um estudo de impacto ambiental deverá ser apresentado, mesmo que a posteriori, com a previsão de possíveis danos e de medidas que serão adotadas para amenizá-los.

Paulo Affonso de Leme Machado, op. cit., nos leciona:

'O licenciamento, como medida decorrente do exercício do poder de polícia, não cria direitos para o seu beneficiário e pode ser revogado ou modificado a qualquer tempo. Inexiste assim, para o empreendedor direito adquirido ao exercício de sua atividade nas condições em que inicialmente licenciadas'.

Por fim, o Município não possui direito adquirido porque sua obra foi licenciada. A licença poderá ser revista a qualquer tempo, sendo portanto, cabível a exigência de um estudo de impacto ambiental, mesmo depois da implementação da obra, mesmo porque a administração pública pode rever seus atos a qualquer instante.

Ademais, como muito propriamente o juízo de primeiro, com a acuidade que lhe é peculiar, afirmou na decisão de fl. 374: 'Por isso não se vislumbra nos critérios do IAP, embora razoáveis, poder de afastar preceito de ordem constitucional, especialmente quando, à vista do caso concreto, nasce o espírito do julgador fundado receio de futuro dano ambiental, o qual, como já dito, vigora em benefício da coletividade' (fls. 417/418).

Impõe-se, portanto, a manutenção da sentença, por seus próprios fundamentos, além dos aqui externados.

Pelo exposto, ACORDAM os Desembargadores e Juiz Convocado, integrantes da Segunda Câmara Cível do Tribunal de Justiça do Estado do Paraná, por unanimidade de votos, em negar provimento à apelação e ao reexame necessário.

Participaram do julgamento e acompanharam o voto do relator os Excelentíssimos Senhores Desembargador Hirosê Zeni e o Doutor Vicente Del Prete Misurelli, Juiz Convocado.

Curitiba, 30 de abril de 2003.
DES. ÂNGELO ZATTAR – Relator.

O Caso da Quinta do Taipal: exposição sumária e análise crítica jurisprudencial

Quinta do Taipal, Sentença Tribunal Judicial de Montemor-o-Velho – 1
Sentença n.º 94/89 de 31-05-1990 – Tribunal Judicial
Sentença Proferida em 31 de Maio de 1990 no Processo n.º 94/89 do Tribunal Judicial de Montemor-o-Velho

O Digno Agente do Ministério Público, na Comarca de Montemor-o-Velho, pretende, com a presente acção de processo ordinário, que, para defesa do equilíbrio ecológico e do são ambiente da zona em que se integra a Quinta do Taipal, sita naquela comarca, seja proibido o enxugo dos terrenos que compõem uma área húmida de cerca de 50 hectares, na ponta norte da quinta, ou outros quaisquer actos que destruam ou façam perigar a fauna ali existente e o seu habitat natural.

Propõe a acção contra António Augusto Couceiro Figueira e Mulher, Fernanda Cruz Mendes Couceiro Figueira, e João Augusto Carvalho Martinho e Mulher, Piedade da Silva Henriques, os primeiros de Gatões, e os segundos de Ereira, e que são os comproprietários da quinta; alega, em resumo, que se trata de um paúl onde se abrigam animais de espécies raras, e que, se ali forem feitas acções de enxugo, como os réus se preparavam para efectuar, antes da providência cautelar que precedeu a acção, ou quaisquer outras que sejam desestabilizadoras do "habitat" instalado, sairá prejudicado irremediavelmente o equilíbrio ecológico de toda a área.

Os réus contestaram, alegando, em síntese:

Até 1986, sempre houve cultivo de arroz na área em causa, precedida do necessário enxugo de terras, sem qualquer prejuízo ecológico; o enxugo da terra, que ocupa muito pouco tempo, e a produção de arroz nenhum prejuízo, dos indicados, acarreta; concluem pela improcedência.

A acção seguiu trâmites normais até final, cumprindo, agora, decidir de mérito, pois nada obsta.

Provou-se:
Os réus são comproprietários da Quinta do Taipal, inscrita na matriz predial sob o n.º 4850, da freguesia de Montemor-o-velho, e que se situa do lado direito da EN n.º 111, sentido Coimbra-Figueira da Foz, depois do cruzamento de Montemor-o-Velho (a); daquela quinta faz parte uma área alagada, com cerca de 50 hectares, junto à referida estrada, que se encontra assinalada a tinta vermelha no doc de fls. 5 dos autos apensos (b); tal área encontra-se definida como zona de Ordenamento Cinegético – Reserva MMV – 1, no edital da Direcção Geral de Florestas, que está junto a fls. 12, dos referidos autos apensos (c); aquele prédio constitui "dormitório" das garças do Baixo Mondego, e a mencionada área de 50 hectares dispõe de riqueza natural elevada, servindo de abrigo, a muitas espécies de aves sedentárias e migradoras, sendo procurada por aves aquáticas raras, vindas do Norte da Europa, no Inverno, e de África, no Verão (d,1 e 2); há, ali, igualmente, indícios da existência de lontras, animal praticamente em vias de extinção no nosso continente (3); em meados de Julho de 1989, os réus preparavam-se para proceder ao enxugo do terreno daquele prédio, a fim de, posteriormente, procederem à cultura de arroz (e); a concretizar-se esta intenção dos réus, ficaria afecta irremediavelmente o "habitat" de algumas das aves e animais atrás referidos (4 a 7); a referida zona tem sido, de há uns tempos a esta parte, e devido à sua riqueza natural, objecto permanente de estudos de diversos departamentos da Universidade de Coimbra, designadamente, dos de Biologia e Zoologia (8); está, até, prevista uma proposta, quer do Serviço Nacional de Parques, Reservas e Conservação da Natureza, quer da Câmara Municipal de Montemor--o-Velho, a Secretaria de Estado do Ambiente para que a zona venha a ser declarada Reserva Natural (9); até 1986, sempre parte da área em causa foi cultivada anualmente o arroz, pelos seus proprietários, após o enxugo dos terrenos com o conhecimento de todos e sem qualquer oposição (10 e 11) o enxugo das terras para cultivo de arroz faz--se antes da sementeira e antes e durante a colheita, por períodos, em média, de um mês, estando o terreno alagado durante o tempo restante (14 e 15).
Estes os factos apurados.

***

O direito de propriedade individual é um direito de expresso constitucional (art. 62.º, n.º 1, da Constituição Política), um direito, pois, fundamental (cfr. epígrafe da Parte I, daquele diploma, em que se insere o citado art.), um dos que a comunidade política elegeu como indesligáveis da pessoa, como instrumento natural do seu desenvolvimento económico, social e cultural.
A definição do conteúdo do direito de propriedade privada deixou a Constituição ao cuidado da lei ordinária, no caso, o Código Civil.
O art. 1305.º, deste último, assinala àquele direito um conjunto de três faculdades, que são, afinal, a expressão da sua natural essência; uso, fruição e disposição. E diz que o proprietário delas goza de modo pleno e exclusivo, querendo com isso significar que, acima dos dele(proprietário) não existem outros poderes sobre a coisa, e que ele pode exigir que todos se abstenham de perturbar ou obstacularizar o seu exercício.
A ideia de um direito de propriedade absoluto e ilimitado, fruto das concepções político-económicas do liberalismo, tem vindo a descaracterizar-se pela acentuação do fim social daquele direito, em paralelo com a evolução dos sistemas político-económicos para formas mais solidárias de participação dos cidadãos e das instituições.

As restrições (de direito privado e de direito público) ao gozo pleno e exclusivo do proprietário, admitidas no falado art. 1305.º C.C., fazem parte do conteúdo do próprio direito, como seus elementos normais;

Não devem ser encarados, pois, como agressões excepcionais ao poder absoluto do "dominus".

Algumas destas restrições, de direito privado, tal como as dos arts. 1346.º C.C., relevam, já, de uma preocupação ecológica.

Não é, porém, o ambiente como "conjunto dos elementos que, na complexidade das suas relações, constituem o quadro, o meio e as condições de vida do homem, tal como são, ou tal como são sentidos" (definição de "ambiente", constante do Programa de Acção, aprovado em 22.11.73, pelas Comunidades Europeias, in JOCE n.º C-112, de 20.12.73), que estava na linha de preocupações do legislador civil, quando "pensou" normas como as citadas.

O que estava em causa, aí, era a disciplina das relações, potencialmente conflituais, de vizinhança.

A partir dos anos 60, a rápida industrialização, o aumento desordenado dos aglomerados urbanos, a alteração radical dos processos de exploração agrícola ramificação das infraestruturas de transportes, o gigantismo que atingiu o parque automóvel, tudo prosseguido numa perspectiva puramente economicista, puseram os homens, os Estados e a comunidade internacional perante a evidência de que os recursos naturais não são inesgotáveis, e que o desenvolvimento e o progresso dependem tanto de uma forte e moderna indústria como, por exemplo, da pureza da água e das margens dos rios para que, a fim de poupar nos custos de produção, aquela lança os efluentes, resíduos e detritos da sua laboração.

É a consciencialização do "ambiente" como valor a preservar, e, por isso, a defender que se foi derramando, aos poucos, por toda a malha do tecido jurídico-social, ao lado, por exemplo, dos interesses do consumidor e do património cultural.

Criado numa perspectiva puramente economicista, o Tratado CEE não continha, na sua versão original, normas específicas relativas à defesa do ambiente.

E, no entanto, como, atrás, se disse, já desde o início dos anos 70, as Comunidades Europeias vinham introduzindo nas suas políticas, programas de acção em matéria de "ambiente".

O Acto Único Europeu, de 17.02.86 (cfr. Documentação e Direito Comparado, 23.º/ /52) aditou, ao Tratado CEE, um Título novo, o VII, dedicado exclusivamente, às questões de "ambiente", em cujo art. 130.º – R se assinala como objectivo prioritário da acção política, nesse campo, o "preservar, proteger e melhorar a qualidade do ambiente", o "contribuir para a protecção da saúde das pessoas", e o "assegurar uma utilização prudente e racional dos recursos naturais".

Falo em Comunidades Europeias porque é sabida a adesão de Portugal aos Tratados que as instituíram (tratado de Adesão de 12.06.85, entrada em vigor a 01.01.86), e porque há que ter em conta os n.ºs 2 e 3 do art. 8.º, da Constituição Política, onde, consagrado o princípio da aplicabilidade directa do direito internacional, se estabelece (n.º 2) que "as normas constantes das convenções internacionais regularmente ratificadas ou aprovadas vigoram na ordem interna após a sua aplicação oficial e enquanto vincularem internacionalmente o Estado Português" (havendo quem veja, aí, a consagração, em geral, da primazia do direito convencional internacional sobre a lei interna – cfr., por exemplo o

Ac. TC. de 19.6.84, in Bol 350.º/145, e Mota Campos, in "Direito Comunitário, Vol II, pags. 315 e segs.), e que (n.º 3) "as normas emanadas dos órgãos competentes das organizações internacionais de que Portugal seja parte vigoram directamente na ordem interna, desde que tal se encontre estabelecido nos respectivos tratados constitutivos".

Estas duas normas (a segunda das quais introduzida na reforma de 1982, precisamente na perspectiva da futura e já prevista adesão aos tratados comunitários − cfr., a propósito, o art. 189.º, n.º 2, do Tratado CEE, onde se consagra expressamente o princípio da aplicabilidade directa dos regulamentos comunitários), essas duas normas, dizia, no que especificamente dizem respeito ao direito comunitário, acabam por consagrar aquilo que o Tribunal de Justiça das Comunidades, embora, sem o apoio expresso de texto legal, mas no exercício da competência (que lhe é própria) de interpretar os Tratados, já desde 1964 vem uniformemente decidindo, e que é o princípio do primado

do direito comunitário sobre o direito interno dos Estados Membros, mesmo do próprio direito constitucional.

Não são de esquecer, portanto, os instrumentos de execução de política do "ambiente" emanados dos competentes órgãos comunitários nem os tratados ou convenções internacionais que Portugal tenha aprovado ou ratificado e que respeitem a tal matéria.

A Constituição Política, desde a sua primitiva versão de 1976, inclui o "ambiente" no elenco dos direitos e deveres fundamentais dos cidadãos, fazendo parte do Título que dedica aos direitos e deveres económicos, sociais e culturais.

"Todos têm direito a um ambiente de vida humana, sadio e ecologicamente equilibrado e o dever de o defender" (art. 66.º, 1).

Trata-se da consagração de um direito fundamental, um direito subjectivo público de conteúdo positivo (direito a acções do Estado no sentido de defender o "ambiente"), mas, também, de conteúdo negativo (direito de exigir do Estado e de terceiros, particulares ou públicos, que, se abstenham de actos de agressão ao "ambiente".

Assim o entendem, uniformemente, os comentadores especializados, e decorre da técnica usada na positivação do referido direito, não obstante a supressão (feita na última revisão constitucional) do n.º 3, daquele art.

Do lado oposto da relação, está sempre o Estado, com o seu dever de "defender a natureza e o ambiente, preservar os recursos naturais e assegurar um correcto ordenamento territorial" como uma das tarefas básicas que lhe estão cometidas, enquadradas nos princípios constitucionais fundamentais (cfr. art. 9, e, da Constituição Política).

É neste contexto que surge o DL 321/83, de 5/7 − Reserva Ecológica Nacional, destinada à preservação dos ecossistemas costeiros e interiores, uma importante dimensão da política do ambiente.

No âmbito da referida tarefa constitucional, surge, por fim, como instrumento jurídico definidor das bases gerais do direito do ambiente, a Lei 11/87, de 7/4 (Lei de Bases do Ambiente).

Aí, nos arts. 40.º, 4 e 5, 44.º, e 45.º, 2 e 3, se confere tutela judicial ao direito do ambiente, e se atribui ao Ministério Público a legitimidade que se arroga na presente acção, legitimidade que, diga-se de passagem, já decorria dos dispositivos dos arts. 3.º, n.º 1, a n.º 1 a), da respectiva Lei Orgânica, enquanto representante do Estado, não o Estado-Administração, mas o Estado-Colectividade.

O direito ao ambiente, como direito subjectivo público dos cidadãos constitucionalmente garantido pode ser, pois, defendido pelo recurso à via judicial.

"Ambiente" é definido na al. a) do n.º 2, do art. 5.º, como "o conjunto dos sistemas físicos, químicos, biológicos e suas relações, e dos factores económicos, sociais e culturais com efeito directo, ou indirecto, mediato ou imediato, sobre os seres vivos e a qualidade de vida do homem".

O que se entende como "ambiente humano e ecologicamente equilibrado", a que os cidadãos têm direito, e que cabe ao Estado assegurar tem a ver, fundamentalmente, com a protecção da natureza e recurso, o combate à poluição e disfunções ambientais e a melhoria da qualidade de vida.

Poder-se-á definir, assim, o direito do ambiente, tal como o faz J. Pereira Reis, in "Contributo Para uma Teoria do Direito do Ambiente": "conjunto de normas jurídicas que tendo especialmente em vista as relações do homem com o meio, prossegue os objectivos de conservação na natureza, manutenção dos equilíbrios ecológicos salvaguarda do património genético, protecção dos recursos naturais, e combate às diversas formas de poluição".

São componentes do "ambiente", segundo o art. 6.º, o ar, a luz, a água, o solo vivo e o subsolo, a flora e a fauna. "Toda a fauna será protegida através de legislação especial que promova e salvaguarde a conservação e a exploração das espécies sobre as quais recaiam interesses científicos, económico ou social garantindo o seu potencial genético e os "habitats" indispensáveis à sua sobrevivência" (n.º 1, do art. 6.º).

E, logo o n.º 2: "A fauna migratória será protegida através de legislação especial e salvaguarda a conservação das espécies, através do levantamento, da classificação e da protecção em particular dos montados e das zonas húmidas, ribeirinhas e costeiras".

O que vem na sequência das preocupações comunitárias quanto à preservação da vida selvagem e dos biótopos ou dos ecossistemas que lhe são necessários, particularmente as zonas húmidas.

É nesse sentido que a Comunidade Europeia recomendou aos Estados Membros a adesão à Convenção Relativa às Zonas Húmidas de Importância Internacional Que Servem de Habitat às Aves Aquáticas, adoptada em 02.02.71, pela Conferência Internacional de Ramsar, no Irão;

E que, por outro lado, a Comunidade assinou a Convenção Relativa à Conservação da Vida Selvagem e do Meio Natural da Europa, adoptada em 19.09.79, pelos Ministros do Conselho da Europa; e é nesse sentido, também, que se concluiu, em Bona, em 24.06.79. a Convenção sobre a Conservação das Espécies Migradoras Pertencentes à Fauna Selvagem.

Convenções aquelas que o Estado Português ratificou oportunamente (cfr., tendo em conta a ordem por que foram indicadas, o Dec. 101/80, de 9/10, o Dec. 95/81, de 23/7 e o Dec. 103/80, de 11/10), tendo, já, regulamentado a aplicação da segunda das indicadas (a Relativa à Conservação da Vida Selvagem e do Meio Natural da Europa), pelo DL 316/89, de 22/9.

Na primeira das mencionadas convenções, dá-se primazia (art. 2.º, 2) às zonas húmidas de importância internacional para as aves aquáticas (derivando a importância internacional do facto de, nas suas migrações, as aves atravessarem fronteiras estaduais-cfr. o preâmbulo da Convenção), e recomenda-se aos Estados signatários a implantação de reservas naturais nessas zonas (arts. 4.º, 1), acentuando-se a função ecológica fundamental das zonas húmidas.

Na terceira, frisa-se o valor "cada vez maior de que a fauna selvagem se reveste sob o ponto de vista mesológico, ecológico, genético, científico, recreativo, educativo, social e económico", e manifesta-se a preocupação "com as espécies.. que, pelas suas migrações, são levadas a ultrapassar limites de jurisdição nacional, ou cujas migrações decorrerem no exterior desses limites".

Finalmente, na Convenção de 19.09.79, propugna-se a protecção dos "habitats" das espécies selvagens da fauna e da flora, especialmente das mencionadas nos Anexos I e II, e a defesa dos "habitats naturais ameaçados de extinção (art. 4.º), e a conservação das espécies da fauna selvagem enumeradas nos Anexos II e III (arts. 6.º e 7.º), e das espécies migradoras aí arroladas (art. 10.º).

No seu art. 4.º, 1, a), o DL 316/89, de 22/9, que, como se disse, regulamenta a aplicação da referida Convenção, proíbe, salvo licença, a deterioração ou destruição intencionais dos "habitats" das espécies inscritas no Anexo II, daquela Convenção, em que, justamente, se incluem a lontra (lutra) e algumas espécies de garças (como a "ardea purpura", a Begretta garzetta", a garça boieira ou "bubulous ibis"), com presença mais ou menos acentuada em Portugal, e pune com coimas a violação (art. 14.º, 1, a)).

E é chegado o momento de dizer se o "ambiente" e disciplina jurídica que o rege devem intervir na solução do caso subjudice, para além da óbvia participação das normas de conteúdo estritamente civilista que disciplinam o direito de propriedade privada.

Não tenho dúvidas em afirmar que sim, vistas as especialíssimas características do ecossistema que se instalou na disputada zona ou parcela da Quinta do Taipal, que a enquadra no conjunto das preocupações, atrás referidas, da Conferência Internacional de Ramsar, Convenção Relativa à Vida Selvagem e do Meio Natural da Europa e Convenção sobre a Conservação das Espécies Migradoras Pertencentes à Fauna Selvagem, e a coloca na mira das intenções programáticas dos citados n.ᵒˢ 1 e 2, do art. 16.º, da Lei de Bases do Ambiente.

Para além de zona de reserva cinegética, destinada a ordenamento, o que, claro, não seria bastante, a área em causa, pela sua riqueza natural elevada, derivada, sobretudo, das suas características de zona húmida, é o abrigo de garças, de aves aquáticas migradoras de espécies raras, e refúgio de lontras, animal em vias de extinção no continente europeu.

Como atrás disse, a garça, em algumas das espécies aí referidas, é mais ou menos frequente nas zonas húmidas do nosso País, e a lontra tem assinalada a sua presença na zona em causa, gozando tais espécies da protecção absoluta do art. 4.º, 1, DL 316/89.

O enxugo do terreno, ainda que por períodos limitados, afectaria irremediavelmente o equilíbrio ecológico da zona, deteriorando o "habitat" de algumas das populações do biótipo, e provocando o seu desaparecimento.

Estão em causa valores científicos e culturais de grande importância, e preservação do equilíbrio ecológico da zona, pela garantia da capacidade de regeneração de todos os recursos vivos da natureza.

Mas, se assim é, então por que razão não existe providência legislativa ou regulamentadora a reconhecê-lo, demarcando a área como parque natural (nacional ou regional), ou como reserva ecológica, incluída na REN (cfr. o já acima citado DL 321/83, revogado, recentemente, pelo DL 93/90, de 19/3), ou outra qualquer medida específica enquadrada no âmbito dos deveres assumidos nas aludidas convenções (a chamada lei mediadora)?

E, se falta tal providência, como afirmar que o direito positivo permite solucionar ou perspectivar a situação à luz do regime jurídico do "ambiente"?

Para além do argumento que se poderia extrair do, já citado, art. 4.º, 1 a) DL 316//89, onde se proíbem actos intencionais de destruição ou deterioração do "habitat" de animais como a garça e a lontra (argumento de duvidoso valor, dado que dependente do que deverá entender-se por destruição ou deterioração intencional, mas que também não poderá ser utilizado "a contrário", para sustentar que tudo o que não seja dolosamente destinado à destruição dos "habitats" é permitido, pois o DL 316/89, limitou-se a regulamentar os específicos e limitados objectivos da Convenção), para além do referido argumento, a resposta àquela dúvida terá de ir buscá-la o intérprete da lei à matriz constitucional do direito do "ambiente" e à sua comummente reconhecida condição de um dos direitos fundamentais de natureza análoga aos do Título II da Constituição Política, sendo-lhe, portanto, aplicável o regime dos Direitos, Liberdades e Garantias, e, assim, o princípio da aplicabilidade directa (sem necessidade de intervenção de lei mediadora), consignado no art. 18.º, 1(cfr. J.G. Canotilho) in Constituição da República Portuguesa Anotada, pag. 172, e Jorge Miranda, in Manual de Direito Constitucional, vol IV, pag. 144).

Como ordenador ou regulador das relações do homem com o seu meio o direito do ambiente, sem prejuízo da sua autonomia dogmática, que deriva dos objectivos que prossegue, assume-se como um sistema jurídico de carácter horizontal, que tem tendência a infiltrar-se no domínio dos demais ramos do mundo jurídico, público e privado, e um direito de interacções, que penetra o núcleo dos direitos e deveres inerentes aos demais sectores da ordem jurídica, estabelecendo, no seu interior um movimento dialectivo (sobre o direito do ambiente como um sistema finalista, horizontal e de interacção, cfr. Direito do Ambiente, de A. Carvalho Martins).

E, chegados aqui, como num círculo que se fecha, eis-nos no princípio da discussão, quando abordei o direito de propriedade e suas faculdades ou poderes.

A ideia, ali exposta, de um direito de propriedade não absoluto, nem ilimitado, de cariz acentuadamente social, já sujeito a restrições, como sua condição normal, sai, agora, enriquecida pelo contributo da discussão que se lhe seguiu.

Agora, já podemos ver um direito de propriedade privada não apenas comprimido pelo empolamento de outros direitos conflituantes, mas, também, um direito dialecticamente transformado pela interacção que no seu interior, se processou com o direito do ambiente, direito este cujo instrumento de acção ou contradição é o "dever" (dever fundamental/constitucional) de todos os cidadãos de defenderem o ambiente ("Todos têm direito a um ambiente de vida humana, sadio e ecologicamente equilibrado e o dever de o defender").

Dever que é como que o reverso da medalha, quando em confronto com o direito correspondente e a que o proprietário, enquanto tal, não pode fugir.

Um direito, finalmente, que, no caso concreto, se afirma com a expressão do seu núcleo, mais valioso, do mínimo necessário à sua existência, e que, portanto, justifica a "subida" à matriz constitucional para justificar a sua tutela.

Há boas razões, portanto, para proibir as operações de enxugo de terras na área em causa.

O facto de, antes, ter havido enxugo, para cultivo de arroz, em parte dela não modifica os termos da questão. Já, aí, havia prejuízo para o ambiente, nos termos sobreditos.

Outros trabalhos que eventualmente possam fazer perigar a fauna ali existente ou o seu "habitat" natural não podem constituir, ao contrário do pretendido, objecto de decisão, pois o poder judicial exerce-se pressupondo uma violação concreta de direitos ou interesses, ou, pelo menos, a concreta ameaça dessa violação, coisa que se não verifica naquela parte do pedido.

***

Por tudo o exposto, na parcial procedência da acção, condeno os réus a se absterem por si ou por intermédio de outrem, de executar quaisquer trabalhos de enxugo dos terrenos que compõem a área de 50 hectares, na ponta norte da Quinta do Taipal, assinalada a vermelho no doc. de fls. 5 dos autos apensos.

Custas pelos réus na proporção de 3/4. O Autor está isento.

Notifique e registe.

F. da Foz, 31 de Maio de 1990

António Quirino Duarte Soares

Quinta do Taipal, Acórdão Tribunal da Relação de Coimbra-2
Acórdão de 17-01-1995 n.º 86-181 Supremo Tribunal de Justiça, – Acórdão Proferido em 17 de Janeiro de 1995 no Processo n.º PA 257/90 do Supremo Tribunal de Justiça.

Acordam no Supremo Tribunal de Justiça:

O Agente do Ministério Público no Tribunal da comarca de Montemor-o-Velho intentou acção ordinária contra António Augusto Couceiro Figueira e mulher Fernanda Cruz Mendes Couceiro Figueira e João Augusto Carvalho Martins e mulher Piedade da Silva Henriques, pedindo a condenação dos réus: a) A reconhecerem a manutenção da zona húmida da Quinta do Taipal que indentifica, como fundamental para o equilíbrio ecológico daquela área e imprescindível para um são ambiente e, b) A absterem-se, por si ou por intermédio de outrem de executarem quaisquer trabalhos de enxugo dos terrenos que compõem a mesma zona ou outros que, eventualmente, venham a destruir ou fazer perigar a fauna ali existente e seu "habitat" natural. Fundamentou o peticionado no facto da referida área húmida, de cerca de 50 hectares, na ponta norte da referida quinta, ser um paul onde se abrigam animais de espécies raras e de que se ali fossem levadas a cabo acções de enxugo, que estavam na mira dos réus, antes da providência cautelar que antecedeu a acção ou quaisquer outras que desestabilizassem o "habitat" instalado, seria prejudicado de forma irremediável o equilíbrio ecológico de toda a área, pelo que se impõe a defesa de tal equilíbrio e do são ambiente da zona onde se integra a referida Quinta. Os réus, comproprietários desta, contestaram pugnando pela improcedência da acção, alegando, em síntese, que até 1986 sempre houve cultivo de arroz na área em causa, precedido do necessário enxugo de terras, sem qualquer prejuízo ecológico, enxugo esse que ocupa muito pouco tempo, não acarretando ele e a produção de arroz qualquer das consequências nefastas referidas na p.i. Após saneamento e condensação do processo, realizou-se oportunamente o julgamento da matéria de facto e foi depois proferida sentença julgando parcialmente procedente a acção, condenando os réus a absterem-se de, por si ou por intermédio de outrem, executar quaisquer trabalhos de enxugo dos terrenos que compõem a área de 50 hectares, na ponta norte da Quinta do Taipal assinalada a vermelho no doc. de fls. 5 da apensa providência cautelar.

Os réus apelaram mas a Relação de Coimbra confirmou a decisão da 1.ª instância. Recorreram os réus para este Supremo Tribunal sendo proferido acórdão ordenando que a Relação conhecesse de algumas questões não apreciadas.

Foi então proferido pela Relação o Acórdão de fls. 175 a 186 que, de novo julgou improcedente a apelação. Pedem os réus revista, alegando e formulando conclusões que são as seguintes:

1.º – O direito de propriedade privada não cria apenas a protecção de interesses privados, ele traduz a protecção do próprio modelo económico-social constitucionalmente prescrito para o Estado Português, assumindo-se assim como um direito de carácter eminentemente público, indispensável ao funcionamento do Estado nos moldes escolhidos pela C.R.P.;

2.º – No direito de propriedade não se incluem já as restrições aos poderes por ele conferidos; pelo contrário, tais restrições são exógenas e apenas em casos excepcionais e porque interesses mais vultuosos as justifiquem, podem comprimir o direito de propriedade;

3.º – Ainda aí, contudo sempre se estará perante uma compressão, uma limitação e nunca uma completa postergação do conteúdo do direito, sob pena de se retirar, afinal, o direito no seu todo;

4.º – A sentença de 1.ª instância impôs aos recorrentes uma cláusula de imodificabilidade de solo, retirando-lhes todo o conteúdo útil do seu direito de propriedade;

5.º – A sentença impôs aos proprietários, sem qualquer base legal, um vínculo que outra coisa não é senão a expropriação do uso do solo, deixando-lhes apenas um simulacro de direito de propriedade sem qualquer conteúdo útil;

6.ª – Expropriação é o único termo capaz de moderadamente classificar a apropriação pelo Estado e contra a vontade dos proprietários do uso, fruição e utilidade da coisa;

7.º – Nos termos dos arts. 62.º, n.º 2 da C. R. P. e 1308.º e 1310.º do Cód. Civil a expropriação (ou o que a ela desta forma se equipare – a privação referida naquele art. 1308.º) só pode ser efectuada com base na lei e mediante pagamento de justa indemnização – no caso sub júdice, nem uma nem outra existem;

8.º – Dir-se-á ainda que os tribunais judiciais podem ser tidos como "organismos próprios" referidos no art. 66.º, n.º 2 da C. R. P. pelo que lhes carece a legitimidade para fazer o que fizeram no presente caso;

9.º – Desde logo porque não é aos tribunais judiciais que compete determinar a criação de áreas protegidas. Da análise da diversa legislação existente resulta bem claro que tal competência é detida pelo Governo, cumprido que seja todo um processo tendente a comprovar, cientificamente, quer se a área em questão é dotada de uma riqueza natural tal que justifique a atribuição daquele estatuto, quer que ela se encontre em concreto e comprovado perigo caso se lhe não confira esse estatuto;

10.º – Não se entendendo que, no caso dos autos, houve um simulacro de criação judicial de uma área de reserva, então uma só visão do acontecido se torna possível: a de que houve uma expropriação (ainda que dissimulada), melhor dizendo, uma confiscação, por natureza ilegal;

11.º – É que o afirmar-se que a riqueza faunística da Quinta do Taipal não pode obviamente, só por si, legitimar a imposição jurídica, sem base legal, de um vínculo que outra coisa não é senão a expropriação do uso agrícola do solo;

12.º – Porque as cláusulas de imodificabilidade do solo (como a consagra na sentença) se analisam como medidas de natureza expropriatória têm, de forma obrigatória, que ser normativamente previstas ou então concretizadas pela Administração, de acordo com padrões normativamente fixados;

13.º – Que, no caso concreto, não obstante a exaustiva referência a diplomas de direito internacional, de directivas comunitárias e da própria Constituição, o que é certo é que a sentença não tem base legal ou normativa pois que nenhum daqueles diplomas prevê (antes pelo contrário) que aquela protecção se concretize através dos meios utilizados;

14.º – Além do direito de propriedade privada desenharam-se ainda outros interesses constitucionalmente protegidos – concretamente o direito de iniciativa económica privada (art. 61.º da C. R. P.). Tal direito, observando no correcto prisma determinado pela situação concreta, assume-se como representativo de um interesse geral, de um verdadeiro interesse da comunidade;

15.º – E isto quer pela especial (e exclusiva) apetência dos solos em questão para o cultivo do arroz, quer pelo enorme contributo que esse cultivo nos 50 hectares da Quinta do Taipal iria dar à economia agrária do país;

16.º – O constitucionalmente consagrado direito ao ambiente sempre haverá que ser analisado em duas bem distintas vertentes: o equilíbrio ecológico de imediato efeito na vida humana e o equilíbrio ecológico relativo à fauna e à flora. Obviamente que são duas vertentes distintas por sua própria natureza, sendo a segunda funcionalizada à primeira que assume, por isso, um muito maior peso;

17.º – É manifesto que no caso "sub judice" se está, quando muito, perante a segunda destas vertentes pelo que na aquilatação dos concretos interesses aqui conflituantes sempre haverá que ter tal facto em conta;

18.º – Essa aquilatação será forçosa para se conseguir a composição, a concordância prática dos interesses aqui conflituantes quando se revelam, à partida, de igual dignidade. Tal é aliás a regra enunciada pelo próprio C. C. no seu art. 335.º, n.º 1;

19.º – Sempre se dirá contudo que da matéria dada como provada (resp. aos quesitos 4.º a 7.º) apenas resulta que do cultivo do arroz resultaria tão só alguma perturbação na vida de algumas espécies ali existentes o que não é o bastante para se configurar um atentado contra um ambiente sadio e ecologicamente equilibrado – razão pela qual se não chega sequer a ofender o art. 66.º, n.º 1 da C. R. P.;

20.º – Não se aceita que o Tribunal da Relação perante a inexistência da alegação, discussão e prova de determinados factos, se permita concluir através de infundados juízos de probabilidade, que "é bem possível que tal haja sucedido".

Foram violados os arts. 61.º, n.º 1, 62.º, n.º 1 e 2 e 66.º – al. c) da C. R. P. e arts. 335.º, 1305.º, 1308.º e 1310.º do C. C. pelo que deve revogar-se o Acórdão recorrido julgando-se improcedente o pedido do A. Contra-alegando o Digno Representante do Ministério Público entende que deve ser confirmado o Acórdão recorrido, negando-se a revista.

***

Cumpre apreciar e decidir.

São **factos** dados como provados os seguintes:

1.º – Os réus são comproprietários da denominada Quinta do Taipal, a qual se situa do lado direito da E. N. n.º 111, depois do cruzamento para Montemor-o-Velho (al. a) da especificação);

2.º – Daquela Quinta faz parte uma área alagada com cerca de 50 hectares, junto à referida estrada, a qual se encontra assinalada a tinta vermelha, no doc. de fls. 5 do processo apenso, achando-se inscrita na matriz sob o art. 4850 (al. b); Tal área encontra-

-se definida como zona de ordenamento cinegético – Reserva M.M.V. – 1 – no edital da Direcção-Geral das Florestas (al. c); O prédio atrás referido constitui um dormitório das garças do Baixo Mondego (al. d); Em meados de Julho de 1989, os réus preparavam--se para proceder ao enxugo do terreno daquele prédio a fim de, posteriormente, procederem à cultura do arroz (al. e); A área referida na al. b) dispõe de uma riqueza natural elevada, servindo de abrigo a muitas espécies de aves sedentárias e migratórias (resp. ao quesito 1.º); Sendo procurada por aves aquáticas raras, vindas do norte da Europa, no Inverno, e de África, no Verão (resp. ao quesito 2.º); Há ali, igualmente, indícios de lontras, animal praticamente em vias de extinção no nosso continente (resp. ao quesito 3.º); A concretizar-se o facto referido em e) ficaria afectada irremediavelmente, o "habitat" de algumas das aves e animais referidos nos quesitos 1.º, 2.º e 3.º (resp. aos quesitos 4.º, 5.º, 6.º e 7.º); A referida área tem sido de há uns anos a esta parte, devido à sua riqueza natural, objecto permanente de estudo de diversos departamentos da Universidade de Coimbra, designadamente de Biologia, e Zoologia (resp. ao quesito 8.º); Está prevista uma proposta, quer do serviço Nacional de Parques, Reservas e Conservação da Natureza, quer da Câmara Municipal do Concelho, à Secretaria de Estado do Ambiente, para que a mesma venha a ser declarada Reserva Natural (resp. ao quesito 9.º); Até 1986, sempre parte da área referida em b) foi cultivada anualmente com arroz, pelos seus proprietários, após o enxugo respectivo da terra, com conhecimento de todos e sem qualquer oposição (resp. aos quesitos 10.º e 11.º); O enxugo da terra para o cultivo do arroz faz-se antes da sementeira e antes da colheita, e durante esta, por período, em média, de um mês (resp. ao 14.º); Durante o restante período do ano o campo está alagado (resp. ao quesito 15.º).

***

Na 1.ª instância, e perante a factualidade acima descrita a sentença, de facto muito bem elaborada, depois de considerar a natureza do direito de propriedade e restrição do mesmo, de abordar a problemática do ambiente e sua defesa e de fazer exaustiva apreciação dos textos legais (constitucionais e ordinários) e convenções internacionais relativos ao ambiente, seguindo o entendimento de que o direito ao mesmo pode ser defendido pelo recurso à via judicial e que existia prejuízo para o ambiente com as actividades que os réus pretendiam exercer no seu prédio, decidiu, como já se viu, condenar os réus no 2.º pedido formulado na p. i.. No Acórdão recorrido foi confirmada a decisão da 1.ª instância. Nele se entendeu que o que estava em jogo, no pleito, era um conflito entre o direito ao ambiente e qualidade de vida e o direito de propriedade, ambos constitucionalmente consagrados e que a resolução desse conflito era da competência dos tribunais comuns, como flui do n.º 1 do art. 45.º da Lei n.º 11/87, de 7/4. Mais se entendeu que a proibição decretada era perfeitamente admissível e que não houve qualquer expropriação nem se criou qualquer servidão administrativa, nem se declarou constituída qualquer área protegida ou reserva natural. Vejamos pois, se será assim, ou se, pelo contrário, assiste razão aos réus ao discordarem do Acórdão pela forma constante das suas alegações e respectivas conclusões. Liminarmente se dirá que forçoso é dar a nossa concordância às considerações feitas pelas instâncias acerca do ambiente e consciencialização de que o mesmo é um valor a preservar e, portanto, a defender sempre que ameaçado ou ofendido. Foi infelizmente, bem tardiamente que os Estados começaram a preocupar-se com o estado ambiental gravemente afectado em todo o mundo, devido a factores por demais conhecidos. Do que se fizer agora na defesa do ambiente depende, sem dúvida, o próprio destino de toda a humanidade. São tantos os atentados contra o ambiente que grande é a responsabilidade dos Estados e de todos os homens conscientes, se não souberem pôr cobro aos mesmos, através de uma actuação conjunta e eficaz que com eficácia defenda aquele e puna os infractores.

Os réus, aliás, não discutem ou põem em causa o direito ao ambiente, nem os deveres que todos têm em relação ao mesmo.

A sua discordância em relação ao Acórdão recorrido que confirmou a decisão da 1.ª instância, coloca-se noutro plano como resulta evidente das conclusões que formularam. Feita esta introdução necessária, vejamos quais as normas legais a considerar para se alcançar, a partir delas, a solução que se afigure mais justa. No que respeita ao ambiente a nossa Constituição, depois de, logo no art. 9.º, al. e) referir que são tarefas fundamentais do Estado, defender a natureza e o ambiente e, preservar os recursos naturais, dispõe, no art. 66.º, n.º 1, que: "Todos têm direito a um ambiente de vida humano, sadio e ecologicamente equilibrado e o dever de o defender".

Na sequência, dispõe o n.º 2 desse artigo, além do mais, que ao Estado incumbe ordenar e promover o ordenamento do território, tendo em vista paisagens biologicamente equilibradas e criar e desenvolver reservas e parques naturais e de recreio, bem como classificar e proteger paisagens e sítios, de modo a garantir a conservação da natureza.

Na sequência das referidas disposições constitucionais, surge o Dec. Lei n.º 321/83, de 5/7 que cria a Reserva Ecológica Nacional, constituída, conforme dispõe o seu art. 2.º, por ecossistemas costeiros-praias, arribas, estuários, rias, etc. – e ecossistemas interiores – lagoas, albufeiras, leitos normais dos cursos de água, cabeceiras dos cursos de água, encostas, escarpas, áreas de infiltração máxima, áreas abandonadas, etc.. Posteriormente aparece a Lei n.º 11/87, de 7/4, – Lei de Bases do Ambiente.

Nela se define ambiente, como o "conjunto dos sistemas físicos, químicos, biológicos e suas relações e dos factores económicos, sociais e culturais com efeito directo ou indirecto, mediato ou imediato, sobre os seres vivos e a qualidade de vida do homem. (Art. 5.º, n.º 2, al. a)).

No art. 6.º diz-se serem componentes do ambiente: o ar, a luz, a água, o solo vivo e subsolo, a flora e a fauna. No que respeita à fauna tem interesse relevante a leitura do art. 16.º, da qual se conclui, em síntese, que toda a fauna será protegida através de legislação especial que promova e salvaguarde a conservação e exploração das espécies; que a fauna migratória será também protegida por legislação especial para promover e salvaguardar a conservação das espécies, fazendo-se o levantamento, classificação e protecção, em particular dos montados e das zonas húmidas; que a protecção da fauna autóctone de forma mais ampla e a necessidade de proteger a saúde pública, implicam a adopção de medidas de controle efectivo severamente restritivas, quando não de proibição, a desenvolver pelos organismos competentes e autoridade sanitária. De grande interesse, também, o que dispõe o art. 29.º, cuja redacção é a seguinte:

1 – Será implementada e regulamentada uma rede nacional contínua de áreas protegidas, abrangendo áreas terrestres, águas interiores e marítimas e outras ocorrências naturais distintas que devam ser submetidas a medidas de classificação, preservação e conservação, em virtude dos seus valores estéticos, raridade, importância científica, cultural e social ou da sua contribuição para o equilíbrio biológico e estabilidade ecológica das paisagens.

2 – As áreas protegidas poderão ter âmbito nacional, regional ou local

3 – A iniciativa da classificação e conservação de áreas protegidas... será da competência da administração central, regional ou local ou ainda particular.

4 – A regulamentação da gestão de áreas protegidas... compete consoante o seu âmbito à administração central, regional ou local.
5 – (...)
6 – (...)
Finalmente há que referir o Dec. Lei n.º 316/89, de 22/9 que regulamenta a aplicação da conservação da vida selvagem e dos "habitats" naturais na Europa.

Este diploma legal surgiu devido ao facto de em 19/9/79 ter sido assinada por países membros do Conselho da Europa, a Convenção Relativa à Conservação da Vida Selvagem e dos "Habitats" Naturais da Europa (Convenção de Bona) tendo tal Convenção sido aprovada por ratificação pelo Dec. Lei n.º 95/81, de 23/7. No art. 6.º daquele Dec. Lei n.º 316/89 estabelece-se que, para protecção dos "habitats" das espécies de flora e fauna mencionadas nos anexos I e II da Convenção e dos "habitats" naturais ameaçados, é instituída uma comissão nacional integrando representantes designados pelo Serviço Nacional de Parques, Reservas e Conservação da Natureza, pela Direcção-Geral de Ordenamento do Território, pela Direcção-Geral das Florestas e ainda pelas Regiões Autónomas dos Açores e Madeira e que a esta Comissão Nacional compete propor ao Governo a adopção das medidas tendentes à protecção das áreas previstas, nomeadamente, protecção das áreas importantes para as espécies migradoras.

Compete à Comissão Nacional, segundo impõe o art. 12.º, propor ao Governo a adopção das medidas tendentes a propor o levantamento das reservas formuladas ao abrigo dos n.ºs 1 e 2 do art. 22.º da Convenção e estabelecer um cadastro nacional de "habitats" protegidos.

No art. 4.º, e com vista à protecção das espécies da fauna inscrito no anexo II da Convenção, proíbe-se a deterioração ou destruição intencional dos respectivos "habitats". Feita esta resenha dos diplomas respeitantes ao ambiente, mais adiante se extrairão deles as necessárias conclusões.

Interessa agora determo-nos sobre o direito de propriedade, que os recorrentes entendem haver sido violado sem base legal. Segundo o art. 62.º da Constituição (n.º 1) "A todos é garantido o direito à propriedade privada e à sua transmissão em vida ou por morte, nos termos da Constituição". E no n.º 2 desse preceito dispõe que "A requisição e a expropriação por utilidade pública só podem ser efectuadas com base na lei e mediante o pagamento de justa indemnização". Na lei ordinária, o direito de propriedade é regulado nos arts. 1302.º e seguintes do Código Civil. O seu conteúdo consta do art. 1305.º, segundo o qual, o proprietário goza de modo pleno e exclusivo dos direitos de uso, fruição e disposição daquilo que lhe pertence, embora tais direitos devam exercer-se dentro dos limites da lei, tendo de se observar as restrições por ela impostas. Só excepcionalmente o direito de propriedade conhece restrições. Como decorre dos arts. 1308.º e 1309.º onde se prevêem a expropriação e a requisição temporária estas dão lugar a uma indemnização ao proprietário, art. 1310.º.

***

Os recorrentes entendem que a sentença da 1.ª instância, confirmada pelo Acórdão recorrido, lhes impôs uma cláusula de imodificabilidade do solo, retirando-lhes todo o conteúdo útil do seu direito de propriedade, impondo-lhe um vínculo, sem base legal, que outra coisa não é senão a expropriação do uso do solo. É evidente o exagero da afirmação, pois que, com a expropriação, se extinguem direitos privados constituídos sobre determinados imóveis, dando-se a sua transferência definitiva para o Estado ou pessoa a cujo cargo esteja a prossecução de um fim específico de utilidade pública, havendo lugar ao pagamento de uma indemnização compensatória ao titular dos direitos extintos. Mas, não tendo havido uma expropriação anómala nascida de uma sentença judicial, a verdade é que os réus foram condenados a absterem-se, por si ou por intermédio de outrem, de executarem quaisquer trabalhos de enxugo dos terrenos que compõem a área de 50 hectares localizada na ponta norte da sua propriedade Quinta do Taipal. Por outras palavras, aquela parte da propriedade dos ora recorrentes, não pode ser por estes enxuta para eles aí cultivarem arroz.

É uma zona encharcada e assim tem de continuar, por ser o "habitat" de muitas espécies de aves sedentárias e migratórias, sendo procurada por aves aquáticas raras, havendo também ali indícios de lontras, animal que está em vias de extinção.

Sendo, como é, área encharcada aí não pode fazer-se qualquer espécie de cultura. O direito de propriedade dos recorrentes, sobre aquela área de 50 hectares, encontra-se assim, por força da sentença, fortemente restringido visto que não podem fruir da mesma ou transformá-la.

Trata-se de uma restrição imposta por razões de interesse público, sendo certo que as normas que a regem se integram no direito administrativo. Como escrevia Marcelo Caetano (Manual de Direito Administrativo, 3.ª ed. pag. 596) "A realização dos fins da Administração nem sempre exige a passagem das coisas para o seu domínio: em grande número de casos é
compatível com a manutenção dos bens na propriedade dos particulares, sujeitando-se, porém, os proprietários a sofrer o exercício pelos órgãos administrativos, de poderes sobre os seus bens". A doutrina administrativa olhando o aspecto passivo desses poderes, umas vezes faz-lhes referência sob a rubrica genérica de "restrição de utilidade pública ao direito de propriedade" e outras designa-o por "servidões administrativas" (obra e local citados).

Quer se considere como servidão administrativa, quer se entenda tratar-se de uma restrição de utilidade pública ao direito de propriedade, a situação de quase indisponibilidade em que, por força do decidido pelas instâncias, ficou parte da propriedade dos recorrentes, é anómala e ilegítima face à Constituição e lei ordinária, pois que só a Administração, o Governo, pode criar servidões administrativas ou restrições de utilidade pública, mediante o pagamento de uma compensação indemnizatória.

Por outro lado, e ao mesmo tempo, as instâncias criaram, como é bem evidente, um "habitat" permanente, uma reserva para aves sedentárias e migratórias e hipotéticas lontras, quando é certo que, como se viu da legislação acima referida, a fauna é protegida por legislação especial e as áreas protegidas e reservas são criadas e conservadas pela Administração, pelo Governo, mediante proposta da respectiva comissão nacional. Não podem nem devem ser os tribunais suprir as deficiências ou incúrias do poder executivo na criação de áreas protegidas em todas as zonas do país em que isso se mostre necessário.

Decretar-se, através de uma sentença judicial, de forma mais ou menos clara, a criação de uma área protegida para aves seria o mesmo que alargar ilegalmente a jurisdição dos tribunais, substituindo-se estes aos poderes da administração. Certo que os tribunais podem intervir em questões ambientais, mas apenas e só, quando alguém se sinta ameaçado ou lesado nos seus direitos a um ambiente sadio e ecologicamente equilibrado, ou quando alguém tenha causado danos significativos no ambiente, em virtude de uma acção especialmente perigosa (em relação às pessoas evidentemente).

Daí as normas do art. 40.º e segs da Lei de Bases do Ambiente. Aliás não se compreende muito bem como, dizendo-se já, na providência cautelar apensa, em 1989, e também na p. i., que estava prevista para breve uma proposta à secretaria do Estado do Ambiente, para que a tal zona da propriedade dos réus venha a ser declarada área protegida – reserva natural – tal proposta não tenha avançado e sido apreciada por quem de direito.

***

Face ao exposto concede-se a revista, revoga-se o Acórdão recorrido e sentença da 1.ª instância e absolvem-se os réus dos pedidos.
Sem custas por delas estar isento o autor.
Lisboa, 17 de Janeiro de 1995
(Assinaturas ilegíveis)

Quinta do Taipal, Acórdão Supremo Tribunal de Justiça -3
Acórdão n.º 83-838 de 09-12-1993 – Supremo Tribunal de Justiça
Acórdão Proferido em 9 de Setembro de 1993 no Supremo Tribunal de Justiça

Acordam no Supremo Tribunal de Justiça:
O Magistrado do Ministério Público junto da comarca de Montemor-o-Velho propôs acção ordinária contra António Augusto Couceiro Figueira e mulher Fernanda Cruz Mendes Couceiro Figueira e João Augusto Carvalho Martinho e mulher Piedade da Silva Henriques, pedindo a condenação dos réus a:
a) Reconhecerem a manutenção da zona húmida da Quinta do Taipal, que se discrimina no art. 2.º da petição inicial, como fundamental para o equilíbrio ecológico de aquela área e imprescindível para um são ambiente;
b) Absterem-se si ou por intermédio de outrem de executarem quaisquer trabalhos de enxugo dos terrenos que compõem a mesma zona ou outros que, eventualmente, venham a destruir ou fazer perigar a fauna ali existente ou o seu habitat natural.
Aduziu, em síntese, que a ponta norte da referida quinta, é um paul onde se abrigam animais de espécies raras e que se ali fossem levados a cabo acções de enxugo, que estavam na mira dos réus antes da previdência cautelar que antecedeu a acção, ou quaisquer outras que destabilizassem o "habitat" instalado, sairia prejudicado de forma irremediável o equilíbrio ecológico de toda a área, impondo-se assim a defesa do equilíbrio ecológico e do são ambiente da zona onde se integra a Quinta do Taipal.
Os réus, comproprietários da Quinta do Taipal, apressaram-se a contestar, pugnando pela improcedência da acção, alegando substancialmente que até 1986 sempre houve cultivo de arroz na área em causa, precedida do necessário enxugo de terras, sem qualquer prejuízo ecológico enxugo esse que ocupa muito pouco tempo, não acarretando ele e a produção de arroz qualquer das consequências nefastas referidas pelo Exm.º Magistrado do Ministério Público. Saneado e condensado o processo, procedeu-se à instrução e julgamento, findo o que foi proferida sentença julgando a acção parcialmente provada, condenando os réus a absterem-se de, por si ou por intermédio de outrem, executar quaisquer trabalhos de enxugo de terrenos que compõem a área de 50 hectares, na ponta norte da Quinta do Taipal, assinalada a vermelho no documento de fls. 5 da apensa providência cautelar não específica. O Tribunal da Relação de Coimbra, em recurso de apelação, confirmou na íntegra a sentença da 1.ª. instância, por acordão de 30-06-92.

Inconformados os réus recorreram, de revista, para este Supremo Tribunal, formulando nas alegações as seguintes conclusões:

A. O Acórdão recorrido é nulo porquanto se não pronunciou sobre questões que devia apreciar.

B. Em concreto, aquele Acórdão omitiu a apreciação de questões levantadas pelos recorrentes nas suas alegações de apelação sob os n.ºs 5, 6, 8 a 11, 32 a 36 e 41 a 50, as quais correspondem às conclusões n.ºs 3, 5, 14 a 17 e 21 a 26.

C. O direito de propriedade privada não visa apenas a protecção de interesses privados, pelo contrário, ele traduz a protecção do próprio modelo económico social constitucionalmente prescrito para o Estado Português, assumido e assim como um direito de carácter eminentemente público, indispensável ao funcionamento do Estado nos moldes escolhidos pela C.R.P..

D. No direito de propriedade não se incluem já as restrições aos poderes por ele conferidas; pelo contrário, tais restrições são exógenas, e apenas em casos excepcionais, e porque os interesses mais vultosos se justificam, podem comprimir o direito de propriedade.

E. Ainda aí, contudo, sempre se estará perante uma compressão, uma limitação e nunca uma completa postergação do conteúdo do direito, sob pena de se retirar, afinal, o direito no seu todo.

F. A sentença da 1.ª instância impôs aos recorrentes uma cláusula de imodificabilidade do solo, retirando-lhes todo o conteúdo útil do seu direito de propriedade – naquele seu terreno nada podem agricultar, e edificar ou, em qualquer sentido, fazer.

G. A sentença impõe pois aos proprietários, sem qualquer base legal, um vínculo que outra coisa não é senão a expropriação do uso do solo, deixando-lhes apenas nas mãos um simulacro de direito de propriedade sem qualquer conteúdo útil.

H. Expropriação é o único termo capaz de moderadamente classificar a apropriação pelo Estado e contra a vontade dos proprietários, do uso, fruição e utilidade da coisa (ou será confiscação, apesar da C.R.P. não enunciar a figura?!)

I. Nos termos dos arts. 62.º, n.º 2 da C.R.P. e 1302.º e 1390.º do Código Civil a expropriação (ou o que ele deste forma se equipara – a privação referida naquele art. 1308.º do Código Civil) só pode ser efectuada com base na lei e mediante pagamento de justa indemnização – no caso subjudice, nem uma nem outra existem.

J. Além do direito de propriedade privada desenham-se aqui ainda outros interesses constitucionalmente protegidos – concretamente o direito de iniciativa económica privada (art. 61.º da C.R.P.). Tal direito, observado no correcto prisma, determinado pela situação concreta, assume-se como representativo de um interesse geral, ou um verdadeiro interesse da comunidade.

L. E isto quer pela especial (e exclusiva) apetência dos solos em questão para o cultivo do arroz, quer pelo enorme contributo que esse cultivo nos 50 hectares da Quinta do Taipal iria dar à economia do País.

M. O constitucionalmente consagrada direito ao ambiente sempre haverá que ser analisado em duas bem distintas vertentes o equilíbrio ecológico de imediato efeito na vida humana e o equilíbrio ecológico relativo à fauna e à flora. Obviamente que são duas vertentes distintas por sua própria natureza – sendo a segunda ligada à primeira, que assume, por isso, um muito maior peso.

N. É manifesto que no caso subjudice está-se, quando muito, perante a segunda destas duas vertentes pelo que na aquilatação dos concretos interesses aqui conflituantes, sempre haverá que ter tal facto em conta.

O. Essa aquilatação será forçosa para se conseguir a comparação, a concordância prática dos interesses aqui conflituantes quando eles se revelam à partida, de igual dignidade (estando todos previstos na C.R.P.) tal é, aliás, a regra enunciada pelo próprio Código Civil no seu artigo 335.º, n.º 1.

P. Sempre se dirá que a matéria dada como provada (respeita aos quesitos 4.º e 7.º) apenas resulta que do cultivo do arroz resultaria tão só alguma perturbação na vida de algumas espécies ali existentes, o que não é bastante para se configurar um atentado contra um ambiente sadio e sociologicamente equilibrado – razão pela qual se não chega sequer a ofender o art. 66.º, n.º 1, da C.R.P..

Q. Não se aceita que o Tribunal da Relação, perante a inexistência de alegação, discussão e prova de determinados factos, se permita concluir, através de infundados juízos de probalidade, que "é bem possível que tal haja sucedido".

Disposições violadas: Art. 61.º, n.º 1 e 62.º, n.ºs 1 e 2, da C.R.P, arts. 335.º, 1305.º, 1308.º e 1310.º, do Código Civil, e 668.º, n.º 1, al. d), aplicável "ex vi" art. 716.º, n.º 1 e 721.º, n.º 2, estes últimos do Cód. de Processo Civil.

O Exm.º. Procurador-Geral Adjunto contra-alegou, dizendo:

A) – A omissão de pronúncia aprecia-se face à causa de pedir e respectivo pedido ou ás excepções porventura levantadas, e não perante os argumentos ou fundamentos em que se pretende alicerçar uma determinada posição processual;

B) – Não enferma da nulidade prevista no art. 168.º, n.º 1, alínea d), do Código de Processo Civil, a decisão que não aprecia detalhadamente, quer argumentos invocados com a referida finalidade, quer mesmo questão ou questões que excedem o objecto da lide, definido nos sobreditos termos;

C) – O direito ao ambiente e qualidade de vida, bem como o direito de propriedade revestem dignidade constitucional e analisam-se como direitos subjectivos com vocação instrumental para a realização de interesses públicos, o primeiro e privados, o segundo;

D) – Em caso de colisão dos interesses subjacentes aos referidos direitos deve prevalecer o de índole mais ampla em detrimento do de índole mais limitada, ou seja, deve prevalecer o direito subjectivo público com a consequente e necessária compressão do direito subjectivo privado;

E) – O douto acórdão recorrido ao eleger, «in casu», o direito ao ambiente e qualidade de vida como digno de tutela jurídica à custa da correspondente subalternização do direito de propriedade privada, interpretou devidamente os factos e aplicou correctamente o direito.

***

Colhidos os vistos legais, cumpre decidir.

***

As instâncias deram como provados os seguintes factos:

Os réus são comproprietários da denominada "Quinta do Taipal", a qual se situa do lado direito da E.N., n.º 11, depois do cruzamento para Montemor-o-Velho (a); Daquela quinta faz parte uma área alagada, com cerca de 50 hectares junto da referida estrada, a qual se encontra assinalada a tinta vermelha, no documento de fls 5, do processo apenso, achando-se inscrita na matriz rústica da freguesia de Montemor-o-Velho, sob o artigo 4850 (b); Tal área encontra-se definida como de Ordenamento Cinegético – Reserva M.M.V. – 1 – no Edital da Direcção- Geral das Florestas, junto a fls. 12, do processo apenso (c); O prédio atrás referido constitui um "dormitório" das garças do Baixo

Mondego (d); 1989, os réus preparavam-se para proceder ao enxugamento do terreno daquele prédio, a fim de, posteriormente, procederem à cultura do arroz (e); A área referida na alínea b) da especificação dispõe de uma riqueza natural elevada, servindo de abrigo a muitas espécies de aves sedentárias e migradoras (1.º); Sendo procurada por aves aquáticas raras, vindas do Norte da Europa, no Inverno e de África, no Verão (2.º); Há ali igualmente indícios da existência de lontras, animal praticamente em vias de extinção no nosso continente (3.º); Ao concretizar-se o facto referida na al. e) ficaria afectado irremediavelmente, o habitat de alguns animais referidos nos quesitos 1.º. 2.º e 3.º (4.º, 5.º, 6.º e 7.º); A referida área tem sido de há uns tempos a esta parte, devido à sua riqueza natural, objecto permanente de estudos de diversos departamentos da Universidade de Coimbra, designadamente de Biologia e Zoologia (2.º); Está prevista uma proposta quer do Serviço Nacional de Parques Reservas e Conservação da Natureza, quer da Câmara Municipal do Concelho, à Secretaria de Estado do Ambiente, para que a mesma venha a ser declarada Reserva Natural (9.º); Até 1986, sempre parte da área referida em b) foi cultivada anualmente o arroz, pelos proprietários, após o enxugo da terra (10.º), com o conhecimento de todos e sem qualquer oposição (11.º); O enxugo da terra para cultivo de arroz faz-se antes da sementeira e antes da colheita, e durante esta, por períodos, em média, de um mes (14.º); Durante o restante período o campo está alagado (15.º).

***

Resulta dos termos do art. 721.º do Código de Processo Civil "que não pode conhecer-se do recurso de revista, quando se não tenha invocado violação de lei substantiva; se a sua invocação se faz, então já é possível alegar acessoriamente como fundamento de recurso, algumas das nulidades previstas no art. 668.º e 716.º"'. É precisamente neste último domínio que logo se manifesta o sinal de inconformismo dos recorrentes, quando consideram o acórdão recorrido nulo, na medida em que violando o disposto no art. 668.º, n.º 1, al. d) do C.P.C. deixou de se pronunciar sobre questões que devia apreciar.

Para o efeito, alegaram que o referido aresto, em apelação, não se pronunciou sobre circunstâncias que constam das conclusões do recurso, sob os n.ºs 3, 5, 14 a 17 e 21 a 26. No que se refere às dos n.ºs 3, 5, 14 a 17 são meros argumentos expostos na defesa da tese dos recorrentes, não podendo constituir questões em sentido lógico, pois não integram matéria decisória para o juiz, como bem refere o Exm.º Procurador-Geral Adjunto, nas suas doutas alegações. O mesmo não se dirá das mencionadas nos n.ºs 21 a 26, como se irá demonstrar.

Aí se põe em síntese, as seguintes questões de facto e de direito:

Os tribunais não se podem substituir aos "organismos públicos" que o art. 66.º, n.º 2 da Constituição impõe para a defesa do ambiente.

A decisão recorrida configura uma "zona protegida" ou "reserva natural", que só podem ser criados pelo Governo e em que se pronuncia após parecer de um desses organismos, cientificamente fundamentado e em que se mostre que o terreno sobre que recairá a decisão é dotado de tal riqueza natural que justifique tal estatuto – Dec. Lei n.º 613/76, de 27 de Julho, Dec. Lei n.º 216/89, de 22 de Setembro e Dec. Lei n.º 93/90, de 19 de Março. A não se entender assim houve de facto uma expropriação, pois nenhum conteúdo restou ao direito dos comproprietários do terreno, porquanto se lhes vedou a cultura do arroz, única cultura apta em tais solos húmidos, mas que não concretizada através dos mecanismos do Código das Expropriações, com a declaração inicial da declaração de utilidade pública, emitida pelo Ministro ou Ministros competentes. E o Tribunal "a quo" tinha o dever de se pronunciar sobre estas afirmações de facto e de direito, porque, a considerarem-se procedentes, tal retirará a jurisdição aos Tribunais, globalmente considerados, para poderem actuar, pertencendo antes a outro órgão do Estado, o Governo, o exercício da actividade que evite pôr em perigo o habitat da fauna selvagem existente na área, através de zonas protegidas. Omitindo esse dever, verifica--se, por conseguinte, a nulidade do acórdão que o Tribunal recorrido proferiu, ex vi do n.º 1, al. d) do art. 668.º e art. 716.º do Cód. de Proc. Civil.

E, em consequência, se ordena que o processo baixe à Relação de Coimbra, para que, em nova decisão e com intervenção, se possível, dos mesmos juízes, se conheça das questões não apreciadas (art. 731.º, n.º 2 do C.P.C.).

Sem custas.

Lisboa, 9 de Setembro de 1993

(Assinaturas ilegíveis)

Quinta do Taipal, Acórdão Tribunal da Relação, Coimbra-2
Acórdão de 17-05-1994 n.º 1090/90 Tribunal da Relação, Coimbra
Acórdão proferido em 17 de Maio de 1994 na apelação n.º 1090/90 do Tribunal da Relação de Coimbra

Acordam no Tribunal da Relação de Coimbra:

O Magistrado do Ministério Público intentou na comarca de Montemor-o-Velho acção ordinária contra António Augusto Couceiro Figueira e mulher Fernanda Cruz Mendes Couceiro Figueira e João Augusto Carvalho Martinho e mulher Piedade da Silva Henriques, impetrando a condenação dos réus:

a) A reconhecerem a manutenção da zona húmida da Quinta do Taipal, que discrimina no art. 2.º da petição inicial, como fundamental para o equilíbrio ecológico daquela área e imprescindível para um são ambiente;

b) A absterem-se por si ou por intermédio de outrem de executarem quaisquer trabalhos de enxugo dos terrenos que compõem a mesma zona ou outros que, eventualmente, venham a destruir ou fazer perigar a fauna ali existente e seu "habitat" natural.

Louvou-se substancialmente em que a articulada área húmida de cerca de 50 hectares, na ponta norte da referida quinta, é um paúl onde se abrigam animais de espécies raras e que se ali fossem levadas a cabo acções de enxugo, que estavam na mira dos Réus antes da providência cautelar que antecedeu a acção, ou quaisquer outras que desestabilizassem o "habitat" instalado, sairia prejudicado de forma irremediável o equilíbrio ecológico de toda a área, impondo-se assim a defesa ecológica de toda a área, impondo--se assim a defesa do equilíbrio ecológico e do são ambiente da zona onde de integra a Quinta do Taipal, localizada naquela Comarca.

***

Os Réus, comproprietários da Quinta do Taipal, apressaram-se a contestar, pugnando pela improcedência da acção, alegando resumidamente que até 1986 sempre houve cultivo de arroz na área em causa, precedida do necessário enxugo de terras, sem qualquer prejuízo ecológico, enxugo esse que ocupa muito pouco tempo, não acarretando ele e a produção de arroz qualquer das consequências nefastas referidas por aquele Exm.º Magistrado.

***

Saneado e condensado o processo, procedeu-se à instrução e julgamento, findo o que foi proferida sentença julgando a acção parcialmente procedente, condenando os Réus a absterem-se de, por si ou por intermédio de outrem, executar quaisquer trabalhos de enxugo dos terrenos que compõe a área de 50 hectares, na ponta norte da Quinta do Taipal, assinalada a vermelho no documento de fls. 5 da apensa providência cautelar não especificada.

Apelaram os Réus que alegaram, concluindo assim:

1. No que respeita aos factos começa a sentença por não ser consentânea com o tão pouco que foi dado como provado em relação à catástrofe ecológica pressagiada pelo Autor e quesitada sob os n.ºs 4 a 7, como não é consentânea (por isso não atribuiu qualquer relevância) com o facto dado como provado de até ao ano de 1986 sempre se ter procedido ao "enxugo" dos terrenos e consequente cultivo do arroz;

2. Não se compreende nem aceita que a sentença "invente" factos novos nunca por ninguém sequer referidos, tais como ter havido já anteriormente prejuízo para o ambiente;

3. Não atribuiu ainda a sentença qualquer relevância ao facto de o enxugo ser temporalmente muito delimitado – apenas um mês – não pondo por isso em risco a fauna ali existente;

4. Bastou-se o senhor juiz "a quo", para fundamentar a sua sentença, com o testemunho de algumas pessoas, o qual não pode substituir um necessário estudo científico elaborado e no qual se equacionem correctamente as duas vertentes aqui em discussão e só assim se encontrará uma resposta válida para a questão "o enxugo daquelas terras e o cultivo de arroz prejudicam o ambiente daquele área?";

5. Não se compreende ainda a relevância dada ao facto de quer a Câmara Municipal do Concelho quer o S.N.P.R.C.N. terem prevista uma proposta para que aquela área venha a ser declarada Reserva Natural, sabido como é que nenhuma daquelas entidades é competente para tal declaração, mormente quando a entidade competente – A Secretaria de Estado do Ambiente e Defesa do Consumidor – nega estar prevista qualquer declaração nesse sentido;

6. As respostas aos quesitos encontram-se deficientemente fundamentadas, em desacordo com o preceituado no art. 653.º n.º 2 do C. P. Civil, requerendo-se que a Relação ordene ao Colectivo a fundamentação correcta das respostas aos quesitos 4.º a 7.º e 9.º (art. 712.º n.º 3 do C.P.C.);

7. Quanto ao direito, nega-se que, como foi afirmado a sentença, no conteúdo do direito de propriedade se incluem já as restrições aos poderes por ele conferidos pois ao invés tais restrições são exógenas, e apenas em casos excepcionais e porque interesses mais vultosos as justifiquem, podem comprimir o direito de propriedade;

8. Ainda aí haverá uma compressão, nunca uma completa postergação do conteúdo do direito, sob pena de se retirar o direito no seu todo, o que constituiria, na melhor das hipóteses, uma expropriação;

9. Além do direito de propriedade privada também está em jogo o direito de iniciativa económica privada – interesse constitucionalmente protegido (art. 61.º da C.R.P.) – que se assume como representativo de um interesse geral, de um verdadeiro interesse da comunidade;

10. Isto pela especial (e exclusiva) apetência dos solos em questão para o cultivo do arroz bem como pelo enorme contributo que esse cultivo de 50 hectares referidos iria dar à economia agrária do país;

11. O constitucionalmente consagrado direito ao ambiente sempre haverá que ser analisado na vertente do equilíbrio ecológico de imediato efeito para vida humana e na vertente de equilíbrio ecológico relativo à fauna e à flora, assumindo a primeira dessas vertentes, bem distintas, um muito maior peso do que a segunda;

12. E no caso "sub judice" está-se perante a segunda dessas vertentes, o que não será de ter em conta na aquilatação dos concretos interesses conflituantes;

13. Aquilatação que será forçosa para se conseguir a composição dos interesses conflituantes que se revelam à partida de igual dignidade (todos previstos na C.R.P.), sendo aliás a regra enunciada no art. 335 n.º 1 do Cód. Civil.

14. Mostram as regras legais, doutrinais e jurisprudenciais de direito comparado que a protecção da natureza não tem uma prevalência absoluta perante outros tipos de interesse público, referindo-se concretamente em relação à exploração agrícola dos solos a sempre tomada em consideração do chamado, pela doutrina alemã, privilégio agrário;

15. Concepção segundo a qual será tido como uma agressão à natureza ou ao ambiente, muito dificilmente, o aproveitamento agrícola dos solos feito segundo as necessidades de padrões económicos – agrários tradicionais, como no caso em apreço onde não é inovação nem a cultura do arroz – que se cultiva por todo o vale do Mondego há mais de um século – nem os métodos por ela utilizados;

16. Privilégio agrário que se reflecte no art. 8.º n.º 1, b) do D. L. n.º 316/89, de 22/9, revelando um princípio orientador similar ao referido;

17. Também a declaração comunitária sobre o ambiente de a972 deixou claro que "a política do ambiente pode e deve ser compatível com o desenvolvimento económico e social";

18. E tal composição de interesses abstractos, tal tentativa de conciliação pura e simplesmente inexistiu na sentença recorrida;

19. Sentença que não se preocupou com os princípios da necessidade, adequação e proporcionalidade, vencendo nela todos os interesses do A., enquanto que os dos RR, embora reconhecidos como legítimos e merecedores de tutela, em nada foram "vistos ou achados";

20. Não se tendo a sentença orientado por critérios de justiça material;

21. E os Tribunais Judiciais não podem ser tidos como "organismos próprios" referidos no art. 66.º n.º 2 da C.R.P., carecendo de legitimidade para fazerem o que no presente caso fizeram;

22. Desde logo porque não lhes compete determinar a criação de áreas protegidas, competência que é detida pelo Governo, cumprido que seja todo um processo tendente a provar, cientificamente, quer que a área em questão é dotada de uma riqueza natural tal que justifique a atribuição daquele estatuto, quer que ela se encontre em concreto e bem provado perigo, caso se lhe não confira esse estatuto;

23. Não se entendendo que no caso concreto não houve um simulacro de criação judicial de uma área de reserva, então houve uma expropriação, ainda que encapotada;

24. É que o afirmar-se a riqueza faunística da Quinta do Taipal não pode legitimar a imposição jurídica, sem base legal, de um vínculo que outra coisa não é senão a expropriação do uso agrícola do solo, sobremaneira quando nenhum dos direitos do proprietário foi atendido;

25. Porque as cláusulas da imodificabilidade do solo (como a consagrada na sentença) se analisam como medidas de natureza expropriatória, têm de forma obrigatória que ser

normativamente previstas ou então concretizadas pela administração, de acordo com o padrão normativamente fixado;

26. Ora, no caso concreto, não obstante a exaustiva referência a diplomas de direito internacional, de directivas comunitárias e da Constituição, a sentença recorrida não tem base legal ou normativa, pois nenhum daqueles diplomas prevê (antes pelo contrário) que aquela protecção se consuma através dos meios aqui utilizados, Pelo que e face à violação dos arts. 61.º e 62.º da C.R.P., 335.º, 1305.º, 1308.º e 1310.º, do C.C. e 653.º, n.º 2 e 664.º, segunda parte, do C.P.C., deve o recurso ser julgado procedente, revogando-se a sentença, absolvendo-se os RR do pedido, ou caso assim se não entenda, conseguir-se uma composição paritária dos interesses dos RR e do A..

***

Contra-minutou o Exm.º Procurador-Geral Adjunto, em defesa do sentenciado, concluindo, por seu turno, do seguinte modo:

a – O direito ao ambiente é um direito de dignidade constitucional superior ao direito de propriedade privada, que é sempre um direito limitado;

b – Em caso de colisão de direitos fundamentais deve prevalecer o direito menos limitado;

c – A douta sentença recorrida ao sobrepor, na situação concreta discutida nos autos, o direito ao ambiente ao direito de propriedade particular interpreta devidamente os factos e aplicou correctamente o direito;

d – Deve ser confirmada na íntegra, negando-se provimento ao recurso.

***

Corridos os vistos legais, veio esta Relação, por acórdão de 30.6.92 a julgar improcedente a apelação, confirmando a sentença da primeira instância.

***

Contudo os réus interpuseram recurso de revista e o Supremo Tribunal de Justiça, por douto acórdão de 9.12.93, considerou enfermar a decisão recorrida de nulidade "ex vi" n.º 1, al d) do art. 668 e art. 716.º do C.P.C., ordenando que esta Relação conheça das questões não apreciadas.

***

Colhidos novos vistos, cumpre apreciar e decidir.

A causa emergiu da especificação e das respostas aos quesitos com os seguintes factos a valorar juridicamente: Os Réus são comproprietários da denominada Quinta do Taipal, a qual se situa do lado direito da E.N. n.º 111, depois do cruzamento para Montemor-o-Velho (a); Daquela quinta faz parte uma área alagada, com cerca de 50 hectares, junto à referida estrada, a qual se encontra assinalada a tinta vermelha, no documento de fls 5, do processo em apenso, achando-se inscrita na matriz rústica da freguesia de Montemor-o-Velho, sob o art. 4850 (b); Tal área encontra-se definida como Zona de Ordenamento Cinegético – Reserva M.M.V.-1- no edital da Direcção- Geral das Florestas, junto a fls 12, do processo em apenso (c); O prédio atrás referido constitui um "dormitório" das Garças do Baixo Mondego (d); Em meados de Julho de 1989, os Réus preparavam-se para proceder ao enxugo do terreno daquele prédio, a fim de, posteriormente, procederem à cultura do arroz (e); A área referida na al. b) da especificação dispõe de uma riqueza natural elevada, servindo de abrigo a muitas espécies de aves sedentárias e migradoras (1.º); Sendo procurada por aves aquáticas raras, vindas do norte da Europa, no Inverno, e de África, no Verão (2.º); Há ali igualmente indícios da existência de lontras, animal praticamente em vias de extinção no nosso continente (3.º);

A concretizar-se o facto referido em e) ficaria afectado irremediavelmente o habitat de algumas das aves e animais referidos nos quesitos 1.º, 2.º e 3.º (4.º, 5.º, 6.º e 7.º); A referida área tem sido de há uns anos a esta parte, devido à sua riqueza natural, objecto permanente de estudos de diversos departamentos da Universidade de Coimbra, designadamente de Biologia e Zoologia (8.º); Está prevista uma proposta quer do serviço Nacional de Parques Reservas e Conservação da Natureza, quer da Câmara Municipal do Concelho, à Secretaria de Estado do Ambiente, para que a mesma venha a ser declarada Reserva Natural (9.º); Até 1986, sempre parte da área referida em b) foi cultivada anualmente a arroz, pelos seus proprietários, após o enxugo respectivo da terra (10.º), com o conhecimento de todos e sem qualquer oposição (11.º); O enxugo da terra para cultivo de arroz faz-se antes da sementeira e antes da colheita, e durante esta, por períodos, em média, de um mês (14.º); Durante o restante período do ano o campo está alagado (15.º);

***

Na motivação das respostas aos quesitos atendeu o acórdão que decidiu a matéria de facto dos documentos juntos aos autos e aos depoimentos de Francisco Fernando de Almeida e Jorge Américo Rodrigues Paiva, professores universitários que estudaram o local, e ainda de António João dos Santos Veloso, engenheiro, ligado ao programa de desenvolvimento do Baixo Mondego. Assim, e porque os depoimentos dessas testemunhas arroladas pelo Autor, foi prestado em audiência, perante o Colectivo, obviamente sem redução deles a escrito, e se não desenha nenhuma das outras duas hipóteses referidas no n.º 1 do art. 712.º do C.P.C., a matéria de facto atrás descrita terá de considerar-se assente, imodificável que é por esta Relação, que só a poderia modificar caso se preenchesse algumas das hipóteses contempladas naquele preceito.

Também se não vislumbra que haja insuficiência de quesitos ou deficiência, obscuridade ou contradictoriedade nas respostas dadas pelo colectivo, falecendo razão para se anular a decisão do colectivo em referência, ao abrigo do n.º 2 daquele preceito legal.

Diferente é a questão da aplicação do disposto no n.º 3, ainda do mesmo normativo, questão essa suscitada pelos apelantes sob a alegação da deficiência da motivação das respostas, e que a seu tempo será analisada. A sentença recorrida não é consentânea com a facticidade provada em relação à "catástrofe ecológica" pressagiada pelo Autor e quesitada sob os n.os 4 a 7, como pretendem os apelantes? E também não é consentânea (por não lhe atribuir qualquer relevância) com o facto dado como provado de até ao ano de 1986 sempre se ter procedido ao enxugo dos terrenos e consequente cultivo do arroz, como também sustentam os apelantes?

Quanto a este último aspecto importa desde já introduzir uma correcção que não é despicienda. É que a resposta ao quesito 10.º é restritiva pois, enquanto no quesito se aludia a toda a área de 50 hectares, o colectivo considerou o quesito provado mas tão só quanto a parte dessa área. Assim, o que ficou provado, e tem de ser aceite, é que até 1986, sempre parte da área referida em b) (ou seja parte da área alagada de 50 hectares) foi cultivada anualmente de arroz... após o enxugo respectivo da terra. Portanto, como parte dos 50 hectares de terreno alagado da Quinta do Taipal ficou intocada até 1986, não era nem é possível extrair grandes ilações. Sobretudo porque, como resulta do probatório, a situação que os apelantes pretendiam agora criar era muito diferente, pois que se preparavam para enxugar, durante períodos anuais de cerca de um mês, a totalidade dos 50 hectares, que constituem um paúl de enorme riqueza, como flui dos autos.

Ademais, a matéria da facto fixada é clara, não havendo oposição entre ela e o decidido em primeira instância. Na verdade, aquela área de 50 hectares está vocacionada para um ecossistema, como resultou dos expressivos documentos juntos e da prova testemunhal produzida em audiência, uma pericial prova portadora de dados científicos.

Relativamente à prova testemunhal, certamente foram produzidos autorizados depoimentos que convenceram o Tribunal, concretamente o de um professor universitário do departamento de Zoologia da Universidade de Coimbra, e de um professor universitário do Laboratório do Jardim Botânico da Universidade de Coimbra e de um engenheiro administrador do Programa integrado de Desenvolvimento Regional do Baixo Mondego (vide acta de fls. 51v).

Trata-se de pessoas que estudaram o local, as duas primeiras, estando a última ligada ao programa de desenvolvimento do baixo Mondego, portanto – parece linear – também conhecedor da questão em presença e dos seus respectivos contornos.

Donde também não se possa afirmar – ao arrepio do que reinvidicam os apelantes – que o colectivo não fundamentou ou motivou convenientemente a decisão da matéria de facto. É certo que o M.º Público apenas indicou as duas primeiras testemunhas aos quesitos 8.º, 12.º, 13.º e 16.º e a referida terceira testemunha ao quesito 9.º, não se percebendo, numa visão rápida do problema, como se possam indicar

essas três testemunhas na fundamentação das respostas aos quesitos 4.º, 5.º, 6 e 7.º, e as duas primeiras na fundamentação da resposta ao quesito 9.º, se o M.º Público os não indicou para depor sobre esses quesitos (vide fls 51 verso).

Bem vistas as coisas, porém, se foram indicadas na fundamentação das respostas, tal tem de ser interpretado como tendo elas abordado a matéria daqueles quesitos por iniciativa do próprio Tribunal, que para tal tinha poderes, em busca da descoberta da verdade material e da aplicação da justiça, que é o único móbil que o faz agir. E além disso, como se tem decidido (cfr. v. g. B.N.J. 218/208) nada tem de censurável o facto de na fundamentação da resposta a um quesito, se mencionarem depoimentos de testemunhas que não foram indicadas

para deporem directamente sobre a matéria dele constante, sendo certo ainda que nada impede que, tal como se faz quanto aos quesitos 4.º a 7.º, se responda conjuntamente a vários quesitos (vide J. R. 15.º – 516), sendo lícito agrupar vários números do questionário e indicar em conjunto a fundamentação das respostas a esse grupo de factos, quando a fundamentação seja a mesma, como é no caso vertente.

O colectivo teve o cuidado de referir na motivação (fls 61) qual a profissão das três testemunhas (professores universitários e engenheiro ligado ao programa de desenvolvimento da bacia do Mondego), acrescentando que aqueles dois primeiros estudaram o local, transparecendo a relevância que se quis dar a esses depoimentos. Louvou-se também nos documentos importantes e de cunho científico juntos aos autos, sinal de que se debruçou sobre eles, analisando-os, como era mister. Com base no somatório dessas provas, que tomou como boas em ordem a cimentar a sua convicção o Tribunal deu as respostas demonstrando que se preocupou com as provas, que esteve atento, que analisou e avaliou a razão de ciência das testemunhas, cumprindo minimamente o n.º 2 do art. 653.º do C. P. Civil ao especificar os fundamentos que foram decisivos para a convicção dos julgadores, não havendo assim razão plausível para deferir o requerimento dos apelantes no sentido de se dar cumprimento ao n.º 3 do art. 712.º do C. P. Civil, ou seja mandar o colectivo fundamentar as respostas, repetindo a produção de prova que interesse à fundamentação (cfr. v. g. B. M. J. 225/247).

Ainda relativamente à "al. a) Quanto aos factos" das alegações dos apelantes e respectivas conclusões, dir-se-á que não está provado que o S.N.P.R.C.N. se tenha quedado impassível, bem podendo ter sido ele a desencadear esta acção através do M.º Público, como este alega nas suas contra-ordenações de fls 102. É sabido que em acções intentadas pelo M. Público, visando a defesa de interesses público, está subjacente um processo administrativo não raras vezes iniciado com exposições e elementos de apoio fornecidos por organismos estaduais. E se o M.º. Juiz "a quo" porventura entrou em terreno vedado ou aludiu a anterior prejuízo para o meio ambiente pelo facto de até 1986 se ter procedido ao enxugo parcial dos 50 hectares, a verdade é que é bem possível que tal haja sucedido, posto que não alegado e contraditado, podendo dar-se por não escrita essa parte da sentença em recurso que nem por isso a solução será diferente.

No mais também o decidido não merece censura pois estando em confronto, em conflito, a protecção do ambiente (interesse público) e a propriedade (interesse ou direito meramente privado), deverá prevalecer o primeiro daqueles interesses (n.º 2 do art. 335.º do Cód. Civil), que é superior, implicando um "non facere" aos réus, que assim vêm na sua Quinta do Taipal limitado o seu direito de propriedade.

Na colisão de direitos com dignidade constitucional (como é o caso do direito do ambiente e do direito de propriedade) a natural prevalência do interesse público sobre o interesse privado resolve pois tal colisão (Canotilho, Direito Constitucional, 4.ª ed., Almedina, fls 495). Os direitos em presença são subjectivos, mas um deles é subjectivo público e, havendo incompatibilidade, como há, será esse direito ou interesse difuso que prevalecerá, porquanto, sendo os direitos subjectivos instrumentos de realização das necessidades, as necessidades públicas são seguramente prioritárias, com elas se tendo de harmonizar os particulares, pela impossibilidade de exercício integral e simultâneo de tais direitos subjectivos concorrentes.

Nem se diga que da colisão de direitos nunca poderá resultar a extinção ou inutilização de um deles. Haja em vista o que sucede v. g. com o caso de um primeiro comprador que não registou a aquisição de um imóvel ou móvel sujeito a registo, perante o direito do segundo comprador que registou.

De resto no caso vertente nem sequer há inutilização do direito de propriedade mas apenas uma mera limitação desse direito, restrita a uma parcela da Quinta do Taipal, com pouca expressão económica, pois dela resta ainda muito terreno para cultivar e não se prova que aquela parcela não tenha outra utilização possível. Não merecendo acolhimento a tese dos apelantes de que haveria como que dois direitos do ambiente, sendo um, de grau maior, a reclamar maior protecção, em tudo que diga respeito às repercussões do ambiente nos seres humanos, e outros, a perder face ao direito de propriedade e de iniciativa privada económica, enquanto relacionado com a flora e a fauna. É que o direito do ambiente, que tem a ver com os direitos ou interesses difusos, deve ser encarado na sua globalidade, como um todo harmónico, onde a protecção da fauna e da flora tem a ver também com os interesses vitais do homem, não sendo possível compartimentações artificiais neste domínio.

Nas alegações do recurso de revista apodou-se o acórdão desta Relação de nulo por falta de pronúncia quanto às circunstâncias constantes das conclusões 21.ª a 26.ª da minuta da apelação. Imputou-se idêntico vício quanto às conclusões n.os 3, 5, 14 a 19 da mesma peça.

O nosso mais Alto Tribunal considerou contudo que esta última conclusão contém meros argumentos expostos na defesa da tese dos recorrentes, não podendo constituir questões em sentido lógico, pois não integram matéria decisória para o juiz.

Entendeu, ao invés, que esta Relação tinha o dever de se pronunciar – e não pronunciou – sobre as afirmações de facto e de direito contidas naquelas conclusões 21.ª a 26.ª: porque, a considerarem procedentes tal retirará a jurisdição aos Tribunais, globalmente considerados, para poderem actuar, pertencendo antes a outros órgão do Estado, o Governo, o exercício da actividade que evite por em perigo o habitat da fauna selvagem existente na área, através de zonas protegidas, tendo assim sido cometida a nulidade do acórdão "ex vi" n.º 1, al. d) do art. 668.º e 716.º do C. P. C..

As questões de facto e de direito que esta Relação deixou de abordar foram sintetizadas no douto acórdão do Supremo Tribunal de Justiça do seguinte modo: Os tribunais não se podem substituir aos "organismos próprios" que o art. 66.º n.º 2 da Constituição impõe para a defesa do ambiente; A decisão recorrida configura uma "zona protegida", ou "reserva natural", que só pode ser criada pelo Governo e em que este se pronuncie após parecer de um desses organismos, cientificamente fundamentado e em que se 38 mostre que o terreno sobre que recairá a decisão é dotado de tal riqueza natural que justifique tal estatuto – D. L. n.º 613/76, de 27 de Julho, D. L. n.º 216/89, de 22 de Setembro e D. L. n.º 93/90, de 19 de Março. A não se entender assim ocorre de facto uma expropriação, pois nenhum conteúdo restou ao direito dos comproprietários do terreno, porquanto se lhes vedou a cultura do arroz, única cultura apta em tais solos húmidos, mas que não concretizada através dos mecanismos do Código das Expropriações, com a declaração inicial da declaração de utilidade pública, emitida pelo Ministro ou Ministros competentes. Tratando-se nas conclusões 21.ª a 26.ª da apelação de verdadeiras questões, assim sintetizada pelo Supremo Tribunal de Justiça, e não de meros argumentos expostos na defesa da tese dos recorrentes como sucede quanto às conclusões 3.ª, 5.ª, e 14.ª a 17.ª, cumpre pois abordar agora tais questões.

Como vimos o pedido formulado foi o da condenação dos Réus:

a) A reconhecerem a manutenção de referida zona húmida da Quinta do Taipal como fundamental para o equilíbrio ecológico de toda aquela área e imprescindível para um são ambiente;

b) A absterem-se por si ou por intermédio de outrem de executarem quaisquer trabalhos de enxugo dos terrenos que compõem a mesma zona ou outros que, eventualmente, venham a destruir ou fazer perigar a fauna ali existente, ou o seu habitat natural.

Tendo o M.º Público fundado a acção no disposto nos arts. 66.º da Constituição, 40.º n.º 4 e 45.º n.º 3 da Lei de Bases do Ambiente (Lei n.º 10/87, de 7/4) e 5.º n.º 1, f) da Lei Orgânica do Ministério Público (Lei n.º 47/86, de 15/10). E a acção foi julgada parcialmente procedente com a condenação dos Réus a absterem-se, por si ou por intermédio de outrem, de executar quaisquer trabalhos de enxugo dos terrenos que compõem a área de 50 hectares, na ponta norte da Quinta do Taipal, assinalada a vermelho no documento de fls 5 dos autos apensos. Tanto o direito ao ambiente e qualidade de vida como o direito de propriedade estão constitucionalmente consagrados (respectivamente nos arts. 66.º e 62.º). Atento o pedido e a causa de pedir do suporte dele o que verdadeiramente estão em jogo no pleito é um conflito desses dois direitos constitucionais.

A resolução desse conflito é da competência dos tribunais comuns, como flui do n.º 1 do art. 45.º da Lei n.º 11/87, de 7 de Abril (cfr. Ac. S. T. J. de 21/9/93, C. J. Ano I, T. III – 1993/ pág. 26. à revelia de quaisquer organismos estaduais ou outros.

Pois do que se trata é de conhecer de uma acção em matéria de ambiente.

Não de levar a cabo qualquer expropriação, de criar qualquer servidão administrativa, de efectuar um confisco ou criar uma zona "protegida ou uma reserva natural que nada disso foi pedido ou decretado.

Deu-se sim prevalência a um interesse difuso, impondo-se uma restrição ao direito de propriedade, de interesse público, qual seja a abstenção do enxugo.

Só a abstenção do enxugo foi imposta. Só isso foi decidido e apenas quanto a uma parcela da propriedade. Quaisquer outras obras humanas susceptíveis de perturbarem ou fazerem perigar a fauna ou o seu habitat não integram o objecto da decisão posta em crise que apenas visou evitar o perigo ecológico que resultaria de um concreto acto projectado e que nela veio a ser proibido. Proibição essa perfeitamente admissível, posto que inexista ainda uma reserva criada para o local pelos órgãos competentes.

É que, como muito bem se salientou na sentença em recurso o direito do ambiente tem matriz constitucional, sendo um dos direitos fundamentais de natureza análoga aos do Título II da Constituição, sendo-lhe aplicável o regime de Direitos, Liberdades e Garantias e assim o princípio da aplicabilidade directa consignado no art. 18.º n.º 1 (desnecessidade de intervenção de Lei mediadora) (cfr. Canotilho, Constituição da República Portuguesa Anotada, pág 172, Jorge Miranda, Manual de Direito Constitucional, IX, pág. 144).

A sentença não transferiu a propriedade para outro titular nem declarou constituída qualquer área protegida ou reserva natural.

Nem tão pouco expropriou o direito à "única" agricultura possível no local, por isso que em lado algum dos articulados se alegou que ali só se pode cultivar arroz, não se tendo portanto demonstrado que ao local não possa ser dada outra utilização rentável.

Não podendo atender-se ao que em contrário se afirma em sede da alegação de recurso porquanto o art. 489.º do C.P.C. determina que toda a defesa deve ser deduzida na contestação, apenas podendo ser deduzidas depois dela as excepções, incidentes e meios de defesa que sejam supervenientes ou que a lei expressamente admita passado esse momento, ou de que deva conhecer-se oficiosamente.

E não tendo sido ventilada nos articulados a questão do direito a uma indemnização mercê da limitação ou compressão do direito de propriedade (que em princípio pareceu assistir aos Réus) não significa isso que essa matéria não possa (e deva) ser tratada em acção autónoma, já que os Réus aqui se abstiveram de deduzir reconvenção para a hipótese de o pedido da acção proceder.

Bem andou, por tudo isto, o M.º Juiz "a quo", ao decidir como decidiu, na brilhante e exaustiva consideração dos textos legais (constitucionais e ordinários) convenções internacionais e demais elementos que citou e os recorrentes reconhecem mas não aceitam como base da solução. A existência dos dois aludidos direitos subjectivos (um deles público), a possibilidade de interferirem no seu exercício normal e a impossibilidade do seu pleno exercício simultâneo outro desfecho não aconselha senão o adoptado na primeira instância, mostrando-se a decisão da matéria de facto, bem como a fundamentação de facto e de direito bem cimentadas e perfeita a solução final do diferendo.

Termos em que acordam em julgar improcedente a apelação, confirmando-se a sentença, com custas pelos apelantes.

Coimbra, 17 de Maio de 1994
(Assinaturas ilegíveis)

***

(Votei o acórdão, com a declaração que junto em anexo, dactilografada e assinada) Votei o acórdão, apenas com duas reservas, se assim me posso exprimir, quanto aos fundamentos:

1.ª – Em primeiro lugar, não creio que no caso presente haja vantagem ou necessidade em afirmar-se a prevalência de um interesse difuso sobre o direito de propriedade. Tratando-se, no que toca ao primeiro, como a própria palavra parece indicar, duma noção com contornos ainda imperfeitamente definidos e algo fluidos, afigura-se preferível acentuar (e isso é o bastante) que a defesa do direito ao ambiente, verdadeiro e próprio direito constitucional fundamental a que se aplica o regime específico dos direitos, liberdades, e garantias (art. 17.º da Constituição), justifica e até impõe uma restrição ao direito de propriedade privada, o qual não é garantido em termos absolutos (art. 62 da Constituição e art. 1305.º do Código Civil).

Restrição que na hipótese sub judice não deve suscitar dúvidas ou hesitações de maior visto que se reflecte tão somente no exercício de uma das múltiplas faculdades em que o direito de propriedade se analisa, deixando-o incólume em tudo o mais.

2.ª – Em segundo lugar, e salvo o devido respeito, não subscrevo a afirmação do acórdão no sentido de que cabe aos tribunais comuns a resolução do conflito entre dois direitos em confronto – o direito ao ambiente e qualidade de vida e o direito de propriedade – à revelia de quaisquer organismos estaduais ou outros. Estando constitucionalmente consagrado, não só o direito de todos a um ambiente de vida humano, sadio e ecologicamente equilibrado, mas também o dever de o defender, que a todos igualmente incumbe – art. 66.º, n.º 1, da Constituição – não parece que seja curial falar-se na acção de uns à revelia de outros na defesa desse direito ou no cumprimento do correspondente dever. Não parece que o seja, designadamente, naqueles casos, como é o presente, em que ocorre a intervenção do poder judicial, como poder do Estado, na defesa do direito em questão. Não é lícito falar-se aqui em revelia, no sentido rigoroso da palavra, pois o que existe é algo de inteiramente diferente, traduzido na possibilidade de acções conjugadas e concertadas de um ou mais organismos, sejam ou não estaduais, na protecção do referido direito subjectivo público. sem prejuízo da sua actuação isolada e independente, como tudo decorre, aliás, do n.º 2 do mencionado preceito constitucional.

Coimbra, 17 de Maio de 1994.

(Assinatura ilegível)

Quinta do Taipal, Acórdão Supremo Tribunal de Justiça-3
Acórdão de 17-01-1995 n.º 86-181 Supremo Tribunal de Justiça, – Acórdão Proferido em 17 de Janeiro de 1995 no Processo n.º PA 257/90 do Supremo Tribunal de Justiça

Acordam no Supremo Tribunal de Justiça:

O Agente do Ministério Público no Tribunal da comarca de Montemor-o-Velho intentou acção ordinária contra António Augusto Couceiro Figueira e mulher Fernanda Cruz Mendes Couceiro Figueira e João Augusto Carvalho Martins e mulher Piedade da Silva Henriques, pedindo a condenação dos réus: a) A reconhecerem a manutenção da zona húmida da Quinta do Taipal que identifica, como fundamental para o equilíbrio ecológico daquela área e imprescindível para um são ambiente e, b) A absterem-se, por si ou por intermédio de outrem de executarem quaisquer trabalhos de enxugo dos terrenos que compõem a mesma zona ou outros que, eventualmente, venham a destruir ou fazer perigar a fauna ali existente e seu "habitat" natural. Fundamentou o peticionado no facto da referida área húmida, de cerca de 50 hectares, na ponta norte da referida quinta, ser um paul onde se abrigam animais de espécies raras e de que se ali fossem levadas a cabo acções de enxugo, que estavam na mira dos réus, antes da providência cautelar que antecedeu a acção ou quaisquer outras que desestabilizassem o "habitat" instalado, seria prejudicado de forma irremediável o equilíbrio ecológico de toda a área, pelo que se impõe a defesa de tal equilíbrio e do são ambiente da zona onde se integra a referida Quinta. Os réus, comproprietários desta, contestaram pugnando pela improcedência da acção, alegando, em síntese, que até 1986 sempre houve cultivo de arroz na área em causa, precedido do necessário enxugo de terras, sem qualquer prejuízo ecológico, enxugo esse que ocupa muito pouco tempo, não acarretando ele e a produção de arroz qualquer das consequências nefastas referidas na p.i. Após saneamento e condensação do processo, realizou-se oportunamente o julgamento da matéria de facto e foi depois proferida sentença julgando parcialmente procedente a acção, condenando os réus a absterem-se de, por si ou por intermédio de outrem, executar quaisquer trabalhos de enxugo dos terrenos que compõem a área de 50 hectares, na ponta norte da Quinta do Taipal assinalada a vermelho no doc. de fls. 5 da apensa providência cautelar.

Os réus apelaram mas a Relação de Coimbra confirmou a decisão da 1.ª instância.

Recorreram os réus para este Supremo Tribunal sendo proferido acórdão ordenando que a Relação conhecesse de algumas questões não apreciadas.

Foi então proferido pela Relação o Acórdão de fls. 175 a 186 que, de novo julgou improcedente a apelação.

Pedem os réus revista, alegando e formulando conclusões que são as seguintes:

1.º – O direito de propriedade privada não cria apenas a protecção de interesses privados, ele traduz a protecção do próprio modelo económico-social constitucionalmente prescrito para o Estado Português, assumindo-se assim como um direito de carácter eminentemente público, indispensável ao funcionamento do Estado nos moldes escolhidos pela C.R.P.;

2.º – No direito de propriedade não se incluem já as restrições aos poderes por ele conferidos; pelo contrário, tais restrições são exógenas e apenas em casos excepcionais e porque interesses mais vultuosos as justifiquem, podem comprimir o direito de propriedade;

3.º – Ainda aí, contudo sempre se estará perante uma compressão, uma limitação e nunca uma completa postergação do conteúdo do direito, sob pena de se retirar, afinal, o direito no seu todo;

4.º – A sentença de 1.ª instância impôs aos recorrentes uma cláusula de imodificabilidade de solo, retirando-lhes todo o conteúdo útil do seu direito de propriedade;

5.º – A sentença impôs aos proprietários, sem qualquer base legal, um vínculo que outra coisa não é senão a expropriação do uso do solo, deixando-lhes apenas um simulacro de direito de propriedade sem qualquer conteúdo útil;

6.ª – Expropriação é o único termo capaz de moderadamente classificar a apropriação pelo Estado e contra a vontade dos proprietários do uso, fruição e utilidade da coisa;

7.º – Nos termos dos arts. 62.º, n.º 2 da C. R. P. e 1308.º e 1310.º do Cód. Civil a expropriação (ou o que a ela desta forma se equipare – a privação referida naquele art. 1308.º) só pode ser efectuada com base na lei e mediante pagamento de justa indemnização – no caso sub júdice, nem uma nem outra existem;

8.º – Dir-se-á ainda que os tribunais judiciais podem ser tidos como "organismos próprios" referidos no art. 66.º, n.º 2 da C. R. P. pelo que lhes carece a legitimidade para fazer o que fizeram no presente caso;

9.º – Desde logo porque não é aos tribunais judiciais que compete determinar a criação de áreas protegidas. Da análise da diversa legislação existente resulta bem claro que tal competência é detida pelo Governo, cumprido que seja todo um processo tendente a comprovar, cientificamente, quer se a área em questão é dotada de uma riqueza natural tal que justifique a atribuição daquele estatuto, quer que ela se encontre em concreto e comprovado perigo caso se lhe não confira esse estatuto;

10.º – Não se entendendo que, no caso dos autos, houve um simulacro de criação judicial de uma área de reserva, então uma só visão do acontecido se torna possível: a de que houve uma expropriação (ainda que dissimulada), melhor dizendo, uma confiscação, por natureza ilegal;

11.º – É que o afirmar-se que a riqueza faunística da Quinta do Taipal não pode obviamente, só por si, legitimar a imposição jurídica, sem base legal, de um vínculo que outra coisa não é senão a expropriação do uso agrícola do solo;

12.º – Porque as cláusulas de imodificabilidade do solo (como a consagra na sentença) se analisam como medidas de natureza expropriatória têm, de forma obrigatória, que ser normativamente previstas ou então concretizadas pela Administração, de acordo com padrões normativamente fixados;

13.º – Que, no caso concreto, não obstante a exaustiva referência a diplomas de direito internacional, de directivas comunitárias e da própria Constituição, o que é certo é que a sentença não tem base legal ou normativa pois que nenhum daqueles diplomas prevê (antes pelo contrário) que aquela protecção se concretize através dos meios utilizados;

14.º – Além do direito de propriedade privada desenharam-se ainda outros interesses constitucionalmente protegidos – concretamente o direito de iniciativa económica privada (art. 61.º da C. R. P.). Tal direito, observando no correcto prisma determinado pela situação concreta, assume-se como representativo de um interesse geral, de um verdadeiro interesse da comunidade;

15.º – E isto quer pela especial (e exclusiva) apetência dos solos em questão para o cultivo do arroz, quer pelo enorme contributo que esse cultivo nos 50 hectares da Quinta do Taipal iria dar à economia agrária do país;

16.º – O constitucionalmente consagrado direito ao ambiente sempre haverá que ser analisado em duas bem distintas vertentes: o equilíbrio ecológico de imediato efeito na vida humana e o equilíbrio ecológico relativo à fauna e à flora. Obviamente que são duas vertentes distintas por sua própria natureza, sendo a segunda funcionalizada à primeira que assume, por isso, um muito maior peso;

17.º – É manifesto que no caso "sub judice" se está, quando muito, perante a segunda destas vertentes pelo que na aquilatação dos concretos interesses aqui conflituantes sempre haverá que ter tal facto em conta;

18.º – Essa aquilatação será forçosa para se conseguir a composição, a concordância prática dos interesses aqui conflituantes quando se revelam, à partida, de igual dignidade. Tal é aliás a regra enunciada pelo próprio C. C. no seu art. 335.º, n.º 1;

19.º – Sempre se dirá contudo que da matéria dada como provada (resp. aos quesitos 4.º a 7.º) apenas resulta que do cultivo do arroz resultaria tão só alguma perturbação na vida de algumas espécies ali existentes o que não é o bastante para se configurar um atentado contra um ambiente sadio e ecologicamente equilibrado – razão pela qual se não chega sequer a ofender o art. 66.º, n.º 1 da C. R. P.;

20.º – Não se aceita que o Tribunal da Relação perante a inexistência da alegação, discussão e prova de determinados factos, se permita concluir através de infundados juízos de probabilidade, que "é bem possível que tal haja sucedido".

Foram violados os arts. 61.º, n.º 1, 62.º, n.º 1 e 2 e 66.º – al. c) da C. R. P. e arts. 335.º, 1305.º, 1308.º e 1310.º do C. C. pelo que deve revogar-se o Acórdão recorrido julgando-se improcedente o pedido do A. Contra-alegando o Digno Representante do Ministério Público entende que deve ser confirmado o Acórdão recorrido, negando-se a revista.

***

Cumpre apreciar e decidir.

São factos dados como provados os seguintes:

1.º – Os réus são comproprietários da denominada Quinta do Taipal, a qual se situa do lado direito da E. N. n.º 111, depois do cruzamento para Montemor-o-Velho (al. a) da especificação);

2.º – Daquela Quinta faz parte uma área alagada com cerca de 50 hectares, junto à referida estrada, a qual se encontra assinalada a tinta vermelha, no doc. de fls. 5 do processo apenso, achando-se inscrita na matriz sob o art. 4850 (al. b);

Tal área encontra-se definida como zona de ordenamento cinegético – Reserva M.M.V. – 1 – no edital da Direcção-Geral das Florestas (al. c); O prédio atrás referido constitui um dormitório das garças do Baixo Mondego (al. d); Em meados de Julho de 1989, os réus preparavam-se para proceder ao enxugo do terreno daquele prédio a fim de, posteriormente, procederem à cultura do arroz (al. e); A área referida na al. b) dispõe de uma riqueza natural elevada, servindo de abrigo a muitas espécies de aves sedentárias e migratórias (resp. ao quesito 1.º); Sendo procurada por aves aquáticas raras, vindas do norte da Europa, no Inverno, e de África, no Verão (resp. ao quesito 2.º); Há ali, igualmente, indícios de lontras, animal praticamente em vias de extinção no nosso continente (resp. ao quesito 3.º); A concretizar-se o facto referido em e) ficaria afectada irremediavelmente, o "habitat" de algumas das aves e animais referidos nos quesitos 1.º, 2.º e 3.º (resp. aos quesitos 4.º, 5.º, 6.º e 7.º); A referida área tem sido de há uns anos a esta parte, devido à sua riqueza natural, objecto permanente de estudo de diversos departamentos da Universidade de Coimbra, designadamente de Biologia, e Zoologia (resp. ao quesito 8.º); Está prevista uma proposta, quer do serviço Nacional de Parques, Reservas e Conservação da Natureza, quer da Câmara Municipal do Concelho, à Secretaria de Estado do Ambiente, para que a mesma venha a ser declarada Reserva Natural (resp. ao quesito 9.º); Até 1986, sempre parte da área referida em b) foi cultivada anualmente com arroz, pelos seus proprietários, após o enxugo respectivo da terra, com conhecimento de todos e sem qualquer oposição (resp. aos quesitos 10.º e 11.º); O enxugo da terra para o cultivo do arroz faz-se antes da sementeira e antes da colheita, e durante esta, por período, em média, de um mês (resp. ao quesito 14.º); Durante o restante período do ano o campo está alagado (resp. ao quesito 15.º).

***

Na 1.ª instância, e perante a factualidade acima descrita a sentença, de facto muito bem elaborada, depois de considerar a natureza do direito de propriedade e restrição do mesmo, de abordar a problemática do ambiente e sua defesa e de fazer exaustiva apreciação dos textos legais (constitucionais e ordinários) e convenções internacionais relativos ao ambiente, seguindo o entendimento de que o direito ao mesmo pode ser defendido pelo recurso à via judicial e que existia prejuízo para o ambiente com as actividades que os réus pretendiam exercer no seu prédio, decidiu, como já se viu, condenar os réus no 2.º pedido formulado na p. i..

No Acórdão recorrido foi confirmada a decisão da 1.ª instância.

Nele se entendeu que o que estava em jogo, no pleito, era um conflito entre o direito ao ambiente e qualidade de vida e o direito de propriedade, ambos constitucionalmente consagrados e que a resolução desse conflito era da competência dos tribunais comuns, como flui do n.º 1 do art. 45.º da Lei n.º 11/87, de 7/4. Mais se entendeu que a proibição decretada era perfeitamente admissível e que não houve qualquer expropriação nem se criou qualquer servidão administrativa, nem se declarou constituída qualquer área protegida ou reserva natural.

Vejamos pois, se será assim, ou se, pelo contrário, assiste razão aos réus ao discordarem do Acórdão pela forma constante das suas alegações e respectivas conclusões.

Liminarmente se dirá que forçoso é dar a nossa concordância às considerações feitas pelas instâncias acerca do ambiente e consciencialização de que o mesmo é um valor a preservar e, portanto, a defender sempre que ameaçado ou ofendido.

Foi infelizmente, bem tardiamente que os Estados começaram a preocupar-se com o estado ambiental gravemente afectado em todo o mundo, devido a factores por demais conhecidos. Do que se fizer agora na defesa do ambiente depende, sem dúvida, o próprio destino de toda a humanidade. São tantos os atentados contra o ambiente que grande é a responsabilidade dos Estados e de todos os homens conscientes, se não souberem pôr cobro aos mesmos, através de uma actuação conjunta e eficaz que com eficácia defenda aquele e puna os infractores. Os réus, aliás, não discutem ou põem em causa o direito ao ambiente, nem os deveres que todos têm em relação ao mesmo.

A sua discordância em relação ao Acórdão recorrido que confirmou a decisão da 1.ª instância, coloca-se noutro plano como resulta evidente das conclusões que formularam.

Feita esta introdução necessária, vejamos quais as normas legais a considerar para se alcançar, a partir delas, a solução que se afigure mais justa.

No que respeita ao ambiente a nossa Constituição, depois de, logo no art. 9.º, al. e) referir que são tarefas fundamentais do Estado, defender a natureza e o ambiente e, preservar os recursos naturais, dispõe, no art. 66.º, n.º 1, que: "Todos têm direito a um ambiente de vida humano, sadio e ecologicamente equilibrado e o dever de o defender".

Na sequência, dispõe o n.º 2 desse artigo, além do mais, que ao Estado incumbe ordenar e promover o ordenamento do território, tendo em vista paisagens biologicamente equilibradas e criar e desenvolver reservas e parques naturais e de recreio, bem como classificar e proteger paisagens e sítios, de modo a garantir a conservação da natureza.

Na sequência das referidas disposições constitucionais, surge o Dec. Lei n.º 321/83, de 5/7 que cria a Reserva Ecológica Nacional, constituída, conforme dispõe o seu art. 2.º, por ecossistemas costeiros-praias, arribas, estuários, rias, etc. – e ecossistemas interiores – lagoas, albufeiras, leitos normais dos cursos de água, cabeceiras dos cursos de água, encostas, escarpas, áreas de infiltração máxima, áreas abandonadas, etc..

Posteriormente aparece a Lei n.º 11/87, de 7/4, – Lei de Bases do Ambiente. Nela se define ambiente, como o "conjunto dos sistemas físicos, químicos, biológicos e suas relações e dos factores económicos, sociais e culturais com efeito directo ou indirecto, mediato ou imediato, sobre os seres vivos e a qualidade de vida do homem. (Art. 5.º, n.º 2, al. a)). No art. 6.º diz-se serem componentes do ambiente: o ar, a luz, a água, o solo vivo e subsolo, a flora e a fauna. No que respeita à fauna tem interesse relevante a leitura do art. 16.º, da qual se conclui, em síntese, que toda a fauna será protegida através de legislação especial que promova e salvaguarde a conservação e exploração das espécies; que a fauna migratória será também protegida por legislação especial para promover e salvaguardar a conservação das espécies, fazendo-se o levantamento, classificação e protecção, em particular dos montados e das zonas húmidas; que a protecção da fauna autóctone de forma mais ampla e a necessidade de proteger a saúde pública, implicam a adopção de medidas de controle efectivo severamente restritivas, quando não de proibição, a desenvolver pelos organismos competentes e autoridade sanitária.

De grande interesse, também, o que dispõe o art. 29.º, cuja redacção é a seguinte:

1 – Será implementada e regulamentada uma rede nacional contínua de áreas protegidas, abrangendo áreas terrestres, águas interiores e marítimas e outras ocorrências naturais distintas que devam ser submetidas a medidas de classificação, preservação e conservação, em virtude dos seus valores estéticos, raridade, importância científica, cultural e social ou da sua contribuição para o equilíbrio biológico e estabilidade ecológica das paisagens.

2 – As áreas protegidas poderão ter âmbito nacional, regional ou local.

3 – A iniciativa da classificação e conservação de áreas protegidas... será da competência da administração central, regional ou local ou ainda particular.

4 – A regulamentação da gestão de áreas protegidas... compete consoante o seu âmbito à administração central, regional ou local.

5 – (...)

6 – (...)

Finalmente há que referir o Dec. Lei n.º 316/89, de 22/9 que regulamenta a aplicação da conservação da vida selvagem e dos "habitats" naturais na Europa. Este diploma legal surgiu devido ao facto de em 19/9/79 ter sido assinada por países membros do Conselho da Europa, a Convenção Relativa à Conservação da Vida Selvagem e dos "Habitats" Naturais da Europa (Convenção

de Bona) tendo tal Convenção sido aprovada por ratificação pelo Dec. Lei n.º 95//81, de 23/7. No art. 6.º daquele Dec. Lei n.º 316/89 estabelece-se que, para protecção dos "habitats" das espécies de flora e fauna mencionadas nos anexos I e II da Convenção e dos "habitats" naturais ameaçados, é instituída uma comissão nacional integrando representantes designados pelo Serviço Nacional de Parques, Reservas e Conservação da Natureza, pela Direcção-Geral de Ordenamento do Território, pela Direcção-Geral das Florestas e ainda pelas Regiões Autónomas dos Açores e Madeira e que a esta Comissão Nacional compete propor ao Governo a adopção das medidas tendentes à protecção das áreas previstas, nomeadamente, protecção das áreas importantes para as espécies migradoras.

Compete à Comissão Nacional, segundo impõe o art. 12.º, propor ao Governo a adopção das medidas tendentes a propor o levantamento das reservas formuladas ao abrigo dos n.ᵒˢ 1 e 2 do art. 22.º da Convenção e estabelecer um cadastro nacional de "habitats" protegidos.

No art. 4.º, e com vista à protecção das espécies da fauna inscrito no anexo II da Convenção, proíbe-se a deterioração ou destruição intencional dos respectivos "habitats". Feita esta resenha dos diplomas respeitantes ao ambiente, mais adiante se extrairão deles as necessárias conclusões.

Interessa agora determo-nos sobre o direito de propriedade, que os recorrentes entendem haver sido violado sem base legal.

Segundo o art. 62.º da Constituição (n.º 1) "A todos é garantido o direito à propriedade privada e à sua transmissão em vida ou por morte, nos termos da Constituição". E no n.º 2 desse preceito dispõe que "A requisição e a expropriação por utilidade pública só podem ser efectuadas com base na lei e mediante o pagamento de justa indemnização".

Na lei ordinária, o direito de propriedade é regulado nos arts. 1302.º e seguintes do Código Civil. O seu conteúdo consta do art. 1305.º, segundo o qual, o proprietário goza de modo pleno e exclusivo dos direitos de uso, fruição e disposição daquilo que lhe pertence, embora tais direitos devam exercer-se dentro dos limites da lei, tendo de se observar as restrições por ela impostas. Só excepcionalmente o direito de propriedade conhece restrições. Como decorre dos arts. 1308.º e 1309.º onde se prevêem a expropriação e a requisição temporária estas dão lugar a uma indemnização ao proprietário, art. 1310.º.

***

Os recorrentes entendem que a sentença da 1.ª instância, confirmada pelo Acórdão recorrido, lhes impôs uma cláusula de imodificabilidade do solo, retirando-lhes todo o conteúdo útil do seu direito de propriedade, impondo-lhe um vínculo, sem base legal, que outra coisa não é senão a expropriação do uso do solo.

É evidente o exagero da afirmação, pois que, com a expropriação, se extinguem direitos privados constituídos sobre determinados imóveis, dando-se a sua transferência definitiva para o Estado ou pessoa a cujo cargo esteja a prossecução de um fim específico de utilidade pública, havendo lugar ao pagamento de uma indemnização compensatória ao titular dos direitos extintos.

Mas, não tendo havido uma expropriação anómala nascida de uma sentença judicial, a verdade é que os réus foram condenados a absterem-se, por si ou por intermédio de outrem, de executarem quaisquer trabalhos de enxugo dos terrenos que compõem a área de 50 hectares localizada na ponta norte da sua propriedade Quinta do Taipal. Por outras palavras, aquela parte da propriedade dos ora recorrentes, não pode ser por estes enxuta para eles aí cultivarem arroz. É uma zona encharcada e assim tem de continuar, por ser o "habitat" de muitas espécies de aves sedentárias e migratórias, sendo procurada por aves aquáticas raras, havendo também ali indícios de lontras, animal que está em vias de extinção. Sendo, como é, área encharcada aí não pode fazer-se qualquer espécie de cultura.

O direito de propriedade dos recorrentes, sobre aquela área de 50 hectares, encontra-se assim, por força da sentença, fortemente restringido visto que não podem fruir da mesma ou transformá-la. Trata-se de uma restrição imposta por razões de interesse público, sendo certo que as normas que a regem se integram no direito administrativo.

Como escrevia Marcelo Caetano (Manual de Direito Administrativo, 3.ª ed. pag. 596) "A realização dos fins da Administração nem sempre exige a passagem das coisas para o seu domínio: em grande número de casos é compatível com a manutenção dos bens na propriedade dos particulares, sujeitando-se, porém, os proprietários a sofrer o exercício pelos órgãos administrativos, de poderes sobre os seus bens". A doutrina administrativa olhando o aspecto passivo desses poderes, umas vezes faz-lhes referência sob a rubrica genérica de "restrição de utilidade pública ao direito de propriedade" e outras designa-o por "servidões administrativas" (obra e local citados). Quer se considere como servidão administrativa, quer se entenda tratar-se de uma restrição de utilidade pública ao direito de propriedade, a situação de quase indisponibilidade em que, por força do decidido pelas instâncias, ficou parte da propriedade dos recorrentes, é anómala e ilegítima face à Constituição e lei ordinária, pois que só a Administração, o Governo, pode criar servidões administrativas ou restrições de utilidade pública, mediante o pagamento de uma compensação indemnizatória. Por outro lado, e ao mesmo tempo, as instâncias criaram, como é bem evidente, um "habitat" permanente, uma reserva para aves sedentárias e migratórias e hipotéticas lontras, quando é certo que, como se viu da legislação acima referida, a fauna é protegida por legislação especial e as áreas protegidas e reservas são criadas e conservadas pela Administração, pelo Governo, mediante proposta da respectiva comissão nacional.

Não podem nem devem ser os tribunais suprir as deficiências ou incúrias do poder executivo na criação de áreas protegidas em todas as zonas do país em que isso se mostre necessário.

Decretar-se, através de uma sentença judicial, de forma mais ou menos clara, a criação de uma área protegida para aves seria o mesmo que alargar ilegalmente a jurisdição dos tribunais, substituindo-se estes aos poderes da administração. Certo que os tribunais podem intervir em questões ambientais, mas apenas e só, quando alguém se sinta ameaçado ou lesado nos seus direitos a um ambiente sadio e ecologicamente equilibrado, ou quando alguém tenha causado danos significativos no ambiente, em virtude de uma acção especialmente perigosa (em relação às pessoas evidentemente). Daí as normas do art. 40.º e segs da Lei de Bases do Ambiente.

Aliás não se compreende muito bem como, dizendo-se já, na providência cautelar apensa, em 1989, e também na p. i., que estava prevista para breve uma proposta à secretaria do Estado do Ambiente, para que a tal zona da propriedade dos réus venha a ser declarada área protegida – reserva natural – tal proposta não tenha avançado e sido apreciada por quem de direito.

***

Face ao exposto concede-se a revista, revoga-se o Acórdão recorrido e sentença da 1.ª instância e absolvem-se os réus dos pedidos.

Sem custas por delas estar isento o autor.

Lisboa, 17 de Janeiro de 1995

(Assinaturas ilegíveis)

Bibliografia citada

Ana Cláudia Guedes, Acessão Industrial Imobiliária e Usucapião Parciais *Versus* Destaque
- CARVALHO, Jorge de, *Ordenar a Cidade*, Coimbra, Quarteto, 2003
- OLIVEIRA, Fernanda Paula e LOPES, Dulce, *Dos Estádios aos Equipamentos Desportivos: Trilho de uma evolução*, Coimbra, Almedina, 2005.

Ana Leite, A legalização e a demolição.
- AMARAL, Diogo Freitas do, *Curso de Direito Administrativo*, vol. II, Almedina, Coimbra, 2004, p. 160
- CANOTILHO, J. J. Gomes e MOREIRA, Vital, *Constituição da República Anotada*, 3.ª ed. Revista, Coimbra Editora, Coimbra, 1993, p. 924
- OLIVEIRA, Fernanda Paula *et allii*, *Regime Jurídico da Urbanização e Edificação – Comentado*, 2.ª ed. Almedina, Coimbra, 2009, pp. 563 e ss.

Ana Pereira de Sousa, A Natureza Jurídica do Acto de Licenciamento Urbanístico. Contributos para um Estudo da Natureza Jurídica da Licença Urbanística
- ALMEIDA, António Duarte de, *A Distinção entre Autorização e Licença no Regime Jurídico da Urbanização e da Edificação* in *O Novo Regime Jurídico da Urbanização e da Edificação*, Lisboa, LEX, 2002, pp. 91 e ss.
- AMARAL, Diogo Freitas do, *Apreciação da Dissertação de Doutoramento do Licenciado Fernando Alves Correia: O Plano Urbanístico e o Princípio da Igualdade* in Revista da Faculdade de Direito da Universidade de Lisboa, 1991, pp. 91 e ss.
- *Direito do Urbanismo (Sumários)*, Lisboa, 1993.
- ANTUNES, Luís Filipe Colaço, *Direito Urbanístico, Um Outro Paradigma: a Planificação Modesto-Situacional*, Almedina, 2002.
- ASCENSÃO, José de Oliveira, *O Urbanismo e o Direito de Propriedade* in *Direito do Urbanismo*, Lisboa, Instituto Nacional de Administração, 1989, pp. 320 e ss.
- AUBY, Jean-Bernard/PÉRINET-MARQUET, Hugues, *Droit de l'Urbanisme et de la Construction*, Paris, Montchrestien, 4.ª ed., 1995.
- BATTIS, Ülrich, *As Experiências Alemãs na Codificação do Direito do Urbanismo*, trad. de Anja Bothe in *Um Código de Urbanismo para Portugal?*, coord. Alves Correia, Almedina, 2003, pp. 175 e ss.
- BELEZA, Maria dos Prazeres Pizarro, *Acórdão do Tribunal Constitucional n.º 329//99/T.Const. (Proc. N.º 492/98 de 02-06-99, DR II, N.º 167, de 20-07-99)* in Revista Jurídica do Urbanismo e do Ambiente, Coimbra, n.ᵒˢ 11/12, 1999, pp. 245 e ss.
- CAETANO, Marcello, *Princípios Fundamentais do Direito Administrativo*, 2.ª ed., Coimbra, Almedina, 2003.
- CENTOFANTI, Nicola, *Diritto a Costruire, Planificazione Urbanistica, Espropriazione* II, Milano, Giuffrè Editore, 2005.
- CONDESSO, Fernando, *Direito do Urbanismo, Noções Fundamentais*, Lisboa, Quid Iuris, 1999.

- CORDEIRO, António, *A Protecção de Terceiros em Face de Decisões Urbanísticas*, Coimbra, Almedina, 1995.
- CORREIA, Fernando Alves, *As Garantias do Particular na Expropriação por Utilidade Pública*, Coimbra, s. n., 1982.
  - *O Plano Urbanístico e o Princípio da Igualdade*, Almedina, Coimbra, 1989.
  - *As Grandes Linhas da Recente Reforma do Direito do Urbanismo Português*, Coimbra, Almedina, 1993.
  - *Manual de Direito do Urbanismo*, Vol. I, 4.ª ed., Coimbra, Almedina, 2008.
- COSTA, António Pereira da, *Os Direitos de Terceiros nos Licenciamentos de Operações Urbanísticas* in *Revista do Centro de Estudos de Direitos do Ordenamento, Urbanismo e Ambiente*, Coimbra, n.º 7, 2001, pp. 103 e ss.
- DEBOUY, Christian, *La Vie du Permis de Construire* in *Droit et Ville*, n.º 32, 1991, p. 81 e ss.
- DIAS, Maria da Glória Pinto Garcia, *O Direito do Urbanismo entre a Liberdade Individual e a Política Urbana* in *Revista Jurídica do Urbanismo e do Ambiente*, Coimbra, n.º 1, Almedina, 2000, pp. 97 e ss.
- FERNANDES, Luís A. Carvalho, *Lições de Direitos Reais*, Lisboa, Quid Iuris, 1995.
- FERNÁNDEZ, Tomás-Rámon, *O Direito do Urbanismo em Espanha* in *Direito do Urbanismo*, Lisboa, Instituto Nacional de Administração, 1989, pp. 187 e ss.
- FOLQUE, André, *Curso de Direito da Urbanização e da Edificação*, Coimbra, Coimbra Editora, 2007.
- FORSTHOFF, Ernst, *Traité de Droit Administratif Allemand*, Bruxelles, Établissments Émile Bruylant, 1996.
- GALVÃO, Sofia de Sequeira, *Jus Aedificandi, Natureza versus Protecção Constitucional – Equívocos Reiterados* in Cadernos de Justiça Administrativa, Braga, n.º 44, 2004, pp. 12 e ss.
- GOMES, Osvaldo, Manual dos Loteamentos Urbanos, Coimbra, Coimbra Editora, 1983.
- GÓMEZ, José Pascual Pozo, *El derecho a la edificación en la ley de régimen urbanístico y valoraciones del suelo (Ley 8/1990, de 25 de Julio): comentarios al articulo 25* in *Revista de Derecho Urbanístico y Medio Ambiente*, Madrid, n.º 124, 1991, pp. 49 e ss.
- GONÇALVES, Pedro/OLIVEIRA, Fernanda Paula, A *Nulidade dos Actos Administrativos de Gestão Urbanística* in *Revista do Centro de Estudos de Direitos do Ordenamento, Urbanismo e Ambiente*, Coimbra, n.º 1, 1999, pp. 17 e ss.
- JACQUOT, Henri/PRIET, François, *Droit de l'Urbanisme*, Paris, Dalloz, 2001.
- KERSTEN, Michael T., *Exactions, Severability and Takings: When Courts Should Sever Unconstitucional Conditions from Development Permits?* in *Boston College Environmental Affairs Law Review*, n.º 2, 2000, pp. 279 e ss.
- LAMORLETTE, Bernard/MORENO, Dominique, *Code de l'Urbanisme 2008 Commenté*, 7.ª ed., Paris, LITEC, 2007.
- LLIET-VEAUX, Georges, *O Direito do Urbanismo em França* in *Direito do Urbanismo*, Lisboa, Instituto Nacional de Administração, 1989, pp. 143 e ss.
- LLISET BORRELL, Francisco, *Aplicación de la Ley 8/1990, Gestión del Tiempo Urbanístico y Naturaleza de la Licencia de Edificación en Dicha Ley* in *Revista de Derecho Urbanístico*, n.º 126, 1992, pp. 61 e ss.

- MARTÍN, Mónica Domínguez, *Procedimiento de Otorgamiento de Licencias Municipales: Estudio de Reciente Jurisprudencia de Tribunales Superiores de Justicia in Revista de Derecho Urbanístico y Medio Ambiente*, Madrid, Editorial Montecorvo, n.º 178, 2000, pp. 63 e ss.
- MAURER, Hartmut, *Droit Administratif Allemand*, trad. de Michel Fromont, Paris, L.G.D.J., 1994.
- MAZZARELLI, Valeria, *Fondamenti di Diritto Urbanistico*, Roma, NIS, 1996.
- MENGOLI, Carlo, *O Direito do Urbanismo em Itália: a Legislação Urbanística Italiana e as Experiências da sua Aplicação in Direito do Urbanismo*, Lisboa, Instituto Nacional de Administração, 1989, pp. 161 e ss.
- MIRANDA, Jorge/MEDEIROS, Rui, *Constituição da República Portuguesa Anotada* I, Coimbra, Coimbra Editora, 2005.
- MORAND-DEVILLER, Jacqueline, *Droit de l'Urbanisme*, Paris, Dalloz, 1996.
- NEVES, Maria José Castanheira/OLIVEIRA, Fernanda Paula/LOPES, Dulce/MAÇAS, Fernanda, *Regime Jurídico da Urbanização e Edificação Comentado*, Coimbra, Almedina, 2.ª ed., 2009.
- OLIVEIRA, Fernanda Paula, *As Licenças de Construção e os Direitos de Natureza Privada de Terceiros in Boletim da Faculdade de Direito da Universidade de Coimbra, Colecção Studia Iuridica, Ad Honorem – Estudos em Homenagem ao Professor Doutor Rogério Soares*, Coimbra, Coimbra Editora, 2001, pp. 991 e ss.
- *O Novo Regime Jurídico da Urbanização e Edificação: A Visão de um Jurista in Revista do Centro de Estudos de Direitos do Ordenamento, Urbanismo e Ambiente*, Coimbra, n.º 8, 2001, pp. 35 e ss.
- *As Garantias dos Particulares no RJUE in O Novo Regime Jurídico da Urbanização e da Edificação*, Lisboa, LEX, 2002, pp. 13 e ss.
- *Urbanismo Comparado: o Paradigma do Modelo Alemão in Revista de Direito Público da Economia*, Belo Horizonte, n.º 8, 2004, pp. 79 e ss.
- *O Direito de Edificar: Dado ou Simplesmente Admitido pelo Plano? in Cadernos de Justiça Administrativa*, Braga, n.º 43, 2004, pp. 49 e ss.
- *A Alteração Legislativa ao Regime Jurídico de Urbanização e Edificação: uma Lebre que Saiu Gato? in Revista de Direito Regional e Local*, Braga, n.º 00, 2007, pp. 53 e ss.
- ORTEGA BERNARDO, Julia, *Las Licencias Urbanísticas in Revista de Derecho Urbanístico y Medio Ambiente*, n.º 141, 1997, pp. 78 e ss.
- PARADA, Ramón, *Derecho Urbanístico*, Madrid/Barcelona, Marcial Pons, 1999.
- PAREJO ALFONSO, Luciano/ JIMÉNEZ-BLANCO, Antonio/ÁLVAREZ, Ortega Luis, *Manual de Derecho Administrativo*, 3.ª ed., Barcelona, Ariel, 1994.
- PÉRINET-MARQUET, Hugues, *Les Problems Actuels de la Demande du Permis de Construire in Droit et Ville*, n.º 32, 1991, pp. 43 e ss.
- QUADROS, Fausto de, *Princípios Fundamentais de Direito Constitucional e de Direito Administrativo em Matéria de Direito do Urbanismo in Direito do Urbanismo*, Lisboa, Instituto Nacional de Administração, 1989, pp. 279 e ss.
- SANTAMARIA PASTOR, Juan Alfonso/PAREJO ALFONSO, Luciano, *Derecho Administrativo: la Jurisprudencia del Tribunal Supremo*, Madrid, Editorial Centro de Estudios Ramón Areces S.A., 1989.

- SÁNCHEZ DÍAS, José Luis, *La Licencia de Edificación en la Ley 8/1990 sobre el Régimen Urbanístico y Valoraciones del Suelo* in Revista de Estudios de la Administración Local y Autonómica, Madrid, n.º 249, 1991, pp. 33 e ss.
- SILVA, José Afonso da, *Direito Urbanístico Brasileiro*, 3.ª ed., Malheiros Editores, 2000.
- SOARES, Rogério, *Direito Administrativo*, Coimbra, polic., 1978.
- SOUSA, Marcelo Rebelo de, *Parecer sobre a Constitucionalidade das Normas Constantes do Decreto-Lei n.º 351/93, de 7 de Outubro: Regime de Caducidade dos Actos de Licenciamento de obras, loteamentos e empreendimentos turísticos* in Revista Jurídica do Urbanismo e do Ambiente, Coimbra, n.º 1, Almedina, 1994, pp. 131 e ss.
- VIEIRA de ANDRADE, José Carlos, *Algumas Reflexões a Propósito da Sobrevivência do Conceito de Acto Administrativo* in Estudos em Homenagem ao Professor Doutor Rogério Soares, Coimbra, Coimbra Editora, 2001, pp. 1189 e ss.
- VIRGA, Pietro *Diritto Amministrativo*, 3.ª ed., Milano, Giuffrè Editore, Vol. I: *I Principi*, 1993.
- WOLFF, Hans Julius/BACHOFF, Otto/STOBER, Rolf, *Direito Administrativo*, trad. de António Francisco de Sousa, Lisboa, Fundação Calouste Gulbenkian, 2006.

Andreia Cristo, O Instituto da Caducidade, em Especial no Âmbito da Gestão Urbanística e o seu Tratamento Jurisprudencial
- AA.VV.
  - *Direito do Urbanismo e Autarquias Locais – realidade actual e perspectivas de evolução*, CEDOUA/FDUC/IGAT, Almedina, Coimbra, reimp. de Abril 2005.
  - *O Novo Regime Jurídico da Urbanização e da Edificação*, Lex, Lisboa, 2002.
- ALBALADEJO GARCÍA, Manuel, *Derecho Civil*, Tomo I, Vol.II, Bosh, Barcelona, 1989.
- ALEGRE, Carlos, *Regime Jurídico da urbanização e edificação*, Editora Rei dos Livros, 2001.
- AMORIM, Pacheco de
  - OLIVEIRA, Mário Esteves.
- ANDRADE, José Carlos Vieira de
  - *Parecer* não publicado.
  - *A Justiça Administrativa, Lições,* 9.ªed., Almedina, Coimbra, 2007.
- ANDRADE, Manuel de,
  - *Teoria Geral da Relação Jurídica – Facto jurídico, em especial negócio jurídico,* Vol.II, 1960, 6.ª reimp, 1983.
  - *Algumas questões em matéria de "injúrias graves", como fundamento de divórcio,* Coimbra, 1956.
- ARANA MUÑOZ, Jaime Rodríguez-
  - *La prorroga en los contratos administrativos,* Editorial Montecorvo, Madrid, 1988.
  - *La caducidade en el Derecho Administrativo Español,* Editorial Montecorvo, S.A., Madrid, 1993.
  - *"Reflexiones sobre la caducidad en el Derecho Publico",* Separata de Revista Aragonesa de Administracion Publica, n.º 5, 1994.

- ASCENSÃO, José de Oliveira, *Direito Civil: Teoria Geral*, Relações e situações jurídicas, Vol.III, Coimbra Editora, Coimbra, 2002.
- BASTO, Nuno Cabral, *Caducidade*, Dicionário Jurídico da Administração Pública, Vol.II, Lisboa, 1990.
- BUFFELAN-LANORE, Yvaine, *Essai sur la notion de caducité des actes juridiques en droit civil*, Paris, 1963.
- CABALLERO SÁNCHEZ, Rafael, *Prescripción y caducidad en el ordenamiento administrativo, 1999*.
- CAETANO, Marcello, *Manual de Direito Administrativo*, 10.ª ed., 5.ª reimp., Vol. I, Almedina, Coimbra, 1991.
- CANOTILHO, José Joaquim Gomes, *Constituição da República Portuguesa Anotada*, Volume I, 4.ªed. revista, Coimbra Editora, 2007, em co-autoria com Vital Moreira.
- CASTANHEIRA NEVES, Maria José
  – OLIVEIRA, Fernanda Paula.
- CASTRO, Aníbal de, *A Caducidade na Doutrina, na Lei e na Jurisprudência*, 2.ª ed., Lisboa, 1980.
- CHOLBI CACHÁ, Francisco Antonio, *El Procedimiento de Concesión de las Licencias de Urbanismo (especial referencia a la aplicación del silencio positivo)*, El Consultor de los ayuntamientos y de los juzgados, Madrid, 2002.
- CORDEIRO, António Menezes,
  – *"Da caducidade no Direito português"*, O Direito, n.º 136, Almedina, Coimbra, 2004.
  – *Tratado de Direito Civil Português*, I, Parte Geral, Tomo IV, Almedina, Coimbra, 2007
- CORREIA, Fernando Alves,
  – *As grandes linhas da recente Reforma do Direito do Urbanismo Português*, Almedina, Coimbra, 1993.
  – *"Caducidade" de licenças e aprovações urbanísticas incompatíveis com as disposições de um superveniente PROT: uma solução constitucionalmente admissível?*, Cadernos de Justiça Administrativa, n.º14, 1999.
  – *Manual de Direito do Urbanismo*, Vol.I, 4.ªed., Almedina, Coimbra, 2008.
- CORREIA, Sérvulo, *Noções de Direito Administrativo*, Vol.I, Editora Danúbio, Lda, Lisboa, 1982.
- COSTA, Mário Júlio de Almeida
  – *Direito das Obrigações*, 9.ª ed., reimp. de 2001, Almedina, Coimbra, 2005.
  – *Noções Fundamentais de Direito Civil*, 4.ªed., Almedina, Coimbra, 2001.
- *DGOTDU, Guia das Operações de loteamento*, Colecção informação, n.º 7, Maio de 2003.
- DIAS, Eduardo Figueiredo
  – *"A Discricionaridade Administrativa"*, Scientia Ivridica, Julho-Dezembro 1999, Tomo XLVIII, n.os 280/282, em co-autoria com Fernanda Paula Oliveira.
- DIAS, José Rosendo, *Sanções Administrativas*, Revista de Direito Público, ano V, n.º 9, 1991.
- FERNANDES, Carvalho, *Caducidade*, Polis.
- FOLQUE, André, *Curso de Direito da Urbanização e da Edificação*, Coimbra Editora, Coimbra, 2007.

- GALÁN SÁNCHEZ, Rosa M., *La caducidad de los procedimientos*, Facultad de Derecho de la Universidad Complutense Madrid, 2004.
- GARCÍA DE ENTERRÍA, Eduardo,
  - *"El problema Jurídico de las Sanciones Administrativas"*, in Civitas: Revista Española de Derecho Administrativo, n.º10, Madrid, Jul./Ago., 1976.
  - *Curso de Derecho Administrativo*, Vol. II, Civitas Ediciones, S.L., Madrid, 2002, em co-autoria com Tomás Ramón Fernandez.
- GOMES, José Osvaldo, *Manual dos Loteamentos Urbanos*, 2.ª ed., Coimbra Editora, Coimbra, 1983.
- GOMEZ CORRALIZA, Bernardo, *La caducidad*, Editorial Montecorvo, S.A., Madrid, 1990.
- GONÇALVES, Pedro, *Controlo prévio das operações urbanísticas após a reforma legislativa de 2007"*, Revista de Direito Regional e Local, n.º1, 2007.
  - OLIVEIRA, Mário Esteves.
- GONZÁLEZ NAVARRO, Francisco, *"La llamada caducidad del procedimiento administrativo"*, Revista de Administración Pública, n.º 45.
- GONZÁLEZ PEREZ, Jesus,
  - *Nuevo régimen de las licencias de urbanismo*, El consultor de los ayuntamientos y de los juzgados, Madrid, 1991.
  - *Procedimiento administrativo local*, Tomo II, 2.ª ed., Publicaciones Abella, EC., Madrid, 1993, em co-autoria com Pedro González Salinas.
  - *Manual de Procedimiento Administrativo*, Civitas, Madrid, 2000.
- GONZÁLEZ SALINAS, Pedro
  - GONZÁLEZ Perez, Jesus
- LAFUENTE BENACHES, María Mercedes, *La concesión de domínio público*, Editorial Montecorvo, S.A., Madrid, 1988.
- LANDI, Guido, *Manuale di Diritto Amministrativo*, 10.ª ed., Giuffrè Editore, Milão, 1997, em co-autoria com Giuseppe Potenza.
- LIMA, Pires de, *Código Civil Anotado*, Vol.I, 4.ª ed., Coimbra Editora, Coimbra, 1987, em co-autoria com João Antunes Varela.
- LOPES, Dulce
  - OLIVEIRA, Fernanda Paula.
- LOUREIRO, Margarida
  - Vide REIS, João Pereira
- MAÇÃS, Fernanda
  - *Parecer do Conselho Consultivo da PGR de 26 de Setembro de 2002*, publicado no Diário da República II Série, n.º 11 de 14 de Janeiro de 2003.
  - *A Caducidade por incumprimento e a natureza dos prazos na atribuição da utilidade turística"*, Cadernos de Justiça Administrativa, n.º 48, 2004.
  - *A caducidade no Direito Administrativo: Breves considerações"*, Separata de Estudos de Homenagem ao Conselheiro José Manuel Cardoso da Costa, Coimbra Editora, Coimbra, 2005.
  - OLIVEIRA, Fernanda Paula.
- MAGALHÃES, Barbosa de, *Prazos de caducidade, de prescrição e de propositura de acções,* Jornal do Foro, 1950.

- MARQUES, José Dias, *"Teoria Geral da Caducidade"*, O Direito, Revista de Ciências Jurídicas e de Administração Pública, Lisboa, LXXXIV, 1952.
- MARTINEZ, Pedro Romano, *Da cessação do contrato*, 2.ª ed., Almedina, Coimbra, 2006.
- MATOS, André Salgado
  – SOUSA, Marcelo Rebelo de
- MENDES, Isabel Pereira, *"Consequências registrais da caducidade do alvará do loteamento e da suspensão da eficácia da deliberação camarária que a reconhece"*, Revista da Ordem dos Advogados, ano 95, Dezembro.
- MODERNE, Franck, *Sanctions Administratives et Justice Constitutionnelle*, Económica, Paris, 1993.
- MODICA, Isidoro, *Teoria della decadenza nel diritto civile italiano*, Vol. I, Parte generale, 1906.
- MONCADA, Luís Cabral de, *Lições de Direito Civil*, Parte Geral, 4.ª ed. rev., Almedina, Coimbra, 1995.
- MOREIRA, Vital Martins
  – CANOTILHO, José Joaquim Gomes.
- NETO, Abílio, *Código Civil Anotado*, 16.ª ed. rev. e act., ediforum, 2009
- NIETO, Alejandro, *Derecho Administrativo Sancionador*, 3.ª ed., Tecnos, Madrid, 2002.
- NÓBREGA, António Manuel Góis, *Regime Jurídico da Urbanização e Edificação, anotado*, 2.ªed. rev. e act., edição ATAM, 2002.
- OLIVEIRA, Fernanda Paula
  – *"Duas questões no direito do urbanismo: aprovação do projecto de arquitectura (acto administrativo ou acto preparatório?) e eficácia de alvará de loteamento (desuso?)"*, anotação ao Acórdão do STA (1.ª Secção) de 5/5/1998, Cadernos de Justiça Administrativa, n.º 13, 1999.
  – *Instrumentos de Participação Pública em Gestão Urbanística*, Centro de Estudos de Formação Autárquica, Coimbra, 2000.
  – *"O Novo Regime Jurídico da Urbanização e Edificação, a visão de um jurista"*, Revista do Centro de Estudos de Direito do Ordenamento, do Urbanismo e do Ambiente, n.º 2, 2001.
  – *"Loteamento e Propriedade Horizontal: Guerra e Paz"*, Revista do Centro de Estudos de Direito do Ordenamento, do Urbanismo e do Ambiente, n.º 9, 2002, em co-autoria com Sandra Passinhas.
  – *"A alteração legislativa ao Regime Jurídico de Urbanização e Edificação: uma lebre que saiu gato...?"*, Revista de Direito Regional e Local, n.00, 2007.
  – *Regime Jurídico da Urbanização e Edificação*, comentado, 2.ª ed., Almedina, Coimbra, 2009, em co-autoria com Maria José Castanheira Neves, Dulce Lopes e Fernanda Maçãs.
  – *"O Regime Jurídico da Urbanização e Edificação. As novidades e as dúvidas resultantes da Lei 60/2007, de 4 de Setembro"*, Cadernos Municipais electrónicos n.º 1 – Simplificação de Procedimentos e Descentralização no Combate à Crise, Junho, 2009.

- DIAS, Eduardo Figueiredo.
- OLIVEIRA, Mário Esteves de. *Código do Procedimento Administrativo comentado*, 2.ª ed., 7.ª reimp de 1997, Almedina, Coimbra, 2007, em co-autoria com Pedro Gonçalves e João Pacheco de Amorim
- PALIERO, Carlo Enrico, *La Sanzione Amministrativa: Profili sistematici*, Giuffrè Editore, Milão, 1988, em co-autoria com Aldo Travi.
- PASSINHAS, Sandra
  - OLIVEIRA, Fernanda Paula.
- PEMÁN GAVÍN, Ignacio, *El Sistema Sancionador Español*, Cedecs Editorial SL., Barcelona, 2000.
- PINTO, Carlos Alberto da Mota, *Teoria Geral do Direito Civil*, 3.ª ed., 12.ª reimp., Coimbra Editora, Coimbra, 1999.
- POTENZA, Giuseppe
  - LANDI, Guido.
- PRATA, Ana. *Dicionário Jurídico-Direito Civil, Processual Civil e Organização Judiciária*, 4.ª ed., Almedina, Coimbra, 2005.
- PRATES, Marcelo Madureira,*"Sanção Administrativa Geral: Anatomia e Autonomia"*, Almedina, Coimbra, 2005.
- PUIG BRUTAU, José, *Caducidad, prescripción extintiva y usucapión*, Bosch, Casa Editorial, S.A., Barcelona, 1988.
- QUINTERO OLIVARES, Gonzalo,*"La Autotutela, los Limites al poder Sancionador de la Administración Pública y los Princípios Inspiradores del Derecho Penal"*, Revista de Administración Pública, n.º 126, 1991.
- RÁMON FERNANDEZ, Tomás, *Manual de Derecho Urbanístico*, 21.ª ed., El Consultor de los Ayuntamientos y Juzgados, Madrid, 2008
  - GARCÍA DE ENTERRÍA, Eduardo.
- REIS, João Pereira, *Regime Jurídico da Urbanização e da Edificação*, Anotado, Almedina, Coimbra, 2002, em co-autoria com Margarida Loureiro.
- REIS, José Alberto dos, *Caducidade e caso julgado na acção de investigação de paternidade ilegítima*, Revista de Legislação e Jurisprudência, 76.
- RODRIGUES, António José, *Regime Jurídico da Urbanização e da Edificação*, Centro de Estudos de Formação Autárquica, Coimbra, 2002.
- RUPERTO, Cesare, *Prescrizione e decadenza*, Torino, 1968.
- SANDULLI, Maria Alessandra, *Decadenza, Diritto Civile*, Enciclopédia Giuridica, Vol.X.
- SANTANIELLO, Giuseppe, *Decadenza, Diritto Amministrativo*, Enciclopédia del Diritto, XI, Giuffrè Editore.
- SANTOS, J.A., *Regime Jurídico da Urbanização e Edificação*, anotado e comentado, 3.ª ed., DisLivro.
- SERRA, Adriano Vaz,*"Prescrição extintiva e caducidade"*, Boletim do Ministério da Justiça, n.º 107, Lisboa, 1961.
- SOARES, Rogério, *Direito Administrativo*, Lições, Coimbra, 1978.
- SOUSA, Marcelo Rebelo de, *Direito Administrativo Geral, Introdução e princípios fundamentais*, Tomo I, 2.ª ed., Dom Quixote, Lisboa, 2006, em co-autoria com André Salgado Matos.

- SUAY RINCÓN, José, *Sanciones Administrativas*, Publicaciones del Real Colégio de España, Bolonia, 1989.
- TRAVI, Aldo
  - PALIERO, Carlo Enrico.
- VARELA, João Antunes, *Das Obrigações em Geral*, Vol. II, reimp da 7.ª ed. de 1997, Almedina, Coimbra, 2001.
  - LIMA, Pires de.
- VELASCO CABALLERO, Francisco, *Las cláusulas accesorias del acto administrativo*, Editorial Tecnos, Madrid, 1996.
- ZANOBINI, Guido, *Le Sanzioni Amministrative*, Fratelli Bocca Editori, Turim, 1924.

Clara Serra Coelho, A Preservação de Efeitos do Acto Administrativo de Gestão Urbanística Nulo
- ALMEIDA, Aroso de "Anulação dos Actos Administrativos e Relações Jurídicas Emergentes", Almedina, 2002
- ANDRADE, Vieira de
- "Validade (do acto administrativo)", Dicionário Jurídico da Administração Pública, Vol. VII
  - *O Dever da Fundamentação Expressa de Actos Administrativos*, Almedina, 2007 (2.ª Reimpressão),
- BOTELHO, José Manuel Santos, Esteves Américo Pires e Pinho José Cândido de, "Código do Procedimento Administrativo Anotado e Comentado", 4.ª Edição, Almedina, 2000,
- CAETANO, Marcello "Princípios Fundamentais do Direito Administrativo", Almedina, 1996
- CORDEIRO, António, "A Protecção de Terceiros em Face de Decisões Urbanísticas", Almedina, 1995
- CORREIA, Fernando Alves, *Manual de Direito do Urbanismo*, Vol. I, 4.ª Edição, Almedina, 2008
- GONÇALVES, Pedro e OLIVEIRA, Fernanda Paula
  - A Nulidade dos Actos Administrativos de Gestão Urbanística", revista do CEDOUA, n.º 3, Ano II,
  - O Regime da Nulidade dos Actos Administrativos de Gestão Urbanística que Investem o Particular no Poder de Realizar Operações Urbanísticas", Revista do CEDOUA, n.º 4, Ano II
- MACHETE, Pedro *A Audiência dos Interessados no Procedimento Administrativo*, Universidade Católica Editora, 1.ª Edição, Lisboa, 1995
- OLIVEIRA, Fernanda Paula, Castanheira, Maria José Neves, Lopes, Dulce e Maçãs, Fernanda, *O Regime Jurídico da Urbanização e Edificação Comentado*, 2.ª Edição, Almedina, 2009
- OLIVEIRA, Fernanda Paula, "A alteração legislativa ao Regime Jurídico de Urbanização e Edificação: uma lebre que saiu gato...?!", Revista de Direito Local e Regional, n.º 00, Out/Dez 2007
- OLIVEIRA, Mário Esteves de, Gonçalves, Pedro Costa e Amorim J. Pacheco de, *Código do Procedimento Administrativo* Comentado", 2.ª Edição, Almedina, 1999
- OLIVEIRA, Rodrigo Esteves de "A Reforma da Justiça Administrativa – Processo Executivo: algumas questões", Boletim da Faculdade de Direito da Universidade de Coimbra, Coimbra Editora, 2005

- OTERO, Paulo Legalidade e Administração Pública: o sentido da vinculação administrativa à juridicidade", Almedina, 2003
- SÈVES, António Lorena de "A protecção Jurídico-Pública de Terceiros nos Loteamentos Urbanos e Obras de Urbanização", Revista do CEDOUA, Vol. I, n.º 2, 1998

Diogo Cardoso Guanabara, "Longe dos Olhos e do Coração": O Problema Jurídico da Localização de Instalações para Eliminação de Resíduos no Brasil
- ARAGÃO, Maria Alexandra de Sousa. "O Princípio do Nível Elevado de Proteção e a Renovação Ecológica do Direito do Ambiente e dos Resíduos". Coimbra: Almedina, 2006
- BACHELET, Michel. "Ingerência Ecológica – Direito Ambiental em Questão". Lisboa: Instituto Piaget, 1995
- COMPANHIA DE TECNOLOGIA E SANEAMENTO AMBIENTAL – CETESB. "Inventário Estadual de Resíduos Sólidos Domiciliares". São Paulo: Governo do Estado de São Paulo 2008
- CORREIA, Fernando Alves. "Manual do Direito do Urbanismo", Vol. I, 3.ª. Edição. Coimbra: Almedina, 2006
- DELGADO BARRIO, Javier. "El control de la discrecionalidad del planeamiento urbanístico". Madri: Civitas, 1993
- FIORILLO, Celso Antonio Pacheco. "Estatuto da Cidade Comentado". 2.ª Edição. São Paulo. Editora Revista dos Tribunais, 2005
- FREITAS, Vladimir Passos de Freitas. "A experiência brasileira em matéria de Resíduos Sólidos". In Direito ambiental em Evolução. Vladimir Passos de Freitas (coord). Curitiba: Juruá, 2007
- OLIVEIRA, Fernanda Paula. "Portugal: Território e Ordenamento". Coimbra: Almedina, 2009
- ORTEGA BERNARDO, Julia. "Jurisprudenciaem materia de resíduos: localización de instalaciones, produción y gestón". In Revista de Derecho Urbanístico y Medio Ambiente, Vol. 34, n.º 181, Novembro, 2000
- SANTAMARÍA ARINOS, René Javier. "Los Residuos y la planificación urbanística". In. Revista de Derecho Urbanístico y Medio Ambiente Vol. 30, n.º 146, Março-Abril, 1996
- _____. "Régimen Jurídico de La Producción y Gestión de Residuos". Monografia Associada a Revista Aranzadi de Derecho Ambiental n. 11. Pamplona: Thomson Aranzadi, 2007
- _____. "El Regimen Jurídico de los Vertederos de Residuos – Estudio Jurisprudencial". Madri: Civitas, 1998

Dulce Lopes, Notas Seleccionadas Sobre a Concretização Judicial e as Alterações Legislativas ao Regime Jurídico Florestal
- LOPES, Dulce.
  - "Regime Jurídico Florestal – A Afirmação de um Recurso", *Revista do CEDOUA*, n.º 11, 2003
  - "A legislação florestal revisitada", O Municipal, n.º 316, Maio, 2007.
  - "Planos de pormenor, unidades de execução e outras figuras de programação urbanística em Portugal", *Direito Regional e Local*, n.º 3, 2008

Fernanda Paula Oliveira, O Ordenamento do Território, o Urbanismo e os Tribunais. Prólogo
- ALMEIDA, António Duarte de, "A natureza da aprovação do projecto de arquitectura e a responsabilidade pela confiança no Direito do Urbanismo", *in Cadernos de Justiça Administrativa,* n.º 45, Maio/Junho de 2004;
- ALVES, João Gomes, "Natureza jurídica do acto de aprovação do projecto de arquitectura . Anotação ao Acórdão do STA de 5.5.1998", *in Cadernos de Justiça Administrativa,* n.º 17, Setembro/ Outubro, 1999
- ARAGÃO, Maria Alexandra de Sousa *O Princípio do Nível Elevado de Protecção e a Renovação Ecológica do Direito do Ambiente e dos, Resíduos,* Coimbra, Almedina, 2006.
- CALVÃO, Filipa Urbano, *"Contratos sobre o Exercício de Poderes Públicos" in Estudos de Contratação Pública – I,* Coimbra Editora, 2008
- CORDEIRO, António, *Arquitectura e Interesse Público,* Coimbra, Almedina, 2008, p. 304.
- CORREIA, Fernando Alves
  – *"Linhas Gerais do Contencioso do Urbanismo em Portugal",* in *O Direito e a Cooperação Ibérica, II,* Guarda, 2005, II Ciclo de Conferências.
  – *Manual de Direito do Urbanismo,* Vol. I, 4.ª Edição, Coimbra, Almedina, 2008.
- FERNÁNDEZ GÜELL, José Miguel, *Planificación Estratégica de Ciudades,* Barcelona, Editorial Gustavo Gilli, 1997
- GONÇALVES, Pedro e OLIVEIRA, Fernanda Paula, "O Regime da nulidade dos actos administrativos que investem o particular no poder de realizar operações urbanísticas" *in Revista do Centro de Estudos de Direito do Ordenamento, do Urbanismo e do Ambiente,* n.º 4, p. 15, Ano II_2.99, Coimbra Editora.
- LEITÃO, Alexandra,
  – "Contratualização no direito do urbanismo", *in Revista Jurídica do Urbanismo e Ambiente,* n.º 25/25
  – "Os contratos interadministrativos", *in Estudos de Contratação Pública – I,* Coimbra Editora, 2008
- OLIVEIRA, Fernanda Paula, NEVES, Maria José Castanheira, LOPES, Dulce e MAÇÃS, Fernanda, *Regime Jurídico da Urbanização e Edificação, Comentado,* 2.ª edição, Coimbra, Almedina, 2009.
- OLIVEIRA, Fernanda Paula
  – "Os Princípios da Nova Lei do Ordenamento do Território: da Hierarquia à Coordenação", *in Revista do* OLIVEIRA *Centro de Estudos do Direito do Ordenamento, do Urbanismo e do Ambiente,* n.º 5, Ano III_1.00;
  – "As Políticas Públicas de Urbanismo e de Ordenamento do Território: a Necessidade de Institucionalização dos Princípios da Coordenação, e da Cooperação", *in 1.º Congresso Nacional de Administração Pública. Os Vectores de Mudança,* INA, 2003.
  – *Instrumentos de Participação Pública em Gestão Urbanística,* Coimbra, CEFA, 2000;
  – "As Medidas Cautelares dos Planos", em parceria com Dulce LOPES, *in Revista do Centro de Estudos do Direito do Ordenamento, do Urbanismo e do Ambiente,* n.º 10, Ano V_2.02, p. 45 e ss., Coimbra Editora.

- "Que direitos me dás, que direitos me recusas? – Reflexão em torno da questão da impugnabilidade das informações prévias desfavoráveis", *Revista do Centro de Estudos de Direito do Ordenamento, do Urbanismo e do Ambiente*, n.º 20, Ano X, 2.07,)
- *Contratação Pública no Direito do Urbanismo*, 2008, Estudos de Contratação Pública – I, Coimbra Editora, 2008
- *Contratos para Planeamento – da Consagração Legal de Uma Prática às Dúvidas Práticas do Enquadramento Legal*, Coimbra, Almedina, 2009.
- "Duas questões no direito do urbanismo: aprovação de projecto de arquitectura (acto administrativo ou acto preparatório) e eficácia de alvará de loteamento (desuso?) – Anotação aos Acórdão do Supremo Tribunal Administrativo de 5 de Maio de 1998", *in Cadernos de Justiça Administrativa*, n.º 13, Janeiro/ Fevereiro de 1999.
- OLIVEIRA, Fernanda Paula, LOPES, Dulce, "O Papel dos Privados no Planeamento: Que formas de Intervenção?", *in Revista Jurídica do Urbanismo e do Ambiente*, n.º 20, 2003 (em parceria com Dulce Lopes),
- OLIVEIRA, Mário Esteves de, e OLIVEIRA, Rodrigo Esteves de, Código de Processo nos Tribunais Administrativos, Vol. I, Coimbra, 2004
- PAETOW, Stefan "Zum Verhältnis von Fachplanung und Bauleitplanung, *in UPR*, Jahr. 10, Heft 9 (1990),
- TORRES, Mário Araújo "Ainda a (in)impugnabilidade das aprovação do projecto de arquitectura", *in Cadernos de Justiça Administrativa*, n.º 27, Maio/Junho de 2001.
- URBANI, Paolo, *Urbanística Consensuale: La disciplina degli usi del territorio tra liberalizzazione, programmazione negoziata e tutele differenziate*, Torino, Bolatti Boringheri, 2000, p. 74.

Fernanda Paula Oliveira, O Montante da Indemnização por Expropriação: o Caso do Parque da Cidade do Porto
- CORREIA, Fernando Alves,
  - *Manual de Direito do Urbanismo*, Vol. II, Coimbra, Almedina, 2010.
  - *A Jurisprudência do Tribunal Constitucional sobre Expropriações por Utilidade Pública e o Código das Expropriações de 1999*, Separata da Revista de Legislação e Jurisprudência, Coimbra, 2000, p. 145.

Filipe Avides Moreira: As Medidas Cautelares dos Planos e o Relacionamento entre *Medidas Preventivas* e *Suspensão de Procedimentos* – o Princípio *Tempus Regit*
- Fernanda Paula Oliveira/Dulce Lopes, *"Medidas Cautelares dos Planos"in Revista do Centro de Estudos do Direito do Ordenamento, do Urbanismo e do Ambiente*, n.º 10, Ano V_2.02, p. 45 e ss., Coimbra Editora

Inácio Miguel Consciência Pinto, O Caso da Quinta do Taipal: Exposição Sumária e Análise Crítica Jurisprudencial
- ANTUNES, Luís Filipe Colaço,
  - *Direito Urbanístico, Um Outro Paradigma: A Planificação Modesto – situacional*, Almedina, Abril, 2002

– *Direito Público do Ambiente – Diagnose e Prognose da Tutela Processual da Paisagem*, Almedina, Maio, 2008
- A. ABRAMI, *Il Regime Giuridico delle Aree Protette*, Torino, Giappichelli, 2000
- AMARAL, Diogo Freitas do, "Ordenamento do Território, Urbanismo e Ambiente: Objecto, Autonomia e Distinções", in *Revista Jurídica do Urbanismo e do Ambiente*, n.º 1, 1994
- ANDRADE, J.C. Vieira de, *Os Direitos Fundamentais na Constituição Portuguesa de 1976*, Coimbra, Almedina, 1987 / 2.ª Edição, Coimbra, 2001
- ASCENSÃO, Oliveira, "O Urbanismo e o Direito de Propriedade", in *Direito do Urbanismo*, coord. D. FREITAS DO AMARAL, Lisboa, INA, 1989
- BADURA, Peter, "Fondamenti e Sistema della Responsabilitá dello Stato e del Rissarcimento Pubblico nella Republica Federale di Germânia, tradução de Giuseppe Sanviti e Ute Spanrad", in *RTDP*, Ano XXXVIII, 1988
- BREUER, Rüdiger, in SCHMALTZ/ SCHRÖDTER, WOLFGANG/ KÖHLER/ SCHRÖDTER, HANS/ STANG, *Baugesetzbuch (BauGB – Massnahmengesetz)*, München, Vahlen, 1992
- BRITO, M. Nogueira de, *A justificação da Propriedade Privada numa Democracia Constitucional*, Coimbra, Almedina, 2007, p. 993-1032
- BUDETTA, Arturo, "Proprietá Urbana ed Interventi Autoritative: Profili Costituzionale", *Rassegna Diritto Pubblico, 1969*
- CAETANO, Marcello, *Manual de Direito Administrativo*, 10.ª edição, Coimbra, Almedina, 1990, Vol. II
- CANOTILHO, J.J. Gomes
  – "Anotação ao caso da Quinta do Taipal: Protecção do Ambiente e Direito de
  – Propriedade", in *RLJ*, Ano 128.º, N.º 3850-3851, Coimbra Editora, 1996
  – *Direito Constitucional e Teoria da Constituição*, Coimbra, 2002;
- *O Problema da Responsabilidade do Estado por Actos Lícitos*, Coimbra, Almedina, 1974
- CANOTILHO, J.J Gomes e MOREIRA, Vital, *Constituição da República Portuguesa Anotada*, 4.ª Edição, Coimbra Editora, 2007
- CANOTILHO, J.J. Gomes/ MOREIRA, Vital, *Fundamentos da Constituição*, Coimbra, Coimbra Editora, 1991
- CONDESSO, Fernando, *Direito do Urbanismo*, Quid Júris, 1999
- CORREIA, Fernando Alves,
  – *Manual de Direito do Urbanismo*, Vol. I, 4.ª Edição, Coimbra, Almedina, 2008
  – *O Plano Urbanístico e o Princípio da Igualdade*, Almedina, 1989
  – "A Jurisprudência do Tribunal Constitucional sobre Expropriações por Utilidade Pública e o Código das Expropriações de 1999", Separata da *RLJ*, Ano 132.º, N.º 3904, 3905, 3906, 3907, 3908 e 3909, e Ano 133.º, N.º 3910, 3911, 3912, 3913 e 3914
  – *As Garantias do Particular na Expropriação por Utilidade Pública*, Coimbra, Separata do Vol. XXIII do Suplemento do Boletim da Faculdade de Direito da Universidade de Coimbra), 1983
  – "Propriedade de Bens Culturais – Restrições de Utilidade Pública, Expropriações e Servidões Administrativas", in *Direito do Património Cultural*, coord. JORGE MIRANDA/J. MARTINS CLARO/M. TAVARES DE ALMEIDA, Lisboa, INA, 1996

- *As Grandes Linhas da Recente Reforma do Direito do Urbanismo Português*, Almedina, Novembro, 2000
- "O Direito do Urbanismo em Portugal", *in RLJ*, N.º 3937, Ano 135.º, Março--Abril 2006, Coimbra Editora
- Conclusões do seu Parecer publicado na *C.J. do S.T.J.*, Ano IX, Tomo I, p. 2001.
- "A Indemnização pelo Sacrifício e a Expropriação de Sacrifício", *in Revista de Direito Público e Regulação, CEDIPRE*, N.º1, Maio de 2009
- COSTA, António Pereira da, *Servidões Administrativas (Outras Restrições de Utilidade Pública)*, Elcla Editora, 1992
- DELGADO, Ana Alvoeiro/ RIBEIRO, Ana Margarida Cunha, *Legislação de Direito do Ordenamento do Território e do Urbanismo*, Coimbra Editora, 3.ª Edição, 2008
- FIGUEIREDO Dias, J.E., *Direito Constitucional e Administrativo do Ambiente*, Cadernos CEDOUA, 2.ª Edição, Almedina, Outubro de 2007
- FIGUEIREDO DIAS, J.E., / MENDES, Joana Maria Pereira, *Legislação Ambiental Sistematizada e Comentada*, 5.ª Ed., Coimbra Editora 2006
- FERNANDEZ, Maria Elizabeth Moreira, *Ressarcibilidade dos Vínculos Ambientais que Restringem o Uso dos Solos – o caso particular da Reserva Agrícola Nacional*, Relatório do Curso de Mestrado em Ciências Jurídico-Políticas, 1992//1993
- FERNANDEZ, Maria Elizabeth Moreira, *Direito ao Ambiente e Propriedade Privada (Aproximação ao Estudo da Estrutura e das Consequências das "Leis-Reserva" Portadoras de Vínculos Ambientais)*, in Boletim da FDUC, Studia Juridica, N.º 57, Coimbra Editora;
- FERREIRA, João Pedro de Melo, *Código das Expropriações Anotado*, 4.ª Edição, Coimbra Editora, 2007
- GALLEGO, Anabitarte, Alfredo, "Regímen Urbanístico de la Propriedad del Suelo. Valoraciones. Expropriaciones y Venta Forzosa", *in Revista de Derecho Urbanístico*, n.º134, 1993
- GARCÍA DE ENTERRÍA, Eduardo/ RAMÓN-FERNÁNDEZ, Tomás, *Curso de Derecho Administrativo*, Madrid, Civitas, 1991
- G. MASUCCI/ P. R. DI TORREPADULA, *Diritto Urbanístico*, 3.ª ed., Roma, Jandi Sapi, 1980
- G. MENGOLI, *Manuale di Diritto Urbanístico*, 3.ª ed., Milano, Giuffrè, 1992
- G. ROLLA, *Il Privato e l'Espropriazione (I – Principi di Dirrito Sostanziale e Criteri di Indemnizo)*, 2.ª ed., Milano, Giuffrè, 1986
- GONZÁLEZ, Carlos Pérez, "Relaciones entre la ordenación uebanística y la protección del paisaje", *in Revista de Derecho Urbanístico y Médio Ambiente*, n.º 243, Madrid, Júlio-agosto, 2008
- KRAUTZBERGER, *in* Battis/ KRAUTZBERGER/ LÖHR, BAUGESETZBUCH (ERLAÜTER), 3.ªedição, München, Beek, 1991
- LOPEZ MUÑIZ, "Derecho de Propriedad y Proyeto de Ley de Reforma de La Ley del Suelo", *in* Derecho Urbanístico e Local, 1992
- LUZIA, Clara, *Código de Processo Civil*, 14.ª Edição, Almedina, 2008
- MEDEIROS, Rui, *Ensaio Sobre a Responsabilidade do Estado por Actos Legislativos*, Coimbra, Almedina, 1992

- MESQUITA, Miguel, *Código de Processo Civil*, Almedina, 20.ª Edição, 2007
- MIRANDA, JORGE,
  - *Manual de Direito Constitucional* – Vol. IV, 3.ª Edição, Coimbra Editora
  - "O Património cultural e a Constituição – tópicos", *in Direito do Património Cultural*, INA, Lisboa, 1996
- MONIZ, Ana Raquel, *O Domínio Público: O Critério e o Regime Jurídico da Dominialidade*, Coimbra, Almedina, 2005
- MORAIS, Paula, *Dicionário de Conceitos Jurídicos nos Domínios do Ordenamento do Território, do Urbanismo e do Ambiente*, Almedina, Set. de 2004
- MONTEIRO Alves, A.A./ ESPENICA, André/ CASTRO CALDAS, Eugénio/ CARY, Francisco Caldeira/ RIBEIRO TELLES, Gonçalo/ ALVES DE ARAÚJO, Ilídio/ RAPOSO DE MAGALHÃES, Manuela, "PAISAGEM", *DGOTDU*, 1994
- MORENO, Dominique, *Le Juge Judiciaire et le Droit de L´ Urbanisme*, Librairie Générale de Droit et de Jurisprudence, 1991
- M. Imordino, *Vincolo Paesaggistico e Regime dei Beni*, Padova, Cedam, 1991
- NABAIS, José Casalta, *Procedimento e Processo Administrativos*, 5.ª Edição, Almedina, 2008
- NETO, Abílio, *Código Civil Anotado*, 16.º Edição Revista e Actualizada, Janeiro 2009
- NOVAIS, Jorge Reis,
  - *Os Princípios Constitucionais Estruturantes da República Portuguesa*, Coimbra Editora, 2004
  - *As restrições aos Direitos Fundamentais não Expressamente Autorizadas pela Constituição*, Coimbra, Coimbra Editora, 2003
- OLIVEIRA, Fernanda Paula
  - *Direito do Urbanismo*, Manuais CEFA, 2.ª Edição, reimpressão, 2004
  - *Direito do Ordenamento do Território*, Cadernos CEDOUA, Coimbra, Almedina, 2002
  - *Sistemas e Instrumentos de Execução dos Planos*, Cadernos CEDOUA, Coimbra, Almedina, 2001
  - *Direito do Urbanismo (Casos Práticos Resolvidos)*, Almedina, 2005
  - *Instrumentos de Participação Pública em Gestão Urbanística*, Coimbra, CEFA, 2000
  - "O Papel dos Privados no Planeamento: Que formas de Intervenção?", *in Revista Jurídica do Urbanismo e do Ambiente*, N.º 20, 2003
  - *Ordenamento do Território e Sustentabilidade*, Curso de Especialização/Pós-Graduação em Ordenamento do Território e Sustentabilidade, Urbe, 2003, policopiado
  - *Portugal: Território e Ordenamento*, Almedina, 2009
  - "Medidas Preventivas de Planos Urbanísticos e Indemnização", *in Revista do CEDOUA*, Ano I, n.º1, Janeiro de 1998
  - "Os Princípios da nova lei de ordenamento do território: da hierarquia à coordenação", *in CEDOUA*, n.º1, 2000
- QUADROS, FAUSTO,
  - Princípios Fundamentais de Direito Constitucional e de Direito Administrativo em matéria de Direito do Urbanismo, *in Direito do Urbanismo*, coord. D. Freitas do Amaral, Lisboa, INA, 1989

- A Protecção da Propriedade Privada pelo Direito Internacional Público, Coimbra, Almedina, 1998
- SILVEIRA, ALESSANDRA, Princípios de Direito da União Europeia, Quid juris, Sociedade Editora, 2009

João Ilhão Moreira, Os Contratos Urbanísticos como Actividade Económica e Mercado Público: a Influência da Jurisprudência Comunitária.
- AMARAL, Diogo Freitas do, Curso de Direito Administrativo, Vol. II, Almedina, Coimbra, 2002.
- BLANC CLAVERO, Francisco, «La posición jurídica del urbanizador: Urbanismo concentrado y concentración administrativa», in DA, 261-262, Setembro 2001 – Abril 2002, pp. 143-164.
- BOVIS, Christopher, EU Public Procurement Law, Edward Elgar, Cheltenham, 2007.
- CAUPERS, João, «Empreitadas e concessões de obras públicas: fuga para o direito comunitário?» in Direito e Justiça, Vol. Especial, 2005, pp. 89-98.
- CAUPERS, João, Introdução ao Direito Administrativo, 8.ª edição, Âncora, Lisboa, 2005.
- CORREIA, Fernando Alves, Manual de Direito do Urbanismo, Vol. I, 4.ª edição, Almedina, Coimbra, 2008.
- COSTA, Mário Júlio Almeida, Direito das Obrigações, 10.ª edição, Almedina, Coimbra, 2006.
- DIAS, José Figueiredo / OLIVEIRA, Fernanda Paula, Noções Fundamentais de Direito Administrativo, Almedina, Coimbra, 2005.
- GIMENO FELIU, José Maria, «El urbanismo como actividad económica y mercado público: la aplicación de las normas de contratación pública» in Revista de Administración Pública, 173, mayo-agosto, 2007, pp. 63-100.
- GÓMEZ-FERRER MORANT, Rafael, «Gestión del planeamiento y contratos administrativos», in DA, 261-262, Setembro 2001- Abril 2002, pp. 27-68.
- ESTÉVEZ GOYTRE, Ricardo, Manual de derecho urbanístico, 4.ª edição, Comares, Granada, 2005.
- FERNÁNDEZ RODRÍGUEZ, Tomás Ramón, «La Sentencia del TJCE de 12 de julio de 2001 (asunto «proyecto Scala 2001») y su impacto en el ordenamiento urbanístico español», in DA, 261-262, septiembre 2001- abril 2002, pp. 11-26.
- FREIRE, João Teixeira, «A contratualização do conteúdo do plano urbanístico – reflexões em torno dos chamados acordos de planeamento entre os municípios e os particulares», in RFDUL, Vol. XLV, 1 e 2, 2004, pp. 423-439.
- LEITÃO, Alexandra, «A contratualização no direito do urbanismo» in RJUA, 25/26, Janeiro/Dezembro, 2006, pp. 9-32.
- LOPES, Dulce, «Plano, acto e contrato no direito do urbanismo – Ac. do STA de 18.5.2006, P. 167/05 – anotado», in CJA, 68, Março/Abril, 2008, pp. 11-25.
- LORA-TAMAYO VALLVÉ, Marta, «Ejecución de obra urbanizadora y Derecho comunitario (Sentencia del Tribunal de Justicia de las Comunidades Europeas de 12 de julio de 2001 del Teatro de la Escala)», in Revista de Administración Pública, 159. septiembre – diciembre, 2002, pp. 221-256.

- MEDEIROS, RUI, «Âmbito do novo regime de contratação de pública à luz do princípio da concorrência» in *CJA*, 69, Maio/Junho 2008, pp. 3-29.
- NEVES, MARIA JOSÉ CASTANHEIRA et al., *Regime Jurídico da Urbanização e Edificação – comentado*, 2.ª edição, Almedina, Coimbra, 2009,
- OLIVEIRA, Fernanda Paula,
  – «Contratação pública no direito do urbanismo», in org. Pedro GONÇALVES, *Estudos de Contratação Pública – I, Coimbra Editora*, Coimbra, 2008.
  – *Contratos para planeamento: da consagração legal de uma prática, às dúvidas práticas do enquadramento legal*, Almedina, Coimbra, 2009.
- OLIVEIRA, Fernanda Paula / LOPES, Dulce, «O papel dos privados no planeamento: que formas de intervenção?», in RJUA, 20, Dezembro, 2003, pp. 43-79.
- OLIVEIRA, Mário Esteves de / GONÇALVES, Pedro / AMORIM, JOÃO PACHECO DE, *Código do Procedimento Administrativo – comentado*, Almedina, Coimbra, 2007.
- OLIVEIRA, Rodrigo Esteves, «Os princípios gerais da contratação pública», in org. Pedro Gonçalves, *Estudos de Contratação Pública – I,* Coimbra Editora, Coimbra, 2008, pp. 51-114.
- PARADISSIS, Jean-Jacques, «Planning agreements and EC public procurement law», in *Journal of Planning & Environment Law*, June, 2003, pp. 666-677.
- PEREIRA, Jorge de Brito, «Do conceito de obra no contrato de empreitada» in *ROA*, 54, Vol. II, Julho, 1994, pp. 569-622.
- PINTO, Carlos Alberto Mota, *Teoria Geral do Direito Civil*, 4.ª edição, Coimbra Editora, Coimbra, 2005.
- PUJOL, José Manual Roubaud y, «A aplicação do regime jurídico das empreitadas de obras públicas às empreitadas particulares» in *ROA*, 54, Vol. II, Julho, 1994, pp. 505-567.
- SENDÍN GARCIA, Miguel Ángel, *Régimen jurídico de los convenios urbanísticos: adaptado a la nueva Ley del Suelo (Ley 8/2007, de 28 de mayo , de Suelo) y a la nueva Ley de contratos del sector público (Ley 30/2007, de 30 de octubre, de contratos del sector público)*, Comores, Granada, 2006.
- SILVA, Jorge Andrade da, *Códigos dos Contratos Públicos – comentado e anotado*, 2.ª edição, Almedina, Coimbra, 2009.
- TEJEDOR BIELSA, Julio César, «Contratación de la obra pública urbanizadora y sistema de compensación: La Sentencia del Tribunal de Justicia de 12 de julio de 2001», in *Revista española de Derecho Administrativo*, 112, octubre – diciembre, 2001, pp. 597-611.
- VAQUER CABALLERÍA, Marcos, «La fuente convencional, pero no contractual, de la relación jurídica entre el agente urbanizador y la Administración urbanística» in *DA*, 261-262, septiembre 2001- abril 2002, pp. 231-255.
- VARELA, João de Matos Antunes, *Das Obrigações em Geral*, Vol. I, 10.ª edição, Almeida, Coimbra, 2000.
- VIANA, Cláudia *Os princípios comunitários na contratação pública*, Coimbra Editora, Coimbra, 2007.
- WILLIAMSON, Oliver, «Transaction-Cost Economics: The Governance of Contractual Relations», in *Journal of Law and Economics*, 2, October, 1979, pp. 233-261.

José Alfredo dos Santos Júnior, Entre as Metáforas Espaciais e a Realidade: A União Europeia Possui Competência em Matéria de Ordenamento?.
- ALBRECHTS, L. (2001) *in pursuit of new approaches to strategic spatial planning. A European perspective in* International Planning Studies, 6, 3 p. 298.
- ALDEN, J. (2001). *Devolution since Kilbrandon and scenarios for the future of spatial planning in the United Kingdom and European Union in* International Planning Studies, 6, 2, p. 117-132.
- ALESSANDRO PACE, *La dichiarazione di Laeken e il processo costituente europeu, in* RTDP, 2002, 3, p. 613.
- ALEXANDER GLAESER, *Souveranität und Vorrang, in* Europäisches Verfassungsrecht (Theoretische und dogmatische Grundzüge), org. Von Bogdandy, Springer Vlg., Heidelberg, 2003, p. 207.
- AMI BARAV, *La Fonction Communautaire du Juge national*, p. 121 e ss.
- AMI BARAV, *La Plénitude de compétence du juge national en sa qualité de juge communautaire, in* L'Europe et le Droit, Mélanges Jean Boulouis, Dalloz, p. 1.
- Antônio de ARAÚJO, Miguel NOGUEIRA DE BRITO, Joaquim Pedro CARDOSO DA COSTA, *As relações entre os Tribunais Constitucionais e as outras jurisdições nacionais, incluindo a interferência, nesta matéria, da ação das jurisdições europeias, in* Estudos de homenagem ao Conselheiro José Cardoso da Costa, Coimbra Editora, 2003, pp. 203-273.
- Araceli MARTIN e Diego NOGUERAS, *Instituciones y derecho de la Union Europea*, 2.º ed., Madrid, MacGraw Hill, 1999, p. 244, 247 e 250.
- BATTIS, *in* Karl/Henrichsmeyer (org.), *Europäische Raumentwicklungspolitik*, 1996, p. 41.
- BATTIS, NuR 1993, p. 1.
- BENZ, A. (2002). *How to reduce the burden of coordination in European spatial planning in* Faludi, A. (ed.), European spatial planning: lessons for North America. Cambridge, MA: Lincoln Institute of Land Policy.
- BERND-CHRISTIAN FUNK, *Einführung in das österreichische Verfassungsrecht*, Leykam, Graz, 2000, p. 102.
- BIEHL, *in* ARL 11, p. 38.
- BLECKMANN, DVBL (*Deutsches Verwaltungs Blatt*), 1992, p. 335.
- BREIER, NuR 1993, p. 457; Breier/Vygen, 13, Art. 175, Rn 12.
- BUUNK, W., H. Hetsen e A. J. Jansen (1999). *From sectoral to regional policies: a first step towards spatial planning in the European Union? in* European Planning Studies, 7, 1, p. 81-98.
- C. TREVOR HARTLEY, *The constitutional foundations of the European Union, in* LQR, 117 (abril, 2001), p. 245.
- CEDRE (1993). *Evolution prospective des regions atlantiques*. Strasburg: CEDRE.
- DAVID ANDERSON, *The admissibility of preliminary references*, YEL, n.º 14, 1994, pp. 179-202.
- DAVID, DÖV (*Die Öffentliche Verwaltung*) 1993, p.1021.
- DAZU GATAVIS, *Grundfragen eines europäischen Raumordnungsrechts*, 2000, S. p. 35.
- DEKETE-LAERE, EELRev 1997, p. 307.
- DELF BUCHWALD, *Zur Rechtsstaatlichkeit der Europäischen Union, in* Der Staat, 37, 2, 1998, p. 194 e ss.

- DENIS WAELBROEC, *Vers une harmonisation des règles procedurales nationals?* In Dony, Marianne e Bribosia, Emmanuelle, *L'avenir du système juridictionnel de l'Union Européenne*, Bruxelles, Éditions de l'Université de Bruxelles, 2002, p. 68.
- DENYS SIMON, *Le système juridique communautaire*, 3.º ed., Paris, PUF, 2001, p. 669.
- DIETER GRIMM, *Braucht Europa eine Verfassung?* In JZ, 1995, 12, p. 585.
- DIMITRIS TRIANTAFYLLOU, *Des competences d'attribution au domaine de la loi*, Bruylant, Bruxelas, 1997, p. 41.
- DIOGO FREITAS DO AMARAL, *Curso de Direito Administrativo*, vol. II, Coimbra, Almedina, 2001, p. 65.
- DOMINIK HANF, *Le Jugement de la Cour Constitutionnelle Fédérate Allemande sur la Constitutionnalité du Traité de Maastricht. Un Nouveau Chapitre de Relations entre le Droit Communnautaire et le Droit National, in* Revue Trimestrelle de Droit Européenne, ano 30, n.º 3, julho-setembro, 1994, pp. 391-423.
- DOMINIQUE BLANCHET, *L'usage de la théorie de l'act clair en droit communautaire: une hypothèse de mise em jeu de la responsabilité de l'État français du fait de la fonction juridictionnelle, in* Revue trimestrielle de droit européen, Paris, Ano 37, n.º 2 (abril-junho 2001), pp. 397-438.
- ENOCH ROVIRA, *Federalismo y cooperación en la República Federal Alemana*, Centro de Estudios Constitucionales, Madrid, 1986, p. 121 e ss.
- ESER, T. W. & D. KONSTADAKOPOULOS (2000). *Power shifts in the European Union? The case of spatial planning in* European Planning Studies, 8, 6, p. 783--808.
- FALUDI, A. (2002). *Positioning European spatial planning in* European Planning Studies, 10, 7, p. 897-909.
- FAUSTO DE QUADROS, *Responsabilidade dos poderes públicos no Direito Comunitário: responsabilidade extracontratual da Comunidade Europeia e responsabilidade dos Estados por incumprimento do Direito Comunitário*, Separata do III Coloquio Hispano-Luso de Derecho Administrativo, Valladolid, 16-18 octubre 1997, pp 138-153.
- FAUSTO DE QUADROS e Ana Maria Guerra MARTINS, *Contencioso da União Européia Europeia*, 2.º ed., Almedina, p. 94.
- FOUCHER, M. (1994). *The challenges facing European society with the approach of the year 2000: the outlook for sustainable development and its implications for regional/spatial planning, in* European Planning Studies, 2, 1, p. 97-102.
- FRÉDÉRIC BERROD, *La systématique des voies de droit communautaires*, Paris, Dalloz, 2003, p. 853 e ss.
- FRENZ, *Europäisches Umweltrecht*, 1997, p. 71.
- G. ROTH, *Self-organizing systems*, Campus, Frankfurt, 14-24.
- GIANDOMENICO FALCON, *La tutela giurisdizionale, in* Trattato di Diritto Amministrativo Europeo, Mario Chiti e Guido Greco (org.), Milão, Giuffrè Editore, 1997, p. 382.
- GRIPAIOS, P. & T. MANGLES (1993), *An analysis of European super regions in* Regional Studies, 27, 8, p. 745-750.
- GROTH, N. B. (2000), *Urban systems between policy and geography, in* Regional Studies, 34, 6, p. 571-580.

- GÜNTHER TEUBNER, *Gesellschaftsordnung durch Gesetzgebungslärm? Autopoietische Geschlossenheit als Problem für die Rechtsetzung*, in JhbRsRt, 13 (*Gesetzgegungstheorie und Rechtspolitik*), 45 e ss.
- GÜNTHER TEUBNER, *Recht als autopoietisches system* – tradução portuguesa: *O direito como sistema autopoiético*, Fundação Calouste Gulbenkian, Lisboa, p. 66, 70 e 71.
- GÜNTER TEUBNER, *Verrechtlichung – Beriffe, Mekmale, Grenzen, Auswege* – tradução portuguesa de José Engrácia Antunes e Paula Freitas: *Juridificação – Noções, características, limites, soluções*, RDE, XIV, 1988.
- H. MATURANA, *Autopoiesis and cognition*, Reidel, Boston, 1980.
- H. MATURANA, *Erkennen: Die Organisation und Verkörperung von Wirklichkeit*, Vieweg, Braunschweig, 1982.
- HANS-JÜRGEN PAPIER, *Europäische Verfassungsgebung*, in The spanish Constitution *in* the european constitutional context (org. Francisco Segado), Dykinson, Madrid, 2003, p. 208.
- HANS-PETER IPSEN, *Deutschland in den Europäischen Gemeinschaften*, in HdbStR, orgs. Insensee e Kirchhof, VII, C. F. Mülher, Heildelberg, 1992, p. 792 e ss.
- HANS-WERNER RENGELING, *Die Kompetenzen der Europäischen Union: Inhalte, Grenzen und Neuordnung der Rechtsetzungsbefugnisse*, in Brenner, Hüber, Möstl (org.), Der Staat des Grundgesetzes – Kontinuität und Wandel (Festschrift für Peter Badura zum siebzigsten Geburtstag), Mohr Siebeck, 2004, p. 1140.
- HASSO HOFMANN, *Souverän ist, wer über den Ausnahmezustand entscheidet*, in Der Staat, 44, 2, 2005, p. 184 e ss.
- HEINRICH SIEDENTOPF/BENEDIKT SPEER, *Europäischer Verwaltungsraum oder Europäische Verwaltungsgemeinschaft? In* Die Öffentliche Verwaltung, September, 2002, Helf 18.
- HENDLER, in MERTINS (org.), *Vorstellungen der Bundesrepublik Deutschland zu einem europäischen RaumordnungsKonzept*, 1993, p. 37.
- HOPPE/MATUSCHAK, FS Carl Heymanns Verlag, 1995, p. 331.
- IAURIF. *La Charte de l'Ile-de-France*. 1991 Paris.
- Inês QUADROS, *A Função Subjectiva da Competência Prejudicial do Tribunal de Justiça das Comunidades Europeias*, Almedina, p. 24-28, 47-54, 112, 128, 135, 165, 166, 175, 176 e 187.
- J. WEILER e U. HALTERN, *The autonomy of the community legal order – Through the looking glass, in Who in the law is the ultimate Judicial Umpire of european community competences?* The Schilling-Weiler/ Haltern debate, Harvard Jean Monnet working paper 10/96, http://www.jeanmonnetprogram.org/papers/96/9610.html. (ou HarvIntLJ, 37, 1996).
- JEAN BOULOUIS, *Contentieux communautaire*, 2.º ed., Paris, Dalloz, 2001, p. 11 e 47.
- JENS KERSTEN, *Empfehlungen für die Ausgestaltung der Raumentwicklung im europäiscehn Verfassungsvertrag*, in UPR 6/2003, p. 218-220.
- JENSEN, O. B. & T. RICHARDSON (2003). *Being on the map: the new iconographies of power over European space in* International Planning Studies, 8, 1, p. 9-34.
- João FERRÃO, *A emergência de estratégias transnacionais de ordenamento do território na União Europeia: reimaginar o espaço europeu para criar novas*

formas de governança territorial? in EURE-Revista Latino americana de Estudios Urbanos Regionales, publicada em de 01.05.04.
- João Mota de CAMPOS, *As relações da Ordem Jurídica Portuguesa com o Direito Internacional e o Direito Comunitário à luz da Revisão Constitucional de 1982,* Instituto Superior de Ciências Sociais e Políticas, Lisboa, 1985, p. 335.
- João Mota de CAMPOS, *Contencioso Comunitário,* Lisboa, Gulbenkian, 2002.
- João Mota de CAMPOS, *Direito Comunitário,* vol. II, Lisboa, Gulbenkian, 1997, p. 496.
- João Mota de CAMPOS e JOÃO LUIZ MOTA DE CAMPOS, *Manual de Direito Comunitário,* Coimbra Editora, 5.º ed.; p. 386-388.
- Joaquim Freitas da ROCHA, *Constituição, Ordenamento e Conflitos Normativos, esboço de uma Teoria Analítica da Ordenação Normativa,* Coimbra Editora, 2008, p. 398-399.
- Jorge MIRANDA, *A Constituição Européia e a Ordem Jurídica Portuguesa,* Lisboa, 2004, www.tribunalconstitucional.pt
- Jorge MIRANDA, *Manual de Direito Constitucional,* Tomo VI, Coimbra Editora, 2001, p. 170.
- Jorge Reis NOVAIS, *Em defesa do recurso de amparo constitucional (ou uma avaliação crítica do sistema português de fiscalização concreta da constitucionalidade) in* Themis, Ano VI, n.º 10, 2005.
- José Carlos Moitinho de ALMEIDA, *A ordem jurídica comunitária, in* Temas de Direito Comunitário, Ordem dos Advogados, Lisboa, 1983, p. 27.
- José Joaquim Gomes CANOTILHO, *Direito Constitucional e Teoria da Constituição,* 7.º ed., Almedina, p. 827.
- José Luís Caramelo GOMES, *O Juiz Nacional e o Direito Comunitário,* Ed. Almedina, p. 58.
- KLEIN, *in* ARL, Europäischen Raumentwicklungskonzept (EUREK), 2001, p. 138.
- KOCH/HENDLER, Baurecht, *Raumordnungsund Landesplanungsrecht,* 1995, p. 127.
- KUNZMANN, K. R. & M. Wegener (1991). *The pattern of urbanization in Western Europe.* Ekistics, 350, p. 282-291.
- KRAUTZ-BERGER/SELKE, DÖV, 1994, p. 685.
- LE GALÉS, P. (2002). *European cities. Social conflicts and governance.* Oxford, NY: Oxford University Press.
- LOUIS FAVOREU (coord.), *Droit constitutionnel,* 3.º ed., Dalloz, Paris, 2000, p. 59.
- LUTZKY, N. (1990). *Vor Neuen Dirnensionen im Euopäischen Verkeher.* PROGNOS (eds.).
- M. VIRALLY, *Sur Un Pont aus Anes: Les Rapports entre le Droit Internationale et les Drois Internes, in* Mélanges Offerts à Henri Rollin, Pédone, Paris, 1964.
- MANUEL CIENFUEGOS MATEO, *Las sentencias prejudiciales del Tribunal de Justicia de las Comunidades Europeas en los Estados Miembros – estudio de la interpretation prejudicial y de su aplicacion por los jueces y magistrados nacionales,* Barcelona, Bosh, 1998, p. 85 e ss.
- MAR JIMENO BULNES, *La cuestión prejudicial del articulo 177 TCE,* Saragoça, Bosch, 1996, p. 457 e ss.

- Marco EGGERT, *Licht im Dschungel der Kompetenzen? Zur Ordnung der Zuständigkeiten in der UE*, in Verfassungsexperimente. Europa auf dem Weg zur transnationale Demokratie?, LIT Vlg., Münster, 2003, p. 39 e 43.
- Marco VILLAGOMEZ CÉBRIAN, *La cuestión prejudicial en el derecho comunitario europeo*, Madrid, Tecnos, 1994, p. 106.
- Marta MACHADO RIBEIRO, *Da responsabilidade do Estado pela violação do Direito Comunitário*, Coimbra, Almedina, 1996, p. 104.
- MARTEN BREUER, *State Liability for Judicial Wrongs and Community Law: the Case of Gerhard Köbler v. Austria*, ELR, 2004, p. 243 e ss.
- MARTIN NETTESHEIM, *Kompetenzen*, in Europäische Verfassungsrecht (Theoretische und dogmatische Grundzüge, org. Von Bogdandy, Springer Vlg., Heidelberg, 2003, p. 421 e ss.
- MASSIMO SEVERO GIANNINI, *Profili di un Diritto amministrativo delle Comunità Europee*, in RTDP, 2003, 4, p. 984.
- MATUSCHAK, *Europäisches Gemeinschaftsrecht im Verhältnis zum deutschen Städtebaurecht*, 1994, p. 143 e DVB1, 1995, p. 81.
- MAURICE BERGERÈS, *Contentieux communautaire*, Paris, P.U.F., 1989, p. 248 e ss.
- MEEGAN, R. (1994). *A Europe of regions? A view from Liverpool on the Atlantic Arc periphery* in European Planning Studies, 2, 1, p. 59-79.
- Miguel GORJÃO-HENRIQUES, *Direito Comunitário*, 3.º ed., Almedina, p. 350.
- N. KAKOURIS, *Do the Member States possess judicial procedure 'autonomy'?* in Common Market Law Review, 34, 1997, pp. 1389-1412.
- NADIN, V. & D. Shaw (1998). *Transnational spatial planning in Europe: the role of Interreg IIc in the UK* in Regional Studies, 32, 3, p. 281-299.
- NIJKAMP, P. (1993). *Towards a network of regions: the United States of Europe*, in European Planning Studies, 1, 2, p. 149-168.
- P. PESCATORE, *L'Ordre Juridique des Communautées Européennes*, Presses Universitaires de Liège, 1973, p. 227.
- P. PESCATORE, *Las cuestines prejudiciales. Art. 177 del Tratado CEE, El derecho comunitario europeo y su aplicación judicial*, in Iglesias, G. C. Rodriguez Iglesias, D. J. Liñan Nogueras (org.), Madrid, Consejo General del Poder Judicial – Universidad de Granada-Civitas, 1993.
- P. PESCATORE, *Le recours prejudiciel de l'article 177 du traité CEE et la cooperation de la Cour avec les jurisdictions nationales*, Luxembourg, Curia, 1986, p. 8.
- PABLO J. MARTÍN RODRIGUEZ, *La resposabilidad del Estado por actos judiciales en Derecho Comunitario*, Rev. Der. Com. Eur., 2004, pp. 829 e ss.
- PABLO J. MARTÍN RODRIGUEZ, *La revisión de los actos administrativos firmes: un nuevo instrumento de la primacía y efectividad del Derecho comunitario?* Rev. Gen. Der. Eur., 2004, p. 1 e ss. http://www.iustel.com
- PAUL KIRCHHOF, *Der Deutsche Staat in Prozē der europäischen Integration*, in HdbStR (org. Insensee e Kirchhof), VII, C. F. Müller, Heidelberg, 1992, p. 866, 877 e 878.
- PAZ SANTA MARÍA, Javier Veja e Bernado Pérez, *Introducción al Derecho da la Unión Europea*, Madrid, EuroLex, 1999, p. 514.

- PETER BADURA, *Bewahrung und Veränderung demokratischer und rechtsstaatlicher Strukturen in den internationalen Gemeinschaften*, in VVDStRL, 23, 1966, p. 48 e ss.
- PETER LINDSETH, *Democratic legitimacy and the administrative character of supranationalism: The example of the European Community*, in CoLRw, 99, 3, 1999, p. 652 e 675 e ss.
- PETERS, D. (2003). *Cohesion, polycentricity, missing links and bottlenecks: conflicting spatial storylines for pan-European transport investments*, in European Planning Studies, 11, 3, p. 317-339.
- PIRES, L. M., *A política regional europeia e Portugal*. Lisboa: Fundação Calouste Gulbenkian. 1998, p. 80-90.
- R. BRUNET, *Les ViUes Européennes*, 1989, Paris.
- RAINER WAHL, *Die Zweite Phase des öffentlichen Rechts in Deutschland (Die Europäisierung des öffentlichen Rechts)*, in Der Staat, 38, 4, 1999.
- RENÉ JOLIET, *L'article 177 du traité CEE et le renvoi préjudiciel*, in Rivista di Diritto Europeo, Roma, ano 31, n.º 3 l, luglio-settembre 1991, p. 602.
- RICARDO ALONSO GARCÍA, *El juez español y el derecho comunitario*, Valencia, Tirant, 2003.
- RICHARDSON, T. E O. B. JENSEN (2000). *Discourses of mobility and polycentric development: a contested view of European spatial planning* in European Planning Studies, 8, 4, p. 503-520.
- ROBERT KOVAR, *La reorganisation de l'architecture juridictionnelle de l'Union Européenne*, in Marianne Dony e Emmanuelle Bribosia, *L'avenir du système juridictionnel de l'Union Européenne,* Bruxelles, Éditions de l'Université de Bruxelles, 2002, p. 42.
- ROBERT KOVAR, *Recours préjudiciel en interprétation et em appréciation de validité*, JCE fasc. 360.
- ROLAND WINKLER, *Integrationsverfassungsrecht*, Springer Vlg., Wien, 2003, 1 e ss.
- Rui MEDEIROS, *A decisão de inconstitucionalidade*, Lisboa, Universidade Católica Editora, 1999, p. 341.
- Rui MEDEIROS, *A responsabilidade civil dos poderes públicos – ensinar e investigar,* Lisboa, Universidade Católica Editora, 2005, p. 21.
- SANTIAGO GONZÁLEZ-VARAS IBÁÑEZ, *Tratado de Derecho Administrativo,* tomo n.º V, *Derecho Urbanístico,* v. I, Thomson Civitas, 5.ª ed., p. 139-143, 155-157 e 159.
- SANTIAGO MUÑOZ MACHADO, *La responsabilidad extracontratual de los poderes publicos en el derecho comunitario europeo*, in El derecho comunitario europeo y su aplicación judicial, GC Rodriguez Iglesias, / D. J. Liñan Nogueras (org.), Madrid, Consejo General del Poder Judicial – Universidad de Granada-Civitas, 1993, pp. 133-157.
- SEELE, *in Institutionelle Bedingungen einer europäischen Raumentwicklungspolitik,* 1994, p. 28.
- SIEGBERT GATAWIS, *Legislative Kompetenzen der Europäischen Gemeinschaft im Bereich der Raumordnung*, in Die Öffentliche Verwaltung, Oktober 2002, Helf 20, p. 836, 858-861.

- SIEGBERT GATAWIS, *Steuerung der nationalen durch das EUREK und durch Fördermittel der EG*, in UPR 7/2002, p.263-270.
- SPANNOWSKY, UPR (*Umwelt-und Planungs-Recht*) 1998, p. 161.
- STAND: november 1998, art. 130, Rn 17.
- TAKIS TRIDIMAS, *The general principles of EC law*, Oxford University Press, 1999, p. 316.
- THEO ÖHLINGER, *Die Transformation der Verfassung*, in Juristische Blätter (JB), 124, 1, 2002, p. 2.
- THEODOR MAUNZ, e REINHOLD ZIPPELIUS, *Deutsches Staatsrecht*, 30.º ed., C.H. Beck, München, 1988, p. 462.
- THEODOR SCHILLING, *Artikel 24, absatz 1 des Grundgesetzes, Artikel 177 des EWG-Vertrags und die Einheit der Rechtsordnung*, in Der Staat, 29, 2, 1990, p. 176 e ss.
- THEODOR SCHILLING, *The autonomy of the community legal arder: an analysis of possible foudations*, in Who in the law is the ultimate Judicial Umpire of european community competences? The Schilling-Weiler/Haltern debate, Harvard Jean Monnet working paper 10/96, http://www.jeanmonnetprogram.org/papers/96//9610.html. (ou HarvIntLJ, 37, 1996).
- THIEL, Umweltrechtliche Kompetenz in der Europäischen Union, 1995, p. 79.
- THOMAS BEYER, *Die Ermächtigung der europäischen Union und ihrer Gemeinschaften*, in Der Staat, 35, 2, 1996, p. 208 e ss.
- THOMAS DE LA MARE, *Article 177 in Social and Political Context*, in Paul Craig, Gráinne de Búrcia (dir.), The Evolution of EU Law, Oxford, 1999, p. 223.
- TREUNER, Europa Kommunal, 1993, p. 56.
- TREVOR C. HARTLEY, *The constitutional foundations of the European Union*, in LQR, 117, abr. 2001, p. 225 e 226.
- UDO DI FABIO, *Der neue Art. 23. Des Grundgesetzes* (Positivierung vollzogenen Verfassungswandels oder Verfassungsneuschöpfung?, *in* Der Staat, 32, 2, 1993, p. 196 e ss.
- ULRICH EVERLING, *Will Europe Slip on Bananas ? The Bananas Judgement of the Court of Justice and National Courts*, in Common Market Law Review, 1996, p. 401-433.
- VALÉRIE MICHEL, *Le défi de la répartition des compétences*, in CDE, 2003, 1-2, p. 31 e 34 e ss.
- VASAB 2010 (1994). *Vision and strategies around the Baltic Sea 2010: towards a framework for spatial development in the Baltic Sea region*. Third Conference of Ministers for Spatial Planning and Development, 7-8 Dezembro, Tallin.
- VON NIKOLAUS, Zukunftsforum RaumPlanung *in* DVBL, 1 März 2002, p. 315-317.
- VON SCHMIDHUBER/GERHARD HITZLER, *Die Planungskompetenz der Europäischen Gemeinschaft heim Ausbau der europäischen Infrastrukturen*, in Die Öffentliche Verwaltung, April 1991, Helf 7, p. 277-278.
- WAHL, FS HOPPE, 2000, p. 913.
- WILLIAMS, R. H. (1996). *European Union, spatial policy and planning*. Londres: Paul Chapman.
- WILLIAMS, R. H. (2000). *Constructing the European spatial development perspective-for whom?* in European Planning Studies, 8, 3, p. 357-365.

- WILLIAMS, RAUMPLANUNG 1993, p. 6 *in* Lodge (org.), The European Community and the Challenge of the Future, 1993, p. 348.
- WISE, M. (2000), *A Region involving much ado about very little? in* "The Atlantic Arc: transnational European reality of regional mirage? Journal of Common Market Studies, December, p. 885.
- WOLFANG HECKER, *Staats-und Verfassungsrecht* (Hessisches Landesrecht), Nomos Vlg.; Baden-Baden, 2002, p. 395.

Maria Cristina Gallego dos Santos, Apreciação e Aprovação do Projecto de Arquitectura – o Esquiço, o Projecto e a Complexidade da Norma – Artigo 20.º do RJUE.

- ALMEIDA, António Duarte de, *A natureza da aprovação do projecto de arquitectura e a responsabilidade pela confiança no Direito do Urbanismo* – Ac. do STA de 16.05.2001, proc. 46227, CJA n.º 45.
- ALVES, João Gomes, *Natureza jurídica do acto de aprovação do projecto de arquitectura* – Ac. do STA-1.ª Secção de 05.05.98, proc. 43497, CJA n.º 17.
- CALVÃO, Filipa Urbano *Os actos precários e os actos provisórios no direito administrativo*, Porto/1998
- CORREIA, Alves,
  – *O plano urbanístico e o princípio da igualdade*, Almedina/1990.
  – *Manual de direito do urbanismo, Vol. I*, 4.ª ed. Almedina/2008.
- FOLQUE, André, *Curso de direito da urbanização e da edificação*, Coimbra Editora/2007,.
- GONÇALVES, Pedro,
  – *Simplificação procedimental e controlo prévio das operações urbanísticas*, – I Jornadas Luso-Espanholas de Urbanismo, Almedina/2009.
  – *Controlo prévio das operações urbanísticas após a reforma legislativa de 2007*, Revista de Direito Regional e Local – DREL n.º 1, pág. 19.
- OLIVEIRA, Fernanda Paula,
  – *Loteamentos urbanos e dinâmica das normas de planeamento*, Almedina/2009,
  – *Breves reflexões sobre as alterações introduzidas pelo DECRETO-LEI n.º 26//2010, de 30 de Março ao RegimeJurídico da Urbanização e Edificação*, DREL n.º 10.
  – *Que direitos me dás, que direitos me recusas ?* – anotação ao Ac. do STA-1.ª sub-secção de 07.12.2007 proc.º n.º 415/07, RevCEDOUA n.º 2.
  – *Anotação ao Ac. do STA-1.ª sub-secção de 20.06.2002 proc.º n.º 142/02*, RevCEDOUA n.º 10.
  – *Duas questões no direito do urbanismo:aprovação do projecto de arquitectura (acto administrativo ou acto preparatório ?) e eficácia do alvará de loteamento (desuso?)* – Ac. do STA-1.ª Secção de 05.05.98, proc. 43497, CJA n.º 13.
- OLIVEIRA, Fernanda Paula, NEVES, Maria José Castanheira, LOPES, Dulce, MAÇÃS, Fernanda, *RJUE – Comentado*, 2ª ed. Almedina.
- OLIVEIRA, Mário Esteves de, GONÇALVES, Pedro, AMORIM, Pacheco de, *CPA – Comentado, 2.ª ed*. Almedina.
- SILVA, Vasco Pereira da, *Em busca do acto administrativo perdido*, Almedina/1998.
- TORRES, Mário, comentário ao *Acórdão do Tribunal Constitucional n.º 40/2001, proc. 405/99 de 31.01.01*, CJA n.º 27.

Maria Cristina Torres de Eckenroth Guimarães, Os Contratos para Planeamento Ad Hoc
- OLIVEIRA, Mário Esteves, GONÇALVES, Pedro, AMORIM, J. Pacheco, *Código do Procedimento Administrativo Comentado*, 2.ª ed, Coimbra,. Almedina, 1997.

Maria Raquel de Oliveira Martins, Que Conformação do Direito de Participação Pública no Planeamento? Comentário ao Acórdão do STA de 21 de Maio de 2008, Processo 01159/05, 2.ª Subsecção do C.A.
- ANDRADE, José Carlos Vieira de, "A Imparcialidade da Administração como Princípio Constitucional", *in*: *BFD*, vol. L, 1974.
- CANOTILHO, José Joaquim Gomes, "Relações Jurídicas Poligonais – ponderação ecológica de bens e controlo judicial preventivo", *in*: *RJUA*, n.º 1, 1994.
- _____, "Estado Constitucional Ecológico e Democracia Sustentada", *in*: *Revista do CEDOUA*, n.º 2, 2001.
- Comissão Europeia, *Livro Branco sobre a Governança Europeia*, 2001.
- _____, *Comunicação da Comissão ao Conselho, Parlamento Europeu, Comité Económico e Social e Comité das Regiões sobre "Um Novo Quadro de Cooperação para as Actividades no âmbito da Politica de Informação e Comunicação da União Europeia"*, 2001.
- Conselho Europeu, *Projecto Europa 2030: Desafios e Oportunidades. Relatório ao Conselho Europeu do Grupo de Reflexão sobre o futuro da U.E. 2030*.
- CORREIA, FERNANDO ALVES, *O Plano Urbanístico e o Princípio da Igualdade*, polic., Coimbra, 1989.
- _____, "O Contencioso dos Planos Municipais de Ordenamento do Território, *in*: *RJUA*, n.º1, 1994.
- _____, *Manual de Direito do Urbanismo*, vol. I, 4.ª edição, Coimbra: Almedina, 2008.
- CORREIA, José Manuel Sérvulo, "O direito à informação e os direitos de participação dos particulares no procedimento e, em especial, na formação da decisão administrativa", *in*: *Estudos sobre o Código do Procedimento Administrativo, Legislação – Cadernos de Ciência da Legislação*, n.º 9/10, Oeiras: INA (Instituto Nacional de Administração), 1994.
- DUARTE, David, *Procedimentalização, Participação e Fundamentação: para uma concretização do princípio da imparcialidade administrativa como parâmetro decisório*, Coimbra: Almedina, 1996.
- GOMES, Carla Amado, *As Operações Materiais Administrativas e o Direito do Ambiente*, Lisboa: AAFDL, 1999.
- GOMES, JOSÉ (2000), "Participação Pública – componente preliminar na concepção do ambiente humano construído", *in*: *Urbanismo Preventivo*, Actas da Conferência realizada em 16 e 17 de Junho de 2000, no âmbito do 2.º Fórum Internacional do Urbanismo, Colecção: *Fórum*, 6, Lisboa: Urbe, 2003.
- GOMES, Maria Teresa Salis, "Comunicação Pública para uma Democracia Participada", *in*: GOMES, MARIA TERESA SALIS (coord.), *A Face Oculta da Governança: Cidadania, Administração Pública e Sociedade*, INA (Instituto Nacional de Administração), 2003.
- LÓPEZ RÁMON, Fernando, "Planificación Territorial", *Revista de Administración Publica*, n.º 114, 1987.

- MAGALHÃES, Ricardo, "Participação Pública e Planeamento – prática da democracia ambiental", *in*: LAMAS, António R. G. (coord.), *Participação Pública e Planeamento – prática da democracia ambiental*, Actas do Seminário realizado na FLAD (Fundação Luso-Americana para o Desenvolvimento) em 27 e 28 de Junho de 1996, Lisboa: FLAD, 1998.
- MELO, António Moreira Barbosa de, "Introdução às Formas de Concertação Social", *BFD*, vol. LIX, 1983.
- _____, "A Ideia de Contrato no Centro do Universo Jurídico-Público", *in*: GONÇALVES, Pedro (org.), Estudos de Contratação Pública – I, Coimbra: Coimbra Editora, 2008.
- MIRANDA, João, "Alterações ao Decurso do Procedimento de Formação de Plano Director Municipal e Protecção da Confiança", *CJA*, N.º 20, 2000.
- _____, *A Dinâmica Jurídica do Planeamento Territorial (a alteração, a revisão e a suspensão dos planos)*, Coimbra: Coimbra Editora, 2002.
- MORO, Giovanni, "The Citizen's Side of Governance", *in*: GOMES, Maria Teresa Salis (coord.), *A Face Oculta da Governança: Cidadania, Administração Pública e Sociedade*, INA (Instituto Nacional de Administração), 2003.
- OCDE/OECD (2001), *Citizens as Partners: Information, Consultation and Public Participation in Policy-Making, in*: GOMES, MARIA TERESA SALIS (coord.), *A Face Oculta da Governança: Cidadania, Administração Pública e Sociedade*, INA (Instituto Nacional de Administração), 2003.
- OCDE, *Government for the Future*, Paris, s/d.
- OLIVEIRA, Fernanda Paula, "Os Princípios da Nova Lei de Ordenamento do Território: da hierarquia à coordenação", *in*: *Revista do CEDOUA*, n.º1, 2000.
- _____, *Direito do Ordenamento do Território*, Cadernos do CEDOUA, Coimbra: Almedina, 2002.
- _____, *Instrumentos de Participação Pública em Gestão Urbanística*, Coimbra: CEFA, 2004a.
- _____, "O Direito de Edificar: dado ou simplesmente admitido pelo plano?", *in*: *CJA*, n.º 43, 2004b.
- _____, *Portugal: Território e Ordenamento*, Coimbra: Almedina, 2009.
- _____, LOPES, Dulce, "O Papel dos Privados no Planeamento: que formas de intervenção?", *in*: *RJUA*, n.º 20, 2003.
- OLIVEIRA, Luís Perestrelo de, *Planos Municipais de Ordenamento do Território: Decreto-Lei n.º 69/90, de 2 de Março – Anotado*, Coimbra: Almedina, 1991.
- OLIVEIRA, Mário Esteves de, "O Direito de Propriedade e o *Jus Aedificandi* no Direito Português", *in*: *RJUA*, n.º 3, 1995.
- _____, GONÇALVES, Pedro, AMORIM, J. Pacheco de, *Código do Procedimento Administrativo – comentado*, Coimbra: Almedina, 2006 (reimp.).
- PNPOT – *Programa Nacional da Política de Ordenamento do Território*, Lisboa: MAOTDR, 2007.
- SOUSA, António Francisco de, *A Estrutura Jurídica das Normas de Planificação Urbanística – directivas da Planificação, interesses em conflito, «discricionariedade de planificação»*, Lisboa: Editora Danúbio, 1987.
- VLACHOS, Evan, "Public Participation: setting the stage", *in*: LAMAS, António R. G. (coord.), *Participação Pública e Planeamento – prática da democracia ambiental*, Actas do Seminário realizado na FLAD (Fundação Luso-Americana para o Desenvolvimento) em 27 e 28 de Junho de 1996, Lisboa: FLAD, 1998.

Marleen Cooreman, A Suspensão de Eficácia de Decisões Urbanísticas: o Caso do "Edifício Coutinho", em Viana do Castelo
- ALVES Correia, Fernando:
  - *"O Plano Urbanístico e o Princípio da Igualdade"*, Colecção Teses, Almedina, Coimbra, 1997.
  - *"Linhas Gerais do Contencioso do Urbanismo em Portugal"*, in. *O Direito e a Cooperação Ibérica, II*, Guarda, 2005, II Ciclo de Conferências
- AROSO DE ALMEIDA, Mário e CADILHA, Carlos Alberto Fernandes, *"Comentário ao Código de Processo nos Tribunais Administrativos"*, 2.ª edição revista, Almedina, Coimbra, 2007.
- CANOTILHO, J.J. Gomes e VITAL MOREIRA, *Constituição da República Portuguesa* anotada – volume I, 4.ª edição revista, Coimbra Editora, 2007.
- FONSECA, Isabel Celeste M.:
  - *"Suspensão da expropriação da Quinta dos Milagres: uma aguarela de mil cores inacabada ..."*, Cadernos de Justiça Administrativa, n.º 30, Novembro/ Dezembro 2001.
  - *"As (in)justiças do art. 121.º do CPTA: depressa e bem ... há pouco como"*, Cadernos de Justiça Administrativa, n.º 67, Janeiro/ Fevereiro 2008.
  - *"Processo Temporalmente Justo e Urgência – Contributo para a autonomização da categoria da tutela jurisdicional de urgência na Justiça Administrativa"*, Coimbra Editora, 2009.
  - *"Direito Processual Administrativo – Roteiro Prático"*, Almeida & Leitão, Ld.ª, 2.ª Edição, Elcla Editora, 2010.
- FREITAS DO AMARAL, Diogo, *"Ordenamento do Território, Urbanismo e Ambiente: Objecto, Autonomia e Distinções"*, in Revista Jurídica do Urbanismo e do Ambiente n.º 1, Almedina, Coimbra, 1994.
- MARTINS, Ana Gouveia, *"A Tutela Cautelar no Contencioso Administrativo (em especial nos procedimentos de formação dos contratos"*, Coimbra Editora, 2005.
- OLIVEIRA, Fernanda Paula:
  - *"Direito do Urbanismo. Do Planeamento à Gestão"*, Estudos Regionais e Locais, CEJUR – Centro de Estudos do Minho, Março 2010.
  - *"Contratos para Planeamento – Da consagração legal de uma prática, às dúvidas práticas do enquadramento legal"*, Almedina, Fevereiro de 2009.
- OLIVEIRA, Fernanda Paula, NEVES, Maria José Castanheira, LOPES, Dulce, MAÇÃS, Fernanda, *"Regime Jurídico da Urbanização e Edificação comentado"*, 2.ª Edição, Almedina, 2009.
- OLIVEIRA, Luís Perestrelo de, *"Código das Expropriações anotado"*, 2.ª edição, Almedina, Coimbra, 2000.
- VIEIRA DE ANDRADE, José Carlos, *"A Justiça Administrativa (Lições)"*, 10.ª edição, Almedina, 2009.

Micaela Marques Giestas, Urbanismo Concertado: Entre a Promessa e o Contrato
- ALONSO MAS, María José, *Responsabilidad patrimonial de la administración por incumplimiento de los convenios urbanísticos en la reciente jurisprudencia del Tribunal Supremo*, Revista de Estudios de la Administración Local y Autonómica, Julio-Diciembre, 1996.

- AMARAL, Diogo Freitas DO, *Curso de Direito administrativo*, Vol. I, 3.ª edição, Coimbra, 2006; Volume II, Coimbra, 2007.
- CALVÃO, Filipa Urbano, *"Contratos sobre o exercício de poderes públicos"*, in Estudos de Contratação Pública-I, Coimbra, Coimbra editora, 2008.
- CANOTILHO, José Joaquim Gomes, *O problema da Responsabilidade do Estado por Actos Lícitos*, Coimbra, Almedina, 1980.
- _____.*Direito Constitucional e Teoria da Constituição*, 6.ª Edição, Coimbra, Almedina 2002.
- CANOTILHO, José Joaquim Gomes/MOREIRA, Vital, *Constituição da República Anotada*, I, 4.ª Edição (Revista), Coimbra Editora, 2007.
- CORREIA, Fernando Alves, *O Plano Urbanístico e o Princípio da Igualdade*, Coimbra, Almedina, 1990
- _____. *"Problemas Actuais do Direito do Urbanismo em Portugal"*, in Revista do CEDOUA, Ano I, N.º 2, 1998
- _____.*"Contratação Pública Autárquica"*, CEDOUA-FDUC-IGAT, Coimbra, Almedina, 2006.
- _____. *"O Direito do Ordenamento do Território e do Urbanismo em Portugal: Os grandes desafios para o futuro"*, in Scientia Iuridica, Tomo LVI, N.º 309, 2007.
- _____. *Manual de Direito do Urbanismo*, Volume I, 4.ª edição, Coimbra, Almedina, 2008.
- CORREIA, José Manuel Sérvulo, *"O direito à informação e os direitos de participação dos particulares no procedimento e, em especial, na formação da decisão administrativa"*, in Estudos sobre o Código do Procedimento Administrativo, Legislação – Cadernos de Ciência da Legislação, n.º 9/10, Oeiras: INA (Instituto Nacional de Administração), 1994.
- _____. *Legalidade e autonomia contratual nos contratos administrativos*, Reimpressão, Lisboa, Almedina, 2003.
- DOMINGO LÓPEZ, Enrique, *"Los convenios urbanísticos de planeamiento y de Gestión. Las formas de Gestión de la actividad Administrativa de Ejecución"*, Derecho Urbanístico de Andalucía, 2003
- FREIRE, João Teixeira, *"A contratação do conteúdo do plano urbanístico – Reflexões em torno dos chamados Acordos de Planeamento entre o município e os particulares"*,in Revista da Faculdade de Direito da universidade de Lisboa, volume XLV, n.º 1 e 2, 2004.
- GAMA, João Taborda da, *"Promessas Administrativas, da decisão de autovinculação ao acto devido"*, Coimbra Editora, 2008
- GARCIA, Maria da Glória Dias, *Responsabilidade Civil do Estado e Demais Pessoas Colectivas Públicas*, Conselho Económico e Social, Lisboa, 1997.
- _____.*Direito das Políticas Públicas*, Almedina, 2009
- GONÇALVES, Pedro Costa, *O contrato administrativo – uma instituição de direito administrativo do nosso tempo*, Coimbra, Almedina, 2003.
- _____. *Entidades Privadas com Poderes Públicos. O Exercício de Poderes Públicos de Autoridade por entidades Privadas com Funções Administrativas*, Coimbra, Almedina, 2005.

- _____. *"A relação jurídica fundada em contrato administrativo"*, Cadernos da justiça administrativa, n.º 63.
- _____. *"Cumprimento e incumprimento do contrato administrativo"*, in Estudos de Contratação Pública – I, Coimbra, Coimbra Editora, 2008.
- HUERGO LORA, Alejandro José, *Los convenios urbanísticos*, Madrid, Civitas, 1998
- _____. *Los contratos sobre los actos y las potestades administrativas*, Oviedo, Civitas, 1998
- LEITÃO, Alexandra, *"A contratualização no direito do urbanismo"*, in Revista Juridica Urbanismo e do Ambiente, n.º 25/26, 2006.
- LOPES, Dulce, *"Plano, Acto e Contrato no Direito do Urbanismo"*, in Cadernos de Justiça Administrativo, n.º 68.
- _____. *"Planos de pormenor, unidades de execução e outras figuras de programação urbanística em Portugal"*, Direito Regional e Local, Julho Setembro de 2008.
- LÓPEZ Pellicer, JOSÉ, *"Naturaleza, Supuestos y Limites de los Convenios Urbanísticos"*, in Revista de Derecho Urbanístico y Medio Ambiente, n.º 73, 1996.
- MARTÍN HERNANDÉZ, Paulino, *"Os convénios urbanísticos"*, RDU, Julho/Agosto de 1995.
- OLIVEIRA, Fernanda Paula, *Direito do Ordenamento do Território*, Cadernos do CEDOUA, Coimbra: Almedina, 2002;
- _____.*"Contratação Pública no Direito do Urbanismo"*, in Estudos de Contratação Pública-I, Coimbra, Coimbra Editora, 2008;
- _____. *Contratos para planeamento, da consagração legal de uma prática, às dúvidas práticas do enquadramento legal*, Coimbra, Almedina, 2009;
- OLIVEIRA, Fernanda Paula/ CASTANHEIRA NEVES, Maria José/ LOPES, Dulce / MAÇÃS, Maria Fernanda, *Regime Jurídico da Urbanização e Edificação Comentado*, 2.ªedição, Coimbra, Almedina, 2003
- OLIVEIRA, Fernanda Paula/ LOPES, Dulce, *"O papel dos privados no planeamento: que formas de intervenção?"*, in Revista Jurídica do Urbanismo e do Ambiente, n.º 20, 2003.
- PINTO, PAULO MOTA, *O Interesse Contratual Negativo e Interesse contratual Positivo*, Vol. I Coimbra, Coimbra Editora, 2009
- SILVA, Suzana Tavares da, *"Actuações Informais e Medidas de Diversão em Matéria de Urbanismo"* Revista do CEDOUA, Ano III, 2000.
- _____.*"A nova dogmática do direito administrativo: o caso da administração por compromissos."*, in *Estudos de Contratação Pública-I*, Coimbra, Coimbra Editora, SOUSA, Marcelo Rebelo de/ MATOS, André Salgado, *Responsabilidade Civil Administrativa*, Direito Administrativo Geral, Tomo III, D. Quixote, 2008.
- _____. *Contratos Públicos*, Direito Administrativo Geral, Tomo III, 2.ª Edição, D. Quixote, 2009.

Mónica Jardim e Dulce Lopes, Acessão Industrial Imobiliária e Usucapião Parciais *Versus* Destaque

- ANDRÉ FOLQUE, *Curso de Direito da Urbanização*, Coimbra Editora, Coimbra, 2007.
- ANTÓNIO CARVALHO MARTINS, *Acessão*, Coimbra, Coimbra Editora, 1999.

- ANTUNES VARELA (cfr. parecer publicado na *Colectânea de Jurisprudência – Acórdãos do Supremo Tribunal de Justiça*, Ano VI, T. II, 1998, p. 11 e ss.) e o Acórdão de 17 de Março de 1998, *Colectânea de Jurisprudência – Acórdãos do Supremo Tribunal de Justiça*, Ano VI, T. I, 1998.
- CUNHA GONÇALVES, *Tratado de Direito Civil em Comentário ao Código Civil Português*, Vol. III, Coimbra, Coimbra Editora, 1931, n.º 301.
- CARVALHO FERNANDES, *Lições de Direitos Reais*, Lisboa, Quid Juris, 2007.
- DULCE LOPES, "Medidas de tutela da legalidade urbanística, *in: Revista do CEDOUA*, n.º 2, 2004.
- DULCE LOPES, "Vias procedimentais em matéria de legalização e demolição: Quem, Como, Porquê? Anotação ao Acórdão do Supremo Tribunal Administrativo (3.ª Subsecção do Contencioso Administrativo), de 2 de Fevereiro de 2005, Processo n.º 0633/04", *in* Cadernos de Justiça Administrativa, n.º 65, 2007.
- DULCE LOPES, "Destaque – Um Instituto em Vias de Extinção?", *in Direito Regional e Local*, n.º 10, 2010.
- DURVAL FERREIRA, Posse e Usucapião, 2.ª ed.
- FERNANDA PAULA OLIVEIRA, MARIA JOSÉ CASTANHEIRA NEVES, DULCE LOPES e FERNANDA MAÇÃS, *Regime Jurídico da Urbanização e Edificação Comentado*, Coimbra, Almedina, 2009.
- JOSÉ ALBERTO VIEIRA, *Direitos Reais*, Coimbra, Coimbra Editora, 2008.
- FERNANDO PEREIRA RODRIGUES, *Usucapião – Constituição Originária de Direitos através da Posse*, ob. cit., p. 73 e ss.; MENEZES LEITÃO, *Direitos* Reais, Coimbra, Almedina, 2009
- QUIRINO SOARES, Acessão e Benfeitorias, *Colectânea de Jurisprudência – Acórdãos do Supremo Tribunal de Justiça*, Ano IV, T. I, 1996.
- QUIRINO SOARES, Acessão Industrial Imobiliária, *in* AAVV, *Comemorações dos 35 Anos do Código Civil*, Vol. IV – Direito das Coisas, para publicação.
- MANUEL RODRIGUES, *A Posse, Estudo de Direito Civil Português, 2ª ed., Reimpressão, 1996.*
- MANUEL ANDRADE, *Teoria Geral da Relação Jurídica*, vol. I, Coimbra, Coimbra Editora, 1997.
- MENEZES CORDEIRO, *Direitos Reais*, Lisboa, Lex, 1979.
- MÓNICA JARDIM, *A Evolução Histórica da Justificação de Direitos, de Particulares, para Fins do Registo Predial e a Figura da Justificação na Actualidade*, para publicação.
- NETO FERREINHA E ZULMIRA NETO DA SILVA, *Manual de Direito Notarial*, 4.ª ed., Coimbra, Almedina, 2008.
- NUNO MIGUEL MARRAZES DE MELO, "As certidões de destaque enquanto actos verificativos da legalidade urbanística de uma operação de reestruturação fundiária", *Revista Jurídica do Urbanismo e do Ambiente*, N.º 29/30, 2008.
- OLIVEIRA ASCENSÃO, Estudos Sobre a Superfície e a Acessão, *Scientia Iurídica*, 1973, Separata.
- OLIVEIRA ASCENSÃO, *Direito Civil – Reais* 4.ª ed., Coimbra, Coimbra Editora, 1983.
- ORLANDO DE CARVALHO, Introdução à Posse, *Revista de Legislação e de Juris-*

prudência, Ano 122.º, n.º 3781.
- PEREIRA DA COSTA, Loteamento, acessão e usucapião: encontros e desencontros, in Revista do CEDOUA, n.º 11, 2003.
- PIRES DE LIMA e ANTUNES VARELA, *Código Civil Anotado*, Coimbra, Coimbra Editora, vol. III, 2.ª ed., 1987.
- SANTOS JUSTO, A presença do direito romano no direito português: a *usucapio*, *Boletim da Faculdade de Direito de Coimbra, STVDIA IVRIDICA, 70, Colloquia – 11, Separata de Jor-nadas Romanísticas*, Universidade de Coimbra, Coimbra, 2003, bem como a bibliografia aí indicada.
- SANTOS JUSTO, *Direito Privado Romano - III (Direitos reais), STVDIA IVRIDICA* 26, Coimbra, Coimbra Editora, 1997.
- SANTOS JUSTO, *Direitos Reais*, 2.ª ed., Coimbra, Coimbra Editora, 2010.

Susana Ferreira, as Medidas de Tutela de Legalidade
- ALMEIDA, António Duarte e Outros, *Legislação Fundamental de Direito do Urbanismo*, Lex, 1994, p. 949.
- BOTELHO, José Manuel Santos/ESTEVES, Américo J. Pires/PINHO, José Cândido de, *Código do Procedimento Administrativo, Anotado e Comentado*, 5.ª edição, Almedina, 2002.
- COSTA, Almeida, *Direito das Obrigações*, reimpressão da 9.ª edição, Coimbra, Almedina, 2006.
- COSTA, António Pereira da, *Regime Jurídico do Licenciamento de Obras Particulares, Anotado*, Coimbra Editora, 1993, pp. 25 e 26.
- CUNHA, Júlio Pereira da, *Regime de Licenciamento de Obras Particulares e de Operações de Loteamento e Obras de Urbanização*, edição da ATAM, 1992.
- DIAS, Jorge de Figueiredo (direcção), *Comentário Conimbricense do Código Penal. Parte Especial*, Tomo III, Coimbra, Coimbra Editora, 2001, pp. 350-354.
- DIAS, José Rosendo, *Sanções Administrativas*, in Revista de Direito Público, n.º 9, Janeiro/Julho, 1991, p. 49.
- FARIA, Paulo, textos disponíveis no blog pessoal do autor (www.urbaniuris. blog.pt)
  – *A caducidade das ordens de embargo de obras particulares*, Maio de 2007.
  – *A imprescritibilidade da demolição de obras realizadas clandestinamente*, Maio de 2005
  – *Obras ilegais realizadas em prédio objecto de contrato de arrendamento*, Junho de 2005.
- FOLQUE, André, *Curso de Direito da Urbanização e da Edificação*, Coimbra Editora, 2007.
- GOMES, Carla Amado, *Embargos e demolições: entre a vinculação e a discricionariedade*, in Cadernos de Justiça Administrativa, n.º 19, 2000, pp. 37-49.
- HENRIQUES, Manuel Leal/SANTOS, Manuel Simas, *Código Penal Anotado*, 2.º volume, 3.ª edição, Rei dos Livros, 2000, pp. 1504 e 1505.
- LOPES, Dulce, *Medidas de Tutela da Legalidade Urbanística*, in Revista do Centro de Estudos de Direito do Ordenamento, do Urbanismo e do Ambiente, n.º 14, 2004, pp. 49-90.

- MENDES, António Jorge Fernandes de Oliveira/CABRAL, José António Henriques dos Santos, *Notas ao Regime Geral das Contra-Ordenações e Coimas*, 2.ª edição, Coimbra, Almedina, 2004.
- METELLO, FRANCISCO CABRAL, *RJUE – Regime Jurídico da Urbanização e da Edificação*, Coimbra, Almedina, 2008.
- MONTEIRO, Cláudio, *O Embargo e a Demolição no Direito do Urbanismo*, policopiado, Faculdade de Direito de Lisboa, 1995.
- NEVES, Maria José Castanheira/OLIVEIRA, Fernanda Paula/LOPES, Dulce, *Regime Jurídico da Urbanização e da Edificação Comentado*, Coimbra, Almedina, 2006.
- OLIVEIRA, Fernanda Paula
  - *Ordem de demolição: Acto confirmativo da ordem de embargo?*, in Revista do Centro de Estudos de Direito do Ordenamento, do Urbanismo e do Ambiente, n.º 2, 1998, pp. 113-126.
  - *Direito do Urbanismo e Autarquias Locais*, CEFA, 2000, p. 141.
- OLIVEIRA, Fernanda Paula/LOPES, Dulce, *Direito do Urbanismo – Casos Práticos Resolvidos*, Coimbra, Almedina, 2005, p. 174.
- OLIVEIRA, Mário Esteves de/GONÇALVES, Pedro Costa/AMORIM, João Pacheco de, *Código do Procedimento Administrativo Comentado*, 2.ª edição, Coimbra, Almedina, 2007.
- REIS, João Pereira/LOUREIRO, Margarida/LIMA, Rui Ribeiro, *Regime Jurídico da Urbanização e da Edificação*, 3.ª edição, Coimbra, Almedina, 2008.
- SARDINHA, JOSÉ MIGUEL, *O Novo Regime Jurídico das Operações de Loteamento e de Obras de Urbanização*, Coimbra Editora, 1992.

ÍNDICES DOS TEXTOS

I
Planeamento Territorial

DIOGO ASSIS CARDOSO GUANABARA, "Longe dos Olhos e do Coração": O problema jurídico da Localização de Instalações para Eliminação de Resíduos no Brasil 41

1. Introdução 41
2. Jurisprudência Brasileira sobre Direito dos Resíduos: em especial o problema da localização de Aterros 42
3. Brasil: Breve descrição da legislação sobre Urbanismo e Ordenamento do Território e sobre Planos Setoriais em matéria de Resíduos Sólidos 46
   3.1. A Legislação brasileira sobre Urbanismo e Ordenamento do Território ... 46
   3.2. O tratamento normativo brasileiro sobre Planos Setoriais em Matéria de Resíduos Sólidos 48
4. Considerações Gerais sobre a articulação entre o Plano Setorial dos Resíduos Sólidos e os Planos Territoriais 50
   4.1. *Princípios e ideias norteadoras* 51
   4.2. *Planos Setoriais de Gestão de Resíduos x Planos de Urbanismo e Ordenamento do Território: o princípio da separação das utilizações urbanisticamente incompatíveis* 53
   4.3. *O Princípio da Separação das Utilizações Urbanisticamente Incompatíveis e a "Matriz de Ponderação de Espaços"* 55
      4.3.1. *Matriz de Ponderação de Espaços: Espaço Residual e Espaço Ecológico Relevante* 57
         a) Espaço Residual 57
         b) Espaço Ecológico Relevante 58
         c) Matriz de Ponderação de Espaços 60
      4.3.2. Conclusão sobre a Matriz de Ponderação de Espaços 62
5. Conclusão e Apreciação Crítica 62

DULCE LOPES, Notas escolhidas sobre a concretização judicial e as alterações legislativas ao regime jurídico florestal 65
   – Acórdão do Tribunal Central Administrativo do Norte 65
   – comentário 81

FILIPE AVIDES MOREIRA, As medidas cautelares dos planos e o relacionamento entre *medidas preventivas* e *suspensão de procedimentos* – o princípio *tempus regit actum* 91
Acórdão do Supremo Tribunal Administrativo Acórdão do Supremo Tribunal Administrativo; Processo: 0720/08 91
I. Enquadramento 115
II. Comentário 117
  a) Articulação da *suspensão da concessão de licenças* – prevista a partir da abertura da fase de discussão pública – com as *medidas preventivas* (interpretação do artigo 13.º do RJUE e dos artigos 112.º e 117.º do RJIGT) 117
  b) Sentido, alcance e aplicação do princípio *tempus regit actum* 122
III. Conclusão 125

MARIA RAQUEL DE OLIVEIRA MARTINS, Que Conformação do Direito de Participação Pública no Planeamento? Comentário ao Acórdão do STA de 21 de Maio de 2008, Processo 01159/05, 2.ª Subsecção do C.A. 127
Introdução 127
1. Súmula do Acórdão 128
2. Repetição da Discussão Pública 131
   a) o acórdão do STA, de 11 de Outubro de 2007 (POPNA) 134
   b) o acórdão do STA, de 23 de Fevereiro de 1999 (PDM de Lagos) 136
3. A Área Mínima de Parcela Edificável e o Ius Aedificandi 138
4. O Direito de Reconstrução e o Princípio da Garantia da Existência 142
5. A Eliminação de uma Área de Protecção Complementar 145
6. A Interdição da Co-Incineração e a Participação Uti Cives 146
7. Que Direito de Participação? 147
   7.1. Participação e Discricionariedade na Planificação 148
   7.2. A Participação e a Administração "Concertada" 149
   7.3. A Via Procedimental como Garantia de Participação 151
   7.4. O Direito a Participar (Informadamente) no Processo Decisório 153
   7.5. O Direito de Participação no Quadro Normativo Português 155
   7.6. Síntese Conclusiva 158

II
Gestão Urbanística

1. *Os actos de gestão urbanística* 165
ANA PEREIRA DE SOUSA, A natureza jurídica do acto de licenciamento urbanístico. Contributos para um estudo da natureza jurídica da licença urbanística .. 167
1. Introdução 167
2. A licença de construção no Direito Comparado – aspectos essenciais 167
   a) Espanha 167
   b) França 169

c) Itália	170
d) Alemanha	172
3. O direito de construir e a propriedade privada em Portugal	173
a) Posições na dogmática	173
b) O direito de construir não se explica exclusiva ou materialmente na propriedade privada	174
4. A intermediação de actos de poder entre a propriedade privada e o direito de construir ou a razão dos que sustentam a verificação de uma função social da propriedade	175
5. O licenciamento urbanístico em Portugal	177
a) Características do licenciamento urbanístico	177
i. A objectividade e a impessoalidade	178
ii. A transmissibilidade e a publicidade	179
iii. A inerência e a inseparabilidade	180
iv. A singularidade, o carácter vinculado e a autonomia	181
v. A precedência, a irrevogabilidade e a coordenação	182
vi. A *sequela* das *cláusulas acessórias* apostas ao acto de licenciamento	183
b) O licenciamento urbanístico comunga de algumas das características dos direitos reais também pelo facto de potestativamente poder criar e recriar a propriedade privada	185
6. A qualificação do licenciamento na dogmática do Direito Administrativo	186
7. Trata-se de um acto administrativo híbrido cuja qualificação depende da densidade do conteúdo do acto de poder normativo que a antecede e modela o seu conteúdo	188
8. Conclusões	189

MARIA CRISTINA GALLEGO DOS SANTOS, Apreciação e aprovação do projecto de arquitectura – o esquiço, o projecto e a complexidade da norma – artigo 20.º do RJUE 191

2. A validade dos actos de gestão urbanística 215

ANA CLAUDIA GUEDES, O Euro Stadium De Coimbra: análise ao Acórdão do Supremo Tribunal Administrativo de 26 de Maio de 2010	217
A) Dos Factos	217
B) Da Questão jurídica	219
C) Da Posição das Partes	220
1. Do Ministério Público (recorrente no recurso de revista)	220
2. Da Câmara Municipal de Coimbra (recorrida no recurso de revista)	221
3. Da Aplicação Urbana VI, Investimento Imobiliário, SA	221
D) Da Jurisprudência do caso	222
1. Da sentença do TAF de Coimbra de 14-05-2007	222
2. Do Acórdão do TCA Norte	222
3. Do Recurso do Ministério Público	222
4. Do Acórdão do STA de 26 de Maio de 2010, in processo n.º 120/09, da Secção de Contencioso Administrativo – 1.ª Subsecção	223

E) Apreciação Crítica 230
• O vocábulo "exclusivamente" constante do artigo 41.º, n.º 1 do RPDM de Coimbra 230
• O conceito "uso dominante" 233
• O conceito "equipamento de interesse público e de utilização colectiva", presente na epígrafe do artigo 41.º do RPDM de Coimbra. 236
F) Conclusões 238

CLARA SERRA COELHO, A Preservação de Efeitos do Acto Administrativo de Gestão Urbanística Nulo 241
I. Referência ao regime da nulidade no direito administrativo português 241
II. O regime especial do art. 134.º, n.º 3 do CPA 247
  1. Tratamento dogmático 247
    1.1. Considerações gerais 247
    1.2. A existência de um acto administrativo nulo 253
    1.3. O decurso do tempo 259
    1.4. A harmonização com os princípios gerais de direito 262
    1.5. Quanto à entidade competente 270
  2. Tratamento jurisprudencial 275
    2.1. Acórdão do STA de 4.7.02 (proc. n.º 041815) 275
    2.2. Acórdão do TCA Norte de 6.9.07 (proc. n.º 00422-A/96-PORTO). 277
    2.3. Acórdão do TCA Norte de 5.6.08 (proc. n.º 00232-A/03-COIMBRA) 279
    2.4. Acórdão do STA de 7.11.06 (proc. n.º 0175/06) 280
    2.5. A Sentença do TAF do Porto de 12.11.07 (proc. n.º 678-A/95) 284

MARLEEN COOREMAN, A suspensão de eficácia de decisões urbanísticas: o caso do "edifício Coutinho", em Viana do Castelo 295
Introdução 295
1. O caso do *"Edifício Jardim"* em Viana do Castelo – uma decisão urbanística suspensa por efeito de um procedimento cautelar 296
2. O Direito do Urbanismo – enquadramento 298
  2.1. Os Planos Municipais de Ordenamento do Território 299
    2.1.1. O Plano de Pormenor do Centro Histórico de Viana do Castelo. 301
  2.2. A expropriação – linhas gerais 302
    2.2.1. O procedimento expropriativo 304
    2.2.2. A declaração de utilidade pública da expropriação para a execução do Plano de Pormenor do Centro Histórico de Viana do Castelo 305
3. A garantia da tutela jurisdicional efectiva 306
  3.1. As formas de processo na jurisdição administrativa 307
4. O contencioso urbanístico 308
  4.1. A suspensão da eficácia de actos administrativos urbanísticos 310
    4.1.1. As providências cautelares 310
    4.1.2. Critérios de decisão para a concessão de uma providência cautelar 313

4.1.3. A proibição de executar o acto 314
4.1.4. O poder de convolar a providência cautelar em processo principal ... 314
4.2. A suspensão da eficácia de normas urbanísticas 318
5. A providência cautelar do caso *"Edifício Jardim"* 320

SOFIA LOBO, O dever de indemnizar no caso de declaração de nulidade de um alvará de loteamento. Comentário ao Acórdão do STA de 24.01.2008 325
Acórdão do Supremo Tribunal Administrativo, 1.ª Secção – 1.ª Subsecção, Recurso n.º 829/07 325
I. Introdução 365
II. Enquadramento factual 367
 1. Do agravo (cfr. o art. 710.º, n.º 1, do CPC) 368
 2. Do recurso da sentença 371
  a) Erro de julgamento relativamente à decisão de facto 371
  b) A discordância com a solução de direito plasmada na decisão de primeira instância 373
Conclusão 379

3. Eficácia dos actos de gestão urbanística 381

ANDREIA CRISTO, O instituto da caducidade, em especial no âmbito da gestão urbanística e o seu tratamento jurisprudencial 383
Introdução 383
1. O regime geral da caducidade no âmbito do direito civil 384
 1.1. Origem e desenvolvimento do conceito na doutrina e na jurisprudência ... 384
 1.2. Caracterização geral da figura, sua natureza e fundamento jurídico 389
 1.3. Caducidade versus Prescrição 395
2. A caducidade no direito administrativo 400
 2.1. Caracterização do regime da caducidade 400
 2.2. Regime jurídico e enquadramento dogmático 409
  2.2.1. O automatismo da figura 409
  2.2.2. Efeitos e carácter obrigatório da declaração 412
3. A caducidade no âmbito da gestão urbanística 415
 3.1. O regime jurídico da urbanização e edificação 415
 3.2. Caducidade da licença ou admissão da comunicação prévia 418
 3.3. Enquadramento jurídico 427
 3.4. Breve confronto com outras caducidades plasmadas no RJUE 435
  3.4.1. Apresentação dos projectos de engenharia das especialidades 435
  3.4.2. Pedido de informação prévia 437
  3.4.3. Parecer da Comissão de Coordenação e Desenvolvimento Regional ... 441
  3.4.4. Caducidade do embargo 442
4. A caducidade e o seu tratamento jurisprudencial 444
 4.1. Apresentação e análise da jurisprudência no âmbito da gestão urbanística ... 444
  4.1.1. Acórdão do Tribunal Central Administrativo Sul, de 17 de Abril de 2008 445

4.1.2. Acórdão do Supremo Tribunal Administrativo, de 18 de Junho de 2009 447
4.1.3. Acórdão do Tribunal Central Administrativo Sul, de 18 de Junho de 2009 452
4.2. Comentário 454
Conclusão 457

4. Medidas de tutela de legalidade 459
ANA LEITE, Demolição vs Legalização, Não demolir, sem transigir – que solução? 461
1. O problema: a natureza e os limites do poder/dever de ordenar a demolição 461
2. Enquadramento Normativo 463
3. A resposta da Jurisprudência 465
4. Não demolir sem transigir, que solução? As legalizações coercivas 474

SUSANA FERREIRA, As medidas de tutela de legalidade Urbanística 477
1. Generalidades 477
   1.1. Breve caracterização e enquadramento legal 477
   1.2. Distinção e conexão entre figuras relacionadas 478
       a) Medidas de tutela da legalidade e polícia administrativa 478
       b) Medidas de tutela da legalidade e sanções administrativas 479
   1.3. Competência – alguns aspectos acerca da delegação de competências para a aplicação das medidas de tutela da legalidade urbanística 482
   1.4. Crime de desobediência 490
       a) Elementos constitutivos 492
       b) Universalidade – para todas as medidas de tutela da legalidade ... 493
       c) Procedimento 494
       d) O artigo 98.º, n.º 1, alínea h) do RJUE: crime de desobediência vs contra-ordenação 494
   1.5 A posse administrativa e a execução coerciva 497
       a) Noção. Carácter residual. Competência 497
       b) Procedimento e requisitos 497
       c) Duração 498
       d) Execução coerciva 499
2. O Embargo 500
   2.1. Noção 500
   2.2. Distinção/Conexão com a demolição 503
   2.3. Provisoriedade/ Temporalidade 506
   2.4. Tipos: total ou parcial 507
   2.5. Procedimento 507
   2.6. Sujeitos da notificação 509
   2.7. Forma da notificação. Recusa do notificado em assinar 511
   2.8. Efeitos 513
       a) Suspensão dos trabalhos de execução da obra 514

    b) Suspensão da eficácia da licença ou admissão da comunicação prévia . 516
    c) Interdição do fornecimento de energia eléctrica, luz e água 517
  2.9. Caducidade 520
  2.10. Trabalhos de correcção ou alteração 523
  2.11. Audiência dos interessados e princípio da participação 525
  2.12. Natureza: vinculada ou discricionária? 527
3. A Demolição 529
  3.1. Noção 529
  3.2. Procedimento 530
  3.3. Princípio da proporcionalidade: medida de última ratio 532
  3.4. Compatibilização com o direito de propriedade constitucionalmente consagrado 533
  3.5. Tipos: total ou parcial 534
  3.6. Carácter real 534
  3.7. Destinatário da ordem de demolição: o caso das obras ilegais realizadas em prédio objecto de arrendamento 536
  3.8. Audiência dos interessados 537
  3.9. Natureza: vinculada ou discricionária? 538
  3.10. Impugnação dos actos administrativos que ordenem a demolição da obra (ou reposição de terreno) 539
4. A Reposição de Terrenos 540
  4.1. Tratamento sistemático 540
  4.2. Exemplos 541
  4.3. Procedimento 542
  4.4. Vinculatividade do artigo 106.º, n.º 4 para o presidente da câmara municipal 542
5. A Cessação da Utilização 544
  5.1 Noção 544
  5.2 Pressupostos 545
  5.3 Despejo administrativo 546
  5.4 Audiência prévia dos interessados 546
  5.5 Natureza: vinculada ou discricionária? 548

III
Contratação urbanística

JOÃO ILHÃO MOREIRA, Os contratos urbanísticos como actividade económica e mercado público: a influência da jurisprudência comunitária 553

1. Introdução 553
2. A jurisprudência comunitária sobre a contratação urbanística 556
  2.1. O acórdão *la Scala* 556
    2.1.1. A decisão do TJUE 558
        a) Sobre a condição relativa à natureza contratual da relação jurídica 560

    b) Sobre a condição relativa à existência de um empreiteiro 564
    c) Quanto ao elemento relativo ao carácter oneroso do contrato . 567
  2.1.2. Conclusões do acórdão *la Scala* 569
 2.2. O acórdão *Auroux* 570
  2.2.1. Antecedentes 571
  2.2.2. Conclusões fundamentais do acórdão *Auroux* 572
 2.3. O acórdão *Helmut Müller* 576
  2.3.1. Antecedentes 576
  2.3.2. Conclusões fundamentais do acórdão *Helmut Müller* 578
3. A influência das directivas de contratação pública nos contratos urbanísticos em Portugal 580
 3.1. Noção, vantagens e exemplos do contrato urbanístico 580
 3.2. O procedimento pré-contratual aplicável aos contratos para a assunção de encargos relativos a infra-estruturas gerais 583
 3.3. O procedimento pré-contratual dos contratos de planeamento 586
 3.4. As regras de contratação pública aplicáveis a contratos urbanísticos abaixo dos limiares comunitários 589
4. Conclusão 590

MARIA CRISTINA TORRES DE ECKENROTH GUIMARÃES, Os Contratos para Planeamento *Ad Hoc* 593
 Recurso n.º 1149/04.6BEPRT 593
 Comentário 607

MICAELA MARQUES GIESTAS, Urbanismo concertado: entre a promessa e o contrato 615
1. Considerações gerais e exposição do problema 627
2. Entre a promessa, o acordo e o contrato administrativo 631
3. Contratualização Urbanística 638
4. Estado de Direito e Princípio da protecção da confiança 649
 4.1. Protecção da confiança nos contratos administrativos 652
 4.2. Protecção da confiança nos compromissos informais 655
5. Apreciação Critica 658

IV
O juiz comum e o direito do urbanismo

FERNANDA PAULA OLIVEIRA, O montante da indemnização por expropriação: o caso do Parque da Cidade do Porto 663
 Acórdão do Tribunal da Relação do Porto, Processo n.º 13677/1998 da 7.ª Vara Cível do Porto – 3.ª Secção 663
 Comentário 705

A. O caso	705
B. Os factos com relevo para a questão a apreciar	707
C. Análise jurídica da questão	707
1. Uma interpretação literal do n.º 2 do artigo 26.º do Código das Expropriações de 1991	707
2. Uma interpretação do n.º 2 do artigo 26.º do Código das Expropriações de 1991 que atenda ao seu sentido e alcance	709
D. Outras questões	713

INÁCIO MIGUEL CONSCIÊNCIA PINTO, O Caso da Quinta do Taipal: exposição sumária e análise crítica jurisprudencial	717
I. Introdução	717
II. Identificação, Exposição Sumária e Análise Crítica do Caso Sub Júdice	718
1. Identificação do caso concreto	718
2. Exposição sumária dos argumentos das partes / Análise das soluções admissíveis versadas pelos acórdãos/ Súmula das decisões dos tribunais	718
3. Análise Crítica	725
III. Conclusão	744

V
Na intersecção entre direito civil e direito do urbanismo

ANABELA MOUTINHO MONTEIRO, Ordem de demolição judicial: Podem os interessados proceder à sua execução sem prévio controlo municipal?	749
Enquadramento factual	749
Comentário	750

MÓNICA JARDIM e DULCE LOPES, Acessão industrial imobiliária e usucapião parciais *versus* destaque	757
Introdução	757
I. Colocação da questão	758
II. A Acessão Industrial imobiliária	760
III. A usucapião	791
Conclusão	811

VI
O direito do ordenamento do território e a união europeia

JOSÉ ALFREDO DOS SANTOS JÚNIOR, Entre as Metáforas Espaciais e a Realidade: A União Europeia possui Competência em Matéria de Ordenamento?	815
1. *Era dos extremos*: entre o discurso europeísta e o constitucionalista.	815

2. Tese da impossibilidade de limitação definitiva da soberania 819
3. Tese da ausência de *kompetenz-kompetenz* da união européia 824
4. Tese da imposição de limites pelo estado constitucional 828
5. A harmonização dos ordenamentos jurídicos comunitário e nacionais 832
6. Notas introdutórias sobre o juiz nacional e o princípio do primado do direito comunitário 835
7. Notas sobre a jurisprudência do supremo tribunal administrativo em matéria comunitária 843
8. A problemática do ordenamento territorial em âmbito europeu 872
9. Síntese das idéias desenvolvidas 895
10. Conclusão 898

VII
Análise jurisprudencial

Análise Jurisprudêncial, Ana Cláudia Guedes (colaboração de Sónia Martins) .. 903